徳川幕臣人名辞典

竹内 誠・深井雅海・太田尚宏・白根孝胤 編

東京堂出版

はしがき

近年、江戸時代の関心が大いに高まっている。その江戸時代を理解するためには、様々な視点からのアプローチがあるが、まずは江戸時代の支配の頂点にあった徳川幕府を知ることが肝要だと思われる。そうした視点に立って、二〇〇三年七月、徳川幕府に関する基本的事項を網羅し、平易に解説した『徳川幕府事典』を刊行した。本書は、その姉妹編にあたり、徳川幕府の職制や機構のなかで活躍した人物、すなわち幕臣たちを主人公にした人名辞典である。

世界史的にも類を見ぬ二世紀余にわたる平和を維持した江戸時代、その理由は色々考えられるが、封建官僚とも言うべき幕臣団の行政・財政における活躍を見逃すことは出来ないであろう。しかも明治新政府のなかで、引き続き実務官僚として日本の近代化に果たした彼らの役割は極めて大きい。

さらにまた、江戸文化は決して町人のみによって育成されたものではなく、武士、とくに幕臣たちと江戸町人との共同により開花した面の強いことが指摘されるなど、近年ますます幕臣たちへの注目度が増している。

これまで幕臣の経歴を調べる際には、『寛永諸家系図伝』『寛政重修諸家譜』『柳営補任』『徳川実紀』等々、いくつもの史料を組み合わせて利用する方法がとられてきた。そこで本書は、このような煩雑な作業を行わなくても、幕臣の詳細な経歴を誰でもすぐに調べることができるような、コンパクトで便利な辞典にしたいとの思いから編集を企画した。

はしがき

本書の特色は、まず第一に、著名な幕臣にとどまらず、これまでの人名辞典ではほとんど記述されることのなかった町奉行与力など御家人の経歴を多数掲載するように心がけたことである。

第二に、単に役職上出世した幕臣の履歴を叙述するだけでなく、絵師・詩人・俳人・作家として活躍した幕臣にも着目し、文化人としての「顔」を強調していくことも、本書の重要な特色である。したがって幕府お抱えの医師・儒官・学者についても掲載している。

第三の特色は二一一〇名にものぼる多数の幕臣を、第一線でご活躍の研究者に分担執筆をお願いし、最新の旗本・御家人研究の成果をふまえて叙述していただいたことである。

本書『徳川幕臣人名辞典』を先述の『徳川幕府事典』と同様、多くの方々にご活用いただければ幸いである。

末筆ながら、御協力いただいた執筆者各位、ならびに本書の出版に格段のご尽力をいただいた東京堂出版編集部の松林孝至氏に対し、厚く御礼申し上げる次第である。

二〇一〇年七月

編者代表　竹内　誠

凡例

一、本書は、徳川幕府の主要な幕臣（旗本・御家人）の経歴・事跡について記した人名辞典である。
一、項目の配列は五十音順とした。
一、項目には、生没年、父母および妻の名、通称・官職名・国名・号、役職、菩提寺等を記したが、未詳の場合は省略した。
一、立項に際し、原則として、徳川幕府が開府された慶長八年から元和年間（一六〇三〜一六二三）の間に「万石以上」、および大名に取り立てられた人物については煩雑を避けるために割愛した。
一、立項に際し、諱の読み方が未詳の場合は便宜上音読みで表記した。通称・号の方が有名と思われる人物については通称・号で立項した。
一、役職名については、原則として、「徒」のように役職名が一文字ではわかりにくいものや「御側御用取次」「御小納戸」等、将軍への帰属性が特に高いと思われるものについては「御」を付与して表記した。
一、項目の末尾には典拠・参考文献を記した。使用頻度の高い『新訂 寛政重修諸家譜』（続群書類従完成会刊行）については、巻数・頁数を記した。また、『新訂増補 国史大系 徳川実紀』『新訂増補 国史大系 続徳川実紀』（吉川弘文館刊行）を使用した場合は篇数を入れた。『大日本近世史料 柳営補任』（東京大学出版会刊行）を使用した場合は、役職の変遷が多数の巻にわたって記載されている場合が多いので、煩雑を避けるために巻数を省略した。
一、前項の史料については左記の通り、略称を使用した。
『新訂 寛政重修諸家譜』→『寛政譜』
『新訂増補 国史大系 徳川実紀』『新訂増補 国史大系 続徳川実紀』→『徳川実紀』『続徳川実紀』
『大日本近世史料 柳営補任』→『柳営補任』
一、項目執筆にあたり、使用頻度の多い事典・辞典類は、左記の通り略称を使用した。
小川恭一編著『寛政譜以降旗本家百科事典』全六巻

（東洋書林、一九九七〜一九九八年）
→『旗本百科』
石井良助監修・小川恭一編著『江戸幕府旗本人名事典』全四巻・別巻一巻（原書房、一九八九年）
→『旗本人名』
小西四郎監修『江戸幕臣人名事典』全四巻（新人物往来社、一九八九〜一九九〇年）
→『幕臣人名』
『日本古典文学大辞典』全六巻（岩波書店、一九八三〜一九八五年）
→『古典文学』
西沢淳男編『江戸幕府代官履歴辞典』（岩田書院、二〇〇一年）
→『代官履歴』

一、本書の利用にあたり、検索の便を図るため、巻末に通称・官名・国名索引を掲載した。

一、巻末に「幕府職制一覧」を掲載した。

目　次

徳川幕臣人名辞典

あ

秋鹿朝正《あいかともまさ》（一五八〇～一六五六）

天正八年（一五八〇）に代官秋鹿直朝の二男として生まれる。母は浅井道忠の息女。長四郎・長兵衛と称した。妻は長田吉政の息女。秋鹿家の先祖は出雲国秋鹿郡に住したが、足利尊氏より遠江国の地頭職に補せられ、以後代々同国中泉に住し、朝兼─朝延と今川氏に仕えたという。朝延の跡の直朝（朝正の父）は徳川家康に仕え、府八幡宮の神職を勤めるとともに、代官に登用された。以後、朝正─朝重─道重と代官職を世襲した。朝正は、舅浅井道多の養子となるが、のち道多に男子が生まれたため秋鹿家に帰った。慶長元年（一五九六）に初めて徳川秀忠に拝謁し小性を勤め、同十四年家督を相続し、元和五年（一六一九）代官となり、遠江国船明《ふなぎら》山の榑木《くれき》奉行を兼ねる。寛永元年（一六二四）六月八日に同国新居御殿の普請奉行を勤める。以上は『新訂寛政重修諸家譜』によるが、別の系譜では、朝正は道多の二男で長四郎と称し、寛永十四年に実子のいない直朝の養子となり、秋鹿長兵衛と称したといい、実際に元和・寛永年間の浅井長四郎から勘定所に提出された支配所の年貢勘定目録が残存する。ただし、寛永八年作成の年貢勘定目録は浅井長四郎、同十年作成のそれは秋鹿長兵衛の名になっているので、養子になったとすればこの間と思われる。明暦二年（一六五六）六月八日、中泉にて死去。享年七十七（八十五とも）。法名は仙英。菩提寺は遠江国豊田郡久保村の泉蔵寺。　（佐藤）

【典拠・参考文献】『寛政譜』第十五・二三三頁、『磐田市史』史料編4

秋鹿道重《あいかみちしげ》（一六四二～一六九七）

寛永十九年（一六四二）に代官秋鹿朝重の長男として生まれる。母は門奈宗忠の息女。初め朝均《ともやす》、八十郎・長兵衛と称した。妻は安部信之の息女。寛文三年（一六六三）に初めて四代将軍徳川家綱に拝謁し、延宝六年（一六七八）八月十六日に家督を継ぎ、代官となり、遠江国船明山の榑木奉行を兼ねる。貞享三年（一六八六）から元禄十年（一六九七）にかけて、道重が勘定所に提出した支配所の年貢勘定目録が残存する。同十年二月二十日に死去。享年五十六。法名は玄機。道重死去後、子朝就は稟米を没収され、以後秋鹿氏は、中泉において代々府八幡宮の神主を勤める。　（佐藤）

【典拠・参考文献】『寛政譜』第十五・二三四頁、『磐田市史』史料編4

会田資敏《あいだすけとし》（一七一七～一七七六）

享保二年（一七一七）に生まれ、伊右衛門と称す。妻は羽太権兵衛正員の息女で、後妻は森惣右衛門種雅の息女。元文五年（一七四〇）閏七月二十五日に家督を継ぐ。家禄は五〇〇石。同年十月晦日に大番を列し、寛延二年（一七四九）六月二十三日、信濃国中野にて代官となる。その後、江戸・大和国奈良・駿河国駿府、陸奥国柴橋を経て、安永五年（一七七六）十月二十六日石見国大森の官舎において死去する。享年六十。法名は道忠で、勝源寺に葬られる。　（高木）

【典拠・参考文献】『寛政譜』第十・五六頁、『代官履歴』

合原義直《あいはらよしなお》（生没年未詳）

通称は猪三郎。任官後は伊勢守・左衛門尉を名乗る。安政五年（一八五八）に下田調役並から外国奉行支配調役となる。また万延元年（一八六〇）には神奈川奉行支配調役となり、文久三年（一八六三）には神奈川奉行支配組頭から神奈川奉行並に昇進し、一〇〇俵高が加増された。元治元年（一八六四）には目付、慶応元年（一八六五）に長崎奉行並となり、同二年九月二十七日に外国奉行となった。同日、英国・仏国在留を仰せつけられている。同四年（一八六八）陸軍奉行並より大目付となるが、同年二月十九日に職を辞した。　（津田）

【典拠・参考文献】『柳営補任』、『旗本百科』第一巻

青木昆陽《あおきこんよう》　（一六九八～一七六九）

元禄十一年（一六九八）五月十二日に日本橋の魚問屋佃田屋半右衛門の子として生まれる。母は町医者の村上宗伯の娘といわれる。諱は敦書《あつのり》、通称は半五郎・文蔵、昆陽と号した。幼いときから学問を好み、京都に赴いて古義学の伊藤東涯の門人となり、経学・経済・法制を学んだ。江戸へ帰ってから八丁堀の地で塾を開き、同じ敷地内に住んでいた町奉行所与力の加藤枝直の推挙によって、当時町奉行であった大岡忠相の知遇を得た。享保の飢饉に際し、救荒作物としての甘藷に注目して『蕃藷考』とその国字訳を著し、これが八代将軍吉宗の上聞に達したことから、小石川の薬園で甘藷を試作する機会を得、また『蕃藷考』は官版として版行されることになった。昆陽は享保二十年（一七三五）より幕府の「御書物写の事」に携わるようになり、毎年白銀を下賜されていたが、元文四年（一七三九）三月八日には正式に幕府へ召し出され、一〇人扶持を支給されて御留守居の配下となり、同年四月九日には書物御用達に任ぜられた。翌五年七月三日からは寺社奉行に転じていた大岡忠相の支配となり、甲斐・信濃・遠江および関東諸国の古文書の採集に従事し、これらをまとめて将軍吉宗へと献上した。また、この頃から御目見医師の野呂元丈とともに吉宗よりオランダ文辞の習得を命じられ、毎年参府するオランダ人たちから文字や文学を学んだ。そののち紅葉山火之番を経て、延享四年（一七四七）七月十五日には評定所儒者となり、扶持を改められて蔵米一五〇俵取の旗本となった。明和四年（一七六七）二月十六日には書物奉行に転じている。おもな著作には『蕃藷考』のほか、『経済纂要』『昆陽漫筆』『和蘭和訳』『和蘭文訳』などがある。明和六年十月十二日に七十二歳で死去。法名を一清といい、三田の済海寺に葬られた。　（太田尚）

【典拠・参考文献】『寛政譜』第二十・一五七～一五八頁

青木忠陽《あおきただひさ》　（一七五六～没年未詳）

宝暦六年（一七五六）に生まれる。八百之丞、忠左衛門と称した。実父は丹羽八左衛門長義。妻は守屋弥惣右衛門原福の息女。小十人の青木忠盈《ただみつ》の末期養子として、安永元年（一七七二）十二月三日に十七歳で青木家の家督を継ぎ、廩米は一五〇俵であった。青木家は忠盈の二代前の忠英《ただふさ》が能役者であり、五代将軍徳川綱吉に抜擢されて幕臣となった。天明六年（一七八六）八月十三日から西丸表右筆を勤め、同年閏十月二十日から本丸勤務となる。寛政三年（一七九一）八月二十三日に奥右筆見習、同年十一月十一日に奥右筆となった。同十年六月二十二日に日光東照宮の御霊屋修復に尽力した褒賞として黄金二枚を授与された。文化十三年（一八一六）八月八日に奥右筆組頭となり、文政九年（一八二六）二月十八日に精勤につき一〇〇俵加増された。同十二年四月十四日に隠居した。菩提寺は小石川の無量院である。　（神崎）

【典拠・参考文献】『柳営補任』、『寛政譜』第二十一・一六三頁

青木安清《あおきやすきよ》　（一六八六～一七六六）

貞享三年（一六八六）に生まれる。次郎九郎と称し、致仕して松山と号す。父は甲府徳川藩家臣で、のちに幕府御蔵奉行などを務めた安長。母は本多康将の家臣河合正

春の息女。妻は武井常信の息女。家禄は二〇〇俵。宝永六年（一七〇九）四月六日に勘定となり、享保十三年（一七二八）七月二日に勘定組頭、寛保三年（一七四三）六月二十五日に京都代官（京都郡代格）となり、布衣を許される。延享三年（一七四六）七月十八日に美濃郡代に移る。宝暦四年（一七五四）九月四日、遺跡を継ぐ。同八年十月二十九日、郡上騒動の処分に連座し、逼塞を命じられ、小普請となる。同九年に逼塞を許される。明和三年（一七六六）十一月二十一日死去。享年八十一。谷中玉林院に葬る。 （山本）

【典拠・参考文献】『寛政譜』第二十一・二四二～二四三頁、『代官履歴』

青木義精《あおきよしきよ》 （一五九六～一六二八）

文禄五年（慶長元・一五九六）年に青木吉永の長男として生まれる。久左衛門と称した。慶長十七年（一六一二）に徳川家康に御目見し、小性に列す。元和元年（一六一五）に近江国甲賀郡で三〇〇石を与えられ、その後小十人となる。寛永三年（一六二六）の将軍上洛に供奉する。同五年八月に豊島正次が江戸城中で井上正就《まさなり》を刺した際、正次を抑えようとして傷を負い、死去。義精には子どもがいなかったが、三代将軍家光が義精の死を惜しみ、妻の胎内に子どもがいる間に遺跡を継がせたという。享年三十三。法名は久荷。 （鍋本）

【典拠・参考文献】『寛政譜』第十一・一一五頁、『干城録』巻一七七

青木義継《あおきよしつぐ》 （一六〇九～一六九四）

慶長十四年（一六〇九）に大番の青木吉永の二男として生まれる。母は森内記の家臣奥田勘左衛門の息女。妻は雀部重良の息女。虎之助・新五兵衛と称した。寛永元年（一六二四）に大番となる。はじめ二〇〇俵を与えられ、同十年二月七日に廩米を知行に改めたうえ二〇〇石を加増され、合計四〇〇石の知行となる。同十九年十二月十日に家督を相続し、これまでの知行地は収められる。慶安二年（一六四九）に目付となり、同四年八月十六日に布衣の着用を許される。同年十二月二十七日に廩米三〇〇俵を加増される。承応三年（一六五四）十一月二十九日に禁裏附となり、摂津国に一〇〇〇石を加増される。明暦元年（一六五五）四月十二日に従五位下遠江守に叙任される。寛文十年（一六七〇）十月二十八日に禁裏附を辞し、翌年二月十八日に作事奉行となり、宗門改役を兼ねる。天和二年（一六八二）二月二十七日に職を辞して寄合となり、翌年十二月二十一日に致仕する。元禄七年（一六九四）十二月八日に死去。享年八十六。法名は丈鉄。 （宮坂）

【典拠・参考文献】『寛政譜』第十一・一一六頁、『柳営補任』

青地林宗《あおちりんそう》 （一七七五～一八三三）

安永四年（一七七五）に松山藩医青地快庵の子として生まれる。名を盈、字を林宗・子遠、芳滸《ほうこ》と号す。蘭学を志して京・大坂、さらに江戸に遊学、馬場佐十郎・杉田立卿《りゅうけい》らに学んだ。文政五年（一八二二）幕府天文台訳官となり、立卿らとともにゴローニン『日本幽囚記』を翻訳し、『遭厄日本紀事』にまとめた。天保三年（一八三二）に水戸藩の侍医・西学都講となる。林宗の著書・訳書は、医学・薬学・物理学など幅広い分野におよび、中でも文政十年（一八二七）に物理学書『気海観瀾』を刊行したことは特筆される。天保四年（一八三三）二月二十二日に死去。享年五十九。浅草曹源寺に葬る。昭和三年（一九二八）松山市の来迎寺に改葬。坪井信道・伊東玄晁・川本幸民・高野長英は、いずれも林宗の女婿。 （工藤）

【典拠・参考文献】大槻如電『新撰洋学年表』（柏林社書店、一九六三年）、日本学士院

編『明治前日本物理化学史』（日本学術振興会、一九六四年）

青山長貴《あおやまながたか》（生年未詳～一八六五）

西丸御小納戸頭取を務めた青山美作守の子。家禄は二〇〇石。天保十年（一八三九）正月十三日に書院番進物番出役より御小納戸となる。同年同月二十九日に西丸御小納戸に、嘉永六年（一八五三）九月二十二日より本丸御小納戸、安政五年（一八五八）十月六日に家定付御小納戸より養君付御小納戸となる。元治元年（一八六四）五月二十四日から二丸御留守居、同年七月二十日から小十人組頭となる。外国御用出役頭取取締を兼帯する。慶応元年（一八六五）四月二十六日に死去。（堀）

【典拠・参考文献】『柳営補任』

青山長容《あおやまながやす》《ながもち》（生年未詳～一八五五）

父は青山長以。三四郎と称した。官途名は能登守・出雲守・美作守。家禄は二〇〇俵。寛政十年（一七九八）八月二十六日に西丸（後の将軍家慶）御伽となる。享和四年（一八〇四）正月二十六日に西丸小性となり、文化七年（一八一〇）五月に西丸御小納戸、天保二年（一八三一）四月には大納言御小納戸頭取を務め、同十三年十二月二十日に西丸御留守居になるが、翌年に御役御免となって勤仕並寄合となる。嘉永二年（一八四九）八月四日に勤仕並寄合より二丸御留守居となる。安政二年（一八五五）十月に死去。（石山）

【典拠・参考文献】『寛政譜』第二十二・一六一頁、『柳営補任』、『旗本百科』第一巻

青山成存《あおやまなりすみ》（一七一四～一七九五）

正徳四年（一七一四）に生まれ、斎宮・七右衛門・但馬守と称した。父は書院番士青山成福《なりとみ》、母は小十人頭久津見充信の息女。妻は伏屋備前守為貞の息女。青山家は江戸時代初期に下総国飯田一万石を領し、のちに大久保長安事件で改易された青山成重の家系で、家禄一二〇〇石。享保十五年（一七三〇）九月二日に家督相続し、延享二年（一七四五）四月四日に書院番となる。宝暦六年（一七五六）三月には幕命で京極高亶とともに鹿児島に赴き、藩主島津重豪の国政を監督し、同十年正月十一日に使番に転じ、同年七月十八日に布衣を許される。その後、同年十二月には目付、同十二年十二月十五日に佐渡奉行、明和七年（一七七〇）六月十七日に普請奉行に進み、同年十二月十六日には従五位下但馬守に叙任している。さらに安永六年（一七七七）十二月一日には勘定奉行、翌七年十一月十二日に田安家家老、寛政四年（一七九二）九月十日に槍奉行となっている。寛政七年十一月二十四日に死去。享年八十二。法名は雋山、菩提寺は小石川宗慶寺である。（滝口）

【典拠・参考文献】『寛政譜』第十二・一〇九頁

青山成次《あおやまなりつぐ》（一五九三～一六三九）

文禄二年（一五九三）に秀忠傅役青山成《なり》重《しげ》の長男として伊勢国に生まれる。満千代・作十郎と称す。妻は徳川頼宣に付属していた彦坂光正の息女。慶長四年（一五九九）、秀忠に拝謁。同九年（一六〇四）三月に小性となるが、同十八年（一六一三）八月、父成重が大久保長安の三男成国を養子としていたため、連座して勘気をこうむる。同二十年（元和元・一六一五）三月に赦免、寄合となる。また同年、大坂夏の陣の功績により金三枚を賜り、十二月に父の旧領のうち下総国香取郡内に一〇〇〇石を給知されるが、元和六年（一六二〇）九月に一部を上総国武射郡に移される。この間元和五年（一六一九）五月に小性組番士となり、同九年（一六二三）九月より西丸に勤仕。寛永九年（一六三二）十一月には自ら望んで大番となる。寛永十六年（一六三九）五月五日、大坂城番の際に死去。享年四十七。

法名雄徹。墓所は小石川の宗慶寺。
（高見澤）

【典拠・参考文献】『寛政譜』第十二・一〇八頁、『徳川実紀』第二篇、『寛永諸家系図伝』

青山盛長《あおやまもりなが》（一六二五～一六八五）

寛永二年（一六二五）に生まれる。はじめ重綱と名乗り、のち盛長と改めた。善五郎・善左衛門と称した。実父は小性組に列していた青山源右衛門重勝で、長男ではあったが本家筋にあたる使番の青山善四郎重長の養子となった。母は青山善左衛門正長の娘、妻は書院番士の高城清右衛門重胤の娘である。慶安元年（一六四八）九月十八日に初めて将軍家光に謁見し、同二年十二月二十六日に書院番の番士となる。承応元年（一六五二）十二月十八日には廩米三〇〇俵を賜う。のちに番を辞し小普請となり、貞享二年（一六八五）六月七日死去する。享年六十一。戒名は浄蓮。浅草の幡随院に葬られる。盛長の死後、彼の妻である高城重胤の娘は、将軍綱吉の生母である桂昌院へ仕えて老女となり、麹町において町屋を拝領している。
（根岸）

【典拠・参考文献】『寛政譜』第十二・一〇五～一〇六頁

青山幸通《あおやまゆきみち》（一六一九～一六七六）

元和五年（一六一九）に年寄（老中）青山幸成の二男として生まれる。母は福永氏。左近・喜右衛門・丹後守と称した。妻は小性組番頭松平忠直の息女、後妻は杉原長房の息女、および勘定奉行伊丹勝長の息女。寛永二十年（一六四三）六月七日に、兄の青山幸利より三〇〇〇石を分知される。正保二年（一六四五）家綱の小性となり、慶安四年（一六五一）八月十六日に、従五位下丹後守に叙任される。明暦二年（一六五六）七月九日に小性組番頭、万治元年（一六五八）六月二十一日に書院番頭となる。延宝四年（一六七六）十月二日に死去。享年五十八。法名は祐山。青山の梅窓院（東京都港区）に埋葬される。
（福留）

【典拠・参考文献】『寛政譜』第十二・九七頁

青山禄平《あおやまろくへい》（生年未詳～一八六三）

父は青山惣左衛門。諱は秀堅、九八郎・大和守・讃岐守と称した。天保二年（一八三一）四月五日に評定所留役より代官となり、同年五月十九日、永々御目見以上となる。弘化四年（一八四七）七月十二日に布衣をゆるされる。嘉永五年（一八五二）閏二月二十八日に西丸（家定）広敷御用人になり、同六年十月二十一日には家定の本丸移徙に伴い本丸勤めとなる。安政三年（一八五六）十二月十五日、御台所（天璋院）御用人となる。万延元年（一八六〇）十一月一日、和宮縁組ならびに下向御用懸となり、文久元年（一八六一）十一月二十二日、天璋院御用人と和宮御用人を兼ねる。同三年六月に死去。
（吉成）

【典拠・参考文献】『柳営補任』、『旗本百科』第一巻

赤井忠皛《あかいただあきら》（一七二七～一七九〇）

享保十二年（一七二七）に小性組組頭赤井忠道《ただみち》の長男として生まれる。権五郎・兵大夫と称し、従五位下安芸守・越前守・豊前守に叙任された。母は町奉行丹羽長守《ながもり》の養女。妻は先鉄炮頭《さきてっぽうがしら》松平政尹《まさただ》の息女（のち離縁）。延享三年（一七四六）八月三日に御小納戸に列し、二か月後には小性に移った。寛延三年（一七五〇）十二月二十七日家督を相続（一四〇〇石を知行）。宝暦十年（一七六〇）五月十三日より、将軍職を辞した徳川家重《いえしげ》について二丸につとめるも、翌年六月家重が死去すると寄合となる（同年八月四日）。その後、小十人頭《こじゅうにんがしら》、先弓頭《さきゆみがしら》を経て、安永三年（一七七四）三月二十日

に京都町奉行に就任。京都町奉行在任中に、公璋《こうしょう》法親王の関東下向（同四年、輪王寺門《りんのうじもん》跡《ぜき》）や後桃園《ごももぞの》院葬儀（同八年）の御用などをつとめた。天明二年（一七八二）十一月二十五日に勘定奉行となり、いわゆる田沼時代後期の幕府財政を担当。同じく勘定奉行であった松本秀持《ひでもち》とともに印旛沼・手賀沼の干拓事業や、大坂町人への御用金令発布など、積極的な財政・金融政策を推進して田沼政権を支えた。しかし、同六年八月に老中田沼意次が失脚すると、これらの政策は中断・廃止され、同年十一月十五日には忠畠も勘定奉行から西丸御留守居へ左遷された（その後寄合となった）。そして、同七年十二月五日には、勘定奉行在任中に越後米の買い上げをめぐって不正があったなどとして知行地の半分を召し上げられ、小普請《ぶしん》入り、逼塞を命じられた。なお、このとき松本秀持のほか、忠畠勘定奉行在任中に勘定吟味役であった飯塚英長《ふさなが》、勘定組頭であった土山孝之《つちやまたかゆき》などが一緒に処罰を受けた。その後、同八年に罪を許されたが、寛政二年（一七九〇）四月二十五日に死去。享年六十四。法名は宗寛。菩提寺は谷中の臨江寺（東京都台東区）。（飯島）

【典拠・参考文献】『寛政譜』第四・三一八頁、『続徳川実紀』第一篇、中井信彦『転換期幕藩制の研究』（塙書房、一九七一年）

赤木唯五郎《あかまつただごろう》（生没年未詳）

只五郎とも。嘉永七年（一八五四）二月十一日、勘定より二条御蔵奉行に就任、安政六年（一八五九）三月五日に新御番へ転役後、文久元年（一八六一）三月二十五日に浦賀奉行支配組頭となり、浦賀奉行と与力・同心との間で意見調整を行うなど、浦賀奉行所の運営に伴う庶務を担った。同二年十二月二十五日、天守番之頭に就任、慶応二年（一八六六）正月二十八日、細工頭に転役するが、同職の廃止に伴い同年十二月二十九日に御役御免、勤仕並小普請入りとなった。（神谷）

【典拠・参考文献】『柳営補任』、『続徳川実紀』第三～五篇

赤松範忠《あかまつのりただ》（生没年未詳）

次郎と称し、播磨守・左衛門尉と名乗る。禄高は三〇一五石。天保八年（一八三七）八月寄合より中奥小性となる。嘉永七年（安政元・一八五四）十月十四日に小性組番頭、安政五年（一八五八）八月二日に書院番頭を歴任した。同六年八月二十八日に外国奉行兼神奈川奉行となり、横浜開港後の貿易問題や外国人殺傷事件の対応に追われた。万延元年（一八六〇）七月二十三日に一旦辞職したが、同年十月二十二日に寄合から書院番頭に再役した。文久三年（一八六三）正月二十日講武所奉行に就任、同月二十三日十四代将軍徳川家茂上洛に随行、御供中は鑓奉行・旗奉行を兼帯した。慶応元年（一八六五）四月二十四日御側衆となり、同年五月に長州征伐のため将軍家茂に従い、同二年十月江戸に帰った。同四年三月病気により御役御免、隠居した。（神谷）

【典拠・参考文献】『柳営補任』、『続徳川実紀』第三～五篇

赤松則良《あかまつのりよし》（一八四一～一九二〇）

天保十二年（一八四一）十一月一日、御徒の吉沢雄之進政範の次男に生まれ、弘化四年（一八四七）十二月に祖父赤松泰助良則の家を継いだ。祖父良則は播磨国網干新在家浦で干鰯問屋・回漕業を営み、竜野藩の廻米御用達を務めた人物で、父政範はその長男にあたり、町奉行筒井政憲の目安方吉沢久之進の娘婿となって、天保六年に御徒に抱え入れられ、のち長崎奉行・下田奉行の与力を務めた。則良は大三郎を称し、妻は幕府奥医師林洞海次女の軾《しき》（のち貞《てい》）。なお、榎本武揚は妻の姉婿にあたり、長女登志子は森鴎外に嫁している。安政四年

（一八五七）正月二十七日、蕃書調所句読教授方出役となり、同年五月十九日には長崎伝習所の第三回伝習生、翌年九月九日に軍艦操練所教授方手伝出役となっている。そして万延元年（一八六〇）には咸臨丸に乗船してサンフランシスコ・ホノルルに行き、文久二年（一八六二）に幕命を受けてオランダに留学している。同地では造船技術を学んでいたが、慶応四年（一八六八）正月、前年十月に将軍慶喜が大政奉還を行った事実を知り、五月十七日に帰国した。維新後は静岡藩に出仕し、沼津兵学校の設立に尽力しするが、明治三年（一八七〇）三月十三日、勝海舟の勧告によって兵部省に出仕した。その後は主に海軍畑を歩み、海軍兵学校大教授・海軍大丞・横須賀造船所所長・海軍省副官・主船局長・海軍造船会議議長・左世保鎮守府司令官・横須賀鎮守府司令官などを歴任し、同二十年には男爵・海軍中将となり、同三十年には貴族院議員に当選、大正六年（一九一七）十一月の喜寿を期に公職を引退した。大正九年（一九二〇）九月二十三日に死去。享年八十。戒名は寿仙院海国南明大居士、菩提寺は駒込吉祥寺である。（滝口）

【典拠・参考文献】赤松範一編注『赤松則良半生談　幕末オランダ留学の記録』（平凡社、一九七七年）

秋田季次《あきたすえつぐ》（生年未詳～一六二四）

秋田実季《さねすえ》の二男として生まれる。二郎九郎と称した。二代将軍徳川秀忠に仕え、大坂の陣の際は秀忠に従って参陣する。寛永元年（一六二四）六月十六日、弓家多《ゆげた》摂津守の息子七之助と喧嘩に及び、突き殺される。法名宗徳。（鍋本）

【典拠・参考文献】『寛政譜』第十・三三五頁、『細川家史料』九

秋間武直《あきまたけなお》（一七五二～一八一八）

宝暦二年、書院番を務めた木原七郎兵衛逵白《みちあき》の二男として生まれる。母は萩原主水正雅忠《まさただ》の養女。鋳蔵・斎宮・新右衛門・東兵衛と称した。御納戸秋間八之丞武福《たけとみ》の末期養子となる。妻は武福の息女、後妻は野本武兵衛于忠《ゆきただ》の息女。安永四年（一七七五）七月十二日に武福が死去したため、十月四日に家督を相続した。このとき廩米四〇〇俵。のちに騎射をつとめて褒美物を賜わる。寛政四年（一七九二）九月二十五日に将軍家斉に初御目見をした。文化六年（一八〇九）田安斉匡（田安家三代当主）の御用人となり、同十四年十二月十五日に家斉息女峯姫の御用人となる。文政元年（一八一八）十二月に死去。菩提寺は浅草の長徳院。（吉成）

【典拠・参考文献】『寛政譜』第二十・四六頁、『柳営補任』、『旗本百科』第一巻

秋元泰朝《あきもとやすとも》（一五八〇～一六四二）

天正八年（一五八〇）に秋元長朝の長男として生まれる。妻は大河内《おおこうち》秀綱の息女。牛坊、孫七郎、茂兵衛と称した。天正十八年に小田原城の人質から逃れ、文禄元年（一五九二）以後、徳川家康に仕える。慶長七年（一六〇二）に武蔵国足立郡にて采地五〇〇石を与えられ、同八年の家康上洛に供奉し、その後、駿府において松平正綱や板倉重昌とともに近習出頭人となる。同十九年の大坂城惣堀埋立ての功により二〇〇〇石を加増され、後、武蔵国足立他二郡、上野国群馬郡にて全て五〇〇〇石を領する。元和二年（一六一六）に本多正純らと家康の柩に従って久能山へ向かい、日光山へ遷す際にも従った。秀忠に仕えてから小性組頭となり、田中忠政の改易時に柳川へ赴き、異国警衛として長崎・福岡などを巡見する。同八年に父長朝の遺領（上野国総社）を併せて領し、その職（小性組頭カ）を解かれた。寛永元年（一六二四）に日光山御宮造営の奉行となる。同三年の秀忠上洛、同五

年の家光に日光社参に従い、同十年に甲斐国郡内の城代をつとめ、加増を受けて一万八〇〇〇石にて同国谷村城に移る。同十三年の日光社参や朝鮮通信使来訪にともなって日光へ赴く。同十九年十月二十三日に死去。享年六十三。法名は道哲泰安照尊院。菩提寺は上野国総社（群馬県前橋市）光巖寺。

（鍋本）

【典拠・参考文献】『寛政譜』第十五・一八九頁

秋山惟祺《あきやまこれよし》 （一七五二～一八一八）

宝暦二年（一七五二）、秋山惟慶（三十郎）の長男として生まれる。生年は不明。松之丞・内記とも称した。妻は近藤玄次郎保好の女。明和四年（一七六七）十二月二十七日に遺蹟を継ぎ、小普請入り。安永五年（一七七六）八月八日に西丸表右筆となるが、同八年四月十六日、徳川家基薨去にともない務めをゆるされる。その後、天明元年（一七三八）五月二十六日に同職に復し、同三年八月十四日には本丸奥右筆に移った。同六年閏十月十三日、十代将軍徳川家治の御新葬および法会に与り、さらに同七年五月二十二日には、将軍宣下を承って、それぞれ黄金一枚を賜っている。寛政八年（一七九六）八月十二日からは西丸奥右筆を兼ね、同九年十二月二十七日には改暦について勤労したことにより、やはり黄金一枚を賜った。文化四年（一八〇七）十月十二日には組頭同格となっている。家禄は一五〇俵扶持から、文化十四年（一八一七）には三〇〇俵に加増された。屋敷は江戸元矢の倉。同十五年一月二十三日に死去。

（浦井）

【典拠・参考文献】『寛政譜』第四・九〇頁、『柳営補任』、『文化十四年武鑑』

秋山鉄太郎《あきやまてつたろう》 （一八三一～没年未詳）

天保二年（一八三一）に御小納戸の秋山兵三郎《ひょうざぶろう》（禄高七〇〇石）の長男として生まれる。下総守を称した。安政三年（一八五六）十一月十二日に部屋住から小性組に入り、文久三年（一八六三）八月六日に歩兵指図役《さしずやく》頭取となり、元治元年（一八六四）八月二十日、歩兵指図役頭取改役を兼務する。翌慶応元年（一八六五）十一月二日に歩兵頭並となり、同二年六月二十五日に布衣を許される。同三年七月十六日に撤兵頭《さっぺいがしら》並《なみ》となり、同年十月二十二日に撤兵一大隊を率いて上京を命じられ、同年十二月、歩兵頭（二〇〇〇石高）となった。同四年一月三日に始まる鳥羽・伏見の戦に参戦するが敗北して帰府。同月二十八日に御役御免となる。

（筑紫）

【典拠・参考文献】『続徳川実紀』第五篇、『柳営補任』、『幕臣人名』第一巻

秋山光條《あきやまてるえ》 （一八四三～一九〇二）

天保十四年（一八四三）に生まれ、小次郎を称し、雪の舎と号した。代々南町奉行所同心の家柄で、父は人足改・御用部屋手附・外国御用掛などを歴任した秋山鉄五郎和光。国学者であった父の影響で早くから国学を志し、平田銕胤・前田夏蔭に国学を学ぶ。彼は維新後神祇官の宣教使に任命され、国体の発揚・人心の鼓舞を目的として、日要新聞を刊行したが、やがて論議が激しくなったために、官省の忌むところとなり、発行停止となった。その後、寒川神社宮司、出雲大社少宮司、三島大社宮司、八坂神社宮司を歴任した。明治三十五年（一九〇二）には寒川神社宮司を命じられたが、同年二月二十一日に死去。享年六十。菩提寺は谷中天王寺である。なお、子息光夫は東京帝室博物館の鑑査官をつとめ、その子息は日本美術史研究の大家として知られる秋山光和氏である。

（滝口）

【典拠・参考文献】『明治維新神道百年史』（神道文化会、一九八四年）、『江戸町与力

の世界—原胤昭が語る幕末—』図録（千代田区立四番町歴史民俗資料館、二〇〇七年）、『原胤昭旧蔵資料調査報告書—江戸町奉行所与力・同心関係史料—（1）・（2）』（千代田区教育委員会、二〇〇八・九年）

秋山直行《あきやまなおゆき》　（一八一九～一八六九）

文政二年（一八一九）に生まれる。秋山家は浅井深右衛門重幸が宝永二年（一七〇五）に丹羽遠江守組の与力に召し出されて以来の家系で、深右衛門が妻の里方の秋山姓を称したのに始まる。久蔵と称した。天保二年（一八三一）に北町奉行榊原主計頭組に抱入となり、その後詮議役市中取締諸色調掛・諸問屋組合再興掛などをつとめた。娘の一人けいが南町奉行所与力佐久間長敬に嫁した。明治二年（一八六九）六月五日に死去。享年五十一。戒名は□静院真行日徳居士、菩提寺は浅草新寺町法泉寺である。

（滝口）

【典拠・参考文献】『原胤昭旧蔵資料調査報告書—江戸町奉行所与力・同心関係史料—（1）・（2）』（千代田区教育委員会、二〇〇八・九年）

秋山正重《あきやままさしげ》　（一五八六～一六四〇）

天正十四年（一五八六）に鉄炮奉行秋山昌秀《まさひで》の二男として甲斐国に生まれる。十右衛門と称す。妻は福島家臣柴田勝成《かつなり》の息女。書院番として大坂の陣に供奉。元和四年（一六一八）に目付となり、上総国長柄郡にて一〇〇〇石を知行。元和九年（一六二三）に兄昌吉《まさよし》が別家となったため、父昌秀の家督下総国内の一〇〇〇石を相続、合計二〇〇〇石を知行する。同年、青山忠俊の領地没収の際に武蔵国岩槻城の受取を担当。十一月半ばには、家光の代始めに精勤を示そうと非番でも出仕した御家人の名を横目役として簿記した。寛永四年（一六二七）十二月二十六日に従五位下修理亮に叙任される。寛永九年（一六三二）六月二日、加藤忠広改易に際し、石河勝政とともに肥後の目付を命ぜられ、十六日熊本へ赴く。同年十月三日、上総国武射・市原郡の内に二〇〇〇石を加増され、合計四〇〇〇石を知行。同年十二月十七日に創設された大目付に水野守信・柳生宗矩・井上政重とともに任命される。寛永十一年（一六三四）の家光の上洛に先立ち、宿割や道途を沙汰する。同十三年（一六三六）の日光社参では、今市旅館・小屋の破損箇所を巡察し、同年十二月の朝鮮通信使の日光参拝を沙汰した。同十五年七月十九日、松倉勝家が斬罪の刑に処せられた際に検使をつとめる。寛永十七年（一六四〇）十月三日に死去。享年五十五。法名理用。墓所は下総国葛飾郡小金村本土寺。

（高見澤）

【典拠・参考文献】『寛政譜』第四・八三頁、『徳川実紀』第二・三篇、『寛永諸家系図伝』

秋山正親《あきやままさちか》　（一六五八～一七一三）

万治元年（一六五八）に生まれる。権七郎・八郎左衛門・七郎左衛門と称す。妻は深津正国の養女。家禄は二〇〇俵。延宝六年（一六七八）三月二十九日に大番となり、元禄元年（一六八八）六月二十八日に御蔵奉行、同五年七月一日に但馬国生野の代官となるが、同十四年八月二十二日に罷免され、小普請入りする。享保元年（一七一六）十一月五日に隠居、同八年四月二十九日に死去。享年六十六。法名は日就。菩提寺は大久保の法善寺である。

（西沢）

【典拠・参考文献】『生野史』校補代官編（兵庫県生野町役場、一九九六年）、『寛政譜』第四・九六頁、『代官履歴』

阿久沢義守《あくさわよしもり》　（一七五七～没年未詳）

藤田忠左衛門成保と、織田左近将監家臣中村三郎左衛門氏喜の娘の息子として生まれ、御徒阿久沢行正の養子となる。初めは成富と名乗り、平次郎・弥平次と称する。妻は橋本金右衛門秀温の娘。御徒を務めた後、支配勘定になり、寛政九年（一七九七）十二月二十八日三十九歳で勘定となる。十年六月二十二日、先に日光山の御宮及び御霊屋修復を務めた功により黄金一枚を賜る。後に佐渡奉行支配組頭を務める。（堀）

【典拠・参考文献】『寛政譜』第十八・四〇四頁、『柳営補任』

芥川元珍《あくたがわもとつら》　（一七三五～一八一四）

享保二十年（一七三五）に薬園預の芥川備元《まさもと》の長男として生まれる。通称は長太郎・長春・小野寺《おのじ》。家禄は一〇〇俵二人扶持。妻は佐藤又八郎豊矩の息女である。芥川家は、はじめ駿河国小野薬師寺の別当であったが、初代正知が家康の側に仕えるようになり、特に「草木の花園」を司ったといわれる。以後、歴代にわたり幕府の御花畑の管理を担当し、三代元風が正徳元年（一七一一）に小石川御薬園御花畑御用を仰せ付けられて以後、薬園預として岡田家とともに小石川薬園の管理を司った。元珍は、明和二年（一七六五）二月十六日に部屋住より召し出されて薬園見習となり、安永四年（一七七五）二月二十七日には隠居した父備元に代わって薬園預となった。天明二年（一七八二）七月二十七日に家督を相続し、文化十一年（一八一四）十二月二十日に八十歳で没した。法名は正覚院宗円日等。下谷の宗円寺に葬られた（ただし芥川家の墓所は、明治四十四年に堀之内妙法寺へ移転している）。（太田尚）

【典拠・参考文献】『寛政譜』第二十・二八〇頁、上田三平『日本薬園史の研究』（私家版、一九三〇年）

朱楽菅江《あけらかんこう》　（一七四〇～一八〇〇）

元文五年（一七四〇）に生まれる。朱楽菅江は狂歌名で、本名は山崎景貫、はじめの諱は景基であった。通称は郷助、号には淮南堂・貫立・朱楽館・芬陀利華庵・道父などがある。妻は幕臣小宮山常右衛門昌俊の娘で「まつ」といい、節松嫁々《ふしまつのかか》という狂歌師でもあった。菅江は市ヶ谷二十騎町に居住して、幕臣として先手組与力を務める一方、内山賀邸のもとで和歌を学んでいたが、同門の四方赤良《よものあから》（大田南畝）・唐衣《からごろも》橘洲《きっしゅう》・平秩東作《へずつとうさく》らの影響を受けて、次第に狂歌や洒落本をつくり始めた。やがて妻とともに門下を集めて朱楽連をつくり、天明三年（一七八三）には『万載狂歌集』を出版して大成功をおさめる。同五年には『故混馬鹿集《ここんばかしゅう》』を出版、狂歌界の巨頭として名を馳せるようになる。また『絵本江戸爵《すずめ》』などの狂歌絵本の編者にもなっている。寛政改革期になると、幕臣に対する綱紀粛正の動きや出版統制などの影響もあって、次第に狂歌から和歌への接近を図るようになり、『狂歌大体』を記して門人たちへ与えた。寛政三年（一七九一）頃に隠居して不忍池畔に住み、芬陀利華庵と称した。同十年十二月十二日に死去。享年六十一。法名は運光院泰安道父居士。上高田（現東京都中野区）の青原寺に墓地がある。（太田尚）

【典拠・参考文献】『古典文学』、『日本近世人名辞典』

明楽茂昭《あけらしげあきら》　（生没年未詳）

御広敷伊賀者明楽政晴《まさはる》の三男として生まれる。源之助と称した。延享三年（一七四六）九月二十八日に御広敷伊賀者となり、御庭番・御広敷添番並を務めた。（石山）

【典拠・参考文献】『寛政譜』第二十一・二三七頁

明楽茂村《あけらしげむら》　（一七六〇～一八四一）

宝暦十年（一七六〇）に広敷添番並《ひろしきそえばんなみ》（御庭番兼帯）明楽茂昭《しげあきら》の子として生まれる。源次郎・八五郎・八郎右衛門と称し、従五位下飛驒守に叙任された。母は西尾氏の息女。妻は山口氏の息女。明楽家は、もと紀州家の家臣であったが、吉宗が将軍職就任に際して江戸に召し連れ、広敷伊賀者《ひろしきいがもの》に任命して幕臣化させた（この系譜の家筋は一七家）。享保四年（一七一九）に御庭番番所が設けられると、彼らは御庭番として奥庭の警備を担当するとともに隠密御用として諸大名の動向や諸役人の勤務状況、世情、風評などの探索活動に携わった（御庭番は享保十一年に正式な役職となる。また、御庭番一七家筋は、その後分家・廃絶などがあって、幕末には二二家筋となる）。茂村は、明和三年（一七六六）十月四日に家督を相続し、のち広敷添番並となって御庭番をつとめた。その後、普請方改役《ふしんかたあらためやく》、普請方下奉行《ふしんかたしたぶぎょう》を経て、寛政六年（一七九四）七月二十五日に旗本に列して同日西丸庭の者支配（西丸・二丸山里の御庭預）となった。この間茂村は御庭番として天明七年（一七八七）の江戸打ちこわしの情報収集に従事した。さらに、同九年四月七日に御休息庭の者支配に移り、同年九月十四日に御賄頭、文化十年（一八一三）閏十一月十二日に腰物奉行、同十三年十二月二十日に勘定吟《かんじょうぎん》味役上座《みやくじょうざ》に就任した。勘定吟味役在任中は老中水野忠成《ただあきら》のもとで、同じく御庭番出身の勘定奉行村垣定行《さだゆき》とともに貨幣改鋳による幕府財政再建につとめた。また、関東や東海道の川々普請御用のほか「御勝手《おかって》繰合御用《くりあいごよう》」などもつとめた。こうした功績により、天保三年（一八三二）三月十五日に勘定奉行に昇進し（実禄五〇〇石となる）、同八年八月にはさらに三〇〇石の加増をうけた。御庭番家筋は御目見以下であったから、格別の出世といえる。勘定奉行になってからも勝手方を担当し、天保八年の米価高騰のさいには江戸市中の窮民救済に尽力した。また、天保期の貨幣鋳造御用にも携わるなど、老中水野忠邦《ただくに》のもとでも幕府財政の運営にかかわったが、同十二年正月に死去。享年八十二。（飯島）

【典拠・参考文献】『寛政譜』第二十一・二三七頁、『続徳川実紀』第一・二篇、『柳営補任』、深井雅海『江戸城御庭番』（中央公論社、一九九二年）

明楽允武《あけらまさたけ》（一七二二～没年未詳）

御広敷伊賀者明楽政晴《まさはる》の二男として生まれる。母は紀州藩士糸川元晴安治の娘。先祖は姓を寒川と称していたが、樫右衛門正親の時に明楽に改め、紀伊家に仕えて享保元年（一七一六）御家人に召し加えられた。この正親は允武の祖父にあたる。允武は三之丞・善次郎・忠蔵・嘉太夫などと称し、致仕後は香山と号した。山里伊賀者・御広敷伊賀者・御庭番・後広敷添番並を務めて、御賄調役となる。安永五年（一七七六）六月二十八日に吹上添奉行、天明七年（一七八七）八月十一日には吹上奉行となる。寛政九年（一七九七）七月二十九日に職を辞して小普請となり、このとき黄金二枚を賜う。同十年十一月二十九日七十七歳のときに致仕する。（石山）

【典拠・参考文献】『寛政譜』第二十一・二三七頁

明楽茂正《あけらもせい》（生年未詳～一八五三）

八五郎と称し、大隅守を名乗る。御庭番の家筋である明楽家の三代目で、文政十年（一八二七）十二月二十七日に両番格御庭番より西丸御膳奉行に就任しているが、その間三度にわたり遠国御用を勤めている。天保八年（一八三七）四月二日に本丸御膳奉行、翌年十一月二十五日に広敷用人となり、同十二年四月に家督八〇〇石を継ぐ。同年五月二十日に西丸広敷用人、翌年八月二十四日に禁裏付、嘉永二年（一八四九）正月二十日に京都町奉行、同三年八月二十四日に小普請奉行、翌年十二月二十日より普請奉行を歴任した。同六年六月十三日に死去。（橋本）

【典拠・参考文献】深井雅海『徳川将軍政事権力の研究』(吉川弘文館、一九九一年)、『旗本百科』第一巻

浅井健次郎《あさいけんじろう》　(生没年未詳)

小普請医師平井由軒の子として生まれる。祖父は同じく小普請医師平井省庵。養父は勘定役浅井次郎吉、養祖父は小十人浅井伊助であった。家禄は二一九石二斗余(『柳営補任』には二一九石七斗余とある)。文政四年(一八二一)十一月十六日、部屋住より勘定役となり、天保四年(一八三三)十二月二十七日に家督を相続。天保十年(一八三九)に田安家勘定奉行、同十三年五月二十七日には田安家郡奉行、同年十月には田安家用人となる。その後、嘉永元年(一八四八)四月八日に田安家番頭格用人(田安殿用人物頭)、安政四年(一八五七)十二月二十三日に田安家番頭用人となる(『諸向地面取調書』では、安政二年に田安家用人番頭格となっている)。万延元年(一八六〇)十月一日に二丸御留守居となった。文久二年(一八六二)七月九日、御役御免で勤仕並寄合となる。屋敷は江戸本所にあった。　(浦井)

【典拠・参考文献】『柳営補任』、『江戸幕臣人名辞典』、『諸向地面取調書』

浅井道博《あさいみちひろ》　(生年未詳～一八八五)

六之助・雁六と称し、妻は荒井清兵衛娘。浅井家は西三河の浅井村発祥で、家禄は二〇〇俵、代々大番を務める家系である。道博は当初大番として出仕していたが、元治元年(一八六四)十一月二十二日に開成所取締役となり、慶応三年(一八六七)三月二十日に砲兵差図役となった。維新後は静岡藩に出仕し、沼津兵学校で二等教授方として活躍するが、明治四年(一八七一)に兵学校の政府移管により、陸軍少佐兼兵学権助となる。その後、陸軍兵学寮の兵学頭(大佐)を経て、同十三年三月には太政官大書記官、翌十四年一月から十八年六月までは参謀本部副官を歴任し、その間の同十六年二月には海防局長を兼務している。明治十八年(一八八五)に死去。菩提寺は下谷広徳寺采雲院である。　(滝口)

【典拠・参考文献】『寛政譜』第十・七一～七三頁、『柳営補任』、樋口雄彦『旧幕臣の明治維新―沼津兵学校とその群像―』(吉川弘文館、二〇〇五年)

朝夷義智《あさいよしとも》　(生没年未詳)

裏門切手番頭竹田政盛《まさもり》の三男として生まれ、朝夷市右衛門の養子となる。鍋之助・伊織と称した。元禄五年(一六九二)十二月五日に家督を相続する。同六年五月十九日に大番となり、同十三年四月二十二日に浅草御蔵奉行となる。享保五年(一七二〇)三月十二日に二〇〇石を加増され、六〇〇石の知行となる。同七年四月九日より大坂御蔵奉行仮役を務め、同九年六月二十二日に辞す。同十三年十二月二十六日に致仕。　(宮坂)

【典拠・参考文献】『寛政譜』第九・六六頁

浅岡直澄《あさおかなおすみ》　(一七四九～一八一二)

寛延二年(一七四九)に代官浅岡胤直の三男として生まれる。三五郎・彦四郎と称する。妻は鈴木当鄰の息女。家禄は二五〇俵。安永五年(一七七六)十一月二十九日に兄直央の養子となり家督を継ぐ。同八年二月九日に西丸御腰物方となり、同年四月十六日に本丸、天明元年(一七八一)五月二十六日に西丸、同六年閏十二月二十日に再び本丸に勤める。寛政元年(一七八九)閏六月十八日に関東代官へ転じる。同八年十月十三日に豊後国高松、同十一年に関東代官を歴任、文化九年(一八一二)五月七日に現職で死去。享年六十四。菩提寺は今戸の慶養寺である。　(西沢)

【典拠・参考文献】『寛政譜』第二十二・

三頁、『代官履歴』

朝岡泰勝《あさおかやすかつ》　（一五七四～一六三〇）

天正二年（一五七四）生まれ。香松・久兵衛を称すが、朝岡豊興の呈譜には秀松とある。朝岡氏は、もともと宇都宮を称していたが、泰勝より三代前の泰元のときに朝岡へ改称したという。父は徳川家康・秀忠二代にわたり仕えた泰国。母は松下範長の娘。妻は北条家の旧臣笠原信為の娘。父の泰国は、主君である石川伯耆守数正とともに徳川家康に仕えていたが、天正十三年（一五八五）になり数正が豊臣家へと奉公、泰国は徳川家に残っていた。その後、再び数正を旗本へ帰参させるために泰国が使者となるが、その際に香松（泰勝）が人質として本多忠勝のもとへ預けられたという。幼少期を本多家で過ごした泰勝は、その後、徳川秀忠に仕え、杉浦親俊とともに諸国金銀奉行を務めた。寛永七年（一六三〇）四月十九日に死去。享年五十七。法名は全珪。相模国高座郡永明寺（神奈川県藤沢市）に葬られている。（保垣）

【典拠・参考文献】『寛政譜』第十二・五七頁

朝岡泰直《あさおかやすなお》　（一六〇一～一六五二）

慶長六年（一六〇一）に朝岡泰勝の二男として生まれる。母は北条氏家臣笠原信為の息女。丑之助・久兵衛と称した。妻は土屋勝正の息女。徳川秀忠に仕え、小性組を勤める。寛永七年（一六三〇）に父泰勝の遺跡のうち五二〇石を分与され、のち御金奉行となる。摂津代官末吉氏の年貢勘定目録では寛永十一年より正保年間にかけて、遠江代官秋鹿氏の年貢勘定目録では同十四年より正保年間にかけて、その名が登場する。慶安五年（承応元・一六五二）八月二日に死去。享年五十二。法名は秀月。菩提寺は浅草本願寺の徳本寺。（佐藤）

【典拠・参考文献】『寛政譜』第十二・六〇頁、大野瑞男『江戸幕府財政史論』（吉川弘文館、一九九六年）

安積艮斎《あさかごんさい》　（一七九一～一八六一）

寛政三年（一七九一）に陸奥国安積郡郡山（現福島県郡山市）にある安積国造神社の神主安藤親重の三男として生まれる。母は今泉氏。名は重信、信。字は思順、子明。祐助と称する。後に艮斎、見山楼と号した。江戸に出て佐藤一斎の家僕となった後、林述斎の門に入る。神田駿河台に塾を開き、ついで麹町にも塾を開く。天保七年（一八三六）に陸奥国二本松藩の藩儒となり、同十四年には藩校敬学館の教授となる。このとき、安積に姓を改めている。弘化二年（一八四五）、十三代将軍徳川家定に謁し、嘉永三年（一八五〇）四月二日には昌平黌の儒官に抜擢され、禄高二〇〇俵を給わる。万延元年（一八六〇）九月二十七日には役料一〇〇俵を給わる。著書に、『艮斎文略』七巻、『艮斎詩略』三巻、『艮斎間話』二巻、『朱学管窺』一巻、『史論』二巻などがある。文久元年（一八六一）三月三十日に死去。享年七十一。菩提寺は本所妙源寺（現在は葛飾区堀切へ移転）。（西）

【典拠・参考文献】高瀬代次郎『佐藤一斎と其門人』（南陽堂本店、一九二二年）、中村安宏、村山吉廣『佐藤一斎・安積艮斎』（明徳出版社、二〇〇八年）、近藤春雄『日本漢文学大事典』（明治書院、一九八五年）、竹内誠・深井雅海編『日本近世人名辞典』（吉川弘文館、二〇〇五年）、『旗本百科』第一巻

朝倉在重《あさくらありしげ》　（一五八三～一六五〇）

天正十一年（一五八三）に朝倉六兵衛在重の二男として生まれる。実母は末高正長の息女。妻は牧野五郎兵衛の息女。仁左衛門と称した。慶長二十年（一六一五）、大坂夏の陣での軍功により、二代将軍徳川秀忠に仕えて書院番に列し、のちに御膳番となった。寛永二年（一六二五）七月二十七

日に目付に転任し、上総国望陀《もうだ》・下総国葛飾両郡内において五〇〇石を拝領した。のちに布衣の着用を許された。同七年四月に使番となり、葛飾郡内において五〇〇石を加増された。同十年十二月二十六日に甲斐国八代郡内において一〇〇〇石を加増され、計二〇〇〇石を拝領した。同十三年七月十三日、鳥取藩主池田勝五郎（のち光仲）が幼少のため、それに代わって国目付として領地に赴き、政務を監督した。同十六年七月十八日、町奉行となり、同十八年正月二日、従五位下石見守に叙任された。慶安三年（一六五〇）十一月十九日に死去。享年六十八。法名は松瑞。四谷の全勝寺（東京都新宿区）に葬られた。（白根）

【典拠・参考文献】『寛政譜』第十一・一二九～一三〇頁

朝倉俊徳《あさくらしゅんとく》 （生没年未詳）

旗奉行朝倉播磨守俊光《としてる》の子息として生まれる。祖父は西丸御徒頭朝倉勘四郎。勘四郎とも称し、後に式部少輔・播磨守と名乗る。文政十一年（一八二八）十二月一日、書院番より御小納戸となる。天保八年（一八三七）四月二日には西丸御小納戸、同十二年三月二十三日には御小納戸となり、嘉永六年（一八五三）九月二十二日に十三代将軍家定付の御小納戸となり、次いで安政五年（一八五八）には、十四代将軍家茂付の御小納戸となった。文久元年（一八六一）十二月十六日に諸大夫、翌二年三月九日には御小納戸頭取格となり、同十月には御小納戸頭取となる。元治元年（一八六四）五月二十四日、田安家家老となるが、同年十月二十三日には同職を退き、小性組番頭格御側御用御取次見習に移る。慶応元年（一八六五）十月九日に御側御用御取次となるが、翌二年十二月二十四日に再び田安家家老となる。同三年十二月二十八日、御役御免で勤仕並寄合となり、同四年三月八日には御留守居となった。屋敷は、居屋敷が江戸表四番町に八〇〇坪、拝領屋敷が浅草観音後ろに一〇〇〇坪あった。（浦井）

【典拠・参考文献】『柳営補任』、『慶応二年武鑑』、『幕臣人名』、『諸向地面取調書』

朝倉俊光《あさくらとしてる》 （生年未詳～一八四七）

西丸御徒頭朝倉勘四郎の子息として生まれる。勘四郎・善太郎とも称し、後に播磨守と名乗る。文化二年（一八〇五）十月十四日、小性組より御小納戸となり、文政十三年（一八三〇）には御小納戸頭取となる。天保八年（一八三七）二月九日、田安家家老となり、五〇〇石に加増。同十年四月七日、尾張家手元用向を兼ねる。同月二十六日、御留守居次席の格となり、同十二年十一月三十日には旗奉行となった。弘化四年（一八四七）十一月三日死去。屋敷は江戸四番町にあった。（浦井）

【典拠・参考文献】『柳営補任』、『天保十三年武鑑』

浅田宗伯《あさだそうはく》 （一八一五～一八九四）

文化十二年（一八一五）五月二十三日、信濃国筑摩郡栗林村（長野県松本市）に生まれる。父は医師の済庵（惟諧《これゆき》）、母は横山氏。幼名は直民、後に惟常《これつね》と改名。号は栗園。浅田氏は多田満仲の末裔といい、木曽義仲に属し筑摩郡塩尻郷浅田城を拠点とした武士であった。のち鎌倉幕府の御家人となり、戦国期に栗林村に帰農し灯油を製して家産をなした。宗伯の祖父東斉は医業に転じ、以後済庵、宗伯へと継承された。宗伯は天保三年（一八三二）、京都に出て漢方医学を学び、そのかたわら頼山陽に師事。大塩平八郎にも入門するが、大塩の挙兵を察し辞去したという。同七年五月、江戸に出て開業するも、同九年四月十七日に父の危篤に接し帰郷した。この間、伯父佐久間氏の息女を娶る。父の死後再び江戸に出て、同年七月に宗伯と改めた。その後、高遠藩などの大名屋敷で医療活動を行い名声を高める。文久元年(一八六一)から慶応二年(一八六六)の『武鑑』には、「御目見医師」の欄にその名が記される。文久期のコレラ・麻疹流行の際には患者があいつぎ、文久三年の診断者数は実に四五九一名にのぼった。慶応元年八月にはフランス公使レオン・ロッシュの腰背痛を治療。リウマチと診た蘭方医に対し、脊髄大腿骨陥没などの異常を認め、適切な治療を施し完治させ、フランス皇帝ナポレオン三世から褒賞された。翌二年七月、大坂滞陣中の十四代将軍徳川家茂を往診するため奥医師に従い上坂。同月十六日には自身も奥医師(二〇〇俵高)に召し出され、家茂の病気を脚気と正確に診断するが最早手後れであった。蘭方医はこの時もリウマチと誤診していた。同年二年十二月十八日には法眼に叙せられ、同四年三月十九日には天璋院御匙《おさじ》医手代に任じられるなど、大奥から信頼を得た。戊辰戦争期には、天璋院が書いた徳川家存続の歎願書を薩摩藩隊長に届ける幾島に同行し、大総督府参謀西郷隆盛と談判を重ねるなど、徳川家救済に尽力する。徳川家に従い駿河に移住し、静岡藩奥医師となるが(「静岡藩官職吏員一覧」)、明治四年(一八七一)、東京牛込区横寺町に隠棲した。同七年、日本初の漢方専門病院である如春病院を浅草蔵前に設立。同十二年八月三十一日に明宮嘉仁親王《はるのみやよしひと》(のちの大正天皇)が誕生すると、侍医となり奉仕した。同二十七年三月十六日、牛込の自宅において八十歳で死去。墓は東京都台東区の谷中霊園にある。蘭方医の隆盛のなか漢方の孤塁を守った医家の一人で、宗伯の死後、漢方の伝統は一時途絶える。なお、宗伯が創製した「さらし水飴」は、弟子堀内槐堂《かいどう》に製造・販売が委託され、「のど飴」として販売拡張が図られた。これが現在も愛用される「浅田飴」である。 (藤田)

【典拠・参考文献】『続徳川実紀』第五篇、赤沼金三郎『浅田宗伯翁伝』(寿盛堂、一八九五年)、五十嵐金三郎『浅田宗伯書簡集』(汲古書院、一九八六年)、富田仁編『事典近代日本の先駆者』(日外アソシエーツ、一九九五年)、深井雅海・藤實久美子編『江戸幕府役職武鑑編年集成』三十三~三十五巻(東洋書林、一九九九年)

浅野氏祐《あさのうじすけ》 (生没年未詳)

通称は一学、伊賀守を名乗った。父親は浅野一学。万延元年(一八六〇)に使番より目付となり、同年十一月には和宮の「縁組御用并御下向之節御供」を勤めている。その後和宮の縁組に関する御用を江戸において取り扱った。文久元年(一八六一)に諸大夫となった。文久二年十月十七日に大目付から神奈川奉行となり、翌年五月には外国奉行を兼帯した。その後いったん外国奉行の職を辞すが、慶応二年(一八六六)、陸軍奉行並から外国奉行に再任となり、仏国在留を仰せつけられた。また外国奉行から勘定奉行となり、陸軍奉行並と勘定奉行を兼帯していたことから、同三年に五〇〇〇俵を給された。 (津田)

【典拠・参考文献】『柳営補任』

浅野長武《あさのながたけ》 (一六六三~一七一二)

寛文三年(一六六三)、播磨赤穂藩浅野家の家臣大石良重(大石良雄の大叔父)の子息として生まれる。母は赤穂藩主浅野長直《なが》の娘。赤穂浅野家の分家旗本寄合浅野長賢《かた》の養子となり、その娘を妻とする。左兵衛と称した。貞享三年(一六八六)十二月六日に家督を継ぐ。家禄は知行三五〇〇石であった。元禄十一年(一六九八)四月朔日に書院番組頭となり、同年十二月二十九日、布衣を許される。以後、先手鉄炮頭・持弓頭を歴任し、正徳二年(一七一二)九月二十一日に死去。享年は五十。法名全中。

貝塚の青松寺に葬られる。長武は赤穂事件で著名な浅野長矩《ながのり》の従兄にあたる。元禄十四年三月十三日には長矩の刃傷事件に連座、元禄十五年十二月十九日には吉良邸討入り事件に連座し、ともに出仕を留められている。（田原）

【典拠・参考文献】『寛政譜』第五・三四八、三五〇頁、『元禄時代がわかる。』（アエラムック、朝日新聞社、一九九八年）

浅野長恒《あさのながつね》 （一六五八～一七三二）

万治元年（一六五八）、播磨赤穂藩浅野家の家臣大石良重（大石良雄の大叔父）の子息として生まれる。母は赤穂藩主浅野長直の娘。長三郎・隼人と称する。妻は赤穂城請取を担当した木下台定《きんさだ》（備中足守藩主）の娘。寛文十一年（一六七一）三月五日に長直の領知の内新田分三〇〇〇石を分与され寄合に列する。元禄六年（一六九三）五月十日に使番となり、同年十二月十八日に布衣を許される。以後、山田奉行・堺奉行を歴任し、元禄十三年十二月二十一日には美濃守に任じられている（のちに壱岐守・市正と転任）。享保十七年（一七三二）閏九月七日に死去。享年は七十五。法名は良啓。高輪の泉岳寺に葬られる。長恒は赤穂事件で著名な浅野長矩《ながのり》の従兄にあたる。山田奉行在職中の元禄十四年三月十四日に長矩の刃傷事件に連座して出仕を留められ、同年五月六日には罷免されている。また、元禄十五年十二月十五日には吉良邸討入り事件に連座して出仕を留められている。（田原）

【典拠・参考文献】『寛政譜』第五・三四八、三五二頁、第十八・一三九頁、『元禄時代がわかる。』（アエラムック、朝日新聞社、一九九八年）

浅野長広《あさのながひろ》 （一六七〇～一七三四）

寛文十年（一六七〇）に播磨赤穂藩主浅野長友《ながとも》の二男として生まれる。母は志摩鳥羽藩主内藤忠政《ただまさ》の娘。戌千代・大学と称する。妻は伊勢薦野藩主土方雄豊《かつとよ》の嫡子（豊《とよ》高《たか》、父に先立ち死去）の娘。元禄七年（一六九四）八月二十一日、兄長矩《ながのり》（播磨赤穂藩主）の領地の内新田分三〇〇〇石を分与され寄合に列する。元禄十四年三月十五日、長矩による江戸城内での刃傷事件に連座して閉門となり、赤穂浅野本家ともども領地を収公される。元禄十五年七月十八日に閉門を赦され、幕命により広島藩浅野家に御預となり、宝永七年（一七一〇）九月十六日、知行五〇〇石を賜り寄合に復している。享保九年（一七二四）七月十九日に致仕し、享保十九年六月二十日に死去。享年六十五。法名涼山。高輪の泉岳寺に葬られる。（田原）

【典拠・参考文献】『寛政譜』第五・三四九頁、第五・三六〇頁、第十三・二三一頁、『元禄時代がわかる。』（アエラムック、朝日新聞社、一九九八年）

浅野長祚《あさのながよし》 （一八一六～一八八〇）

文化十三年（一八一六）六月九日に生まれる。金之丞と称し、中務少輔・備前守・和泉守と名乗った。号は池香・蔣潭・梅堂《ばいどう》。父は寄合（無役）の浅野内記《ないき》長泰（禄高三五〇〇石）で、播磨国赤穂《あこう》浅野氏の支族の家系である。長祚は、天保十年（一八三九）一月十一日に寄合から使番となり、同十二年七月一日に目付、翌十三年十月二十四日に甲府勤番支配、弘化二年（一八四五）三月十五日に先手鉄砲頭となる。同四年五月二十七日に浦賀奉行となり、嘉永二年（一八四九）のイギリス軍艦マリナー号の来航に対応した。同五年閏二月十日に京都町奉行となり、京都周辺の陵墓などの調査を指揮して、「歴代廟陵考補遺」を著し、安政元年（一八五四）の皇居炎上後は、川路聖謨《としあきら》らと禁裏造営掛を兼役した。同五年二月に老中堀田正睦《まさよし》が上京すると通商条約の勅許を得るために尽力。井伊直弼《なおすけ》が大老に就任すると、一橋派と見なされ、同五年六月五日に小普請奉行に移され、同六年八月二十八日に御役御免、寄合となる。文久二年（一八六二）七月八日に寄合肝煎《きもいり》となり、同年十月十七日に江戸町奉行、翌三年四月十六日に作事奉行、同年十二月十五日に西丸御留守居を務め、慶応二年（一八六六）八月四日に御役御免、寄合となった。翌三年に隠居して向島に住し、のち入谷に移る。書を杉浦西涯に、画を栗本翠庵・椿椿山に師事し、詩文や書画に取り組み、中国の書画研究も行った。五万巻に及ぶ蔵書家でもあった。主な著書に『安政造営誌』・『漱芳閣書画銘心録』・『漱芳閣書画記』・『寒檠璅綴《かんけいさてつ》』がある。明治十三年（一八八〇）二月十七日に死去。享年六十五。戒名は文荘院殿梅堂帰夢軒居士。墓所は安立院（東京都台東区）。（筑紫）

【典拠・参考文献】『柳営補任』、『勝海舟全集一　開国起源』（勁草書房、一九七七年）、渋沢栄一『徳川慶喜公伝』（平凡社、東洋文庫、一九六七年）、森潤三郎「漱芳閣主浅野備前守長祚」（『日本古書通信』八九号）、田尻佐編『贈位諸賢伝』（国友社、一九二七年）

朝比奈正重《あさひなまさしげ》（一五七五〜一六五三）

天正三年（一五七五）に朝比奈正時の長男として生まれる。源六と称した。天正十四年より徳川秀忠に仕え、同十八年の小田原の陣に従う。のち相模国中郡にて采地三〇〇石を与えられ、十一月の上洛に供奉して、近江国にて一〇〇石を加増される。慶長五年（一六〇〇）に信濃国上田城攻めの際、石川重次とともに先手の所々への御使をつとめる。同六年に四〇〇石、さらに三〇〇石を加増される。同十四年に中村一氏所領収公にともない、久貝正俊・弓削田昌吉とともに目付として伯耆国米子へ赴く。寛永九年（一六三二）七月二日に惣普請奉行となり、同十年十二月二十八日に一〇〇〇石を加増される。その後、日光山の普請にともない日光へ赴く。承応二年（一六五三）に死去。享年七十九。（鍋本）

【典拠・参考文献】『寛政譜』第十二・二七六頁

朝比奈昌寿《あさひなまさとし》（一八〇四〜没年未詳）

文化元年（一八〇四）に生まれ、八左衛門・主殿頭・甲斐守を称した。朝比奈家は慶長十二年（一六〇七）に昌澄が秀忠に召し出されて以来大番を務める家柄で、家禄は五〇〇俵。父は大番組頭朝比奈昌武。昌寿は文政六年（一八二三）十二月十三日に小性組に召し出され、同十年十二月二十五日に家督を相続した。その後は天保五年（一八三四）十一月二十三日に御小納戸、同月二十八日に西丸御小納戸、同八年四月二日に御小納戸、弘化三年（一八四六）九月三日に御小納戸頭取格、嘉永元年（一八四八）十月二十二日に御小納戸頭取と進み、この間天保五年十二月十六日に布衣を許され、同十四年十二月十六日に従五位下に叙せられている。安政二年（一八五五）八月晦日には田安家家老となり、同五年八月二日に西丸御留守居、文久元年（一八六一）三月二十二日に長崎奉行、同年五月十二日に小普請奉行となっている。そして同二年六月十五日に同職を退くと以後は勤仕並寄合となった。なお、同年十一月七日には子息昌広が家督を相続している。菩提寺は四谷全勝寺である。なお、子息昌広は長崎奉行・外国奉行・町奉行・勘定奉行などを歴任している。（滝口）

【典拠・参考文献】『寛政譜』第十二・二六九・二七〇頁、『柳営補任』

朝比奈昌広《あさひなまさひろ》（一八二九〜一九〇五）

文政十二年（一八二九）に、小普請奉行の朝比奈昌寿（禄高五〇〇石）の長男として生まれる。通称は八太郎・甲太郎。山城守に叙せられ、伊賀守・甲斐守を名乗った。号は閑水。弘化三年（一八四六）九月二十八日、部屋住より新規召出となり御小納戸に任じられ、同年十二月十六日、布衣を許される。嘉永二年（一八四九）四月二十八日に小性、同四年十二月十六日、諸大夫となり、同六年九月二十二日に将軍世子徳川家定付の小性となる。安政五年（一八五八）七月十一日に中奥小性となり、文久二年（一八六二）十一月七日に家督を継いだ。同三年五月八日に歩兵頭（二〇〇〇石高）となり、京都に派遣された。元治元年（一八六四）十一月十二日に長崎奉行となり、慶応元年（一八六五）九月十三日に長崎奉行、外国奉行兼帯となった。同二年六月十五日に外国奉行専任となり、同年七月十六日に外国奉行柴田剛中らと、イタリア使節アルミニョンと会見し、修好通商条約を結んだ。同年八月二十六日に勘定奉行（公事方）、道中奉行兼役、外国奉行兼帯となり、同三年三月一日より外国奉行専任、同年六月二十八日に外国惣奉行並（二〇〇〇石高）となった。同年七月四日に江戸町奉行を兼帯し、江戸の外国人居留地の事務を担当した。同四年一月十五日に勘定奉行（勝手掛）となったが、同年一月二十八日に御役御免となり、同年、駿府へ移住した。明治十年（一八七七）大審院七等出仕、同十二年、横浜裁判所の判事となる。同三十八年八月二十一日に七十六歳で死去。戒名は徳昭院殿閑水圓悟大居士。墓所は四谷の全勝寺（東京都新宿区）である。（筑紫）

【典拠・参考文献】『柳営補任』、『幕臣人名』第一巻、前田匡一郎『駿遠へ移住した徳川家臣団』第二編（一九九三年）

朝比奈《あさひな》昌始《まさもと》 （一七四三～一八二七）

寛保三年（一七四三）に二丸御留守居朝比奈昌章《まさとし》の長男として生まれる。熊蔵・次左衛門と称した。妻は西丸書院番朝倉景保《かげやす》の息女。後妻は長崎奉行遠山景晋《かげみち》の義妹。宝暦十二年（一七六二）四月十八日にはじめて十代将軍家治に拝謁し、安永五年（一七七六）十二月十九日に大番に列し、天明二年（一七八二）九月四日に小性組に転じ、同五年十二月七日から進物の役を務める。寛政元年（一七八九）四月三日に家督を相続した。知行は五〇〇石。同三年十月二十九日に西丸目付に進み、十二月十六日に布衣を許される。同五年七月十日に目付となり、同六年閏十一月十日に佐渡奉行となる。同十年五月十六日に長崎奉行となり、同七月一日に従五位下河内守に叙任される。九月一日に長崎に到着する。同年十月十七日、オランダ船エリザ号（雇船）が長崎港内の高鉾島で難破し沈没。同船は翌年に浮上し、同九月に出帆したが、この処理に尽力。同十一年四月に遠見番を町年寄支配から奉行手附出役支配に改める。同年九月二十九日に長崎を出発、江戸へ帰り、同十二年一月二十八日に新番頭となり、文化二年（一八〇五）十二月二十六日に小普請組支配となる。文政元年（一八一八）十二月十二日に大目付となり、同三年二月十五日に御日記改を兼任する。同八年八月二十日に西丸御留守居となり、同十年四月二日に死去。享年八十五。菩提寺は高田（新宿区戸山町）の清源寺である。（盛山）

【典拠・参考文献】『寛政譜』第十二・二七一頁、『旗本百科』第一巻、「長崎奉行代々記」（鈴木康子『長崎奉行の研究』〈思文閣出版、二〇〇七年〉所収）、金井俊行編「長崎奉行歴代略譜」（『増補長崎略史』上巻〈『長崎叢書』下巻《明治百年史叢書》長崎市役所編、原書房、一九七三年復刻〉所収）

朝比奈泰勝《あさひなやすかつ》　（一五四七～一六三三）

天文十六年（一五四八）に北条氏規家臣朝比奈道半《みちなか》の三男として駿河国に生まれる。弥太郎・惣左衛門と称し、後に諱を泰倫とする。今川氏真に仕え、天正三年（一五七五）五月二十一日長篠の戦において氏真の使として徳川家康の陣へ来て、武田の部将内藤昌豊の首級をあげる。この功績から請われて御家人となり、天正七年（一五七九）九月五日、兄泰冬の所領駿河国小田村良知大屋等の采地一三三〇貫文を宛がわれる。この領知は後に関東に移され、紀伊家付属となった際、孫の泰澄《やすずみ》に与えられた。天正十二年（一五八四）四月長久手の戦に戦功あり。同十六年（一五八八）の北条氏直と豊臣秀吉の和議、同十八年（一五九〇）の小田原の陣で使者となる。のち大番頭となり、慶長七年（一六〇二）十月二日、近江国栗太郡のうちに一〇〇〇石を給知される。こののち、徳川頼宣（初代紀伊藩主）の付属となり、慶長十三年（一六〇八）二月二十日には常陸国茨城郡のうちに二〇〇〇石を加増、すべて三〇〇〇石となる。慶長十九年（一六一四）正月に改易された大久保忠隣に連座して罪を蒙るが、元和元年（一六一五）七月、大坂夏の陣の軍功により召し返される。寛永八年（一六三一）四月には、徳川忠長の蟄居により甲府・駿府に交代で勤番を命ぜられる。寛永十年（一六三三）九月二十三日紀伊国和歌山にて死去。享年八十七。法名は日義。墓所は紀伊国海部郡塩道村の盛応寺。

（高見澤）

【典拠・参考文献】『寛政譜』第九・六一頁、『徳川実紀』第一・二篇、『寛永諸家系図伝』

蘆野資泰《あしのすけやす》　（生年未詳～一六四六）

蘆野政泰の長男として生まれる。藤五郎、民部少輔と称した。祖父盛泰までは那須家家臣として下野国蘆野周辺を知行したのち、父政泰の代の慶長五年（一六〇〇）、新たに下野国内で三〇〇石を加えられ、旧地とあわせて一一〇〇石を知行する。同七年同国において一六〇〇石の加増をうける。同十六年父政泰死後により、資泰が遺跡を継ぎ、二七〇〇石を知行する。この年より、代々采地の蘆野に住み、年毎に江戸に参り歳首を祝う。その後同十九年・同二十年の大坂の陣で活躍し、元和三年（一六一七）・同五年の二代将軍秀忠の上洛に供奉する。正保三年（一六四六）八月十九日、蘆野にて死去。法名は法照。蘆野の建中寺に葬られる。

（宮原）

【典拠・参考文献】『寛政譜』第十二・一三六頁

芦屋利宇《あしやとしのき》　（一七五八～一八三八カ）

宝暦八年（一七五八）に生まれる。通称は巳之助・源五右衛門。金子勝与と佐藤高豊の息女の子であったが、御勘定芦屋利誠《としのぶ》の死に臨んでその養子となり、安永三年（一七七四）六月六日、家督を相続した。家禄は一五〇俵五人扶持。妻は代官万年頼《より》行《ゆき》の息女。天明六年（一七八六）六月二十八日、表右筆となり、寛政四年（一七九二）閏二月二十九日に奥右筆の見習となるが、同五年四月二十九日には表右筆に再任し、同年十一月十三日に奥右筆となる。同八年十二月十日、西丸奥右筆に転じて、文化十五年（文政元・一八一八）三月八日にその組頭となる。天保六年（一八三五）六月八日には一〇〇俵の加増を受けて二五〇俵五人扶持となる。同八年四月二日、大御所家斉付となり、翌九年三月二十九日に辞職、同年六月四日には利宇の死去を理由に嫡孫郡次郎《ぐんじろう》が継嗣しており、辞職して間もなく没したものとみられる。菩提寺は牛込久成寺《くじょうじ》（東京都新宿区）である。

（渋谷）

【典拠・参考文献】『寛政譜』第二十一・三一八頁、『柳営補任』、『続徳川実紀』第二篇

足立信頭《あだちのぶあきら》（一七六九～一八四五）

明和六年（一七六九）に生まれる。通称は左内、字は子秀、諱は信頭。渓隣の号を用いた。実父は大坂の医者石北谷琳筑、養父は足立伊右衛門。天明三年（一七八三）二月、養父の家督を相続し、大坂御鉄砲奉行久留勘右衛門組同心となる。暦学を麻田剛立の門に学び、寛政八年（一七九六）十一月、高橋至時の手附下役として、寛政改暦御用に従う。同九年十二月に御用済みとなるが、文化六年（一八〇九）四月、暦学御用で出府し、八月に暦作測量御用手伝い、天保六年（一八三五）十一月に天文方に任じられ、同十三年に天保暦を作る。暦書編集に携わった他、文化十年、松前にてロシア語を習得し、異国船渡来の折、通訳を命じられた。弘化二年（一八四五）七月一日没、享年七十七。江戸堀の内の宗延寺に葬られる。 （湯浅）

【典拠・参考文献】「天文方家譜」『近世歴史資料集成　第Ⅳ期　第九巻　日本科学技術古典籍資料・天文学篇〔5〕』（科学書院、二〇〇五年）

跡部蕃実《あとべしげざね》（一六六六～一七四七）

寛文六年（一六六六）に三宅五兵衛伊次の二男として生まれる。右筆跡部昭矩《てるかね》の養子となり、妻に昭矩の息女を娶る。与一郎と称した。元禄四年（一六九一）に表右筆となり、廩米二〇〇俵を給わる。同十年、奥右筆に移り、同十五年に一〇〇俵を加え、三〇〇俵の禄となる。宝永六年（一七〇九）、西丸御用方右筆に転じ、享保元年（一七一六）、奥右筆に復する。同年、幕奉行に移り、同十三年、八代将軍徳川吉宗の日光山参詣に供奉。延享三年（一七四六）に職を辞す。同四年三月五日に死去。享年八十二。法名は日照。菩提寺は四谷法恩寺（東京都新宿区）。 （西）

【典拠・参考文献】『寛政譜』第四・一四八頁

跡部良弼《あとべよしすけ》（生年未詳～一八六八）

唐津藩主水野忠光《ただみつ》の五男として生まれ、天保改革を主導した水野忠邦《ただくに》の弟である。のち旗本跡部家を継ぐ。季十郎《きじゅうろう》・大膳・山城守・信濃守・能登守・甲斐守・伊賀守・遠江守と称した。文政六年（一八二三）三月二十九日に西丸小性組から中奥番となり、使番・駿府町奉行・堺奉行を経て、天保七年（一八三六）四月二十四日に大坂町奉行となり、幕命により天保飢饉下の米穀高騰時に大坂から江戸への廻米を強行し大塩平八郎の乱の一因をなしたという。同八年六月十五日に高直しで本高二五〇〇石が三一三七石となる。同十年九月十日に大目付、同十二年十二月八日に勘定奉行公事方、同十五年九月十五日に町奉行となるが、弘化二年（一八四五）三月十五日に小性組番頭へ移される。嘉永四年（一八五一）三月二十四日に御留守居、安政二年（一八五五）八月九日に大目付（再任）となり講武所創建にたずさわる。同年十一月十八日に町奉行（再任）、その後、元清水付支配、留守居（再任）を経て、文久三年（一八六三）七月十二日に御用取次となるが、元治元年（一八六四）六月二十三日に免職させられる。その後御留守居（再々任）、若年寄となり、同四年三月三日に内願により辞職し、明治元年（一八六八）十二月二十日に死去。法名は恭量院殿大寛楽善大居士。菩提寺は上野国宮子村の紅巌寺である。 （加藤）

【典拠・参考文献】『柳営補任』、『続徳川実紀』第二～五篇、『大阪市史』第二（大阪市役所、一九一四年）、北島正元『水野忠邦』（吉川弘文館、一九六九年）、藤田覚『天保の改革』（吉川弘文館、一九九八年）、平川新

『全集 日本の歴史』第十二巻 開国への道（小学館、二〇〇八年）

跡部良久《あとべよしひさ》（一七四一～没年未詳）

寛保元年（一七四一）に跡部良敬《よしもり》の二男として生まれる。はじめ良恭《よしやす》、のちに良久と改める。母は御書院番井上利忠《としただ》の娘。前妻は書院番頭、御留守居などを務めた高井直熙《なおひろ》の娘、後妻は高井直熙の養女。豊吉・式部・大膳・兵部・監物と称した。兄良秀《よしひで》の養子となり、宝暦十一年（一七六一）十二月二十九日に遺跡を継ぐ。家禄は知行二五〇〇石であった。以後、西丸書院番・使番を歴任し、安永九年（一七八〇）十一月二十日、御目付となる。天明四年（一七八四）三月二十四日、江戸城中中之間において若年寄田沼意知《おきとも》が新番組佐野政言《まさこと》に斬りつけられ重傷を負った際（のち死亡）、身近にいながら取り鎮め方に不心懸があったとして御役御免のうえ寄合となっている（同年五月六日赦免）。（田原）

【典拠・参考文献】『寛政譜』第四・一五三頁、第十四・三九九頁、第十八・二三一頁、「営中刃傷記」（『新燕石十種』、中央公論社、一九八一年）、『旗本百科』第一巻

跡部良保《あとべよしやす》（一五八二～一六四二）

天正十年（一五八二）に生まれる。刑部・民部と称した。実父朝比奈信良《のぶよし》は天正十年三月、主家の武田家滅亡時に自害、その妻跡部勝資《かつすけ》の息女は父の弟良直《よしなお》のもとに逃れて良保を生み、良直はこれを養子とした。慶長二年（一五九七）十一月二十三日に家督を相続、上野国内七〇〇石を領した。妻は和田（跡部）信業《のぶなり》の息女。関ヶ原の戦に参陣し、のち徳川秀忠に附属して書院番となり、元和二年（一六一六）一月九日、上総国内三〇〇石を加増される。寛永三年（一六二六）の秀忠上洛に従い、のち御使番に進んだ。同十年五月二十七日より近江国水口《みなくち》城の普請を担当し、翌十一年五月十四日には甲斐国内一〇〇〇石を加増されて家禄は二〇〇〇石となった。同十九年二月十八日没。享年六十一。法名は流公。采地の上野国那波郡宮子村紅巌寺（群馬県伊勢崎市）に葬られた。（渋谷）

【典拠・参考文献】『寛政譜』第四・一五一頁

安部一信《あべかずのぶ》（一六九五～一七七二）

元禄八年（一六九五）に大坂定番安部信友の四男として生まれ、桜田御殿家臣安部信美《のぶみつ》の養子となる。妻は老女倉橋の養女。又四郎・主計と称した。姓は「あんべ」とも。宝永元年（一七〇四）十二月、五代将軍綱吉の養嗣子家宣（のちに六代将軍）が西丸に移ると御家人に加わり、同七年八月二十六日に小性となる。正徳元年（一七一一）八月、武蔵国大里郡の内に六四〇石を与えられ、同四年十月二十六日従五位下主計頭に叙任される。享保元年（一七一六）五月十六日、七代将軍家継の死去にともない寄合となったのち、同二十年三月十二日に小十人頭となる。元文二年（一七三七）四月一日に目付となり、延享三年（一七四六）五月一日に長崎奉行に補任される。寛延四年（宝暦元・一七五一）二月十三日、辞職して寄合に編入され、明和四年（一七六七）八月四日に致仕。同八年六月三日に死去した。享年七十七。法名は又玄。菩提寺は源勝院（埼玉県深谷市）である。（柳田）

【典拠・参考文献】『寛政譜』第六・一九八頁、『徳川実紀』第九篇、『柳営補任』、鈴木康子『長崎奉行の研究』（思文閣出版、二〇〇七年）、深井雅海『徳川将軍政治権力の研究』（吉川弘文館、一九九一年）、深井雅海『江戸城』（中央公論新社、二〇〇八年）

阿部莎鶏《あべさけい》（一七二四～一七七七）

享保九年（一七二四）に御徒頭阿部正矩《まさのり》の子として生まれる。実母は鑓奉行末高政峯の息女。妻は使番片桐友晴の息女。金之

助・八之丞と称した。諱は正寛《まさひろ》で、俳名を莎鶏と号した。元文三年（一七三八）十一月十五日に八代将軍徳川吉宗に初めて拝謁し、宝暦三年（一七五三）九月三日に父正矩の死去により家督を相続した。知行は一〇〇〇石である。同四年四月五日に西丸小性組番士に列し、同十一年八月三日より本丸詰となったが、同十二年十二月十五日に西丸詰に復した。明和二年（一七六五）に大小暦《だいしょうごよみ》（三〇日ある大の月と二九日の小の月を記し、絵を添えた暦）の制作が大流行し、斬新な絵柄で多色摺のものが登場すると、それを持ち寄って出来の優劣が競われるようになり、莎鶏は大久保巨川《きょせん》（忠舒《ただのぶ》）とともにその頭取となり、江戸の料理茶屋の座敷で品評会が行われた。これは錦絵誕生のきっかけとなった。安永六年（一七七七）十二月九日に死去。享年五十四。法名は日満。

（白根）

【典拠・参考文献】『寛政譜』第十・三九〇頁、大久保純一『浮世絵』（岩波新書、二〇〇八年）

阿部重次《あべしげつぐ》（一五九八～一六五一）

慶長三年（一五九八）に武蔵岩槻藩主阿部正次《まさつぐ》の二男として生まれる。母は佐原義成の娘。作十郎と称する。はじめ、義成の子息で下総佐原の領主となった三浦重成《しげなり》の娘を妻としてその聟養嗣子となり、徳川秀忠の近習となる。のち、重成に実子重勝が生まれたため嗣子の座を辞し、三〇〇〇石余を分知されて別家となり、小性組組頭、小性を務め山城守に任じられる（のち対馬守に転任）。寛永五年（一六二八）、実兄政澄《まさずみ》が死去したため、実父正次の嫡子となり阿部に復し、小性組番頭を務める。寛永十年三月二十三日、松平信綱《のぶつな》・阿部忠秋《ただあき》・堀田正盛《まさもり》・三浦正次《まさつぐ》・太田資宗《すけむね》とともに六人衆として幕政に参加する。寛永十二年八月、下野都賀郡の内に一万石の加増をうける。寛永十五年四月には正次の所領八万六〇〇〇石の内四万六〇〇〇石を分知され、武蔵岩槻藩五万九〇〇〇石の領主となり、同年十一月七日、老中となる。正保四年（一六四七）七月、都賀郡の内にさらに一万石を加増、慶安元年（一六四八）七月には正次の遺領三万石を継ぎ、都合九万九〇〇〇石となる。慶安四年四月二十日、徳川家光の死去に殉じる。享年は五十四であった。法号は全巌浄心芳松院。上野の東叡山現龍院に葬られる。なお、後妻に伊勢桑名藩主となった松平定勝《さだかつ》の娘がいる。

（田原）

【典拠・参考文献】『寛政譜』第一・二九一頁、第十・三五〇頁、『戦国人名事典 コンパクト版』（新人物往来社、一九九〇年）、『日本近世人名辞典』（吉川弘文館、二〇〇五年）

安倍順貞《あべじゅんてい》（生年未詳～一六七六）

父は尾張徳川義直の臣安倍良長《よしなが》。長徳院と称した。幼い頃に京都黒谷の養南で小児の医を学び、半井通仙院瑞桂に師事した。法橋となった後、寛永十八年（一六四一）十二月六日に四代将軍家綱の頭瘡治療のため江戸へ赴き、平癒の賞として呉服二領・羽織・白銀一〇〇枚を賜う。このため侍医に列し、廩米四〇〇俵を与えられ、同十九年二月八日法印に昇進する。正保二年（一六四五）十二月二十六日に二〇〇石の加増をうけ、廩米を采地に改められ、武蔵国大里郡のうち六〇〇石を知行した。延宝四年（一六七六）五月十日に没す。法名は順貞。菩提寺は深川雲光院（東京都江東区）。

（石山）

【典拠・参考文献】『寛政譜』第十・二九九頁

阿部正蔵《あべせいぞう》（生年未詳～一八四八）

火事場見廻を務めた阿部兵庫正良《まさよし》の子として生まれる。兵庫・主殿と称し、任官後は遠江守を名乗る。家禄は三〇〇〇石。文政六年（一八二三）十月二十一日に寄合より火事場見廻となり、同十二年十二月二十九日に寄合肝煎となる。天保八年（一八三七）三月二十六日に甲府勤番頭に移り、同十二年四月十五日に普請奉行となる。同年六月二十五日に大坂町奉行に転じ、同十四年二月二十四日に町奉行となり、同年十月一日に小性組番頭となる。嘉永元年（一八四八）八月に死去した。（栗原）

【典拠・参考文献】『柳営補任』、『旗本百科』第一巻

阿部潜《あべせん》（一八三九～一九一一）

天保十年（一八三九）正月生まれ。父親は阿部美作守。慶応三年（一八六七）寄合から目付となる。翌年二月、目付を辞す。また番所調所句読教授出役・歩兵差図役頭取勤方も務めた。さらに鳥羽・伏見敗戦後の混乱収拾の際、脱走軍の説得と房総地方の治安維持にあたっている。慶応四年（一八六八）十月、陸軍御用重立取扱に就任し、沼津兵学校と生育方を統轄した。沼津兵学校の生みの親として兵学校の創立に尽力した。また「御貸人」として鹿児島藩に赴いている。明治四十四年（一九一一）六月十五日死去。享年七十九。（津田）

【典拠・参考文献】『柳営補任』、樋口雄彦『旧幕臣の明治維新　沼津兵学校とその群像』（吉川弘文館、二〇〇五年）、『旗本百科』第一巻、手塚晃編『幕末　明治海外渡航者総覧』第一巻（柏書房、一九九二年）

阿部忠秋《あべただあき》（一六〇二～一六七五）

慶長七年（一六〇二）生まれ。小平次と称した。父は、家康・秀忠に仕え大番頭などを務めた忠吉。母は、遠江国横須賀城主である松平（大須賀）五郎左衛門康高の息女。正室は稲葉左近蔵人道通の息女。のち離婚し、松平（戸田）丹波守康長の息女を継室とする。継子には、阿部政澄の長男正能を養子としている。忠秋は、慶長十五年、九歳の時に家光に付属されて小性となる。同十九年に月俸二〇口をたまい、元和三年（一六一七）に御膳番・三〇〇俵、同五年五〇〇俵となって月俸は収公された。同九年、小性組番頭に就任し、加増等により武蔵国埼玉郡にて一〇〇〇石を知行する。なお、当知行地は、忠秋の書状（白河集古苑所蔵、「阿部忠秋の書状（二）」二一号文書の中で「百間《もんま》の知行所」と記されており、『公余録』によれば百間領吉羽村（埼玉県久喜市）・国納村（南埼玉郡宮代町）とされる。同年七月には家光の上洛に従い、従五位下豊後守に叙任される。寛永元年（一六二四）に家督を相続し、相続分と併せて六〇〇〇石を知行する。同三年には松平信綱とともに近習の小性頭となって、上野国新田郡内にて加増され、合計一万石を領す。同六年、小性組番頭に復職し、併せて武蔵国賀美郡・上野国甘楽郡内にて加増され、一万五〇〇〇石となる。同十年、松平信綱・堀田正盛・三浦正次・太田資宗・阿部重次とともに、政事に預かり小事を沙汰すべき旨の仰せを受け、いわゆる六人衆の一人となる。同年五月五日、松平信綱と同様に宿老並となる。同十一年閏七月二十九日には従四位下に叙される。翌十二年六月二十日、先の領地に替えて下野国壬生城二万五〇〇〇石の城主となる。同年十月二十九日、番頭の職務を解かれ、土井利勝・酒井忠勝ら同様に奉書への加判の列（年寄）に加わる。同十六年、武蔵国忍城五万石の城主となり、同十八年には日光山御廟堂造営のことを承る。正保四年（一六四七）七月五日、武蔵国横見郡内での加増により六万石となり、慶安三年（一六五〇）九月十二日より西丸の家綱付老中となる。同四年の家光死去後、家綱に従い本丸老中となり、八月十六日には侍従となる。寛文三年（一六六三）一月八日、相模国三浦郡、武蔵国秩父・埼玉両郡内で加増されて八万石とな

り、翌四年四月五日、武蔵国埼玉・大里・秩父・足立・幡羅・男衾、相模国三浦、上野国新田各郡内の領地の朱印状をたまう。同五年八月五日、老年・病気により月番と評定所への出座を免ぜられ、翌六年三月二十九日に老中を辞職。同十一年五月二十五日に致仕。延宝三年（一六七五）五月三日に死去した。享年七十四。法名は空煙透玄院。葬地は父忠吉と同じ神田の西福寺（東京都台東区）で、のち浅草に移転。同寺は代々の葬地となっている。なお、忠秋から家老の平田弾右衛門重政に対して出された書状が、現在白河集古苑に所蔵されているが、書状からは幕政・藩政に関して細かな指示をしている様子が窺い知れる。

（小宮山）

【典拠・参考文献】『寛政譜』第十・三六一〜三六四頁、松尾美恵子「阿部忠秋の書状（一）」・「同（二）」（『学習院大学史料館紀要』一一・一二、二〇〇一・〇三年）、児玉幸多校訂『公餘録』上下（吉川弘文館、一九七六・七七年）、藤井譲治『江戸幕府老中制形成過程の研究』（校倉書房、一九九〇年）、根岸茂夫『近世武家社会の形成と構造』（吉川弘文館、二〇〇〇年）、小池進『江戸幕府直轄軍団の形成』（吉川弘文館、二〇〇一年）

阿部照任《あべてるとう》（一六五〇ヵ〜一七五三）

慶安三年（一六五〇）に盛岡北部の大清水（現岩手県二戸市）で生まれたといわれる。通称は友之進、のちに将翁と号した。江戸へ向かう途中で船が大風により中国へ流され、中国で本草学を学んだという逸話が残されている。享保六年（一七二一）七月に幕府の人材登用の募集に応じ、薬物について論じた上書を提出、これを機にたびたび幕府からの物産や本草学に関わる諮問を受ける。同七年からは甲斐国を中心に各地へ赴いて薬草見分を行った。同十二年二月には幕府から米二〇〇俵と江戸相生町の宅地三〇〇坪を拝領した。翌十三年十一月には神田紺屋町に薬草植場として九五〇坪の土地を与えられ、栽培した薬草を幕府へ献上した。著書には『薺苨沙参論』『慈姑論』『豊年教種』『御薬草御用勤書』などがある。宝暦三年（一七五三）に死去。

（太田尚）

【典拠・参考文献】中田吉信「本草家阿部照任とその著作」（『参考書誌研究』第一一号、一九七五年）、大石学『享保改革の地域政策』（吉川弘文館、一九九六年）

安倍信厚《あべのぶあつ》（一六四七〜一七二八）

正保四年（一六四七）に、大坂定番安部信之の二男として生まれる。母は書院番士長谷川正尚の息女。内膳・助九郎・近江守・丹後守と称した。妻は溝口宣知の息女。寛文七年（一六六七）十一月二十一日に書院番士となり、同九年十二月二十一日に廩米三〇〇俵を与えられる。延宝六年（一六七八）四月二日に父親の領地のうちから新田一〇〇〇石を与えられ、廩米三〇〇俵を返却する。貞享四年（一六八七）正月十一日に書院番組頭となり、同年十二月二十五日に布衣を着用することが許可される。元禄四年（一六九一）十一月一日に廊下番頭となり、同五年十二月二日に、従五位下近江守に叙任される。同七年三月二十三日、病気のために退職し、小普請となる。享保八年（一七二三）七月二十三日に致仕し、同十三年六月十二日に死去。享年八十二。法名は義源。菩提寺は、渋谷祥雲寺景徳院（東京都渋谷区）。

（福留）

【典拠・参考文献】『寛政譜』第六・一九〇、一九五頁、福留真紀『徳川将軍側近の研究』（校倉書房、二〇〇六年）

安部信孝《あべのぶたか》（生年未詳〜一六四五）

大坂定番安部信盛の二男として生まれる。母は保科正直の息女。平三郎と称した。妻は駿府城番大久保忠成の息女。寛永六年

(一六二九)十二月に書院番士、同十三年九月二十七日に小性組組頭となり、同年十二月二十九日に、布衣の着用が許可される。正保二年(一六四五)七月十四日に死去。法名は洞雲。三河国八名郡半原の洞雲寺に埋葬される。（福留）

【典拠・参考文献】『寛政譜』第六・一九〇頁

安部信富《あべのぶとみ》　(一七三〇～一八一二)

享保十五年(一七三〇)に長崎奉行安部一信の三男として生まれる。安吉・平吉と称し、従五位下駿河守に叙任され、のち信濃守に改める。安部信理《のぶあや》の養子となり、延享二年(一七四五)十二月二日に家督一〇〇〇石を継ぎ、宝暦二年(一七五二)六月二十七日、書院番に列する。同十二年正月十一日に使番となり、同年十二月十八日には布衣を着することを許される。安永五年(一七七六)五月十日、先手鉄炮頭となる。天明二年(一七八二)十月九日に火附盗賊改役となり、翌年五月七日に加役御免となる。寛政三年(一七九一)九月十八日に仙洞付となり、十二月十七日、従五位下駿河守に叙任される。同十年五月晦日に御持筒頭、享和三年(一八〇三)六月二十八日に西丸鎗奉行、文化元年(一八〇四)六月二日に西丸御留守居、同三年十一月二十四日には西丸旗奉行となる。同九年十月十日に死去。享年八十三。（橋本）

【典拠・参考文献】『寛政譜』第六・一九三頁、『旗本百科』第一巻

安部信盛《あべのぶもり》　(一五八四～一六七三)

天正十二年(一五八四)に安部信勝《のぶかつ》の長男として遠江国に生まれる。弥一郎と称す。妻は保科正直の息女。慶長四年(一五九九)伏見にて家康に拝謁。同五年(一六〇〇)、父信勝が大坂にて死去したため、若年ながら遺跡の武蔵国榛沢郡・下野国梁田郡内の五二五〇石を継ぐ。同年の上杉景勝征伐の際、本多正信に属し下野国小山に供奉。慶長十年(一六〇五)四月、秀忠上洛に扈従し、土井利勝とともに二条城唐門番を勤める。同年十二月に書院番となる。慶長十九年(一六一四)十月二十三日、歩行頭として大坂冬の陣に供奉。翌年四月四日には上京中の板倉重宗にかわり、小性組組頭として大坂夏の陣に供奉し功績をあげる。元和二年(一六一六)十二月、御徒頭となり、書院番頭を兼務する。同五年(一六一九)五月八日秀忠の上洛に扈従し、従五位下摂津守に叙任。また同六年五月八日の東福門院和子の入内にも供奉する。元和九年(一六二三)に大番頭となる。寛永十二年(一六三五)五月二十三日、二条城代渡辺守茂にかわり、保科正貞とともに二条城在番となる(二条城在番交替の嚆矢)。寛永十三年(一六三六)九月十日、三河国八名郡の内に四〇〇〇石を加増され、慶安元年(一六四八)三月十三日に家綱付属となる。同二年四月の日光社参に随行、同年十月十一日に大坂定番となり、摂津国豊島・川辺・能勢・有馬郡内に一万石の加増、合計一万九二五〇石を領す。慶安五年(承応元・一六五二)六月、大坂城中へ小笠原長次家臣が乱入した際に査検を怠ったとして、家臣五人が切腹を命ぜられる。明暦元年(一六五五)十月、朝鮮通信使の入府に大坂から付き添う。万治三年(一六六〇)に辞職。寛文元年(一六六一)下野国簗田郡の領地を上野国勢田郡へ、翌二年(一六六二)二月十五日、摂津国多田銀山の採鑿のため、摂津国能勢郡内の領地を同国豊島郡へ移される。同年三月六日に致仕、所領のうち、長男信之に一万七二五〇石、二男信義・三男信直にそれぞれ一〇〇〇石を分与する。延宝元年(一六七三)十一月二十七日に死去。享年九十。妙峰性都龍徳院と号す。墓所は武蔵国榛沢郡岡部の源勝院。

（高見澤）

【典拠・参考文献】『寛政譜』第六・一八九頁、『徳川実紀』第一～四篇、『寛永諸家系図伝』

阿部正外《あべまさと》　（一八二八～一八八七）

文政十一年（一八二八）正月、小性組番頭阿部遠江守正蔵の二男として江戸に生まれた。阿部長吉郎正静《まさきよ》の父。長吉郎・兵庫・越前守・豊後守と称した。禄高は三〇〇〇石。嘉永元年（一八四八）八月に家督を相続し、安政二年（一八五五）五月、使番より寄合火事場見廻兼帯となり、翌三年四月に小普請組支配となる。さらに安政六年（一八五九）、小普請組支配より禁裏附となった。万延元年（一八六〇）十二月には和宮様下向御用掛を仰せ付けられている。さらに文久元年（一八六一）十一月には神奈川奉行となり、同二年には外国奉行となった。同年四月からは、町奉行に任ぜられている。元治元年（一八六四）三月に白河藩主となり、一〇万石を相続した。同年六月には寺社奉行・奏者番から老中に進んだ。外国奉行や神奈川奉行に就いていた経験から、同年七月八日には外国御用取扱になっている。同年九月には四品に叙せられ、十一月十日には侍従に任ぜられた。同二年になると京都へ赴き、同年四月には将軍家茂の御進発御供も勤めている。慶応元年（一八六五）に英米仏蘭の四か国代表が兵庫沖に来航し、兵庫開港と条約勅許を要求した。その際に四か国代表と会見し、幕議では兵庫開港を主張し、最終的に開港したが朝廷の怒りを買い、同年十月に官位を剥奪されることとなった。さらに慶応二年（一八六六）六月にこれが元で、御役中に不行届の事があったとして隠居を仰せ付けられ、蟄居の身となる。そして家督は息子長吉郎正静が相続し、さらに奥州棚倉に所替えを仰せ付けられた。明治元年（一八六八）六月の戊辰戦争により棚倉城が落城すると、逃れて出羽分領に移り、同二年五月にはいったん棚倉へ戻った。同四年十月、東京に居住して同二十年（一八八七）四月二十日に死去。享年六十。

（津田）

【典拠・参考文献】『柳営補任』、『旗本百科』第一巻、『日本近世人名辞典』（吉川弘文館、二〇〇五年）

阿部正之《あべまさゆき》　（一五八四～一六五一）

天正十二年（一五八四）に阿部忠政の三男として生まれる。母は阿部定次の息女。妻は山田常閑の息女。四郎五郎・四郎右衛門と称した。徳川秀忠に仕え書院番をつとめる。慶長十年（一六〇五）の上洛に供奉する。同十七年に使番となり、翌年には目付として伏見城に赴く。同十九年に肥後国の目付として朝比奈正重と赴く予定であったが、大坂の陣に参陣する。同二十年、熊本城の留守に入る加藤家老臣加藤美作が大坂に内通することを察してこれを阻止しようとする。元和二年（一六一六）六月、御弓頭となり、同年七月は松平忠輝改易にともない、忠輝旧領の川中島のことを沙汰する。同年十月、神田の土手構築を奉行し、続けて日光社造営の際には材木運搬を指揮する。同三年には里見忠義の陣屋没収に赴き、同四年に村上義明の旧領越後村上の請取に向かう。同五年には肥後・日向境で起きた一揆の件を沙汰する。同六年の江戸城石垣普請、同八年の江戸城本丸天守台普請を奉行し、同八年には松平忠直改易にともない越前国に赴く。寛永二年（一六二五）頃、秀忠の居城予定とされた小田原へ数度赴く。同五年の江戸城普請を指揮し、同八年には遠江国今切・尾張国熱田の船渡しの件に携わる。同二十年には越後村上の巡察に赴き、正保三年（一六四六）に百人組頭となり、翌年には地震で倒壊した石垣修理を預かる。慶安二年・同三年（一六四九・

五〇）には、地震で破壊された日光山の宝塔や鳥居などの修理に携わる。同四年三月十二日に死去。享年六十八。法名日住。菩提寺は丸山の本妙寺。

（鍋本）

【典拠・参考文献】『寛政譜』第十・三九一頁、『干城録』巻一八九

阿部宗重《あべむねしげ》（一五九一～一六五三）

天正十九年（一五九一）、板倉家から養子に入った御手鷹師阿部正勝《まさかつ》の長男として生まれる。母は阿部重吉《しげよし》の息女。勘左衛門と称した。妻は間宮氏の息女である。慶長八年（一六〇三）十二月より将軍世子秀忠（のちの二代将軍）に近侍し、同十二年に御手鷹師となる。寛永十六年（一六三九）に家督を継ぎ、承応二年（一六五三）五月三日に死去。享年六十三。法名は宗意。菩提寺は小日向の善仁寺である。

（宮坂）

【典拠・参考文献】『寛政譜』第十・三七九頁

天方通直《あまかたみちなお》（一五八九～一六三〇）

天正十七年（一五八九）に関東総奉行となった青山忠成の五男として生まれ、その後天方通興《みちおき》の養子となる。母は天方通興の息女。妻は堀東利重の息女。主馬・主馬助と称した。幼い時から徳川家康に仕え、慶長八年（一六〇三）の家康上洛に供奉する。同十年に下総国内において采地五〇〇石を与えられ、同十三年に二五〇石を加増される。同十八年に実父の遺領のうち一五〇〇石を分けられる。大坂の陣では秀忠に従い、後に書院番となる。元和六年（一六二〇）正月に小性組頭となり、同九年正月には書院組頭に転じ、西丸勤務となる。寛永二年（一六二五）十月に上総国武射《むしゃ》郡、下総国葛飾郡・香取郡、相模国高座《こうざ》郡のうちにて二二五〇石を与えられる。同三年の家光上洛に供奉し、寛永七年（一六三〇）十一月二十二日に死去。享年四十二。法名は常茂。菩提寺は小石川の蓮華寺。

（鍋本）

【典拠・参考文献】『寛政譜』第十二・八八頁、第十三・三二八頁

天野清宗《あまのきよむね》（生年未詳～一六四六）

天野景房《かげふさ》の長男として生まれる。伝右衛門と称す。妻は大久保康忠の息女。慶長五年（一六〇〇）、信濃国上田の陣に扈従。慶長十一年（一六〇六）十二月八日徳川忠長付属の小性となり、のち駿河国庄内にて五一〇〇石を知行する。寛永八年（一六三一）四月、忠長蟄居により甲府勤番を命ぜられ、翌九年（一六三二）、忠長改易の節、堀親良（昌）へ預けられ、月俸四〇口を賜い下野国烏山に蟄居した。正保三年（一六四六）六月十二日、蟄居先の下野国烏山にて死去したため、小性組喜多見重俊・宮城貞正が検死に赴いている。

（高見澤）

【典拠・参考文献】『寛政譜』第十四・一七四頁、『徳川実紀』第一～四篇

天野貞省《あまのていしょう》（一八三五～一九〇六）

天保六年（一八三五）に生まれ、鈞之丞・鈞と称した。父は雄之助、家禄は二〇〇石。文久三年（一八六三）二月十日に部屋住から召し出されて両番格歩兵差図役並となり、同年八月六日に差図役、慶応元年（一八六五）五月五日に差図役頭取、同二年十一月二十七日に差図役頭取改役兼勤となり、同三年五月一日に歩兵頭並となる。同年九月四日、父雄之助はすでに死去していたため、海軍奉行並を務めた祖父三郎右衛門から家を相続した。維新後は静岡藩に出仕し、沼津兵学校で三等教授方として活躍するが、明治四年（一八七一）に兵学校の政府移管により、陸軍士官学校の教官となり、工兵中佐に進んだ。明治三十九年（一九〇六）に死去。享年七十二。

（滝口）

【典拠・参考文献】『柳営補任』、樋口雄彦『旧幕臣の明治維新—沼津兵学校とその群像—』（吉川弘文館、二〇〇五年）

天野長信《あまのながのぶ》（一五八七～一六四五）

天正十五年（一五八七）に天野繁昌の二男として生まれる。母は榊原一徳の養女。妻は大河内久綱の息女。小三郎と称した。慶長七年（一六〇二）より家康に近侍し、同十九年九月十五日に下野国に三〇〇石の知行地を与えられる。同年の大坂冬の陣、翌慶長二十年（元和元年・一六一五）の夏の陣に供奉する。翌元和二年に御納戸頭となり新たに二三〇石余を与えられ、同五年上野国に二〇〇石を加増される。寛永三年（一六二六）九月五日に東福門院附となり従五位下豊前守に叙任され、中宮少進を兼ねる。このとき山城国において一〇〇〇石を加増され、同十七年十月十六日に与力五騎と同心三〇人を預けられる。同二十年八月晦日に禁裏附となり、山城国に七〇〇石を加増されて合計二五三〇石余の知行となる。正保二年（一六四五）正月二十一日に京都において死去。享年五十九。法名は長胤。菩提寺は高野山の金剛院である。（宮坂）

【典拠・参考文献】『寛政譜』第十四・一七六頁

天野正景《あまのまさかげ》（一七〇三～一七八八）

元禄十六年（一七〇三）に小十人組頭仙波年種《としたね》の三男として生まれる。母は松崎正永の息女。五郎三郎・助次郎と称した。大番天野正豊の病篤に際して養子となる。妻は山本政幸の息女で、後妻は大屋則信の息女。正徳三年（一七一三）十二月二十七日に家督を相続し、享保十三年（一七二八）三月二日に大番となる。家禄は三〇〇俵。元文三年（一七三八）十一月七日に代官となり、陸奥国梁川陣屋に赴任する。その後、同五年から三河国赤坂陣屋、寛延二年（一七四九）から石見国大森陣屋、宝暦四年（一七五四）から信濃国中野陣屋に赴任する。同八年七月十八日に勘定吟味役となり、同年十二月十八日に布衣の着用を許される。同十二年四月六日に佐渡奉行、明和二年（一七六五）七月十六日に御持筒頭となる。同四年正月二十八日に禁裏附となり、同年五月二十二日に従五位下近江守に叙任される。安永六年（一七七七）六月十五日に旗奉行となる。天明八年（一七八八）十一月四日に死去。享年八十六。法名は教證。菩提寺は小石川の称名寺である。（宮坂）

【典拠・参考文献】『寛政譜』第十四・二〇一頁、『代官履歴』

甘利為徳《あまりいとく》（生没年未詳）

八右衛門と称した。家禄は二〇俵四人扶持である。屋敷は駿河台にあった。安政四年（一八五七）七月二十六日に勘定・評定所留役より佐渡奉行支配組頭に転じ、永々御目見以上となった。文久三年（一八六三）二月二十一日、代官に任命され、信濃国中之条陣屋に赴任した。その後、慶応二年（一八六六）正月二十八日に関東郡代附組頭に転じ、同三年四月十三日に勘定組頭となった。そして、同年四月二十六日に代官に再任され、越後国出雲崎陣屋に赴任した。同年十二月九日に離職した。（高橋）

【典拠・参考文献】村上直・荒川秀俊編『江戸幕府代官史料—県令集覧—』（吉川弘文館、一九八〇年）、『旗本百科』第一巻、『代官履歴』

雨宮長貞《あめのみやながさだ》（一七七〇～没年未詳）

明和七年（一七七〇）に生まれる。父は雨宮寛正《ひろまさ》。富之助・雲九郎・出雲守と称した。雨宮家は元来甲斐武田氏に仕えた家で、三代忠長《ただなが》の代に徳川家康・秀忠に仕えた。忠長の子忠能《ただよし》は分家となり、その孫にあたる寛長《ひろなが》がさらに分家となった。長貞は五代目にあたる。徳川幕府において雨宮家は代々勘定役をつとめたが、寛長が死去した際に租税の滞りが発覚し、そのために二代寛民《ひろのぶ》と三代寛近《ひろちか》は遺跡を継ぐことが認められず、四代寛正《ひろまさ》になって遺跡を継ぐことが認められた。長貞は寛政元年（一七八九）四月二十二日に家督を継いだ。のち支配勘定となり、その後評定所留役の助を務め、八年三月十七日、旗本に列して町奉行支配留役（吟味物調役）となった。廩米一〇〇俵。文政三年（一八二〇）九月朔日、十一代将軍家斉十五女元姫の御用人となるが、翌四年八月二十二日に元姫が死去したため、同年十一月二十三日に寄合となる。同年十二月八日に西丸裏門番頭となり、同八年六月二十四日に西丸広敷御用人となる。同十二年七月八日辞職。菩提寺は四谷勝興寺（東京都新宿区）。　（吉成）

【典拠・参考文献】『寛政譜』第十六・二九七頁、『柳営補任』

雨宮正種《あめのみやまさたね》　（一六一二～一六七一）

慶長十七年（一六一二）に雨宮政勝《まさかつ》の長男として生まれる。父政勝は大坂の材木奉行、母は渡辺氏の息女。妻は米倉氏の息女で、後妻は小性の佐野政成《まさなり》の息女。当初の諱は政次《まさつぐ》。通称は与十郎・権左衛門。寛永六年（一六二九）に家督を相続して大番に列する。家禄は知行一五〇石余と廩米一五〇俵。同十年二月七日に二〇〇石を加増、廩米を知行に改め家禄は五〇〇石となる。慶安二年（一六四九）五月十五日に命を受けて、地図編纂のため武蔵・下総を巡視する。明暦二年（一六五六）二月十二日（『柳営補任』では承応三年（一六五四）十一月二十二日）に大番組頭となり、万治元年（一六五八）閏十二月二十五日には二〇〇俵を加増。寛文元年（一六六一）五月二十六日（『柳営補任』では二十八日）に御納戸頭となり、十二月二十八日に布衣の着用を許される。同五年八月六日に伏見奉行に転じ、五〇〇石を加増、先の廩米二〇〇俵も知行に改められ、知行高は一二〇〇石余となる。同七年十二月二十八日に従五位下対馬守に叙任。同八年七月十三日には京都の公事訴訟の取扱いを命ぜられる。同十年五月朔日に京都町奉行となる。同十一年十月十六日に死去。享年六十。法名は典宮。四谷妙行寺（現在は東京都豊島区に移転）に葬られ、後に丸山の本妙寺（現在は東京都豊島区に移転）に改葬された。　（高山）

【典拠・参考文献】『寛政譜』第四・二七七頁、『柳営補任』、藤井譲治「京都町奉行の成立過程」（京都町触研究会編『京都町触の研究』岩波書店、一九九六年）

雨宮寛長《あめみやひろなが》　（一六三〇～一七一二）

寛永七年（一六三〇）に勘定雨宮寛行の長男として生まれる。庄九郎と称する。万治三年（一六六〇）に勘定となる。寛文三年（一六六三）十二月二十六日に廩米一〇〇俵を与えられ別家を興し、同四年十二月十二日に五〇俵加増される。元禄六年（一六九三）四月七日に漆奉行、同八年八月二十三日に御金奉行を歴任し、同年十二月二十五日に五〇俵加増により家禄二〇〇俵となる。同十二年八月三日に近江国大津の代官となる。正徳二年（一七一二）閏五月二日に大津において現職で死去。享年八十三。法名超雄。菩提寺は四谷の勝興寺である。死後、在職中の年貢滞納が発覚し養子寛民《ひろのぶ》の家督相続が許されなかった。孫寛近《ひろちか》の代の寛保二年（一七四二）に滞納返済を一部免除され、一〇〇俵を賜り勘定奉行支配の御家人に復す。　（西沢）

【典拠・参考文献】『寛政譜』第十六・二九六頁、『代官履歴』

雨宮正宴《あめみやまさやす》　（一七五二～没年未詳）

宝暦二年（一七五二）窪田正忠の次男に生まれ、清三郎・権左衛門を称す。母が雨宮正景の息女であったことから、正景の孫正信の養子となり、その息女を妻とした。家禄一五〇〇石。明和六年（一七六九）三月四日に家督相続し、天明六年（一七八六）四月七日小性組番士となる。寛政十三年（一八〇二）正月十一日に使番、文政二年（一八一九）三月十七日に西丸先手弓頭となり、天保三年（一八三二）三月七日に辞した際には時服三を拝領している。また、彼は当時富くじ愛好家としても知られていた。明治中期に『朝野新聞』に連載された永島今四郎「徳川制度」によれば、表猿楽町にある同家の屋敷では当主ばかりか家臣や女中までもが御免富に興じ富札を購入している実態を指摘している。文政～天保期に御免富は最盛期を迎えるが、富札の購入者がほとんど特定できないなかで、れっきとした旗本がこれに興じていたことのわかる貴重な事例である。菩提寺は本郷丸山本妙寺である。　（滝口）

【典拠・参考文献】『寛政譜』第四・二七六～二七九頁、『柳営補任』、滝口正哉『江戸の社会と御免富―富くじ・寺社・庶民―』（岩田書院、二〇〇九年）

荒井郁之助《あらいいくのすけ》　（一八三六～一九〇九）

天保七年（一八三六）四月二十九日、清兵衛顕道《あきみち》の長男として江戸の湯島天神下上手代町（文京区）の組屋敷に生まれる。母は中村程四郎の女千賀。幼名は幾之助。元服して郁之助と改めた。諱は顕徳《あきのり》。荒井家は微禄の御家人であったというが、祖父道貞の代の天保八年（一八三七）に小普請方となった。父は代官となり行政実務便覧ともいうべき『牧民金鑑』を著した。叔父に幕府海軍の発展に尽力した矢田堀鴻がおり、叔母とき子の夫は幕府奥医師の坪井信良であった。妹きみ子は幕末外交で活躍した田辺太一《やすかず》に嫁した。郁之助は安政二年（一八五五）夏、勘定石神彦五郎の長女慶子を妻とする（五年後に死去）。同年十二月七日、小十人組番士となり、一〇〇俵一〇人扶持を賜った。番方勤務のかたわら蕃書調所の箕作阮甫から蘭学を学び、軍艦操練所で甲賀源吾らと数学も学んだ。安政五年に操練所の教授方世話心得に任命され、のち教授方出役となる。文久二年（一八六二）八月、父の死去により家督を継ぎ、代官職に就くところを勝海舟の尽力で十月八日に軍艦操練所頭取となり、三〇〇俵一五人扶持を賜った。同年十一月五日には、鳥羽藩医師安藤文沢《ぶんたく》の二女とみ子を幕府医官の松本良《りょう》甫《ほ》の養女としたうえで、後妻とした。良甫の養子が松本良順である。郁之助は将軍御座船の順動丸・翔鶴丸の船将となり、十四代将軍徳川家茂や閣老の海路上洛および摂海巡航を支えた。以後の経歴は資料によってまちまちだが、『柳営補任』巻五によると、元治元年（一八六四）十一月十八日に講武所奉行支配取締役となり海軍から陸軍へと転身、慶応二年（一八六六）四月二日に歩兵差図役頭取、翌三年に歩兵頭並へと昇進し、同四年正月九日に軍艦頭となり海軍に戻った。戊辰戦争期は江戸開城と新政府への軍艦引き渡しに反発し、八月二十日には海軍副総裁榎本武揚らと幕府艦隊を率いて江戸湾を脱走、仙台を経て蝦夷地鷲ノ木に上陸した。蝦夷地を平定した十二月十五日、海軍奉行に選出され、箱館戦争を戦うが、明治二年（一八六九）五月十一日、榎本とともに新政府軍に降伏し、東京に送られた。同五年正月六日に出獄し、二月二十三日に開拓使五等出仕となり、農学校の設立や北海道の測量に尽力した。同十年十二月には内務省地理局測量課長となり、測量にメートル法を採用した。同二十年八月、新潟県三条市で皆既日蝕の観測に成功。同二十三年八月には中央気象台の初代台長となった（翌年三月三十一日に勇退）。同四十二年七月十九日、七十四歳で病没。戒名は大義院殿心海道郁居士。墓は東京都渋谷区広尾の祥雲寺にある。郁之助の末子陸雄は画家となり、明治神宮外苑の絵画館にある

「日露役旅順開城」を制作した。（藤田）

【典拠・参考文献】福永恭助『海将荒井郁之助』（森北書店、一九四三）、逢坂信忢『荒井郁之助伝』（北海タイムス社、一九六七年）、原田朗『荒井郁之助』（人物叢書、吉川弘文館、一九九四年）

荒井顕道《あらいけんどう》（一八一四〜一八六二）

文化十一年（一八一四）二月二十一日に小普請方手代（後に小普請方となり御目見以上）荒井道貞の長男として生まれる。太郎・清兵衛と称する。妻は代官手付中村程四郎の息女ちか。天保十年（一八三九）四月九日に道貞の死去により、家禄三〇俵三人扶持を継ぎ小普請方改役となる。同十四年十一月二十日に小普請方、弘化四年（一八四七）十二月五日に陸奥国塙の代官に転じ、永々御目見以上となる。嘉永二年（一八四九）、甲斐国市川在任中に『牧民金鑑』を完成する。安政二年（一八五五）に陸奥国桑折、同五年に関東、文久元年（一八六一）に馬喰町御用屋敷詰代官となるが、同二年八月十二日に江戸で大流行した麻疹により死去。享年四十九。法名は心源院殿迂軒顕道居士。菩提寺は池之端の休昌院である。（西沢）

【典拠・参考文献】『代官履歴』、村上直『江戸幕府の代官群像』（同成社、一九九七年）、瀧川政次郎「荒井顕道略伝」（『牧民金鑑』下巻、刀江書院、一九六九年）

新井白石《あらいはくせき》（一六五七〜一七二五）

明暦三年（一六五七）二月十日に上総国久留里藩の目付新井正済《まさなり》の四男として生まれる。妻は堀田下総守家臣朝倉万右衛門の息女。名は璵、君美《きんみ》。字は在中、済美。与五郎・伝蔵・勘解由と称し、白石・紫陽・錦屏山人・天爵堂・勿斎と号した。官位は従五位下筑後守。幼少より神童と称されており、父正済の仕えていた上総国久留里の領主土屋利直に仕える。しかし利直が死去し、頼直の代になると、継嗣を巡る藩の内紛に巻き込まれ、延宝五年（一六七七）、二十一歳のとき父とともに土屋家を追われる。他家への奉公も禁じられていたため浪人生活をおくっていたが、同七年に土屋家が廃絶されたため、天和二年（一六八二）、大老堀田正俊に仕える。だが、貞享元年（一六八四）に正俊が殺害された後、堀田家は五代将軍綱吉に冷遇されるようになったため、元禄四年（一六九一）に堀田家を去り、再び浪人生活に入る。堀田家を去る前の貞享三年（一六八六）には木下順庵の門に入り、木門の五先生、あるいは十哲の一人として数えられるようになる。順庵は白石を加賀国金沢藩に推薦しようとしたが、同門であり金沢藩の出である岡島石梁に頼まれ、岡島に譲る。その後、順庵の推挙により元禄六年、甲斐国甲府藩主徳川綱豊の侍講となり、宝永元年（一七〇四）、綱豊が綱吉の世子として江戸城西丸に入ると、白石も寄合に列せられている。同六年、綱豊が六代将軍家宣となってからは、家宣の篤い信任を受けて側用人間部詮房とともに「正徳の治」と呼ばれる弊政の改善につとめる。正徳元年（一七一一）には従五位下筑後守に叙任され、武蔵国埼玉郡、相模国鎌倉・高座の二郡に一〇〇〇石の所領を給わる。七代将軍家継の代になっても活躍は続いたが、享保元年（一七一六）、吉宗が八代将軍になると政治上の地位を失い、著述に励むことになる。その著作は多岐におよび、各大名家の事績を系譜にした『藩翰譜』、神話を合理的に解釈することで神話に含まれる歴史的事実を明らかにしようとした『古史通』、貿易による宝貨の海外流失の損害を論じた『本朝宝貨通用事略』、ローマ人宣教師シドッチから得た知識をもとに著された『西洋紀聞』と『采覧異言』、蝦夷地および琉球についての最初のまとまった地誌である『蝦夷志』、『南島志』、『琉球国事略』、広範囲に国語の名詞を集め、その語源と変遷を交渉した『東雅』、漢字の起源や神代文字・仮名・国字・俗字などについて述べた『同文通考』、自叙伝である『折たく柴の記』などがある。また漢詩文にも優れていた。同十年五月十九日に死去。享年六十九。法名は慈清院殿釈浄覚大居士。菩提寺は浅草報恩寺（現在は中野区高田高徳寺に移転）。（西）

【典拠・参考文献】『寛政譜』第十八・三六一頁、栗田元次『新井白石の文治政治』（石崎書店、一九五二年）、宮崎道生『新井白石の研究』（吉川弘文館、一九六九年）、竹内誠・深井雅海編『日本近世人名辞典』（吉川弘文館、二〇〇五年）

荒尾成章《あらおしげあき》（一七六〇～一八二一）

宝暦十年（一七六〇）に大番荒尾成徳《なりのり》の長男として生まれる。母は大番組頭伊藤修《なが》省《み》の娘。妻は幕臣根岸正道の娘。成孝《なりたか》・平次郎・平八郎・石見守・但馬守と称した。安永五年（一七七六）三月朔日に初めて将軍家治に拝謁し、同七年七月十九日に小性組へ入り二〇〇俵を与えられる。寛政六年（一七九四）七月五日に御小納戸となり、同年十二月十六日に布衣を許され、同十年十二月十六日に従五位下石見守に叙任される。同年に小性頭取助、文化元年（一八〇四）八月二十四日に先手鉄炮頭となり、火付盗賊改を加役として勤め、同五年十二月四日に蝦夷地奉行（松前奉行）となり三〇〇俵に加増される。同十年正月二十五日に普請奉行、同十二年八月十二日に大坂町奉行、文政三年（一八二〇）三月十七日に町奉行となり五〇〇石に加増される。同四年正月二十三日に辞職し、同年に死去。享年四十五。菩提寺は芝高輪の東漸寺（東京都港区）である。（加藤）

【典拠・参考文献】『寛政譜』第十・三三一頁、『柳営補任』、『続徳川実紀』第二篇

荒尾成允《あらおなりまさ》（生年未詳～一八六一）

兵次郎・平八郎・土佐守・石見守を称した。父成章《しげあき》は町奉行を務めた人物で、母は根岸正道の息女。荒尾家は今川の旧臣の家系で、成章の代に家禄を二〇〇俵から五〇〇石に加増されている。成允は父が町奉行在任中の文政三年（一八二〇）十二月十二日に小納戸に召し出され、その後同四年正月十四日に西丸小納戸、同十二年七月に西丸小性、天保八年（一八三七）四月二日に小性、嘉永四年（一八五一）十二月二十三日に小性頭取と進み、同五年（一八五二）五月十五日に海防掛の目付となる。成允はここでプチャーチン来航の際の応接掛を務め、同七年五月九日に長崎奉行となると、オランダ・ロシアとの条約をめぐる外交交渉で活躍した。安政六年（一八五九）九月十日に小普請奉行、万延元年（一八六〇）十二月二十四日に田安家家老となり、文久元年（一八六一）八月二十五日に死去。菩提寺は芝高輪東禅寺である。（滝口）

【典拠・参考文献】『柳営補任』、『寛政譜』第十・三三〇・三三一頁、『徳川幕府幕臣事典』（新人物往来社）、赤松範一編注『赤松則良半生談　幕末オランダ留学の記録』（平凡社、一九七七年）

荒川定安《あらかわさだやす》（一五九九～一六五六）

徳川家康の家臣吉良上野介義定の二男として生まれる。母は今川氏真の娘。右馬助と称した。官途は山城守・出羽守。官位は従五位下。元和五年（一六一九）二月に将軍秀忠に拝謁。同九年に書院番となり、三河国のうち五〇〇石を与えられる。寛永十年（一六三三）一月七日に武蔵国のうち二〇〇石を加増。同十三年九月二十七日に組頭となり、十二月二十九日に布衣を許される。慶安三年（一六五〇）十一月十九日に書院番頭に昇進し、同四年八月十六日に従

五位下山城守に叙任される。十一月二十一日に一〇〇〇石を加増され、一七〇〇石を知行する。明暦二年（一六五六）五月二十六日に五十八歳で死去。法名は月公。菩提寺は市谷の萬昌院だが、寺はのち牛込に移されている（現在は東京都中野区上高田）。

（石山）

【典拠・参考文献】『寛政譜』第二・二二一頁

荒川義行《あらかわよしゆき》 （一七七五～一八三六）

安永四年（一七七五）に生まれ、常次郎・土佐守を称した。実父は使番を務めた荒川義閭《よしさと》、実母は西尾為忠の息女で、養父は実兄義伸、妻は松平近栄の息女。荒川家は当初織田信雄に仕えていたが、重世が家康に仕え、天正十九年（一五九一）に四〇〇石を拝領したことに始まる。その次男重政（重義ともいう）が分家し、その次男重利がさらに分家して綱吉に仕えたのが義行の家系で、家禄は一〇〇〇石である。義行は天明四年（一七八四）十一月六日に家督を相続し、寛政七年（一七九五）八月五日に小性組、同八年十二月十日に西丸小性組となる。その後、享和三年（一八〇三）正月十一日に使番となり、文化七年（一八一〇）五月十九日には火事場見廻を兼帯する。そして同九年十一月二十八日（一説に三月八日）には目付に転じ、同十四年十二月十二日に清水家家老、天保三年（一八三二）八月二十日に御留守居となる。なお、清水家家老時代に土佐守に任じられ、文政十一年（一八二八）九月十日には年来出精を賞されて三〇〇石が加増されている。同七年二月二十日に死去。享年六十二。菩提寺は三田源昌寺である。

（滝口）

【典拠・参考文献】『寛政譜』第二・一六三～一六五頁、『柳営補任』

荒木済三郎《あらきせいざぶろ》 （生没年未詳）

信濃国に生まれる。本国は武蔵国。拝領屋敷はなく、当時牛込神楽横坂町中山市助地面借地にいた。嘉永六年（一八五三）七月二十一日に部屋住で御徒見習となり、安政五年（一八五八）五月三日、軍艦繰練所調方出役となっている。また、父が死去したとされる文久元年（一八六一）十二月二十四日に御徒へ仮抱入となり、同二十七日、引続き外国奉行支配調役並出役を仰せ付けられている。同二年七月二十九日には外国奉行支配調役並、同三年五月十七日には御目見以上の格となり新徴組支配組頭となる。元治元年（一八六四）五月三日に講武所頭取並で永々御目見以上、慶応元年（一八六五）八月十八日には箱館奉行支配組頭となり、一〇〇俵高加増された。

（上野）

【典拠・参考文献】『旗本百科』第一巻、『幕臣人名』第一巻、『函館市史通史編』第二巻

荒木正羽《あらきまさは》 （一六六二～一七三二）

寛文二年（一六六二）、小性組番士荒木元知《もととも》の長男として生まれる。母は目付・長崎奉行などを歴任した黒川正直《まさなお》の娘。与十郎・内蔵助・十左衛門と称する。妻は走水御番を務めた青山幸隆の娘。天和三年（一六八三）九月二十五日に書院番に列し、元禄十年（一六九七）七月十一日、遺跡を継ぐ。家禄は一五〇〇石であった。元禄十二年三月二十八日に使番となり、同年十二月十八日に布衣を許される。元禄十四年八月二十八日、目付となり、元禄十六年十一月六日に志摩守に任じられる。正徳五年（一七一五）十二月二十五日、出仕を留められて小普請とされ、享保元年（一七一六）に赦免となる。享保十六年五月二十七日に致仕し、山寿と号する。享保十七年二月十四日に死去。享年は七十一。法名了白。正羽は、使番であった元禄十四年四月、赤穂藩主浅野長矩が江戸城松の廊下における刃傷事件により領地没収となった際、城地収公

のため赤穂に赴いた目付衆の一人として著名である。（田原）

【典拠・参考文献】『柳営補任』、『寛政譜』第十・一二七頁、第十二・一〇二頁、第十三・三六四頁、谷口眞子『赤穂浪士の実像』（吉川弘文館、二〇〇六年）

有田貞勝《ありたさだかつ》　（一七三七～没年未詳）

元文二年（一七三七）に生まれる。父は西丸書院番士の九郎兵衛基敦《もとあつ》。母は筒井左次右衛門政虎の娘。通称は与九郎。宝暦二年（一七五二）四月三日に家督を相続し（武蔵国のうちで三二〇石余・廩米三〇〇俵）、同十三年二月二十二日に御小納戸となる。天明三年（一七八三）六月十五日に西丸広敷御用人となり、同六年閏十月二十日に本丸広敷御用人に転じた。寛政元年（一七八九）七月二十八日に禁裏附となり、播磨守と称した。同六年九月十二日（十六日とも）、九代将軍徳川家重の二男重好が清水屋敷を賜るとその御傅となった。寛政七年八月二十九日、日光奉行となり、同十年六月二十二日には東照宮などの修復をつとめた。その後小普請奉行（享和二年七月十二日）、作事奉行（文化三年正月三十日）、勘定奉行（同八年四月二十六日）、大目付（同九年二月十七日）、御留守居（同十三年七月二十四日）、旗奉行（文政五年六月十三日）を歴任し、文政八年（一八二五）十二月二十一日に辞職した。歴代の墓は、東京都台東区浅草の寿松院にある。（藤田）

【典拠・参考文献】『寛政譜』第八・四七頁、『旗本百科』第一巻

有馬氏倫《ありまうじのり》　（一六六八～一七三五）

寛文八年（一六六八）に紀伊国和歌山にて生まれる。父は紀伊徳川家家臣清兵衛義《よし》景《かげ》、母は建部光延の息女。四郎右衛門と称した。妻は播磨国林田藩主（一万石）建部政宇《まさのき》の息女である。紀伊藩主徳川吉宗に仕え、その信任をえて、御用役兼番頭となる。禄高は一三〇〇石。御用役は、藩主の最重要の側近であるとともに、年寄（家老）の補佐役でもあった。享保元年（一七一六）に主君吉宗が将軍家を相続した際随伴して幕臣となり、同年五月二十五日同僚の加納久通とともに新設の御側御用取次に任命された。禄高は紀伊時代と同額の一三〇〇石。同年七月二十二日、従五位下兵庫頭に叙任された。翌二年正月十一日一〇〇〇石加増、同十一年正月十一日には七七〇〇石を加増されて一万石の大名に列し、伊勢国三重郡西条を居所とした。有馬・加納両名は、将軍吉宗との取り次ぎ役を務めたため早くから権勢があったらしく、吉宗の侍講・室鳩巣は享保四年正月五日付の書簡のなかで「有馬兵庫（氏倫）殿・加納遠江（久通）殿両人勢盛にして君辺の柄をとられ候《そうろう》故、老中抔《など》いづれも彼に媚申さる、事目ざましく候」と述べている。また同じ書簡で、「目付中下の陰事抔《など》承り出し候て、執政の詮議をもひそかに彼両人の衆迄達し候事共有レ之候由」とも指摘しており、目付なども、探索してきたことなどを、老中や若年寄を差し置いて、まず有馬・加納両名に報告することもあったようである。この点について、町奉行・大岡忠相の命によって編纂された『撰要類集』という史料をみると、享保前期において、町奉行などから老中・若年寄・御側御用取次十名に上申された法令一八三件のうち、有馬に上申された案件が最も多く、八二件（四五％）を占めている。老中・若年寄を合わせても六四件（三五％）にすぎないところをみると、先述の室鳩巣の指摘は日常化していたともいえる。つまり、老中・若年寄の役割は形式化し、将軍吉宗は有馬・加納両名を「左右の御手のごとく」（『徳川実紀』）使って改革政治を主導したのである。とくに有馬は、「おいらかにつ、しみふか」い加納に対し、「さ

えかしこく、かど〳〵しき所ある」性格のためか、将軍吉宗も、享保四年の相対済し令、同六年の全国の戸口・田畝調査、同九年の物価引き下げ令など、重要な法令に関する指示は、有馬を通して出す傾向が強い。このように有馬は、将軍の補佐役として改革政治に大きな役割を果たしたが、享保二十年十二月十二日に没した。享年六十八。戒名は洞雲義徹法源院。菩提寺は渋谷の祥雲寺（東京都渋谷区）。（深井）

【典拠・参考文献】『寛政譜』第八・五九頁、大石慎三郎「『大岡越前守忠相日記』とその史料価値についての若干の考察」（『日本歴史』二八九号、一九七二年）、深井雅海『徳川将軍政治権力の研究』（吉川弘文館、一九九一年）、同「法令の伝達と将軍吉宗の主導」（徳川林政史研究所『研究紀要』第三十九号、二〇〇五年）

有馬則篤《ありまのりあつ》　（生没年未詳）

敬三郎・帯刀・阿波守・出雲守と称した。嘉永六年（一八五三）正月十一日に寄合から使番となる（禄高三五〇〇石）。安政五年（一八五八）十月二十四日に目付となり、万延元年（一八六〇）十二月十八日に長崎へ取締立合のため出張する。文久二年（一八六二）六月十八日に作事奉行となり、十月二十日に宗門改を命じられた。同年十二月十一日に小性組番頭、同三年正月二十日に書院番頭となる。同年三月四日に大坂町奉行、元治元年（一八六四）五月十四日に勘定奉行公事方、同年十一月二十二日に町奉行、十二月二十一日に大目付、同二年二月十三日に書院番頭（再任）、慶応元年（一八六五）六月二十七日に大目付（再任）、同二年八月五日に町奉行（再任）となるが、十月四日に免職され、勤仕並寄合となる。（加藤）

【典拠・参考文献】『柳営補任』、『続徳川実紀』第三～五篇

安藤惟要《あんどうこれとし》　（一七一五～一七九二）

正徳五年（一七一五）に生まれる。虎之丞・郷右衛門と称した。実父は紀伊徳川家の臣・田中正周で、幕臣安藤惟泰《これやす》の養子となる。養父惟泰も元紀伊藩士、享保元年（一七一六）藩主徳川吉宗が将軍家を相続した際に随伴して幕臣となり、小性を務めた。母は某氏。妻は御留守居番多賀常房《つねふさ》の養女。養父惟泰の死去により、享保六年十月十一日にわずか七歳で家督（知行三〇〇石）を相続し、小普請となる。同八年四月九日、九歳のとき世子家重（当時十三歳）に付属させられて小性となり、二丸に勤仕した。のち、家重に従って西丸に勤務。同十八年十二月十八日には従五位下中務少輔に叙任されたが、官職名はその後下野守・弾正少弼・中務少輔と変わった。元文五年（一七四〇）七月十六日、西丸御小納戸に移り、世子家重が将軍家を相続したのちの延享二年（一七四五）十月二十八日、側近を離れて小十人頭に転じた。宝暦三年（一七五三）十一月二十八日先手御弓頭にすすみ、同四年十月十二日より同五年五月二十日まで火付盗賊改を兼ねた。同五年八月十五日作事奉行となり、在職中に日光東照宮諸堂修理や二丸の舞台建築などを担当した。ついで、同十一年九月七日には公事方勘定奉行に昇進し、二〇〇石を加増された（計五〇〇石となる）。この安藤の勘定奉行への登用は、同じ紀伊藩出身幕臣の田沼意次が、紀州系の二人の勘定奉行（もう一人は宝暦九年就任の石谷清昌）を使って勘定所を掌握しようとしたことを示すものと思われる。以後安藤は、石谷と共に約二〇年間勘定奉行に在職し、田沼を支えることになる。その間、宝暦十一年九月十七日から道中奉行兼帯（安永五年〈一七七六〉七月八日の勝手方就任まで）、安永八年四月二十七日から田安徳川家の家老を兼帯していた。天明二

年（一七八二）十一月一日大目付に転じ、鉄砲改兼帯、三〇〇石を加増された（計八〇〇石となる）。翌天明三年二月二十四日西丸の旗奉行に移り、同六年閏十月二十日より本丸に勤仕した。同八年十二月六日に辞職し、寄合となる。寛政二年（一七九〇）七月二十九日に隠居、養老の料廩米三〇〇俵を下賜される。同四年六月十九日に七十八歳で没した。法名は受海。浅草の乗満寺に葬られた。（深井）

【典拠・参考文献】『寛政譜』第十九・三〇三頁、『柳営補任』、深井雅海『徳川将軍政治権力の研究』（吉川弘文館、一九九一年）

安藤定賢《あんどうさだたか》（一七二五～没年未詳）

享保十年（一七二五）に生まれる。安藤一斉の男。母は山脇氏。長之助・長左衛門と称した。妻は堀田大蔵大輔家臣若林安兵衛高季の娘。家禄は二〇〇俵。寛保元年（一七四一）六月二日に家督を譲られ、小普請入り。延享三年（一七四六）六月十五日に将軍家重に拝謁。宝暦三年（一七五三）五月十二日に表右筆、同五年十二月十一日に奥右筆、天明三年（一七八三）七月二十七日に奥右筆組頭となり、同年十二月十八日に布衣を許される。同六年七月十二日に広敷御用人、寛政六年（一七九四）八月十六日に御留守居番、文化二年（一八〇五）四月二十四日に先手鉄炮頭を歴任した。同四年十二月三日に職を辞している。（石山）

【典拠・参考文献】『寛政譜』第十七・二〇二頁、『柳営補任』、『旗本百科』第一巻

安藤定智《あんどうさだとも》（一五八六～一六三六）

天正十四年（一五八六）、安藤定正の三男として生まれる。伝十郎と称す。妻は松平陸奥守家臣塚田五左衛門某の養女。慶長十四年（一六一四）、初めて将軍秀忠に拝謁。御書院番に列せられ、家禄三〇〇俵を賜る。同十九年、大坂の陣に青山伯耆守忠俊に属して供奉、翌年も忠俊に属して功をあげ、賞与として五〇〇石を加えられ、先の家禄を改めて、上総国長柄《ながら》・山邊《やまべ》・市原《いちはら》三郡の内において八〇〇石を賜った。同九年、御徒頭となり、さらに寛永元年（一六二四）に御持弓頭となって、足軽五五人をあずけられ、武蔵国入間郡の内において二〇〇石を加恩される。同九年六月二十五日、加えて馬上同心一〇人をあずけられ、翌十年十二月二七日には、甲斐国八代郡の内において七〇〇石を知行する。同十三年死去。享年五十一。法名宗林。墓は、長柄郡庄吉村の中田山。（浦井）

【典拠・参考文献】『寛政譜』第十七・一八七頁

安藤重能《あんどうしげよし》（一五八六～一六一五）

天正十四年（一五八六）に生まれる。実父は徳川家康の家臣で紀伊家付家老となった安藤直次《なおつぐ》。実母は中根助右衛門の息女。妻は板倉勝重の息女。彦四郎と称した。幼少の頃より二代将軍徳川秀忠に仕え、慶長九年（一六〇四）に武蔵国児玉郡・下総国千葉郡内において一〇〇〇石を拝領した。大坂の陣に供奉し、慶長二十年（一六一五）五月七日に討死した。享年三十。法名は寿想。三河国桑子の妙源寺（愛知県岡崎市）に葬られた。（白根）

【典拠・参考文献】『寛政譜』第十七・一七三頁

安藤親枝《あんどうちかえだ》（一八四二～一九一九）

安藤家は寛永十八年（一六四一）に町奉行所与力に召し出されて以来の家系で、親枝は天保十三年（一八四二）三月十一日に生まれ、通称は源五左衛門。安政四年（一八五七）三月に与力見習として出仕し、慶応元年（一八六五）十二月に抱入となり、吟味方・非常取締掛・人足改などをつとめた。明治二十二年（一八八九）八月に発足した、南北町奉行所与力・同心出身者の会

である南北会の発起人の一人となっている。なお、原胤昭は端午の節句の記事のなかで、「安藤源五左衛門の家の幟は立派でした」と述懐していて、内実は豊かであったようである。大正八年（一九一九）七月二十三日に死去。享年七十八。菩提寺は南品川の本光寺である。（滝口）

【典拠・参考文献】『江戸時代文化』第四巻第四号（一九三〇年）、『江戸町与力の世界―原胤昭が語る幕末―』図録（千代田区立四番町歴史民俗資料館、二〇〇七年）、『原胤昭旧蔵資料調査報告書―江戸町奉行所与力・同心関係史料―（1）・（2）』（千代田区教育委員会、二〇〇八・九年）、『原胤昭旧蔵資料調査報告書―江戸町奉行所与力・同心関係史料―（1）・（2）』（千代田区教育委員会、二〇〇八・九年）

安藤次行《あんどうつぐつら》（一六六三～一七一二）

寛文三年（一六六三）、御徒頭・鑓奉行を歴任した安藤正珍《まさよし》の五男として生まれる。頼母・与十郎と称した。のち寄合安藤次種の養子となり、寛文七年（一六六七）十二月十日、家督を継ぐ。天和元年（一六八一）二月二十六日、書院番水野長門守組に列し、元禄四年（一六九一）閏八月十二日、使番になる。同六年五月十日には目付に昇進。同十年四月十四日、京都町奉行に就き、この年従五位下駿河守に叙任された。正徳二年（一七一二）十二月二十四日、官舎において死亡した。このため山城国伏見本願寺の掛所に葬られた。享年五十。法名は了心。（西木）

【典拠・参考文献】『寛政譜』第十七・一九八頁、『柳営補任』

安藤伝蔵《あんどうでんぞう》（生没年未詳）

家禄は七〇俵五人扶持。嘉永七年（一八五四）十一月二十六日御徒目付より寄場奉行になる。安政二年（一八五五）十二月二十八日から勘定組頭格、万延二年（一八六一）二月二十二日に勘定組頭格寄場奉行から代官となる。同年から文久三年（一八六三）まで信濃国中之条陣屋、文久三年から慶応三年（一八六七）まで甲斐国市川陣屋、慶応三年から江戸代官を務める。同三年十二月九日に離職。（堀）

【典拠・参考文献】西沢淳男『幕領陣屋と代官支配』（岩田書院、一九九八年）、『柳営補任』

安藤直政《あんどうなおまさ》（一六一一～一六八七）

慶長十六年（一六一一）井伊直政の家臣椋原政長の子として生まれる。実母は安藤直次の息女。妻は安藤重能《しげよし》の息女。後妻は稲垣重綱の息女。山三郎・彦四郎と称し、隠居後は江山と号した。同二十年五月七日に大坂の陣で重能が戦死し、嗣子がいなかったため、二代将軍徳川秀忠の命で養子となり、幼少の頃から徳川家光（のち三代将軍）に仕えた。家督を相続する際に重能の所領一〇〇〇石の他、祖父直次の所領のうち、武蔵国児玉郡において三〇三〇石余を分知され、計四〇三〇石余を拝領し、小性組番士となった。その後辞して寄合に列するが、承応二年（一六五三）十月十六日に鉄炮頭となり、十二月二十八日に布衣の着用を許された。寛文元年（一六六一）三月七日に百人組頭に転じ、同三年四月には四代将軍家綱の日光社参に供奉した。延宝四年（一六七六）四月十日に職を辞し、同五年三月七日に隠居した。貞享四年（一六八七）正月二十一日に死去。享年七十七。法名は江山。武蔵国那珂郡小平村の春貞寺（埼玉県本庄市）に葬られた。（白根）

【典拠・参考文献】『寛政譜』第十七・一七三頁

安藤広栄《あんどうひろまさ》（一七七二～一八二七）

安永二年（一七七二）、甲府勤番安藤出雲守広峯《ひろたか》の四男として生まれる。のちに任官して出雲守と名乗る。妻は内藤志摩守正興の女。長男・次男が早世し、三男広達《ひろみち》が病弱だったため、寛政四年八月五日に広栄が家督を相続して、寄合となる。同九月二十五日、はじめて将軍家斉に拝謁する。享和元年（一八〇一）八月十七日に中川御番、同三年六月二十八日に火消役となり、文化五年（一八〇八）三月一日には小性組番頭となる。同十三年十月二十四日に書院番頭、文政三年（一八二〇）四月十二日に大番頭となり、同八年四月二十八日には駿府城代となった。同十年十二月二十七日に死去。享年五十六。家禄は七〇〇〇石。屋敷は浜町にあった。（浦井）

【典拠・参考文献】『寛政譜』第十七・一八三頁、『旗本百科』第一巻、『文政八年武鑑』

安藤正次《あんどうまさつぐ》（一五六五～一六一五）

永禄八年（一五六五）に安藤定次《さだつぐ》の長男として生まれる。岩之助・与十郎・次右衛門と称した。当初松平信康に附属していたが、信康の一件直後に浪人となったが、天正八年（一五八〇）五月、遠目合戦の際に軍功を挙げ、それにより徳川家康の麾下に入る。以後、家康に従って多くの合戦に参加し、慶長六年（一六〇一）に下総国香取郡にて采地一〇〇〇石を賜る。その後、使者として越前・加賀国、水戸・駿府・伏見などに赴く。同十年の上洛には布衣を着して供奉し、同十一年に普請奉行となる。同十三年、筒井定次の改易にともない検使として伊賀国に赴き、同年丹波国篠山《ささやま》城普請の検使にも赴く。同十九年には大久保忠隣の居城であった小田原城の外郭破壊を奉行し、大坂冬の陣では鑓奉行として参陣する。徳川・豊臣の和睦後、大坂城惣堀埋立てを山岡景長《かげなが》らと奉行し、翌年三月にはその軍功として武蔵国多摩郡・足立郡にて五〇〇石を加増される。大坂夏の陣では旗奉行として参陣するが、合戦の際の傷が治癒することなく、同二十年五月十九日に死去。享年五十一。法名了栄。（鍋本）

【典拠・参考文献】『寛政譜』第十七・一九四頁、『干城録』巻一八五

安藤正珍《あんどうまさよし》（一六〇四～一六六六）

慶長九年（一六〇四）に鑓奉行安藤正次《まさつぐ》の子として生まれる。妻は井伊直政の家臣椋原政長の息女。次右衛門と称した。元和元年（一六一五）、十二歳の時に二代将軍徳川秀忠に初めて拝謁し、家督を相続した。寛永二年（一六二五）七月二十七日には知行地の朱印状を賜った。同三年九月、後水尾《ごみずのお》天皇の二条城行幸の際に、その御迎えとして参内した三代将軍家光に供奉した。同五年四月には秀忠の日光山参詣に随従した。同七年六月二十七日に御徒頭となり、同九年十一月二十六日に布衣の着用を許された。同十年四月十六日、鑓奉行に転じ、十二月二十八日に甲斐国八代郡内において五〇〇石を加増され、計二五四〇石を拝領した。正保四年（一六四七）十一月十三日、王子御茶亭の周辺において、将軍家光の上覧のもと、武家故実の一つで、島津家によって再興された犬追物が薩摩藩主島津光久によって披露された際には、家光の命により供奉に列した。慶安四年（一六五一）四月に家光が死去すると、その棺を日光山に移す時に随従した。寛文六年（一六六六）十一月十二日に死去。享年六十三。法名は道哲。相模国鎌倉郡阿久和村（神奈川県横浜市）に葬られた。（白根）

【典拠・参考文献】『寛政譜』第十七・一九六頁

飯島泰助《いいじまたいすけ》　（生没年未詳）

父は飯島武兵衛。伊予守・飛騨守を称した。天保十三年（一八四二）六月五日、支配勘定から日光奉行支配組頭となる。弘化二年（一八四五）十二月二十五日に賄頭になり、嘉永三年（一八五〇）四月、日光山での法事御用を勤めた。安政六年（一八五九）十月九日に出精相勤により布衣となり、家録が一〇〇俵に加増された。文久元年（一八六一）四月朔日、将軍徳川家斉息女溶姫の用人となり、同二年十月九日二丸御留守居となる。元治元年（一八六四）五月二十九日、和宮の広敷御用人となる。慶応二年（一八六六）十二月二十七日、徳川慶喜簾中の御用人（同三年九月より御台所御用人）となる。同三年十二月二十五日に御役御免、勤仕並寄合となる。（吉成）

【典拠・参考文献】『柳営補任』、『旗本百科』第一巻

飯田有道《いいだありみち》　（一六八七～一七四九）

牧野周防守家臣佐々木七郎右衛門道治と、細川豊前守家臣岡田十右衛門の娘の子。飯田伴有の養子となり、その娘を妻とする。後妻は辻久太郎守定の娘。吉十郎・七郎右衛門と称する。享保元年（一七一六）十一月五日家督を相続し、同九年十月九日大番となる。元文二年（一七三七）三月七日に美濃国に赴き論地を検分する。同三年十月十六日から御蔵奉行を務める。同四年九月二十二日に勘定吟味役となり、十二月十六日に布衣を許される。寛保三年（一七四三）閏四月朔日に西丸裏門番頭になる。寛延元年（一七四八）六月二十八日、務を辞し寄合となり、同二年正月十二日に死去。享年六十一。法名は白鴎。菩提寺は早稲田宗参寺。（堀）

【典拠・参考文献】『寛政譜』第三・一四二頁

飯田易信《いいだかねのぶ》　（一七五二～一八〇六）

宝暦二年（一七五二）に生まれる。父は小性伊東祐賢《すけかた》の二男で、祐賢の弟石川豊故《とよひさ》の養子を経て、小性組番飯田直光《なおみつ》の養子となった書院番飯田満盈《みちなか》。母は直光の息女。妻は小性組番小出英好《ふさよし》の息女、後妻は奥医師河野通久《みちひさ》の養女で、実は萩藩毛利家の家臣毛利就盈の息女。宝暦十三年（一七六三）十二月二十五日に家督を相続した。家禄は七〇〇石。明和六年（一七六九）二月二十三日に御小納戸、同年三月十七日に十代将軍徳川家治の小性となり、明和七年（一七七〇）十二月十六日に従五位下能登守に叙任された。安永五年（一七七六）には日光社参に供奉し、同七年九月二十日に新番頭となった。天明六年（一七八六）には隠居していた元紀伊藩主徳川重倫《しげのり》が剃髪したため、使者として和歌山へ派遣された。同七年十月十二日に小普請奉行、寛政二年（一七九〇）八月二十七日には一橋家の家老となる。享和元年（一八〇一）、三〇〇石を加増され、文化二年（一八〇五）十月二十六日には西丸旗奉行となる。同三年十月二十一日に死去。享年五十五。菩提寺は牛込の保善寺（現在は東京都中野区に移転）か。（竹村）

【典拠・参考文献】『寛政譜』第六・一五六頁、『柳営補任』、『徳川実紀』第十篇、『続徳川実紀』第一篇

飯田庄蔵《いいだしょうぞう》　（生没年未詳）

文久二年（一八六二）五月六日、書院番曽我助豫組砲術教授方出役より講武所頭取並、同年十一月二日以降本役となり、高一〇〇俵を加増された。同年十二月二十八日に歩兵頭並に就任、同三年五月二十五日に十四代将軍徳川家茂上洛に伴い京都へ派遣された。同年九月十日に歩兵頭並格講武所

砲術師範役となり、慶応元年（一八六五）五月、第二次長州征伐に従軍、同二年十一月二十九日に陸軍所修行人教授方頭取へ転役した。　（神谷）

【典拠・参考文献】『柳営補任』、『続徳川実紀』第三〜五篇

飯高勝成《いいだかかつなり》（一六五五〜一七一五）

明暦元年（一六五五）、飯高貞勝の長男として生まれ、七左衛門と称する。母の出自は不明。妻は御蔵奉行飯高弥五兵衛貞成の娘。寛文四年（一六六四）、初めて時の将軍家綱に拝謁。同九年に奥右筆となり、同十二年七月十二日に家督を継ぐ。天和三年（一六八三）四月、日光山において三代将軍家光の三十三回忌法要が行われた際、彼の地に赴いたことにより、五月二十六日に時服二領・黄金二枚を賜る。元禄二年（一六八九）十月二十六日、表右筆組頭となり、同十年七月二十六日、家禄を改め、常陸国鹿嶋行方《なめかた》および下総国香取三郡の内に采地を賜る。宝永七年（一七一〇）四月二十一日、右筆の勤務以来仰せつかっていた、本丸・西丸双方の日記を記すべき旨を怠って、西丸勤仕の者にのみ委ねたこと、病者が多いことを理由に一人で毎夜宿直をさせ、本丸勤仕の者に補助させせなかったこと、すべて勤仕のことについては伺いを立てるべきところを怠ったことなどにより、役を放たれて逼塞となった。同年十月八日、赦免され小普請となるが、正徳五年（一七一五）に死去。享年六十一。　（浦井）

【典拠・参考文献】『寛政譜』第十八・一一八頁

飯高貞勝《いいだかさだかつ》（生年未詳〜一六七二）

飯高弥五兵衛貞次の次男として生まれ、七兵衛と称した。母は奈良氏の女。寛永六年（一六二九）八月二十三日、はじめて三代将軍家光に拝謁し、同年には奥右筆となり、家禄二〇〇俵を賜る。同十三年四月に家光の日光参詣に供奉、明暦元年（一六五五）十二月二十八日に一〇〇俵を加増される。寛文三年（一六六三）十二月二十六日、さらに一〇〇俵を加増され、同四年三月二十九日には万石以上に列する旨の御朱印を賜る。翌五年四月、東照宮五〇回忌の法要の際に、酒井雅楽頭忠清に副って法要の差配を行ったことを賞されて、五月二十二日に時服二領・黄金二枚を賜る。また、同年九月二十三日にも、寺社に下される御朱印を担当し、白銀三〇枚を賜っている。同九年閏十月十八日、精勤の旨を賞されて黄金三枚を賜り、翌十年十二月二十五日には一〇〇俵を加増され、家禄は五〇〇俵となった。同十二年（一六七二）五月二十四日死去。法名は道中。　（浦井）

【典拠・参考文献】『寛政譜』第十八・一一七〜一一八頁

飯高貞次《いいだかさだつぐ》（一五六四〜一六三八）

今川義元に仕えた後処士として駿河国沼津にいた飯高貞政の長男として生まれる。弥五兵衛と称した。妻は奈良氏の娘。文禄元年（一五九二）に朝鮮の役で肥前国名護屋に供奉し、慶長五年（一六〇〇）に関ヶ原の戦にも従った後、家督を相続する。大坂冬・夏の陣にも従う。元和七年（一六二一）に大坂の御蔵奉行となり、寛永二年（一六二五）十二月二十一日采地の朱印を給わる。寛永十五年（一六三八）八月十二日、大坂において死去。享年六十四。法名は良円。大坂の齢延寺に葬られる。　（堀）

【典拠・参考文献】『寛政譜』第十八・一一四頁

飯塚久米三郎《いいづかくめさぶろう》（生没年未詳）

浦賀奉行組与力。嘉永六年（一八五三）六月および翌七年正月に来航したペリー艦隊の応接に奔走し、老中阿部正弘より褒賞を受けた。第二回目のペリー来航時には人足の差配を担当した。万延元年（一八六

○）三月に起こった桜田門外の変後には、浦賀奉行所の地方掛《じかたがかり》として、水戸浪士取締のための番船の負担をめぐって、村々との間で意見調整を行った。慶応四年（一八六八）閏四月に浦賀奉行所が新政府へ接収された際には番所詰として立ち会った。

（神谷）

【典拠・参考文献】『新横須賀市史』資料編近世Ⅱ（横須賀市、二〇〇五年）

飯塚英長《いいづかふさなが》（一七二六～一七九四）

享保十一年（一七二六）生まれ。通称は甲之助・伊兵衛。父は飯塚寛長、母は永田忠高の息女。妻は加藤顧忠の息女である。延享元年（一七四四）四月三日に家督を相続し、切米二〇〇俵を給された。同四年七月二十六日、西丸小十人となった。宝暦三年（一七五三）十一月五日に代官となり、陸奥塙を皮切りに、同六年から美作倉敷、同十一年から大坂、明和五年（一七六八）から信濃御影、安永二年（一七七三）から関東、同六年からは江戸廻の代官となった。この間、明和八年（一七七一）三月十一日には美濃国厚見郡の論所を見分した。安永五年六月二十七日、将軍家治の日光参詣に際し、時服二領・黄金一枚を賜る。同七年四月十四日に布衣を着することを許された。天明元年（一七八一）四月一日、関東川々普請を行ったことを賞せられて、黄金一〇枚を賜る。同三年十二月六日、若年寄支配となる。同四年八月五日に勘定吟味役、同六年閏十月八日には二丸御留守居となる。同七年十二月五日、北国の年貢米収納に落ち度ありとして、三〇日間出仕をとどめられている。これは北国米買上一件（幕府役人の収賄事件）に関わってのことのようである。同八年五月十日に佐渡奉行となる。寛政六年（一七九四）三月十日、佐渡にて六十九歳で死去。法名は良雄。菩提寺は佐渡相川の総源寺である。

（松本）

【典拠・参考文献】『寛政譜』第十九・九二～九三頁、『代官履歴』、南和男『江戸の町奉行』（吉川弘文館、二〇〇五年）

飯塚政長《いいづかまさなが》（生年未詳～一八二五）

小性組富永甚四郎高則の二男として生まれる。常之丞・伊兵衛と称した。養父は代官飯塚伊兵衛英長《ふさなが》。母は勘定吟味役岡田九郎左衛門俊博の息女。養子となって英長の三女を妻とした。屋敷は駿河台袋町にあった。安永五年（一七七六）十二月十九日に小十人となり、同七年五月七日に小性組に転じた。天明四年（一七八四）八月二十三日より江戸廻代官、寛政元年（一七八九）八月二十日に飛驒郡代となり、布衣の着用を許された。同六年六月三日に家督を相続した。家禄は二〇〇俵である。前任の大原亀五郎正純在任時に起こったいわゆる天明騒動の事後処理にあたり、高山役所地役人の待遇改善、口留番所の削減、船津・萩原・船津御蔵の廃止、山方村々の元伐稼の中止と再開などの施策を行った。同十二年三月十二日より御納戸頭となり、享和三年（一八〇三）四月十五日より佐渡奉行、文化五年（一八〇八）二月十七日より先手鉄炮頭となった。文政八年（一八二五）二月二十三日に死去。

（高橋）

【典拠・参考文献】『文政武鑑』、「飛驒郡代高山陣屋文書」（岐阜県歴史資料館所蔵）、『寛政譜』第十九・九三頁、『岐阜県史 通史編近世上』（一九六八年）、『旗本百科』第一巻、『代官履歴』

猪飼正胤《いがいまさたね》（一七三七～没年未詳）

元文二年（一七三七）に猪飼半左衛門正昌の四男として生まれ、大番を務めた猪飼五郎兵衛政維《まさつな》（禄高二〇〇俵）の養子となる。母は佐々木庄左衛門正富の娘。妻は富永権次郎能董の娘。半平・五郎兵衛・五郎助と称した。はじめ一橋宗尹に仕えたが、養子となるにおよび一橋家を辞した。宝暦六年（一七五六）三月六日に遺跡を継いだ。同年十月七日、大番となり、明和六年（一七六九）四月二日に新番となった。佐野政言による田沼意知への刃傷事件に際し、これを制すことができなかったとして、天明四年（一七八四）四月七日に小普請入りを命じられ、出仕停止の処分を受ける（五月六日に許される）。寛政八年（一七九六）六月十五日には大番に列した。（上野）

【典拠・参考文献】『寛政譜』第九・三三九頁

池田季隆《いけだすえたか》（一六七七～一七五四）

延宝五年（一六七七）に池田新兵衛重富の四男として生まれる。喜八郎と称す。妻は清野與右衛門貞平の養女。桜田の館において徳川綱豊（のち六代将軍家宣）に仕え、勘定役を務める。宝永元年（一七〇四）西丸に移った時に御家人に列し、廩米一〇〇俵を賜わり、勘定を務める。正徳元年（一七一一）十二月二十三日に五〇俵を加増され、同三年六月二十七日に代官となる。出羽国寒河江・美作国倉敷・大坂でその任にあたる。享保七年（一七二二）五月三日には、小普請荻原乗秀と共に上総国東金領の新田の見分を行っているが、同十四年五月十九日に新田の地割、水腐米などについて配下の者が不正を謀ったため、罪科に処された。その後小普請に貶され、二〇日出仕を憚り、八月十日に許された。同十八年八月十九日代官に復し、宝暦元年（一七五一）八月九日に致仕。同四年十二月十八日に死去。享年七十八。法名は白英で、谷中南泉寺（東京都荒川区）に葬られる。（高木）

【典拠・参考文献】『寛政譜』第五・一七二頁、大石学『享保改革の地域政策』（吉川弘文館、一九九六年）、『代官履歴』

池田但季《いけだただすえ》（一七五二～一八三四）

宝暦二年（一七五二）山田政位の二男として生まれる。母は祖父代官池田季隆《すえたか》の息女。千代之助・千之助・仙九郎と称する。妻は代官季庸《すえもち》の息女で養子となり、安永八年（一七七九）十二月三日に養父の隠居により家督を継ぐ。家禄は一五〇俵。天明四年（一七八四）閏正月二十六日に勘定となり、寛政元年（一七八九）八月二十九日に出羽国柴橋の代官へ転じる。同七年に大坂谷町、享和三年（一八〇三）に大和国五条、文化七年（一八一〇）に再び出羽国柴橋の代官を歴任し、天保五年（一八三四）四月二十七日に現職で死去。享年八十三。菩提寺は谷中の南泉寺である。（西沢）

【典拠・参考文献】『寛政譜』第五・一七二頁、『代官履歴』

池田長顕《いけだながあき》（生年未詳～一八六二）

通称は権之丞、任官後は大隅守・甲斐守を名乗る。父は旗本池田長休。禄高は七〇〇〇石。天保五年（一八三四）十一月十五日、部屋住から召し出されて家慶付きの小性となり、同八年四月二日には本丸小性に移る。同十四年十一月晦日に百人組之頭となり、弘化四年（一八四七）七月九日には小性組番頭、嘉永四年（一八五一）十一月二十四日からは書院番頭を務めた。安政三年（一八五六）二月十四日には御留守居となり講武所設立に携わる。設立後の同四年十一月十三日には久貝正典と共に講武所総裁となる。安政六年（一八五九）に江戸城本丸普請用掛を務め、万延元年（一八六〇）十二月二十四日には御側格となる。文久元年（一八六一）には御側となる。文久二年（一八六二）六月一日に死去。（上野）

【典拠・参考文献】『旗本百科』第一巻

池田長発《いけだながおき》（一八三七～一八七九）

天保八年（一八三七）七月二十三日、旗本池田長休の子として生まれ、後に池田長溥の養子となった。修理・筑後守と称し、可軒と号する。禄高は一二〇〇石。陸軍奉行支配福次郎の養父。文久元年（一八六一）十月に小性組大久保甚右衛門組から小十人頭となり、翌文久二年五月に目付となった。また、将軍上洛の際に上洛御用取扱として上洛の御供をしている。文久三年に一足先に江戸へ帰府すると、同年五月十四日に目付から火附盗賊改に任ぜられた。その後御用のために京都へ遣わされ、同三年七月に京都町奉行となった。しかし京都町奉行となってから数日で再び目付となっている。そして九月には目付から外国奉行に任ぜられ、フランスやイギリスなどの国々へ使節として遣わされている。そしてフランスにおいてナポレオン三世政府の外相ドルーアン＝ド＝リュイスと対面し、攘夷運動激化を理由とする横浜の一時鎖港を要求した。しかしその要求は拒否され、かえって「パリ約定」の調印を迫られることとなった。最終的に約定に調印し、帰国後積極的な対外和親政策を幕府に提案したが取り上げられることはなかった。逆にこの一連の事件が問題となり、元治元年（一八六四）七月、外国へ遣わされていた時に役目不行届の事があったということで御役召し放ちとなり、さらに禄高一二〇〇石のうち半分の六〇〇石が召し上げられる事となった。さらに隠居蟄居を仰せ付けられている。その後慶応三年（一八六七）正月に隠居の身から軍艦奉行並に復職したが、同年六月二十七日に職を辞した。維新後も岡山に閑居し、政治の表舞台には登場しなかった。明治十二年（一八七九）九月十二日に岡山にて死去した。享年四十三。　（津田）

【典拠・参考文献】『柳営補任』、『日本近世人名辞典』（吉川弘文館、二〇〇五年）

池田長賢《いけだながかた》（一六〇四～一六六四）

慶長九年（一六〇四）に生まれる。池田長吉の五男。母は浜嶋氏。左門と称した。妻は内藤忠重の娘。初名は長治《ながはる》。元和三年（一六一七）より徳川家光に近侍し、後に小性となる。同八年六月一日、小性組の組頭となった。翌年従五位下帯刀に叙任され、武蔵国埼玉郡において、采地一〇〇〇石を知行する。寛永十一年（一六三四）六月十六日、書院番の番頭となり、翌年十二月二十四日に加増されて、所領は六〇〇〇石となった。慶安三年（一六五〇）十一月十九日大番頭となる。寛文四年（一六六四）二月五日に死去。　（上野）

【典拠・参考文献】『寛政譜』第五・七三～七四頁

池田長恵《いけだながしげ》（一七四五～一八〇〇）

延享二年（一七四五）に旗本池田政晴《まさはる》の四男として生まれ、のち大目付池田政倫《まさとも》の養子となり、その娘を妻とした。晴穹《はるたか》・政《まさ》以《もち》とも名乗り、源之助・修理・筑後守と称した。宝暦十三年（一七六三）三月十五日に初めて十代将軍家治に拝謁し、安永四年（一七七五）十一月八日に家督（九〇〇石）を継ぎ小普請となる。中奥番を経て、天明元年（一七八一）十月朔日に小十人頭となり、十二月十六日に布衣を許される。同二年十二月十二日に目付、同年十月二日に京都町奉行となり、十一月朔日に従五位下筑後守に叙任される。寛政元年（一七八九）九月七日に町奉行となるが、市中騒動を起こした西丸小人荒井三之助一件の処理に不備があり、十一月十二日に出仕を留められ、二十一日に赦された。同七年六月二十八日に大目付となるが、南部信喜から忌服の問合わせの答に誤りがあり一か月出仕を留められ、同八年秋にも江戸城内で琉球使節が奏楽の時に回数を誤って言上し九日間出仕を留められた。同十二年三月十三日に死去。享年五十五。菩提寺は高輪の東禅寺（東京都港区）である。　（加藤）

【典拠・参考文献】『寛政譜』第五・五四、七二頁、『柳営補任』、『続徳川実紀』第一篇

池田長休《いけだながのり》（一七八四～没年未詳）

天明四年（一七八四）に生まれる。通称伊三郎。甲斐守・加賀守と名乗った。寛政八年（一七九六）十一月二十六日、定火消辞職後、不行跡により隠居を命じられた父清弥《きよます》を継いだ。母は大番頭牧野忠知《ただとも》の息女。知行は武蔵・常陸・下野・下総・上野国内七〇〇〇石である。享和三年（一八〇三）十二月四日、寄合より中奥小性となる。文化十年（一八一三）八月十五日に百人組頭、同十四年十二月二十四日に小性組番頭、文政四年（一八二一）八月四日に西丸書院番頭となり、同六年六月十七日に本丸勤務となる。同十年九月十二日に大番頭に転じて、天保二年（一八三一）四月十九日には十一代将軍徳川家斉嫡子家慶の男子家祥《いえさち》（のちの十三代将軍家定）の御側、同六年（一八三五）五月二十四日に西丸の家慶の御側となり、その将軍就任に際して翌七年九月四日には本丸勤めに転じた。同十二年八月七日に辞職、養老料五〇〇俵を下された。没年は未詳、菩提寺は深川霊巌寺（東京都江東区）である。（渋谷）

【典拠・参考文献】『寛政譜』第五・七三頁、『柳営補任』、『続徳川実紀』第二篇

池田長頼 いけだながより （生年未詳～一六三二）

因幡国鳥取城主池田長吉の四男。助三郎と称し、任官後は豊後守を名乗る。母は伊木豊後俊忠次の娘。妻は久留島丹波守道春の娘。慶長六年（一六〇一）、徳川秀忠に仕えて御書院番に列し、采地三〇〇〇石を賜る。元和三年（一六一七）、兄池田長幸《ながよし》の備中松山藩への移封に伴い松山へ入る。寛永五年（一六二八）、従五位下豊後守に叙任される。同九年四月四日、藩主である兄長幸の病状が思わしくないため、親族らと後継者について協議した際、自己の意見が通らなかったことを遺恨に思い、脇坂佐渡守安経らを殺傷し、同月六日に切腹させられた。（上野）

【典拠・参考文献】『寛政譜』第五・六九～七〇頁、『備作人名大辞典』

池田政貞 いけだまささだ （一七四八～一八一七）

寛延元年（一七四八）に大番頭池田喜以《よしもち》の四男として生まれ、池田政勝《まさかつ》の養子となる。妻は京極四郎左衛門高常の娘である。はじめ輝貞《てるさだ》と名乗り、雅次郎・雄次郎と称した。また任官後は筑前守と名乗った。知行高は播磨国神埼郡に一〇〇〇石。明和八年（一七七一）十二月七日に二十四歳で家督を継ぎ、安永元年（一七七二）六月十三日に十代将軍徳川家治に初の御目見をはたした。同二年三月二十二日に書院番となる。天明四年（一七八四）正月十一日、使番に転じ、同年十二月十六日に布衣を許される。寛政元年（一七八九）正月十五日より淡路・伊予・讃岐・土佐・豊後・豊前・淡路等の巡見を行う。同年九月七日に西丸目付に転じ、同四年十一月十八日には西丸修覆御用掛を命じられる。同七年（『旗本百科』では同四年）十二月二十五日に西丸目付より先手鉄炮頭となる。同八年十月六日より火附盗賊改の加役を務め、同十二月二十九日より定役となる。享和元年（一八〇一）五月一日に禁裏附となり、文化六年（一八〇九）八月二日新番頭へ転じた。同十四年四月二十三日に死去。（坂本）

【典拠・参考文献】『寛政譜』第五・六五～六六頁、『柳営補任』、『旗本百科』第一巻

池田政武 いけだまさたけ （一六三八～一六八七）

当家は池田輝政の四男輝澄《てるずみ》から始まる。輝澄の母は徳川家康の娘督姫である。輝澄は慶長十四年（一六〇九）四月に駿府で徳川家康に御目見した際に、松平の称号を与えられ、以後代々松平と称した。政武は寛永十五年（一六三八）、輝澄の五男として生まれた。久馬助と称した。母は生駒讃岐守正俊の娘、妻は阿部丹波守信之の娘である。家督は兄で輝澄四男政直《まさなお》が継いでいた

が、寛文六年（一六六六）三月十五日に死去した際、男子がなかったため政武が家督を継いだ。当家は播磨国神崎・印南郡に一万石を拝領していたが、この際三〇〇〇石は輝澄七男の政済《まさなり》に分与され、政武は残りの七〇〇〇石を知行した。家督相続時に交代寄合となり、柳之間詰となる。同年四月十八日に兄政直の遺品である家真の刀を献上した。貞享四年（一六八七）五月七日に五十歳で死去した。戒名は日諱である。墓所は丸山の本妙寺。　（坂本）

【典拠・参考文献】『寛政譜』第五・六四頁

池田政隼《いけだまさはや》　（一七〇七～一七八四）

宝永四年（一七〇七）に富士見御宝蔵番頭池田逢利《あつとし》の子として生まれる。順太郎・喜大夫と称した。実母は稲葉家家臣森玄好の息女。元文五年（一七四〇）六月二十二日に勘定に列した。宝暦元年（一七五一）十二月十八日に評定所留役となるが、同二年八月七日に職を辞した。明和三年（一七六六）十二月二十七日に実父逢利の死去にともない家督を相続し、同六年九月二十一日には御林奉行となった。安永八年（一七七九）八月二十四日に高齢を理由に職を辞した。このとき白銀一〇枚を賜った。天明四年（一七八四）七月二十九日に死去。享年七十八。法名は了智。　（白根）

【典拠・参考文献】『寛政譜』第十九・一六二頁、深井雅海「材木（石）奉行並びに林奉行の就任者について」（徳川林政史研究所『研究紀要』昭和六十一年度、一九八七年）

池田頼方《いけだよりかた》　（生没年未詳）

隼人・将監と称し、播磨守と名乗る。禄高は三〇〇〇石。天保三年（一八三二）八月、寄合より寄合火事場見廻となり、同四年九月に寄合肝煎、同七年九月に西丸目付、同八年十一月には浦賀奉行に就任した。同十二年九月に奈良奉行、弘化三年（一八四六）正月に普請奉行、嘉永元年（一八四八）十一月に公事方勘定奉行、同三年（一八五〇）七月からは道中奉行を兼帯、同五年（一八五二）三月には町奉行となった。安政四年（一八五七）十二月に大目付へ転役となり、翌五年十月町奉行に再任した。町奉行在職中、元土浦藩士の飯泉喜内《いいずみきない》が京都堂上家臣を通じて尊攘派志士に幕府の内情を漏らしたとして逮捕される事件が起きた。これを契機に安政の大獄となり、寛典を主張する勘定奉行佐々木顕発《あきのり》が更迭されると、頼方は勘定奉行を兼帯、五手掛《ごてがかり》として吟味を進めた。また、万延元年（一八六〇）三月の桜田門外の変に際しても吟味掛を務めた。文久元年（一八六一）五月に町奉行を辞職、同二年、飯泉喜内一件の吟味に問題があったとして差控となる。しかし、同三年十月、寄合肝煎に再々役、元治元年（一八六四）七月に書院番頭を経て町奉行へ再々役し、同二年二月御留守居次席を命じられた。慶応二年（一八六六）六月に御役御免、勤仕並寄合となった。墓は海禅寺（東京都台東区）。　（神谷）

【典拠・参考文献】『柳営補任』、『続徳川実紀』第三～五篇、戸川安宅編「幕府名士小伝」（『旧幕府』一巻二号、一八九七年）

生駒高清《いこまたかきよ》　（一六四三～一六九四）

寛永二十年（一六四三）生駒高俊《たかとし》の長男として生まれる。友松・左近・右衛門と称した。曾祖父一正以来、讃岐国高松にておよそ一七万石を知行していたが、寛永十七年七月二十六日、御家騒動により領地を没収された。高清は父高俊とともに出羽国由利郡に流され、明暦四年（万治元、一六五八）三月二十九日に赦免され、高俊は同郡内で一万石を知行する。高清は父高俊の死後の翌同二年十二月二十六日、一万石のうち八〇〇〇石を知行し、交代寄合に列した。元禄七年（一六九四）九月七日に死去。享

年五十二。法名は宗琳。浅草の海禅寺に葬られる。（宮原）

【典拠・参考文献】『寛政譜』第二十一・二七〇頁

伊沢政義《いさわまさよし》（生年未詳～一八六四）

助三郎と称し、摂津守・美作守と名乗った。禄高は三二五〇石。天保三年（一八三二）閏七月、寄合から中奥小性、同九年十二月に小普請組支配、同十年三月に浦賀奉行となった。同十三年より三月長崎奉行となり、目付鳥居耀蔵《ようぞう》の命を受け高島秋帆《しゅうはん》父子を検挙した。弘化元年（一八四四）八月、オランダ国王の開国勧告をめぐってオランダ使節と交渉、同二年にはイギリス艦の長崎来航問題の処理にあたった。また同年正月、小性組番頭格を命じられた。同年十二月に西丸御留守居となったが、同三年七月、高島父子検挙に問題があったとして御役御免、差控となった。しかし、嘉永六年（一八五三）十二月に寄合から浦賀奉行に再任すると、翌七年正月ペリー再来航時の応接を担当した。三月には下田奉行となり、ペリーとの下田追加条約、ロシア使節プチャーチンとの和親条約の交渉に奔走した。安政二年（一八五五）八月に普請奉行、同三年九月に大目付、同四年十二月より町奉行を歴任、同五年十月大目付に再役、神奈川開港取調掛となった。文久三年（一八六三）九月に御留守居へ転役したが、元治元年（一八六四）七月に死去。戒名は徳源院殿譲誉礼仕政義大居士。墓所は光明寺（東京都台東区）。（神谷）

【典拠・参考文献】『柳営補任』、『続徳川実紀』第三・四篇、戸川安宅編「幕府名士小伝」（『旧幕府』一巻二号、一八九七年）

井沢為永《いざわためなが》（一六五四～一七三八）

承応三年（一六五四）、紀伊国那賀郡溝口村（現和歌山県海南市）において生まれる。通称は弥惣兵衛。治水・土木技術に長じているとして約三〇年にわたって紀州藩に仕えた後、享保七年（一七二二）十月八日、八代将軍吉宗の命により呼び寄せられて幕府御用を勤め、近江国内において湖沼の新田開発事業に携わる。翌八年七月十八日に幕臣として召し出されて勘定に就任、家禄として蔵米二〇〇俵を得、同月二十一日に初めて将軍吉宗に拝謁する。下総国飯沼新田（現茨城県水海道市周辺）や播磨国青野原（兵庫県滝野町）の開発、摂津・河内領国の河川修築などを担当し、同十年十一月二十五日には勘定吟味役格に昇進、新恩三〇〇俵を賜り、同年十二月十八日は布衣の着用を許可される。為永による新田開発の特徴は、湖沼を干拓する一方で、その湖沼を農業用水として利用していた村々に対しては代用水を開削するというもので、この手法により武蔵国の見沼新田などが開発され、享保改革における新田開発政策の進展に大きく貢献した。なお、彼が採用した土木技術は、幕府が従来採用してきた「関東流（伊奈流）」に対して「紀州流」と呼ばれる。享保十六年（一七三一）十月五日、為永は正式に勘定吟味役の職に就き、同二十年八月十日より美濃郡代を兼任したが、元文二年（一七三七）九月五日に美濃郡代の兼務を解かれ、同年十二月二十九日には老齢のため勘定吟味役も辞して寄合となる。翌三年三月一日に八十五歳で死去。法名は賢巌。麹町の心法寺に葬られた。（太田尚）

【典拠・参考文献】『寛政譜』第十九・三一三頁、深井雅海「紀州藩士の幕臣化と享保改革」（徳川林政史研究所『研究紀要』昭和五十二年度、一九七八年）、『埼玉人物事典』（埼玉県、一九九八年）

伊沢政信《いざわまさのぶ》（一五九五～一六七〇）

文禄四年（一五九五）に生まれる。通称源右衛門・吉兵衛。大御納戸弓気多《ゆけた》昌吉の二男で、母は伊沢政重の息女だったが、慶長十一年（一六〇六）、外祖父政重を継ぎ上総・相模・下総国内一五五〇石を知行した。妻は関東総奉行内藤清成《きよなり》の息女。幼少より徳川秀忠（のちの二代将軍）に仕えて慶長九年（一六〇四）、その小性となる。元和六年（一六二〇）六月五日、従五位下隼人正に叙任、寛永八年（一六三一）二月十二日、書院番組頭となり、同十年五月八日、上総国内七〇〇石余を加増される。正保元年（一六四四）五月二十三日に書院番頭へ進み、慶安三年（一六五〇）九月三日からは西丸に勤仕、翌四年十一月二十一日には一〇〇〇俵が加増される。承応三年（一六五四）七月三日、御留守居に転じて、寛文九年（一六六九）二月三日まで勤め、三月十一日に隠居、養老料廩米六〇〇俵が下された。翌十年二月二日に死去。享年七十六。法名は三得、菩提寺は浅草新光明寺（東京都台東区）である。（渋谷）

【典拠・参考文献】『寛政譜』第三・二九八頁

石井勝之進《いしいかつのしん》（生年未詳～一八五〇）

家禄は一五〇俵五人扶持。天保十三年（一八四二）九月十一日に勘定から代官になる。同年から弘化二年（一八四五）まで信濃国中之条陣屋、弘化二年から嘉永元年（一八四八）まで出羽国尾花沢陣屋の代官を務める。嘉永元年に離職し、新番となる。同三年に死去。（堀）

【典拠・参考文献】西沢淳男『幕領陣屋と代官支配』（岩田書院、一九九八年）、『柳営補任』

石井至穀《いしいしこく》（一七七八～一八六一）

安永七年（一七七八）八月三日に武蔵国荏原郡大蔵村名主石井広昌の長男に生まれる。母は武蔵国橘樹郡溝口村の医師鈴木仁兵衛の娘房《ふさ》。万之助・市右衛門・内蔵丞・内蔵允と称した。諱は兼傍・兼知・雅知・盛時・至穀。号名は殿山・梅樹・夕佳楼主人など。妻は下野佐野の山井庄兵衛の娘吉。文化六年（一八〇九）十一月十二日に御家人生田庄左衛門の株を譲り受け、幕臣に召し出される。家禄は七〇俵五人扶持。同九年八月二十四日に『古今要覧』編集御用を命ぜられ、屋代弘賢の指導を受ける。文政八年（一八二五）八月二十四日に西丸御徒目付に列し、足高とも一〇〇俵五人扶持を与えられた。天保二年（一八三一）正月十五日に富士見宝蔵番、同十年九月二十二日に学問所勤番組頭勤方、同十三年正月二十一日に同組頭に進み、一五〇俵七人扶持を賜る。嘉永四年（一八五一）八月十四日に書物奉行に昇進して、永々御目見以上に加えられ、二〇〇俵七人扶持を与えられた。安政五年（一八五八）十一月二十七日に布衣を許され、家禄一〇〇石、足高・役扶持合わせて三〇〇俵を給された。同六年十一月七日に致仕。文久元年（一八六一）三月に八十四歳で病死した。茶道喜多見流の復興に尽力し、諸派の作法の研究や『喜多見花碩翁茶会の記録』などの著作がある。この他にも『菅むしろ』、『都多辺久佐』、『大蔵村旧事考』などといった歴史書も著している。戒名は梅樹院殿花真白太居士。菩提寺は永安寺（東京都世田谷区大蔵）。（石山）

【典拠・参考文献】『石井至穀著作集』（世田谷区教育委員会）、『旗本百科』第一巻

石尾氏武《いしおうじたけ》（一七五三～没年未詳）

宝暦三年（一七五三）に小十人石尾氏秀と石尾氏房の養女の子として生まれる。彦太郎・喜左衛門と称した。妻は広瀬大助義路の娘。安永七年（一七七八）十二月十二日に二十六歳で家督を相続する（廩米一五〇俵）。天明二年（一七八二）八月二十九日、勘定吟味方の改役となり、同八年八月十四日にこの役が廃止になると勘定になる。寛

政二年（一七九〇）十二月二十八日に禁裏御所造営の功により黄金二枚を賜り、これより先に京においても光格天皇・後桜町上皇・恭礼門院富子より色紙・束帛等を賜る。同三年六月四日に奥御膳所台所頭、同十年十月二十一日に広敷番頭となる。（堀）

【典拠・参考文献】『寛政譜』第二十・四〇四頁

石尾氏信《いしおうじのぶ》（一六六九～一七〇八）

寛文九年（一六六九）に生まれる。父は目付や先手鉄砲頭を歴任した石尾氏一で、母は戸川平右衛門安利の息女。犬松・織部と称した。妻は桑山志摩守元稠の息女。元禄六年（一六九三）十二月六日、家督を相続して二二〇〇石を知行し、小普請となる。同十年三月十八日、書院番士となり、同十二年十月十三日、使番となり、十二月十八日、布衣を許される。同十五年二月十五日に、目付となり、十月五日から火の元役を勤める。同十六年、稲垣対馬守重富に従って、京・大坂・長崎を巡視し、七月二十八日、長崎奉行になる。同年十月二十八日、従五位下阿波守に叙任される。宝永二年（一七〇五）十二月一日、勘定奉行となる。同五年十一月二十九日に死去。享年四十。法名は宗確。（木崎）

【典拠・参考文献】『寛政譜』第十三・三六七～三六八頁、清水紘一「長崎奉行一覧表の再検討」（『京都外国語大学研究論叢』第XV号、一九七五年）

石尾氏昌《いしおうじまさ》（一七七二～没年未詳）

安永元年（一七七二）に生まれる。父は勘定の石尾氏武。母は広瀬大助義路の娘。銕蔵・彦四郎と称した。寛政五年（一七九三）九月六日に二十二歳で勘定となる。同七年八月二十一日に表右筆となり、同八年十一月四日奥右筆の見習となる。（堀）

【典拠・参考文献】『寛政譜』第二十・四〇四頁

石谷穆清《いしがいぼくせい》（一八〇一～没年未詳）

享和元年（一八〇一）に使番石谷直清《なおきよ》の子として生まれる。鉄之丞・因幡守・長門守・大和守と称す。文化十四年（一八一七）八月四日に家督（禄高二五〇〇石）を継ぎ小普請となり、書院番を経て、天保八年（一八三七）正月十一日に使番となり、九月十日布衣を許される。同十五年九月十日に目付、嘉永二年（一八四九）十二月二十四日に堺奉行となり、十二月二十五日に諸大夫となる。同五年五月十九日に大坂町奉行、同六年十二月晦日に普請奉行、安政二年（一八五五）八月九日に勘定奉行公事方、同五年五月二十四日に町奉行となり、飯泉喜内一件を処理した。文久二年（一八六二）六月五日に一橋家付家老、八月二十四日に講武所奉行、閏八月二十五日に西丸御留守居となるが、十一月二十三日に町奉行勤役中の飯泉喜内一件の処理に不備があり免職させられ、隠居・差控を命じられた。元治二年（一八六五）正月二十日に講武所奉行へ再任するが、慶応二年（一八六六）十一月十七日に免職された。菩提寺は武蔵国多摩郡泉龍寺である。（加藤）

【典拠・参考文献】『柳営補任』、『続徳川実紀』第三～五篇、『幕臣人名』第一巻

石神義比《いしがみぎひ》（生年未詳～一八六四）

彦五郎と称する。家禄は七〇俵五人扶持。安政五年（一八五八）四月四日に勘定から代官となる。安政五年から安政六年まで丹後国久美浜陣屋、安政六年から文久三年（一八六三）まで但馬国生野陣屋、文久三年から元治元年（一八六四）まで越後国出雲崎陣屋の代官を務める。元治元年十二月十二日に死去。（堀）

【典拠・参考文献】西沢淳男『幕領陣屋と代官支配』（岩田書院、一九九八年）、『柳営補任』

石谷清定《いしがやきよさだ》（一七四六～没年未詳）

延享三年（一七四六）に生まれる。父は佐渡奉行や勘定奉行などをつとめた石谷清《きよ》昌《まさ》、母は新見正言の息女。妻は新見正則が息女。左門・次郎左衛門・左衛門と称した。はじめは清貞と名乗った。後妻は高井綽房の養女。宝暦十年（一七六〇）四月二十八日家重へ初御目見をする。同十二年九月二十八日に小性組に列し、十二月十五日より西丸に勤仕する。明和三年（一七六六）二月二十七日に御小納戸となり、三月二十七日から西丸勤めとなり、十二月十九日布衣を着することを許される。安永八年（一七七九）四月十八日、十代将軍家治世嗣家基の死去により寄合に列する。天明元年（一七八一）四月二十一日に御小納戸にもどり、五月二十八日より西丸勤めとなる。同二年十二月二十四日父清昌の遺跡を継ぐ。采地八〇〇石。同六年閏十月七日（一日とも）より本丸勤めとなる。寛政四年（一七九二）十二月二十四日、家治息女種姫（紀伊徳川治宝室）御用人となり、同六年、種姫死去につき三月晦日に免職となる。同七年六月八日に西丸の御小納戸となり、同九年十一月九日（一月晦日とも）には頭取介（格）となり、十二月十八日、従五位下豊前守に叙任される。同十年二月二十七日に頭取となる。享和元年（一八〇一）九月六日に辞す。（吉成）

【典拠・参考文献】『寛政譜』第十四・四九頁、『柳営補任』

石谷清豊《いしがやきよとし》（一七七一〜一八三二）

明和八年（一七七一）に生まれる。実父は一橋家の家老田沼意誠《おきのぶ》（意次の弟）の五男で、実母は不詳。養父は御小納戸頭取石谷清定《きよさだ》。妻は清定の息女で、後妻は書院番堀直安《なおやす》の息女。直三郎・式部と称した。天明四年（一七八四）十一月十八日に御小納戸となり、同年布衣を許される。同五年九月二十一日に十代将軍家治の小性となるが、翌年家治が死去したため、閏十月七日に御小納戸に復職した。同八年四月朔日には十一代将軍家斉の小性となり、寛政三年（一七九一）十二月十六日に従五位下周防守に叙任され、のち備後守とも称した。同六年二月二十五日に使番、同九年閏七月十三日には駿府の目付代になる。こののち家督を継いだ。家禄は八〇〇石。享和二年（一八〇二）正月二十一日、火事場見廻を兼帯し、同年十月八日に西丸目付、同年十二月二十三日には本丸の目付に転じた。文化六年（一八〇九）四月二十九日に田安家の家老、同十四年正月十一日に大目付で分限帳改となった。天保三年（一八三二）六月二十四日に死去。享年六十二。菩提寺は丸山の浄心寺（東京都文京区）か。（竹村）

【典拠・参考文献】『寛政譜』第十四・二三九、『柳営補任』、『続徳川実紀』第一篇、『幕臣人名』

石谷清昌《いしがやきよまさ》（一七一五〜一七八二）

正徳五年（一七一五）に生まれる。左内と称した。父清全《きよのり》は元紀伊藩士で、享保元年（一七一六）藩主徳川吉宗が将軍家を相続したとき幕臣となり、御小納戸を経て、先手鉄炮頭・西丸御留守居などを務めた。母は紀伊徳川家家臣海野治部右衛門の息女。妻は西丸目付新見正言《まさのぶ》の息女、後妻は大奥の侍女森野の養女である。享保十六年十一月二十三日にはじめて将軍吉宗に御目見えし、同十八年十二月十六日に御小納戸となり、十八日に布衣を着することを許された。元文五年（一七四〇）八月十八日、小性にすすみ、十二月二十一日従五位下備後守に叙任、のち、官職名を豊前守・淡路守に改めた。延享元年（一七四四）十一月二十日に家督（知行五〇〇石）を継ぎ、翌二年九月一日吉宗の隠居に伴い西丸に勤仕した。宝暦元年（一七五一）六月二十日、大御所吉宗の死去により、七月十二日に勤めをゆるされて寄合となった。同二年五月二十八日、西丸小十人頭に就任、同三年三月十五日、西丸目付に転じ、同六年正月十一日、佐渡奉行に移った。同職に在職していたのは三〜四年間であったが、この間に奉行所の機構改革と鉱山仕法の大改革を行っている。ついで、同九年十月四日には勝手方勘定奉行に昇進し、以後約二〇年間在職、田沼意次のブレーンとしてさまざまな改革を実行している。とくに、宝暦十二年六月六日から明和七年（一七七〇）六月十七日まで長崎奉行を兼帯中、輸出銅確保のための大坂銅座の設置、代替輸出品の俵物増産など長崎貿易の改革を行ったことは注目される。こうした活動が認められ、長崎奉行の兼任を解かれた際に三〇〇石を加増された（計八〇〇石となる）。また、「差木」という植樹方法に着目し、それを諸国の幕領に通達して、全国的な育林事業も展開した。かかる活躍に対し、幕末の能吏・川路聖謨も、「主殿頭（田沼意次）殿も、（中略）同時代に石谷備後守（清昌）を挙用られけるに、同人世に勝たるよき奉行にて、今にいたり候迄、佐渡も長崎も御勘定所も、備後守の跡を以よりどころとする事にて、備後守正直の豪傑なるはおしはかれ候事に候」（『遊芸園随筆』）と述べて、田沼が能吏の石谷を起用したことを称賛している。勘定奉行在職中の安永四年（一七七五）十一月四日には田安徳川家の家老も兼帯したものの、同八年四月十五日、御留守居に転じ、天明二年（一七八二）十月二十七日には職を辞して寄合となり、十一月十日に死去した。享年六十八。法名は日壽。菩提寺は丸山の浄心寺である。

（深井）

【典拠・参考文献】『寛政譜』第十四・二三八頁、『柳営補任』、『新潟県史　通史編4　近世二』（新潟県、一九八八年）、佐藤孝之「近世中期の幕府造林政策と村方の対応」（徳川林政史研究所『研究紀要』昭和五十五年度、一九八〇年）、深井雅海『徳川将軍政治権力の研究』（吉川弘文館、一九九一年）、田原昇「長崎奉行兼帯勘定奉行石谷清昌による差木事業」（徳川林政史研究所『研究紀要』第三十九号、二〇〇五年）

石谷貞清《いしがやさだきよ》　（一五九四〜一六七二）

文禄三年（一五九四）に大番石谷清定《きよさだ》の三男として生れる。母は今川義元の家臣久島与平の娘。妻は徳川家康家臣板倉重昌《しげまさ》の養女。十蔵・左近将監と称し、致仕・入道して土入《どにゅう》と号した。慶長十四年（一六〇九）に召し出されて二代将軍秀忠に仕え大番となる。慶長二十年（一六一五）の大坂夏の陣に際して、江戸城の留守を命じられたが、従軍を望んで上京を強行し、秀忠から許され戦功をあげた。元和二年（一六一六）正月九日に三〇〇石を与えられ、腰物持役（小十人頭）となる。同四年に二〇〇石を加増され、御徒頭・目付を経て、寛永九年（一六三二）に一〇〇〇石を加増され、すべて一五〇〇石を知行する。同十四年に島原・天草一揆の鎮圧軍へ上使板倉重昌の副使として派遣され、翌年正月の原城総攻撃に失敗し、その責任を問われ逼塞させられた。同十八年十二月十五日に先手鉄炮頭、慶安四年（一六五一）六月十八日に町奉行となり、八月十六日に従五位下左近将監に叙任される。浪人問題から発生した慶安事件の丸橋忠弥や承応事件の別木庄左衛門らを捕縛し、これを契機に問題解消のため数多くの浪人の仕官の世話をしたという。万治二年（一六五九）正月二十八日に老齢のため職を免じられ、七月二十七日に隠居し、寛文十二年（一六七二）九月十二日に死去。享年七十九。法名は土入宗鉄大居士。菩提寺は武蔵国多摩郡泉村の泉龍寺である。

（加藤）

【典拠・参考文献】『寛永諸家系図伝』第

十・一二三頁、『寛政譜』第十四・二二三二、二二五頁、『柳営補任』、『続徳川実紀』第一篇

石川一利《いしかわかずとし》　（一六二六〜一六八四）

焼火間番の石川一富の長男として生まれる。十左衛門・市右衛門と称した。妻は美濃部三郎左衛門茂勝の娘。万治二年（一六五九）七月四日に大番となり、寛文元年（一六六一）十二月十二日に廩米二〇〇俵を賜る。同五年十月十四日に大坂の御蔵奉行に転じ、一〇〇俵を加えられて三〇〇俵となる。貞享元年（一六八四）三月十九日に大坂において死去。享年五十七。法名は禅性。（堀）

【典拠・参考文献】『寛政譜』第十九・二〇六頁

石川源兵衛《いしかわげんべえ》　（生没年未詳）

実父は御側岩本正利《まさとし》で、養父は奥右筆組頭石川好芳《よしか》。諱は未詳。天保六年（一八三五）六月二十二日一橋家の近習番となり、同七年十一月九日に家督を継ぐ。家禄は一五〇俵。同十年（一八三九）六月四日一橋家の広敷用人助、同十三年（一八四二）六月十四日に幕府の焼火間番組頭へ転じるが、同十四年（一八四三）人減らしにより勤仕並小普請となる。再び一橋邸に附けられ、弘化三年（一八四六）五月十六日（六日とも）に目付、嘉永四年（一八五一）三月十四日には物頭助で書院番頭兼帯、同六年（一八五三）七月十六日に旗奉行、同年九月十四日に一橋家の小普請支配兼帯、同七年（一八五四）四月十四日に旗奉行兼用人見習、安政四年（一八五七）十一月二十一日に用人に昇進し、同年十二月十六日には布衣を許された。元治元年（一八六四）十二月二十八日に番頭格用人、慶応三年（一八六七）三月二十七日に番頭兼用人、同年五月十日、改正掛同様の心得で議事意見を述べ、明治元年（一八六八）三月十日には一橋家十代当主茂栄《もちはる》の簾中方立退御用掛を兼ね、同年六月二十一日、幕府からの附人制度の廃止により一橋邸貫切りとなり、同年九月十八日には勝手掛となる。同年十月二十四日に老衰のため隠居した。菩提寺は浅草本願寺の長敬寺（東京都台東区）か。（竹村）

【典拠・参考文献】『寛政譜』第十九・二二頁、辻達也編『新稿一橋徳川家記』（続群書類従完成会、一九八三年）、「一橋徳川家文書」（茨城県立歴史館所蔵）、『幕臣人名』、『江戸幕府役職武鑑編年集成』全三六巻（東洋書林、一九九六〜九九年）

石川重勝《いしかわしげかつ》　（一五八九〜一六三七）

天正十七年（一五八九）に石川重次の二男として生まれる。六左衛門と称した。母は犬塚氏。徳川家康に仕え、のち御納戸番となる。寛永三年（一六二六）の秀忠上洛に供奉し、その後、御膳奉行・目付・使番を歴任する。同九年九月十七日、目付として豊後へ赴く。同十一年正月十日に御船手となり、同十三年十二月に布衣を許される。これ以前に相模国鎌倉・高座《こうざ》・大住・安房国平《へい》の四郡のうちに二〇〇〇石を領した。同十四年六月八日に死去。享年四十九。法名は冷心。菩提寺は相模国鎌倉郡の大善寺（神奈川県横浜市）。（鍋本）

【典拠・参考文献】『寛政譜』第三・二二四、二二六頁、『干城録』巻九、『寛明日記』

石川重正《いしかわしげまさ》　（生年未詳〜一六五六）

通称助左衛門・与次右衛門。実父は米津《よねきつ》助大夫で、石川永正《ながまさ》の養子となった。妻は大橋左馬助の息女である。禄高は相模国内三三〇石。徳川家康に仕えて大番を勤め、のち御金奉行となる。明暦二年（一六五六）九月二十八日に没した。法名は樹室。火葬されて、遺骨は相模国鎌倉光明寺（神奈川県鎌倉市）と四谷法蔵寺（東京都新宿区）に葬られた。（渋谷）

【典拠・参考文献】『寛政譜』第三・四一

頁

石川大浪《いしかわたいろう》（一七六五～一八一七）

明和二年（一七六五）に生まれる。通称甲吉・七左衛門。諱は乗加《のりまさ》。父は石川乗益《のります》、母は奥山政栄の息女、妻は奥医師前川雄氏《かつもと》の息女である。明和八年（一七七一）六月四日に家督を継ぐ。家禄は四〇〇俵。天明八年（一七八八）十二月二十五日に大番となる。一方、絵画を狩野派に学び、大浪、薫松軒《くんしょうけん》、薫窓軒《くんそうけん》と称し、蘭学者と親交して洋風画を積極的に描いた。代表作には、蘭学者大槻玄沢《おおつきげんたく》の依頼で蘭書の挿画を模写した「ヒポクラテス像」、蘭学医杉田玄白《すぎたげんぱく》の肖像画（早稲田大学図書館所蔵）などがある。大田南畝《おおたなんぽ》、木村蒹葭堂《けんかどう》、谷文晁《ぶんちょう》らとも交流があった。文化十四年（一八一七）十二月二十三日没、享年五十三。菩提寺は谷中本光寺（東京都台東区）である。

（渋谷）

【典拠・参考文献】『寛政譜』第三・三四頁、片桐一男「洋風画家石川大浪と江戸の蘭学界」（『MUSEUM』二二七・二二八）

石川貴成《いしかわたかなり》（生没年未詳）

小刑部、弥左衛門尉と称し、隠居後は栄入と号した。養父は、徳川家康に仕え一〇〇〇石を知行し、弥七郎、弥左衛門尉と称した貴繁《たかしげ》。実父は、慶長五年（一六〇〇）九月六日、信濃国上田城での真田昌幸父子との戦いで戦死した赤井藤右衛門（尉）幸《よし》長《なが》。貴繁が幸長の外舅であったことから、幸長戦死ののちに養子とした。貴成は、慶長十五年に駿府で家康に拝謁した時に養父の家督を継ぎ、のちに小性、書院番を経て、寛永十年（一六三三）六月十一日に使番に転じた。知行地は、同十年二月七日には二〇〇石を、さらに翌十一年五月十四日には八〇〇石を加えられて合わせて二〇〇〇石となった。貴成は、同十年八月十四日に幼少の池田光仲の領国である因幡・伯耆に国目付として派遣されたのをはじめとして、同十五年八月二十一日に再び因幡国、承応二年（一六五三）一月十三日に長門国萩、明暦三年（一六五七）八月七日に伊勢国桑名、万治元年（一六五八）閏十二月十五日に加賀国金沢に国目付として派遣されている。また、豊後国萩原に配流された松平忠直のもとには、寛永十四年、正保二年（一六四五）十月朔日、同三年九月二十三日に使者として赴いている。さらに、寛永十七年十月八日の大和国高取城受渡をはじめとして、同二十年五月六日の陸奥国二本松城・会津若松城、同二十一年（正保元、一六四四）四月五日の駿河国田中城と遠江国掛川城、慶安元年（一六四八）二月七日の丹波国亀山城の引渡などにも派遣されている。万治三年（一六六〇）四月二日に職を辞し、寛文二年（一六六二）十一月九日に隠居。この時養老米三〇〇俵を賜っている。

（小宮山）

【典拠・参考文献】『寛政譜』第三・三一～三二頁、『寛永諸家系図伝』第二・二〇八頁、善積（松尾）美恵子「江戸幕府の監察制度―国目付を中心に―」（『日本歴史』二四四号、一九六八）、山本英貴「慶安・承応期における長門国目付について―石川弥左衛門の動向を中心に―」（『山口県地方史研究』八九号、二〇〇三）

石川忠房《いしかわただふさ》（一七四八～一八三六）

寛延元年（一七四八）に生まれる。通称岩次郎・太郎右衛門・六右衛門。将監と名乗り、従五位下左近将監に叙任され、のち主水正に改めた。大番組頭伊丹勝興の二男、母は伊丹勝成の息女であったが石川忠国の養子となり、明和元年（一七六四）八月四日に相続する。家禄は三〇〇俵。妻は大番松平信村《のぶむら》の息女、後妻は先手鉄炮頭戸田光《みつ》寧《つぐ》の養女、また御持筒頭岡田善算《よしかず》の息女を娶る。安永二年（一七七三）十二月晦日に大番に列し、天明八年（一七八八）十月二十四日にその組頭となり、寛政三年（一七九一）五月二十九日には目付に転じ、十二月十六日、布衣の着用を許される。翌四年、ロシアより根室に来航したラクスマン応接のため、村上義礼《よしあや》とともに宣諭使として松前へ派遣されて同五年三月二日に到着、長崎入港の信牌を与えて漂流民二名を引き取り、同年十月七日に帰府した。同七年四月七日に作事奉行となり、十二月十七日には従五位下左近将監に叙任された。同九年八月二十七日には勘定奉行（勝手方）に進み二〇〇石加増、同時に廩米を上野国内五〇〇石に改められた。翌十年十二月三日、公事方に転じ、同月七日から道中奉行を兼務した。文化三年（一八〇六）十二月十四日に西丸御留守居上座に転じたが、同五年十月八日に小普請支配となり、文政二年（一八一九）九月五日、勘定奉行（公事方）に再任し道中奉行を兼ねた。同十一年八月二十八日に御留守居に転じ、天保七年（一八三六）一月十八日に没した。享年八十九。菩提寺は牛込幸国寺（東京都新宿区）である。（渋谷）

【典拠・参考文献】『寛政譜』第三・三九頁、『柳営補任』

石川利政《いしかわとしまさ》（生没年未詳）

一橋家用人石川源兵衛（禄高一五〇俵）の子として生まれる。謙三郎・駿河守・河内守と称した。文久三年（一八六三）正月二十二日に小性組学問所世話心得から御小納戸となり、元治元年（一八六四）六月二十三日に勤仕並寄合となるが、慶応二年（一八六六）八月十八日に目付となり、ロシア国への使節に任命され、二十六日に諸大夫となり、箱館奉行となる。同三年六月二十九日に外国奉行並となり（禄高三〇〇俵）、十月十五日に兵庫奉行を兼帯し、同四年二月十七日に町奉行となるが、町奉行廃止にともない、五月二十日に大目付となり新政府への町奉行所引渡しの残務整理を命じられる。菩提寺は浅草本円寺中長敬寺（東京都台東区）である。（加藤）

【典拠・参考文献】『柳営補任』、『続徳川実紀』第四・五篇

石川乗政《いしかわのりまさ》（一六三七～一六八四）

寛永十四年（一六三七）に松平和泉守乗《のり》寿《なが》の二男として生まれる。母は赤城氏。妻は岩城伊予守重隆の息女。後妻として松浦肥前守鎮信の息女を迎える。助十郎と称した。官位は従五位下美作守、のちに能登守。石川姓を名乗り、正保元年（一六四四）、三代将軍徳川家光に御目見し、世子家綱（のち四代将軍）に近侍するよう命じられる。承応元年（一六五二）に小性となり、廩米一〇〇〇俵を給わる。寛文二年（一六六二）、小性組番頭となり、奥勤を兼ねる。同十二年、御側衆となり、延宝七年（一六七九）には若年寄となり、常陸国筑波郡小張に一万石の所領を得た。天和二年（一六八二）、奏者番となり、同時に五〇〇〇石の加増をうけて信濃国小諸藩へ加増移封される。貞享元年（一六八四）十月十七日に小諸にて死去。享年四十八。戒名は瑞祥院感巌道応。菩提寺は上野寛永寺春性院（東京都台東区）。（西）

【典拠・参考文献】『寛政譜』第一・六六頁

石川政次《いしかわまさつぐ》（一五八三～一六六二）

天正十一年（一五八三）年に生まれる。童名は道斉。八左衛門と称した。実父は、使番・普請奉行などを勤めた八左衛門（尉）重次《しげつぐ》（浄雲）。実母は犬塚氏の息女。妻は上野国伊勢崎に館を構えて佐位郡内一万石を領した稲垣平右衛門長茂の息女。寛永二十一年（正保元・一六四四）正月二日に従五位下大隅守に叙任される。政次は、文禄三年（一五九四）、徳川家康に十二歳

で初めて拝謁し、のち秀忠に仕える。慶長十八年（一六一三）に家督を相続して二五〇〇石を知行し、使番となる。のち、元和三年（一六一七）正月に目付、寛永二年（一六二五）に船手となり、同三年には隅田川河口部の森島または鎧島と称された島を屋敷地として拝領した（のち、石川島と称されるようになったという）。同十八年山田奉行に就任し、万治二年（一六五九）四月十九日に病により職を辞し寄合となる。知行地は、元和九年二月二十六日に上野国のうちで一〇〇〇石、寛永二年さらに一〇〇〇石加増の上、知行地も安房国安房郡内に移され合計四五〇〇石を知行した。船手の間には、寛永十年七月八日に上方にある御船の検視、翌十一年には今切の船渡の奉行などを行い、同十四年十二月晦日には火災の時の船の扱いを賞されて黄金五〇枚を賜っている。寛文元年（一六六一）十一月二十一日に隠居し、同二年十月二十六日、八十歳で死去した。法名は浄員。（小宮山）

【典拠・参考文献】『寛政譜』第三・二三〜二四頁、『寛永諸家系図伝』第二・二〇七頁、小川雄「艦船手頭石川政次に関する考察—海上軍事官僚創出の一例として—」（『海事史研究』六五号、二〇〇八）

石川好芳《いしかわよしか》 （一七七七〜一八三六）

安永六年（一七七七）に幸田永次郎好珇の三男として生まれる。母は小野四郎五郎言貞の女。冨三郎・藤右衛門と称した。妻は布施十郎兵衛良知の女。石川諸芳の養子となり、寛政六年（一七九四）五月四日に家督を譲り受け、小普請入り。家禄は一五〇俵。同八年十月七日に表右筆、天保六年（一八三五）に表右筆組頭から奥右筆組頭となるが、翌年に没した。（石山）

【典拠・参考文献】『寛政譜』第十九・三頁、『柳営補任』、『旗本百科』第一巻

石河勝政《いしこかつまさ》 （一五七七〜一六五九）

天正五年（一五七七）に生まれる。通称甚太郎・三右衛門。豊臣秀吉の臣石河光政の二男。母は豊臣秀次の臣益田某の息女、妻は府馬左衛門佐の息女、後妻は鎗奉行榊原職直《もとなお》の息女である。小早川秀秋に仕えたが、文禄元年（一五九二）に同僚を殺害して関東に逃れ、徳川家康の恩顧により下総国助崎に潜伏して、同三年、家康の男子秀忠（のちの二代将軍）に附属された。元和三年（一六一七）五月二十六日、加増を受けて一一五〇石余を知行、寛永七年（一六三〇）にまた下総国内五〇〇石余を加増された。同十年一月十二日、堺奉行となり河内国内に一〇〇〇石を加増、計二七〇〇石余となり、二月四日には同心五〇人を預かる。同十五年十二月十六日、従五位下土佐守に叙任された。慶安五年（承応元・一六五二）四月二十六日に辞職、隠居して養老料六〇〇石・三〇〇俵を下された。土斎と号した。万治二年（一六五九）九月二日没、享年八十三。法名は宗喝、駒込大円寺（東京都文京区）に葬られた。（渋谷）

【典拠・参考文献】『寛政譜』第五・四二五頁

石河貞貴《いしこさだたか》 （一七一四〜一七七七）

正徳四年（一七一四）に尾張家家老石河正章《まさあき》の三男として生まれる。竹三郎・主税と称した。享保十年（一七二五）正月十日に定火消を務めていた石河貞固《さだもと》の養子となった。同十二年十二月十二日、八代将軍徳川吉宗に初めて拝謁し、同十六年十二月二十七日に養父貞固の死去により家督を相続した。知行は四五二〇石である。寛保三年（一七四三）三月二十四日より火事場見廻を務め、寛延二年（一七四九）五月二十八日には定火消となり、同年十二月十八日に布衣の着用が許された。宝暦三年（一七五三）六月十二日に小普請組支配に転じたが、同五年十一月十九日に職を辞した。同十年

九月二十六日に隠居して宗離と号し、家督を二男貞義《さだのり》に譲った（長男貞剛《さだつな》は早世）。安永六年（一七七七）十一月十日に死去。享年六十四。法名は宗離。赤坂の松泉寺（東京都港区）に葬られた。　（白根）

【典拠・参考文献】『寛政譜』第五・四二三頁、「士林泝洄」（二）（『名古屋叢書続編』第十七巻）

石河貞大《いしこていだい》　（生没年未詳）

留守居石河甲斐守貞通の養子となる。文政元年（一八一八）十一月二十四日、中奥小性となり、文政十二年十二月十二日、小性組番頭に進む。天保五年（一八三四）四月十二日、書院番頭となり、同六年五月九日、御留守居へ移る。在任中天保十五年五月十四日には本丸普請御用掛を勤める。弘化四年（一八四七）十月二十四日、西丸御側衆となり、嘉永六年（一八五三）九月十五日、本丸に移る。安政三年（一八五六）五月二十五日、老衰につき御役御免となる。同年十一月二十八日、養子（保科下総守寿山の子）に家督を譲る。　（西木）

【典拠・参考文献】『柳営補任』、『幕臣人名』

石河利政《いしことしまさ》　（一五九七～一六六六）

慶長二年（一五九七）に生まれる。甚太郎、三右衛門と称した。父勝政は初め小早川秀秋に仕え、文禄三年（一五九四）に召されて徳川秀忠に付属し、大坂の陣等で使番を務めた。母は府馬左衛門佐の息女。妻は米沢藩主上杉綱勝の家臣市川土佐の息女。慶長十七年（一六一二）二代将軍徳川秀忠に仕えて小性組に列し廩米三〇〇俵を与えられた。同十九年・同二十年の大坂の陣では馬廻を務め、寛永十年（一六三三）二月二日に大番組頭に移り、二十七日に三〇〇石の加増があり、廩米を改めて六〇〇石の知行を有す。同十九年十月二十六日に目付となり、十二月晦日には布衣を許される。慶安四年（一六五一）七月二十八日、由井正雪による慶安事変の際に京及び駿府に赴くなど、目付として各地へ派遣されている。十一月二十一日に廩米三〇〇俵を加えられる。同五年（承応元・一六五二）四月二十六日に家督を譲られて二七〇〇石余りを相続し、父勝政にかわって堺奉行を務める。五月十九日に与力十騎を預けられ、承応二年十二月二十九日に従五位下土佐守に叙任された。寛文四年（一六六四）九月二十七日に職を辞し、同六年十一月二十七日に死去。享年七十。法名は化翁。駒込大円寺に葬られた。家督は斎藤利之の長男尚政を養子として相続させた。　（清水）

【典拠・参考文献】『寛政譜』第五・四二五頁、『柳営補任』

石河政郷《いしこまささと》　（一六六〇～一七四三）

万治三年（一六六〇）に小性石河尚政の長男に生まれる。母は石河利政の養女。甚太郎・甚右衛門・左京・三右衛門と称し、隨柳と号した。天和三年（一六八三）九月二十五日に書院番となる。貞享元年（一六八四）十二月十六日に家督を相続する。同二年四月二日に桐間番になり、同年八月十八日に小普請となる。元禄三年（一六九〇）二月二十六日に書院番に復し、同五年十月二十九日に桐間番となる。同十年閏二月二十二日に御小納戸となる。同十一年十二月二十五日に布衣を許される。同十四年九月十四日、務めを解かれ、出仕をとりやめる。宝永元年（一七〇四）六月十一日に書院番に復す。正徳三年（一七一三）四月十二日から屋敷改となり、十二月二十一日に女院御所の普請を奉行する。同四年十一月十八日に使番となり、十二月二十八日、長崎に赴いて、目付代をつとめる。同五年十一月七日、長崎奉行となり、十二月十八日に従五位下土佐守に叙任される。享保十一年（一七二六）五月二十五日に辞職して寄合となる。同十四年十二月二十二日に隠居し、このときに廩米三〇〇俵を賜る。寛保三年（一七四三）九月二十一日に死去。享年八十四。法名は素元。

（木崎）

【典拠・参考文献】『寛政譜』第五・四二六〜四二七頁、清水紘一「長崎奉行一覧表の再検討」（『京都外国語大学研究論叢』第XV号、一九七五年）

石河政武《いしこまさたけ》　（一七二四〜一七八七）

享保九年（一七二四）に尾張家家臣石河章春《あきはる》の三男として生まれ、のちに小性石河政朝《まさとも》の養子となる。七三郎・数馬・庄九郎・玄蕃・土佐守と称した。延享元年（一七四四）三月二十二日に初めて八代将軍吉宗へ拝謁し、寛延二年（一七四九）十二月二十六日に西丸小性組、宝暦二年（一七五二）十一月二十一日から進物番を勤め、同八年四月二十八日に御徒頭となり、十二月十八日に布衣を許され、同十一年三月二十一日に目付となる。同年八月二十七日に家督（禄高六〇〇石）を継ぐ。明和三年（一七六六）九月十二日に京都町奉行となり、十一月十五日に従五位下土佐守に叙任される。同七年閏六月三日に御持弓頭となるが、安永二年（一七七三）に京都町奉行勤役中の裁判に不備があり出仕を止められ、同四年二月十二日に小普請組支配となる。同七年には配下の斎藤八十郎変死事件の処理に不備があり免職させられ寄合となり、二カ月余出仕を止められる。天明七年（一七八七）六月十日に町奉行となるが、九月十九日に死去。享年六十四。法名懿徳。菩提寺は駒込の大円寺（東京都文京区）である。

（加藤）

【典拠・参考文献】『寛政譜』第五・四二七頁、『柳営補任』、『徳川実紀』第十篇、『続徳川実紀』第一篇

石河政朝《いしこまさとも》　（一六八六〜一七六五）

貞享三年（一六八六）に尾張家家臣石河章長《あきなが》の五男として生まれ、のち旗本石河政郷《まささと》の養子となりその娘を妻とする。庄九郎・土佐守と称し、隠居して正閑《せいかん》と号す。宝永六年（一七〇九）四月六日に小性組となり、正徳四年（一七一四）二月二十九日から進物番を勤める。享保九年（一七二四）二月十五日に御徒頭となり、十二月十八日に布衣を許され、同十三年十二月十五日に目付となる。同十四年十二月二十二日に家督（禄高六〇〇石）を継ぐ。同十六年に比宮《なみのみや》（家重室伏見邦水親王娘）の入輿にかかわり、江戸城堀浚いを管掌し、同十八年にも堀浚いを担当する。同十九年十二月十一日に小普請奉行となり、十八日に従五位下土佐守に叙任される。元文三年（一七三八）二月二十八日に町奉行となり、寛保二年（一七四二）に刑罰条目書（御定書）の考定を完了させ、同年八月七日の本所洪水に際して施行米の支給にあたった。延享元年（一七四四）六月十一日に大目付となり、将軍宣下の儀式にたずさわり、同四年から田安家用向を兼帯し、寛延四年（一七五一）に八代将軍吉宗の葬儀を管掌した。宝暦四年（一七五四）五月朔日に西丸小性組番頭、同六年二月二十八日に御留守居となり、同年七月二十一日の千代姫（将軍家治息女）の誕生に際しての御用を勤め、同七年四月には千代姫の葬儀を執行し、同年九月十一日に老齢のため職免を願うが許されず、同九年九月十二日に再度願って職を辞し寄合となり、同十一年八月二十七日に隠居し、明和二年（一七六五）八月二日に死去。享年八十。法名は循厚。菩提寺は駒込の大円寺（東京都文京区）である。（加藤）

【典拠・参考文献】『寛政譜』第五・四二七頁、『柳営補任』、『徳川実紀』第八〜十篇

石河政平《いしこまさひら》　（生没年未詳）

父は使番などを務めた石河政央で、金之助・数馬・山城守・土佐守を称した。家禄

は二七〇〇石余。石河家は美濃国加々島の豪族出身で、光政・光重兄弟から系がある。光政の子孫は旗本となり、光重の子孫は尾張藩士として続いた。光政次男勝政は当初小早川秀秋に仕えていたが、勘気を蒙り浪人となり、のち秀忠のもとに出仕し二七〇〇石余を領した。これが政平の直接の先祖である。政平は『寛政譜』に記載がないものの、当初は書院番に出仕し、文政二年（一八一九）十二月二十七日に中奥番に転じ、同十年八月八日に西丸御徒頭、天保二年（一八三一）九月十日に西丸目付、同六年七月一日に本丸目付、同九年二月八日には京都町奉行に進んでいる。その後、同年三月二十八日には小普請奉行となり西丸普請に活躍し、同十二年五月十三日に作事奉行となると、同年十月には宗門改を兼帯している。作事奉行時代の政平は、日光御霊屋や大坂城などの修復を担当している。天保十四年閏九月二十日には勘定奉行となり、勝手方として本丸普請・西丸普請などで活躍し、安政二年（一八五五）八月九日に一橋家家老留守居格となる。そして同四年六月二十日には側衆、同五年四月十八日に御用取次となるが、同年七月六日に突如御役御免となり、差控を命じられた。これは将軍継嗣問題によるものと思われ、以前一橋慶喜の家老を務めていたことから、慶喜派と目されていたのであろう。政平は翌年十月二十七日、勤役中の勤方宜しからずということで、家禄七〇〇石召し上げのうえ隠居を命じられ、家は嫡男の政徳が継いでいる。菩提寺は駒込の大円寺である。（滝口）

【典拠・参考文献】『寛政譜』第五・四二五〜四二八頁、『柳営補任』

石坂宗哲《いしさかそうてつ》 （一七七〇〜一八四一）

明和七年（一七七〇）に生まれる。永教・廷玉・文和・竿斎と称した。甲府の人。妻は高子。宗哲を二代目とする説と、二代目を宗鉄とし、宗哲を三代目とする説がある。寛政年間（一七八九〜一八〇一）に幕府に召し出され、禄高は一〇〇俵。寛政八年（一七九六）に幕命で甲府へ赴く。当時は小普請医。翌年六月甲府勤番医師宇佐美通茂と甲府医学所を設立。同十二年に帰府。文化六年（一八〇九）に鍼科の奥医師、同十年には法眼となる。のち侍医。文政五年（一八二二）、オランダ商館付医師テルリンキと交流。同九年、同シーボルトとの交流があり、鍼術を実演して著書『知要一言』や鍼を贈る。オランダ医学と東洋医学を合わせ独自の医学説を立てて石坂流鍼術を興し、経絡無用説を唱えた。著書は『内景備覧』『骨経』『針灸説約』等。天保十二年（一八四一）十一月二十日死去。享年七十二。戒名は㵟載院述翁宗哲居士。墓は東京都江東区の増林寺。門人は二八〇名に及んだ。（岩下）

【典拠・参考文献】間中喜雄「石坂宗哲の時代と背景」（『漢方の臨床』第九巻一一・一二号合併号、一九六二年）

石野則常《いしののりつね》 （生没年未詳）

安政二年（一八五五）頃に書院番を務めた石野八大夫（三次郎・禄高一一〇〇石）の長男として生まれる。式部・民部と称し、筑前守を名乗った。万延二年（文久元、一八六一）一月十一日に書院番から使番になり、文久三年（一八六三）の十四代将軍家《いえ》茂《もち》の上洛に供奉したが、同年六月二日には職を辞して寄合（無役）となった。同年八月十三日に開成所頭取（七〇〇石高）となり、同年十二月七日に目付、元治元年（一八六四）十月二十三日に軍艦奉行並（一〇〇〇石高）、翌二年四月十五日に軍艦奉行（二〇〇〇石高）、慶応二年（一八六六）一月七日に外国奉行（二〇〇〇石高）、同三年十月六日に作事奉行、同四年二月十六日に大目付と歴任したが、同四年二月二十七日に

辞職した。（筑紫）

【典拠・参考文献】『続徳川実紀』第四篇、『諸向地面取調書』、『柳営補任』

石野広通《いしのひろみち》（一七一八～一八〇〇）

享保三年（一七一八）五月九日に新番の石野広包《ひろかね》の長男として生まれる。平蔵と称する。妻は鉄炮箪笥奉行を勤めた屋代友昌《やしろともまさ》の娘。元文元年（一七三六）五月九日に遺跡を継ぐ。家禄は三〇〇俵であった。延享元年（一七四四）七月十日、御納戸番に移り、以後、御納戸組頭・膳奉行・御納戸頭・佐渡奉行・普請奉行・西丸御留守居を歴任する。この間、天明六年（一七八六）十二月十八日、普請奉行就任に際して遠江守に任じられている（後に備後守に転任）。寛政十二年（一八〇〇）五月二十一日に死去。享年は八十三。法号は如是縁斎大沢雲岩帰渓居士。中野の萬昌院に葬られる。広通は私撰集『霞関集』の編者で、江戸堂上派の武家歌人として著名である。（田原）

【典拠・参考文献】『寛政譜』第十一・一六四頁、第十九・一二八頁、『旗本百科』第一巻、『国書人名辞典』第一巻（岩波書店、一九九三年）

石橋好一《いしばしこういち》（生没年未詳）

鎗次郎を称す。開成所教授手伝並出役などをつとめ、維新後は静岡藩に出仕し、沼津兵学校で三等教授方として活躍する。明治四年（一八七一）に兵学校の政府移管により、陸軍兵学中助教となった。フランス語に秀で、ワルレンの『小児養育談』などの訳書を残している。（滝口）

【典拠・参考文献】樋口雄彦『旧幕臣の明治維新―沼津兵学校とその群像―』（吉川弘文館、二〇〇五年）

石橋政方《いしばしまさかた》（一八四〇～一九一六）

天保十一年（一八四〇）三月、代々長崎にてオランダ通詞を勤めた石橋家に生まれる。助十郎と称した。曾祖父助左衛門《すけざえもん》は、レザノフ事件やフェートン号事件の際、オランダ商館長ドゥーフと協力して処理にあたったことで著名。嘉永元年（一八四八）に稽古通詞となり、安政二年（一八五五）には小通詞末席となる。この間、英語を学び、安政六年には神奈川奉行支配となり、以後、外交交渉や翻訳に従事する。元治元年（一八六四）、勘定格通弁御用頭取にまで出世し、明治維新以降も新政府に出仕、外国官一等訳官・外務大訳官・同権少丞・同大書記官などを歴任する。また、万延二年（一八六一）には英会話書『英語箋』を著している。大正五年（一九一六）十二月二十六日に死去。享年七十七。（田原）

【典拠・参考文献】『国書人名辞典』第一巻（岩波書店、一九九三年）、『日本近世人名辞典』（吉川弘文館、二〇〇五年）

石原一重《いしはらかずしげ》（一五六二～一六三三）

永禄五年（一五六二）に武田氏家臣石原新左衛門の二男として生まれる。清左衛門と称する。天正十年（一五八二）甲斐入国の徳川家康に謁し、御家人となり家禄二〇〇俵を与えられる。元和元年（一六一五）に美濃国下笠の代官となる。その後子孫は三代にわたり同地の代官を勤め、寛保三年（一七四三）五代目正顕《まさあき》の代からは代々近江国大津の町奉行兼代官を勤めた。一重は寛永十年（一六三三）五月九日に現職で死去。享年七十二。法名は宗心。美濃市の清泰寺に葬られる。（西沢）

【典拠・参考文献】『寛政譜』第十五・三一八頁、『代官履歴』

石原多助《いしはらたすけ》（生没年未詳）

江戸幕府の官撰史書である『徳川実紀』の編纂過程において、実紀調御用所出役頭取を務めた。文化六年（一八〇九）四月、荻野八百吉（西丸御徒、奥右筆組頭手附出役）・岸本寛蔵（御徒）・桜井庄五郎（御徒）の三名とともに御徒から調御用所出役となる。その後、六月に黒沢新八郎（御徒）、十月に中村伝之助（富士見御宝蔵番中村弥三郎忰）・小川留三郎（御留守居与力小川三郎左衛門養子）・小林鉄之助（先手組与力小林勝蔵忰、仮御抱与力）の四名が加わる。この八名の頭取は当初荻野が務め、のちに石原も加わった。その後、石原は文化十二年における延享二年分の実紀本文下書の校正者としてその名が見いだされる。なお、『徳川実紀』の編纂は、文化六年二月の起稿から天保十四年（一八四三）の献上まで三十五年にわたる長期の事業であった。多助はその内の前半に関わったようで、天保十四年における献上直後の出役賞賜者二五名にその名は見いだせない。（田原）

【典拠・参考文献】小宮木代良『江戸幕府の日記と儀礼史料』（吉川弘文館、二〇〇六年）

石原長博《いしはらながひろ》　（一六七三～一七四六）

延宝元年（一六七三）に石原弥右衛門忠《ただ》勝《かつ》の二男として生まれる。彦大夫と称する。母は土井大炊頭（下総古河藩主）家臣江坂権之丞の娘。御徒などを務めた石原政成《まさなり》の養子となる。二丸火之番・御徒目付・小普請方改役を歴任し、享保三年（一七一八）三月二十六日、班を進められて旗本となり、材木石奉行となる。家禄は一五〇俵五人扶持であった。享保十八年二月十一日、細工頭に転じ、延享三年（一七四六）正月二十九日、老年のため辞職する。同年二月九日に死去。享年は七十四。法名は日栄。谷中の瑞輪寺に葬られる。（田原）

【典拠・参考文献】『寛政譜』第十八・三九七頁、深井雅海「材木（石）奉行並びに林奉行の就任者について」（徳川林政史研究所『研究紀要』昭和六十一年度、一九八七年）

石原正勝《いしはらまさかつ》　（一六七九～一七四七）

延宝七年（一六七九）勘定石原正氏の長男として生まれる。新十郎と称した。宝永六年（一七〇九）四月六日勘定となる。正徳元年（一七一一）三月二十九日遺跡に三五〇俵を継ぎ、同年六月十三日代官となり、伊予国別子銅山の支配にあたる。享保五年（一七二〇）備中国倉敷代官所へ移り、同七年六月三日、職を免ぜられる。延享四年（一七四七）四月二十三日に死去。享年六十九。法名は日信。二本榎の上行寺に葬られる。（宮原）

【典拠・参考文献】『寛政譜』第十五・三一五頁、『代官履歴』

石原政矩《いしはらまさのり》　（生年未詳～一七三〇）

大番石原政明の息子として生まれる。右近・太郎兵衛と称す。妻は後藤清左衛門正経の娘。貞享四年（一六八七）七月十一日遺跡二〇〇石を継承し、元禄十四年（一七〇一）五月九日大番となる。享保六年（一七二一）八月三日御蔵奉行に就任し、翌七年七月四日より二条城の御蔵奉行を務める。同十五年五月十二日に死去。法名は宏純。（宮原）

【典拠・参考文献】『寛政譜』第十五・三〇六頁

石巻康宗《いしまきやすむね》　（一六四九～一七一一）

慶安二年（一六四九）に書院番士石巻康元の長男として生まれる。母は村上信清の息女。右兵衛・七郎左衛門・下総守と称した。妻は持筒頭町野三明の息女。寛文七年（一六六七）十一月二十一日に書院番士となる。延宝二年（一六七四）十二月十日に家督を相続し、その後、書院番士を退任するが、天和元年（一六八一）九月十二日に復職する。元禄二年（一六八九）六月九日に御徒頭になり、同年十二月二十七日に布衣を着用することを許可される。同六年五月四日に廊下番頭となり、同年十二月十一日に従五位下下総守に叙任される。同七年閏五月十日に小普請となる。宝永七年（一七一〇）七月二十七日に致仕する。正徳元年（一七一一）六月二十一日に死去。享年六十三。法名は玄浚。牛込の万昌院（現在は三田の巧運寺と合併して、東京都中野区にある）に埋葬される。 （福留）

【典拠・参考文献】『寛政譜』第十四・四一六頁、福留真紀『徳川将軍側近の研究』（校倉書房、二〇〇六年）

石丸定次《いしまるさだつぐ》 （一六〇三～一六七九）

慶長八年（一六〇三）に石丸定政《さだまさ》の長男として生まれる。この生年は『大阪市史』以降の主な文献に採用されているが、『寛政譜』には延宝七年（一六七九）五月十一日に大坂で死去、享年七十五とあり、これによると生年は慶長十年となる。『大阪市史』などは享年を七十七とするが、享年が異なる要因は不詳。父定政は目付、母は鷹匠（「御手鷹匠」）を支配する間宮信之《のぶゆき》の息女。妻は普請奉行庄田安照《やすてる》の息女。通称は藤蔵。寛永二年（一六二五）に小性となり、同六年十二月二十八日に従五位下淡路守に叙任（後に石見守）。後に書院番に列し、同十三年十月二十八日より進物の役をつとめる。正保二年（一六四五）十二月十九日に家督を相続。知行一二四〇石余。承応二年（一六五三）二月十三日には命を受けて長門国萩藩に赴き国政を監督する。明暦四年（万治元年・一六五八）六月二十一日には書院番組頭となる。寛文三年（一六六三）八月二十五日（『柳営補任』では十五日）に大坂町奉行となり、一〇〇〇石を加増、知行高は二二四〇石余となる。大坂町奉行在職中は、菜種油屋と白油屋（白油は綿実を絞った油に石灰を混ぜたもの）との紛争の調停、三所綿市問屋の株仲間公認や繰綿仲間の設定、薪の売買法の制定、天満市場の保護、銅商の統制、藍玉への土砂混入の禁止、十人両替の設定（設定者には異説あり）といった商業政策のほか、交通の整備、警察や社会行政、大火や洪水などの災害時の処置など、大坂の市政に尽力した。延宝七年五月十一日に大坂で死去。享年七十七（『寛政譜』は七十五）。その死は定次の働きを越権と憎む者の讒言による自刃であったとも伝わる。法名は円通院殿前石州乗誉到岸月舟居士。河内国安宿《あすかべ》郡玉手村の安福寺（大阪府柏原市）に葬られる。 （高山）

【典拠・参考文献】『寛政譜』第六・四〇三頁、『柳営補任』、『大阪市史』第一（大阪市参事会、一九一三年）、宮本又次『大阪人物誌』（弘文堂、一九六〇年）、『日本近世人名辞典』（吉川弘文館、二〇〇五年）

泉本忠篤《いずもとただあつ》 （一七五七～一八三五）

宝暦七年（一七五七）に生まれる。父は小普請方改役泉本聖忠《なりただ》、母は桜井氏の息女。正之助・元五郎・正助と称した。のちに主水正に任じられる。妻は向坂成章の息女、後妻は勘定岡本政苗《まさみつ》の息女。安永七年（一七七八）十二月二十七日に家督を継ぎ、のちに御徒目付となる。その後清水家の附人となり、清水家の普請奉行、郡奉行勘定奉行兼帯となる。寛政四年（一七九二）十一月十日には清水家初代当主重好の願い出により、幕府の御目見以上となる。病弱の重好のもとで権勢を誇った。同七年八月二十九日、重好死去により幕府の勘定となるが、同八年には清水勤番支配組頭となって清水邸に戻り、同九年に重好正室であった貞章院附用人となる。文化十年（一八一三）六月八日に西丸御納戸頭、文政三年（一八二〇）四月一日には本丸御納戸頭、同五年四月二十八日には佐渡奉行、天保三年（一八三二）正月十八日には普請奉行となり、同六年八月十六日に死去。享年四十九。 （竹村）

【典拠・参考文献】『寛政譜』第二十二・一九二頁、『柳営補任』、『続徳川実紀』第一篇、水野為長「よしの冊子」（『随筆百花苑』第八巻、中央公論社、一九八〇年）、小川恭一「御三卿家臣の身分」（同『徳川幕府の昇進制度』岩田書院、二〇〇六年）、森林太郎「北条霞亭」（『鴎外全集』第十八巻、岩波書店、一九七三年）、『新潟県史』通史編4・5（新潟県、一九八八年）、「佐渡奉行歴代」（『佐渡相川の歴史』資料集七、新潟県佐渡郡相川町、一九七八年）

伊勢貞丈《いせさだたけ》 （一七一七～一七八四）

名前は俗に「ていじょう」と呼ばれる。享保二年（一七一七）十二月二十八日に寄合の伊勢貞益《ただます》の二男として生まれた。幼名は万助、通称は兵庫・平蔵、号は安斎である。妻は伊達家家臣の永井庸寿の娘。伊勢家は、室町幕府の政所の執事の家柄で、伊勢貞親《さだちか》が足利義政の信任を得て柳営の儀礼・作法を司ったことから、それ以来、伊勢流の故実の家として知られた。室町幕府瓦解後は没落したが、伊勢貞衡《さだひら》の代の寛永十四年（一六三七）に春日局が生母の姉にあたる縁故により幕臣に取り立てられ、代々寄合に列して礼式に関する幕府からの諮問に答えるのを常とした。貞丈の実兄である貞陳《さだのぶ》は、享保十年（一七二五）十二月二十三日に十二歳で父貞益の遺跡を継いだが、翌年正月十五日に死去してしまったため、幕府は家名が絶えるのを惜しんで、貞丈をもって名跡を継がしめ、禄高三〇〇石ながら寄合へと編入した。このとき貞丈はわずか十歳であったが、幕府へは十二歳と報告したため、『寛政譜』では相続の年齢を「ときに十二歳」と記している。幕臣としての貞丈は、延享二年（一七四五）九月十三日に小性組の番士となり、四〇年近くを勤めた後、天明四年（一七八四）に老年により職を辞して小普請組へと編入された。一方、故実家としては、家伝の書物を読破して整理し、幕府からの諮問に答えるべく検索の便に備えた。著述活動が活発になったのは明和年間（一七六四～七二）以降で、著作は『安斎随筆』『烏帽子考』『狩衣考』『貞丈雑記』『五武器談』『武器考証』など多数にのぼる。武家のみならず、公家や神道にまで精通した故実家としての博識は、貞丈の名声を一躍高めることになった。天明四年五月二十八日に死去。幕府への届け出は六月一日であったが、『寛政譜』では六月五日を死亡日としている。享年六十八（『寛政譜』では七十）。芝にあった大養寺に葬られた（現在は世田谷の大吉寺）。（太田尚）

【典拠・参考文献】『寛政譜』第八・二七六頁、『古典文学』

伊勢貞敕《いせさだのり》 （一六四九～一七二三）

慶安二年（一六四九）に大番組頭を務めた伊勢平左衛門貞利《さだとし》の長男として生まれる。通称は伝十郎・平八郎、のちに任官して伊勢守を名乗った。寛文元年（一六六一）六月八日に初めて四代将軍家綱に拝謁、同七年十一月二十一日に大番に列し、同十年十月八日に腰物方へ転じる。延宝七年（一六七九）五月二十八日、西丸小性組の番士であった伊勢作十郎貞良《さだよし》の聟養子となって、その娘を妻とする。同年八月二十六日には新番組に移り、元禄五年（一六九二）十二月十二日に養父の遺跡を継いだ。翌六年十月十日に道奉行、同十五年二月十五日には御船手に進み、同年十二月十八日に布衣の着用を許可される。同十六年七月十二日には目付となり、正徳二年（一七一二）には普請奉行へと進み、同年十二月十五日には従五位下に叙せられて伊勢守を名乗る。同四年正月二十八日には勘定奉行となるが、同六年（享保元・一七一六）四月二十二日、前年に発生した武蔵国府中領秣場騒動に対する処罰のあり方が事件の重大さに比べて軽すぎたとして問題となり、これを管轄していた貞敕が評定所一座を代表する形で御目見遠慮の処分を受ける（同年五月一日に解除）。享保六年（一七二一）三月十六日に

は職を辞して寄合に入り、同八年八月二十日に七十五歳で死去した。法名は日法。谷中の大雄寺に葬られた。（太田尚）

【典拠・参考文献】『寛政譜』第八・二七八、二八〇頁、大石学『享保改革の地域政策』（吉川弘文館、一九九六年）

伊勢貞春《いせさだはる》（一七六〇～一八一二）

故実家で著名な伊勢貞丈《さだたけ》の実孫。宝暦十年（一七六〇）、貞丈の娘と聟養子の貞敦《さだあつ》（実は竹中周防守定矩の二男）との間に生まれる。通称は万助。妻は内方銕五郎恒忠の娘、後妻は岡野作兵衛房保の娘。父の貞敦が家督を相続する以前に死去していたため、天明四年（一七八四）九月五日に二十五歳で祖父貞丈の遺跡（家禄三〇〇石）を継いだ。同八年十二月二十三日に初めて十一代将軍家斉に拝謁し、寛政元年（一七八九）六月晦日には小性組の番士となる。家学の故実では祖父の業績を遵守する一方、寛政七年（一七九五）七月十六日には四七巻におよぶ家伝の書物について将軍家斉の上覧を受けたり、翌八年正月十九日には家伝の武器の古図を編集した上、その図説を作成するよう命じられたりした（『武器図説』）。おもな著作には『室町殿屋形私考』『位署徴古』『類聚馬毛名歌』などがある。文化九年（一八一二）に五十三歳で没した。葬地は芝の大養寺である。（太田尚）

【典拠・参考文献】『寛政譜』第八・二七六頁

伊勢貞衡《いせさだひら》（一六〇五～一六八九）

慶長十年（一六〇五）に伊勢貞為《さだため》の長男として生まれる。清十郎・三郎・兵庫などと称した。母は岸章憲の息女。伊勢氏は室町幕府の御供衆をつとめた家柄であり、代々犬追物などの儀礼を司っていた。その後、伊勢氏は織田信長・豊臣秀吉に仕えた。貞衡は幼少の頃から豊臣秀頼に仕え、大坂の陣後しばらく浪人であったが、後に二条城にいた千姫に呼ばれて二条城に詰め、その後、徳川家康に御目見した。寛永十四年（一六三七）三月二十八日（寛永十六年四月の説もある）に母方のおばにあたる春日局の推挙もあり、家光に仕えて寄合に列する。同十六年二月二十六日に廩米一〇〇〇俵となり、その後たびたび家蔵の太刀や書籍は将軍家の台覧を受け、書籍の書写を老中阿部忠秋を通じて将軍家に献上する。元禄元年（一六八八）十二月九日に隠居し、同二年十一月七日死去。享年八十五。法名は長閑。菩提寺は西久保の大養寺（東京都港区）。（鍋本）

【典拠・参考文献】『寛政譜』第八・二七四頁、『譜牒餘録』後編巻十一

井関親賢《いせきちかかた》（一八〇九ヵ～一八六五）

文化六年（一八〇九）頃生まれる。戸張氏の男で井関親経の娘と結婚して井関家を継いだ。貞之丞・次郎右衛門とも称した。下総守・肥後守を名乗る。天保十年（一八三九）正月十三日、西丸書院番滝川安芸守組から御小納戸（部屋住料三〇〇俵）となり、嘉永四年（一八五一）十月十三日家定の御小納戸、同六年九月二十二日に家定小性となる。安政五年（一八五八）に家茂御小納戸、文久二年十二月には諸大夫となり、同三年八月二十四日より広敷御用人（和宮御用人）をつとめた。元治元年（一八六四）五月二十六日に御役御免、勤仕並寄合となる。慶応元年（一八六五）十二月二十六日に六十余歳で没。戒名は親賢院殿従五位下前総州刺吏梅軒道香大居士。菩提寺は小石川戸崎町の喜運寺（現在地は東京都文京区白山）。（吉成）

【典拠・参考文献】深沢秋男校註『井関隆子日記』（勉誠社、一九七八年）

井関親経《いせきちかつね》（一七九二～一八五八）

寛政四年（一七九二）に生まれる。富之助・留之助・次郎右衛門と称した。縫殿

頭・下総守。号は八捲斎。父は御納戸番に列していた親興《ちかおき》。母は井関家六代当主貞経《さだつね》の息女。妻ははじめ服部氏の息女であったが、文化十四年（一八一七）に死去、のちに溝口氏の息女を後妻としたが、天保六年（一八三五）に死去した。その後、浦賀奉行の戸田氏栄の妹栄子を妻とする。井関氏初代の次郎右衛門親秀《ちかひで》は近江国の住人で、はじめ浅井長政に仕え、のちに徳川家康に仕えたという。二代親正《ちかまさ》は徳川秀忠に仕え、慶長九年（一六〇四）に下総国葛飾郡のうち二二〇石を与えられた。三代親信《ちかのぶ》は細工頭を務めた。四代親房《ちかふさ》は新番を経て大坂御金奉行となるが、五代親倫《ちかとし》は大坂御金奉行在任中の不祥事により小普請となった。六代貞経は裏門切手番頭、七代親興《ちかおき》は御納戸番を勤めた。八代となった親経は、文化二年十月十四日新規召出により御小納戸となり、同年十一月五日に西丸御小納戸となる。文政八年（一八二五）六月西丸小性となり、天保八年（一八三七）四月二日に家慶が西丸から本丸へ移徙した際に本丸へ召し連れられた。同年八月二十三日から二丸御留守居、同十二年六月二十四日広敷御用人（広大院御用人）となる。嘉永二年（一八四九）正月二十九日、寿明姫《すめ》（一条忠良息女）が十三代将軍家定の正室となるために京都から江戸へ下向する際に、当地での御用を勤めた。嘉永四年（一八五一）三月二十四日、出精により勤めているうちは七〇〇俵高の足高を与えられる。同七年に辞職。安政五年（一八五八）五月二十五日に死去。享年六十六。戒名は親経院殿従五位下前総州刺吏守真捲亭大居士。菩提寺は小石川戸崎町の喜運寺（現在地は東京都文京区白山）である。父親興の後妻である井関隆子《たかこ》の日記が翻刻されている。（吉成）

【典拠・参考文献】『寛政譜』第十・八五頁、深沢秋男校註『井関隆子日記』（勉誠社、一九七八年）

磯野政昌《いそのまさすけ》（一七七二～没年未詳）

安永元年（一七七二）に先手鉄炮頭などを務めた磯野政共《まさとも》の長男として生まれる。母は御留守居番などを務めた矢部正虎《まさとら》の娘で、磯野政武《まさたけ》の養女として養子政共（実は旗奉行などを務めた萩原雅忠《まさただ》の四男）の妻となる。前妻は先手弓頭などを務めた新見正《まさ》徧《ゆき》の娘。後妻は西丸小性などを務めた細井安常《やすつね》の娘。久次郎・久五郎・伊右衛門・内記と称した。寛政五年（一七九三）十二月六日、小性組に列し、寛政六年十月六日に遺跡を継ぐ。家禄は知行四〇〇石であった。以後、御小納戸・西丸御小納戸を歴任し、寛政九年十二月十八日、布衣の着用を許されている。文政九年（一八二六）十二月二十日、家定（のち十三代将軍）付の御小納戸頭取となり丹波守に任じられる。天保八年（一八三七）十二月二十九日に辞任。なお、政昌の先々代政武《まさたけ》は、明和六歌仙の一人として著名である。（田原）

【典拠・参考文献】『寛政譜』第三・三二九頁、第八・八一頁、第二十・八頁、第二十一・五四頁、第二十一・三七九頁、『国書人名辞典』第一巻（岩波書店、一九九三年）、『旗本百科』第一巻

礒野正武《いそのまさたけ》（一七一七～一七七六）

享保二年（一七一七）に平塚近秀の三男として生まれ、紀州系幕臣の礒野政昉《まさあきら》家の聟養子となる。三之助・民部・右近を通称し、任官後は右近将監・丹波守・近江守を名乗る。同十五年十月二十二日に八代将軍吉宗へ初めて御目見する。同二十年十二月十二日に部屋住のまま書院番となり、元文元年（一七三六）五月二十五日に御小納戸へ転じ、同年十二月十六日には布衣の着用を許可される。翌二年十二月十九日には小性に就任し、同五年十二月二十一日に従五位下に叙されて右近将監と名乗る。延享

元年（一七四四）十二月十六日に丹波守と改め、その後は吉宗の隠居により西丸勤務へと転じた。寛延三年（一七五〇）四月二十五日に義父政昉の隠居により家督を継いだが、宝暦元年（一七五一）の大御所吉宗の死去にともない七月十二日に寄合となり、安永五年（一七七六）六月十八日に六十歳で没した。法名は好山。赤坂の大安寺に葬られる。（太田尚）

【典拠・参考文献】『寛政譜』第二十・七頁

板倉重昌《いたくらしげまさ》（一五八八～一六三八）

天正十六年（一五八八）生まれ。宇右衛門・主水を称す。父は、京都所司代を務めた周防守勝重。母は粟生筑前守永勝の息女。室は山口駿河守直友の息女で、死去後、林源右衛門吉定の息女を継室とした。兄に京都所司代を務めた重宗、子に重矩らがいる。重昌は、慶長八年（一六〇三）正月、十六歳の時に伏見にて召し出され、家康に仕え始める。同十年四月十六日に従五位下内膳正に叙任され、同十三年に一〇〇〇俵をたまうが、翌十四年五月二十四日には山城国綴喜郡・相良郡・久世郡内にて一〇〇〇石の知行に改められる。同十六年、家康の上洛に供奉。駿府帰国後に松平正綱・秋元泰朝とともに近習出頭人となった。家康の元での重昌は、兄周防守重宗をも凌ぐという意味で、蘇芳《すおう》色に勝る「臙脂内膳」とも呼ばれた。同十九年九月十九日に三河国額田郡深溝で一二三〇石を加増されている。同月に有名な方広寺鐘銘事件が起きると、重昌は京都五山の僧のもとに遣わされ、銘文の吟味結果を家康に報告している。その後、大坂冬の陣に出陣し、豊臣秀頼への講和の使者として活躍。また、慶長二十年（元和元年・一六一五）の大坂夏の陣にも出陣。元和二年に上総国山辺・埴生両郡と下総国葛飾郡内にて三〇〇〇石の加増をうける。元和三年の家康霊柩の日光山移転、同六年の秀忠女和子（東福門院）の上洛に供奉。同七年には丹波国に派遣され、亀山・福知山城の城受渡しのことを勤めている。寛永元年（一六二四）父勝重が死去すると、家督は兄重宗が相続。重昌は父の遺領のうち六六一〇石を相続して、合わせて一万一八五〇石を知行し、三河国額田郡深溝に居住した。なお、重昌宛の領地目録は同二年七月二十七日付で発給されている。その後、同三年の秀忠の上洛、同五年の日光社参に供奉。同八年には、輿の使用を許されている。翌九年、熊本城主加藤家改易後の諸大名の転封のため、肥後国熊本・同八代、豊前国小倉・同中津・同高田、豊後国杵築等の城引渡し役として派遣される。また重昌は、寛永五年・十年と領内の総検地を行っており、結果として四一五〇石を新たに打ち出し、同十年に新墾田を編入し一万五〇〇〇石となった。翌十一年には家光の上洛に供奉し、その後、出雲・隠岐の城引渡し役として派遣されている。同十四年、肥前島原にて島原一揆が勃発すると、鎮圧の上使として有馬に出向くが、翌十五年正月一日、原城にて総攻撃を決行した折に鉄砲で撃たれ討死にした。享年五十一。剱峰源光撐月院と号し、三河国幡豆郡貝吹村の長円寺（愛知県西尾市）に葬られる。のちに、子孫代々の埋葬地となっている。（小宮山）

【典拠・参考文献】『寛政譜』第二・一四九～一五〇頁、『寛永諸家系図伝』第二、新編岡崎市史編集委員会編『新編岡崎市史』近世三（新編岡崎市史編さん委員会、一九九二年）

伊丹勝長《いたみかつなが》（一六〇三～一六六二）

慶長八年（一六〇三）に、御留守居で勘定頭（のちの勘定奉行）や佐渡奉行を兼帯した伊丹康勝《やすかつ》の子として生まれる。作十郎・蔵人《くらんど》と称し、従五位下播磨守に叙任された。母は興津内記の息女。妻は石見《いわみ》国津和野《つわの》藩主（三万石）坂崎正勝《まさかつ》（成政）の養女。慶長十九年に二代将軍徳川秀忠《ひでただ》の小性となり、のちに采地《さいち》一〇〇〇石を拝領。寛永二十年（一六四三）には、甲斐国に配流された良 純 入道親王《りょうじゅんにゅうどうしんのう》（後陽成天皇第八皇子）の警護をつとめ、慶安三年（一六五〇）七月十一日勘定頭にすすみ、佐渡奉行を兼帯。承応元年（一六五二）には佐渡国における賊徒反乱を鎮圧し、翌二年閏六月二十八日家督を相続（甲斐国徳美《とくみ》藩一万石。この時二六二〇石は弟に分知、先の采地は返納）。その後、明暦三年（一六五七）に本丸石垣・門塀普請、万治元年（一六五八）には本丸普請の御用をつとめた。寛文二年（一六六二）三月二十七日勝長宅において勘定頭岡田義政《よしまさ》と訴訟吟味中に、乱入した駿河国蒲原《かんばら》代官一色直正《いっしきなおまさ》（直正には支配地替えの風説があり、勝長に宿意を持ったとされる）に切りつけられ死去。享年六十。号は仙誉一夢幻泡院。菩提寺は西久保の天徳寺（東京都港区）。

（飯島）

【典拠・参考文献】『寛政譜』第五・一二二頁、『断家譜』第三・四八頁、『静岡県史』通史編3・近世一・五一八頁

伊丹直賢《いたみなおかた》（一六九六〜一七六六）

元禄九年（一六九六）に生まれる。父は紀伊家に仕えた伊丹直胤。母は未詳。雅楽助・三郎右衛門と称した。妻は先手鉄炮頭佐野為成《ためなり》の息女、後妻は大番服部保守《やすもり》の息女、また鹿沼藩内田家の家臣清家某の息女を妻とした。なお、直賢の息女は田沼意次の妻となり、直賢の子直宥《なおひろ》の息女は一橋家の家老田沼意致《おきむね》（意次の甥）の妻となっており、田沼家と関係が深かった。物にはばからない性格であった。はじめ紀伊家家臣で家重（のちの九代将軍）の御伽であったが、吉宗の将軍就任で幕府御家人となった。享保元年（一七一六）七月二十二日に吉宗の小性となり、廩米三〇〇俵を賜る。同十一年三月十七日に御小納戸となり、同年布衣を許される。延享二年（一七四五）九月朔日より吉宗の隠居にともない西丸御小納戸を務めた。同三年八月四日（五日とも）、一橋の用人上座で傅役と同様の職務をするよう命じられ、二〇〇石を加増され廩米を知行に改めた。同年十月二十日には一橋家の家老となり、同年に従五位下兵庫頭に叙任される。寛延二年（一七四九）正月十五日に五〇〇石加増され、都合一〇〇〇石となる。同年十二月朔日には幕府の大目付となるが、一橋家の見廻りも命じられ、一橋家の家老の役料一〇〇〇俵もそのまま支給された。宝暦七年（一七五七）十月二十八日には御留守居となり、同十二年には十代将軍家治の二男貞次郎誕生の際に箆刀《へらたち》の役を務めている。明和三年（一七六六）九月二十四日に死去。享年七十一。法名は義峻。菩提寺は渋谷の長谷寺《ちょうこくじ》（東京都港区）。

（竹村）

【典拠・参考文献】『寛政譜』第二十一・一三六頁、『徳川実紀』第八・九篇、『続徳川実紀』第十篇、『柳営補任』、「一橋徳川家文書」（茨城県立歴史館蔵）

伊丹康勝《いたみやすかつ》（一五七五〜一六五三）

天正三年（一五七五）に駿河国清水の御船奉行などを務めた伊丹康直《やすなお》の三男に生まれる。喜之助と称する。母は今川義元家臣岡部常慶《つねのり》の娘。妻は徳川秀忠に仕えた興津正忠《まさただ》の娘。天正十四年から徳川秀忠に近侍し、知行五〇〇石を給され、御納戸頭や代官などを務める。慶長五年（一六〇〇）の関ヶ原合戦ごろから勘定頭を務め、慶長十九年・元和元年（一六一五）の大坂の陣に際しては兵糧の運漕を司る。寛永元年（一六二四）二月、秀忠の隠居にともない徳川家光付となり、同時に播磨守に任ぜられる。寛永五年、加増により九〇〇〇石となり、

寛永十年二月には徳川忠長の改易後の甲府城を預けられる（寛永十二年御預辞任）。同時に加増され合わせて一万二〇〇〇石の大名となった（甲斐国山梨郡徳美に陣屋、のち一部領知の移転により一万二六〇〇石）。寛永十年には旗本への知行配分の遅滞により一時閉門されるが翌年には赦され、以後、勘定頭として活躍し、寛永十二年には佐渡国および金山の支配、寛永十七年には江戸城本丸普請の奉行などを務める。寛永十六年に剃髪して順斎と号し、同じころ留守居を兼帯する。慶安三年（一六五〇）七月十一日、辞職を願うがなおも佐渡国の奉行は務めることとなる。承応二年（一六五三）六月三日に死去。享年七十九。法号は蓮譽順斎道哲長仙院。西久保（港区虎ノ門）の天徳寺に葬られる。（田原）

【典拠・参考文献】『柳営補任』、『寛政譜』第五・一二一頁、第十四・一三二頁、一五七頁、『日本近世人名辞典』（吉川弘文館、二〇〇五年）

板谷広当《いたやひろまさ》 （一七二九～一七九七）

享保十四年（一七二九）、青山大膳亮の家臣板谷次郎兵衛の子として生まれる。名は広当。通称は初め慶舟、のちに桂舟。住吉家四代広守の高弟。十三歳の頃より住吉家四代広守に入門、優れた画技がみとめられる。安永二年（一七七三）五月六日、住吉広守が隠居するにあたり、その息子広行が病身であったため、幕府の許しを得て住吉家の家督を扶持・屋敷とともに継いだ。同年六月一日、御絵師を仰せ付けられ、十代将軍家治に御目見した。広守の歿した安永六年以後、住吉姓に改めるが、広行が無事成長したため、天明元年（一七八一）十二月二十五日、拝領した扶持・町屋敷を広行に継がせ、再び板谷姓に改めた。同二年二月八日、新規に召し出され、五人扶持を与えられ、奥御用を仰せ付けられる。以後、板谷家は、狩野家・住吉家とともに代々奥御用をつとめる家柄となる。尾張徳川家にも重用され、九代当主宗睦の命により、住吉広行とともに「東照宮縁起絵巻」の模本（名古屋東照宮蔵）を製作した。同九年八月二十一日病没。享年六十九。法名は澄性院清江桂舟居士。菩提寺は青山梅窓院。（鎌田）

【典拠・参考文献】「土佐住吉絵所系譜」（国会図書館蔵）、「住吉流従始祖伝由緒書」（『東洋美術大観』巻五所収）、森岩恒明「江戸幕府御絵師の序列と変動―住吉家を例に」（『哲学会誌』、二〇〇三年）

一尾通尚《いちおみちひさ》 （一五九九～一六八九）

慶長四年（一五九九）に西丸書院番一尾通春《みちはる》の子として生まれる。実母は豊後国の戦国大名大友吉統《よしむね》の息女。伊織と称し、隠居後は徹斎と号した。通尚の祖父は僧となって日勝と称して京都の本圀寺に居たが、戦国大名大友義鎮の招きで豊後国に下り、還俗して三休《さんきゅう》と改め、一尾庄に住んだことから、これを家号とした。通尚は寛永十一年（一六三四）正月二十八日、三代将軍徳川家光に初めて拝謁し、父通春の知行一二〇〇石のうち、一〇〇〇石を相続して、書院番に列した。一時勘気を蒙ったが、同十七年十月十七日に赦された。同十七年十月十二日に小笠原貞信が美濃国高須に、慶安二年（一六四九）三月十六日に松平忠房が丹波国福知山にそれぞれ転封になると、城の引き渡しの役を務めた。その後書院番を辞し、小普請となった。貞享元年（一六八四）七月十九日に隠居し、元禄二年（一六八九）三月十三日に死去。享年九十一。法名は貞観。（白根）

【典拠・参考文献】『寛政譜』第八・三一～四頁

市岡房仲《いちおかふさなか》 （一七三九～一八一四）

元文四年（一七三九）に生まれる。父は

先手弓頭の市岡正峯《まさみね》、母は小性組丸毛《まるも》利起《としおき》の息女。妻は広敷用人建部広高《ひろたか》の養女で実は広高の兄広喜《ひろよし》の息女、後妻は佐渡奉行脇坂安繁《やすしげ》の息女。亀之丞・主計・内記と称した。宝暦九年（一七五九）七月二十七日、部屋住より将軍世子で西丸にいた家治（のちの十代将軍）の御小納戸となり、同年十月四日に西丸小性、同十年（一七六〇）五月十三日に家治の将軍就任にともない本丸の小性となり、同年七月十八日、従五位下淡路守に叙任された。のち但馬守・丹後守に改めた。明和六年（一七六九）十二月九日に家治の子で将軍世子であった家基《いえもと》の西丸移徙《いし》にともない西丸小性となるが、安永八年（一七七九）四月十八日、家基の死去により本丸の御小納戸に復した。天明元年（一七八一）五月二十八日、家治の養子となり西丸入りした家斉（のちの十一代将軍）の小性頭取となり、同六年の家斉の将軍就任に際して本丸の小性頭取となる。寛政元年（一七八九）四月二十二日に家督を継いだ。家禄は一〇〇〇石。同年閏六月十二日先手鉄炮頭に転じ、享和元年（一八〇一）四月七日に御持筒頭、同三年五月七日に清水勤番支配、文化二年（一八〇五）閏八月十二日に旗奉行となった。文化十一年（一八一四）正月二十八日、老免して寄合となり、同年に死去。享年七十六。菩提寺は四谷の西迎寺《さいごうじ》（東京都新宿区）か。（竹村）

【典拠・参考文献】『寛政譜』第七・二七頁、『柳営補任』、『徳川実紀』第十篇、『続徳川実紀』第一篇

市岡正次《いちおかまさつぐ》　（生年未詳～一六六四）

佐大夫と称す。父は徳川家康に仕え、信濃国下伊那の材木奉行や代官を務めた市岡忠次。妻は小栗忠左衛門久次の息女。正次は、慶長二十年（元和元・一六一五）の大坂の陣に小笠原秀政に属して参戦し、その時の戦功により、戦後に三〇〇石を賜った。元和九年、三代将軍家光に拝謁して書院番となり、上洛の供奉を務める。のち大番に転じ、寛永五年（一六二八）の山王社造営、同八年の六郷橋の普請奉行などを務め、同九年十一月十九日には大番組頭に就任して、同十年二月二十三日に三〇〇石を加増された。同十三年には、糸原甚右衛門・鶴岡与右衛門とともに関東・伊豆の巡見に廻り、正保二年（一六四五）六月二十八日に先手鉄炮頭に就任、布衣を着すことを許される。慶安四年（一六五一）十一月二十一日、さらに廩米三〇〇俵を加えられる。万治三年（一六六〇）十二月十日に職を辞し、寛文二年（一六六二）十二月十二日に隠居。その際、養老料として廩米三〇〇俵が与えられた。同四年十月二十三日に死去。法名は浄嘉。四谷の西迎寺（東京都新宿区）に葬る。のち、代々の葬地となっている。

（小宮山）

【典拠・参考文献】『寛政譜』第七・二六頁、『寛永諸家系図伝』第五・二五六～二五七頁

市川兼恭《いちかわかねのり》　（一八一八～一八九九）

文政元年（一八一八）五月十一日、広島藩侍医市川文徴の三男として安芸国（広島県）に生まれる。母は政子。幼名は三助、のち斎宮《いつき》、逸吉と称した。号は浮天斎。緒方洪庵や杉田成卿《せいけい》らに蘭学を学び、佐久間象山にも師事した。箕作阮甫の推挙により、嘉永二年（一八四九）七月三日に越前藩に招聘され、軍制改革に尽力した。同六年十月二十三日、蕃書和解御用出役を命じられ（手当一か年銀二〇枚）、オランダ語・ロシア語の翻訳御用に任じ、安政二年（一八五五）六月十五日にはオランダが献上した電信機の伝習を受けるよう命じられた。翌三年十二月晦日には蕃書調所教授職手伝出役となり、翌年から西洋活版術の研究に従事した。プロイセンとの外交開始に伴い、万

延元年（一八六〇）八月七日に加藤弘之とともにドイツ語の辞書編纂を命じられ、あわせてプロイセン献上の電信機伝習も受けた。文久三年（一八六三）十二月晦日、開成所教授職となり（三〇人扶持金二〇両）、ドイツ語研究を主導した。慶応元年（一八六五）二月六日、幕臣に取り立てられ（切米一〇〇俵・手当二〇人扶持金二〇両）、翌二年、十五代将軍徳川慶喜から電信機の下問を受けたといわれる（『昔夢会筆記』）。同三年十月二十五日に大番格砲兵差図役頭取勤方となった（一五〇俵一〇人扶持）。東京大学史料編纂所には「浮天斎日記」が所蔵され、万延期から慶応期にかけての開成所御用の実態を把握することができる。維新後は兵学寮に出仕し、京都兵学校・大坂兵学寮の教授となった。明治十二年（一八七九）に東京学士院の会員に選出。同三十二年八月二十六日、八十二歳で死去した。墓は東京都豊島区の雑司が谷霊園にある。長男文吉（兼秀）は慶応元年のロシア留学生の一人、二男盛三郎《もりさぶろう》は同二年のイギリス留学生の一人だった。（藤田）

【典拠・参考文献】「会員市川兼恭ノ伝」（『東京学士院雑誌』十二編六冊、一八九〇年）、原平三「幕末の独逸学と市川兼恭」（『史学雑誌』五十五編八号、一九四四年）、宮地正人「混沌の中の開成所」（『学問のアルケオロジー』東京大学出版会、一九九七年）

市橋長吉《いちはしながよし》（生年未詳～一六四七）

武藤（市橋）重成《しげなり》の長男として生まれる。妻は市橋長政の息女。源八郎・三四郎と称した。幼少の頃に父が死去したため母の一族市橋長勝に養われ、以後苗字を武藤から市橋へ改める。元和七年（一六二一）九月十三日に長勝の望みにより二代将軍徳川秀忠に拝謁し、翌八年正月二日に書院番となり、長勝の息子長政の所領近江国蒲生《がもう》郡のうちにて采地二〇〇〇石を与えられる。寛永九年（一六三二）五月八日より作事奉行をつとめ、八月十八日に使番に転じる。九月には豊後国府内に目付代として赴き、同十年八月二十二日に目付となる。十二月二十六日近江国滋賀郡において一〇〇〇石の加増を受ける。同十五年二月一日に島原の乱にともない使者として肥前国島原に赴く。正保四年（一六四七）十二月十九日に死去。法名は日橋。菩提寺は谷中瑞輪寺。（鍋本）

【典拠・参考文献】『寛政譜』第十四・一一頁

一色直温《いっしきちょくおん》（一八一九～没年未詳）

文政二年（一八一九）に生まれる（「明細短冊」に丑（慶応元年）歳四十七とある）。父は使番の一色直頂。通称は邦之輔。叙任後は山城守・摂津守。同九年十二月二十七日に家督を継いで小普請入りとなる。知行一〇〇〇石。天保十四年（一八四三）十一月二十七日に御小納戸、十二月二十一日に小性、弘化二年（一八四五）五月九日に使番、嘉永五年（一八五二）五月二十六日に目付となる。安政五年（一八五八）二月十五日に堺奉行に進み、三月十五日に諸大夫。九月十五日には大坂町奉行、万延二年（文久元・一八六一）正月十日（『柳営補任』では二十日）に勘定奉行（公事方）、十月十五日に外国奉行となる。文久二年十二月十八日には再び勘定奉行（公事方）となり道中奉行を兼ねる。同三年の十四代将軍家茂の上洛時には御先や御用をつとめる。同三年十二月二十九日に一橋家家老、元治元年（一八六四）六月二十二日に大目付、七月二十五日に書院番頭となり、八月十四日には第一次長州征討に供奉する。同二年（慶応元・一八六五）正月十八日に病気で職を辞するが、慶応二年十二月二十九日に寄合から製鉄奉行となり、同四年（明治元・一八六八）閏四月十七日に御役御免で勤仕並寄合となる。（高山）

【典拠・参考文献】『幕臣人名』第一巻、『柳営補任』、「千葉市域の旗本」（『千葉いまむかし』七、千葉市教育委員会、一九九四年）、『旗本百科』第一巻

一色直休《いっしきちょくきゅう》（生年未詳～一八五五）

一色宮内の子として生まれる。清三郎・主水・数馬と称した。任官後は丹後守・豊後守と名乗る。家禄は三五〇〇石。天保二年（一八三一）正月十一日に寄合から使番となり、同五年八月十六日より火事場見廻を兼帯する。同七年十一月十二日に西丸目付となり、同九年四月十二日に本丸へ移る。同十二年十月十七日に御留守居、弘化二年（一八四五）七月八日に甲府勤番支配、嘉永元年（一八四八）十二月十五日に普請奉行、同三年七月八日に長崎奉行、同年十一月二十九日に勘定奉行となり公事方を担当する。同五年四月一日より道中奉行を兼帯する。同年七月十日に御三卿田安家の家老となる。安政二年（一八五五）八月二十七日に死去。（宮坂）

【典拠・参考文献】『柳営補任』、『旗本百科』第一巻

一色範勝《いっしきのりかつ》（一五八一～一六三二）

天正九年（一五八一）に一色藤長の長男として生まれる。七郎・左兵衛と称した。一色家は室町幕府四職家の一つという家柄であり、黒衣の宰相として有名な金地院崇伝は一色家出身で、範勝の親類にあたる。慶長十六年（一六一一）より徳川家康に仕官し、元和二年（一六一六）に勅使が駿府に参向した際、一色家の家柄を重視して、無位無官で饗応の配膳役をつとめた。その後、書院番となり、寛永三年（一六二六）の秀忠・家光上洛時に供奉する。同九年八月十八日に使番となり、同年十一月二十七日、特恩を受けて従五位下式部少輔に叙任された。同十年六月十九日に死去。享年五十三。法名は宗清。（鍋本）

【典拠・参考文献】『寛政譜』第二・一七六頁、『干城録』巻二十三

一色範親《いっしきのりちか》（一六〇九～一六五〇）

慶長十四年（一六〇九）に一色範勝の長男として生まれる。右馬助と称した。はじめは範次《のりつぐ》と名乗る。妻は榊原照久の息女、後妻は片桐貞隆の息女。元和八年（一六二二）にはじめて徳川家光に御目見し、その後書院番となる。寛永十年（一六三三）十二月十八日に遺跡を継いで二〇〇〇石を領する。慶安三年（一六五〇）に死去。享年四十二。（鍋本）

【典拠・参考文献】『寛政譜』第二・一七六頁

一色政沆《いっしきまさひろ》（一六九〇～一七七〇）

元禄三年（一六九〇）に小普請奉行（のちの小普請方）一色義政《よしまさ》の長男として生まれる。宮内・源太郎と称し、従五位下周防守・安芸守に叙任された。母は小十人の組頭大津重信《しげのぶ》の息女。妻は新番《しんばん》岡部勝亢《かつたか》の息女（後妻は御天守番頭《てんしゅばんがしら》跡部正広《まさひろ》の息女で、正広の養子正因《まさより》の養女）。正徳二年（一七一二）六月三日に家督を相続し（廩米《りんまい》三〇〇俵）、同五年十一月十六日に御納戸番に列した。享保四年（一七一九）十月十八日に新番に移り、その後御賄頭、西丸広敷用人《ひろしきようにん》、至心院《ししん》（十代将軍徳川家治の生母）用人、小普請奉行、作事奉行などを歴任して、宝暦二年（一七五二）十二月十六日に勘定奉行となった。そのさい、三〇〇石を加増され、これまでの廩米も采地《さいち》に改められた（計六〇〇石を知行）。勘定奉行在任中は、幕府財政支出抑制調査のための御用掛に任ぜられたほか（同五年）、日光山御宮・諸堂社修復、伊勢・美濃・尾張国や関東・東海道・美濃・甲斐国などの川々普請、朝鮮通信使来聘《らいへい》などの御用をつとめた。また、宝暦十一年には米価調節御用などもつとめた。明

和二年（一七六五）二月十五日御留守居となり、さらに三〇〇石が加増されたが、同七年三月五日に死去。享年八十一。法名は日達。菩提寺は四谷の修行寺（現在は東京都杉並区）。（飯島）

【典拠・参考文献】『寛政譜』第二・一七八頁、『徳川実紀』第九・十篇、中井信彦『転換期幕藩制の研究』（塙書房、一九七一年）

逸見忠栄《いつみただなか》（一六九六～一七八五）

元禄九年（一六九六）に腰物方逸見忠利《ただとし》の長男として生まれる。八之助と称し、従五位下出羽守・備中守に叙任された。母は植木庄兵衛の息女。妻は表右筆横山直之《なおゆき》の養女。宝永五年（一七〇八）九月二十九日に家督を相続し（廩米《りんまい》二〇〇俵）、享保元年（一七一六）十一月二日に腰物方となる。その後、御膳奉行、御納戸頭（元方《もとかた》御納戸頭、のち西丸御納戸頭）を経て、寛保三年（一七四三）正月二十八日に佐渡奉行に就任。そのさい、三〇〇石を加増され、これまでの廩米も采地《さいち》に改められて計五〇〇石の知行地が与えられた。延享元年（一七四四）十二月十五日に勘定奉行となったが、寛延元年（一七四八）の朝鮮通信使来聘《らいへい》にさいして代官の斎藤直房《なおふさ》と土井利豊《としとよ》の手代が商人から賄賂を受け取ったとの訴えがあったのにこれを隠蔽した罪により、同年十二月二十七日に罷免され、小普請《こぶしん》入り、逼《ひっ》塞《そく》の処分を受けた。なお、翌二年四月十一日に、その罪を許されたが、宝暦十年（一七六〇）五月九日家督を養子の寿倍《ながます》（新番《しんばん》河尻隆鎮《かわじりたかしげ》の二男）に譲り、天明五年（一七八五）十二月二十三日死去した。享年九十。法名は忠栄。菩提寺は麻布の湖雲寺（東京都港区）。（飯島）

【典拠・参考文献】『寛政譜』第三・一二〇頁、『徳川実紀』第八・九篇

井出正員《いでまさかず》（一六〇〇～一六六五）

慶長五年（一六〇〇）に、井出藤左衛門正信の二男として生まれる。八十郎・十左衛門と称す。妻は井伊掃部頭家臣小山監物の娘。寛永十五年（一六三八）十二月五日に勘定となる。翌十六年に大和国郡山城の引渡しの役を務める。同十九年西国巡検の際、不相応の兵具を持参し、その他驕奢として同年六月九日に改易となる。慶安四年（一六五一）十月十七日に赦免され、蔵米四〇〇俵を給わり小普請となる。のちに勘定に復職。寛文五年（一六六五）十二月五日に死去。享年六十六。法名は日詮。駿河国富士郡本門寺に葬られる。（宮原）

【典拠・参考文献】『寛政譜』第十七・一〇二頁

井出正次《いでまさつぐ》（一五五二～一六〇九）

天文二十一年（一五五二）井出正直《まさなお》の長男として生まれる。甚助（甚之助）・藤九郎と称し、従五位下志摩守に叙任される。妻は武田家の家臣遠藤飛騨某の娘。天正十年（一五八二）駿河国代官職となる。同十八年の小田原合戦後、伊豆・駿河両国を支配した。文禄元年（一五九二）知行を伊豆国君沢郡内へ移され、三〇〇石を給う。同四年より駿府町奉行も兼務し、後に従五位下志摩守に叙任された。晩年は駿府奉行衆として連判するなど、代官・駿河町奉行としてだけでなく、家康出頭人として多様な職権を有していた。慶長十四年（一六〇九）駿府にて五十八歳で死去。（宮原）

【典拠・参考文献】『寛政譜』第十七・九三頁、関根省治『近世初期幕領支配の研究』（雄山閣、一九九二年）

井出正基《いでまさもと》（生年未詳～一六九二）

御納戸頭井出正徳の二男として生まれる。二郎吉・治左衛門と称する。代官井出正祇《まさやす》の息女を妻とし養子となる。延宝八年（一六八〇）九月七日に養父に代わり駿河国大宮の代官となる。井出氏は元今川氏の家臣で、正基まで四代にわたり同地の代官であ

った。元禄五年（一六九二）十一月十五日に遠江国袋井において死去。末期養子を願い出るが、租税滞納により絶家となる。

（西沢）

【典拠・参考文献】『寛政譜』第十七・一〇〇頁、『代官履歴』、関根省治『近世初期幕領支配の研究』（雄山閣、一九九二年）

井出《いで》正雅《まさもと》（一六六六～一七一四）

寛文六年（一六六六）に生まれ、権八郎・源左衛門を称した。父は右筆を務めた正良、母は服部安右衛門保定の息女。井出家は今川家の旧臣の家系で、井出正次の六男正員の子正良が慶安三年（一六五〇）九月三日に右筆に召し出された家柄である。正雅は貞享元年（一六八四）十二月十六日に家督相続し、同三年二月十一日に表右筆となった。その後元禄七年（一六九四）十一月九日に奥右筆に転じ、宝永三年（一七〇六）十二月十日には奥右筆組頭に進み、同七年十二月二十五日に御納戸頭格となった。正雅が家督を相続した当初、家禄は二〇〇俵であったが、元禄十二年十二月二十二日、および奥右筆組頭に進んだ際にそれぞれ一〇〇俵加増され、四〇〇俵となっている。また、宝永五年十二月十八日には布衣を許されている。正徳四年（一七一四）五月十三日に死去。享年四十九。法名は了無、菩提寺は青山の円通院である。（滝口）

【典拠・参考文献】『寛政譜』第十七・九八頁

出井《いでい》重四郎《じゅうしろう》（生没年未詳）

家祖は井出正甫《まさすけ》で清水家の用人を務め、その子正恒《まさつね》は清水家の物頭・長柄奉行を務めたように、代々御三卿清水家に仕えた家筋に生まれる。父は清水家の物頭小普請支配兼帯井出隼人。母は不詳。平吉とも称す。文政年間（一八一八～三〇）に部屋住より清水家に独自に抱え入れられ、御伽に就任した。天保四年（一八三三）三月に表勤となり、同六年二月に小性、同十五年十一月には近習番、弘化三年（一八四六）閏五月、清水家当主斉彊《なりかつ》が紀伊徳川家を相続して清水家は明屋形となるも、そのまま清水附で残され、嘉永五年（一八五二）十二月に近習番頭取介、同月に家督を相続し、清水家の附人になる。家禄は一〇〇俵。同六年六月に広敷用人、安政六年（一八五九）三月に勘定奉行、文久四年（元治元・一八六四）二月には勘定奉行にて用人見習となる。慶応元年（一八六五）五月二十一日、清水家の当主が不在であったため、清水附役人が廃止され、清水附は小普請入となった。同年閏五月十九日、幕府の小普請岡田将監組より清水小普請組組頭となり、幕末をむかえる。菩提寺は小石川伝通院の真珠院（東京都文京区）か。

（竹村）

【典拠・参考文献】『幕臣人名』、『江戸幕府役職武鑑編年集成』全三六巻（東洋書林、一九九六～九九年）、『柳営補任』、『寛政譜』第二十二・二一一頁

井戸《いど》覚弘《さとひろ》（生年未詳～一八五八）

大内蔵・対馬守と称した。父親は井戸伊織。天保十年（一八三九）に石川大隅守組より使番となり、同十三年十一月に目付となった。さらに弘化二年（一八四五）、目付から長崎奉行となり、長崎に来航した外国人の救護等にあたった。嘉永二年（一八四九）八月より町奉行に任ぜられ、嘉永五年に江戸城西丸が炎上した際にはその働きが認められ、時服四領を下されている。また嘉永七年にアメリカ船が渡来した際には町奉行でありながら、北町奉行所の与力・同心たちを連れて浦賀へ出向いた。安政元年（一八五四）三月には同じ米使応接掛であった林大学頭らと共に、日米和親条約締結調印にも参与している。安政三年に町奉行から大目付となり、安政五年には琉球人参府御用にもあたる。同年四月七日没。

（津田）

【典拠・参考文献】『柳営補任』、『旗本百科』第一巻

井戸弘道《いどひろみち》 （生年未詳～一八五五）

鉄太郎と称し、石見守と名乗った。禄高は三〇一五石。弘化三年（一八四六）十二月、西丸小性組大嶋義彬《よしあきら》組から御徒頭となり、同四年八月に西丸目付、嘉永元年（一八四八）五月に目付となり、同年九月に朝鮮人来聘御用を勤めた。嘉永六年（一八五三）四月に浦賀奉行となり、六月にペリー来航を迎えた。井戸は江戸詰めであったが、急遽応接掛として同僚の浦賀奉行戸田氏栄《うじよし》とともに久里浜村（神奈川県横須賀市）でペリーに応接、アメリカ大統領フィルモアの国書を受け取った。この時浦賀で情報収集活動にあたっていた加賀藩士泉沢弥太郎の記録（「異国船見聞録」金沢市立図書館所蔵）には、井戸について「是は人才と評判に御座候」との記述がある。異国船応接の現場を経験した井戸は同年十二月に海防掛大目付となり、阿部正弘政権における海防政策に深く関与するようになった。同七年（安政元、一八五四）七月には軍備強化の計画立案のため軍制改正御用を命じられるまでに至ったが、翌二年七月に死去した。墓は東京都大田区法養寺。 （神谷）

【典拠・参考文献】『柳営補任』、『続徳川実紀』第三篇、戸川安宅編「幕府名士小伝」（『旧幕府』一巻二号、一八九七年）、『新横須賀市史』資料編近世Ⅰ（横須賀市、二〇〇七年）

井戸正明《いどまさあきら》 （一六七二～一七三三）

寛文十二年（一六七二）に御徒役野中八右衛門重貞の子として生まれる。安右衛門・平左衛門と称した。勘定井戸正和《まさかず》の養子となる。妻は正和の養女。後妻は腰物奉行朝比奈藤左衛門忠利の息女である。母は町田伊兵衛の息女。元禄五年（一六九二）七月二十二日に家督を相続し、小普請となった。家禄は一五〇俵である。同十年三月十九日に表火番となり、同十五年九月五日に勘定となった。この後、しばしば諸国堤川除等の普請について命ぜられ、御料所を巡見し、代官に付き添って作毛を検査した。享保六年（一七二一）六月五日に精勤を賞されて、黄金二枚を与えられた。同十六年九月二日に代官となり、石見国大森陣屋に赴任した。この年は凶年で、正明は赴任早々に募財し、他国から米を仕入れて貧民に施与した。翌十七年春に甘藷のことを聞き、幕府に願い出て薩摩から芋種一〇〇斤余を取り寄せ、沿海砂地の諸村に村高一〇〇石ごとに薯八個を分配した。しかし不慣れのため腐敗させるものが多く、正明はさらに領内邇摩《にま》郡釜の浦の老農が栽培、貯蔵した芋種を分けて各地に試作させ、国中に蕃殖するようになった。同十七年も大凶作で、甘藷はいまだ広く栽培されておらず、正明は銀山領内の貢租の減免を断行するとともに、私財を投じ、官倉を開き、官金を施与して領民の救恤に尽力した。同十八年四月に備中笠岡へと赴き、同年五月二十七日に死去。享年六十二。正明が凶年に備えて甘藷の栽培を計ったのは、青木昆陽の唱導によりその栽培が広まるようになった数年前のことであった。石見の諸村は正明の功を追慕して徳功碑を建て、芋代官と呼んだ。笠岡の威徳寺に葬られた。戒名は泰雲院茂岳良忠居士。明治四十三年（一九一〇）に従四位を贈られた。 （高橋）

【典拠・参考文献】『寛政譜』第二十一・三一四頁、『島根県史　八巻』（名著出版、一九七二年）、村上直『江戸幕府の代官群像』（同成社、一九九七年）、『代官履歴』、小葉田淳「井戸平左衛門」（『日本近世人名辞典』、吉川弘文館、二〇〇五年）

井戸良弘《いどよしひろ》 （一六三五～一七一七）

寛永十二年（一六三五）先鉄砲頭《さきてっぽうがしら》井戸覚《さと》弘《ひろ》の長男として生まれる。十右衛門、三十郎と称し、致仕《ちし》してのちは春雪と号した。従五位下志摩守・対馬守に叙任された。母は徳川秀忠《ひでただ》付き小性長谷川正吉《まさよし》の息女。承応三年（一六五四）二月二十七日に書院番となり、寛文三年（一六六三）十二月十四日から進物番をつとめた。延宝二年（一六七四）十二月三日に家督を相続し、五〇〇石を弟に分け与えて三〇四〇石余を知行。その後、本所奉行、先弓頭《さきゆみがしら》を経て、元禄七年（一六九四）二月十九日に勘定奉行に就任。当時、良弘と同じ勘定奉行職にあった者に、元禄の貨幣改鋳を断行した荻原重《しげ》秀《ひで》（同九年四月十一日に勘定吟味役から勘定奉行に昇任）がいた。良弘は、勘定奉行に八年余在任したのち、同十五年十一月二十八日御留守居に転じ、宝永五年（一七〇八）閏正月十四日職を辞して寄合となった。そして、同年八月六日に家督を長男典弘《つねひろ》に譲り（この時養老料として廩米《りんまい》三〇〇俵が与えられた）、享保二年（一七一七）十一月二十一日に死去した。享年八十三。法名は道央。菩提寺は深川の海福寺（現在は東京都目黒区）。

（飯島）

【典拠・参考文献】『寛政譜』第十七・六七頁

伊藤圭介《いとうけいすけ》（一八〇三～一九〇一）

享和三年（一八〇三）正月二十七日、名古屋呉服町に生まれる。舜民・清民・戴堯・錦窠・太古山樵・花繞書屋・十二花楼と称する。西山玄道の次男。母は野間義貞の四女たき。先妻は吉川旦の妹ふみ又は嘉寿能、後妻は佐藤市右衛門の娘貞。父の大河内存真、兄水谷豊文から蘭学や本草学を学ぶ。文政三年（一八二〇）五月に医者資格を得て一人立二人席。文政四年、京都の藤林泰助に師事。文政六年、吉雄常三に師事。同十年から十一年まで長崎に遊学しシーボルトに師事。弘化四年（一八四七）、御用人支配医師。安政六年（一八五九）六月、寄合医師。同年末に洋学所総裁心得となる。文久元年（一八六一）九月、幕府の蕃書調所物産方へ出役。同三年に開成所を辞す。慶応元年（一八六五）、奥医師見習。同三年に御目付。明治二年（一八六九）に一等医。同三年（一八七〇）には種痘所頭取、病院開業係。同年十二月に大学出仕、文部少博士準席。同四年七月に文部省出仕、八月文部少教授。同年九月編輯権助。同五年四月二十日に七等出仕、二十二日博物専務。同六年、文部省編書課出仕、『日本産物志』編纂。同八年、小石川植物園出仕。同十年五月、植物園植物取調、九月八日、東京大学理学部員外教授、同月十八日、第一回内国勧業博覧会審査官。同十三年、小石川植物園担任。同十四年三月、第二回内国勧業博覧会審査官、七月東京大学教授。同二十一年には日本初の理学博士の学位を授与される。生前は従五位、勲四等双光旭日章。死後、東京帝国大学名誉教授、正四位、勲三等、男爵が追贈される。東京学士会院会員。ツュンベリーの『日本植物志』を訳して『泰西本草名疏』を著し、リンネの植物分類法を本格的に紹介。シーボルトの『日本』で著作の『勾玉考』が論考として用いられた。博物会を度々主催、種痘の普及にも熱心であった。著作は『救荒食物便覧』『日本産物志』他多数。明治三十四年一月二十日に死去。享年九十九。墓は東京都台東区の谷中墓地。

（岩下）

【典拠・参考文献】杉本勲著・日本歴史学会編『伊藤圭介』（吉川弘文館、一九六〇年）、『錦窠図譜の世界―幕末・明治の博物誌―伊藤圭介生誕200年記念展示会・講演会』（名古屋大学附属図書館・附属図書館研究開発室、二〇〇三年）、土井康弘『伊藤圭介の研究　日本初の理学博士』（皓星社、二〇〇五年）

伊東玄朴《いとうげんぼく》 （一八〇〇〜一八七一）
寛政十二年（一八〇〇）十二月二十八日に生まれる。勘造・淵・沖齋・長翁・伯壽・桃林・長春院と称した。父は仁比山不動院被官執行重助。養父は佐賀藩士伊東祐章。母は繁。妻は猪俣傳次右衛門長女照。文化十二年（一八一二）、古川左庵に漢方を師事。文政五年（一八二二）、島本龍嘯に医学を師事。同六年、猪俣傳次右衛門に蘭学、シーボルトに医学を師事。同九年に江戸本所で開業。天保二年（一八三一）、鍋島侯御匙、一代侍七人扶持。弘化四年（一八四七）に鍋島家御側医師。安政五年（一八五八）五月種痘所設置、七月には幕府奥医師となり、三〇人扶持二〇〇俵。十一月に法橋、法眼。文久元年（一八六一）二月に御匙、十二月には法印、長春院と名乗る。文久二年三月、西洋医学所（旧種痘所）取締、八月に御匙医。元治元年（一八六四）より寄合医師、医学所取締。明治元年（一八六八）に隠居。訳に『医療正始』等。明治四年正月二日に死去。享年七十二。法名長春院樂翁玄朴法印。私諡淵比古命。墓は谷中の天竜院。大正四年（一九一五）従四位を賜る。
（岩下）

【典拠・参考文献】伊東栄『伊東玄朴伝』（八潮書店、一九七八年）

伊東祐春《いとうすけはる》 （一六三五〜一七〇六）
寛永十二年（一六三五）に日向国飫肥《おび》藩主伊東祐久《すけひさ》の三男として生まれる。実母は滝川法直《のりなお》の息女。妻は目付土岐頼泰《よりやす》の息女。大助・主殿と称した。伊東氏は代々日向国を本拠としているが、「曽我兄弟の仇討ち」で有名な工藤祐経の子息祐時《すけとき》が源頼朝から日向国の地頭職に補任されたのが始まりである。このとき「伊東」に改めた。祐春の曾祖父祐兵《すけたけ》は豊臣秀吉に仕えていたが、慶長五年（一六〇〇）九月の関ヶ原の戦に際し、密かに徳川家康に通じたため、所領を安堵された。祐春は明暦二年（一六五六）八月五日、四代将軍徳川家綱に初めて拝謁し、同三年十二月二十七日に兄の祐由《すけみち》（祐次）が父祐久《すけひさ》の家督を相続して、第四代飫肥藩主となった際には、その所領は五万一〇〇〇石となり、そのうち、日向国那珂郡において三〇〇〇石が分知された。このとき、以後代々交代寄合に列することになり、飫肥城下に居所を置いた。元禄十三年（一七〇〇）十二月五日に隠居し、家督を二男祐連《すけつら》に譲った。宝永三年（一七〇六）二月二日に死去。享年七十二。法名は智遠。高輪の東禅寺（東京都港区）に葬られた。
（白根）

【典拠・参考文献】『寛政譜』第十四・二四七〜二四九頁

伊藤忠勧《いとうただすけ》 （一七一三〜一七八〇）
正徳三年（一七一三）に生まれる。はじめ照方《てるかた》と称した。父は徳川吉宗の将軍就任にともない幕臣となった御小納戸の伊藤忠《ただ》照《てる》。母は鹿窪利長の息女。又市郎・弥平太と称した。妻は蓮乗院（六代将軍家宣側室すめ）の用人諏訪正利《まさとし》の息女。享保十二年（一七二七）十二月十二日に初めて八代将軍吉宗に拝謁し、同十六年六月十二日に家督を継ぎ、小普請となる。家禄は廩米二〇〇俵。同十九年三月十三日、将軍世子であった家重のいる西丸の御小納戸となり、同年に布衣の着用を許される。寛延三年（一七五〇）五月十三日、九代将軍家重世子家治の居る西丸の御小納戸頭取となり、同年十二月十八日、従五位下志摩守に叙任される（のちに伊勢守に改める）。忠勧は老中田沼意次が実行した諸政策を支えた人物であった。その後、宝暦十年（一七六〇）五月十三日、家治の将軍就任にともなう移徙により、本丸勤めとなって御小納戸頭取を務める。明和二年（一七六五）正月二十八日、三〇〇石を加増され、廩米は知行に改められ、計五〇〇石となった。同五年十二月七日に小普請奉行、安永三年（一七七四）正月二十六日に作事奉行、同六年正月十一日に一橋家の家老、同七年五月七日に大目付と歴任し、同年九月十二日には大目付で切支丹宗門改ならびに分限帳改となる。安永九年（一七八〇）九月二十六日に死去。享年六十八。法名は日賞。菩提寺は四谷の妙行寺（現在は東京都豊島区に移転）。　（竹村）

【典拠・参考文献】『寛政譜』第二十一・一八四頁、『徳川実紀』第九・十篇、竹内誠「江戸幕政の展開と紀州閥―享保改革・田沼政治の再検討―」（『日本史攷究』三二号、二〇〇八年）

伊藤忠移《いとうただのぶ》　（一七四四〜一八二〇）

延享元年（一七四四）に生まれる。父は一橋家の家老伊藤忠勧《ただすけ》、母は蓮乗院（六代将軍家宣側室すめ）の用人諏訪正利《まさとし》の息女。千之丞と称した。妻は大番飯田直種《なおふさ》の息女。宝暦九年（一七五九）十月二十一日に初めて九代将軍家重に拝謁し、同十年（一七六〇）九月二十六日御小納戸となり、同年には従五位下近江守に叙任される。のち対馬守・伊勢守・河内守とも称した。明和元年（一七六四）十月八日、十代将軍家治の世子竹千代（のちの家基《いえもと》）の小性となり西丸勤めとなる。安永八年（一七七九）四月十八日、家基の死去にともない寄合となる。同年十一月二十四日に御徒頭、同九年十一月二十日には西丸目付となり、同年十二月七日に家督を継ぐ。家禄は五〇〇石。天明元年（一七八一）五月二十日に本丸の目付となり、同七年三月十六日、目付で国用日記改となる。同八年九月二十八日に普請奉行、寛政三年（一七九一）五月十八日に一橋家の家老、同九年（一七九七）十月四日に清水勤番支配、寛政十二年（一八〇〇）四月二十八日に大目付で分限帳改、文化十三年（一八一六）八月八日に旗奉行と歴任し、文政三年（一八二〇）六月八日に死去。享年七十六。菩提寺は四谷の妙行寺（現在は東京都豊島区に移転）か。　（竹村）

【典拠・参考文献】『寛政譜』第二十一・一八五頁、『徳川実紀』第九・十篇、『続徳川実紀』第一篇、『柳営補任』

伊藤利賢《いとうとしまさ》　（一六七四〜一七四二）

延宝二年（一六七四）に甲府城主徳川綱《つな》豊《とよ》の家臣伊藤重利《しげとし》の子として生まれる。母は吉田佐五右衛門の息女。妻は梶川正庸の息女。源之丞と称した。桜田御殿において徳川綱豊に仕えて勘定役を務めていたが、宝永元年（一七〇四）十二月に綱豊が五代将軍徳川綱吉の養世嗣となって家宣と改名し、江戸城西丸に入ると、これに従い、御家人に列して廩米一〇〇俵を賜り、勘定となった。正徳元年（一七一一）十二月二十三日に六代将軍家宣のもと、五〇俵を加増された。享保六年（一七二一）六月五日には勤務優良につき、黄金二枚を賜った。元文元年（一七三六）三月十五日、御蔵奉行に転じたが、同四年十月二十日に職を解かれ、小普請入りとなった。寛保二年（一七四二）七月十二日に死去。享年六十九。法名元覚。浅草の広大寺（東京都台東区）に葬られた。　（白根）

【典拠・参考文献】『寛政譜』第十四・二五七頁

伊東政勝《いとうまさかつ》　（一五九六〜一六六二）

慶長元年（一五九六）に鎗奉行伊東政世《まさよ》の二男として生まれる。虎之助・右馬允・刑部左衛門と称す。妻は土岐持益の息女。慶長十年（一六〇五）に十歳で二代将軍秀忠に拝謁。慶長二十年（元和元・一六一五）、大坂夏の陣に供奉、永田重利とともに五月七日に討ちとった首級を監査した。寛永元年（一六二四）に小性組番士となる。のち徳川忠長の付属となるが、寛永九年（一六三二）の忠長改易の節、山内忠義に預けられる。その後小性組に復し、武蔵国賀美郡・児玉郡内に六〇〇石の采地を賜る。慶安元年（一六四八）三月、藩主幼少の米沢において、林勝正とともに目付を務める。同三年（一六五〇）十二月十五日に先手御弓頭となる。同四年（一六五一）八月十六日、法衣を着することを許され、同年十一月二十一日には廩米三〇〇俵を加増される。寛文二年（一六六二）九月二十一日に死去。享年六十七。法名宗春。（高見澤）

【典拠・参考文献】『寛政譜』第十四・二五四頁、『徳川実紀』第一〜三篇、『寛永諸家系図伝』

伊東政世《いとうまさよ》（一五五七〜一六二八）

弘治三年（一五五七）に戦国大名北条氏政の家臣伊東祐尚《すけなお》の長男として生まれる。妻は北条氏康家臣小笠原康広の息女。九郎三郎・右馬允と称した。はじめは北条氏政に仕えていたが、文禄二年（一五九三）より徳川家康に仕えた。慶長五年（一六〇〇）の関ヶ原の戦に際し、家康の命令により、徳川秀忠に付属した。同十六年三月に江戸城の石垣修復を行う際に普請奉行を務めた。同十九年の大坂冬の陣では鑓奉行を務めた。このとき大坂の鴫野《しぎの》口に砦を築くことを命じられたが、敵の軍勢が押し寄せてきたため、単身鑓で突き進み、敵を撃退したといわれている。その後、豊臣方との和議により、大坂城の惣堀を埋め立てるときには安藤正次・永田重利・山岡景長等とともに普請奉行を務めた。こうした忠勤を二代将軍秀忠に褒賞され、羽織や黄金などを賜った。同二十年の大坂夏の陣でも鑓奉行となり、数々の軍功をあげた。寛永五年（一六二八）七月九日に死去。享年七十二。法名は全英。相模国三田の清源院（神奈川県厚木市）に葬られた。（白根）

【典拠・参考文献】『寛政譜』第十四・二五三〜二五四頁、『徳川実紀』第一篇

伊東至義《いとうゆきよし》（一七四四〜没年未詳）

延享元年（一七四四）に生まれる。高益と称する。本国は越後。父は奥医師伊東祐至。母は幕府医官で小普請伊東祐興の女。妻は吉田桃源院善正の女。伊東家は享保元年（一七一六）に伊東祐範が七代将軍徳川家継に仕えたのを始まりとする。代々深川の浄心寺を菩提寺とした。至義は、宝暦十年（一七六〇）十一月二十五日、十代将軍徳川家治に御目見し、安永四年（一七七五）四月五日に家督を相続し、寄合医師となり、蔵米二〇〇俵を拝領した。寛政元年（一七八九）四月二十八日に奥医師。十二月十六日に法眼。同四年七月十九日、徳川家斉の子竹千代に付属。二十三日、竹千代付属につき時服二領・黄金五枚を下賜された。同五年、竹千代逝去により本丸勤めとなる。九月十五日、徳川家慶に付属し、同九年四月二十一日、徳川家慶に随従して西丸勤めの奥医師となる。（岩下）

【典拠・参考文献】『寛政譜』第二十一・二九九頁、『旗本百科』第一巻

糸原重正《いとはらしげまさ》（生没年未詳）

甚左衛門と称す。糸原氏は、もともと大道寺を称していたが、後に糸原へと改称したという。父の正安は、北条氏康に仕えていたが、北条滅亡後、徳川家康の家臣となった。元和三年（一六一七）に遺跡を継ぎ、後に国廻り役を務める。寛永十五年（一六三八）十二月五日に勘定役となり、後に勘定組頭へと昇進、同十九年には御賄頭へと転じている。正保元年（一六四四）五月十日に「罪ありて」豊後国佐伯藩主・毛利高直へと御預けになった。（保垣）

【典拠・参考文献】『寛政譜』第十九・二五三頁

伊奈忠宥《いなただおき》（一七二九〜一七七二）

享保十四年（一七二九）に伊奈忠逵の二男として生まれる。通称は半蔵・半左衛門、

のちに任官して備前守を名乗る。伊奈忠順《ただのぶ》の子である忠辰《ただとき》が実父忠逵の養子となったため、忠逵の実子である忠宥は、忠辰の養子となる（家禄は三九六〇石余）。宝暦元年（一七五一）十二月七日に初めて九代将軍家重に拝謁し、同四年九月五日に家督を相続して代官職となる。同年十二月十八日には布衣の着用を許可され、同十二年六月六日には老中支配へ編入、城中の席次を勘定吟味役の上と定められる。同十三年八月二十一日には勘定吟味役の職に就き、代官を兼ねる。明和元年（一七六四）十月四日、京・大坂近郷の新田検地を担当した功績により黄金一〇枚を下賜される。また、同年十二月に武蔵・上野・下野・信濃の四か国の中山道沿いの村々が増助郷免除要求のため蜂起した伝馬騒動では、幕府より一揆勢の鎮撫を命ぜられ、増助郷を中止することで事態の収拾を図った。同二年二月十五日には勘定奉行となり（代官兼任）、同年十二月十八日には従五位下に叙せられて備前守を名乗った。同六年十二月七日に隠居し、明和九年（安永元・一七七二）八月二十五日に四十四歳で死去した。法名は恕心。赤山の源長寺に葬られた。（太田尚）

【典拠・参考文献】『寛政譜』第十五・四五～四六頁、太田尚宏「幕府代官伊奈氏の歴史的性格」（徳川林政史研究所『研究紀要』第三五号、二〇〇一年）

伊奈忠賢《いなただかた》（一七二六～一七九五）

享保十一年（一七二六）に生まれる。五郎助・熊蔵と称した。父は西丸番士を勤めた伊奈忠義。母は新庄与惣右衛門直恒の息女。三男であったが、伊奈家を継ぐべき立場の兄忠豊の子息が死去したため、宝暦十三年（一七六三）十一月二十六日に三十八歳で家督を継いだ。同十四年（明和元・一七六四）四月十八日に十代将軍徳川家治に御目見した。同年五月十九日から御書院番を勤めるが、天明四年（一七八四）六月二日に職を辞す。忠賢は赤穂事件について『四十六士論』を著した。著述した年代は不明であり、討ち入りを義とみなさない姿勢を表明した。寛政七年（一七九五）五月二十一日に死去。享年七十。法名勇山。菩提寺は浅草の新光明寺である。（神崎）

【典拠・参考文献】『寛政譜』第十五・四三頁、『近世武家思想』（日本思想大系二十七、岩波書店、一九七四年）、谷口眞子『武士道考―喧嘩・敵討・無礼討ち―』（角川叢書三十五、二〇〇七年）

伊奈忠勝《いなただかつ》（生年未詳～一六六五）

伊奈忠治の長男で「忠克」とも書く。通称は半左衛門。寛永九年（一六三二）十月二十八日に初めて三代将軍家光に拝謁し、正保二年（一六四五）八月十日には部屋住のまま代官に任ぜられる。承応二年（一六五三）十二月二十二日、父の遺跡を継ぐと同時に、父に代わって諸代官を統括する役割を担う。また、このとき禄高七〇〇〇石のうち一五〇〇石を弟の治詣《はるゆき》に、一六四〇石を同じく弟の忠重《ただしげ》に分知し、知行高は三九六〇石余となる。同月晦日には布衣を着することを許可されている。忠勝は、父忠治が進めていた河川改修事業や新田開発を継承するとともに、本所上水・玉川上水などの上水道の開削や、関東平野の用水路の整備などに尽力し、幕領の検地にも携わった。寛文五年（一六六五）八月十二日に死去。法名は了心。知行所がある武蔵国足立郡赤山（埼玉県川口市）の源長寺に葬られた。なお、忠勝以降の伊奈家では、忠次・忠治が有していた出頭人的な性格が次第に希薄化していく。諸代官を統括する役割は忠勝までで終わって次代の忠常には受け継がれず、さらに忠常の次の代にあたる忠篤は、十二歳で家督を相続したこともあって江戸城中での席次を「奥御祐筆組頭之次」

に引き下げられ、この席次はそれ以後二代にわたって継続された。一七世紀後半の幕府職制の整備にともなって、伊奈氏も次第に吏僚としての代官に相応しい地位へと家格の改変が進んでいったものと考えられる。

（太田尚）

【典拠・参考文献】『寛政譜』第十五・四三～四四頁、太田尚宏「幕府代官伊奈氏の歴史的性格」（徳川林政史研究所『研究紀要』第三五号、二〇〇一年）、『伊奈町史別編　伊奈氏一族の活躍』（伊奈町教育委員会、二〇〇八年）

伊奈忠尊《いなただたか》　（一七六四～一七九四）

明和元年（一七六四）に備中松山藩主（五万石）板倉周防守勝澄の十一男として生まれる。母は埴原氏の息女。はじめ勝《かつ》壽《とし》・忠郁《ただしげ》と名乗り、岩之丞と称したが、伊奈忠敬の聟養子となるにおよんで、名を忠尊、通称を半左衛門と改めた。のちに任官して摂津守・右近将監と名乗った。家禄は三九六〇石余。安永七年（一七七八）六月六日に十五歳で忠敬の遺跡を継いで代官職となる（このときは勘定奉行支配で、城中席次は奥右筆組頭の次）。同年十二月十六日には布衣の着用を許可され、天明四年（一七八四）四月二十九日には老中支配へと編入された。同五年七月二十七日、席次を勘定吟味役の上へと進められ、御鷹野御用・嶺岡牧の管理・「御上り御肴」の納入などで奥向との掛け合いが増加するという理由で、内願が認められて奥勤を兼ねる。翌六年の江戸洪水に際しては、市民に対する救恤活動で功績をあげ、同年十二月二日に黄金五枚・時服二領を下賜された。また、天明七年五月に発生した江戸打ちこわしの処理にあたっては、六月八日に小性組番頭格となり、翌九日には従五位下に叙されて摂津守と称するなど、格式を引き上げられた上、諸国から米穀を買い集め、これを廉価で市民に供給することで騒動の沈静化を図った。このような数々の功績を残した忠尊であったが、寛政年間に入ると、当時逼塞させられていた家老永田半太夫父子の再勤を嘆願する家中の運動が表面化したり、忠尊自身の不行跡などもあって、寛政三年（一七九一）十一月九日には出仕停止を命じられ（翌年正月九日に解除）、さらに翌四年三月九日には、養子忠善が前年三月に出奔していたにもかかわらず、これを幕府へ報告しなかったことなどを理由に、知行を没収され、実兄である板倉勝政のもとに蟄居すべき旨を命ぜられるに至る。この忠尊の失脚に関しては、家中不和（永田父子再勤嘆願・忠尊の不行跡・忠善出奔事件）に加えて、当時忠尊が町奉行や勘定奉行との間に数々の軋轢を生じており、松平定信が幕政改革を推進する上で、忠尊の存在が桎梏化していたとする竹内誠氏の見解が通説的理解となっている。これに対して太田尚宏は、①家中騒動の発端となった永田半太夫の逼塞には老中松平定信ら幕府の関与がうかがえること、②家臣たちの永田再勤嘆願運動は、公金貸付など伊奈氏の代官財政を支える「御勝手掛り」の永田の逼塞で機能不全に陥った家政を復旧させる目的で行われたこと、③忠善の出奔にあたって、忠尊が家臣を同行させたり金銭を与えるなどの援助を行っていることなどを指摘して、この騒動を単純に忠尊派＝重役派と忠善派＝永田派の対立という構図の「御家騒動」と見るには慎重でなければならないと主張する。なお忠尊は、同年九月十八日に南部信房のもとへ預替えとなり、同六年八月十九日に南部家において三十一歳で死去、駒込吉祥寺の板倉家墓所の傍らに葬られた。また、伊奈家の名跡は、同族の伊奈小三郎忠盈《ただみつ》が新たに一〇〇〇石の知行を与えられる形で残された。

（太田尚）

【典拠・参考文献】『寛政譜』第十五・四六～四七頁、本間清利『増補新版　関東郡代』（埼玉新聞社、一九八三年）、竹内誠『寛政改革の研究』（吉川弘文館、二〇〇九年）、太田尚宏「幕府代官伊奈氏の貸付金政策と家中騒動」（徳川林政史研究所『研究紀要』第三六号、二〇〇二年）

伊奈忠次《いなただつぐ》　（一五五〇～一六一〇）

天文十九年（一五五〇）に三河国幡豆《はず》郡小嶋《おじま》城主であった伊奈忠家（康定）の子として生まれる。諱ははじめ家次であったが、のちに忠次と改名。通称は熊蔵、のち備前守と称した。はじめ徳川家康の嫡男信康に仕えたが、天正七年（一五七九）に信康が自刃すると、一時和泉国堺へ逃れた。同十年六月に小栗大六の与力として家康のもとへ帰参すると、同十四年の駿府移城にともなって家康の近習に取り立てられ、同十七から同十八年の五か国総検地では中心的な役割を果たした。同十八年に家康が関東へ入国すると、忠次は武蔵国小室・鴻巣などに一万石（一説には一万三〇〇〇石）の所領を与えられ、小室に陣屋を構えて大久保長安・彦坂元正・長谷川長綱らとともに関東領国の地方支配にあたり、治水・検地・新田開発・年貢収取などの面で手腕を発揮した。また、これと同時に街道・宿場などの交通路の整備、関所の警衛、徳川家臣団の知行割、寺社領の宛行なども行っている。慶長五年（一六〇〇）の関ヶ原の戦では、大久保・彦坂らとともに小荷駄奉行をつとめ、後援部隊へまわった。なお『寛政譜』では、この関ヶ原からの「凱旋の後、従五位下備前守に叙任す」とある。しかし、和泉清司氏の研究によれば、忠次は慶長四年閏三月二十一日までにはいったん駿河守に叙任し、短期間ではあるが駿河守を名乗り、同年八月までに備前守へと改めたという。忠次の支配領域は関東のみならず、甲斐・伊豆・駿河・遠江・三河・尾張にまで及び、徳川権力が政治的・経済的基盤を確立するうえで極めて重要な役割を果たした。慶長十五年（一六一〇）六月十三日に六十一歳で死去。法名は秀誉源長久運勝林院。鴻巣の勝願寺に葬られた。　（太田尚）

【典拠・参考文献】『寛政譜』第十五・四〇～四一頁、村上直「関東郡代成立の歴史的前提」（徳川林政史研究所『研究紀要』昭和四十三年度、一九六九年）、和泉清司編『伊奈忠次文書集成』（文献出版、一九八一年）、『伊奈町史別編　伊奈氏一族の活躍』（伊奈町教育委員会、二〇〇八年）

伊奈忠富《いなただとみ》　（一七四一～一八一三）

寛保元年（一七四一）に生まれる。加藤十大夫顧忠の二男で、伊奈忠眞の養子となる。友之助と称す。妻は大竹氏の息女で、後妻は宮崎與十郎安澄の息女。また、井上三庵玄高の息女を娶る。宝暦十一年（一七六一）四月三日に遺跡を継ぎ、同年六月晦日に書院番となる。家禄は廩米二〇〇俵。後に放鷹のときに鳥を射て、時服を給わる。寛政四年（一七九二）三月十三日、関東郡代付代官に転じる。伊奈氏の馬喰町屋敷は郡代役所とされ、支配所は五名の代官が「郡代付」として分割支配した。同九年十二月十三日に布衣の着用を許される。文化三年（一八〇六）の関東郡代制の廃止後、馬喰町の郡代役所は「馬喰町御用屋敷」と改称された。同年四月二十二日、忠富ら郡代付代官は馬喰町詰代官を務めることにより、馬喰町御用屋敷詰代官制度がはじまる。同十年三月二十六日に死去する。享年七十二。　（高木）

【典拠・参考文献】『寛政譜』第十五・五一頁、西沢淳男『幕領陣屋と代官支配』（岩田書院、一九九八年）、『代官履歴』、『旗本百科』第一巻

伊奈忠順《いなただのぶ》　（生年未詳～一七一二）

伊奈忠常の二男として生まれる。はじめ忠高を名乗り、半五郎・彦三郎・主殿・善八郎・半左衛門と称す。母は松平備前守正信の養女。妻は折井淡路守正辰の娘。稲葉市右衛門正篤の養子となり、書院番や桐間番・近習番を務めた後、御小納戸となる。元禄十年（一六九七）十月、実兄の伊奈忠篤の子がいずれも早世していたことから、その死に臨んで養子となり（家禄は三九六〇石余）、同年十二月十日に遺跡を継いで代官職を務め、同月十八日には布衣を着することを許可される。なお、伊奈氏が就いていた役職については、貞享～元禄期（一六八四～一七〇四）に「関東郡代」という名称に改められて幕府職制の中に組み込まれたとする説が一般的理解となっているが、太田尚宏はこれに対して疑義を示し、伊奈氏歴代が役職を補任された際の役職名は一貫して「御代官」であり、「関東郡代」という職名では補任されていないと主張する。元禄期の忠順は、同十一年の永代橋の架橋をはじめとする深川地域の開発に力を注ぎ、江戸周縁部の市街地化を促進する役割を果たした。このことにより忠順は、同十三年十一月十日に時服・黄金を賜っている。また、宝永四年（一七〇七）の富士山噴火に際しては、翌五年閏正月に小田原藩領であった被災地を幕領へと編入し、忠順が当分支配となって復興事業を展開した。正徳二年（一七一二）二月二十九日に死去。法名は哲翁。赤山の源長寺に葬られた。

（太田尚）

【典拠・参考文献】『寛政譜』第十五・四四～四五頁、村上直「幕府政治の展開と関東郡代」（徳川林政史研究所『研究紀要』昭和四十六年度、一九七二年）、本間清利『増補新版関東郡代』（埼玉新聞社、一九八三年）、太田尚宏「『関東郡代』の呼称と職制」（徳川林政史研究所『研究紀要』第三四号、二〇〇〇年）

伊奈《いな》忠治《ただはる》 （一五九二～一六五三）

文禄元年（一五九二）、伊奈忠次の二男として生まれる。通称は半十郎。和泉清司氏の研究によれば、父忠次の死後における伊奈氏は、政治的権能と遺領一万石（一説には一万三〇〇〇石）を長男である筑後守忠政が引き継ぎ、地方支配機能については二男である半十郎忠治が継承したという。忠治は当初、徳川家康に仕えて「御勘定方」を務めていたが、元和四年（一六一八）には、忠政とは別に武蔵国赤山領七〇〇〇石の地を与えられ、赤山陣屋を築いて地方支配の拠点にするとともに、寛永十九年（一六四二）八月十六日には「御勘定方」を解かれて「代官の輩の処置の善悪を糺し、堤川除等の事に厚く意を用ふべき」旨を命じられた。忠治は、武蔵国足立・葛飾郡などの旧利根川低地帯の開発に着手し、「牢人」衆を移住させて開発人の主力とするなどの方法で大規模な開発村落をつくり上げていった。こうした開発は、武蔵国東部にとどまらず、常陸国内などでも広く行われた。また、父忠次が部分的に行っていた河川改修や用水路の敷設を、河川流域ごとに体系的なものとして仕上げていったのも忠治であった。利根川をはじめ、江戸川・鬼怒川・小貝川・荒川などの河道を改修し、江戸の洪水防止や陸上・水上交通路の整備、あるいは新田開発にともなう灌漑用水確保などと密接にリンクさせながら、関東平野の地方支配基盤の整備および農業生産力の向上を図った。同二十年十二月二十九日に布衣を着することを許可され、正保元年（一六四四）には国絵図・城絵図の作成にも関与、また、この時期前後には、武蔵国内各地での検地にも尽力した。承応二年（一六五三）六月二十七日に六十二歳で死去。法名は源周。武蔵国鴻巣の勝願寺に葬られた。

（太田尚）

【典拠・参考文献】『寛政譜』第十五・四三頁、和泉清司『徳川幕府成立過程の基礎的研究』（文献出版、一九九五年）、『伊奈町史別編　伊奈氏一族の活躍』（伊奈町教育委員会、二〇〇八年）

伊奈忠逵《いなただみち》（一六九〇〜一七五六）

元禄三年（一六九〇）に伊奈甚太郎貞長の子として生まれる。通称は十蔵・半左衛門。妻は長谷三位範昌の息女。正徳二年（一七一二）五月二十六日、伊奈忠順《ただのぶ》の実子忠辰《ただとき》がいまだ幼年であるとの理由により、忠順の養子となって遺跡を継ぎ（家禄は三九六〇石余）代官職となる。またこの日、忠辰を忠逵の養子とする旨を仰せ付けられる。同年七月二十七日に初めて六代将軍家宣に拝謁し、十二月十五日には布衣を着することを許可される。伊奈氏は、貞享〜元禄期（一六八四〜一七〇四）に自家の格式の低下や勘定所の体制強化にともなう代官統制の進行により、いわば一代官としての地位へと抑えられる傾向が見られたが、正徳六年（享保元・一七一六）に徳川吉宗が御三家の紀伊藩主から将軍家を相続し八代将軍に就任すると、綱吉政権による生類憐み政策の一環で停廃されていた鷹狩の復活などの面で、過去に伊奈家が行ってきた経験に頼る必要が生じ、伊奈氏はこれらを契機に御鷹野御用組合の編成や江戸城上納物の所管といった新たな「掛り御用向」を司るようになった。また同様に、享保十一年以降、宿場助成や新田場の育成といった名目の公金貸付を主管することになり、本来の代官としての職務に加えて「掛り御用向」の任務が拡大していった。享保十八年十二月二十八日、幕府は忠逵に対し、「代々勤来候筋目も有之」「精を出し相勤候」という理由で、忠逵の江戸城中での座格を「勘定吟味役之上」とし、老中支配へ編入する旨を申し渡した。一方、代官としての忠逵は、年貢収納や支配地内の処置などをめぐって享保五年・同十四年・元文二年（一七三七）・同四年の四度にわたり出仕停止の処分を受けているが、寛保二年（一七四二）の関東大洪水の際には、広域支配を担当している利点を生かして江戸近郊の被災地の救済に尽力し、同年八月二十七日には幕府より黄金五枚を下賜された。寛延三年（一七五〇）七月晦日に隠居し、宝暦六年（一七五六）十一月十七日に六十七歳で死去した。法名は心休。深川の玄信寺に葬られた。　（太田尚）

【典拠・参考文献】『寛政譜』第十五・四五頁、太田尚宏「『関東郡代』の呼称と職制」（徳川林政史研究所『研究紀要』第三四号、二〇〇〇年）、同「幕府代官伊奈氏の歴史的性格」（徳川林政史研究所『研究紀要』第三五号、二〇〇一年）、同「幕府代官伊奈氏の貸付金政策と家中騒動」（徳川林政史研究所『研究紀要』第三六号、二〇〇二年）

稲垣重大《いながきしげとも》（一五九四〜一六五八）

文禄三年（一五九四）に稲垣長茂の三男として生まれる。藤七郎と称した。慶長十二年（一六〇七）年に召し出されて二代将軍徳川秀忠に仕え、小性組に列した。大坂の陣後に上総国に采地四〇〇石を与えられ、元和二年（一六一六）九月に家光附属となる。同九年十一月に小十人組番頭となり、寛永三年（一六二六）三月十一日に小性組組頭に転じる。同年の家光上洛に供奉し、八月に従五位下若狭守に叙任される。同十年七月二十四日に書院番頭となる。同十二年に新恩を加えて六〇〇〇石を領する。同二十一年（正保元、一六四四）五月二十三日に大番頭になり、慶安三年（一六五〇）九月三日に家綱に附属して西丸勤務となる。同四年七月二十二日に御留守居となり、万治元年（一六五八）三月十八日隠居し、同年四月二十三日に死去。享年六十五。法名

は清心。菩提寺は武蔵国男衾郡保泉寺（埼玉県熊谷市）。 （鍋本）

【典拠・参考文献】『寛政譜』第六・三九七頁、『干城録』巻二〇

稲垣種信《いながきたねのぶ》 （一六九四～一七六三）

元禄七年（一六九四）に生まれる。実父は越後国長岡藩主の牧野忠辰《ただとき》家臣の稲垣重俊で、母は堀丹波守家臣の宇佐見源左衛門の息女。書院番組頭の稲垣重武《しげたけ》の養子となり、その息女を妻とする。当初の諱は重《しげ》誠《まさ》・重隆《しげたか》。通称は求馬。正徳元年（一七一一）九月二日に家督を継いで寄合となる。知行は二〇〇〇石。享保六年（一七二一）二月二十八日に使番となり、十二月十八日に布衣の着用を許される。同七年に駿府目付代をつとめる。同八年十一月二十八日に目付に転じ、同十二年七月二十八日には八代将軍吉宗の日光社参のため同地に赴く（社参は翌十三年に実施）。同十四年二月十五日に大坂町奉行となり、四月十五日に従五位下淡路守に叙任（後に越中守）。元文五年（一七四〇）三月十九日（『柳営補任』では二十日）に、辰巳屋一件で大坂町奉行を罷免されて小普請となり、持高も一〇〇〇石に半減、閉門に処せられた。この辰巳屋一件は、大坂の豪商辰巳屋久左衛門の先代弟である木津屋吉兵衛が、辰巳屋の乗っ取りを画策したことに端を発するもので、種信は吉兵衛から音物を受けて久左衛門側の訴状を却下し、久左衛門手代を牢獄に投じたことにより処罰された。閏七月二十四日に赦免。宝暦十年（一七六〇）十二月二十九日に致仕し、即翁と号する。同十三年十二月二十六日に死去。享年七十。法名は是心。菩提寺は上野国伊勢崎の天増寺（群馬県伊勢崎市）。 （高山）

【典拠・参考文献】『寛政譜』第六・三九六頁、『柳営補任』、『大阪市史』第一巻（大阪市参事会、一九一三年）、内山美樹子「辰巳屋一件の虚像と実像」（『早稲田大学大学院文学研究科紀要』二九、一九八三年）、渡邊忠司『大坂町奉行所異聞』（東方出版、二〇〇六年）

稲垣豊強《いながきとよかつ》 （一七四二～没年未詳）

寛保二年（一七四二）に斎藤頼母利保の三男として生まれ、稲垣豊章の養子となる。藤四郎と称す。妻は川崎平右衛門定孝の息女で、後妻は志村新左衛門師智の息女。宝暦十一年（一七六一）二十五日に十代将軍徳川家治に拝謁し、安永五年（一七七六）十二月十九日には大番に列し、同六年十月晦日に御納戸番へ移る。天明二年（一七八二）八月二十六日に代官に転じ、江戸・但馬国生野・江戸（再任）・信濃国中之条にてその任にあたる。同年十二月二十四日、遺跡を継ぐ。家禄は廩米二五〇俵。同八年三月二日但馬国生野に所替する。寛政二年（一七九〇）正月九日に官舎が失火したことにより、同年二月八日に出仕を止められたが、同月十五日許された。文化六年（一八〇九）三月二十三日、信濃国中之条に場所替し、同九年七月二日に勇退する。 （高木）

【典拠・参考文献】『寛政譜』第六・四〇二頁、『旗本百科』第一巻、『代官履歴』

稲垣正武《いながきまさたけ》 （一六九九～一七七一）

元禄十二年（一六九九）に小性組稲垣正《まさ》矩《のり》の長男として生まれる。妻は御徒頭（『柳営補任』では西丸御徒頭）永井直又《なおまた》の息女。通称は万七郎・清右衛門。正徳元年（一七一一）六月二日に父正矩が祖父正英《まさふさ》に先立って亡くなったため、正武は九月二日に父の遺跡を継いで小普請となり、父が祖父とは別に給されていた廩米三〇〇俵を引き継ぐ。享保四年（一七一九）十月十八日に小性組の番士に列する。同六年六月二十五日に祖父正英の家督を相続し、稲垣家本来の知行六〇〇石を引き継ぎ、先の廩米は返上した。同十年十二月朔日に御小納戸

となり、同月十八日に布衣の着用を許される。同十三年四月に八代将軍吉宗の日光社参に供奉。元文五年（一七四〇）正月二十八日に目付となり、延享二年（一七四五）九月朔日には吉宗に付属して西丸勤務となる。寛延二年（一七四九）七月二十三日に京都町奉行となり、十月朔日に従五位下能登守に叙任（後に出羽守）。宝暦六年（一七五六）十月二十八日に普請奉行、同十年四月朔日に大目付（宗門改兼務）となる。明和元年（一七六四）十一月に琉球人参府御用掛をつとめ、同七年七月二十八日には日光山に赴き道路を検する。同八年七月四日に死去。享年七十三。法名崇仁。菩提寺は牛込の清源寺（東京都新宿区）。　（高山）

【典拠・参考文献】『寛政譜』第六・四〇〇頁、『柳営補任』

稲葉勝信《いなばかつのぶ》（生年未詳～一七三〇）

代官稲葉昌勝《まさかつ》の長男として生まれる。与一右衛門と称した。妻は小十人組頭朝比奈昌高《まさたか》の息女。元禄二年（一六八九）十二月十四日に家督を継ぎ、同五年十一月二日に勘定となる。同七年十二月二十三日に廩米五〇俵を加増される。同十四年十二月二十一日に勘定組頭となり、翌年十二月二十五日に一〇〇俵を加増。享保元年（一七一六）十二月十六日にさらに一〇〇俵を加増され、廩米三五〇俵となる。同十三年五月十六日に三丸広敷番頭となり、同十五年正月二十二日に死去。法名は浄性。菩提寺は浅草の正覚寺である。　（宮坂）

【典拠・参考文献】『寛政譜』第十四・一〇九頁

稲葉正明《いなばまさあきら》（一七二三～一七九三）

享保八年（一七二三）に大坂城代稲葉正親の三男として生まれる。留之助・越中守・越前守と称する。妻は西丸若年寄戸田氏房の養女。使番稲葉正方の養子である実兄正福《まさとみ》が享保二十年に重病となったためにその養子に入り、同年八月五日に家督を相続する。元文二年（一七三七）八月二十五日に、西丸で将軍嗣子徳川家治（のち十代将軍）付の小性となり、同月二十八日に従五位下越中守に叙任される。延享二年（一七四五）九月二十五日に本丸勤務となり、宝暦五年（一七五五）九月十九日に小性組番頭格、十二月十五日に御側御用取次見習となる。同十年五月十三日に二丸勤務、同十一年八月四日に本丸勤務となり、明和五年（一七六八）十一月十六日より再び御用取次の職務をおこなう。同六年十月十七日に二〇〇〇石、安永六年（一七七七）四月二十一日に二〇〇〇石、天明元年（一七八一）九月十八日に三〇〇〇石を加増され、あわせて一〇〇〇〇石となる。同四年五月十二日に越前守と改称。同五年正月二十九日に三〇〇〇石加増されるが、同六年八月二十七日に、御意に添わないところがあるとして勤務を解かれ、三〇〇〇石没収のうえ、菊之間縁頰詰となり、出仕を止められるが、閏十月十八日に許される。寛政元年（一七八九）七月八日に致仕する。同五年八月五日に死去。享年七十一。法名は良仙衍寿証行院。牛嶋の弘福寺（東京都墨田区）に埋葬される。　（福留）

【典拠・参考文献】『寛政譜』第十・一九五、一九八頁

稲葉正勝《いなばまさかつ》（一五九七～一六三四）

慶長二年（一五九七）生まれ。幼名は千熊で、宇右衛門を称した。父正成は、豊臣秀吉に仕え、のち小早川秀秋の家老となり、さらに小早川家退去の後は徳川家康に仕えて、越後高田の松平忠昌の付家老などを務めた。母は、斎藤利三の息女で、のち稲葉重通の養女となり、正成と離婚後には家光の乳母として権勢をふるったといわれる春日局である。正室は山田十太夫重利の息女。子には老中を務めた正則らがいる。正勝は、

慶長九年七月二十三日、八歳の時に小性に召されて、五〇〇石・月俸二〇口にて家光（のち三代将軍）に仕えた。のち、御小納戸・御徒頭・小性組番頭を経て、元和七年（一六二一）十一月に書院番頭となり、翌十二月には上総国内にて加増されて二〇〇〇石を領す。同九年、家光に供奉して上洛し、八月二日には従五位下丹後守に叙任される。また常陸国新治郡柿岡にて三〇〇〇石を加増され、加判の列（年寄）に加えられる。この年より、しばしば西丸の普請や江戸城の石垣普請・修理等を助ける。寛永元年（一六二四）五月、常陸国真壁郡内にて加増され、全て一万石を領す。翌二年にも、上野国佐野にて一万石の加増がなされている。同五年、父の遺領を継ぎ、これまでの知行と併せて四万石を領す。同九年六月、加藤忠広の改易に伴い熊本城の受取り、及び国中の制法等を定め、薩摩国との境を巡見する。この熊本城受取りの上使としての正勝の派遣は、つつがなく成功の後には、その功績をもとに「御取立」するためのものであったといわれている。同年十一月二十三日、相模国小田原城主となり、八万五〇〇〇石を領し、鈞命により箱根の関所を守衛する。なお、同年正月の秀忠死去後から正勝の地位がにわかに上昇したようで、小倉藩主細川忠利はその書状の中で「丹後殿（正勝）出頭、花がふり申候」と、正勝の昇進ぶりを表現しているが、同様の表現をされた堀田正盛同様、破格の昇進ぶりを示したものであろう。同十年正月二十日、地震にて小田原城の城塁が破損したことにより、公役にて修復し、自らその奉行を務める。同年四月十九日、唐物方・碁・将棋・座頭・舞々・猿楽の者の支配を命じられる。この年、正勝の健康を心配した家光が、一ヵ月のうち三分の二を小田原で養生することを許したといわれ、病の養生のために小田原に赴いているが、翌十一年正月二十五日に三十八歳にて死去した。なお、正勝は寛永七年頃から体調に不調をきたしていたようで、同九年の熊本派遣の前には政務を休んで伊香保温泉に湯治に出かけている。法名は古隠紹太養源寺と号し、正勝が開基した湯島の養源寺（東京都文京区）に葬られた。この養源寺は、のちに駒込に移転している。　（小宮山）

【典拠・参考文献】『寛政譜』第十・一八八頁、『寛永諸家系図伝』第十三、『小田原市史』通史編近世（神奈川県小田原市、一九九九年）、藤井讓治『江戸幕府老中制形成過程の研究』（校倉書房、一九九〇年）、小池進『江戸幕府直轄軍団の形成』（吉川弘文館、二〇〇一年）、下重清『幕閣譜代藩の政治構造』（岩田書院、二〇〇六年）

稲葉正利《いなばまさとし》（一六〇三～一六七六）

慶長八年（一六〇三）に生まれる。内記と称した。父は、豊臣秀吉に仕え、のち小早川秀秋の家老となり、さらに小早川家退去の後は徳川家康に仕えて、越後高田の松平忠昌の付家老などを務めた正成。母は斎藤利三の女で、のち稲葉重通の養女となり、正成と離婚後には家光の乳母として権勢をふるったといわれる春日局。同腹の兄弟には丹後守正勝や七之丞正定などがいる。子には、配流先の熊本でもうけた三内（母いわ）がいる。正利は、三代将軍家光の弟である駿河大納言徳川忠長に仕え、五〇〇石取の書院番であった（「駿河忠長卿附属諸士姓名」）。しかし、寛永九年（一九三二）十月二十日、忠長が改易に処され、翌十一月十六日には家臣団も一斉に召し放ちになると、正利は兄正勝のもとに蟄居した（なお、高崎に置かれていたとの説もある）。その後、稲葉正勝・春日局の意向により、春日局と関係の深い細川忠利に預けられた。この措置には家光も内々に承諾していたようである。預け先での熊本では、不行跡や奇妙な行動を繰り返し、春日局は自害すべきことを示唆し、兄正勝の遺言としてあった正利の町人化も検討された。また、一子三内の扱いについても、稲葉・細川両家間で相談がなされていたようである。延宝四年（一六七六）に死去。享年七十四。（小宮山）

【典拠・参考文献】『寛政譜』第十・一八九頁、山本博文・小宮木代良「大日本近世史料　細川家史料　十五」（『東京大学史料編纂所報』第三一号、一九九六年）、山本博文『サムライの掟』（読売新聞社、一九九五年、のち中公文庫に収録）

稲葉正申《いなばまさのぶ》　（一七九四～一八四八）

寛政六年（一七九四）飯室太郎左衛門昌親の二男として誕生する。小普請組稲葉来応正方の養子となる。通称清次郎。従五位下出羽守に叙任される。常陸国真壁郡に五〇〇石を知行する。天保五年（一八三四）十一月、御小納戸となる。同十四年四月に日光歩行御供を命じられる。弘化二年（一八四五）五月、目付となり、嘉永元年（一八四八）五月二十六日、長崎奉行を命じられる。同年九月十四日、長崎表に着任する。下向の道中より病気にて、同九月二十七日死亡する。享年五十四。菩提寺は雲光院（東京都江東区三好）。墓所は大音寺（長崎市鍛冶屋町）。（太田勝）

【典拠・参考文献】『柳営補任』、「長崎奉行歴代総覧」（『長崎事典歴史編』）

稲葉正休《いなばまさやす》　（一六四〇～一六八四）

寛永十七年（一六四〇）に書院番頭稲葉正吉の嫡男として生まれる。母は奏者番太田資宗の息女。権佐・石見守と称する。妻は老中土屋数直の息女。明暦二年（一六五六）十二月二十六日に家督を相続する。延宝二年（一六七四）正月十五日に小性組番頭となり、同年十二月二十七日に、従五位下石見守に叙任される。同五年四月十四日に書院番頭、同七年八月十二日に近習となり、天和元年（一六八一）七月二十二日に、二〇〇〇石加増される。同二年三月二十二日に若年寄に就任し、同年八月十一日に五〇〇〇石加増され、あわせて一万二〇〇〇石となる。同三年二月十八日に摂津国・河内国の河川の巡検を命じられる。貞享元年（一六八四）八月二十八日、江戸城内の老中御用部屋付近で、大老堀田正俊を刺殺し、老中の大久保忠朝・阿部正武・戸田忠昌らに殺害された。事件の原因を明らかにしないまま、その場で刺殺されたため、綱吉が堀田を排除したいがためこのことに関わっていたのではないかとの説もあるが、確かではない。事件の背景には、堀田が絶大な権勢を背景に不遜のふるまいがあったとも言われている。また、殺害の前夜、稲葉は堀田邸を訪問しているが、その際に夜詰番を務めていた新井白石によると、河村瑞賢の淀川開削工事をめぐる対立が引き金という。つまり、淀川を視察した稲葉と河村瑞賢の見解に相違点があり、それを瑞賢が江戸に来た際に確認するとした堀田に対して、稲葉が自分の方が認められなければ一分が立たないとし、翌日刃傷に及んだとのこと。同時代史料で、幕府にも知人の多い江戸市井の歌人戸田茂睡の手による『御当代記』では、堀田を激しく非難し、稲葉を「忠といひ分別といひ、先代にも末代にもたぐひあるまじき良臣なり」と称えられている。浅草の宗延寺に埋葬された。（福留）

【典拠・参考文献】『寛政譜』第十・二〇六頁、『徳川実紀』第五篇、「鳩巣小説」（『続史籍集覧』第六巻）、戸田茂睡著・塚本学校注『御当代記』（平凡社、一九九八年）

稲葉正吉《いなばまさよし》　（一六一八～一六五六）

元和四年（一六一八）に生まれる。権左と称した。父は、豊臣秀吉に仕え、のち小早川秀秋の家老となり、さらに小早川家退去の後は徳川家康に仕えて、越後高田の松平忠昌の付家老などを務めた正成。母は山内康豊の息女。妻は太田資宗の息女。稲葉正勝や同正利らの異母弟。子に堀田正俊を刺殺した正休がいる。寛永五年（一六二八）五月、正吉が十一歳の時に兄八左衛門正次が死去。正次の子正能は幼稚であったため、正吉が兄正次の遺領である美濃青野五〇〇〇石を継いで寄合となった。同十八年四月二十二日には甲府城の守衛、正保二年（一六四五）六月二十五日には浅草観音堂造立の奉行などを行い、慶安三年（一六五〇）十一月十九日に書院番番頭となる。翌四年八月十六日に従五位下伊勢守に叙任されるが、明暦二年（一六五六）七月三日、駿府城の番衛にある時に男色のことが原因で家臣二人に殺害された。これは、正吉の家老と小性との間に衆道関係があり、そのことが正吉の耳に入ったため、処罰を恐れた二人が、処罰される前に主人正吉の殺害に及んだものという。享年三十九。法名は鉄心。葬地は相模国小田原の紹太寺（神奈川県小田原市）。（小宮山）

【典拠・参考文献】『寛政譜』第十・二〇六頁、氏家幹人『武士道とエロス』（講談社、一九九五年）

犬飼清芳《いぬかいきよよし》 （一六八九～一七四二）

元禄二年（一六八九）に犬飼清宗《きよむね》の子として生まれる。実母は柿沼氏の息女。妻は西丸御納戸番玉井保孝《やすたか》の息女。喜太郎と称した。桜田御殿において甲府城主徳川綱豊に仕え、宝永元年（一七〇四）十二月に綱豊が五代将軍徳川綱吉の養世嗣となって家宣と改名し、江戸城西丸に入ると、これに従い、御家人に列して小普請となった。正徳五年（一七一五）三月六日には右筆となり、廩米一五〇俵を拝領した。元文三年（一七三八）八月二十一日、富士見御宝蔵番頭に転じた。寛保元年（一七四一）十一月二十六日に死去。享年五十三。法名寂無。三田の宝生院（東京都港区）に葬られた。（白根）

【典拠・参考文献】『寛政譜』第十九・一〇二頁

犬塚忠次《いぬづかただつぐ》 （一五五七～一六一三）

弘治三年（一五五七）に徳川家康の家臣犬塚平右衛門の子として生まれる。妻は松平（松井）康親《やすちか》の養女。平右衛門と称した。元亀二年（一五七一）より家康の長男松平信康に仕えていたが、のちに家康に仕えた。天正十二年（一五八四）四月の長久手の戦で軍功をあげて、使番となり、慶長五年（一六〇〇）九月の関ヶ原の戦にも従軍した。同十年八月には、家康が西国の諸大名に命じた国絵図・御前帳の徴収を担当した。また、同六年の二条城の修築や同九年の彦根城修築、さらに、同十一年の江戸城大修築では普請奉行を務めた。同十八年二月十九日に死去。享年五十七。（白根）

【典拠・参考文献】『寛政譜』第十六・三八八頁、白根孝胤「慶長期公儀普請奉行の機能と特質」（『中央大学大学院研究年報』第二六号、一九九七年）

稲生正興《いのうまさおき》 （一七八二～一八六三）

天明二年（一七八二）に生まれる。父は西丸小性組稲生正静《まさやす》、母は旗奉行室賀正之《まさゆき》の息女。三蔵・七郎右衛門と称した。妻は鈴木重期の息女、後妻は二丸御留守居佐野政敷《まさのぶ》の息女。享和二年（一八〇二）に家督を継ぎ、小普請となる。家禄は一五〇〇石。同三年八月に小性組、文化六年（一八〇九）四月に進物番となる。同年五月の武術上覧試合および同七年の御庭大的上覧試合に勤仕する。同十四年正月十一日に使番となり、同年十二月には布衣を許される。天保八年（一八三七）四月二十八日に日光奉行となり、同年八月、従五位下出羽守に叙任される。のち豊後守・豊前守・山城守とも称した。同十二年十月、日光御霊屋並びに諸堂の修復奉行同然附添を命じられる。同十三年十二月二十八日には大目付を兼帯し、同十四年五月九日には家慶の日光社参が済んだため日光奉行を御免となる。同十四年正月、大目付で鉄砲改 并《ならびに》 指物帳掛、同十五年九月には日記掛を務め、弘化二年（一八四五）二月二十八日には鉄砲改并指物帳掛を免じられて切支丹宗門加役并人別改掛を務める。同年五月には朝鮮人来聘御用、同三年四月には寛政重修諸家譜書継御用を務め、同年十二月に日記掛を御免となる。同四年三月三十日、当主不在で明屋形であった清水附家老となり、安政四年（一八五七）七月、恭真院（清水家当主斉明正室）の葬送法事御用を務める。同五年五月二十四日に御留守居となり、万延元年（一八六〇）には二丸長局修復御用を務め、文久元年（一八六一）十一月十八日に隠居、永年の出勤のため、子正行への切米料のうち五〇〇俵を隠居料として下賜される。致仕後は城翁と号す。同三年七月に死去。享年八十二。法名正興院俊彦城翁。菩提寺は先祖の稲生正信《まさのぶ》が知行所の武蔵国高麗郡《こまぐん》多和目村に創建した正信庵（埼玉県坂戸市）。なお、埼玉県立文書館に稲生家に伝来した文書が「稲生家文書」として収蔵されている。（竹村）

【典拠・参考文献】『寛政譜』第十六・三九二頁、『柳営補任』、『続徳川実紀』第一・二・三・四篇、『加藤家・藤井家・稲生家文書目録』（埼玉県立図書館、一九七〇年）

稲生正武《いのうまさたけ》（一六八三～没年未詳）

天和三年（一六八三）に新番組頭稲生正照《まさてる》の長男として生まれる。母は小十人組頭青木之成《ゆきなり》の娘。妻は旗本滝川具章《ともあきら》の娘。正之《まさゆき》・次郎左衛門・下野守と称し、隠居して自休（じきゅう）と号した。元禄五年（一六九二）十一月朔日に初めて五代将軍綱吉へ拝謁し、宝永五年（一七〇八）八月六日に家督（禄高一五〇〇石）を継ぎ小普請となる。同六年九月三十日に御徒頭となり、十二月十八日に布衣を許される。正徳二年（一七一二）十月十二日に目付となり、同四年に嘉定儀式で失誤があり、九日間出仕を止められ、享保五年（一七二〇）十月十八日に上威をかりて強勢の振る舞いがあったとして謹慎を命じられた。同八年十一月十九日に勘定奉行となり、十二月十八日に従五位下下野守に叙任される。同十六年九月十九日に町奉行、元文三年（一七三八）二月十五日に大目付となるが、延享元年（一七四四）十二月十日に辞職し寄合となり、同二年四月九日に隠居し、同四年八月十日に死去。享年六十五。法名は正武。菩提寺は駒込の大円寺（東京都文京区）である。（加藤）

【典拠・参考文献】『寛政譜』第十六・三九四頁、『柳営補任』、『徳川実紀』第七～九篇

稲生正照《いのうまさてる》（一六四一～一七二五）

寛永十八年（一六四一）に書院番稲生正信の三男として生まれる。母は川船奉行土屋利清《としきよ》の息女。五郎左衛門と称した。妻は裏門番頭青木之成《ゆきなり》の息女。寛文二年（一六六二）十月九日に小十人となり、十二月二十二日に月俸一〇口を賜り、同四年十二月二十五日に廩米一〇〇俵を加増される。延宝元年（一六七三）十二月二十一日に新番となり、同二年十二月十八日に一五〇俵を加増され、月俸は収められる。天和元年（一六八一）八月四日に新番組頭となり、同二年七月二日に三〇〇石を加増される。貞享元年（一六八四）十一月二十六日に目付、同四年十二月十五日に作事奉行となり、同日に四五〇石を加増される。元禄二年（一六八九）五月三日に勘定奉行となる。八月二十一日に五〇〇石を加増され、廩米を改めて武蔵・下野両国において合計一五

〇〇石の知行となる。同年十二月二十七日に従五位下伊賀守に叙任される。同十二年四月四日に職を辞し、寄合となる。宝永五年（一七〇八）八月六日に致仕し、享保十年（一七二五）九月二十六日に死去。享年八十五。法名は浄庭。菩提寺は武蔵国入間郡多和目《たわめ》村（現埼玉県坂戸市）の恵源寺《えいげんじ》（現在の永源寺）である。（宮坂）

【典拠・参考文献】『寛政譜』第十六・三九三頁

稲生正倫《いのうまさとも》　（一六二六～一六六六）

寛永三年（一六二六）に、書院番稲生正信（下総国海上郡の内に七〇〇石を領する）の長男として誕生する。通称七郎右衛門。妻は河村善右衛門重勝の息女（実は、重勝の長男重次の娘）。寛永十年六月十五日に八歳にして、初めて家光に謁する。同十八年四月十六日に小性組に列し、正保二年（一六四五）十二月十九日に家督を継ぐ。寛文三年（一六六三）十一月二十五日に目付に転じ、同十二月に稟米三〇〇俵を加えられる。同二十八日に布衣の着用を許される。同五年三月十三日に長崎奉行に任じられ、同七月二十九日に長崎表に赴任する。長崎地役人として外町常行司を置く。同八月、長崎島原町に報時所を設置する。長崎奉行所の与力を一〇騎・同心を三〇人に改める。翌同六年二月十七日に、長崎にて病死する。享年四十一。法名は孝山浄忠大居士。長崎光源寺に葬するが、遺言により火葬にして遺骨は江戸へ持ち帰られる。光源寺に墓はない。（太田勝）

【典拠・参考文献】『寛政譜』第十六・三九〇頁、「長崎御奉行之事」（『長崎古今集覧』〈『海色』第三輯〉）、金井俊行編『長崎年表』

稲生正英《いのうまさふさ》　（一七一五～一七六〇）

正徳五年（一七一五）に大目付稲生正武《まさたけ》の長男として生まれる。五郎左衛門と称し、従五位下摂津守・播磨守・下野守に叙任された。母は京都町奉行滝川具章《ともあきら》の息女。妻は甲府勤番支配《こうふきんばんしはい》建部広充《ひろみつ》の息女（後妻は留守居本多忠英《ただひで》の息女）。享保十三年（一七二八）十月五日に西丸小性（徳川家重付き）に列し、延享二年（一七四五）四月九日に家督を相続。同年九月二十五日本丸勤めとなり、翌三年七月二十一日に御徒頭、寛延三年（一七五〇）九月十五日に目付となった。そして、目付在任中に日光山御宮修復、西丸・大奥修復、経費節減など多くの御用をつとめ、宝暦八年（一七五八）十一月十五日に勘定奉行に就任した（この時五〇〇石を加増され、計二〇〇〇石を知行）。ところが、同十年に、備中国倉敷代官浅井作右衛門支配地の農民を岡山藩主池田重寛《しげのぶ》の家臣が捕縛した事件をめぐる取り計らいに落ち度があったとし出仕を遠慮、その後、同年七月十一日死去した。享年四十六。法名は宗哲。菩提寺は駒込の大円寺（東京都文京区）。なお、正英死去にともなう跡目相続は認めないとしたが、「別儀」（「寛宥《かんゆう》の御旨《おんむね》」）をもって、長男正礼《まさのり》に同年八月六日、五〇〇〇石の知行が与えられた。（飯島）

【典拠・参考文献】『寛政譜』第十六・三九四頁、『徳川実紀』第九・十篇

井上栄信《いのうええいしん》　（生没年不詳）

『続徳川実紀』には「栄信」とあるが、『柳営補任』では「秀栄」と記す。三郎右衛門を称す。任官後は備前守・備後守・下総守と名乗った。天保九年（一八三八）の『武鑑』によれば、父は井上七之助。文化十一年（一八一四）四月二十二日、勘定役より勘定組頭に昇進し「永々御目見以上」となる。文政二年（一八一九）七月六日に西丸広敷番之頭、同四年四月二十八日に西丸広敷御用人、天保六年（一八三五）五月朔日には普請奉行となり、家禄を二〇〇俵高に加増されている。その後、天保十二年

三月二十九日に西丸御留守居へと転じ、同十三年五月二十四日に旗奉行次席の格式で勘定奉行並勝手掛、同年七月五日には勘定奉行次席の格となり、天保十四年（一八四三）五月十八日に勘定奉行に就任し、家禄を五〇〇石に加増された。しかし、そのわずか五か月後の同年閏九月七日に「おぼしめす所ありて」御役御免となり、十九日には勤役中の「不正」により家禄を二五〇石へと減じられ小普請入り、逼塞となっている。（保垣）

【典拠・参考文献】『続徳川実紀』第二篇、『柳営補任』、『旗本百科』第一巻

井上貫流左衛門《いのうえかんりゅうざえもん》（一七九〇～一八五二）

寛政二年（一七九〇）に御鉄炮方与力格であった初代井上貫流左衛門（諱は直）の二男として生まれる。母は町医者森岱庵の娘もん。妻は御小人頭を務めた長田八十五郎の娘とえ。諱は騰。字は飛蚊。末五郎・貫右衛門、晩年になって貫流左衛門と称する。父に従って砲術を修め、さらに父の弟子であった平山子龍《しりゅう》から武術諸般を学ぶ。文化五年（一八〇八）・同六年の両度にわたり、父の蝦夷地出張に随行を命じられる。父の死の翌年である文化十年九月十二日、新規に先手同心へ抱入となり、以後、火付盗賊改加役同心・作事方定普請同心・作事方勘定役への出役を経て、天保十四年（一八四三）正月二十九日、普請役へ転役となり、没するまで務めた。この間、弘化三年（一八四六）三月二十四日には、江戸城植溜において若年寄見分の下、砲術演習をおこなうなど砲術家としても活躍している。嘉永五年（一八五二）四月三日に死去。享年六十三。（田原）

【典拠・参考文献】東京都江戸東京博物館編『調査報告書第一八集　幕臣井上貫流左衛門家文書の世界』（東京都江戸東京博物館、二〇〇六年）

井上清直《いのうえきよなお》（一八〇九～一八六七）

文化六年（一八〇九）豊後国日田代官所属吏の内藤吉兵衛の三男として生まれる。川路聖謨《としあきら》の実弟。幼少の時に一家をあげて江戸へ出て御徒組井上家の養子となる。松吉・新右衛門・信濃守と称す。文化十三年（一八一六）十二月二十四日に養父次太夫の跡番代となり、天保八年（一八三七）八月二日に支配勘定出役となり、その後支配勘定・評定所留役助、勘定・評定所留役、寺社奉行吟味物調役、勘定組頭格を歴任し、嘉永四年（一八五一）二月十八日に永々御目見以上となり、同六年四月二十九日に布衣を許される。安政二年（一八五五）正月二十四日に勘定吟味役、四月朔日には下田奉行となり二〇〇俵に加増され、諸大夫となる。同四年にアメリカと下田条約に調印し、全権委員を命じられて条約を米国総領事ハリスと審議し、六月十六日に米艦ポーハタン号上で日米修好通商条約に調印した。同年七月八日に新設の外国奉行を兼帯し、九月にかけて日露・日英・日仏修好通商条約に調印し、神奈川開港に尽力したが、将軍継嗣問題で大老井伊直弼に忌諱され、同六年二月二十四日に小普請奉行へ移された。しかし、十月四日には軍艦奉行となり、文久元年（一八六一）五月に海陸軍備と軍制改革を命じられ、八月二十四日に外国奉行（再任）、十二月朔日に町奉行となる。外交維持と開港を主張し、攘夷実行の勅旨を奉承した十四代将軍家茂の辞職を建議し、尊攘派追放のため上洛しようとしたが失敗し、八月朔日に免職され、謹慎を命じられ寄合となる。元治元年（一八六四）九月十日に外国奉行に再任し、十一月二十二日に勘定奉行公事方、慶応二年（一八六六）六月二十九日に町奉行（再任）となり、そのまま勘定奉行公事方を兼帯するが、九月二日に

勘定奉行兼帯を免じられた。混乱した江戸市中の状況に対応していたが、同三年十二月二十八日に死去。享年五十九。菩提寺は東京都新宿区榎町の宗柏寺である。（加藤）

【典拠・参考文献】川路寛堂『川路聖謨之生涯　付録井上清直略伝』（吉川弘文館、一九〇三年）、『柳営補任』、『続徳川実紀』第三～五篇、『幕臣人名』第一巻

井上源三郎《いのうえげんざぶろう》（一八二九～一八六八）

文政十二年（一八二九）、武蔵国多摩郡日野に生まれた。諱は一重、のちに一武と改めた。八王子千人同心の井上藤左衛門の三男で、兄は井上松五郎。嘉永元年（一八四八）に天然理心流近藤周助の門に入り、日野にあった佐藤彦五郎道場に通った。万延元年（一八六〇）に免許皆伝を受けている。文久三年（一八六三）、同じ門人であった近藤勇・土方歳三らと幕府が募集した浪士組に参加すべく上京した。そこで清河八郎らと離別した近藤らとともに会津藩預りとなり、新撰組を結成した。元治元年（一八六四）の池田屋事件で功をあげ、慶応三年（一八六七）の幕臣取立では助勤として見廻組格となっている。慶応四年の鳥羽・伏見の戦に出陣したが、このとき淀千本松での防戦中に戦死した。享年四十。菩提寺は東京都日野市宝泉寺。（上野）

【典拠・参考文献】『新選組大人名事典』（新人物往来社、二〇〇一年）

井上左太夫《いのうえさだゆう》（生没年未詳）

武蔵国に生まれる。安政三年（一八五六）三月十八日、両御番格御鉄砲方大筒方見習、万延元年（一八六〇）五月四日、父左太夫の跡を継ぎ御鉄砲方・大筒方となる。文久二年（一八六二）二月九日、講武所砲術師範役兼帯となり、文久三年二月と同年十二月の御上洛の際に御供を務めた。元治元年十一月、甲府表御警衛を務め、慶応元年五月の御進発の際にも御供を務めた。（上野）

【典拠・参考文献】『幕臣人名』第一巻

井上重次《いのうえしげつぐ》（一六三〇～一六八九）

寛永七年（一六三〇）に生まれる。実父は越後国高田藩主松平光長の家臣中根長左衛門で、母は井上重成《しげなり》の息女。井上重成は知行三〇〇〇石の先手鉄炮頭で、重次は重成の養子となる。妻は松平清直《きよなお》の息女で、後妻は女院（東福門院徳川和子）附の野々山兼綱《かねつな》の息女。通称は宗三郎・太左衛門。諱は正貞《まささだ》ともされる。正保三年（一六四六）十二月九日に家督を相続し、同四年十二月二十五日に小性組の番士となる。寛文二年（一六六二）十二月十九日に増上寺修理の奉行をつとめた功で時服と黄金を賜り、同七年十月九日には丹後国宮津藩主京極高国の改易に際して目付代として同地に派遣される。同八年九月五日（『柳営補任』では四日）に使番となり、十二月二十八日に布衣の着用を許される。延宝二年（一六七四）三月二十九日には先手鉄炮頭となり、同四年二月十日から火附改を加役として務める（同六年十一月晦日に加役御免）。同七年三月四日に京都町奉行に転じ、一〇〇〇石を加増、七月二十一日には従五位下丹波守に叙任（後に志摩守）。元禄二年（一六八九）十一月二十二日（『柳営補任』では十二日）に京都で死去。享年六十。法名は日了。菩提寺は丸山の浄心寺。（高山）

【典拠・参考文献】『寛政譜』第四・三〇三頁、『柳営補任』

井上俊良《いのうえしゅんりょう》（生没年未詳）

父は寄合医の井上玄徹玄方《げんてつはるかた》。井上家は代々寄合医師をつとめた。文政三年（一八二〇）十二月二十九日、玄方死去につき家督を継ぐ。天保十一年（一八四〇）八月二日に十一代将軍徳川家斉娘の盛姫（鍋島直正室）付の奥詰医となる。嘉永元年（一八

四八）から安政五年（一八五八）までは家斉娘喜代姫（酒井忠学室）の付医師をつとめた。菩提寺は広尾の祥雲寺（東京都渋谷区）。（吉成）

【典拠・参考文献】『旗本百科』第一巻、『江戸幕府役職武鑑編年集成』（東洋書林）

井上新左衛門《いのうえしんざえもん》（生没年未詳）

代官をつとめる。寛永九年（一六三二）四月、肥後国熊本城主加藤忠広の嫡子光広の家士前田五郎八によって、年寄である下総国佐倉城主土井利勝等が謀叛を起こすとの匿名書が投げ込まれたことで知られる。（鍋本）

【典拠・参考文献】『東武実録』巻第三十九、『徳川実紀』巻二十

井上鉄之助《いのうえてつのすけ》（一八三二～没年未詳）

天保三年（一八三二）に、小性番組番士を務めた井上寅之助《とらのすけ》（禄高一〇〇〇石）の長男として生まれる。兵庫・兵庫頭と称した。安政六年（一八五九）十一月十一日に家督を継ぎ、小普請に入る（無役）。文久二年（一八六二）二月十日に撤兵指《さっぺいさし》図《ず》役《やく》頭取となり、慶応元年（一八六五）閏五月十日に撤兵頭並助、同年九月二十八日に撤兵頭並、同二年十一月十五日に撤兵頭、同二年十二月十九日に銃隊頭（二〇〇〇石高）となるが、同四年二月二十四日に御役御免となる。（筑紫）

【典拠・参考文献】『柳営補任』、『諸向地面取調書』、『幕臣人名』第一巻

井上利恭《いのうえとしやす》（一七四九～没年未詳）

寛延二年（一七四九）に小性組番士である井上利守《としもり》の長男として生まれる。母は仙台藩主伊達宗村（松平陸奥守）家臣の永井庸寿の息女。妻は御徒頭本多直嗣《なおつぐ》の息女で、後妻は大番の渡辺英《さかえ》の息女。当初の諱は利次《としつぐ》。通称は民之助・内匠・助之進。明和四年（一七六七）十月四日に家督を相続。知行五〇〇石。同六年八月八日に小性組となり、同八年六月三日より進物の役をつとめる。安永五年（一七七六）四月には十代将軍家治の日光社参に供奉。天明三年（一七八三）八月二十一日に西丸小十人頭となり、十二月十八日に布衣の着用を許される。同六年二月二十八日に目付となり、同八年七月九日には久能山御宮修復の功で黄金を賜る。九月十日には京都町奉行に進み、十一月朔日に従五位下美濃守に叙任。寛政三年（一七九一）十一月八日に作事奉行となり、同六年七月には宗門改を兼ねる。同八年四月十八日には日光山御宮と御霊屋修造のため同地に赴き、十二月二十九日には上野国世良田御宮と諸堂社修復の功で黄金を賜る。同十年八月二十四日に大目付となり（『柳営補任』には同月九日に道中奉行を兼ねるとある）、文化元年（一八〇四）十月六日には朝鮮人来聘御用掛をつとめる。文政三年（一八二〇）正月二十五日に老衰により職を辞す。（高山）

【典拠・参考文献】『寛政譜』第十四・四〇〇頁、『柳営補任』、『旗本百科』第一巻

井上八郎《いのうえはちろう》（一八一六～一八九七）

文化十三年（一八一六）九月十六日、日向国に生まれる。名は清虎。号は延陵。嘉永六年（一八五三）、初めて幕府に出仕して御徒頭（四〇俵五人扶持）となり、安政三年（一八五六）、講武所剣術教授方に任命された。千葉周作の北辰一刀流を学んだとされる。明治元年（一八六八）には歩兵奉行兼遊撃隊頭取・歩兵奉行・浜松城代などを歴任した。同二年には浜松奉行、後に浜松勤番組頭となった。明治十一年、浜松の第二十八国立銀行頭取となった。明治三十年四月二日に死去。（上野）

【典拠・参考文献】『旗本百科』第一巻、『幕臣人名』第一巻

井上正章《いのうえまさあきら》（一七五八～一八四一）

宝暦八年（一七五八）に生まれ、式部・内膳・半八郎・仲・左門を称し、丹波守に叙任している。実父は菅谷範平四男の弾正範倶で、西丸徒頭井上半八郎正相の養子となり、その息女を妻とした。井上家は井上正就長男正利の六男正興の家系で、寛文九年（一六六九）九月十五日に父の遺領から新墾田一〇〇〇石を分与されたことに始まり、四代目にあたる正章の代に加増されて一五〇〇石となった。安永五年（一七七六）、西丸小性組に出仕し、同八年四月十六日に小性組に転じ、同九年（一七八〇）に家督を相続した。その後天明元年（一七八一）五月二十六日に西丸小性組、同六年閏十月二十日に小性組、寛政八年（一七九六）十二月十日に西丸小性組、同十三年正月十一日に使番、文化十一年（一八一四）正月三十日に駿府町奉行、文政三年（一八二〇）七月二十四日に御持弓頭、同四年四月八日に奈良奉行と進み、天保二年（一八三一）三月二十二日には旗奉行に転じたが、在任中の同十二年に死去。享年八十四。菩提寺は本郷丸山の浄心寺である。（滝口）

【典拠・参考文献】『寛政譜』第四・三〇一頁、『柳営補任』

井上正在《いのうえまさあり》（一七三一～一七八七）

享保十六年（一七三一）に生まれ、市太郎・主水・図書・数馬・図書頭を称す。井上家は延宝三年（一六七五）八月五日、井上政重の孫政清の三男政式《まさのり》が父の遺領のうち一五〇〇石を分与されたことに始まる。妻は井上正森息女、のち浅井元武の息女。父正武は部屋住のときに死去したため、寛延二年（一七四九）十二月二十六日に祖父正豫から家督を相続し、同三年七月四日に西丸小性組番士となる。その後宝暦元年（一七五一）十二月十四日小性組番、明和四年（一七六七）正月二十日に組頭に進んで、同年十二月十六日に布衣を許される。安永二年（一七七三）七月二十四日に目付、天明五年（一七八五）に普請奉行となっている。正在は目付時代、安永五年四月の日光社参に随行し、同八年十二月九日には江戸城紅葉山の御宮・御霊屋修理を担当した功績で従五位下図書頭に叙任している。また天明四年（一七八四）四月七日、江戸城中で佐野善左衛門政言が若年寄田沼意知を刃傷に及んだとき、正在らは桔梗間にいながら取り鎮めなかったことを咎められ、一ヶ月間出仕停止となっている。同七年五月十五日に死去。享年五十七。法名は日栄、菩提寺は本郷丸山の浄心寺である。（滝口）

【典拠・参考文献】『寛政譜』第四・三〇八頁

井上政重《いのうえまさしげ》（一五八五～一六六一）

天正十三年（一五八五）井上清秀の四男に生まれ、清兵衛を称す。母は永田氏の息女で、老中を務めた遠江国横須賀藩主井上正就は実兄にあたる。また、徳川家康の側室英勝院の弟太田重正の息女を妻とした。政重は慶長十三年（一六〇八）に書院番士として秀忠に出仕し、大坂の陣の際にはこれに従い、元和二年（一六一六）九月十五日には家光に付属され、同四年五〇〇石の知行地を与えられている。その後同九年八月の上洛に従って五〇〇石加増、寛永二年（一六二五）に目付となって一〇〇〇石加増される。同四年十二月二十九日に筑後守に叙任し、同九年十月三日に二〇〇〇石を加増され、同年十二月十七日に大目付に進んだ。そして同十五年正月三日には島原・天草一揆の上使として現地に赴き、同十七年六月十二日には六〇〇〇石を加増されて一万石の大名に列し、下総高岡藩の藩祖となる。彼はこの頃から宗門改役となり、幕府のキリシタン禁教政策の中心人物として、異国商船やキリシタンの取り締まりに活躍している。同二十年五月二十三日には三〇〇〇石を加増され、万治三年（一六六〇）七月九日に隠居するまで二〇年間藩主の座にあった。家督は嫡孫の政清が相続したが、その際に政清弟政則に一〇〇〇石、政明に五〇〇石を分与している。寛文元年（一六六一）二月二十七日に死去。享年七十七。戒名は幽山日性玄高院、菩提寺は本郷丸山の浄心寺である。
（滝口）

【典拠・参考文献】『寛政譜』第四・三〇五頁、大橋幸泰『キリシタン民衆史の研究』（東京堂出版、二〇〇一年）

井上義斐《いのうえよしあや》（一八一七～没年未詳）

文化十四年（一八一七）に寄合木村平九郎の子として生まれ、御林奉行井上元七郎の養子となる。茂輔・元七郎・主水正と称した。家禄は一〇〇俵。天保十三年（一八四二）五月に勘定となり、弘化二年（一八四五）十一月に表右筆となる。嘉永元年（一八四八）十二月に奥右筆所留物方、安政三年（一八五六）十月晦日に箱館奉行支配組頭勤方となり、同年十二月に家督を相続する。文久元年（一八六一）三月に箱館奉行支配組頭となる。同三年八月十五日に布衣の着用を許され、元治元年（一八六四）七月二十八日に目付となる。慶応元年（一八六五）の第二次長州戦争では十四代将軍家茂の進発の供を務めた。同年七月に大坂町奉行となり、十月十六日より勘定奉行を兼帯。翌二年四月八日に大坂町奉行を免じられ、勘定奉行のみを務める。同年十二月二十三日に外国奉行、翌三年二月八日に作事奉行となる。同年十月二十三日に御留守居となり、翌四年四月に職を辞す。
（宮坂）

【典拠・参考文献】『柳営補任』、『旗本百科』第一巻、『幕臣人名』

井上吉次《いのうえよしつぐ》（生没年未詳）

井上吉俊《よしとし》の子。新左衛門と称した。当初は伊奈忠次のもとにおり、その後徳川秀忠に仕える。右筆、のちに勘定頭となり、元和三年（一六一七）に鎮目惟明《これあき》らとともに佐渡銀山仕置をつとめる。同年四月には越後国長岡城主堀直寄の村上転封にともない城引渡をつとめる。寛永年間以後、故ありて処刑されたらしいが、詳細は不明である。
（鍋本）

【典拠・参考文献】『干城録』巻二二四

井上頼紀《いのうえよりのり》（生没年未詳）

伊織・専五郎・五郎左衛門・十左衛門と称した。実父は大番鈴木三郎左衛門重道で、井上頼寧《よりやす》の養子となる。寛政九年（一七九七）閏七月四日に家督を相続した。家禄は二〇〇俵で、屋敷は本郷御弓町にあった。小十人となり、文政十年十月四日、代官に就任し、信濃国中之条陣屋（文政十年～同十二年）、同国中野陣屋（文政十二年～天保六年）、甲斐国石和陣屋（天保六年～同七年）、同国甲府陣屋（天保七年～同九年）に赴任した。天保九年（一八三八）支配所騒立のため、小普請入・差し控えとなり、同年五月七日に代官を罷免された。同十四年八月三日には、甲府代官在任中に勘定があわず、騒動がおこったことを咎められ、改易となった。
（高橋）

【典拠・参考文献】『天保武鑑』、『寛政譜』第十九・一三四頁、『旗本百科』第一巻、『代官履歴』、『近世庶民生活史料 藤岡屋日記』第二巻（三一書房、一九八八年）

井上廉八《いのうえれんぱち》（一八四六～一九一四）

弘化三年（一八四六）四月二十日に勘定方普請役であった井上貫流左衛門の婿養子で砲術家であった井上範之丞の長男として生まれる。母は貫流左衛門の娘さち。諱は直義。廉八と称する。また維新後に廉《きよし》と改名する。妻は普請役を務めた内藤平九郎の娘みち。嘉永元年（一八四八）八月二十六日に父範之丞が二十五歳の若さで死去、嘉永五年四月三日には祖父貫流左衛門も死去したため、孫の廉八が跡を継ぐこととなる。しかし、廉八は七歳と幼少であったため、安政三年（一八五六）五月、十一歳の時に勘定奉行所の筆算吟味に合格するまで、普請役への御抱入を待たねばならなかった。以後、在方担当の普請役として幕末まで活躍し、維新後は、会計局普請役をはじめに、会計官筆生・同書記など、会計局吏員を歴任する。明治六年（一八七三）、太政官正院勤務となり、以後は太政官会計官僚として、内閣書記官・同会計局長・恩給局長・元老院議官などを歴任する。明治二十三年十月二十日、元老院の廃止にともない非職となり、明治二十六年十月十九日、満期退官する。大正三年（一九一四）二月十八日に死去。享年六十九。（田原）

【典拠・参考文献】東京都江戸東京博物館編『調査報告書第一八集　幕臣井上貫流左衛門家文書の世界』（東京都江戸東京博物館、二〇〇六年）

伊庭八郎《いばはちろう》（一八四四～一八六九年）

諱は秀穎《ひでさと》。天保十五年（弘化元年・一八四四）、御徒町で剣術道場「練武館」を開いていた心形刀流宗家の伊庭軍兵衛秀業の長男として生まれる（天保十四年生まれという説もある）。元治元年（一八六四）、御番入して奥詰、講武所奉行支配を務めた。慶応二年（一八六六）に奥詰が改編され遊撃隊となり、その一員となる。慶応三年十月、遊撃隊に上洛の命令が下り江戸を出立、将軍を護衛して大坂に下った後、伏見に布陣。翌四年一月、鳥羽・伏見の戦が勃発するが、新政府軍に敗れて江戸へ敗走する。江戸帰還後、遊撃隊の一部と共に木更津に行き、房総半島の館山から出帆し、相模国真鶴へ上陸。その後、伊豆韮山・甲府・御殿場・甲州黒駒・沼津と転陣し、途中で加盟する者を加えて遊撃隊を再編成、第二軍隊長となる。上野で彰義隊が戦争を始めたと聞き、これに呼応し、新政府軍の江戸入りを阻止するため、箱根の関所を占拠しようとして小田原藩兵と戦闘、深手を負う。奥州へ転戦の後、榎本武陽艦隊に投じ、箱館へ向かう。到着後、旧幕軍役職選挙で歩兵頭並・遊撃隊隊長となる。木古内の戦で重傷を負い、箱館病院で治療を受けるが、五稜郭開城の前夜に榎本武揚の差し出したモルヒネを飲み安楽死した。墓所は東京都中野区の貞源寺。法名は秀院清誉是一居士。（上野）

【典拠・参考文献】『旗本百科』第一巻、『幕臣人名』第一巻、『新選組大人名事典』

庵原正成《いはらまさなり》（生没年未詳）

八兵衛と称した。元和九年（一六二三）に御徒となり、その後、御貝役に転じる。さらに御側衆中根正盛に属して国廻の役をつとめ、御徒目付の組頭となる。国廻の実例として、寛永二十年（一六四三）五月二十日に上野・下野両国を小林重賢とともに廻っている事例が挙げられる。（鍋本）

【典拠・参考文献】『寛政譜』第二十一・二〇頁、『徳川実紀』第二篇

揖斐政明《いびまさあき》（一八四四～一八八一）

弘化元年（一八四四）に生まれる。幕府での役職は撤兵頭並。沼津兵学校において三等教授方を務める。明治元年（一八六八）十二月十四日、新政府からの招聘に応じ沼津兵学校三等教授方から軍務官出仕となった。明治七年（一八七四）陸軍省歩兵少佐となり、明治十三年（一八八〇）には陸軍少佐となる。明治十四年十月二十六日に死去。（津田）

【典拠・参考文献】樋口雄彦『旧幕臣の明治維新　沼津兵学校とその群像』（吉川弘文館、二〇〇五年）、同『沼津兵学校の研究』（吉川弘文館、二〇〇七年）

揖斐政景《いびまさかげ》（生年未詳～一六四一）

揖斐政雄の長男として生まれる。母は渥

美刑部の息女。半四郎・与右衛門と称した。妻は内藤正成の息女。父政雄は織田信雄に仕え、小牧・長久手の合戦に力戦し、この時に政景の名も徳川家康に知られたという。政景は、初め遠江国掛川城主堀尾吉晴の許にあり、のち家康に召し出され、徳川秀忠に付属する。大坂の陣では伏見城の番を勤め、元和七年（一六二一）七月に小田原町奉行となり、以後寛永三年（一六二六）まで伊豆国三島代官を兼ねる。寛永九年十一月二十五日、稲葉正勝に小田原城が与えられた時に、土屋勝正とともに引渡し役を勤める。同十年正月十八日に駿府城主徳川忠長の別邸を守衛する。同十一年四月十五日に駿府町奉行となり、同十七年に辞職する。同十八年正月二十八日に死去。法名は如天。菩提寺は相模国大住郡簑毛村の宝蓮寺。

（佐藤）

【典拠・参考文献】『寛政譜』第五・二一〇頁、『静岡県史』通史編3

今井信郎《いまいのぶろう》　（一八四一～一九一八）

天保十二年（一八四一）に生まれる。元治元年（一八六四）に講武所師範となり、慶応三年（一八六七）には遊撃隊頭取を務めた。その後、京都へ赴き、佐々木只三郎の京都見廻組に参加した。戊辰戦争を箱館まで戦い抜いたが明治三年（一八七〇）、箱館で降伏した。また、近江屋事件での坂本龍馬暗殺の犯人とされ、官軍（薩摩軍）により逮捕され投獄されたが、西郷隆盛の働きかけで処刑されることなく釈放された。その後は静岡県榛原郡初倉村（現静岡県島田市）に帰り、村長となり、大正七年（一九一八）六月二十五日に死去した。享年七十八。

（上野）

【典拠・参考文献】『旗本百科』第一巻

今泉元長《いまいずみもとなが》　（一八一八～一八九二）

文政元年（一八一八）に生まれ、覚左衛門と称す。今泉家は代々南町奉行所同心の家系で、元長は天保四年（一八三三）よりに出仕し、年番下役・御肴青物御鷹餌鳥調下役・諸問屋組合再興掛下役などを経て元治元年（一八六四）には年寄となっており、明治元年（一八六八）に東京府に出仕した際には社寺方下掛となっている。彼は維新直前の頃には老吏として相当な信任を得ていたらしく、南町奉行所の会計を森本庄九郎・笹岡小平太とともにあずかっていたという。また、元長は明治二十二年（一八八九）八月に発足した、南北町奉行所与力・同心出身者の会である南北会の初期会員でもあった。同二十五年（一八九二）十月二十九日に死去。享年七十五。菩提寺は牛込榎町の宗柏寺である。なお、子息雄作（一八五〇～一九三一）は美術史家で、東京美術学校教授・帝室博物館美術部長などを務めた。

（滝口）

【典拠・参考文献】『江戸町与力の世界―原胤昭が語る幕末―』図録（千代田区立四番町歴史民俗資料館、二〇〇七年）、『原胤昭旧蔵資料調査報告書―江戸町奉行所与力・同心関係史料―（1）・（2）』（千代田区教育委員会、二〇〇八・九年）

今大路親清《いまおおじちかきよ》　（一五七七～一六二六）

天正五年（一五七七）に生まれる。親純・亀渓・延寿院・道三・玄鑑・元鑑と称した。曲直瀬玄朔の子。母は初代曲直瀬道三の養女。妻は渡辺宮内少輔某の娘。幼少時より小性として徳川秀忠に近侍する。文禄元年（一五九二）、従五位下典薬助に叙任、兵部大輔にあらため、昇殿を許され、後陽成院に謁して橘氏と今大路の家号を賜り、以後子孫は今大路を名乗る。慶長四年（一五九九）に法眼。同十三年に法印となる。同年上総国武射郡・下総国印旛郡で七〇〇石の知行を与えられた。元和九年（一六二三）、東福門院の安産に功があり、徳川秀忠から脇差を賜った。寛永三年（一六二六）、徳川秀忠の妻崇源院の診察のため京より帰府の途中、病により箱根にて没した。寛永三年九月十九日に死去。享年五十。墓は箱根湯本の早雲寺。法名は延寿院亀渓元鑑法印。数百人の弟子がいたという。（岩下）

【典拠・参考文献】『寛政譜』第十・八九頁

今大路《いまおおじ》親昌《ちかまさ》（一六〇八～一六三九）

慶長十三年（一六〇八）に生まれる。藤三・玄鎮・安室・道三と称した。今大路親清の子。母は宮内少輔某の娘。妻は加々爪民部少輔忠澄の娘。幼少時より徳川秀忠に仕え、元和八年（一六二二）徳川家光に付属し、小性を務める。同九年、従五位下典薬助に叙任、民部大輔を称した。寛永三年（一六二六）三代将軍徳川家光の上洛に供奉。同年父の死去により遺跡を継ぐ。同八年祖父曲直瀬玄朔が死去しその遺跡を合わせて、山城国愛宕・乙訓、上総国武射、下総国印旛四郡で計一二〇〇石を知行。同十一年の将軍上洛、同十三年の日光社参にも随行する。その後、家光の勘気を蒙ったが、同十五年に許されて務に復した。同十六年四月二十三日に死去。享年三十二。墓は東京都渋谷区広尾の祥雲寺。法名玄鎮。門弟は数百人に及んだ。（岩下）

【典拠・参考文献】『寛政譜』第十・九〇頁

今川《いまがわ》忠恕《ちゅうじょ》（生没年未詳）

要作と称した。家禄は三〇俵・二人扶持。弘化元年（一八四四）十二月四日に小普請方改役から新潟奉行支配組頭となる。嘉永六年（一八五三）三月四日に鉄炮玉薬奉行となり、永々御目見以上を申し渡される。安政二年（一八五五）四月十日に代官となり、信濃国中野陣屋に赴任する。その後、同五年から遠江国中泉陣屋、文久元年（一八六一）から駿河国駿府陣屋、同三年から関東に赴任する。慶応二年（一八六六）十二月十八日に御三卿田安家の用人となる。（宮坂）

【典拠・参考文献】『柳営補任』、『代官履歴』

今川《いまがわ》直房《なおふさ》（一五九四～一六六一）

文禄三年（一五九四）に生まれる。幼名五郎、範英《のりひで》、のち主膳・主膳正と称した。父は今川範以《のりもち》。母は吉良義安の息女利姓院。妻は立花飛騨守宗茂の養女（実は筑後柳川藩家老矢島石見重成の息女）である。直房は、駿河今川氏十二代当主、高家今川氏初代当主で今川氏真の孫にあたる。直房の子は嫡男範明と二男範興が早世したため、今川氏堯（岡山弥清嫡男）を養子として、家督を継がせた。慶長十二年（一六〇七）に父範以が病没したため、祖父氏真に育てられた。同十六年十二月、初めて二代将軍徳川秀忠に拝謁し、のち氏真の家督を継いだ。寛永十年（一六三三）十二月に参府中の知恩院門跡良純法親王への使者を勤め、すでに高家に列していた。同十一年、三代将軍徳川家光の上洛時には、六月九日命により先立って京都に赴いた。同十三年十二月二十九日に奥高家となり、この日従五位下侍従に叙任され、刑部大輔と称した。その後、将軍が出御する際の衣紋の役や太刀の役、日光社参の沓の役などを勤めた。同十八年八月二十八日使者の命を受けて京都に至った。同十九年十二月、後水尾上皇の皇子素鵞宮（のちの後光明天皇）が東福門院の養子となったことで、使者を勤め、水戸藩主徳川頼房の元に赴いた。寛永二十一年（正保元・一六四四）琉球の謝恩使の日光社参にあたっては、日光へ赴いた。正保二年、徳川家康の宮号宣下の事で禁裏への使者の命を受け、武家伝奏今出川経季らと交渉し、宣下が実現したことで、十月十七日帰府した時に、武蔵国多摩郡下井草・上井草・上鷺宮村、豊島郡中村に新恩五〇〇石を賜り、近江国野洲郡長島村五〇〇石と合わせて計一〇〇〇石を知行した。この功績により、後に今川氏の中興の祖とされた。同年十一月十一日の勅使参向の際に日光に赴いたが、その後もしばしば日光代参として日光に赴いた。同三年八月一日、従四位下に昇り、その後もしばしば使者の命を受けて上京した。承応二年（一六五三）九月二十一日、四代将軍徳川家綱が右大臣に転任したことで、その礼使保科正之の差添に命じられて京都に至り、十月二十八日に左少将に進んだ。寛文元年（一六六一）十一月二十四日に死去。享年六十八。法号は浄岑院殿松山青公大居士。市ヶ谷長延寺に埋葬された。（田中暁）

【典拠・参考文献】『寛政譜』第二・二二七～二二八頁、観泉寺史編纂刊行委員会編『今川氏と観泉寺』（吉川弘文館、一九七四年）、大嶌聖子「江戸幕府高家成立に関する一考察」（『史学研究集録』一九、一九九四年）、大石学監修『高家今川氏の知行所支配―江戸周辺を事例として―』（名著出版、二〇〇二年）

今村正長《いまむらまさなが》（一五八八～一六五三）

天正十六年（一五八八）に下田奉行今村重長の長男として誕生する。通称伝四郎。妻は石川八左衛門重次の息女。徳川秀忠に仕え書院番を勤める。大坂の陣の功により、元和元年（一六一五）に合計一三五〇石を給う。同六年三月十八日、目付として出羽国最上に出向く。同九年四月、使番に転じる。寛永二年（一六二五）七月二十五日、上総国望陀・武射両郡の内に采地一三五〇石余を給わる。同三年目付となり、同四年父に代り下田奉行となる。同十年二月十四日、長崎奉行となり、同年二月二十八日付老臣奉書（所謂「寛永十年鎖国令」）を持参し長崎表に赴任して、対外関係の改革にあたる。長崎本博多町の今村屋敷（奉行所）より出火し、市街五・六町が焼け、免職となる。承応二年（一六五三）二月二十五日、下田にて没する。享年六十六。法名日泰。墓所は善立寺。（太田勝）

【典拠・参考文献】『寛政譜』第十三・三八〇頁、「長崎御奉行之事」（『長崎古今集覧』〈『海色』第三輯〉）、金井俊行編『長崎年表』

今村正信《いまむらまさのぶ》（生年未詳～一六四五）

今村彦兵衛勝長の二男として生まれる。伝右衛門を称す。妻は松平庄右衛門昌利の娘。大番組頭であった今村は、寛永二年（一六二五）大坂鉄炮奉行となり、御金奉行も兼帯した。同九月二日、相模国高座郡・武蔵国豊島郡・下総国印旛郡にて三五〇石を知行する朱印状が下される。『オランダ商館長日記』の寛永十六年（一六三九）二月二十七日条には、平戸オランダ商館長フランソワ・カロン宛に、大坂に送付されたカルバリン砲二門の到著を知らせる今村正信らの請取状が掲載されている。正保二年（一六四五）四月十一日に死去。三河国岡崎の善立寺に葬られる。（宮原）

【典拠・参考文献】『寛政譜』第十三・三八一頁、『日本関係海外史料』オランダ商館長日記訳文編之四（下）（東京大学史料編纂所、一九八四年）、大野瑞男『江戸幕府財政史論』（吉川弘文館、一九九六年）

岩佐茂高《いわさしげたか》（一七五〇～没年未詳）

寛延三年（一七五〇）に生まれる。子之吉・郷蔵と称す。父は清水家の近習番を務めた茂伴。母は増田寛頭の息女。妻は山本達固の息女。家禄七〇俵五人扶持。明和三年（一七六六）六月三日、父の遺跡を継ぎ、小普請となる。同五年十二月十五日に初御目見、天明四年（一七八四）閏正月二十六日に勘定となる。寛政四年（一七九二）六月二十一日に関東代官に転じ、同五年から大坂代官となる。同九年正月二十三日、手代の不正を問われ、罪科に処せられ、拝謁をとどめられる。同年二月二十三日に許される。同十年から文化四年（一八〇七）まで越後川浦代官を務める。　（山本）

【典拠・参考文献】『寛政譜』第二十・一五五〜一五六頁、『代官履歴』

岩崎灌園《いわさきかんえん》　（一七八六〜一八四二）

天明六年（一七八六）六月二十六日に御徒岩崎儀左衛門の子として、江戸下谷三枚橋で生まれる。源蔵と称し、諱は常正と名乗り、灌園と号した。父と同じく御徒となったが、植物への関心が高く、相模国大山や鎌倉、下野国日光山などの関東一円、および江戸周辺を踏査して採薬を盛んに行った。文化六年（一八〇九）十月に本草学者小野蘭山の門下となった。同十一年より若年寄堀田正敦から、屋代弘賢が編纂していた『古今要覧稿《ここんようらんこう》』の編集と図画作成手伝を命じられ、主に植物部門を担当した。同十四年に谷中にあった自宅を「又玄堂《ゆうげんどう》」と称し、定期的に本草会を開き、多くの門人を輩出した。文政元年（一八一八）、園芸が流行するなか、『草木育種《そうもくそだてぐさ》』を刊行し、詳細でわかりやすい園芸書として評価された。同九年には、江戸に参府したシーボルトをたずねて植物学について話し合う機会に恵まれた。同十三年、日本で最初の本格的植物図鑑である『本草図譜』全九六巻（九二冊）の刊行が開始された（全巻の完結は灌園没後の弘化元年）。その他に、『採薬時記』『救荒本草通解』『武江産物志』『茶席挿花集』など、本草学者・博物学者として多数の書物を残した。天保十三年（一八四二）正月二十九日に死去。享年五十七。法名は梅林院灌水良園。浅草の永見寺（東京都台東区）に葬られた。　（白根）

【典拠・参考文献】大場秀章『江戸の植物学』（東京大学出版会、一九九七年）、平野恵『十九世紀日本の園芸文化』（思文閣出版、二〇〇六年）、『国書人名辞典』第一巻

岩瀬氏紀《いわせうじのり》　（一七五五〜一八二九）

初め季恩《すえおき》と名乗った。名は氏記とも記す。七郎・式部と称し、任官後は加賀守・伊予守を名乗る。宝暦五年（一七五五）、陸奥国三春藩前藩主秋田延季《のぶすえ》の六男として誕生。母は大江氏。書院番を務めた岩瀬氏以《うじもち》の息女を妻とし、岩瀬家の養子となる。後妻は、定火消等を務めた藤懸永種《ふじかけながたね》の息女。明和五年（一七六八）十二月二十七日に家督を継いだ。知行は一七〇〇石。安永二年（一七七三）六月七日に書院番となり、同四年閏十二月二十二日に中奥番士、寛政五年（一七九三）正月十一日に使番となる。また同年十二月十六日には布衣を着することを許されている。同七年に大坂目付代となり、同八年十月十九日より寄合火事場見廻を兼帯。同九年十二月十四日に駿府町奉行、享和元年（一八〇一）六月十三日に奈良奉行となった。その後は、文化三年（一八〇六）三月四日より普請奉行、同七年十二月二十四日より作事奉行、同十一年十月二十八日からは公事方の勘定奉行となった。翌十二年十一月二十四日には町奉行へ転じ、文政三年（一八二〇）二月八日に大目付日記改となり、同年二月十五日に道中奉行を兼務した。同十二年五月三日には鑓奉行に就任し、同年十二月十四日に死去した。享年七十五。　（山崎）

【典拠・参考文献】『寛政譜』第十五・二二二頁、『柳営補任』

岩瀬忠震《いわせただなり》　（一八一八〜一八六一）

文政元年（一八一八）十一月二十一日、御徒頭の設楽貞丈の三男として生まれる。母は林述斎の妻前原氏の三女で、林大学頭述斎の孫にあたる。天保十一年（一八四〇）二月、書院番の岩瀬忠正の養嗣子とな

り、忠正の長女と結婚する。篤三郎・忠三郎・修理・伊賀守・肥後守などと称した。百里・鷗処などと号した。天保十四年、二十六歳の時に昌平坂学問所の乙科試験に合格した。嘉永四年（一八五一）四月十三日に昌平坂学問所教授に任ぜられる。嘉永六年十月、小性組白須甲斐守組学問所出役より御徒頭となる。安政二年（一八五五）正月には御徒頭から海防掛目付となり、ロシアのプチャーチンの応接のため、安政三年八月にはハリスとの交渉のために下田表へ遣わされ、同年八月二十五日、出精を賞されて諸大夫となった。翌安政四年には長崎表へも御用のために遣わされており、外交専門官として各地で活躍した。また安政五年には琉球人参府御用や朝鮮人来聘御用にも就任している。同五年七月、外国奉行に就任したが、同年九月には作事奉行となり、同年十二月からは宗門改加役となっている。これは以前から岩瀬を表舞台から排除しようとしていた大老井伊直弼によって行われ、少し前には徳川斉昭らが処分にあっていた。安政六年八月二十七日、御役御免となり、部屋住切米も召し上げとなった。忠震は、剣・槍・弓・水泳・砲術などを旗本・御家人に教授する講武所や、幕府の翻訳係である蕃所調所の設立など、幕府の国防強化のための一連の政策に関与した。また安政二年の日露条約修正に始まり、安政四年の日米約定、安政五年の日米修好通商条約・日蘭修好通商条約・日露修好通商条約など様々な国との条約に関係もしくは調印しており、幕末の外交においてなくてはならない存在であった。文久元年（一八六一）七月十一日に死去。享年四十四。（津田）

【典拠・参考文献】『柳営補任』、『旗本百科』第一巻、松岡英夫『岩瀬忠震』（中公新書、一九八一年）

岩田信忍《いわたしんにん》（生没年未詳）

鍬三郎と称す。家禄二〇〇俵。天保七年（一八三六）三月九日、勘定から石見大森代官となる。弘化三年（一八四六）に関東代官、嘉永四年（一八五一）十月二十九日に美濃笠松代官、同七年一月二十四日、美濃郡代となり、布衣を許される。慶応三年（一八六七）八月十三日辞職する。（山本）

【典拠・参考文献】『旗本百科』第一巻・三八〇頁、『代官履歴』

岩手信猶《いわでのぶなお》（生年未詳～一七三二）

名字は「岩出」とも書く。千五郎、藤左衛門と称した。実は紀伊徳川家家臣の岩手信安の子で、義父信上《のぶちか》は、臨終に際して信猶を養子に望んだという。妻は勘定組頭岩手信上《のぶたか》の息女。後妻は深溝正能の娘。岩手家は代々紀伊徳川家に仕えていた家で、寛文四年（一六六四）三月に信猶の祖父信吉の代に幕臣となった。元禄十六年（一七〇三）十一月二十七日に遺跡を継ぎ、小普請組に入る。宝永元年（一七〇四）三月十五日、五代将軍徳川綱吉に御目見《おめみえ》した。享保期に入ると、八代将軍徳川吉宗の享保の改革を推進した実務官僚として活躍する。紀州系の出自と家筋であったことが抜擢の理由であったと考えられている。享保七年（一七二二）六月二十七日に代官となり、相模国酒匂川普請などに従事した。特に享保改革期の町奉行大岡忠相《ただすけ》配下の代官として知られ、荻原乗秀とともに武蔵野新田（新田本村と新田場）の支配にあたった。武蔵野新田支配では、年貢未納などの問題点があった前任者江川英勝の施策を変更し、厳しい年貢納入や定免法《じょうめんほう》による増収を図ったが成果は上がらなかった。同十二年九月には新田開発方役人野村時右衛門・小林平六を新たに任命し新田場の経営にあたらせたが、厳しい取り立てに対する農民の抵抗もあり、同十四年には野村・小林は失脚、岩手と荻原が再び武蔵野新田全体の経営にあたることとなった。この間、同十一年八月晦日、管下の領民が禁制の鉄炮を撃った事件に連座して出仕停止となり、十月晦日に赦されている。信猶は武蔵野新田経営の安定化を見ることなく、同十七年閏五月二日に死去した。法名は日忠。墓所は牛込の円福寺（東京都新宿区）。（実松）

【典拠・参考文献】『寛政譜』第五・一六六頁、大石学『享保改革の地域政策』（吉川弘文館、一九九六年）

岩松秀純《いわまつひでずみ》（一六二〇～一六七六）

元和六年（一六二〇）に新田豊純《とよずみ》の子として生まれる。妻は安藤対馬守家臣井原光隆の息女。初め義純《よしずみ》と名乗り、次郎・万次郎と称した。隠居後幸閑と号した。岩松氏は新田氏一族で足利義純と新田義兼の娘との間に生まれた時兼を祖とする。時兼は新田庄内岩松郷などを与えられ、地頭職として岩松に居住し、岩松を称した。寛永十八年（一六四一）に新田の称号を改めて岩松に復し、代々これを称する。秀純は、寛文三年（一六六三）七月二十日に新田の庶流であることを認められ、新田郡下田嶋にて知行地一〇〇石を加えられて一二〇石を知行する。代々その地に任じ、年ごとに参府して歳首を賀することになった。同年九月朔日、四代将軍徳川家綱に初めて拝謁する。延宝四年（一六七六）九月六日に死去。享年五十七。普門寺に葬られ、後に長楽寺に改装される。（橋本）

【典拠・参考文献】『寛政譜』第十八・三五〇頁、『徳川実紀』第四篇

岩本正利《いわもとまさとし》（一七二四～一八〇六）

享保九年（一七二四）に小性の岩本正房《まさふさ》の三男として生まれる。母は紀伊家の家臣板坂春意の息女で、妻は大奥の老女梅田の養女。辰之助・修理・数馬・内膳と称す。元文二年（一七三七）十二月六日に田安宗武の小性となる。その後、兄正久《まさひさ》の養子となり、寛延二年（一七四九）七月二日に家督を継ぎ、小普請となった。廩米は三百俵。同年十二月二十七日に西丸御小納戸となり、同三年十月二日には小性となった。同年十二月十八日には従五位下内膳正に叙任されている。徳川吉宗の死去によって、宝暦元年（一七五一）七月十二日、寄合に列せられた。同三年六月二十五日に御小納戸となり、その後、同役を二丸・西丸でも務めている。徳川家重の死去によって、同十一年八月四日に役を免ぜられるが、同十二年十一月十五日からは御徒頭となる。同年十二月十五日には西丸御徒頭に就き、明和元年二月十五日からは西丸目付を務めている。安永五年三月二十四日に小普請奉行となり、天明二年十一月二十五日からは普請奉行、さらに同五年九月十日には大目付に任じられた。このとき、二〇〇石を加増され、合計五〇〇石を知行している。同七年三月一日に小性組番頭となり、さらに五〇〇石を加増された。同八年六月一日に西丸書院番頭に転じ、寛政二年（一七九〇）四月二日より書院番頭、同五年五月二十日に御留守居となり、同九年四月十五日に若君（後の徳川家慶）の御側となる。この時に、知行も二〇〇〇石に加増されている。文化三年（一八〇六）八月二十四日に死去、享年八十三。（山﨑）

【典拠・参考文献】『寛政譜』第十九・一一九頁、『柳営補任』

植木玉厓《うえきぎょくがい》（一七八一〜一八三九）

天明元年（一七八一）に生まれる。通称は八三郎。名は、はじめ飛、のち巽、さらに晃。字は子健、居晦。玉厓・鑾峰・桂里などと号し、半可山人の狂号も用いた。火消組与力福原就寿の二男。母は小倉氏。文化二年（一八〇五）頃、大番巨勢日向守組与力植木彦右衛門の養子になる。同三年、昌平黌の甲科に入り、同十二年三月、京の二条城在番となる。翌年五月に任を終えて江戸へ帰る。昌平黌の学友との交遊の中で漢詩の才を磨き、文化五年頃には牛門社、文政七年頃には氷雲社という詩社を結成している。特に狂詩作者の第一人者として知られ、『忠臣蔵狂詩集』は代表作である。天保十年（一八三九）十一月四日に死去。享年五十九。牛込原町の瑞光寺に葬られた。

（湯浅）

【典拠・参考文献】『古典文学』第一巻、森銑三「半可山人植木玉厓」『森銑三著作集第一巻』（中央公論社、一九七〇年）

上坂政形《うえさかまさかた》（一六九六〜一七五九）

元禄九年（一六九六）に生まれる。通称は安左衛門。妻は諏訪因幡守家臣の横関杢の娘。町奉行所の与力を務め、享保十年（一七二五）には町奉行大岡忠相の命を受けて『撰要類集』の編纂に携わった。大岡の腹心ともいうべき彼は、同十七年六月十二日に代官となり、荻原乗秀とともに、当時大岡が地方《じかた》御用の立場で携わっていた武蔵野新田の支配を担当した。政形は新田の保護育成策として、幕府から借り受けた一五〇〇両を年利一割で他村へ貸し付け、その利金を開発料として出百姓の助成に充てるという公金貸付仕法を導入し、開発まもない新田の不安定な経営の克服を図った。大岡忠相による地方御用は、地方巧者を中心とする大岡支配役人と勘定所系統の役人との競合・対抗を通じて、最終的には勘定所の機能の活性化を図る目的があったといわれているが、政形は年貢収取や川除普請などの多方面でこの一連の動きに関わっており、まさに大岡支配役人の典型としての役割を果たした。寛保三年（一七四三）七月、政形は大岡支配から勘定所支配へと異動し、以後は勘定奉行神尾春央の配下の代官として辣腕をふるい、延享三年（一七四六）三月十四日には勘定組頭へ転じ、翌四年正月十九日には御三卿の一つである田安屋形の郡奉行となったが、のち職を辞して小普請組へ入った。宝暦九年（一七五九）四月五日に六十四歳で死去。法名は了悟。牛嶋の弘福寺に葬られた。

（太田尚）

【典拠・参考文献】『寛政譜』第二十一・三一〇頁、大石学『享保改革の地域政策』（吉川弘文館、一九九六年）

上杉長貞《うえすぎながさだ》（一六二三〜一六六二）

元和九年（一六二三）に生まれる。長貴・長重と名乗り、宮内と称した。父は上杉長員《ながかず》、母は大友宗五郎義乗の息女である。妻は近藤彦九郎用義の息女である。長員の父畠山義春が上杉謙信の養子となって上杉を称したが、のち畠山に復した。しかし、謙信に恩を受けたことを偲んで、なお上杉を称したといわれる。父長員は、慶長六年（一六〇一）十一月に初めて徳川家康に拝謁し、下総国印旛・千葉、常陸国河内・信太の四郡に一四九〇石余の知行を賜り、同九年徳川家康の命により二代将軍徳川秀忠に仕えた。同九年八月二十四日に父長員が死去して兄長政が家督を継いだが、兄長政も間もなく死去したため、寛永五年（一六二八）わずか六歳で家督一五〇〇石を継いだ。慶安元年（一六四八）十一月九日奥高家となり、十二月晦日従四位下宮内大輔に叙任された。同二年十月十九日に近衛信尋《のぶひろ》が死去した際には、使者の命を受けて京都に赴いた。同三年九月三日、品川高如とともに徳川家綱付の高家として西丸に勤め、後また本丸に勤めた。承応二年（一六五三）十二月二十八日侍従に昇進した。同三年二月朔日、四代将軍家綱が白書院に出御の時、久能山の鏡を持ち出す役目を担ったほか、同年四月二十八日には公卿の日光社参の際の差添を勤めた。同年八月八日名代として京都へ赴き、明暦元年（一六五五）九月十三日後光明院周忌には、名代として上洛した。同二年正月十一日および九月十二日、日光代参の命を受け、その後もたびたび日光山へ赴いた。同三年正月十二日に名代として京都へ赴き、その後もたびたび京都へ赴いた。同年四月二十日、将軍家綱が寛永寺家光廟に詣でた際、太刀の役を担った。万治四年（寛文元、一六六一）正月二十一日、さきに禁裏が炎上したことにより、命をうけて京都への使者をつとめ、同二年十月二十三日新院御所落成の後、移徙の事を賀す使者を承り、京都に赴いた。しかし、帰路に及んで内侍の宣旨を紛失したため、謝罪の言葉も見つからず、同年十二月三日に自刃に及んだ。享年四十。法名は正雲院了鳳日因である。菩提寺は小石川の蓮華寺である。　（田中暁）

【典拠・参考文献】『寛政譜』第二・二五七頁、『徳川実紀』第三・四篇、『系図纂要』第十冊・六四五頁

上野《うえの》資善《すけたか》　（生没年未詳）

天守番頭上野資郷《すけさと》の長男として生まれる。四郎三郎と称した。妻は一橋家の家臣成田喜太夫勝永の息女。家禄は一〇〇俵で、屋敷は御厩谷にあった。宝暦十一年（一七六一）十二月九日、十代将軍家治に拝謁し、寛政二年（一七九〇）十月二十八日に大番となり、同八年八月六日に御納戸番となった。その後、同十二年六月二十八日に代官に就任し、信濃国中野陣屋（寛政十二年～文化元年）、石見国大森陣屋（文化元年～同七年）に赴任した。文化七年（一八一〇）五月十三日に代官を罷免され、閉門となった。　（高橋）

【典拠・参考文献】『寛政譜』第二十二・二九三頁、「県令譜」（村上直校訂『江戸幕府郡代代官史料集』近藤出版社、一九八一年）、『旗本百科』第一巻、『代官履歴』

上野《うえの》忠恕《ただくみ》　（一七八二～没年未詳）

天明二年（一七八二）に生まれ、清次郎・七郎右衛門を称した。父は一橋家の用人・番頭を務めた上野清五郎忠昌、母は畠山左源太高要の息女。妻は浅野内匠頭長矩の弟大学長広の孫で五〇〇石の旗本浅野長貞の娘。上野家はもと紀伊藩士の家系で、享保元年（一七一六）に七郎左衛門某が吉宗に従って旗本となった家柄である。忠恕は一橋家に仕え、御用人を務めたが、文政十二年（一八二九）八月二十八日に御徒頭に転じた。天保五年（一八三四）九月五日に二丸御留守居となるが、同七年六月七日に辞している。忠恕はまた、菩提寺は四谷の戒行寺である。　（滝口）

【典拠・参考文献】『寛政譜』第十八・四〇二頁、『柳営補任』

上原《うえはら》元常《もとつね》　（一七〇五～一七五一）

宝永二年（一七〇五）に生まれ、松之丞・与右衛門と称した。父は紀伊家で徳川吉宗に仕えて、享保元年（一七一六）に御家人となった上原元近《もとちか》。妻は御小納戸を務めた久《ひさ》田《た》辰之《ときゆき》の息女であった。同五年十二月七日に家督を相続し、寄合となる。同九年九月二十一日に、二丸の御小納戸となり、同年十二月十九日には布衣を着することを許される。同十年六月十九日より西丸に移り、延享二年（一七四五）九月朔日より本丸勤務となった。同四年九月二十八日に御

小納戸頭取へ進み、十二月九日に従五位下備後守に叙任された。宝暦元年（一七五一）八月四日に死去。享年四十七。法名は知休。（山崎）

【典拠・参考文献】『寛政譜』第二十二・六〇頁

植村家政《うえむらいえまさ》（一五八九～一六五〇）

天正十七年（一五八九）、植村家次《いえつぐ》の長男として駿府に生まれる。幸千代・新六郎と称す。妻は植村泰忠《やすただ》の息女。慶長四年（一五九九）十一歳で家康に拝謁し、父の遺跡五〇〇石を賜う。のち秀忠に付属し、小性となる。慶長十三年（一六〇八）御徒頭となり、従五位下志摩守に叙任される。大坂冬・夏両陣に供奉し、その功績から一〇〇〇石の加増を受け、出羽守に改める。元和六年（一六二〇）五月八日、東福門院和子の上洛に供奉する。寛永二年（一六二五）家光に附属し大番頭となり、三五〇〇石を加増。寛永十年（一六三三）四月二十三日、さらに四〇〇〇石を加えられ、同年八月三日、品川での諸番馬揃で褒詞を賜る。寛永十七年（一六四〇）十月十九日、一万六〇〇〇石を加恩される。この時これまでの領地を大和国高市郡内に移し、合計二万五〇〇〇石を領し、高取城を賜わり、職を免じられる。慶安三年（一六五〇）閏十月二十三日死去。享年六十二。了覚日栄本真院と号す。墓所は芝の如来寺。（高見澤）

【典拠・参考文献】『寛政譜』第五・一七四頁、『徳川実紀』第一～三篇、『寛永諸家系図伝』

植村政勝《うえむらまさかつ》（一六九〇～一七七七）

元禄三年（一六九〇）、紀伊藩領の伊勢国飯高郡大津村の枝郷である杉村の郷士の家に生まれた。通称は左平次。妻は木下肥後守の家臣徳永嘉兵衛の娘。宝永七年（一七一〇）十月二十八日に紀伊藩主であった徳川吉宗により御庭方御用に任用され、享保元年（一七一六）の吉宗の将軍就任に伴って幕臣となり、御庭方下役を務めたのち、駒場の薬園預となる。幕命により同五年より宝暦三年（一七五三）までの三〇年以上にわたり全国各地を訪れて薬草見分を行うかたわら、「隠密御用」や「内々御用」といった探索御用を勤めた。寛延二年（一七四九）十二月二十四日に御目見以上の格となって吹上添奉行となり、このとき加増されて家禄は一〇〇俵三人扶持に改められた。宝暦四年（一七五四）七月十七日に職を辞して小普請組に入り、明和元年（一七六四）十一月十六日には致仕して、家督を長男の政辰《まさとき》に譲った。著作には『採薬風土記』『採薬記抄録』『諸州奇蹟談』『諸州名所難所寄書』『諸州採薬記』などがある。安永六年（一七七七）正月八日に八十八歳で死去。法名は観山。武蔵国荏原郡北沢（現世田谷区）の森巌寺に葬られた。（太田尚）

【典拠・参考文献】『寛政譜』第十九・一八八頁、大石学『享保改革の地域政策』（吉川弘文館、一九九六年）

植村泰勝《うえむらやすかつ》（一五七八～一六三四）

天正六年（一五七八）に二位法師植村泰《やす》忠《ただ》の長男として三河国に生まれる。帯刀と称す。妻は本多内記の息女。慶長元年（一五九六）、十九歳で家康に拝謁する。同五年（一六〇〇）の石田三成挙兵の際には本多忠勝に属し岐阜城を攻める。同七年より秀忠に仕え、父とともに上総国勝浦に住す。慶長十六年（一六一一）正月十九日、父の遺跡五〇〇〇石を継ぎ、同十八年（一六一三）七月二十五日には伏見城在番を命ぜられる。翌十九年（一六一四）の大坂冬の陣では阿倍正之と共に尼崎海上の押えとなり、慶長二十年（元和元・一六一五）の大坂夏の陣では本多忠朝に属して先手を勤める。元和五年（一六一九）十二月、大番頭となり、従五位下に叙せられる。寛永十年（一六三三）四月二十三日、四〇〇〇石を加増され、合計九〇〇〇石を知行する。同十一年（一六三四）十二月二十日死去。享年五十七。法名覚翁。墓所は神田無量院（のち小石川に移転）。（高見澤）

【典拠・参考文献】『寛政譜』第五・一八一頁、『徳川実紀』第一～二篇、『寛永諸家系図伝』

鵜飼実道《うかいさねみち》　（一七一一～一七七五）

正徳元年（一七一一）に生まれる。佐十郎と称す。妻は横田氏の息女。享保二十年（一七三五）に御徒となり、支配勘定を経て、元文五年（一七四〇）五月十八日に勘定に列し、評定所留役を務める。延享元年（一七四四）七月十一日、大坂御金奉行に転じ、寛延三年（一七五〇）に関東代官、宝暦五年（一七五〇）に甲斐石和代官、同七年に甲斐甲府代官、同十三年に再び関東代官となる。明和八年（一七七一）五月六日、手代の不正により逼塞、小普請となる。同年十月九日許される。安永四年（一七七五）四月十三日に死去。享年六十五。法名は休意。小石川・大善寺に葬る。（山本）

【典拠・参考文献】『寛政譜』第二十二・一九六～一九六頁、『代官履歴』

牛込勝登《うしごめかつなり》　（一六二二～一六八七）

元和八年（一六二二）に大番牛込三右衛門俊重《とししげ》の三男として生まれる。母は田村兵庫景治の息女。諱は勝脱《かつとき》・勝登《かつなり》と名乗った。求馬・九郎兵衛・忠左衛門と称し、時楽と号した。妻は川勝勘左衛門重氏の息女。後妻は酒井飛驒守重之の養女。慶安三年（一六五〇）九月三日に三代将軍家光の世子家綱（後に四代将軍）の付属となり、西丸書院番となる。承応元年（一六五二）十二月十九日に廩米三〇〇俵を与えられる。寛文三年（一六六三）十一月二十五日に目付役になり、同年十二月二十六日に三〇〇俵を加賜され、同二十八日に布衣を許される。同十一年五月六日に長崎奉行になり、五〇〇石を加増される。長崎奉行在任中に貿易制度の市法貨物商法が施行され、延宝九年（天和元、一六八一）四月九日に同職を辞し、小普請となる。天和二年十二月十八日に隠居し時楽と号する。貞享四年（一六八七）十二月九日に死去。享年六十六。法名は重悉。牛込の宗参寺に葬られ、代々葬地となる。（木崎）

【典拠・参考文献】『寛政譜』第十四・四六～四七頁、清水紘一「長崎奉行一覧表の再検討」（『京都外国語大学研究論叢』第XV号、一九七五年）、『長崎県史 対外交渉編』（長崎県、一九八六年）

牛田頼安《うしだよりやす》　（一六八八～一七五七）

元禄元年（一六八八）に小普請牛田頼氏の長男として生まれる。甚太郎を称す。享保三年（一七一八）十月十九日蔵米二〇〇俵の遺跡を継ぐ。同五年九月三日に御蔵奉行となる。同九年閏四月一日、御蔵奉行の組頭に就く。同十四年五月十九日、払米に関する報告を勘定奉行へ怠ったため、小普請へ。延享四年（一七四七）致仕し、宝暦七年（一七五七）十二月十七日に死去。享年七十。法名は良規。（宮原）

【典拠・参考文献】『寛政譜』第十九・二三一頁

歌川広重《うたがわひろしげ》　（一七九七～一八五八）

寛政九年（一七九七）に江戸八重洲河岸の定火消屋敷で定火消同心の安藤徳右衛門（源右衛門とも）の子として生まれる。母は安藤十右衛門の娘。徳太郎・重右衛門・徳兵衛と称した。このほか一時鉄蔵と称した時期がある。画号には一遊斎・一幽斎・一立斎・立斎などがある。文化六年（一八〇九）、十三歳のときに父が隠退したため、元服して家督を継ぎ、定火消同心を務める。同八年頃に歌川豊広の弟子となり、翌九年には豊広より歌川広重と名乗ることを許される。文政元年（一八一八）頃より錦絵や絵本の挿絵を描いて、その名が登場するようになる。同六年十一月に定火消同心の職を辞して隠退し、嫡子の仲次郎へ家督を譲った。天保二年（一八三二）の「東都名所」シリーズから風景画に新境地を見出し、同三年の「東海道五拾三次」シリーズのヒットにより風景画家としての地位を確立した。これ以後、「京都名所之内」「近江八景」「木曽海道六拾九次」などの作品を次々と生み出し、晩年には大作「名所江戸百景」シリーズに挑んで、これを完成させている。安政五年（一八五八）九月六日に死去。享年六十二。死因は当時流行していたコレラであるともいわれるが、異説もある。法名は顕功院徳翁立斎信士。浅草の東岳寺に葬られた。（太田尚）

【典拠・参考文献】『古典文学』、『日本近世人名辞典』、『北斎・広重』（名宝日本の美術第二三巻、小学館、一九八三年）

宇田川平七《うだがわへいしち》（生没年未詳）

父は御小納戸の宇田川郷右衛門《ごうえもん》。播磨守を名乗った。小普請組徳永伊予守支配から、嘉永五年（一八五二）二月二十三日に御小納戸、同六年九月二十二日に西丸の家定御小納戸となり、安政五年（一八五八）十月六日に家茂の御小納戸となる。慶応二年（一八六六）十一月六日、和宮御用人となる。（吉成）

【典拠・参考文献】『旗本百科』第一巻、『柳営補任』

宇田川榕庵《うだがわようあん》（一七九八〜一八四六）

寛政十年（一七九八）三月九日、江戸日本橋に生まれる。榕・菩薩楼主人・賀寿麻呂大人と称した。大垣藩の医官江沢養樹の長男。母は安子。文化八年（一八一一）、十三歳で津山藩侍医宇田川玄真の養子となった。同九年から漢方医学を能條保庵に、本草学を井岡桜仙に、儒学を松下葛山に学ぶ。同十年頃からは山野で植物採集も行った。同十一年、オランダ通詞馬場佐十郎にオランダ語の和訳を学ぶ。ドゥーフと会談。同十三年、吉雄俊三にオランダ語を師事。文化十四年（一八一七）に津山藩医官、中奥組五人扶持。のち表御番医師となる。文政元年（一八一八）、ブロンホフと会談し、四年後にも対談。同五年（一八二二）には『菩多尼訶経』を著す。同六年、吉雄忠次郎にオランダ語を師事。文政九年（一八二六）、シーボルトと対談。天文方蕃書和解御用訳員となり、家督相続。日本における近代化学の祖ともいわれる。化学・自然科学・歴史・地理・軍事技術・音楽・トランプと多様な分野に興味を示した。全国の主な温泉の成分調査も行ったという。著訳書に『西洋楽律稿』『蘭学重宝記』『植学啓原』『孔保知文』『点類通考』『西洋度量考』『舎密開宗』他多数。また『厚生新編』の翻訳にも参加した。その名は海外にも知られており、つくばねの木にはシーボルトによって Calicopteris Joan Sieb の、シヨウキランにはロシアの植物学者マキシモウィッチによって Yoania Japonica の学名を付けられている。弘化三年（一八四六）六月二十二日に死去。享年四十九。浅草誓願寺長安院に埋葬されたが、現在の墓は多磨墓地。のち岡山県津山市の泰安寺に改葬。法名榕樹院緑舫逍遥居士。幼少期に眼病に罹り眼鏡をかけていた。なお、史料は早稲田大学と津山洋学資料館にある。（岩下）

【典拠・参考文献】水田昌二郎「宇田川榕庵の研究」「宇田川榕庵の研究（Ⅱ）」（日本科学史学会『科学史研究』一四・一五、岩波書店、一九五〇年）、高橋輝和『シーボルトと宇田川榕庵』（平凡社、二〇〇二年）

内方恒常《うちかたつねただ》（生年未詳〜一八一六）

代官内方鉄五郎当高《まさたか》の長男として生まれる。鉄五郎・数馬と称した。妻は代官竹垣庄蔵直照《なおてる》の息女。家禄は一五〇俵で、屋敷は山伏井戸にあった。宝暦十年（一七六〇）十一月二十五日、はじめて十代将軍家治に拝謁し、明和二年（一七六五）十二月二十八日に家督を相続した。同三年七月三日、田安家の近習番となり、安永二年（一七七三）十一月二十一日に御納戸番に転じた。そして、同六年九月五日に代官となり、出羽国尾花沢陣屋（安永六年～天明元年）、但馬国生野陣屋（天明二年～同八年）、江戸在任（天明八年～寛政十一年）に赴任した。寛政十一年（一七九九）正月二十一日、鉄炮箪笥奉行に任命された。文化十三年（一八一六）三月二十九日に変死し、絶家となった。（高橋）

【典拠・参考文献】『寛政譜』第二十二・一一八頁、寺田登校訂『江戸幕府代官竹垣直清日記』（新人物往来社、一九八八年）、『文化武鑑』、『旗本百科』第一巻、『代官履歴』

内田正徳《うちだしょうとく》（生年未詳～一八六三）

主殿頭と称した。安政七年（一八六〇）三月十五日に詰並から大番頭となり、文久二年（一八六二）に軍艦奉行に任ぜられる。また講武所奉行次席の格式を仰せ付けられた。文久三年（一八六三）六月に死去している。（津田）

【典拠・参考文献】『柳営補任』

内田恒次郎《うちだつねじろう》（一八三八～一八七六）

天保九年（一八三八）に小普請支配組頭万年三郎兵衛の子として生まれる。正雄と称し、諱は成章と名乗った。安政四年（一八五七）に長崎の海軍伝習所に入り、航海術や語学を学んだ。同六年九月三日に軍艦操練所教授方手伝として出仕した。万延元年（一八六〇）に書院番内田主膳の聟養子となった。文久元年（一八六一）七月十二日に軍艦組出役を務め、同二年に両番格軍艦役となった。同年に留学生取締役としてオランダに渡り、元治元年（一八六四）十月、同国に依頼して建造した軍艦を開陽丸と命名した。慶応二年（一八六六）十二月二十六日に家督を相続した。知行は一五〇〇石である。同三年五月十日に軍艦頭並となり、同四年正月二十二日には軍艦頭に昇進した。維新後は文部中教授に就任するが、明治六年（一八七三）に職を辞した。著書に編訳の『輿地誌略』があり、広く流布した。同九年（一説に同十年）に死去。享年三十九。（白根）

【典拠・参考文献】『柳営補任』、『舊幕府』（臨川書店、一九七一年）、石黒敬章『幕末明治の肖像写真』（角川学芸出版、二〇〇九年）

内田正信《うちだまさのぶ》（一六一三～一六五一）

慶長十八年（一六一三）に生まれる。権九郎を称す。父は徳川秀忠・家光に仕えて御納戸頭を勤めた正世。母は小川三盆の息女。妻は酒井右近大夫直次の養女。正信は、元和七年（一六二一）、九歳の時に初めて家光に拝謁し、寛永七年（一六三〇）より勤仕する。同九年十二月三日に廩米三〇〇俵を賜い、同十二年十二月二十一日に奥小性となるが、同月晦日、父の采地八〇〇石を相続したことから廩米は停止される（なお、『寛政譜』では弟正友が父の家督を継いだとされる）。翌十三年六月四日より手水番となり、三代将軍家光の仰せによって酒井右近大夫直次の養女と婚姻する。同十四年十二月十四日相模国内で一〇〇〇石加増、翌十五年六月二十九日には従五位下信濃守に叙任された。同十六年十一月十日には下総・常陸両国にて加増をうけて、都合一万石を領し、翌日小性組番頭に昇進する。その後、日光社参への供奉やその路地の巡見、名古屋への上使などを勤め、慶安二年（一六四九）、下野国内にて加増を受けて一万五〇〇〇石を領し、御側出頭を兼務する。同四年四月二十日、家光の死去に伴って殉死した。享年三十九。光徳徹宗理明院と号す。葬地は上野東叡山の現龍院（東京都台東区）。

（小宮山）

【典拠・参考文献】『寛政譜』第十六・七一～七二頁、『寛永諸家系図伝』第十一・八七頁、山本博文『殉死の構造』（弘文堂、一九九四）

内山椿軒《うちやまちんけん》（一七二三～一七八八）

享保八年（一七二三）に生まれる。通称は伝蔵。名は淳時。号は、椿軒の他、江戸の牛込加賀屋敷に居住したことに由来する賀邸。家号は勝賞楼。和歌を坂静山に学び、江戸六歌仙に数えられる。武家の子弟に和漢の学問や和歌を教え、唐衣橘洲や四方赤良、朱楽菅江なども門人である。唐衣橘洲の狂名の命名者でもある。天明八年（一七八八）十一月九日没、享年六十六。法名は常真淳時信士。牛込鳳林寺に葬られたという。

（湯浅）

【典拠・参考文献】『古典文学』第一巻

内山永恭《うちやまながのり》（一七四九～一八二三）

寛延二年（一七四九）に西丸御小納戸の内山永清《ながきよ》の子として生まれる。母は代官などを務めた上坂政形《うえさかまさかた》の息女。妻は御小納戸頭取や作事奉行を歴任した松平乗尹《のりただ》の息女。茂十郎・七兵衛と称す。明和四年（一七六七）十二月九日に十代将軍徳川家治に初御目見する。安永五年（一七七六）十二月十九日に西丸小性組に入る。以後、将軍の鷹狩りに供奉して鳥を射止めたり、大的御弓場などで射手となり、黄金を賜わっている。同八年四月十六日に本丸勤務となるが、天明元年（一七八一）五月二十六日よりは西丸へ戻り、十二月十三日に御小納戸に任じられた。同十六日には布衣を着することを許されている。同三年三月二十九日には家治真筆の鷹の画を賜った。同六年十二月八日に御小納戸兼帯の鷹匠頭となる。同七年三月十七日に家督を相続したが、文政五年（一八二二）七月四日に老年のため御供御免となり、翌年十二月に死去した。享年七十五。

（山崎）

【典拠・参考文献】『寛政譜』第四・一八五頁、『柳営補任』

内山之昌《うちやまゆきまさ》（一七九七～一八六四）

寛政九年（一七九七）に生まれ、彦次郎と称した。内山家は大坂西町奉行所与力の家系で、之昌で七代目にあたる。父は藤三郎といい、文政十年（一八二七）に与力見習となり、天保十三年（一八四二）に西町奉行阿部正蔵の指示で物価引き下げ策を作成したほか、文久元年（一八六一）には融通貸付会所の設立案を作成し、嘉永六年（一八五三）・万延元年（一八六〇）の御用金賦課においても大きな役割をはたした。また大塩平八郎とは対立していたようで、天保八年の大塩の乱の際には最初の標的にされているが、彼は敏腕与力として主に経済政策で活躍し、晩年には勘定格という破格の待遇を受けている。元治元年（一八六四）五月二十日、大坂天神橋上で「天下義勇士」と名乗る者によって暗殺された。その犯人については、彼が新撰組と対立していたことから、新撰組の隊士ではないかといわれている。享年六十八。戒名は大機院之道元昌居士、菩提寺は大坂西寺町の寒山寺（現在箕面市に移転）である。

（滝口）

【典拠・参考文献】幸田成友「大塩平八郎」（『幸田成友著作集』第五巻）、藪田貫「内山彦次郎と大塩平八郎」（『大塩研究』第四〇号、一九九九年）、渡邊忠司『大坂町奉行所異聞』（東方出版、二〇〇六年）

内海利貞《うつみとしさだ》（生没年未詳）

家禄は八〇俵五人扶持である。屋敷は下谷生駒赤門前にあった。安政六年（一八五九）十二月二十五日、勘定・評定所留役

（御目見以上）より代官（永々御目見以上）に任じられ、陸奥国塙陣屋（安政六年～文久元年）、甲斐国石和陣屋（文久元年～同三年）、摂津国大坂（大坂代官）鈴木町北側役宅（文久三年～慶応三年）へ赴任した。慶応三年（一八六七）十二月九日に離職した。

（高橋）

【典拠・参考文献】村上直・荒川秀俊編『江戸幕府代官史料 県令集覧』（吉川弘文館、一九八〇年）、『旗本百科』第一巻、『代官履歴』

鵜殿氏長《うどのうじなが》（一五四九～一六二四）

天文十八年（一五四九）鵜殿長照《ながてる》の長男として生まれる。三郎・新七郎と称した。永禄五年（一五六二）、松平信康と築山殿が石川数正の計らいで岡崎に戻った際、人質だった氏長も駿河に戻った。同十一年より家康に仕え、以後、数々の合戦に参加する。使番をつとめ、大坂の陣に従軍、元和二年（一六一六）に石川忠総《ただふさ》が美濃国大垣から豊後国に転封する際、久貝正俊らと使として大垣に赴く。寛永元年（一六二四）六月十四日に死去。享年七十六。法名は日仙。

（鍋本）

【典拠・参考文献】『寛政譜』第十八・一六三頁、『干城録』巻一二三

鵜殿士寧《うどのしねい》（一七一〇～一七七四）

宝永七年（一七一〇）に生まれる。孟一・左膳・本荘と称し、桃花園と号した。家禄は一〇〇〇石。小性組に属した。荻生徂徠に影響を受けて、服部南郭の門人となり、修辞の説を学んで古文辞の一大家となった。『桃花園遺稿』四巻がまとめられている。安永三年（一七七四）十月二十二日に死去。享年六十五。菩提寺は芝伊皿子の長応寺であったが、寺の移転により荏原郡平塚村（東京都品川区小山）に改葬された。

（栗原）

【典拠・参考文献】東条琴台『先哲叢談後編』六（松栄堂書店、一八九二年）、『日本近世人名辞典』（吉川弘文館、二〇〇五年）

鵜殿団次郎《うどのだんじろう》（一八三一～一八六八）

天保二年（一八三一）に長岡藩士鵜殿長義の子として生まれる。諱は長養。雅号は春風。藩校崇徳館で学び、安政二年（一八五五）に出府し、東条英庵や手塚律蔵に師事してオランダ語・英語を学んだ。同六年には越前大野藩主土井利忠に招聘され、西洋型帆船大野丸に乗って樺太を往来した。数学・天文学・航海術・測量術などに優れ、勝海舟の推薦によって文久二年（一八六二）三月に蕃書調所数学教授方出役となり、神田孝平とともに数学教育に従事した。元治元年（一八六四）十二月二十六日には幕府に取り立てられ、歩兵差図役となった。慶応二年（一八六六）七月には、長岡藩主牧野忠恭《ただゆき》に軍制改革に関する建議を提出している。同三年九月七日に富士見御宝蔵番格歩兵差図役勤方より軍艦役格へと転じ（『藤岡屋日記』第十五巻）、同年十月には海軍伝習の生徒取締となった（『海軍歴史』巻十九）。同四年正月二十八日には目付に昇進している。戊辰戦争期には勝海舟とともに恭順論を唱え、江戸開城に際しては海舟と西郷隆盛との間を周旋したという。西郷も団次郎の識見に敬服し、薩摩藩に招致する用意があったといわれる。明治元年（一八六八）十二月九日、三十八歳で死去。墓は新潟県長岡市の昌福寺にある。戒名は文海院殿義倫英忠居士。著作に『万国奇観』『万国紀略』『万測精要』『度学造則』などがある。なお団次郎の弟白峰駿馬《しらみねしゅんめ》は、文久二年に出府し、海舟の門人となり、神戸海軍操練所で航海術を学んだ。その後、坂本龍馬の結成した海援隊で活躍し、明治元年にはアメリカに留学、造船学を学んだ。

（藤田）

【典拠・参考文献】『柳営補任』、『越佐維新志士事略』（越佐徴古館、一九二二年）、宮地正人「混沌の中の開成所」（『学問のアルケオロジー』東京大学出版会、一九九七年）

鵜殿長居《うどのながおき》（一七六三～没年未詳）
宝暦十三年（一七六三）に鵜飼長宇《ながいえ》の長男として生まれる。安太郎・十郎左衛門と称した。母は石野範至の娘。妻は長田守教の娘。天明四年（一七八四）八月五日に家督を継いだ。同年十二月二十二日、西丸小性組となり、同六年閏十月二十日に本丸小性組、寛政八年（一七九六）十二月十日には再び西丸小性組となった。享和元年（一八〇一）四月十二日に使番となり、文化五年六月十四日、大坂目付代となった。
（上野）

【典拠・参考文献】『寛政譜』第十二・一七七頁、『旗本百科』第一巻

鵜殿長鋭《うどのながとし》（一八〇八～一八六九）
文化五年（一八〇八）に熊倉茂寛の子として生まれ、同十四年に鵜殿長快の養子となる。吉之丞・甚左衛門・民部少輔と称した。隠居後は鳩翁と号す。文政二年（一八一九）に家督を相続し、同八年に御小納戸、同十二年には西丸御小納戸となるが、天保八年（一八三七）に本丸御小納戸に復した。嘉永元年（一八四八）、目付となり、同五年には諸大夫に任ぜられて民部少輔を名乗る。嘉永六年（一八五三）にペリー率いる艦隊が来航すると、海防掛として攘夷を主張したが、翌年のペリー再来航時には、日米和親条約締結の際の応接係を命じられた。将軍継嗣問題で一橋派に属したため、井伊直弼の大老就任後は駿府町奉行に左遷され、安政六年（一八五九）九月には免職となり隠居を命じられた。万延元年（一八六〇）には名を鳩翁と号した。文久三年（一八六三）二月五日、将軍徳川家茂上洛警護のために結成された浪士組取締役に就任するが、新撰組と新徴組に分裂すると辞職した。明治二年（一八六九）に死去。墓所は静岡市葵区の本要寺。
（上野）

【典拠・参考文献】『明治維新人名辞典』（吉川弘文館、一九八一年）

鵜殿長直《うどのながなお》（生年未詳～一六三三）
鵜殿長次の二男として生まれる。母は鵜殿玄長の息女。新三郎と称した。徳川秀忠に仕え、小性組番士となり、常陸国真壁郡のうちに采地五〇〇石を与えられる。元和二年（一六一六）九月十五日に家光（のち三代将軍）付属となり、番士の筆頭役となる。同九年六月十二日、小十人組の番頭に転じて、下総国葛飾郡内で二〇〇石の加増を受ける。その後、小性組組頭となり、寛永三年（一六二六）三月に目付となる。相模国大隅郡にて三〇〇石の加増を受けて、同十年二月二十二日に死去。法名は日円。菩提寺は伊皿子《いさらご》の長応寺（東京都港区）。
（鍋本）

【典拠・参考文献】『寛政譜』第十二・一七三頁、『干城録』巻一二三

鵜殿長寛《うどのながひろ》（生年未詳～一六六四）
鵜殿藤右衛門長堯の長男として生まれる。藤助を称す。妻は大久保権右衛門忠為の娘。寛永七年（一六三〇）より大番を務める。のちに遺跡五〇〇石を継ぎ、寛文二年（一六六二）十一月七日に大番組頭となる。同年十二月二十二日には蔵米二〇〇俵を新規に加増される。同四年に死去。
（宮原）

【典拠・参考文献】『寛政譜』第十二・一七三頁

鵜殿長逵《うどのながみち》（一七〇九～一七七一）
宝永六年（一七〇九）に、進物の役を務める鵜殿長舊《ながもと》の子として生まれる。妻は大坂町奉行などを歴任した小濱隆品《たかしな》の息女。豊之助・十郎左衛門と称する。致仕号は雲晴。正徳五年（一七一五）十二月二十六日に家督を継いだ。享保十六年（一七三一）

三月五日に書院番となり、寛保元年（一七四一）六月八日より進物の役を務める。寛延二年（一七四九）正月十一日に使番へ進んだ。この年、上野国安中城の引き渡しの役も務めている。宝暦三年（一七五三）三月朔日に目付となり、同六年閏十一月二十五日に、久能山御宮修造に携わった功により、黄金十枚を賜っている。同十二年二月十五日に大坂町奉行に就任。同年閏四月朔日には従五位下出雲守に叙任されている。明和五年（一七六八）三月十六日に辞職して寄合に入る。同八年三月二十六日に致仕し、同年六月二日に死去した。享年六十三。法名は日義という。（山﨑）

【典拠・参考文献】『寛政譜』第十二・一七七頁

梅沢守義《うめざわもりよし》（一八一七〜一八八一）

文化十四年（一八一七）に生まれる。実父は水戸藩士の鉄炮方師範国友吉兵衛尚之で、守義は三男。養父は水戸藩士梅沢孫太郎。母は鈴木光篤の息女。はじめ亮といい、明治になって守義とした。辰三・孫太郎と称した。はじめ水戸藩士で、御徒目付・吟味役・大納戸奉行となるが、安政六年（一八五九）水戸藩主徳川斉昭《なりあき》の蟄居の際に馬廻組に貶《おとし》められる。文久二年（一八六二）十一月に江戸へ出て国事に尽力し、同年十二月の一橋慶喜の上京の際に随行し、元治元年（一八六四）四月八日、京都で一橋家に雇い入れられ用人見習となる。慶応元年（一八六五）十一月十日、幕府から三〇人扶持を賜る。同二年八月十七日、薩摩藩・土佐藩・佐賀藩・熊本藩等へ遣され、それぞれ藩主等の上京を促す。九月十七日（十九日とも、また十月とも）に幕臣となり両番格奥詰、同日には目付となり、家禄は一〇〇俵に加増された。同年十月、広島藩主らの上京を促すため広島へ派遣される。同年十二月二日に布衣を許され、同三年四月二十五日には滞京を命じられる。同年八月兵庫開港を慶喜に勧めたとして、原市之進とともに幕府の同心鈴木豊太郎らに命をねらわれるが、梅沢は難を逃れた。同年十二月朔日、公家や大名らとの旋廻に奔走するため、毎年金三〇〇両を支給される。同月十二日、慶喜の大坂退去にともない二条城を守り、翌正月五日、鳥羽伏見の戦が勃発した際には、新政府側の名古屋藩付家老成瀬正肥《まさみつ》に二条城を引き渡す。明治元年（一八六八）二月五日、東北国筋御用のため派遣された。同年三月二日に留守居格大目付となり、同年三月七日（十日とも）には東山道総督岩倉具定のもとへ上野寛永寺で謹慎している慶喜の哀請書を届けた。同年四月五日、慶喜の水戸行きに随従した。その後も慶喜に随行し、慶喜家の家令となる。明治十四年（一八八一）五月二十日に病死した。享年六十五。静岡の宝台院（静岡県静岡市）に葬られ、墓は沓谷霊園（静岡県静岡市）に現存する。（竹村）

【典拠・参考文献】『柳営補任』、『続徳川実紀』第五篇、辻達也編『新稿一橋徳川家記』（続群書類従完成会、一九八三年）、『維新史料綱要』全十巻（東京大学出版会、一九八三〜八四）、渋沢栄一『徳川慶喜公伝』巻四（平凡社、一九六八年）、『明治維新人名辞典』（吉川弘文館、一九八一年）、『幕臣人名』、前田匡一郎『慶喜邸を訪れた人々―「徳川慶喜家扶日記」より』（羽衣出版、二〇〇三年）

浦上直方《うらがみなおかた》（一六九八〜一七五七）

元禄十一年（一六九八）に浦上家の家臣下村三大夫某の子として生まれる。妻は浦上重直の息女で、直方は重直の聟養子となる。弥五左衛門と称した。浦上家は代々紀伊家に仕え、直方も紀伊家にて吉宗に仕えた。享保元年（一七一六）の吉宗将軍就任に従って幕臣となる。同年六月二十五日に御小納戸となり、廩米三〇〇俵を与えられ、同年七月二十二日に布衣を許される。同十年四月三日の小金野鹿狩において時服四領を与えられ、同十一年四月一日の小金野遊猟においても時服四領を与えられる。同十三年四月に行われた吉宗の日光社参に供奉した。延享四年（一七四七）十一月二十九日に辞職して寄合となる。宝暦七年（一七五七）九月二十四日に死去。享年六十。法名は徹心。菩提寺は市谷の長龍寺であったが、後に同寺は高円寺に移される。（栗原）

【典拠・参考文献】『寛政譜』第二十・四二八頁、辻達也編『一橋徳川家文書摘録考註百選』（続群書類従完成会、二〇〇六年）

海野弼幸《うんのみちゆき》（一六七九～一七四〇）

延宝七年（一六七九）に海野幸光の長男として生まれ、海野幸径《ゆきつね》の養子となる。源五郎と称した。妻は佐藤伊右衛門包教の娘。元禄九年（一六九六）七月九日、父の死去に伴い家督を相続し、のち支配勘定を務め、正徳五年（一七一五）十一月五日、旗本に列して勘定となる（稟米一五〇俵）。享保十一年（一七二六）十月九日、大判の改鋳の功により黄金一枚を賜る。十五年四月二十二日、勘定留役より二条御蔵奉行となる。元文五年（一七四〇）五月十四日に二条において死去。享年六十二。法名は無著。早稲田の宗参寺に葬られる。（堀）

【典拠・参考文献】『寛政譜』第十一・六八頁、『柳営補任』

雲楽山人《うんらくさんじん》（一七六一～没年未詳）

宝暦十一年（一七六一）に生まれる。姓は長坂、名は高景。通称は源之助。旗本朝倉景保の五男。天明期頃（一七八一～一七八九）幕臣長坂家の婿となり、天明八年に二十八歳で家督を相続し、長坂高景として書院番士などを勤める。天明元年から五年にかけて、洒落本などを著し、四方赤良などとともに当時の知名作者としてあげられている。同時期、狂歌集にも雲楽山人作の狂歌が見えるが、天明五年秋のものを最後に、その狂歌は確認できていない。（湯浅）

【典拠・参考文献】『寛政譜』第十九・八四頁、『古典文学』第一巻

え

江川英武《えがわひでたけ》（一八五三～一九三三）

嘉永六年（一八五三）四月五日、伊豆韮山に生まれる。通称籌《ちゅう》之助《のすけ》、のち太郎左衛門と称した。号春録。韮山代官江川英龍の五男。文久二年（一八六二）十二月、兄英敏の跡を継ぎ、韮山代官となる。鉄砲方を兼帯、講武所教授方を務める。明治維新にあたっては新政府側に帰順し、明治二年（一八六九）六月、韮山県知事となる。同四年九月、海軍省より、海軍将帥学・砲術修行のため留学を命ぜられ、岩倉使節団とともに渡米、同十二年十月帰国。内務省のち大蔵省に出仕するも、同十九年に辞職。同年、町村立伊豆学校の校長となる。昭和八年（一九三三）十月二日、神奈川県葉山にて死去。享年八十一。伊豆韮山本立寺《ほんりゅうじ》に葬る。（工藤）

【典拠・参考文献】「系譜書抜」「江川英武履歴大要」（江川文庫蔵）、戸羽山瀚『江川坦庵全集』（巌南堂書店、一九五四年）、『韮山町史』第六巻上（韮山町史刊行委員会、一九九二年）

江川英龍《えがわひでたつ》（一八〇一～一八五五）

享和元年（一八〇一）五月十三日、韮山代官江川英毅《ひでたけ》の二男として生まれる。幼名芳次郎、後に邦次郎。通称太郎左衛門。字は九淵《きゅうえん》、坦庵《たんなん》と号した。正室は旗本北条氏征の娘越。幕末の幕臣で西洋砲術家。書画詩文にも優れ、多くの作品を残している。天保六年（一八三五）五月、韮山代官となる。英龍は、天保の飢饉で疲弊した宿村の立て直しに努め、特に同九年五月に当分預かりを命じられた甲斐国都留郡においては「世直江川大明神」と称されるほどの治績をあげた。嘉永四年（一八五一）には、支配地域で種痘を実施したことでも知られる。また、伊豆・相模の海岸線を多く抱える韮山代官としての立場から、海防問題に深い関心を寄せていた。幡崎鼎・渡辺崋山・高野長英ら蘭学者と親交を結び、世界情勢と西洋の軍事技術に関する情報収集を進め、その知識を援用して、「備場（台場）の整備」「洋式海軍の創設」「農兵制度の採用」など、幕府に対して積極的に海防政策を建議していった。天保十二年（一八四一）四月十日、高島秋帆《しゅうはん》に入門し、西洋砲術を習得。翌十三年九月に西洋砲術教授を幕府より許可され、佐久間象山をはじめとする門弟への教授を開始した。同年十二月、布衣の着用を許される。弘化三年（一八四六）五月、鉄砲方兼帯を命じられる。これにより、西洋砲術（高島流）は幕府の採用する正式な砲術流派のひとつとなった。嘉永六年（一八五三）六月のペリー来航を受けて、勘定吟味役格、八月には海防掛に任じられ、江戸湾防備策の立案および実施に取り組むこととなった。同月、江戸湾内海台場築造の命を受け、品川沖に一一基の台場（間隔連堡）の築造を計画。安政元年（一八五四）十一月までに、陸上の御殿山下台場を含め、六基の台場が竣工した。嘉永六年八月、台場配備砲鋳造のため、江戸湯島桜馬場に製砲所を設けて青銅砲の鋳造を開始。同年十二月には、鉄製砲鋳造用の反射炉を、伊豆国賀茂郡本郷村において着工した（翌年三月、敷地内にアメリカ人水兵が侵入したため、田方郡中村に移転）。安政元年十一月、安政の大地震によって座礁、後に沈没したロシア使節プチャーチンの乗艦ディアナ号の代船建造を担当した。翌安政二年三月に竣工した日本初の西洋式帆船は、建造地の名を取って「戸田《へだ》号」と名付けられた。同二年正月十六日、本所南割下水の江戸屋敷において死去。享年五十五。法名は修功院殿英龍日淵居士。伊豆韮山本《ほん》立寺《りゅうじ》に葬る。

（工藤）

【典拠・参考文献】「系譜」（江川文庫蔵）、戸羽山瀚『江川坦庵全集』（巌南堂書店、一九五四年）、『江川文庫古文書史料調査報告書』（静岡県教育委員会、二〇〇七年）、仲田正之『韮山代官江川氏の研究』（吉川弘文館、一九九八年）

江川英敏《えがわひでとし》（一八四三〜一八六二）

天保十四年（一八四三）に生まれる。保之丞、のち太郎左衛門と称した。父は韮山代官江川英龍。安政二年（一八五五）二月、父の跡を継ぎ、韮山代官となる。鉄砲方を兼帯。同三年三月より、講武所教授方。同年六月に開設された芝新銭座大小砲習練場において、番方を中心とする幕臣および諸藩士に西洋砲術を伝授した。また、同五年三月には、父英龍が着手した韮山反射炉を完成させ、鉄製砲の鋳造に成功している。文久二年（一八六二）八月十五日に死去。享年二十。法名は聴達院殿英敏日恵居士。伊豆韮山本立寺《ほんりゅうじ》に葬る。

（工藤）

【典拠・参考文献】「（江川家）系譜」、「江川家過去帳」（江川文庫蔵）、戸羽山瀚『江川坦庵全集』（巌南堂書店、一九五四年）、『韮山町史』第六巻上（韮山町史刊行委員会、一九九二年）

江連尭則《えづれたかのり》（生没年未詳）

安政七年（一八六〇）一月二十七日から書物奉行を勤めた江連小市右衛門《こいちえもん》（禄高一〇〇俵）の子として生まれる。兄は、八王子千人頭の原半左衛門。真三郎と称し、加賀守を名乗った。嘉永六年（一八五三）に昌平坂学問所教授世話心得となり、文久元年（一八六一）十一月二十二日に小性組番士として系図清書御用を勤めたことを理由に褒美を与えられた。同三年八月十四日に洋書調所頭取となり、同年八月二十一日に目付に進んだ。同年十一月に箱館へ、元治元年（一八六四）七月に京都へ派遣された。同年九月十六日に外国奉行（二〇〇〇石高）となり、慶応四年（一八六八）一月の鳥羽・伏見の戦に参加した。同年閏四月五日に開成所奉行、同年五月二日に大総督府（明治新政府）の居留地奉行となり、翌明治二年（一八六九）に、遠州横須賀奉行支配割付、三年、静岡学問所付属小学校頭取、同十七年、東多摩郡郡長となる。（筑紫）

【典拠・参考文献】『続徳川実紀』第三・五篇、『諸向地面取調書』、『柳営補任』、前田匡一郎『駿遠へ移住した徳川家臣団』第四編（二〇〇〇年）

榎本武揚《えのもとたけあき》（一八三六～一九〇八）

天保七年（一八三六）八月二十五日、下谷御徒町柳川横町組屋敷に生まれる。釜次郎・梁川・柳川と称した。円兵衛武規の次男。母は一橋民部卿殿御馬預役林代次郎正利の娘こと（見松院）。妻は林洞海長女多津。田辺石庵に儒学を、友野雄介に漢学を、江川太郎左衛門にオランダ語を、中浜万次郎に英語を師事。弘化四年（一八四七）、昌平黌に入学（嘉永三年の説あり）し、嘉永六年（一八五三）に卒業。安政元年（一八五四）三月、箱館奉行堀正熙に随行し蝦夷地を視察。安政二年、昌平黌に再入学。同年、長崎海軍伝習所員外聴講生。同三年に昌平黌退学、長崎海軍伝習所第二期幕府伝習生。カッテンディーケやポンペらに機関学や航海術・兵学・化学を師事。安政五年、築地海軍操練所教授。文久二年（一八六二）にはオランダ留学生となり、同三年ロッテルダム着。船具・運用・砲術・機関学を兵学校で、フィッセリングから国際法を学ぶ。元治元年（一八六四年）、デンマーク戦争に観戦武官で従軍。慶応三年（一八六七）三月二十六日に帰国。五月十二日軍艦役、開陽丸乗組頭取、家禄一〇〇俵。七月八日に軍艦頭並。九月十八日に軍艦頭。同年結婚。明治元年（一八六八）一月二十三日に海軍副総裁。八月十九日、品川沖より旧幕艦隊八隻を率い脱走。十月二十五日に五稜郭、箱館占領。十二月十五日、蝦夷島総裁。明治二年五月十八日、五稜郭を開城し箱館戦争終結。投獄。明治五年三月六日放免、八日開拓使四等出仕、北海道鉱山検査及び物産取調べを行う。明治六年一月十七日、開拓使中判官。明治七年一月十四日、海軍中将、十八日ロシア特命全権公使。明治八年五月七日、ロシア外務大臣ゴンチャロフと樺太・千島交換条約調印。明治十一年に帰国。明治十二年二月十二日、条約改正取調御用掛。九月十日、外務省二等出仕。十一月六日外務大輔、十八日議定官。同年地学協会副社長。明治十三年海軍卿。五月七日宮内庁御用掛、一等官。明治十五年五月二十七日、皇居造営事務副総裁。八月十二日、駐清特命全権公使。明治十八年に帰国、十二月二十二日、第一次伊藤内閣逓信大臣。明治二十年五月二十四日に子爵となる。明治二十一年四月三十日、第一次黒田内閣成立に伴い農商務大臣兼任。五月電気学会初代会長。同年日本家禽協会会長。明治二十二年三月二十二日、文部大臣。第一次山縣内閣でも留任。明治二十三年枢密顧問官。明治二十四年三月六日育英黌農業

科（現東京農業大学）設立。五月二十一日、第一次松方内閣外務大臣。明治二十五年四月十二日、条約改正案調査委員。八月八日枢密顧問官。同年工学会副会長、日本気象学会会頭。明治二十六年十一月十一日、補議定官。同年殖民協会会頭。明治二十七年一月二十二日、第二次伊藤内閣農商務大臣。第二次黒田、第二次松方内閣でも留任。四月臨時博覧会事務総裁。明治三十一年工業化学会会長、大日本窯業協会会長。科学技術や国際法に精通し、移民を積極的に推進した。訳著に『流星刀記事』『西比利亜日記』『石鹸製造法』『朝鮮事情』等。明治四十一年十月二十七日に死去。享年七十三。海軍葬。墓は東京の駒込吉祥寺。　（岩下）

【典拠・参考文献】加茂儀一『榎本武揚―明治日本の隠れたる礎石』（中央公論社、一九六〇年）、榎本隆充編『榎本武揚未公開書簡集』（新人物往来社、二〇〇三年）、榎本隆充・高成田享編『近代日本の万能人・榎本武揚』（藤原書店、二〇〇八年）、東京農大榎本・横井研究会編『榎本武揚と横井時敬―東京農大二人の学祖―』（東京農業大学出版会、二〇〇八年）

榎本道章《えのもとどうしょう》　（一八三〇～没年未詳）

文政十三年（一八三〇）に生まれる。実父は勘定奉行次席扱いの荒尾石見守成允の家臣高林忠大夫で、養父は御徒組頭の榎本林右衛門（禄高一〇〇俵）である。亨造《きょうぞう》と称し、対馬守と名乗った。弘化四年（一八四七）六月に養父林右衛門が老衰のために御徒組頭を辞職すると、同月二十五日に御徒に召し抱えられた。嘉永二年（一八四九）十二月に御仕置《おしおき》例類集認《したためかた》方御用出役を命じられ、また同七年（安政元、一八五四）六月に御仕置評議書の認御用を命じられ、さらに同年八月に御触書認方御用を命じられた。文久元年（一八六一）九月に支配勘定、翌二年九月に評定所留物役当分助となり、同三年七月に一橋慶喜《よしのぶ》付の目付に進み、元治二年（慶応元・一八六五）三月に慶喜付の物頭となって御目見以上の扱いとなった。同年八月に慶喜付の用人見習となり、翌二年四月に慶喜付用人となって布衣を許された。同年八月二日に大坂で幕府の目付に任じられ、同三年十二月に諸大夫に列した。翌四年一月に前将軍慶喜に供奉して幕府軍艦で大坂から帰府した。同年三月三日に御役御免となり寄合に列し、同年四月七日に蟄居を命じられた。　（筑紫）

【典拠・参考文献】『続徳川実紀』第四・五篇、『柳営補任』、『幕臣人名』第一巻

江原素六《えばらそろく》　（一八四二～一九二二）

天保十三年（一八四二）生まれ。通称は鉄三郎。慶応四年（一八六八）二月、砲兵差図役頭取勤方から御持小筒組之頭となる。さらに同年、撤兵頭にも任ぜられた。同年十月、陸軍御用重立取扱に任ぜられ、阿部潜と共に沼津兵学校と生育方を統轄した。明治維新後は自由党・憲政党・立憲政友会に所属している。また残留士族として士族授産、殖産興業を目指し経済活動を行っていた。他に明治十七年（一八八四）設立の旧交会の特別会員や、大正九年（一九二〇）には旧幕臣とその子孫を会員に、懇親を目的とした葵会の会頭（会長）となるなど、旧幕臣同士の交流の場にも登場している。さらにクリスチャンとしてカナダ・メソジスト教会に所属。大正期にいたるまでクリスチャンの政治家、教育者として活躍した。大正十一年（一九二二）五月十九日に死去。　（津田）

【典拠・参考文献】『柳営補任』、樋口雄彦『旧幕臣の明治維新　沼津兵学校とその群像』（吉川弘文館、二〇〇五年）、同『沼津兵学校の研究』（吉川弘文館、二〇〇七年）、『旗本百科』第一巻

遠藤胤城《えんどうたねき》　（一八三八～一九〇九）

天保九年（一八三八）六月五日に生まれる。通称は廸若・廸吉、叙爵《じょしゃく》して美濃守・備前守・但馬守を名乗った。近江国三上藩主で若年寄を勤めた遠藤胤緒《たねお》（禄高一万二〇〇〇石。胤緒の実父は老中戸田氏教《うじのり》）の三男として生まれた。母は小谷氏。弘化二年（一八四五）十二月に父胤緒の養嗣子胤昌（美濃国高須藩主松平義建の弟）の養子となる。文久三年（一八六三）十月に嫡孫《ちゃくそん》承祖《しょうそ》して、胤緒の家督を継いで三上藩主となる。元治元年（一八六四）六月に講武所奉行となり、慶応元年（一八六五）五月に将軍家茂に従って大坂に赴く。同二年十二月、江戸で陸軍奉行並となる。同四年（一八六八）、新政府軍に従って各地で警護にあたり、明治元年（一八六八）十月に明治天皇に拝謁した。同二年六月に三上藩知事、同三年四月、和泉吉見に転封して吉見藩知事となり、同四年七月、廃藩置県により免職。同十七年（一八八四）に子爵に叙せられ、同四十二年（一九〇九）十一月九日に七十二歳で死去した。　（筑紫）

【典拠・参考文献】滋賀県教育会編『近江人物志』（一九一七年）、橋本正編『野洲郡史』（臨川書店、一九九八年復刻）

遠藤将勝《えんどうまさかつ》　（一六八三～一七四八）

天和三年（一六八三）に生まれる。通称は又三郎。妻は近江国彦根藩井伊家家臣の久田見法徹の息女。享保三年（一七一八）九月二十九日に御徒《かち》として召抱えられ、のち支配勘定となる。元文三年（一七三八）五月二十四日に勘定となり、旗本身分となる。寛保元年（一七四一）十一月二十二日に関東地方の検地の命を受ける。同三年六月二十五日に代官となり、甲斐国石和陣屋に赴任。前任の増田太兵衛の死去によるものであった。このとき禄高は七〇俵五人扶持。延享三年（一七四六）二月十日に病気を理由に辞職して小普請入り。寛延元年（一七四八）四月九日、六十六歳で死去。法名は勝藤。小日向の金剛寺に葬られ、同寺は遠藤家代々の墓所となった。　（実松）

【典拠・参考文献】『寛政譜』第二十・二四四頁、『江戸幕府郡代代官史料集』（近藤出版社、一九八一年）

遠藤易全《えんどうやすよし》　（一七五六～一八〇五）

宝暦六年（一七五六）に御納戸番組頭阿部正旨《まさむね》の三男（実は五男）として生まれる。易全は「やすまさ」とも。庄九郎・六郎右衛門と称す。母は大番組頭佐々布《ささふ》利有《としあり》の息女。小普請遠藤続庸《つぐつね》の養女（実は続庸の妹）を妻として続庸の養子となり、明和八年（一七七一）十二月六日に家督を継ぐ。家禄は五〇〇石。後妻は大目付安藤惟徳《これのり》の息女。天明六年（一七八六）六月五日に西丸の御納戸番、同年閏十月二十日に御納戸番、同七年正月二十三日新番、寛政三年（一七九一）五月七日に一橋家の物頭となり、後に同家の用人見習となり布衣を許され、その後用人となる。寛政十三年（一八〇一）二月十二日に幕府の御徒頭に転じ、文化二年（一八〇五）十月二十二日に死去。享年五十。菩提寺は牛込の宝泉寺（東京都新宿区）か。　（竹村）

【典拠・参考文献】『寛政譜』第十五・二四九頁、『柳営補任』、『続徳川実紀』第一篇

お

大井三郎助《おおいさぶろうすけ》（一八一八～一九〇二）

文政元年（一八一八）七月に御徒組頭津田夢友（勝六）の三男として生まれる。御徒大井門次郎正光の養子となった。扇三郎・万三郎と称し、如川と号した。弘化二年（一八四五）四月二十一日に御徒見習となり、同三年六月六日、養父門次郎の隠居により、家督を相続して御徒となった。家禄は七〇俵五人扶持である。同四年二月七日に長崎奉行組与力への出役を命じられ、嘉永元年（一八四八）四月九日には長崎奉行手附に出役替えとなった。同二年四月三日より目安方掛を担当した。同六年七月十七日、ロシア海軍提督プチャーチンが軍艦四艘で来航すると、御用取扱掛を命じられた。このとき、補佐官として同乗していたゴンチャロフは著書『日本渡航記』のなかで、大井三郎助を「サブロスキー」という名で紹介している。安政二年（一八五五）六月六日に支配勘定格長崎奉行手附となり、同四年十月二十二日、支配勘定になった。文久三年（一八六三）十二月二十四日には御勘定に昇進した。慶応元年（一八六五）五月、長州再征討のために十四代将軍徳川家茂が上洛した際、これに供奉した。同四年四月七日に「永々御目見以上」を申し渡され、同月十日、鳥羽伏見の戦い以後謹慎していた徳川慶喜が上野寛永寺から水戸へ移るにあたり随従した。同年七月十三日、徳川宗家の駿河移封にともない、地方役を命じられて、慶喜とともに静岡に移住した。明治五年（一八七二）三月十八日に隠居し、四月に家族一同、東京に移転した。同三十五年三月十二日に死去。享年八十五。法名は桃源院大量如川居士。大井氏の菩提寺は下谷の正洞院《しょうとういん》（東京都台東区）。　（白根）

【典拠・参考文献】大井昇『幕臣サブロスキー　江戸と長崎で終焉を見た男・大井三郎助の生涯』（長崎文献社、二〇〇八年）、深井雅海・藤實久美子共編『江戸幕府役職武鑑編年集成』（東洋書林、一九九九年）

大井正一郎《おおいしょういちろう》（一八一五～一八三七）

文化十二年（一八一五）に生まれ、釗一郎・正一郎と称した。父は大坂定番（玉造口）遠藤但馬守組与力大井伝次兵衛で、幼年より素行が悪く、見兼ねた父の同僚坂本鉉之助が天保六年（一八三五）三月、大塩平八郎の私塾洗心洞に入塾させたという。同八年二月十九日、大塩挙兵の際に彦根藩家老宇津木家出身で大塩門人の宇津木矩之允（靖）を槍で殺害した。その後大塩隊の先鋒を務めたが、挙兵失敗後の三月下旬に京都で捕らえられ、四月二日に大坂奉行所に引き渡されたあと、評定所において吟味のため江戸に召喚された。正一郎は吟味中に牢死したが、死後塩詰の死骸を大坂三郷引き廻しの上磔となった。享年二十三。　（滝口）

【典拠・参考文献】幸田成友「大塩平八郎」（『幸田成友著作集』第五巻）

大井永昌《おおいながまさ》（生没年未詳）

小十人大井新太郎昌睦《まさちか》の長男として生まれる。母は秋野半蔵守義の息女。帯刀・勘左衛門・安三郎と称した。家禄は一五〇俵で、屋敷は本所石原にあった。寛政元年（一七八九）三月四日に家督を相続し、同四年九月二十五日にはじめて十一代将軍家斉に拝謁した。同九年十二月二十八日に勘定となり、文政元年（一八一八）十二月二十四日に勘定組頭となった。同十二年八月二十七日に飛騨郡代となり、布衣の着用を許された。大井は在任中、高山の大火の復興、天保の飢饉時の米買い占めの禁止・所持米売り出しの督励などを執り行った。また、霞松と号して、俳句をし、飛騨国学の中心的存在である田中大秀とも親交があり、天保三年（一八三二）の大火で類焼した赤田静修堂の復興につとめて、馬場通に教授堂を竣功した。同十年七月八日、二丸御留守居となり、同十一年六月二十四日に職を辞した。

（高橋）

【典拠・参考文献】『寛政譜』第三・一九一～二頁、「県令譜」（村上直校訂『江戸幕府郡代代官史料集』近藤出版社、一九八一年）、『天保武鑑』、『岐阜県史 通史編近世上』（一九六八年）、『旗本百科』第一巻、『代官履歴』

大井信道《おおいのぶみち》 （生没年未詳）

小性組大井栄之助の子として生まれる。十太郎と称し、任官後は美濃守・甲斐守・丹後守を名乗る。家禄は七〇〇石。嘉永二年（一八四九）七月二十九日に家督を相続し、小普請に入り、同三年十月二十七日に小性組となる。安政二年（一八五五）六月二日に大坂目付代に移り、同四年二月晦日に西丸御徒頭となる。同五年二月晦日に西丸目付、同年十月二十四日に本丸目付となり、勝手掛・外国掛を務めた。文久二年（一八六二）十二月六日に諸大夫となり、同三年七月十日に新番頭、同年八月十三日に小普請組支配へと替わる。元治元年（一八六四）六月二十二日に一橋家家老となるが、慶応三年（一八六七）一月二十二日に御役御免となり、勤仕並寄合となる。

（栗原）

【典拠・参考文献】『柳営補任』、『旗本百科』第一巻

大井政景《おおいまさかげ》 （一五八三～一六五二）

天正十一年（一五八三）に生まれる。新右衛門（尉）を称した。父は徳川秀忠・徳川忠長に仕え、芦田衆の組頭であった民部少輔政吉。母は柴田七九郎康忠の息女。妻は中野七蔵重吉の息女。政景は、十五歳より秀忠に仕え、慶長十二年（一六〇七）に火の番となり、のち大番を経て、寛永元年（一六二四）に三代将軍家光の小性組番となる。同四年、父の知行のうち一〇〇〇石を相続し、三〇〇石は弟の勘九郎（或いは与三左衛門尉）政次に分知、自身は父に継いで徳川忠長に付属されるが、同九年忠長が家光によって処罰された折に姻戚の柴田筑後守康長に召し預けとなった。のち、池田出雲守長常に預けられ、同十三年十二月十日にゆるされている。同十五年十二月一日、上総国長柄郡内にて一〇〇〇石をたまわり、翌十六年七月に小性組番となった。この勤番中、正保元年（一六四四）に遠江国浜松城の城引渡役を勤め、のち江戸城西丸石垣普請の奉行、同四年には目付代として豊後国府内に派遣され、慶安二年（一六四九）には武蔵国幸手御殿の普請奉行を勤めた。同三年に先手鉄炮頭となり、翌四年に布衣の着用が許されている。承応元年（一六五二）九月二十八日、六十歳で死去。法名は玄棟。船（橋ヵ）場の総泉寺（東京都板橋区）に葬られた。

（小宮山）

【典拠・参考文献】『寛政譜』第四・六九頁、『寛永諸家系図伝』第四・二四一頁、善積（松尾）美恵子「江戸幕府の監察制度―国目付を中心に―」（『日本歴史』二四四号、一九六八）

大井昌富《おおいまさとみ》 （一七五八～没年未詳）

宝暦八年（一七五八）に書院番を務めた本郷勝三郎三泰《みつやす》の三男として生まれる。母は本郷庄右衛門知泰《ともやす》の娘。家基扈従衆大井昌孚《まさざね》の末期養子となる。安五郎・庄三郎とも称した。妻は御小納戸平塚伊賀守為善の娘。妻の妹は十一代将軍家斉側室のお万の方（淑姫の生母）である。安永五年（一七七六）四月六日に遺跡を継ぎ、小普請となる。知行高三〇〇石。同年十二月二十二日、十代将軍徳川家治へ初御目見をした。天明元年（一七八一）四月二十一日に御小納戸

となり、十二月十六日布衣をゆるされる。のちに将軍の鷹狩に随従し、鳥を射留めた褒美として時服をたまわる。同四年十二月二日より西丸に勤仕し、同六年閏十月七日に本丸へ復す。文化二年（一八〇五）三月八日、家斉長女淑姫（尾張徳川斉朝室）の御用人となり、同三年四月三日には御小納戸頭取となる。同六年八月十六日、職を辞す。（吉成）

【典拠・参考文献】『寛政譜』第三・一八五頁、『柳営補任』

大井満英《おおいみつひで》（一六九二～一七六九）

元禄五年（一六九二）に大番大井政時《まさとき》の二男として生まれる。新十郎と称した。任官後は伊賀守・伊勢守を名乗る。はじめ井出半兵衛政武の養子となり、正徳四年（一七一四）二月十五日はじめて将軍家継に拝謁したが、後に家に戻る。その後兄政品《まさかず》が早世したため、その養子となった。妻は伊藤伝十郎正茂の息女。後妻は田中伝右衛門義勝の息女。享保十年（一七二五）十二月二十三日に家督を相続し、同十二年十二月二十日に大番に列し、元文三年（一七三八）十月二十一日に組頭となる。寛保二年（一七四二）四月十五日に西丸御納戸頭に移り、十二月十八日に布衣を許される。延享二年（一七四五）七月朔日に西丸広敷御用人に移り、九月二十五日より本丸に勤仕する。宝暦元年（一七五一）十月二十八日に小普請奉行となり、同年十二月十八日に従五位下伊賀守に叙任される。同三年六月十二日に勘定奉行に転じ、同年十月十六日に相模国鶴岡八幡宮修造のため現地に赴いた褒美に黄金一〇枚を与えられる。同六年三月朔日に大目付となり、明和元年（一七六四）三月十五日の朝鮮使節来聘に際して御用を勤め、時服四領を与えられる。同六年十二月二十六日に死去。享年七十八。法名は義盛。菩提寺は駒込の海蔵寺（東京都文京区）である。（栗原）

【典拠・参考文献】『寛政譜』第四・七三頁、『柳営補任』

大岡清重《おおおかきよしげ》（一六三一～一六九〇）

寛永八年（一六三一）に大番組頭大岡清《きよ》政《まさ》の二男として生まれる。伝三郎・五郎右衛門と称した。妻は大坂鉄炮玉薬奉行水野近之《ちかゆき》の息女。正保四年（一六四七）十二月二十五日に小性組となり、明暦二年（一六五六）十二月二十一日に家督を相続する。万治元年閏十二月十九日より進物番を出役して務める。寛文二年（一六六二）十月十五日に御徒頭となり、十二月二十二日に廩米三〇〇俵を加増、同月二十七日に布衣の着用を許される。同十一年三月二十六日に目付、延宝八年（一六八〇）三月二十五日に勘定頭となり、知行地を与えられる。天和二年（一六八二）四月二十一日に七〇〇石を加増され、廩米を知行地に改めて高三七〇〇石となる。同年十二月二十七日に従五位下備前守に叙任される。貞享四年（一六八七）九月十日、勤務状況不良を理由として免職され、逼塞を命じられる。元禄二年（一六八九）六月四日に赦免となり、知行地七〇〇石を削られて小普請となる。翌三年四月十七日に拝謁停止を赦され、八月二日に死去。享年六十。法名は實明。菩提寺は武蔵国岩槻の浄源寺である。（宮坂）

【典拠・参考文献】『寛政譜』第二・一〇三頁

大岡清相《おおおかきよすけ》（一六七九～一七一七）

延宝七年（一六七九）に大番組頭大岡清純の長男として生まれる。五郎三郎・五郎右衛門と称した。妻は川窪六左衛門信亮の息女。元禄七年（一六九四）十二月七日、家督を相続し小普請となる。同十一年三月十九日に書院番となり、同十六年三月二十八日に使番となって、同年十二月二十一日に布衣を許される。宝永二年（一七〇五）

四月二十八日に目付となり、同六年十月十五日に西丸御留守居となって、同年十二月十八日に従五位下備前守に叙任される。正徳元年（一七一一）四月十二日に長崎奉行となり、貿易関係の正徳新令に関与する。享保二年（一七一七）四月十一日に死去。享年三十九。法名清耀。牛込の伝久寺に葬られる。（木崎）

【典拠・参考文献】『寛政譜』第二・一〇三頁、清水紘一「長崎奉行一覧表の再検討」（『京都外国語大学研究論叢』第XV号、一九七五年）、中田易直・中村質校訂『崎陽群談』（近藤出版社、一九七四年）

大岡成寛《おおおかしげひろ》　（一七六五～一八四八）

明和二年（一七六五）、柳川立花家家臣牛田長次郎忠光の子として生まれる。母は紀伊家家臣小川元悦豊則の息女。名は成寛。字は公栗。号は雲峰。通称次兵衛。幕臣大岡助誥の養嗣子となり、助誥の息女を妻とする。後妻は佐藤文蔵影遠の息女。天明八年（一七八八）、養父の死去により家督を継ぐ。廩米一五〇俵。寛政三年に表右筆、同四年には奥右筆の見習となる。同年十月二十四日に致仕。南蘋風の山水画や花鳥画を得意とし、四谷大番町に屋敷があったことから「四谷南蘋」と称せられた。朝岡興禎著『古畫備考』に「芙蓉ノ高弟也」と記されていることから、鈴木芙蓉の高弟とみられている。斎藤月岑『武江年表』に、谷文晁や酒井抱一とともに文化年間の名家のひとりに挙げられている。『狂歌雅友集』や『雲峰画譜』などの著作がある。門下には、二男の雪峰をはじめ、明治期に活躍した滝和亭・関根雲亭・奥田一渓らがいる。嘉永元年（一八四八）に死去。享年八十四。菩提寺は牛込願正寺。（鎌田）

【典拠・参考文献】『寛政譜』第二十、九二頁、『古畫備考』、『武江年表』、『江戸の博物図譜』（東京都世田谷区立郷土資料館、一九九六年）

大岡清謙《おおおかせいけん》　（生没年未詳）

寄合大岡勇三郎の子として生まれる。兵庫・中務と称した。豊後守を名乗った。大岡氏は松平広忠に仕えた介宗《すけむね》を祖とする。知行は三〇〇〇石である。天保六年（一八三五）閏七月六日、寄合より寄合火事場見廻となり、同十年五月二日には寄合肝煎となる。同十三年十月二十四日には小普請組支配となった。弘化四年（一八四七）七月二十八日に新番頭、嘉永元年（一八四八）九月十日より西丸小性組番頭となり、同三年七月二十八日には小性組番頭となる。同六年三月晦日、西丸書院番頭となり、九月二十七日に本丸書院番頭に転じる。安政七年（万延元・一八六〇）正月十五日に講武所奉行となり、文久二年（一八六二）十二月二十七日に病気のため、願いの通り御役御免となり隠居した。（坂本）

【典拠・参考文献】『柳営補任』、『寛政譜』第二・一〇二頁、『旗本百科』第一巻

大岡孟清《おおおかたけきよ》　（一七四九～一八二一）

寛延二年（一七四九）に和田政久の子として生まれ、御徒目付大竹朝尭《ともたか》の息女を妻とし養子となる。庄吉・源之進・源右衛門と称する。明和八年（一七七一）八月八日に家督を相続する。後に御徒押になり、さらに勘定吟味方改役に転じ、天明六年（一七八六）八月四日に御目見以上となり勘定吟味方改役、家禄一〇〇俵となる。同八年八月十四日、勘定吟味役配下の廃止と勘定奉行配下への配置換えにより勘定となる。同年八月二十六日に関東代官へ転じる。寛政三年（一七九一）に陸奥国川俣、同五年に石見国大森、文化元年（一八〇四）に再び川俣、同五年に越後国川浦、同十年に江戸廻代官を歴任し、文政四年（一八二一）二月に現職で死去。享年七十三。（西沢）

【典拠・参考文献】『寛政譜』第二十一・

一六五頁、『代官履歴』

大岡忠相《おおおかただすけ》（一六七七〜一七五二）

延宝五年（一六七七）に先手頭を務めた大岡忠高《ただたか》の四男として生まれる。はじめ忠《ただ》義《よし》を名乗り、求馬・市十郎・忠右衛門と称したが、のちに任官して能登守・越前守と名乗った。母は北条出羽守氏重の四女。貞享三年（一六八六）十二月十日に駿府定番を務めた同族の大岡忠真《ただざね》（家禄一九二〇石）のもとへ聟養子に入り、その娘を妻とした。貞享四年九月六日に初めて五代将軍綱吉と謁見したが、元禄九年（一六九六）二月五日には従兄の大岡忠英《ただふさ》による高力《こうりき》忠弘殺害事件に連座して閉門を命ぜられた（十二月九日赦免）。同十三年七月十一日に遺跡を継いで寄合となる。同十五年五月十日に書院番、宝永元年（一七〇四）十月九日には御徒頭となり、同年十二月十一日には布衣の着用を許可される。同四年八月十二日に使番、翌五年七月二十五日には目付に就任、正徳二年（一七一二）正月十一日には山田奉行となり、同年三月十五日、従五位下に叙されて能登守を名乗る。山田奉行時代には、紀伊藩領松坂と伊勢神宮領山田との境界争いにおいて、忠相が御三家である紀伊藩に遠慮することなく紀伊側を非とする裁断を下したため、当時紀伊藩主であった吉宗が感心して、将軍就任後に忠相を町奉行に抜擢したという逸話をはじめ、紀伊藩領と幕領との間の争論を裁いたことを契機にして吉宗が忠相の人柄を認めたという多くの逸話が残されているが、本来、山田奉行には他領との争論を裁く権限がなく、これらはいずれもフィクションであると考えられている。正徳六年（享保元・一七一六）二月十二日、忠相は普請奉行へと転じ、江戸の武家屋敷地の下げ渡しや屋敷地内の諸施設・物品の引き渡しを担当した。そして、享保二年（一七一七）二月三日には町奉行へと昇進、官途名も越前守と改めることとなる。町奉行としての忠相は、江戸で頻発していた火災に対処するため、同三年十月の町火消制度の創設（同五年八月七日には「いろは四十八組」に編成）をはじめ、瓦葺きや土蔵造りなどの防火建築の普及、火除地の設定など、積極的な防火政策を展開した。また、町奉行所の機構を効率化する一方、『撰要類集』の編纂などを通じて奉行所の職務内容を後世の参考のために記録保存するといった作業も行っている。市民生活に対しては、私娼の禁止や心中の取締り・博奕の取締りなどの風俗統制を実施し、同七年十一月の出版統制では、書物の奥書に作者名と版元名を必ず記載することを指示して、これが今日における書籍の「奥付」の原型となった。また、忠相は同七年六月より、町奉行としての職務に加えて「地方御用」という任務を仰せ付けられ、岩手信猶《のぶなお》・荻原乗秀《のりひで》・野村時右衛門・小林平六・田中喜古《よしひさ》（丘隅《きゅうぐ》）・田中喜乗《よしのり》・蓑《みの》正高・上坂政形《またかた》・川崎定孝《さだたか》といった従来の勘定所役人とは出自・経歴を異にする者たちを支配下の代官に据え、彼らを指揮して新田開発や河川修築などの面で力を発揮した。同九年十二月二十七日には、こうした任務の功績により時服五領を拝領し、翌十年九月十一日には二〇〇〇石を加増された。元文元年（一七三六）八月十二日、忠相は寺社奉行へと転じてさらに二〇〇〇石を加増され、足高《たしだか》を加えて万石以上の格式となり、同年十二月二十八日には雁之間詰となった。寺社奉行は通例、奏者番に就任した大名のうちから選ばれた者が兼務する役職であったが、大名ではない者が就任したのは忠相が初めてであるといわれる。寺社奉行時代の忠相については、大岡家文書（国文学研究資料館所蔵）の中に日記が残されており、日々の執務の内容が詳細に記録されていて極めて利用価値が高い（『大岡越前守忠相日記』全三巻として刊行）。延享二年（一七四五）五月三日、地方御用の任務を解かれる。寛延元年（一七四八）閏十月一日には奏者番となって寺社奉行を兼ね、四〇八〇石を加増されて家禄一万石となり、正式に大名となった。宝暦元年（一七五一）十一月二日、病気により御役御免を願い出るも、寺社奉行のみの辞職を許され、奏者番の職は据え置きとなる。同年十二月十九日に七十五歳で死去。法名は興誉崇義松運院。大岡一族が眠る相模国高座郡堤村の窓月山浄見寺（現茅ヶ崎市）に葬られた。（太田尚）

【典拠・参考文献】『寛政譜』第十六・三〇七～三〇八頁、大石学『大岡忠相』（吉川弘文館、二〇〇六年）、『大岡越前守忠相日記』全三巻（三一書房、一九七二～七五年）

大岡忠種《おおおかただたね》（一六一一～一六八四）

慶長十六年（一六一一）に大番組頭などをつとめた大岡忠世の長男として生まれる。忠一《ただかず》・忠勝とも名乗り、忠四郎と称した。伯父大岡忠行《ただゆき》の養子となる。大岡氏は松平清康・広忠に使えた忠勝を祖とする。大岡姓は忠勝の父で、藤原鎌足の子孫忠教が三河国八名郡宇利郷に居住した際に定めた。妻は浅井七平元吉の娘である。養父忠行の知行高は一六〇石である。慶長十九年、四歳のときに徳川家康に初めて御目見した。元和元年（一六一五）、大坂の陣で戦死した父の跡を継ぐ。のち大番となり、下総国印旛郡内に五〇石を加増された。寛永九年（一六三二）二月二十六日には徳川秀忠の遺金六〇両を賜る。同十年二月七日には武蔵国幡羅・埼玉郡内に二〇〇石の加増を受ける。同十六年四月十六日には中奥番士となり、同年六月二十一日御小納戸となる。慶安四年（一六五一）十一月二十六日に二丸御留守居、承応二年（一六五三）十月二十一日には御徒頭となり、同年十二月二十八日には布衣の着用を許された。明暦二年（一六五六）十二月二十三日、廩米三〇〇俵を加増された。万治元年（一六五八）九月一日に目付となり、同三年五月一日には新番頭となる。寛文十年（一六七一）五月十六日には大目付となり、同年十二月二十五日には廩米一〇〇〇俵の加増を受け、同二十八日には従五位下佐渡守に叙任される。天和元年（一六八一）四月十日に職を辞し、同二年十二月十八日に隠居し、養老料として廩米三〇〇俵を賜う。貞享元年（一六八四）五月晦日に死去。享年七十四。法名は浄誉。菩提寺は相模国高座郡堤村の浄見寺である。（坂本）

【典拠・参考文献】『寛政譜』第十六・三〇四頁、『徳川実紀』第二篇

大岡忠辰《おおおかただとき》（一七六〇～没年未詳）

宝暦十年（一七六〇）に矢部定経の五男として生まれる。大番大岡忠英《ただふさ》の養女を妻とし養子となる。又吉・与右衛門・久之丞と称する。安永七年（一七七八）九月六日に家督を相続する。同八年二月十二日に大番となる。寛政十二年（一八〇〇）六月二十八日に出羽国寒河江の代官へ転じる。文化元年（一八〇四）に関東郡代付代官、同三年に備中国倉敷、同六年に大坂鈴木町の代官を歴任し、同十三年に五十七歳で勇退する。菩提寺は牛込の久成寺である。（西沢）

【典拠・参考文献】『寛政譜』第十六・三一五頁、『代官履歴』

大岡忠光《おおおかただみつ》（一七〇九～一七六〇）

宝永六年（一七〇九）に大番士大岡忠利《ただとし》の長男として生まれる。母は大伯父で書院番士であった天野重忠《しげただ》の養女。兵庫・主膳と称する。妻は先手鉄炮頭であった大井政《まさ》長《なが》の娘。享保九年（一七二四）八月二十六日、徳川家重付の小性として二丸に勤仕し、享保十年六月十九日から家重に従って西丸

入りし切米三〇〇俵を給される。享保十二年十二月十八日、出雲守に任じられ、享保十八年十一月十五日、五〇〇石の加増にともない切米三〇〇俵が知行地に改められ、合わせて家禄八〇〇石となる。延享二年（一七四五）九月朔日、家重の将軍職就任にともない小性組番頭格奥勤（御側御用取次見習）となり、翌年には御側御用取次へと進み、その後家禄も一万石にまで加増される。宝暦四年（一七五四）三月朔日に奥勤兼帯のまま若年寄となり五〇〇〇石が加増、宝暦六年五月二十一日には側用人となる。この時、従四位下に叙せられ五〇〇〇石を加増、合わせて二万石となり、武蔵岩槻城の城主となる。宝暦十年四月二十六日に死去。享年五十二。法号は義山天忠得祥院。武蔵国埼玉郡岩槻の龍門寺に葬られる。忠光は言語不明瞭な九代将軍家重を世嗣時代から補佐してきたかけがえのない近臣であった。このため家重は、忠光が死去した翌月には隠居して大御所となっている。
（田原）

【典拠・参考文献】『寛政譜』第四・七〇頁、第十四・一八二頁、第十六・三一九頁、『柳営補任』、『日本近世人名辞典』（吉川弘文館、二〇〇五年）

大岡忠移《おおおかただより》　（一七二〇～一七六四）

享保五年（一七二〇）に使番大岡忠陣《ただのぶ》の二男として生まれ、兄忠斟《ただます》の養子となる。妻は大目付曲淵英元《まがりぶちひでちか》の息女。はじめ忠禁《ただかた》を名乗り、吉次郎と称した。元文元年（一七三六）五月九日に跡目を相続し、寛延二年（一七四九）四月四日に小性組番士となって、宝暦三年（一七五三）に東叡山寛永寺の中堂修復などにあたる。同五年十一月二十八日に目付となり、十二月十八日、布衣を許される。同八年二月十五日には諸国川々普請の工事落成に臨む。同十年九月十九日には西丸目付に移り、十月二十三日には十代将軍家治の将軍宣下に従事する。同十一年九月二十八日に山田奉行となり、十二月一日従五位下美濃守に叙任される。同十三年六月一日に長崎奉行となり、明和元年（一七六四）六月十二日に長崎で在任中死去した。享年四十五。法名は心厳。墓所は大音寺（長崎県長崎市）である。
（柳田）

【典拠・参考文献】『寛政譜』第十六・三一一頁、『徳川実紀』第十篇、『柳営補任』、鈴木康子『長崎奉行の研究』（思文閣出版、二〇〇七年）

大川通久《おおかわみちひさ》　（一八四七～一八九七）

弘化四年（一八四七）十一月十六日に生まれる。千作と称した。代々幕府の鳥見を務めた家柄に生まれ、自らも鳥見見習となる。慶応二年（一八六六）十一月に同役が廃止となり、同四年九月に小筒組に編入される。その後、明治二年（一八六九）四月に沼津兵学校の第二期資業生に及第する。同四年に兵学校が陸軍兵学寮の分校となったのに伴い、教導団に編入するが、翌五年九月二十四日に退団。その後は沼津兵学校で学んだ測量・製図の技術を活かして、内務省地理寮などで測量・地図作製に従事した。また、同二十二年創刊の雑誌『風俗画報』に数回の寄稿をしており、そのなかには自らの経験をもとにした将軍の鷹狩に関する記事も見られる。同三十年十一月十八日に死去。享年五十一。菩提寺は東京都文京区の昌清寺である。
（宮坂）

【典拠・参考文献】樋口雄彦『旧幕臣の明治維新　沼津兵学校とその群像』（吉川弘文館、二〇〇五年）、同『沼津兵学校の研究』（吉川弘文館、二〇〇七年）、大川通久「将軍鶴お成の事正誤」（『風俗画報』第十六号、一八九〇年）

大草公弼《おおくさきみすけ》　（一七七五～一八一七）

安永四年（一七七五）に間宮盛時の二男として生まれる。のちに目付大草公美《きんよし》の養子となった。実母は大草公隆《きんたか》の息女。妻は小川真圓の息女。熊蔵・熊吉・大次郎と称し、はじめ諱は公仲《きんなか》・公克《きんかつ》と名乗った。野木瓜と号した。寛政五年（一七九三）八月十一日、初めて十一代将軍徳川家斉に拝謁した。知行は五〇〇石である。同十一年より諸家系譜の編纂を担当した。文化十一年（一八一四）十月二十八日には西丸御徒頭に転じた。蔵書家として知られ、書物奉行近藤重蔵（正斎）が古器物の展覧を目的に開催していた花月社《かげつしゃ》で所蔵品を紹介されるほどであった。自身も南北朝時代における南朝側の歴史に関する書物がないことを嘆いて、筆を執り、文化六年に『南山遺草《なんざんいそう》』や『南山巡狩録《なんざんじゅんしゅろく》』を著述した。同十四年八月二十四日に死去。享年四十三。法名は光輝院法誉性山了哲。浅草の西福寺長応院（東京都台東区）に葬られた。（白根）

【典拠・参考文献】『寛政譜』第十六・三三五頁、『柳営補任』、『国書人名辞典』第一巻、揖斐高『江戸の文人サロン　知識人と芸術家たち』（吉川弘文館、二〇〇九年）

大草公政《おおくさきんまさ》（生年未詳～一六二四）

足利義輝や細川藤孝に仕えた大草公重《きみしげ》の子として生まれる。三河守と名乗った。大草氏の先祖は足利尊氏以来、足利氏に仕えた。公政自身も家督相続後に足利義輝に仕えていたが、のちに処士となる。その後、徳川秀忠に息子公継《きんつぐ》・高正《たかまさ》とともに召し出され、拝謁する。寛永元年（一六二四）四月九日に死去。法名は浄悦。墓所は神田の西福寺で、のちに浅草に移され、代々の菩提寺となる。（坂本）

【典拠・参考文献】『寛政譜』第十六・三三四頁、『寛永諸家系図伝』第十一・二〇二頁

大草高正《おおくさたかまさ》（一五八七～一六二四）

天正十五年（一五八七）に大舘晴忠の四男として丹後国に生まれ、伯父の大草公政の養子となる。正盛《まさもり》ともいい、七兵衛と称す。妻は西丸目付堀田正吉の息女。父公政・兄公継とともに秀忠に拝謁。兄と同様に家光に付属し御抱守となる。のち下野国芳賀郡にて七〇〇石の采地を賜わる。寛永元年（元和九年とも）正月二十四日に死去。享年三十八。法名は道雲。墓所は神田西福寺（のち浅草に移転）。（高見澤）

【典拠・参考文献】『寛政譜』第十六・三三四、三三八頁

大草高盛《おおくさたかもり》（一六二四～一六八七）

寛永元年（一六二四）に生まれる。千松・主膳と称した。父は徳川家光の御抱守を勤めた高正。母は堀田勘左衛門尉正吉の娘である。妻は鳥居成勝の娘。大草氏の先祖は足利氏等に仕えたが、祖父の代に浪人となり、のち徳川秀忠に召し出された。父高正は高盛の誕生直前に死去するが、将軍に近侍していたこともあり、家督相続を許された。知行は七〇〇石である。寛永五年、五歳で三代将軍徳川家光に初めて拝謁し、同七年に小性となる。同二十年十二月二十九日には従五位下主膳正に叙任された。正保四年（一六四七）十月三日には御徒頭となり、その後、上総国埴生郡に八〇〇石を加増される。慶安二年（一六四九）には徳川家綱の日光社参に供奉し、その際の働きにより呉服を賜っている。同四年には徳川家光の葬列に参加し、日光へ赴く。承応二年（一六五三）二月六日には日光で行われた家光三回忌の警護を命じられる。明暦四年（万治元・一六五八）三月二十七日小性組番頭となり、同年閏十二月二十五日には新恩一〇〇〇俵を給う。天和二年（一六八二）四月二十一日には上野国山田・邑楽両郡で一〇〇〇石を加増される。また、家光が沢庵宗彭に対して、養生の秘訣を書物にして献上するように命じた際、高盛と小出尹貞が書記を勤めた。さらに高正・高盛親子は奥向きのつとめをしていた際に、徳川

秀忠の書や家光・家綱の絵画等を拝領している。貞享四年（一六八七）六月六日に職を辞して、翌七日に死去した。享年六十四。法名は宗眞。墓所は浅草西福寺である。（坂本）

【典拠・参考文献】『寛永諸家系図伝』第十一・二〇三頁、『寛政譜』第十六・三三八頁、『徳川実紀』第三・第四篇

大草高好《おおくさたかよし》（生年未詳～一八三七）

出生年および父母姓名不詳。主膳と称し、従五位下能登守・安房守に叙任された。寄《より》合《あい》大草高般《たかやす》の養子となり、文化二年（一八〇五）七月上・中旬ごろ家督を相続（三五〇〇石を知行）。翌三年十二月二十日寄合より火《か》事《じ》場《ば》見《み》廻《まわり》を命じられ、同八年正月十一日に使番《つかいばん》となった（同十三年六月五日より火事場見廻兼帯《けんたい》）。文政元年（一八一八）五月十九日、目付に移り、同六年七月二十五日には町奉行榊原忠之《ただゆき》とともに両国橋掛け替え御用を命じられた。その後、同十年閏六月二十四日長崎奉行となり、小普請奉行、作事奉行を経て、天保六年（一八三五）十二月二十二日、勘定奉行（公事方）に就任した。しかし、勘定奉行の在任期間はわずかで、翌七年九月二十日には町奉行（北町）に転じた。このころ諸物価が高騰し庶民生活は苦しいものとなっていたが、翌八年の市中米価高騰にさいしては、町奉行（南町）筒井政憲《まさのり》や勘定奉行明楽茂村《しげむら》、勘定吟味役田口喜行《よしゆき》らとともに窮民救済に尽力した。『柳営補任』によると同十一年正月十八日に死去。幕末期に老中をつとめた下総国関宿藩《せきやどはん》（五万八〇〇〇石）藩主久世広周《ひろちか》は高好の二男。（飯島）

【典拠・参考文献】『寛政譜』第十六・三三九頁、『続徳川実紀』第一・二篇、『柳営補任』

大草政修《おおぐさせいしゅう》（生没年未詳）

代官大草政郷の男として生まれる。家禄は一〇〇俵。文政十一年（一八二八）八月に代官見習から父の死去により、そのまま備中国倉敷代官となる。翌年七月二日、いったん小普請入りの上で改めて越後国水原の代官となる。天保六年（一八三五）に但馬国生野、弘化三年（一八四六）に関東、嘉永三年（一八五〇）に陸奥国塙、同六年（一八五三）に駿府紺屋町、安政五年（一八五八）越後国川浦、慶応元年（一八六五）越後国出雲崎の各代官を歴任するが、同三年一月に罷免される。（西沢）

【典拠・参考文献】『代官履歴』

大草政郷《おおぐさまささと》（一七七八～一八二八）

安永七年（一七七八）に遠江国中泉（新貝屋敷）代官大草政董《まさただ》の長男として生まれる。門左衛門・太郎右馬・太郎左衛門と称する。寛政二年（一七九〇）二月十八日に父政董が負金等により罷免となり、八丈島に流罪が決まり、同二十八日に政郷は連座し追放となるが、同年三月十四日、父と配所に行くことを願い流罪となる。同十年十二月二十六日、配所において父へ孝養怠らざること奇特として父子ともに罪を許される。享和元年（一八〇一）十二月四日に政郷は再び召し出され、廩米一〇〇俵を与えられ小普請入りをする。『寛政諸家譜』の調査御用などを勤め、文化十一年（一八一四）十二月十四日に信濃国中野の代官に取り立てられ、大草家代々の代官職に復す。当地には、天保四年（一八三三）政郷の善政を讃える大草稲荷が建立されている。文政元年（一八一八）に備中倉敷の代官へ転じ、同十一年七月二十九日に現職で死去する。享年五十一。倉敷市の長連寺に葬られる。（西沢）

【典拠・参考文献】『寛政譜』第十六・三四六頁、『代官履歴』、『中泉代官』（磐田市誌編纂委員会、一九八一年）

大久保巨川《おおくぼきょせん》（一七二二～一七七

七）

享保七年（一七二二）に小性組の大久保甚兵衛忠躬《ただみ》（禄高一六〇〇石）の子として生まれる。諱を忠舒《ただのぶ》といい、辰弥・甚四郎と称した。巨川は俳号である。妻は斎藤次左衛門利武の娘。宝暦二年（一七五二）八月四日に父の遺跡を継ぎ、同五年五月十一日に西丸書院番の番士となる。同十三年五月十六日に職を辞し、安永二年（一七七三）十一月二十九日に隠居した。同六年七月二日に五十六歳で死去。法名は廓然。巨川の名は、錦絵の誕生に連なっていく大小暦の制作で知られる。江戸では宝暦（一七五一～六四）の末頃から好事家たちの間で大小暦の摺物に凝る者が現れ始めた。大小暦とは、一年間のうち大の月（三〇日間の月）・小の月（二九日間の月）が何月にあたるかを示す暦で、さまざまな絵柄の中に大の月・小の月の数字を隠し摺りにしたものである。この時期には、さまざまな工夫を凝らした大小暦が作製され、その出来ばえの優劣を競って楽しむ風潮が武士や町人の間で広がった。特に巨川や阿部八之進（莎鶏）・小松屋三右衛門（百亀）らは、それぞれ巨川連・莎鶏組などというグループをつくり、作製した大小暦を交換したり優劣会を開いたりした。巨川のグループには鈴木春信も参加しており、しばしば巨川がつくる絵暦のイラストを描いていたといわれる。このような絵暦の流行は、多色摺り木版印刷の技術を急速に進展させるきっかけとなり、これがやがて明和二年（一七六五）の春信による錦絵の制作・販売へと結びついていく。（太田尚）

【典拠・参考文献】『寛政譜』第十一・三六五頁、『江戸学事典』（弘文堂、一九八四年）

大久保忠香《おおくぼただか》　（一六六〇～一七二七）

万治三年（一六六〇）に駿府町奉行大久保忠昌《ただまさ》の長男として生まれる。忠親《ただちか》・助太郎・甚四郎・甚兵衛と称し、致仕《ちし》してのちは忠形と号した。従五位下大隅守に叙任された。母は御徒頭久貝正偏《くがいまさとも》の息女。妻は美濃国苗木《なえぎ》藩主（一万五〇〇〇石）遠山友貞《ともさだ》の息女。天和三年（一六八三）九月二十五日小性組に列し、元禄三年（一六九〇）十月五日より進物番をつとめる。翌四年十二月二日に家督を相続し（采地《さいち》五〇〇石・廩米《りんまい》六〇〇俵、その後、同十年七月二十六日廩米分が采地に改められ計一一〇〇石を知行）、同十年十二月朔日に使番、同十二年八月二十八日には目付となる。目付在任中の宝永元年（一七〇四）十一月十三日には大和国川々普請（大和川の付け替え）御用をつとめた功績により褒賞を受け、同年同月十五日に大坂町奉行に就任（一ヵ月後に五〇〇石を加増された）。同五年十二月十五日勘定奉行にすすみ、同七年九月には朝鮮通信使来聘《らいへい》のさいの駅路検査を担当した。その後、正徳五年（一七一五）四月には東照宮（徳川家康）一〇〇回忌法会御用をつとめるなどしたが、同六年二月三日に勘定奉行職を罷免され、小普請入り、出仕《しゅっし》停止の処分を受けた。処分の理由は不明。なお、同年五月朔日にその罪を許されたが、享保十年六月二日家督を養子の忠躬《ただみ》（大番大久保忠《ただ》栄《よし》の二男）に譲った。同十二年九月八日に死去。享年六十八。法名は性円。菩提寺は上野の東叡山寛永寺本覚院（東京都台東区）。（飯島）

【典拠・参考文献】『寛政譜』第十一・三六四頁、『大阪市史』第一・四七二頁（大阪市、一九一三年〈清文堂出版、一九七八年復刻版〉）

大久保忠位《おおくぼただたか》　（一六六一～一七四二）

寛文元年（一六六一）に普請奉行大久保長昌《ながまさ》の長男として生まれる。長久《ながひさ》・忠域・

源次郎・牛之助・甚右衛門と称し、従五位下下野守に叙任された。母は先鉄砲頭《さきてっぽうがしら》諏訪頼長《よりなが》の息女。妻は大目付高木守勝《もりかつ》の息女。天和三年（一六八三）九月二十五日に書院番に列し、元禄四年（一六九一）十二月二日家督を相続（二三六〇石余を知行）。宝永五年（一七〇八）には禁裏造営奉行をつとめ、同七年正月十一日に目付となる。その後普請奉行を経て、正徳六年（一七一六）二月十二日に勘定奉行に就任。享保四年（一七一九）には朝鮮通信使来聘《らいへい》御用をつとめたが、そのおり諸大名から納入された米穀の取り計らいに落ち度があったとして、同七年七月四日に自ら拝謁を遠慮するも、同月二十八日にこれを許され、翌八年十一月十五日に御留守居に転じた。その後、元文二年（一七三七）五月二十八日に徳川家治付きの御側《そば》（側衆）となったが（同日五〇〇石を加増された）、同五年二月十一日には同職を辞し、寛保二年（一七四二）七月二十九日に死去。享年八十二。法名は覚玄。葬地は青山の教学院（現在は東京都世田谷区）。（飯島）

【典拠・参考文献】『寛政譜』第十二・一八頁

大久保忠恒《おおくぼただつね》（一七八三～一八五五）

天明三年（一七八三）に大久保岩五郎忠厚の子として生まれる。母は大久保豊前守忠温の息女。妻は仙石淡路守政寅の息女。通称は兵九郎。筑前守を名乗った。天明七年（一七八七）十一月七日、六歳で家督を継ぐ。文化二年（一八〇五）十月に御小納戸、文政九年（一八二六）七月に御小納戸頭取奥の番元掛、天保二年（一八三一）三月に新番頭格、同四年より一橋家家老、同十三年三月には西丸御留守居と歴任するが、同十四年十二月に御役御免となる。弘化二年（一八四五）十二月に勤仕並寄合、元西丸御留守居、御持筒頭、同三年八月に新番頭となる。嘉永三年（一八五〇）十一月、小普請組支配となる。安政二年（一八五五）十一月没。（湯浅）

【典拠・参考文献】『寛政譜』第十二・一五頁、『旗本百科』第一巻

大久保忠董《おおくぼただとう》（生年未詳～一八八七）

喜右衛門と称し、土佐守と名乗る。号は形外。嘉永三年（一八五〇）十二月小性組池田長休《ながやす》組進物番より御徒頭、安政二年（一八五五）八月先手鉄炮頭となる。同七年三月、組の者を引き連れて江戸市中を昼夜巡回し、不審者を捕縛して町奉行へ引き渡すべき旨を命じられた。万延元年（一八六〇）三月に桜田門外の変が起こると、翌閏三月火付盗賊改加役を命じられ、江戸市中の治安維持に努めた。文久元年（一八六一）十一月に京都町奉行となり、同二年（一八六二）十月浦賀奉行に就任、東浦賀村（神奈川県横須賀市）の館浦台場建設や大砲鋳造に努めた。また、同三年十二月十四代将軍家茂が海路で上洛した折には蒸気船の浦賀寄港に伴う庶務を担当した。元治二年（慶応元、一八六五）正月御役御免、勤仕並寄合となった。明治二十年（一八八七）七月二十四日に死去。墓は東京都豊島区巣鴨本妙寺。戒名は瑞光院殿広達忠董日然大居士。（神谷）

【典拠・参考文献】『柳営補任』、『続徳川実紀』第三～五篇、『新横須賀市史』資料編近世Ⅰ（横須賀市、二〇〇七年）

大久保忠辰《おおくぼただとき》（一六一六～一六八〇）

元和二年（一六一六）に生まれる。荒之助、越中守と称する。実父は大久保甚四郎忠当《ただまさ》、母は久世三左衛門広宣の娘であり、妻は弓頭を務めた大久保勘三郎忠良の娘である。寛永元年（一六二四）、初めて二代

将軍徳川秀忠に謁見し、九歳の時に遺跡を継ぐ。その折一五〇〇石のうち一〇〇〇石を知行し、残り五〇〇石を弟甚四郎忠昌に分け与える。同九年に書院番に配属される。同十年に小性組に移り、二月七日には采地二〇〇石を加えられ、合わせて一二〇〇石を知行する。同十一年三代将軍家光の入洛に同行する。しかし同十四年十月十七日、大広間に出御した際、白書院の広縁で同僚の青木九十郎直影と雑談するところを見咎められ、閉門に処される。のちに許されると、慶安元年（一六四八）閏正月二十七日には御徒頭となり、同年十二月晦日に布衣の着用が許される。承応元年（一六五二）十月八日、先手御弓頭に転任し、寛文三年（一六六三）四月に四代将軍家綱の日光山参詣に同行した。八月二十五日、綱吉付きとなり、その後、舘林城代となって三〇〇〇石の地を賜ったため、本知一二〇〇石は息子忠照に与えることとなる。十二月二十八日、従五位下越中守に叙任される。しかし同五年に自己の意見を上申した際の態度が「我意に任せ、蔑如しまいらする」とされたことから、十月二十二日、新恩の地三〇〇〇石を没収される処置がとられた。同十年二月七日に再び赦免されるが、この時は江戸の居住は許されず、のちに解かれて江戸に居住した。延宝八年（一六八〇）六月六日に死去する。享年六十五、戒名は天源。母が開基した理性院（現在は杉並区永福、当時は四谷大木戸）へ葬られた。（根岸）

【典拠・参考文献】『寛政譜』第十一・三六一～三六二頁

大久保忠与《おおくぼただとも》 （一七一二～一七七八）

正徳二年（一七一二）に書院番大久保忠門の長男として生まれる。権十郎・荒之助と称した。享保十七年（一七三二）九月四日に跡目を相続し、十二月六日、八代将軍吉宗に謁見する。同二十年四月九日に小性組番士となり、宝暦五年（一七五五）三月十五日に目付へ移る。同二十一日に美濃・伊勢二国の川々普請に従事して黄金一〇枚を賜り、同年十二月十八日には布衣を許される。同十年六月二十三日に長崎奉行となり、七月十八日、従五位下土佐守に叙任される。同十二年五月二十九日に辞職して寄合となり、明和元年（一七六四）十一月十六日に致仕。安永七年（一七七八）八月十五日に死去した。享年六十七。法名は日囲。菩提寺は理性寺（東京都杉並区）である。（柳田）

【典拠・参考文献】『寛政譜』第十一・三六二頁、『徳川実紀』第十篇、『柳営補任』、鈴木康子『長崎奉行の研究』（思文閣出版、二〇〇七年）

大久保忠倫《おおくぼただとも》 （一六四〇～一七一八）

寛永十七年（一六四〇）に生まれる。父は広敷番頭の大久保忠勝《ただかつ》、母は藤堂大学頭家臣横田藤右衛門某の娘。源五左衛門・金兵衛とも称した。妻は足立氏の娘。承応二年（一六五三）三月十五日、四代将軍徳川家綱に初御目見する。万治二年（一六五九）七月四日に大番となる。寛文三年（一六六三）十二月十一日、父忠勝の死去によりその遺跡を継ぐ。同九年閏十月十八日、褒賞として黄金五枚を賜う。貞享四年（一六八七）十一月九日、大番組頭になる。元禄六年（一六九三）十月十五日には三代将軍徳川家光女千代姫に附属され、御用人となる。この日下野国那須郡のうちから領地一〇〇〇石をくわえられ、十二月十八日には布衣を許された。同十年七月二十六日、蔵米取をあらためて、同国那須・河内・塩谷三郡のなかから領地を賜り、合計一五五〇石を知行する。同十一年十二月十日に千代姫が死去したため、同十二年二月十日、幕府に召し返されて寄合に列した。宝永七年（一七一〇）十二月十六日に隠居し、この日養老料として蔵米三〇〇俵を賜った。享保三年（一七一八）十月四日に死去。享年七十九。法名は日忠。（吉成）

【典拠・参考文献】『寛政譜』第十二・二八頁、『柳営補任』

大久保忠知《おおくぼただとも》（一五九三～一六四四）

文禄三年（一五九三）に大久保忠為《ただため》の三男として生まれる。源三郎・源左衛門・源五左衛門と称した。母は今川氏の家臣深沢正長の娘である。妻は稲垣長茂の娘。大久保氏は最初、宇都宮、後に宇都と称した。当主が忠俊の時、武者修行に来た大窪藤五郎に名字を譲られ、大久保と称するようになる。代々松平家に仕えた。慶長十三年（一六〇八）に初めて二代将軍徳川秀忠に御目見し、近侍することを命じられる。同十四年に武蔵国入間・多摩郡内に三〇〇石を賜う。同十九年に大久保忠隣が処罰を受けた際、忠知も親族のため知行地である谷《やが》貫《ぬき》村に蟄居した。この年の大坂冬の陣において恩免を受け、同二十年（元和元・一六一五）の夏の陣の時は青山忠俊の書院番組に属した。この際、平野での戦いで敵陣を破り、城の柵際まで馬で到達した。大久保長重や城信茂と共に城から退こうとした際、多くの敵兵に囲まれた。この際、自らを大坂方の兵であると言って、敵を欺き、無事に退却した。後に組頭の青山忠俊が部下の働き振りを取り調べた際、忠知は詳細を言上したところ、徳川家康が感心し、上総国武射郡内に五〇〇石の加増を賜った。寛永三年（一六二六）、使番に転じ、布衣を許された。同九年二月二十六日、秀忠の遺金として銀一〇〇枚を賜る。同年四月八日に目付となる。同十年八月六日書院番組頭となり、同年十二月二十八日甲斐国八代郡内に七〇〇石を加増された。同十一年四月十二日に桑名宿で長野次兵衛、肥田主水忠親、津田平左衛門正重が刃傷沙汰を起こした際に派遣された。同十三年四月十日には小性組番頭となり、同年十二月二十九日には従五位下左馬允に叙任される。同十九年閏九月五日に書院番頭となり、十二月十五日には上総国望陀《もうだ》郡内に五〇〇石を加増され、合計二〇〇〇石となる。同二十年（正保元、一六四四）十一月二十三日、駿府城守衛中の忠知が病気との情報が江戸に伝わり、医師が派遣されるが、同月二十四日に死去した。享年五十二（五十三との説もあり）。法名は日通。墓所は相模国小田原妙光寺である。（坂本）

【典拠・参考文献】『寛政譜』第十一・四〇八頁、第十二・一頁、『柳営補任』、『徳川実紀』第二・三篇

大久保忠尚《おおくぼただなお》（一五七八～一六三〇）

天正六年（一五七八）に大久保喜六郎忠豊と内藤甚五左衛門の娘の三男として生まれる。六右衛門と称した。慶長十六年（一六一一）に秀忠に仕え、上総国武射郡の内に三〇〇石を賜る。大坂の冬・夏の陣に供奉し、元和元年（一六一五）五月七日、天王口において首一級を得る。この後、下総国香取・武蔵国荏原二郡の内に三八〇石余の加恩があり六八〇石余を知行する。その後勘定奉行を務め、寛永三年（一六二六）の上洛に供奉する。七年九月二十一日に死去。享年五十一。法名は日澄。丸山の本妙寺に葬られる。（堀）

【典拠・参考文献】『寛政譜』第十一・三五六頁

大久保忠成《おおくぼただなり》（一五七八～一六七二）

天正六年（一五七八）に小田原城主大久保忠世の四男として生まれる。虎丸・兵

吉・四郎左衛門と称す。妻は福島五郎兵衛の息女。天正年中、十二歳で徳川家康に拝謁し、御側として近侍する。小田原合戦・肥前名護屋への在陣、慶長五年（一六〇〇）秀忠の信濃国上田城攻めに供奉した。のち書院番士となり、慶長十九年（一六一四）・同二十年（元和元）の大坂冬・夏両陣には青山忠俊に属す。この戦功として五月二十六日に一〇〇〇石加増、常陸国行方郡・上総国見射郡内に合計三〇〇〇石を知行する。元和二年（一六一六）に書院番組頭となり、翌三年五月二十六日、采地の朱印を賜る。同五年八月七日、阿倍正之と共に肥後国椎葉山一揆の鎮圧に向かう。寛永三年（一六二六）家光上洛に扈従し、八月十九日、従五位下玄蕃頭に叙任。同八年に甲府在番となる。同九年十月二十三日の徳川忠長改易時にも甲府在番を命じられ、翌十年二月十八日に帰謁。同年二月二十六日に駿府城代となり、同心五十人を預かる。同日二〇〇〇石を加増、采地をすべて駿河国庵原郡・益津郡に移し、計五〇〇〇石となる。慶安元年（一六四八）四月八日、家光の日光社参時に家綱の旅中調度奉行を命じられる。明暦二年（一六五六）正月十二日、駿府城代を老免し寄合となる。寛文十年（一六七〇）十月二十三日に隠居し、養老料として蔭料六〇〇俵を賜う。同十二年正月十八日に死去。享年九十五（百八との説あり）。法名は日廣。墓所は伊皿子の長応寺。

（高見澤）

【典拠・参考文献】『寛政譜』第十一・三九九～四〇〇頁、『徳川実紀』第二～五篇、『柳営補任』、『寛永諸家系図伝』

大久保忠得《おおくぼただのり》（一七二五～一八〇三）

通称は半五郎、任官後は日向守・土佐守を名乗る。『寛政譜』に元文四年（一七三九）に十五歳で実父大久保忠清の遺跡を継いだとあるので、逆算すると生年は享保十年（一七二五）となる。禄高は二〇〇俵。延享三年（一七四六）に御小納戸に就任し、同年十二月十八日には布衣を着すことを許される。同四年十二月三日より西丸勤務となるが、宝暦十年（一七六〇）五月には本丸へと移り、天明六年（一七八六）十二月一日には御小納戸頭取に準ずる格となり、同月十八日には従五位下に叙任されて日向守を名乗る。寛政三年（一七九一）七月十二日、正式に御小納戸頭取に就任、同七年には十一代将軍家斉の小金原御成に供奉したことにより時服と黄金を与えられ、家斉の子である敬之助や總姫の誕生に際しては、御箆刀の役や蟇目の役を勤めたことにより、それぞれ時服・白銀を拝領している。同九年四月四日には二〇〇俵が加増されて廩米四〇〇俵となる。同十一年十二月二十八日には西丸御留守居に転じたが、享和三年（一八〇三）五月二十四日に没した。享年七十九。小日向の林泉寺に葬られた。

（太田尚）

【典拠・参考文献】『柳営補任』、『寛政譜』第十二・五〇頁

大久保忠恕《おおくぼただひろ》（一八二八～没年未詳）

文政十一年（一八二八）大久保豊後守忠模の長男として誕生。通称嘉平次。従五位下豊後守・主膳正を称する。五〇〇〇石を知行。中奥小性、西丸小性組番頭、書院番頭、御側衆、西丸御側衆、菊之間縁頬詰、大番頭、本所深川火事場見廻、学問所心得頭取・中川番、目付を経て、文久二年（一八六二）六月に長崎奉行となる。同三年六月、大目付となり長崎奉行を兼任する。肥前小島郷に医学所を置く（文久二年）。外国人居留地の区域を定め、非常時に聖福寺・大徳寺の梵鐘を連撞する。攘夷令発令。港会所を運上所と改める。乃武館で長崎地

役人に武術を習わせる（以上、文久三年）。文久三年七月に鉄砲改、日記掛、同八月道中奉行、元治元年（一八六四）八月旗奉行、同十月甲府勤番頭となり、同十一月に御役御免となったが、慶応元年（一八六六）十二月に京都町奉行となり、同三年十二月に陸軍奉行並を経て同四年（一八六八）二月、役職を免じられる。　（太田勝）

【典拠・参考文献】『柳営補任』、『増補長崎畧史上巻』（『長崎叢書三』）、「長崎奉行歴代総覧」（『長崎事典歴史編』）

大久保忠寛《おおくぼただひろ》（一八一七～一八八八）

文化十四年（一八一七）十一月二十九日に生まれた。父西丸御留守居大久保忠向《ただなり》（禄高五〇〇石）、母みさの長男。諱《いみな》を初め忠正、のち忠寛、幼名は金之助、通称は三四郎・三市郎と称した。叙爵《じょしゃく》して志摩守・右近将監・伊勢守・越中守と名乗り、隠居して一翁《いちおう》といった。号は石泉・桜園・虚堂・日新館・明善館・自由楽地斎。部屋住より召し出され、天保四年（一八三三）六月一日に小性となり、同八年四月二日に西丸小性、同十三年に家督を継いで、御小納戸となり、嘉永七年（一八五四）二月晦日に御徒頭となる。同年五月九日に老中阿部正弘に抜擢されて目付海防掛に進み、軍制改革に取り組む。安政三年（一八五六）十月二十七日、蕃所調所総裁を兼ね、講武所創設に尽力した。翌四年一月二十二日に目付から長崎奉行に転じたが、赴任しなかった。同四年四月十五日に駿府町奉行、同五年五月二十日に禁裏付、同六年二月二十六日に京都町奉行となるが、大老井伊直弼《なおすけ》に一橋派と見なされて疎《うと》まれ、同六年六月二十四日に西丸御留守居に移され、同年八月二十八日に御役御免、寄合（無役）となる。文久元年（一八六一）八月二十九日に再び登用されて蕃所調所頭取となり、同年十月十日に外国奉行（二〇〇〇石高）に転じ、大目付・御側御用取次を経て、翌二年十一月五日に講武所奉行（五〇〇〇石高となる。この頃から大政奉還の必要性を主張。安政の大獄の追罰に関し、京都町奉行在勤中の不始末を咎《とが》められて、同年十一月二十三日に免職、寄合（無役）となる。元治元年（一八六四）七月二十一日に勘定奉行に任じられるが、同年七月二十五日に免職・寄合となり、同二年（慶応元・一八六五）二月に隠居剃髪《ていはつ》する。隠居後も第二次長州戦争の不可を主張するなど朝幕非戦の立場で活動した。幕府崩壊後の慶応四年一月二十四日に会計総裁となり、同年二月八日、若年寄になった。戊辰戦争では徳川家存続に奔走し、同年閏四月、大総督府から江戸の鎮撫取締りを命じられた。版籍奉還後の明治二年（一八六九）八月、静岡藩権大参事、廃藩置県後の同四年十一月に静岡県参事となる。翌五年五月に東京府知事、同十年一月に元老院議官に任じられ、同二十年五月に子爵に叙せられた。翌二十一年七月三十一日、七十二歳で死去した。東京都港区の青山墓地に葬られ、のち府中市多磨町の多磨墓地に改葬。詩歌集に『桜園集』（勝海舟編）がある。　（筑紫）

【典拠・参考文献】『柳営補任』、松岡英夫『大久保一翁』（中公新書、一九七九年）

大久保忠政《おおくぼただまさ》（一五八三～一六三八）

天正十一年（一五八三）に御徒頭大久保忠益《ただます》の二男として生まれる。右衛門八・助左衛門と称す。幼少時より徳川秀忠に仕え、慶長五年（一六〇〇）上杉景勝との戦いに供奉する。同十九年二月、兄忠辰《ただとき》・弟忠尚《ただなお》とともに、大久保忠隣の改易に連座し勘気をこうむるが、大坂の陣には兄とともに在陣。同二十年（元和元・一六一五）五月七日の合戦で首級を得て勘気赦免を願い、十二月二十六日、許される。御家人に復し、のち番士となり、同二年（一六一六）九月十五日、三代将軍家光付属の書院番士となる。寛永三年（一六二六）三月十一日に御徒頭となり、同四年布衣を許される。同十年二月二日使番に転じ、十月五日、豊後へ赴き目付をつとめる。同十五年十月六日に死去。享年五十六。法名は日全。（高見澤）

【典拠・参考文献】『寛政譜』第一一・三五八頁、『徳川実紀』第一～三篇、『柳営補任』、『寛永諸家系図伝』

大久保忠行《おおくぼただゆき》　（生没年未詳）

甚右衛門と称し、従五位下駿河守に叙任された。父は中奥小性の大久保忠雄《ただお》。大久保忠員の七男で、忠世の弟忠長を祖とする。知行は三〇〇〇石である。忠行は天保四年（一八三三）正月十一日に寄合から使番となるが、同九年閏四月二十日、病気により使番を辞して再び寄合となる。同十五年九月十四日には寄合から使番、火事場見廻を命じられる。弘化二年（一八四五）五月十九日に寄合肝煎、安政二年（一八五五）十二月二十八日に新番頭となり、万延二年（文久元、一八六一）二月十五日に小性組番頭に移った。文久二年（一八六二）七月四日に御役御免、勤仕並寄合となった。家督は子の金四郎が相続した。（清水）

【典拠・参考文献】『旗本百科』第一巻、『続徳川実紀』第二篇、『寛政譜』第十二・二〇頁

大久保忠実《おおくぼちゅうじつ》　（生没年未詳）

父は西丸先手弓頭の大久保忠移《ただより》（八郎左衛門）。通称は将監。叙任後は左近将監・讃岐守。知行一〇〇〇石。文化十年（一八一三）十二月十二日に書院番より御小納戸となり、同十三年十一月二十六日には小性に転じる。『文政武鑑』では文政五年（一八二二）以降に禄高が一〇〇〇石となっており（それ以前は三〇〇俵）、この頃に家督を相続したと考えられる。同八年正月十一日に使番となり、同十一年九月八日（五日とも）には火事場見廻を兼帯する。同十二年五月十二日に西丸目付、同十三年（天保元・一八三〇）六月二十四日に目付となり、天保二年十二月十一日には諸国総石高の調査を命ぜられている。同五年七月八日に大坂町奉行、同七年三月八日には西丸御留守居となるが、十二月四日（『柳営補任』は七日）、大坂町奉行在任中に天王寺村の一心寺（『続徳川実紀』では寿誉、『柳営補任』では幾念）による御宮造営願を、実家の由緒があるからと独断で立ち合いを承知したことなどが咎められ、御役御免の上、差し控えとなる。（高山）

【典拠・参考文献】『柳営補任』、『続徳川実紀』第二篇、『江戸幕府役職武鑑編年集成』二一～二五、『旗本百科』第一巻

大久保長安《おおくぼながやす》　（一五四五～一六一三）

天文十四年（一五四五）、猿楽衆大蔵大夫の二男として生まれる。藤十郎・十兵衛と称す。任官後は石見守を名乗る。妻は下間頼竜の娘、継室は大久保忠為の娘。甲斐国武田氏に仕え、土屋直村から土屋姓を授けられて、兄新之丞とともに地方支配にあたった。武田氏滅亡後は徳川家康に登用され、大久保忠隣の庇護のもと大久保十兵衛を称す。家康の甲斐経営においては、代官衆として釜無川や笛吹川の堤防復旧・新田開発・鉱山採掘などに尽力した。天正十八年（一五九〇）、家康が関東に入封すると伊奈忠次や彦坂元正らと共に関東代官頭として直轄領を差配し、武蔵国八王子に陣屋を構え、検地や知行割、八王子・青梅などの町立を担当した。長安の検地は、幕府初期の代表的検地仕法であり、大久保縄、石見検地と呼ばれる。また、武蔵国境警備のため、武田の旧臣を中心とした八王子千人

同心を設けた。関ヶ原合戦では徳川秀忠軍として参戦し、木曽谷・東美濃の制圧に軍略を発揮した。合戦後に徳川家康が覇権を握ると大和代官・甲斐奉行・石見奉行・美濃代官などを兼任し、慶長八年（一六〇三）二月十二日には従五位下石見守に叙任され、家康の六男松平忠輝の付家老に任じられた。同年七月には佐渡奉行に、十二月には所務奉行（のちの勘定奉行）に任じられ、同時に年寄（後の老中）に列せられている。諸国金銀山の統轄に加え、関東を中心にその支配領域は一二〇万石ともいわれ、家康の側近として近世初期の幕府財政・地方支配に権勢を振るった。慶長十八年四月二十五日に死去。享年六十九。法名は大安院殿正誉一的朝覚大居士。大安寺（島根県大田市）に墓碑が、尊躰寺（山梨県甲府市）に供養塔がある。長安死後、生前の金銀不正蓄財等が発覚し、七人の遺児が全員処刑され、縁戚関係にあった諸大名も連座処分された。しかし一方では、長安の不正に確たる証拠はなく、幕政初期の権力争いの結果とも見られている。（保垣）

【典拠・参考文献】村上直「大久保石見守長安の研究覚書（一）〜（五）」（『信濃』一九一〜三・五・六号、一九六七年）、大野瑞男「大久保長安の『遺書』」（『日本歴史』四七二号、一九八七年）、曽根勇二『秀吉・家康政権の政治経済構造』（校倉書房、二〇〇八年）

大久保教隆《おおくぼのりたか》 （一五八六〜一六四三）

天正十四年（一五八六）に生まれる。宗三郎と称す。また初めは諱を忠勝と称した。父は徳川家康の側近として力をふるった大久保忠隣で、教隆は三男。母は石川家成の息女。妻は松平家乗の息女。慶長五年（一六〇〇）、十五歳の時に徳川秀忠に近侍して上杉景勝討伐に従うが、関ヶ原の戦には若年により供奉を許されず江戸に帰る。同十年四月、上洛に供奉し、従五位下右京亮に叙任される。のち三〇〇〇石を賜い、同十七年小性組番頭となる。同十九年二月、父忠隣に連座して天海に預けられ、川越に蟄居。のち元和三年（一六一七）には南部利直に預けられる。寛永五年（一六二八）に赦免され、旧領を回復し、三代将軍家光に初めて拝謁する。同九年（『寛永諸家系図伝』では同十年）書院番頭となり、同十年四月二十三日加増を受けて安房・上総のうちで六〇〇〇石を領す。同十二年（『寛永諸家系図伝』では同十三年）十一月大番頭になり、同二十年十月十五日、五十八歳で死去。法名は紹哲。葬地は上野の東叡山護国院（東京都台東区）で、のちに代々の葬地となる。（小宮山）

【典拠・参考文献】『寛政譜』第十一・三九二〜三九三頁、『寛永諸家系図伝』第九・三三〜三四頁

大久保正栄《おおくぼまさよし》 （一五九〇〜一六四五）

天正十八年（一五九〇）に作事方や御賄頭を務めた大久保正次の嫡子として生まれる。通称は藤三郎。知行地は下総国千葉郡に三〇〇石である。二代将軍徳川秀忠に仕え、寛永三年（一六二六）より御蔵書替役となり、同十九年八月十八日より台所方の御賄に転任し、正保二年（一六四五）九月十九日に五十六歳で死去した。法名は日禅といった。池上本門寺（東京都大田区）に埋葬された。（根岸）

【典拠・参考文献】『寛政譜』第十二・五一頁

大久保往忠《おおくぼゆきただ》 （一七〇〇〜一七六三）

忠敏・熊之丞・八郎五郎と称し、隠居後は卜玄と号した。代々紀伊徳川家の家臣として仕えた家で、父は紀伊藩の藩祖徳川頼宣に仕えた忠直。母は紀伊家の家臣内藤幸

右衛門の守政の娘である。また、姉の須磨（深徳院）は、八代将軍徳川吉宗の側室で九代将軍となる家重の正母である。さらに、往忠の娘は十代将軍家治の娘である万寿姫や嫡子であった家基の乳母を務めた。徳川家重に供奉して江戸城西丸の小性組に列することになり、幕臣となる。父忠直の跡を継いだ二代大久保忠寛が二十四歳で死去してしまったため、忠寛の弟である往忠が、享保二年（一七一七）に忠寛の養子となって家督を継いだ。采地は下野国の都賀・河内郡の七〇〇石であった。同九年十一月十五日に都賀郡に一三〇〇石が加増されて、この時従五位下伊勢守に叙任される。翌年十一月二十六日より西丸の御側となって活躍し、さらに都賀郡に三〇〇〇石が加増されて、合わせて五〇〇〇石を知行することとなる。元文四年（一七三九）五月二十五日より勤めを免されて菊間広縁詰となったが、西丸へもしばしば登城している。宝暦九年（一七五九）八月五日に隠居し、隠居料として一〇〇〇俵を賜る。同十三年（一七六三）に六十四歳で死去する。法名は日理。（根岸）

【典拠・参考文献】『寛政譜』第十二・七頁

大久保幸信《おおくぼゆきのぶ》（一五八七～一六四二）

天正十五年（一五八七）に生まれる。宗四郎と称す。また初めは諱を忠長と称した。父は徳川家康の側近として力をふるった大久保忠隣で幸信は四男。母は石川家成の息女。慶長五年（一六〇〇）、十四歳の時に徳川秀忠に近侍して上杉景勝討伐に従うが、関ヶ原の戦には若年により供奉を許されず江戸に帰る。同十年四月、上洛に供奉し、従五位下主膳正に叙任される。のち二〇〇〇石を賜い、同十七年小性組番頭となる。同十九年二月、父忠隣に連座して天海に預けられ、川越に蟄居。のち元和三年（一六一七）には津軽信牧に預けられる。寛永五年（一六二八）に赦免され、旧領を回復する。同九年（『寛永諸家系図伝』では同十年）四月八日書院番頭となり、同十年四月二十三日加増を受けて安房・上総のうちで五〇〇〇石を領す。同十二年（『寛永諸家系図伝』では同十三年）十一月に大番頭となり、同十九年六月晦日、大坂城守衛の最中に五十六歳で死去。法名は日琳。葬地は京都の本禅寺（京都市上京区）。（小宮山）

【典拠・参考文献】『寛政譜』第十一・三九六頁、『寛永諸家系図伝』第九・三四～三五頁

大熊喜住《おおくまよしずみ》（生年未詳～一八五三）

善太郎と称する。天保十年（一八三九）十月に寺社奉行吟味物調役より勘定組頭に転じ、永々御目見以上となる。同十三年六月十七日より七〇俵五人扶持で代官に命ぜられ、江戸廻りの代官を務める。彼が治めていた支配所の絵図が、明治大学蘆田文庫に所蔵されている。弘化二年（一八四五）十二月十六日には布衣の着用を許された。嘉永三年（一八五〇）二月二十四日からは西丸広敷用人を務め、同五年閏二月二十八日より佐渡奉行となる。禄も二〇〇俵加増される。翌六年三月に佐渡にて死去。（宮原）

【典拠・参考文献】『旗本百科』第一巻、『代官履歴』

大河内久綱《おおこうちひさつな》（一五七〇～一六四六）

元亀元年（一五七〇）、大河内秀綱の長男として三河に生まれる。母は、鳥居掃部介の娘。『寛政譜』には、孫太郎・金兵衛を称すとあるが、久綱発給の年貢割付状には「孫十」とあり、正確には孫十郎か。剃髪後は城心。妻は深井好秀（あるいは秀正）の娘。父秀綱は三河以来の家臣で、三

河・遠江両国で年貢徴収を管掌しており、久綱も家康に仕えて以来、地方奉行を務めている。武蔵国大里郡妻沼に陣屋を構え、寛永十五年（一六三八）二月に同所を引き払った際の譲り状には「数十年住居候陣屋敷」とある。同年十二月五日に職を辞し、剃髪して城心と称した。『干城録』には、実子である老中松平信綱から届く進物を換金して蓄え、その金で調えた具足を返し、信綱を大いに驚かせたという逸話が記されている。正保三年（一六四六）四月三日に死去、享年七十七。法名は宗無。武蔵国新座郡平林寺（埼玉県新座市）に葬られている。（保垣）

【典拠・参考文献】『寛政譜』第四・三九二頁

大河内正勝《おおこうちまさかつ》（一五七九～一六四〇）

天正七年（一五七九）に大河内正綱の二男として誕生する。妻は石川八左衛門重次の息女。通称善兵衛。文禄三年（一五九四）、家康に仕官する。後に廩米二〇〇俵を賜わる。目付となり、寛永二年（一六二六）十二月、武蔵国橘樹郡に二五〇石余を給される。同十年正月、陸奥国を巡見する。同十一年五月に一〇〇〇石加増。京極若狭守忠高の死により、同十四年十二月、目付代として出雲・隠岐に赴く。同十五年十一月に長崎奉行となる。長崎在住英・蘭人一一人の本国送還、ポルトガル船渡来禁止、キリスト教禁止、唐船・オランダ船に対するキリスト教徒乗船渡来の禁止、沿岸警備等の対策等に当り、同十七年に渡来ポルトガル船の焼払い・乗組員の処刑、ポルトガル船の渡来禁止の再命令等の下知を受けて執行する。この後、加恩されて計二〇〇〇石を知行する。同十七年六月十三日に職を辞して寄合となる。同二十四日没。享年六十二。法名は日浄。墓所は白銀の立行寺。（太田勝）

【典拠・参考文献】『寛政譜』第五・一三頁。『増補長崎略史上巻』（『長崎叢書三』）

大河内政寿《おおこうちまさこと》（一七五八～一八〇四）

宝暦八年（一七五八）に生まれる。彦四郎・善兵衛と称した。父は書院番・使番等を歴任した政与。母は筑紫宇兵衛通門の息女。妻は林左京正富の息女。後妻は小笠原安芸守信甫の息女。政寿は、天明二年（一七八二）九月二十七日に父の死去したことにより、同年十二月四日に二十五歳で家督を相続する。知行地は一二〇〇石。同月二十二日には家治に拝謁し、翌年四月九日に書院番士となった。同八年四月朔日、朝比奈良直・遠山景済らとともに命を受けて、東海道及び美濃・信濃・飛騨等の国々を巡検している。寛政元年（一七八九）正月十一日使番となり、同十二月には布衣の着用をゆるされた。同四年に大坂の目付代を勤め、同十年四月朔日には蝦夷地検視の命を受けて松前に赴いている。この蝦夷地出張に関しては、翌年の東蝦夷地仮上知に繋がるものである。また、同十一年正月十六日、政寿は勘定奉行石川忠房らとともに「蝦夷地御取締御用」を命じられ、蝦夷地支配を担った。その後、同年十二月五日には西丸先手鉄炮頭に、享和元年（一八〇一）五月七日には本丸先手鉄炮頭に転じ、同二年五月十四日から文化元年（一八〇四）四月四日まで火附盗賊改を加役されている。同年六月十三日、四十七歳にて死去。葬地は下谷の安楽寺（東京都台東区）。（小宮山）

【典拠・参考文献】『寛政譜』第五・一五頁、『柳営補任』、藤田覚『近世後期政治史と対外関係』（東京大学出版会、二〇〇五年）

大沢尚親《おおさわなおちか》（一六二四～一六八一）

寛永元年（一六二四）に生まれる。諱は初め基員《もとかず》・基盛・基好と名乗り、靫負《ゆきえ》・主水・壱岐・右近などと称した。実は大沢右京亮基重の二男で、母は近藤登助季用の息女である。妻は松平（奥平）忠明の息女である。後妻は津田某の息女である。先祖は代々丹波国大沢の地を領し、基久の時に大沢を屋号とした。尚親は基久から数えて十三代目である。曾祖父基胤は、はじめ今川氏真に属していたが、のちに徳川家康の家臣となり、祖父基宿《もといえ》は、徳川家康の将軍宣下の時に高家の初任者となった。尚親は、寛永十年二月十九日、初めて三代将軍徳川家光に拝謁した。同十八年二月五日家光の中奥小性に列し、同十九年十二月四日に四〇〇俵を賜り、同二十年十二月二十九日、高家に列し、従五位下右近将監に叙任された。慶安四年（一六五一）より中奥に候し、遠江国において所領二〇〇〇石を賜った。同五年（承応元・一六五二）八月二十六日、日光代参の命を受けた。寛文四年（一六六四）八月六日新院（後西上皇）移徒の賀使の命を受けて京都に上った。天和元年（一六八一）四月十九日に死去した。享年五十八。法名は惟諧。菩提寺は深川の海福寺である。（田中暁）

【典拠・参考文献】『寛政譜』第十二・一一二～一一六頁、『徳川実紀』第四篇、『系図纂要』第六冊・三六三頁

大沢秉哲《おおさわのりあき》（生没年未詳）

長崎奉行を務めた大沢基哲《もとのり》を祖とする家筋。家禄は二六〇〇石。初め定宅といい、安政五年五月に秉哲と改める。仁十郎と称し、任官後は豊後守・壱岐守・筑前守と名乗った。天保八年（一八三七）三月二十七日、将軍世子の家慶がいた西丸の書院番より御徒頭となり、弘化二年（一八四五）十二月朔日、将軍世子の家定のいた西丸の目付、同四年八月十八日、本丸の目付で勝手掛、嘉永五年（一八五二）五月十五日には長崎奉行となり、ロシア使節プチャーチンが長崎に来航した際には応対している。同七年五月九日に小普請奉行、安政四年（一八五七）二月二十四日に作事奉行、同五年正月十三日には宗門改役を兼ね、同年十一月晦日に勘定奉行の公事方、同（十二月か）十日に道中奉行兼帯、同六年九月十日には一橋家の家老となる。万延元年（一八六〇）九月七日に大目付となるが、一橋家の家老の際に賜った役料一〇〇〇俵はそのまま下賜された。同年十二月二十五日に大目付で日記改、文久元年（一八六一）七月、再び道中奉行を兼帯、同二年七月六日には再び一橋家の家老、同三年七月十日に御留守居、元治元年（一八六四）八月六日には御側となる。慶応二年（一八六六）十一月十二日、病のため御役御免となり隠居した。隠居後は謙信と号した。菩提寺は谷中の天眼寺（東京都台東区）か。なお、長崎奉行の際の日記が『大日本古文書・幕末外国関係文書』二巻に収録されている。（竹村）

【典拠・参考文献】『寛政譜』第十二・一一八頁、『柳営補任』、『続徳川実紀』第三・四篇、『旗本百科』第三巻、『維新史料綱要』全一〇巻（東京大学出版会、一九八三～八四年）、『明治維新人名辞典』（吉川弘文館、一九八一年）、前田匡一郎『駿遠に移住した徳川家臣団』第三編（前田匡一郎、一九九七年）、「長崎日記」（『大日本古文書・幕末外国関係文書2』東京大学出版会、一九八四年）

大沢基明《おおさわもとあきら》（一六四八～一六九一）

慶安元年（一六四八）に生まれる。友之助・主水と称した。父は大沢尚親、母は津田某の息女である。妻は本庄因幡守宗資の息女である。先祖は代々丹波国大沢の地を領し、基久の時に大沢を屋号とした。基明は基久から数えて十四代目である。曾祖父基宿《もといえ》は、徳川家康の将軍宣下の時に高家の初任者となり、祖父基重は、三代将軍徳川家光の上洛にともない、命を受けて先に京

都へ赴き、二五五〇石余を知行した。父尚親は、家光の小性・高家に列し、遠江国において所領二〇〇〇石を賜った。基明は、延宝九年（天和元・一六八一）二月十二日、初めて五代将軍徳川綱吉に拝謁した。同年七月十二日父大沢尚親の家督を継いで寄合に列した。元禄二年（一六八九）閏正月二十六日奥高家となり、二月二十八日従五位下侍従に叙任され、播磨守と称した。同四年十月四日に死去した。享年四十四。法名は元忠である。　（田中暁）

【典拠・参考文献】『寛政譜』第十二・一一七頁

大沢基宿《おおさわもといえ》　（一五六五～一六四〇）

永禄八年（一五六五）に生まれる。基宥とも称した。父は大沢基胤《もとたね》、母は木寺の宮の女である。妻は武田家家臣一条右衛門大夫信達の息女である。先祖は代々丹波国大沢の地を領し、基久の時に大沢を屋号とした。父基胤は、はじめ今川氏真に属していたが、永禄十二年（一五六九）四月十二日徳川家康に遠江国崎村・櫛和田・無木などの本領を安堵され、家臣となった。天正八年（一五八〇）五月に家康が駿河国田中城を攻めた時、基宿は同五日、城周辺の麦を刈りとって兵を引くことにした。この時、今川の武将朝比奈駿河守信置が城から兵を出して後軍を襲おうとしたが、味方の兵が迎え撃って力戦した。基宿の家臣新村新七郎が敵と槍を合せて手柄をたてたことで、家康から褒美として槍を賜った。同十年九月、北条の軍勢が韮山から戸倉に出て沼津城を攻めようとした時、基宿は城主本多左衛門重次のもとで軍功をあげた。同十二年三月小牧・長久手の戦において、家康が尾張に出陣した時、これに従った。同月二十八日家康が小牧山に陣を移した時、内藤三左衛門信成に清洲城に留めて本丸を守らせた。基宿と三宅惣右衛門康貞、中安兵部少輔某等は命を受けて二丸を守った。同十六年三月上洛の時に従い、四月井伊兵部少輔直政とともに従五位下侍従兼兵部大輔に叙任され、十四日聚楽第行幸の時に御供の列に加わった。十八年小田原攻めの時は本多忠勝の軍に属して岩城城を攻め、その後も忠勝に従って上総国小滝にいた。慶長五年（一六〇〇）に関ヶ原の戦で勝利を収めると、遠江国敷知郡堀江村櫛和田など六村に一五五〇石余を賜った。同六年従四位下に昇進し、同八年二月十二日家康の将軍宣下の時に、摂家・門跡・諸公家往来等の事を扱う勤めを仰せつかり、朝鮮・琉球等の使者の拝礼時の披露の役を勤めるなど、高家の初任者となった。同十四年九月二十三日少将に進み、同十七年正月二十一日正四位下に昇った。同十九年十月、大坂の陣で家康軍に従い、元和九年（一六二三）十二月八日中将に進み、寛永二年（一六二五）九月二日に所領の朱印を賜った。同九年九月十二日老いのため致仕し、剃髪して真休と号した。同十七年正月二十五日に死去した。享年七十六。法名は寒松院傑列良英。菩提寺は宿蘆寺である。　（田中暁）

【典拠・参考文献】『寛政譜』第十二・一一三～一一四頁、『系図纂要』第六冊・三六一頁

大沢基哲《おおさわもとのり》　（一六二三～一六八七）

元和九年（一六二三）に大沢右京亮基重の三男として生まれる。母は近藤登助季用の息女。主馬・左衛門・伊右衛門・左兵衛と称した。妻は佐野喜兵衛公當の養女。西丸小性組から本丸務めとなり、承応元年（一六五二）十二月十八日に廩米三〇〇俵を与えられ、寛文九年（一六六九）閏十月十八日に怠りなく勤務したことから黄金二枚を与えられる。延宝八年（一六八〇）十一月三日に目付となり、十二月二十六日に三〇〇俵を与えられ、二十八日に布衣を許

される。天和二年（一六八二）四月二十一日に五〇〇石を加増される。貞享三年（一六八六）八月二十一日に長崎奉行となり、五〇〇石を加増される。同四年五月二十八日に長崎で死去。享年六十五。法名自能。長崎の晧臺寺に葬られる。

（木崎）

【典拠・参考文献】『寛政譜』第十二・一一八頁、清水紘一「長崎奉行一覧表の再検討」（『京都外国語大学研究論叢』第XV号、一九七五年）

大沢基躬《おおさわもとみ》　（一六五九～一七二八）

万治二年（一六五九）に生まれる。諱は基教《もとたか》・基珍《もとよし》とも名乗り、源三郎と称した。父は大沢基哲《もとのり》、母は佐野喜兵衛公當の養女である。妻は本庄因幡守宗資の養女で、後妻は永井信濃守尚政の息女。さらに持明院大納言基時の猶子を娶った。先祖は代々丹波国大沢の地を領し、基久の時に大沢を屋号とした。父基哲は祖父基重の三男で、四代将軍徳川家綱に仕えて、のち長崎奉行を勤めた。基躬は、天和三年（一六八三）十一月二十七日、初めて五代将軍徳川綱吉に拝謁した。貞享四年（一六八七）八月二日に家督を継ぎ、小普請となった。元禄五年（一六九二）正月十一日に奥高家となり、従五位下侍従に叙任され、越中守を称した。同九年十一月十五日京都において法会があり、命を受けて使者を勤めた。同十年七月二十六日武蔵国埼玉、伊豆国田方両郡において所領六〇〇石を賜った。同十五年三月十五日桂昌院の叙位にあたって、これを謝す使者に任命され、本庄安芸守資俊に従って京都に赴き、五月十二日従四位下に昇進した。宝永元年（一七〇四）十二月九日、徳川綱吉が甲府城主徳川綱豊を養子とし、家宣と改名させたことにともない、京都への使者を勤めた。同二年三月二十三日武蔵国埼玉、上野国邑楽二郡に一〇〇〇石を加増され、計二六〇〇石を知行した。同四年邑楽郡の知行地は武蔵国足立、多摩、埼玉、相模国高座四郡に移封された。同五年三月十六日京都で大火があり、禁裏が炎上したために仰せうけて京都に赴いた。将軍綱吉から正吉の太刀および親筆の「蘆に雁」の掛画を賜った。同六年四月十九日、徳川綱吉の贈位・贈官の事で再び使者を勤め、十二月二十一日には東山院の崩御のため、御機嫌伺い及び法会のことを預かるよう命じられて上京した。正徳二年（一七一二）六月十八日痛所があるなど多病によって遠国の使者の任を行えず、その他の事も同僚と同様に勤仕することができないことを理由に、職を免ぜられ寄合となった。享保十三年（一七二八）九月二十三日に死去。享年七十。法名は周賢。菩提寺は谷中の天眼寺である。

（田中暁）

【典拠・参考文献】『寛政譜』第十二・一一八頁、『徳川実紀』第七篇

大塩平八郎《おおしおへいはちろう》　（一七九三～一八三七）

寛政五年（一七九三）正月二十二日に生まれ、文之助・平八郎を称す。諱は正高・後素《こうそ》、号は中斎。大塩家は今川一族であった大塩波右衛門が主家滅亡後に徳川家康に仕えたことに始まり、小田原の役には足立勘平を討ち取った褒美に家康から弓を拝領している。本家はその後尾張藩士として続き、分家にあたる平八郎の家系は波右衛門の末子を祖としている。同家は代々大坂東町奉行所与力を務め、祖父は政之丞成余、父は平八郎敬高といい、母は東町奉行所与力大西氏の息女である。寛政十一年五月に父が没したため、平八郎は七歳で祖父の養子となり、文政元年（一八一八）六月の祖父の死去により家を相続する。彼は十三、十四歳頃から与力見習として出仕し、文化十四年（一八一七）に定町廻り、翌年目安役・証文役、文政九年に吟味役・極印役と

なり、同十年には盗賊役・唐物取調定役を兼務した。文政三年十一月に高井実徳（山城守）が東町奉行に就任すると、高井は平八郎の能力を買い、平八郎も高井に全幅の信頼を寄せて、能吏としてその才能を開花させる時代が訪れる。彼はこの時期に西町奉行所与力の弓削新右衛門の不正を糾弾し、破戒僧侶の摘発を行い、京都の陰陽師豊田貢らを切支丹であるとして摘発するといった業績をあげている。ところが同十三年七月、その高井が病を理由に辞職を願い出ると、平八郎もこれに合わせるように与力の職を辞し、家を養子格之助に譲って隠居している。彼は幼時より文武に励み、槍術・陽明学にすぐれていた。ことに陽明学では頼山陽に「小陽明」と称されたほどの名声を得ており、文化十四年（一八一七）頃に洗心洞という家塾を開き、同僚の子弟や大坂近在の富農などに学問を教授していた。彼は隠居後は洗心洞で学問に専念する日々を送り、『古本大学刮目』や『洗心洞箚《さっ》記《き》』などを著している。隠居の身である平八郎が再び町奉行の前に現れたのは、天保七年（一八三六）のことで、折からの飢饉と豪商による米の買い占めで市中に餓死者が続出する現状に対し、町奉行跡部良弼にたびたび救済策を上申する。しかし、老中水野忠邦の実弟にあたる跡部は、何ら有効な手段を講じないばかりか、家慶の将軍宣下の儀式のために江戸へ廻米を断行しようとする始末であった。そこで平八郎は同八年二月、自身の蔵書を全て売却した代金で窮民への施行《せぎょう》を行い、檄文を密かに近郷に配布したうえで、同月十九日、「窮民」の旗印をかかげ自宅へ火を放ち蜂起した。これには門弟をはじめ、近郷の百姓や大坂の町民らが参加し、商人宅へ大砲を撃ち込み、町に火を放った。この蜂起によって大坂市中の五分の一を焼失させたというが、乱そのものは城兵によってわずか半日で鎮圧されてしまう。その後平八郎・格之助父子は大坂市中に潜伏していたが、三月二十七日、平八郎は油掛町美吉屋五郎兵衛方にいるところを発見され、大坂城代土井利位《としつら》の家老鷹見泉石らが率いる探索方に包囲され、自刃した。享年四十五。戒名は大勇院殿中斎日明大居士、菩提寺は大坂の成正寺（現大阪市北区末広町）である。同寺は代々大塩家の菩提寺であったが、乱後長らく平八郎の墓は建てることが許されなかった。現在の墓は明治三十年（一八九七）に南画家の田能村直入が建立したものである。

（滝口）

【典拠・参考文献】幸田成友「大塩平八郎」（『幸田成友著作集』第五巻、一九七二年）、相蘇一弘「大塩平八郎の出府と「猟官運動」について」（『大坂城と城下町』思文閣出版、二〇〇〇年）、宮城公子『大塩平八郎』（ぺりかん社、二〇〇五年）

大柴直能《おおしばなおよし》　（一五九九～一六五四）

慶長四年（一五九九）に大柴昌能と武田家家臣大柴市兵衛直行の娘の子として生まれる。喜右衛門・六兵衛と称した。妻は九鬼大隈守家臣豊田五郎左衛門某の娘。外祖父大柴直行に養われ大柴を称し、徳川忠長に仕える。忠長が罪を蒙った後、寛永十年（一六三三）に三代将軍家光に仕え勘定となる。正保元年（一六四四）三月十五日、越後国村上に赴き、後に信濃国小諸あるいは陸奥国白河・越後国村上等に赴く。慶安四年（一六五一）七月二十三日には甲斐・上野・信濃等の国々に赴き郷村の境を検分する。承応三年（一六五四）正月十四日に死去。享年五十四。法名は覚阿。浅草の日輪寺に葬られる。

（堀）

【典拠・参考文献】『寛政譜』第十八・二九五頁

大島以興《おおしまこれおき》　（一六八四～一七四六）

貞享元年（一六八四）に生まれる。伴七・雲平などと称する。代々紀伊徳川家に仕え、父である大島守正も紀州家の家臣であったが、以興が当主の徳川吉宗に従事して江戸城へ入る際、幕臣に列することになり、父守正も幕臣となる。以興は、貞享元年（一六八四）に生まれ、享保元年（一七一六）六月二十五日より御小納戸に編入され、安房国安房郡と朝夷郡に一〇〇〇石を賜る。そして、七月二十二日に布衣の着用を許される。同十三年四月、将軍の日光山参詣に供奉し、同十八年九月十一日より御小納戸頭取に転任する。同年十二月十八日には従五位下近江守に叙任される。延享二年（一七四五）に西丸勤めとなるが、同三年四月二十五日に六十五歳で死去する。法名は良心。（根岸）

【典拠・参考文献】『寛政譜』第二・一〇〇頁

大嶋義也《おおしまよしなり》　（一六六〇～一七二三）

万治三年（一六六〇）に普請奉行大嶋義近の長男として生まれる。母は建部丹波守政長の息女。内膳・縫殿助・雲八と称した。妻は伊東信濃守長貞の息女。元禄三年（一六九〇）八月六日に家督を相続して四七〇〇石を知行し、小普請となる。同五年四月十四日に使番となり、六月に目付代となって日光山に赴き、十二月十八日に布衣を許される。同七年四月十四日に目付となり、同十年九月朔日に新番頭となる。同十二年六月二十八日に長崎奉行となり、九月十五日従五位下伊勢守に叙任される。同十六年七月二十八日に作事奉行となり、宝永四年（一七〇七）十一月朔日に西丸御留守居となり、同六年十月十八日に本丸務めとなる。享保八年（一七二三）十一月三日に死去。享年六十四。法名道光。（木崎）

【典拠・参考文献】『寛政譜』第二・九二頁、清水紘一「長崎奉行一覧表の再検討」（『京都外国語大学研究論叢』第XV号、一九七五年）

太田資宗《おおたすけむね》　（一六〇〇～一六八〇）

慶長五年（一六〇〇）生まれ。新六郎と称す。また、諱は初め康資と称し、致仕後は道顕と号した。父は佐竹義重・徳川家康に仕えた重正で、太田道灌資長のひ孫にあたる。母は都築惣左衛門秀綱の息女。また、叔母に家康の側室となり市姫を生んだ勝（梶、のち英勝院）がおり、資宗は市姫死後に勝の養子となっている。正室は板倉周防守重宗の息女。子には資次らがいる。資宗は、慶長五年十一月二十二日、江戸五番町にて生まれる。同十一年に七歳にて伏見で家康に拝謁し、同十三年には秀忠に拝謁。同十五年九月に家督を相続して上総国市原郡内五〇〇石を領し、家康の小性として仕えた。のち勝の養子となり、同十七年三月、秀忠が駿府の家康を訪ねた折に付属され、秀忠の御側に仕える。江戸に戻ったのち、下野国都賀郡内で加増されて八〇〇石となる。同十九年の大坂陣には秀忠に従い供奉し、慶長二十年（元和元・一六一五）正月二十七日に参内したおり、従五位下摂津守に叙任され、のち采女正に改めている。同年三月、下野国都賀郡内にて加増され一〇〇〇石となり、元和九年十一月二十日、相模国高座郡内にて加増され、二一〇〇石となっている。寛永三年（一六二六）五月に秀忠の娘千姫の再婚先である本多忠刻が亡くなると、神尾守勝とともに上使として播磨国姫路に赴く。同五年十一月二十一日、上総・下総両国内で二〇〇〇石の加増、翌六年十二月二十九日にも遠江国山名郡・豊田郡内で一五〇〇石を加増され、都合五六〇〇石となる。同八年十二月に小性組組頭（一説には書院番組頭）となり、翌九年四月七日には書院番番頭となって、これより家光に仕えた。同年十二月十四日には小性組番頭へと転じ、のちに備中守と改めている。同十年三月二十三日、松平信綱・阿部忠秋・堀田正盛・三浦正次・阿部重次らとともに、いわゆる六人衆に任じられ、小事について取り計らうべきことを命じられる。資宗は、阿部重次とともに御持弓・持筒の事を職掌とする。また、稲葉正勝と同様に猿楽舞々の事をすべて支配すべきことを命じられる。同十二年八月九日、下野国山川で一万石を加増される。同十五年の島原一揆の時には、御仕置の使いとして島原に赴き、帰りに小倉にて西国諸将に家光の命を伝え、松倉一族のお預けの処理をして江戸に帰っている。同年四月二十四日奏者番となり、三万五〇〇〇石に加増の上、三河国西尾城主となる。同十八年二月七日、諸家の系図の編撰を命じられ、同二十年九月十七日に『寛永諸家系図伝』として家光に献上した。また、同二十年の春には、牧野忠成・内藤忠興・内藤忠重らとともに、のちの家綱の御座所となる三の丸の普請を勤めている。寛永二十一年（正保元・一六四四）二月二十八日遠江国浜松城主となり、松平正綱に代って日光山普請の奉行を勤める。寛文四年（一六六四）四月五日の家綱領地朱印状では、資宗の領地は遠江国長上・敷知・豊田・引佐・麁玉郡内で、三万五〇三七石八斗六升四合となっている。同七年十二月十八日職を辞し、同十一年十二月十九日に致仕する。延宝八年（一六八〇）正月二十二日、江戸駒込下屋敷にて死去。法名は道顕日応瑞華院と号し、伊豆国田方郡玉沢の妙法華寺（静岡県三島市）に葬られた。同寺は後に、子孫代々の葬地となっている。（小宮山）

【典拠・参考文献】『寛政譜』第四・三七五～三七七頁、『寛永諸家系図伝』第三、静岡県編『静岡県史』通史編三・近世一（静岡県、一九九六年）、藤井譲治『江戸幕府老中制形成過程の研究』（校倉書房、一九九〇年）、根岸茂夫『近世武家社会の形成と構造』（吉川弘文館、二〇〇〇年）、小池進『江戸幕府直轄軍団の形成』（吉川弘文館、二〇〇一年）

大田南畝《おおたなんぽ》（一七四九～一八二三）

寛延二年（一七四九）三月三日、家禄七〇俵五人扶持で御徒を務める父正智と母利世（幕臣杉田八兵衛の娘）の長男として、牛込仲御徒町に生まれる。諱は覃《ふかし》、字は子耜《し》、直次郎・七左衛門と称した。号には南畝のほか、四方赤良《よものあから》・四方山人・滄洲楼・杏花園・杏園・巴人亭・石楠斎・鶯谷隠士・遠桜山人・玉川漁翁・蜀山人などがあり、俗称・仮号として寝惚《ねぼけ》先生・風鈴山人・山手馬鹿人《やまてのばかひと》なども知られる。大田家は、もともと武蔵国多摩郡恋ヶ窪出身の浪人といわれ、南畝の曾祖父にあたる太左衛門が幕府の御徒に取り立てられ、以後、祖父の正忠・父の正智も御徒を務めた。少年期の南畝は、漢学をもって身を立てるべく宝暦十三年（一七六三）に十五歳で内山椿軒の門人となった。このとき同門には、岡田寒《かん》泉《せん》・唐衣橘洲《からごろもきっしゅう》（小島源之助）・朱楽菅江《あけらかんこう》・平秩東作《へずつとうさく》らがいる。また、幕府の御徒として出仕した翌年の明和三年（一七六六）には松崎観海の門に入り、漢学の研鑽に励むかたわら、余暇を利用して狂詩などを作っていた。これを同門の平秩東作へ見せ、さらに東作の紹介で風来山人（平賀源内）へ見せたことがきっかけとなって、翌明和四年九月に『寝惚先生文集』が出版された。この内容が当時の人々に歓迎されて、南畝の名が一躍世間に広まり、狂詩の流行を生み出すこととなる。南畝はその後、唐衣橘洲らとともに狂歌へと走り、四方山人（のち赤良）の狂名で機知と諧謔に富んだ作品を次々と発表して、江戸狂歌のジャンルを確立させていった。安永期から天明期にかけての南畝は、洒落本や噺本・黄表紙などの戯作に関心を寄せ、中でも黄表紙作品を論評した安永十年（天明元・一七八一）の『菊寿草』や天明二年（一七八二）の『岡目八目』は、当時の批評としては卓越した内容であったといわれる。またこの頃には、四方連を中心とする狂歌本が続々と出版され、文芸の世界はもとより、歌舞伎や浮世絵などの分野にも多大な影響を与えた。しかし、この田沼時代が去って松平定信政権が誕生すると、武家たちの綱紀粛正が唱えられ、それまでの自由な雰囲気は一変し、南畝も狂歌の世界から身を引かざるを得なかった。寛政期に入ってからの南畝は、文芸よりもむしろ幕臣として、その能力を開花させたといってよい。寛政六年（一七九四）に幕府の人材登用試験を受けた南畝は、御目見以下では最高の成績を残し、同八年には勘定奉行配下の支配勘定に任ぜられた。ここで南畝は『官刻孝義録』の編纂に力を注ぎ、また同十二年正月には「御勘定所諸帳面取調御用」という仕事を任された。これは、江戸城北の丸の竹橋御門近くにあった勘定所の蔵に収められた諸記録の分類・整理で、南畝は同僚や部下らとともに約一年をかけてこの仕事に従事し、その合間に有用と思われる記録を選択・摘記して、まず同年三月に『竹橋蠹簡《とかん》』五巻を、続いて閏四月には『竹橋余筆』七巻を、さらにその後『竹橋余筆別集』一二巻を完成させた。これらに収録された史料は江戸初期のものが多く、しかも現在では原史料の大半が散逸してしまっており、南畝が筆録した内容は極めて貴重なものとなっている。また、能吏であった南畝は、各地への出役を命じられることも多く、享和元年（一八〇一）には大坂銅座詰、文化元年（一八〇四）には長崎奉行詰、同五年には武州玉川巡視の出役を務めた。これらの出役に際しても『改元紀行』『おしてるの記』『銅座御用留』『葦の若葉』『壬戌紀行』（以上大坂）、『革令紀行』『長崎表御用会計私記』『瓊浦雑綴』『瓊浦又綴』『瓊浦遺佩』『小春紀行』（長崎）、『調布日記』『向岡閑話』『玉川砂利』『玉川余波』『玉川披抄』（玉川）など数々の日記・紀行・書留類を筆録している。文政六年（一八二三）四月六日に七十五歳で死去。法名は杏花園心逸日休。白山の本念寺に葬られた。（太田尚）

【典拠・参考文献】濱田義一郎ほか編『大田南畝全集』全二〇巻（岩波書店、一九八五～九〇年）、村上直校訂『竹橋蠹簡・竹橋余筆』（文献出版、一九九五年）、『古典文学』

大田正房《おおたまさふさ》　（一七一四～一七七八）

正徳四年（一七一四）に書院番水野忠意《ただもと》の二男として生まれる。万之丞・三郎兵衛と称した。徳川吉宗養女利根姫君の用人大田正員《まさかず》の養子となり、その息女を妻とする。後妻は大番伊東祐春《すけはる》の息女。享保二十年（一七三五）九月十九日に書院番となり、騎射・弓場始を数度勤めるほか、鷹狩の際に鳥を射て時服・黄金を賜る。寛保三年（一七四三）七月二日に家督を相続し、宝暦六年（一七五六）二月二十八日に御徒頭となる。同年九月十五日に目付となり、十二月十八日に布衣の着用を許される。同十一年九月十八日より船手を兼ねる。翌十二年二月二十七日、高田馬場における流鏑馬興行を執行したため時服を賜る。明和元年（一七六四）閏十二月十五日に京都町奉行となり、同十八日に従五位下播磨守に叙任される。安永元年（一七七二）十月八日に小普請奉行、翌二年十二月五日に勘定奉行となる。同七年七月十六日に死去。享年六十五。法名は智證。菩提寺は早稲田の龍善寺である。（宮坂）

【典拠・参考文献】『寛政譜』第十四・六三頁

大田好敬《おおたよしひろ》　（一六五〇～一七二七）

慶安三年（一六五〇）に大田吉次《よしつぐ》の長男として生まれる。父吉次は鎗奉行、母は川村弥左衛門勝興の息女。妻は新居の関所番をつとめた本多助久《すけひさ》の息女。当初の緯は吉《よし》敬《ひろ》。『柳営補任』では「太田」「好寛」とも記される。通称は甚四郎・善大夫。寛文七年（一六六七）十一月二十一日に書院番となり、延宝五年（一六七七）十月二十九日より進物の役をつとめる。同八年十二月十二日に家督を相続。弟好孝《よしたか》（好高）に三〇〇石を分知し、知行は一七六〇石。同九年（天和元・一六八一）九月十六日には松平忠弘への陸奥国白河城の引渡し役として同地に赴き、貞享元年（一六八四）七月二日には浅草門の石塁と橋普請を担当した功で時服と黄金を賜る。同二年七月二十三日に使番となり、十二月二十八日に布衣の着用を許される。同三年二月二十八日には大久保忠朝への小田原城の引渡し役をつとめる。元禄四年（一六九一）閏八月十二日に先手弓頭、同十三年十月二十八日には大坂町奉行となり、五〇〇石を加増（総知行高は二二六〇石）。同十六年十二月二十一日に従五位下和泉守に叙任（後に日向守）。正徳元年（一七一一）四月二十二日に職を辞して寄合となる。享保四年（一七一九）十二月六日に致仕し、養老料として廩米三〇〇俵を賜る。同十二年九月十八日に死去。享年七十八。法名良丘。早稲田の龍善寺（東京都新宿区）に葬られる。（高山）

【典拠・参考文献】『寛政譜』第十四・五七頁、『柳営補任』

大田吉正《おおたよしまさ》（一五六三〜一六三八）

永禄六年（一五六三）に生まれる。甚四郎・善大夫などと名乗る。岡崎信康に仕えるが、信康の死去により、天正八年（一五八〇）徳川家康の駿河国遠目へ進む時に石川数正に従属し、敵兵朝比奈小隼人と組討ちし首級を得る。のちに、家康に召されて謁見する。その後立花谷合戦や高天神の一戦ほか尾張国星崎城の攻撃で度々活躍する。同十八年、小田原の役では翌年陸奥国九戸の陣で岩手沢まで従い、同年五月三日相模国高座郡の内において二〇〇石を拝領する。文禄元年（一五九二）、朝鮮出兵の時には御供して肥前国名護屋まで至る。また、慶長五年（一六〇〇）酒井宮内大輔家次・奥平美作守信昌両人の足軽となり、朝倉藤十郎宣正・斎藤久右衛門信吉・中山勘解由照守・戸田半兵衛光正・小野次郎右衛門忠助・鎮目半次郎惟明・辻太郎助久吉などの監視を命じられる。そして朝倉宣正・鎮目惟明と槍を交えることとなるが、この際下知を待たずに軍令に反したことを咎められ、真田伊豆守信之に預けられ上野国吾妻にて籠居処分となる。同六年九月、赦されて旧領を安堵され、下総国千葉・印旛の両郡へ二〇〇石を加恩される。のちに大番組頭となる。同十九年大阪冬の陣の折には目付となり、鳴野口の斥候をつとめる。同二十年（元和元・一六一五）に使番となり、大坂夏の陣での五月四日に先手の陣所へ軍令を伝達し、同六日の早朝に本陣へ合流しその旨を報告する。また、合戦中も首級を得るなど軍功をあげ凱旋すると、相模国愛甲・下総国葛飾の両郡に六〇〇石を加増され、さらに夫免六〇石を合わせて、一〇六〇石となる。元和二年、布衣の着用が許可され、翌三年には弓頭となり、与力一〇騎・同心二〇人を預けられる。寛永二年（一六二五）十二月十一日に朱印を下され、翌年の上洛に伴い従うこととなる。同十年に三代将軍徳川家光に召し出され、御鷹の雲雀を拝領する。同年八月十二日に、遠江国榛原郡内に一〇〇〇石を加増され、合計二〇六〇石を知行することとなる。同十一年二月十二日に旗奉行にすすむ。同十四年病にかかり、翌十五年三月二十日、七十六歳で死

去。法名は恵順。三河国碧海郡佐々木村の上宮寺に葬られる。（根岸）

【典拠・参考文献】『寛政譜』第十四・五四～五五頁

大竹清良《おおたけきよよし》（一七五九～没年未詳）

宝暦九年（一七五九）に勘定を務めた大竹清因の二男として生まれる。庄九郎と称した。妻は田安家家臣幸田八左衛門親臾の娘。天明六年（一七八六）六月十四日に勘定となり、十二月六日父の死去に伴い二十八歳で家督を相続する。家禄は四〇俵二人扶持。天保七年（一八三六）四月二十四日に勘定組頭から代官になり、同年から天保八年まで江戸代官を務め、同年に勇退した。（堀）

【典拠・参考文献】『寛政譜』第九・三五六頁、西沢淳男『幕領陣屋と代官支配』（岩田書院、一九九八年）

大竹宗孝《おおたけそうこう》（生没年不詳）

庫三郎《くらさぶろう》と称す。文久元年（一八六一）九月十五日の月次御礼において「御勘定」として、大竹庫三郎の名が確認できる。慶応二年（一八六六）二月十三日、勘定組頭勤方より勘定組頭に就任し、勤仕中三〇〇俵高を賜る。同年六月七日には勘定吟味役並に昇進し「永々御目見以上」となり、勤仕中三〇〇俵高に加え、役料として二〇〇俵が加増された。しかし、わずかひと月で職を辞して小普請入り、慶応三年（一八六七）四月二十六日、陸軍奉行並支配より元勘定吟味役並となった。同年から翌四年にかけて代官に就任し、信濃国伊那谷の飯島陣屋を管轄している。（保垣）

【典拠・参考文献】『続徳川実紀』第四篇、『柳営補任』、『旗本百科』第一巻

大竹信政《おおたけのぶまさ》（一六六四～一七三七）

寛文四年（一六六四）に生まれる。源右衛門、源四郎と称した。実父は天守番を勤めた大竹勘右衛門信業《のぶなり》。実母は大原源兵衛資政の息女。妻は平野市三郎の息女。二男であり、父信業の弟で御家人の信易《のぶやす》の養子となり、貞享二年（一六八五）十二月十五日に家督を継いだ。当初は小普請奉行に所属して人足方を勤め、廩米五〇俵であったが、元禄十四年（一七〇一）十二月二十五日に表右筆となり、廩米二〇〇俵となった。同月二十八日に五代将軍徳川綱吉に御目見した。同十五年十二月十日に奥右筆に転じたが、表右筆大塚太左衛門光広の門人である所以により同十六年七月二十六日に表右筆に戻った。正徳三年（一七一三）三月二十五日に表右筆を辞職して小普請入となり、享保六年（一七二一）十二月十二日に隠居した。同九年八月十三日に養子の信清が甲府勤番となったため、信政もそれに伴い甲府に転居した。元文二年（一七三七）三月十二日に死去。享年七十四。法名日證。菩提寺は甲斐国府中の法華寺である。（神崎）

【典拠・参考文献】森繁夫編『名家伝記資料集成』第一巻（思文閣出版、一九八四年）、『徳川実紀』第六篇、『寛政譜』第九・一八七頁

大田原政継《おおたわらまさつぐ》（一六〇五～一六七五）

慶長十年（一六〇五）に大田原増清《ますきよ》の子として生まれる。妻は大田原晴清《はるきよ》の息女。掃部・出雲と称する。大田原氏は中世において下野国那須郡を基盤に党的結合を形成していた那須衆の家系である。室町時代頃から那須氏と結んで那須衆の一翼を担ったと言われる。慶長五年（一六〇〇）に郡内森田など一〇〇〇石を与えられ、居館を築く。同館は森田陣屋として大田原氏の那須における所領支配の拠点となる。大名分知の家柄として交代寄合に取り立てられている。政継は元和七年（一六二一）五月五日に初めて二代将軍徳川秀忠に拝謁する。寛永八年（一六三一）に遺跡を継ぎ、代々毎

年参府して歳首を賀すことを許される。同十一年二月十六日に江戸川口の番を命ぜられる。同十七年正月二十六日、大田原政清、福原資盛等とともに今市御館の修造の任を請ける。後にしばしば日光山普請の役を勤め、時服・白銀等を賜る。延宝三年（一六七五）五月十六日に隠居して森田に居住し、その地において死す。享年七十一。法名は宗徳。（橋本）

【典拠・参考文献】『寛政譜』第十一・八〇頁、『徳川実紀』第二～四篇、『日本歴史地名大系 栃木県の地名』（平凡社、一九八八年）

大槻玄沢《おおつきげんたく》（一七五七～一八二七）

宝暦七年（一七五七）九月二十八日に生まれる。一関藩医大槻玄梁の子。名を茂質《しげかた》、字を子煥、通称玄沢、磐水《ばんすい》・芝蘭堂主人などと号した。建部清庵に医学を学んだ。安永七年（一七七八）、江戸に出て杉田玄白に師事するとともに、前野良沢に蘭語を学ぶ。天明六年（一七八六）、仙台藩医となり江戸定詰。芝蘭堂を開き、宇田川玄信ら多くの門弟を育てた。文化元年（一八〇四）に『重訂解体新書』を完成。同八年、天文方蕃書和解御用として、ショメールの百科事典『厚生新編』の訳述に携わった。文政十年（一八二七）三月三十日に死去。享年七十一。芝高輪東禅寺に葬る。大槻玄幹・大槻磐渓《ばんけい》はいずれも玄沢の実子。（工藤）

【典拠・参考文献】大槻如電『新撰洋学年表』（柏林社書店、一九六三年）、洋学史研究会編『大槻玄沢の研究』（思文閣、一九九一年）

大槻俊斎《おおつきしゅんさい》（一八〇四～一八六二）

文化元年（一八〇四）、陸奥国桃生郡赤井村星場に生まれる（文化三年説あり）。肇・仲敏・弘淵と称した。片倉家中大槻武治信当の次男。母は高野おこと。妻は手塚良仙の娘八十。文政二年（一八一九）、医師沸谷氏の養子となる。同四年に出府。川越藩医官高橋尚斎門下。のち常陸長沼藩医官手塚良仙門下。さらに同郷の先輩湊長安の紹介で足立長雋に師事。天保八年（一八三七）に長崎遊学。オランダ人や高島秋帆に師事。同十一年に帰府。江戸下谷練塀小路に開業。同年結婚。弘化年間に常陸長沼藩医官。弘化元年（一八四四）、出獄した高野長英と自宅で会う。同三年、高野長英との関係により閉門。嘉永二年（一八四九）には江戸で牛痘による種痘を行う。安政三年（一八五六）に仙台藩侍医。同四年、種痘所設立協議に参加。安政五年、三宅艮斎・林洞海と種痘所設計、開所。万延元年（一八六〇）八月十二日、種痘所頭取。十月には種痘所が幕府直轄となる。御番医師として、三十人扶持を拝領する。安政六年（一八五九）、シーボルトと会談。文久元年（一八六一）、西洋医学所所長となり、二十人扶持加増。著訳に『ヨヂウム治験』『銃剣瑣言』等。文久二年四月九日に死去。享年五十九。戒名は弘淵院殿肇焉俊斎居士。墓は本郷駒込千駄木町総禅寺（東京都豊島区）。（岩下）

【典拠・参考文献】青木大輔編著『大槻俊斎』（一九六四年）

大築尚志《おおつきたかゆき》（一八三五～一九〇〇）

天保六年（一八三五）生まれ。元佐倉藩士。慶応四年（一八六八）正月二十六日、富士見番御宝蔵番格歩兵差図役勤方より歩兵差図役頭取に任ぜられ、翌年二月に歩兵頭並となる。沼津兵学校設立の際、阿部潜から教授の人選を依頼された。自身も沼津兵学校一等教授方として英蘭の教鞭をとっている。明治七年（一八七四）に陸軍省砲兵大佐となり、砲兵本廠《ほんしょう》提理として陸軍造兵の基礎作りを行った。明治三十三年（一九〇〇）六月十二日に死去。（津田）

【典拠・参考文献】樋口雄彦『旧幕臣の明

治維新　沼津兵学校とその群像』（吉川弘文館、二〇〇五年）、同『沼津兵学校の研究』（吉川弘文館、二〇〇七年）、『旗本百科』第一巻

大友義孝《おおともよしたか》（一六四一〜一七一一）

寛永十八年（一六四一）に生まれる。鶴千代丸・孫三郎・内蔵助と称した。祖父左兵衛督吉統の息女佐子の局の養子で、実は松野右京正照の三男である。妻は老女岡局の養女。父正照が細川家の食客となり、義孝は幼少より京に住んでいたところ、祖父の息女佐子の局が東福門院（徳川和子）の御所に仕えていたことで、女院御所から江戸幕府に要望があり、義孝に大友の家名を継がすこととした。義孝は、明暦三年（一六五七）九月十六日に召し出されて初見の礼をとり、同年十二月二十七日五〇〇俵を賜り、寄合となった。元禄元年（一六八八）十一月二十五日表高家に列し、五〇〇石を加えられ、下野国塩谷郡において、計一〇〇〇石を知行した。同二年正月十一日高家となり、従五位下侍従に叙任され、近江守を称した。同三年五月二十九日、東福門院十三回忌の法会が行われた際に、使者となって上洛した。そして、同六年二月二十六日若宮（一宮）誕生を祝う使者として上京し、四月二日従四位下に昇進した。同十年三月六日には吉良上野介義央に従って、高家の職務を見習うことが命じられた。同八日以後は月番を勤め、すべて義央と同じように勤めることが命じられた。同十一年七月二十一日、八重姫（徳川綱吉の養女）の輿入れがあった時には、京都への使者を勤めた。同十四年八月二十一日、勤めが十分にできない状況により、寄合となり、九月二十八日今後、五節句・朔望時に表高家に並んで拝謁するべき旨の仰せを受け、十五年十二月二十八日、今後、佳節・朔望時に奥高家の末席に候じ、表へ出る時も奥高家の列に加わり、年頭には大沢基隆の次に並び、時服は例席にて賜るよう仰せつかった。宝永元年（一七〇四）六月二十七日に致仕し、朴菴と号した。正徳元年（一七一一）九月十八日に死去した。享年七十一。法名は高徳院讃峯能賢である。菩提寺は谷中の玉林寺。　（田中暁）

【典拠・参考文献】『寛政譜』第二・三八六頁、『徳川実紀』第四・第六篇、『系図纂要』第三冊・四〇三頁

大鳥圭介《おおとりけいすけ》（一八三二〜一九一一）

天保三年（一八三二）に播磨国赤穂郡赤松村で生まれる（同四年二月の説あり）。父は医師の直輔。諱は純彰。如楓と号した。岡山藩の閑谷学校で漢学を修め、大坂の緒方洪庵に蘭学を学び、韮山代官江川英敏について兵学を修めた。慶応三年（一八六七）五月、両番格歩兵差図役頭取に任ぜられる。同年十月には歩兵頭となり、翌年二月二十八日に歩兵頭から歩兵奉行となった。鳥羽・伏見の戦以来主戦論を唱えるが、同年四月に江戸開城となると脱走し、新政府軍と抗戦しながら蝦夷地に逃れ、十月に陸軍奉行となるが、明治二年（一八六九）五月に降伏し、東京で投獄された。同五年正月に赦されて開拓使出仕を命じられ、大蔵少丞を兼ねた。その後、陸軍省四等出仕・工部頭・内国勧業博覧会御用掛・枢密顧問官等を歴任し、同三十三年に男爵を授与された。『野戦要務』『仏蘭西歩兵程式』の翻訳者として知られる。明治四十四年（一九一一）六月十五日に死去。享年七十九。　（津田）

【典拠・参考文献】『柳営補任』、樋口雄彦『旧幕臣の明治維新　沼津兵学校とその群像』（吉川弘文館、二〇〇五年）、手塚晃編『幕末明治海外渡航者総覧』第一巻（柏書房、一九九二年）『日本近現代人名辞典』（吉川弘文館、二〇〇一年）

大貫光豊《おおぬきみつとよ》（一七五六〜没年未詳）

宝暦六年（一七五六）に生まれる。左右太・次右衛門と称す。父は勘定吟味方改役などを務めた光政。母は松平乗識の家臣小山秀富の息女。先妻は一橋家家臣笠原正映の息女、後妻は成瀬政成の養女。天明三年（一七八三）三月六日に遺跡を継ぎ、小普請となる。家禄一〇〇俵。同四年二月十日に勘定吟味方改役となり、同六年九月六日に越後水原代官に転じる。寛政四年（一七九二）に関東郡代付代官、文化三年（一八〇六）から文政六年（一八二三）まで馬喰町詰関東代官。（山本）

【典拠・参考文献】『寛政譜』第二十・二五六頁、『代官履歴』

大野広城《おおのひろき》（一七八八～一八四一）

天明八年（一七八八）に生まれる。権之丞と称し、忍軒・忍屋隠士などと号した。小十人組に属していた。幕府の役人が職務を遂行するにあたり、江戸城での年中行事や法令、礼法、職階職制などを記した手引書が必要と考え、『武家《ぶけ》必擥《ひつらん》殿《との》居《い》嚢《ぶくろ》』（前編は天保八年、後編は同十年に刊行）や『青《あお》標紙《びょうし》』（前編は天保十一年、後編は同十二年に刊行）を編纂した。いずれも小型の折本で、諸役人が携帯できるようになっていた。天保十二年（一八四一）には『泰平年表』が三〇〇部限定で刊行された。これは、徳川家康が誕生した天文十一年（一五四二）から十一代将軍家斉が将軍職を退いた天保八年までを幕府の歴史を中心に著述しつつも、各地の事件や奇聞も交えた年代記であったが、幕府の機密や内情が広く漏洩するおそれがあるとして、『武家必擥殿居嚢』『青標紙』とともに発禁処分となった。そのため、同年六月に丹波国綾部藩主九鬼隆《くきたか》都《ひろ》に身柄を預けられて幽閉され、同年八月、九鬼氏の領地に移された。同年九月十一日に死去。享年五十四。法名は浄界院忍誉広城閑睡居士。丹波国綾部の西福院（京都府綾部市）に葬られた。（白根）

【典拠・参考文献】『泰平年表』解題（続群書類従完成会、一九七九年）、『国書人名辞典』第一巻。

大橋重豊《おおはししげとよ》（一六六八～一七二五）

寛文八年（一六六八）に生まれる。吉兵衛、左兵衛と称した。当初の本名は重旨。父は西丸右筆や表右筆を勤めた重爲。母は山本伝次郎政重の息女。妻は宇和島藩伊達家の家臣柘植平左衛門景美の息女。延宝七年（一六七九）三月十九日に四代将軍徳川家綱に御目見した。元禄五年（一六九二）七月二十二日に家督を継ぎ、同六年十二月二十二日に右筆、同十六年三月五日に表右筆組頭となる。本丸右筆と西丸右筆は協力して日記を記すこととなっていたが、本丸右筆がその任を果たさず西丸右筆のみに勤めさせていたこと、および記録に疎漏が多いことが発覚、宝永六年（一七〇九）正月十八日に重豊はこれを改めるよう指導を命じられたが、自らも勤めを果たしていなかった落度が咎められ、同年四月二十一日に逼塞、同年十月八日に恩赦となった。享保八年（一七二三）十二月二十六日に致仕、同九年八月に継嗣豊安が甲府城勤番となったため、これに伴い甲府に転居した。同十年（一七二五）九月二日に死去。享年五十八。法名覚道。菩提寺は甲斐国長遠寺町の光沢寺である。（神崎）

【典拠・参考文献】『徳川実紀』第七篇、『寛政譜』第八・一六一頁

大橋重政《おおはししげまさ》（一六一八～一六七二）

元和四年（一六一八）に生まれる。長左衛門と称した。父は大橋重保。妻は一色式部少輔範勝の息女。寛永四年（一六二七）、十歳の頃に三代将軍徳川家光に御目見した。幼少期から父重政に書道を学び、その後、滝本坊昭乗や青蓮院宮尊純親王に師事して御家流の一派である大橋流の祖と位置づけ

られた。同八年から右筆を勤め、同十一年に家督を継ぎ右筆吟味役となった。将軍家光や家綱に書の手本を度々献上して褒賞されており、明暦元年（一六五五）十二月二十八日には四代将軍家綱に手本を献上して時服二領を賜る。万治元年（一六五八）七月八日に『寛永諸家系図伝』の仮名序を清書、同年閏十二月二十六日にその功により時服三領を授与された。寛文五年（一六六五）八月十七日に遠国寺社領への朱印状下付、及び諸宗寺院法度の読み聞かせを担当、同年九月二十三日に白銀三〇枚を授与された。同十二年閏六月三十日に死去。享年五十五。戒名は龍性院殿釋道樹居士。菩提寺は神奈川県藤沢市鵠沼の空乗寺である。墓は藤沢市の指定史跡である。（神崎）

【典拠・参考文献】『寛永諸家系図伝』第十四、『徳川実紀』第二・三・四・五篇、『寛政譜』第八・一五九頁、服部清道「小川泰堂・大窪詩仏・大橋重政の墓」（神奈川県藤沢市教育委員会『藤沢市文化財調査報告書』第三集、一九六六年）

大橋重保《おおはししげやす》　（一五八二～一六四五）

天正十年（一五八二）に生まれる。長左衛門と称した。父重慶は豊臣秀次に仕えた武将で同十二年四月九日に長久手の役にて戦死したため、当時三歳だった重保は叔母に養育された。九歳の頃、秀次の勧めで京に上り南禅寺で以心崇伝に三年間学んだ。秀次の死後、西国を流浪し片桐且元の配下を経て二十七歳で豊臣秀頼の右筆になった。その後、且元が豊臣方に逆心の疑いをかけられた折、且元に従い秀頼の元を去った。慶長十九年（一六一四）、大坂冬の陣では且元の下で戦い負傷、同二十年の夏の陣は先の戦傷により不参戦ゆえ恩賞を得られず、元和三年（一六一七）三月十七日に二代将軍徳川秀忠が増上寺に参拝する途上、阿部正次に訴状を提出、右筆に抜擢され相模国高座郡内に知行五〇〇石を与えられた。同九年七月に家光が将軍就任のため上洛した折に供奉、寛永十年（一六三三）に病を理由に職を辞すが後も家光に近侍し、その命で剃髪して龍慶と号した。同十一年に家督を嗣子重政に譲り、養老料として廩米三〇〇俵を与えられた。同年八月一日に再度家光の上洛に供奉、法印に叙せられ式部卿と称した。同十二月三十日に廩米を改め牛込郷に三〇余町の地を与えられた。和歌をはじめ諸芸に通じており、家光は高田辺りで狩猟をした際、度々その宅に立ち寄った。重政の木像、肖像画、自筆の書が大阪府松原市内に現存する。正保二年（一六四五）二月四日に死去。享年六十四。戒名は宝樹院式部卿法印天巌龍慶居士。当家の菩提寺は相模国高座郡鵠沼村の空乗寺だが、高田の南蔵院に葬られたとの説もある。（神崎）

【典拠・参考文献】『寛永諸家系図伝』第十四、『徳川実紀』第二・三篇、『寛政譜』第八・一五八頁、服部清道「小川泰堂・大窪詩仏・大橋重政の墓」（神奈川県藤沢市教育委員会『藤沢市文化財調査報告書』第三集、一九六六年）、大阪府松原市史編纂委員会『松原市史』第一巻・本文編（一九八五年）

大橋宗桂《おおはしそうけい》　（一五五五～一六三四）

弘治元年（一五五五）に生まれる。宗慶とも名乗った。織田信長、豊臣秀吉、徳川家康・秀忠に仕える。碁と将棋に秀れた本因坊算砂の門下で、慶長十二年（一六〇七）六月、駿府で家康に、江戸で秀忠に、算砂と将棋の対局を披露する。同十七年、家康から五〇石五人扶持を与えられ、算砂が碁所とともに兼ねていた将棋所を譲られる。寛永十一年（一六三四）三月九日没。享年八十。法名は玉浄院宗桂日竜。墓所は京の深草の霊光寺で、駒型の墓碑がある。（湯浅）

【典拠・参考文献】勝浦修『日本将棋大

系』第一巻（筑摩書房、一九七九年）

大橋親勝《おおはしちかかつ》（一五六六～一六二一）

永禄九年（一五六六）に大橋親俊《ちかとし》の息子として生まれる。兵右衛門と称した。徳川家康に仕え、天正十九年（一五九一）の陸奥九戸の乱、文禄元年（一五九二）の文禄の役に供奉して肥前国名護屋に至る。慶長五年（一六〇〇）より家康の三男秀忠（のちに二代将軍）に仕えて大番に列し、真田昌幸の籠もる信濃国上田城攻めに従う。同二十年（元和元・一六一五）の大坂夏の陣でも活躍し、同九年には秀忠の息女和子の附属となる。寛永三年（一六二六）十二月十八日に従五位下越後守に叙任される。同八年九月十九日に死去。享年六十六。法名は源英。（芳賀）

【典拠・参考文献】『寛政譜』第十六・一六九頁

大橋親義《おおはしちかよし》（一七〇六～一七六二）

宝永三年（一七〇六）に生まれ、小性組番大橋親明《ちかあきら》の養子となる。吉平・五左衛門・兵右衛門と称した。享保七年（一七二二）五月二日に跡目を相続して、上総・下総・相模三国の内に二一二〇石余を知行し、同年六月十一日、八代将軍吉宗に謁見する。同十六年三月五日に小性組番士、元文二年（一七三七）閏十一月十八日に西丸の小性組組頭となり、十二月十六日に布衣を許される。寛延三年（一七五〇）三月十八日に目付へ移り、宝暦二年（一七五二）二月十五日に長崎奉行となり、七月一日には従五位下近江守に叙任される。同四年四月九日に勘定奉行に転出したが、同八年十月二十九日、郡上藩宝暦騒動により評定所における五手掛《ごてがかり》吟味を受け、永預けを申し渡された。陸奥国中村藩主相馬尊胤《たかたね》に身柄を預けられ、同十二年九月に病死した。（柳田）

【典拠・参考文献】『寛政譜』第十六・一七〇頁、『徳川実紀』第九篇、『柳営補任』、鈴木康子『長崎奉行の研究』（思文閣出版、二〇〇七年）、白石博男『郡上藩宝暦騒動史』（岩田書院、二〇〇五年）、高橋教雄『郡上宝暦騒動の研究』（名著出版、二〇〇五年）、「大橋近江」（『視聴草』第十巻、汲古書院、一九八五年）、深井雅海『徳川将軍政治権力の研究』（吉川弘文館、一九九一年）、同『江戸城』（中央公論新社、二〇〇八年）

大林親用《おおばやしちかもち》（一七三五～一七九七）

享保二十年（一七三五）に生まれる。父は勘定の大林親知《ちかとも》で、母は西丸土圭間番佐藤豊重《とよしげ》の息女。吉蔵・与兵衛と称した。妻は西岡秀峰の息女。宝暦二年（一七五二）十一月三日、父の親知は先に死去していたので祖父の勘定親伯《ちかのり》の家督を継ぐ。家禄一五〇俵。同四年二月晦日、小十人に列し、同五年七月八日に番を辞す。同八年二月二十二日に西丸表右筆となり、同十一年八月三日、西丸で隠居していた九代将軍家重が死去したため務めを免された。同十二年十二月二日に勘定、明和五年（一七六八）正月二十三日には勘定組頭、安永三年（一七七四）五月四日には一橋家の附人となり、用人を務める。同年十二月十八日に布衣を許され、天明六年（一七八六）四月三日、一橋家の番頭となる。同年十一月十五日には西丸裏門番頭に転じ、同八年五月十日に勘定吟味役、寛政元年（一七八九）には美濃・伊勢の河川普請のことを勤める。同年六月二日、実弟の勘定福島正儀《まさよし》が幕府の御蔵金を横領して放蕩し、また親用の印を偽造するなどの罪で死刑となったのに連座して罷免され、八月十四日に赦される。このとき正儀の二男平次郎を預けられ、出家させている。同五年六月二日に佐渡奉行となり、翌六年三月二十五日には廩米五〇俵を加増された。同九年七月十九日に御留守居番となり、同年九月十日に死去。享年六十三。法名は即応。菩提寺は駒込の大運寺

（東京都文京区）。

（竹村）

【典拠・参考文献】『寛政譜』第二十二・五九頁、第五・八八頁、『続徳川実紀』第一篇、「一橋徳川家文書」（茨城県立歴史館蔵）

大原紹正《おおはらつぐまさ》（一七二〇～一七八一）

享保五年（一七二〇）に高田彦八郎の長男として生まれる。釜之助・彦八郎・彦四郎と称した。妻は代官大草太郎左衛門政永《まさなが》の養女。享保九年（一七二四）十二月二十七日に家督を相続して、のち表火番より御徒目付に転じ、延享元年（一七四四）八月十一日に旗本となり、勘定に就任した。稟米は一五〇俵である。同三年八月二十五日に評定所留役となり、宝暦四年（一七五四）九月十六日に大坂御蔵奉行となって、のちに姓を高田より大原に改称した。同八年十二月二日、勘定組頭になり、同十二年十二月二十九日に近江国へ赴き、山門修理のつとめにより、黄金五枚を与えられた。のち京都へ行き、清涼殿常御殿造営を担当した。また、京都・大坂の新田を検査し、日光山へ行き、東照宮一五〇回忌の法会をつとめ、時服・黄金等を与えられた。明和三年（一七六六）正月十八日に代官となり、飛騨国高山陣屋へ赴任した。就任後、紹正は、飛騨国御用木元伐の休止（休山）や、安石代五か所聞合法の廃止、および永久石代定値段の構想、山方御救米八〇〇〇俵下給の廃止を行い、これに村々は反発し、同八年十二月にいわゆる明和騒動が起こった。さらに、安永二年（一七七三）閏三月より安永検地が開始され、これに対して安永騒動が起こり、老中松平右近将監武元への駕籠訴などが行われた。しかし、このような反発にあいながらも、安永検地は同四年四月に完了し、飛騨一国の総石高は約五万五五〇〇石となり、元禄検地高より約一万一四〇〇〇石の増加となった。安永六年五月二十四日、紹正は飛騨郡代に任命され、布衣の着用を許された。以後、高山陣屋に赴任する者は、飛騨郡代に就任した。また、紹正は、俳諧を好んで「清流亭楚諾」と号し、明和三年に俳壇水音社を高山で設けて、第一世の宗匠になった。同七年、俳句集『鳥の跡』一巻を刊行した。天明元年（一七八一）に死去。享年六十二。法名は嶽雲。飛騨国高山の素玄寺に葬られた。

（高橋）

【典拠・参考文献】『寛政譜』第十九・三二七頁、「飛騨郡代高山陣屋文書」（岐阜県歴史資料館所蔵）、菱村正文『大原騒動の研究』（飛騨郷土学会、一九六四年）、『岐阜県史　通史編近世上』（一九六八年）、原昭午「大原騒動の要因と構造」（佐々木潤之介編『村方騒動と世直し』下、青木書店、一九七三年）、田上一生『岐阜県林業史　上巻（飛騨国編）』（岐阜県山林協会、一九八四年）、『代官履歴』、『高山市史　上・下巻』（一九五二・五三年）

大原信好《おおはらのぶよし》（一七四七～没年未詳）

延享四年（一七四七）に大原四郎右衛門信亮の長男として生まれる。大蔵と称した。妻は松平播磨守家臣松崎金平高孝の娘。天明六年（一七八六）六月十四日、五〇俵三人扶持で勘定となる。寛政二年（一七九〇）、評定所留役助に取り立てられ、同四年四月四日には評定所留役となる。同七年四月十八日、日光奉行支配組頭に任命されたあと、享和元年（一八〇一）八月八日から天保三年（一八三二）十一月二十四日まで、代官を務める。支配所は、越後国新井陣屋を皮切りに、備中国倉敷、江戸廻、信濃国中野、同中之条と歴任した。文政十一年（一八二八）十二月二十七日に、一〇〇俵へ加増され、翌同十二年には布衣の着用を許された。代官ののち二丸御留守居を務め、天保七年（一八三六）三月二十九日にはその職を辞している。

（宮原）

【典拠・参考文献】『寛政譜』第十九・三五六頁、『旗本百科』第一巻、『代官履歴』

大原正純《おおはらまさずみ》（一七六四～一八二三）

明和元年（一七六四）に飛驒郡代大原紹《つぐ》正の三男として生まれる。正躍《まさなり》と名乗り、勝三郎・亀五郎と称した。母は代官大草太郎左衛門政永《まさなが》の養女。妻は西丸小性組町野舎人清諱《きよいみ》の息女。家禄は一五〇俵。安永七年（一七七八）八月二十一日に父の職を見習い、天明元年（一七八一）七月八日に家督を継いだ。同二年十一月二日に父に代わって飛驒郡代となり、布衣の着用を許された。就任後、正純は、天明三年八月に飛驒三郡村々から六一〇〇両（一条金）を借り上げ、天明二・三年に天明の飢饉、同四年には高山の大火に直面した。こうしたなかで、同七年十二月にいわゆる天明騒動が起こり、幕府巡見使への直訴や老中松平越中守定信への駕籠訴などが行われた。これにより、寛政元年（一七八九）十二月二十五日に天明騒動の裁決が下り、正純は遠流、元締手代は打首、手代全員および地役人は七割が追放・解職され、残り二三人の地役人は謹慎となった。また、子の正矩《まさのり》も連座して、同年十二月二十七日に追放された。文政六年（一八二三）に死去。享年六十。（高橋）

【典拠・参考文献】「飛驒郡代高山陣屋文書」（岐阜県歴史資料館所蔵）、『寛政譜』第十九・三二七頁、菱村正文『大原騒動の研究』（飛驒郷土学会、一九六四年）、『岐阜県史 通史編近世上』（一九六八年）、原昭午「大原騒動の要因と構造」（佐々木潤之介編『村方騒動と世直し』下、青木書店、一九七三年）、『代官履歴』

大森時長《おおもりときなが》（一六九〇～一七六一）

元禄三年（一六九〇）に土屋市之丞正敬の三男として生まれ、小性組大森勝長の養子となる。母は御香宮神職三木采女安清の息女。鍋之助・八郎右衛門・半七郎と称した。妻は津田平左衛門正親の息女。宝永六年（一七〇九）四月六日に書院番士となり、正徳二年（一七一二）五月二十六日に家督を相続する。享保七年（一七二二）正月十一日に使番となり、十二月十八日に布衣を許される。同十一年正月に目付となり、同十五年七月二十八日に長崎に赴く。同十七年八月七日に長崎奉行となり、十月二十八日に従五位下山城守に叙任される。同十八年に東北諸国から米を購入して困窮している町民の救済を行ったが、翌年二月四日に長崎貿易の対貨である銅の決済に支障をきたし、異国船帰帆遅滞の責任を問われて長崎奉行を解任され、小普請になる。宝暦十年（一七六〇）五月九日に隠居し、同十一年十一月六日に死去。享年七十二。法名宗源。（木崎）

【典拠・参考文献】『寛政譜』第五・三六六頁、『増補長崎略史』上巻（長崎市役所、一九二六年）、清水紘一「長崎奉行一覧表の再検討」（『京都外国語大学研究論叢』第XV号、一九七五年）

大屋昌任《おおやまさとう》（一六七四～一七四六）

延宝二年（一六七四）に生まれる。はじめ勝宣と名乗り、重宣・七十郎・吉右衛門・越後守・安芸守などと称した。妻は紀州徳川家の家臣である水巻佐野右衛門の娘である。先祖は大家加賀守政信という福嶋正則に属した家の者であったが、正則の改易ののちは紀伊家に仕えたとされる。昌任は、紀伊家において徳川吉宗に仕え、享保元年（一七一六）九代将軍家重が二丸に至った時に従う。九月九日に二丸の御小納戸に列し、下野国都賀郡のうちにおいて采地三五〇石を賜わる。十二月十八日布衣を許可され、同三年吉宗の母浄円院を迎えるため紀伊国へ赴く。のちに西丸に勤仕する。同十一年八月朔日、居宅からの出火が原因で出仕をとどめられ、十五日に許される。十二月十六日、従五位下越前守に叙任され、同十四年三月朔日に御小納戸頭取となり、元文三年（一七三八）正月十一日に西丸の御留守居に転じる。延享三年（一七四六）七月二日に七十三歳で死去する。法名は日念。丸山本妙寺に葬る。（根岸）

【典拠・参考文献】『寛政譜』第十九・二四五～二四六頁

大屋正巳《おおやまさみ》（一七四五～没年未詳）

延享二年（一七四五）に永田藤四郎直良の三男として生まれる。久米吉、四郎兵衛と称した。妻は大屋四郎左衛門正真の娘。明和三年（一七六六）十一月四日に遺跡二二〇石を継ぐ。同四年閏九月十日御納戸番となる。安永四年（一七七五）三月十一日、代官に任ぜられ、越後国石瀬陣屋に赴任した。天明七年（一七八七）正月十三日には布衣の着用を許される。寛政元年（一七八九）支配地が山城国内へ移り、禁裏御用役料として新たに五〇〇俵を賜るが、公金貸付の越度により出仕を止められ、同年七月十二日に罷免され小普請となる。同年十月四日、手代の不正により逼塞となるが、同二年正月十五日に赦される。（宮原）

【典拠・参考文献】『寛政譜』第十四・四九頁、『代官履歴』

大屋明薫《おおやみつしげ》（一七一三～一七九三）

正徳三年（一七一三）に生まれる。はじめ昌富と名乗り、千代松・杢之丞・図書・頼母・勘解由・遠江守と称した。母は紀伊徳川家の家臣水巻佐野右衛門の娘。妻は御留守居を務めた藤堂勝兵衛良明の娘。享保十年（一七二五）三月二十八日、十三歳の時に初めて八代将軍徳川吉宗に拝謁する。同十九年三月十三日西丸の御小納戸となり、十二月十八日布衣の着用を許可され、延享三年（一七四六）十月二日に父の跡を継ぎ、寛延三年（一七五〇）五月十三日に西丸の御小納戸頭取となって、十二月十八日には従五位下遠江守に叙任される。宝暦十年（一七六〇）五月十三日より本丸で勤仕する。同十二年十月朔日より田安家の家老となり、下野国都賀郡内に三〇〇石の地を加えられ、安永四年（一七七五）八月二十日大目付に転任する。天明八年（一七八八）十一月十五日御留守居に移る。寛政二年（一七九〇）十一月七日、武蔵国入間郡の内に五〇〇石を加増され、合わせて一一五〇石を知行する。同五年七月二十五日、八十一歳で死去。法名は日義。（根岸）

【典拠・参考文献】『寛政譜』第十九・二九五頁

大屋明啓《おおやみつよし》（生年未詳～一八五〇）

寄合大屋頼母明備の長男として誕生する。通称図書。従五位下遠江守に叙任される。武蔵国入間・下野都賀郡に一一五〇石を知行する。御小納戸・西丸書院番・進物番・使番・先手鉄砲頭・火付盗賊改役・佐渡奉行・小普請奉行を経て、嘉永元年（一八四八）十一月一日、長崎奉行となる。アメリカ軍艦が漂流民の受取りに渡来した時の対応、幕府の海防対策の下問、地役人に対する学問の奨励、天草郡大江村における破船唐船に対する銀札の支給（以上嘉永二年）、俵物（煎海鼠・干鮑・鱶鰭）密売の禁止（同三年）等のことに携わる。同三年五月二十五日長崎表で没する。墓所は長崎本蓮寺。菩提寺は本妙寺（東京都豊島区巣鴨）。（太田勝）

【典拠・参考文献】『柳営補任』、『増補長崎畧史上巻』（『長崎叢書三』）、「長崎奉行歴代総覧」（『長崎事典歴史編』）

大谷木藤左衛門《おおやぎとうざえもん》（生年未詳～一八五六）

父は大谷木茂右衛門。天保二年（一八三二）八月十六日に御簾中御用達から浅姫（家斉娘）御用人並となる。同九年五月七日には御林奉行、同十一年四月一日に裏門切手番之頭となり、同十三年八月六日に十一代将軍家斉息女盛姫（鍋島直正室）御用人並となる。同十五年十一月十七日には峯姫（家斉息女・水戸徳川斉脩室）御用人となり、布衣の格となって一〇〇俵高を加増される。嘉永四年（一八五一）十一月二日、二丸御留守居格となり、同五年四月十五日には二丸御留守居となる。安政三年（一八五六）六月八日、老衰につき職を辞す。実は同三年四月十九日に死去していたが、幕府への届は同六年一月二十八日であったという。孫は「醇堂漫筆」「灯前一睡夢」などの随筆を残した大谷木醇堂。　（吉成）

【典拠・参考文献】『柳営補任』、『旗本百科』第一巻、大谷木醇堂『醇堂漫録』

岡甫庵《おかほあん》　（一六五四～一七三七）

承応三年（一六五四）に生まれる。岡甫庵壽元の長男。母は吉田意安吉皓の息女。妻は吉田意安宗恪の息女。五郎吉・壽益・道渓と称する。延宝元年（一六七三）、四代将軍徳川家綱に御目見。同八年に家督を継ぎ、寄合、御番医師、西丸勤め。のち奥医師となるが、罪あって追放となる。元禄五年（一六九二）に赦免。その後召し返されて御医師、小普請組。宝永六年（一七〇九）、徳川家継の生誕により蔵米三〇〇俵を賜り、奥医師に列す。正徳二年（一七一二）法眼。同五年七月、病により宿直を免除。同年九月に務めを辞す。享保元年（一七一六）、月光院広敷勤め。同二年、法心院の療養を行う。同四年には徳川家重・田安宗武を担当。同五年、奥医師に復す。同九年に致仕するも、壮健により奉仕の命を受け番料四〇〇俵をうける。著書は『痘疹要本』『本草附方撮要』。元文二年（一七三七）正月二十一日に死去。享年八十四。法名裕父。浅草の桃林寺に葬られた。息子、孫も甫庵を名乗る。　（岩下）

【典拠・参考文献】『寛政譜』第十七・二二四頁

岡良允《おかりょういん》　（一八一五～一八九三）

幕府医師小川家に生まれ、岡了見の養子となった。名は鳳、櫟仙院と号した。小川家はもともと紀伊徳川家に仕えていたが、享保元年（一七一六年）に徳川吉宗が八代将軍に就任するのに伴い御家人となり、はじめ田安宗武《むねたけ》に付属し、下総国相馬郡のうちで三〇〇石を賜った。いっぽう岡家は徳川綱吉の神田屋敷に仕えていたが、綱吉が五代将軍に就任するのに従い奥医に列し、一五〇俵を賜った。天和二年（一六八二）までに三五〇俵となり代々の禄とした。良允は天保六年（一八三五）に西丸奥医師となり法眼となった。嘉永元年（一八四八）五月四日に家督を相続し、安政四年（一八五七）には法印となり櫟仙院と号した。十三代将軍徳川家定の病気に際しては、側衆平岡道弘《みちひろ》の意向により御匙《おさじ》医となったが、病気の見立を誤り病状は悪化し、大奥女中からも批判された。七月五日に家定が死去すると翌六日には召し放しのうえ隠居・慎を申し渡された。忰で奥詰医師の良節も小普請入（二五〇俵高）となった。井伊直弼に反発していた鵜殿長鋭《うどのながとし》の娘を妻とする。将軍継嗣問題に絡んで、鵜殿と共に「一橋派」に内通していると見なされ、御徒頭薬師寺元真《もとざね》からは「国賊」と評された。万延元年（一八六〇）九月に謹慎が解除。明治以降は宮中侍医を務めた。岡家の墓は東京都文京区高林寺にある。　（藤田）

【典拠・参考文献】『寛政譜』第十九・三九六頁、第二十・一三四頁、『旗本百科』第一巻、東京大学史料編纂所編『大日本維新史料類纂之部　井伊家史料』七（東京大学出版会、一九七一年）

岡崎春秋《おかざきしゅんじゅう》　（生年未詳～一八五三）

明屋敷番伊賀者を務めた岡崎忠兵衛の子として生まれる。兼三郎と称した。家禄は一五〇俵。天保六年（一八三五）の『武鑑』から鳥見として名前が記載される。なお、同七年十二月には子昇次郎が鳥見見習となる。天保十三年十月十五日に代官となり、翌十四年から丹後国久美浜陣屋、弘化四年（一八四七）から遠江国中泉陣屋に赴任する。代官就任により永々御目見以上となる。嘉永六年（一八五三）五月に死去。（宮坂）

【典拠・参考文献】『代官履歴』、『旗本百科』第一巻、『幕臣人名』、『江戸幕府役職武鑑編年集成』（東洋書林）

岡崎藤左衛門《おかざきとうざえもん》　（生没年未詳）

文久元年（一八六一）十二月に幕府が派遣した遣欧使節に外国奉行支配調役として随行し、同二年にフランス・イギリス・オランダを歴訪する。帰国後の同三年九月、神奈川奉行支配組頭となるが、同年に御役御免となる。その後小普請組岡田将監支配から開成所取締役に任ぜられ、元治元年（一八六四）には開成所取締役から外国奉行並となる。しかし翌七月に外国奉行並を御役御免となり、勤仕並小普請となった。（津田）

【典拠・参考文献】『柳営補任』、石黒敬章『幕末明治の肖像写真』（角川学芸出版、二〇〇九年）

小笠原一庵《おがさわらいちあん》　（生没年未詳）

父母妻などは未詳。名を為宗と言う。慶長八年（一六〇三）、徳川家康が将軍に就任後、唐津城主寺沢志摩守広高に替って長崎奉行となる。同年四月、長崎に赴任する。同年長崎地役人の目付（後の町使）を置く。同九年、糸割符制度の創設、正覚寺の建立に尽力する。唐通事を置く。また、家康買上げの白糸一〇〇〇丸を長谷川波右衛門と共に、伏見へ運搬し、同城天守閣に納めた。同十年、西浦上村を大村領長崎村と交換するのに尽力する。一庵は三河国の大名であったが、一門の出入りにより京都東山辺に引込み、茶湯に月日を暮らし、一門衆中より養育されていて家康に見出されたと言われるが、確かなことは未詳である。三河国幡豆郡安泰寺（元小笠原氏の菩提寺）の「過去簿」に一庵の名が見られる。同十年佐渡奉行に転じたとも言われるが未詳である。また私曲が発覚し、同十一年切腹を命じられたとも遠島に処されたとも言われる。（太田勝）

【典拠・参考文献】『増補長崎略史上巻』（『長崎叢書三』）、『朝野舊聞裒藁』・『御役人代々記六』（『日本財政経済史料』第四巻上）、清水紘一「長崎代官小笠原一庵について」（『長崎談叢』第五十七輯）

小笠原長幸《おがさわらおさゆき》　（一七四六～一八一二）

延享三年（一七四六）に漆《うるし》奉行小笠原長《おさ》直《なお》の三男として生まれる。梅之丞、三九郎と称し、従五位下和泉守・伊勢守に叙任された。妻は勘定三橋盛方《みつはしもりまさ》の息女後妻は御林《はやし》奉行牧野正茂《まさもち》の息女。明和六年（一七六九）二月十一日に勘定となり、天明三年（一七八三）以降、尾張・美濃・伊勢国川々普請、畿内幕領の作柄調査、利根川普請など多くの御用をつとめた。同八年九月五日、勘定組頭にすすみ、寛政四年（一七九二）五月二十九日には関東川々普請御用の功績により黄金三枚の褒賞を受けるも、翌五年八月九日には東海道・甲州川々普請にさいして不行届きのことがあったとして、一時拝謁をとどめられた。また、同年十二月二十一日に家督を相続（廩米《りんまい》一五〇俵）。その後、同八年十一月六日勘定吟味役となり、同十二年九月五日勘定奉行（勝手方）に就任した（加増され実禄五〇〇石となる）。長幸は、文化五年（一八〇八）に蝦夷地御用をつとめたことがあったが、同九年二月十三日に松前奉行村垣定行《さだゆき》が病気で同奉行を辞すると、直幸に松前奉行兼帯が命ぜられた（二月十七日）。『柳営補任』によると、直幸は、この年九月二十九日松前にて死去。享年六十七。

（飯島）

【典拠・参考文献】『寛政譜』第十九・六七頁、『続徳川実紀』第一篇、『柳営補任』

小笠原権之丞《おがさわらごんのじょう》（生年未詳〜一六一五）

権之丞を称し、洗礼名をディエゴという。父は尾張国毛呂崎城主小笠原広朝というが、『幕府祚胤伝』によれば、実は徳川家康と京都の三条氏との間に生れた子で、松平忠輝（一五九二〜一六八三）より先に生まれたといわれる。室は近藤石見守秀用の息女。慶長十七年（一六一二）三月、キリスト教に帰依していたという理由で改易となる（それまでの家禄は六〇〇〇石）。大坂の陣では大坂城で豊臣方として奮戦し、元和元年（一六一五）に戦死したと伝えられている。なお、『幕府祚胤伝』では彼には一男二女があり、男子は早世したものの、娘は間宮藤太郎・中川飛騨守にそれぞれ嫁していると述べられているが、『寛政重修諸家譜』では間宮藤太郎信勝の母が近藤秀用の息女で、その妻は記されておらず、また中川飛騨守忠幸《ただよし》の妻は三枝守吉の息女（後妻は九鬼長兵衛某の息女）となっている。

（滝口）

【典拠・参考文献】『寛政譜』第四・二、第五・三八、第七・二七六、二七七頁、『徳川家譜系譜』第二・五三頁（続群書類従完成会、一九七四年）

小笠原甫三郎《おがさわらすけさぶろう》（一八〇六〜一八八五）

文政三年（一八〇六）七月二十一日、江戸城山（港区芝葺町・西久保城山町の辺り）に生まれる。義行・義利と称した。実父は普請役山口茂左衛門。養父は長崎奉行与力小笠原貢蔵。妻は小笠原貢蔵の娘頼。数学を内田弥太郎に、測量を叔父奥村喜三郎に、和流砲術を幕府鉄砲方井上左太夫及び田付四郎兵衛に、西洋砲術を下曽根金三郎に学ぶ。天保十三年（一八四二）、小笠原貢蔵の養子となる。弘化三年（一八四六）十月に家督相続。嘉永元年（一八四八）五月に浦賀奉行与力。同六年に富士見御宝蔵番となる。高畠眉山・八木数馬・原川亘・関鉄蔵らと私塾集成館を開校し、甫三郎は数学や測量等を教授。同七年（安政元・一八五四）七月、勘定所留役助。安政六年十一月に小十人組番士。文久元年（一八六一）五月に神奈川奉行支配調役。同三年四月、武蔵及び上野の代官。元治元年（一八六四）の天狗党の追討に参加し、のち甲斐の代官や下総・常陸及び武蔵の代官を歴任。明治維新後は旧幕臣と東京府民との間の貸借金整理業務に従事。明治元年（一八六八）、一等勤番士として静岡移住。同四年十月に隠居。同十二年に上京。同十八年十一月に死去。享年六十六。墓は浅草の報恩寺。

（岩下）

【典拠・参考文献】『旗本百科』第一巻、石崎康子「幕臣小笠原甫三郎の生涯　小笠原家文書『小伝』から」（横浜開港資料館・横浜近世史研究会編『19世紀の世界と横浜』山川出版社、一九九三年）

小笠原政民《おがさわらせいみん》（生没年未詳）

順三郎と称す。任官後は志摩守と名乗る。慶応二年（一八六六）の『武鑑』によれば、父は中奥小性を務めた小笠原安房守。天保十三年（一八四二）三月二十日、寄合より火事場見廻役となり、同年九月晦日に火消役となる。嘉永七年（一八五四）正月二十八日小普請支配となり、その後、安政七年（一八六〇）三月二十八日に小性組番頭、文久二年（一八六二）十月十日に書院番頭、翌三年八月十三日には大番頭と、番方諸職を歴任し、慶応元年（一八六五）六月二十七日に勘定奉行公事方に就任した。その後、翌二年六月十五日には再び大番頭へと再役となるが、同年八月二十七日には御留守居へと転じている。慶応三年八月十三日、病気を理由に職を辞して隠居、これまで実子物領・小笠原石見守が取っていた三〇〇俵高が隠居料と下された。
（保垣）

【典拠・参考文献】『続徳川実紀』第五篇、『柳営補任』、『旗本百科』第一巻

小笠原胤次《おがさわらたねつぐ》 （一六五七～一七一八）

明暦三年（一六五七）に寄合松平定之の五男として生まれる。母は松平隠岐守家臣奥平貞由の息女。長六・長左衛門・主膳・肥前守と称する。紀伊家家臣小笠原胤治の養子となり、その息女を妻とする。紀伊家に仕え、藩主徳川吉宗が八代将軍となり江戸城に入る際に供奉し、享保元年（一七一六）五月二十五日に御側となり、御用取次を務める。翌二十六日に二五〇〇石を下賜され、同年七月二十二日に、従五位下肥前守に叙任される。同二年正月十一日に二〇〇〇石を加増され、合わせて四五〇〇石となる。同年四月四日に致仕した。室鳩巣の『兼山秘策』には、この致仕について、前年からの病気で失念することが多くなり、職務に支障が出るようになったから、との説をはじめ、諸説が記されている。同三年二月十四日に死去。享年六十二。法名は道浄。品川東海寺の定恵院（東京都品川区）に埋葬される。
（福留）

【典拠・参考文献】『寛政譜』第一・三〇七頁／第十九・五八頁、室鳩巣「兼山秘策」第三冊（『日本経済大典』第六巻）

小笠原長住《おがさわらながずみ》 （一六二九～一七〇八）

寛永六年（一六二九）に船手小笠原信盛の嫡男として生まれる。諱は初め信尚といい、信賢・長義ともいった。また、万千代・彦大夫と称する。妻は船手向井忠勝の息女。後妻は書院番士佐藤吉次の息女。正保三年（一六四六）七月六日に小性組番士となり、慶安三年（一六五〇）九月三日に西丸勤務となり、のち本丸に戻る。寛文十年（一六七〇）四月十八日に船手頭となり、同年十二月二十八日に布衣を着用することを許可される。同十一年十二月十二日に家督を相続し、二二〇〇石を知行する。天和二年（一六八二）四月二十一日に四〇〇石を加増される。宝永三年（一七〇六）六月十三日に病気のため退職し、寄合となる。この時、これに伴い船手組一隊が減らされることとなった。同四年七月二十一日に致仕する。同五年六月十四日に死去。享年八十。法名は空心。
（福留）

【典拠・参考文献】『寛政譜』第四・二頁、『徳川実紀』第六篇

小笠原長常《おがさわらながつね》 （生没年未詳）

小笠原長坦（高三〇〇〇石）の子として生まれる。織部・長門守・筑後守・軽鴎と称した。天保十四年（一八四三）閏九月十五日に寄合から中奥小性となり、嘉永六年（一八五三）十二月十五日に甲府勤番支配、安政四年（一八五七）三月十三日に浦賀奉行、同五年六月五日に京都町奉行となり、飯泉喜内一件の処理にあたる。万延元年（一八六〇）九月十五日に大目付、十二月十五日には勘定奉行勝手方となり、文久元年（一八六一）五月二十日に和宮下向の入用筋の用意のため京都へ出張し、同二年四月二十五日には外国貿易税則再議を命じられる。同年六月五日に町奉行、十月十七日に書院番頭となったが、十一月二十日に京町奉行勤役中に不備があり免職され、隠居させられる。慶応元年（一八六五）七月八日に神奈川奉行となり、勤役中は三〇〇〇俵を下賜される。同二年六月二十日に陸軍奉行並となり、切手一〇〇〇俵を下される。同年八月五日に海軍奉行並となるが、十一

月十五日に免職される。菩提寺は駒込の龍光寺（東京都文京区）である。（加藤）

【典拠・参考文献】『柳営補任』、『続徳川実紀』第三～五篇

小笠原長房《おがさわらながふさ》　（生年未詳～一六五五）

六郎・市左衛門（尉）・縫殿助を称した。父は北条氏康・氏政・氏直に仕え、のち徳川家康に仕えた康広。母は北条氏康の息女。妻は北条家の家臣山角左太夫の息女。長房は、初め北条氏直に仕え、天正十八年（一五九〇）に北条家が没落したのち、父とともに氏直に従って高野山に赴いた。翌年には氏直が死去し、浪人の後、文禄元年（一五九二）に京都において家康に拝謁し、家臣となる。慶長元年（一五九六）、武蔵国多摩郡三田領今井郷にて三五〇石の知行をたまい、同五年、秀忠に仕えて信濃国上田城攻め、同十九年の大坂の陣にも従った。元和九年（一六二三）、家光に仕えて大番組頭となる。寛永五年（一六二八）、家康の孫にあたる千姫と本多忠刻との間の娘が池田光政に嫁ぐのに際して、これにしたがった。のちに下総国香取郡にて加増され、都合五〇〇石余となる。同二十年に隠居。明暦元年（一六五五）に死去。法名は紹機。赤坂の種徳寺（東京都港区）に葬り、代々葬地となっている。（小宮山）

【典拠・参考文献】『寛政譜』第四・一一頁、『寛永諸家系図伝』第四・二二九～二三〇頁

小笠原長泰《おがさわらながやす》　（生年未詳～一七二四）

大番を務めた小笠原長利《ながとし》の子として生まれる。母は大久保正重の息女。妻は倉橋忠房の息女、のち小笠原景経の息女。小笠原家は信濃衆三家の家格である。慶長五年（一六〇〇）に松尾小笠原家から分かれ、信濃国伊那郡伊豆木に一〇〇〇石を与えられ陣屋を構えて居住した。旧家の子孫として交代寄合の家筋に取り立てられている。詰所は柳之間である。長泰は、彦兵衛・五左衛門・彦九郎と称する。延宝六年（一六七八）二月二十二日に初めて四代将軍徳川家綱に拝謁し、同年三月二十九日に大番となる。同八年九月七日に家督を継いだ。貞享五年（元禄元・一六八八）六月一日に小普請奉行（後の小普請方）に転じ、同三年十二月二十三日に聖堂造営の任を勤め白銀三〇枚を賜る。同四年九月二十五日に御小納戸に進み、十二月二日に布衣を着することを許される。同五年九月十八日に故あって小普請に戻され、七年閏五月九日に再び大番となり、同九年七月四日に御小納戸に復し、九月晦日に大番となる。正徳二年（一七一二）九月十二日に組頭に進み、享保八年（一七二三）九月二十六日に隠居。同九年五月七日に死去。（橋本）

【典拠・参考文献】『寛政譜』第四・一一九頁、『徳川実紀』第六篇、『日本歴史地名大系 長野県の地名』（平凡社、一九七九年）

小笠原信喜《おがさわらのぶよし》　（一七一八～一七九一）

享保三年（一七一八）に生まれる。三次郎と称した。実父は紀伊徳川家家臣大井政周、母は同家家臣岡村定猛の息女。妻は西丸目付島田正之の息女、後妻は大番士大岡忠利の娘。養父信盛は紀伊徳川家において吉宗に仕え、享保元年吉宗が将軍家を相続したとき随伴して御小納戸となり、のち御留守居番に転じた。信喜は、享保十九年十二月二十五日に家督（知行八〇〇石）を継ぎ小普請となる。元文二年（一七三七）十二月二十五日西丸御小納戸に就任、同三年十二月十五日西丸小性に移り、同五年十二月二十一日従五位下若狭守に叙任された。延享二年（一七四五）九月一日将軍家を継いだ家重に従って本丸に勤仕、同四年二月

十五日小性組番頭格となり、一二〇〇石加増（計二〇〇〇石となる）。宝暦元年（一七五一）七月十八日御側に進み、同十年五月十三日隠居した家重に従い二丸に勤務。同十一年家重死去により八月四日本丸に異動して十代将軍家治に仕えたものの、安永四年（一七七五）二月十四日に辞職し、菊の間広縁に候した。同年十二月三日、世子家基付きの西丸御側となり、同五年二月九日西丸御側御用取次に就任した。同六年十二月一日に一〇〇〇石加増（計三〇〇〇石となる）。同八年家基が没したため四月十八日本丸に勤務、天明元年（一七八一）閏五月十一日西丸御側御用取次に復し、将軍家治の養君となった豊千代（のち十一代将軍家斉）に付属した。同五年二月八日に二〇〇〇石加増（計五〇〇〇石となる）。同六年閏十月一日家斉が将軍家を相続したことにより、本丸の御側御用取次に任命された。同七年五月一日に二〇〇〇石加増され、計七〇〇〇石となる。この時期、将軍家斉の実父一橋治済の意をうけて、松平定信の老中就任に尽力し、それを実現させた。寛政三年（一七九一）四月三日在職中のまま死去。享年七十四。法名は日省。菩提寺は谷中の安立寺。

（深井）

【典拠・参考文献】『寛政譜』第十九・六五～六六頁、深井雅海「天明末年における将軍実父一橋治済の政治的役割―御側御用取次小笠原信喜宛書簡の分析を中心に―」（徳川林政史研究所『研究紀要』昭和五十六年度、一九八二年）。

小笠原則普《おがさわらのりひろ》　（生没年未詳）

代官小笠原照羽《てるのぶ》の長男として生まれる。鍋蔵・宗四郎・仁右衛門と称した。妻は安田半蔵元親の息女。家禄は七〇俵五人扶持で、屋敷は浜町村松町にあった。宝暦十二年（一七六二）九月二十八日に勘定となった。安永五年（一七七六）七月二日、東海道及び美濃国へと赴き、川々普請のことをつとめ、黄金二枚を与えられた。また新田検地、川々普請のため、信濃・尾張・美濃国などに赴いた。天明六年（一七八六）十二月二十七日に家督を相続した。同七年三月二十四日、代官に転じ、陸奥国塙陣屋（天明七年～同八年）、出羽国寒河江陣屋（天明八年～寛政元年）、駿河国駿府陣屋（寛政元年～同五年）、甲斐国甲府陣屋（寛政五年～文化元年）へ赴任した。この間、寛政元年（一七八九）六月二日、勘定福島又四郎正儀が罪をうけた時に、則普も越度があり、拝謁をとめられ、閏六月二日に許された。文化元年（一八〇四）三月二十二日に代官を離職した。

（高橋）

【典拠・参考文献】『寛政譜』第四・一二〇～一二一頁、「県令譜」（村上直校訂『江戸幕府郡代代官史料集』近藤出版社、一九八一年）、『文化武鑑』、『旗本百科』第一巻、『代官履歴』

小笠原広業《おがさわらひろなり》　（生没年未詳）

十右衛門・摂津守・讃岐守・甲斐守・伊賀守を称した。弘化三年（一八四六）九月二十八日に書院番室賀美作守組より御小納戸となる。嘉永六年（一八五三）九月二十二日には御小納戸頭取格介より西丸（家定）御小納戸となり、安政五年（一八五八）六月十三日より家茂の小性となる。同年十一月二十三日には諸大夫に叙された。文久元年（一八六一）六月二十一日から目付（外国掛）をつとめ、同年七月二十日には対馬へ御用で遣わされる。同二年五月二十二日、家茂の御小納戸頭取となる。同年十月二十四日には外国奉行となる。元治元年（一八六四）五月二十四日に新番頭格小性となり、同年六月二十四日に御用取次手伝、同年七月六日に小性組番頭格御用取次見習となる。同年九月二十八日に御役御免、勤仕並寄合になる。同年十一月十日、兵庫奉行に任ぜられ、同二年正月二十八日には日光奉行となる。同年五月七日、目付（作事奉行格）に再役し、これまでの足高のまま下された。同二年五月十日には大坂における勘定奉行（勝手方）に任命され、翌十一日の長州再征討進発御供中は道中奉行も兼ねた。同年九月六日、御供にて帰府。同年十月二十四日に御役御免、勤仕並寄合となる。慶応二年（一八六六）十二月三日勤仕並寄合から勘定奉行（公事方）に再勤となる。同三年正月二十二日、一橋徳川家家老となり、同四年四月八日には御留守居になった。（吉成）

【典拠・参考文献】『柳営補任』

小笠原政愛　おがさわらまさちか　（一八一六～没年未詳）

小笠原家は紀伊藩士から吉宗の御側衆として近侍して「吉宗公御一代記」を著した政登が、隠居時の宝暦八年（一七五八）十二月に五〇〇石を子息政孝に譲って分家させたのに始まる。同家は代々小性組や書院番を振り出しに登用される「両番」の家筋であり、特に二代政宜は播磨安藩主（一万石）小笠原長逵の四男で、御小納戸頭取などを務めている。四代政愛は文化十三年（一八一六）に生まれ、鉄之助・平右衛門を称す。妻は寄合渡辺下総守澄綱の娘である。安政二年（一八五五）五月に父政広の死去により家督を相続し、当初は無役の小普請であったが、同三年二月に書院番に召し出されている。元治二年（一八六五）以降の政愛の動向は明らかとなっていないが、同家は初代以来幕末まで一貫して裏二番町に屋敷を構え、同家の屋敷は維新期の屋敷絵図（「旗本上ヶ屋敷図」）によれば六五九坪余あって、家屋や家臣の長屋の他に広い庭があったようだが、維新後間もなく知行地の下総国香取郡岩ヶ崎村（現佐原市）に移っている。菩提寺は駒込の蓮光寺である。（滝口）

【典拠・参考文献】『千代田の古文書―区内文献史料調査報告―』（千代田区教育委員会、二〇〇九年）

小笠原政登　おがさわらまさなり　（一六八五～一七六九）

貞享二年（一六八五）に生まれる。諱ははじめ政庸《まさつね》。壱岐助・玄蕃・弥之助・善五右衛門・平右衛門と称した。父は紀伊徳川家家臣・政尚《まさなお》。母は祖父政朋《まさとも》の養女。妻は紀伊徳川家家臣成田氏義の息女。紀伊徳川家において藩主徳川吉宗に仕え小性を務めていたが、享保元年（一七一六）主君吉宗が将軍家を相続した際、供奉して幕臣となり、六月二十五日小性に就任した。知行は一〇〇〇石。同年七月二十二日従五位下石見守に叙任、隠居後安房守に改めた。同十年十二月七日に五〇〇石加増。同十四年十二月二十五日新番頭にすすみ、小性を兼ねた。同十七年二月五日小性組番頭となり、奥務兼帯。同二十年十月二十二日には平《ひら》御側に昇進し、一〇〇〇石加増（計二五〇〇石となる）。ついで、同二十年十二月十二日に没した有馬氏倫の後任として、翌元文元年（一七三六）三月十七日、御側御用取次に任命された。以後、加納久通とともに将軍吉宗の側にあって、その政務を支えた。「有徳院殿御実紀付録巻九」にも、「さえかしこく、常に御側にありて万の事うけたまは」ったと記載されている。たとえば、延享元年（一七四四）五月に寺社奉行の人事が発生した際には、吉宗の意をうけて、加納と二人で在職中の寺社奉行三人に人選について尋問し、その結果をふまえて寺社奉行が任命されている。しかし、同二年九月一日吉宗が隠居したとき、従って西丸御側御用取次に転じた。延享五年（寛延元・一七四八）六月二十三日に三〇〇〇石加増（計五五〇〇石となる）。宝暦元年（一七五一）六月二十日吉宗死去により、七月十二日務をゆるされて菊の間広縁に候す。同八年十二月十九日に隠居、隠栖料として廩米三〇〇俵を下賜される。なお、小笠原家はもと根来山派の医師より出た家のため、政登は熱湯散・百草霜など良薬の製法にも通じていたという。明和六年（一七六九）九月六日に死去。享年八十五。法名は高然。菩提寺は駒込の蓮光寺（東京都文京区）。
（深井）

【典拠・参考文献】『寛政譜』第十九・六〇～六一頁。『徳川実紀』第九篇、深井雅海『徳川将軍政治権力の研究』（吉川弘文館、一九九一年）

小笠原持易《おがさわらもちやす》（一七四〇～一七七六）

元文五年（一七四〇）に生まれる。通称は縫殿助。小笠原持賢の子。母は川勝勘右衛門光隆の息女。妻は日賀田長門守守咸の息女。後妻は鳥居久大夫忠雄の息女。宝暦十年（一七六〇）三月五日、祖父小笠原持広の家督を継ぎ、小普請となる。以後、たびたび百手的の式を射手の面々に教授する。同十一年十月十六日に小性組となる。同十二年九月二十五日、近侍衆への弓射礼師範となる。明和元年（一七六四）に六月十一日御徒頭となり、同年十一月十三日布衣を許される。同五年十一月十六日に新番頭となる。安永二年（一七七三）閏三月二十日、番士の賭弓大的の台覧があり、指南する。同五年五月十五日没。享年三十七。小笠原家代々の墓所は赤坂の種徳寺。法名は了活。
（湯浅）

【典拠・参考文献】『寛政譜』第四・一二、一三頁

岡田寒泉《おかだかんせん》（一七四〇～一八一六）

元文五年（一七四〇）十一月四日に、西丸書院番岡田善富（一二〇〇石）の二男として神田小川町に生まれる。母は広沢氏。名は善里。字は仁卿・恕・中卿・子強。又次郎・式部・清助と称し、寒泉・泰斎・招月楼・冷水と号した。はじめ崎門派の村士淡斎に兵学を、その子村士玉水に闇斎学を学び、また井上金峨の教えも受けている。寛政元年（一七八九）九月十日、昌平黌の儒官に抜擢され、廩米二〇〇俵を給わる。同年九月二十一日には瀬名貞雄とともに『藩翰譜』の続修を命じられている。柴野栗山らとともに大学頭林信敬を助け、学制の改革に尽力し、栗山、尾藤二洲とともに「寛政の三博士」と呼ばれた。また、小日向冷水番所にあった自宅でも家塾寒泉精舎を設け、子弟を集め講義を行っていた。同二年五月二十二日、栗山とともに聖堂取締を命じられる。同六年十二月二十七日には、『藩翰譜』の完成を見ることなく常陸国七郡一八二村五万余石の代官となった。風俗の粛清や荒地の開墾、備荒貯蓄や人口増加を奨励するなど、数々の業績を挙げ、領民はその徳を慕い、至る所に生祠を建てて祀っている。文化五年（一八〇八）八月六日、布衣を許される。同年、隠居を願い出るも領民による留任運動があり許されず、同九年六月二十三日にようやく隠居を許され寄合に列している。同十一年七月二十二日、家督を子の真澄に譲り、横山町の屋敷に移った。著書に『幼学指要』一巻、『寒泉精舎遺稿』八巻などがある。同十三年八月九日に死去。享年七十七。大塚儒者棄場（現大塚先儒墓所）に儒制で葬られた。
（西）

【典拠・参考文献】重田定一『岡田寒泉伝』（有成館、一九一六年）、近藤春雄『日本漢文学大事典』（明治書院、一九八五年）、朝倉治彦監修『江戸文人辞典』（東京堂出版、一九九六年）、『日本近世人名辞典』（吉川弘文館、二〇〇五年）

岡田左一郎《おかださいちろう》（生没年未詳）

恵次郎と称し、豊後守と名乗った。禄高は一〇〇〇石。文久三年（一八六三）二月

十日に講武所砲術教授方出役より歩兵差図役頭取となり、同年五月二十五日に十四代将軍徳川家茂上洛に伴い京都へ派遣された。同年十一月二十八日、歩兵頭並に任命、慶応二年（一八六六）の第二次長州戦争に際しては歩兵頭久世広道《くぜひろみち》らとともに十六番隊に編入された。同三年七月十六日に歩兵頭へ進んで幕府陸軍の指揮官として奔走、同年十月二十二日には京都派遣を命じられた。同四年三月十一日に職を辞した。（神谷）

【典拠・参考文献】『柳営補任』、『続徳川実紀』第五篇

岡田新五太郎《おかだしんごたろう》　（一八〇六～一八六二）

文化三年（一八〇六）、小十人組頭などを勤めた正賢《まさかた》と宮川政栄の女との間に生まれる。幼名は留橘《とめきち》、諱を景徽という。岡田家は当初、神田御殿の徳川綱吉に仕える家柄だったが、綱吉の五代将軍就任に伴い本丸付となった。一五〇俵五人扶持。新五太郎は、腹違いの兄正義の跡を受け、天保十四年（一八四三）五月に家督を相続。部屋住時代から漢学者の松崎慊堂《こうどう》に学び、蛮社の獄で渡辺崋山が幕府に捕縛された時も、慊堂の崋山赦免運動に協力した（『慊堂日歴』）。弘化期以降、勝海舟と蘭学修行に励んだ。安政二年（一八五五）九月に海舟が長崎の海軍伝習を命じられた際、新五太郎が海舟の留守宅を預かっている。二人の往復書状から、海舟が数学に苦慮していることや留学希望を持っていたことなどがわかる。往復書状によると、新五太郎は安政二年十月十五日に勘定出役となり、同月二十日には海防掛も兼ねた。その後、大砲鋳立小筒張立御用（同四年五月）、ハリス出府に関わる亜人参府御用取扱（七月）、貿易筋御用掛（同五年正月十一日）、領事館参府御用取扱（同月二十七日）などに任じられた。しかし、同六年十月二十七日に差控となり（『藤岡屋日記』第九巻）、文久二年（一八六二）十一月十六日、五十七歳で死去した。歴代の墓は東京都台東区浅草の西照寺にある。跡目は、勘定所の友人滝村鶴雄の弟斧吉《おのきち》が継ぎ、遊撃隊士となった斧吉が箱館戦争で死去した後は、海舟の四男七郎が相続した。新五太郎が集めた海防関係の写本は、滝村によって『不如学斎叢書』全一六八冊としてまとめられた。（藤田）

【典拠・参考文献】『寛政譜』第十九・一〇七頁、勝海舟全集刊行会編『勝海舟全集2　書簡と建言』（講談社、一九八二年）、同編『勝海舟全集別巻　来簡と資料』（同、一九九四年）、桐山千佳「斧吉の岡田家継承」（『残照』四、二〇〇三年）、矢口祥有里「岡田家のその後」（前同）

岡田忠政《おかだただまさ》　（一七二五～没年未詳）

享保十年（一七二五）に生まれる。通称は孫次郎・左門。家禄は二〇〇俵二人扶持。享保六年（一七二一）より薬園預（薬園奉行）として小石川薬園を芥川家と二分して管理した岡田家の系譜を引き、忠政は安忠・忠郷に続く三代目の薬園預にあたる。忠政は、寛保二年（一七四二）三月二十三日に初めて八代将軍吉宗に御目見し、寛延元年（一七四八）十月二十七日には部屋住のまま薬園見習となる。同二年十二月二十六日に小十人となったが、薬園見習はそのまま兼務した。宝暦七年（一七五七）三月二十四日、父忠郷に代わって薬園預となり、同年十二月二十七日には三三歳で遺跡を継いだ。寛政十一年（一七九九）十二月一日、老齢により御役御免となる。（太田尚）

【典拠・参考文献】『寛政譜』第十八・三四二頁、上田三平『日本薬園史の研究』（私家版、一九三〇年）

岡田忠養《おかだちゅうよう》　（生没年不詳）

父は小普請岡田利兵衛。利喜次郎と称す。任官後は安房守・備後守・備中守を名乗る。

文化十二年（一八一五）十二月二十七日、家督を相続して小普請入りする。文政十年（一八二七）三月八日に支配勘定出役、天保元年（一八三〇）四月十六日に支配勘定、同八年七月九日に勘定、弘化元年（一八四四）十月十五日に勘定組頭に昇進し「永々御目見以上」となる。安政元年（一八五四）七月二十四日、勘定吟味役海防掛となり一〇〇俵高を加増され、同年十二月十六日には布衣の着用を許された。翌二年五月二十二日に下田奉行へと転じ、家禄は二〇〇俵高に加増される。その後、安政四年四月二十七日に小普請奉行となるものの、同年十一月二十二日、病気を理由に職を辞して寄合入りする。文久元年（一八六一）八月二十四日、勘定吟味役として職に復するが、同二年八月十四日に再び御役御免となり寄合となった。慶応三年（一八六七）三月朔日、製鉄奉行並とし職に復し、同年十月二十日に作事奉行、同年十一月五日には勘定奉行並在方懸、慶応四年二月十六日には清水小普請支配となっている。（保垣）

【典拠・参考文献】『柳営補任』、『幕臣人名』、『旗本百科』第一巻

岡田俊惟《おかだとしただ》（一六九六〜一七五六）

元禄九年（一六九六）に生まれる。庄大夫と称す。妻は須田玄碩の息女。正徳三年（一七一三）十二月十一日に初めて徳川家継に拝謁し、享保十一年（一七二六）より父俊陳の職務を見習う。同年十二月二十五日に遺跡を継ぎ、同十二年閏正月十六日には代官となり、廩米一五〇俵を加増され、合わせて家禄三〇〇俵となる。陸奥国川俣・江戸・但馬国生野・豊後国日田にて勤める。宝暦四年（一七五四）閏二月二十八日に勘定吟味役となり、同年十二月十八日布衣の着用を許される。同五年四月二十六日に職務を辞し、寄合に列した。同六年十一月十九日死去する。享年六十一。法名は露伯。（高木）

【典拠・参考文献】『寛政譜』第十九・二五六頁、大石学『享保改革の地域政策』（吉川弘文館、一九九六年）、西沢淳男『幕領陣屋と代官支配』（岩田書院、一九九八年）、『代官履歴』

岡田利治《おかだとしはる》（一五四二〜一六一七）

天文十一年（一五四二）に生まれる。太郎右衛門と称した。織田信長に仕え、その後織田信雄《のぶかつ》に従って伊勢国に蟄居する。その後、井伊直政によって徳川家康のもとに赴き、秀忠に仕える。慶長年間（一五九六〜一六一五）においては細川忠興・忠利との親交が深かったようであり、忠興の書状中に、鵜殿兵庫らとともに情報提供者としての性格を示す文言がしばしば現れ、その様子が窺える。元和三年（一六一七）五月二日に死去。享年七十六。法名は紹卜。（鍋本）

【典拠・参考文献】『寛政譜』第四・二一五頁、『細川家史料』、鍋本由徳「慶長期における徳川秀忠家臣と西国大名」（『史叢』五七号、一九九七年）

岡田俊易《おかだとしやす》（一六四六〜一七二五）

正保三年（一六四六）、神田館家臣岡田俊矩の子として生まる。母は神尾忠次の娘。喜三郎・五右衛門と称す。妻は高林直政の娘。父俊矩の代より神田館家臣として徳川綱吉に仕え、俊易は勘定役を務めていた。延宝八年（一六八〇）綱吉嫡子徳松の入城にともない御家人に列し、西丸に勤仕して廩米二〇〇俵を賜った。天和三年（一六八三）に徳松が逝去すると、同年十一月二十五日に勘定役となり、貞享四年（一六八七）七月二十五日には、材木の事を承り甲斐国に派遣されている。元禄二年（一六八九）閏正月三日、材木石奉行に転じるが、同七年十一月十日には罷免されて小普請入り、出仕を止められた。同年十二月十一日

に赦免され、元禄九年六月二十一日に代官となるが、同十四年八月二十一日「その職に応ぜざる」として再び小普請となる。正徳四年（一七一四）十二月七日に致仕し、享保十年（一七二五）五月十八日に死去。享年七十八。法名は夢伯。浅草龍宝寺澄月院に葬られている。（保垣）

【典拠・参考文献】『寛政譜』第十九・二五五頁

岡田義同《おかだよしあつ》 （一五五八～一六三一）

永禄元年（一五五八）年に岡田重善の二男として生まれる。妻は織田長孝の息女。右近・勝五郎・善右衛門・庄五郎・将監と称する。幼いときより織田信長に仕え、その後加藤清正に属し、豊臣秀吉に仕える。慶長五年（一六〇〇）の関ヶ原の戦では徳川方に属し、同六年六月九日美濃国可児・羽栗郡において五〇〇〇石を与えられる。元和五年（一六一九）まで岐阜、同年より可児郡姫村に住居し、美濃国奉行を勤めた。これは代官頭大久保長安の職務を継承したとみられ、近江・伊勢・筑後国の郡代も兼務した。名古屋城普請用木材伐採の奉行、大坂の陣の道具奉行なども勤め、山田奉行も兼務する。寛永六年（一六二九）に伊勢神宮造営のことを承り、同年九月十三日従五位下伊勢守に叙任される。同八年一月二十四日に八〇石加増され、美濃国大野郡へ知行地を移され、揖斐町に陣屋を構える。同年五月病気治療のため京都へ行くが、同月二十九日に死去。享年七十四。法名宗関。名古屋市守山区の大永寺に葬られる。（西沢）

【典拠・参考文献】『寛政譜』第六・一八頁、『干城録』第四巻（人間社、一九九八年）、『代官履歴』

岡田義政《おかだよしまさ》 （一六〇五～一六七七）

慶長十年（一六〇五）に美濃国奉行岡田善同《よしあつ》の二男として生まれる。左京・将監と称し、はじめ善政と名乗った。妻は駿府城番佐久間大膳亮勝之《かつゆき》の息女。慶長十四年に駿府ではじめて徳川家康に拝謁した。寛永八年（一六三一）正月二十四日に父善同の職の見習を仰せ付けられ、美濃国大野郡のうちで、知行地一〇〇〇石を与えられ、八月に家督を継ぎ、父に代わって、美濃国奉行となった。同年より美濃国揖斐陣屋に在陣した。同十一年二月二十八日に近江国多賀社の造営をつとめ、承応二年（一六五三）十二月二十八日に布衣の着用を許された。また、同年より美濃国徳野陣屋に在陣した。万治元年（一六五八）閏十二月五日より石川大隅守政次とともに、伊勢内宮造営の奉行をつとめ、同二年十一月十四日に遷宮により、従五位下豊前守に叙任された。同三年五月晦日、勘定頭に転じた。この日大野郡の内で二〇〇〇石の加恩があり、新墾の田を合わせて七二〇〇石を知行した。寛文十年（一六七〇）二月十三日に職を辞して、十二月三日に隠居し、十八日に得物左国広の刀を献上した。延宝五年（一六七七）六月二日に死去。享年七十三。法名は宗賢。菩提寺は白金の西照寺。（高橋）

【典拠・参考文献】『寛政譜』第六・一九頁、『岐阜県史　通史編近世上』（一九六八年）、高牧実「近世初期美濃国幕領支配について」（『日本歴史』二二五号、一九六六年）、『代官履歴』

緒方洪庵《おがたこうあん》 （一八一〇～一八六三）

文化七年（一八一〇）七月十四日、備中足守で生まれた。田上騂之助・章・惟彰・公裁・適々斎・華陰・三平・刪平・判平と称した。父は足守藩士で中小性本格三三俵四人扶持の佐伯瀬左衛門惟因。母は石原氏の娘きょう。妻は億川百記の娘八重。文政九年（一八二六）中環門下。この時緒方を名乗る。天保二年（一八三一）二月、坪井信道門下。のち塾頭。宇田川榛斎にも師事。

同六年帰郷も中環の死により大坂に出て中耕介を助け蘭学を教授。同七年に長崎遊学し、同九年、大坂瓦町に適々斎塾を開く。同年七月二十五日に結婚。同十四年十二月二十五日、過書町に塾を移転。嘉永二年（一八四九）に除痘館を古手町に設置。万延元年（一八六〇）、尼崎町に除痘館を移転。文久二年（一八六二）八月二十一日に奥医師。閏八月四日、西洋医学所頭取となる。十二月十六日に法眼。著書に『病学通論』『扶氏経験遺訓』『虎狼痢治準』等がある。文久三年六月十日に死去。享年五十四。華陰院殿法眼公裁文粛居士。墓は駒込高林寺。門人は福沢諭吉他六三六名。明治四十二年に従四位を追贈。（岩下）

【典拠・参考文献】緒方富雄『緒方洪庵伝』（岩波書店、一九六三年）、梅渓昇『洪庵・適塾の研究』（思文閣、一九九三年）

尾形俊太郎《おがたしゅんたろう》（生没年未詳）

緒方・小形とも記す。新撰組入隊は文久三年（一八六三）五月二十五日以降とされる。同年六月の編成では、副長助勤を務めている。同年十二月の行軍録では、五番組組頭に就任している。慶応三年（一八六七）六月、幕臣に取り立てられた際、見廻組格となった。慶応四年一月に勃発した鳥羽・伏見の戦では目付を務め、大坂に敗走後、江戸に帰還した。その後も在隊し、甲州勝沼の戦を経て会津にへ向かい、同年八月二十一日の母成峠の戦いで敗走した。二十二日に斎藤一こと山口次郎ら三八名と共に会津若松城下外堀外の斉藤屋に宿泊した記録を最後に消息を絶ったとされている。（上野）

【典拠・参考文献】『新選組大人名事典』（新人物往来社、二〇〇一年）

多門重共《おかどしげとも》（一六五九～一七二三）

万治二年（一六五九）生まれ。名は初め信守《のぶもり》、通称は三左衛門・伝八郎。父は朝比奈真辰、母は落合道次の息女。三男から多門信利《のぶとし》の養子となり、その息女を妻とした。寛文六年（一六六六）十月八日、四代将軍徳川家綱に御目見した。延宝四年（一六七六）七月十二日家督を継ぎ、相模国大住郡の内で四〇〇石を知行し、これに切米三〇〇俵を加えられた。このとき小普請組となり、翌五年五月十日に書院番となった。貞享元年（一六八四）正月二十六日より進物番に出役した。元禄九年（一六九六）四月二十三日に小十人頭となり、十二月二十二日には布衣を着することを許された。翌十年二月十五日より目付となった。同年七月二十六日、蔵米を武蔵国埼玉郡の内で改められ、合計七〇〇石を知行した。同十四年三月十四日に松の廊下で発生した浅野内匠頭長矩による吉良上野介義央への刃傷事件に、目付であった多門は大きく関わった。浅野への吟味、切腹の場への立会いなど、その模様は「多門伝八郎覚書」として知られている。同十六年十月二十三日より宝永元年（一七〇四）六月二十六日まで火の元改を務める。その後、勤めに応ぜずとして小普請組入となった。翌二年十月十七日、埼玉郡の領地を多摩郡に移された。享保八年（一七二三）六月二十二日、六十五歳で死去。法名は祐徹。菩提寺は牛込の法正寺である。（松本）

【典拠・参考文献】『寛政譜』第八・一五二頁、「多門伝八郎覚書」（『日本思想大系27 近世武家思想』岩波書店）

岡野貞明《おかのさだあきら》（一六二二～一六九〇）

元和八年（一六二二）、書院番岡野孝明の長男として誕生する。母は岡野房恒（寄合）の息女。妻は岡野内蔵允成明の息女。通称は孫九郎。書院番、進物役となる。寛文三年（一六六三）三月、四代将軍徳川家綱の日光社参時に、御留守居の目付を勤める。同十月、遺跡を継ぎ、一〇〇〇石を知行する。同五年、紀伊大納言光貞が病気により参府延引の時、和歌山に使いをする。同七年、西海道諸国を巡視する。同十二年三月晦日に長崎奉行となり、武蔵国幡羅郡に五〇〇石加増され、計一五〇〇石を知行する。在職中、貨物市法の成立・実施、長崎市街七七町の戸数・人口の調査、通商要求渡来イギリス艦船の応対、立山奉行所の設置、長崎代官末次平蔵の処罰等に当たる。延宝八年（一六八〇）三月に辞職し、寄合に列する。元禄二年（一六八九）七月に隠居し、養老の料廩米三〇〇俵を賜う。同三年正月十二日没。享年六十九。法名宗心。墓所は龍像寺（神奈川県高座郡寒川）。

（太田勝）

【典拠・参考文献】『寛政譜』第三・三二四頁、『増補長崎略史上巻』（『長崎叢書三』）

岡野融明《おかのとおあきら》　（生没年未詳）

通称は孫十郎。父は岡野文明《ふみあきら》。禄高は一五〇〇石。西丸書院番より文化八年（一八一一）十一月二日に中奥番に就任した。文政三年（一八二〇）七月二十四日に小十人頭となった。翌四年七月二十二日に職を辞す。同家の菩提寺は麻布（白金）の立行寺である。

（松本）

【典拠・参考文献】『寛政譜』第八・三二五頁、『旗本百科』第一巻

岡野知鄰《おかのともちか》　（一七六二～一八一七）

宝暦十二年（一七六二）に生まれる。父は御留守居の岡野知暁《ともさと》。母は田安家の家老奥田忠英《ただふさ》の息女。初め成知《しげとも》といい、勝之助と称した。妻は横田準松の息女、後妻は岡野本家の成韶《しげつぐ》の息女。安永六年（一七七七）十一月十九日に御小納戸となり、同年十二月九日には小性に転じ、翌七年十二月十六日、従五位下和泉守に叙任される。のち能登守・淡路守とも称した。天明八年（一七八八）八月、八朔の儀式に際し、父知暁が御留守居であるにもかかわらず、太刀馬を進上しなかったために御目見を止められた。十二月二十六日、中奥小性となる。寛政八年（一七九六）、十一代将軍家斉の子敦之助の誕生の際に父の蟇目役とともに矢取の役を務めた。享和三年（一八〇三）三月八日に小普請組支配、文化三年（一八〇六）正月十五日に一橋家の家老、同八年五月六日、将軍世子であった家慶（のちの十二代将軍）のいた西丸御側となり、同十年十一月六日、誕生したばかりの家慶長男竹千代の御側となるが、同十一年七月二十八日（二月二十七日とも）に家慶の西丸御側に復職し、同十三年十月一日には本丸で御側となる。文化十四年（一八一七）二月二十七日に死去。享年五十六。菩提寺は高田の宝祥寺（東京都新宿区）か。

（竹村）

【典拠・参考文献】『寛政譜』第八・三二三頁、『徳川実紀』第十篇、『続徳川実紀』第一篇、『柳営補任』

岡野知英《おかのともふさ》　（生年未詳～一八四七）

通称は外記・備中守・遠江守・出羽守。父は岡野知鄰《ともちか》。駿河国有渡郡の内で三〇〇〇石を知行した。文政元年（一八一八）十一月二十八日、寄合から御小納戸に就任。文政五年八月十三日に小性となった。天保七年（一八三六）五月に小性頭取介、同八年四月二日に西丸小性頭取介、同九年六月に西丸小性頭取、天保十一年三月二十四日には西丸小性組番頭格となり御用取次見習（手伝いとも）、同年四月二十八日に西丸御側御用取次、同十二年三月二十八日に家定付御側御用取次、同十四年十月二十八日に本丸御側御用取次となる。弘化四年（一八四七）四月十八日死去。菩提寺は高田の宝祥寺。なお豊後臼杵藩主稲葉久通《ひさみち》は第五子である。

（松本）

【典拠・参考文献】『寛政譜』第八・三二二頁、『旗本百科』第一巻

岡野知道《おかのともみち》　（生没年未詳）

通称は録太郎。父は岡野知英。天保五年（一八三四）十一月二十三日に御小納戸となる。同八年四月二日、大御所家斉付きの西丸御小納戸となる。同十年八月二日に西丸小性、同十二年三月二十三日には本丸小性となった。この頃、従五位下日向守に叙任された。後に名乗りを大学頭と改める。同十三年三月二十三日に職を辞し、寄合となる。同十四年十二月二十一日、中奥小性となる。弘化四年（一八四七）七月四日に家督を相続し、駿河国有渡郡の内で三〇〇〇石を知行した。安政五年（一八五八）五月二十五日に中奥小性を辞した。同家の菩提寺は高田の宝祥寺である。（松本）

【典拠・参考文献】『旗本百科』第一巻

岡上景親《おかのぼりかげちか》（生没年未詳）

甚右衛門と称す。天正十八年（一五九〇）徳川家康の関東入国後に召し出され、大久保長安に属し、八王子陣屋にて代官を務める。慶長十八年（一六一三）二代将軍徳川秀忠に拝謁し、のち家光に奉仕した。後に死去。法名は道鏡。（高木）

【典拠・参考文献】『寛永諸家系図伝』二〇八頁、『寛政譜』第十七・二三九頁

岡上景能《おかのぼりかげよし》（生年未詳～一六八七）

次郎兵衛と称した。養父は代官岡上甚右衛門景親《かげちか》。明暦三年（一六五七）七月二十六日、四代将軍徳川家綱にはじめて拝謁した。寛文元年（一六六一）に養父の職を継ぎ、代官となった。家禄は二〇〇俵である。いわゆる関東十八代官の一人。陣屋ははじめ武蔵国多摩郡子安村にあったといわれる。岡上氏は、もと小田原北条氏の家臣で、祖父の甚右衛門景親は、天正十八年（一五九〇）七月、小田原北条氏の滅亡後、大久保長安に属して、代官をつとめた。そして、元和二年（一六一六）に上野国吾妻郡岡崎新田に赴き、草分け百姓の協力により、沼尾川用水路を約二里にわたって開鑿し、この村に三〇〇余町歩を切り開いた。父の甚右衛門景親は、寛永十年（一六三三）から寛文元年（一六六一）まで吾妻郡の幕領を支配した。次郎兵衛景能の支配地は、武蔵・上総・上野・下野・越後に及び、用水路の開鑿、荒蕪地の開墾に事績を残した。特に越後国魚沼郡、下野国足利郡大前・山下村、上野国新田郡笠懸野《かさがけの》の開発は著名である。この間、寛文八年から貞享四年（一六八七）まで足尾銅山の奉行をつとめたという。また、渡良瀬川から取水して新堰を設け、寛文十二年には笠懸野に用水を完成させている。この「笠懸野御用水」は宿用水であるが、現在「岡登用水」の名称とともにその功績が伝えられている。しかし、貞享四年七月六日、上総国山辺郡萱野・砂田村の村境論争の際の私曲を糺明され、八丈島へ遠流と決したが、同年十二月三日、年貢滞納などの余罪が発覚して切腹を命ぜられた。処罰は、次郎兵衛だけではなく、三男三四郎、四男甚四郎にもおよびともに死罪を命じられた。さらに、連坐した手代は二〇名にのぼり、初期幕政における代官取締政策の一環とされている。群馬県新田郡笠懸町の国瑞寺に葬られた。太田市薮塚町に岡登霊社、桐生市相生町の八坂神社の境内にも神社がある。（高橋）

【典拠・参考文献】『寛政譜』第十七・二四〇頁、萩原進・丑木幸男『代官岡上景能』（岡登景能公顕彰参百年祭実行委員会、一九七六年）、丑木幸男『岡登用水史』（岡登堰土地改良区、一九九二年）、村上直『江戸幕府の代官群像』（同成社、一九九七年）、『代官履歴』、村上直「岡上景能」（『日本近世人名辞典』、吉川弘文館、二〇〇五年）

岡部一徳《おかべかずのり》（一七一五～一七九二）

正徳五年（一七一五）に生まれる。父は岡部長雅、母は安部信行の息女。二男として生まれ、岡部良綱の養子となった。妻は

鈴木安貞の息女である。通称は熊太郎・庄九郎。享保十六年（一七三一）六月十二日に家督を相続し、上総夷隅・長柄両郡において七〇〇石を知行した。寛保元年（一七四一）十月二十八日に西丸小性組となった。延享四年（一七四七）十一月七日に御小納戸となり、十二月十九日、布衣を着することを許された。宝暦元年（一七五一）七月十八日に西丸御小納戸となり、同十年五月十三日より本丸に勤めた。明和七年（一七七〇）十一月二十九日に御小納戸頭取となり、十二月十六日、従五位下河内守に叙任された。安永五年（一七七六）四月、家治の日光参詣に従った。天明五年（一七八五）十一月一日、御三卿清水家の家老となる。寛政元年（一七八九）九月七日に西丸御留守居となる。同三年（一七九一）七月二日、七十七歳で死去。法名は良義。菩提寺は駒込の吉祥寺である。（松本）

【典拠・参考文献】『寛政譜』第十四・一四九頁

岡部勝重《おかべかつしげ》（一六三七〜一七一七）

寛永十四年（一六三七）に勘定奉行伊丹康勝《やすかつ》の三男として生まれ、岡部を称した。妻は小性組番頭内田正信《まさのぶ》の養女。長吉・左近・覚左衛門と称した。寛永十八年十月三日に三代将軍家光の世子家綱（のちの四代将軍）の小性となる。慶安三年（一六五〇）九月四日に西丸の番士となり、廩米三〇〇俵を与えられ、家綱将軍就任後は本丸に移る。承応二年（一六五三）閏六月二十八日、父の遺領のうち上総国市原郡の二六二〇石を分与され、これまでの廩米は収める。寛文八年（一六六八）二月二十一日に御徒頭となり、十二月二十八日に布衣の着用を許される。同十一年三月二十六日に目付、延宝三年（一六七五）五月十三日に勘定頭となり、上総国武射郡の三八〇石を与えられ、合計三〇〇〇石の知行となる。同六年八月十六日に職を辞し寄合となるが、貞享元年（一六八四）二月二十六日に山田奉行となり、十二月二十五日に従五位下駿河守に叙任される。元禄九年（一六九六）二月十二日に職を辞し、宝永元年（一七〇四）六月二十七日に致仕する。享保二年（一七一七）七月十五日に死去。享年八十一。法名は廓円。菩提寺は相模国大住郡三ノ宮村（現神奈川県伊勢原市）の浄業寺《じょうごうじ》である。（宮坂）

【典拠・参考文献】『寛政譜』第五・一二六頁

岡部永綱《おかべながつな》（一五九六〜一六二二）

慶長元年（一五九六）に生まれる。七之助、庄左衛門（尉）と称す。父は徳川家康に仕え、鉄炮与力・同心を預けられた長綱。妻は坂部三郎兵衛広勝の息女。慶長九年、九歳にて家光に付属されて近侍する。同二十年（元和元・一六一五）、家光の使者として伏見に赴いたところ、家康・秀忠はすでに大坂へ向けて出馬していたため、永綱も大坂に向かい、五月七日の合戦に出陣し戦功をあげる。大坂落城ののち、暇を賜い江戸に帰る折に、家康・秀忠から時服を賜う。のち小性組番頭となるが、元和八年十月十五日、二十七歳で死去。法名は雪岸久盛。葬地は父長綱と同じく神田の吉祥寺（東京都文京区）で、のちに駒込に移る。（小宮山）

【典拠・参考文献】『寛政譜』第十四・一四六頁、『寛永諸家系図伝』第九・二五一頁

岡部長常《おかべながつね》（一八二五〜一八六六）

文政八年（一八二五）に太田運八郎《うんぱちろう》の子として生まれる。のちに岡部氏の養子となる。彦十郎、兵衛尉・右兵衛尉・駿河守と称する。禄高は一三〇〇石。天保十年（一八三九）正月十三日御小納戸に就任、同年十二月二十二日小性となり、同十四年四月日光社参に供奉した。嘉永六年（一八五三）十月三日に使番、同七年五月二十六日

に西丸目付、安政二年（一八五五）九月十四日より目付に就任、海防掛を務めた。同三年正月長崎に派遣され、同四年十二月二十八日長崎奉行となり、オランダ国理事官の参府御用や日蘭通商条約締結交渉の全権を務め、長崎海軍伝習や飽之浦製鉄所建設などの事業にも関与した。文久元年（一八六一）十一月十六日には外国奉行へ転役、同二年六月三十日、大目付となり、七月一日より外国奉行を兼帯した。同三年七月十二日に一旦は辞職したが、十二月十五日作事奉行となった。元治元年（一八六四）八月、天狗党の乱鎮圧のため常州へ派遣されたが、十一月一日には神奈川奉行に転役した。十二月十八日に鎗奉行、慶応元年（一八六五）閏五月一日に軍艦奉行、七月八日より清水小普請組支配を歴任したのち、八月十日に辞職、同二年（一八六六）十二月一日に没した。享年四十二。墓所は東京都新宿区境妙寺。（神谷）

【典拠・参考文献】『柳営補任』、『続徳川実紀』第三・四篇、戸川安宅編「幕府名士小伝」（『旧幕府』一巻二号、一八九七年）

岡部豊常《おかべほうじょう》（生年未詳〜一八六五）

文久二年（一八六二）の「明細短冊」には「戌五十□歳」とあるので、生年は文化元年（一八〇四）から同九年の間と推定できる。実父は高家の戸田氏倚《うじより》（備前守）で、使番の岡部豊矩《とよのり》（左近）の養子となる。通称は主税。叙任後は備後守・土佐守。天保二年（一八三一）十一月二十日に部屋住から御番入し、同三年に家督を相続。知行二〇〇〇石。同十年正月十一日に西丸小性組から使番となり、同十五年（弘化元・一八四四）九月二十九日には火事場見廻を兼帯。嘉永二年（一八四九）十月八日に禁裏附となり、同三年二月三日に諸大夫に叙せられる。同六年十二月二十六日に京都町奉行に進む。安政六年（一八五九）二月十二日（『柳営補任』では十三日）に鎗奉行となるが、文久二年十一月二十三日に先役中に不束があったとして御役御免で差し控えとなる。元治元年（一八六四）九月二十日に寄合から西丸新番頭となり、慶応元年（一八六五）五月に第二次長州征討の進発の御供をする。九月十日に大坂で死去。（高山）

【典拠・参考文献】『幕臣人名』第一巻、『柳営補任』、『旗本百科』第一巻

岡部元良《おかべもとよし》（一七〇九〜一七六二）

宝永六年（一七〇九）に小性組の岡部某（諱不明、通称は熊之助・監物・藤十郎）の長男として生まれる。妻は井上正房《まさふさ》の息女。通称は直三郎・玄蕃・久太郎。享保九年（一七二四）三月四日に家督を相続する。知行二〇〇〇石。元文二年（一七三七）十月二十日に西丸の書院番、延享二年（一七四五）十月十五日に使番となり、十八日に布衣の着用を許される。同四年正月十五日に小笠原長恭《ながゆき》への陸奥国棚倉城の引渡し役をつとめ、五月二日には二丸火災における働きで時服を賜る。宝暦二年（一七五二）秋には大坂目付代をつとめる。同三年四月十八日に使番から目付に移る。同六年九月六日に堺奉行の兼務を命ぜられ、堺に赴任。同七年九月四日には大坂川口新墾地を検地した功で黄金を賜り、同月六日に大坂町奉行に進む。十一月朔日に従五位下対馬守に叙任。同十二年死去。享年五十四。菩提寺は小日向の竜興寺（現在は東京都中野区に移転）。元良の死後、大坂町奉行在職中に配下の与力・同心を介して町人の金を借りたことが露顕したため、家督を相続した息子の元珍《もとよし》が閉門となり、後に許されている。（高山）

【典拠・参考文献】『寛政譜』第十四・一五三頁、『柳営補任』

岡村直賢《おかむらなおかた》（一七五一〜一八一八）

宝暦元年（一七五一）に生まれる。父は

御小納戸岡村直昌《なおまさ》で、母は書院番松下状綱《のりつな》の息女。久米次郎・弥右衛門と称した。明和三年（一七六六）三月十八日に初御目見し、安永二年（一七七三）五月七日に御小納戸となり、同年十一月二十九日に家督を継ぐ。家禄は廩米三〇〇俵。十二月十六日には布衣を許される。寛政九年（一七九七）二月二十七日には御小納戸頭取となり、同年十二月十八日に従五位下丹後守に叙任される。同十年（一七九八）三月九日に十一代将軍家斉の子豊三郎の誕生の際に箆刀《へらたち》の役を務める。文化三年（一八〇六）四月三日に二〇〇石を加増され、城外御供と泊番を免ぜられる。同七年十一月朔日、将軍家斉の七男菊千代（後の清水家当主斉順《なりゆき》）への賄料三万俵の支給と清水邸移徙により菊千代の傅役となり、同十三年十二月朔日、斉順が紀伊家を相続したため清水邸に移った斉順の弟保之丞（家斉の十二男、後の清水家当主斉明《なりあき》）の傅役となる。同十四年七月二十一日、幕府の旗奉行に転じ、文政元年（一八一八）六月二十二日に死去。享年六十八。菩提寺は牛込の仏性寺（現在は大法寺に合併され杉並区に移転）か。（竹村）

【典拠・参考文献】『寛政譜』第二十・二二〇頁、『柳営補任』、『徳川実紀』第九・十篇、『続徳川実紀』第十篇

岡村良通《おかむらよしみち》（一七〇〇～一七六七）

元禄十三年（一七〇〇）に幕臣岡村就通の長男として生まれる。半次郎・源五兵衛と称した。妻は青木氏の息女。家禄は六二〇石。正徳五年（一七一五）に父就通が致仕して医者となり、良通に幕臣の勤めを譲った。御小納戸兼書物奉行となる。従五位下大炊頭に叙任される。元文五年（一七四〇）十二月に罪があって除籍された。一説には、同僚の大島忠太夫を傷つけたためという。その後、江戸から常陸へ流浪した。先祖の林姓に復し、摩詰と改名し、笠翁と号した。和漢の学に通じ、著書に『儀式考』・『仙台間語』・『寓意草』等がある。また「平生可被心掛条々の事」という訓諭文を子らに与えた。二男は林子平。良通から子平への学問的感化が指摘されている。明和四年（一七六七）六月二十一日に死去。享年六十八。菩提寺は仙台北八番町の竜雲院（宮城県仙台市）である。（栗原）

【典拠・参考文献】鈴木省三『林子平伝記』（六無会、一九二八年）、平重道『林子平その人と思想』（宝文堂、一九七七年）、『日本近世人名辞典』（吉川弘文館、二〇〇五年）

岡本花亭《おかもとかてい》（一七六七～一八五〇）

明和四年（一七六七）十月三日に生まれる。通称は忠次郎。名は成あるいは正成、字は子省。近江守を名乗る。花亭・豊洲・醒翁・詩痴・括嚢道人の号も用いた。父は勘定奉行属吏の庄蔵政苗、母は鈴木平兵衛の娘で渡辺与惣兵衛尚の養女。妻は畔柳長武十郎輝豊の娘。寛政六年（一七九四）年三月四日、父の家督を継ぐ。同年三月二十六日に目付、同七年八月に勘定となる。老中水野忠成に疎まれ、文政元年（一八一八）三月に小普請となる。天保九年（一八三八）十二月、老中水野忠邦に登用され、信濃中野代官に任じられる（老齢のため在江戸を許される）。同十年五月に勘定吟味役、同十二年十一月より御留守居番次席となる。同年十二月には老年勤士の功により諸大夫となる。同十三年五月に勘定奉行勝手方となり。五〇〇石加増され、同十四年五月、鎗奉行に転じた。漢詩人として知られた。嘉永三年（一八五〇）九月二十三日（あるいは十一月一日）没。享年八十四。江戸四谷の安楽寺に葬られる。（湯浅）

【典拠・参考文献】『寛政譜』第二十・一〇頁、『旗本百科』第一巻

岡本元冶《おかもとげんや》（一五八七～一六四五）

天正十五年（一五八七）に岡本重信の子

として生まれる。元冶は通称で、諱ははじめ宗什、のち諸品《しょひん》と改める。啓迪庵・啓迪院と号した。母は薄左衛門佐諸光の娘。妻は間直瀬《まなせ》玄朔の娘。慶長三年（一五九八）より間直瀬玄朔の門下となって医学を学び、玄朔より啓迪庵という庵号を与えられる。その後、伏見において徳川家康に謁見し、元和四年（一六一八）には法眼となる。同九年、上洛した徳川家光が還御する際に随行して初めて江戸へ赴き、五人扶持を受ける。寛永四年（一六二七）からは隔年で江戸と京都を往復して番医を務める。同五年には法印となり、同年には京都にて天皇より啓迪院と称することの勅許を受ける。しばしば家光や東福門院（和子）の病気治療を担当して、同十五年には一〇〇〇石の知行を賜る。正保二年（一六四五）四月二十日に死去。享年五十九。法名は陶出。渋谷の祥雲寺に葬られる。岡本家では歴代にわたって啓迪院と号し、四代目の寿品以後は代々元冶を通称とした。岡本家は江戸の元吉原近く（明暦大火後の新泉町あたり）に屋敷を拝領していたといわれ、のちにこの町場で新道が開かれた際、この一帯を元冶店《げんやだな》と称した（現中央区日本橋人形町三丁目）。この元冶店の名が一躍世に知られるようになったのは、嘉永六年（一八五三）に初演された歌舞伎「与話情浮世横櫛《よわなさけうきよのよこぐし》」第四幕の舞台となったことによる。歌舞伎の中では、憚りがあるとして「元冶店」を鎌倉の「源氏店」に置き換えているが、この場所で展開されるお富と与三郎との再会の場面は、「もし御新造さんえ、おかみさんえ、お富さんえ、イヤサお富、久しぶりだなあ」「そういうお前は」「与三郎だ」「えっ」「おぬしァ俺を見忘れたか」という名台詞によって、広く人々の間に知れわたることになった。（太田尚）

【典拠・参考文献】『寛政譜』第十・九五頁、『角川日本地名大辞典13　東京都』（角川書店、一九七九）

岡本善悦《おかもとぜんえつ》（生没年未詳）

本名を豊久と称する。はじめ紀伊藩士であったが、享保三年（一七一八）五月十三日に御家人として召し抱えられ、奥坊主組頭並となる。元文二年（一七三七）閏十一月朔日に画をよくして、御同朋に準じられ、拝謁を許された。十代将軍家治の絵事を命ぜられ、吉宗・家重の肖像画を描いた。絵事に秀でており、黄金・時服などを賜うことがしばしばであった。弟子に初代黒川亀玉がいる。（石山）

【典拠・参考文献】『寛政譜』第二十二・一七三頁

岡本保江《おかもとやすえ》（一六七五～一七三六）

延宝三年（一六七五）に桑嶋忠政の子として生まれる。先祖はもともと岡本姓であったが、二代前の忠季のときに桑島姓を名乗る。勘右衛門と称した。妻は井出藤左衛門正方の娘。はじめ徳川綱豊に仕え、宝永元年（一七〇四）に綱豊が将軍世嗣として家宣と改名して江戸城西丸に入ると、御家人として召し抱えられ、西丸表火番を務める。同三年六月九日に表右筆に昇進、同四年十二月二十六日に廩米一〇〇俵を加増され、同五年二月晦日に姓を岡本に戻す。同七年十二月十九日に二〇俵をさらに加増され、あわせて二〇〇俵となる。正徳元年（一七一一）六月十一日に奥右筆となり、同二年二月二日に辞して小普請となる。元文元年（一七三六）正月十四日に六十二歳で死去する。法名は了義。菩提寺は浅草本国寺。（石山）

【典拠・参考文献】『寛政譜』第十二・七一頁

小川氏行《おがわうじゆき》（生年未詳～一六四九）

九左衛門と称した。寛永九年（一六三二）、三代将軍徳川家光に御目見した。同十六年、同十年に石川忠総が下総国佐倉藩に加増移封されたことにより、幕府直轄領として豊前国中津藩預所となっていた日田に、小川正長とともに豊後国日田・玖珠両郡支配の代官として着任し、廩米二〇〇俵を賜った。慶安二年（一六四九）に死去。その家督は嫡子又左衛門が相続した。（西）

【典拠・参考文献】『寛政譜』第十四・九二頁、『断家譜』第一・一八八頁、藤野保『新訂幕藩体制史の研究』（吉川弘文館、一九七五年）

小川正長《おがわまさなが》 （生年未詳～一六五五）

藤左衛門と称した。寛永十年（一六三三）、三代将軍徳川家光に御目見した。同十六年、同十年に石川忠総が下総国佐倉藩に加増移封されたことにより、幕府直轄領として豊前国中津藩預所となっていた日田に、小川氏行とともに豊後国日田・玖珠両郡支配の代官として着任し、廩米二〇〇俵を賜った。明暦元年（一六五五）に死去。家督は養子である藤左衛門正久が相続した。

（西）

【典拠・参考文献】『寛政譜』第十四・九二頁、『断家譜』第一・一八七頁、藤野保『新訂幕藩体制史の研究』（吉川弘文館、一九七五年）

小川盈長《おがわみつなが》 （一六八六～一七六七）

貞享三年（一六八六）に小川祐長の子として生まれる。母は長嶋善兵衛の娘。兵之助・数馬・新右衛門と称した。元禄十五年（一七〇二）七月十一日にはじめて将軍綱吉に拝謁し、宝永二年（一七〇五）十二月二十三日に家督を継ぎ、小普請となる。同三年十月六日に近習番となり、同六年綱吉の死去により番をゆるされる。享保九年（一七二四）八月十三日に甲府勤番、元文四年（一七三九）九月七日に代官となる。寛保二年（一七四二）に農民による訴訟を遅滞させたり、宝暦七年（一七五七）には管轄の御料私領の境界を把握しておらず、それぞれ五〇日と一〇〇日の出仕を停止させられた。明和三年（一七六六）四月三日に職を辞し、同四年十月二十一日に八十二歳で死去。法名は日信。菩提寺は谷中上聖寺（東京都台東区）。

（石山）

【典拠・参考文献】『寛政譜』第二十二・一八頁

小川頼勝《おがわよりかつ》 （一五九五～一六五六）

文禄四年（一五九五）に生まれる。はじめ重次を名乗り、九郎右衛門・惣左衛門と称した。妻は伊丹播磨守康勝の娘。慶長十五年（一六一〇）に竹千代（後の三代将軍家光）に仕え、御書院番士を務める。寛永四年（一六二七）に御金奉行となり、後に職を辞して小普請となった。明暦二年（一六五六）三月二十八日に六十二歳で死去。法名は照月。下谷天龍寺（現在は東京都足立区）に葬られた。

（石山）

【典拠・参考文献】『寛政譜』第七・九頁

隠岐重忠《おきしげただ》 （生年不詳～一七〇三）

五郎大夫と称する。浅草御蔵目付を務め、天和二年（一六八二）四月十日、旗本に列して小十人となり、下野国安蘇《あそ》郡のうち二五〇石を与えられる。元禄六年（一六九三）十月二十一日、二条鉄炮奉行となるが、同七年には同職を辞し、小普請となる。同十六年四月七日（一七〇三）死去。法名乗蓮。墓は赤坂の浄土寺。

（浦井）

【典拠・参考文献】『寛政譜』第十九・三七二頁

沖田総司《おきたそうじ》 （一八四四～一八六八）

天保十五年（一八四四）、白河藩足軽小頭・沖田勝治郎の長男として生まれる（天保十三年説もある）。江戸麻布の白河藩下屋敷において生まれたとされる。諱は房良、幼名は宗次郎。沖田は、天然理心流の内弟子として、近藤周助に剣術を学び、免許皆伝の腕前でその剣術の才能は高かったとされている。文久三年（一八六三）、道場で同じ門弟であった近藤勇・土方歳三らとともに幕府の募集した浪士隊に参加するため、上京した。その後、会津藩の指揮の下で新撰組の有力な隊士として池田屋事件などで功績をあげた。その褒賞金は近藤・土方に次ぐ金一〇両、別段一〇両を受けている。しかし、持病により度々喀血していたといわれる。慶応元年には新撰組一番隊長、剣術師範頭となった。同三年の幕臣取立では助勤として見廻組格となる。近藤が御陵衛士に狙撃され負傷を負った際は病床にあり、出勤できずにおり、近藤とともに大坂へ下っている。鳥羽・伏見の戦でも離脱していたが、甲陽鎮撫隊として甲州への出陣が決まった際は、江戸へ出陣している。しかしその後は療養のために戦いには参加せず、今戸に置かれた臨時病院の松本良順のもとで病死したとされる。享年二十五（または二十七）。菩提寺は専称寺（東京都港区）。

（上野）

【典拠・参考文献】『新選組大人名事典』（新人物往来社、二〇〇一年）、『明治維新人名辞典』（吉川弘文館、一九八一年）

興津忠通《おきつただみち》　（一七一六～一七九四）

享保元年（一七一六）に普請奉行横田榮《しげ》松《とし》の二男として生まれる。母は大淵玄通の息女。大目付興津忠閭《ただとも》の養子となり、その息女を妻とした。刑部・帯刀と称し、従五位下能登守に叙任され、のちに伊勢守・伊予守に改めた。同十八年十二月十二日、初めて八代将軍徳川吉宗に拝謁し、元文三年（一七三八）五月四日に家督を相続した。知行は二〇三〇石余である。延享元年（一七四四）十一月一日、寄合から使番となり、十二月十六日に布衣の着用を許された。同二年に駿府目付代、寛延二年（一七四九）に大坂目付代、宝暦三年（一七五三）二月十八日に日光御宮普請御用掛を勤め、同年三月十一日に従五位下能登守に叙任された。同四年八月十五日には浦賀奉行へ転役し、同七年九月六日に大坂町奉行に就任したが、明和二年（一七六五）十一月十七日出入門礼に関する不首尾があったとして職を免ぜられ、小普請入、差控を命じられた。同三年二月十八日に赦された。寛政六年（一七九四）六月十九日に死去。享年七十九。法名は義通。

（神谷）

【典拠・参考文献】『寛政譜』第十四・一六一頁、『柳営補任』

荻生徂徠《おぎゅうそらい》　（一六六六～一七二八）

寛文六年（一六六六）二月十六日、館林藩主徳川綱吉（のち五代将軍）の侍医荻生方庵（景明）の次男として、江戸の館林藩邸で生まれた（ただし、月日には異説あり）。母は旗本児島助左衛門の女。名は雙松《なべまつ》、字は茂卿《しげのり》、通称は惣右衛門。徂徠（徂来）・蘐園・損庵・赤城翁などと号した。江戸時代中期の儒学者であり、八歳下の弟である北渓も、のちに幕府の儒官となっている。延宝七年（一六七九）四月、徂徠が十四歳の時、父が蟄居となり、元禄三年（一六九〇）に赦され江戸に戻るまでの間、一家は上総国長柄郡本納村で過ごした。長兄は本納村に医師として残留、弟に父の後を継がせ、徂徠は増上寺門前に住んで朱子学を講じるようになった。この頃『訳文筌蹄』を著し、その文名を知られるようになる。同九年八月、増上寺了也大僧正の推挙により、柳沢吉保に召し抱えられ、一五人扶持を支給されるようになる。その後、将軍綱吉にも講義を行うようになり、家禄は五〇〇石までになった。宝永六年（一七〇九）三月、藩邸を出て日本橋茅場町に家塾をひらく。以後、茅場町の塾という意味の「蘐園」が徂徠およびその一派の通り名となった。その後、『論語徴』『辨道』『辨名』『学則』などを著す。さらに、明の太祖洪武帝が民衆教化の目的で発布した教訓「六諭」を清初の范鋐が解説した『六諭衍義』が、島津家を通じて幕府に献上されると、吉宗の命を受けて訓点を施し、享保六年（一七二一）十一月に刊行された。翌年には、『政談』を幕府に献じる。これは、吉宗の諮問に応え、幕府政治の立て直しの必要を述べたものであった。『太平策』『明律国字解』なども、政治にかかわる著作である。元禄年間の赤穂事件における浪士の処分裁定論議では、林鳳岡をはじめ室鳩巣・浅見絅斎などが賛美助命論を展開したのに対し、私義切腹論を主張し、「徂徠擬律書」として上申して、結果的に徂徠の意見が採択された。徂徠の復古の学は、儒学の発展のみならず、本居宣長らの国学などにも影響を及ぼしたといわれる。弟子には、経学面での太宰春台・山井崑崙をはじめ、文学面では服部南郭・安藤東野・平野金華らがいるほか、防長・九州・奥州・京坂にも、その影響は及んだ。享保十三年（一七二八）正月十九日に死去。享年六十三。墓所は芝三田の長松寺。　（浦井）

【典拠・参考文献】『事実文編』、金谷治『荻生徂徠集』、吉川幸次郎他『荻生徂徠』解説ほか、岩橋遵成『徂徠研究』

荻原重秀《おぎわらしげひで》（一六五八～一七一三）

万治元年（一六五八）、残物奉行などを務めた荻原種重の二男として生まれる。母は横松氏の息女。五左衛門・彦次郎を称す。任官後は近江守を名乗る。妻は青柳道孝の娘。後妻は高木定清の娘。延宝二年（一六七四）十月二十六日勘定役となり、翌十一月にはじめて四代将軍家綱に拝謁、同三年十二月二十一日に廩米一五〇俵を賜る。畿内および近江国の惣検地を担当し、延宝七年十二月三日には時服二領および羽織一領を拝領する。天和三年（一六八三）十月十一日に勘定組頭となり一〇〇俵の加賜をうけ、貞享四年（一六八七）九月十日には勘定頭三名の罷免に際し勘定頭差添役（後の勘定吟味役）へと昇進し三〇〇石加賜されて都合五五〇石の知行取となり、同年十二月には布衣の着用を許される。元禄二年（一六八九）八月二十一日に二〇〇石の加増があり、同三年十月七日からは佐渡奉行を兼帯した。この頃より顕著となった金銀産出量の減少にともなって、貨幣改鋳を建議し、同八年には、それが採用されて改鋳および新旧貨幣引き替えを担当し、同年十二月には一〇〇〇石が加増された。翌九年四月十一日に勘定頭へと昇進し、二五〇石加増されるとともに、同年十二月二十二日に従五位下近江守に叙任された。重秀は商品経済の発展が顕著となった元禄期における財政吏僚として辣腕を振るい、彼の建議した貨幣改鋳により幕府があげた益金は五〇〇万両ともいわれる（『折たく柴の記』）。また、元禄十年には造酒家に酒運上を課して売価を五割値上げさせ、その分を運上として徴収したほか、前年の元禄九年からは長崎貿易における代物替を認めて運上金を徴収、同十二年には貿易利益の一部を直接幕府に納めるよう方策を立てて約七万両の増収を図った。宝永四年の富士山噴火にあたっては、全国に高一〇〇石につき金二両を差し出される国役金を課し、総額四八万両を徴収した（『竹橋余筆』）。宝永七年四月、旗本らに給する蔵米の換金比率を安く発表したため拝謁を止められるがすぐに赦され、同年十二月には再び五〇〇の加恩があり、都合三七〇〇石を領することになった。正徳二年（一七一二）九月十一日、重秀は罷免され、関連した江戸・京都の銀座商人は遠流や闕所に処せされた。翌三年九月二十六日に死去。享年五十六。谷中の長明寺に葬られている。貨幣改鋳や運上金賦課・貿易政策など、重秀が実施した幕府財政の増

収政策は一応の成果を見たと評されているが、新井白石が三度にわたり弾劾を上呈するなど、不正も多かったとされる。（保垣）

【典拠・参考文献】『寛政譜』第十・一四三頁、村井淳志『勘定奉行荻原重秀の生涯』（集英社新書）、大野瑞男「元禄末期における幕府財政の一端」（『史料館研究紀要』四号）。

荻原友標《おぎわらともすえ》（生年未詳～一八一三）

荻原友福《ともとみ》の長男として生まれる。弥平太・弥五兵衛と称した。妻は荻原七郎兵衛友定の息女。後妻は田安家の家臣中澤彦大夫直満の息女。明和二年（一七六五）四月十日に家督を相続した。家禄は二〇〇俵である。同年十二月二十一日に十代将軍家治に拝謁し、同六年正月二十六日に勘定となった。安永八年（一七七九）十二月十二日に日光山御宮および、諸堂社修補の事をつとめたことにより、黄金二枚を与えられた。天明三年（一七八三）十二月二日に尾張・美濃・伊勢三国の川々普請のことを担当し、時服二領・黄金二枚を与えられた。同八年五月二日に代官となり、江戸在任（天明八年～寛政五年）、豊後国高松陣屋（寛政五年～文化四年）、江戸在任（寛政五年～文化四年）に赴任した。文化四年（一八〇七）十一月晦日に勘定吟味役、同七年正月十一日に御納戸頭となった。同十年五月二十五日に死去。

（高橋）

【典拠・参考文献】『寛政譜』第十・一三八～九頁、『旗本百科』第一巻、『代官履歴』

荻原乗秀《おぎわらのりひで》（生年未詳～一七三五）

元禄時代に勘定奉行を務めた荻原重秀の長男。通称は源八郎。妻は中山下野守直好の息女。後妻は村上彦太郎義愈の娘。元禄五年（一六九二）に初めて五代将軍綱吉に拝謁した。正徳四年（一七一四）三月十五日、新井白石による綱吉政権批判の中で父重秀の施策が独断専横によるものと指摘され、家禄三七〇〇石のうち三〇〇〇石を削減され、残る七〇〇石をもって家督相続が認められたものの、小普請組入り・出仕停止を仰せつけられる（翌五年九月二十六日に解除）。享保五年（一七二〇）五月三日、上総国東金領の新田開発候補地の見分を命ぜられ、同年七月十三日に大岡忠相支配下の代官になった。大岡支配のもとでは武蔵野新田の開発・管理などを担当したが、同十四年十一月二十四日に支配内の武州入間郡下奥富村の名主の不正が発覚して拝謁停止となる（同年十二月二十七日に解除）。同十九年正月十九日に西丸御納戸頭、二月十五日に佐渡奉行となり、四月二十二日には布衣の着用を許可される。同二十年四月二十六日、赴任地の佐渡において死去した。法名は日到。佐渡の本典寺に葬られた。

（太田尚）

【典拠・参考文献】『寛政譜』第十・一四三頁、大石学『享保改革の地域政策』（吉川弘文館、一九九六年）

荻原昌重《おぎわらまさしげ》（一五六三～一六四一）

永禄六年（一五六三）に生まれる。文五郎・五左衛門・吉右衛門と称した。荻原弥右衛門正明の四男で母は太田弥助の娘。妻は武田家の家臣大久保清左衛門の娘。はじめ武田信玄に仕えたが、天正十年（一五八二）、武田勝頼没落後の七月二十一日、徳川家康に召されて拝謁し、仕える。武蔵国都筑郡、上総国周准《すす》・望陀《もうだ》郡の内において、一七〇石余を賜う。その後、伏見城を守衛し、寛永二年（一六二五）十二月十一日、三代将軍家光より采地の朱印を下され、さらに御蔵奉行となった。同十八年六月晦日に死去。享年七十九。法名日華。墓は谷中長明寺。

（浦井）

【典拠・参考文献】『寛政譜』第十・一三七頁、第十・一四一頁

奥田久治郎《おくだきゅうじろう》（生没年未詳）

家禄は一五俵一人半扶持。幕府の御家人

で、享保十九年（一七三四）十一月二十五日に御賄六尺より八代将軍吉宗の四男小五郎（のちの一橋宗尹《むねただ》）に附けられ御膳所六尺、元文元年（一七三六）七月二十一日に御膳所小間遣、寛保二年（一七四二）十月晦日には広敷膳所台所人を務め、寛延三年（一七五〇）四月（五月とも）二十八日、一橋家に附切となる。宝暦七年（一七五七）九月には広敷御膳所台所人筆頭を務め、足高一五俵・足扶持半人扶持で、都合三〇俵二人扶持と役金四両をもらっていた。同月、足痛のため、隠居願いと、一橋家の抱入身分で実子である広敷御膳所小間遣の奥田久七郎への家禄相続を願い出ている。（竹村）

【典拠・参考文献】辻達也編『一橋徳川家文書摘録考註百選』（続群書類従完成会、二〇〇六年）

奥野俊勝《おくのとしかつ》（一六六五～一七三七）

寛文五年（一六六五）に生まれる。孫十郎・忠兵衛と称す。父は勘定や代官を務めた志村俊茂。母は不詳。妻は井口高精の息女。元禄二年（一六八九）八月六日に勘定となり、家禄一五〇俵を賜る。同十四年四月七日に御蔵奉行、宝永元年（一七〇四）十月七日に勘定組頭となり、同年十二月十二日一〇〇俵加増。正徳三年（一七一三）正月十九日、苗字を奥野と改める。同五年十二月十八日、一〇〇俵加増。享保九年（一七二四）閏四月十二日に、甲府代官に転じる。同十九年七月五日、井沢為永をして年貢・国役金の等閑などを理由に小普請となる。同年十一月二十七日、許される。元文二年（一七三七）一月二十三日に死去。享年七十三。法名は俊勝。小石川・伝通院に葬る。（山本）

【典拠・参考文献】『寛政譜』第十九・二五八頁、『代官履歴』

奥谷直救《おくやなおひら》（一六九三～一七五四）

元禄六年（一六九三）に土圭間番奥谷直《なお》重《しげ》の二男として生まれる。半次郎、半四郎と称した。妻は萩原兵庫重与の息女。後妻は児玉氏の息女。正徳二年（一七一二）五月二十三日に家督を相続し、土圭間番となった。同三年五月十八日に土圭間番の定員が減らされ、小普請となった。享保十二年（一七二七）四月十一日に勘定となり、同十三年四月に八代将軍吉宗の日光山参詣を担当し、黄金一枚を与えられた。のち国々の新田を調査し、陸奥・出羽両国に赴き、買米の事務を担当した。金銀の制度を改める時に、これを担当し、京都・大坂へ赴き、また、大和国の論地を検使し、黄金を与えられた。寛保三年（一七四三）九月二十九日に大坂代官となり、摂津国大坂鈴木町北側役宅に入った。寛延二年（一七四九）六月十日、職務に不正があり、免職され、小普請となって出仕をとめられたが、八月二十九日に赦された。宝暦四年（一七五四）八月二十六日に死去。享年六十二。法名は栄照。（高橋）

【典拠・参考文献】『寛政譜』第二十・三頁、大石学『享保改革の地域政策』（吉川弘文館、一九九六年）、『代官履歴』

小栗政寧《おぐりせいねい》（一八一六～没年不詳）

文化十三年（一八一六）一月、中村藩主・相馬仙胤の子として生まれる。幼名は寿之助、尚之助と称し、任官後は長門守・下総守を名乗る。天保三年（一八三二）、先手鉄炮頭を務めた小栗右膳政長の養子となり、同年九月に政寧と改称した。安政二年（一八五五）六月に義父の政長が死去すると家督を相続し、文久元年（一八六一）四月二十四日に小性組進物番から御徒頭へと転じる。その後、文久二年五月十八日に禁裏附、元治元年（一八六四）二月十二日からは京都町奉行へと転じ、慶応元年（一八六五）十月十六日には勘定奉行勝手方に就任した。また、翌二年七月二日からは関東郡代を兼帯している。同年、目付木城安太郎とともに新たに高入れすべき荒地・新開地の地所について関東筋村々を御料・私領・寺社領を問わず見分取調べを実施している。慶応四年正月二十八日、御役御免で勤仕並寄合となり、翌二月には朝廷において官位召上げ、登城差止めとなっている。

（保垣）

【典拠・参考文献】『続徳川実紀』第五篇、『柳営補任』

小栗忠順《おぐりただまさ》　（一八二七～一八六八）

文政十年（一八二七）に新潟奉行小栗忠《ただ》高《たか》の子として江戸に生まれる。剛太郎・又一・豊後守・上野介と称す。安政二年（一八五五）十月に家督（禄高二五〇〇石）を継ぐ。同四年正月十一日に書院番進物番出役から使番となり、同六年九月十二日に目付外国掛となり、同月十三日に日米修好通商条約を批准交換するため遣米使節を命じられ、十一月二十一日に諸大夫となる。アメリカでは金銀量目比較のことに注目している。同年十一月八日に外国奉行となる。十二月朔日には遣米使節として尽力したことにより二〇〇石を加増され、二七〇〇石を知行した。文久元年（一八六一）にロシア軍艦ポサドニック号が修復のため対馬に碇泊したため、四月六日に対馬へ出張を命じられ、退去を要求したが、その目的を達せなかった。同年六月二十八日に箱館へ出張を命じられるが、七月二十六日に病気のため免職され寄合となる。同二年三月九日に小性組番頭、六月五日に勘定奉行勝手方となり、歩・騎・砲三兵を編成する陸軍の軍制改革に参画した。閏八月二十四日に町奉行となり、同月二十七日に当分の内勘定奉行勝手掛を兼帯し、十二月朔日には歩兵奉行・勘定奉行を兼帯した。同月十日に講武所御用取扱となるが、和親開国の勅旨を強要しようとした陰謀が発覚し、また徳川慶喜・松平慶永の幕政指導を批判し、翌三年四月二十三日に免職され寄合となる。同年七月十日に陸軍奉行並となるも、二十九日に免職され勤仕並寄合となる。元治元年（一八六四）八月十三日の勘定奉行勝手方（再々任）、十二月十八日に軍艦奉行並となるが、また同二年二月二十一日に免職され寄合となる。慶応元年（一八六五）五月四日に勘定奉行勝手方（再々再任）となり、フランスから二四〇万ドルを借款して、横須賀に製鉄所・造船所・修船場の軍事施設の建設を開始した。翌二年にはさらに六〇〇万ドルの借款をしてフランスからの軍艦・銃砲の購入費や陸軍士官の招請費にあてようとし、旗本軍役の金納化による傭兵を中心とする陸軍の軍制改革に着手し、関税率改訂交渉の中心的役割をはたし、三井や鴻池などの江戸・大坂の巨商を通じて国内市場経済を掌握しようとした。同二年八月十一日に海軍奉行並を兼帯し、同三年十二月二十八日に陸軍奉行並を兼帯したが、江戸に戻った徳川慶喜へ強硬な主戦論を主張したため、同四年正月十五日に免職させられ、勤仕並寄合となった。二月に上州群馬郡権田村へ土着したが、閏四月六日に新政府軍に逮捕され烏川のほとりで斬刑に処せられた。享年四十一。菩提寺は上野国群馬郡権田村東善寺。

（加藤）

【典拠・参考文献】『柳営補任』、『続徳川実紀』第三～五篇、蜷川新『維新前後の政争と小栗上野介の死』（日本書院、一九二八年）、同『維新前後の政争と小栗上野介続』（日本書院出版部、一九三一年）、同『開国の先覚者小栗上野介』（千代田書院、一九五八年）、石井孝「小栗忠順」（北島正元編『江戸幕府　その実力者たち』下巻、人物往来社、一九六四年）

小栗久次《おぐりひさつぐ》　（一五四九～一六二七）

天文十八年（一五四九）に生まれる。忠蔵・忠左衛門と称した。名は正忠と記されることもあった。父は小栗正久《まさひさ》。外祖父の堀平右衛門某に育てられ、三河国青野（現愛知県岡崎市）に居住した。徳川家康が同地域へ鷹狩りにやってきた時に召し出され、永禄九年（一五六六）より仕えたという。御鷹匠同心を預り、鳥見を支配した。元亀三年（一五七二）十二月の三方ヶ原の戦で、馬を失って窮地に陥った大久保忠隣を助けた功績により、黄金一〇両を与えられている。その後も長久手の戦に加わり、また関ヶ原の戦では御使番を務めた。これより以前、下総国葛飾・千葉と近江国伊香の三郡の内にて知行地一一七〇石余を与えられ、寛永二年（一六二五）十二月十一日に朱印を賜った。後に七〇〇石を加増されている。同四年二月六日に死去した。享年七十九。法名は浄品。墓所は四谷の西迎寺（現東京都新宿区）。（山崎）

【典拠・参考文献】『寛政譜』第八・三六二頁。『徳川実紀』第一篇

小栗久玄《おぐりひさはる》（生年不詳～一六五七）

小栗久勝の子として生まれる。平吉・九郎右衛門と称す。母の出自は不明。慶長三年（一五九八）より徳川家康に仕え、小十人をつとめ、廩米一〇〇俵を賜る。その後、一〇〇俵を加えられ、さらに廩米を改めて、武蔵国入間郡の内に采地を賜る。寛永三年（一六二六）に、秀忠上洛の際に供奉。同六年に、家督を継ぎ、先の采地を合わせて、都合七〇〇石を知行した。同八年四月十日より、秀忠に近仕し、翌九年五月十日小十人組の番頭となり、同十二月には布衣を許される。同十年十二月二十七日、甲斐国八《やつ》代《しろ》郡において、五〇〇石を加増される。正保四年（一六四七）九月二十六日、役を辞して小普請となり、明暦三年（一六五七）十月八日に死去。法名は九傳。（浦井）

【典拠・参考文献】『寛政譜』第八・三六八～三六九頁

小栗正信《おぐりまさのぶ》（一五八九～一六六一）

天正十七年（一五八九）に生まれる。通称は仁右衛門。諡《おくりな》は信由。徳川家康家臣小栗又市忠政の二男。母は天野三郎兵衛康景の息女。妻は秋元但馬守家臣大沼靫負の息女。家康の小性となり、のち御膳番を務める。慶長十九年（一六一四）、同二十年大坂に出陣した。元和二年（一六一六）父が没し、その領地武蔵国足立郡内から五五〇石を分け与えられる。その後二代将軍秀忠の下で小性組番士となり、寛永十年（一六三三）には上総国長柄郡内に二〇〇石を加増された。後世に小栗流と呼ばれる柔術の一流派を開き、旗本をはじめ多くの門人を抱えた。儒者で兵学者の山鹿素行も門人の一人。寛文元年（一六六一）六月六日没。享年七十三。法名は宗閑。武蔵国足立郡大成村普門院に葬られる。（湯浅）

【典拠・参考文献】『寛政譜』第一・二四二頁

小坂雄忠《おさかおただ》（生年未詳～一六八〇）

小坂雄長《おなが》の長男として尾張国に生まれる。八郎兵衛・助六郎と称す。寛永十一年（一六三四）五月二十六日、酒井忠世の取り次ぎで将軍家光に拝謁する。同十三年（一六三六）十一月二十四日に父の遺跡一〇〇〇石を継ぎ、後に小性組番士となる。正保二年（一六四五）十月十三日、書院番水野守正とともに大手内外の橋修復の奉行を命ぜられ、慶安元年（一六四八）十二月十日、伝奏公卿旅館の構造奉行を勤める。明暦元年（一六五五）十一月二十六日、使番下曽根信由とともに肥後国熊本へ目付として派遣され国政を監し、翌二年八月十日帰謁。延宝八年（一六八〇）に死去。（高見澤）

【典拠・参考文献】『寛政譜』第六・三五八頁、『徳川実紀』第二～四篇、『寛永諸家系図伝』

長田重政《おさだしげまさ》（一五八五～一六六七）

天正十三年（一五八五）に長田忠勝の三男として生まれる。実母は内藤氏の息女。妻は浅井道多《みちあま》の息女。のちに忠勝の叔父吉《よし》正《まさ》の養子となり、別家をおこす。喜平・十大夫と称した。慶長八年（一六〇三）より徳川秀忠に仕えて御納戸番となり、同十九年・同二十年の大坂の陣では二代将軍秀忠に供奉した。元和六年（一六二〇）に秀忠の子忠長に仕えたが、忠長が改易となると、寛永九年（一六三二）十一月に淀藩主永井尚政に預けられた。同十三年十二月十日に再び召し出されて三代将軍家光に仕え、上総国長柄《ながら》郡内において五〇〇石を拝領した。同十六年閏十一月七日には将軍家光の姉天樹院（千姫）附となり、武蔵国幡羅《はたら》郡内において五〇〇石を加増された。寛文七年（一六六七）六月二日に死去。享年八十三。法名は常円。牛込の萬昌院（現在は移転して東京都中野区）に葬られた。　（白根）

【典拠・参考文献】『寛政譜』第九・二六頁、「駿河忠長卿附属姓名・駿河在番大御番姓名」（『静岡県史・資料編9・近世一』）

長田元隣《おさだもとちか》（一六七八～一七三二）

延宝六年（一六七八）に生まれる。通称は庄三郎・三右衛門。永井飛驒守家臣長田三郎兵衛重継の息子。母は永井伊豆守家臣篠原長兵衛長治の息女。長田信庸《のぶつね》の養子となった。妻は長田重以の息女。甲府宰相綱豊の桜田御殿に仕えて、小性を務め、のち書院番組頭となった。宝永元年（一七〇四）十二月、綱豊が将軍嗣子となったことにより幕府御家人となった。同年十二月十二日に西丸桐間番となって、切米六八〇俵を給された。同三年、切米を改めて下総国豊田・香取・海上郡のうちで六八〇石を知行した。同四年十一月に桐間番組頭となり、翌月には布衣を着することを許された。その後本丸に移ったが、正徳三年（一七一三）五月の桐間番廃止により寄合となった。享保元年（一七一六）正月に御徒頭となる。同八年正月十一日には目付となる。同九年九月、甲斐国を巡視した。同十二年十月、京都町奉行となる。このとき下総国香取・海上郡において三〇〇石を加増され、計九八〇石を知行した。十二月十八日には従五位下越中守に叙任された。同十七年三月一日に小普請奉行となる。同年十二月二十五日、五十五歳で死去。法名は日義。菩提寺は谷中の正運寺（廃寺、長明寺へ吸収合併）である。　（松本）

【典拠・参考文献】『寛政譜』第二十・二一七頁

小澤忠重《おざわただしげ》（一五六五～一六三一）

永禄八年（一五六五）に生まれる。妻は徳川家康の家臣長田重元《しげもと》の息女。瀬兵衛と称した。忠重は、はじめ長田重元の長男尚《ひさ》勝《かつ》（弟は下総国古河藩主永井直勝）に養われ、その妹と婚姻し、長田家の家督を相続したが、やがて退き、徳川家康の命令により「小澤」と改めた。家康に仕えて、天正十二年（一五八四）四月の長久手の戦で軍功をあげ、のちに使番となり、慶長五年（一六〇〇）九月の関ヶ原の戦にも従軍した。同十年四月二十六日には、徳川秀忠の将軍宣下に供奉した。同十六年十月、熊本藩主加藤清正の家督を相続した忠広が幼少であったため、藤堂高虎が国政を監察するにあたり、目付として派遣された。同十九年一月からの江戸城石垣の修築では普請奉行となり、同年の大坂冬の陣では目付を務めた。元和三年（一六一七）九月十三日より普請奉行となるが、同年六月、二代将軍秀忠の上洛時に不手際があったことから処罰された。やがて赦免されて知行一五〇〇石を拝領した。寛永八年（一六三一）三月二十四日に死去。享年六十七。法名は専英。高野山の平等院に葬られた。　（白根）

【典拠・参考文献】『寛政譜』第一・一八

九頁、『徳川実紀』第一・二篇

尾島信賢《おじまのぶかた》 （一七四五～一八三一）

延享二年（一七四五）に折井吉十郎興正の二男として生まれ、尾島定右衛門信尹のもとへ聟養子に入る。鍋三郎・定右衛門とも称す。家禄は一五〇俵。宝暦十一年（一七六一）十二月四日、家督を継いで小普請入り。安永五年（一七八一）五月二十六日、表右筆となる。天明元年（一七八一）五月二十六日、奥右筆となり、享和元年（一八〇一）には奥右筆組頭となった。その後、文化十三年（一八一六）に広敷用人頭となるが、天保二年（一八三一）二月十九日に死去。享年八十七。屋敷は江戸下谷掃除町。（浦井）

【典拠・参考文献】『寛政譜』第十九・三一三頁、『旗本百科』第一巻、『文政十二年武鑑』

小田彰信《おだあきのぶ》 （生没年未詳）

又蔵と称した。父は御持筒同心の小田幸治。彰信は広敷添番や御持筒同心を勤めた。御持筒同心を勤めていた寛政十一年（一七九九）三月二十六日に、『寛政重修諸家譜』編纂の取調御用手伝を命じられた。当時、三〇俵三人扶持であった。彰信の著作としては、文化末年に完成したといわれる、大名の領地の変遷をまとめた『恩栄録』三巻と『廃絶録』三巻がある。文政元年（一八一八）に兄である岩村田藩士後閑信近の二男を養子に迎え家督を譲った。この甥が後に蕃所調所創設準備や電信機実験に携わった小田又蔵信韡である。（神崎）

【典拠・参考文献】『旗本百科』第一巻、『古事類苑』官位部三、『寛政譜』第一・一三頁、藤野保『恩栄録・廃絶録』（近藤出版社、一九七〇年）、同「近世史料の基礎的研究その一『恩栄録』・『廃絶録』についてI」（和歌森太郎先生還暦記念論文集編纂委員会編『近世封建支配と民衆社会』〈弘文堂、一九七五年〉）

織田貞置《おださだおき》 （一六一七～一七〇五）

元和三年（一六一七）に生まれる。諱は定直・貞長とも名乗り、出来丸・左京亮・五郎左衛門と称した。妻は佐久間駿河守正勝の息女。後妻は織田左衛門佐長政の息女。また水戸家の臣鳥居左近忠勝の息女を娶った。父信貞は、織田信長の九男で、本能寺の変の後、埴原加賀長久の元に預けられ、その後豊臣秀吉の家臣となって近江国神崎・蒲生二郡に一〇〇〇石を知行し、慶長五年（一六〇〇）関ヶ原の戦の時は、兄信高とともに徳川家康の臣下となり、本領を安堵された。貞置は、寛永元年（一六二四）父の家督を継いで、同七年に初めて徳川秀忠に拝謁した。のち小性組に列し、同十三年十月二十八日より進物の事を預かった。寛文元年（一六六一）九月三日、小出越中守尹貞が禁裏造営奉行であった時には、差添として京都に赴き、在勤の間は役高を倍増された。同三年十二月十九日高家に列し、同月二十五日従五位下侍従に叙任され、主計頭と称した。同四年正月十二日、日光代参の命を受けて日光に赴いた。同七年正月二十日、四代将軍徳川家綱の寛永寺家光廟参詣の際には、太刀の役を勤めた。同年四月二十四日には、日光代参の命を受けている。同九年正月二十日、家綱の寛永寺宗廟参詣の際には、太刀の役を勤めた。同十三年（延宝元・一六七三）六月八日、禁裏炎上により使者の命を受けて京都に赴いた。延宝三年十二月朔日、本院御所が火災となったので、再び京都に至った。これに先立つ寛文十年四月十二日・同十二年九月十二日・延宝二年正月十二日・同三年正月十二日・同七年正月十二日には、それぞれ日光代参の命を受け、日光に赴いた。延宝七年三月十五日老いて高家を辞し、貞置と号した。天和二年（一六八二）六月二日致仕し、この時養老料として三〇〇俵を賜った。宝永二年（一七〇五）六月二日に死去した。享年八十九。法名は布皷院秀岩宗俊。菩提寺は品川東海寺の清光院である。（田中暁）

【典拠・参考文献】『寛政譜』第八・一八二頁、『柳営補任』、『徳川実紀』第四・第五篇、『系図纂要』第七冊・五六七頁

織田信愛《おだしんあい》　（生没年未詳）

天保十一年（一八四〇）三月に家督を相続。謙次（治）郎・中務大輔・対馬守・宮内大輔と称した。安政三年（一八五六）十一月に表高家から高家となり、従五位下侍従に叙任される。文久二年（一八六二）には十四代将軍家茂上洛の際の「御先」に任ぜられた。慶応二年（一八六六）九月には陸軍奉行並となり、翌年五月に海軍奉行並となった。同四年二月に御留守居となる。

（津田）

【典拠・参考文献】『柳営補任』『旗本百科』第一巻

織田信明《おだのぶあきら》　（一六六二〜一七三六）

寛文二年（一六六二）に生まれる。信秋とも名乗り、仙千代・式部と称した。父は織田長政。母は松平東市正英親の養女である。妻は松浦肥前守鎮信の養女である。父長政は織田出雲守高長の三男で、兄山城守長頼の知行地である大和国宇陀郡に三〇〇〇石を分けて賜り、交代寄合に列した。信明は、寛文十一年九月二十八日、初めて四代将軍徳川家綱に拝謁した。元禄三年（一六九〇）十二月十二日、父の家督を継いで二七〇〇石を知行し、三〇〇石は弟源次郎信清に分けて与えた。同四年六月十八日桐間番となったが、閏八月十九日故あって小普請となり、出仕をはばかることになったが、同五年五月九日に赦された。同十四年九月二十一日、表高家に列した。宝永二年（一七〇五）正月十一日に高家となった。この日従五位下侍従に叙任され、讃岐守に改めた。同四年四月二十三日親王宣下の事により、仰せを受けて京都に至り、同八月二十三日、六代将軍徳川家宣に子息家千代が誕生したことを祝して、禁裏御所方から祝いの品を届けるに当たり使者を勤めて京都に至り、後にまたしばしば京都への使者を勤めた。正徳元年（一七一一）七月晦日、朝鮮通信使の迎接を預かったことで従四位下に昇った。享保八年（一七二三）二月十八日、病気のため勤めを辞して表高家となった。同年七月二十三日致仕し、退翁と号した。元文元年（一七三六）九月二十日に死去した。享年七十五。法名は禅喜院静厳義退。菩提寺は下谷広徳寺である。

（田中暁）

【典拠・参考文献】『寛政譜』第八・一七八頁、『徳川実紀』第七・第八篇、『系図纂要』第七冊・五八一頁

織田信門《おだのぶかど》　（一六六二〜一七一六）

寛文二年（一六六二）に生まれる。諱は初め長元・長福《ながよし》と名乗った。平十郎・大膳と称した。父は織田一之《かずゆき》、母は織田出雲守高長の息女である。妻は上杉宮内大輔長貞の息女である。信門の曾祖父信高は織田信長の七男に当たり、本能寺の変後、美濃国大垣城主氏家内膳正行広に養われ、のち関ヶ原の戦では徳川家康の臣下となり、祖父高重は高家に列した。信門は、寛文十一年六月十一日初めて四代将軍徳川家綱に拝謁した。貞享四年（一六八七）七月十日に家督を継いで一五六〇石を知行し、寄合に列し、この日五〇〇石の地を弟七平高元に分け与えた。元禄元年（一六八八）十一月二十五日表高家となり、同二年正月十一日高家に列し、この日従五位下侍従に叙任され、美作守に改めた。同六年九月十三日、能登守に改めた。同十年十月二十三日京都において法会があり、命を受けて京都に至った。宝永二年（一七〇五）三月二十三日、将軍

徳川綱吉の右大臣転任を謝す使者酒井雅楽頭忠挙の差添として京都に赴き、閏四月七日従四位下に昇った。同三年九月に肝煎となり、同七年十二月朔日、高家肝煎に任じられ、安房国朝夷《あさい》郡において新恩五〇〇石を加増された。宝永八年（正徳元、一七一一）正月十二日中御門院の即位を賀すために、榊原式部大輔政邦の差添としてまた京都に至り、三月四日左少将に進んだ。同年七月七日、朝鮮通信使の招聘の際に、万事肝煎するように命じられた。同三年三月十一日、徳川家継の元服の際には、烏帽子を持出すことを命じられた。同年徳川家継の将軍宣下の際、松平下総守忠雅に付き添って京都に赴き、閏五月四日従四位上に昇った。同六年（享保元・一七一六）六月一日死去した。跡目は織田信倉（能勢出雲守頼寛の四男）が継いだ。享年五十五。法名は宗樹。戒名は玄旨院現巌宗樹。菩提寺は品川東海寺の清光院である。（田中暁）

【典拠・参考文献】『寛政譜』第八・一八一頁、『系図纂要』第七・五六四頁、『柳営補任』、『徳川実紀』第七篇

織田信重《おだのぶしげ》　（一八三二～没年未詳）

天保三年（一八三二）に、西丸小性組の織田藤次郎（禄高三〇〇俵）の子として生まれる。市蔵、泉之を称し、和泉守と名乗った。織田信長の九男信貞《のぶさだ》の子孫の家柄である。嘉永五年（一八五二）十一月二十五日に兄で西丸書院番の権十郎の養子となり、翌六年三月二十七日に家督を継いで小普請に入る（無役）。同七年四月二十日に小性組に入り、のち小性組外国御用出役頭取取締に進み、文久三年（一八六三）四月二十三日に二丸御留守居を兼帯した。元治元年（一八六四）七月二十一日に京都で目付介に任じられ、慶応元年（一八六五）五月七日に目付に進んだ。同三年六月二十四日に勘定奉行並（勝手方）、同年九月八日に勘定奉行・箱館奉行兼帯となり、幕府崩壊後の同四年二月十二日に大目付となる。のち、静岡へ移住し、静岡藩郡政掛権大参事となる。子の矯之助信義は、明治二年（一八六九）に、静岡学問所五等教授（佛学）、同七年、陸軍兵学寮十一等出仕、同十五年、神奈川県四等属、同十八年には、陸軍省文官十二等に出仕した。（筑紫）

【典拠・参考文献】『柳営補任』、『続徳川実紀』第五篇、『寛政譜』第八・一八二頁、『幕臣人名』第一巻、前田匡一郎『駿遠へ移住した徳川家臣団』第四編（二〇〇〇年）

小田又蔵《おだまたぞう》　（一八〇四～一八七〇）

文化元年（一八〇四）十月に生まれる。本名は信贛、通称は和三郎、後に又蔵、号は鉄斎・鉄叟。実父は岩村田藩士の後閑信近。実母は大野木氏の息女。先妻は勾坂氏、後妻は古郡氏。二男であり、文政元年（一八一八）に十五歳で叔父小田彰信の養子となり広敷番を勤め、天保十二年（一八四一）四月十一日に御金奉行、同十三年八月七日に勘定組頭格になった。同十三年に十二代将軍徳川家慶に御目見、同十五年（弘化元、一八四四）正月十九日に勘定組頭となるが、同年九月三日に免職となり小普請入り、無役の期間に学問に励み蘭書を学んだ。安政二年（一八五五）正月十八日に川路聖謨の推挙により勝麟太郎（海舟）・箕作阮甫・森山榮之助と共に異国応接掛手附・蕃書翻訳御用に命じられ、蕃書調所創設の下準備にあたった。オランダが幕府に献上した電信機（テレガラフ）の操作方法の習得に勤め、勝・箕作らと電信機の施設と電池を作成、同年八月四日に浜御殿で電信機の利用実験を十三代将軍家定に披露した。さらに、アメリカのペリーが幕府に献上した電信機の実験も行った。電信機に関して同年七月に「和蘭貢献電信機実験顚末書」をまとめている。同年十一月十五日に

大坂具足奉行、文久元年（一八六一）九月一日に外国奉行支配組頭、同二年五月二日に蕃書調所勤番組頭、同年十二月二十四日に書物奉行となった。同三年十一月四日に御納戸頭となり一〇〇俵加増、布衣を許された。同年十二月十四日に勘定吟味役に進み、元治元年（一八六四）五月二十五日に御留守居番次席となるが、同年六月二十三日に免職となり逼塞、慶応三年（一八六七）に隠居した。明治三年（一八七〇）正月十四日に死去。享年六十七。戒名は太清院義鉄道祐居士。菩提寺は東京都港区三田の長運寺である。 （神崎）

【典拠・参考文献】『柳営補任』、『続徳川実紀』第四篇、「小田又蔵テレガラーフ組立仕掛方用に関する書類一・二」『江戸』一九一八年（江戸旧事采訪会編・大久保利謙編輯『江戸』第二巻・幕政編二、立体社、一九八〇年復刊）、原平三「蕃書調所の創設」（『歴史学研究』一〇三、一九四二年）、日本科学史学会『日本科学技術史大系』第十九巻、電気技術（第一法規出版株式会社、一九六九年）、森潤三郎『紅葉山文庫と書物奉行』（復刻版・臨川書店、一九七八年）、大槻如電『日本洋学編年史』（鳳文書館、一九九五年）

小田切直熈《おだぎりなおあきら》 （生年未詳～一八四八）

『柳営補任』や「明細短冊」では直照とも記される。父は町奉行の小田切直年《なおとし》。通称は鍋五郎・喜兵衛。叙任後は内蔵頭・土佐守。父直年の知行は三〇〇〇石であるが、直熈の「明細短冊」には知行三五〇〇石（内一五〇〇石足高）とある。文化二年（一八〇五）十月十四日に御小納戸として召し出される。同十二年五月二十四日に小性、文政六年（一八二三）十月二十二日に目付、同十二年五月十五日に京都町奉行、天保二年（一八三一）七月十七日に清水家家老となる。同七年八月八日に小性組番頭格式（奥勤）として、徳川家祥（後の十三代将軍家定）附となる。同十年七月十日には家祥附の御側衆。弘化四年（一八四七）十月五日、病気により願い出て御役御免となり、その後は菊之間縁頬詰。嘉永元年（一八四八）三月五日に死去。 （高山）

【典拠・参考文献】『寛政譜』第七・二一頁、『柳営補任』、『幕臣人名』第一巻、『旗本百科』第一巻

小田切直利《おだぎりなおとし》 （一六五〇～一七〇六）

慶安三年（一六五〇）に大番頭の中根正《まさ》成《なり》の二男として生まれ、禁裏附の小田切須《もち》猶《なお》の養子となる。妻は中奥小性の大沢尚親《なおちか》の息女。通称は三七郎・主膳・頼母・喜兵衛。寛文二年（一六六二）十二月九日に家督を相続して小普請となる。家禄は知行一六三〇石余と廩米三〇〇俵。同九年三月二十五日に小性組となり、同十一年六月五日より進物の役をつとめる。延宝九年（天和元・一六八一）三月朔日には命を受けて、四国・淡路・豊前・豊後などを巡見する。十一月二十九日には小十人頭となり、十二月二十七日に布衣の着用を許される。天和二年四月二十一日に五〇〇石を加増。貞享元年（一六八四）二月二十七日には交易を監督するため長崎に赴く。十一月二十六日に目付、同三年七月十日に大坂町奉行となり、五〇〇石を加増。元禄元年（一六八八）十二月二十五日に従五位下土佐守に叙任。同五年三月二十三日に大目付に転じ、同七年四月十四日（『柳営補任』は四日）に小性組番頭となる。同十年七月二十六日には廩米を知行に改め、総知行高は二九三〇石余となる。宝永三年（一七〇六）六月四日（『柳営補任』は二日）に死去。享年五十七。法名は道宗。菩提寺は赤坂の松泉寺（現在は東京都渋谷区に移転）。 （高山）

【典拠・参考文献】『寛政譜』第七・二〇

頁、『柳営補任』

小田切直年《おだぎりなおとし》（一七四三～一八一一）

寛保三年（一七四三）に小性組番士小田切直基《なおもと》の長男として生まれる。母は小普請支配永井尚方《なおかた》の娘。妻は新番頭山口直意《なおもと》の養女、後妻は旗本土屋正延《まさのぶ》の娘。銕之《てつの》丞《じょう》・喜兵衛・土佐守を称す。宝暦九年（一七五九）六月三日に家督（禄高二九三〇石余）を継ぐ。明和二年（一七六五）十二月二十四日に西丸書院番、安永六年（一七七七）正月十一日に使番となり、十二月十八日に布衣を許される。同八年二月二十日に小普請組支配、天明元年（一七八一）五月二十六日に駿府町奉行、同三年四月十九日に大坂町奉行となり、六月二十二日に従五位下土佐守に叙任される。同五年七月五日に領地の有余を合せて実禄三〇〇〇石とすることを許される。寛政四年（一七九二）正月十八日に町奉行となり、同九年に両国橋の改架にたずさわり、文化二年（一八一一）から同六年にかけて米価調節のため買米にあたるなどの勤功により、同七年十二月二十六日に五〇〇石を加増される。同八年四月二十日死去。享年六十八。菩提寺は赤坂の松泉寺（東京都港区）。（加藤）

【典拠・参考文献】『寛政譜』第七・二一一頁、『柳営補任』、『徳川実紀』第十篇、『続徳川実紀』第一篇

小田切直道《おだぎりなおみち》（一八三八～没年未詳）

天保九年（一八三八）に小田切直照の子として生まれる。安政五年（一八五八）十月四日に甥小田切直恭の死により養子として家督を相続、寄合となる。家禄三五〇〇石。同六年十二月二日に山下口門番、同七年一月十一日に使番、文久三年（一八六三）二月十日に上洛留守中目付介、元治元年（一八六四）八月十八日に小普請組支配、同二年三月四日に甲府町奉行となり、甲府長禅寺前（甲府）代官を兼ねるが、同年五月十三日に御役御免で勤仕並寄合となる。慶応四年（一八六八）二月二十七日に寄合肝煎となるが、同三月十四日に辞任する。時に三十一。（西沢）

【典拠・参考文献】『代官履歴』、『旗本百科』第一巻

小田切正芳《おだぎりまさふさ》（一六七三～一七四〇）

寛文十三年（一六七三）に小田切新六の長男として生まれる。荘蔵と称す。桜田館で徳川綱豊に仕え、火番御徒目付ののち破損奉行を務める。宝永元年（一七〇四）に御家人になり、のち支配勘定となる。正徳五年（一七一五）十月晦日勘定へ昇り、評定所留役を務める。翌享保元年（一七一六）留役の務めに越度があり、小普請となる。同十五年二月十九日勘定に復帰し、元文五年（一七四〇）十一月二十六日に死去。享年六十八。法名は日得。高田の妙泉寺に葬られる。（宮原）

【典拠・参考文献】『寛政譜』第二十二・一三六頁

男谷精一郎《おたにせいいちろう》（一七九八～一八六四）

寛政十年（一七九八）正月朔日に生まれる。幼名は新太郎。諱は信友。雅号は静斎・蘭斎。勝海舟の義理の従兄にあたる人物。父は忠之丞鳩斎。文化十四年（一八一七）に同族の小十人頭男谷彦四郎（一〇〇俵）の養子となった。妻は彦四郎の二女。幼少から文武に励み、平山子竜《しりょう》（行蔵）に兵学を学ぶとともに、団野源之進に入門し直心影流剣法を学んだ。その他槍は宝蔵院流、射術は吉田流を修めた。文政年間に本所亀沢町にある団野の道場を継ぎ、他流試合を奨励した。試合では一度も敗れたことがなかったが、清廉潔白・温厚で生涯に

一度も人を斬らなかったという。島田虎之助（海舟の剣の師匠）・榊原鍵吉《けんきち》（講武所師範役・ベルツの剣の師匠）らを弟子に持つ。天保二年（一八三一）に書院番士、同十四年三月十五日に御徒頭となり、安政二年（一八五五）八月九日には先手御弓頭となった。嘉永末年以降、武備増強・武術励行の観点から幕府に講武策を建議し、安政二年に講武場（のちの講武所）の設置が決定すると、同年二月五日以降は頭取を兼ね、翌三年には講武所剣術師範役となり、先手の勤めを免ぜられた。文久元年（一八六一）五月十六日に御先手格講武所師範役となる。翌二年十一月十六日、下総守に叙任。同三年八月十八日に西丸御留守居格、九月十日に講武所奉行並へと昇進した。楠木正成や諸葛孔明を敬慕していたという。元治元年（一八六四）七月十六日、六十七歳で死去。戒名は渓松院殿静心雲影大居士。墓は東京都江東区の増林寺にある。（藤田）

【典拠・参考文献】『柳営補任』、山田次郎吉『日本剣道史』（一橋剣友会、一九二五年）、『勝海舟全集13 陸軍歴史Ⅲ』（講談社、一九七四年）

男谷《おたに》彦四郎《ひこしろう》　（一七七七〜一八四〇）

安永六年（一七七七）に男谷平蔵忠恕《ただひろ》の長男として誕生する。母は徳井氏の息女。諱は思孝《ひろたか》。号は燕斎。勝海舟の伯父に当たる。祖父は越後国刈羽郡長鳥村（新潟県柏崎市）出身の農民米山検校銀一《ろういち》（銀一とも）。生来の盲人であった銀一は、江戸に出て検校となり、鍼術や大名貸しなどで財を成すと旗本男谷家の株を買い、末子の忠恕に同家を相続させた。男谷氏は宇田源氏の系譜で、家伝によれば佐々木佐渡判官高氏の末孫、はじめ山上を称しのち男谷に改めたというが、この家を全く縁もゆかりもない越後の農民の子が相続した。文化十年（一八一三）の『文化武鑑』によれば禄高は一〇〇俵。彦四郎は、寛政九年（一七九七）十二月二十八日に勘定となり、文政四年（一八二一）以降、越後国水原や信濃国中野の代官を勤め、同六年五月十日に二丸御留守居に転じた。のちに同八年七月八日に西丸裏門番之頭、天保八年（一八三七）に小十人頭となった。同十一年十月、死去。しかし、山田次郎吉『日本剣道史』には、天保十一年六月二十八日に六十四歳で死去とある。書家としても知られ、海舟に書を教えたといわれる（『氷川清話』）。著作に『男谷彦四郎燕斎双鈎』がある。なお、弟の小吉は、小普請組勝元良の養子となった。（藤田）

【典拠・参考文献】『寛政譜』第十九・三五三頁、『柳営補任』、渡辺慶一「勝海舟の祖・米山検校」（『歴史手帖』別冊一、一九七四年）、勝部真長「男谷家の家系」（同『知られざる海舟』東京書籍、一九七七年）

乙骨耐軒《おっこつたいけん》　（一八〇六〜一八五九）

文化三年（一八〇六）四月二十九日、御《お》小人《こびと》鳥羽半七の第二子として江戸に生まれる。母は武蔵国青梅領直竹村百姓政右衛門の娘。諱は寛（完）、通称は彦四郎、号は耐軒。幼くして古賀侗庵《どうあん》らに師事し、文政十二年（一八二九）八月十六日、学問所出役を仰せ付けられ昌平黌助教となった（三人扶持）。天保八年（一八三七）七月に西丸御徒乙骨半右衛門安知の養子となる。妻は半右衛門の娘美津。乙骨家の先祖太郎左衛門安利は、はじめ「五味」を名乗り、武田氏に仕えていた。武田氏滅亡後、信濃国諏訪郡富士見町字乙事に引き籠もるが、のちに徳川家康に仕え、天正十九年（一五九一）に武蔵国多摩郡八王子大楽寺村に屋敷を賜った。この時以降「乙事」と名乗る。初代安利から四代安良まで八王子に住むが、五代安蔵以降は江戸下谷に居住した。安蔵の時に「乙骨」と名乗りを改めた。耐軒は、天保十年六月二十日（二十八日とも）に、養父半右衛門の跡に西丸御徒となるが、水泳稽古中に病となり、同十三年九月二十一日に再度学問所出役を命じられた。同十四年正月十九日、昌平黌の分校甲府徽典館《きてんかん》の初代学頭に就任。弘化二年（一八四五）に帰府し、嘉永四年（一八五一）十月二十八日に表火之番となった。同五年十一月二十八日には再度甲府徽典館の学頭となる。安政二年（一八五五）四月十六日に御徒目付に転じるが、この人事には海防掛目付の岩瀬忠震《ただなり》と永井尚志《なおゆき》が関わっていたという。耐軒も海防掛となり海防掛目付による上申書の起草などに関与した。井伊直弼政権下の安政五年十月十六日、天守番に左遷され、翌六年七月二十六日に死去した。享年五十四。乙骨氏の八王子在住時代の菩提寺は、元八王子大楽寺村の西蓮寺であったが、江戸に出てからは小石川原町の寂円寺《じゃくえん》（東京都文京区）が菩提寺となった。「乙骨耐軒文書」が山梨県立文学館に所蔵される。

（藤田）

【典拠・参考文献】永井菊枝『小伝 乙骨家の歴史―江戸から明治へ―』（フィリア、二〇〇六年）、後藤敦史「海防掛の制度に関する基礎的考察―「乙骨耐軒文書」の紹介を兼ねて―」（『日本歴史』七三二号、二〇〇九年）

乙骨太郎乙《おつこつたろうおつ》 （一八四二～一九二二）

天保十三年（一八四二）、甲府徽典館《きてんかん》学頭や天守番などを勤めた寛（彦四郎・耐軒）の長男として生まれる。名は盈、号は華陽。妻は杉田成卿《せいけい》（玄白の孫）の二女継《つぎ》。昌平黌で漢学を、箕作麟祥に蘭学を学んだ。安政六年（一八五九）十二月二十六日に跡式を下され小普請組に入った。万延元年（一八六〇）十二月二十七日、開成所書物御用出役となり、文久二年（一八六二）二月八日に同所翻訳筆記方出役、ついで元治元年（一八六四）九月十九日に同所教授手伝並出役を命じられた。翌慶応元年（一八六五）五月十五日、御徒目付となり十四代将軍徳川家茂の江戸進発に従うが、同三年六月八日には外国奉行支配調役に転じた。翌年の戊辰戦争に際しては、慶応四年三月二日に歩兵差図役格軍事掛となり、恭順・鎮撫活動を展開する軍事取扱勝海舟の配下として活動する。同年六月に御役御免となるも、陸軍御用取扱を命じられ沼津に移住した。十月二十三日に陸軍教授方、十一月二十三日に二等教授方となり、沼津兵学校で教鞭を取った。傍ら私塾を開設し田口卯吉らを教育する。明治三年（一八七〇）閏十月に一等教授に昇進し、ついで兵学校が兵部省に移管されると静岡学問所の英学主任となった。同五年九月十日に大蔵省翻訳御用御雇、同七年七月四日に同省御雇を命じられるが、翌八年九月十九日に依願御免。同十年四月十六日には海軍省雇翻訳課に出勤を命じられ、同二十三年まで同省に出仕した。大正十一年（一九二二）七月十九日、八十一歳で死去。墓は東京都文京区の寂《じゃく》円《えん》寺にある。「乙骨太郎乙関係文書」が沼津市明治史料館に所蔵される。なお、太郎乙の弟亘《わたる》（上田絅二《こうじ》）は、文久三年の遣仏使節団に理髪師として随行した。その長男が詩人・評論家などで著名な上田敏《びん》である。太郎乙の二男（長男は夭折）半二は検事となり、シーメンス事件を追及して山本権兵衛内閣を総辞職に追い込んだことで知られる。

（藤田）

【典拠・参考文献】樋口雄彦『旧幕臣の明治維新』（吉川弘文館、二〇〇五年）、永井菊枝『小伝 乙骨家の歴史―江戸から明治へ―』（フィリア、二〇〇六年）

小野一吉《おのくによし》 （一七〇〇～一七八二）

元禄十三年（一七〇〇）に細工所《さいくじょ》同心組

頭小野勝豊《かつとよ》の子として生まれる。政方《まさのり》・仙次郎・左大夫と称し、従五位下日向守に叙任された。妻は御徒組頭小野直興《なおおき》の息女。小野家は、勝豊の代に神田館《かんだやかた》家臣として徳川綱吉に仕え、徳松《とくまつ》（綱吉の子）に付いて西丸に移り御家人となった。一吉は、大奥進物取次上番《しんもつとりつぎじょうばん》をつとめ、のち表火番《おもてひのばん》、御徒目付を経て、元文二年（一七三七）九月十三日に勘定、寛保二年（一七四二）七月二十五日に代官、宝暦五年（一七五五）十一月二十八日に勘定吟味役となった（この時五〇俵を加増され、廩米《りんまい》一〇〇俵月俸二口（二人扶持）の禄となった。また、同十年四月二十八日に二〇〇石の加増を受け、廩米月俸も采地《さいち》に改められて三一〇石を知行）。同十二年六月六日には勘定奉行（勝手方）にすすみ（さらに二〇〇石が加増された）、在任中には米価御用（同年十一月）や東照宮一五〇回忌法会御用などをつとめた。その後、明和八年（一七七一）七月十二日には大目付に転じ、安永五年（一七七六）十二月二十四日、西丸旗奉行となった（同八年四月十六日本丸勤仕となったが、天明元年〈一七八一〉五月二十六日再び西丸勤仕に戻った）。天明三年二月三日に死去。享年八十四。法名は夢外。葬地は浅草の東岳寺（現在は東京都足立区）。

（飯島）

【典拠・参考文献】『寛政譜』第二十・一五二頁

小野広胖《おのこうはん（ひろとき）》（一八一七〜一八九八）

文化十四年（一八一七）十月二十三日、常陸国笠間《かさま》藩士小守庫七《くらしち》の四男として生まれる。友五郎《ともごろう》と称し、内膳正《ないぜんのかみ》に任じられた。母は飯田登和《とわ》、妻は上総国市原郡八幡郎村郷士赤井庄五郎の娘津多《つた》（後妻は、富士見宝蔵番河合鎬吉郎の姉うた）。天保三年（一八三二）に笠間藩算術世話役甲斐駒蔵の和算塾に入門し算学を学ぶ（後に江戸で長谷川弘の算学道場に入門）。翌四年五月に笠間藩士小野柳五郎《りゅうごろう》の養子となり、その後家督を相続し、同藩坊主格寺社方手代についた。嘉永四年（一八五一）十二月、幕府天文方御用手伝過人を命じられ出府。安政四年（一八五七）閏五月十日、軍艦操練教授方出役となり、万延元年（一八六〇）一月に咸臨丸で太平洋を横断、帰国後の同年六月朔日、十四代将軍家茂に拝謁した。文久元年（一八六一）に小十人格軍艦頭取を命ぜられ幕臣となり（一〇〇俵高・役扶持一五人扶持）、両番上席軍艦頭取（同三年五月四日）、勘定組頭（同年十二月二十九日）を経て、元治元年（一八六四）六月二十八日勘定吟味役に就任。この間、小笠原諸島の測量調査や国産蒸気軍艦の建造、江戸湾防衛の献策、横須賀製鉄所の設立準備など、多くの事業に従事した。慶応二年（一八六六）十月十二日には軍艦調達を目的に米国に派遣を命ぜられ、翌三年八月二十日に勘定頭取、同年十月二十三日に勘定奉行並となるも、同四年（明治元年）正月二十八日に御役御免。さらに、同年二月十九日に逼塞《ひっそく》処分を受けたが、四月七日「格別之寛典」をもって死一等を免れ、永預けに減刑された。明治以降においては、同三年に政府の誘いで鉄道測量事業に従事し、新橋・横浜間や東京・大阪間、東京・青森間などの鉄道開通に貢献した。その後は製塩事業にも関わり、同三十一年十月二十九日に死去した。享年八十二。法名は観月院殿塩翁広胖居士。葬地は本所の西光院成就寺（通称、枳殻寺《からたち》（現在は東京都江戸川区））。

（飯島）

【典拠・参考文献】『幕臣人名』第一巻、『続徳川実紀』第四・五篇、藤井哲博『咸臨丸航海長小野友五郎の生涯』（中央公論社、一九八五年）

小野貞則《おのさだのり》（一五七四〜一六四〇）

天正二年（一五七四）に赤松則直の男として生まれる。宗三郎・宗左衛門と称する。大津の豪商小野宗立二男立慶の息女を妻とし養子となる。同十八年に小田原の陣に供奉し、後に家禄五〇〇石を与えられる。慶長五年（一六〇〇）の関ヶ原の戦後に代官頭大久保長安の配下として大津城において郡事のことを沙汰し、同九年ころには近江国大津の代官となる。寛永五年（一六二八）からは子の貞勝が副代官となるが、同九年十月九日に三十七歳で死去する。このため、同十七年八月二十六日まで現職を勤め死去。享年六十七。法名は宗琢。菩提寺は大津市の本長寺である。（西沢）

【典拠・参考文献】『寛政譜』第十・一一五頁、『代官履歴』、『新修大津市史』第三巻（大津市、一九八〇年）

小野信古《おのしんこ》（生没年未詳）

父は二丸御留守居の小野吉寿《よしひさ》。久内・佐渡守と称した。文政八年（一八二五）十二月七日小性から御小納戸になる。天保八年（一八三七）四月二日西丸御小納戸となり、同十年三月二十五日西丸広敷（十一代将軍家斉正室篤姫）御用人となる。同十二年六月朔日、篤姫の本丸大奥への移徙に際して、本丸へ召し連れられる。同年十二月二十五日に辞職。菩提寺は浅草曽源寺。（吉成）

【典拠・参考文献】『寛政譜』第二十・三五六頁、『柳営補任』、『旗本百科』第一巻

小野高福《おのたかとみ》（生年未詳～一八五二）

朝右衛門と称した。大番小野朝右衛門高《たか》達《みち》の長男として生まれる。母は祖父小野平八郎高品《たかしな》の息女。寛政二年（一七九〇）四月二日に家督を相続した。家禄は六〇〇石で、屋敷は裏四番町にあった。浅草御蔵奉行を経て、弘化二年（一八四五）五月二日に飛驒郡代となり、布衣の着用を許された。嘉永五年（一八五二）に死去。飛驒高山の宗猷寺に葬られた。なお、高福は、幕末・明治の政治家・剣客として著名な山岡鉄舟の実父である。（高橋）

【典拠・参考文献】『天保武鑑』、『寛政譜』第十・一一五頁、村上直・荒川秀俊編『江戸幕府代官史料―県令集覧―』（吉川弘文館、一九七五年）、『岐阜県史 通史編近世上』（一九六九年）、『旗本百科』第一巻、『代官履歴』

小野忠明《おのただあき》（生年未詳～一六二八）

典膳・次郎右衛門と称した。里見義康に仕え、のちに諸国を遍歴し、伊東一刀斎《いっとうさい》を師として剣術を修める。文禄二年（一五九三）から徳川家康に仕え、命によって秀忠に付属して采地二〇〇石を与えられる。その後、苗字を御子神《みこがみ》から外戚家の小野へ改称する。慶長五年（一六〇〇）の信濃国上田城攻めの際には酒井家次・奥平信昌・牧野康成らに属して刈田を奉行するが、軍令違反を犯し、真田信幸に預けられて上野国吾妻郡に蟄居する。翌六年に赦され、下総国・上総国において四〇〇石を与えられ、その後、上総国山辺《やまべ》郡内六〇〇石に移る。同十九年の大坂冬の陣では使番をつとめ、翌年の夏の陣では神谷清正や石川利賢《としかた》とともに諸道具の奉行をつとめる。元和二年（一六一六）に夏の陣において同輩であった神谷や石川らを誹謗したことをきっかけに対決に及んで閉門となるが、後に赦される。寛永五年（一六二八）十一月七日に死去。法名は妙達。菩提寺は下総国埴生《はぶ》郡（千葉県成田市）永興寺。（鍋本）

【典拠・参考文献】『寛政譜』第十五・六〇頁

小野忠政《おのただまさ》（一七三五～没年未詳）

享保二十年（一七三五）に生まれる。通称忠右衛門・市之右衛門。父母は未詳、妻は玉井則定の息女である。忠政の四代前、忠成は三代将軍徳川家光の二男徳川綱重《つなしげ》の桜田館に勤仕したが、その子綱豊《つなとよ》が六代将

軍に就任したことにしたがって御家人となった。忠政は、はじめ表小間遣を勤め、のちに表御台所人、さらに同組頭を勤めて、寛政九年（一七九七）三月二十五日、六十三歳にして旗本に列して西丸表御台所頭となる。一五俵一人扶持。翌十年（一七九八）十月二十一日、奥御膳所御台所頭に転じた。没年は不明だが、文化二年（一八〇五）九月三日、養子勝次郎が家督を相続しており、この年までは存命だったことは確認される。　（渋谷）

【典拠・参考文献】『寛政譜』第二十二・二三八頁、「寛政呈譜」（『旗本人名』第一巻、所収）

小野近義《おのちかのり》　（一七四五～一八一六）

延享二年（一七四五）に生まれる。実父は小野当時。実母は勘定宮河孝受《たかつぐ》の息女。大目付小野一吉《くによし》の養子となる。勝之助と称した。妻は新番館野勝就《たちのかつなり》の息女。宝暦九年（一七五九）十月二十一日に初御目見し、同十二年九月二十八日に書院番、明和二年（一七六五）三月十一日に進物番、同三年二月二十七日に御小納戸となり、同年布衣を許される。同六年二月二十八日に十代将軍家治の長男家基の居所である西丸の御小納戸となるが、安永八年（一七七九）四月十八日、家基の死去により寄合となる。天明元年（一七八一）四月二十一日、再度御小納戸となり、五月二十八日、家治の養子となった家斉（のちの十一代将軍）の西丸移徙にともない西丸御小納戸となり、同三年五月六日に家督を継ぐ。家禄は五一〇石。同六年閏十月七日、家斉の将軍就任により本丸の御小納戸となり、寛政四年（一七九二）五月十五日に御小納戸頭取、同年十二月十六日には従五位下河内守に叙任された。のち日向守・安芸守とも称した。同九年、家斉の世子敏次郎（のちの十二代将軍家慶）に付属して西丸勤めとなり、文化元年（一八〇四）五月九日には先手鉄炮頭に転じる。文化二年（一八〇五）閏八月十二日に清水勤番支配となり、文化七年（一八一〇）十一月朔日に将軍家斉の七男菊千代（後の清水家当主斉順《なりゆき》）への賄料三万俵の支給と清水邸移徙により菊千代の傅役となる。同十三年十二月朔日、斉順が紀伊家を相続したため清水邸に移った斉順の弟保之丞（家斉の十二男、後の清水家当主斉明《なりあき》）の傅役となる。文化十二年（一八一五）八月二日に旗奉行となり、同十三年（一八一六）七月に死去。享年七十一。菩提寺は浅草の東岳寺（現在は東京都足立区に移転）。（竹村）

【典拠・参考文献】『寛政譜』第二十・一五三頁、『柳営補任』、『徳川実紀』第九・十篇、『続徳川実紀』第一篇

小野直方《おのなおかた》　（一七〇一～没年未詳）

元禄十四年（一七〇一）に生まれる。『寛政譜』に記された諱は「直賢《なおかた》」で、「直方」は雅号ではないかと推測されている。通称は甚右衛門・仙右衛門。宝永六年（一七〇九）九月晦日に御徒組頭を務めた小野直興《なおおき》の遺跡を継ぎ、その後、紅葉山火番・御徒目付・広敷添番を歴任した（各役職の就任年月日は不明）。享保十四年（一七二九）十二月二日に家督を子の直泰《なおやす》に譲って隠居している。なお、直方と直泰の年齢差は十三歳で、直泰が直方の実子である可能性が低いことから、直方は小野直興の家へ養子として入り、その後に直興の実子である直泰が生まれたため、その成人をまって二十九歳の若さで家督を譲ったのではないかと推定されている。直方は、隠居後の延享二年（一七四五）から安永二年（一七七三）までの二九年間にわたり「官府御沙汰略記」と題した日記を書き残しており（現在は国立公文書館所蔵）、これが当時の幕府の動向や江戸在住の武家の日常生活を知るうえで、極めて貴重な内容を提供している。

（太田尚）

【典拠・参考文献】『寛政譜』第十八・三七〇頁、小野直方著・山田忠雄解題『官府御沙汰略記』全一四巻（文献出版、一九九二～九四年）

小野宗清《おのむねきよ》　（一六四四～一六九九）

正保元年（一六四四）に代官小野貞正の二男として生まれる。半之助と称する。代官小野貞久の養子となり、延宝八年（一六八〇）十二月二十五日に養父の隠居により家督を継ぐ。家禄は五〇〇石。幕初より代々勤めていた近江国大津の代官職を継承するが、当家最後の大津代官であった。元禄十二年（一六九九）七月九日に現職で死去。享年五十六。法名は元空院宗清常心。菩提寺は大津市の本長寺である。（西沢）

【典拠・参考文献】『寛政譜』第十・一一六頁、『代官履歴』、『新修大津市史』第三巻（大津市、一九八〇年）

小野田信利《おのだのぶとし》　（生没年未詳）

小野田信芳《のぶよし》の二男として生まれる。吉治郎・三郎右衛門と称した。妻は勘定組頭服部造酒次郎保好の息女。後妻は広敷番頭田村金左衛門恒常の息女。明和三年（一七六六）十月四日に家督を相続した。家禄は二〇〇俵である。安永九年（一七八〇）十二月二十二日にはじめて十代将軍家治に拝謁した。寛政五年（一七九三）十月十三日に代官となり、江戸在任（寛政五年～同七年）、関東郡代付（寛政七年～同十一年）、遠江国中泉陣屋（寛政十一年～文化元年）、駿河国駿府陣屋（文化元年～同十年）、馬喰町御用屋敷詰（文化十年～文政四年）、甲斐国甲府陣屋（文政四年～同十年）に赴任した。文政十年（一八二七）十二月二十三日に老年のため職を免ぜられた。（高橋）

【典拠・参考文献】『寛政譜』第二十一・一一七頁、「県令譜」（村上直校訂『江戸幕府郡代代官史料集』近藤出版社、一九八一年）、『代官履歴』

小幡景利《おばたかげとし》　（一七一〇～一七六八）

宝永七年（一七一〇）に横田庸松《つねとし》の二男として生まれる。初めは景芃《かげしげ》と名乗った。通称は又十郎。妻は西丸書院番松浦信尹《のぶただ》の息女。小幡景松《かげとし》の養子となり、享保十一年（一七二六）六月三日に家督を相続。同年八月七日徳川吉宗に御目見《おめみえ》し、同十五年六月十二日に書院番となり、同十九年十二月九日より進物役を勤めた。吉宗の鷹狩りに随って鳥を射たことを賞され、時服を受ける。延享元年（一七四四）十一月一日に使番、同年十二月に布衣《ほい》の着用を許可され、同三年正月十五日中国地方の巡見を拝命した。同四年五月二日、二丸焼失の際の活躍が賞せられ、時服二領を受けた。寛延元年（一七四八）七月二日、先の寛保二年（一七四二）の大洪水の復旧のため甲斐・美濃・東海道川々の御手伝普請を監督した功績により黄金一〇枚を受けた。同年十月二十八日、駿府町奉行に昇進し、宝暦三年（一七五三）二月十八日、小普請奉行に転じ、十二月十八日従五位下山城守に叙任。同四年二月十九日、日光道中の千住大橋を架け替えの奉行を勤めたことを賞せられ、時服三領を受けた。同五年二月二十七日に、先年の江戸城平川帯曲輪《おびぐるわ》の修理に関する回答で、景利は直接の担当ではなかったが、同僚佐野庸寿の誤答と同じ回答をし、職掌外の事項であるにもかかわらず差し出がましく回答したとして、逼塞を命じられた。同年六月十二日に赦され、同年八月十五日には駿河国久能山東照宮を検視、同八年十二月二十七日には勘定奉行となり、同十一年九月七日、槍奉行に転じた。明和五（一七六八）年二月二十七日、五十九歳で死去。法名徹道。墓所は小幡家代々の相模国愛甲郡中依知村蓮生寺（神奈川県厚木市）。（実松）

【典拠・参考文献】『寛政譜』第九・二〇

二頁、『徳川実記』第九篇

小幡景憲《おばたかげのり》　（一五七二～一六六三）

元亀三年（一五七二）に生まれる。幼名は熊千代、のちに通称孫七郎、あるいは勘兵衛。甲斐武田氏の家臣小幡豊後守昌盛の三男。母は武田家の家臣原美濃守虎胤の息女。十一歳で徳川家康に仕え、秀忠の小性となる。文禄四年（一五九五）に出奔し、慶長五年（一六〇〇）の関ヶ原の戦では浪人分として井伊直政の陣に加わる。同十九年、大坂冬の陣では前田利常の家臣冨田越後守の下で活躍し、同二十年（元和元・一六一五）には大坂方総指揮者大野治房の招きで大坂城に入るが、密かに徳川方と通じ、勝利に貢献した。その後幕府に仕え、同二年に相模国大住・愛甲・淘綾郡内で五〇〇石を与えられる。寛永九年（一六三二）に使番となり布衣を許される。同十年には一〇〇〇石加増、一五〇〇石となる。軍法を益田秀成・早川幸豊・広瀬景房に学び、甲州流兵学を大成した。寛文三年（一六六三）二月二十五日没。享年九十二。法名は道牛。相模国愛甲郡中依知村の蓮生寺に葬られる。（湯浅）

【典拠・参考文献】『寛政譜』第九・一九五～二〇二頁

小幡直之《おばたなおゆき》　（一五七七～一六四八）

天正五年（一五七七）に生まれる。通称孫市郎、小幡左衛門尉直秀の子であるが、叔父の小幡上総介信真の養子となる。北条家の家臣であったが、小田原城陥落ののち、養父信真とともに信濃国へ赴く。天正十九年（一五九一）、十五歳の時に、加々爪隼人正政尚を介して、徳川家康の小性となる。文禄元年（一五九二）の肥前名護屋在陣、慶長五年（一六〇〇）の関ヶ原の戦い、慶長十九年・同二十年の大坂の両陣にも従う。のち大番組頭となる。寛永二年（一六二五）七月二十七日、一一〇〇石の朱印地を授かる。所々の係争地を検分し、同十年八月二十一日、褒美を授かる。のち隠居するが、御噺衆として登城する。慶安元年（一六四八）七月十五日没。享年七十二。法名は宗永。牛込の保善寺に葬られる。（湯浅）

【典拠・参考文献】『寛政譜』第九・一八九頁

小花作助《おばなさくすけ》　（一八二九～一九〇一）

文政十二年（一八二九）二月二十四日に信濃国で生まれる。父は尾張藩士鬼頭咲右衛門、母は同藩士奥野政七の娘。幼名は吉次郎・作次郎、長じて作之助と称した。父は木曽山で山林に従事していたが、天保七年（一八三六）に故あって江戸に移住し、小普請方手代小花家の株を買い取り幕臣となった（三〇俵三人扶持）。小花家は万治元年（一六五八）に普請方下役に召し抱えられた御家人。嘉永元年（一八四八）八月十一日に父が死去すると、作助は十二月中に跡式を継ぎ、安政六年（一八五九）には外国奉行支配定役に任じられ、神奈川開港の業務に従事した。文久元年（一八六一）十一月、伊豆国附島々取扱役并小笠原島開拓御用を命じられ、外国奉行支配定役元締となり、十二月三日に外国奉行水野忠徳に随行して咸臨丸で品川沖を出航、同月十九日に小笠原父島に到着した。水野一行は母島にも渡り、父島・母島に居住していた外国人へ小笠原諸島が日本の領土であることを伝えた。水野一行が父島を離れた後も作助は残留し、八丈島からの移民を迎え入れた。文久三年、幕閣の交替により小笠原開拓は中止され、江戸に帰着。同年十月に外国奉行支配調役並格（高一〇〇俵）となり、慶応元年（一八六五）五月には英仏両国に派遣される外国奉行柴田剛中《たけなか》に随行し、翌年帰国した。同三年五月二十日に江戸外国人居留地御用掛となり、六月には外国奉行支配調役（一五〇俵二〇人扶持）に昇進するが、幕府は瓦解。外国奉行の廃止により、翌四年閏四月、新政府のもとで開成所奉行支配調役となり、七月十日には東京開市御用掛となった。徳川家の駿河移住には従わず、八月十二日に鎮将府支配となる。明治二年（一八六九）五月十四日に作助と改名。東京府に出仕するが明治七年二月に内務省地理寮に転じた。翌八年、外務省出仕の田辺太一《よしかず》らとともに小笠原島に再渡島し、居住する外国人に対し日本の再統治を告諭した。翌九年十二月二十七日、小笠原島に内務省出張所が開設されると初代所長に就任し、父島扇浦に仮小学校を開設したり、小笠原島の産業振興のために、博物局の田中芳男に対し黄櫨《はぜ》苗などの種苗を依頼するなど、初期島治に貢献した。一方、田中も作助に対してオガサワラオオコウモリを本土に送るよう要請するなど、博物学上の交流が続いた。同十三年十月、小笠原島が東京府に移管されたことに伴い退官。長男万吉に家督を譲り隠居した。その後、榎本武揚の求めにより北海道水産会社社長に就任するなど、北方漁業の振興にも関わった。明治三十四年一月十一日、伊豆熱海において脳溢血で死去。享年七十三。戒名は寮源院殿誠恵日忠大居士。墓は東京都台東区の谷中霊園にある。（藤田）

【典拠・参考文献】東京都教育庁生涯学習部文化課編集・発行『旧小笠原島内務省出張所長小花作助関係資料調査報告』（一九九二年）、鈴木高弘「小笠原島領有と小花作助―新発見の「小花日記」を中心にして―」（『専修大学附属高等学校紀要』三〇号、二〇〇八年）

小花和成之《おばなわなりゆき》　（一六七二～一七一六）

平城天皇の子息阿保親王の子在原業平を祖先に持つという。寛文十二年（一六七二）、六代将軍となる徳川家宣の桜田館時代の家臣小花和成武《なりたけ》の嫡男として生まれる。母は瓦林良継の息女。諱ははじめ成忠。菊之助・靫負・太兵衛と称する。桜田館で小性を務める。宝永元年に家宣が将軍嗣子として西丸に移った際に供奉し、同年十二月十二日に西丸桐間番士となり、廩米四三〇俵を賜る。正徳三年（一七一三）五月十八日に、西丸桐間番の廃止に伴い、小性組番士となる。同五年五月二十八日に小普請となる。享保元年（一七一六）十月二十八日に死去。享年四十五。法名は日遊。谷中の善性寺（東京都荒川区）に埋葬される。（福留）

【典拠・参考文献】『寛政譜』第二十・四一四頁

小浜久隆《おはまひさたか》　（一六七二～一七二七）

寛文十二年（一六七二）に生まれる。六之助・半左衛門・十郎左衛門と称した。父は船手小浜昌隆《まさたか》、母は書院番佐藤成次《なりつぐ》の息女、妻は牧野政秀の息女である。天和二年（一六八二）七月十一日、十一歳で五代将軍徳川綱吉に初めて拝謁する。元禄六年（一六九三）十二月九日に書院番に列して廩米三〇〇俵を下される。翌七年三月十八日に桐間番、五月六日に近習番、閏五月六日には御小納戸と転じ、同九年（一六九六）十二月九日、布衣着用を許される。翌十年（一六九七）一月十一日に三〇〇俵加増、七月二十六日には廩米を武蔵・相模国内六〇〇石に改められる。同十五年（一七〇二）十二月三日、従五位下志摩守に叙任される。宝永六年（一七〇九）、将軍綱吉の死去により寄合となり、十二月十六日には綱吉の宝塔と霊屋普請を担当したことで武蔵国内三〇〇石が加増されて家禄九〇〇石となり、正徳二年（一七一二）六月十五日、このうち二〇〇石を弟県隆《かたたか》に分知した。享保六年（一七二一）二月二十八日に佐渡奉行、同十年一月十一日に京都町奉行と進み、同十二年九月八日、任地京都で没した。

享年五十六、法名は道知、京都鞍馬口天寧寺（京都府京都市）に葬られた。（渋谷）

【典拠・参考文献】『寛政譜』第十六・四〇一頁

小浜光隆《おはまみつたか》　（一五八〇～一六四二）

天正八年（一五八〇）、小浜景隆《かげたか》の長男として生まれる。辰千代・久太郎・民部丞と称す。妻は内藤清成の息女。慶長二年（一五九七）九月七日に死去した父の遺跡である相模・上総両国にある三〇〇〇石を継ぐ。慶長五年（一六〇〇）の関ヶ原の戦の際、伊勢国安乗浦にて九鬼嘉隆と戦い、日本丸という大船をその水主とともに乗っ取り、家康に献上する。慶長十四年（一六〇九）九月、淡路国洲本城番を勤め、西国諸大名の大船を査検し、翌年帰謁。慶長十九年（一六一四）十一月の大坂冬の陣では野田・福島・新家村において、九鬼守隆・向井忠勝・千賀信親とともに大野治長の船を乗っ取る。同二十年（元和元・一六一五）夏の陣でも天満橋にて敵船を乗っ取り、首級をあげる。元和六年（一六二〇）に大坂船手頭を命ぜられ、二〇〇〇石加増。采地を摂津国北中嶋と伊勢国に改めて、合計五〇〇〇石となり、叙爵して民部少輔となる。寛永十一年（一六三四）閏七月二十五日、三代将軍家光の大坂城入城に際し川口番を勤め、銀三十枚を賜う。寛永十九年（一六四二）七月二日、大坂にて死去。享年六十三。法名浄龍。墓所は摂津国西成郡加嶋村富光寺。（高見澤）

【典拠・参考文献】『寛政譜』第十六・三五八頁、『徳川実紀』第一～三篇、『寛永諸家系図伝』

小浜隆品《おばまたかしな》　（一六八八～一七六四）

元禄元年（一六八八）に生まれる。実父は柘植氏の息子、母は古田氏の息女で、小性組の小浜良隆《すけたか》の養子となる。妻は養父良隆の養女となった小性組番士の矢嶋義充《よしみつ》の息女。通称は仙之助・弥十郎・平右衛門。宝永元年（一七〇四）十二月二日に家督を相続する。知行一〇〇〇石。同三年七月二十一日に小性組に列し、同五年三月九日より進物の役をつとめる。享保十三年（一七二八）十二月二十四日に御徒頭となり、翌二十五日に布衣の着用を許される。寛保二年（一七四二）五月朔日に先手弓頭となり、延享元年（一七四四）十月六日には火附盗賊改を当分加役として、同二年五月十一日からは定加役としてつとめる。同三年四月二十八日に大坂町奉行に進み、八月十五日に従五位下周防守に叙任（後に大隅守・備中守）。宝暦四年（一七五四）正月十一日に旗奉行となる。同十四年（明和元・一七六四）二月二十六日に死去。享年七十七。法名は中斎。菩提寺は浅草の玉宗寺（東京都台東区）。（高山）

【典拠・参考文献】『寛政譜』第十六・四〇四頁、『柳営補任』

小原惣左衛門《おはらそうざえもん》　（生没年未詳）

南町奉行所与力小原六左衛門の子に生まれ、惣左衛門と称した。小原家は貞享二年（一六八五）に町奉行所与力に召し出されて以来の家柄で、享保四年（一七一九）正月二十八日に中町奉行所が廃止された際には、南町奉行所に移っている。惣左衛門は同家の四代目で、『江戸町鑑』などには「惣右衛門」となっている。幕末に与力を務めた原胤昭は、昭和初年にラジオにおいて、文化末年頃、お茶の水の水道端土手通に毎晩の如く出没し、通行人を襲って金品懐中物を強奪する辻斬強盗を、夜鷹蕎麦屋に変装した犯人の声色で探し当てる惣左衛門の老練ぶりを紹介している。そして鋭敏な洞察力を駆使して犯人検挙に当たる彼は、当時「カミソリ惣左」と呼ばれ畏れられていたという。出仕の年月は明らかではないが、天明二年（一七八二）の『江戸町鑑』

にはその名がみえ、文化初年には年番与力および三番組支配与力となっていた。原胤昭によれば、彼は文化末年頃古稀を越えていたといわれ、養子清次郎が文政三年（一八二〇）に与力となっているので、この頃引退したものと考えられる。（滝口）

【典拠・参考文献】『江戸町与力の世界―原胤昭が語る幕末―』（千代田区立四番町歴史民俗資料館図録、二〇〇七年）、『原胤昭旧蔵資料調査報告書―江戸町奉行所与力・同心関係史料―（1）・（2）』（千代田区教育委員会、二〇〇八・〇九年）

小俣景徳《おまたかげのり》（一八一四～一八九五）

文化十一年（一八一四）に生まれる。文政十三年（一八三〇）十月六日、一〇〇俵で家督相続し小普請となる。天保九年（一八三八）に触書認方御用出役、同十一年評定所留役助に就任し、同十四年には評定所留役となり御目見をはたす。安政二年（一八五五）二月十六日、寺社奉行吟味物調役から勘定組頭格に昇格し、同六年一〇〇俵高の加増をうけ布衣の着用を許される。文久二年（一八六二）七月二十一日に腰物奉行、元治元年（一八六四）九月一日に目付、慶応二年（一八六六）十一月四日より奈良奉行に就任し、維新を迎える。彼の事績で最も有名なのは、明治二十四年（一八九一）三月二十一日、史学会による旧幕時代の質問をうけて、幕府評定所での吟味の様子を受け答えした点である。その内容は『旧事諮問録』で活字化され、旧幕臣の清廉ぶりが、目付や奈良奉行の事蹟とともに彼の口から語られている。同二十八年に死去。享年八十二。（宮原）

【典拠・参考文献】『旧事諮問録』、『旗本百科』第一巻

恩田忠礎《おんだただすえ》（一七五五～没年未詳）

宝暦五年（一七五五）に評定所留役各務《かがみ》元輝《もとてる》の三男として生まれ、富士見御宝蔵番恩田忠賢《ただかた》の養子となる。菊吉・新八郎と称した。寛政元年（一七八九）十一月十九日に家督を相続し、のちに御徒目付となる。その後、鳥見となり、同八年四月六日に旗本に列して勘定となる。このときの廩米一〇〇俵・月俸五口。文化元年（一八〇四）六月十八日に代官となり、同年より信濃国中之条陣屋、同六年より但馬国生野陣屋に赴任する。同年五月二十四日に永々御目見以上となる。同十四年十月に病気により職を辞す。（宮坂）

【典拠・参考文献】『寛政譜』第二十・二八頁、『旗本百科』第一巻、『代官履歴』

か

貝塚典直《かいづかてんちょく》（生没年未詳）

通称は彦之丞。家禄は一五〇俵。『大成武鑑』では安政四年（一八五七）から元治元年（一八六四）まで勘定であったことが確認できる。元治元年十月十五日に永々御目見以上となる。慶応元年（一八六五）四月七日に奥右筆留物方より兵庫奉行支配組頭となり、同年十一月十八日には長崎奉行支配組頭に転じる。長崎奉行支配組頭の就任年代について、『柳営補任』には「慶応二丑」とあるが、前職の兵庫奉行支配組頭の離職年代は「同年（元治二丑）」であり、これは同年の兵庫奉行廃止に伴うものと理解できることから、「慶応二丑」は「元治二丑」（慶応元年）の誤記と考えられる。慶応三年に大坂町奉行となるが、同四年二月二十三日に御役御免となり、勤仕並寄合となる。なお『柳営補任』の長崎奉行支配組頭の項目（離職記事）には「大坂町奉行並」、『続徳川実紀』には「大坂町奉行並」とあり、『慶応武鑑』と『大成武鑑』の大坂町奉行の欄に貝塚典直の名前はない。（高山）

【典拠・参考文献】『柳営補任』、『藤岡屋日記』一二、『続徳川実紀』第四篇、『江戸幕府役職武鑑編年集成』三二〜三六、『旗本百科』第二巻

甲斐庄正親《かいのしょうまさちか》（生年未詳〜一六九〇）

書院番士甲斐庄正述《まさのぶ》の長男として生まれる。母は徳川忠長家臣大河内金七郎の娘。妻は旗本高木守久《もりひさ》の娘。伝八郎・喜右衛門・飛騨守と称した。慶安元年（一六四八）六月二十日に初めて三代将軍家光へ拝謁し、承応三年（一六五四）二月二十三日に小性組、万治三年（一六六〇）十二月二十三日に家督（禄高一七〇〇石）を継ぐ。寛文六年（一六六六）六月八日に使番となり、十二月二十八日に布衣を許される。同七年に但馬・丹波・若狭・三越・加賀・能登・佐渡九ヵ国の巡見使を勤め、同十二年九月七日に勘定頭（勘定奉行）となり、一三〇〇石を加増され、合わせて三〇〇〇石となる。延宝八年（一六八〇）八月三十日に町奉行となり、十二月二十八日に従五位下飛騨守に叙任される。天和二年（一六八二）四月二十一日に一〇〇〇石を加増され、合わせて四〇〇〇を知行する。元禄三年（一六九〇）十二月十五日に死去。法名は大安。菩提寺は駒込の吉祥寺（東京都文京区）である。（加藤）

【典拠・参考文献】『寛政譜』第十・五三頁、『柳営補任』、『徳川実紀』第四〜六篇

甲斐庄正述《かいのしょうまさのぶ》（生年未詳〜一六六〇）

甲斐庄正房（河内国錦部郡・二〇〇〇石）の長男として生まれる。通称は喜右衛門。妻は大河内金七郎の息女。西丸小性組、書院番を経て、正保元年（一六四四）松平伊賀守忠晴が遠江国掛川城を給わった時、また北條出羽守氏重が駿河国田中城を給わった時に目付代を勤める。後、普請奉行を経て、慶安五年（一六五二）正月二十八日に長崎奉行となる。承応二年（一六五三）、松浦肥前守鎮信に命じ、太田尾・女神等七か所に砲台を築かせる。同三年、伴天連訴人の報奨金を増額する。また、オランダ人を悟真寺に葬る。明暦元年（一六五五）、糸割符を廃止し、相対売買とする。同二年、渡来暹羅金札船に応対する。同三年、大村領内の切支丹を処刑する。万治元年（一六五八）、鄭成功の援兵の要請、同二年、遠見番の設置・飢饉の時、人民に対する米銭の貸与等の事に携わる。同三年六月五日没。法名性仁。墓所は吉祥寺（東京都文京区本駒込）。（太田勝也）

【典拠・参考文献】『寛政譜』第十・五二頁、『増補長崎畧史上巻』（『長崎叢書三』）

加々爪忠澄《かがつめただすみ》（一五八六〜一六四二）

天正十四年（一五八六）に徳川家康家臣加々爪政尚《まさなお》の長男として生まれる。妻は紀伊家家老安藤直次《なおつぐ》の娘。甚十郎・民部少輔と称した。慶長四年（一五九九）に江戸城にて徳川秀忠の面前で元服し、諱字を与えられて忠澄と名乗る。同五年の関ヶ原の戦では秀忠に従い大坂に至り、命により家康に仕えた。同十九・二十年の大坂の陣では使番を勤め戦功もあげた。元和元年（一六一五）十二月二十一日に従五位下民部少輔に叙任される。同五年正月十一日に目付となり、寛永二年（一六二五）七月二十七日に領地朱印状を与えられ四五〇〇石を知行し、のちに一〇〇〇石を加増される。同八年十月五日に町奉行となり、同九年二月二十六日に秀忠の遺金を下賜され、十一月十八日には乗輿を免許される。同十年四月二十三日には四〇〇〇石を加増され、合わせて九五〇〇石を知行した。同十三年には江戸城惣郭工事の監督を勤めたが、同十四年十二月二十二日に火災の消防を怠ったとし

て出仕を留められて閉門を命じられるが、翌十五年正月十九日に赦される。同十七年正月二十三日に大目付となる。同年に貿易再開を願うポルトガル船が長崎に着岸したため、長崎へ派遣され、船を焼き沈め、乗組員七四人中六一人を死刑に処し、一三名のみを助命して返書を持たせて放還した。同十八年正月晦日に京橋桶町から発生した火災の消防指揮中に火焔にまかれて焼死する。享年五十六。法名は高雲院一玄宗黒。菩提寺は下谷の広徳寺（東京都台東区）である。（加藤）

【典拠・参考文献】『寛永諸家系図伝』第七・一九七頁、『寛政譜』第十二・二三三頁、『柳営補任』、『徳川実紀』第一～三篇

加々爪直澄《かがつめなおすみ》（一六一〇～一六八五）

慶長十五年（一六一〇）加々爪忠澄《ただすみ》の長男として駿河国に生まれる。藤八郎・次郎右衛門・甚十郎と称す。妻は代官伊奈忠政の息女。家光に仕えて小性となる。寛永八年（一六三一）従五位下甲斐守に叙任される。同十年（一六三三）八月五日小性組の組頭となる。同十一年（一六三四）七月二日、家光上洛の御先として三河国吉田を通行の折、江戸に向かっていた東福門院和子の使高橋久兵衛が通行人に斬りつける事件がおきた。直澄は、東福門院の書簡を携えていた高橋の守護を家来に命じたが、徒士の次太夫が討ち取ってしまう。直澄は勘気を蒙り、この一件は永井白元を以て京都へ知らされた。のちに赦免され、同十二年（一六三五）八月二十七日には廩米一〇〇〇俵を加えられ、これを改めて采地二〇〇〇石を賜う。寛永十五年（一六三八）十二月五日、小性組番頭となる。同十六年二月十四日、数寄屋にて柳生三厳らと共に剣法の上覧あり。同年より紀伊藩主徳川頼宣病臥のため度々病状の報告を行う。同十八年（一六四一）正月晦日に京橋桶町よりおこった火災の消防指揮にあたっていた父忠澄（大目付）が焼死したため、その遺跡九五〇〇石を継ぎ、自らの采地二〇〇〇石のうち五〇〇石を加えて合計一万石を領有。残りの采地のうち一〇〇〇石を弟・信澄に、五〇〇石を弟・定澄にそれぞれ分与する。慶安三年（一六五〇）十一月十九日に書院組番頭となり、同四年五月晦日には大猷院殿（家光）廟造営のため日光山巡察を命ぜられる。明暦元年（一六五五）九月十五日、大番頭に転じ、寛文元年（一六六一）十一月十一日には寺社奉行となり、種々の法会を沙汰する。寛文八年（一六六八）十二月二十五日に三〇〇〇石の加増あり。同十年（一六七〇）十二月八日、御側衆松平信興が慰労のため評定所へ遣わされた際のうたたね・遅参など不敬をとがめられ、十一日から閉門を命ぜられる。十一年十二月二十日許される。延宝七年（一六七九）六月十八日致仕、所領一万三〇〇〇石を養子直清に継がせた。延宝九年（天和元・一六八一）二月九日、直清と成瀬正章の所領農民の間で原野争論が起こり、その原因が直澄の処置等閑にあるとして、土佐国の山内豊昌に預けられる。貞享二年（一六八五）十月三日死去。享年七十六。（高見澤）

【典拠・参考文献】『寛政譜』第十二・二三三頁、『徳川実紀』第二～五篇、『寛永諸家系図伝』

筧正鋪《かけいまさはる》（一六五八～一七三七）

万治元年（一六五八）に大番組組頭筧正《まさ》時《とき》の三男として生まれる。重賢《しげかた》・源五兵衛・平大夫と称し、従五位下播磨守に叙任された。母は小十人組組頭三浦義武《よしたけ》の息女。妻は二条門番坪内伊定《これさだ》の息女。延宝六年（一六七八）三月二十九日大番に列し（同八年三月二十六日、廩米《りんまい》二〇〇俵を賜う）、貞享四年（一六八七）二月二十六日に組頭と

なる（元禄元年〈一六八八〉十二月十一日、新恩として二〇〇俵を賜う）。正徳六年（一七一六）正月十一日目付に移り、一〇〇石を加増され、これまでの廩米は采地《さいち》に改められて五〇〇石を知行。享保五年八月二十八日勘定奉行にすすみ、さらに五〇〇石の加増を受ける。勘定奉行在任中の同十二年十月には、享保期に開発された代表的な新田である下総国飯沼《いいぬま》新田の検地を命じられた。同十九年十一月二十八日、老齢を理由に職を辞し、寄合となる。元文二年（一七三七）四月十五に日死去。享年八十。法名は了清。菩提寺は牛込の願正寺（現在は東京都中野区）。（飯島）

【典拠・参考文献】『寛政譜』第十七・三三頁

蔭山広迢《かげやまひろとお》（一七二二～一七八七）

享保七年（一七二二）に代官蔭山包嵩《かねあき》の長男として生まれる。亀之丞・小八郎・外記と称する。妻は諏訪正倫の養女、後妻は前田定紘の息女。寛延二年（一七四九）十二月二十六日に部屋住より大番となる。宝暦元年（一七五一）十二月二十九日に家督を継ぐ。家禄は二一〇俵。明和元年（一七六四）九月十日に陸奥国小名浜の代官へ転じる。天明六年（一七八六）三月二十八日まで長期在任し、西丸裏門番頭へ栄転、同年十二月十八日に布衣を許される。同七年六月十日に死去。享年六十六。法名は日潤。菩提寺は谷中の瑞輪寺である。（西沢）

【典拠・参考文献】『寛政譜』第二一・一二六頁、『代官履歴』

梶清三郎《かじせいざぶろう》（生没年未詳）

禄高は一〇〇〇石。父は小性の梶四郎兵衛。天保十五年（一八四四）に家督を継承して、小普請となった。安政三年（一八五六）二月二十日に書院番となり、文久三年（一八六三）四月には大坂表警衛、元治元年（一八六四）七月には水戸藩の天狗党の追討に従事している。同二年（一八六五）正月十一日に使番となる。長州征伐にも従軍し、慶応二年（一八六六）四月六日には萩口を担当する有馬中務大輔の軍目付となった。その後、同年十二月二十九日には、武蔵国川越城引渡しのため同地に派遣され、さらに慶応三年（一八六七）五月二十五日には白河城受取りを命じられている。同年九月十六日に外国奉行並に任ぜられた。同年十二月五日には再び使番となり、同四年二月四日に目付介、同三月朔日には、目付に就任している。その後は、慶応四年に水戸表之御用取扱などを務めた。（山﨑）

【典拠・参考文献】『柳営補任』、『続徳川実紀』第四、五篇、『幕臣人名』

梶川忠久《かじかわただひさ》（生年未詳～一六六六）

七之丞と称す。父は裏門切手番頭梶川忠助、妻は代官米倉重種《しげたね》の息女である。元和四年（一六一八）より二代将軍徳川秀忠に仕えて大番に列し、のちに上総国内に四〇〇石を下される。寛永十六年（一六三九）二月十五日、江戸城外堀小石川門の普請奉行を勤める。同十九年に家督を相続して、武蔵・上総国内に計四〇〇石を知行した。正保三年（一六四六）一月二十二日に御金奉行となり、寛文六年（一六六六）二月八日に没した。法名は玄了。駒込高林寺（東京都文京区）に葬られた。（渋谷）

【典拠・参考文献】『寛政譜』第八・二二一頁

梶川頼照《かじかわよりてる》（一六四七～一七二三）

正保四年（一六四七）に生まれる。二郎四郎・新五兵衛・与惣兵衛と称した。目付土岐頼泰《よりやす》の二男。母は大番組頭山岡景重《かげしげ》の息女であったが、寛文三年（一六六三）十一月十九日に書院番に列したのち、小性組梶川分重《わけしげ》の養子となり、同四年（一六六四）十二月十日、家督を継ぎ下総国内七〇〇石を知行した。妻は典医塙直貞《ばんなおさだ》の息女。

元禄九年（一六九六）四月二十五日に本所奉行となり、翌十年（一六九七）一月二十二日、腰物奉行頭に転じて十二月十八日、布衣着用を許される。同十三年（一七〇〇）七月十八日、御留守居番に転じ、宝永四年（一七〇七）一月十五日には西丸御持筒頭に進み、正徳元年（一七一一）四月一日、鎗奉行となる。享保四年（一七一九）二月七日に辞職して寄合に列し、翌五年（一七二〇）五月二十三日に隠居、古水と号し、養老料三〇〇俵を下される。なお頼照は、元禄十四年（一七〇一）三月十四日のいわゆる「赤穂事件」のとき、江戸城御白書院大廊下（通称「松の廊下」）に高家《こうけ》吉良義央《よしなか》と対談のために居合わせ、斬りつけてきた播磨国赤穂藩主浅野長矩《ながのり》を抱き留めて鎮め、この働きにより武蔵国内五〇〇石を加増されて一二〇〇石を領することになった。享保八年（一七二三）八月二十六日没、享年七十七。法名は古水。菩提寺は小日向天徳院（東京都文京区）である。（渋谷）

【典拠・参考文献】『寛政譜』第八・二一八頁、「柳営日次記」

梶野恒三郎《かじのつねさぶろう》 （生没年未詳）

代々御庭番を務めた梶野家の出身。梶野家は、享保三年（一七一八）までは紀伊徳川家の家臣であったが、徳川吉宗の将軍就任の折に、吉宗の母浄円院に従って江戸へ入り、幕臣に取り立てられる。父はそれから四代目となる梶野土佐守良材。恒三郎は、良材の三男であったため、分家を興して天保十二年（一八四一）十二月に新規に召し抱えられ、小十人格御庭番となる。文久元年（一八六一）には休息御庭之者支配となっており、このとき家禄は一〇〇俵である。（根岸）

【典拠・参考文献】深井雅海『徳川将軍政治権力の研究』（吉川弘文館、一九九一年）、同『江戸城御庭番』（中央公論社、一九九二年）

梶野矩満《かじののりみつ》 （一七四八～一八一六）

寛延元年（一七四八）に生まれる。槌太郎・喜市郎・平九朗と称した。父は小十人格御庭番や広敷御用達等を勤めた氏友《うじとも》。母は村垣芳充の娘。妻は堀本一甫彜珍の養女である。梶野家は代々紀伊徳川家に仕えた家柄で、矩満の祖父満実の代に幕臣となる。同家は紀伊藩時代に隠密御用をつとめる薬込役であり、幕臣となった後は御庭番をつとめる十七家の一つとなる。当初、御家人であったが、氏友の代の延享二年（一七四五）九月に旗本となる。宝暦十一年（一七六一）二月二十五日に、十代将軍家治に初めて御目見をした。同十三年六月二十三日に小十人格の御庭番となる。明和元年十月八日に父の遺跡を継ぎ、安永元年（一七七二）九月六日に西丸御休息御庭者《おにわのもの》支配となる。同八年四月十六日には西丸山里の御庭預に移った。天明元年（一七八一）五月二十六日に西丸御休息御庭者支配に復し、同六年閏十月二十日から本丸勤めとなる。この際、西丸山里御庭預も兼帯する。同八年九月十五日、御広敷番頭となる。寛政三年（一七九一）十二月二十八日には二条治孝娘彰君と一橋治国との婚姻に際し、京都へ赴いた件に関して白銀五枚を賜った。同四年四月七日に御細工頭に転じ、同十年五月二十二日には田安家の物頭となり、後に用人となる。同年八月十九日には加増を受けて廩米一〇〇俵となる。同年十二月十六日に布衣を許される。文化四年（一八〇七）十一月晦日、勘定吟味役となり、同十二年八月十二日には二丸御留守居となる。同十三年六月二十二日に死去した。享年六十九。（坂本）

【典拠・参考文献】『寛政譜』第二十二・二〇九頁、『柳営補任』、『旗本百科』第二巻、深井雅海『江戸城御庭番』（中公新書、一九九

二年）

梶野満実《かじのみつざね》　（生没年未詳）

太左衛門と称する。『寛政譜』によれば、梶野佐左衛門満友の代より紀伊徳川家の家祖である頼宣に仕え、満実で三代目になる。主君である吉宗の将軍家相続により、享保三年（一七一八）五月、吉宗の母（浄円院）が和歌山城から江戸へ移るときに供奉する。その時、紀伊家の薬込役から広敷伊賀者に命じられ、幕臣となる。そして、二丸の伊賀者となり、御庭番等を経て、広敷添番を務める。　（根岸）

【典拠・参考文献】『寛政譜』第二十二・二〇八頁、深井雅海『徳川将軍政治権力の研究』（吉川弘文館、一九九一年）、同『江戸城御庭番』（中央公論社、一九九二年）

梶野良材《かじのよしき》　（一七七三～一八五三）

安永二年（一七七三）に切米一五〇俵取の旗本久隅矩信《くすみのりのぶ》の二男として生まれる。御庭番筋の旗本で田安殿用人などを務めた梶野矩満《のりみつ》の養子となり、その娘を妻とする。初め秀名《ひでな》と名乗り、斧次郎・平助・平大夫と称する。寛政九年（一七九七）正月二十二日に小十人格御庭番となり、西丸山里御庭番を経て、寛政十年十二月十六日には両番格御庭番となる。文政元年（一八一八）十二月二日に御膳奉行となり、以後、西丸広敷用人・広敷用人・禁裏附・奈良奉行・京都町奉行・作事奉行を歴任する。天保十一年（一八四〇）九月二十四日、勘定奉行となる。この間、土佐守に任ぜられ、知行は五〇〇石に加増されている。良材は老中水野忠邦の信任厚く、天保改革の推進者の一人であった。特に印旛沼干拓事業では辣腕をふるった。しかし水野の失脚直後、天保十四年十月九日、思召により御役御免となり失脚する。嘉永六年（一八五三）六月十四日に死去。享年八十一。法名現功院徳誉民厚諦山大居士。四谷鮫河橋千日谷の一行院に葬られる。　（田原）

【典拠・参考文献】『寛政譜』第二十一・三〇七頁、第二十二・二〇九頁、『柳営補任』、藤田覚『天保の改革』（吉川弘文館、一九八九年）、『日本近世人名辞典』（吉川弘文館、二〇〇五年）

片山宗哲《かたやまそうてつ》　（一五七三～一六二二）

天正元年（一五七三）に生まれる。初め与安と称した。実父は片山俊実《としざね》で、その弟で一鴎（南條）宗虎に医術を学んだ片山宗仙の養子となり、宗仙の女子を妻とした。宗哲も宗虎に医術を学び、慶長五年（一六〇〇）に徳川家康の戦陣にしたがい医師を勤める。同七年三月十五日には山城国内三〇〇石と廩米二〇〇俵を与えられ、家康の御側に勤仕した。翌八年四月二日、法眼《ほうげん》に叙せられる、さらに同十一年九月十五日には僧都《そうず》叙任の勅宣を受けたが、辞退して法印に叙せられる。同年、二代将軍徳川秀忠の長子竹千代（のちの三代将軍家光）の病を平癒させたことで秀忠の信頼を得て、家康と尾張・紀伊・水戸各徳川家への製薬調進等を命じられるが、元和二年（一六一六）、病を得た家康に、その自らが調合した「万病円」の服用の中止を、秀忠の命により言上したところ家康の勘気を蒙り、信濃国高島に配流された。同四年四月に赦免されて江戸に戻り、同八年十一月十八日没した。享年五十。法名は寿源、谷中感応寺（東京都台東区）に葬られた。　（渋谷）

【典拠・参考文献】『寛政譜』第五・三六七頁

片山半三郎《かたやまはんざぶろう》　（生没年未詳）

江戸時代後期に南町奉行所組同心であった人物。父もまた南町奉行所組同心で片山山作といったが、病気のため御暇し、半三郎へ番代していた。寛政五年（一七九三）十二月六日に半三郎は、この父山作について、病気が全快したので再び御家人として御勤めしても問題はないか、との問い合わせをおこなっている。その結果、当時、野村伊左衛門と改名していた山作は、御賄頭組御賄方に再び御抱入となったことが確認できる。御暇した抱席御家人の再御抱入に関する珍しい事例である。　（田原）

【典拠・参考文献】田原昇「江戸幕府御家人の抱入と暇―町奉行所組同心を事例に―」（『日本歴史』六七七号、二〇〇四年）

片山《かたやま》門左衛門《もんざえもん》　（生没年未詳）

江戸時代後期に南町奉行所組同心であった人物。叔父片山山作、従兄片山半三郎もまた南町奉行所組同心であった。寛政七年（一七九五）七月朔日、門左衛門は叔父山作のため、ある願書を支配与力都筑兵右衛門へ提出している。それは、病気のため御暇し、当時、門左衛門方に同居している叔父山作（野村伊左衛門と改名）について、病気が全快したので御賄頭組御賄方に再び御抱入となりたいとの内容である。御暇した抱席御家人の再御抱入に関する珍しい事例である。　（田原）

【典拠・参考文献】田原昇「江戸幕府御家人の抱入と暇―町奉行所組同心を事例に―」（『日本歴史』六七七号、二〇〇四年）

勝《かつ》海舟《かいしゅう》　（一八二三～一八九九）

文政六年（一八二三）正月晦日、小普請組勝小吉（惟寅・夢酔）の長男として江戸本所亀沢町（東京都墨田区）に生まれる。母は勝元良（甚三郎）の娘のぶ。諱は義邦。通称ははじめ麟太郎《りんたろう》、明治二年七月に安芳と改称した。妹の順は佐久間象山の妻。文政十二年（一八二九）、十一代将軍徳川家斉の孫初之丞（慶昌《よしまさ》）の相手として江戸城奥向に出仕した。天保八年（一八三七）に初之丞が一橋家を継ぐと、海舟の登用が予定されたが、翌年初之丞が死去したことで頓挫した。同九年七月二十七日、家督を相続し小普請組に入る（四一俵余）。この頃から島田虎之助に剣術を学び、同十四年頃に直心影流の免許を得た。弘化二年（一八四五）九月、岡野孫一郎の養女（実は砥目氏）たみと結婚。同じ頃永井青崖《せいがい》について蘭学を学び、嘉永元年（一八四八）八月二日には日蘭辞書『ヅーフハルマ』の筆写を終了した。同三年には象山の門人となり、あわせて赤坂田町（東京都港区）に蘭学塾を開き、諸藩の依頼を受けて鉄砲・大砲を鋳造した。安政二年（一八五五）正月十九日に蘭書翻訳出役となり、ついで伊勢湾・大坂近海の海防体制を検分した。当地では蘭学修業時代に培った伊勢松坂の竹川竹《ちく》斎《さい》・竹口信義兄弟、紀州の浜口儀兵衛（梧《ご》陵《りょう》）、摂津灘の嘉納次郎作ら豪商の人脈が活用された。海舟の政治活動を考えるうえで、豪商人脈は考慮すべき視点である。同年八月七日に小十人組に入り、海舟にとって全く不案内であった海軍伝習を受けるため長崎に派遣された。翌三年三月十一日に在長崎のまま講武所砲術師範役、六月晦日に伝習の勤労を賞して大番組に編入、翌六年正月二十八日に軍艦操練所教授方頭取となった。伝習成果を受けて、翌七年正月、遣米使節に随行する咸臨丸を指揮して太平洋を横断、アメリカ社会を実見した。帰国後は、蕃書調所頭取助（万延元年〈一八六〇〉六月二十四日）、軍艦操練所頭取（文久二年〈一八六二〉七月四日）などを経て、文久二年閏八月十七日に軍艦奉行並に昇進した。幕政改革・奉勅攘夷下にあって、人材登用と海軍拡張論を主張した。海軍拡張論が攘夷戦争を想定する尊攘志士の接近を招き、坂本龍馬がその門人となる。文久三年四月二十三日には、滞京する十四代将軍徳川家茂の摂海視察に同行し、海軍操練所設立の許可を獲得、翌元治元年（一八六四）五月十四日に軍艦奉行に昇進（安房守と改称）すると、神戸海軍操練所を開設・主宰した。ここでは諸藩脱藩士も教育するが、同年十一月十日に罷免され寄合となった。慶応二年（一八六六）五月二十八日、軍艦奉行に再任され長州戦争の停戦交渉などに携わり、帰府後は海軍伝習のため来日したイギリス教師の応接などに関わった。同四年正月二十三日に陸軍総裁、二月二十五日に軍事取扱となり、戊辰戦争では旧幕府主戦派を押さえて恭順活動を展開した。東征大総督参謀西郷隆盛と会談して江戸開城の筋道を立てた。徳川家四〇〇万石存続を主張するが、新政府側の主導権が薩摩系から長州系へと移ったことで挫折。徳川家の駿河移住に従った。この頃、海外留学を志す子弟に対し、出身藩に関わりなく支援を惜しまなかったことは、人材育成を堅持する海舟の面目躍如といえる。明治五年（一八七二）五月十日に海軍大輔、明治六年政変（征韓論政変）後の十月二十五日に参議兼海軍卿、同八年四月二十五日に元老院議官に任命されたが固辞し、十一月二十八日に免官となった。その後も政界の相談役として重きを持つが、戊辰の経験から薩摩閥に甘く、長州閥への批判は痛烈だった。徳川家の後見人的立場で当主徳川家達《いえさと》の育成に関わり、生涯をかけて徳川慶喜の名誉回復に尽力する。あわせて旧幕臣への金銭的援助も惜しまなかった。また西郷隆盛の賊名返上を訴え実現させた。いっぽう自身の主観があるとはいえ、『開国起源』『陸軍歴史』『海軍歴史』『吹塵録《すいじんろく》』などを編纂し、旧幕府の遺産を後世に遺した。明治二十年（一八八七）に伯爵、翌年には枢密顧問官となった。対外関係ではアジア協調路線を主張し、李鴻章らと交流するなど日清戦争反対論者だった。同三十二年一月十九日に七十七歳で死去。法名は大観院殿海舟日安大居士。墓は東京都大田区南千束の洗足池の傍らにある。長男で海軍少佐の小鹿《ころく》は明治二十五年に死去。勝伯爵家は慶喜の十男精《くわし》が継いだ。（藤田）

【典拠・参考文献】松浦玲『勝海舟』（中公新書、一九六八年）、石井孝『勝海舟』（人物叢書、吉川弘文館、一九七四年）、江戸東京博物館編集・発行『没後100年勝海舟展』（一九九九年）、松浦玲『勝海舟』（筑摩書房、二〇一〇年）

勝小吉《かつこきち》（一八〇二～一八五〇）

享和二年（一八〇二）、男谷《おだに》平蔵忠恕《ただひろ》の九男として誕生し、本所深川油堀（東京都江東区）で育った。諱は惟寅《これとら》、幼名は亀松、通称は左衛門太郎、夢酔と号した。勝海舟（麟太郎《りんたろう》・義邦）の父。小吉の祖父は越後国刈羽郡長鳥村（新潟県柏崎市）出身の農民米山検校鋃一《ろういち》（銀一とも）。文化五年（一八〇八）に支配勘定などを務めた勝元良（甚三郎、実は青木長国三男）の養子となり、小吉を名乗る。妻は元良の娘のぶ。勝氏は、物部尾輿の子孫で、太郎冠者季時が近江国坂田郡勝村（滋賀県長浜市）に住みつき勝を名乗ったといわれる。その子孫は三河に移住し、応永・文明年間に今川氏に仕えたという。四代市郎左衛門時直の代に初めて徳川氏に仕え、天正三年（一五七五）に岡崎に移り、鉄砲玉薬組の同心に加えられ榊原小兵衛長利組に属した。同十八年、江戸入りし蔵米四一俵を与えられた。七代命雅《のぶまさ》（市郎右衛門）は鉄炮玉薬同心・表火番・支配勘定を務め、宝暦二年（一七五二）九月二十八日に旗本に取り立てられ、材木石奉行・広敷番之頭を歴任した。小吉は勝家十代目にあたる。一生無役（小普請組）で、猟官運動をしても職に就けなかった。団野源之進に直心影流剣術を学び、他に馬術・柔術にも優れていた。また兵学家の平山子《し》竜《りょう》（行蔵）にも師事した。本所から浅草にかけての顔役的存在であり、刀剣の鑑定、祈禱師などで生計を立てた。天保九年（一八三八）に隠居し、家督を長男の麟太郎（海舟）に譲る。同十四年初夏に『平子龍先生遺事』を著し、この年冬には子孫の戒めとして書いた自伝『夢酔独言』を完成させた。嘉永三年（一八五〇）九月四日、四十九歳で死去。墓は東京都港区の青山霊園にある。（藤田）

【典拠・参考文献】『寛政譜』第二十二・三二五頁、渡辺慶一「勝海舟の祖・米山検校」（『歴史手帖』別冊一、一九七四年）、勝部真長「男谷家の家系」（同『知られざる海舟』東京書籍、一九七七年）

勝田著邑《かつたはるさと》（一六四八～一七一四）

父は勝田市郎左衛門清崇《きよたか》、母は未詳。二男。玄哲とも称した。妻は柳沢家家臣和田某の娘。著邑の娘は著邑兄の宗信《むねのぶ》の養女として江戸城につとめ、家宣に仕えた。喜代または左京方とも称し、家継の生母となった。家宣死去後は月光院と称した。著邑は二男のため家督を継ぐことができなかったが、月光院のゆかりにより、正徳二年（一七一二）十二月十二日、幕府に新規召抱えとして月俸二〇〇口をくだされて別家を興した。同三年三月には居屋敷の造営料として金一五〇〇両・良材一万本をくだされる。同四年六月三日に死去。享年六十七。法名は性海。墓所は浅草唯念寺。（吉成）

【典拠・参考文献】『寛政譜』第二十二・二二三頁

勝田半斎《かつたはんさい》（一七八〇～一八三一）

安永九年（一七八〇）四月五日に生まれる。通称は弥十郎、名は献、字は成信、号は半斎。実父は荒井保之。養父は勝田広孝。妻は広孝の息女。養父の家督を継ぎ明屋敷番伊賀者となる。享和三年（一八〇三）、昌平黌乙科に入り、学問出精を賞せられた。のち学問所勤番となり、文化十四年（一八一七）に御徒目付、文政七年（一八二四）四月に学問所勤番組頭となり、同十一年三月、書物奉行になる。漢詩や書に優れ、漢文の随筆『貧政』などが知られる。天保二年（一八三一）九月十日没。享年五十二。法号は幽響音院殿勝誉梵台居士。江戸四谷の西念寺に葬られる。（湯浅）

【典拠・参考文献】森潤三郎『紅葉山文庫と書物奉行』（複製一九八八年、臨川書店）

勝田元寿《かつたもととし》（生没年未詳）

帯刀と称する。文化十三年（一八一六）正月十六日に寄合から寄合火事場見廻、文政四年（一八二一）六月二十九日に寄合肝煎へと進んだ。その後、同八年（一八二五）四月十二日に浦賀奉行に就任し、同職の内藤忠恒《ただつね》とともに異国船打払令下の緊迫した情勢の中で江戸湾防備の一翼をになったが、同十年七月二十九日に職を辞した。（神谷）

【典拠・参考文献】『柳営補任』、『新横須賀市史』資料編近世Ⅱ（横須賀市、二〇〇五年）

桂川甫策《かつらがわほさく》（一八三二～一八八九）

天保三年（一八三二）、江戸築地に生まれる（天保四年説あり）。桂川甫賢国寧の次男。母は山田守快の長女さと（または、かん）。妻は良。名は達次郎・国幹・淳斎と称する。文久二年（一八六二）に開成所教授手伝出役、慶応二年（一八六六）に開成所教授（蘭学・化学）となる。維新後家督を継ぐ。明治元年（一八六八）には徳川慶喜に従い駿府へ移住し、徳川家兵学校化学方教授。同二年、沼津病院三等医師。同三年、新政府に出仕、大学南校（現東京大学）化学教官となる。以後太政官正院八等出仕・文部少翻訳官等を歴任の後辞職、訳述に専念する。同六年、開物学舎を設立。オランダ語に堪能で、化学に精通しており、著書に「化学」の語を日本で初めて使用。主な著書は、『化学入門』、他に『化学問答』『化学記事』『分析術階梯』『法朗西文典字類』等。兄甫周の著作である『和蘭字彙』の改訂出版にも尽力した。明治二十二年十月十九日に死去。享年五十九。日蓮宗の芝二本榎上行寺（現神奈川県伊勢原市上糟屋）に葬られる。（岩下）

【典拠・参考文献】今泉みね『名ごりの夢』（東洋文庫9、平凡社、二〇〇三年）、桂川靖夫「明治維新を迎えて時代に翻弄された化学者桂川甫策」（『洋学史研究』二五号、洋学史研究会、二〇〇八年）

桂川甫周《かつらがわほしゅう》　（一七五一～一八〇九）

宝暦元年（一七五一）、江戸築地に生まれる（宝暦四年説あり）。桂川家第四代。小吉・国瑞・月池・公鑑・無碍庵・雷普・震庵・世民・甫謙・甫安と称した。父は桂川國訓。母は大八木玄忠高泰の娘。森島中良は弟。父や杉田玄白、前野良沢に蘭学と西洋医学を師事。明和五年（一七六八）に徳川家治に御目見。同八年杉田玄白・前野良沢らの『ターヘル・アナトミア』翻訳事業に参加。明和九年（安永元・一七七二）オランダ人との対談を許可される。後に甲比丹フェイトと対談し、以後オランダ人一行と毎回対談。安永二年より広敷勤め。安永四年、ツュンペリーに生物標本作成や水銀の使用法、外科術を師事。ツュンペリーの著書『日本紀行』に名前が見える。同三年『ターヘル・アナトミア』の翻訳書『解体新書』を刊行し、校閲者として名を連ねる。同六年に奥医師となり、蔵米二〇〇俵。天明三年（一七八三）に法眼。同五年薬製造により時服二領を賜う。同六年二月、『新製地毬万国図説』公刊。同年閏十月、寄合医師となる。寛政四年（一七九二）北方問題への回答として『魯西亜志』を著す。同五年五月に奥医師。同年九月、徳川家斉・松平定信等列席の中、大黒屋光（幸）太夫及び磯吉と対談。ロシアでも有名であることが告げられ面目を施す。同六年、漂流民との対談記録に自らの研究を加え『北槎聞略』を著す。同年、幕府医学館教授（外科）。秀才の声望が高く、杉田玄白の『蘭学事始』やツュンペリーはその学識を賞賛している。また、顕微鏡の使用法の研究も行った。著作に『漂民御覧之記』『臘人解説』『翻訳地球全図略説』『地球全図』『外科大成』等がある。文化六年（一八〇九）六月二十一日、病により死去。享年五十九。法名は雷普日震。墓は芝二本榎上行寺にあったが、昭和三十七年同寺の移転に伴い、現在は神奈川県伊勢原市上糟屋にある。七代目の子孫も甫周を名乗った。（岩下）

【典拠・参考文献】戸沢行夫『オランダ流御典医桂川家の世界　江戸芸苑の気運』（築地書館、一九九四年）、杉田玄白著・片桐一男全訳注『蘭学事始』（講談社学術文庫、講談社、二〇〇〇年）、片桐一男『平成蘭学事始　江戸・長崎の日蘭交流史話』（智書房、二〇〇三年）、今泉みね『名ごりの夢』（東洋文庫9、平凡社、二〇〇三年）

桂川甫筑《かつらがわほちく》　（一六六一～一七四七）

寛文元年（一六六一）、和泉国山辺郡加幡村に生まれる。旧姓森島。小吉・小助・邦教・友之・興藪と称した。森島理右衛門正俊の次男。母は外島庄九郎の娘。先妻は中村宗硯知安の娘。後妻に山下氏妹。寛文十一年に嵐山甫安門下。延宝元年（一六七三）に長崎遊学し、アルマン、ダンネルに師事。貞享四年（一六八七）、学統を継ぎ桂川甫筑を名乗る。元禄九年（一六九六）、徳川綱豊の侍医。宝永元年（一七〇四）、御家人に列し、寄合医師となる。同五年には西丸奥医、番料一〇〇俵。のち本丸勤め。享保元年（一七一六）、徳川家継逝去により寄合医師。同五年に広敷勤め、番医。役料は一〇〇俵。同九年、徳川吉宗の命でオランダ商館付医師ティデンスらと対談。同十一年に西丸奥医となり、蔵米二〇〇俵。

同十九年に法眼。延享二年（一七四五）より本丸勤め。同四年に致仕、養老料として蔵米二〇〇俵。著書には『仙鼎方』がある。延享四年十月九日に死去。享年八十七。法名泰哲日賢覚位。墓は芝二本榎上行寺（現神奈川県伊勢原市上糟屋）。（岩下）

【典拠・参考文献】戸沢行夫『オランダ流御典医桂川家の世界　江戸芸苑の気運』（築地書館、一九九四年）、今泉みね『名ごりの夢』（東洋文庫9、平凡社、二〇〇三年）

桂山彩巌《かつらやまさいがん》（一六七九～一七四九）

延宝七年（一六七九）に生まれる。名は義樹。通称は三郎左衛門、三郎兵衛。字は君華。号は彩巌・霍汀・天水。妻は戸川土佐守家臣熊谷藤助義成の息女。元禄七年（一六九四）、幕府の儒者となる。同九年に近習番、享保三年（一七一八）に評定所儒者。同十九年より書物奉行となるが、寛延二年（一七四九）に小普請入りとなる。林鳳岡に儒学を学び、高瀬学山、中村蘭林らと交流した。延享二年（一七四五）、徳川吉宗の命により、林大学頭信充らとともに、全一九巻の『御撰大坂軍記』をまとめる。同年三月二十三日没。享年七十一。法名は顕性院彩巌義樹。浅草威光院に葬られる。（湯浅）

【典拠・参考文献】『寛政譜』第十九・四五頁、『柳営補任』、森潤三郎『紅葉山文庫と書物奉行』（臨川書店、一九八八年複製）、『国書人名辞典』第一巻（岩波書店、一九九八年）

加藤宇万伎《かとううまき》（一七二一～一七七七）

享保六年（一七二一）に生まれる。通称は大助・五郎右衛門。名は宇万伎、あるいは美樹と記す。家号は静舎あるいは静廼舎。永井家家臣の子。延享期頃（一七四四～一七四八）、美濃大垣新田藩戸田淡路守氏房の江戸藩邸奥医師河津家に入婿し、戸田藩の家臣となるが、妻葛早世の後、戸田氏を致仕。宝暦末期（一七五一～一七六四）、大番与力となる。以後、三年ごとに一度、大坂城や二条城に勤番した。延享三年（一七四六）、国学者の賀茂真淵に入門。後に加藤千蔭・村田春海・楫取魚彦と共に、県居門（賀茂真淵門下）の四天王と称されるようになる。大坂勤番中の明和三・四年（一七六六・六七）頃から、上田秋成を指導した。安永六年（一七七七）六月十日、京にて没す。享年五十七。法名は了巌院義洞勇徹居士。京三条通大宮三宝寺に葬られる。（湯浅）

【典拠・参考文献】『古典文学』第一巻、丸山季夫『国学史上の人々』（丸山季夫遺稿集刊行会、昭和五十四年）

加藤枝直《かとうえなお》（一六九二～一七八五）

元禄五年（一六九二）十二月十一日、伊勢松坂に生まれる。本姓は橘。通称は又左衛門。名ははじめ為直、のち枝直、あるいは要南甫と記す。号は南山・常世庵・芳宜園。松坂の浪人加藤尚之の第六子。享保五年（一七二〇）、従兄弟中村三左衛門が没したため代番として、町奉行大岡越前守忠相配下の組与力となる。同六年に吟味方となり、同十六年まで勤める。この間に「御定書百箇条」を起草する。一時職を辞すが、再び稲生下野守配下に転じ、宝暦十三年（一七六三）まで勤める。明和元年（一七六四）に剃髪。若いころから和歌を嗜み、江戸では歌人の鴛水由也に学んだという。古典研究を行い、歌論書も著した。賀茂真淵を生活面で庇護したが、研究上では交流した。親交があった青木昆陽を大岡忠相に推挙し、昆陽がその配下となるきっかけを作った。天明五年（一七八五）八月十日没。法名は柔性院軟誉東水居士。享年九十四。江戸の本所回向院に葬られる。（湯浅）

【典拠・参考文献】『古典文学』第一巻

加藤重正《かとうしげまさ》（一五七五～一六四五）

天正三年（一五七五）に生まれ、勘助と称す。父は徳川家康の家臣加藤重常《しげつね》。同五年には徳川家康に仕えたとされる。元和二年（一六一六）より徳川秀忠に仕え、領地は四〇〇石を与えられた。馬術にすぐれ、秀忠より馬を預けられている。寛永二年（一六二五）十月十八日に家督を相続。同十年八月十一日、鉄炮同心三〇人を預けられ、同年には布衣も許されている。同十一年二月五日には新恩として五〇〇石を与えられ、甲斐国・武蔵国にて合計九〇〇石を知行した。正保二年（一六四五）六月二十二日に死去、享年七十一、法名は宗見。小日向の清巌寺に葬られた。同寺は重正が開基であり、以後加藤家代々の葬地となった。

（山崎）

【典拠・参考文献】『寛政譜』第十三・二五～二六頁、『徳川実紀』第二篇

加藤千蔭《かとうちかげ》（一七三五～一八〇八）

享保二十年（一七三五）三月九日、江戸に生まれる。本姓橘。名は佐芳、千蔭。通称常太郎・要人、のち又左衛門。字は常世麿、徳与麿。号は江翁、耳梨山人など。狂名は橘八衢。号は芳宜園、朮園など。大岡越前守忠相配下の与力加藤枝直の三男であるが、兄二人が早世したため嗣子となる。妻は深谷氏、後妻は都築氏。寛延三年（一七五〇）に町奉行組与力勤方見習、宝暦元年（一七五一）に帳面改方、同十三年七月、父枝直の隠居に伴い、吟味方助役となる。翌明和元年（一七六四）十月、奉行所吟味役与力となる。田沼意次の側用人となるが、天明八年（一七八八）、五十四歳の時に病を理由に隠居し、養子に職を譲る。しかし、直後に始まった寛政改革時、在任中の勤方宜しからずという理由で、五〇石減石、一〇〇日間の閉門となる。幼少より父枝直から和歌の手ほどきをうけ、延享元年（一七四四）頃、賀茂真淵に入門し、国学、和歌を学ぶ。古典に通じ作歌に優れたが、歌風は古典調でありながら都会的に洗練されており、独特の仮名まじりの書風とともに、高く評価され、身分を問わず広く人々に受け入れられた。江戸の豪商であった同門の村田春海とともに、江戸派の双璧とされていたが、当時から、文章は春海、和歌は千蔭、との評があった。また、絵画を建部綾足に学んだほか、狂歌、書にも優れ、特に書は千蔭流と呼ばれた。文雅風流を好み、江戸文人の典型とされている。門下には大石千引・越智千圊・木村定良らがいる。享和二年（一八〇二）、家集『うけらが花』の初編をまとめて刊行し（第二編は越智千圊の編）。国学上の業績としては、寛政十二年（一八〇〇）頃完成した『万葉集略解』があげられる。同書は広く読まれて万葉集の普及に功があったが、文化元年（一八〇四）には、幕府に同書の版本全三〇巻を献上し、銀一〇枚の褒賞を受けている。文化五年（一八〇八）九月二日没。享年七十四。江戸両国の回向院に葬られる。

（湯浅）

【典拠・参考文献】『古典文学』第一巻

加藤弘之《かとうひろゆき》（一八三六～一九一六）

天保七年（一八三六）六月二十三日に出石藩士加藤正照《まさてる》の長男として生まれる。母は同藩山田孝徳の息女錫《すず》子。妻は市川鈴子。幼名は土代士《とよし》、のち弘蔵、実名は成之《よしゆき》・誠《あき》之《ゆき》を経て、明治元年（一八六八）に弘之と称した。弘化二年（一八四五）に藩校弘道館に入り、嘉永五年（一八五二）には江戸へ出て、甲州流兵学を学び、佐久間象山の塾に入門する。安政元年（一八五四）に大木仲益《なかます》（のち坪井為春と改名）に入門して蘭学を学ぶ。万延元年（一八六〇）に蕃書調所教授手伝となり、哲学・倫理学・法学を学ぶようになる。またドイツ語を学び、ドイツ学の先駆者となる。元治元年（一八

六四）に幕臣となり、開成所教授職並を務め、慶応四年（一八六八）には目付・大目付・勘定頭を歴任した。徳川慶喜が鳥羽伏見の戦に敗れた後に設立した公議所で、公議所御用取扱を任命される。王政復古後は徳川家達に従って駿府へ移ったが、明治元年十月に明治政府から政体律令取調御用掛に任じられた。同二年には会計権判事となり、学校権判事・大学大丞を経て、同四年七月には文部大丞、同年十月外務大丞へと任命された。翌五年八月には宮内省四等出仕、同七年二月左院一等議官となった。また明六社社員にもなっている。同八年四月に元老院議官（やがて辞任）となり、同十年二月には東京開成学校綜理に就任、同十二年一月には学士会院会員となり、同十四年七月に初代東京大学綜理に任命される。同十九年一月に再び元老院議官となった。同二十三年五月には帝国大学総長（同二十六年三月まで）となり、同年九月には貴族議員に勅撰される。同二十八年七月に宮中顧問官、同三十九年七月に帝国学士院長、同年十二月に枢密顧問官となる。同二十一年五月に文学博士学位を授与され、同三十四年に東京帝国大学名誉教授、同三十八年五月には法学博士となった。著作は多く『立憲政体略』・『真政大意』・『国体新論』・『人権新説』等がある。大正五年（一九一六）二月九日に死去。享年八十一。墓所は雑司ヶ谷墓地である。　（栗原）

【典拠・参考文献】田畑忍『加藤弘之』（吉川弘文館、一九五九年）、『日本近世人名辞典』（吉川弘文館、二〇〇五年）、『日本近現代人名辞典』（吉川弘文館、二〇〇一年）

加藤文麗《かとうぶんれい》　（一七〇六～一七八二）

宝永三年（一七〇六）、伊予大洲城主加藤泰恒の六男に生まれる。織之助・左兵衛と称した。名は泰都《やすさと》。号は文麗・予斎。妻は大奥老女外山の養女、後妻は太田備中守資晴の息女。正徳四年（一七一四）、祖父加藤泰茂の養子となり、家督を継ぎ、寄合に列した。享保七年（一七二二）、八代将軍吉宗に御目見、同十六年には火事場見廻を勤める。同十七年に使番、寛保三年（一七四三）に関東川々普請奉行をつとめ、同年、新番頭として吉宗に仕えた。寛延三年（一七五〇）七月に西丸小性組番頭となり、同年十二月、従五位下伊予守に叙任された。宝暦元年（一七五一）の吉宗の死去後、役を辞して隠居。この時、養老料として廩米二〇〇俵が与えられた。幕臣として四〇年あまり出仕する一方、絵の遺作がある。まずその画事について特筆されるべきは、谷文晁の最初の師であったという一面である。また、木挽町狩野家三代如川周信の門人であったといわれている。谷文晁が自らの画系について記した水野出羽守宛の文政四年（一八二一）三月付書状に「狩野如川周信門弟加藤文麗門弟谷文晁」と署名している。水墨画を得意とし、大胆な筆遣いで禅味あふれる達磨や竜虎を描いた。牛込の済松寺や妙心寺塔頭玉龍院に遺作が伝来することから、臨済宗妙心寺派とのつながりが深く禅宗系の作品を手掛けていたのではないかと指摘されている。天明二年（一七八二）三月七日（もしくは五日）に死去。享年七十七。墓所は麻布の光林寺。　（鎌田）

【典拠・参考文献】『寛政譜』第十三・二〇頁、『古画備考』、奥平俊六「加藤文麗と野々村信武」（『古美術』九三、一九九〇年）

加藤正重《かとうまさしげ》　（一五八三～一六二二）

天正十一年（一五八三）に生まれ、喜助と称した。父は織田信長・徳川家康に仕えた加藤正次《まさつぐ》。母は松平広忠の家臣加藤利正《としまさ》の息女であった。慶長三年（一五九八）より徳川家康の御側に仕え、同五年の関ヶ原の戦では、御膳番を務め、戦後に領地一〇〇〇石を与えられた。翌年、父正次が蟄居を命じられるが、正重は恩命により家康に仕え続け、後に山城国綴喜《つづき》・相楽《そうらく》二郡の内で五〇〇石を加増された。同十八年八月十七日、正次の死去により家督を継いだ。このとき、これまでの領地を返上し、父の知行二〇〇〇石を継承した。二度の大坂の陣にも参戦し、寛永三年（一六二六）の徳川秀忠の上洛にも供奉。同九年六月二十五日には与力五騎を預けられた。しかし、同年、将軍家光の増上寺参詣の日に出仕遅刻をするという落度により、知行を半分の一〇〇〇石に削られた。同十年九月十一日に死去、享年五十一。法名は定源。（山崎）

【典拠・参考文献】『寛政譜』第十三・三二～三三頁、『徳川実紀』第二篇

加藤正行《かとうまさゆき》（生没年未詳）

加藤一学の子として生まれる。勘右衛門・靫負と称し、任官後は伯耆守を名乗る。家禄は一七〇〇石。文化十三年（一八一六）閏八月七日に小性組より中奥番となり、文政十一年（一八二八）一月十一日に使番になる。天保五年（一八三四）六月二日に大坂目付代、同七年八月四日に徳川家定付の目付、同九年三月二十四日に本丸目付となる。同年九月二十四日に駿府町奉行に移り、同十三年七月十二日に小普請組支配、同年十一月三十日に一橋家家老、安政二年（一八五五）八月九日に御留守居へと進んだ。文久三年（一八六三）一月二十七日に病気のため御役御免となって隠居した。（栗原）

【典拠・参考文献】『柳営補任』、『旗本百科』第二巻

加藤光直《かとうみつなお》（一五八四～一六三三）

天正十二年（一五八四）に加藤光泰《みつやす》の三男として近江国に生まれる。作内・平内と称す。妻は本多因幡守の息女。はじめ兄貞泰とともに豊臣秀吉に仕え、慶長四年（一五九九）正月、十六歳で徳川家康に拝謁する。慶長五年（一六〇〇）の上杉景勝征伐は病気のため不参。関東へ下る途中の八月十五日、小山陣中で江戸へ向かう命を受け、さらに恩命を蒙り小田原宮木野の温泉に浴す。この時月俸三〇〇口・伝馬一五疋を賜わる。慶長七年（一六〇二）、美濃国内で采地三六四〇石余を賜う。慶長十九年（一六一四）、大坂冬の陣では水野忠清の指揮下に入る。寛永三年（一六二六）十二月五日、使番となり、同四年正月五日に従五位下遠江守に叙任される。翌五年十一月十八日、江戸城石垣構造の普請奉行をつとめる。同八年（一六三一）六月十六日、大坂目付の暇を給う。翌九年二月五日、秀忠の死去にあたり、府内の巡察を命ぜられる。寛永九年（一六三二）七月二日、備前国岡山城主池田忠雄の遺領と池田光政の領地替えの際、引き渡し役として岡山へ赴き、同年九月四日に帰謁。同十年（一六三三）正月八日に死去。享年五十。法名道鉄。墓所は神田（のち浅草へ移転）の海禅寺。（高見澤）

【典拠・参考文献】『寛政譜』第十三・一六、二三、四八頁、『徳川実紀』第二篇、『寛永諸家系図伝』

加藤泰堅《かとうやすかた》（生没年未詳）

加藤泰興《やすおき》の二男として生まれる。諱ははじめ泰亮《やすすけ》。長松・平八郎と称した。妻は小出甚左衛門尹明の息女。寛文元年（一六六一）十月九日にはじめて四代将軍家綱に拝謁し、延宝二年（一六七四）二月二十五日に父の所領伊予国の内で新田一五〇〇石を分割相続して寄合に列する。貞享五年（一六八八）八月二十三日に使番、元禄元年（一六八八）十二月二十五日に布衣を許される。同二年閏正月二十六日に御持弓頭に移り、同四年正月十一日に大坂町奉行となり、五〇〇石を加増され、知行は合計二〇〇〇石となる。その後泰恒《やすつね》から廩米五〇〇俵を分割され、同五年十二月十八日に従五

位下大和守に叙任された。同八年十一月十四日に泰堅が常に病と称して職務を怠って配下の与力に任せ、その与力が商人から音物をうけていたという理由により、知行地を没収され、内藤豊前守弌信《かずのぶ》に預けられる。同十年四月二十日に赦免され、泰恒の封地に寓居した。（栗原）

【典拠・参考文献】『寛政譜』第十三・一七頁、『柳営補任』

加藤良勝《かとうよしかつ》（一五九四～一六四〇）

文禄三年（一五九四）に加藤成之《なりゆき》の二男として生まれる。源太郎・太郎左衛門と称した。妻は北條陸奥守家臣二宮道品の息女。慶長八年（一六〇三）に家督を相続し、良勝が幼少であったため、父が与えられた新恩の地を治めた。同十五年より将軍秀忠に仕え、小性組番士となった。大坂冬・夏の陣に供奉し、凱旋の後に伏見城において不審者を召し捕えたことにより、時服を与えられ賞賛される。寛永二年（一六二五）七月二十七日に知行地を替えられ、武蔵国都《つ》筑《づき》郡の内、及び相模国小園《こぞの》・今泉・峠・上矢切・小山《おやま》の五村において一一八〇石余を知行する旨の御朱印を与えられる。同三年に秀忠の上洛に供奉する。同十年二月二日に大番組頭となり、二十三日に常陸国鹿島郡の内で三〇〇石を加増された。ある放鷹の際に、良勝の家作が分限を越えたものであるとして、家光におぼえが良くなかった。番頭水野備後守元綱を召して尋ねたところ、良勝は日頃から資金に乏しくなく、先年の拝借金も請けず、武具等も貯えている旨を言上した。そこで家光は寛永十七年正月二十三日、これまでの家作を毀して分限に応じた改作をするよう申し渡している。同年十月十二日に死去。享年四十七。法名は浄珊。菩提寺は神田の吉祥寺であったが、後に同寺は駒込に移される（東京都文京区）。（栗原）

【典拠・参考文献】『寛政譜』第十三・四六頁

加藤余十郎《かとうよじゅうろう》（生没年未詳）

安政五年（一八五八）二月八日、評定所留役（勘定）より代官となる。元治元年（一八六四）二月十六日、評定所留役組頭（勘定組頭）に就任し、同年四月二十八日に一〇〇俵高へ加増をうける。翌慶応元年（一八六五）十二月二十二日勘定吟味役格に、同四年（一六六八年）正月十二日から勘定奉行並となる。同年二月二十四日に勘定奉行の公事方掛、同年四月二十五日には勝手方御用も兼務し、幕府倒壊により勘定奉行を辞した。（宮原）

【典拠・参考文献】『旗本人名』第二巻

金森重直《かなもりしげなお》（一六二七～一六五五）

寛永四年（一六二七）に飛騨高山藩主金森重頼《しげより》の六男として生まれ、重頼の弟金森重勝《しげかつ》（兄の所領の内三〇〇〇石）の養子となる。頼母と称する。慶安三年（一六五〇）十一月十一日、遺跡を継ぐ。慶安四年、初めて暇を許され宗家の領地へ行き、以後、代々の例となり交代寄合（表御礼衆）となる。明暦元年（一六五五）五月十五日に死去。享年は二十九。法名は宗当。麻布の祥雲寺に葬られる。なお、重直の嫡孫可英《ありてる》の時、宗家金森頼錦《よりかね》が改易となったため、旧領に替えて越前白崎三〇〇〇石を下され、以後、代々の在所となる。（田原）

【典拠・参考文献】『寛政譜』第六・二五九頁、『旗本人名』別巻解説編四三頁

金子正賀《かねこまさよし》（一七〇四～一七六三）

宝永元年（一七〇四）に吹上花畑添奉行を務めた金子朕保《まさやす》の長男として生まれる。吉太郎・浅右衛門・三郎右衛門と称した。母は斎藤氏の息女。妻は細屋氏の息女。正徳二年（一七一二）七月晦日にはじめて六代将軍家宣に拝謁する。元文三年（一七三八）十二月五日に鳥見役見習となり、寛保

三年（一七四三）十月三日に家督を相続し、十六日に鳥見役となる。延享二年（一七四五）三月二十七日に放鷹のとき勢子《せこ》の指揮がよくなかったとして二八日間出仕を止められたが、四月二十九日に赦される。同年閏十二月九日に本所の御用屋敷預に移り、宝暦二年（一七五二）九月晦日に吹上添奉行に転じ、後にしばしば薬草のことを承って下野国に赴く。同十二年八月十七日に辞職し、同十三年十一月五日に死去。享年六十。法名は良然。菩提寺は小石川の善雄寺（東京都文京区）である。（栗原）

【典拠・参考文献】『寛政譜』第二十・二五八頁

金沢《かねざわ》千秋《ちあき》　（一七六五～一八二二）

明和二年（一七六五）に一橋家用人金沢安貞の二男として生まれる。母は植村正直の息女。亀松・瀬兵衛と称した。妻は小性組久世広厚《ひろあつ》の息女、後妻は新番吉田直頼《なおより》の息女。天明六年（一七八六）六月十四日に勘定となる。寛政四年（一七九二）十一月四日に勘定組頭格、同六年十二月二十六日に同組頭となる。同八年五月三日に家督を相続。家禄は廩米一五〇俵。同十二年十一月八日に勘定吟味役、文化八年（一八一一）二月十九日に佐渡奉行となり、家禄二〇〇俵に加増される。同十三年六月十四日に長崎奉行となり、家禄三〇〇俵に加増される。文政元年（一八一八）四月二十八日に新番頭となる。同五年十二月二十日に死去。享年五十八。（宮坂）

【典拠・参考文献】『寛政譜』第二十・二〇七頁、『柳営補任』、『旗本百科』第二巻

金田《かねだ》正勝《まさかつ》　（一六二三～一六九八）

元和九年（一六二三）に大番金田正辰《まさとき》の二男として生まれる。与三左衛門・三左衛門と称した。母は長谷川正吉の息女。妻は長谷川正次の息女。明暦三年（一六五七）六月二十五日に初めて四代将軍徳川家綱に拝謁し、万治二年（一六五九）七月十一日に小性組に列す。寛文元年（一六六一）閏八月二十二日に綱吉が上野国館林藩主となった際に、父正辰と共に付属させられ、綱吉の神田の屋敷において奏者番を務める。同三年八月三日に父の死去により遺跡を継ぎ、三〇〇〇石を知行する。同五年十一月朔日に館林城代となり、十二月二十七日には従五位下遠江守に叙任される。延宝八年（一六八〇）に綱吉の将軍就任に伴って江戸城へ入り、同九年（天和元・一六八一）三月二十一日に御側となって、七月二十二日には新たに二〇〇〇石を加えられた。貞享三年（一六八六）六月二十三日に務を辞して寄合に列す。元禄十年（一六九七）十二月五日に家督を嫡男正通に譲り、養老料として廩米五〇〇俵を与えられた。同十一年二月二十四日に死去。享年七十六。法名は道郁。下谷高岩寺に葬られた。（清水）

【典拠・参考文献】『寛政譜』第九・一三七頁、『柳営補任』、深井雅海『徳川将軍政治権力の研究』（吉川弘文館、一九九一年）

兼松《かねまつ》正尾《まさお》　（一六〇五～一六七四）

慶長十年（一六〇五）に生まれる。父正成は織田家に仕えた後、徳川家に仕え大番組頭や使番を務めた。母は桑原伝右衛門の息女。妻は朝倉在重《ありしげ》の息女。千熊・又四郎と称した。元和元年（一六一五）十一歳にして初めて二代将軍徳川秀忠に拝謁し、同二年に父正成が尾張藩主徳川義直の付属となった時に、父の采地七〇〇石を与えられた。同八年に書院番に列し、寛永九年（一六三二）十一月五日に進物番となる。同十年二月七日に二〇〇石加増され、同十五年五月八日に御徒頭に移り、同十六年十二月晦日に布衣をゆるされる。同二十一年（正保元・一六四四）二月二十日に先手御弓頭、同四年正月十二日に御持弓頭に転じ、慶安元年（一六四八）四月には三代将軍家光の

日光社参に供奉する。同三年九月三日に家綱付属となり西丸勤めとなるも、家綱の将軍就任によって本丸勤めに復し、同四年十一月二十一日に廩米三〇〇俵加増される。寛文十三年（延宝元・一六七三）正月二十三日に鑓奉行となり、同二年四月二十八日に辞職して寄合に列す。六月三日に死去。享年七十。法名は英松。貝塚青松寺（東京都港区）に葬られる。家督は子の正春が相続した。（清水）

【典拠・参考文献】『寛政譜』第十四・三九二頁、『柳営補任』

兼松正直《かねまつまさなお》 （一五八九～一六六六）

天正十七年（一五八九）に生まれる。又作・弥五左衛門（尉）と称す。養父は正勝。実父は佐高平十郎。実母は兼松正吉の息女で、正勝の妹にあたる。妻は兼松源兵衛正成の息女。正直にとっては従兄弟にあたる。慶長十三年（一六〇八）はじめて二代将軍徳川秀忠に拝謁し、同十五年に大番となり、廩米二〇〇俵を賜う。同十九年の大坂冬の陣の折には高木正次組にて江戸城番をつとめる。同二十年（元和元・一六一五）大坂夏の陣に参陣して戦功をあげ、同年十二月二十七日、五〇〇石を賜い廩米は返納する。同五年五月八日に大番組頭となり、寛永五年（一六二八）十二月五日に御徒頭となって、同月晦日に布衣を着することをゆるされる。同十年四月十六日目付となり、同十二年十二月十四日甲斐国西郡において一〇〇〇石加増される。正直は目付となって以降、上洛および日光への供奉、諸国への使者、所々の普請の奉行、城等の引渡役や国目付としての派遣等でしばしば諸国に赴いている。正保四年（一六四七）七月三日に大目付となり、陸奥国栗原郡にて加増をうけ、すべて三五〇〇石を領す。慶安三年（一六五〇）九月三日より西丸勤務となり、同四年八月十六日従五位下下総守に叙任され、のち本丸勤務となる。寛文五年（一六六五）老年までの勤務を賞せられ、翌六年六月二十五日に辞職。同年七月十三日、七十八歳で死去。法名は浄孝。葬地は愛宕の青松寺（東京都港区）で、のち代々の葬地となっている。（小宮山）

【典拠・参考文献】『寛政譜』第十四・三九四頁、『寛永諸家系図伝』第十・一〇六～一〇七頁

狩野養信《かのうおさのぶ》 （一七九六～一八四六）

寛政八年（一七九六）七月二十六日、狩野伊川院栄信の子として生まれる。母は稲葉丹後守家来松尾多宮直常の息女。妻は小十人頭安藤筑後守定規の息女。通称は庄三郎。号は初め玉川、後に晴川・晴川院、別号は会心斎。文化七年（一八一〇）、奥御用見習を仰せ付けられる。同十一年、玉樹院（将軍家慶の長子竹千代）との音通を憚り、玉川を晴川と改名。同年、部屋住高二〇人扶持が与えられる。文政二年（一八一九）十二月十六日、法眼に叙される。同五年、部屋住高二〇〇俵が与えられる。同十一年十月四日、父伊川院の死により家督を継ぐ（木挽町狩野家九代当主）。天保五年（一八三四）十二月十六日、法印に叙される。同十二年十一代将軍家斉の死去に際し肖像画、霊廟の障壁画を製作。同九年、江戸城西丸新殿御画御用頭取、同十五年、江戸城本丸新殿御画御用、弘化元年（一八四四）江戸城本丸普請のための障壁画御用をつとめる。天保・弘化期の江戸城再建の際につくられた障壁画の下絵や模写は現存しており（東京国立博物館）、晴川院の手になるものが多い。また晴川院は、文化七年十二月二十八日に十五歳で初めて江戸城に出仕する前日から、歿する前日までの三十六年間にわたる公務を克明に記録した。この『公用日記』全五六冊（東京国立博物館他）は、晴川院の日常の御用は勿論のこと、江

戸城の諸儀礼やその席順、集団で御用にあたる場合の名順も記されており、幕府御絵師の御用の全貌、御用絵が製作されるまでの過程、御絵師の身分編成などを知ることのできる貴重な史料である。また晴川院は、古絵巻を中心とする数多くの古画の模写にも励んだ。代表作に「源氏物語子の日図屏風」（遠山記念館）、「鷹狩図屏風」（板橋区立美術館）がある。弘化三年五月二十三日に死去。享年五十一。法名は晴川院養信日叡。菩提寺は池上本門寺。

（鎌田）

【典拠・参考文献】「系譜狩野勝川法眼（弘化三年）」（国立国会図書館蔵『狩野家記録』のうち）、『公用日記』、『続徳川実紀』第一〜二篇、松原茂「奥絵師狩野晴川院『公用日記』に見るその活動」（『東京国立博物館紀要』一七、一九八二年）、『調査研究報告書江戸城本丸等障壁画絵様』（東京国立博物館、一九八八年）、尾本師子「江戸幕府御絵師の身分と格式」・江口恒明「江戸後期における幕府御絵師の名順と身分編成」（『近世御用絵師の史的研究』、思文閣出版、二〇〇八年）

狩野惟信《かのうこれのぶ》 （一七五三〜一八〇八）

宝暦三年（一七五三）十月十五日、狩野栄川院典信の子として生まれる。妻は御医師千賀道隆久頼の養女。通称は栄次郎。号は養川・養川院。別号は玄止斎。明和元年（一七六四）、部屋住として召し出され、奥御用をつとめる。同八年、部屋住高二〇人扶持が与えられる。安永二年（一七七三）、父典信が御医師並に仰せ付けられたのに伴い「御医師子供並」を仰せ付けられる。同五年、十代将軍家治の日光参詣に随従。同年、家治の四十賀の祝儀に小道具の品々を拝領。同七年、江戸城本丸御休息の間の障壁画張り替え御用を行う。天明元年（一七八一）、西丸奥御用を仰せ付けられる。同年十二月十六日、法眼に叙される。同四年、御用の勤功により、部屋住高二〇〇俵が与えられた。同六年二月二十五日、家治五十賀を祝して御紋付小柄を拝領。同年十月十日、家治の死去にともない、生前愛用の画用の硯箱を拝領。寛政二年（一七九〇）十二月三日、父の死により家督を継ぐ（木挽町狩野家七代当主）。同六年十二月十六日、法印に叙される。同七年、十一代将軍家斉の小金原の鹿狩に随従。同八年、日光東照宮陽明門の牡丹彫刻の下絵を仰せ付けられる。文化四年（一八〇七）、翌々年に献納する朝鮮国王への屏風の製作とその頭取を仰せ付けられたが、病状が悪化し、断りを提出。同五年正月九日に死去。享年五十六。法名は養川院惟信日詔。菩提寺は池上本門寺。

（鎌田）

【典拠・参考文献】『寛政譜』第二十一・二九五頁、「系譜御医師並狩野養川院（寛政十年）」「先祖書狩野勝川法眼（弘化三年）」（国立国会図書館蔵『狩野家記録』のうち）、『徳川実紀』第十篇、『続徳川実紀』第一篇、「會心斎筆記」（『東洋美術大観』巻五所収）、尾本師子「江戸幕府御絵師の身分と格式」（『近世御用絵師の史的研究』、思文閣出版、二〇〇八年）

狩野重良《かのうしげよし》 （一五九九〜一六六二）

慶長四年（一五九九）、狩野松栄の門人・一翁重信の子として京都に生まれる。通称内膳。号は一渓・一渓斎。寛永二年（一六二五）、三代将軍家光に御目見、北八丁堀に屋敷を拝領する。一渓を祖とする根岸御行松《おぎょうのまつ》狩野家は、表絵師の家柄である。明暦元年（一六五五）、家綱の将軍就任を祝した朝鮮通信使来日にあたり贈答屏風を製作した。また、中国画論および漢画画題解説の嚆矢とされる『後素集』（元和九年〈一六二三〉跋）や、室町時代初期の東福寺の画僧・兆殿司から一渓に至るおよそ一六〇人の画人を列伝体で記した『丹青若木集』を遺し、著述によって徳川政権創設期における狩野派の新体制補完に努めた。寛文二年（一六六二）正月二十日に死去。享年六十四。

（鎌田）

【典拠・参考文献】「狩野由信由緒書」（『東洋美術大観』巻五所収）、武田恒夫『狩野派絵画史』（吉川弘文館、一九九五年）

狩野《かのう》雅信《ただのぶ》（一八二三～一八七九）

文政六年（一八二三）、狩野晴川院養信の子として生まれる。母は安藤筑後守定規の息女。妻は鍋島直茂の息女。幼名は栄次郎。号は勝川・勝川院。別号は素尚斎。天保六年（一八三五）十一月一日、奥御用見習を仰せつけられる。同八年部屋住高二〇人扶持が与えられる。弘化元年（一八四四）江戸城本丸障壁画製作をおこなう。同年十二月十六日、法眼に叙せられる。同三年七月四日、父晴川院の死により家督を継ぐ（木挽町狩野家十代当主）。嘉永五年（一八五二）、江戸城西丸障壁画製作をおこない、一〇人扶持が加増され、万延元年（一八六〇）十二月十六日、法印に叙せられる。明治五年（一八七二）、木挽町の屋敷は新政府の上地となった。同十九年、江戸城障壁画製作にともなう画稿類は、息子狩野謙柄が帝室博物館（現東京国立博物館）に献納した。明治維新後は、米国博覧会・内国勧業博覧会・仏国博覧会等の事務を務めた。明治十二年八月八日に死去。享年五十七。

（鎌田）

【典拠・参考文献】「系譜狩野勝川法眼（弘化三年）」（国立国会図書館蔵『狩野家記録』のうち）、『東洋美術大観』巻五（審美書院、一九〇九年）

狩野《かのう》探幽《たんゆう》（一六〇二～一六七四）

慶長七年（一六〇二）一月十四日、狩野孝信の長男として京都に生まれる。母は佐々成政の息女。宰相・采女・四郎次郎と称した。諱は守信。号は探幽・探幽斎・白蓮子・筆峰大居士・生明。慶長十七年（一六一二）、駿府にて大御所徳川家康に御目見。同十九年、江戸に下向し二代将軍秀忠に御目見、御前にて席画を行い、祖父永徳の再生なりと称賛された。元和二年（一六一六）、紅葉山御霊屋、日光山・三縁山・東叡山の各霊廟の絵の御用をつとめる。同三年、新規に召し出され幕府の絵師を仰せ付けられ、鍛冶橋門外に屋敷を拝領（「探淵先祖書」では、屋敷拝領を元和七年とする）。嫡子であったが、父孝信の跡目を継がず、別家を立てた。探幽を祖とする鍛冶橋狩野家は、奥絵師の家柄として代々御用を務めた。元和九年に大坂城、寛永三年（一六二六）に二条城の障壁画製作をおこなう。同五年、二〇〇人扶持が与えられた。同十一年に名古屋城上洛殿、同十三年に日光東照宮の障壁画製作をおこなう。同年、家康の二十五回忌（寛永十七年）に日光東照宮に奉納する「東照宮縁起絵巻」（日光東照宮宝物館）の製作に着手。寛永十二年、大徳寺の僧・江月宗玩より「探幽斎」の号を授かる。同十五年十二月二十九日、剃髪し法眼に叙せられる。同十九年、禁裏御所造営にともない紫宸殿の賢聖障子を描いた。探幽はその後、承応・寛文の御所造営においても賢聖障子を担当した。寛文二年（一六六二）五月二十九日、法印に叙せられる。同四年、河内国に二〇〇石の知行地を拝領。この所領は探幽の没後、嫡子探信と二男探雪に均等に相続された。南禅寺・大徳寺・妙心寺本坊方丈・聖衆来迎寺・増上寺など上方や江戸の大寺院の障壁画、御所や江戸城の障壁画、朝鮮国王への屏風製作など、数多くの公務に狩野家最高位の絵師として尽力した。加えて、「百人一首手鑑」や「新三十六歌仙図帖」などのやまと絵、東照権現像（霊夢像）をはじめとする貴顕の肖像画も数多く手掛けた。さらに古名画の正確な模写を数多く遺し、狩野家の画嚢を肥やした。

また「探幽縮図」と称される数々の絵画の手控えは、現代でも資料的価値が高い。探幽画は、江戸幕府創設期において、徳川将軍家の権力の正統性と威光とを絵画によって示すという使命の下、東山御物にみる宋元画や足利幕府に仕えた狩野家の祖に範をとったものが多い。こうした探幽の作例は、粉本を通じて後代まで狩野派内に継承されていった。延宝二年十月七日死去。享年七十三。法名は玄徳院日道。菩提寺は池上本門寺。（鎌田）

【典拠・参考文献】「系譜御医師並狩野養川院（寛政十年）」（国立国会図書館蔵『狩野家記録』のうち）、「探淵先祖書」（『東洋美術大観』巻五所収）、『徳川実紀』第一～四篇、『隔冥記』、『生誕四〇〇年記念　狩野探幽展』（日本経済新聞社、二〇〇二年）、『近世御用絵師の史的研究』（思文閣出版、二〇〇八年）

狩野周信《かのうちかのぶ》　（一六六〇～一七二八）

万治三年（一六六〇）七月二日、狩野養朴常信の子として生まれる。母は狩野永真安信の息女。妻は御医師・平井省庵正興の息女。幼名は右近。号は如川・泰寓齋。延宝六年（一六七八）部屋住で四代将軍家綱に御目見。宝永六年（一七〇九）の御所造営において禁裏御所・女院御所・仙洞御所の障壁画製作をおこなう。宝永七年、部屋住高一〇人扶持を得る。正徳三年（一七一三）三月二十四日、父常信の死により家督を継ぐ（木挽町狩野家三代当主）。同年、六代将軍家宣の死去にともない肖像画と御霊屋の障壁画製作を行う。享保元年（一七一六）、七代将軍家継の死に際し肖像画を描いた。同四年二月二十二日、法眼に叙せられる。同年、朝鮮国王への献納屏風を製作。同十三年正月六日死去。享年六十九。法名は晃曜院鏸雲日治。菩提寺は池上本門寺。（鎌田）

【典拠・参考文献】『寛政譜』第二十一・二九四頁、「系譜御医師並狩野養川院（寛政十年）」（国立国会図書館蔵『狩野家記録』のうち）、『徳川実紀』第五～八篇、「會心斎筆記」（『東洋美術大観』巻五所収）

狩野常信《かのうつねのぶ》　（一六三六～一七一三）

寛永十三年（一六三六）三月十三日、狩野尚信の長男として京都に生まれる。妻は狩野永真安信の息女。幼名三位。通称は右近・中務卿法印。号は養朴・古川・古川叟。別号に、耕寛斎・青白斎・紫薇翁・寒雲子・朴斎・弄毫軒・潜屋・篁渚散人がある。慶安三年（一六五〇）、父尚信の死により跡目を継ぐ（木挽町狩野家二代当主）。同年十一月十五日、剃髪して養朴と改名し、同年十二月十五日、三代将軍家光に御目見した。四代将軍家綱の御前に度々召され、御画御用を務めた。天和二年（一六八二）、二〇人扶持を拝領。宝永元年（一七〇四）十二月十二日には法眼に、同六年十一月三日には法印に叙せられた。また承応以後、寛文・延宝・宝永と計四度の禁裏御所造営に参加。宝永六年の禁裏御所造営では、紫宸殿の賢聖障子を担当し、江戸で製作した画を京都へ送った。宝永七年に六代将軍家宣より武蔵国に二〇〇石の知行地を拝領、木挽町狩野家は都合高二〇〇石二〇人扶持となった。江戸城本丸御殿の障壁画をはじめ、宝永七年閏八月五日の紅葉山御霊屋・寛永寺霊廟の障壁画、同年九月二十五日の琉球中山王への献納画、朝鮮国王への献納屏風など、数々の御用絵を手掛けた。また、古画を控えた「常信縮図」は、「探幽縮図」とともに資料的価値が高い。なお、跡目は長子狩野周信が継いだ。二男の岑信は別家を立て浜町狩野家の祖となり、三男の甫信は岑信の跡目を継いだ。娘は探雪守政に嫁いでいる。正徳三年（一七一三）正月二十七日に死去。享年七十八。法名は常心院道雲日観。菩提寺は池上本門寺。（鎌田）

【典拠・参考文献】『寛政譜』第二十一・二九四頁、「系譜御医師並狩野養川院（寛政十年）」（国立国会図書館蔵『狩野家記録』のうち）、『徳川実紀』第三〜七篇、「會心斎筆記」（『東洋美術大観』巻五所収）

狩野英信《かのうてるのぶ》（一七一七〜一七六三）

享保二年（一七一七）五月十三日、狩野永叔主信の二男として江戸に生まれる。妻は高家畠山下総守義里の息女。幼名は源四郎。号は祐清、別号は如滴斎。享保十年（一七二五）十月十六日、兄の中橋狩野家三代永真憲信に男子がなかったため、養子となる。同十一年、八代将軍吉宗に御目見し、部屋住を仰せ付けられる。同十六年十二月二日、養父憲信の死により、家督を継ぐ（中橋狩野家四代目）。同十九年、吉宗の鷹狩や猪狩などに度々随従する。江戸城二丸御殿の障壁画御用を務める。延享三年（一七四五）十二月二十一日、法眼に叙された。同四年朝鮮国王への屏風製作。吉宗の死去に際し、宝暦二年（一七五二）、肖像画、霊廟の障壁画製作をおこなう。同三年日光東照宮の修復御用。同九年、西丸奥御用を仰せ付けられる。これ以降、中橋狩野家は代々奥御用を仰せ付けられた。同十一年（一七六一）、九代将軍家重の死去に際し、肖像画、霊廟の障壁画製作をおこなう。十代将軍家治の絵の稽古を定期的に勤めた。同十二年二月十六日、法印に叙される。宝暦十三年（一七六三）六月二十一日に死去。享年四十七。法名如心院日浄。菩提寺は池上本門寺。（鎌田）

【典拠・参考文献】「永徳先祖書」（『東洋美術大観』巻五所収）、『徳川実紀』第八〜十篇、尾本師子「江戸幕府御絵師の身分と格式」（『近世御用絵師の史的研究』、思文閣出版、二〇〇八年）

狩野尚信《かのうなおのぶ》（一六〇七〜一六五〇）

慶長十二年（一六〇七）十月六日、狩野孝信の二男として京都に生まれる。探幽の次弟。妻は真説の息女。幼名三位、通称主馬。はじめ一信、剃髪して自適斎と号す。元和四年（一六一八）八月晦日、父孝信の死により跡目を継ぐ。同九年、家光の上洛の折、京都において御目見し御画御用を行う。寛永七年（一六三〇）江戸に召され、秀忠に御目見。同年、幕府の御絵師を仰せつけられ、竹川町に屋敷を拝領する。尚信を祖とする竹川町狩野家（のちの木挽町狩野家）は、奥絵師の家柄として代々御用を務めた。元和九年の大坂城内御殿の襖絵、寛永三年の二条城、同十八年の大徳寺本坊方丈、同年の寛永度の禁裏御所造営、同十九年の近江聖衆来迎寺客殿・知恩院方丈、正保四年（一六四七）の江戸城など、城郭や大寺院の障壁画製作を兄・探幽をとともに行った。現存する遺作はさほど多くないが、その画技は探幽を凌ぐという評価も江戸時代にはあった（近衛家熈『槐記』）。慶安三年四月七日に死去。享年四十四。法名は圓心院實諦日徳。菩提寺は池上本門寺。（鎌田）

【典拠・参考文献】『寛政譜』第二十一・二九四頁、「系譜御医師並狩野養川院（寛政十年）」（国立国会図書館蔵『狩野家記録』のうち）、『徳川実紀』第二〜三篇

狩野栄信《かのうながのぶ》（一七七五〜一八二八）

安永四年（一七七五）八月晦日、狩野養川院惟信の長男として生まれる。母は御医師千賀道隆久頼の養女。妻は稲葉丹後守家来松尾多宮直常の息女、後妻は松平備前守家来斎藤元受定公の息女。幼名は栄二郎。号は伊川・伊川院。別号は玄賞斎《げんしょうさい》。寛政三年（一七九一）、十一代将軍家斉に御目見。同五年、奥御用見習を仰せ付けられる。同七年、家斉の小金原の鹿狩に随従。同九年、次期将軍家慶に御目見し、西丸奥御用を仰せ付けられる。同十二年、二〇人扶持

が給される。享和二年（一八〇二）十二月十六日法眼に叙される。文化二年（一八〇五）、部屋住高二〇〇俵が与えられた。同五年、父養川院が死の直前に下命をうけた朝鮮国王への屏風製作とその頭取を仰せ付けられる。同年四月三日、家督を継ぐ（木挽町狩野家八代当主）。同十三年十二月十六日、法印に叙される。嫡子養信が日々の御用を克明に綴った『公用日記』（東京国立博物館他）からは、養信とともに定期的に登城し、画事を務めた様子が窺える。御用の内容は、江戸城の障壁画、禁裏や朝鮮国王への贈答屏風、将軍や若君の絵の手習い相手、姫君や若君の婚礼や引移りのための画、絵の繕いなど幅広い。十一代将軍家斉が再建した静岡浅間神社拝殿の天井画「天女図」（文化十一年）は、現存する代表作のひとつである。六男四女をもうけ、そのうち三人の男子が奥絵師となった。すなわち、晴川養信（惣領）、董川中信（浜町狩野家養子）、永徳立信（中橋狩野家養子）である。また二男朝岡興禎は御小納戸、御絵番を務め、弘化・嘉永の頃『古畫備考』を著した。文政十一年（一八二八）七月四日に死去。享年五十四。法名は伊川院栄信日宣。菩提寺は池上本門寺。（鎌田）

【典拠・参考文献】『寛政譜』第二十一・二九五頁、「系譜狩野勝川法眼（弘化三年）」（国立国会図書館蔵『狩野家記録』のうち）、『公用日記』（東京国立博物館）、『続徳川実紀』第一〜二篇、『古畫備考』、尾本師子「江戸幕府御絵師の身分と格式」（『近世御用絵師の史的研究』、思文閣出版、二〇〇八年）

狩野長信《かのうながのぶ》 （一五七七〜一六五四）

天正五年（一五七七）、狩野松栄の子として京都に生まれる。狩野永徳の末弟。初め左衛門と称す。号は休泊、慶長年間、徳川家康より駿府に召し出され御用を務める。その後、二代将軍秀忠の江戸入国にしたがい、狩野家の絵師としていち早く江戸において徳川幕府の御用を務め、法橋に叙され一四人扶持を得ていた（御徒町狩野家祖）。やがて御用が増加したため、慶長十七年（一六一二）、甥孝信の息子である探幽を駿府に呼び寄せ、大御所家康に御目見させた。この後、狩野家の絵師が次々に江戸に入り、同家の江戸幕府御用絵師としての地盤が固められていった。長信を祖とする御徒町狩野家は、のちに「表絵師」と呼ばれる家柄である。寛永十八年（一六四一）日光東照宮奥院拝殿造営に際し絵や彩色の御用をつとめる。代表作は、国宝「花下遊楽図屏風」（東京国立博物館）。また、寛永三年に造営された二条城白書院の障壁画を長信作とする説もある。現存作品は少ない。承応三年（一六五四）十月十八日に死去。享年七十八。法名は浄巌院前法橋休伯日如居士。（鎌田）

【典拠・参考文献】「玉栄由緒書」・「玉燕由緒書」（『東洋美術大観』第五所収）、武田恒夫『狩野派絵画史』（吉川弘文館、一九九五年）、尾本師子「江戸幕府御絵師の身分と格式」（『近世御用絵師の史的研究』、思文閣出版、二〇〇八年）

狩野古信《かのうひさのぶ》 （一六九六〜一七三一）

元禄九年（一六九六）八月十六日、狩野如川周信の子として生まれる。母は御医師平井省庵正興の息女。妻は、水戸家家臣岡部忠平以誠の息女。幼名は庄三郎。号は栄川。宝永八年（一七一一）部屋住で六代将軍家宣に御目見する。享保八年（一七二三）、八代将軍吉宗が各家所蔵の古名画を上覧するのに際し、その模写を命じられる。同年十一月十六日、小松川筋遠御成に供奉し、御拳の鴨を拝領。その後度々、遠御成に随従する。同年十二月、鷹の写生を仰せ付けられ、古信の下絵に吉宗自ら直しやお好みを加筆、その筆を拝領した。同十一年三月二十七日、小金原の鹿狩りに随従し、鹿一匹を拝領。この時の狩りの様子を屏風絵にするよう仰せ付けられる。享保十三年五月二十五日、父周信の死去により家督を継ぐ（木挽町狩野家四代当主）。現存作品には、享保三年に吉宗の命により取り寄せられた象や獣を写生した「鳥獣鷹象図巻」（東京国立博物館蔵）や、ペリカンの実物大写生図（同館蔵）など、吉宗の趣向が強く反映された画が多い。享保十六年正月、病気の快復が難しく、実子庄三郎（狩野典信）がいまだ二歳であったため、父方の従弟・浜町狩野家の松本随川の長男・松本受《じゅ》川玄信《せんはるのぶ》を養子とした。同月九日に死去。享年三十六。法名は法性院古信日是。菩提寺は池上本門寺。（鎌田）

【典拠・参考文献】『寛政譜』第二十一・二九四頁、「系譜御医師並狩野養川院（寛政十年）」（国立国会図書館蔵『狩野家記録』のうち）、『徳川実紀』第七～八篇、「會心斎筆記」（『東洋美術大観』巻五所収）、『狩野派の三百年』（江戸東京博物館、一九九八年）

加納久通《かのうひさみち》（一六七三～一七四八）

延宝元年（一六七三）に紀州藩士加納大隅守政直の子として生まれる。通称は孫市・角兵衛。のちに紀州藩士加納久政の養子となり、藩主であった徳川吉宗の御用役番頭を務めた。正徳六年（享保元・一七一六）四月晦日に七代将軍徳川家継が死去し、吉宗が江戸城二の丸へ入るにともない、九五名の紀州藩士と一緒にこれに供奉した。同年五月十六日、有馬氏倫とともに「申次の事」を司るよう申し渡され（御側御用取次の創始）、同月二十五日には小笠原胤次・有馬氏倫とともに御側衆に任ぜられ、「申次のこと」を兼ねた。また同日、伊勢国三重郡のうちに一〇〇〇石の知行地を宛行われた。七月二十日には従五位下に叙せられて近江守と名乗る。翌享保二年正月十一日には下総国相馬郡内に新知一〇〇〇石を加増され、禄高は二〇〇〇石となった。久通は御側御用取次として、表向きは将軍と老中との取次役を務める一方、実際には吉宗の政治向きの相談役となり、人事などの相談にも預かっていたといわれる。性格は「おいらかにしてつ、しみふか」い人物とされ、同じ御側御用取次の有馬氏倫が「さえかしこく、かど、、しき所ある」性格であったのとは対照的で、吉宗はこの両名を「左右の御手のごとく」使い分けたといわれ、吉宗が展開した側近政治には無くてはならない存在であった。久通は、享保十一年（一七二六）正月十一日に伊勢国三重郡・多気郡および上総国長柄郡のうちに八〇〇〇石を加増されて、大名に取り立てられ、同時に御用繁多であることを理由に泊番を免除された。延享二年（一七四五）九月一日には若年寄へと進み、隠退した吉宗に従って西丸勤務となる。同四年（一七四七）九月二十五日には、老年を理由に辞職を願い出たが許されず、心に任せて登城すべき旨を仰せ渡され、寛延元年（一七四八）七月にも再び病気を理由に辞職を申し入れたが、これも許されずに心なりに療養すべき旨を仰せ渡されている。同年八月十九日に死去。享年七十六。法名は江山日久報光院。四谷の戒行寺に葬られた。（太田尚）

【典拠・参考文献】『寛政譜』第二十二・一三八頁、深井雅海「紀州藩士の幕臣化と享保改革」（徳川林政史研究所『研究紀要』昭和五二年度、一九七八年）

狩野益信《かのうますのぶ》（一六二五～一六九四）

寛永二年（一六二五）彫金師・後藤益乗光次の子として生まれる。妻は狩野永真安信の女。幼名は山三郎、通称は采女、号は宗探道人・松蔭子。別号は松蔭斎・薄友斎。寛永十二年（一六三五）狩野探幽の養子となる。慈眼大師天海の仲介により三代将軍家光の代に召し出される。同十三年、家光の日光山詣に随従する。承応二年（一六五三）、探幽に長男（探信守政）が生まれたため、別家を成した。寛文七年（一六六七）、駿河台に屋敷を拝領。益信を祖とする駿河台狩野家はのちに「表絵師」と称される家柄である。天和二年（一六八二）、新たに二〇人扶持が与えられ、他の表絵師（山下町屋を除く）の一律五人扶持より高い格式を得た。寛永年間に江戸城本丸障壁画、延宝度の禁裏御所造営、天和二年に朝鮮国王への献納屏風製作などをおこなった。元禄四年（一六九一）十二月二日、法眼に叙される。元禄七年一月八日に死去。享年七十。菩提寺は上野護国院。法名は智光院法眼洞雲宗深居士。（鎌田）

【典拠・参考文献】「洞春由緒書」（『東洋美術大観』巻五所収）、朝岡興禎『古畫備考』、尾本師子「江戸幕府御絵師の身分と格式」（『近世御用絵師の史的研究』、思文閣出版、二〇〇八年）

狩野典信《かのうみちのぶ》（一七三〇～一七九〇）

享保十五年（一七三〇）十一月十一日、狩野栄川古信の子として生まれる。母は水戸家家臣岡部忠平以誠の息女。幼名は庄三郎。号は栄川・栄川院、別号は白玉斎《はくぎょくさい》。翌十六年（一七三一）一月九日、父古信が没したため養父狩野受川玄信の養弟となるが、同年十月十四日に玄信が病没、同年十二月二十七日、わずか二歳にして跡目を継ぐ（木挽町狩野家六代当主）。寛保元年（一七四一）、八代将軍吉宗に御目見。宝暦十二年（一七六二）二月十六日、法眼に叙される。同十三年、奥御用を仰せ付けられる。同十四年、朝鮮国王への屏風を製作。安永二年（一七七三）、御医師並を仰せ付けられる。同四年、十代将軍家治の御前に召され、御紋羽織を拝領。同五年、家治の日光山参詣に随従する。同年、家治の四十賀を祝して、小道具の品々を拝領。同六年、狩野尚信以来の竹川町拝領屋敷を当時の武士地・木挽町に引き替えることを願い出、新たに屋敷を拝領した。この時、特別の措置により竹川町屋敷は返上に及ばなかった。木挽町屋敷は、もと田沼意次邸を分与したものであり、田沼と典信とは裏門を通じて行き来し密議すると噂されるほど親しい交流があったという。同七年、江戸城本丸御休息の間の障壁画張り替え、同八年、黒書院竹の廊下の障壁画御用をつとめる。同九年（一七八〇）、家治の嫡子家基の死去にともない、肖像画ならびに霊廟の障壁画製作をおこなう。同年十二月十八日、法印に叙される。天明六年（一七八六）、家治の五十賀を祝して御紋付小柄を拝領。同七年、家治の死去にともない、肖像画ならびに霊廟の障壁画製作をおこなう。寛政の禁裏御所造営にあたり紫宸殿の賢聖障子を担当するが、寛政二年八月十六日、下絵ができた段階で死去、松平定信の命により住吉広行がその製作を引き継いだ。享年六十一。法名は法寿院典信日妙。菩提寺は池上本門寺。（鎌田）

【典拠・参考文献】『寛政譜』第二十一・二九五頁、「系譜御医師並狩野養川院（寛政十年）」（国立国会図書館蔵『狩野家記録』のうち）、『徳川実紀』第九～十篇、『続徳川実紀』第一篇、「會心斎筆記」（『東洋美術大観』巻五所収）、『よしの冊子』（『随筆百花苑』所収、中央公論社、一九八四年）

狩野岑信《かのうみねのぶ》（一六六二～一七〇八）

寛文二年（一六六二）、狩野養朴常信の次子として生まれる。母は狩野永真安信の息女。幼名は吉之助、通称は主税、後に松本友盛と改める。号は随川・覚柳斎。元禄元年（一六九八）、甲府城主徳川綱豊（のち六代将軍家宣）に召し出され、桜田御殿で絵の御用を勤めていた。同三年、一五人扶持が与えられる。宝永元年（一七〇四）家宣の西丸入城に従い、同四年西丸土圭之間番を勤める。家宣自ら松平姓を与えようとしたが、岑信が憚り辞退したため松本姓が与えられたという。同五年、家宣の将軍宣下にともない奥医師並を仰せ付けられ、二〇〇俵七人扶持に加増、両国広小路横山町に町屋敷二五〇坪が与えられた（浜町狩野家と称される）。この岑信を祖とする浜町狩野家は、奥絵師の家柄として代々御用を務めた。なお、御絵師が「奥医師並」の職格を与えられた例は、住吉具慶と岑信のみである。宝永五年（一七〇八）十二月三日に死去。享年四十七。法名覚樹院岑信日量。菩提寺は池上本門寺。（鎌田）

【典拠・参考文献】「系譜御医師並狩野養川院（寛政十年）」（国立国会図書館蔵『狩野家記録』のうち）、『会心斎筆記』、「狩野家五家譜」（『東洋美術大観』巻五所収）、『徳川実紀』第七篇、『寛政譜』第二十一・二九五～六頁、朝岡興禎『古畫備考』、尾本師子「江戸幕府御絵師の身分と格式」（『近世御用絵師の史的研究』、思文閣出版、二〇〇八年）

狩野安信《かのうやすのぶ》（一六一三～一六八五）

慶長十八年（一六一三）十二月一日、狩野孝信の三男として京都に生まれる。妻は狩野休伯長信の息女。幼名は雄丸、通称は源四郎・右京進、号は永真。別号に牧心斎・静閑子・了浮斎がある。元和九年（一六二三）、狩野宗家の養父貞信が二十七歳で早世したため、十歳で家督を継いだ。寛永年間（一六二四～四四）に大御所秀忠に御目見。狩野宗家には天正十八年に豊臣秀吉から与えられ受け継いでいた一〇〇石の知行地が山城国にあったが、三代将軍家光はこれを安堵した上、一五人扶持と江戸中橋に屋敷を与えた。この中橋狩野家は、奥絵師の家柄として代々御用を務めた。寛文二年（一六六二）五月二十九日、兄探幽が法印に叙せられたのに伴い、法眼に叙された。同六年正月六日、江戸城において書初めを仰せ付けられ、御紋付時服、羽織を拝領する。以後、毎年江戸城にて書初めをつとめた。延宝三年（一六七五）、禁裏御所造営において紫宸殿の賢聖障子を担当。同八年、四代将軍家綱の死去に際し肖像画、霊廟の障壁画製作をおこなう。天和二年（一六八二）、朝鮮国王への献納屏風を製作。延宝八年（一六八〇）に『画道要訣』を著し、秘伝書として狩野派の絵師に必須の指導理念を示した。同著の、天質による「質画」は、習い学ぶ「学画」に及ばないと説くくだりは、「御用絵」を生業とする狩野家にとって正に基盤となる心得であった。貞享二年（一六八五）九月四日病没。享年七十三。法名は長源院日実。菩提寺は池上本門寺。（鎌田）

【典拠・参考文献】『寛政譜』第二十一・二九四頁、「系譜御医師並狩野養川院（寛政十年）」（国立国会図書館蔵『狩野家記録』のうち）、「永徳先祖書」（『東洋美術大観』巻五所収）、『徳川実紀』第二～五篇、尾本師子「江戸幕府御絵師の身分と格式」（『近世御用絵師の史的研究』思文閣出版、二〇〇八年）

神沼佐太郎《かみぬまさたろう》（生没年未詳）

父は小十人を務めた神沼美英《よしふさ》。家禄は一〇〇俵五人扶持。嘉永六年（一八五三）十二月五日に表右筆組頭として西丸御用を兼任したことから金一枚を与えられている。安政四年（一八五七）正月二十五日、寛永寺において文恭院（十一代将軍徳川家斉）一七回忌の判物・朱印の御用を務めたことから金三枚と時服二領を拝領する。文久二年（一八六二）九月十一日には十四代将軍家茂の上洛に供奉している。同年十月十七日には西丸裏門番頭に転じている。慶応二年（一八六六）八月五日に御役御免、勤仕

並寄合となる。　（清水）

【典拠・参考文献】『旗本百科』第二巻、『続徳川実紀』第三・四篇、『寛政譜』第二十二・二二五頁、『柳営補任』

神谷清俊《かみやきよとし》　（一七二三～一七八二）

享保八年（一七二三）に生まれる。左内・与次右衛門と称する。知行は二〇〇〇石。実は小性組等を務めた落合道富《みちとみ》の三男。母は神谷清房の弟清継の息女で清房の養女。妻は佐野仲行の息女。寛保三年（一七四三）八月二日に母方の実家である神谷家の養子となっていた次兄清明の末期に臨んで養子となり、神谷家を相続する。十一月晦日に書院番となり、延享二年（一七四五）三月六日より進物番となる。同三年に使番富永泰代と西丸小性組酒依信道と共に、淡路・讃岐・阿波・土佐・伊予・豊前・豊後の巡見使となる。寛延四年（宝暦元・一七五一）正月十一日、使番に転じ、十二月十八日に布衣をゆるされる。同八年四月十五日に駿府定番、明和三年（一七六六）十月二十八日には小普請組支配に転じる。同六年八月十五日、大坂町奉行に進み、十一月朔日、従五位下大和守に叙任される。安永四年（一七七五）二月二十一日御持弓頭に転じ、同五年二月十六日辞職して寄合に列す。同六年八月十三日に家督を渡辺忠の二男清躬《きよみ》を養子として譲って隠居し、天明二年（一七八二）四月朔日に死去した。享年六十。法名鉄公。多摩郡の浄牧院に葬られた。　（清水）

【典拠・参考文献】『寛政譜』第十六・二三三頁、『徳川実紀』第九篇、『柳営補任』

神谷忠栄《かみやただよし》　（生年未詳～一六五六）

助左衛門と称す。先祖は若狭国神谷庄に住んでいたことから神谷を称したという。元和八年（一六二二）御徒に召し加えられ、のち御徒目付より貝役に転じる。寛永二十年（一六四三）に国廻目付が遣わされた際、武蔵国の農耕の様子を巡視した。承応元年（一六五二）には国目付として東海道巡察を行っている。同年十一月十日に国目付から御徒目付組頭となる。明暦二年（一六五六）に死去。同年十二月二十一日に子息栄《よし》勝《かつ》が采地二五〇石を相続した。　（清水）

【典拠・参考文献】『寛政譜』第十九・一九一頁、『徳川実紀』第三・四篇

神谷脩正《かみやのぶまさ》　（一七二七～一七九六）

享保十二年（一七二七）に松平甲斐守家臣神谷正治の子として生まれる。平右衛門・三左衛門と称した。実母は中村氏の娘である。神谷正親の養子となった。妻は下野国八幡村八幡の神職縣田幡忠兼の娘。後妻は一橋家家臣反町依角の娘。宝暦元年（一七五一）十二月七日、九代徳川将軍家重に初めて御目見をする。翌二年十二月十四日に家を継ぎ、同八年二月二十日に表右筆となり、七月十二日には西丸奥右筆に移る。同十一年八月三日に表右筆に復し、十二年十二月十五日、十代将軍家治の長男家基に付属し、西丸奥右筆となる。安永八年（一七七九）四月十六日より本丸勤めとなり、天明元年（一七八一）五月二十六日には徳川家斉の将軍宣下に際し、時服二領・黄金一枚を拝領した。寛政四年（一七九二）閏二月二十一日、御天守番頭に転じ、同八年十一月三日に職を辞した。同月二十二日に死去した。享年七十。法名は仲鋭。墓所は同家代々の葬地である四谷正応寺と思われる。　（坂本）

【典拠・参考文献】『寛政譜』第二十一・六七頁

神谷久敬《かみやひさよし》　（一六八二～一七四九）

寛文十二年（一六七二）、近藤四郎兵衛の子として生まれる。母は祖父神谷久豊の娘。神谷久時の娘を妻に貰い受け、久時の養子となった。半助・武右衛門と称す。任

官後は志摩守を名乗る。元禄五年（一六九二）十一月二日に勘定役となり、廩米一五〇俵を賜る。同九年十二月二十二日には精勤により黄金三枚を下賜されている。同十六年九月二十九日、勘定組頭へ昇進し、十二月二十二日には一〇〇俵を加増された。享保元年（一七一六）十一月十九日、豊前国中津城地の郷村請取りに出向き、同八年五月四日には勘定吟味役へと昇進、同年十二月八日に布衣の着用を許されている。享保十四年十二月二十五日、新たに二五〇石を加増され、この時、蔵米取りから知行取りへとかわり武蔵国多摩郡内において都合五〇〇石を知行することとなった。享保十九年十二月朔日、勘定奉行となり、同月十八日には従五位下志摩守に叙任された。寛延二年（一七四九）六月十五日に死去。享年七十八。法名は智鑑。下谷龍谷寺（東京都台東区）に葬られている。（保垣）

【典拠・参考文献】『寛政譜』第二十二・八頁

神谷正位《かみやまさたか》（生年未詳～一七三〇）

神谷忠経《ただつね》の長男として生まれる。正勝とも名乗り、与右衛門・兵右衛門と称した。妻は甲府藩士芥川杢右衛門の娘である。もとは桜田館で破損奉行として徳川綱豊（のち六代将軍）に仕えていた。宝永元年（一七〇四）に家宣が西丸に入る際に、西丸大奥侍となり、後に西丸細工方に転じた。正徳元年（一七一一）四月十二日には細工頭となる。享保三年（一七一八）十一月十八日に小普請となり、同十五年十月四日に死去した。法名は静休。浅草本願寺内長敬寺に埋葬され、同寺は代々の葬地となった。（坂本）

【典拠・参考文献】『寛政譜』第十九・一九二頁

神谷正親《かみやまさちか》（一六七五～一七五三）

延宝三年（一六七五）に生まれる。平左衛門と称した。妻は井田光号の娘である。神谷家は宇都宮の庶流で三河国八名郡神谷村の住居していた家といわれる。正親は当神谷家の初代である。正親は、元禄十年（一六九七）十月に御徒となり、のちに御徒目付を経て小普請方改役となる。享保三年（一七一八）三月二十六日に材木石奉行となり、廩米一〇〇俵・月俸五口を賜る。同八年七月十九日、職務を怠りなく務めたことにより黄金三枚を下賜される。寛保三年（一七四三）六月二十一日に富士見御宝蔵番頭に転じ、宝暦二年（一七五二）六月十日に老年のため辞職し、小普請となる。この日黄金二枚を賜わる。同年十二月十四日に隠居した。同三年二月二十一日に死去。享年七十九。法名信順。墓所は四谷正応寺で、同寺は神谷家代々の葬地となる。嫡男正信が宝暦元年に死去したため、松平甲斐守家臣神谷正治の子脩正を養子とし、家を継がせた。（坂本）

【典拠・参考文献】『寛政譜』第二十一・六七頁

香山栄左衛門《かやまえいざえもん》（一八二一～一八七七）

文政四年（一八二一）四月に紀伊藩士刈谷氏の次男として遠江国新居（静岡県浜名郡新居町）に生まれる。天保六年（一八三五）浦賀奉行組与力香山堅兵衛《けんべえ》の養子となる。堅兵衛没後に浦賀奉行組与力に就任した。初め俸禄四〇石、同十四年に俸禄八〇石に加増された。嘉永六年（一八五三）六月、アメリカ東インド艦隊司令長官ペリーが浦賀（神奈川県横須賀市）に来航した時には応接を担当、同年東浦賀村（同上）の明神崎台場建設に携わった。同七年正月のペリー再来航時には応接地を横浜村（神奈川県横浜市）にすることを提案した。同年四月、富士見御宝蔵番へ転役、以後江戸に住居した。文久三年（一八六三）に歩兵差図役頭取に就任、浪華砲台建造を監督した。元治元年（一八六四）六月、歩兵組として天狗党の乱鎮圧にあたったが、「議論不合」につき職を辞した。慶応四年（一八六八）に静岡へ移住、のち東京巣鴨に居住し、明治十年（一八七七）四月に病没した。享年五十七。（神谷）

【典拠・参考文献】『続徳川実紀』第三・四篇、横須賀市教育委員会編『横須賀市文化財総合調査報告書　第一集　浦賀地区』（横須賀市教育委員会、一九八一年）

唐衣橘洲《からころもきっしゅう》（一七四三～一八〇二）

寛保三年（一七四三）十二月四日に江戸市ヶ谷大隅町で生まれる。姓は小島、名は恭従、後に謙之、通称は源之助、字は子興、のち温之、狂名は唐衣橘洲、別号は酔竹庵、あるいは酔竹園。父は小普請組の源五郎。橘洲の三代前までは旗本の家柄であったというが、橘洲は田安家の家臣となり、小十人頭。和歌を内山椿軒・萩原宗固に学び、漢詩を青山の耆山和尚（増上寺の学僧）に学ぶ。狂歌の才を内山椿軒に賞され、唐衣橘洲の狂名を与えられた。明和六年（一七六九）、四方赤良（七〇俵五人扶持の御徒、大田南畝）、平秩東作（江戸のたばこ商）らとともに狂歌会を開き、また翌年にも内山椿軒、萩原宗固を判者に迎えた『明和十五番狂歌合』を催し、これ以降、江戸狂歌が流行していった。橘洲は酔竹連を率い、天明期に大流行した江戸狂歌の中心的存在となったが、作風が典雅で技巧的であるため、機知と笑いに富む作風の四方赤良と対立していた。寛政改革により四方赤良をはじめ多くの武士作者が狂歌界から身を引いた後も、橘洲は狂歌を続け、逆にその本格的な作風が尊重されるようになる。なお、たいへんな酒豪であり、小島家は裕福で代々土地を所持していたが、橘洲の代で失ってしまったという。享和二年（一八〇二）七月十八日没。享年六十。法名は心眼院開誉得聞居士。赤坂一ツ木浄土寺に葬られた。（湯浅）

【典拠・参考文献】『古典文学』第二巻、「蕉園の父唐衣橘洲」『森銑三著作集』第四巻（中央公論社、昭和四十六年）、小林ふみ子「山の手の狂歌連」『江戸文学』31（ぺりかん社、二〇〇四年）

河合次郎右衛門《かわいじろうえもん》（生没年未詳）

父は吹上花畑奉行の河合邑元《くにもと》。与左衛門とも称した。文化十一年（一八一四）吹上花畑奉行を務める（『文化十一年武鑑』）。天保二年（一八三一）十二月十九日に吹上花畑奉行のまま姫君御用人格となり、布衣の士にくわえられる。嘉永元年（一八四八）まで在職していたようである（『嘉永武鑑』）。（吉成）

【典拠・参考文献】『続徳川実紀』第一、二篇、『旗本百科』第二巻

川井久敬《かわいひさたか》（一七二五～一七七五）

享保十年（一七二五）、具足奉行などを務めた川井久守の子として生まれる。母は、窪田直好の娘。久米之助・宮内・次郎兵衛を称す。妻は加藤政景の娘。延享元年（一七四四）九月三日、父の遺跡を継ぎ、同月十八日に初めて徳川吉宗に拝謁する。寛延二年（一七四九）三月二十六日に小普請組の組頭となり、宝暦十三年（一七六三）七月、それまで上総国長柄・山辺・武射の三郡にわたっていた領地のうち、武射の采地を長柄郡に移される。明和二年（一七六五）二月二十五日、勘定吟味役へと昇進。三月晦日には久能山東照宮の普請に携わり、十二月八日に布衣の着用を許される。また、同三年五月十日に美濃国その他の川々普請を務めて黄金一〇枚を、翌四年四月には淀および大坂へ出向き黄金五枚を賜る。同五年に鋳造された真鍮四文銭は、久敬の建議によるものであったため、裏面に川井家の

家紋である青海波紋様が施され、「波銭」と呼ばれた。明和八年二月二十八日に勘定奉行へと昇進し、四月十六日には仙洞御所の普請に携わり時服二領・黄金五枚を賜わるが、殊に賞されて禁裏よりも黄金三枚を下賜され、同年十二月十八日には、従五位下越前守に叙任された。安永四年（一七七五）八月二十日より田安家家老を兼帯する。同年十月二十六日に死去。享年五十一。法名は紹輝。小日向龍興寺（現在は東京都中野区に移転）に葬られている。　（保垣）

【典拠・参考文献】『寛政譜』第十八・二五九頁

川勝広運《かわかつひろかず》（生没年未詳）

実父は若年寄小笠原相模守長貴（越前勝山藩主）、養父は使番川勝左京である。縫殿助と称し、丹波守・美作守・備後守と名乗った。安政三年（一八五六）に部屋住より召し出され小性組に入る。のち小性組講武所砲術教授方出役となり、文久二年（一八六二）四月八日に目付、同年七月五日に勘定奉行（勝手方）に進んだ。同年閏八月に幕政改革によって政事改革御用掛を命じられ、翌三年八月二日、陸軍奉行並を兼帯した。同年八月十四日に陸軍奉行並（三〇〇〇石高）専任となるが、元治元年（一八六四）八月十九日に免職、寄合となった。慶応元年（一八六四）七月十日に再び召し出されて長崎奉行並（一〇〇〇石高）となるが、同年七月晦日、病気を理由に辞任し寄合となる。同年十一月二十六日に三度召し出されて大目付となり、京都詰を命じられた。同三年四月七日に家督を継いだ。同年六月十七日に若年寄並（七〇〇〇石足高）となり、国内御用筋取扱を命じられた。翌四年一月二十三日に若年寄に進み、国内御用取扱を命じられた。　（筑紫）

【典拠・参考文献】『柳営補任』、『幕臣人名』第二巻

川勝広綱《かわかつひろつな》（一五七九～一六六一）

天正七年（一五七九）に生まれる。七九郎・新蔵と称す。父は、足利義輝・織田信長・豊臣秀吉・徳川家康と仕えた秀氏。母は綾小路中納言の息女。妻は藤懸美作守永勝の息女。広綱は、最初秀吉に仕えて五四〇石余りを領し、従五位下信濃守（あるいは丹波守）に叙任された。秀吉の死後、慶長六年（一六〇一）に父秀氏とともに家康に召し出され、五四〇石余りを領した。同十二年七月、父の遺跡を継ぎ三五七〇石余りを領し、五〇〇石は叔父の少三郎重氏に分知する。寛永八年（一六三一）に使番となり、翌年、命により五畿内を巡見する。同十四年九月十三日、豊後府内に赴き目付のことを勤め、のち豊後府内、大和高取等でも目付のことを勤める。同二十年十一月朔日、因幡鳥取にて国目付のことを勤め、慶安三年（一六五〇）閏十月十七日にも肥後熊本で同様に国目付を勤める。のち、寄合となり、寛文元年（一六六一）九月十二日、八十三歳で死去。法名は源正。葬地は芝の青竜寺（東京都港区）。　（小宮山）

【典拠・参考文献】『寛政譜』第十八・一五一頁、『寛永諸家系図伝』第十四・二四一頁

川上冬崖《かわかみとうがい》（一八二七～一八八一）

文政十年（一八二七）に信濃国水内郡福島新田村で生まれる。父は瀬左衛門。母はしげの。旧姓は山岸。幼名は斧松（尾之松）、のち万之丞・寛と称した。江戸で四条派の画家大西椿年に学び、嘉永四年（一八五一）に川上仙之助の家督を相続した。安政三年（一八五六）頃蕃書調所に登用され、同四年に画才を認められて絵図調役となった。文久元年（一八六一）に画学局が新設されると画学教授出役となった。明治維新後、新政府からの招聘に応じ、沼津兵学校絵図方となり、のち開成学校・大学南校にも勤めた。明治四年（一八七一）から

文部省に、翌五年には陸軍省に務め、地図製作などに当たった。幕末～明治初期の文人画家、洋画家として有名。明治十四年（一八八一）五月三日死去。享年五十五。墓所は東京の谷中墓地。　（津田）

【典拠・参考文献】樋口雄彦『旧幕臣の明治維新　沼津兵学校とその群像』（吉川弘文館、二〇〇五年）、『日本近世人名辞典』（吉川弘文館、二〇〇五年）

川口信友《かわぐちのぶとも》（一六九四～一七七一）

元禄七年（一六九四）に生まれる。万五郎、頼母と称した。当初の本名は為之。実父は都筑加右衛門為常、実母は金沢氏の息女で、その五男である。先妻は小出嘉兵衛直昌の息女、後妻は宮重十左衛門信治の息女。同十四年九月六日に八歳で、川口信就が三十五歳で死去する折に末期養子となり家督を継いだ。廩米は三〇〇俵であった。享保六年（一七二一）三月二十八日に御腰物方となり、同十七年二月十五日に書物奉行となった。書物奉行在職中の延享元年（一七四四）十月六日に殖産興業政策を推進する八代将軍徳川吉宗の命により、同じく書物奉行の深見新兵衛有隣らと『甘蔗考』を編纂、上呈した。宝暦七年（一七五七）十二月十五日に西丸御裏門番頭となり、同年同月十八日に布衣を許された。明和八年（一七七一）四月十日に老年を理由に職を辞し寄合に列して時服三領を授与され、同年八月八日に致仕した。同年十月十二日に死去。享年七十八。戒名は泰梁院殿安窓知還居士。菩提寺は青山の玉窓寺である。　（神崎）

【典拠・参考文献】『柳営補任』、『徳川実紀』第九・十篇、『寛政譜』第九、三九二頁、森潤三郎『紅葉山文庫と書物奉行』（復刻版・臨川書店、一九七八年）、福井保『江戸幕府編纂物解説編』（雄松堂出版、一九八三年）

川口宗重《かわぐちむねしげ》（一五八七～一六五四）

天正十五年（一五八七）に川口宗勝《むねかつ》の三男として尾張国で生まれる。久太郎・茂兵衛・茂右衛門と称した。母は織田家家臣福冨直貞の娘。妻は毛利高成の娘。父宗勝は柴田勝家・織田信長・豊臣秀吉等に仕え、のち幕臣になった。慶長五年（一六〇〇）の関ヶ原合戦の際には父が西軍に参加したため、兄宗信《むねのぶ》と共に流浪し、京都紫野に住居した。同十年に父が徳川秀忠に御家人として仕えることとなったため、兄とともに江戸へ赴く。翌十一年から二代将軍秀忠に仕え、書院番となった。同十七年三月に父の遺跡から下総国葛飾郡内の五〇〇石を相続した。同十九年の大坂冬の陣、翌年の夏の陣では青山忠俊に供奉した。夏の陣の際、五月七日に天王寺口の合戦において活躍し、秀忠から上総国長柄・山辺二郡内で五〇〇石の加増を受けた。元和二年（一六一六）には勤務に怠りないことにより、黄金二枚を賜った。翌三年五月二十六日に知行地の朱印を賜った。同九年の将軍上洛に従い、寛永三年（一六二六）の上洛では大押えの役をつとめた。同九年より三代将軍家光に仕える。同年正月、大御所秀忠死去後に剃髪した。同年八月十八日、使番となる。同年十月二十三日には前年の徳川忠長の改易による封地受け取りの際、横目役として駿府へ派遣された。同十年十月五日には松平忠直が配流された豊後国府内に赴いた。同十一年には家光の上洛に供奉した。同十二年十二月十四日、甲斐国中郡内で一〇〇〇石の加増を受ける。同十九年五月二十六日に再度豊後国府内で目付代をつとめた。翌二十年六月十七日に開催された公卿饗応の猿楽の際、落ち度があったため出仕を止められるが、同二十一年（正保元・一六四四）正月二十七日に赦された。同年十一月二十八日、池田光仲の領地である因幡国鳥取へ国目付として派遣された。同四年正月十二日に先手鉄炮頭に移り、慶安二年（一六四九）四月、家綱（のち四代将軍）の日光社参に供奉した。同年五月に職を辞し、承応三年（一六五四）六月十七日に死去した。享年六十八。法名道是。墓地は領地葛飾郡満蔵寺。（坂本）

【典拠・参考文献】『寛政譜』第九・三八四頁、三八八頁、『寛永諸家系図伝』第七・八四頁、『徳川実紀』第一・三篇

川口宗恒《かわぐちむねつね》（一六三〇～一七〇四）

寛永七年（一六三〇）に小性組頭川口宗次の長男として生まれる。母は朽木兵部少輔宣綱の息女。辰千代・伊織・源左衛門と称し、摂山と号した。妻は菅谷紀八郎範重の息女。慶安元年（一六四八）八月三日に書院番となり、承応元年（一六五二）十二月二十七日に家督を継ぎ、一七〇〇石を知行する。寛文三年（一六六三）九月三日に御徒頭となり、十二月二十八日に布衣を許される。同十一年三月二十六日に目付となる。延宝八年（一六八〇）三月二十五日に長崎奉行となり、五〇〇石を加増される。貞享三年（一六八六）七月十日に長崎奉行勤務が優れていると評価されて五〇〇石を加増され、元禄三年（一六九〇）十二月二十六日に従五位下摂津守に叙任される。オランダ商館医師ケンペルが江戸参府の折に長崎奉行川口に関する記録を残す。同六年十二月十五日に町奉行となり、同十一年十二月朔日に寄合となる。同十二年十二月五日に隠居し、宝永元年（一七〇四）五月八日に死去。享年七十五。法名は浄玄。浅草本願寺の長敬寺に葬られる。（木崎）

【典拠・参考文献】『寛政譜』第九・三八四～三八五頁、呉秀三訳註『ケンペル江戸参府紀行』上下（駿南社、一九二九年）、清水紘一「長崎奉行一覧表の再検討」（『京都外国語大学研究論叢』第XV号、一九七五年）

川窪信近《かわくぼのぶちか》（一六八九～一七二五）

元禄二年（一六八九）に生まれる。斎宮と称した。父は目付を勤めた信亮《のぶあきら》、母は原田孫兵衛種春の息女で、その三男である。妻は山崎幸大夫景尚の息女。宝永六年（一七〇九）七月二十三日に、御書院番を勤める兄信有が家督相続に際して父の知行地である武蔵国児玉・賀美郡内四〇〇石から二〇〇石を信近に分割して譲与した。享保六年（一七二一）閏七月二十九日に三十三歳で書物奉行となるが、同十年六月五日に死去。享年三十七。戒名は禅洞院殿心凉常安居士。菩提寺は駒込の吉祥寺である。（神崎）

【典拠・参考文献】『柳営補任』、『寛政譜』第三・一五七頁、森潤三郎『紅葉山文庫と書物奉行』（復刻版・臨川書店、一九七八年）

川崎定孝《かわさきさだたか》（一六九四～一七六七）

元禄七年（一六九四）に武蔵国多摩郡押立村の名主の子として生まれる。通称は辰之助・平右衛門。妻は佐藤氏の息女。定孝は当初、地域の精農として幕府より「竹木樹芸」の御用を請けたり、私財をなげうって貧窮の農民を助けるなどの活動を行っていた。また、初期の武蔵野新田支配を担当した野村時右衛門・小林平六に見出されて開発に参画したり（『玉川参登鯉伝』）、江戸での売薬活動に加わったり（『撰要類集』）、金銭の貸し付けも積極的に行うなど、経済的手腕も確かであった。開発当初の武蔵野新田は出百姓の経営が不安定であったため、地方《じかた》御用として武蔵野新田の支配を司った大岡忠相は、元文四年（一七三九）八月八日、定孝を手代格の「南北武蔵野新田場世話役」に任じて一〇人扶持を与え、農業指導にあたらせて新田経営の安定化を図った。このとき定孝は、新田開発とともに玉川上水の修復にも尽力し、水質の浄化に役立つとして二里にわたる上水堤に約一六〇〇本

の桜を植樹した。これがのちに桜の名所として著名になる小金井の桜堤である。これらの手腕が認められて、定孝は寛保三年（一七四三）七月二日、格式を支配勘定格に引き上げられたうえ、増扶持二〇人扶持を下され（合計三〇人扶持）、正式に大岡忠相支配となって、関東において三万石の支配所を預けられた。延享二年（一七四五）には勘定所の支配へと異動し、宝暦四年（一七五四）七月十七日に御目見以上となって代官に就任、家禄を蔵米一五〇俵に改められる。明和四年（一七六七）四月十五日に勘定吟味役に就くとともに石見国銀山の奉行役を兼帯、同年五月十五日には布衣の着用を許可された。同年六月六日に七十四歳で死去。法名は霊松院忠山道栄。押立村の龍光寺に葬られた（ただし、川崎家の慶応二年「先祖書」には、四谷の長善寺に葬られた旨の記載がある）。

（太田尚）

【典拠・参考文献】『寛政譜』第二十二・二一七頁、『国分寺市資料集』Ⅱ（東京都国分寺市、一九八二年）、大石学『享保改革の地域政策』（吉川弘文館、一九九六年）、村上直『江戸幕府の代官群像』（同成社、一九九七年）、太田尚宏「大岡越前守と新田開発」（大石学編『多摩と江戸』、けやき出版、二〇〇〇年）

川崎定安《かわさきさだやす》（生年未詳～一八一三）

代官川崎定盈《さだみつ》の長男として生まれる。辰之助・平右衛門と称した。妻は蓮光院御方（十代将軍家治妾津田氏）の侍女の養女。安永二年（一七七三）三月二十五日にはじめて十代将軍家治に拝謁した。同七年二月十三日より父の職務を見習い、同七月八日に家督を相続し、代官となり、石見銀山の支配を兼任した。家禄は一五〇俵で、屋敷は神田佐柄木町にあった。赴任先は、江戸在任（安永七年～同九年）、石見国大森陣屋（安永九年～天明七年）、江戸在任（天明七年～寛政四年）、越後国水原陣屋（寛政四年～同五年）、甲斐国石和陣屋（寛政五年～文化元年）、出羽国柴橋陣屋（文化元年～同七年）、江戸在任（文化七年～同十年）であった。天明七年十月晦日に石見銀山の支配を免ぜられた。同八年二月五日に年貢の延滞により出仕をとめられ、支配地を二万石減らされ、三月二十六日に許された。代官在任中の文化十年（一八一三）三月四日に死去。

（高橋）

【典拠・参考文献】『寛政譜』第二十二・二一八頁、「県令譜」（村上直校訂『江戸幕府郡代代官史料集』近藤出版社、一九八一年）、『文化武鑑』、『旗本百科』第二巻、『代官履歴』

川路聖謨《かわじとしあきら》（一八〇一～一八六八）

享和元年（一八〇一）四月二十五日に豊後国日田《ひた》代官所属吏内藤歳由の子として生まれる。八十吉・弥吉・三左衛門と称し、従五位下左衛門尉《さえもんのじょう》に叙任された。隠居してのちは敬斎《けいさい》、頑民斎《がんみんさい》と号した。母は同代官所手付高橋誠種《ますたね》の娘。妻は、大工頭大越喬久の二女さと（さととの結婚以前に三度結婚し、死別と離縁）。文化九年（一八一二）、小普請組川路光房《みつふさ》の養子となり（翌年家督相続、九〇俵三人扶持）、小普請組、支配勘定、勘定、評定所留役、寺社奉行吟味物調役などを経て、天保六年（一八三五）十一月二十八日、勘定吟味役にすすんだ。その後、佐渡奉行（同十一年六月）（このとき実禄二〇〇苞《ほう》〈俵〉に加増された）、小普請奉行（同十二年六月）、普請奉行（同十四年十月）、奈良奉行（弘化三年〈一八四六〉正月）、大坂町奉行（嘉永四年〈一八五一〉六月）と歴任して、嘉永五年九月十日には勘定奉行（公事方）に就任（海防掛《かいぼうがかり》を兼任、翌年十月勝手方に移る。また勘定奉行就任にともない、実禄五〇〇石に加増された）。同六年ペリーが浦賀に来航すると、聖謨は若年寄本多忠《ただ》徳《のり》の海岸巡視に同行を命じられ（同年六月十八日）、さらに、同年十月プチャーチンが長崎に来航すると、ロシア使節との応接のために長崎に向かった。そして、同年十二月には長崎で、翌安政元年（一八五四）十一月には下田で談判を行って、同年十二月二十一日、大目付筒井政憲《まさのり》とともに日露和親条約に調印した。また、安政五年正月九日には、条約調印の勅許を得るために上京する老中堀田正睦《まさよし》の随行を命じられた。結局勅許は得られなかったのであるが、聖謨は堀田正睦につながる開明派とみなされ、将軍継嗣問題でも一橋慶喜を推すなどしたため大老井伊直弼《なおすけ》に疎まれ、同五年五月六日、西丸御留守居の閑職に左遷された。また、翌六年八月二十七日には御役御免・隠居、差控《さしひかえ》を命ぜられた（家督は嫡孫の太郎〈号は寛堂〉が継いだ）。その後、文久三年（一八六三）五月十一日、外国奉行に起用されるも、五か月たらずで職を辞し、慶応二年二月以降は二度目の中風発作で体の自由を失った。そして、東征軍による江戸城総攻撃が予定された慶応四年（一八六八）三月十五日、割腹ののちピストルで自害して果てた。享年六十八。法名は誠恪院殿嘉《せいかくいんでんか》訓明弼大居士《くんめいひつだいこじ》。葬地は上野池端の大正寺（東京都台東区）。（飯島）

【典拠・参考文献】『続徳川実紀』第二・三篇、『柳営補任』、川路寛堂『川路聖謨之生涯』（吉川弘文館、一九八三年）、川田貞夫『川路聖謨』（吉川弘文館、一九九七年）

川尻春之《かわじりはるの》　（一七五六～一八一五）

宝暦六年（一七五六）に生まれる。初め育《やしなう》と名乗った。甚五郎と称し、任官後は肥後守を名乗る。父は大番組頭を務めた川尻鎮恒《しげつね》。母は寄合の伴栄宣《えいせん》の息女。妻は石川公邑《きんのり》の息女。安永元年（一七七二）十月六日、家督を継ぐ。家禄は二五〇俵。天明二年（一七八二）四月十三日、西丸の御納戸番となり、同六年閏十月二十日には本丸の御納戸番へ移った。寛政四年（一七九二）六月二十一日には代官となり、同六年までは信濃国中野陣屋、同年からは大和国五条陣屋へ赴任している。享和二年（一八〇二）七月二十四日に西丸御納戸頭、同三年五月十五日に本丸御納戸頭に就任。同四年一月二十八日には勘定吟味役を兼帯した。その後、文化四年（一八〇七）十月二十四日に松前奉行へ転じ、家禄は三〇〇俵高に加増された。同六年七月四日に西丸御持弓頭となり、同十二年十二月二十七日に死去。享年六十。（山崎）

【典拠・参考文献】『寛政譜』第二十・六六頁、『柳営補任』、『代官履歴』

河田迪斎《かわだてきさい》　（一八〇六～一八五九）

文化三年（一八〇六）一月十五日に讃岐国高松藩士河田忠之の三男として讃岐国那珂郡金倉郷（現香川県善通寺市）で生まれる。母は白川氏。名は興。字は猶興。八之助と称し、迪斎・藻海・屏激と号した。妻は佐藤一斎の八女。文政三年（一八二〇）、伊予の近藤篤山のもとで学び、同八年には江戸に出て尾藤二洲の門に入り、昌平黌で学んだ。また、佐藤一斎の門にも通い、天保二年（一八三一）、一斎の八女を妻とした。一斎が幕府の儒者となった後、林家の塾頭となった。安政元年（一八五四）に米使ペリーが再び来航した際には、林大学頭に従って条約文を起草した。同二年、幕府の儒官となり、昌平黌で教え、二〇〇俵を給わった。著書に『書経捷解』八巻、『易学啓蒙図考』一巻、『自警編』一巻、『朝鮮継世略』一巻、『南征日記』二巻、『日光摘勝記』、『墨夷応接録』六巻、『水雲問答』一巻、『屏浦文稿』一巻がある。同六年一月十七日に死去。享年五十四。戒名は恵迪院殿吉誉猶興居士。菩提寺は麻布深広寺（東京都港区）。（西）

【典拠・参考文献】高瀬代次郎『佐藤一斎と其門人』（南陽堂本店、一九二二年）、日本歴史学会編『明治維新人名辞典』（吉川弘文館、一九八一年）、近藤春雄『日本漢文学大事典』（明治書院、一九八五年）、『旗本百科』第二巻

河田熙《かわだひろむ》（一八三五〜一九〇〇）

天保六年（一八三五）年に生まれる。通称は貫之助。相模守とも称した。貫堂と号した。安政六年（一八五九）に家督を継ぎ、儒者見習となる。万延元年（一八六〇）に奥右筆所詰となり、文久二年（一八六二）十月には儒者から外国奉行支配組頭に任ぜられた。翌年三月に目付となり、横浜港鎖港問題をめぐって使節に同行し、フランスやイギリスに渡る。文久三年十二月に諸大夫となる。慶応三年（一八六七）二月、陸軍奉行並支配から番所調所頭取となり、翌年二月に大目付となる。明治元年（一八六八）十月、津田真道・向山黄村らと共に少参事・学校掛として静岡学問所の責任者となった。明治三十三年（一九〇〇）三月十一日に死去。享年六十六。（津田）

【典拠・参考文献】『柳営補任』、樋口雄彦『旧幕臣の明治維新　沼津兵学校とその群像』（吉川弘文館、二〇〇五年）、『旗本百科』第二巻、手塚晃編『幕末　明治海外渡航者総覧』第一巻（柏書房、一九九二年）

河津祐賢《かわづすけかた》（生没年未詳）

実父は御小納戸山木五郎左衛門で、養父は若年寄に登り詰めた河津祐邦《すけくに》である。三郎太郎と称した。文久三年（一八六三）二月晦日に部屋住より新規召出となり、砲兵差図役頭取（一五人扶持）に任じられ、同年十一月に河津祐邦の聟養子となり、同年十二月二十二日に両番格砲兵差図役頭取となった。慶応元年（一八六五）五月十三日に砲兵差図役頭取、同三年十月二十三日に砲兵頭並（一〇〇〇石高）に進む。同年十二月十四日に上京を命じられ、翌四年一月に大砲隊を率いて鳥羽・伏見の戦に参加した。（筑紫）

【典拠・参考文献】『柳営補任』、『続徳川実紀』第五篇、『幕臣人名』第二巻

河津祐邦《かわづすけくに》（生年未詳〜一八六八）

天守番河津八郎右衛門の子として生まれる。三郎太郎と称し、伊豆守・駿河守と名乗った。号は竜門・波古堂主人。嘉永三年（一八五〇）九月に家督を継いで小普請に入る（無役）。同年十二月に表火之番となり、翌四年八月に御徒目付に進み、嘉永七年（一八五四）四月に目付海防掛（のち箱館奉行）の堀利熙《としひろ》に従って北蝦夷地を視察した。同年閏七月二十八日に箱館奉行支配調役（一五〇俵高）、同年十二月二十七日に箱館奉行支配組頭（一五〇俵高）に進み、永々御目見以上となり、蝦夷地開拓などに尽力した。安政五年（一八五八）二月二十七日に特に布衣を許され、家禄一〇〇俵高となる。その後、江戸に帰り、文久三年（一八六三）四月十一日に新徴組支配（一〇〇〇石高）、同年九月二十八日に外国奉行（二〇〇〇石高）に進んだ。同年十一月二十八日に欧米派遣を命じられ、十二月に一行の副使として出発するが途中帰国し、元治元年（一八六四）七月二十三日に派遣中の不行届を理由に免職、小普請入りし、逼塞《ひっそく》を命じられた。のちに許されて、慶応二年（一八六六）三月十六日に歩兵頭並（一〇〇〇石高）、同年八月二十六日には関東郡代（二〇〇〇石高）となるが、関東郡代は廃止となり、翌三年一月二十六日にその職務を引き継ぐ形で関東在方掛（勘定奉行並在方掛）が新設され、これに任命されて上総・下総・安房・常陸の四か国を担当した。同年八月十五日に長崎奉行に転じ、同年九月十五日に勘定奉行格となり、慶応四年一月二十四日に外国事務副総裁、同年二月六日に外国事務総裁に進んだ。同年二月二十九日には若年寄となるが、三月に死去した。（筑紫）

【典拠・参考文献】『柳営補任』、太田尚宏「『関東郡代』の呼称と職制」（徳川林政史研究所『研究紀要』第三四号、二〇〇〇年）、『幕臣人名』第二巻

川村金之助《かわむらきんのすけ》　（生没年未詳）

享保期に紀伊徳川家の家臣から幕臣に編入された家系で、隠密御用を勤めた御庭番の家筋である川村家の出身。父は川村弥五左衛門徳興で、その後の家督は嫡男の川村友之助が、天保十五年（一八四四）三月に継いでいる。深井雅海『江戸城御庭番』によれば、金之助は友之助の弟であり、広敷添番並御庭番を務め、「御庭番家筋之姓名書」（徳川林政史研究所所蔵）にも記載されている人物であることが確認できる。
（根岸）

【典拠・参考文献】深井雅海『徳川将軍政治権力の研究』（吉川弘文館、一九九一年）、同『江戸城御庭番』（中央公論社、一九九二年）

河村瑞賢《かわむらずいけん》　（一六一八～一六九九）

元和四年（一六一八）二月、伊勢国度会郡東宮村・政次の子として生まれる。諱は義通。七兵衛・十右衛門、束髪してからは平大夫と称した。瑞賢（瑞軒・随軒）と号す。十三歳の時に江戸へ出て車力を業としたとされ、品川崖下に漂着する盂蘭盆会の野菜を拾い集め、塩漬けにして売りさばいて富を得たとの伝説がある。また、車力を務めるあいだに役人と知り合い、信頼を得ることで人夫頭となり、その指導力が評判となってさらに富を築き、家を建て商売を営むようになったという。その後、材木屋を営んだ。瑞賢が莫大な富を築く契機となったのは、明暦三年（一六五七）の江戸大火に際し、木曽の山林を買い占めたことにあるといわれる。更に土建業にも進出し、幕府や諸大名の注文を受け、巨万の富を得るようになった。『寛政譜』に「しば〳〵米穀金銀をよび川々普請等の公役にあづかりて功あり」とあるように、東・西廻り海運の刷新、淀川など畿内治水事業に多大な功績を挙げた。寛文十年（一六七〇）には奥羽国信夫郡の幕領米数万石を、翌十一年には出羽国最上郡の幕領米を江戸へ回漕するよう命じられた瑞賢は、綿密な現地調査を行い、立務場など諸施設を設けるとともに沿海諸大名・代官らの協力体制を築き、海運の安全と経費節減を実現した。また、貞享元年（一六八四）から四年にかけては、淀川沿いに新安治川を開削するとともに、俗に瑞賢山と称される防波丘を設け、さらに淀川と中津川の水量を均分するなど畿内の治水に力を尽くした。元禄十年七月二十八日にはじめて五代将軍綱吉に拝謁し、翌十一年三月九日、禄米一五〇俵を受けて幕臣となる。同年四月二十八日、「仰せにより」再度大坂へ出向き川々普請を担当した。元禄十二年六月十六日、病により江戸において死去。享年八十二。法号は英正院伝籌瑞賢居士。鎌倉建長寺（神奈川県鎌倉市）に葬られている。
（保垣）

【典拠・参考文献】『寛政譜』第二十一・一九五頁、古田良一『河村瑞軒』（吉川弘文館、一九六四年）

川村利徳《かわむらとしのり》　（生没年未詳）

『寛政譜』によれば、川村家の祖先は角右衛門利行が駿河国で徳川家康に召されて先手組に列し、その後紀伊藩祖である徳川頼宣付となって紀伊家の家臣となる。利徳は四代目、弥五左衛門と称した。紀伊藩においては薬込役として隠密御用を勤め、享保元年（一七一六）に徳川吉宗が紀伊藩主から将軍家を相続し、同年十月、吉宗の二男である小次郎（田安宗武）が江戸城に入る際に供奉して、幕府の広敷伊賀者に加えられ、御家人となる。以降、川村家は代々「御庭番家筋」として隠密御用に従事する

ことなり、次代の徳官《のりのぶ》の時に旗本に昇格する。生没年については未詳であるが、徳官が享保八年十月に家督相続しているので、同年に隠居または死去したと考えられる。
（根岸）

【典拠・参考文献】『寛政譜』第二十一・一九三頁、深井雅海『徳川将軍政治権力の研究』（吉川弘文館、一九九一年）、同『江戸城御庭番』（中央公論社、一九九二年）

川村脩就《かわむらなかたか》　（一七九五～一八七八）

寛政七年（一七九五）十一月十三日御庭番の家筋に生まれる。父は小普請奉行壱岐守脩富《なかとみ》、母は野辺信政の息女。妻は宮重信房の息女。釜五郎・清兵衛と称した。文化十三年（一八一六）十月二十二日小十人格庭番に召し出され、文政十二年（一八二九）十月二十三日両番格に昇格し、天保四年（一八三三）九月二十日、御庭番を離れて御賄頭となった。この間、将軍直属の隠密御用のうち、地方の国々に関する調査である遠国御用を、文政四年（一八二一）三月、同七年十月、同九年六月、同十二年二月、天保元年（一八三〇）七月、同二年六月、同四年三月の七回務めた。天保八年八月四日、家督（廩米二〇〇俵）を継ぐ。ついで、同九年二月三日裏門切手番頭を経て、同十二年五月十二日、天保改革が始まると同時に勘定吟味役に就任、武器掛、町々囲穀蔵掛、浦々御備場御用取扱、米価掛、壱分銀吹立・通用銀吹直御用掛などを務めた。そして、長岡藩領であった新潟が上知されると、同十四年六月十七日初代の新潟奉行に任命された。嘉永二年（一八四九）十二月二十七日には、「御取り締まり等も行き届き、出精相《あい》勤め候に付き、別段の思し召しをもって」従五位下対馬守に叙任され、のち壱岐守に改めた。さらに、同五年七月三十日に堺奉行、同七年（安政元・一八五四）五月二十九日大坂町奉行、同二年五月一日長崎奉行（三〇〇俵高に加増）、同四年正月二十二日小普請奉行、同年四月十五日西丸御留守居、万延二年（文久元・一八六一）正月二十三日大坂町奉行、同三年五月六日西丸御留守居を歴任し、元治元年（一八六四）八月十八日に免職、勤仕並寄合となる。慶応三年（一八六七）三月二十日に隠居し、閑斎と号した。明治十一年（一八七八）四月八日に死去。享年八十四。法名は松岳院殿礼誉義道閑斎大居士。菩提寺は内藤新宿の浄土宗正受院。
（深井）

【典拠・参考文献】新潟市郷土資料館編『初代新潟奉行川村修就文書XV』（新潟市郷土資料館、一九九二年）、同上編『初代新潟奉行川村修就』（同上、一九九七年）、深井雅海『江戸城御庭番』（中公新書、一九九二年）

川村脩常《かわむらなかつね》　（一六八一～一七五八）

天和元年（一六八一）に生まれ、紀伊徳川家の厩口之者を務めた。新六と称した。享保元年（一七一六）七月、紀伊藩主徳川吉宗の将軍家相続に供奉して幕府の厩口之者となり、さらに同十四年八月より広敷御庭番に任命されて、隠密御用を勤める「御庭番家筋」に編入される。宝暦元年（一七五一）に西丸広敷御用達に昇進して旗本となるが、二月四日に将軍吉宗の薨去によって職を解かれ、小普請となる。翌二年九月十六日に再び西丸広敷御用達に戻り、同八年五月二十六日に七十八歳で死去するまで勤めた。法名は良昌。
（根岸）

【典拠・参考文献】『寛政譜』第二十一・一九七頁、深井雅海『徳川将軍政治権力の研究』（吉川弘文館、一九九一年）、同『江戸城御庭番』（中央公論社、一九九二年）

川村脩富《かわむらなかとみ》　（一七六一～一八三七）

宝暦十一年（一七六一）に御庭番家筋の川村英政の二男として生まれる。繁之丞・仁右衛門・仁左衛門・清兵衛・対馬守・壱岐守などと称した。安永七年（一七七八）

十二月に分家を興して西丸広敷の添番に任命され、のち西丸山里の御庭番を務める。その後、本丸の御庭番に移り、のち再び西丸山里の御庭番となり、さらに本丸に戻って鳥見役を経て、作事下奉行に転じる。そして、寛政九年（一七九七）に御休息御庭者支配となり旗本に昇格する。その後、御賄頭を経て文政十二年（一八二九）九月二十四日より小普請奉行へ移る。天保七年（一八三六）九月四日、二〇〇俵を加増されて御簾中用人となり、同八年五月に七十七歳で死去。（根岸）

【典拠・参考文献】『寛政譜』第二十一・一九七～一九八頁、『柳営補任』、深井雅海『徳川将軍政治権力の研究』（吉川弘文館、一九九一年）、同『江戸城御庭番』（中央公論社、一九九二年）

川村脩正《かわむらなかまさ》（一八二一～没年未詳）

文政四年（一八二一）御庭番の家筋に生まれる。父は西丸御留守居壱岐守脩就《なかたか》、母は宮重信房の息女。妻は荒井甚之丞の息女。庄五郎・清兵衛と称した。天保十年（一八三九）十二月七日、小十人格庭番に召し出され、同十二年五月二十六日両番格に昇格し、文久二年（一八六二）十月九日、御庭番を離れて御徒頭に進んだ。この間、将軍直属の隠密御用のうち遠国御用を、嘉永六年（一八五三）六月、同七年（安政元）三月、同年七月、万延元年（一八六〇）七月の四回務めている。このうち、後者の二回については、本人が記した「手留」が現存しており、遠国御用の手続きを詳細に知ることができる。慶応元年（一八六五）十一月十二日勤仕並寄合となり、同三年三月に家督（廩米三〇〇俵）を継いだ。なお、『旧事諮問録』の「御庭番の事」のインタビュー（明治二十五年〈一八九二〉二月二十七日）に対する答問者川村帰元は、修正本人である。（深井）

【典拠・参考文献】新潟市郷土資料館編『初代新潟奉行川村修就文書XV』（新潟市郷土資料館、一九九二年）、『柳営補任』、旧事諮問会編『旧事諮問録』（下）（岩波文庫、一九八六年）、深井雅海「御庭番川村清兵衛修正の『上方筋御用手留』」（『栃木史学』七号、一九九三年）、同「御庭番川村清兵衛脩正の『九州筋御用之節手留』」（徳川林政史研究所『研究紀要』三三号、一九九八年）、同『江戸城御庭番』（中公新書、一九九二年）

川村條理《かわむらみちまさ》（一七五四～没年未詳）

享保十四年（一七二九）より御庭番家筋に編入された川村脩常家の二代英政の長男として、宝暦四年（一七五四）に生まれる。助次郎・新六と称する。明和六年（一七六九）十月二十七日に小十人格の御庭番となり、同七年十二月二十七日に死去した英政の跡を継ぐ。安永五年（一七七六）四月に十代将軍徳川家治の日光参詣に供奉し、天明八年（一七八八）九月十三日に、家治の側室（蓮光院）の御用達に転じるが、寛政三年（一七九一）に逝去したため、同年十一月二十三日より漆奉行となる。武蔵国仙波御宮諸堂社および三芳野天神社の修理を命じられてこの地に赴くほか、日光山へ赴いて御宮の修理も担うなど活躍した。享和元年（一八〇一）十二月十六日より御台所頭となる。没年は未詳であるが、文化元年（一八〇四）六月に四代目の総三郎が家督を継いでいるため、その頃に死去または隠居したのではないかと推測される。（根岸）

【典拠・参考文献】『寛政譜』第二十一・一九七頁、深井雅海『徳川将軍政治権力の研究』（吉川弘文館、一九九一年）、同『江戸城御庭番』（中央公論社、一九九二年）

川本幸民《かわもとこうみん》（一八一〇～一八七一）

文化七年（一八一〇）、摂津国有馬郡三田に生まれる。裕・敬蔵・周民・養徳・裕軒・静修堂と称した。川本周安の三男。母は森川政子。妻は青地林宗の三女秀子。文政二年（一八一九）、三田藩校造士館に入学。同十年一月晦日、村上良八に漢方医学を師事。文政十二年六月、藩命で江戸遊学。同年九月又は十月、足立長雋に蘭学を師事。天保元年（一八三〇）十月には坪井信道門下。同四年二月に帰郷し七月二十一日、藩主に御目見。八月十八日、歩行小性下席。同五年八月十五日、二人扶持。同年藩医となる。同六年、芝露月町で開業し、結婚。同七年二月末日、刃傷事件で幽閉し、六年間浦賀で蟄居。同十二年（十一年説あり）に帰参。弘化二年（一八四五）四月二十七日、表勤外医師中詰。嘉永六年（一八五三）に麦酒を醸造。のち薩摩藩で翻訳事業。安政三年（一八五六）四月、蕃書調所教授手伝となるが、同四年五月、薩摩藩移籍して藩奥医師。十二月十五日、教授職並二五人扶持年金二〇両。同六年四月二日に教授。万延元年（一八六〇）八月八日、精練方を設置、教授となる。文久二年（一八六二）直参、三〇人扶持。慶応元年（一八六五）に開成所教授筆頭となる。明治元年（一八六八）に帰郷。著訳に『気海観瀾広義』『化学新書』『遠西奇器述』等。明治四年（一八七一）六月一日、東京神田千代田町で死去。享年六十二。法名は賢寿院裕軒養徳義勇居士。浅草松葉町曹源寺に埋葬するも明治三十三年東京の雑司ヶ谷墓地に改葬。

（岩下）

【典拠・参考文献】川本裕司・中谷一正『川本幸民伝』（共立出版、一九七一年）、司亮一『蘭学者　川本幸民』（神戸新聞総合出版センター、二〇〇四年）

神尾高久《かんおたかひさ》　（一六二五～一六八五）

寛永二年（一六二五）に神尾保重の子として生まれる。はじめ保次を名乗り、小左衛門と称した。寛永十三年（一六三六）十二月十五日にはじめて将軍家光に拝謁する。同十六年に右筆を務め、寛文五年（一六六五）九月二十三日に寛文印知に携わり、褒美として白銀二〇枚を賜う。同十一年十二月十二日に遺跡を継ぐ（采地四〇〇石）。延宝四年（一六七六）八月二十八日に職を辞して、貞享元年（一六八四）十二月十八日に家督を息子の兼琛《かねとし》に譲る。同二年三月三日に六十一歳で死去。法名は宗悟。菩提寺は箕輪の正洞院（東京都台東区）。

（石山）

【典拠・参考文献】『寛政譜』第十六・二三〇頁、小宮木代良『江戸幕府の日記と儀礼史料』（吉川弘文館、二〇〇六年）

神尾春央《かんおはるひで》　（一六八七～一七五二）

貞享四年（一六八七）に下嶋彦五郎為政の二男として生まれる。通称は五郎三郎、のち任官して若狭守を名乗った。母は館林藩の家臣稲葉兵左衛門重勝の息女。小普請組の神尾惣左衛門春政（家禄二〇〇俵）が没するに際して養子となり、元禄十四年（一七〇一）七月九日に遺跡を継いだ。宝永元年（一七〇四）八月九日に腰物方となり、同年十一月晦日に桐間番へと進むが、同六年二月二十一日には桐間番の減員により腰物方へ復す。享保十一年（一七二六）八月二十二日に細工頭、同十四年三月九日には御賄頭、同十八年二月二十八日には御納戸頭へと進み、新恩二〇〇俵を加えられた。同年十二月二十八日に布衣の着用を許可される。元文元年（一七三六）三月二十八日には勘定吟味役となり、翌二年六月一日には勘定奉行へと進み、新たに一〇〇石を加増され、廩米を知行地に改めて都合五〇〇石取となる。また同年十二月十六日には、従五位下に叙されて若狭守と名乗る。春央が勘定奉行に就任したのは、老中の松平乗邑《のりさと》が勝手掛となって幕閣内の実権を握ったのとほぼ同時期にあたり、これ以後、春央は乗邑の命令を忠実に履行する能吏して幕府財政の再建を目指していった。春央は元文の貨幣改鋳に携わったほか、松平乗邑の信頼を得て「御勝手方も只今迄若狭守一人ニて取扱候」というように、勘定奉行の勝手方の職務をほぼ独占的に取り仕切っていたといわれる。本多利明の『西域物語』の中で、彼は「胡麻の油と百姓は絞れば絞るほど出るものなり」と語った人物であるとされ、農政の上では新田開発および新たな徴租法の採用による年貢増徴政策を展開した。新田開発では、従来入会《いりあい》地とされてきた原地や流作場《りゅうさくば》への検地を強行して開発を促進させたり、湖沼開発の費用を願人に負担させたうえ幕府への地代金を徴収するといった方法で大きな利益をあげた。新徴租法としては、田畑の位や石盛を無視して実収穫量を基準に年貢を賦課する有毛《ありげ》検見《けみ》法をとり入れ、関東や畿内・中国地方などで実施に移した。こうした年貢増徴政策により、幕府は、延享元年（一七四四）に江戸時代全体を通じて年貢収入がピークに達するほどの成果をあげた。春央はこれらの功績により、たびたび幕府より褒美を受けたほか、延享元年四月二十八日には五〇〇石、宝暦二年（一七五二）二月十五日には再び五〇〇石を加増されて合計一五〇〇石を知行するに至った。同三年五月五日に六十七歳で死去。法名は玄厚。浅草の海禅寺に葬られた。（太田尚）

【典拠・参考文献】『寛政譜』第十六・二二八頁、大石学『享保改革の地域政策』（吉川弘文館、一九九六年）

神尾元籌《かんおもとかず》（一七〇七～一七六四）

宝永四年（一七〇七）に梶川忠栄の三男として生まれる。のち神尾元連《もとつれ》の養子となって、その息女を妻とした。後妻は旗本松平忠明《ただあきら》の息女である。通称は徳之助・市左衛門。正徳三年（一七一三）に家督を継ぎ、上総国周准・武射、下総国香取、常陸国真壁、上野国新田・山田郡の内で一七〇〇石を知行し、小普請入りした。享保八年（一七二三）将軍吉宗に御目見し、翌九年十月に小性組番士となった。その後度々吉宗の鷹狩に付き従う。同十四年には上野館林城引渡しの役を務めた。同十五年九月に進物番となる。同十九年八月に使番になり、十二月には布衣を着することを許された。元文二年（一七三七）十二月、上野寛永寺本坊修造を奉行した。同三年十月、上野国新田郡で古墳時代の石棺や副葬品が掘り出されたため、その検分に赴いている（現太田市の今泉口八幡山古墳）。同五年正月に目付となった。延享二年（一七四五）三月、城内紅葉山の法華経八講会のことを勤め、時服を賜る。寛延元年（一七四八）六月、朝鮮通信使の参府にあたり諸事を沙汰し、時服・黄金を賜る。宝暦元年（一七五一）三月、藪忠久に服忌を問われ、誤った答申をしたため一か月拝謁をとどめられた。同三年四月奈良奉行となり、同年七月、従五位下備前守に叙任された。同四年六月には大目付となる。同八年七月、郡上藩宝暦騒動の再吟味を担当した。同十一年十一月職を辞し寄合となる。明和元年（一七六四）二月十日に五十八歳で死去。法名は光巌。菩提寺は深川の雲光院である。（松本）

【典拠・参考文献】『寛政譜』第十六・二二二頁、『群馬県遺跡大事典』（上毛新聞社、一九九九年）

神尾元勝《かんおもとかつ》（一五八六～一六六四）

天正十四年（一五八六）に松平周防守家臣岡田元次《もとつぐ》の二男として駿河国に生まれる。母は岡部丹波守の娘。妻は徳川家康の侍女阿茶局《あちゃのつぼね》の養女。内記・備前守と称した。慶長十一年（一六〇六）十二月八日に徳川家康に召し出され、二十三日に初めて二代将軍秀忠へ拝謁し、阿茶局の養子となり神尾姓を称した。同二十年の大坂夏の陣で戦功をあげ、和議の使者を勤めた。元和二年

(一六一六)九月十五日から家光に仕えた。寛永七年(一六三〇)正月十四日に使番、同九年二月二十六日に秀忠の遺金を下賜され、十月三日に作事奉行となり、この以前に八〇〇石を与えられ、同十年に一〇〇〇石を加増され、合わせて一八〇〇石を知行した。同十一年に長崎へ上使として派遣され異国船との交易やキリスト教の制禁を行った。同十五年五月十六日に町奉行となり、十二月二十一日に従五位下備前守に叙任される。明暦四年(一六五八)二月八日に老齢のため辞職を願い許され、寛文二年(一六六二)十二月十二日に隠居する。遠州流の茶人としても知られ、小堀政一や片桐貞昌の門人で、宗休《そうきゅう》と号した。同七年四月二十五日に死去。享年七十九。法名は俊真。菩提寺は江戸の神田(のち深川)の雲光院である。 (加藤)

【典拠・参考文献】『寛永諸家系図伝』第十一・一五三頁、『寛政譜』第十六・二一八頁、『柳営補任』、『徳川実紀』第一～四篇、金井俊行『増補長崎略史〈長崎叢書三・四〉』(長崎市、一九二六年)

神尾元孝《かんおもとたか》 (一七七五～一八四五)

安永四年(一七七五)に生まれる。父は神尾元伝《もとつぐ》、母は古川氏。妻は旗本浅野長致《ながむね》の息女。通称は安次郎。寛政五年(一七九三)六月、十一代将軍家斉に御目見。同八年十二月二十七日家督を継ぎ、上総国周准・武射、下総国香取、常陸国真壁、上野国新田・山田郡の内で一七〇〇石を知行した。翌九年四月二十七日に書院番士となる。同十三年一月十一日に使番となり、文化四年(一八〇七)三月六日より火事場見廻を兼帯した。同十三年閏五月二十六日に西丸目付、翌十四年八月八日には本丸目付となった。文政八年(一八二五)六月十七日、京都町奉行となる。同十二年五月三日に作事奉行となり、天保三年(一八三二)二月には宗門改を兼務した。同七年九月二十日に勘定奉行(公事方)となる。翌八年七月八日には大目付(鉄砲改)、同十二年五月二十三日大目付(宗門改)となる。弘化二年(一八四五)正月二十七日に職を辞した。菩提寺は深川の雲光院である。 (松本)

【典拠・参考文献】『寛政譜』第十六・二二三頁、『旗本百科』第二巻

神尾元珍《かんおもとはる》 (一六一六～一六八七)

元和二年(一六一六年)生まれ。父は神尾元勝、母は阿茶局の養女。名は初め元真《もとざね》。通称は内匠・主水。隠居後は紹元と号した。妻は織田尚長の息女。寛永元年(一六二四)八月に三代将軍家光に御目見し、同九年四月に小性組番士となった。同年六月四日より中奥に勤め、六日に小性となった。同年十二月三日、切米三〇〇俵を給され、同十一年正月十三日にはさらに三〇〇俵を加えられた。同十五年十二月晦日より中奥勤めとなる。この時四〇〇石を新たに加増され、切米を改めて上総国周准・武射、下総国香取、常陸国真壁、上野国新田の五郡において合計一〇〇〇石を知行した。慶安四年(一六五一)六月四日、大猷院殿(家光)御霊屋の造営を奉行し、承応元年(一六五二)四月十九日には従五位下若狭守に叙任された。万治三年(一六六〇)十一月二十日、上野寛永寺の諸堂修復の奉行を務め、時服などを賜る。寛文二年(一六六二)十二月十二日に家督を相続し、甲斐国八代郡、上総国埴生郡において一八〇〇石を知行した。このとき、これまでの知行地一〇〇〇石は弟元清に分与された。同三年十一月二十五日に使番となる。同四年以降度々日光の目付代を務める。同七年三月から十一月まで仙台藩に国目付として赴く。これは伊達騒動に関係しており、下向時に城中での席次問題が起こっている。同九年に丹波福知山城引き渡し、同十二年に信濃

飯田城引き渡しの役を勤めた。延宝五年（一六七七）三月、後水尾法皇と東福門院（和子）の御所造営の奉行を務める。同年十二月に作事奉行となる。天和二年四月、上野国邑楽郡において七〇〇石加増され、合計二五〇〇石を知行した。貞享二年（一六八五）二月に寄合となり、翌三年七月に隠居し、養老料一〇〇〇俵を給された。同四年十一月二十日、七十二歳で死去。法名紹元。茶人としても知られ、「神尾蔵帳」（「神尾家御道具帳」とも）はその収蔵品を示すものと考えられている。（松本）

【典拠・参考文献】『寛政譜』第十六・二一九頁、『原色茶道大辞典』（淡交社、一九七五年）、善積美恵子「江戸幕府の監察制度―国目付を中心に―」（『日本歴史』二四四号、一九六八年）

神尾守世《かんおもりよ》（一五七四～一六三三）

天正二年（一五七四）に生まれる。名は初め久宗《ひさむね》。通称は五兵衛。父は神尾忠重、母は飯田筑後の息女。この母は忠重の没後、徳川家康の側室となった阿茶局である。守世の妻は松平紀伊守家臣尾関権右衛門定綱の息女。守世は天正十一年、浜松において召し出され、徳川秀忠のもとで小性として仕えた。慶長五年（一六〇〇）真田昌幸が立て籠もる信濃上田城攻めに加わった。慶長十九年の大坂冬の陣にも供奉した。同二十年（元和元・一六一五）正月二十七日に焼火之間の番頭となり、従五位下刑部少輔に叙任した。このとき上総と下総に領地を宛がわれ、合計三〇一〇石余を知行した。同年十一月家康の上総東金での鷹狩に際し、領地にて御膳を献上した。その後秀忠の鷹狩においても同じく御膳献上を行っている。寛永二年（一六二五）十二月十一日、領地朱印状を下付される。その後職を辞して寄合となったが、大御所秀忠の御伽衆に加わった。翌三年の上洛にも供奉した。同十年八月二十四日に六十歳で死去。法名は浄叟。菩提寺は神田の雲光院（のち深川に移転）である。（松本）

【典拠・参考文献】『寛政譜』第十六・二一四頁

神沢杜口《かんざわとこう》（一七一〇～一七九五）

宝永七年（一七一〇）に入江氏の子として生まれる。本名は貞幹で、与兵衛と称した。享保五年（一七二〇）、十一歳のときに京都町奉行所与力を務める神沢弥十郎の養子となり、のちにその娘を娶った。二十歳前後のときに養父の跡を継いで京都町奉行所の与力となり、二〇年間あまりその職にあったが、四十歳を過ぎて多病を理由に致仕した。杜口は十歳頃から俳諧を学び始め、吟花堂晩山の門下となり、のち松木淡々に師事して、京都をはじめとする俳壇の人々とも広く交友をもった。俳号には杜口のほか、可々斎・静座・痩牛などがあり、その庵を其蜩庵（其蜩は「その日暮らし」という意味）といった。博識の人として知られたが、老後は耳が不自由になったため、「明暮、古文書のめづらしきを写し、又自ら見聞しことどもを筆にまかせてつれ〴〵、を消す」（『続近世畸人伝』巻二）という毎日であったという。杜口のこうした筆録生活の集大成ともいえるものが、『翁草』二〇〇巻である。『翁草』には、杜口が六十三歳のときの明和九年（安永元・一七七二）の自序があるが、最初の一〇〇巻は明和年中には成稿していたといわれ、さらに一〇〇巻を書き加えたところ、天明八年（一七八八）正月の京都大火でこの多くを焼失したため、再び編述を始めて、杜口が八十二歳となった寛政三年（一七九一）にようやく完成するに至った。『翁草』は、さまざまな書籍・記録から抜き出した記事と自身の見聞を筆録した記事より構成されるが、すでに杜口の存命中である天明四年

（一七八四）には抄出本が出版されるなど世間での関心も高かったようで、その後も嘉永三年（一八五〇）・同四年に抄出本が版行されている。杜口の著述活動はその後も続き、寛政三年には『翁草』の続編ともいえる『塵泥《ちりひじ》』を起筆し、同六年まで書き綴った。同七年二月二十一日に八十六歳で死去。法名は可々斎実道無参居士。京都の慈限寺に葬られた。

（太田尚）

【典拠・参考文献】神沢杜口「翁草」（『日本随筆大成』第三期第一九～二四巻、吉川弘文館、一九七四～七五年）、『古典文学』

神田正俊《かんだまさとし》 （一五五五～一六二四）

弘治元年（一五五五）に神田正高《まさたか》の子として生まれる。与七郎・与兵衛と称した。父正高は後北条氏に仕えていたが、天正十八年（一五九〇）の小田原合戦で後北条氏が敗北すると、同十九年に徳川家康に召し出された。やがて正俊も家康に仕えることになった。慶長十一年（一六〇六）に江戸城の大修築が行われた際、石垣や所々の普請奉行を務めた。また、町割りなどについても従事した。のち、詳細は不明だが、徳川秀忠の勘気を蒙り、出仕を止められたまま、寛永元年（一六二四）に死去した（一説に同二年二月十日死去）。享年七十。法名は浄正。芝の西応寺（東京都港区）に葬られた。死後、正俊の罪は赦され、子の正重に下総国香取郡内において二〇〇石が新たに与えられた。

（白根）

【典拠・参考文献】『寛政譜』第九・三二七頁、『徳川実紀』第一篇

観音寺朝賢《かんのんじちょうけん》 （生年未詳～一六三四）

近江国芦浦の観音寺（菜生《なざま》）家の家臣西川五郎右衛門光林の息子として生まれる。観音寺詮舜の甥として近江国の代官・湖水船手役・寺領などの遺跡を継ぐ。上人と称した。慶長五年（一六〇〇）徳川家康より湖水の船奉行・代官の務めを命じられ、同年の関ヶ原の戦に供奉した。永原御殿の奉行に命じられたのち、秀忠・家光にも仕え、寺領五五〇石の朱印状を賜る。寛永十一年（一六三四）四月四日に死去。観音寺境内に葬られる。

（宮原）

【典拠・参考文献】『寛政譜』第十八・三一一頁、『草津市史史料集六　芦浦観音寺文書』（滋賀県草津市教育委員会、一九九七年）

上林政武《かんばやしまさたけ》 （一六七四～一七五三）

延宝二年（一六七四）に代官・宇治茶園支配上林定政の長男として生まれる。又兵衛と称する。妻は松平伊賀守家臣仙石斎某の息女。家禄は三〇〇石。上林家は織田信長に仕えた有力茶師であった久重を祖として子息四人も茶師であったが、長子久徳の系統と四男政重の系統が宇治に采地を与えられ旗本となり、各々の系統は茶園支配兼代官となった。政武は四男政重の系統で、元禄十一年（一六九八）八月二十五日に父の見習となる。翌年八月十一日父の死後会計に滞りがあるにより知行地を召し上げられる。しかし先祖の勲功により旧知を再び与えられ、代官・茶園支配となる。享保四年（一七一九）六月二十六日に宇治郷代官・茶園支配であった長子久徳の系統である上林久豊が先祖よりの負金及び年貢滞納等により罷免され、本来は厳罰のところ宥免され改易となる。これにより政武が宇治郷支配を引き継いだ。但し久豊は同六年五月二十八日に赦され、再び旧知四九〇石を賜り、茶園支配のみ復活した。天明四年（一七八四）閏正月二十三日に曾孫久忠が特旨により代官格とされた。寛政十二年（一八〇〇）七月二十六日に正式の代官となった。以後天保十四年（一八四三）六月十八日に孫の久賢が罷免・閉門となるまで宇治郷の代官を勤めた。一方、政武は寛保三年（一七四三）十一月二十六日に手代の

落ち度により罷免・閉門となる。翌延享元年（一七四四）三月二十一日に閉門は許されるが、以後は茶園支配のみとなる。上林家は天明五年（一七八五）六月十七日に孫政郷が特旨により代官格とされ、以後代々代官格の茶園支配に復権したが、代官に復権することはなかった。宝暦二年（一七五二）四月二十八日に隠居、翌年八月十日に死去。享年八十。法名は良山。菩提寺は宇治の蔵勝庵である。（西沢）

【典拠・参考文献】『寛政譜』第十九・一四〇頁、『代官履歴』、『宇治市史』3（京都府宇治市、一九七六年）

き

菊地三渓《きくちさんけい》（一八一九～一八九一）

文政二年（一八一九）に生まれる。本名は純、字を子顕。純太郎、角右衛門と称した。号を三渓、晴雪楼主人。父は紀伊藩士で藩儒を勤めた菊地角右衛門（号、渓琴）。父と同じく紀伊藩藩儒を勤めたが、江戸に移り大学頭林檉宇に師事した。江戸赤坂藩邸の明教館で儒読を勤めたが、藩主徳川慶福が将軍継嗣となったため、安政五年（一八五八）六月二十五日から御付小性として幕府に勤め、同六年十二月十四日に御小納戸になった。文久三年（一八六三）八月九日から小十人頭格奥儒者として十四代将軍家茂の侍講を勤め、元治元年（一八六四）六月から小十人頭八番組、同年八月十八日に同六番組に組替となるが同年九月三十日に辞した。慶応二年（一八六六）に家茂が死去した後、下総に隠棲した。維新後に下館藩の藩校に招かれたが、後に東京に戻り竹中邦香の依頼により『日本野史』の校訂を行った。さらに、警視庁御用掛の阪谷朗廬の後任を勤めたが、晩年は京都に移り著作活動に励んだ。著作は『晴雪楼雑稿』『晴雪楼詩鈔』『国史略』『近事紀略』『南紀名賢録』『東京写真鏡』その他多数ある。程朱学の学者であるが詩や戯文にも優れた。明治二十四年（一八九一）十月十七日に死去。享年七十三。（神崎）

【典拠・参考文献】『続徳川実紀』第三・四篇、『柳営補任』、『南紀徳川史』第十七巻（南紀徳川史刊行会、一九三三年）、関儀一郎・関義直編『近世漢学者著述目録大成』（東洋図書刊行会、一九四一年）、竹林貫一『漢学者伝記集成』（名著刊行会、一九六九年）、西島醇『儒林源流』（鳳出版、一九七六年）四六頁、『旗本百科』第二巻

菊池隆吉《きくちたかよし》（生没年未詳）

通称は大助・丹後守・伊予守。実父は表坊主の長谷川専悦、養父は小普請の菊池惣助（あるいは荘内とも）と言う。評定留役勘定より、安政二年（一八五五）正月二十日に勘定組頭となる。この時永々御目見以上となり、取箇方となる。文久二年（一八六二）四月八日に勘定吟味役となり、家禄を一〇〇俵に加増された。同七月三日に外国奉行（二〇〇〇石高）となる。翌三年十二月晦日には大目付兼帯となる。翌元治元年（一八六四）五月二十七日、外国奉行兼帯は御免となり大目付のみとなるが、これ

も同六月十七日に御免となり勤仕並寄合となる。同七月六日に京都町奉行となるが、十九日にこれを辞し寄合となる。八月十三日、再び外国奉行となる。翌慶応元年（一八六五）十二月八日には勘定奉行次席の格式となり翌二年十一月四日には禁裏付となるが、二十日にこれを辞す。翌三年七月六日、みたび外国奉行となる。翌四年二月十一日には勘定奉行勝手懸となるが、二十八日に御役御免となり勤仕並寄合となる。

（松本）

【典拠・参考文献】『旗本百科』第二巻

貴志正勝《きしまさかつ》（一六〇四～一六八五）

慶長九年（一六〇四）に大番貴志正吉《まさよし》の二男として生まれる。妻は山本佐大夫の息女。三郎五郎・弥兵衛と称した。正勝の祖父正成の代は北条氏照に仕えていたが、天正十八年（一五九〇）より、父正吉は徳川家康に仕えた。正勝は元和九年（一六二三）より三代将軍徳川家光に仕え、小十人に列し、廩米一〇〇俵・月俸一〇口を賜った。寛永九年（一六三二）十一月五日に鉄炮薬込役となり、下野国都賀《つが》郡内において三〇〇石を拝領した。このとき月俸は収められた。慶安三年（一六五〇）八月二十七日、御成の供奉に遅れて勘気を蒙り、閉門となったが、十月十九日に赦された。同四年には大猷院殿（三代将軍家光）の霊柩の供奉に列し、日光山に赴いた。承応元年（一六五二）九月二十九日、新番となり、寛文二年（一六六二）三月十日に新番組頭に昇進し、十二月二十二日に二〇〇俵を加増された。同三年四月には四代将軍家綱の日光社参に供奉した。延宝七年（一六七九）四月二十七日に職を辞して小普請となった。貞享二年（一六八五）十二月三日に死去。享年八十二。法名は善護。牛込の保善寺（現在は移転して東京都中野区）に葬られた。

（白根）

【典拠・参考文献】『寛政譜』第十・四〇一頁

岸本一成《きしもとかずしげ》（一七三〇～没年未詳）

享保十五年（一七三〇）に藤田勝光の男として生まれる。弥三郎と称する。支配勘定岸本一敬《かずたか》の息女を妻とし養子となる。支配勘定見習を勤め、宝暦十二年（一七六二）五月十三日に家督を継ぎ、現米八〇石。支配勘定、勘定吟味方改役並を経て明和五年（一七六八）十二月六日勘定吟味方改役へ昇任、御目見以上となる。同八年六月十四日に小普請方へ転任するが、安永二年（一七七三）四月七日に辞任し小普請入りする。同七年四月六日に勘定として再出仕、同九年五月二日に佐渡奉行支配組頭へ転じ、寛政元年（一七八九）二月二十日に陸奥国桑折の代官となる。同十二年に関東代官へ転任するが、享和二年（一八〇二）十二月十八日に老衰により辞任する。時に七十三歳。

（西沢）

【典拠・参考文献】『寛政譜』第十九・二一四頁、『代官履歴』

岸本荘美《きしもとそうび》（一七七三～一八三九）

安永二年（一七七三）に生まれる。武八・武大夫・十輔と称した。父は支配勘定兼代官岸本武大夫就美。家禄は三〇俵三人扶持。文化七年（一八一〇）十二月二十二日に家督を相続した。勘定兼任で、同八年二月三日から代官待遇となり、同十一年十一月二十五日、正式に代官に就任した。赴任先は下野国藤岡陣屋（文化八年～同十三年）、摂津国大坂（大坂代官）鈴木町北側役宅（文化十三年～天保二年）、駿河国駿府陣屋（天保二年～同十年）であった。文化十一年十二月十五日より、正式に代官となって、永々御目見以上となった。天保五年（一八三四）九月十三日に、精勤により家禄を一〇〇俵高に加増された。同八年八月十六日、布衣の着用を許された。代官在任中の同十年八月七日に死去。享年六十七。

（高橋）

【典拠・参考文献】村上直編『竹垣・岸本代官民政資料』（近藤出版社、一九七一年）、『旗本百科』第二巻、『代官履歴』

岸本就美《きしもとなりよし》　（一七四二～一八一〇）

寛保二年（一七四二）七月七日に美作国押入村大庄屋彦左衛門の五男として生まれる。武太夫と称する。妻は三浦志摩守家臣大沼小作の息女。宝暦六年（一七五六）に美作国倉敷の代官藤本久英《ひさふさ》の下役として仕える。同八年には手代に取り立てられ、明和六年（一七六九）に二十八歳の若さで元締手代に抜擢される。安永六年（一七七七）十一月四日藤本久英の死後、代官手代七名が選抜され勘定奉行手付として採用された内の一人として幕領の取締や隠密御用を勤めた。同九年三月二十四日に勘定所詰普請役として新規に抱入れられ、三〇俵三人扶持を給された。これは藤本久英の遺言やその子で勘定であった久敦の後押しによる。天明元年（一七八一）十二月十三日に佐渡奉行支配与力格広間役に転役する。寛政四年（一七九二）七月十日に支配勘定へ栄転する。同五年十一月二十二日に支配勘定田辺安蔵と立会にて幕領支配を任ぜられ、下野国藤岡に陣屋を新設し、支配勘定の身分のまま五万石を治める勤向代官となった。同十年四月五日には立会支配が解消され、単独で四万石を支配、翌年には東郷に出張陣屋を設ける。文化元年（一八〇四）二月二十日に勘定へ昇任、御目見以上となるが勤向代官は継続する。就美の支配した北関東は天明の大飢饉後に疲弊し荒廃していた。人口減少防止と堕胎・間引き防止策として、小児養育手当支給、さらに抜本策として北陸の真宗門徒を入百姓として移民させた。この事業は長子の荘美へ引き継がれ、茨城県板東市には父子の事績を称えた「岸本君二世功徳碑」が建立されている。就美は文化七年十一月七日に死去。享年六十九。法名は渙享院善慶居士。菩提寺は浅草の東漸寺であるが、現在は改葬され、杉並区松ノ木の華徳院である。

（西沢）

【典拠・参考文献】村上直『竹垣・岸本代官民政資料』（近藤出版、一九七五年）、『代官履歴』、村上直『江戸幕府の代官群像』（同成社、一九九七年）

北角勝有《きたずみかつあり》　（生没年未詳）

先祖にあたる春可相祐は徳川家康に召し抱えられ御家人となり、御数寄屋坊主を務めたという。勝有はその六代目にあたる。久琢と称した。はじめ御数寄屋坊主を務め、後に奥坊主の組頭となる。医術を宮本春仙に学び、周囲の人々に施療するようになる。やがて八代将軍吉宗に拝謁を許され、医方について諮問をうけるまでになる。城内の宿直をゆるされ広敷での療用に従事、さらに同朋に準じられ、奥医とともに女房衆を治療していたという。息子に儒学者の成島仙蔵勝雄（号名は衡山）がいる。なお、防火対策のために江戸市中の家屋を茅屋・板屋ではなく、塗屋（土蔵造り）にしたのは、将軍吉宗が大火事で唯一燃え残ったという塗屋作りであった勝有の屋敷の話を知ったからだという逸話がある。

（石山）

【典拠・参考文献】『寛政譜』第十八・三四三頁、『徳川実紀』第九篇、『旗本百科』第二巻

喜多見勝忠《きたみかつただ》　（一五六八～一六二七）

永禄十一年（一五六八）に江戸朝忠の嫡男として生まれる。五郎右衛門・若狭守を称する。もとは畠山氏の支族で、「江戸」を称しており、勝忠の時に「木田見」とし、のち「北見」、「喜多見」と改める。勝忠ははじめ北条氏に仕えたが、没落後、天正十八年（一五九〇）の徳川家康関東入国の際

に御家人となり、関ヶ原の戦や、大坂の陣に供奉する。元和二年（一六一六）に近江国の郡代となり、五〇〇石を加増されて一〇〇〇石となる。のち、摂津国の郡代となり、同四年に和泉国堺の政所職となり、摂津・河内・和泉国の奉行を兼任する。同七年、一〇〇〇石を加増される。寛永三年（一六二六）八月十九日に、従五位下若狭守に叙任される。同四年十二月二十六日に死去。享年六十。法名は宗珍。（福留）

【典拠・参考文献】『寛政譜』第九・一六三頁

喜多見重勝《きたみしげかつ》 （一六〇四～没年未詳）

慶長九年（一六〇四）に喜多見勝忠の三男として生まれる。久大夫と称する。妻は西丸目付堀田正吉の息女。元和六年（一六二〇）に手水番、寛永元年（一六二四）小性組番士となり、その後、父勝忠の遺領より一〇〇〇石を分知される。同八年四月十日に御小納戸、同九年に書院番士、同年七月五日に御徒頭となり、同十年布衣の着用を許可される。同年十二月二十七日に五〇〇石を加増され、あわせて一五〇〇石となる。同十五年五月八日に目付となり、万治元年（一六五八）八月二十八日、長年にわたり大過なく勤め上げたとのことで、役職を解かれて寄合となり、天和三年（一六八三）十二月二十一日に致仕する。（福留）

【典拠・参考文献】『寛政譜』第九・一六四頁、『徳川実紀』第四篇

喜多見重恒《きたみしげつね》 （生年未詳～一六七九）

郡代喜多見勝忠の男。北見とも記し、半三郎・五郎左衛門と称す。妻は本多太郎左衛門信勝の娘。慶長十三年（一六〇八）に二代将軍秀忠に拝謁する。同十九年・同二十年の大坂の陣に供奉する。御手水番を務めていたが、元和九年（一六二三）に勘気を蒙る。寛永二年（一六二五）六月十七日に赦免され、七月朔日に御書院番を務める。同十五年七月十一日に駿府御殿普請役を務める。その後、城請取役・検使役・目付役などの命を受けて全国各地へ赴く。万治二年（一六五九）七月二十五日に普請奉行となり、十二月二十八日に布衣を許される。寛文十年（一六七〇）四月二十一日に職を辞して、同十二年五月十四日に家督を息子の重政に譲る。延宝七年（一六七九）六月二十一日に死去。法名は宗幽。（石山）

【典拠・参考文献】『寛政譜』第九・一六三頁

喜多見重政《きたみしげまさ》 （生年未詳～一六九三）

禁裏附石谷武清の二男として生まれる。母は普請奉行喜多見重恒の息女。彦五郎・五郎左衛門・若狭守と称す。妻は留守居内藤正俊の息女。喜多見重恒の養子となり、寛文十二年（一六七二）五月十四日に家督相続し、一二〇〇石を継ぐ。同年五月二十六日に書院番士、延宝八年（一六八〇）八月晦日に中番番士、同年九月二十六日に御側となる。天和元年（一六八一）四月十九日に従五位下若狭守に叙任される。同年十二月二十七日に二〇〇〇石の加増を受ける。同二年九月六日に、牧野成貞の職務を見習うよう命じられていることから、この日より「側用人」になったと考えられる。同三年正月十一日に六八〇〇石、貞享三年（一六八六）正月十一日に一万石を加増される。元禄二年（一六八九）二月二日に職務を解かれ、松平定重に御預けとなる。その理由を、『寛政譜』『徳川実紀』ともに、近年の勤務が怠慢であったためとしている。ただし、同年正月二十三日に重政の叔父重治（小普請）が朝岡直国（小普請・重治の妹婿）を殺害するという事件を起こし、調査の段階でも偽証するなどして斬罪に処せら

れていることから、それがきっかけであったと考えられる。同六年に死去。（福留）

【典拠・参考文献】『寛政譜』第九・一六四頁、『徳川実紀』第六篇、福留真紀『徳川将軍側近の研究』（校倉書房、二〇〇六年）

北村季春《きたむらきしゅん》（一七四二〜一八〇三）

寛保二年（一七四二）に生まれる。通称は鉄次郎。水戸家の家臣川口立安茂好の子であるが、歌学の北村春水の養子となる。妻は春水の息女。後妻は窪田小十郎正忠の息女。明和五年（一七六八）八月八日、二十七歳で家督を継ぐ。同年十二月五日、十代将軍徳川家治に拝謁する。享和三年（一八〇三）没。享年六十二。（湯浅）

【典拠・参考文献】『寛政譜』第十八・三六〇頁、『旗本百科』第二巻

喜多村栲窓《きたむらこうそう》（一八〇四〜一八七六）

文化元年（一八〇四）十二月十三日、市ヶ谷御門内の邸に生まれる。直寛・士栗・安斎・安正・香城と称した。父は喜多村槐園。母は三木氏。妻は和田春長の娘。栗本鋤雲は弟。喜多村槐園、安積艮斎門下。文政四年（一八二一）に医黌入学。天保二年（一八三一）、父の病により家督を継ぐ。同四年六月に御番医師。同年七月に医学館世話役手伝。同五年に御番御免、寄合医師となる。同十一年に医学館世話手伝を免ぜられる。同十二年、医学館の講書。弘化三年（一八四六）に医学館世話役。嘉永二年（一八四九）十一月には西丸奥医師となる。同年十二月に法眼。安政四年（一八五七）に医学館世話役を辞職。同五年には奥医師を辞職。東洋医学の大家で独自の傷寒論を主張。著書は『医方啓蒙』『傷寒論疏義』『金匱要略疏義』等。明治九年（一八七六）十一月九日に死去。享年七十三。墓は今戸の称福寺。（岩下）

【典拠・参考文献】大塚敬節・矢数道明編『近世漢方医学書集成88　喜多村直寛（一）』（名著出版、一九八一年）

喜多村正秀《きたむらまさなか》（一七五八〜一八二〇）

宝暦八年（一七五八）に宮原義汨の二男として生まれる。妻は本多志摩守行貞の養女である。喜多村正之の子息秀之が病弱であったため、正秀の養子として迎えられ、安永七年（一七七八）十一月五日に家督八〇〇石を継ぐ。斧三郎と称し、石見守・山城守と名乗る。喜多村氏は紀伊家の家臣であったが、徳川吉宗が八代将軍となるにあたり、正矩《まさのり》の代に御家人となり、小性や先手鉄炮頭を務めた家柄である。正秀は安永七年十一月十九日に初めて十代将軍徳川家治に拝謁した。天明元年（一七八一）八月二十二日、小性組に列し、同四年十一月十八日に御小納戸に転じる。同年十二月十六日には布衣を着することを許された。後に放鷹に追従した際には、鳥を射落とし、時服三領を賜っている。文化六年（一八〇九）八月十七日に御小納戸頭取、同十三年十一月十五日先手鉄砲頭、文政二年（一八一九）正月十一日に仙洞付を勤めて、同三年十月八日に死去。享年六十三。（橋本）

【典拠・参考文献】『寛政譜』第二十・四三頁、『旗本百科』第二巻

喜連川尊信《きつれがわたかのぶ》（一六一九〜一六五三）

元和五年（一六一九）武蔵国鴻巣に生まれる。幼名は龍千代丸。右兵衛督と称した。父親は喜連川義親。母親は榊原忠政の養女で正室は那須資景の娘。喜連川氏は関東官領の子孫で、国朝《くにとも》の代に豊臣秀吉の命により存続が許された家柄である。慶長六年（一六〇一）に徳川家康から一〇〇〇石を加増され、計四五〇〇石となり、代々下野国喜連川に任した。名門の家柄であることから交代寄合とほぼ同格に位置づけられた。

父義親が祖父頼氏よりも先に死去したため、寛永七年（一六三〇）に孫の尊信が十二歳で家督を継いだ。慶安元年（一六四八）には家臣の二階堂主膳助と高四郎左衛門が相続問題で争論をおこし、幕府の評定所で裁許が下された。二人は伊豆大島に流罪となり、尊信も隠居の身となった。家督は当時七歳であった息子の昭氏が継いだ。承応二年（一六五三）三月十七日に死去。享年三十五。法名は昌山桂公瑞芳院。（津田）

【典拠・参考文献】『寛政譜』第二・一二一頁、『喜連川町史』第六巻 通史編1（さくら市史編纂委員会、二〇〇八年）

木下順庵《きのしたじゅんあん》（一六二一〜一六九八）

元和七年（一六二一）六月四日に木下秀里の二男として京都で生まれる。名は貞幹《さだまさ》。字は直夫。平之允と称し、順庵・錦里・敏慎斎・薔薇洞と号した。妻は松平越中守家臣三宅正堅の息女。藤原惺窩の高弟である松永尺五《せきご》の門に入って漢学を学び、安東省《せい》庵《あん》、宇都宮遯庵《とんあん》とともに松永門の三庵と呼ばれた。二十歳の頃に一度江戸に赴いたが、後に京都に帰り、東山に住んで二十余年の読書生活を送る。寛文二年（一六六二）、加賀国金沢藩主前田綱紀の招きを受け、松永尺五の遺子である永三を推挙してともに金沢藩に仕えた。同十一年には江戸に赴き、この間、徳川光圀・朱舜水・林鵞峯・林鳳岡らと往来を重ね、陸奥国会津藩の山崎闇斎、備前国岡山藩の熊沢蕃山と並び称されるようになった。天和二年（一六八二）七月、五代将軍徳川綱吉の代に、幕府の儒官、将軍の侍講となり、江戸神田小川町に住んだ。また林鳳岡、人見竹洞らとともに『武徳大成記』の編纂にもあたった。その他、著書に『錦里文集』一九巻、『靖恭先生遺稿』三巻、『班荊集』一巻がある。なお順庵は子弟の教育にも努め、多くの人材を輩出した。中でも木門五先生（雨森芳洲・新井白石・室鳩巣・祇園南海・榊原篁洲《こうしゅう》）、木門十哲（五先生に加えて、南部南山・松浦霞沼・三宅観瀾・服部寛斎・向井三省）と呼ばれる高弟は有名である。教育方針は、孝悌を根本とする儒教道徳の実践にあったが、詩文を愛し、古注釈にも通じ、また王陽明、王守仁も好むなどその学は該博であり、輩出した子弟も経学・詩文・史学・法制などの各分野で活躍している。また唐詩の鼓吹を推奨しており、白石・鳩巣・芳洲などが唐詩を鼓吹していたのはその影響である。元禄十一年（一六九八）十二月二十三日に死去。享年七十八。武蔵国荏原郡池上の別荘に儒制で葬られた（のち大塚先儒墓所へ改葬）。（西）

【典拠・参考文献】『寛政譜』第二十・二八四頁、山木積善「木下直夫伝」（五弓豊太郎編集『事実文編』二四、一九一〇年）、沢田総清「木下順庵と新井白石」（徳川公継宗七十年祝賀記念会編『近世日本の儒学』、一九三九年）、近藤春雄『日本漢文学大事典』（明治書院、一九八五年）、『日本近世人名辞典』（吉川弘文館、二〇〇五年）

木下利次《きのしたとしつぐ》（一六〇七〜一六八九）

慶長十二年（一六〇七）に備中国足守藩主木下利房《としふさ》の二男として生まれる。母は進藤正次の息女、妻は向井忠勝の養女。左近・民部と称した。幼少より豊臣秀吉室高《こう》台院《だいいん》に養われ、元和九年（一六二三）、その養子となった。寛永元年（一六二四）二月に参府するが、同年高台院の危篤時には台命を受けて上京した。同三年（一六二六）、近江国野洲・栗太両郡のうちに采地三〇〇〇石を与えられ、のち寄合に列した。貞享四年（一六八七）七月十日に致仕し、元禄二年（一六八九）一月十三日没、享年八十三。法名は利三、芝金地院（東京都港区）に葬られた。（渋谷）

【典拠・参考文献】『寛政譜』第十八・一

三七、一四二頁

木下延次《きのしたのぶつぐ》　(一六一〇~一六五八)

慶長十五年(一六一〇)に生まれる。延由とも。通称は八蔵・縫殿助。豊後国日出《ひじ》城主木下延俊《のぶとし》の四男。母は不詳、妻は大久保忠常の養女、後妻は大坂船奉行小浜嘉隆《おはまよしたか》の息女である。寛永十九年(一六四二)五月九日、父の遺領のうち、豊後国速見《はやみ》郡内五〇〇〇石を分知されて寄合となる。同年六月一日、三代将軍徳川家光に初めて拝謁して、帰国の暇を与えられた。以後これを先例として、同家は江戸と知行地を行き来する、いわゆる交代寄合となった。万治元年(一六五八)七月六日、四十九歳で没した。法名は良照。芝泉岳寺(東京都港区)に葬られた。　(渋谷)

【典拠・参考文献】『寛政譜』第十八・一四七頁

木下信名《きのしたのぶな》　(一六八〇~一七五四)

延宝八年(一六八〇)に生まれる。権之助、清兵衛と称した。妻は鈴木利雄の息女。元禄八年(一六九五)、五代将軍徳川綱吉に御目見《おめみえ》し、同十二年六月二十七日、十六歳で小性組番士となる。宝永二年(一七〇五)三月十三日から進物役を勤め、同五年六月十六日から桐間番に転じた。同六年二月二十一日、小性組に戻り、同年四月十一日から再び進物役となる。同年十月二十三日に家督を継ぎ、十二月十八日、日常の勤務に精を入れていたことを賞せられ、黄金三枚を受ける。正徳元年(一七一一)五月二十八日、伊予国宇和島藩主伊達村年《だてむらとし》が幼年のため、野々山兼貞《ののやまかねさだ》とともに国目付を命じられ宇和島へ赴任した。翌二年六月二十五日には使番に転じた。同年八月二十八日、古河藩主松平信祝《のぶとき》の国替えに伴い、本多忠良への下総国古河城引渡し役を勤め、同年十二月十五日には布衣《ほい》の着用を許された。同四年十一月十八日、目付となり、享保三年(一七一八)三月十五日、八代将軍徳川吉宗の母浄円院を江戸へ迎えるため和歌山へ赴いた。同九年十一月十五日に徳川家重付となり江戸城二丸勤めとなり、のち西丸勤めとなる。同十二年正月十一日、作事奉行に転じ、同年十二月十八日従五位下伊豆守に叙任、のち伊賀守に改める。同十三年、徳川吉宗の日光社参に先立ち、二月十四日に道路を検査、四月二十九日に時服三領と黄金五枚を受ける。元文元年(一七三六)十月十六日、先に上野国世良田東照宮の修復に携わったことを賞され黄金五枚を賜り、のちには三河国滝山宮と日光山諸堂社普請についても賞され時服・黄金を受ける。同四年十月二十七日、勘定奉行に昇進した。知られるところでは、元文二年十月ごろには上《かみ》利根川・神流川《かんながわ》・烏川・渡良瀬川の河川管理を担当していた代官石原政久の上司であった。延享三年(一七四六)三月一日、西丸御留守居となる。宝暦三年(一七五三)六月四日に辞職し、寄合となる。同四年十一月十四日、七十五歳で死去。法名は日証。墓所は谷中瑞輪寺(東京都台東区)。　(実松)

【典拠・参考文献】『寛政譜』第二十・一八九頁、大谷貞夫著『江戸幕府治水政策史の研究』(雄山閣、一九九六年)

木村勝清《きむらかつきよ》　(一五八六~一六五八)

天正十四年(一五八六)に木村勝正《かつまさ》の子として生まれる。妻は別所孫次郎の息女。孫次郎・宗(惣)右衛門と称した。徳川家康に仕え、父の職務であった過書《かしょ》船支配、および山城国大原等の御入木山支配を引き継いだ。慶長十九年(一六一四)の大坂冬の陣では、板倉勝重の指示により、淀の小橋に木戸柵を構えて、大坂を往来する侍の取締りを行った。このとき、柏原源左衛門と名乗る者が板倉勝重の使者と偽って通行しようとしたため、これを討ち取ると、そのことを勝重より報告を受けた家康から褒賞された。同二十年の大坂夏の陣では、豊臣方が堤を壊し、洪水により徳川方の軍勢の行動が不自由になると、所持していた過書船に土砂を積んで水路に沈めるとともに、土俵や竹木で堤を築いて、水を大和川に流して、軍勢の行動を自由にすることに成功した。元和三年（一六一七）八月二十八日、二代将軍秀忠より、山城国乙訓《おとくに》郡・紀伊郡・摂津国河辺《かわべ》郡内において一八五石余を拝領し、朱印状を賜った。寛永三年（一六二六）には、大御所となった秀忠と三代将軍家光の上洛に供奉した。明暦二年（一六五六）正月に隠居し、家督を二男清治《きよはる》に譲った（長男勝吉《かつよし》はすでに死去）。同四年（万治元・一六五八）三月二十九日に死去。享年七十三。法名は宗順。山城国淀の誓用院に葬られた。　（白根）

【典拠・参考文献】『寛政譜』第七・二九五頁、「木村宗右衛門先祖書」（田口標・松下幸司・宇野日出生「京都大原の山林文書（二）御入木山代官木村宗右衛門を中心として」（京都大学『生物資源経済研究』第一四号、二〇〇九年）

木村勝教《きむらかつのり》（生没年未詳）

敬蔵と称す。家禄一〇〇俵。父は剛蔵。甲斐守・飛騨守に任ぜられる。嘉永五年（一八五二）三月二十二日に評定所留役から勘定組頭格、同六年四月十二日に勘定組頭、永々御目見以上となる。安政六年（一八五九）二月二日御役御免、小普請となる。文久二年（一八六二）六月二十八日に長崎奉行支配吟味役、同年閏八月八日に勘定組頭、同年十一月二十日に評定所留役勘定組頭、同年十二月十六日に布衣を許され、一〇〇俵に加増される。同三年七月二十五日に代官兼帯、同年十月十一日に勘定吟味役、同年十二月二十九日に勘定奉行並公事方道中奉行兼帯となる。元治元年（一八六四）七月十三日辞職し、寄合となる。慶応元年（一八六五）閏五月二十五日、元勘定奉行並・関東郡代並となり、同年十二月一日、関東郡代となる。同三年一月二十六日に勘定奉行並、上野国在陣となり、在勤中二〇〇〇俵高。同年十二月二十七日に勘定奉行勝手方、同年十二月二十八日に公事方・在方掛兼勤となる。同四年二月二十二日に辞職する。　（山本）

【典拠・参考文献】『柳営補任』、『旗本百科』第二巻

木村熊二《きむらくまじ》（一八四五〜一九二七）

弘化二年（一八四五）正月二十五日、但馬国出石藩仙石氏の儒者桜井石門（一太郎）の二男として京都御池通本八旅店に生まれる。兄に天気予報の創始者にして徳島・山梨の県知事などを勤めた桜井熊一（勉）がいる。安政元年（一八五四）、熊二は石門の高弟で昌平坂学問所の都講木村琶山（近之助）の養子となった。同四年に先手組同心となり、文久三年（一八六三）十月十六日に箱館奉行支配定役、同年十二月十五日に歩兵差図役下役に転じた。慶応元年（一八六五）、御家人田口耕三の娘鐙子《とうこ》を妻とする。直後に十四代将軍徳川家茂の進発に従い大坂に赴き、翌年には御徒目付を勤めた。同二年十月に帰府、十二月に銃隊差図役勤方となった。戊辰戦争期には新政府軍へ抵抗を試みるが、のち新政府軍の追及を避け静岡藩に潜伏した。その後、明治二年（一八六九）には静岡藩藩政補翼附属・学校書籍取締出役となった。翌三年、静岡藩士外山正一《まさかず》の渡米に同行することを希望し、同僚の大儀見元一郎《おおぎみもといちろう》とともに勝海舟の後ろ盾を得て、同年十二月三日に日本を発った。アメリカでは同五年六月に洗礼を受け、伝道者として同十五年に帰国。留学中にはアメリカの家庭教育を直視し、特に家庭における母親（女性）の役割を印象

づけられた。これが日本近代女子教育をリードする明治女学校の設立（明治十八年九月）に結実する。卒業生として羽仁もと子・野上弥生子らを輩出し、進歩的な女子教育を実践した。同十九年、妻鐙子がコレラで死去し、同二十一年、伝道のため長野に移住した。同二十六年には北佐久郡小諸町に小諸義塾（のちの旧制中学校）を開設し、青年教育にあたった。ここでは、内村鑑三らが講演会を開き、島崎藤村らを教師に迎えた。青年教育のみならず農事改良や牧畜など、地域振興・産業奨励に尽力した。昭和二年（一九二七）二月二十八日、八十三歳で死去。墓は東京都台東区の谷中霊園にある。（藤田）

【典拠・参考文献】東京女子大学比較文化研究所編集・発行『木村熊二・鐙子往復書簡』（一九九三年）、小山周次『小諸義塾と木村熊二先生』（伝記叢書、大空社、一九九六年）、沼津市明治史料館編集・発行『神に仕えたサムライたち―静岡移住旧幕臣とキリスト教―』（一九九七年）

木村定政《きむらさだまさ》　（生没年未詳）

通称は薫平。小普請方改方より天保十四年（一八四三）七月二十八日に佐渡奉行支配組頭へ転じる。嘉永四年（一八五一）七月二十一日に書物奉行、安政二年（一八五五）五月十二日には鉄炮玉薬奉行となり、同五年三月八日代官に転じ、信濃国中之条代官となる。このころ定政は一五〇俵取で、駿河台甲賀町に役宅があった。江戸詰一〇名、中之条陣屋詰五名、御影出張陣屋詰五名、追分宿貫目改所《かんめあらためしょ》詰一名を配下としていた。文久元年（一八六一）に甲斐国市川代官へ移ったのち、同年八月十日、勘定組頭に転じ道中方を担当、同二年十二月二十九日に再び代官となる。文化三年（一八〇六）に関東郡代が廃止された後その職掌を引き継いでいた馬喰町御用屋敷詰の郡代掛となった。文久三年当時の定政の管轄は、千住貫目改、品川貫目改、浦賀御蔵、城ケ島篝屋《かがりや》、小菅納屋であり、本所深川道敷掛を兼務していた。元治元年（一八六四）に関東郡代が復活すると、慶応二年（一八六六）三月二十二日には関東郡代付組頭となり、同役の筆頭を勤めた。同年四月二十日に布衣《ほい》の着用を許され、一〇〇俵の加増を受ける。同三年四月十三日、再び勘定へと転じ、在方を担当、同四年閏四月十三日に御役御免となり、勤仕並寄合に属した。（実松）

【典拠・参考文献】『柳営補任』、西沢淳男『幕領陣屋と代官支配』（岩田書院、一九九八年）、村上直・荒川秀俊編『江戸幕府代官史料―県令集覧―』（吉川弘文館、一九七五年）

木村高敦《きむらたかあつ》　（一六八〇～一七四二）

延宝八年（一六八〇）に生まれる。通称は弥十郎。字は世美。号は毅斎。根岸長兵衛直利の三男。母は一色右馬助範次の息女。木村義久の養子となり、妻はその養女。宝永四年（一七〇七）八月二十一日に家督を継ぐ。享保四年（一七一九）十月十八日に、大番となり同九年十月九日に新番、同十八年三月十一日より西丸御賄頭、寛保元年（一七四一）正月二十八日には西丸広敷用人を務める。『武徳編年集成』『武徳安民記』『武家閑談』などを著す。同年十二月十九日に布衣を許される。同二年十一月一日没。享年六十三。法名は徹真。芝泉岳寺に葬られる。（湯浅）

【典拠・参考文献】『寛政譜』第七・二九三頁

木村長羽《きむらながのぶ》　（一六八六～一七五一）

貞享三年（一六八六）に生まれる。雲八と称す。妻は志村藤十郎昌利の息女で、後妻は加藤甚右衛門休長の養女。正徳三年（一七一三）閏五月二十九日に遺跡を継ぎ、同年六月十八日には小十人となる。家禄は廩米二〇〇石。享保三年（一七一八）三月十五日、浄円院（徳川吉宗の母）の迎えとして和歌山に赴く。同九年十一月十五日、二丸に勤仕し、後に西丸の務めとなる。同十八年三月朔日、西丸小十人の組頭となり、元文五年（一七四〇）四月十九日に代官となる。寛保元年（一七四一）十月十三日、支配所である下総国相馬郡根戸村の年貢割を農民らの意に任せ、郷中の定法としたが、私領までも行われたため、等閑の計らいの越度とされた。同十二月二十七日に許される。延享三年（一七四六）関宿領野木崎村の流作場が、勘定所新田方から代官へと支配替えになったため、堀江荒四郎芳極《ただとう》より長羽の支配となった。同四年、朝鮮通信使の御用を負担する村々に対し、藤沢宿御賄所（長羽ら宿々賄代官）が、日時に納入した物品や差出した人足などについての調査を行っている。寛延元年（一七四八）新田を開墾したことにより、終身まで租税の十分の一を給わることになる。同年五月十六日、勤務不良により小普請に貶され、出仕を止められた。同年八月六日に許される。宝暦元年（一七五一）正月二十三日に死去。享年六十六。法名は唯道で、浅草本願寺（東京都台東区）の長敬寺に葬られる。

（高木）

【典拠・参考文献】『寛政譜』第百九十三・八八頁、大石学『享保改革の地域政策』（吉川弘文館、一九九六年）、『寒川町史二』資料編近世2（神奈川県寒川町、一九九三年）

木村光休《きむらみつやす》（一七四五～没年未詳）

延享二年（一七四五）に生まれる。通称は三次郎・周蔵。妻は太田氏の息女。木村家は、初め中沢氏を称し、のち田中氏と改め、さらに木村氏を名字とするようになったという。明和八年（一七七一）十二月、普請役に召し抱えられ、その後勘定買物使となり、京都御入用取調役に転じ、支配勘定に准じた。天明八年（一七八八）九月十日、四十四歳のとき旗本へ昇格、禁裏御賄頭となる。寛政七年（一七九五）二月三日、代官に転じ、越後国新井代官となり、同十一年より大坂鈴木町南側に転じる。文化元年（一八〇四）に大坂本町橋東浜へ移る。このころ禄高は四〇俵であった。同九年に関東代官（江戸詰）となった。同十一年、老齢により七十歳で免職となったが、金二枚を下付された。

（実松）

【典拠・参考文献】『寛政譜』第二十・一七三頁、『柳営補任』、西沢淳男『幕領陣屋と代官支配』（岩田書院、一九九八年）、『江戸幕府郡代代官史料集』（近藤出版社、一九八一年）

木村喜毅《きむらよしたけ》（一八三〇～一九〇一）

文政十三年（一八三〇）二月五日、浜御殿奉行の喜彦《よしひさ》と丸山氏女船の嫡男として、江戸浜御殿内（中央区）の役宅で生まれる。幼名は勘助。号は芥舟《かいしゅう》。木村氏初代は、甲府家当主徳川綱重の桜田御殿に仕え、二代の時に綱豊（のち六代将軍徳川家宣）の西丸入りに従い、吹上奉行支配となった。四代から六代まで浜御殿奉行を勤める。禄高は一〇〇俵。喜毅は天保十三年（一八四二）に浜御殿奉行見習となり、弘化元年（一八四四）に両番格浜御殿添奉行に任じられた。翌春に長谷川鉱五郎の二女弥重を妻とする。安政二年（一八五五）九月十五日に西丸目付に抜擢され、翌三年二月十日に本丸目付、十二月十六日には長崎表取締御用を命じられ、この時図書と改称した。長崎では海軍伝習所の監督も勤めた。同六年の伝習停止により帰府、九月十日には軍艦奉行並に転じた。十一月二十四日、遣米使節に随行することを命じられ、同月二十八日に奉行に昇格、従五位下摂津守に叙任された。翌七年正月十二日、勝海舟が艦長を務める咸臨丸で品川沖を出帆。喜毅は、姉くにの夫桂川甫周を介して随行を願った福沢諭吉を伴っていた。サンフランシスコまで日本人初の太平洋横断を成し遂げ、五月五日に浦賀に帰着。帰国後は幕府海軍拡張に尽力するが、建言が採用されず、文久三年（一八六三）九月二十六日に辞職した。翌元治元年（一八六四）四月九日に開成所頭取となり、十二月十一日に父の隠居により家督を相続。十二月十五日には目付に再任され、兵庫頭と改称した。慶応元年（一八六五）五月十六日、十四代将軍徳川家茂に従い江戸を進発し、閏五月二十五日に大坂城に入るが、外交問題の紛糾により辞表を提出、十一月二十六日に御役御免となり江戸に戻った。翌二年七月二十六日、軍艦奉行並に再任され上坂し、勝海舟とともに海軍振興策を建議した。同三年四月朔日に一旦帰府し、海軍の設備拡張や海軍士官の待遇改善などに尽力、六月二十六日には軍艦奉行に昇進した。幕府瓦解後の同四年二月十八日には海軍所頭取となり、海軍の会計を担当し、三月二十二日には勘定奉行勝手方となり、新政府軍の金銀座接収事務を取り扱った。七月二十六日に家督を嫡男浩吉に譲り、武蔵府中六所明神の田村家に隠退。明治四年（一八七一）八月に四谷坂町へ移るが、同三十年には土手三番町の新邸で浩吉と同居、余生を送った。晩年は旧幕時代を懐古した著述に専念し、目付の職務などを記した「旧幕監察の動向」や、天保期以降の名士九〇人の履歴をまとめた「幕末名士小伝」などを雑誌『旧幕府』に寄稿した。なお、浩吉は海軍士官として日清・日露戦争に従軍し、二男駿吉は艦船用無線電信機の開発に貢献するなど、海軍で活躍した。同三十四年十二月九日、七十二歳で死去。戒名は芥舟院穆如清風大居士。墓は東京都港区の青山墓地にある。（藤田）

【典拠・参考文献】『寛政譜』第十九・三八九頁、慶応義塾図書館編『木村摂津守喜毅日記』（塙書房、一九七七年）、横浜開港資料館編『木村芥舟とその資料』（横浜開港資料普及協会発行、一九八八年）、土居良三『軍艦奉行木村摂津守』（中公新書、一九九四年）

木室卯雲《きむろぼううん》　（一七一四～一七八三）

正徳四年（一七一四）に生まれる。庄七郎・庄左衛門称した。七左衛門、諱は朝濤《ともなみ》。父は広敷添番木室勝久、母は大橋氏の息女、妻は塩野氏の息女である。元文二年（一七三七）八月十三日に家督を継ぎ、のち御徒目付となり、またのちに小普請方改役に転じて将軍拝謁を許される。宝暦六年（一七五六）一月二十五日、旗本に列せられ、小普請方となって一〇〇俵四人扶持となり、明和五年（一七六八）七月二十九日に広敷番頭に転じ、安永八年（一七七九）二月五日、辞職して小普請となる。朝濤は、木室卯雲や二鐘亭半山《にしょうていはんざん》、白鯉館《はくりかん》卯雲の名で、随筆や咄本、狂歌を著した。代表作には明和三年（一七六六）から、京都御所准后別殿造営のため一年半在京した際の見聞記『見た京物語』、その他『鹿の子餅』『奇異珍事録』などがある。天明三年（一七八三）六月二十八日に没す。享年七十、法名は義哲。麻布祥雲寺（東京都港区）に葬られた。（渋谷）

【典拠・参考文献】『寛政譜』第二十二・二一九頁、「解題」（『日本随筆大成』第三期第八巻、吉川弘文館、一九七七年）、浜田義一郎「木室卯雲」（『同』同付録）

京極高朗《きょうごくたかあき》　（生年未詳～一八六四）

通称は啓之助・兵庫。能登守・越前を名乗る。家禄は但馬国内二〇〇〇石。安政六年（一八五九）一月十一日、小性組進物番出役より使番に転じ、万延元年（一八六〇）十二月一日、目付（勝手掛・外国掛）となる。翌文久元年（一八六一）三月二十四日、フランス・イギリス等に派遣され、その働きにより同年五月四日には諸大夫となり、能登守を称する。同年、遣欧使節の監察使となり、その時パリで撮影された写真が残されている。翌二年十二月二十九日には二〇〇石加増、禄高二二〇〇石となる。翌三年四月二十三日に辞職、寄合となるが、同年五月十六日に神奈川奉行となり、九月八日には長崎奉行、また十一月二十八日騎兵奉行に転じる。翌元治元年（一八六四）六月二十四日に目付（勝手掛）に再任、さらに八月十一日には大目付となるが、同年十月二十九日に没した。菩提寺は青山海蔵寺（東京都港区）である。　（渋谷）

【典拠・参考文献】『寛政譜』第七・一八四頁、『柳営補任』、石黒敬章『幕末明治の肖像写真』（角川学芸出版、二〇〇九年）

京極高亶《きょうごくたかあつ》（一七一九〜一七八五）

享保四年（一七一九）に生まれる。初め高味《たかちか》と名乗り、八之助・兵部と称す。寄合稲垣昭為《あきため》の二男。母は嶋津久利の息女で、寄合京極高為の臨終に際し養子となる。妻は備中国鴨方《かもがた》藩主池田政方《まさみち》の養女。享保十七年（一七三二）十月二日、家督を継ぎ、但馬国内二〇〇〇石を領して寄合となる。延享二年（一七四五）九月十三日、小性組に列し、宝暦元年（一七五一）七月二十八日、国目付として秋月種蔭とともに会津に赴く。同五年一月十一日、使番に進み十二月十八日には布衣着用を許される。翌六年三月一日、島津忠洪《ただひろ》（のち重豪《しげひで》）の国政監視のため薩摩国に赴く。同八年七月十八日に西丸目付、明和元年（一七六四）七月一日に新番頭と進み、安永三年（一七七四）五月四日、日光奉行となり、六月一日には従五位下伊予守に叙任される。翌四年三月一日に大坂町奉行、天明元年（一七八一）四月二十八日には御持筒頭に転じて、同五年（一七八五）八月二十七日に没した。享年六十七、法名は道立、菩提寺は青山海蔵寺（東京都港区）である。　（渋谷）

【典拠・参考文献】『寛政譜』第七・一八四頁

京極高規《きょうごくたかのり》（一六四三〜一七〇八）

寛永二十年（一六四三）に生まれる。諱は高頼とも名乗った。兵勝丸・采女と称した。父は京極高国、母は伊達政宗の息女である。曾祖父高知は豊臣秀吉に従い一〇万石を知行し、その後徳川家康の下で、一二万三二〇〇石を知行した。祖父高広は遺領を継いで七万八二〇〇石を知行し、弟高三に三万五〇〇〇石を、高通に一万石を分かち与えた。高規は、承応四年（明暦元・一六五五）正月二十八日初めて四代将軍徳川家綱に拝謁した。同三年十二月二十七日、従四位下に叙せられ、近江守と称した。寛文六年（一六六六）五月三日、父高国が以前から不孝の聞こえがあり、祖父高広から非道の状況が訴えられるに及び、さらに親族とも仲良くできず、領地の仕置もよくないということで所領七万七〇〇〇石は没収となり、南部大膳大夫重信に召し預けとなり、奥州盛岡に配流となった。高規は、この事に連座して伊賀上野の藤堂大学頭高次に召し預けとなり、伊勢の津に配流となった。高国二男の落合杢之助親信は松平相模守（池田）光仲に、三男黒田満吉は池田光政に、四男寺島松之助高林は伊達遠江守宗利に、女子二人は松平亀千代に預けられた。高国・高規は扶助料として三〇〇〇俵を賜り、高国は従者一二人、高規は一三人を許された。三人の男子は月俸五〇口ずつが与えられた。延宝八年（一六八〇）九月二日に赦免されて、外戚家伊達（松平）陸奥守綱村の領地常陸国龍ヶ崎に寓居した。元禄三年（一六九〇）八月十八日に召されて二〇〇〇俵を賜わり、寄合に列し、同八年十二月十五日奥高家となり、同月十八日侍従に進み、対馬守に改めた。同十年七月二十六日、安房国長狭《ながさ》・朝夷《あさい》二郡において二〇〇〇石を知行した。同十五年五月十九日、東福門院の法会が行われる際には、命を受けて京都に赴いた。宝永元年（一七〇四）四月九日、日光への代参の命を受けて日光に赴いたほか、同年九月五日、久能山外遷宮によりて駿河国に至った。同二年七月二十五日、病気を理由に勤めを辞し、寄合に列し、十一月二十九日致仕した。同五年十月十九日死去した。享年六十六。法名は影徳院法山道遊。菩提寺は谷中の感応寺である。

（田中暁龍）

【典拠・参考文献】『寛政譜』第七・一七五〜一七八頁、『系図纂要』第八・五七六頁、『徳川実紀』第四・第六篇

京極高久《きょうごくたかひさ》　（一六六四〜一七三二）

寛文四年（一六六四）に生まれる。長太郎・式部・主計。父は使番田中高積《たかなお》、母は三代将軍徳川家光の二男徳川綱重の家老島田時郷《ときさと》の息女、妻は書院番組頭酒井忠実《ただざね》の息女、後妻は新番組頭松下之則《ゆきのり》の息女である。元禄八年（一六九五）七月九日に家督を継ぎ、同年八月、田中から京極に改姓した。同十年三月十八日に書院番に入り、七月二十六日には廩米を上野国内一〇〇〇石に改められる。同十二年十月二十二日より火事場目付を勤めたが、翌十三年一月二十三日、その廃止により免職となる。宝永二年（一七〇五）五月十五日、御書院番組頭となり、十二月十九日には布衣着用を許可される。正徳二年（一七一二）八月十八日、同役井出正府《まさいえ》の養子長五郎乱心の際、その処置の落度により逼塞となるが、九月二十六日には駿府城守衛のため赦された。享保十二年（一七二七）四月二十八日、西丸先手御弓頭に転じ、同十七年（一七三二）十月六日に没した。享年六十九。法名は貞山。渋谷吸江寺（東京都渋谷区）に葬られた。

（渋谷）

【典拠・参考文献】『寛政譜』第七・一九一頁

吉良義周《きらよしちか》　（一六八六〜一七〇六）

貞享三年（一六八六）に生まれる。左兵衛佐と称する。養父は吉良上野介義央。実は上杉弾正大弼綱憲の二男である。母は茨城氏である。元禄九年（一六九六）十一月二十一日初めて五代将軍徳川綱吉に拝謁した。同十四年三月十四日、父義央が年頭勅使の接待の最中、江戸城において、赤穂藩主浅野長矩に斬りつけられ、この事件により、義央に咎め立てはなかったが、同月二十六日父義央は職を辞して寄合に列した。同年十二月十二日、義央が致仕したことで、父の家督を継いだ。しかし、同十六年二月四日、浅野内匠頭長矩の旧臣等が吉良邸に乱入し、父義央が討たれたことで、義周が事件の際の対処を適切に行えなかったことを咎められて、信濃国諏訪高島藩の諏訪安芸守忠虎に召し預けとなり、ここに吉良宗家は断絶した。宝永三年（一七〇六）正月二十日に高島城において死去し、同月二十七日、書院番石谷七之助清職が検使として派遣されている。享年二十一。法名は宝燈院岱岳徹宗。

（田中暁龍）

【典拠・参考文献】『寛政譜』第二・二二〇頁、『系図纂要』第十冊・六八二頁、『徳川実紀』第六篇

吉良義俊《きらよしとし》　（一六七〇〜一七四二）

寛文十年（一六七〇）に生まれる。源六郎・式部・左兵衛を称する。父は吉良（蒔《まい》田《た》）義成。妻は妻木彦右衛門頼保の息女である。貞享元年（一六八四）十二月十九日初めて五代将軍徳川綱吉に拝謁した。元禄四年（一六九一）七月二十一日家督を継いで、同五年正月十一日奥高家となり、従五位下侍従に叙任され、河内守に改めた。同六年九月二十九日小性に転じ、同七年三月十日に三〇〇俵を加えられ、同十年七月二

十六日禄米を改めて、武蔵国比企・入間二郡において知行地を賜り、計一四二〇石余を知行した。のち徳川綱吉筆の詩歌の掛幅二軸を賜った。宝永六年（一七〇九）二月二十一日奥高家に復し、九月二十六日禁裏および御所方造営が完成し、移徙が行われたので、これを賀す使者の命を受けて上洛した。同七年二月十五日申請を許されて、蒔田の家号を吉良に改めた。享保五年（一七二〇）正月九日、若宮（昭仁親王、のちの桜町天皇）の誕生の祝賀として、将軍名代として京都に赴き、四月二十八日従四位下に昇った。元文二年（一七三七）四月十九日中御門院崩御により、使者の命を受けてまた京都に上った。同五年十二月五日、老いたことを理由に職務を辞した。この時、時服五領を賜った。寛保元年（一七四一）七月二十日に致仕し、同二年二月二十六日に死去した。享年七十三。法名は聞声院悟覚道祥。（田中暁）

【典拠・参考文献】『寛政譜』第二・二四五～二四六頁、『系図纂要』第十冊・六七一頁

吉良義央《きらよしなか》（一六四一～一七〇二）

寛永十八年（一六四一）に生まれる。三郎・左近と称し、義英とも名乗った。義央は「よしひさ」とも。父は吉良義冬、母は酒井紀伊守忠吉の息女である。妻は上杉弾正少弼定勝の息女である。承応二年（一六五三）三月十五日、初めて四代将軍徳川家綱に拝謁した。明暦三年（一六五七）十二月二十七日高家に列し、従四位下侍従に叙任され、上野介に改めた。万治三年（一六六〇）二月九日、庇護料として一〇〇〇俵賜った。寛文二年（一六六二）八月十四日禁裏・仙洞への使者の命を受けて京都に上り、同三年正月十三日に霊元天皇の践祚を賀す使者として京都に至り、二月十九日従四位上に昇った。同四年九月十五日、父義冬の職務のごとく奉仕するようにとの命を受けた。同八年七月十日に家督を継いで、三河国幡豆郡吉良地方を支配した。同月二十五日、父の遺物土佐光信筆の画・巻物を献上した。延宝元年（一六七三）九月七日、女御（新上西門院）の姫宮（栄子内親王）降誕により、これを賀すための命を受けて上洛し、同五年十月十八日、法皇女院新御所へ移ることになった際には、また京都への使者を勤めた。同八年九月六日、徳川綱吉が将軍宣下を済ませたことにより、井伊玄蕃頭直澄に従って京都に至った。この時霊元天皇から宗恒の太刀を賜り、十月二十八日左少将に進んだ。天和三年（一六八三）三月七日より大沢右京大夫基恒、畠山飛騨守義里と同じく交代で月番を勤めた。貞享三年（一六八六）の黄金堤の築堤や、元禄元年（一六八八）、妻の名をとった富好新田の開発では、名君の名を地域に留めている。元禄十四年（一七〇一）三月十四日、将軍綱吉の母桂昌院への贈位と慶年答辞の勅使接待の最中、江戸城において、赤穂藩主浅野内匠頭長矩に斬りつけられた。この事件により浅野長矩は切腹・改易の処分となったが、義央は咎め立てされることはなく、同月二十六日職を辞して寄合に列した。同年十二月十二日に致仕し、同十五年三月十一日に得物法成寺の刀を献上した。十二月十五日の暁、長矩の旧臣等が仇討ちのために本所松坂町の吉良邸に乱入し、終に殺害された。吉良家を継いだ義周は、赤穂事件の処置を咎められて吉良宗家は断絶した。享年六十二。法名は雲性寺実山相公である。牛込万昌院（現万昌山功運寺、東京都中野区）に葬った。（田中暁）

【典拠・参考文献】『寛政譜』第二・二一九頁、『徳川実紀』第四篇、華蔵寿編『吉良義央公概伝』（華蔵寺、一九八五年）、「易水連袂録」（中央義士会編『赤穂義士史料』下　雄山閣、一九三一年）、『系図纂要』第十冊・六八

二頁、『柳営補任』

吉良《きら》義冬《よしふゆ》　（一六〇七～一六六八）

慶長十二年（一六〇七）に生まれる。三郎と称した。父は吉良義弥《よしみつ》である。母は今川左馬助範以の息女。妻は酒井紀伊守忠吉の息女である。元和三年（一六一七）初めて二代将軍徳川秀忠に拝謁した。寛永三年（一六二六）八月十五日高家に列し、同月十八日従五位下侍従に叙任され、若狭守に改めた。同年九月六日、後水尾天皇の二条城行幸の際には、父とともに太刀の役を勤めた。同十一年三代将軍家光の上洛の際には、六月九日父とともに命を受けて、京都に至った。その後もたびたび禁裏・院御所への使者の命を受けて、京都に上り、同十七年六月十五日武蔵国仙波の東照宮遷宮の際には、使者の命を受けて京都に至った。同二十年十二月七日に家督を継いで、この日かつて義冬に賜った一〇〇〇石をあわせ、計四〇〇〇石を知行した。同二十一年（正保元・一六四四）二月十五日父吉良義弥の遺物、兼好法師筆の伊勢物語を献じて徳川家綱に土佐将監光信の画に世尊寺行房の詞が記してある巻物を奉った。正保二年五月十九日、徳川家綱元服の謝使板倉周防守重宗に副えて京都に至り、同年六月十日従四位下に昇った。十二月七日東照大権現宮号宣下があり、位記・宣旨・宣命等を賜ったので、また命を受けて京都に至った。慶安元年（一六四八）五月四日、先に日光山において行われた八講法会の次第を、狩野探幽に描かせるよう命を蒙った。同四年六月十六日、将軍徳川家光の贈位・贈官のことを謝す使者を勤め、九月七日徳川家綱の将軍宣下があったので、酒井河内守忠清に従って京都に上り、同月二十八日に禁裏より包平の太刀、仙洞御所より備前三郎國宗の太刀を拝領し、十月十五日左少将に昇り、左京大夫を称した。明暦二年（一六五六）正月三日、後西天皇即位の際、松平右京大夫頼重に従って、京都への使者を勤め、二月十五日従四位上に昇り、のちしばしば使者の命を受けて、京都および日光山に至る。寛文四年（一六六四）六月三日、万治四年（一六六一）の大火により禁裏が被災したことから、禁中並公家中諸法度の写しを再度作成、布達されることになり、条目持参の任を勤めた。寛文八年三月二十五日に死去した。享年六十二。法名は大雄寺要山玄公である。

（田中暁）

【典拠・参考文献】『寛政譜』第二・二一八～二一九頁、『系図纂要』第十冊・六八〇頁、『柳営補任』、『徳川実紀』第二・第四篇

吉良《きら》義弥《よしみつ》　（一五八六～一六四三）

天正十四年（一五八六）に生まれる。三郎・民部を称し、諱は義弘とも名乗った。父は足利一族としての名門を継いだ吉良義定。母は今川氏真の息女である。妻は今川左馬助範以の息女である。慶長二年（一五九七）初めて徳川秀忠（のち二代将軍）に拝謁した。同五年、関ヶ原の戦の時、秀忠が幼少時に着た葵の紋の金具のついた紺糸威の具足を賜り、これを着して供奉した。その後、本領吉良荘において三〇〇〇石の地を知行し、同十三年二月二十四日に高家に列し、同年十二月二十四日、従五位下侍従に叙任され、左兵衛督に改めた。同十六年正月二十一日、年頭の賀使の命を受けて上洛・参内し、同月二十三日従四位下に叙任された。元和九年（一六二三）八月六日、徳川家光の将軍宣下に従って上洛し、拝賀の参内の時には太刀の役を勤めた。同年十一月、女一宮（明正院）降誕の時、使者の命をうけ、京都に至り、十二月二十八日少将に進んだ。寛永元年（一六二四）十一月二十八日東福門院立后の時も、また使者の命をうけて京都に赴いた。この時、中将に任命したいとの希望が伝えられたが、辞退

した。同三年九月六日、後水尾天皇の二条城行幸の際には、御所の太刀の役を勤めた。同九年秀忠の追号・贈位に際しては、その謝使の命を受けて、また同十一年三代将軍徳川家光の上洛に際しては、六月九日に命をうけて家光に先立って京都に上った。同十四年九月二十七日、二丸において東照宮遷宮が行われ、左右の舞楽に品々が下された時、義弥がこれを仰せつかった。このほか、勅使、院使および親王・摂家・門跡等の下向の時は、披露の役を勤め、あるいは将軍の社参仏詣の時に、御裾・御簾の役を担当した。同十七年五月二十五日、先に日光山において東照宮二十五回の法会が行われ、その使者として京都に至り、同十九年六月十九日禁裏移徙を賀す使者に任ぜられて、京都に至った。同二十年四月二十七日、位記口宣を賜わる謝使の命を受けて京都に赴いた。同年七月、朝鮮通信使の江戸登城の時には、朝鮮国の書簡執達のことを担当し、のち使者としてまた京都に至り、十月二十四日京都において死去した。享年五十八。法名は後幸蔵寺法山猷公である。菩提寺は市ヶ谷（のち牛込に移る）の万昌院（現在は万昌山功運寺、東京都中野区）である。

（田中暁）

【典拠・参考文献】『寛政譜』第二・二一八頁、『系図纂要』第十冊・六八〇頁、『柳営補任』、『徳川実紀』第一・第二篇

久貝《くがい》正方《まさかた》　（一六四八～一七一四）

慶安元年（一六四八）に生まれる。通称は甚三郎・弥右衛門・忠左衛門、任官後は因幡守を名乗る。系譜上は別項の久貝正俊の孫にあたる。先代の久貝正世（正俊の子）の娘と松平民部少輔氏信の三男であるが、正世の養子となり、明暦二年（一六五六）に九歳で四代将軍家綱に拝謁し、寛文九年（一六六九）七月十日に久貝家を相続した。延宝三年（一六七五）十月十六日に定火消となり、同年十二月二十六日には布衣を着すことを許される。貞享四年（一六八七）十一月十五日に御持筒頭となり、元禄九年（一六九六）六月二十七日より同十一年五月十四日までは火附改の役を勤めた。同十二年正月十一日に勘定奉行となり、同年十二月十八日には従五位下に叙されて因幡守を名乗る。同十五年十二月十九日には、国絵図作成の件に尽力したことを賞せられて時服を拝領、宝永二年（一七〇五）十二月一日には御留守居へ転じた。同七年七月一日、知行五〇〇石を加増されて禄高は五五〇〇石となる。正徳二年（一七一二）十

二月七日に御側並、翌三年八月三日には御側に就任する。同六年の七代将軍家継の死去にともない、五月十九日に御役御免となり菊間縁頬詰となる。享保三年（一七一八）に隠居し、同四年十一月十四日に七十二歳で没した。法名は意閑で、下谷の白泉寺に葬られた。（太田尚）

【典拠・参考文献】『寛政譜』第十六・一七六頁

久貝正俊《くがいまさとし》（一五七三～一六四八）

天正元年（一五七三）に生まれる。通称は忠三郎・忠左衛門、任官後は因幡守を名乗る。久貝の家号は、はじめ山城国乙訓郡久貝村に住していたことに因むという。正俊の父正勝の代より徳川家康に仕え、正俊は天正九年（一五八一）に九歳で初めて家康へ謁見し、秀忠への近侍を命じられて、その小性となった。慶長五年（一六〇〇）には真田昌幸が立て籠もる信州上田城攻めに供奉したが、陣中において勘気を蒙ったため、ただちに関ヶ原へ馳せ参じ、井伊直政の先手に加わって戦功をあげ、その罪を許されている。同十年には御徒頭となり、秀忠の将軍宣下の拝賀の際には供奉に列した。同十九年・同二十年の大坂の陣では両度にわたり使番を勤め、元和二年（一六一六）には御目付となり、同五年には京都の町奉行を命じられた。このとき知行地一五〇〇石が加増され、先の禄高一五〇〇石と合わせて三〇〇〇石となった。寛永二年（一六二五）正月には従五位下に叙せられて因幡守と改称し、同十年十二月十六日にはさらに二〇〇〇石が加増されて禄高は五〇〇〇石となった。同十四年の島原・天草一揆に際しては、大坂より豊前国小倉への廻船による物資輸送を担当している。慶安元年（一六四八）二月二日に大坂において七十六歳で死去。法名は道無。河内国交野郡中宮村に葬られた。（太田尚）

【典拠・参考文献】『寛政譜』第十六・一七四～一七五頁

久貝正典《くがいまさのり》（一八〇六～一八六五）

文化三年（一八〇六）に生まれる。甚三郎と称し、因幡守・河内守・遠江守と名乗る。号は養翠《ようすい》。禄高は五五〇〇石。文政十年（一八二七）八月二十四日に寄合から寄合火事場見廻、同十三年三月十二日に火消役を経て、天保六年（一八三五）七月一日に小普請組支配となる。同七年九月二十日に小性組番頭、同九年十一月二十日に書院番頭、同十二年八月三十日に大番頭へと進んだ。安政二年（一八五五）二月五日に講武所奉行兼帯を命じられると、同職兼帯のまま翌三年二月十四日に御留守居、同五年十月九日に大目付へと転じた。大目付在職中に元土浦藩士の飯泉《いいずみ》喜内《きない》が京都堂上家臣を通じて尊攘派志士に幕府の内情を漏らすという事件が起き、この一件で手柄をあげたとして同六年十二月二十八日褒賞を受けた。万延元年（一八六〇）八月十二日に御側御用取次となるが、文久二年十一月十五日に御役御免、隠居。歌人としても活躍した。元治元年（一八六四）七月二十三日に講武所奉行に任ぜられたが、慶応元年（一八六五）六月十四日に死去した。享年六十。墓所は東京都豊島区白泉寺。戒名は高徳院殿実悟養翠大居士。（神谷）

【典拠・参考文献】『柳営補任』、『続徳川実紀』第三篇

久下式秀《くげのりひで》（一六八三～一七三七）

天和三年（一六八三）代官久下甚右衛門重秀の長男として生まれる。藤十郎と称した。妻は上野半左衛門景包の娘。元禄十一年（一六九八）八月十四日、初めて五代将軍徳川綱吉に拝謁した。宝永六年（一七〇九）四月六日に勘定となり、父重秀の務めを見習う。正徳二年（一七一二）六月三日遺跡を継ぎ、蔵米一五〇俵を給う。八月十

一日、畿内の代官に就任する。元文二年（一七三七）閏十一月二十九日に奈良で死去。享年五十五。法名は宗忠。（宮原）

【典拠・参考文献】『寛政譜』第二十一・四九頁

日下部定好《くさかべさだよし》（一五四二～一六一六）

天文十一年（一五四二）に生まれる。妻は井伊家家臣西村久吉の息女。兵右衛門と称した。永禄年中から徳川家康に仕え、以後、長篠合戦などに従軍する。天正十年（一五八二）の織田信長死去による甲斐・信濃両国の騒動を、大須賀康高のもとで成瀬正一《まさかず》や岡部正綱らとともに鎮める。同年に平岩親吉《ちかよし》が甲府郡代となると、定好は奉行職として国政に携わる。慶長五年（一六〇〇）の関ヶ原の戦では旗奉行として秀忠に従い、その後成瀬正一らと伏見城御留守居に就き、松平定勝が伏見城番となった時は通常業務において正一とともに連判状を発給することとなる。元和二年（一六一六）八月八日に死去。享年七十五。法名は常越。菩提寺は武蔵国男衾郡吉定寺（埼玉県寄居町）。（鍋本）

【典拠・参考文献】『寛政譜』第十一・一四五頁

日下部博貞《くさかべひろさだ》（一六五八～一七三四）

万治元年（一六五八）に内藤三郎兵衛正季の三男として生まれる。母は北条安房守正房の息女。初め景氏と名乗り、三左衛門・三十郎・織部・作十郎と称した。書院番日下部正直の養子となり、正直の息女を妻とする。天和三年（一六八三）九月二十五日に小性組番士となる。元禄三年（一六九〇）八月十日に桐間番となり、十二月二日に御小納戸となる。同四年二月三日に小普請となる。同七年閏五月九日に小性組となり、同十年七月十一日に家督を継ぐ。正徳元年（一七一一）六月七日に使番となり、同月十一日に布衣を許される。享保元年（一七一六）七月五日に目付代として長崎に赴き、同二年五月二十一日に長崎奉行になり、七月朔日従五位下丹波守に叙任される。同十二年閏正月十一日に老齢を理由に長崎奉行を辞し、黄金二枚を賜り、寄合となる。同十七年十一月二十六日に隠居し、同十九年三月二十日に死去。享年七十七。法名は藍水。武蔵国男衾《おぶすま》郡の吉定寺に葬られる。（木崎）

【典拠・参考文献】『寛政譜』第十一・一四九～一五〇頁、清水紘一「長崎奉行一覧表の再検討」（『京都外国語大学研究論叢』第XV号、一九七五年）

日下部宗好《くさかべむねよし》（一五七四～一六三三）

天正二年（一五七四）年に伏見城留守居番日下部定好《さだよし》の長男として遠江国に生まれる。諱は後に正親《まさちか》。五郎八と称す。従五位下大隅守に叙任。妻は近江国代官成瀬正一の息女。徳川家康に仕え、諸所の陣に供奉し軍功をあげる。慶長十八年（一六一三）三月三十日、採茶の事を承り宇治に赴く。翌十九年十一月十九日、大坂冬の陣において使番に加えられるが、五の字の指物は許されなかった。翌年の大坂夏の陣には目付として扈従する。元和二年（一六一六）三月七日、再び採茶使となり宇治へ赴く。元和五年（一六一九）六月二十日、福島正則の改易に伴い、広島城の受取に赴く。翌六年に大坂城修築奉行となる。寛永八年（一六三一）五月六日、大僧正天海病臥のため日光山に遣され、八日に帰謁。のちに普請奉行、御留守居番をつとめる。采地は三〇〇〇石。寛永十年（一六三三）二月二十六日に隠居し、養老料として四〇〇石を賜う。同年七月に死去。享年六十。法名は宗伝（日解とも）。（高見澤）

【典拠・参考文献】『寛政譜』第十一・一四六頁、『徳川実紀』第一・二篇、『寛永諸家系図伝』、朝尾直弘「「元和六年案紙」について」（『朝尾直弘著作集　第四巻』所収）

久志本常諄《くしもとつねあつ》（生没年未詳）

久志本左京亮常範の三男として生まれる。初め常氏を名乗り。右馬之助と称した。母の出自は不明。元和八年（一六二二）四月、初めて二代将軍秀忠に拝謁。寛永三年（一六二六）、秀忠の上洛の際に供奉した。その後、家光が疱瘡を煩った際に、薬を聴診し、時服三領、白銀百枚を賜った。同十五年十二月一日、家禄二〇〇俵を賜る。同二十年九月五日死去。墓は赤坂松泉寺。なお、常諄については、家譜および家伝に諸説がある。初め兄常衡の名跡を継ぎ、常衡を家祖として、久志本常真にはじまる久志本家を継いだとの説などもあるが、両家の家譜には、父常範の死去により家財は次男常衡に譲り、家禄は長男常亮《つねすけ》に与えたと伝えられており、『寛政譜』にも、諸説を挙げたうえで、「寛永譜にも其証のとるべきなきにより、しばらくその家説に従ひ、疑を存して後勘に備ふ」と記されている。（浦井）

【典拠・参考文献】『寛政譜』第十八・一一一～一一二頁

久志本常尹《くしもとつねただ》（一五八五～一六四六）

天正十三年（一五八五）、久志本式部少輔常孝《つねたか》の子として生まれ、兄常興《つねおき》の養子となる。母は松木内蔵允國通の女。妻は関安芸守信盛の女。式部・式部少輔と称した。元和元年（一六一五）、二条城において初めて徳川家康に拝謁。寛永三年（一六二六）、三代将軍家光上洛の際に供奉し、同六年、加藤左馬助嘉明の病により会津に召される。同八年、秀忠死去の際、御薬を調進し、時服および白銀等を賜る。同十三年、侍医となり、その年の十月八日には薩摩国に召され、島津大隅守家久の病を療治。同十五年十月二十七日、伊勢国度会《わたらい》郡の内に三〇〇石を賜った。翌十六年六月九日、半井驢庵成近と交代で勤仕するよう仰せつけられ、同二十年十二月二十九日、従五位下式部少輔に叙任される。正保三年（一六四六）二月三日に死去。享年五十。墓は伊勢国度会郡久志本村青蓮寺。（浦井）

【典拠・参考文献】『寛政譜』第十八・一〇九頁

久須美祐明《くすみすけあきら》（一七七一～一八五二）

明和八年（一七七一）勘定吟味方改役久須美祐光《すけてる》の長男として生まれる。隼之助・丈助・権兵衛・六郎左衛門と称した。佐渡守と名乗った。母は勘定吟味役江坂孫三郎正恭の息女。妻は田中庄左衛門時房の息女。屋敷は虎之門御門外にあった。支配勘定見習、評定所留役助を経て、寛政九年（一七九七）六月十日に勘定に列し、関東郡代附の留役をつとめた。文化十二年（一八一五）十一月二日に寺社奉行吟味物調役より勘定組頭格となった。その後、天保四年（一八三三）十二月二十四日より西丸御納戸頭、同六年四月二十四日より本丸御納戸頭、同十一年十二月二十日より佐渡奉行、同十三年八月二十日より小普請奉行、同十四年三月八日より大坂町奉行をつとめた。同年五月四日に家禄を三〇〇俵高に加増された。同十五年十月二十四日に勘定奉行（公事方）となり、家禄は五〇〇石高に加増された。弘化二年（一八四五）三月二十四日より道中奉行を兼務した。嘉永三年（一八五〇）七月八日に旗奉行となり、同五年（一八五二）十一月五日に死去。享年八十二。佐渡奉行在任時の『佐渡日記』や大坂町奉行在任時の『浪華日記』などが現在残されている。（高橋）

【典拠・参考文献】『嘉永武鑑』、『寛政

譜』第二十一・三〇七頁、「久須美家史料」（筑波大学附属中央図書館所蔵）、「久須美祐利関係資料目録」（沼津市立明治史料館蔵、『沼津市明治史料館史料目録四〇　沼津兵学校出身者資料目録』、二〇〇七年）、元田脩三「久須美蘭林父子及びその一門（上）・（中）・（下の一）・（下の二）」（『歴史地理』四九―三・五・六、五〇―一、一九二七年）、荒川秀俊「御家人の出世コースと派閥　久須美六郎左衛門と中野又兵衛」（『日本歴史』三一二号、一九七四年）、田口英爾『最後の箱館奉行の日記』（新潮社、一九九五年）、『旗本百科』第二巻、田中豊「大坂町奉行の中山道道中と大坂入り―久須美祐明『浪華日記』から」（『奈良県立大学研究季報』一四巻二・三号、二〇〇三年）、高橋伸拓「飛騨幕領における植林政策の展開―天保～嘉永期を中心に―」（徳川林政史研究所『研究紀要』四二号、二〇〇八年）

久須美祐雋《くすみすけとし》　（一七九六～一八六四）

寛政八年（一七九六）に生まれる。権兵衛、六郎左衛門と称し、蘭林、無不香園と号す。従五位下佐渡守に叙任された。父祐《すけ》明《あきら》は家禄五〇〇石で大坂町奉行や勘定奉行等を務めた。天保十四年（一八四三）八月八日に書院番から目付に進み、同十五年八月二十八日に西丸先手御弓頭、嘉永五年（一八五二）四月十六日に本丸先手御弓頭と火附盗賊改となる。父祐明の死去を受けて、同年十二月二十六日に家督を相続している。安政二年（一八五五）五月二十二日に大坂町奉行、文久元年（一八六一）十二月十五日に旗奉行となり、同三年八月十四日に講武所奉行並となる。元治元年（一八六四）二月に死去。享年六十九。家督は養子の七十五郎が相続した。詩文を能くして、また養蘭家としてもよく知られた。代表的な著作に『近郊遊記』『在阪漫録』『甲冑区名図解』『浪華日記』『浪華の風』『養難養説』等がある。　（清水）

【典拠・参考文献】『旗本百科』第二巻、『寛政譜』第二十一・三〇七頁、『柳営補任』、『明治維新人名辞典』（吉川弘文館、一九八一年）、『国書人名辞典』第三巻（岩波書店、一九九六年）

久須美祐利《くすみすけとし》　（一八四三～没年未詳）

天保十四年（一八四三）に生まれる。七《しち》十五郎《じゅうごろう》と称する。本国は伊豆。禄高は五〇〇石。父は旗奉行久須美祐明《すけあきら》、のちに兄の講武所奉行並久須美祐雋の養子となる。元治元年（一八六四）六月六日に家督を継ぎ、同年七月十二日に講武所奉行支配より小性組入り、慶応四年（一八六八）閏四月二十九日に奥詰銃隊頭並に就任した。　（神谷）

【典拠・参考文献】『柳営補任』、『続徳川実紀』第四篇

久世広正《くぜこうせい》　（生没年未詳）

初代関宿藩主久世広之《ひろゆき》の養子となり、別に家をおこした久世広次《ひろつぐ》を祖とする家筋に生まれる。新番頭久世広才《ひろもと》の家督を継ぐ。家禄は三五〇〇石。政吉と称した。文化十年（一八一三）十二月十二日、部屋住より召し出されて御小納戸となる。同年十二月二十五日に将軍世子である家慶（のちの十二代将軍）のいる西丸の御小納戸となり、同十三年十月十二日に本丸の御小納戸、文政元年（一八一八）五月二十六日に小性となり、この後従五位下に叙され、丹後守・河内守・伊勢守を名乗る。同三年五月二十六日に中奥小性、同八年五月十日に小普請組支配、同十二年十一月二十四日に堺奉行、天保二年（一八三一）十月に大坂町奉行（西屋敷）、同四年六月二十日に長崎奉行、同十年四月七日に田安家の家老、同十二年八月晦日に家慶世子家定（のちの十三代将軍）のいる西丸小性組番頭と歴任し、同十

三年十二月八日に務を辞して、寄合となった。同十四年三月二十九日致仕して子の広昌に家督を譲った。菩提寺は丸山の本妙寺（現在は東京都豊島区に移転）。　（竹村）

【典拠・参考文献】『寛政譜』第八・一七頁、『柳営補任』、『続徳川実紀』第二篇

久世広民《くぜひろたみ》（一七三二～没年未詳）

享保十七年（一七三二）、久世広般《ひろかず》の二男に生まれるが、兄広胖《ひろやす》の養子となる。母は井上正興の娘。政吉・平九郎を称す。任官後は丹後守・備中守・下野守と名乗る。妻は小堀政峯の養女。寛延二年（一七四九）十二月二十二日、十八歳の時に兄広胖の遺跡を継いで三〇〇〇石を領す。宝暦二年（一七五二）三月にはじめて九代将軍家重に拝謁し、同七年正月十六日より火事場見廻を務め、明和六年（一七六九）正月十一日には使番に就いた。その後、安永元年（一七七二）七月十二日に小普請組支配に移り、同三年二月八日には浦賀奉行、そして同四年十二月三日には長崎奉行へ転じ、同年閏十二月従五位下丹後守に叙任された。広民は、オランダ商館長チチングが賞賛するほどの開明派であり、海外貿易の拡大を図るとともに積極的に外国技術の受け入れを進め、田沼政権期の対外政策において重要な役割を担った。天明四年（一七八四）三月十二日に勘定奉行へと昇進すると、その後の寛政改革では老中松平定信のもと、棄捐令の制定、猿屋町貸付金会所の設置など、財政担当吏僚として活躍している。寛政四年（一七九二）三月十日からは代官伊奈忠尊の失脚にともない関東郡代を兼任し、五人の郡代附代官を支配した。その後、寛政九年六月五日西丸小性組番頭へと転じ、同年十月四日には小性組番頭となる。寛政十一年四月、病気を理由に職を辞して寄合入りし、同年十二月に致仕、家督を平九郎広方に譲った。没年は未詳。同家は代々巣鴨の本妙寺（現在は東京都豊島区）を葬地としている。　（保垣）

【典拠・参考文献】『寛政譜』第八・一七頁、『続徳川実紀』第一篇、北原進『江戸の札差』（吉川弘文館、一九八五年）

久世広宣《くぜひろのぶ》（一五六一～一六二六）

永禄四年（一五六一）に久世長宣の嫡男として生まれる。母は内藤正広の息女。三四郎・三左衛門と称する。妻は今川家の家臣奥原経重の息女。天正四年（一五七六）に、大須賀康高配下の先手組となる。のち先手頭となる。小牧長久手の戦、小田原合戦、関ヶ原の戦、大坂冬の陣・夏の陣などで数々の戦功を挙げる。元和元年（一六一五）秋に三〇〇〇石を賜る。その後、同二年に二〇〇〇石、同五年の暮れに二〇〇〇石を加増される。寛永三年（一六二六）三月十九日に死去。享年六十六。法名は日詠。本郷丸山の本妙寺（現在は東京都豊島区に移転）に埋葬される。　（福留）

【典拠・参考文献】『寛政譜』第八・六頁

久世広当《くぜひろまさ》（一五九八～一六六〇）

慶長三年（一五九八）に関ヶ原の戦、大坂の陣などで活躍した久世広宣《ひろのぶ》の長男として生まれる。母は今川家の家臣奥原日向経重。山三郎・三四郎と称する。妻は遠江国横須賀藩主井上正就《まさなり》の娘。慶長二十年（元和元・一六一五）五月、大坂の陣において軍功をあげ、寛永三年（一六二六）四月、遺跡を継ぎ、父の時と同じく与力一〇騎・同心五〇人を預けられる。寛永八年三月四日に上総・下総・下野・常陸四か国の内において新墾田を加えて五一一〇石余を賜い、与力給知二〇〇〇石と合わせて七一一〇石の朱印を下される。寛永十二年十一月十日、百人組之頭となり、万治三年（一六六〇）正月二十四日に死去。享年は六十三。法名日雨。広当は、伊賀上野「鍵屋の辻」の敵討の相手方河合又五郎が旗本安藤重元にか

くまわれた際、旗本阿部正之とともに岡山藩池田家と安藤方との仲介をした人物である。（田原）

【典拠・参考文献】『寛政譜』第四・二九三頁、第八・九頁、『徳川実紀』第二篇、山本博文『江戸を楽しむ　三田村鳶魚の世界』（中央公論社、一九九七年）

久世広道《くぜひろみち》　（生没年未詳）

久世政吉（堺奉行・長崎奉行を勤めた広正と思われる）の子として生まれる。通称は右馬吉《うまきち》。同家は下総国関宿藩主の分家にあたる。下野・武蔵・相模の各郡において三五〇〇石を領有した。広道は、万延元年（一八六〇）五月十日、寄合より火事場見廻となり、文久二年（一八六二）正月十一日に使番となった。翌三年四月十五日、歩兵頭並となり、元治元年（一八六四）十一月朔日に歩兵頭に昇進、下野守を名乗った。慶応元年（一八六五）五月十六日の十四代将軍徳川家茂の進発に際しては、十六番隊を率いて閏五月二日に江戸を出立した（『連城紀聞』二）。第二次長州戦争では芸州口の戦闘に参加。その後、江戸に帰府したと思われ、同二年十一月十五日には、江戸城西丸仮御殿で歩兵奉行並に任じられ、翌三年正月八日には奥詰銃隊頭に任命された。江戸開城後の同四年四月十六日、御留守居役となり小普請支配を担当した。一族の墓は東京都豊島区巣鴨の本妙寺にある。（藤田）

【典拠・参考文献】『寛政譜』第八・一七頁、『旗本百科』第二巻、『続徳川実紀』第四・五篇、野口武彦『幕府歩兵隊』（中公新書、二〇〇二年）、野口武彦『長州戦争』（中公新書、二〇〇六年）

久世広之《くぜひろゆき》　（一六〇九〜一六七九）

慶長十四年（一六〇九）に久世広宣の三男として生まれる。母は今川家の家臣奥原経重の息女。三之丞・大和守と称する。妻は戸田忠能《ただよし》の養女。元和八年（一六二二）に小性、寛永元年（一六二四）に小性組番士となる。同三年四月に、兄広当《ひろまさ》が父の所領を相続した際に、下総国に五〇〇石を賜る。同四年正月に御膳番、同九年十二月に書院番士、同十年十二月二十日に中奥番士、同十一年六月に御小納戸、同十二年十一月十七日に御徒頭となり、同十三年十二月二十九日に従五位下大和守に叙任される。同十五年十一月十一日に小性組番頭となり、同十七年六月十六日に御側に勤務する。同十八年八月十二日に四五〇〇石、慶安元年（一六四八）九月八日に五〇〇〇石を加増され、合わせて一万石となる。承応元年（一六五二）正月十一日に小性組番頭の任を解かれ、それまで老中阿部忠秋の職務であった御馬の事を支配するよう命じられる。同二年九月十八日に、牧野親成・内藤忠清・土屋数直らと御側に仕え、奥で就寝する幼少の徳川家綱の次の間での宿直を交代で勤めるよう命じられる。万治二年（一六五九）十月十一日に五〇〇〇石を加増される。寛文二年（一六六二）二月二十二日に若年寄となり、五〇〇〇石を加増される。同三年八月十五日に老中となり、同年九月二十二日に従四位下に叙任される。同四年四月八日に二万石の加増をうける。同六年四月五日に御馬の支配の任を解かれる。同九年六月二十五日に一万石を加増され、合わせて五万石となり、下総国関宿城を賜る。同十年十二月二十九日に侍従となる。延宝七年（一六七九）六月二十五日に死去。享年七十一。法名は心光日悟自証院。久世広賢の四谷の別荘に埋葬されるが、のちに小日向の別園に改葬される。（福留）

【典拠・参考文献】『寛政譜』第八・九、一一頁、『徳川実紀』第四篇

朽木稙綱《くつきたねつな》　（一六〇五〜一六六〇）

慶長十年（一六〇五）に、朽木元綱の三

男として生まれる。母は田中氏。弥五郎・民部少輔と称する。妻は稲葉正成の息女。後妻は寺社奉行安藤重長の養女。元和四年（一六一八）九月十一日より、徳川家光に仕える。同九年七月の上洛に従い、八月四日に従五位下民部少輔に叙任され、十一月に一〇〇〇石を賜る。寛永二年（一六二五）二月二十八日、同十一月に一〇〇〇石ずつ加増される。同八年五月二十一日に小性組組頭となり、同九年十二月六日に父より一一一〇石を分知される。同十年六月二十九日に弓矢鉄炮役、七月二十四日に書院番頭、同十一年十一月二十日に小性組番頭となり、三浦正次・太田資宗・阿部重次・酒井忠朝・土井利隆とともに六人衆となる。同十三年八月十日に加増され、あわせて一万石となる。同十五年十一月七日に三浦正次とともに殿中勤番の旗本支配を務めるよう命じられる。これは、酒井忠朝・土井利隆が同日に罷免され、阿部重次が老中に就任したことから、六人衆がこの時点で三浦と二人になってしまったために（太田は同年四月二十四日に奏者番に就任）、職務の縮小が図られたことを意味する。その後、同年十二月五日に、小性組番頭の任を解かれる。同十六年九月四日に一万石、正保四年（一六四七）十二月十四日に五〇〇〇石を加増される。慶安二年（一六四九）二月十九日に五〇〇〇石を賜り、あわせて三万石となり、六人衆を解かれ、雁間詰となる。承応元年（一六五二）十一月一日に奏者番となる。同三年十二月四日には鷹狩に関する職務の者を支配することを命じられる。万治三年（一六六〇）十二月十三日に死去。享年五十六。法名は雄山良英豪徳院。芝の泉岳寺（東京都港区）に埋葬される。（福留）

【典拠・参考文献】『寛政譜』第七・一四九頁

朽木尚綱《くつきなおつな》 （一六六七～一七五五）

寛文七年（一六六七）に小性組番士朽木良綱の二男として生まれる。母は秋田氏。弥八郎・半左衛門・十兵衛・五郎左衛門・山城守と称す。妻は書院番士朽木元綱の息女。元綱の婿養子となり、元禄六年（一六九三）十二月十一日に家督相続し、小普請となる。同七年五月二十七日に桐間番士、同年閏五月六日に近習番士、同二十九日に御小納戸、同年六月四日に書院番士、享保四年（一七一九）三月十三日に御徒頭となり、同年十二月十八日に布衣の着用を許される。同八年十一月二十八日に目付となり、同十年六月一日より西丸勤務となる。同十四年十一月五日に西丸新番頭、同十八年九月十一日に小普請支配、元文五年（一七四〇）六月六日に大目付となり、同年十二月二十一日に従五位下山城守に叙任される。延享三年（一七四六）七月九日に高齢のため役職を解かれ、寄合となる。同年十二月六日に致仕し、隠居料として廩米三〇〇俵を賜る。宝暦五年（一七五五）二月十七日に死去。享年八十九。法名は尚山。芝の泉岳寺（東京都港区）に埋葬される。（福留）

【典拠・参考文献】『寛政譜』第七・一四五、一四七頁

朽木宣綱《くつきのぶつな》 （一五八二～一六六二）

天正十年（一五八二）に豊臣秀吉の家臣朽木元綱の子として生まれる。母は一身田専修寺門跡大僧正尭恵の息女。弥五郎と称した。妻は京極高吉の息女。朽木氏は宇多源氏を称する佐々木氏の庶流で、承久の乱の勲功として佐々木信綱が近江国高島郡朽木庄の地頭職に補任され、後に子孫が定住して義綱の時に朽木を称するようになったという。宣綱は、はじめ父とともに豊臣秀吉に仕え、慶長二年（一五九七）六月に従五位下兵部少輔に叙任される。大坂の陣では父と共に倶利伽羅峠を守るも、父に士卒を託して自身は二・三騎を率いて茶臼山の

徳川家康の陣営に至る。後に家督を相続し、六三五〇石余を拝領した。交代寄合に列せられ、知行所に行く暇を賜り、代々の例とする。寛永三年（一六二六）九月六日、上洛した三代将軍徳川家光が、二条城行幸の歓迎として参内した際に供奉する。同九年十二月六日、父の隠棲料のうちから一一〇石余を賜り、計六四七〇石余を知行する。同十年七月晦日に分部光信とともに比叡山の造営を奉行することを仰せ渡される。万治二年（一六五九）十二月二十三日に致仕し、家督は子息智綱が相続した。寛文二年（一六六二）五月朔日に知行地の朽木で死去。享年八十一。法名は崇玄。朽木庄上柏村の興聖寺に葬られた。（清水）

【典拠・参考文献】『寛政譜』第七・一四三頁、『寛永諸家系図伝』第一三・九八頁

久保正貞《くぼまささだ》（生年未詳～一六七七）

右筆支配久保正元の二男として生まれる。金左衛門と称す。母は矢部掃部定清の女。寛永二十年（一六四三）十二月二十九日に右筆となり、翌正保元年（一六四四）二月二十日、初めて三代将軍家光に拝謁。同十二月二十五日、家禄一五〇俵を賜り、明暦二年（一六五六）十二月二十三日には、さらに五〇俵を加恩されて二〇〇俵となる。寛文四年（一六六四）六月二十八日、父正元と同じく諸家の領地朱印を任され、時服二領・黄金二枚を賜る。さらに同五年、寺社領地の御朱印書記を務め、同九月二十三日には白銀三〇枚を賜っている。その後、『書式日用集』三冊、『書札』一二冊を著し、同九年閏十月十八日には、その精勤を賞し、黄金三枚を賜っている。延宝五年（一六七七）に死去。（浦井）

【典拠・参考文献】『寛政譜』第十六・二〇〇頁

久保正豊《くぼまさとよ》（一七五一～没年未詳）

宝暦元年（一七五一）、江原次郎左衛門全盛の四男として生まれ、小普請久保正綱の養子となる。母は嶋田源八郎直方の女。豊三郎・吉右衛門と称す。妻は、養父正綱の養女。安永七年（一七七八）十二月十二日に家督を継ぐ。家禄は二五〇俵。同九年十二月二十二日、初めて十代将軍家治に拝謁し、天明三年（一七八三）八月十二日に大番となる。（浦井）

【典拠・参考文献】『寛政譜』第十六・二〇一～二〇二頁

久保正永《くぼまさなが》（一六二二～没年未詳）

元和八年（一六二二）、久保正元の長男として生まれる。諱は正信《まさのぶ》ともいう。久保正豊の呈譜には正永とある。求之助・五兵衛・吉右衛門と称す。寛永十三年（一六三六）十二月十五日、初めて三代将軍家光に拝謁、同十六年に右筆となる。同一二月一三日には廩米一五〇俵を賜り、万治元年（一六五八）閏十二月二十五日には、さらに五〇俵を加えられる。寛文四年（一六六四）六月二十八日、父正之と同じく諸家領地朱印のことを務め、時服二領・黄金二枚を賜り、同五年の日光山における法会に際して彼の地に赴き、同五月二十二日に寺領二領・黄金二枚を恩賜されている。同九月二十三日、寺社領地の御朱印書記を務めたことを賞され、白銀三〇枚を賜り、同九年閏十月十八日には、日頃怠りなく務めた旨を賞され、黄金三枚を賜っている。延宝三年（一六七五）十二月二十一日、一〇〇俵を加増され、都合廩米三〇〇俵となる。同五年九月二五日に家督を継ぎ、この際に、先に賜った廩米は父正之の隠棲の料にあてられることになった。同七年十二月十九日、右筆支配となり、天和二年（一六八二）四月十日、仰せにより蜷川彦左衛門親煕に書札のことを伝える。同年六月二十一日、日頃の勤務も宜しからず、そのうえ高札のことで御旨にかなわざることがあったとして、

禄を没収され、牧野駿河守忠辰に召し預けとなった。著作に、『当用書札』一〇冊がある。　（浦井）

【典拠・参考文献】『寛政譜』第十六・二〇〇頁

久保正元《くぼまさもと》　（一六〇〇～一六七八）

慶長五年（一六〇〇）に右筆久保正俊の長男として生まれる。正之・吉右衛門と称す。母の出自は不明。妻は矢部掃部定清の息女。元和元年（一六一五）三月二十八日、初めて二代将軍秀忠に拝謁。同六年より右筆を務め、寛永六年（一六二九）に家督を継ぐ。その後、三代将軍家光の命により、曽我丹波守古祐の伝える書札法式を受ける。正保三年（一六四六）八月十七日、それまでに東照宮の宮号宣下を任され、かつ精勤の旨を賞され、武蔵国足立郡の内に、三〇〇石を加増される。その後、右筆支配となり、慶安四年（一六五一）十二月二十三日、かつて四代将軍家綱に手本を奉ったことにより、手習の清書および御料の時服二領を賜る。寛文二年（一六六二）十二月二十二日には、武蔵国豊島郡の内に二〇〇石を加増され、都合一〇〇〇石を知行する。同四年六月二十八日、小笠原山城守長矩および永井伊賀守尚庸に副って、諸家領地の朱印のことを務め、時服三領、黄金三枚を賜る。また、同五年九月二十三日にも、寺社領地の朱印を書したことを賞され、白銀五〇枚を賜った。同十一年二月二十五日、老年に至るまで精勤したことが将軍の耳に達し、黄金五枚を恩賜され、同十二年十二月二十八日には布衣を許される。延宝五年（一六七七）三月二十五日、老年を理由に職を辞すが、事ある時は登城せよとの命を蒙り、同年九月二十五日に致仕し、養老の料として家禄三〇〇俵を賜っている。『書札法名式』三冊、『書札略法』三冊、『書札心得書』二冊を編集。延宝六年六月二十三日に死去。享年七十九。法名性海。　（浦井）

【典拠・参考文献】『寛政譜』第十六・一九九～二〇〇頁

窪嶋長敬《くぼしまながのり》　（一六三九～一七一二）

寛永十六年（一六三九）に生まれる。市郎兵衛と称す。妻は高橋氏の娘。神田館家臣として徳川綱吉に仕え、勘定役を務めていたが、延宝八年（一六八〇）綱吉嫡子徳松の入城にともない御家人に列し、西丸に勤仕する。廩米一〇〇俵。天和三年（一六八三）に徳松が逝去すると、同年十一月二十五日に勘定役となり、貞享四年（一六八七）十二月十日には加恩として五〇俵が加増された。元禄元年（一六八八）三月二十九日、命により上野国において川除普請の見分を行う。その後、同三年十二月十日から残物奉行および川船奉行を兼帯し、同七年九月朔日に御金奉行へ転じた。元禄八年十二月二十五日、再び五〇俵が加増され、九年十二月十五日には勘定組頭へと移り、翌十年十二月二十二日に再び廩米一〇〇俵の加増があり計三〇〇俵の禄高となった。元禄十三年七月二十九日に代官となる。正徳二年（一七一二）四月五日に死去。享年七十四。法名は道安。駒込瑞泰寺（東京都文京区）に葬られる。　（保垣）

【典拠・参考文献】『寛政譜』第十九・一二二頁

窪田鎮勝《くぼたしげかつ》　（一八〇八～一八七八）

文化五年（一八〇八）、肥後国熊本藩の柔術師範江口秀種の子として生まれる。治部右衛門と称した。川路聖謨とは従兄弟で、聖謨の父内藤吉兵衛の周旋により、幕臣である窪田氏の名跡を継ぎ、窪田鎮勝と名乗る。武術に秀で、江戸で扱心流の柔術を指導し、後に幕府講武所で柔術師範役ともなっている。天保十年（一八三九）二月一日、御徒となり、同十一年三月五日に、安房・上総国御備場詰手附出役、同十三年十二月、羽田詰、同十四年三月十五日には羽田奉行支配組頭（一五〇俵高、御目見以下）で譜代席相当、同十五年五月二日に、富士見御宝蔵番と諸役を歴任した。弘化四年（一八四七）五月二十五日には小普請入りし、当時の禄高は七〇俵五人扶持であった。しかし文久元年（一八六一）十月二十七日、小普請でありながら「武辺心掛厚」ことが認められ、御目見以上の田安家奥詰となり、同三年七月二十一日には小普請組より元浪士取締役・神奈川支配定番役頭取取締（四〇〇俵高）に転進し、同年十二月十三日には西国郡代へ栄進、最後の西国郡代となった。禄高はその際、一〇〇俵に加増され、布衣を許されている。明治十一年（一八七八）、静岡にて死去。享年七十一。菩提寺は慶応四年（一八六八）一月三日に鳥羽伏見の戦で戦死した子息窪田泉太郎鎮章（備前守、当時歩兵頭）と同じく、静岡市の駒越万象寺である。（西）

【典拠・参考文献】『旗本百科』第二巻

窪田鎮章《くぼたしずあき》（生年未詳～一八六八）

西国郡代を務めた窪田鎮勝の子として生まれる。泉太郎《せんたろう》と称し、備前守と名乗った。部屋住より新規召し出され、安政四年（一八五七）六月に講武所調方出役となり、軍制改制御用を勤めた。翌五年十月に外国奉行支配書物御用出役、文久元年（一八六一）二月に神奈川奉行支配調役並出役、同年十二月に神奈川奉行支配調役並、同三年二月に神奈川奉行支配調役・定番役頭取、元治元年（一八六四）七月二十五日には神奈川奉行支配定番役頭取取締（四〇〇俵高）に進んだ。慶応二年（一八六六）五月四日に鉄砲玉薬奉行、翌三年十月十八日に歩兵頭並（一〇〇〇石高）に任ぜられ、十月二十二日に大坂在住を命じられ、早急に出立した。同年十二月に歩兵頭（二〇〇〇石高）となるが、翌四年一月三日に鳥羽・伏見の戦で討ち死にした。墓は、父の鎮勝とともに清水万象寺にある。（筑紫）

【典拠・参考文献】『続徳川実紀』第五篇、『柳営補任』、『幕臣人名』第二巻、前田匡一郎『駿遠へ移住した徳川家臣団』第三編（一九九七年）

窪田忠任《くぼたただとう》（一六七四～一七五二）

延宝二年（一六七四）に西丸切手門頭窪田弥惣兵衛忠礎の長男として誕生。通称弥十郎。従五位下肥前守に叙任される。遠江国佐野郡において七〇〇石を知行。書院番・西丸御膳奉行・西丸御小納戸・佐渡奉行を経て、享保十九年（一七三四）二月、長崎奉行となる。同年、雑物替会所を長崎会所に併合。元文元年（一七三六）、唐人屋敷が出火して、罹災唐人に銭を給与し、困窮の長崎地下民に金二万両を貸与した。また、唐船取引き数を二五艘とする。同二年、稲佐・梅香崎に湊番所を再置。同三年、幕府長崎町年寄・糸割符宿老・長崎会所目付等に扶持米を給する。同四年、御用物役高木作右衛門に長崎地方代官を兼任させる。同五年、唐船の取引き数を二〇艘とする等の諸事に対処する。寛保二年（一七四二）三月、西丸御留守居となる。後、旗奉行となり、宝暦二年（一七五二）に辞職する。同二年没。享年八十。墓所は江戸宗参寺（新宿区弁天町）。（太田勝）

【典拠・参考文献】『増補長崎略史上巻』（『長崎叢書三』）、「長崎奉行歴代総覧」（『長崎事典歴史編』）

久保田政邦《くぼたまさくに》（一七一九～没年未詳）

享保四年（一七一九）に久保田政奥の嫡男として生まれる。母は有馬中務大輔家臣横山昌愛の娘。竹太郎・十左衛門と称す。任官後は佐渡守と名乗る。妻は竹内繁能の娘。後妻は宮重貞長の養女。すでに死去していた父に代わり寛保元年（一七四一）十二月二十七日に祖父の遺跡を継ぎ、延享元年（一七四四）八月十一日、勘定役となった。寛延三年（一七五〇）二月十二日、命により長崎巡察に加わり、その功によって時服二領・黄金二枚を下賜される。宝暦三年（一七五三）三月十一日、長崎奉行松浦河内守信正の罷免に連座し出仕を止められるも、同年六月二十四日には赦免されて同職に復し、宝暦五年八月二十三日には西国御料所へ虫付および火災所々の検使を行う。その後、同六年九月十三日に代官へと転じ、安永六年（一七七七）四月十二日には勘定吟味役へと昇進、同年十二月十八日に布衣の着用を許される。天明六年（一七八六）十二月二十八日、佐渡奉行に転じ、翌年正月十三日には五〇俵の加増を受けるが、同十二月五日には前職時の落ち度により出仕を止められる。安永八年正月二十五日に赦免を受けると、同年五月十日には勘定奉行に昇進し、新たに三〇〇石を下されて知行取りとなり、同年十二月十六日に従五位下佐渡守に叙任された。その後、寛政元年（一七八九）六月二日には勘定役福島正儀の処罰にともなって政邦も拝謁を止められるが、同年閏六月二日には赦され、寛政四年閏二月八日に西丸御留守居に転じた。同九年三月二日、老齢を理由に職を辞して寄合入りし、翌十年四月十五日に致仕。養老料として蔵米一五〇俵が下賜されている。（保垣）

【典拠・参考文献】『寛政譜』第十九・一一五頁

窪田通正《くぼたみちまさ》（生没年未詳）

武田勝頼の家臣窪田正重《まさしげ》の長男として生まれる。姓は久保田とも記し、小兵衛と称した。妻は御蔵奉行荻原昌重《まさしげ》の息女。徳川家康に仕え、寛永二年（一六二五）十二月二十五日に武蔵国都筑・多摩両郡において一六〇〇石余を知行すべき旨の朱印状を与えられる。寛永四年・同八年・同十年分の年貢勘定目録に名前の記載があることから、その時期に御蔵奉行を務めていたことが推定されている。同十九年五月二十二日より浅草御蔵当座奉行を務める。法名は宗頓。菩提寺は武蔵国多摩郡上椚田《かみくぬぎだ》村（現東京都八王子市）の興福寺である。（宮坂）

【典拠・参考文献】『寛政譜』第四・三六三頁、大野瑞男『江戸幕府財政史論』（吉川弘文館、一九九六年）

窪寺正光《くぼでらまさみつ》（生年未詳～一七〇七）

名は昌員《まさかず》とも。八郎右衛門・小左衛門・四郎左衛門と称した。父は初め先手与力で、後に国廻役を務めたとされる。妻は御蔵奉行を務めた荻原重知《しげとも》の息女。寛文九年（一六六九）七月十日に遺跡を継ぎ、父に代わって国廻役となる。後に小十人に列せられた。知行は二五〇石。武蔵・常陸・下総・駿河・遠江の国々を廻り、堤川除けなどの治水について検視した。元禄七年（一六九四）十二月朔日に腰物奉行となり、同十二年八月四日に弓矢槍奉行に就任した。宝永四年（一七〇七）に死去した。（山﨑）

【典拠・参考文献】『寛政譜』第二十二・三八四頁

倉地忠見《くらちただみ》（一七〇六～一七六五）

宝永三年（一七〇六）に生まれる。久太郎・文左衛門・仁左衛門とも称した。妻は馬場滝右衛門包広の女。広敷番（伊賀）をつとめ、のちに西丸御庭役となる。延享二年（一七四五）十二月十一日、旗本に列して御休息御庭之者支配となり、御林奉行の次席となる。宝暦十年（一七六〇）四月一日より二丸に勤仕し、同十一年九代将軍家重薨去により、八月三日に本丸勤めとなる。明和二年（一七六五）三月二十二日に死去。享年六十。法名は常照。墓は四谷の正見寺。（浦井）

【典拠・参考文献】『寛政譜』第二十・二

四頁、『旗本百科』第二巻

倉地満済《くらちますみ》（一七四一〜没年未詳）

寛保元年（一七四一）に生まれる。通称は政之助。実父は紀伊家家臣倉地文大夫忠利。母は紀伊家家臣山田清之右衛門の息女。養父は御林奉行次席の倉地仁左衛門忠見。宝暦七年（一七五七）四月十八日に御庭番、小十人に準ぜられる。明和二年（一七六五）六月三日に家督を継ぎ、御庭預となる。同三年八月五日に御休息御庭の者支配、寛政六年（一七九四）七月十一日、払方御金奉行となる。妻は馬場善五兵衛信富の養女お仙であるといわれる。お仙は、明和の三美人の一人として著名で、当時、谷中感応寺門前の笠森稲荷前の水茶屋に出ていた。鈴木春信の錦絵にもよく描かれている。明和七年（一七七〇）、政之助満済の元に嫁いだとされる。墓所は四谷の正見寺。

（湯浅）

【典拠・参考文献】『寛政譜』第二十・二四頁

倉橋政勝《くらはしまさかつ》（一五七〇〜一六一五）

元亀元年（一五七〇）に倉橋宗三郎（久次）の子として生まれる（小島某の息子で、宗三郎の養子になったとの説あり）。妻は越後国長岡藩主牧野忠成の息女。和泉・惣三郎・内匠助と称した。同年に家督を相続したため、徳川家康の命により、従弟の倉橋（羽田）政範《まさのり》が補佐することになった。天正十一年（一五八三）に初めて家康に拝謁し、のちに徳川秀忠の小性となった。同十八年に豊臣秀吉の命令により、家康が関東に転封となった際、上野国邑楽《おうら》郡板倉において五〇〇〇石を拝領した。慶長五年（一六〇〇）、秀忠が中山道より関ヶ原に向かうなか、これに供奉し、信濃国上田城主真田氏との戦いで軍功をあげた。同十年四月二十六日に秀忠が将軍宣下のため、上洛した際にも供奉した。同十九年の江戸城修築の際には、小澤忠重や山岡景長等とともに普請奉行を務めた。同十九年・同二十年の大坂の陣では、秀忠軍のもと、鉄炮頭や先手弓頭を務めたが、大坂落城後に病気のため江戸に下向した。同二十年六月十四日に死去。享年四十六。法名は浄雪。下谷の幡随院（現在は移転して東京都小金井市）に葬られた。

（白根）

【典拠・参考文献】『寛政譜』第十六・一八〇〜一八一頁、『徳川実紀』第一・二篇

倉林房転《くらばやしふさひろ》（一七五四〜一八三〇）

宝暦四年（一七五四）に鷹匠山川英直《ふさなお》の二男として誕生。益次郎・五郎右衛門と称した。母は西丸小十人などを務めた倉林房《ふさ》義《よし》の息女。妻は西丸の侍女伴氏の養女。伯父倉林房利《ふさとし》が死去する直前に同人の養子となり、宝暦四年九月四日に家督を相続した。知行は一六〇石余であった。安永四年（一七七五）閏十二月十三日に表右筆になり、天明元年（一七八一）五月二十六日よりは奥右筆に任じられた。寛政元年（一七八九）六月十四日には、安祥院尼の葬送を務めた功などにより銀を賜っている。同六年（一七九四）九月二十九日には表右筆組頭に進んだ。その後、同十二年五月二十四日に一橋家の用人となる。文化十四年（一八一七）二月二十二日に一橋家番頭から御留守居番に転じ、文政十二年（一八二九）十一月十二日には先手鉄炮頭となった。翌十三年五月二十四日に死去。享年七十七。

（山崎）

【典拠・参考文献】『寛政譜』第十六・二一三頁、『柳営補任』、『続徳川実紀』第一篇

栗崎道有《くりさきどうゆう》（一六六〇〜一七二六）

万治三年（一六六〇）、長崎にて代々外科医を業とする家に生まれる。諱は正羽《まさゆき》。道仙とも称する。妻は平戸藩松浦家臣栗崎道悦の娘。父に医学を学び、元禄四年（一六九一）六月十九日に切米二〇〇俵で召し

出され、御番医となる。元禄十五年七月十九日、家業に専念するため御番を許され寄合医師となる。享保十一年（一七二六）四月二十六日に致仕し、同年十月二十日に死去。享年六十七。法名正羽。牛込の万昌院に葬られる。道有はオランダ外科に関心を寄せ、元禄十一年から享保十年まで二七年間で三三回も江戸参府のオランダ医官と合い、治療法などの意見交換をおこなっている。また、元禄十四年三月十四日の江戸城松の廊下における刃傷事件では、赤穂藩主浅野長矩に斬りつけられた高家肝煎吉良義央の治療にあたったことでも有名である。（田原）

【典拠・参考文献】『寛政譜』第二十・三六五頁、『日本近世人名辞典』（吉川弘文館、二〇〇五年）、谷口眞子『赤穂浪士の実像』（吉川弘文館、二〇〇六年）

栗原信充《くりはらのぶみつ》　（一七九四〜一八七〇）

寛政六年（一七九四）七月二十日、江戸に生まれる。通称は孫之丞。字は伯任。号ははじめ柳菴、後に柳庵、柳闇。隠居後は又楽とも号した。奥右筆栗原和恒の長男。右筆所詰支配の屋代弘賢等の指導を受け、柴野栗山から漢学、平田篤胤から国学を学んだ。屋代弘賢が幕府より命じられた『古今要覧稿』の編纂に参加するが、天保十二年（一八四一）弘賢の病没により、未完に終わる。特に武具や馬具、古器物などについて考証を行い、多くの自著をまとめた。元治元年（一八六四）二月、薩摩藩の島津久光より招聘を受け、甲冑製作所の設立に関わる。また、この時期の講義内容は『軍防令講義』としてまとめられ、慶応二年（一八六六）年に出版された。一説によれば、明治三年（一八七〇）十月二十八日没。享年七十七。京都の栂尾高山寺に葬られる。（湯浅）

【典拠・参考文献】『国書人名辞典』第二巻（岩波書店、一九九八年）

栗本鋤雲《くりもとじょううん》　（一八二二〜一八九七）

文政五年（一八二二）三月十日、江戸神田猿楽町（千代田区）に生まれる。父は番医・寄合医などを勤めた喜多村安正（槐園）。母は旗本長谷川宣以《のぶため》（平蔵）の妹（実は守山藩士三木忠任の娘で宣以の父に養われる）という（「栗本鋤雲翁の自伝」）。名は鯤《こん》。瀬兵衛と称し、匏庵《ほうあん》または鋤雲と号した。はじめ安積艮斎《あさかごんさい》の門人となり儒学を修め、ついで昌平黌で学んだ。嘉永元年（一八四八）に、奥詰医師栗本家の養子となって、瑞見と称し家業を継いだ（知行地は常陸国筑波郡のうちで三〇〇石）。内科医に列し製薬局を管掌した。安政二年（一八五五）、オランダから献上された観光丸試乗に応募したが、御匙法印岡櫟仙院《れきせんいん》の忌むところとなり職を逐われ、同五年に蝦夷地在住を命じられた。箱館において山野の開拓、七重薬草園の経営、鉱物資源の調査、牧畜、養蚕実験、医学所の設置などに従事し、文久二年（一八六二）には（同三年とも）、医籍から士籍に改められ箱館奉行支配組頭となり、北方警備のため樺太・千島の巡視にあたった。箱館来住のフランス人宣教師メルメ・ドゥ・カションと親交を結び、その際の備忘を『鉛筆紀聞』にまとめた。同三年十二月、浪士組の頭を内示され帰府するも（「栗本鋤雲翁の自伝」）、十二月二十四日に学問所頭取となる。元治元年（一八六四）六月二十九日に目付を命じられ横浜詰として鎖港交渉に関わった。慶応元年（一八六五）閏五月十五日に先手過人、八月十日に軍艦奉行並、十一月二日に外国奉行となり安芸守を称し、兵庫先期開港の取消談判や下関償金支払延期交渉などに関わった。翌二年正月十八日に御役御免、勤仕並寄合となるが、十一月四日に外国奉行再勤となる。横須賀造船所・製鉄所の建設をはじめ、フランス陸軍の伝習、仏語伝習所の開設を推進し、旧知のフランス公使館通弁官カションを介して公使レオン・ロッシュとも親交を結び、親仏派幕臣として重きをなした。同三年三月四日、フランス御用を命じられ、六月五日に箱館奉行・勘定奉行を兼帯して六月十二日に出帆、先任の向山一履《かずふみ》（黄村）に替わって駐仏公使となった。幕府の瓦解と戊辰戦争の勃発により同四年五月十七日に帰朝し、以後、東京小石川大塚に隠棲した。明治五年（一八七二）に横浜毎日新聞社に入社し、同七年には郵便報知新聞社に主筆として迎えられ、同十九年に退社するまで幕末回想の随筆を寄稿するなど新聞記者として活躍した。この間、矢野龍渓・藤田茂吉・犬養毅・尾崎行雄ら立憲改進党系の政治家に道徳的影響を与え、小説家島崎藤村も晩年の門人であった。藤村の小説『夜明け前』に登場する喜多村瑞見は鋤雲がモデル。永井荷風も鋤雲の出処進退に共感して文学の道を歩んだ。同三十年三月六日、本所北二葉町（墨田区）の居宅借紅園で死去。享年七十六。戒名は顕理院殿鋤雲日達大居士。墓は東京都文京区大塚の善心寺にある。著書は明治三十三年に『匏庵遺稿』としてまとめられた。（藤田）

【典拠・参考文献】『柳営補任』、「栗本鋤雲翁の自伝」（『旧幕府』二巻四号、一八九八年）、日本史籍協会編『匏庵遺稿』一・二（東京大学出版会、一九七五年覆刻版）、三谷太一郎「幕末政治家栗本鋤雲とその維新後」（『UP』三三六号、東京大学出版会、二〇〇〇年）

栗本瑞仙院《くりもとずいせんいん》（一七五六～一八三四）

宝暦六年（一七五六）七月二十七日、江戸に生まれる。通称は瑞見。号は丹洲。名は昌臧。田村元雄登藍水の次子。奥医師栗本昌友の養子となり、妻はその息女。天明五年（一七八五）十二月十五日に、奥医師見習、寛政元年（一七八九）六月十七日に奥医師となり、同年十二月十六日、法眼に叙せられる。同三年四月二十七日に奥医師寄合となるが、六月六日より奥医師に復し、十四日に十代将軍家治の養女種姫付きとなる。同五年十二月二十一日に家督を継ぎ、四代目栗本瑞見となる。文政四年（一八二一）、法印に叙せられ、瑞仙院となる。天保四年（一八三三）老齢につき御番御用を御免となる。本草、薬品の他、動植物についても研究を深め、『魚譜』『蟲譜』なども著した。天保五年三月二十五日没。享年七十九。江戸の四谷谷町の日宗寺に葬られる。（湯浅）

【典拠・参考文献】『寛政譜』第十九・三四八頁、藤浪剛一「栗本瑞仙院の事蹟とその墓所」『中外医事新報』一二二五号（一九三五年）

久留嶋通貞《くるしまみちさだ》（一六三三～一七一八）

寛永十年（一六三三）に豊後国森藩主久留嶋通春《みちはる》の二男として生まれる。母は信濃国飯山藩主佐久間安政《やすまさ》の息女。妻は河内国狭山藩主北條氏宗《うじむね》の息女。半八郎・左兵衛と称した。慶安三年（一六五〇）九月三日に三代将軍徳川家光の世子家綱（のちに四代将軍）の附属となり、西丸小性組番士に列する。そののち本丸勤務となり、承応元年（一六五二）十二月十八日に蔵米三〇〇俵を与えられる。明暦元年（一六五五）七月十三日には父の遺領から一〇〇〇石を分け与えられ、蔵米は収められる。寛文元年（一六六一）十月二日には東海寺の修理を奉行して時服三領・黄金三枚を与えられる。延宝三年（一六七五）正月二十六日に使番に転じ、同年十二月二十六日に布衣の着用を許される。天和二年（一六八二）六月二十七日に禁裏附に転じ、一〇〇〇石を加えられて計二五〇〇石を知行。同年十二月六日には従五位下出雲守に叙任される。元禄十一年（一六九八）五月二十七日（『柳営補任』では二十八日）に辞職して寄合となった。宝永四年（一七〇七）十二月十四日に隠居。享保三年（一七一八）二月三日に死去。享年八十六。法名は道陰。葬地は貝塚の青松寺。（芳賀）

【典拠・参考文献】『寛政譜』第十・一六七～一六八頁、『柳営補任』

紅林弥右衛門《くればやしやえもん》　（生没年未詳）

近世初期の御蔵奉行と考えられる。「吏徴別録」は御蔵奉行の成立を寛永十三年（一六三六）五月朔日とするが、頭注に「慶長十五年十月十一日の古券に松風助右衛門・紅林弥右衛門の名みゆ」と記す。松風助右衛門と紅林弥右衛門の名前は、慶長十五年（一六一〇）から元和六年（一六二〇）にかけて、金地院の扶持米請取の宛名や金地院扶持米給付の年寄連署状の宛名として確認できる。また元和四年十月十二日の布令では、大名の負担する猿楽配当米の渡し先が松風助兵衛正広（助右衛門のことか）と紅林弥右衛門某とされている。浅草御蔵の成立は元和六年とされており、それ以前の御蔵奉行の管轄場所は、江戸城外郭に置かれた幕府御蔵と推定される。（高山）

【典拠・参考文献】『徳川実紀』第二篇、『続々群書類従』第七、大野瑞男『江戸幕府財政史論』（吉川弘文館、一九九六年）

黒川嘉兵衛《くろかわかへい》　（生没年未詳）

中間小林藤兵衛の子として生まれる。諱は雅敬と名乗った。黒川久次郎の養子となり、天保四年（一八三三）四月四日に家督を相続して御小人に列した。同十三年十二月十六日に中間頭、同十四年三月に御徒目付となった。同十五年（弘化元・一八四四）七月五日に小普請方となり、嘉永六年（一八五三）十二月より浦賀奉行支配組頭となった。同七年にアメリカ合衆国東インド艦隊司令長官ペリーが再来航した際には、応接場所の問題等について交渉にあたった。このときペリー配下の写真師エリファレット・ブラウン・ジュニアによって嘉兵衛の半身像が撮影された。これは外国人が日本国内で日本人を撮影した現存最古の銀板写真の一枚で、重要文化財になっている。同年四月二十五日、下田奉行支配組頭に転じた。安政二年（一八五五）二月八日に広敷番頭となり、同五年十一月二十四日には精姫（十二代将軍徳川家慶養女）の用人並となったが、同六年九月十日に免職・差控を命じられた。文久三年（一八六三）七月二十七日に一橋家用人見習となり、以後徳川慶喜に仕えた。同年十一月二十一日、慶喜の入京にともない、用人格となり、布衣の着用を許された。元治元年（一八六四）五月二十一日に番頭兼用人となり、慶喜の側近平岡円四郎の死去後は筆頭用人となった。慶応元年（一八六五）十一月十日、幕府から禄高を加増されて三〇〇俵となった。同二年八月五日、若年寄支配となり、同四年二月二日には目付となって、幕府が瓦解するなか、慶喜の処分をめぐって、その救済に尽力した。（白根）

【典拠・参考文献】『柳営補任』、『一橋徳川家記』、小沢健志『幕末・明治の写真』（ちくま学芸文庫、一九九七年）、研究報告「夜明けまえ　知られざる日本写真開拓史Ⅰ　関東編」（東京都写真美術館、二〇〇七年）

黒川盛泰《くろかわせいたい》　（一八一四～没年未詳）

文化十一年（一八一四）に生まれる（「明細短冊」に歳戌〔文久二年〕四十九とある）。父は西丸御留守居の黒川盛徳（豊後守）。通称は与次郎・左門・左中（左仲）・内匠。叙任後は豊前守・備中守・近江守・遠江守。隠居後は松蔭と号する。天保七年（一八三六）十二月二十一日に部屋住から御番入し、同十年正月十三日に西丸書院番から大御所

（十一代将軍家斉）附の西丸御小納戸となる。同十二年三月二十三日に本丸の御小納戸となるが、五月十五日には右大将（後の十三代将軍家定）附の西丸御小納戸となる。嘉永六年（一八五三）九月十六日に家督を相続。家禄は一六〇三石余（「明細短冊」には高四〇〇〇石のうち二三九六俵三斗三升九合一勺五才は足高とある）。同月二十二日に家定の本丸入りに従って本丸御小納戸に転じる。十月八日には使番となり、安政二年（一八五五）八月十一日からは火事場見廻を兼帯。同三年十二月朔日に西丸目付、同五年二月晦日に本丸の目付（外国掛）となる。万延元年（一八六〇）十二月二十四日に諸大夫となる。文久元年（一八六一）五月二十八日に町奉行、同二年閏八月二十五日に小性組番頭となるが、十一月二十三日に目付在任中に不束があったとして御役御免で差し控えとなる。元治元年（一八六四）七月十二日に寄合から講武所奉行並となり、同月二十三日に歩兵奉行、九月二十八日に大目付となる（いずれも講武所奉行並兼帯）。同二年（慶応元・一八六五）正月九日には公事方勘定奉行も兼務。慶応二年十一月十八日に講武所奉行並の兼帯を免ぜられる。同三年八月十三日に病気のため御役御免となり隠居するが、同四年（明治元・一八六八）正月十日には再び町奉行となり、三月五日に御留守居となる。同月二十二日に辞職。

（高山）

【典拠・参考文献】『幕臣人名』第二巻、『柳営補任』、『旗本百科』第二巻

黒川正直《くろかわまさなお》（一六〇二～一六八〇）

慶長七年（一六〇二）年に代官黒川正秀の二男として生まれる。通称与兵衛。初め重正と名乗る。妻は曽根源左衛門吉次の息女。同十四年に初めて二代将軍徳川秀忠に拝謁し、のちに家督を相続して三〇〇石拝領する。同十九年に小性となり、元和三年（一六一七）に代官、同八年に小性組に転じ、寛永九年（一六三二）には大番となった。同十年二月七日、二〇〇石加増され、大番組頭に進み、正保五年（慶安元・一六四八）に目付となった。慶安二年三月、諸国を巡見する。同三年十一月から寛文四年（一六六四）まで長崎奉行を勤める。在職中、安禅寺の建立、伴天連訴人褒賞の増額、太田尾・女神等の砲台の築造、オランダ人の悟真寺埋葬、糸割符の廃止、渡来暹羅金札船の応対、鄭成功の援軍要請、長崎奉行所の東西設置等に携わる。同五年三月、大目付となり、一〇〇〇俵を加えられ、従五位下丹波守に叙任される。同六年、京極丹波守高国の宮津城の受取り役を勤める。同十年に辞職し、寄合に列する。同八月に致仕し、養老廩米三〇〇俵を賜う。延宝八年（一六八〇）五月二日没。享年七十九。法名独広。墓所は大智寺（埼玉県入間郡）。

（太田勝）

【典拠・参考文献】『寛政譜』第十・一二七頁、『増補長崎略史上巻』（『長崎叢書三』）

黒川盛至《くろかわもりよし》（一五八三～一六五七）

天正十一年（一五八三）に生まれる。与四郎、八左衛門と称す。父は佐々木（六角）義治に仕えて、のち織田信長、徳川家康に仕えた盛治。母は頓宮氏の息女。盛至は、父の采地を継ぎ、寛永二年（一六二五）十二月十一日、領地の朱印を賜う。同九年七月二日に普請奉行となり、同年十二月二十九日に布衣を着すことを許される。翌十年、加増をうけ、すべて一八〇〇石余りを知行する。さらに翌十一年に伊豆・相模両国の山中・道路を巡見している。同十二年十二月五日、同九年以降手がけていた小田原城の石垣普請落成ののち、検地の相違が発覚し改易となった。慶安元年（一六四八）六月三日に赦免。同三年に召されて廩米を賜い、翌四年に旧知一八〇〇石余り

を賜った。明暦三年（一六五七）七月九日、七十五歳で死去。法名は盛至。葬地は浅草の玉泉寺で、孫の盛清にいたるまで葬地となった。

（小宮山）

【典拠・参考文献】『寛政譜』第二十一・二四四頁

黒田直良《くろだちょくりょう》（生没年未詳）

黒田家は元は駿河の戦国大名今川氏の家臣であったが、光綱《みつつな》の代に徳川家康に仕え、次代の直綱《なおつな》は四〇〇〇石を知行した。直良の代の知行は一二三二石であった。五左衛門と称す。父は、黒田弥五右衛門。天保六年（一八三五）一月十一日に西丸小性組から使番となる。天保八年（一八三七）七月十六日と同十五年十月二十三日に国々巡見御用の任にあたっている。嘉永二年（一八四九）三月十日には御鹿狩御用掛も務めた。同十二月二十三日に病のため辞職。同三年三月二十九日には、養老料として三百苞を賜っている。

（山崎）

【典拠・参考文献】『柳営補任』、『慎徳院殿御実記』巻十三、十四。嘉永二年『武鑑』

黒田直方《くろだなおかた》（一七〇三～一七八五）

元禄十六年（一七〇三）に紀伊徳川家家臣の神谷勝正の子として生まれる。黒田直常の養女を妻として、直常の養子となる。妻は、黒田直常の子直清の実子だった。幾之助・源三郎・源五郎・源右衛門と称し、職を辞したのち直方と号した。享保八年（一七二三）六月十一日、八代将軍徳川吉宗に御目見《おめみえ》し、翌九年五月四日に黒田家の家督を相続し、寄合となった。同年十月九日に小性組となり、同十年十二月一日、御小納戸に移り、同月十八日、布衣《ほい》の着用を許可された。同十三年四月、吉宗の日光社参に随い、薩摩国平の脇差と黄金一〇枚を受けた。延享二年（一七四五）九月一日より西丸勤めとなり、寛延元年（一七四八）八月二十五日に辞職し、同三年四月二十五日に隠居。隠居料として廩米《りんまい》三〇〇俵を給された。天明五年（一七八五）三月十八日、八十三歳で死去した。法名直方で、小石川伝通院（東京都文京区）に葬られ、代々の墓所となった。

（実松）

【典拠・参考文献】『寛政譜』第十・七八頁

黒田直邦《くろだなおくに》（一六六六～一七三五）

寛文六年（一六六六）に書院番士中山直《なお》張《はる》の三男として生まれる。母は館林藩家老黒田用綱の息女。諱は初め直重。三五郎・豊前守と称する。妻は徳川綱吉側近柳沢吉保の養女。外祖父の黒田用綱に養育され、神田館で綱吉の子徳松に仕えた。延宝八年（一六八〇）の綱吉の将軍就任に伴い、西丸に移る綱吉の子徳松に従う。天和元年（一六八一）三月二十一日に廩米三〇〇俵を賜る。同三年に徳松が死去したために小普請となる。貞享二年（一六八五）二月十一日に御小納戸、同年十二月六日に小性となり、二〇〇俵を加増される。同四年十二月十八日に従五位下豊前守に叙任される。元禄元年（一六八八）十二月十六日に一〇〇〇俵、同五年正月十日に二〇〇〇俵、同八年正月十日に五〇〇俵を加増される。同九年正月十一日に一五〇〇石を加増された際に、これまでの廩米も知行地に改められ、七〇〇〇石となる。同十三年十二月一日に三〇〇〇石、同十六年正月九日に五〇〇〇石を加増され、宝永元年（一七〇四）十二月二十六日に従四位下に任じられる。同四年正月九日に五〇〇〇石の加増をうける。同六年一月十日の綱吉の死去により、二月二十一日に職を解かれ、雁間詰となる。なお綱吉には、元禄十年と十四年にあわせて四回の自宅御成を受けている。その後、享保八年（一七二三）三月二十五日に奏者番兼寺社奉行となる。同十七年三月一日に五〇〇〇石を加増され、上野国沼田城主となる。同年七月二十九日に西丸老中となり、五〇〇〇石の加増をうけ、あわせて三万石となる。同年十二月十五日に侍従となる。同二十年三月二十六日に死去。享年七十。関鉄直邦万松院と号す。武蔵国高麗郡中山の能仁寺（埼玉県飯能市）に葬られる。
（福留）

【典拠・参考文献】『寛政譜』第十・七七頁／第十一・九四頁

黒田久孝《くろだひさたか》（一八四五～一九〇〇）

弘化二年（一八四五）に生まれる。砲兵差図役頭取を務め、明治維新後は沼津兵学校で三等教授方として数学の教鞭をとった。明治四年（一八七一）正月には三等教授方から二等教授方並に昇進している。その後同七年（一八七四）に万年千秋・永持明徳らと共に陸軍省砲兵少佐となり、海岸防禦体制の整備に取り組んだ。同三十三年（一九〇〇）十二月四日に死去。享年五十六。
（津田）

【典拠・参考文献】樋口雄彦『旧幕臣の明治維新　沼津兵学校とその群像』（吉川弘文館、二〇〇五年）、手塚晃編『幕末　明治海外渡航者総覧』第一巻（柏書房、一九九二年）

黒田用綱《くろだもちつな》（一六一六～一六七二）

元和二年（一六一六）に、紀伊家家臣近藤用勝の六男として生まれる。母は富田知信の息女。三十郎・左京・源右衛門・信濃守と称する。妻は御徒頭都筑為次の養女。寛永元年（一六二四）、徳川家康の小性黒田直綱が、嗣子がないまま死去したことにより、家督を相続する。一〇二〇石を知行し、残りの三〇〇〇石は、幼少のため幕府に収められる。同九年五月二十七日に書院番となり、同十年二月七日に二〇〇石加増される。慶安三年（一六五〇）九月三日より西丸勤務となり、のち本丸に戻る。明暦元年（一六五五）九月十日に御徒頭となり、同十二月二十九日に布衣を着用することが許される。万治三年（一六六〇）正月二十九日に御先鉄炮頭となり、寛文元年（一六六一）閏八月十一日に、綱吉付属となり、神田館家老となる。これまでの知行は嫡男直常のものとし、別に三〇〇〇石を賜る。同年十二月二十八日に、従五位信濃守に叙任される。同十二年十一月七日に死去。享年五十七。法名は道安。小石川の伝通院（東京都文京区）に埋葬される。
（福留）

【典拠・参考文献】『寛政譜』第十・七六頁

桑嶋忠直《くわしまただなお》（一六一七～一七〇〇）

元和三年（一六一七）、浪人岡本忠清《ただきよ》の二男として生まれる。新左衛門・新五右衛門と称す。致仕号は宗貞という。上野国館林城主時代の徳川綱吉に仕え、神田の屋敷で馬医を務めた。延宝八年（一六八〇）に綱吉が五代将軍になると、忠直も幕臣となり、馬医と御馬方を兼務した。廩米は一〇〇俵。天和元年（一六八一）三月二十八日には御馬を預けられ、同年六月晦日には馬具を賜った。同二年十二月二十三日に廩米一〇〇俵を加えられている。元禄二年（一六八九）七月五日に致仕。同十三年八月十三日に八十四歳で死去した。法名は宗貞。浅草の東国寺に葬られた。以後、桑嶋家は幕末に至るまで、代々幕府の馬医を務めている。
（山﨑）

【典拠・参考文献】『寛政譜』第十二・七一頁

桑原盛員《くわばらもりかず》（一七二一～一八〇〇）

享保六年（一七二一）に書院番桑原盛興《もりおき》の三男として生まれる。勝之助・主馬・善兵衛と称した。伊予守・能登守を名乗る。妻は小性組蘆谷《あしや》久彌《ひさみつ》の息女、後妻は酒井家の家臣太田安信の息女。元文三年（一七三八）五月四日に家督を相続する。家禄は五〇〇石・月俸五口。寛保元年（一七四一）十月二十八日に西丸の書院番となり、宝暦二年十一月二十一日より進物番を務める。同十年（一七六〇）七月二十一日に小十人頭となり、同月二十四日に布衣の着用を許される。同十三年九月二十八日に目付、安永二年（一七七三）七月十八日に長崎奉行となり、同年十二月十六日に従五位下能登守に叙任される。同四年十一月十七日に作事奉行、翌五年七月八日に勘定奉行、天明八年（一七八八）十一月十五日に大目付、寛政十年（一七九八）三月二日に西丸御留守居となる。同十二年二月二十九日に死去。享年八十。

（宮坂）

【典拠・参考文献】『寛政譜』第二十二・二五二頁、『柳営補任』

桑原盛方《くわばらもりかた》（一七五五～没年未詳）

宝暦五年（一七五五）に生まれる。父は御蔵奉行桑原盛利《もりとし》で、母は広敷添番小野直《なお》賢《かた》の息女。乙次郎・平兵衛と称した。妻は御家人で西丸の御徒大井頼大《よりふと》の息女で、後妻は若泉久慶の息女。安永元年（一七七二）十代将軍徳川家治に初めて御目見をし、同三年五月六日に家督を相続して小普請となる。家禄は七〇俵五人扶持。同七年四月六日に勘定となる。天明八年（一七八八）七月二十五日に御三卿清水家の附人となり、清水家の勘定奉行、郡奉行を務めた。寛政七年（一七九五）に清水家初代当主重好が逝去すると、清水家の家臣団が解体され、盛方は幕府の小十人となった。その後の経歴は未詳。菩提寺は小石川の心光寺（東京都文京区白山）。

（竹村）

【典拠・参考文献】『寛政譜』第二十二・二五三頁、『続徳川実紀』第一篇、小川恭一「御三卿家臣の身分」（同『徳川幕府の昇進制度』二〇〇六年、岩田書院）

桑原盛倫《くわばらもりとも》（一七四六～一八一二）

延享三年（一七四六）、西丸目付の松前順広《としひろ》の三男として生まれる。母は、使番や西丸目付を務めた松前尚広《なおひろ》の養女。勘定奉行等を務めた桑原盛員《もりかず》の娘を妻とし、桑原家の養子となった。文次郎・主計・善兵衛と称し、任官後は遠江守を名乗る。安永五年（一七七六）十二月十九日に小性組となる。天明四年（一七八四）五月十日、小十人頭となり、同年十二月十六日には布衣を着することを許された。同七年三月十七日に目付へ転じた。寛政元年（一七八九）十一月十五日、喜連川《きつれがわ》藩主の喜連川恵氏《やすうじ》が、領地の下野国塩谷郡喜連川（現栃木県喜連川町）にあって致仕を願い出る一件があり、盛倫が同地へ赴いている。同七年十二月二十五日に新番頭となる。享和元年（一八〇一）十月二十八日に一橋家家老、文化五年（一八〇八）二月八日には大目付へ進んだ。同八年十一月十四日に死去。享年六十六。

（山崎）

【典拠・参考文献】『寛政譜』第二十二・二五二頁、『柳営補任』

桑山一慶《くわやまかずよし》（一六六三～一七三〇）

寛文三年（一六六三）に大和国新庄藩主の桑山一玄《かずはる》の二男として生まれる。妻は小性岡部直好《なおよし》の息女。当初の諱は玄道《はるみち》。通称は百助・七十郎・幾之助・三郎左衛門。延宝五年（一六七七）八月二十三日に父一玄から知行一二〇〇石を分知され、寄合に列する。天和二年（一六八二）五月二十六日、兄の一尹《かずただ》は寛永寺での四代将軍家綱の法会で不敬の所業があったとして所領を没収され、一慶に預けられる。元禄九年（一六九六）四月二十一日に使番となり、十二月二十一日に布衣の着用を許される。同十年には駿府目付代をつとめる。同十三年二月十五日には堀田正虎への出羽国山形城の引渡し役をつとめる。同十六年正月十一日に使番から目付に転じ、宝永三年（一七〇六）正月十一日に堺奉行に進む。四月二十八日に従五位下甲斐守に叙任される。正徳元年（一七一一）五月朔日に大坂町奉行となり、同二年六月朔日に辞職。享保十五年（一七三〇）八月四日に死去。享年六十八。法名は紹朴。麻布の天真寺（東京都港区）に葬られる。（高山）

【典拠・参考文献】『寛政譜』第十五・三七二頁、『柳営補任』

桑山圭介《くわやまけいすけ》（生没年未詳）

効《あきら》とも称した。代官竹垣三右衛門の手代として大和五条・大阪詰を経て江戸詰となっている。この後、北条雄之助手付となり、天保十五年（弘化元・一八四四）より弘化四年まで関東取締出役を勤める。なお、弘化元年の関東取締出役に北条雄之助手付桑山圭次郎という人物を確認でき、同一人物と思われる。「天保水滸伝」のモデルとして有名な飯岡の助五郎は道案内になる際、桑山にその願書を提出したといわれる。天保十五年に助五郎と笹川繁蔵が、いわゆる「大利根河原の決闘」を起こすと、桑山は事後見分を行っている。嘉永元年（一八四八）には再度、竹垣三右衛門に付属し、江戸詰となっている。その後も複数の代官に付属し、出羽寒河江・甲斐石和・信濃中之条などで勤務し、甲斐市川陣屋で維新を迎える。明治元年（一八六八）七月十日、武蔵知県事となり武蔵国豊島・足立・埼玉・葛飾郡と、下総国葛飾郡を管轄する。同年十二月二十三日に知県事職を河瀬秀治と交代した。この後、桑山は大蔵省に出仕した。（坂本）

【典拠・参考文献】三田村鳶魚『鳶魚江戸文庫1 捕物の話』（中公文庫、一九九六年）、関東取締出役研究会編『関東取締出役』（岩田書院、二〇〇五年）、「維新史料綱要」第九冊・二一三頁、『新編埼玉県史』通史編五・『同』資料編十九、川口大百科事典刊行会編『川口大百科事典』、『鳩ヶ谷市史』史料九、『飯岡町史史料集』第三集

桑山貞利《くわやまさだとし》（一五九五～一六三六）

文禄四年（一五九五）に生まれる。内匠と称した。父は初め豊臣秀長や秀吉に仕え、後に徳川家康の家臣となった桑山貞晴《さだはる》。母は不明。妻は大和国新庄藩（旧布施藩）の初代藩主となる桑山一晴の息女。慶長十三年（一六〇八）に初めて徳川家康に拝謁し、命によって秀忠に仕え、書院番となる。同十九年の大坂冬の陣にも参加し、寛永三年（一六二六）の秀忠の上洛にも供奉した。同九年（一六三二）に家督を継承。知行高は五五〇〇石であった。同年十一月五日より進物の役を務める。同十年正月十三日には、東海道の諸国を巡見し、また同十一年の徳川家光の上洛や日光社参にあたっては供奉の諸士の旅宿割当てに従事した。同十三年十一月二十三日に死去。享年四十二。法名は宗昌。父と同じく鎌倉建長寺の天源庵に葬られた。（山﨑）

【典拠・参考文献】『寛政譜』第十五・三七七頁

桑山元武《くわやまもとたけ》（一六八〇～一七五四）

延宝八年（一六八〇）に火事場目付桑山直晴《なおはる》の二男として生まれる。実母は御側衆藤堂良直《よしなお》の息女。妻は鑓奉行桑山元稠《もとしげ》の息女。左門・猪兵衛と称した。従五位下丹後守に叙任され、のちに下野守に改めた。桑山氏は、はじめ豊臣秀吉や弟秀長に仕え、関ヶ原の戦の際に徳川家康に属した経歴をもつ家柄である。元武は、元禄十一年（一六九八）八月十四日、初めて五代将軍徳川綱吉に拝謁し、宝永六年（一七〇九）四月六日に書院番に列した。同年十二月二十七日には御小納戸に転じ、正徳四年（一七一四）十月二十六日には布衣の着用を許されたが、正徳六年（享保元・一七一六）五月十六日、七代将軍徳川家継の死去にともない、職を解かれて寄合に列した。同五年五月二十三日に桑山元稠が隠居したため、その養子となり、家督を相続した。知行は二

○○○石である。同九年正月十一日に小性組組頭となり、十一月十五日より二丸に詰め、同十年六月朔日、西丸書院番組頭に転じた。同十四年十一月十八日、禁裏附になり、同十五年五月六日に従五位下丹後守に叙任された。寛保元年（一七四一）正月十一日より御持弓頭となり、延享元年（一七四四）九月二十八日には西丸御留守居に転じた。宝暦二年（一七五二）正月十一日に旗奉行となるが、同三年十一月二十三日に職を辞した。同四年十一月十九日に死去。享年七十五。法名は宗祐。麻布の天真寺（東京都港区）に葬られた。（白根）

【典拠・参考文献】『寛政譜』第十五・三七八頁

こ

小池永貞《こいけながさだ》　（一六七四～一七四二）

延宝二年（一六七四）に生まれる。初め貞哲《さだあき》と名乗り、甚平・与左衛門と称した。先祖は信濃国筑摩郡小池村に住んで武田家に仕えた。父の貞勝は甲府藩主徳川綱吉に鷹匠として仕え、綱吉が将軍に就任した後には、旗本となり御徒等を務めた。母は富田庄右衛門の息女。妻は福山藩主阿部正福《まさよし》の家臣高久久信の息女。元禄十四年（一七〇一）十二月二十五日に表右筆となり、廩米二〇〇俵を与えられた。宝永二年（一七〇五）七月二十五日に奥右筆に移り、正徳元年（一七一一）十二月二十三日に一〇〇俵を加えられ、同四年七月十一日には表右筆組頭となる。徳川吉宗の将軍就任にあたって、諸大名や寺社への領知判物、朱印状のことを預かるにあたり、享保二年（一七一七）十月二日に時服二領、黄金三枚を賜る。同十年六月九日、務めが良くなかったために小普請となる。元文元年（一七三六）四月二十七日に隠居して子の貞寛《さだひろ》が家督を相続した。寛保二年（一七四二）七月晦日に死去。享年六十九。法名は空山。菩提寺は高田の妙泉寺である。（清水）

【典拠・参考文献】『寛政譜』第二十・二七三頁、深井雅海『徳川将軍政治権力の研究』（吉川弘文館、一九九一年）

小池春好《こいけはるよし》　（生年未詳～一六九三）

源兵衛・甚左衛門と称す。寛文九年（一六六九）に家を継ぎ、後に勘定となる。家禄は廩米二二〇俵。延宝四年（一六七六）三月二十九日、仰せを受けて駿河・遠江・三河・伊勢・美濃等の国々を巡見した。貞享二年（一六八五）七月二十一日に残物奉行となるが、同三年七月六日に代官へ移り、元禄二年（一六八九）閏正月三日には材木石奉行に転ずる。同六年九月七日に辞任し、小普請となった。同年に死去。法名は源水。下谷龍谷寺に葬られる。（高木）

【典拠・参考文献】『寛政譜』第二十一・六三頁、深井雅海「材木（石）奉行並びに林奉行の就任者について」（『徳川林政史研究所研究紀要』、一九八六年）

小泉吉次《こいずみよしつぐ》　（一五三九～一六二三）

天文八年（一五三九）に今川義元の家臣植松泰清の長男として駿河国富士郡小泉郷で生まれる。また、小泉佐渡守の子に生まれ、のちに泰清の養子になったともいう。次大夫と称した。今川氏真没落後、徳川家康に仕え、小泉姓を与えられた。天正十八年（一五九〇）家康の関東入国後、武蔵国橘樹郡小杉陣屋を中心に幕領支配にあたった。慶長二年（一五九七）多摩川沿岸を巡視し、世田谷・六郷（左岸）および稲毛・川崎（右岸）の四か領の用水路（六郷用水・二か領用水）開鑿による新田の造成を進言し、駿河国出身で縁者の石川吉久らの協力によって用水の測量を開始する。六郷用水は別名、次大夫堀ともいわれる。多摩郡の和泉村において多摩川を堰入し、全長一万二九〇〇間余、一五年の歳月を費やして完成された。同六年に武蔵国稲毛・川崎の代官に任命され、同十年には用水工事の促進のため、幕領以外の私領からも掘鑿の人夫が徴発できる権限が与えられた。同十六年には一切の工事が完成し、その功労によって本領のほか、開発地の一〇分の一が給与された。同十七年に隠居して、代官職を嫡子の吉明に譲った。しかし、吉明は慶長二十年（元和元・一六一五）の大坂夏の陣に出陣して、戦場で病死した。吉明の子吉辰は幼少のため、三男の次大夫吉勝が後見を命じられた。吉次は代官に復職したようであり、元和五年に代官を辞職し、吉勝が同六年に、吉次の跡を継いで代官となった。同九年十二月八日に死去。享年八十五。吉次夫妻の墓は、武蔵国橘樹郡川崎の妙遠寺にある。なお、吉次の墓は富士宮市小泉の久遠寺にもある。小泉家は代々、代官職に就いたが、元禄二年（一六八九）四月当時の当主次大夫が、貢金を着服したため、流罪となり、家は断絶した。（高橋）

【典拠・参考文献】『寛政譜』第七・一頁、『小泉次大夫用水史料』（東京都世田谷区教育委員会、一九八八年）、村上直『江戸幕府の代官群像』（同成社、一九九七年）、『代官履歴』、村上直『江戸近郊農村と地方巧者』（大河書房、二〇〇四年）、村上直「小泉次大夫」（『日本近世人名辞典』、吉川弘文館、二〇〇五年）

小出有常《こいでありつね》（一八三五～没年未詳）

天保六年（一八三五）に生まれる。通称は順之助。実父は中奥小性などを勤めた石河壱岐守（貞通《さだみち》カ）だが、中川番・火消役などを勤めた小出有儀の養子となった。同家は、豊臣秀吉に仕えた小出秀家を祖とする小出家の分家からさらに分かれた家。和泉国大鳥・河内国錦部《にしきべ》の二郡において五〇〇〇石を領有した。安政五年（一八五八）十二月六日、養父の家督を継ぎ寄合に列し、万延元年（一八六〇）五月二日に駿府加番となった。文久二年（一八六二）十二月には学問所北二階世話心得取締に任じ、同四年正月十一日に使番となる。元治元年（一八六四）六月十一日には、使番永見貞之丞とともに水戸天狗党追討軍の軍監となり、常陸国下妻に出陣した。歩兵隊二五〇〇人を率いた追討軍は天狗党を圧倒し、七月七日の高道祖《たかさい》（茨城県下妻市）の戦では天狗党を敗走させるも、九日に藤田小四郎らにより本営多宝院を急襲されたことで潰走した。有常は同国下館まで逃げたという（『藤岡屋日記』第十二巻）。この年十二月七日には火事場見廻を兼帯した。翌年正月二十八日、将軍不在の関東支配を担当する関東郡代となり、下野国を支配した。しかし十二月七日に御役御免となり勤仕並寄合となる。慶応二年（一八六六）二月十日に火消役となるが、病気により十二月二十四日に御役御免となった。一族の墓は東京都港区麻布の天真寺にある。（藤田）

【典拠・参考文献】『寛政譜』第十五・二八頁、『幕臣人名』第二巻、『旗本百科』第二巻、飯島千秋「幕末期幕府の関東支配」（津田秀夫編『近世国家と明治維新』三省堂、一九八九年）、『水戸市史』中巻（五）（水戸市、一九九〇年）、野口武彦『幕府歩兵隊』（中公新書、二〇〇二年）

小出実《こいでじつ》　（一八三一～没年未詳）

天保二年（一八三一）に大番頭土岐丹波守の子として生まれ、のち西丸小性組小出権之助の養子となる。修理・左衛門尉・大和守・美濃守を称した。秀実とも名乗った。嘉永五年（一八五二）七月二十五日に家督（禄高一五〇〇石）を継ぎ、小普請に入り、同六年五月六日に小性組、文久元（一八六一）年十月朔日に使番、十二月七日に目付外国掛、翌二年九月七日に箱館奉行となる。慶応二年（一八六六）八月二十六日に外国奉行・箱館奉行兼帯となり、十月にロシア国へ使節として派遣され、日露国境画定交渉使節全権としてアジア局長ストレモフと八回会談したが、樺太分割の交渉が成立せず、樺太を雑居地とする「樺太島仮規則」の調印にとどまり、翌三年五月に帰国した。同年七月二十七日に勘定奉行勝手方となり、九月七日に高直しで本高一五〇〇石が一五九三石九斗八升四合となる。同年十月二十三日に御留守居となり小普請を支配し、十二月二十七日に町奉行となるが、同四年二月十六日に辞職した。菩提寺は麻布の天真寺（東京都港区）である。（加藤）

【典拠・参考文献】『柳営補任』、『続徳川実紀』第三～五篇、『幕臣人名』第二巻

小出照方《こいでてるみち》　（生年未詳～一八〇五）

伊之輔・源之丞・大助と称した。父は小出四郎左衛門。妻は浅羽弥左衛門共常の息女。屋敷は裏五番町にあった。御留守居番与力、支配勘定、普請方改役を経て、安永七年（一七七八）四月六日に旗本となり、勘定に列した。家禄は八〇石五人扶持である。寛政二年（一七九〇）二月八日に勘定組頭となり、同四年より地方支配を兼務し、武蔵・下総・下野国で五万四〇〇〇石余の幕領を支配した。同十二年三月十三日に飛驒郡代となり、布衣の着用を許された。小出は在任時に、高山の材木商の田中半十郎が供出した新田開発資金をもとに開墾を進めるため、益田郡和佐村十左衛門らを新田世話方に任命して、新田開発の促進を図った。享和三年（一八〇三）十二月二十八日、二丸御留守居となり、文化二年（一八〇五）四月二十九日に死去。（高橋）

【典拠・参考文献】『寛政譜』第二十一・三〇四頁、「県令譜」（村上直校訂『江戸幕府郡代代官史料集』近藤出版社、一九八一年）、『文化武鑑』、『岐阜県史 通史編近世上』（一九六八年）、「寛政九巳年御代官并御預所御物成納払御勘定帳」（大野瑞男「寛政期の幕府財政史料」、『東洋大学文学部紀要』第四十九集、一九九五年）、『旗本百科』第二巻、『代官履歴』

小出半大夫《こいではんだゆう》　（一六五六～一七二六）

明暦二年（一六五六）に生まれる。元々は紀伊徳川家に仕えていたが、享保元年（一七一六）の徳川吉宗の将軍職就任に従って江戸に入り、御家人に列した。同年十一月二日、広敷用人となり（『柳営補任』では享保二年八月九日）、采地三〇〇石を得る。同年十二月十八日に布衣を着することを許される。同十一年三月十七日に死去。享年七十一。（吉成）

【典拠・参考文献】『寛政譜』第二十二・四二〇頁

小出英道《こいでひでみち》　（生没年未詳）

小弥太・内記と称し、播磨守と名乗る。禄高は一五〇〇石、のち二〇〇〇石。文久元年（一八六一）十月一日、小性組平岡頼徳組より使番となった。同年十二月二十八日に歩兵頭に転じ、十四代将軍徳川家茂の上洛に従い、同三年五月二十五日に京都へ派遣された。元治元年（一八六四）十月五日に歩兵奉行並、慶応元年（一八六五）四月八日に歩兵奉行と進み、同年五月に第二次長州戦争のため将軍家茂に従軍した。同

三年九月二十日に職を辞したが、同年十月二十三日には寄合から歩兵奉行に再役となった。その後、同四年二月九日に再び辞職した。（神谷）

【典拠・参考文献】『柳営補任』、『続徳川実紀』第四・五篇

小出尹貞《こいでまささだ》　（一六一〇～一六六五）

慶長十五年（一六一〇）小出三尹《みつまさ》の二男として生まれる。父三尹は秀政の四男で、母は豊臣秀吉の妻の姉。兄で秀政二男の秀家の養子となる。尹貞の母は生田宇庵の息女。妻は宮崎時重の息女。瀬兵衛・右馬助と称した。元和六年（一六二〇）に初めて二代将軍徳川秀忠に拝謁した。寛永二年（一六二五）小性組に列し、廩米三〇〇俵を与えられた。同八年小性に転じ、同九年九月十五日に廩米を改めて采地五〇〇石を与えられた。同十一年正月十三日に四〇〇石、同十二年四月三日には一〇〇〇石加増され、十二月晦日に従五位下越中守に叙任される。同十三年四月十一日、御徒頭となり、同十六年六月十一月に七〇〇石、同十八年四月八日に一〇〇〇石を加増される。承応四年（明暦元・一六五五）二月十九日、小性組番頭に進み、万治三年（一六六〇）十一月二十二日に伏見町奉行となって禁中のことをも承るべき旨の仰せを蒙り、与力一〇騎、同心五〇人を預けられる。この時一四〇〇石加増され、知行高は都合五〇〇〇石となる。寛文五年（一六六五）六月二十五日に京において死去。享年五十六。法名は竺雲。尹重《ただしげ》が跡を継いだ。（清水）

【典拠・参考文献】『寛政譜』第十五・二四頁、『柳営補任』

小出守里《こいでもりさと》　（一六四九～一六九九）

慶安二年（一六四九）に書院番頭三枝守《さいぐさもり》全《あきら》の二男として生まれる。初め有利、守秀とも名乗り、万吉・弥三郎・左京と称した。母は小出三尹《みつまさ》の息女。妻は西尾忠照の息女。守里は母方の小出を称した。寛文七年（一六六七）十一月二十一日に小性組番士となり、同九年十二月二十一日に廩米三〇〇俵を与えられた。同十年七月二十二日に中奥の番士に列し、十二月二十八日に一〇〇俵を加えられる。同十二年三月九日に小性に転じ、十二月二十八日に二〇〇俵を加えられ、従五位下若狭守に叙任される。延宝八年（一六八〇）に四代将軍徳川家綱の薨去により寄合となるも、天和元年（一六八一）十一月二十九日に御徒頭となり、同二年に五〇〇石加増される。同三年十一月十日書院番組頭に転じ、元禄三年（一六九〇）正月十一日に京都町奉行に進み、同七年十二月二十三日に五〇〇石を加増され、同九年二月二日から伏見奉行を兼ねる。同年五月二十七日に辞職して寄合に列し、同十年七月二十六日には廩米を改められて采地六〇〇石を賜り、都合一六〇〇石を知行した。同十一年十二月朔日に作事奉行となり、同十二年四月二十一日に死去。享年五十一。法名は宗預。麻布天真寺に葬られた。家督は日向正次の三男で娘婿の守明が相続した。（清水）

【典拠・参考文献】『寛政譜』第十七・三八六頁

甲賀源吾《こうがげんご》　（生没年未詳）

幕末に軍艦役（四〇〇俵高）に新規召し抱えられて、布衣を許され、永々御目見以上の格となる。慶応四年（一八六八）一月二十二日に軍艦頭並（一〇〇〇俵高）に任ぜられた。（筑紫）

【典拠・参考文献】『柳営補任』、『続徳川実紀』第五篇

幸田高成《こうだたかなり》　（一六九五～一七五〇）

元禄八年（一六九五）に生まれる。久三郎、善大夫と称した。御徒目付幸田正親の子で祖父正頭は寛永十年に御徒に召された。妻は出羽国本庄藩主六郷政長の家臣高柳行

氏の息女。元禄十年十二月十日に家督を継ぐ。その後支配勘定を経て、勘定となる。廩米《りんまい》一五〇俵取りであった。享保十二年（一七二七）六月二十六日に代官となる。転任の正確な時期は不詳だが、同十四年には江戸詰の大和国代官、同十七年には奥州代官で、寛保三年（一七四三）までには関東代官として上野国と下総国を支配していた。元文三年（一七三八）、管下であった下総国の下《しも》利根川沿い堤外《ていがい》地《ち》流作場《りゅうさくば》の新田開発を願い出た江戸の町人たちがあり、高成と同僚の安生定洪《あんじょうさだひろ》配下の手代や幕府普請役が検分を行ない、従来からの高付地《たかづけち》以外は新田開発願人へ引き渡すよう関宿藩領の関係村々に指示を出した。これに対しては村側から反対の声が上がり、勘定所内で流作場開発を推進していた勘定組頭堀江芳極《ただとう》が翌年検分を行ない、村請による開発を行なうこととなった。また延享二年（一七四五）には、関東地方の担当代官ら八名が勘定所へ提出した「覚」に名を連ねている。これには、幕領の年貢率が低いため有《あり》毛検見法《げけみほう》を採用したことが記されており、幸田高成は享保改革後半期、勝手掛老中松平乗邑《のりさと》体制下の幕府農政と年貢増徴政策の実施にあたっていた代官であった。ただし、同年には関東代官から飛騨国高山代官へと転じている。寛延元年（一七四八）十月二十二日朝鮮通信使の来聘に携わったことにより、時服二領を受けた。同三年七月十六日、飛騨国高山陣屋で死去。享年五十六。法名は正元。飛騨国高山の松泰寺（岐阜県高山市）に葬られた。 （実松）

【典拠・参考文献】『寛政譜』第二十二・一五七頁、大石学『享保改革の地域政策』（吉川弘文館、一九九六年）、西沢淳男『幕領陣屋と代官支配』（岩田書院、一九九八年）、和泉清司『幕府の地域支配と代官』（同成社、二〇〇一年）

幸田利貞《こうだりてい》 （生没年未詳～一八七一）

文久年間に表坊主であったことが確認できる。四〇俵三人扶持で下谷三枚橋に居宅を構えていた。妻は芳《よし》で上総国久留里藩主黒田家に女中勤めをしていたという。二人の間には娘の猷《ゆう》がいたが、男子がいなかったため、奥坊主の今西家から養子をむかえた。この養子が利三《りさん》（のち成延）で猷と結婚して表坊主の職を継いだ。利貞は、明治四年（一八七一）十月に五十余歳で死去。幸田露伴や幸田成友は利貞の孫である。 （白根）

【典拠・参考文献】幸田成友「凡人の半生」『幸田成友著作集』第七巻（中央公論社、一九七二年）

河野啓助《こうのけいすけ》 （生没年未詳）

代官山本大膳の手代（天保期には同手付）。文政九年（一八二六）より関東取締出役となる。同年に「関東筋村々良民害相成候始末見聞奉申上候書付」という上書を作成している。この中で、関東農村の抱える諸問題を提示し、その対応策として農村復興、風俗取締り、統一的な支配体制の確立などの必要性を主張している。北関東を中心に活動し、その過程で関東屈指の豪農として有名な武蔵国幡羅郡下奈良村名主吉田市右衛門と親密な関係を結ぶようになっており、このような豪農層との関係が上書の作成にも影響を与えたといわれている。その後、天保六年（一八三五）にいったん関東取締出役の職を離れるが、同十年四月に復帰している。これは同年に露見した「合戦場宿一件」の影響で、当時の関東取締出役全員が更迭されたためであり、この際、河野は他の新任の関東取締出役へ自らの経験を伝えるように命じられている。この復帰は一時的なものであり、翌年には彼の名を関東取締出役の中に確認できない。さらに、同十三年の『県令集覧』では、代官山本大膳

の配下に彼の名を確認できないことから、関東取締出役退任後に山本の手付も辞したようである。　（坂本）

【典拠・参考文献】根岸茂夫「文政改革直前における関東取締出役の農村事情見聞記」（『武蔵野』三〇六号、一九八五年）、関東取締出役研究会編『関東取締出役』（岩田書院、二〇〇五年）、坂本達彦「天保期における幕府関東支配政策の展開」（『地方史研究』三一八号、二〇〇五年）、村上直他編『江戸幕府代官史料』（吉川弘文館、一九七五年）、『寒川町史』資料編三、「地方落穂集追加」（『日本経済叢書』九巻）

河野松安《こうのしょうあん》　（一五八二～一六四八）

天正十年（一五八二）に生まれる。父は河野治傳。通幸と称した。小早川隆景につかえ、のち長崎に住して医を学ぶ。元和六年（一六二〇）十二月四日に家光に仕えて、奥医に列した。廩米四〇〇俵を与えられ、のちに御匙を務めた。官途官位は大蔵卿・法印。京都への上洛や日光山参詣、小金牧の狩場などに供奉する。小金牧では手負いの猪が三代将軍家光の前を通り過ぎた際に、刀でこれを斬った。家光の仰せにより、斬った刀を「獅子切」と名付けたという。慶安元年（一六八四）四月八日に六十七歳で死去。法名は良仙。菩提寺は鎌倉建長寺の正統庵。　（石山）

【典拠・参考文献】『寛政譜』第十・二二三頁、『細川家史料』

河野通訓《こうのつうくん》　（生没年未詳）

権右衛門と称し任官後は対馬守・豊前守・近江守を名乗った。録高は二二〇〇石であった。父は小普請の河野通開《みちはる》。文化六年（一八〇九）九月三日に家督を継ぎ、小普請入りとなる。文政四年（一八二一）二月二十日に小性となり、天保四年（一八三三）正月十一日に使番となる。同七年十二月十八日に火事場見廻を兼帯。同十年十月一日に西丸目付へ転じ、同十二年三月二十三日には徳川家定付きの目付となり、同十四年の十二代将軍家慶の日光社参中に本丸目付介を務めている。同十五年九月二十八日に日光奉行、嘉永元年（一八四八）六月二十四日に山田奉行、同三年九月二十三日に京都町奉行、同六年十一月九日に普請奉行に就任した。安政四年（一八五七）九月二日には、玉川上水の石垣樋伏替普請を行った功績により、同役の平賀勝足と共に時服を賜っている。同年十二月二十二日に作事奉行、同五年七月十一日に田安家家老に任ぜられた。文久二年（一八六二）十一月二十四日に御役御免となり、勤仕並寄合となっている。　（山﨑）

【典拠・参考文献】『柳営補任』、『幕臣人名』

河野通和《こうのみちかず》　（生没年未詳）

目付や普請奉行、田安家家老を勤めた通訓の子として生まれる。左門と称す。河野家は、当初武田家や北条家に仕えたが、天正十年（一五八二）に徳川家康に仕え、慶長五年（一六〇〇）の上杉征伐に使番として従った。同家は河野家の分家。上総・下総・上野・下野・甲斐の各郡で二二〇〇石を領有する。通和は、安政四年（一八五七）四月十五日、小性組番士から西丸小十人頭となり、文久三年（一八六三）十二月二十二日に家督相続、歴代当主の呼称である権右衛門を称した。同月二十九日に歩兵頭となり伊予守（対馬守とも）を称す。元治元年（一八六四）四月十四日、水戸筑波勢追討のため歩兵一大隊を率いて日光へ出張し、翌年四月六日に歩兵奉行に昇進した。慶応元年（一八六五）の十四代将軍徳川家茂の進発に際しては、一番隊に属して五月六日に出立（『連城紀聞』一）。第二次長州戦争では、周防大島口の戦闘に参加し、同二年六月十一日には大島を一時占領するが、十七日に長州勢の反撃に逢い撤退した。この戦闘で、通和は大樹に登り隠れていたところ、長州兵に見つけられ、下から狙撃され戦死したというデマが広まった（『藤岡屋日記』第十四巻）。同三年十二月二十八日、御留守居に転じる。維新後は徳川家に従い駿河へと移住し、静岡藩の中老、権大参事・会計掛に任じられた。歴代の墓は長龍寺にある。同寺は当初市ヶ谷（新宿区）にあったが、陸軍士官学校の拡張に伴い、明治四十二年（一九〇九）に高円寺（杉並区）に移転した。（藤田）

【典拠・参考文献】『寛政譜』第十・二一一頁、『旗本百科』第二巻、『続徳川実紀』第四篇、野口武彦『幕府歩兵隊』（中公新書、二〇〇二年）、野口武彦『長州戦争』（中公新書、二〇〇六年）

河野通定《こうのみちさだ》（一六二〇～一六九一）

元和六年（一六二〇）、河野通重（鉄炮頭）の二男として生まれる。通称は権右衛門。諱を通成とも名乗った。母は小笠原彦三郎長行の息女。妻は小笠原安芸信盛の息女。寛永六年（一六二九）二月、初めて三代将軍徳川家光に拝謁し、同十二年十二月に書院番となった。慶安四年（一六五一）十二月に遺跡を継ぐ（一二〇〇石）。普請奉行、使番を経て、寛文六年（一六六六）三月十九日、長崎奉行となる（五〇〇石加増）。在職中、沖番所の改築、唐船差宿廃止、宿町・付町制の導入、銀・銅輸出禁止、踏絵の鋳造、貨物市法の開発等に携わる。同十二年三月十七日、辞職して寄合に列する。延宝八年（一六八〇）一月十一日に鑓奉行となり、天和二年（一六八二）四月、上野国山田・邑楽郡において五〇〇石加増されて、計二二〇〇石を拝領する。貞享四年（一六八七）八月、大目付となるも同年十二月九日、職務不履行により免職・出仕停止となる。貞享五年（元禄元・一六八八）四月十七日、小普請とされ、同三年四月十七日に赦される。同四年十一月二十九日没。享年七十二。法名良勝。墓所長龍寺（東京都杉並区高円寺）。（太田勝）

【典拠・参考文献】『寛政譜』第十・二二二頁、『増補長崎略史上巻』（『長崎叢書三』）

河野通重《こうのみちしげ》（一六五二～一七二四）

承応元年（一六五二）に番医の河野通宗《みちむね》の長男として生まれる。十兵衛・久四郎・勘右衛門と称した。母は寄合の織田順高《のぶたか》の養女。妻は小性組番士等を務めた金森可俊《ありとし》の息女。通重は、従祖母でかつて徳川家光の老女を務めた寿林の養子となる。明暦三年（一六五七）十二月二十七日より廩米三〇〇俵を賜る。寛文十一年（一六七一）九月十三日に小性組の番士となり、元禄十五年（一七〇二）五月朔日に御納戸頭となる。同年十二月二十二日には二〇〇石を加えられ、廩米を改めて下野国芳賀郡にて五〇〇石の知行を与えられた。宝永五年（一七〇八）七月二十五日に目付に就任。同七年七月二十八日には、相模・駿河両国へ赴いて川普請を監督した功績により、黄金一〇枚を賜っている。正徳二年（一七一二）十月三日には佐渡奉行となり、享保六年（一七二一）二月十五日に京都町奉行へ転じ、近江国蒲生郡にて五〇〇石を加増された。同年三月二十八日に従五位下豊前守に叙任された。同九年十二月十八日に死去。享年七十三。法名は宗義。鎌倉の建長寺へ葬られた。同寺は河野家代々の葬地となる。（山崎）

【典拠・参考文献】『寛政譜』第十・二二六頁

河野通喬《こうのみちたか》（一六九三～一七五六）

元禄六年（一六九三）に生まれる。金次郎・勘右衛門と称す。父は京都町奉行等を歴任した河野通重《みちしげ》。母は小性組番士等を務めた金森可俊《ありとし》の息女。妻は西丸旗奉行などを歴任した朽木定盛《さだもり》の息女。宝永六年（一七〇九）四月六日に書院番士に列せられ、正徳四年（一七一四）二月二十九日より進物の役を務める。享保十年（一七二五）三月二日に家督を相続した。同年九月十三日に、信濃国松本城引き渡しの任を受けている。同十三年十二月二十四日に御徒頭に就任。同十四年十二月朔日に目付となり、同十七年二月十五日からは御船手を兼務し、元文元年（一七三六）四月二十八日に小普請奉行に進んだ。同年八月十二日よりは勘定奉行となり、十二月十六日には従五位下豊前守に叙任されている。同五年正月二十八日には兼務していた御船手の任を解かれ、寛保二年（一七四二）八月二十八日には大目付となる。寛延二年（一七四九）十二月朔日に御留守居となり、宝暦六年（一七五六）十二月十八日に死去。享年六十四。法名は元節。（山﨑）

【典拠・参考文献】『寛政譜』第十・二二六頁

河野通延《こうのみちのぶ》（一六九三〜一七六六）

元禄六年（一六九三）に生まれる。主税・忠右衛門と称する。父は蔵奉行の河野通広《みちひろ》で、母は伊勢氏の息女。妻は鉄炮玉薬奉行などを歴任した渡辺長綱《ながつな》の息女。享保五年（一七二〇）五月二十三日に家督を相続した。同十年十一月朔日に一橋家の小五郎君（宗尹）の近習番となる。同十四年八月十一日に近習となり、後に用人へと進む。寛保元年（一七四一）十一月九日に廩米二〇〇俵を加えられた。延享三年（一七四六）十一月十五日には先手弓頭へと転じ、同四年九月十二日からは盗賊の追捕に従事した。寛延二年（一七四九）十二月朔日に一橋家家老に任じられ、同月十八日には従五位下長門守に叙任されている。宝暦九年（一七五九）正月十五日には西丸御留守居へと転じた。この前年には一橋宗尹より側用人の大岡忠光に対して、病身となった通延を相応の役へ転職させるよう願書が出されており、この転職はそれが聞き届けられたものと思われる。その後、同十二年四月十日より旗奉行となる。明和三年（一七六六）正月十五日に七十四歳で死去した。法名は日運。（山﨑）

【典拠・参考文献】『寛政譜』第十五・三七七頁、辻達也『一橋徳川家文書摘録考註百選』（続群書類従完成会、二〇〇六年）

高谷盛直《こうやもりなお》（生年未詳〜一七一七）

銭蔵番頭高谷太兵衛盛道《もりみち》の長男として生まれる。太郎兵衛・二郎兵衛・太兵衛と称した。寛文七年（一六六七）七月五日に家督を相続し、のちに支配勘定を経て、旗本となり、勘定に任命された。家禄は一五〇俵である。元禄七年（一六九四）九月朔日、御林奉行となり、同十年閏二月七日に代官に転じ、江戸在任（元禄十年〜同十三年）、信濃国飯島陣屋（元禄十三年〜正徳三年）、摂津国大坂（正徳三年〜享保三年）に赴任した。享保三年（一七一八）二月六日、大坂出口三矢《みつや》、伊賀三村の駅路にある古堤を新しくしたが、駅路は道中奉行の命により行うべきところ、これを怠ったことを咎められ、代官を免職されて小普請となった。逼塞となったが、八月二十六日に赦された。同十二年十一月二十日に死去。法名は到善。駒込蓮光寺に葬られ、代々の葬地となった。（高橋）

【典拠・参考文献】『寛政譜』第十九・三五二頁、『代官履歴』

高力忠長《こうりきただなが》（一八三六〜没年未詳）

天保七年（一八三六）に生まれる。「江戸城多門櫓文書明細短冊」によれば、父は文政十二年（一八二九）に先手鉄炮頭に任じられた忠直。通称は直三郎。高力家は『寛永諸家系図伝』によれば、熊谷次郎直実にさかのぼる。はじめ熊谷を称し、天文期に高力を家号とした。清長が徳川家康に仕え、本多重次・天野康景とともに「三河の三奉行」と称された。慶長期には、関ヶ原合戦後に五奉行の一人である増田長盛を預かった。下総国匝瑳《そうさ》・海上《うなかみ》両郡において三〇〇〇石を領有する。忠長は万延元年（一八六〇）十二月二十七日、兄主税助の家督を相続して寄合となり、文久三年（一八六三）正月十一日に使番となった。二月十日（『続徳川実紀』第四篇では二月九日）、十四代将軍徳川家茂の上洛中目付助を勤めるよう命じられ、二月二十五日には目付となった。八月二十五日に老中酒井忠績《ただしげ》に従い上京、十一月十一日に家茂の第二回目上洛の供奉を命じられた（翌年七月六日に御役御免）。元治元年（一八六四）八月九日に御持弓頭となる。翌年三月四日に小普請組支配となるが、慶応二年（一八六六）八月四日に御役御免。同年八月七日に御持小筒組之頭並、十一月十五日に撤兵頭となり、この時下総守と称した。同三年六月に京都町奉行、十二月九日には大坂で歩兵奉行に任じられ、この間に主計頭を称した。『柳営補任』巻五には同三年十二月に陸軍奉行並に転じたともある。同四年正月の鳥羽・伏見の開戦に際しての旧幕府「軍配書」によれば、旧幕府軍の兵糧確保のため、貯蔵庫のある東山大仏に進撃する歩兵二大隊（第四連隊一〇〇〇人）・会津藩四〇〇人ほかの指揮官となった（『復古記』第一冊）。旧幕府軍が鳥羽・伏見で敗れたことで、前将軍徳川慶喜は大坂を脱出し、これを受けて忠長も海路江戸に帰った。正月二十八日に御役御免、二月十日には朝廷より官位を召し上げられ、登城停止処分を受けた。維新後は晴江と称し、徳川家の駿河移住に従い、明治二年（一八六九）に浜松奉行支配割付、田中添奉行に任じられた。「明治二巳年八月静岡藩官職吏員改正概略」には、静岡藩権少参事・郡政掛にその名が見える。同五年に静岡県大属準席、同七年に県第十四区戸長となる（前田匡一郎『駿遠へ移住した徳川家臣団』三編）。一族の墓は、元禄期以降、東京都新宿区四谷の龍谷寺にあるが、忠長の墓は静岡県内にあると思われる。（藤田）

【典拠・参考文献】『寛政譜』第八・三三七頁、『柳営補任』、『幕臣人名』第二巻、『旗本百科』第二巻、『続徳川実紀』第五篇、「駿藩各所士族姓名録」（渡辺一郎編『徳川幕府大名旗本役職武鑑』四、柏書房、一九六七年）、野口武彦『幕府歩兵隊』（中公新書、二〇〇二年）

古賀謹一郎《こがきんいちろう》　（一八一六～一八八四）

文化十三年（一八一六）十一月十一日、江戸に生まれる。謹一郎は通称。名は増。字は如川、号は茶渓・謹堂。父は幕府の儒者古賀侗庵。母は幕府の儒者鈴木桃野の姉松。父方の祖父は幕府の儒者古賀精里、母方の祖父は書物奉行鈴木白藤である。妻は甲州代官小林藤之助の息女で、天保十年（一八三九）頃結婚。天保七年（一八三六）十二月に大番、同十二年に書院番となる。弘化三年（一八四六）十二月には儒者見習となる。翌四年正月、父侗庵死去に伴い、三月に儒者となる。この頃蘭学を学ぶ。嘉永六年（一八五三）十月、日露和親条約締結を要求するロシア使節プチャーチンに対して、応接掛の一員となり、長崎で対応する。安政元年（一八五四）六月に異国応接掛を勤め、十月、再びロシア使節の応接として、下田で和親条約締結に立ち会う。その後、アメリカ使節との交渉にも参加する。翌二年八月晦日、二丸御留守居兼洋学所頭取、洋学所の設立にかかわる。万延元年（一八六〇）十二月に御留守居番次席、文久二年（一八六二）五月には御留守居番となるが、罷免される。元治元年（一八六四）八月、大坂町奉行に任じられるが辞退する。慶応二年（一八六六）末に製鉄所奉行、翌三年三月には目付となり、筑後守に任じられるが、幕府が崩壊する。明治元年（一八六八）、新政府より旧幕臣に対し静岡への移住が命じられ、十月末、静岡に移る。同三年、新政府の文部省が大学制度の整備を計画し、大学大博士として招聘するが辞す。同六年、東京に戻り浅草向柳原に居住。同十二年には、東京学士会院が設置され、会員に推挙されるが辞した。同十七年十月三十一日に胃管狭窄で没す。享年六十九。東京都文京区の大塚先儒墓所に葬られる。

（湯浅）

【典拠・参考文献】小野寺龍太『古賀謹一郎』（ミネルヴァ日本評伝選、二〇〇六年）、『柳営補任』

古賀精里《こがせいり》（一七五〇～一八一七）

寛延三年（一七五〇）十月二十日に肥前国佐賀藩士古賀忠能の子として肥前国佐賀郡古賀村（現佐賀県佐賀市）に生まれる。名は樸《すなお》。字は淳風。弥助と称し、精里・復原・穀堂と号した。妻は鍋島家家臣光増竹右衛門光矩の息女。先祖は中国からの帰化人であり、本姓は劉氏。はじめ陽明学を学んでいたが、安永三年（一七七四）、京都・大坂に遊学し、福井小車から朱子学を、西依成斎から闇斎学を学び、大坂で尾藤二洲、頼春水と親交を深め、朱子学を奉ずるようになった。同八年、帰藩して藩政に参加して藩校制度の整備に努め、天明元年（一七八一）、藩校弘道館の設立と同時に教授となった。寛政三年（一七九一）、幕命を受けて江戸に上り、昌平黌にて経書を講じ、同八年に昌平黌の儒官となった。柴野栗山、尾藤二洲とともに「寛政の三博士」と呼ばれるようになり、『孝義録』の編集に参加した。文化七年（一八一〇）、対馬に赴いて対韓交渉にあたり、同八年にも林祭酒とともに韓使との折衝に挑んだ。その学問は広く、朱子学を主としていたが、闇斎学のような固陋な朱子学は嫌い、詩文も軽視することなく、能書でもあった。詩文集二〇巻のほか、『四書集釈』一〇巻、『論語纂釈諸説弁誤』四巻、『大学章句纂釈』一巻、『大学諸説弁誤』一巻、『中庸章句纂釈』二巻、『十事解』一巻、『極論時事封事』一巻、『経済文録』一巻など、多くの著書を残した。同十四年五月三日に死去。享年六十八。大塚儒者棄場（現大塚先儒墓所）に儒制で葬られた。

（西）

【典拠・参考文献】『寛政譜』第二十二・三五〇頁、本多忠升「古賀精里先生墓誌銘」（五弓豊太郎編集『事実文編』四九、一九一一年）、古賀煜「精里先生行実」（同所収）、近藤春雄『日本漢文学大事典』（明治書院、一九八五年）、竹内誠・深井雅海編『日本近世人名辞典』（吉川弘文館、二〇〇五年）

古賀侗庵《こがとうあん》（一七八八～一八四七）

天明八年（一七八八）に儒者古賀精里の三男として生まれる。母は鍋島家家臣光増竹右衛門光矩の息女。名は煜《あきら》。字は季曄。小太郎と称し、侗庵・蠖屈居・古心堂と号した。寛政八年（一七九六）、父精里が昌平黌の儒官となった際に伴われて江戸に上った。文化六年（一八〇九）、幕府儒者見習となり、昌平黌に出仕した。また、肥前国佐賀藩江戸桜田邸内の明善堂において藩士の子弟に講じていた。主に朱子学を学んでおり、諸子百家にも通じていた。なお、野村篁園、小島蕉園らと詩社を結んでいる。また、列強の艦船が日本近海に頻繁に出没するようになると、海防問題に意を注ぐようになり、千島列島等を三年間にわたって踏査し、開港論を唱えた。著書に『劉子』三〇巻、『今斉諧』三巻、『海防憶測』など多数。弘化四年（一八四七）一月三十日に死去。享年六十。大塚儒者棄場（現大塚先

儒墓所）に儒制で葬られた。　（西）

【典拠・参考文献】『寛政譜』第二十二・三五〇頁、松下忠「古賀侗庵の行実」（『斯文』八一、一九七七年）、近藤春雄『日本漢文学大事典』（明治書院、一九八五年）

国領重次《こくりょうしげつぐ》　（一六二〇〜一七〇一）

元和六年（一六二〇）に国領吉次の長男として生まれる。母は紀伊徳川家の家臣嶋崎忠祐の息女。初め吉綱、万弥・半兵衛と称した。妻は松平正成の息女。先祖は高橋と称し、駿河国の住人であったが、源頼朝から近江国神崎郡に采地を賜り、国領村に住して苗字を国領に改めたという。祖父一吉は丹羽長秀、次いで豊臣秀次に仕え、文禄四年（一五九五）に徳川家康に召し出された。重次は、寛永十三年（一六三六）十二月六日に徳川家光に拝謁し、同十九年六月二十六日に大番となり、寛文五年（一六六五）に正月五日に御蔵奉行となる。同七年十二月十日に家督を相続し、同十年五月一日に陸奥国福島代官となり、延宝七年（一六七九）より大和国今井代官、同八年より同国奈良代官、天和二年（一六八二）より関東代官と駿河国沼津代官・三河国赤坂代官を兼ね、同時に勘定吟味役を勤める。同月二十七日に布衣を着することを許される。貞享四年（一六八七）八月十日に代官を辞し、九月十日には勘定吟味役を辞す。元禄十四年（一七〇一）三月十日に死去。享年八十二。法名は良敬。菩提寺は牛込保善寺。　（佐藤）

【典拠・参考文献】『寛政譜』第十五・六三頁、『代官履歴』

小島賢広《こじまかたひろ》　（一五八六〜一六六七）

天正十四年（一五八六）に生まれる。忠兵衛と称す。祖父は織田信長・豊臣秀吉に仕え、父貞延は堀秀政に仕えた。妻は原田宗馭の息女。元和六年（一六二〇）十一月二十二日に召されて徳川家光に拝謁して右筆となり、後に廩米二〇〇俵を与えられた。寛永十一年（一六三四）七月には三代将軍家光の上洛に供奉する。『徳川実紀』に引用されている「江戸幕府右筆所日記」の当番右筆を務めている。家光から「雪月花」の三文字の自筆の書を賜る。寛文六年（一六六六）八月二十一日職を辞し小普請となる。同七年正月晦日に死去。享年八十二。法名は宗鉄。下谷広徳寺に葬られる。　（清水）

【典拠・参考文献】『寛政譜』第六・一三九頁、小宮木代良『江戸幕府の日記と儀礼史料』（吉川弘文館、二〇〇六年）

小島重俊《こじましげとし》　（一六一五〜一六八五）

元和元年（一六一五）に生まれる。蘆屋忠元の二男。小島賢廣の養子となってその息女を妻とする。久左衛門と称する。寛永十二年（一六三五）十二月二十八日、初めて三代将軍徳川家光に拝謁し、後に右筆に列する。同十四年十一月二十六日に廩米二〇〇俵を賜る。徳川家綱の将軍就任にあたって、寺社領への朱印状のことを預かるにあたり、寛文五年（一六六五）九月二十三日に白銀二〇枚を賜り、同九年閏十月十八日にはこれまでの勤めに対して黄金五枚を恩賜される。この間、『徳川実紀』に引用されている「江戸幕府右筆所日記」の当番右筆を同十二年六月二十六日まで務めている。同年十二月二十六日と延宝七年（一六七九）十二月十九日にはそれぞれ一〇〇俵の加増がなされ、都合四〇〇俵の禄高となる。天和二年（一六八二）十一月七日に辞任し、貞享二年（一六八五）十二月二十三日に死去。享年七十一。法名は林相。菩提寺は牛込宝泉寺。　（清水）

【典拠・参考文献】『寛政譜』第六・一三九頁、小宮木代良『江戸幕府の日記と儀礼史料』（吉川弘文館、二〇〇六年）

小菅智淵《こすげともひろ》　（一八三二〜一八八八）

天保三年（一八三二）十一月二十五日に江戸で生まれる。辰之助・辰三郎と称する。禄高は一三〇俵五人扶持。軍艦操練所調方出役、開成所調役組頭を経て、慶応四年（一八六八）三月十三日に歩兵差図役頭取より歩兵頭並、同年三月に工兵頭並に任命された。その後、榎本武揚に従い、工兵隊工兵頭として箱館戦争に参加、降伏後は弘前藩での謹慎を命じられたが、明治三年（一八七〇）には静岡藩士として和歌山藩へ招聘され、洋算などの教授にあたった。廃藩後は陸軍工兵大佐まで昇進、同二十一年十二月十八日に死去した。享年五十七。墓所は東京都港区青山墓地。（神谷）

【典拠・参考文献】『柳営補任』、『続徳川実紀』第五篇、「御軍艦操練所伺等之留」（国立公文書館所蔵）、樋口武彦『沼津兵学校の研究』（吉川弘文館、二〇〇七年）

小菅正武《こすげまさたけ》（一六一六～一六八八）

元和二年（一六一六）に大番小菅正重の長男として生まれる。母は三枝守吉《もりよし》の息女。伊右衛門と称した。妻は御金奉行杉浦勝次《かつつぐ》の息女。寛永十三年（一六三六）十二月二十七日に大番となり、慶安元年（一六四八）六月十四日に新番に移る。明暦元年（一六五五）十二月二十一日に家督を相続し、寛文十一年（一六七一）八月十四日に小普請奉行となる。延宝二年（一六七四）に廩米三〇〇俵を与えられ、同六年十二月二十七日に二〇〇俵、貞享元年（一六八四）十二月九日にさらに二〇〇俵を加増される。同二年九月十四日に小普請組頭となり、三〇〇石を与えられる。この際、廩米を知行に改め、常陸国茨城郡に知行地を与えられる。同年十二月二十八日に布衣の着用を許される。同四年九月十日に勘定奉行となり、常陸国新治郡において一〇〇〇石を与えられ、合計二〇〇〇石の知行となる。同年十二月二十五日に従五位下遠江守に叙任される。元禄元年（一六八八）十一月二日に死去。享年七十三。法名は日是。菩提寺は駒込の浩妙寺である。（宮坂）

【典拠・参考文献】『寛政譜』第四・二二三八頁

小菅正親《こすげまさちか》（一六八三～一七四六）

天和三年（一六八三）に大番小菅正矩《まさのり》の長男として生まれる。母は小性組稲葉通政《みちまさ》の息女。次郎大夫・次郎八・猪右衛門と称した。妻は小性組組頭駒井親行《ちかゆき》の養女。元禄五年（一六九二）十二月十二日に家督を相続し、家禄二〇〇〇石のうち五〇〇石を弟正智《まさあき》に分与し、一五〇〇石を知行した。同十五年五月十日に書院番となり、享保四年（一七一九）五月二十一日より屋敷改を務める。同六年八月九日に小性組組頭となり、同年十二月十八日に布衣の着用を許される。同十二年正月十一日に新番頭となり、翌十三年に行われた八代将軍吉宗の日光社参に供奉する。同年五月一日に作事奉行となり、十二月二十一日に従五位下因幡守に叙任される。同二十年正月二十九日に職を辞して寄合となり、延享二年（一七四五）十二月二十七日に致仕する。致仕後は別翁と号した。同三年六月九日に死去。享年は六十四。法名は日登。菩提寺は駒込の浩妙寺である。（宮坂）

【典拠・参考文献】『寛政譜』第四・二二三八頁

巨勢利啓《こせとしのり》（生年未詳～一七六五）

父は八代将軍徳川吉宗の母浄円院の弟、御側衆上座の丹波守由利《よしとし》。母は紀伊徳川家家臣中野当恒の息女。妻は大坂定番丹羽薫《しげ》氏《うじ》（禄一万石）の養女。善之助・十左衛門と称した。享保四年（一七一九）六月一日に家督（知行五〇〇〇石）を継ぎ、奥詰となる。同六年閏七月十八日従五位下大和守に叙任された。延享二年（一七四五）九月二十五日、将軍吉宗の隠居に伴って西丸に候し、小性組番頭格に昇格する。同年十月十五日将軍家重付きの本丸御側衆（平《ひら》御側）にすすみ、宝暦元年（一七五一）七月十八日より世子家治付きとして西丸に勤仕し、同十年五月十三日将軍家を相続した家治に従って本丸に移った。明和二年（一七六五）七月四日、在職中のまま死去。法名了徹。菩提寺は西久保の大養寺。（深井）

【典拠・参考文献】『寛政譜』第二十・三五四頁、『柳営補任』、『徳川実紀』第九～十篇

巨勢至信《こせゆきのぶ》 （一六九六～一七五四）

元禄九年（一六九六）に生まれる。父は紀伊徳川家家臣勘左衛門忠善《ただよし》、母は同家家臣西川四郎右衛門の息女。妻は幕臣福島正《まさ》視《み》の息女。勘太郎・六左衛門と称した。紀伊藩主徳川吉宗に仕え、享保三年（一七一八）四月十八日召されて幕臣となり、御小納戸に任命された。巨勢家は吉宗の母浄円院の実家で、同人は至信の伯母にあたる。したがって、吉宗とは従兄弟の関係である。同年五月十三日采地一〇〇〇石をたまい、十二月十八日布衣を着することを許された。同四年十二月二十二日従五位下伊豆守に叙任され、のち縫殿頭・伊豆守に改めた。同九年十一月十五日に一〇〇〇石加増、同十七年二月五日御側衆（平《ひら》御側）にすすみ、三〇〇〇石加増し、計五〇〇〇石となる。延享二年（一七四五）九月一日、八代将軍吉宗の隠居に伴って西丸に勤仕し、宝暦元年（一七五一）吉宗没後の七月十二日に務めを許され菊間の広縁に候した。十二月五日に隠居して道任と号し、同四年五月十二日に死去した。享年五十九。法名道任。菩提寺は西久保の大養寺。（深井）

【典拠・参考文献】『寛政譜』第二十・三五二～三五三頁

小関三英《こせきさんえい》 （一七八七～一八三九）

天明七年（一七八七）六月二十一日に生まれる。弁介・弁助・貞吉・貞橘・三榮・好義・信義・良藏・仁里・鶴斎・篤斎・学斎・鶴州・都膝子と称する。父は庄内藩足軽組組外弥五兵衛知義。母は伊藤半右衛門の女お称南。藩校致道館で学習後江戸に出る。吉田長淑に蘭方内科を、馬場佐十郎に蘭学を学ぶ。文政四年（一八二一）頃に帰郷して鶴岡で開業。同六年、仙台藩医学校内科教授。同八年まで務めて帰郷。同十年九月に出府し湊長安宅や桂川甫賢宅に寄寓。天保三年（一八三二）には岸和田藩侍医。同六年四月、天文方蕃書和解御用掛となる。渡辺崋山・高野長英らと交流があった。ナポレオンやキリスト教の研究等も行う。著書『那波列翁伝初編』『西医源病略』『泰西内科集成』等。渡辺崋山の逮捕を聞き自害。天保十年五月十七日に死去。享年五十三。墓は東京都渋谷区竜巌寺。黄雲院俊峰三英居士。（岩下）

【典拠・参考文献】杉本つとむ『小関三英伝―幕末一思想家の生涯』（敬文堂、一九七〇年）、岩下哲典『江戸のナポレオン伝説』（中公新書、一九九九年）

五嶋盛清《ごとうもりきよ》 （一六二八～一六七九）

寛永五年（一六二八）に生まれる。福江藩主五嶋淡路守盛利の三男で、母は七里氏。妻は津軽信義の息女。初名を盛法、兵次郎・民部と称す。承応三年（一六五四）三月二十六日に初めて四代将軍徳川家綱に拝謁する。明暦元年（一六五五）十二月十九日に父の遺領である肥前国松浦郡のうち、三〇〇〇石を分け与えられ、交代寄合となり、席次を柳之間に定められる。福江藩主五嶋万吉盛勝が襲封した際幼少で病弱な盛勝に代わって領地を治め、実権を握る。分地を求めて幕府に画策し、万治三年（一六六〇）三〇〇〇石の分与が認められ、のち同郡富江を居住の地と定めることとした。寛文元年（一六六一）、知行地に唐船が来た際に、防御すべき旨を仰せ下されて、

代々この任務を行った。延宝七年（一六七九）十二月十八日に死去。享年五十二。法名は良鋏。菩提寺は駒込吉祥寺。（橋本）

【典拠・参考文献】『寛政譜』第三・三七八頁、『徳川実紀』第四・五篇、『日本歴史地名体系 長崎県の地名』（平凡社、二〇〇一年）

後藤行朋《ごとうゆきとも》（一七六九～一八四〇）

明和六年（一七六九）に生まれる。後藤縫殿助行且の二男で、書院番士後藤久武の養子となる。妻は松下昭永の息女。定之丞と称す。天明三年（一七八三）七月二十六日に家督五〇〇石を継いだ。寛政八年（一七九六）六月二十六日に御小納戸に列し、同年十二月十九日に布衣を着することを許される。放鷹に追従した際は、鳥を射落として、時服を賜っている。文政九年（一八二六）二月八日に一橋家家老、翌年八月七日、禁裏付となり、同十一年六月二十四日に御持筒頭となる。天保四年（一八三三）四月二十四日に新番頭、翌年八月九日には小普請組支配となり、同十一年十月二十九日に死去。享年七十二。（橋本）

【典拠・参考文献】『寛政譜』第十三・一二三頁、『旗本百科』第二巻

小永井小舟《こながいしょうしゅう》（一八二九～一八八八）

文政十二年（一八二九）に生まれる。通称は五八郎・八郎という。諱《いみな》は岳、字は君山、変名は司馬儁作。小舟は雅号。実父は下総佐倉藩老職平野重美、実母は佐治氏の出身で、彼らの末子である。若くして江戸に遊学し、古賀茶渓・羽倉簡堂・野田笛浦らに学ぶ。安政五年（一八五八）に幕臣小永井藤左衛門の養子となり、その娘を娶《めと》る。万延元年（一八六〇）に公用方下役として咸臨丸《かんりんまる》に乗り組んで渡米。帰国して同年十二月晦日に幕府から褒美を与えられた。のち御徒目付となり、元治元年（一八六四）五月晦日に京都での御用を勤めたとして褒美を与えられ、また慶応三年（一八六七）五月十二日には将軍宣下《せんげ》御用を勤めたとして褒美を与えられた。同年九月二十日に大坂町奉行支配調役に転じた。維新後は川田剛のすすめで文部省に出仕した。晩年は浅草新堀に住み、濠西塾を創設して門下生を教える。明治二十一年（一八八八）十二月十日、六十歳で死去。墓所は東京都台東区の天王寺。著書は『亜行日記』、『漢史一斑《いっぱん》』、『無絃琴』、『題画小記』、『天放集』、『清史略』、『詩文稿』など多数ある。（筑紫）

【典拠・参考文献】『柳営補任』、『続徳川実紀』第三～五篇、西田春耕《にしだしゅんこう》「口嗜小史《こうししょうし》」（『続日本随筆大成』第九巻、吉川弘文館、二〇〇七年）

小長谷政良《こながやまさなが》（一七六五～一八一四）

明和二年（一七六五）に生まれる。通称は七三郎・新三郎・能登守・和泉守・長門守。父は石河政武。小長谷政房《まさふさ》の養子となり、その息女を妻とした。後妻は有馬廣之の息女。安永九年（一七八〇）十二月二十七日家督を継ぎ、常陸国新治・真壁、下野国芳賀、上総国長柄郡の内で一〇〇〇石を知行した。天明元年（一七八一）四月二十一日に御小納戸となり、十二月十六日には布衣を着することを許された。同三年十月十九日、西丸御小納戸となり、同四年十二月二日には西丸小性となる。同六年閏十月七日、本丸小性に移る。同七年三月十八日、従五位下弾正少弼に叙任された。寛政三年（一七九一）十月二十六日に御徒頭となり、翌四年三月八日に西丸目付となった。同六年十二月一日には本丸目付に移る。同十年二月、湯島聖堂再建の奉行となる。享和元年（一八〇一）十一月十二日に普請奉行、文化五年（一八〇八）十一月二十六日には京都町奉行、同九年十二月二十九日からは勘定奉行（公事方）を務める。同十一年十

月十六日、五十歳で死去。菩提寺は牛込の宗参寺である。（松本）

【典拠・参考文献】『寛政譜』第六・三七三頁、『旗本百科』第二巻

小林重勝《こばやししげかつ》（一五八四～一六四五）

天正十二年（一五八四）に徳川家康の家臣小林吉勝《よしかつ》の五男として生まれる。妻は鑓奉行小林正次の息女。左次兵衛と称した。慶長十一年（一六〇六）に家康にはじめて拝謁し、同十二年六月より二代将軍秀忠に仕えて大番を務めた。同十九年の大坂冬の陣では伏見城番を務め、同二十年の大坂夏の陣では供奉した。元和二年（一六一六）九月十五日に秀忠の子忠長に付属して御留守居役となったが、寛永九年（一六三二）に忠長が改易となると、同年の冬に遠江国横須賀藩主井上正利に預けられた。同十三年九月十八日に再び召し出されて三代将軍家光に仕え、同十五年十二月朔日に下総国匝瑳《そうさ》・海上《うなかみ》両郡内において四〇〇石を拝領した。正保二年（一六四五）に大番となったが、同年十一月二十九日に大坂城の守衛を務めるなか、死去した。享年六十二。法名慶繁。大坂天満の大鏡寺に葬られた。（白根）

【典拠・参考文献】『寛政譜』第十六・一五五～一五九頁、「駿河忠長卿附属姓名・駿河在番大御番姓名」（『静岡県史・資料編9・近世二』）

小林時喬《こばやしときたか》（生年未詳～一六五五）

小林重勝の長男として生まれる。十郎左衛門と称した。先祖は下野国足利郷小林村に住し小林を家名にし、父重勝は足利の郡代を勤めたという。時喬は、慶長七年（一六〇二）の常陸国総検地に代官頭伊奈忠次の下代として携わる。慶長年間の末から寛永年間の初め頃にかけて上野国桐生領の代官を勤め、同じ時期下野国の代官を勤めている。この間元和二年（一六一六）から寛永元年（一六二四）まで下野国の足尾銅山掛であったともいう。寛永三年に伊豆国三島代官となり、同十三年には出羽国谷地・寒河江・尾花沢領の代官に転じ、延沢銀山奉行を兼務する。同十九年、子重定の罪に連座して罷免され、慶安元年（一六四八）六月三日に赦免となる。明暦元年（一六五五）正月二十日に死去。法名は宗安。菩提寺は下野国足利郡の法雲寺。（佐藤）

【典拠・参考文献】『寛政譜』第十八・三九一頁、『大日本近世史料　市中取締類集』一七・四一頁、『静岡県史』通史編3、佐藤孝之「上州桐生領における永高制の変遷」（『群馬歴史民俗』一五、一九九四年）、『代官履歴』

小林直政《こばやしなおまさ》（一六三七～一七〇九）

寛永十四年（一六三七）に生まれる。通称は十右衛門。父は小林直次《なおつぐ》、母は小林正《まさ》吉《よし》の息女。二男として生まれ、別家を興した。妻は大久保勘九郎某の息女。寛文元年（一六六一）四代将軍家綱に御目見し、大番となった。同三年三月には切米二〇〇俵を給された。同五年十月に大坂御蔵奉行となり、一〇〇俵を加増される。元禄三年（一六九〇）十月、大坂御金奉行となる。大坂御金奉行は大坂定番支配下で、大坂城本丸天守台の下東南にある大坂御金蔵を管理した。宝永三年（一七〇六）八月に職を辞し、小普請となった。同六年十月、七十三歳で死去。法名は堅忠。菩提寺は四谷の全長寺である。（松本）

【典拠・参考文献】『寛政譜』第十六・一五二頁、大野瑞男『江戸幕府財政史論』（吉川弘文館、一九九六年）

小林春郷《こばやしはるさと》（一六九七～一七六六）

元禄十年（一六九七）に生まれる。父は小林宗春、母は菅沼勝重の息女。妻は永田直清の息女である。通称は吉之助・甚五左衛門・次左衛門・阿波守。宝永七年（一七一〇）八月に将軍家宣に御目見。正徳三年

（一七一三）九月に家督を継ぎ、下総国匝瑳郡・香取郡の内で四〇〇石を知行した。享保九年（一七二四）十月に大番となり、同二十年十一月には大番組頭となる。延享二年（一七四五）九月に御徒頭となり、十二月には布衣を着することを許される。寛延三年（一七五〇）正月、先手御弓頭となり、十月より火付盗賊改を加役として務めた。宝暦二年（一七五二）二月、佐渡奉行となる。翌三年十二月二十四日に京都町奉行へ移り、従五位下伊予守に叙任された。明和三年（一七六六）九月に普請奉行となったが、十二月六日、七十歳で死去。法名は本郷。菩提寺は市谷の洞雲寺である。

（松本）

【典拠・参考文献】『寛政譜』第十六・一三一頁

小林正重《こばやしまさしげ》（生年未詳～一六三九）

通称は忠右衛門・新平。父は小林正次《まさつぐ》。母は不詳。正次の兄重正《しげまさ》の養子となった。徳川家康に仕え、三河国に領地を賜る。その後秀忠に仕え小十人を務めた。寛永三年（一六二六）の上洛につき従い、小性組に移る。同十年八月に小十人組頭となり、十二月には新たに五〇〇石を賜った。同十六年五月、町奉行酒井忠知と知行所百姓の人別の事により争論となる。これは三代将軍家光の知るところとなり、私の些事による争いとして遠江国横須賀藩井上正利に預けられた。その後吟味中に酒井へ果たし状を送りつけたことにより、これは「狂者」の行為であり、職務に預かる者の行為ではないとして、五月十八日に切腹を命じられた。

（松本）

【典拠・参考文献】『寛政譜』第十六・一六二頁

小堀正憲《こぼりまさのり》（一六二七～一六九二）

寛永四年（一六二七）に代官小堀正春《まさはる》の長男として生まれる。左吉・源兵衛・仁右衛門と称した。母は藤堂将監嘉以の養女。妻は代官・奉行小堀遠江守政一の息女。正保元年（一六四四）十一月十日にはじめて三代将軍家光に拝謁した。慶安元年（一六四八）八月三日に書院番に列し、寛文五年（一六六五）九月五日より父の職の見習いとなった。同十二年七月十二日に家督を相続し、代官となった。延宝八年（一六八〇）八月より京都の代官となり、こののち代々京都に住した。貞享四年（一六八七）十二月十六日に仙洞、女院御所造営を担当し、禁裏（東山）、仙洞（霊元）および、女院（新上西門院鷹司房子）より束帛を与えられ、四月十八日に五代将軍綱吉より時服二領・黄金一枚を与えられた。元禄五年（一六九二）三月二十九日に死去。享年六十六。法名は宗趙。菩提寺は京都紫野大徳寺の孤蓬庵。

（高橋）

【典拠・参考文献】『寛政譜』第十六・一八～九頁、『京都の歴史』六（学芸書林、一九七三年）、鎌田道隆『近世都市・京都』（角川書店、一九七六年）、『代官履歴』

駒井朝温《こまいちょうおん》（生没年不詳）

鍗之助・左京を称す。任官後は山城守・甲斐守と名乗る。慶応四年（一八六八）の『武鑑』によれば、父は駒井兜十郎。嘉永四年（一八五一）正月十一日、西丸書院番より使番へと転じ、同七年四月二月二十三日より西丸目付介となる。閏七月八日、西丸目付介の役は御免となるが、十月晦日には役替えにより正式に西丸目付となった。その後、安政三年（一八五六）十二月朔日に目付へと転じ、同五年正月からは海防御用助を勤めた。また、同六年十二月十五日には「御用多出精相勤」として諸大夫に任じられている。万延元年（一八六〇）十二月十五日に大目付となり、文久元年（一八六一）五月には海陸御備向並びに軍制取調御用を命じられた。翌二年七月二十五日より道中奉行を兼帯。同年八月二十四日には小性組番頭へと転じるが、十一月になり大目付勤役中における不束の取り計らいを理由に御役御免、差控えとなる。その後、元治元年（一八六四）六月二十九日に歩兵頭として復職し、同年七月二十一日に大目付に再任された。同年八月十一日に勘定奉行勝手掛、同十二月十八日には大目付へと移るが、翌二年二月十二日、長崎表御用の不備により再び御役御免となり寄合となる。慶応元年（一八六五）五月十一日、歩兵奉行として職に復し、同年閏五月八日より講武所奉行並を兼帯、六月十九日には正式に講武所奉行並となった。同年十一月二日、再度勘定奉行勝手方となり、翌年七月二日には大目付へと就任し、慶応二年八月十一日より陸軍奉行並を兼帯、十二月三日に海軍奉行並へと転じるが、慶応三年正月十九日に陸軍奉行並へと戻った。慶応四年正月二十八日に御留守居となる。同年三月十一日、全ての職を辞して寄合となった。（保垣）

【典拠・参考文献】『続徳川実紀』第四篇、『柳営補任』、『旗本百科』第二巻

駒井信興《こまいのぶおき》　（生没年未詳）

大学と称し、任官後は相模守を名乗る。禄高は二五〇石。文久三年（一八六三）七月、書院番士・洋学所教授方出役から神奈川奉行並となり、元治元年（一八六四）三月、神奈川奉行となり、同年八月からは外国奉行を務めた。同年九月に大目付、慶応元年（一八六五）五月の十四代将軍家茂の長州再征に供奉した。慶応二年十月、町奉行となり、翌明治元年正月、陸軍奉行並となり、二月に辞任した。（上野）

【典拠・参考文献】『明治維新人名辞典』（吉川弘文館、一九八一年）

駒井昌保《こまいまさやす》　（一五八八～一六四二）

天正十六年（一五八八）に生まれる。通称は長五郎、次郎左衛門。父は小林昌長《まさなが》、母は高坂忠昌の息女。妻は市川宮内助某の息女である。慶長八年（一六〇三）に徳川秀忠に御目見し、その後家督を相続。武蔵国児玉郡・男衾郡において八七〇石余を知行した。同十七年に書院番士となり、同十九年の大坂冬の陣に供奉。翌年の夏の陣では松平定綱の隊に属した。このとき五月七日の天王寺口の合戦で首一級を得るも傷を受ける。これを家康がみて、御前での下馬をとどめた。元和二年（一六一六）、大坂の陣での行賞により上総国望陀郡の内で三〇〇石を加増された。その後、秀忠・家光の上洛につき従い、宿割の役目を務めた。寛永五年（一六二八）には家光の日光参詣に従う。同七年には越前藩主であった松平忠直の配流地、豊後国萩原に豊後府内目付として赴く。同九年七月に普請奉行となり、十二月には布衣を着することを許された。同十年十二月、甲斐国において一〇〇〇石を加増された。同十一年の家光上洛に従い、途次箱根御殿の修復を命じられ一夜にしてこれを落成させ、家光の歓心を得た。同年閏七月、京都において丹波亀山城の引渡しの役目を勤めた。同十五年三月の島原一揆では、現地に発つが、途中で原城鎮圧の報を受け、その旨を言上した。同十九年正月六日、五十五歳で死去。法名は源忠。菩提寺は貝塚（愛宕）の青松寺である。（松本）

【典拠・参考文献】『寛政譜』第三・二一五頁

駒木根政方《こまきねまさかた》　（一六七二～一七四七）

寛文十二年（一六七二）に生まれる。初めは政秀と名乗った。通称は長三郎、隠居後は豊随と号した。妻は百人組頭蒔田《まいた》定行《さだゆき》の息女。後妻は小性組組頭菅谷《すげのや》政憲《まさのり》の息女。誕生後の寛文十二年七月十二日、父政武の死去により家督を継ぎ、小普請組に入

る。元禄十年（一六九七）三月十八日に小性組となり、同十四年九月十五日、使番に昇進、十二月十八日に布衣《ほい》の着用を許される。同十六年三月十五日には目付に転じ、十月二十三日からは火の元改役を命じられた。宝永二年（一七〇五）九月、甲斐国山梨郡の知行地を駿河国富士郡の内に移される。十一月三日、駿河国掛川藩主井伊直朝の参勤延期をきっかけにした越後国与坂への転封に伴い、使者を勤める。同三年正月十一日に長崎奉行となり、同三年四月十一日、従五位下肥後守に叙任される。正徳四年（一七一四）十一月十八日、作事奉行に転じ、享保四年（一七一九）には勘定奉行となり、同十一年十月九日、大判金改めの功により時服三領を賜る。同十七年に大目付となり、寛保二年（一七四二）二月二十日に辞職して寄合に入る。延享二年（一七四五）十二月二十七日に出仕を辞退、隠居し、養老料廩米《りんまい》三〇〇俵を受けた。同四年十月八日に死去。享年七十六。法名は丁詮。墓所は牛込の宝泉寺（東京都新宿区）。

（実松）

【典拠・参考文献】『寛政譜』第十五・五八頁

駒木根政次《こまきねまさつぐ》（一五九〇～一六七二）

天正十八年（一五九〇）に生まれる。長次郎と称す。実父は駒木根源右衛門利久。養父は駒木根右近利政。妻は戸田半平光正の息女。政次が利政の甥にあたることから養子となり、家を継ぐ。政次は、慶長十三年（一六〇八）徳川家康に初めて拝謁して、小性となる。同十九年・同二十年の大坂の陣に出陣し、元和五年（一六一九）に下野国内で七〇〇石を拝領する。寛永九年（一六三二）八月十八日に使番となり、同年十一月二十七日布衣を着することを許される。同十一年五月十五日加増をうけ、都合一七〇〇石となる。同十年四月三日、松平忠直が配流された豊後国萩原の目付代を勤めたのをはじめとして、同十五年正月二十日に島原への使者、同十六年正月晦日には上総国佐貫城、同年三月三日には美濃国加納城の城引渡役をそれぞれ勤め、また同年六月朔日に再び仰せをうけて萩原の目付代となっている。さらに、正保二年（一六四五）五月二十一日にも再度萩原に目付代として赴いている。寛文元年（一六六一）十一月二十一日、老齢により隠居。同十二年五月二十九日、八十三歳で死去。法名は宗守。葬地は麻布の天真寺（東京都港区）。

（小宮山）

【典拠・参考文献】『寛政譜』第十五・五八頁、『寛永諸家系図伝』第十・一三三頁、善積（松尾）美恵子「江戸幕府の監察制度―国目付を中心に―」（『日本歴史』二四四号、一九六八）

五味豊直《ごみとよなお》（一五八三～一六六〇）

天正十一年（一五八三）に生まれる。米千代・金次郎・金右衛門と称す。父は武田家臣で、のち徳川家康に仕えた政義。母は向山丹後守某の息女。妻は塚原昌重の息女。同十八年、父の死により武蔵国高麗郡において六七〇石余を知行する。慶長二年（一五九七）に大番に列し、同五年、徳川秀忠に従い、信濃国上田城を攻める。同十七年、保科正光ら信濃国の諸大名とともに信濃国伊奈山の材木伐採を奉行する。同十八年、大番を許されて徳川家康に勤仕する。同十九年、大坂冬の陣に従軍し、諸士の陣屋配分を差配する。同二十年（元和元・一六一五）、大坂夏の陣に御使を命じられ、大坂落城後の城中などの金銀点検を行う。同年、河内国の直轄領を、さらに元和二年、山城国二万石を預かる。同四年、小堀政一とともに御所造営を奉行する。同五年、広島藩主福島正則の除封のため、安芸・備後に派遣され、この年、京都知恩院山門経蔵を普請する。同七年、丹波国郡代となり、同八年、山城国相楽郡・下総国香取郡において四〇〇石を加増され、一〇七〇石余を知行する。同九年に伏見城普請、寛永元年（一六二四）に二条城普請および下鴨神社造営を行い、同六年、洛外と西国の直轄領を支配し、同心二〇人を預かる。同十年、比叡山中堂と講堂を再建し、同十一年にいわゆる八人衆の一人として畿内支配の実権を掌握する。同十七年に禁裏御所造営を奉行する。正保二年（一六四五）十二月晦日、従五位下備前守に叙任される。同四年四月、丹波・近江国の国奉行を兼務し、与力・同心を各一〇人預けられる。明暦元年（一六五五）七月、禁裏造営を奉行する。万治三年（一六六〇）八月九日、京都において死去。享年七十八。法名は日覚。京都二条妙伝寺の正善院に葬る。（山本）

【典拠・参考文献】『寛政譜』第十三・三一三～三一四頁、朝尾直弘『近世封建社会の基礎構造』（御茶の水書房、一九六七年）

五味易達《ごみやすみち》（生年未詳～一七〇二）

闕所物《けっしょもの》奉行五味重虎《しげとら》の長男として生まれる。与五兵衛と称した。寛文九年（一六六九）十二月十二日に家督を相続する。のちに支配勘定となり、その後旗本に列して勘定となる。このときの家禄は廩米一〇〇俵・月俸五口。貞享二年（一六八五）六月十日、他の勘定役三名と共に最初の御林奉行として任命される。元禄七年（一六九四）十二月二十三日に廩米五〇俵を加増され、月俸は収められる。同十五年十二月二日に死去。法名は寿楽。菩提寺は谷中の玉林寺である。（宮坂）

【典拠・参考文献】『寛政譜』第二十一・一六八頁、深井雅海「材木（石）奉行並びに林奉行の就任者について」（徳川林政史研究所『研究紀要』昭和六十一年度、一九八七年）

小宮山昌言《こみやままさとき》（一六六八～一七二一）

寛文八年（一六六八）に生まれる。才三郎、友右衛門と称した。妻は、小宮山家と同じ神田館《かんだやかた》出身の二条城御蔵奉行杉岡重《しげ》能《よし》の息女。享保期の地方巧者として知られる小宮山昌世《まさよ》の義父。父杢《もく》右衛門の代に神田館の徳川綱吉に仕えた。綱吉長男の徳松が江戸城西丸に入ったのち御家人となったが、天和三年（一六八三）、徳松の死去後小普請組に入った。元禄五年（一六九二）十一月二日に勘定となり、同七年十二月二十三日、加恩により一五〇俵取となる。同年に柳沢吉保が老中格となり側用人政治が本格化すると、旧神田館出身の勘定所役人として主要施策の執行を担当し、同八年の貨幣改鋳にも関わった。同年十二月二十六日、金銀改鋳の功により黄金一枚を受けた。同九年十二月二十二日には、長年の精勤により黄金三枚を受けた。同十一年十二月二十一日に五〇俵加増。同十二年二月二日、勘定組頭に昇進し、十二月二十二日に一〇〇俵加増を受けた。宝永元年（一七〇四）と同三年には関東方の勘定組頭であったことがわかっている。正徳四年（一七一四）五月十三日、元禄八年の金銀改鋳に関連して、昌言が行った銀座の改正が、改鋳の主導者荻原重秀の案をきちんと検討せず採用してしまったことを咎められたが、すでに荻原重秀が死亡していたので詳細は分からないとして逼塞《ひっそく》となった。九月二十八日には逼塞を赦され、享保元年（一七一六）十二月十六日に新恩一〇〇俵を加増され、あわせて廩米《りんまい》四〇〇俵取となった。同六年六月九日に死去。享年五十四。（実松）

【典拠・参考文献】『寛政譜』第二十二・三八二頁、深井雅海『徳川将軍政治権力の研究』（吉川弘文館、一九九一年）

小宮山昌世《こみやままさよ》（生年未詳～一七七

三）

代官を務めた辻弥五右衛門守誠《もりのぶ》の四男で、のちに勘定組頭の小宮山友右衛門昌言《まさとき》（家禄四〇〇俵）の養子となる。通称は源三郎・杢之進（『寛政譜』には木工進とある）、謙亭と号した。母は岡田五右衛門俊易の娘。なお、叔父（実父の弟）には、勘定組頭や美濃郡代・勘定吟味役を歴任するなど地方《じかた》巧者《こうしゃ》として著名な辻六郎左衛門守参《もりみつ》がいる。昌世は早くから経済学者の太宰春台の門下で、正徳元年（一七一一）三月十八日に初めて六代将軍家宣に謁見、享保六年（一七二一）閏七月二十五日に養父の遺跡を継ぎ、二日後の二十七日には代官に就任した。彼は同七年四月、儒者で天文測量にも通じた細井広沢の協力を得て下総国小金牧・佐倉牧の実測図を作成し、それをもとに牧地内の新田開発を実施する一方、旧来からの牧管理のあり方を改革した。また、実父が三一年間にわたり代官を務めていたことや、叔父が著名な地方巧者だったことなどもあり、昌世のもとに蓄積された農政に関する知識は膨大であったことから、同年八月には八代将軍吉宗の意を受けた御側御用取次有馬氏倫が地方支配について尋問を行い、昌世はこのときの答申内容と種々の建議を「地方問答書」としてまとめた（『近世地方経済史料』第八巻に活字化されている）。この中で代官所経費について言及した部分は、同十年に幕府が採用する口米制改訂策に影響を与えるものとなった。しかし昌世の後年は不遇で、同十七年八月二十四日に配下の不正の監督責任を問われて出仕停止になったのをはじめ（同年十一月十七日解除）、同十九年七月五日には自身の勤務怠慢を理由に代官を罷免されて小普請組入りを命ぜられ、翌二十年十月四日には代官在勤中の年貢未進を咎められて閉門に処せられた（翌年三月十日解除）。宝暦九年（一七五九）八月五日に隠居し、安永二年（一七七三）閏三月二十日に死去した。法名は謙徳院昌亭栄世。深川の長慶寺に葬られた。おもな著書には『正界録』『田園類説』などがある。　（太田尚）

【典拠・参考文献】『寛政譜』第二十二・三八二頁、大石慎三郎『増補版　享保改革の経済政策』（御茶の水書房、一九六一年）、『松戸市史　中巻　近世編』（松戸市役所、一九七八年）

小宮山安次《こみやまやすつぐ》　（生没年未詳）

通称は、清四郎。小宮山家は代々甲斐国の武士で、安次の曽祖父宣正の代は武田信玄・勝頼に仕えていた。天正十年（一五八二）に武田氏が滅んだ後、徳川家康の配下となり、宣正の子喜左衛門宣重は長男であったが別家を立てた。この宣重の子が小宮山清右衛門安重で、徳川家康・秀忠に仕えた。安次は安重の長男で、妻は長田吉久の息女。小宮山安次は武蔵国出身で、徳川秀忠・家光に仕え、寛永十七年（一六四〇）五月二十一日、江戸城本丸普請の功により黄金を賜わった。同十九年五月二十二日より浅草の幕府米蔵の奉行を当面の間勤めた。慶安三年（一六五〇）閏十月二十九日に江戸城西丸造営を命じられ、小袖と黄金二枚を受けた。承応二年（一六五三）三月二十五日に家督を継いだ子の市郎兵衛は小買物奉行などを勤めたが、系譜はそこで途切れている。　（実松）

【典拠・参考文献】『寛政譜』第四・二三三頁、内閣文庫所蔵史籍叢刊六二『干城録（六）』（汲古書院、一九八六年）

権太小三郎《ごんたこさぶろう》　（生年未詳～一六一四）

権太泰長の二男として生まれる。丹波国の代官をつとめるが、慶長十六年（一六一一）に能瀬小十郎某と山をめぐる境争いで訴訟したが、徳川家康・本多正純らの裁定により、小三郎が敗訴した。それにともない代官所の引負として金子七〇〇枚を弁済した。同十九年に死去。小三郎が死去した際、年貢未済が発覚し、幕府によって家財を没収された。なお、『寛永諸家系図伝』では権田とあることから、十七世紀に権太の家号は権田に改められた。　（鍋本）

【典拠・参考文献】『寛政譜』第十五・一〇五頁、『駿府記』、『当代記』

近藤《こんどう》勇《いさみ》　（一八三四～一八六八）

天保五年（一八三四）に生まれる。幼名は勝五郎。その後勝太と改名し、さらに近藤勇と称した。後に大久保大和と変名した。諱は昌宜。武蔵国多摩郡石原村辻（東京都調布市）の宮川久次（郎）の三男として誕生した。母はえい。嘉永四年（一八五一）に天然理心流試衛館の主であった近藤周助の養子となった。入門からほどなく目録を授けられるなどし、天然理心流の門弟への教授として各地へ出向き精力的に活動していた。万延元年（一八六〇）三月には一橋家家臣であった松井八十五郎の長女ツネと結婚し、翌年八月に四代目宗家として天然理心流を継承した。当時の試衛館の道場には、後に行動を共にすることとなる沖田総司・山南敬助・永倉新八らが学んでおり、土方歳三も出入りをしていた。文久三年（一八六三）、十四代将軍家茂が上洛するにあたり、幕府が治安を維持する名目で両毛・武蔵・甲斐などの浪士を募って西上させた。このとき近藤も門弟らとともにこれに応じ、江戸を発った。このときの浪士隊は京都の壬生に屯所を構えた。後に清河八郎を指導者とする隊士らと意見を異にし、芹沢鴨や一緒に上京した沖田・土方・永倉らとともに京都で残留し、会津藩主松平容保の京都守護職の支配下におかれることとなった。これにより新撰組が誕生した。また近藤はこの新撰組の隊長に推された。近藤率いる新撰組は、元治元年（一八六四）六月に祇園祭に乗じて不穏な計画を企てているという浪士を捕縛し、それに関わる浪士らを京都池田屋で捕殺した（池田屋事件）。慶応三年（一八六七）六月には見廻組頭取となり、幕臣となる。同年十二月、対立分派して御陵衛士となった伊東甲子太郎一派の襲撃により負傷し、翌四年の鳥羽・伏見の戦では指揮をとれず、隊士を率いて江戸へ帰還した。このとき大久保大和と改め、新撰組の残党を指揮して、甲陽鎮撫隊を組織し、三月には新政府軍と甲州勝沼で戦い、敗北した。再び江戸に戻った近藤らはついで下総流山の長岡屋にて陣を構えたが、進軍してきた新政府軍に包囲され、降伏した。そして四月二十五日、板橋庚申塚で斬首処刑され、首は京都三条河原に晒された。三十五歳でその生涯の幕をとじ、板橋刑場に葬られたが、のちに多摩郡大沢村（東京都三鷹市）の竜源寺に改葬された。現在も板橋の処刑付近跡には石碑が建てられている。このほかに土方が建てたとされる福島県会津若松市東山の天寧寺などにも埋葬されたといわれる。法名は心勝院大勇儀居士。　（上野）

【典拠・参考文献】『新選組大人名事典』（新人物往来社、二〇〇一年）、『明治維新人名辞典』（吉川弘文館、一九八一年）

近藤《こんどう》重興《しげおき》　（一六四三～一七一五）

寛永二十年（一六四三）に寄合近藤重直《しげなお》の三男として生まれる。平八郎と称した。実母は井上新左衛門の娘である。実兄で重直二男の高郷《たかさと》が分家独立するが、世継ぎがないまま死去したため、重興が末期養子となる。養父高郷は書院番を勤めた。廩米三〇〇俵。妻は江川太郎左衛門英利の娘で、後妻は竹田与左衛門信安の養女である。延宝三年（一六七五）七月十一日に遺跡を継いで、小普請となり、同四年四月二十六日に書院番となった。天和二年（一六八二）五月二十九日に実父重直の領地信濃国伊那郡内の七〇〇石を分けられ、廩米は召し上げられた。貞享二年（一六八五）二月十五日に駿府城守衛時の不始末により閉門となり、同年九月八日に赦される。元禄九年（一六九六）六月十一日に使番となり、同年十二月二十二日に布衣の着用を許される。同十年、下野国宇都宮城を阿部正邦が賜う際に、引渡しの役をつとめた。同年十月には地震が多発したため、日光へ行くことを命じられ同地を検視した。同月十四日に帰府した際に、時服二領を賜った。同十一月十五日には目付となった。同十四年に浅野内匠頭長矩が江戸城内で刃傷事件を起こした際には、長矩の取調べを行った。同十六年二月二十五日に小普請に移った。正徳五年（一七一五）七月二日に死去。享年七十三。法名は遊閑。葬地は深川長慶寺。

（坂本）

【典拠・参考文献】『寛政譜』第十三・四〇七頁～四〇八頁、谷口眞子『赤穂浪士の実像』（吉川弘文館、二〇〇六年）

近藤《こんどう》重蔵《じゅうぞう》　（一七七一～一八二九）

明和八年（一七七一）に生まれる。本名を守重、通称は重蔵。字は子厚、号を正斎・昇天真人・昇天道人。父は先手組与力を勤め千家茶道に通じていた近藤守知、母は福山藩主阿部氏の侍医藤田隆本の息女美濃で、その三男である。先妻の出自は不明。後妻は加東五郎左衛門の息女国。文武に長けた父の薫陶を受け神童ぶりを発揮、山本北山に師事して漢学を修めた。天明七年（一七八七）十七歳の頃、同志らと白山義学を創設して学資に恵まれない子弟に学びの場を作った。寛政元年（一七八九）十二月に十九歳で与力見習を勤め、同二年七月二十二日に家督を継ぎ先手与力となった。同三年四月に江戸市中の盗賊見廻御用を命じられ、精勤につき一〇人扶持と褒美銀を授与された。同六年二月に湯島聖堂の学問吟味で優秀な成績を修め、同七年六月五日に長崎奉行手付出役に抜擢されるが、同九年四月に免じられ江戸に戻った。同年十二月二十一日に支配勘定に命じられ一〇〇俵取りとなり足高一二八俵二斗を加えられ、同日に関東郡代付出役となった。同年十二月に幕府に蝦夷地取締りについて建言、同十年三月二十九日に松前蝦夷地御用を命じられ、同年四月から翌年二月、同十一年三月から翌年二月、享和元年（一八〇一）二月から同年十一月、同二年四月から同年十二月、文化四年（一八〇七）六月から同年十二月までの都合五回、蝦夷地調査に赴いた。二度目の蝦夷地調査の折に「大日本恵土呂府」の標木を立てた。なお、関東郡代付出役は享和元年十二月十二日に免じられて蝦夷地方事務専任となった。同三年正月に小普請方となり、同年十二月十五日に十一代将軍徳川家斉に御目見、同月二十二日に永々御目見以上の特旨を受けた。同月二十八日に松前奉行手付出役となり、文化元年（一八〇四）十月六日に西蝦夷地上地處分法と将来取締方意見十条をまとめ、開拓や防衛について老中に奉呈した。同五年二月三十日に書物奉行に転じ、一二年間の在職中に和漢古書の書誌学研究を行い、貴重書の管理や蔵書目録の改編に取り組むが、紅葉山文庫改修に際して老中水野忠成と対立、秘書謄写などを咎められ、文政二年（一八一九）二月三日に大坂御弓奉行に降格・左遷、同四年四月十五日に勤務不正を理由に免職、小普請入りのうえ差控を命じられ滝野川に蟄居した。同九年十月六日に長男富蔵が殺傷事件を犯した為、連座して大溝藩に預けられた。生涯を通じて編纂・著作活動に励み、『憲教類典』『右文故事』『好書故事』『外蕃通書』『正斎書籍考』『金沢文庫考』その他多数の編著がある。同十二年六月九日に死去。享年五十九。戒名は自休院俊峰玄逸禅定門。菩提寺は近江国高島郡大溝町の瑞雪院である。　（神崎）

【典拠・参考文献】『柳営補任』、『続徳川実紀』第一篇、国書刊行会編集・発行『近藤正斎全集』一（一九〇五年）、小野金次郎『近藤重蔵』（教材社、一九四一年）、和田政雄『北進の先覚者─最上徳内・近藤重蔵』（潮文閣、一九四三年）、森潤三郎『紅葉山文庫と書物奉行』（復刻版・臨川書店、一九七八年）

近藤孟卿《こんどうたかあきら》（一七五〇～一八一八）

寛延三年（一七五〇）に生まれる。吉左衛門と称した。父は西丸表御台所頭を勤めた保好。母は設楽長右衛門能賢の息女。先妻は谷田又四郎正則の息女、後妻は伊東六郎兵衛庸相の息女。宝暦九年（一七五九）三月十五日に十歳で九代将軍徳川家重に御目見した。明和四年（一七六七）四月十四日に家督を継ぎ廩米一五〇俵、同六年十二月二日から表右筆を勤め、安永二年（一七七三）七月十九日に奥右筆に転じた。天明六年（一七八六）閏十月十三日に十代将軍家治の葬儀・法事における功で黄金一枚、同七年九月二十三日に十一代将軍家斉の代における武家諸法度発布の功で時服二領を授与された。寛政元年（一七八九）九月二十一日に奥右筆組頭格瀬名源五郎、寄合儒者岡田清助らと共に『続藩翰譜』の編纂員となった。同三年十月二十九日に奥右筆組頭に進み、同年十二月十六日に布衣を許された。同四年八月二十日に家斉の嫡男竹千代の御名目録をしたため時服二領を授与された。同五年十二月十二日に、ロシア使節ラクスマンが漂流民返還と通商要求のため来日した折に任を果した褒賞として束帛を授与された。同八年十二月一日に家慶の御名目録を執筆して時服二領、同九年三月二十五日には家慶の袴着・元服・官位などの任で時服二領と黄金二枚を授与された。同十年十二月二十六日に長年の精勤により時服二領と黄金二枚を授与、一〇〇俵を加増された。同十一年六月六日に家慶に書道の手本を献上する命を受けた。享和元年（一八〇一）九月二十九日に五〇〇石加増された。文化三年（一八〇六）十二月十六日に『藩翰譜続編』編纂の褒賞として時服二領を授与された。同四年十一月八日に御留守居番、同十四年二月二十日に先手御弓頭に転じた。冷泉家門の歌人で『五葉類題和歌』の詠者五名のうちの一人である。文政元年（一八一八）九月に死去。享年六十九。菩提寺は浅草万隆寺である。　（神崎）

【典拠・参考文献】『柳営補任』、『続徳川実紀』第一篇、『寛政譜』第二十一・三八九頁、今泉定介編纂・校訂『新井白石全集』第二（吉川半七、一九〇五年）、森繁夫編『名家伝記資料集成』第二巻（思文閣出版、一九八四年）、福井久蔵『大日本歌学綜覧』上巻（国書刊行会、再刊一九七四年）、『旗本人名』第一巻

近藤近昌《こんどうちかまさ》（一七三三～没年未詳）

享保十八年（一七三三）に生まれる。父は小十人近藤近元《ちかもと》で、母は勘定北條高通《きたじょうたかゆき》の息女。金十郎と称した。妻は一橋家の御徒頭堀内氏昉《ほりのうちうじあきら》の息女。延享三年（一七四六）十一月三日に家督を継ぎ、宝暦八年（一七五八）、九代将軍家重に初めて御目見をした。家禄は七〇俵三人扶持。同年十一月に将軍家重の二男万次郎（のちの清水家初代当主重好）に付属し、清水家の附切となり、清水家の小性や勘定奉行を務めた。寛政七年（一七九五）に重好が逝去すると、近昌は幕府の勘定となるが、同九年二月二十八日に清水勤番組頭に戻った。その後の経歴は未詳。菩提寺は駒込の勝林寺（現在は東京都豊島区に移転）。　（竹村）

【典拠・参考文献】『寛政譜』第二十一・

二〇七頁、小川恭一「御三卿家臣の身分」（同『徳川幕府の昇進制度』岩田書院、二〇〇六年）

近藤政明《こんどうまさあき》　（一七四三～没年未詳）

寛保三年（一七四三）、書院番を勤めた近藤政倚《まさより》の長男として生まれる。権太郎・左京と称した。実母は曽根孫四郎の娘である。小性等を勤めた近藤政方《まさかた》の養子となり、宝暦八年（一七五八）十二月二十七日に十六歳で遺跡を継ぐ。知行は四三〇〇石。妻は有馬孝純の娘である。明和元年（一七六四）九月十一日、十代将軍家治に初めて拝謁した。天明七年（一七八七）九月十日に、寄合から定火消となる。同年十二月十八日に布衣の着用を許される。寛政二年（一七九〇）十二月二十六日には小普請組に入り、同七年十二月十二日に甲府勤番支配となる。同月十七日、従五位下淡路守に叙任される。同九年五月晦日に精勤により時服三領を賜った。翌十年十二月八日に小性組番頭に進み、同十二年九月十四日には西丸書院番頭となる。享和元年（一八〇一）七月二十四日に書院番頭となり、文化元年（一八〇四）七月二十五日に職を辞した。（坂本）

【典拠・参考文献】『寛政譜』第十三・四〇八頁～四〇九頁、四一二頁、『柳営補任』、『旗本百科』第二巻

近藤政勝《こんどうまさかつ》　（生年未詳～一六九五）

小十人近藤正玄の男として生まれる。助右衛門・平左衛門と称する。妻は鈴木重利の息女。正保元年（一六四四）に家督を継ぐ。家禄は三〇〇俵。大番となり、寛文九年（一六六九）三月七日に豊後国日田の代官へ転じる。同十一年に辞職。大番へ復した後、辞任し小普請入りする。元禄八年（一六九五）八月十二日に死去。法名は玄清。菩提寺は小日向の龍興寺である。（西沢）

【典拠・参考文献】『寛政譜』第十三・四二二頁、『代官履歴』

近藤舜政《こんどうみつまさ》　（一六八八～一七五〇）

元禄元年（一六八八）に右筆近藤正名《まさな》の長男として生まれる。源次郎と称した。近藤家は徳川家康に仕えた正則《まさのり》を祖とする。母は石黒政澄の娘。妻は石黒政朝の娘である。元禄十一年（一六九八）十二月十八日に十一歳で遺跡を継いだ。享保十年（一七二五）六月二日に表右筆となり、同月十六日に西丸勤めとなる。寛保三年（一七四三）三月十日に書物奉行となる。舜政は学問に秀でており、『老子本義』や『老子答問書』、『蘆穏稿』などの著作もある。寛延三年（一七五〇）十二月七日に死去。享年六十三。法名は浄見。墓所は小日向の善仁寺である。（坂本）

【典拠・参考文献】『寛政譜』第十三・四〇三頁

近藤用高《こんどうもちたか》　（一六四五～一七〇五）

正保二年（一六四五）鉄砲頭近藤用行の長男として生まれる。母は渡辺図書助宗綱の息女。妻は片桐半之丞為元の息女。初め用章《もちあきら》と名乗り、庄八郎・五左衛門と称した。寛文四年（一六六四）十二月十日に家督を継ぎ、同六年十二月三日に書院番士となる。貞享元年（一六八四）十一月二十六日に使番となり、十二月二十八日に布衣の着用を許される。同二年七月二十八日に目付代となり、同四年三月二十五日に目付となる。元禄五年（一六九二）二月二十三日に鉄砲頭となる。同七年正月十一日に長崎奉行となり、八月十二日に従五位下備中守に叙任される。同十四年十二月朔日に大目付となり、同十六年十一月六日に御留守居となる。宝永元年（一七〇四）九月二十七日に御側となる。同二年七月十八日に死去。享年六十一。法名道景。（木崎）

【典拠・参考文献】『寛政譜』第十三・三九〇～三九一頁、清水紘一「長崎奉行一覧表

の再検討」（『京都外国語大学研究論叢』第XV号、一九七五年）

近藤用治《こんどうもちはる》（一六一四～一六七八）

慶長十九年（一六一四）に近藤用可《もちよし》の子として生まれる。初め用一と名乗り、縫殿助を称す。妻は天方通直の息女。近藤氏は、遠江国気賀関番を務め、代々御暇をして知行地に赴くことを許された交代寄合に取り立てられた家柄である。詰所は柳之間である。用治は父用可の跡を継ぎ、引佐郡気賀に居所を構える。そののち暇を賜り、知行地に赴く。寛永元年（一六二四）、知行地のうち、二〇〇〇石を兄用行に分知し、同二年七月二十七日には新規の開墾地を含めて三三五〇石余を知行することとなる。同八年、祖父秀用により遠江国引佐・豊田・敷知三郡のうち五四〇石余を分け与えられ、合わせて三九五〇石余を知行する。本坂越（気賀）の関の守備を任され、代々この任務を勤める。延宝六年（一六七八）十月二十五日に気賀で死去。享年六十五。瀬戸村宝林寺に葬られる。（橋本）

【典拠・参考文献】『寛政譜』第十三・三八九頁

さ

三枝守全《さいぐさもりあきら》（一六一〇～一六八〇）

慶長十五年（一六一〇）に書院番頭三枝守昌《もりまさ》の子として生まれる。実母は信濃国高島藩主諏訪頼水《よりみず》の息女。妻は小出三尹《みつまさ》の息女。源八郎・内匠と称した。はじめ諱は守《もり》勝《かつ》と名乗った。従五位下能登守に叙任され、のちに隠岐守を名乗った。三枝氏は代々甲斐国の戦国大名武田氏に仕えていたが、武田氏の没落後、徳川家康に召し出された家柄である。守全は元和六年（一六二〇）に初めて二代将軍秀忠に拝謁した。寛永十七年（一六四〇）九月十四日に家督を相続したが、知行一万石のうち、七〇〇〇石を拝領し、残りの三〇〇〇石は弟諏訪頼増《よります》に分与した。正保三年（一六四六）十月五日には、将軍秀忠の正室崇源院の御霊屋普請の奉行を務めた。慶安三年（一六五〇）十一月十九日に書院番頭となり、同四年八月十六日には従五位下能登守に叙任された。明暦元年（一六五五）九月十日に蔵米に切り替えられて七〇〇〇俵を賜った。寛文三年（一六六三）四月の四代将軍家綱による日光社参に供奉したが、延宝四年（一六七六）五月二十一日に職を辞して寄合に列し、同年十二月六日に隠居した。同八年五月二十六日に死去。享年七十一。法名は全心。麻布の天真寺（東京都港区）に葬られた。（白根）

【典拠・参考文献】『寛政譜』第十七・三八四頁

三枝守相《さいぐさもりすけ》（一六五六～一七二七）

明暦二年（一六五六）に生まれる。初め守治と名乗り、宗四郎と称した。先祖は武田信玄に仕えて山県昌景から山県の苗字を与えられるも、武田氏滅亡後、徳川家康に仕えて三枝に復した。父守俊は駿府城代等を務めて八〇〇〇石を知行した。母は丹羽氏信の息女。妻は六郷政信の息女。寛文五年（一六六五）十二月十二日、初めて四代将軍徳川家綱に拝謁し、同十年十二月二十八日に従五位下土佐守に叙任された（後に摂津守）。元禄九年（一六九六）七月五日に家督を相続して七〇〇〇石を知行し、一〇〇〇石を弟の守緐に分知した。同十四年十二月十五日に小性組番頭となり、同十六年二月十日に書院番頭に転じ、宝永二年（一七〇五）二月二十八日に御留守居に進んだ。同七年七月朔日に五〇〇石加増される。正徳二年（一七一二）十二月七日に御側並となり、同三年八月三日には御側に進んだ。七代将軍家継の薨去により享保元年（一七一六）五月十六日に職務をゆるされ、菊間広縁に伺候する。同四年十二月六日に隠居し、世嗣守行が家督を相続した。同十二年十一月二十六日に死去。享年七十二。法名は節翁。菩提寺の武蔵国高麗《こま》郡女影《おなかげ》村長松寺に葬られた。（清水）

【典拠・参考文献】『寛政譜』第十七・三九五頁、『柳営補任』

三枝守恭《さいぐさもりたか》（一七四七～一七八七）

延享四年（一七四七）に生まれる。源之助と称した。父は中奥小性三枝守緜《もりやす》、母は小普請組支配小出尹従《ただより》の息女、妻は京都の公家平松時行の息女、後妻は備中国岡田藩主伊東長丘《ながおか》四女、その没後同人の六女を娶った。宝暦十三年（一七六三）九月一日、十代将軍徳川家治に初めて拝謁し、同月六日にはその長子家基《いえもと》の山王社参に騎馬で扈従した。明和七年（一七七〇）十二月六日に家督を継ぎ、天明七年（一七八七）一月二十三日に没した。享年四十一、法名は道秀、麻布天真寺（東京都港区）に葬られる。（渋谷）

【典拠・参考文献】『寛政譜』第十七・三八〇頁

斎田元勝《さいたもとかつ》（生年未詳～一六五七）

正勝《まさかつ》とも。斎田元次《もとつぐ》の長男として山城国に生まれる。角左衛門と称す。松平忠直に仕えるが、寛永元年（一六二四）三月十五日、忠直の子光長が越後国高田へ転封の際に処士となる。寛永十二年（一六三五）十二月二十八日に家光に拝謁、右筆となる。同十四年（一六三七）十一月二十六日、廩米二〇〇俵を賜う。明暦三年（一六五七）九月十九日死去。法名全超。墓所は駒込の龍光寺。（高見澤）

【典拠・参考文献】『寛政譜』第七・五〇頁、『徳川実紀』第二・第三篇、『寛永諸家系図伝』

斎藤三理《さいとうかずみち》（生没年未詳）

書院番頭等をつとめた斎藤三宣《かずあきら》の子として生まれる。左衛門と称した。美作守・摂津守を名乗った。知行高は六〇〇〇石である。弘化四年（一八四七）五月十九日に西丸書院番頭となる。嘉永七年（一八五四）三月二十七日に家督を継ぎ、同年閏七月二十二日に火消役となる。安政四年（一八五七）四月十五日に甲府勤番支配となる。同年閏五月一日には摂津守に任じられ、諸大夫となる。同六年九月十日に小性組番頭となり、文久元年（一八六一）八月十日、給仕肝煎を命じられる。同二年八月二十五日（『続徳川実紀』では閏八月）外国奉行となり、同年十二月六日には小性組番頭に再任する。同月十四日に翌年二月の上洛における御先を命じられる。同三年正月二十日に書院番頭となり、同日上洛御供を命じられる。同七月十日には大番頭となる。元治元年（一八六四）四月八日、勘定奉行となるが（『柳営補任』では十四日、『続徳川実紀』では八日）、同年五月六日に病気のため辞職する。しかし、同年七月六日に寄合より書院番頭に再任し、同月二十五日には大番頭に再任している。慶応元年（一八六五）五月には第二次長州征伐の御供に加わる。同二年十一月十八日に病気を理由に御役御免を願い、認められて隠居した。（坂本）

【典拠・参考文献】『柳営補任』、『旗本百科』第三巻、『続徳川実紀』第三・第四篇

斉藤嘉兵衛《さいとうかへえ》（生没年未詳）

家禄は七〇俵五人扶持で、屋敷は馬喰町にあった。清水御納戸頭より御細工頭となり、弘化二年（一八四五）正月十六日に馬喰町詰代官に就任した。嘉永二年（一八四九）十月十八日に支配地が一万石増地された。同五年に馬喰町御用屋敷詰代官の筆頭

となり、同六年には一〇〇俵高に加増され、同年十二月二十九日に布衣の着用を許された。安政四年（一八五七）八月二十七日、病気のため離職した。（高橋）

【典拠・参考文献】『安政武鑑』、『旗本百科』第三巻、『代官履歴』

斎藤大之進《さいとうだいのしん》（一八二二〜一八七二）

文政五年（一八二二）に、上野国緑野郡で豪農斎藤八十八の二男として生まれる。諱《いみな》は朝治。若い頃から幕府に仕え、安政年間に外国方同心となる。文久元年（一八六一）五月に江戸高輪東禅寺の英国仮公使館を水戸浪士らが襲撃した際、宿衛をしており防戦にあたった。翌二年に旗本となり、外国奉行竹内保徳に従って欧州を視察し帰国。のち御徒目付となり、慶応三年（一八六七）九月十四日に神奈川奉行支配調役に任じられて横浜に住んだ。翌四年の新政府軍の東進に際し、先鋒の西郷隆盛らと交渉し、神奈川宿付近を戦火から救った。明治政府に勤務し、明治三年（一八七〇）に土木権大丞となり、灯台局長を兼ねた。翌四年八月四日、五十歳で死去。従五位に叙せられた。戒名は義浩院殿勇詮仁応大居士。墓所は東京都渋谷区の瑞円寺。（筑紫）

【典拠・参考文献】『柳営補任』、田尻佐編『贈位諸賢伝』（国友社、一九二七年）、高橋周楨『近世上毛偉人伝』（吾妻書館、一九八二年）

斎藤利政《さいとうとしまさ》（一五八八〜一六五八）

天正十六年（一五八八）に生まれる。左源太と称す。父は越中国新川郡蛇（虵）尾城主で、のちに織田信長や徳川家康に仕えた信利。母は三木右兵衛督良頼の息女。妻は今井氏の息女。慶長九年（一六〇四）より二代将軍秀忠に仕え、書院番を務める。同十年、兄利次の死去に伴い、遺跡一〇〇〇石を継ぐ。同十九年・同二十年の大坂の陣に出陣し、元和二年（一六一六）正月五日加増をうけ、そののち使番となり、さらに寛永十年（一六三三）十二月二十六日甲斐国内で加増をうけて、都合二三〇〇石余りを領す。こののち、同十三年の信濃国高遠城の引渡役をはじめ、同十五年の肥前島原、同年と同二十年の松平忠直の配流先である豊後萩原、正保四年（一六四七）の出羽米沢と肥前唐津での目付役、寛永十八年の肥後熊本、正保二年の加賀金沢と常陸宍戸への上使、慶安四年の毛利綱広幼稚による長門萩での国目付などを務めた。万治元年（一六五八）六月七日、七十一歳で死去。法名は日成。葬地は丸山の本妙寺（東京都豊島区）で、のち代々の葬地となっている。（小宮山）

【典拠・参考文献】『寛政譜』第十三・一四一〜一四二頁、『寛永諸家系図伝』第九・一六〇頁、金子憲之「「長門国目付」派遣とその政治的要因」（『政治経済史学』一二七号、一九七六年）

斎藤利道《さいとうとしみち》（一七七三〜一八三四）

安永二年（一七七三）に使番等をつとめた斎藤利頼《としより》の長男として生まれる。利胷《としむね》とも名乗り、宇八郎・次左衛門とも称した。伯耆守・越中守・若狭守と名乗った。斎藤家は関ヶ原合戦以前より徳川家に仕えた家である。家禄は一七〇〇石。母は永井采女直丘の娘である。妻は安藤伊予守直之の娘である。『新訂寛政重修諸家譜』によると、天明八年（一七八八）二月二十三日に十六歳ではじめて十代将軍徳川家治に御目見したとあるが、家治は天明六年に没しており、年もしくは将軍名の誤りと思われる。寛政元年（一七八九）八月五日に家督を継ぎ、同四年十一月二十七日に書院番となる。同八年正月十一日には使番に転じ、同年十二月十九日に布衣を許される。同九年十二月晦日より享和二年（一八〇二）正月二十一日まで火事場見廻を兼ねる。享和元年四月九日に西丸目付となり、文化元年（一八〇四）四月四日より本丸目付となる。同五年八月二十四日より大坂町奉行となるが、同十年十二月十五日に御役御免、差控えとなる。文政六年（一八二三）十二月一日には寄合より先手鉄炮頭となり、同年十二月三日と同七年十月に加役を務める。同九年十二月二十二日より御持弓頭となる。天保二年（一八三一）二月二十八日より新番頭となり、同四年四月二十八日には大坂定番酒井飛驒守引渡しのため出張する。同年九月十四日に小普請組支配となり、同五年七月二十七日に死去した。『寛政譜』に墓地の記載はないが、代々の葬地である丸山本妙寺と思われる。　（坂本）

【典拠・参考文献】『寛政譜』第十三・一四六頁、『柳営補任』、『旗本百科』第三巻

斎藤利安《さいとうとしやす》　（一六二三～一六七二）

元和九年（一六二三）に大番斎藤利治《としはる》の子として生まれる。妻は先手弓頭安西元真《もとざね》の息女。万九郎・次郎右衛門と称した。寛永二年（一六二五）に家督を相続して小普請となる。同十五年正月十五日に大番となり、慶安元年（一六四八）三月十三日に三代将軍徳川家光の世子家綱（のちに四代将軍）の付属となる。同二年の日光社参に供奉し、のち本丸勤務となる。万治三年（一六六〇）十月十三日には片桐貞昌とともに天龍川堤の普請を指揮し、寛文三年（一六六三）六月五日には大番組頭となって蔵米二〇〇俵を加えられた。同六年三月朔日に、将軍家光の息女で尾張藩主徳川光友の正室千代姫附の用人となり、常陸国茨城郡内において一〇〇〇石を加増され、計一五〇〇石を拝領した。同十二年十二月二十七日に死去。享年五十。法名は日恵。　（白根）

【典拠・参考文献】『寛政譜』第十三・一四四頁、大塚英二「光友夫人死去に伴う公義付人の召返しについて」（徳川林政史研究所『研究紀要』第二七号、一九九三年）

斉藤直房《さいとうなおふさ》　（一六七二～一七五四）

寛文十二年（一六七二）に生まれる。喜六郎と称す。妻は館林の家臣宮重源六郎忠勝の息女。父直守を継ぎ、延宝八年（一六八〇）、綱吉の子の徳松に従って御家人に列し、一〇〇俵三人扶持を賜り、西丸に仕えた。天和三年（一六八三）、徳松の死去の後小普請となり、元禄八年（一六九五）十二月十一日勘定に列し、正徳元年（一七一一）十二月二十三日には五〇俵を加増される。享保元年（一七一六）二月二十二日、仰せを受けて畿内の国々を巡見する。また同三年七月十九日、代官所上り地及び領地などを検視し、その後も仰せを受けて相模・伊豆両国及び会津などの所々に赴いた。同六年六月五日、年頃怠りない勤めに対し黄金二枚を賜る。同九年閏四月十二日に代官となり、陸奥国岡・大坂・江戸・伊豆国三島にてその任にあたる。寛延元年（一七四八）十二月二十七日、朝鮮通信使来聘の時に手代らの私曲があることを知らず、普請など疎略のことも糺さず等閑にしていたため、小普請に貶され逼塞せしめられた。同二年四月十一日許される。宝暦四年（一七五四）二月三日に死去する。享年八十三。法名は日令で、赤坂円通寺（東京都港区）に葬られる。　（高木）

【典拠・参考文献】『寛政譜』第二十一・一四六頁、大石学『享保改革の地域政策』（吉川弘文館、一九九六年）、『代官履歴』

斎藤三存《さいとうみつなが》　（一五七〇～一六二五）

元亀元年（一五七〇）に生まれる。与三右衛門と称す。父は明智光秀に仕えた利三。母は稲葉右京進の息女。妹には稲葉重通の養女となり、稲葉正成と婚姻し、正成と離婚後には家光の乳母として権勢をふるったといわれる春日局がいる。三存は、はじめ

長宗我部元親に属して、秀吉の九州平定戦争に従軍。のち加藤清正に仕えて文禄・慶長の役にて軍功をあげる。さらに、小早川秀秋に仕えて、慶長五年（一六〇〇）関ヶ原の戦では明石掃部助全登を生け捕った。慶長二十年（元和元・一六一五）、二代将軍秀忠に仕えて大坂の陣にて戦功をあげ、同年下総国香取郡内にて二〇〇〇石を賜った。元和九年（一六二三）、御持筒頭となり足軽五〇人を預かっている。寛永二年（一六二五）十二月二十五日、五十六歳で死去。法名は道由。葬地は妹の春日局と同じく江戸・湯島の麟祥院（東京都文京区）で、のち代々の葬地となっている。（小宮山）

【典拠・参考文献】『寛政譜』第十三・一五三頁、『寛永諸家系図伝』第九・一五六〜七頁

坂実庵《さかじつあん》（生没年未詳）

坂洞菴《さかとうあん》の五男として生まれる。母は近藤正之の息女。諱は宗真《むねざね》。政二郎・八十郎・実菴と称する。実兄の医師坂寿仙の養子となり、承応二年（一六五三）三月二十五日に家督を相続し、小普請となる。家禄は廩米一〇〇俵。のち日記役を務め、天和三年（一六八三）八月五日より同役の者と交代で土圭間に詰めることを命じられる。貞享二年（一六八五）十二月二十三日に寄合、元禄七年（一六九四）十一月二十一日に番医師に就任する。正徳二年（一七一二）六月二十八日に死去。法名は宗真。（福留）

【典拠・参考文献】『寛政譜』第五・二六六頁、『徳川実紀』第五篇

坂洞菴《さかとうあん》（一五七二〜一六一九）

元亀三年（一五七二）に豊臣秀吉家臣坂惟天《いてん》の二男として生まれる。宗僊・民部卿と称す。妻は近藤正之の息女。京医であったが、慶長十三年（一六〇八）七月八日、家康に拝謁。十月、京より駿府へ召され家康に拝謁し、江戸にて秀忠に仕えるよう命ぜられる。これは坂家が代々室町将軍家に近侍したためであり、以後、家康の命により家伝薬「蘇合円」の調合を行う。法印に叙す。元和五年（一六一九）五月七日死去。享年四十八。法名宗僊。墓所は谷中の南泉寺。（高見澤）

【典拠・参考文献】『寛政譜』第五・二六五頁、『徳川実紀』第一・第二篇

酒井定之《さかいさだゆき》（一六三〇〜一六九二）

寛永七年（一六三〇）に御納戸番等を務めた酒井吉昌《よしはる》の長男として生まれる。七郎兵衛・七郎左衛門と称した。母は堀田氏の娘である。酒井家はかつて穴山梅雪に仕えた家である。慶安元年（一六四八）八月十五日に三代将軍家光に初めて拝謁し、同二年十二月二十六日に大番に列した。のち廩米二〇〇俵を賜る。寛文五年（一六六五）十月十三日に大坂御蔵奉行となり、同月十四日には一〇〇俵の加増を受ける。延宝五年（一六七七）五月十九日には代官となり、同七年四月七日、一〇〇俵の加増を受け、計四〇〇俵となる。元禄五年（一六九二）六月四日に但馬の代官所において死去。享年六十三。法名は自称。墓地は牛込の宗参寺である。（坂本）

【典拠・参考文献】『寛政譜』第二・七四頁

酒井重勝《さかいしげかつ》（一五四九〜一六一三）

天文十八年（一五四九）に生まれる。与九郎・作右衛門と称した。父重元は徳川家康に仕えて多くの戦陣に従軍した。妻は天方通興の息女。若年から家康に仕えて使番となって以降、各地の戦いに従軍している。天正十二年（一五八四）、小牧・長久手の戦の際には槍奉行となる。同十三年閏八月の上田城攻めでは軍監として従軍している。その後長柄奉行を務める。同十八年に家康が江戸へ入府した際、采地二〇〇〇石を与

えられた。慶長五年（一六〇〇）上杉景勝の征討に従い、下野国宇都宮に赴く。石田三成の挙兵によって起こった関ヶ原の戦では旗奉行として従軍した。戦後、三河国寺部の城を預けられて、与力二五騎の給地として五〇〇〇石を与えられ、足軽七〇人の扶持を賄うために采地を添えられる。その後伏見城番となり、さらに後に一〇〇〇石を加増された。同十八年五月、伏見において六十五歳で死去。法名は成眞。比企郡福田村の成安寺に葬られた。家督は孫の重之が相続した。重勝は所々の戦での一番槍が四度にも及んだことから、「四度槍作右衛門」と称されたという。（清水）

【典拠・参考文献】『寛政譜』第二・六三頁、『柳営補任』

酒井忠垠《さかいただきし》（一六六三～一七〇七）

寛文三年（一六六三）に酒井忠直の五男として生まれる。卯之助・数馬・織部と称する。妻は松平康尚の息女。天和二年（一六八二）九月二十九日に父忠直の遺領のうち新田三〇〇〇石を分知される。同三年二月に寄合、同年閏五月二十一日に小性組番士、元禄三年（一六九〇）八月二十七日に使番となり、同年十二月二十六日に、布衣の着用を許可される。同七年三月二十八日に廊下番頭となり、同八年七月四日に、出仕を留められ、小普請となるが、同九年五月二十四日に許される。なお、『徳川実紀』では、原因を病気としている。宝永四年（一七〇七）八月七日に死去。享年四十五。法名は定忠。小日向の徳雲寺（東京都文京区）に埋葬される。（福留）

【典拠・参考文献】『寛政譜』第二・二五頁、同・三二頁、『徳川実紀』第六篇

酒井忠高《さかいただたか》（一七一二～一七七四）

正徳二年（一七一二）に出羽国庄内藩主酒井忠真の家臣酒井重利の子として生まれる。母は同家の家臣杉山金右衛門の息女。吉平、善左衛門と称した。享保十三年（一七二八）に酒井忠続《ただつぐ》の末期養子となり、十二月二十五日に廩米一〇〇〇俵を相続する。妻は忠続の養女。養家の曾祖父忠興は、老中・大老を務めた忠勝の八男。忠高は初め父同様に寄合に列し、延享二年（一七四五）閏十二月十六日に小性組に列し、寛延三年（一七五〇）十月十八日に御徒頭に移り、十二月十八日には布衣を許される。宝暦十一年（一七六一）三月十五日に先手鉄炮頭に転じ、九月二十七日から同十二年閏四月四日にかけて盗賊追捕の役を務める。明和三年（一七六六）二月十八日に奈良奉行に進み、四月朔日に従五位下丹波守に叙任される。同七年閏六月三日に京都町奉行に転じ、安永三年（一七七四）三月六日に京都にて死去。享年六十三。法名は宝利。京都知恩院の先求院に葬られた。家督は世嗣忠福《ただとみ》が相続した。（清水）

【典拠・参考文献】『寛政譜』第二・五七頁、『柳営補任』

酒井忠朝《さかいただとも》（一六一九～一六六二）

元和五年（一六一九）生まれ。隼人と称した。実父は、若狭国小浜藩主で家光付年寄であった酒井忠勝。実母は松平金弥親能の女。正室は松平隠岐守定行の女。子には忠国・忠雄らがいる。若狭酒井家の嫡子として生まれ、寛永八年（一六三一）十二月二十八日、従五位下備後守に叙任された。同十二年十月二十九日、土井利隆とともに小性組番頭となり、松平信綱・阿部忠秋・堀田正盛の抜けた後の「六人衆」の一人として、土井利隆・朽木稙綱と従来からの太田資宗・阿部重次・三浦正次らとともに政事に預かった。しかし、同十五年には幕府の職を解任され、慶安二年（一六四九）九月には廃嫡、蟄居となった。寛文元年（一六六一）一月（一説には九月とも）、小浜藩の所領であった安房国平郡市部村に移され、

翌二年、蟄居を許されぬままに死去した。享年四十四。法名は用運院殿独立葉山大居士。若狭国小浜の健康寺（現空印寺・福井県小浜市）に葬られた。なお、忠朝廃嫡の理由について『葉隠』巻十では、島原での一揆蜂起の折、当初板倉重昌を助けて鎮圧を命じられたのは忠朝であったが、松平信綱の進言によって沙汰やみとなり、面目を逸した忠朝は職を辞し、嫡子の座から退いたと記している。　（小宮山）

【典拠・参考文献】『寛政譜』第二・二三頁、『寛永諸家系図伝』第一、鋸南町史編さん委員会編『鋸南町史　通史編（改訂版）』（千葉県鋸南町教育委員会、一九九五年）、小池進『江戸幕府直轄軍団の形成』（吉川弘文館、二〇〇一年）

酒井忠知《さかいただとも》　（一五九三～一六七六）

文禄二年（一五九三）に徳川家康に仕えた酒井忠次《ただつぐ》の五男として生まれる。勝久《かつひさ》とも名乗り、五郎助・因幡守と称し、隠居して自楽《じらく》と号した。慶長十年（一六〇五）九月二十五日に召し出され二代将軍秀忠に仕え、小性となり、五〇〇俵を与えられる。同十九・二十年の大坂の陣に従軍し、元和二年（一六一六）九月十五日から家光に仕え、寛永七年（一六三〇）十二月二十九日に従五位下因幡守に叙任される。のち書院番となり、同九年七月に諸国巡見使を命じられ関東を担当する。十月三日に作事奉行となり、同十年十二月二十八日に一〇〇〇石を加増され、合わせて一五〇〇石を知行した。同十五年五月十六日に町奉行となるが、翌十六年五月十一日に知行所百姓人別のことで小林正重と争論になったことを咎められ、改易のうえ追放となる。慶安元年（一六四八）六月三日に家康の三十三回忌に恩赦され、同三年十二月二十七日に召し返されて一五〇〇俵を与えられた。寛文十年（一六七〇）八月二十二日に致仕し、延宝四年（一六七六）十一月十日に死去。享年八十四。法名自楽。菩提寺は京都知恩院中先求院である。　（加藤）

【典拠・参考文献】『寛永諸家系図伝』第一・二四二頁、『寛政譜』第二・四八頁、同・六〇頁、『柳営補任』、『徳川実紀』第二～五篇

酒井忠村《さかいただむら》　（一六一九～一六九四）

元和五年（一六一九）に町奉行酒井忠知《ただとも》の二男として生まれる。宇右衛門・小平次と称す。寛永十二年（一六三五）八月十五日、三代将軍家光に拝謁し、同十三年八月九日、小姓組に列す。同十六年五月十六日、父忠知が小十人頭小林正重との間に知行所人返争論をおこし、町奉行という重職にありながら小事を争い、果たし合いの約定をしたとして追放されたことに伴い、井伊直好に預けられる。慶安元年（一六四八）六月三日、家康の三十三回忌に際し赦免となる。承応三年（一六五四）七月十八日、小姓組に復し、寛文九年（一六六九）閏十月十八日、一〇年間の当直欠勤日数に応じて黄金二枚を賜う。同十年八月二十二日、父の隠居に伴い家督を継ぎ、武蔵国高麗・入間両郡に一五〇〇石を知行する。同十一年十二月二十八日御持弓頭にすすみ布衣を許される。延宝四年（一六七六）三月四日御持筒頭にうつり、天和元年（一六八一）五月二十二日、鑓奉行に転ずる。同二年（一六八二）五月二十一日、上野国山田・下野国梁田両郡にて加恩五〇〇石を賜い、合計二〇〇〇石を知行する。貞享二年（一六八五）六月四日に旗奉行となり、元禄七年（一六九四）八月十五日に辞職、寄合に列す。十一月九日に死去。享年七十六。法名は自円。墓所は京都知恩院の先求院。　（高見澤）

【典拠・参考文献】『寛政譜』第二・六一頁、『徳川実紀』第二～五篇、『柳営補任』、『寛永諸家系図伝』

酒井忠行《さかいただゆき》 （生没年未詳）

大番頭酒井忠文の子として生まれる。友之丞と称し、叙任されて但馬守・近江守・対馬守・隠岐守となる。家禄は二〇〇〇石。文政十年（一八二七）十二月十九日に十二代将軍家慶の世子家祥（後の十三代将軍家定）の御伽となる。天保四年（一八三三）正月二十五日に家定の小性、同十一年十二月十四日に中奥小性となる。弘化四年（一八四七）七月四日に家督を相続し、嘉永三年（一八五〇）十二月十五日に小普請組支配となる。同五年十月二十九日に西丸小性組番頭となり、同七年九月二十日に職を辞して寄合となる。安政三年（一八五六）三月十五日に再び小性組番頭となる。同六年二月二十四日に外国奉行となり、同年六月四日より神奈川奉行を兼帯する。万延元年（一八六〇）九月十五日に勘定奉行となる。同年十二月より道中奉行を兼ね、同二年閏八月二十五日に兼帯を免じられる。文久二年（一八六二）十月二十四日に大目付、翌三年七月十二日に御側衆となり、慶応元年（一八六五）四月二十八日に御役御免。 （宮坂）

【典拠・参考文献】『柳営補任』、『旗本百科』第三巻

酒井忠吉《さかいただよし》 （一五八九～一六六二）

天正十七年（一五八九）に酒井忠利の二男として生まれる。童名は小鍋、致仕後は宗山と号した。元々酒井氏は松平氏と同族とされ、譜代の最古参。兄忠勝は老中として三代将軍徳川家光治世下に幕政を主導した。母は鈴木重直の息女。妻は土屋重成の息女。慶長六年（一六〇一）初めて徳川秀忠に拝謁し、後に五〇〇石を賜り、書院番となる。その後五〇〇石を加増される。寛永元年（一六二四）、父忠利が大留守居を務めていたところ、その職の見習うべき旨の仰せを蒙る。同四年十一月に父の遺領の内から三〇〇〇石を与えられ、同六年正月五日には従五位下和泉守に叙任される。同十年二月二十七日に裏門番となり、四月二十三日には三〇〇〇石の加増があって、都合七〇〇〇石を知行する。同十一年二月二十五日に御留守居となり、関所及び諸家の人質を奉行する。同十六年の冬に居宅から失火したことにより出仕を憚り、翌年正月十五日に赦される。同十九年八月十六日に大奥の沙汰をゆるされ、財用出入の事を兼ねる。この兼役は慶安四年（一六五一）七月二十二日に解かれて、元の通り大奥の沙汰をすることとなった。万治二年（一六五九）七月二十三日に辞職し、寛文二年（一六六二）十一月二十五日に隠居して養老料として廩米八〇〇俵を賜る。家督は子の忠経が相続した。同三年五月六日に七十五歳で死去。法名は高心。川越の源昌寺に葬られ、後に浅草曹源寺に改葬された。 （清水）

【典拠・参考文献】『寛政譜』第二・三六頁、『柳営補任』

酒井忠讜《さかいちゅうとう》 （生没年未詳）

父は酒井主殿頭。内蔵助と称し、のち任官して壱岐守・備中守を名乗る。天保十年（一八三二）十月、寄合より火消役となる。嘉永三年（一八五〇）正月二十八日小普請組支配となり、同七年小性組番頭となった。安政三年（一八五六）二月二十日、書院番頭となっている。万延元年（一八六〇）九月十五日、講武所奉行となり、五〇〇〇石高となった。文久二年（一八六二）十二月二十八日に駿府城代に就任し、慶応二年（一八六六）十月二十四日、御役御免となった。 （上野）

【典拠・参考文献】『旗本百科』第三巻、『幕臣人名』第一巻

酒井政長《さかいまさなが》 （一七七〇～一八三七）

明和七年（一七七〇）に書院番の酒井政《まさ》勝《かつ》の二男として生まれる。与五郎・作右衛

門・美作守と称した。妻は西丸の書院番を務めた松平乗陳《のりつら》の息女。政勝の養子政和《まさかず》の継嗣となり、天明六年（一七八六）九月六日に家督を継いだ。知行は二五〇〇石。寛政九年（一七九七）閏七月十七日に御小納戸へ進み、十二月十八日には布衣を着することを許された。同十一年五月二十八日には西丸御小納戸へ転じ、文化六年（一八〇九）九月十日には使番となる。文政元年（一八一八）六月十日よりは火事場見廻を兼務。同三年には、一月十一日に西丸目付、九月二十六日には本丸目付に任じられた。その後、同九年十一月十一日には一橋家家老となった。そして、天保四年（一八三三）十月八日よりは西丸小性組番頭を務め、同七年二月二十四日より留守居。翌八年三月に死去した。享年六十八。（山崎）

【典拠・参考文献】『寛政譜』第二・六六頁

榊綽《さかきゆたか》（一八二三～一八九四）

文政六年（一八二三）生まれ。津藩出身で幕政期には開成所活字御用を務めた。元々静岡学問所に務めていたが、明治三年（一八七〇）、静岡学問所三等教授格から沼津兵学校図画方へ転じる。沼津兵学校では三等教授方並を務めた。また活版印刷機の専門家としてその操作方法を心得ていた。同四年正月、三等教授方並から三等へ昇進。同七年（一八七四）には内務省地理寮九等出仕となった。また河上冬崖の洋画仲間でもあり、藤沢次謙・河鍋暁斎とともに渡部温が翻訳・刊行した『通俗伊蘇普物語』の挿絵を描いている。明治二十七年（一八九四）に死去。（津田）

【典拠・参考文献】樋口雄彦『旧幕臣の明治維新　沼津兵学校とその群像』（吉川弘文館、二〇〇五年）、同『沼津兵学校の研究』（吉川弘文館、二〇〇七年）

榊原忠之《さかきばらただゆき》（一七五〇～一八三七）

寛延三年（一七五〇）に榊原忠庶《ただちか》の長男として生まれる。信成とも名乗り、佐太郎・隼之助・主計頭と称した。明和五年（一七六八）七月朔日に初めて十代将軍家治へ謁見し、安永八年（一七七九）五月二十九日に家督（禄高六五〇石）を継ぎ、同九年十一月二十七日に大番となり、小性組・御徒頭・西丸目付・本丸目付を経て、同十一年十二月八日に小普請奉行、同十二年六月十七日に勘定奉行勝手方、十二月二十二日に公事方となる。文政二年（一八一九）閏四月朔日に町奉行となり、両国橋・新大橋・永代橋の改架修復にたずさわり、金銀改鋳や火除土手築立を行い、町会所改革に尽力し、天保五年（一八三四）五月二十二日に病気で騎馬が困難なので火事場出動は忰の御徒頭榊原忠義が行うことが認められる。同年九月二十日に大目付、同八年五月十六日に御留守居となるが、七月二十日に死去。享年八十八。法名は忠善院積誉崇慶大居士。菩提寺は芝の安蓮社（東京都港区）である。（加藤）

【典拠・参考文献】『寛政譜』第十六・三七六頁、『柳営補任』、『続徳川実紀』第一～五篇

榊原忠義《さかきばらただよし》（生年未詳～一八六五）

町奉行・勘定奉行などを歴任した榊原忠《ただ》之《ゆき》の子として生まれる。隼之助・弥平兵衛と称し、任官後は主計頭・駿河守を名乗る。文政八年（一八二五）十二月七日に御小納戸となる。同十年四月二十八日に西丸小性、天保五年（一八三四）四月十八日に御徒頭となる。なお、同年五月には町奉行である父忠之が足痛により乗馬困難のため、出火の節の与力・同心の指図を忠義が代理することとなった。同九年三月二十四日に西丸目付、同十一年七月八日に本丸目付となる。同十四年五月十八日に西丸新番頭となるが、七月二十八日に目付に復し新番頭格となり、

十月十日に勘定奉行となる。この間、八月に印旛沼古堀普請御用を命じられ、現地に赴く。忠義は天保改革の政争において改革派に属し、印旛沼干拓工事を推進したが、水野忠邦の失脚により工事は中止され、忠義も弘化元年（一八四四）八月二十二日に勘定奉行を免じられる。その後、寄合を経て文久三年（一八六三）九月十日に新潟奉行となり、慶応元年（一八六五）八月十日に同地で死去。新潟町寺町通（現新潟市）の長善寺に葬られた。（宮坂）

【典拠・参考文献】『柳営補任』、北島正元『水野忠邦』（吉川弘文館、一九六九年）、『日本近世人名事典』（吉川弘文館、二〇〇五年）

榊原照清《さかきばらてるきよ》 （一六二〇～一七〇三）

元和六年（一六二〇）に榊原照久の子として生まれる。母は間宮信繁の息女。三十郎と称した。妻は松平正綱の息女。後妻は松平忠明の息女。祖父清政は、徳川家康長男の三郎信康に付属していたが、信康が織田信長の命により切腹したため、弟の榊原康政の所領上野国館林に蟄居した。慶長十一年（一六〇六）十二月に徳川家康に招かれて、要害の地である駿河国の久能の守衛を命じられ、廩米五〇〇〇俵を給せられた。元和二年（一六一六）に徳川家康が没し、その霊柩が久能山におさめられると、清政の跡を継いだ照久がその祭祀をつかさどった。照清は、寛永十一年（一六三四）六月二十六日、将軍徳川家光が久能山に参詣した際、従五位下越中守に叙任した。正保三年（一六四六）十一月二十八日に遺跡を相続して、御宮及び久能の警衛を命じられた。承応三年（一六五四）三月十五日に与力六騎と同心三〇人を預けられた。寛文四年（一六六四）五月十日にしばしば愁訴していた御宮の諸役を許された。久能山の警衛は引き続き命ぜられ、代々久能に住してこれをつとめた。江戸城の殿席は帝鑑之間。交代寄合表御礼衆をつとめた。元禄十四年（一七〇一）七月五日に致仕し、同十六年三月五日に死去。享年八十四。法名は浄雄。久能の照久寺に葬られた。（清水）

【典拠・参考文献】『寛政譜』第二・二七二頁

榊原長義《さかきばらながよし》 （一七三九～一八一五）

元文四年（一七三九）大坂弓奉行榊原小兵衛長富《ながとみ》の三男として生まれる。伝十郎・外記・小兵衛と称した。母は祖父の榊原小兵衛長清の息女。妻は西丸新番河内久五郎常季《つねすえ》の女。後妻は御使番筧助兵衛為昇《ためのり》の息女。屋敷は飯田町坂下にあった。宝暦八年（一七五八）十月四日に家督を相続した。知行地は三〇〇石。同九年十一月七日に大番、同十一年二月二十九日に西丸新番となり、同十二年閏四月二十八日に職を辞した。明和四年（一七六七）四月十三日に大番に復し、寛政元年（一七八九）閏六月二十八日に書替奉行となった。同五年九月二十日に代官となり、甲斐国市川陣屋（寛政六年～同九年）、信濃国御影陣屋（寛政九年～文化八年）に赴任した。その後、文化八年（一八一一）閏二月十六日に飛騨郡代となり、布衣の着用を許された。同十年八月より病気となり、翌十一年の検見は代官多羅尾久三郎が代行した。同十二年三月二十三日に七十七歳で死去。（高橋）

【典拠・参考文献】『寛政譜』第十六・三八七頁、「県令譜」（村上直校訂『江戸幕府郡代代官史料集』近藤出版社、一九八一年）、『文化武鑑』、『岐阜県史 通史編近世上』（一九六八年）、『旗本百科』第三巻、『代官履歴』

榊原政殊《さかきばらまさよし》 （生年未詳～一七二二）

七之丞・主計・采女と称する。父は御先鉄炮頭の榊原政喬《まさたか》。母は榊原直勝の息女。元禄四年（一六九一）十二月五日に家督を継ぎ、小普請となる。同五年三月二十五日に桐間番となり、同六年七月二日よりは近習番、同月二十五日には御小納戸となる。同七年二月二日に一度小普請となるが、同年閏五月九日に書院番となった。同十年七月二十六日には新たに廩米八〇〇石を与えられ、合計一三〇〇石となっている。その後、火事場目付を同十三年正月二十三日まで務めた。同十四年には、浅野長矩の所領没収にあたって赤穂に派遣され、目付の役を務めている。正徳二年（一七一二）には日向国延岡城の引き渡しにも従事している。同三年八月二十八日には書院番組頭に進む。享保四年（一七一九）八月十五日、仙洞附となり、同五年正月三日には、従五位下周防守に叙任された。同六年十月四日に辞職し、寄合となる。翌七年五月十八日に死去した。法名は政殊。（山崎）

【典拠・参考文献】『寛政譜』第二・二七〇頁

榊原職直《さかきばらもとなお》　（一五八八～一六四八）

天正十六年（一五八八）、花房助兵衛職之の二男として生まれる。幼名太郎八、後に小源太・左衛門佐と称する。母は額田三河守の息女。妻は難波氏の息女。文禄三年（一五九四）、父職之が豊臣秀吉の勘気に触れて佐竹義宜預けとなったが、慶長元年（一五九六）、江戸で榊原康政の取り持ちにより家康に拝謁する。家康の意向により家名を榊原に改める。同三年正月、徳川秀忠の小性となり、同五年上杉景勝攻めに供奉した。そして、石田三成方攻めのため秀忠に従い、中山道より大坂に向かう。同十九年、大坂冬の陣に参戦し、兄職則の攻め取った野田福嶋の守備を命じられる。同二十年、大坂夏の陣にも参加し、大坂落城の時に大いに奮戦し、八〇〇石を加増される。元和三年（一六一七）、備前国都宇郡に一〇〇〇石を領する。さらに寛永二年（一六二五）十月に加増され一八〇〇石を領する。御徒頭・書院番組頭となり、同九年十二月、従五位下飛騨守に叙任される。同十年に七〇〇石加増されて、計二五〇〇石を知行する。同十一年五月、長崎奉行となる。同年五月二十八日付老臣奉書、同長崎制札三ヶ条、同十二年付老臣奉書、同十三年五月十九日付老臣奉書など、所謂「鎖国令」の執行を命じられてこれに当たり、また長崎出島の築立と竣工後におけるポルトガル人の収容・国外追放、唐船貿易の長崎一港化、銅の輸出禁止等に携わる。この後、島原の乱で奮戦し、手柄多きと言えども軍令違犯により閉門に処される。のち赦されて同十八年十二月に先手鉄炮頭となり、正保二年（一六四五）七月江戸市中の巡察・狼藉者の逮捕を命じられる。同三年九月、近江国水口城番を務める。慶安元年（一六四八）九月一日没。享年六十一。法名日幸。墓所は谷中感応寺。（太田勝）

【典拠・参考文献】『寛政譜』第二・二〇二頁、『増補長崎略史上巻』（『長崎叢書三』）

榊原元義《さかきばらもとよし》　（一五八二～一六五五）

天正十年（一五八二）、徳川家康の家臣榊原元次《もとつぐ》の子として生まれる。妻は犬塚新助の息女。左大夫・一郎右衛門と称した。慶長四年（一五九九）九月十三日に家康に拝謁し、小性となった。同十八年九月二十五日に実父元次が死去すると、家督を相続し、三河国幡豆《はず》郡内において二三〇石余を拝領した。寛永元年（一六二四）に江戸城内の御蔵の普請奉行を務め、同二年七月二十八日に上野国碓氷《うすい》郡内において一〇〇石を加増される。同三年八月一日に大番組頭に転任し、同二十年の朝鮮通信使の来聘際には東海道の巡視を行っている。同年八月晦日に新院附となり、山城国相楽《そうらく》郡内において五〇〇石を加増された。同年十月十日には従五位下淡路守に叙任され、このとき上野国碓氷郡内の知行地は、山城国相楽郡内に移されて計八三〇石余を拝領している。明暦元年（一六五五）二月二十八日に辞職し、十二月十三日に死去した。享年七十四。法名は勝正。赤坂（東京都港区）の道教寺に葬られた。（山崎）

【典拠・参考文献】『寛政譜』第二・二七八～二七九頁、『柳営補任』

坂原定賢《さかはらさだかた》（一六九〇～一七五八）

元禄三年（一六九〇）に、御徒目付組頭坂原定勝の三男として生まれる。母は永田惣右衛門の養女。作左衛門と称する。妻は神田館門番の頭竹村嘉敦の息女。後妻は蔵奉行組頭青木安長の息女。元禄十四年（一七〇一）十月二十三日に家督を相続する。正徳五年（一七一五）三月六日に表右筆となり、加増を受け、一五〇俵を賜る。享保元年（一七一六）二月十三日に奥右筆となり、同年十二月十六日に五〇俵加増される。元文三年（一七三八）七月十八日に西丸奥右筆組頭となり、同年十二月十八日に、布衣を着用することを許可される。延享元年（一七四四）十月十五日に、養仙院（綱吉養女八重姫、徳川吉孚後室）の用人となる。同三年に養仙院の死去により、八月十三日に寄合、同二十一日に御納戸頭となる。その後、寛延二年（一七四九）三月一日に二丸御留守居となる。宝暦八年（一七五八）二月二日に死去。享年六十九。法名は成覚。浅草本願寺の長敬寺（東京都台東区）に埋葬される。（福留）

【典拠・参考文献】『寛政譜』第二十二・一三四頁

坂部広胖《さかべこうはん》（一七五九～一八二四）

宝暦九年（一七五九）に生まれ、勇左衛門を称し、中岳・晩成堂と号した。初め戸田姓を名乗り、定火消与力を務めていたが、のち浪人となる。彼は関流の和算を初め本多利明、のち安島直円に学び、皆伝を受けている。浪人後は数学を教授し、文化七年（一八一〇）には『算法点竄指南録』を著して、楕円周や対数、三次方程式などの解法を説いている。この他にも同九年に『管窺弧度捷法』、同十三年に『算法海路安心録』という航海書を著し、同十四年には『地球略図説』を刊行している。文政七年（一八二四）に死去。享年六十六。戒名は浄林院舜覚広胖居士、菩提寺は浅草の威光院である。（滝口）

【典拠・参考文献】藤原松三郎『明治前日本数学史』四（岩波書店、一九五九年）、遠藤利貞『増修日本数学史』（恒星社厚生閣、一九六〇年）

坂部広利《さかべひろとし》（一六一一～一六九一）

十郎兵衛、三十郎と称す。致仕後、龍山と号した。慶長十六年（一六一一）に、紀伊徳川家の臣である渥美正勝の長男として生まれ、後に坂部広勝《ひろかつ》の養子となる。広勝は、天正三年（一五七五）に初めて徳川家康に拝謁し、以後関ヶ原の戦や大坂の陣にも参加し、元和二年（一六一六）より五〇〇〇石の知行地を領した。広利の妻は下総国生実《おゆみ》藩の初代藩主となる森川重俊《しげとし》の息女。元和八年（一六二二）十二月二十日に家督を継ぎ、寄合となる。寛永十二年（一六三五）十一月十日に先手鉄炮頭となる。同十九年七月二十七日に屋代忠正や近藤貞用と共に、水口城の守衛を命じられている。正保元年（一六四四）五月二十三日に百人組頭に転じ、寛文三年（一六六三）四月に徳川家綱の日光社参にも供奉した。延宝五年（一六七七）三月七日に職を辞し、同七年十一月二十七日に致仕した。元禄四年（一六九一）八月二十八日に死去。享年八十一。法名は丈英といい、牛込の松源寺に葬られた。（山崎）

【典拠・参考文献】『寛政譜』第九・三九七頁

坂部広吉《さかべひろよし》（一七四二～一八〇五）

寛保二年（一七四二）に守能博明《もりのひろあき》の二男

として生まれる。母は京極佐渡守家臣守能知明《ともあき》の娘。のち小性組番士坂部広保《ひろやす》の養子となり、広保の娘を妻とする。広高《ひろたか》・広孝とも名乗り、主税・十郎右衛門・守蔵・能登守・山城守と称した。宝暦十三年（一七六三）十二月十八日に書院番となり、明和四年（一七六七）十月二十四日から進物番を務め、天明三年（一七八三）十一月十四日に家督（禄高三〇〇俵）を継ぐ。同八年九月十日に目付となり、十二月十六日に布衣を許される。寛政二年（一七九〇）六月二十九日に儒官柴野邦彦の呼出を失念し出仕を留められる。同四年正月十八日に大坂町奉行となり、閏二月十五日に従五位下能登守に叙任される。同年六月二十八日に町奉行となり、同月晦日に二〇〇石を加増され、廩米を改めて五〇〇石を知行した。同八年九月二十八日に西丸御留守居、文化二年（一八〇五）四月二十四日に小普請組支配となるが、同年十二月三日に死去。享年六十四。菩提寺は深川の宜雲寺（東京都江東区）である。

（加藤）

【典拠・参考文献】『寛政譜』第九・三九八、第二十・七九頁、『柳営補任』、『続徳川実紀』第一篇

向坂言政《さきさかときまさ》（一七一〇～一七六四）

宝永七年（一七一〇）に生まれ、直次郎・清左衛門・左衛門・左京と称す。父は小性であった向坂政庸《まさつね》。妻は高家である大友義閭《よしさと》の息女。後妻は西丸侍女峯野の息女。享保八年（一七二三）に将軍徳川吉宗に初めて拝謁する。同九年八月二日に家督を継ぎ、同二十年四月九日に小性組番士となる。元文二年（一七三七）閏十一月二十二日より西丸に勤め、宝暦三年（一七五三）正月十一日に使番となった。同年十二月十八日に布衣を着することを許された。同六年九月十五日には、久能山の御宮修理を検分している。十一月十五日に先手鉄炮頭となり、同七年十月十八日より盗賊追捕の役をつとめ、翌三月二十六日にその任を解かれた。同十二年四月十五日に西丸御留守居となる。同年十二月十八日に、従五位下備中守に叙任された。明和元年（一七六四）六月二十日死去。享年五十五。法名は浄英という。

（山崎）

【典拠・参考文献】『寛政譜』第六・三三七頁

崎山方寛《さきやまほうかん》（一八二五～九一）

文政八年（一八二五）西丸先手与力真田金左衛門の子として生まれ、のちに父の兄天守番古田平左衛門の妻の実家にあたる根来百人組与力崎山新次郎の養女（実は妹）の婿養子となる。刀吉・新左衛門・義三郎を称した。崎山家は根来衆の出身で、初代宮内（上宝）が小牧長久手の戦で徳川方につき、天正十四年（一五八六）に徳川家に召し出され、還俗し成瀬正成の配下の根来組として切米二五俵三人扶持を拝領したことに由来する。代々屋敷は市ヶ谷合羽坂上の組屋敷にあり、方寛で一二代目を数える。彼は嘉永二年（一八四九）十一月に家を継いで根来百人組与力となり、文久二年（一八六二）十二月に百人組が廃止になると、二条定番となって京都に上洛している。引越手当に金四〇両、宿代手当に月々金一両を得た方寛は、ここでは京都町奉行所への出役や京都市中の昼夜見廻役を命じられ、元治元年（一八六四）七月の禁門の変では御所の警護にあたっている。その後同年十月、彼は江戸に残留した者たちと交替で江戸に帰還する。慶応二年（一八六六）九月に二条定番が廃止されると、方寛は陸軍奉行並組小普請となっている。彼はその後同四年正月には銃隊方を命じられ、同三月には譜代の格を得ている。同四月十一日の江戸城開城を経て六月二十三日に銃隊方を免ぜられ勤仕並小普請となると、彼は静岡藩

士として徳川家に引き続き仕える道を選び、十月二十四日に船で江戸から東京と改称した故郷を立つ。同藩で「三等勤番組」として六人扶持を支給された彼は、浜松勤務となって廃藩置県を迎えた。方寛はその後もしばらくは浜松に居を構え、明治十年に公債証書七二〇円と紙幣として金一円八三銭六厘を受け取ると、同十二年に東京に戻り、養子千吉郎に家督を譲り隠居している。また方寛は宝蔵院流の槍術を根来百人組与力出身の徒目付塚原市之丞に学んでいる。明治二十四年（一八九一）十二月十日に死去。享年六十七。菩提寺は深川森下町長慶寺である。（滝口）

【典拠・参考文献】『千代田の古文書—区内文献史料調査報告—』（千代田区教育委員会、二〇〇九年）

佐久間長興《さくまおさおき》（一八一〇～一八七三）

文化七年（一八一〇）に生まれ、健三郎を称し、晩年は健叟と号した。長興は先手与力細谷平次兵衛の四男に生まれ、伯父で南町奉行所与力の佐久間彦太夫長英の養子となった。妻は南町与力原善左衛門胤輝の息女とき。なお、長男は佐久間長敬で、次男正功は南町奉行所与力吉田忠次郎、三男胤昭は母方の実家原定太郎のそれぞれ養子となっている。佐久間家は千葉氏遺臣の家系で、明暦三年（一六五七）の大火直後に町奉行所与力に召し出された。長興は文政十二年（一八二九）十一月、与力見習に召し出され、天保十五年（一八四四）二月には養父長英の勤功によって別家として改めて召し出され、一五〇石を与えられて与力となった。ところが弘化二年（一八四五）二月、突如吟味の筋があるとして暇となり、実家を離れることとなった。長興が実家に戻ったのは、長男長敬が本家を継いだ嘉永五年（一八五二）七月のことで、家政後見人となっている。その後安政二年（一八五五）七月に赦免となると、慶応三年の十月二十二日に町奉行支配手附御雇、翌四年二月に町奉行支配手附、同年三月に町奉行支配調役となり一五〇俵二〇人扶持を給されるが、翌四月に病気のため暇となった。明治六年（一八七三）九月十一日に死去。享年六十四。戒名は健叟院儀山静立居士、菩提寺は浅草栄久町の永見寺である。（滝口）

【典拠・参考文献】『江戸町与力の世界—原胤昭が語る幕末—』図録（千代田区立四番町歴史民俗資料館、二〇〇七年）、『原胤昭旧蔵資料調査報告書—江戸町奉行所与力・同心関係史料—（1）・（2）』（千代田区教育委員会、二〇〇八・九年）

佐久間長敬《さくまおさひろ》（一八三九～一九二三）

天保十年（一八三九）五月二十五日に生まれ、弥太吉を称した。父は南町奉行所与力佐久間長興、母は同じく南町与力原善左衛門胤輝の息女とき。実弟には原胤昭があり、妻は北町奉行所与力秋山直行の息女けいで、次女やす（安子）は原女学校で学びキリスト教に入信し、米沢藩主上杉茂憲の実弟で洋画家の熊松に嫁している。佐久間家は明暦三年（一六五七）に召し出された家柄で、長敬で九代目となる。嘉永三年（一八五〇）四月に十五歳として（実は十一歳）与力見習に取り立てられている。彼は当初、風烈廻昼夜廻をつとめ、のちに吟味方・市中取締諸色調・海陸御備向御用取扱掛・外国御用掛を経て、慶応四年（一八六八）三月十九日には町奉行支配調役・与力兼勤を仰せ付けられている。その翌月に町奉行所は新政府に接収され廃止となるが、与力では第二の地位にあった彼が、南町奉行所側の責任者として鎮台府への引き渡しを無事に済ませている。佐久間はその後、市政裁判所および東京府に出仕し、明治三年（一八七〇）には大蔵省監督少佑、同四年三月に工部省十三等出仕、同年七月に同十二等出仕、同年九月に鉄道権大属、同五年二月に左院少議生、同年八月に司法権少判事を歴任し、一時新政府役人（朝臣）の道を選んだ。彼は関本寅に漢学を、医師古川洪道に英学を師事していたが、その才幹は江藤新平や大隈重信の知るところとなって、大蔵省や工部省などの新政府役人に抜擢されたようである。彼は明治五年に足柄裁判所長を経て、東京裁判所勤務に転じた。そこでは、名東県の讃岐蜂起事件（丸亀暴動）に対する裁判の大権を委任されたが、これは「異数ノ事ニシテ、最高栄ナリ」と、家譜に特記されている。ところが翌六年十二月二十八日、佐久間は病気を理由に辞職する。実はこれは政府の征韓論不採用に対する抗議であった。彼はその後代言人となり、銀行会社の創業に参与して顧問となったり、みずから旧友・旧知を率いて石油鉱山業を興したり、美術展覧会・工業奨励会・洋服縫製教習所・学術講話会・女子英学所などの新規事業を手がけるなどした。さらに、週刊『公報雑誌』や「市政」と題した木版出版を企画したりしたが、本人は失敗と認識していたようである。晩年は講演活動などを行ない、妹いとが嫁した国学者高瀬美佐雄や、三女みつの嫁した井上勘兵衛の住む川越で余生を過ごした。大正十二年（一九二三）一月四日に死去。享年八十五。菩提寺は浅草の永見寺である。

（滝口）

【典拠・参考文献】『江戸町与力の世界―原胤昭が語る幕末―』（千代田区立四番町歴史民俗資料館図録、二〇〇七年）、『原胤昭旧蔵資料調査報告書―江戸町奉行所与力・同心関係史料―（1）～（3）』（千代田区教育委員会、二〇〇八～一〇年）、中西拓子『開国の時代を生きた女たちからのメッセージ』（碧天舎、二〇〇二年）

佐久間真勝《さくまさねかつ》　（一五七〇～一六四二）

元亀元年（一五七〇）に佐久間政実《まさざね》の子として生まれる。妻は堀田正吉の息女。諱は実勝・直勝とも名乗った。従五位下伊予守に叙任され、のちに河内守・将監と名乗った。はじめは豊臣秀吉に小性として仕えていたが、秀吉の死後、徳川家康に仕えた。慶長九年（一六〇四）六月二十二日に従五位下伊予守に叙任され、のち使番に列した。寛永九年（一六三二）十月三日に作事奉行となり、同十年十二月二十四日に二〇〇〇石加増され、計三〇〇〇石を拝領した。同十七年五月二十一日、江戸城普請を迅速に指揮したことを賞されて黄金二〇枚を賜った。茶人としてすぐれ、古田織部の弟子ともいわれ、小堀遠州（政一）等と交流があった。大徳寺住持江月宗玩《こうげつそうがん》（茶人津田宗及の子）の知遇を得て同寺の塔頭《たっちゅう》龍光院《りょうこういん》に隠居所を設けて寸松庵《すんしょうあん》と称し、晩年を過ごした。同十九年十月二十二日に死去。享年七十三。法名は正応院山隠宗可居士。大徳寺狐篷庵《こほうあん》（京都市北区）に葬られた。

（白根）

【典拠・参考文献】『寛政譜』第九・一〇六頁、『新版茶道大辞典』（淡交社、二〇一〇年）

佐久間信近《さくまのぶちか》　（一七五六～一八一四）

宝暦六年（一七五六）に、西丸小性組の松前広居《ひろやす》の二男として生まれる。母は書院番の杉原正府《まさのり》の息女。大番の佐久間信賢《のぶかた》の末期養子となり、その息女を妻とする。通称は於菟次郎・左京。叙任後は備後守。安永元年（一七七二）十二月二十七日に家督を継ぐ。廩米三〇〇俵。同二年十二月晦日に大番、天明八年（一七八八）七月十九日に大番組頭、寛政五年（一七九三）七月十日には御徒頭（『柳営補任』では西丸御徒頭）となり、十二月二十八日に布衣の着用を許される。同六年十月十五日に西丸目付に転じ、同八年五月二十一日（『柳営補任』では十一日）に本丸勤務となる。十二月十五日には西丸の修理、同九年五月十八日には若君（後の十二代将軍家慶）の西丸移徙を管掌した功で、時服などを賜る。享和元年（一八〇一）四月七日に大坂町奉行、文化五年（一八〇八）八月二十四日に持弓頭となり、同十一年十一月に死去。享年五十九。（高山）

【典拠・参考文献】『寛政譜』第九・一一五頁、『柳営補任』、『旗本百科』第三巻

佐久間信輝《さくまのぶてる》（一七五一～没年未詳）

宝暦元年（一七五一）に蔵次信尹の子として生まれる。伊之助・三郎兵衛と称した。小十人頭を務めた佐久間長孝《ながたか》の息女を妻とし、同家の養子となった。安永九年（一七八〇）十二月二十七日に家督を継承。廩米一〇〇俵・月棒五口であった。天明五年（一七八五）三月二十八日には西丸の小十人となり、同六年閏十月二十日より本丸勤務となった。寛政八年（一七九六）十二月十日に若君の敏次郎（後の徳川家慶）の付属となり、再び西丸へ移った。その後、西丸小十人頭となったことが確認できるが、以後の経歴および没年は不明である。（山崎）

【典拠・参考文献】『寛政譜』第二十・二二八頁、享和二年～文化十二年『武鑑』

佐久間信就《さくまのぶなり》（一六四六～一七二五）

正保三年（一六四六）に諸道具奉行佐久間盛郎《もりよし》の二男として生まれる。母は多賀外記常勝の息女。九市郎・市兵衛・宇右衛門・主膳正・安芸守と称し、童爾と号した。妻は座光寺勘左衛門為真の息女。寛文六年（一六六六）三月九日に家督を継ぎ、十二月三日に書院番となる。延宝九年（天和元、一六八一）二月十九日に使番となり、目付代として日光山や越後国高田などに赴く。天和二年五月二十一日に五〇〇石を加増され、十二月二十七日に布衣を許される。貞享四年（一六八七）三月二十五日に目付となる。貞享五年（元禄元・一六八八）八月二十三日に堺奉行となり、元禄二年十二月二十七日に従五位下丹後守に叙任される。同九年二月二日に寄合となる。同十二年三月二十八日に先手鉄炮頭となり、同十四年十二月十五日に西丸御留守居となる。同十六年十一月十五日に長崎奉行となる。正徳三年（一七一三）三月十二日に長崎奉行を辞め、享保五年（一七二〇）五月二十三日に隠居し、同十年五月十二日に死去。享年八十。法名紹剛。（木崎）

【典拠・参考文献】『寛政譜』第九・一〇九頁、清水紘一「長崎奉行一覧表の再検討」（『京都外国語大学研究論叢』第XV号、一九七五年）

佐久間信久《さくまのぶひさ》（生年未詳～一八六八）

小左衛門と称し、近江守と名乗った。禄高は四〇〇石。慶応二年（一八六六）八月二十一日に大坂において一橋付用人から歩兵頭並に就任すると、同三年二月に京都において歩兵頭、同年十二月には大坂にて歩兵奉行並に任ぜられるなど陸軍の士官職を歴任した。同四年正月三日、幕府歩兵第十一連隊を率いて鳥羽伏見の戦いに参戦するも戦死した。（神谷）

【典拠・参考文献】『柳営補任』、『続徳川実紀』第四・五篇、野口武彦『幕府歩兵隊』（中公新書、中央公論社、二〇〇二年）

佐久間信英《さくまのぶひで》（一八四〇～一九〇三）

天保十一年（一八四〇）七月生まれ。幼

名を忠次、旧名を椿平と称した。沼津兵学校第四期資業生で、明治七年（一八七四）に大蔵省紙幣寮十二等出仕となる。向山黄村の弟。明治三十六年（一九〇三）九月三十日に死去。享年六十三。（津田）

【典拠・参考文献】樋口雄彦『旧幕臣の明治維新　沼津兵学校とその群像』（吉川弘文館、二〇〇五年）、同『沼津兵学校の研究』（吉川弘文館、二〇〇七年）

佐久間信義《さくまのぶよし》（生没年未詳）

鐇五郎・幡五郎・璠五郎と称した。禄高八〇〇石。文久三年（一八六三）六月二十五日に小十人頭から外国御用出役頭取取締を兼帯し、八月十四日に火付盗賊改となるが、九月十日には免職され、勤仕並寄合となる。元治元年（一八六四）二月二十日に小十人頭・外国御用出役頭取取締に再任し、布衣を許される。九月十日には先手・別手組頭取取締となり、十二月二十七日には大砲組頭、慶応元年（一八六五）九月二十六日に先手・別手組頭取取締に再々任される、同二年二月二十一日に駿府町奉行、同四年二月十一日に目付となり、三月二十五日に町奉行となるが、五月二十日には大目付となり町奉行廃止にともなう残務整理を命じられる。菩提寺は芝の瑠璃光寺（東京都港区）である。（加藤）

【典拠・参考文献】『柳営補任』、『続徳川実紀』第四・五篇

佐久間正勝《さくままさかつ》（一五五六～一六三一）

弘治二年（一五五六）に織田信長の家臣佐久間信盛《のぶもり》の子として生まれる。甚九郎と称した。駿河守に叙任された。父信盛に従って信長に仕え、しばしば軍功をあげたが、天正八年（一五八〇）に明智光秀の讒言により、信長の勘気を蒙り、父信盛とともに高野山に逃れた。父の死後、信長に許されて織田信忠および信雄に仕えた。同十二年の小牧・長久手の戦で活躍するが、信雄と豊臣秀吉との和平交渉の際に正勝を自刃させる条件が出された。このとき信雄が正勝を成敗することにためらい、和平が不成立となる可能性があったため、剃髪して不干斎と号し、三河国笹原《ささはら》に隠遁した。同十四年頃より秀吉の許しを得て御伽衆の一人として仕え、茶人としても頭角をあらわした。慶長五年（一六〇〇）の関ヶ原の戦では、弟の信実《のぶざね》を徳川家康に供奉させ、自身は京都紫野に隠遁した。同十九年・同二十年の大坂の陣以後、二代将軍徳川秀忠に召し出されて御伽衆となり、駿河守に任じられ、武蔵国児玉郡・横見郡内において三〇〇〇石を拝領し、寄合に列した。寛永八年（一六三一）四月二十七日に死去。享年七十六。法名は宗岩。京都紫野の大徳寺高桐《こうとう》院（京都市北区）に葬られた。（白根）

【典拠・参考文献】『寛政譜』第九・一〇七～一〇八頁、桑田忠親『大名と御伽衆・増補新版』（有精堂出版、一九六九年）

佐久間政実《さくままさざね》（一五六一～一六一六）

永禄四年（一五六一）に尾張国御器所《ごきそ》城主で織田信長の家臣であった佐久間与六郎の子として生まれる。豊臣秀吉に仕え、慶長二年（一五九七）九月六日に従五位下河内守に叙任され、普請奉行や伏見町奉行を務めた。同五年九月の関ヶ原の戦では徳川家康に従い、のちに使番を務めた。同九年に彦根城、同十二年に大御所となった家康の拠点である駿府城の普請奉行となり、同十五年には、家康の九男徳川義直の居城である名古屋城の普請の際も奉行を務め、これに動員された諸大名の普請衆を指揮した。また、同十九年・同二十年の大坂の陣では家康に供奉し、目付として諸大名の軍勢を監視する役割を担った。元和二年（一六一六）十一月七日に死去。享年五十六。

（白根）

【典拠・参考文献】『寛政譜』第九・一〇六頁、『徳川実紀』第一・二篇

佐久間柳居《さくまりゅうきょ》（一六八六～一七四八）

貞享三年（一六八六）に生まれる。姓は佐久間。名は長利。通称は三之丞、三郎左衛門。俳人として、専鯉・椿子・長水・麦阿・柳居、さらに抱山宇・鷗心亭・松籟庵・眠柳居・落霞窓・織月窓・春日庵・括嚢庵・守黒庵などの号を用いた。細工頭佐久間長恒の子。母は尾張家家臣小川氏の息女。妻は滝川貞宴の息女、妙松。享保期頃に西丸小十人組となる。はじめ沾徳門で活躍したが、次第に批判的になり、享保十六年（一七三一）には、『五色墨』の出版に中心的に関わる。後に美濃派と交流し、さらに伊勢派に転じる。同十八・十九年頃には『俳諧七部集』を選定し、元文四年（一七三九）に号を柳居と改め三斛庵を開き、歳旦帳を出版した。寛保三年（一七四三）には芭蕉五十回忌を催し、『芭蕉翁同光忌』を出版した。寛延元年（一七四八）五月三十日没。享年六十三。法名は眠柳居士。江戸浅草東国寺に葬られる。（湯浅）

【典拠・参考文献】『寛政譜』第二十・二二七頁、潁原退蔵「柳居—過渡期の人」『潁原退蔵著作集　第五巻』（中央公論社、一九八〇年）、『古典文学』第六巻

桜井勝強《さくらいかつより》（一七四五～一八二八）

延享二年（一七四五）に生まれる。内方銕五郎当高の二男で、母は青山次郎右衛門忠初の息女。先代桜井勝郁の養子となり、勝郁の息女を妻とする。後妻は小野日向守一吉の養女、また原田吉十郎正豊の息女を娶っている。熊次郎・隼人・庄左衛門と称し、備中守・備前守を名乗る。明和七年（一七七〇）十月十五日初めて十代将軍徳川家治に拝謁する。安永六年（一七七七）七月十日、西丸小性組に列し、同八年四月十六日に本丸に転じる。騎射歩射を勤め、また放鷹に追従した際には、鳥を射落として時服を賜っている。天明元年（一七八一）五月二十六日に西丸に復し、同六年閏十月二十日再び本丸勤めとなる。寛政五年（一七九三）十二月二十七日に遺跡五〇〇石を継いだ。同八年十二月十日徳川家慶に伴って西丸勤めとなる。文化元年（一八〇四）四月十二日西丸目付となり、同五年十二月三日に仙洞附、同十一年五月九日より西丸御留守居、文政十年（一八二七）十二月八日鑓奉行を務める。翌年十月に死去。享年八十四。（橋本）

【典拠・参考文献】『寛政譜』第十五・一六二頁、『旗本百科』第三巻

桜井知寿《さくらいちじゅ》（生没年未詳）

久三郎・久之助と称した。文久三年（一八六三）八月十二日、評定所留役（勘定）より四〇俵四人扶持で代官に任命され、三河国赤坂の出張陣屋へ赴任した。元治元年（一八六四）より備中国倉敷代官所へ赴任したが、慶応二年（一八六六）四月十日、長州藩奇兵隊を脱走した元隊士らにより襲撃を受ける事件が起きた。幸い桜井は不在で難を逃れた。同三年五月に代官を辞し、小普請入りとなった。（宮原）

【典拠・参考文献】『旗本百科』第三巻、『岡山県史』二六巻（岡山県、一九八三年）

桜井政甫《さくらいまさすけ》（一七一一～没年未詳）

正徳元年（一七一一）に勘定奉行を務めた桜井河内守政英の長男として生まれる。内蔵助・丹後守と称する。母は小普請組の水野甚左衛門親信の娘、妻は御船手を務めた新見彦四郎正員の娘である。享保十年（一七二五）十二月七日、十五歳の時に初めて八代将軍徳川吉宗に謁見する。同十二年五月二十一日には小性組に列し、元文二年（一七三七）閏十一月二十二日より西丸

に勤仕する。寛保元年（一七五二）正月二十八日より組頭にすすみ、同年十二月十九日布衣の着用を許される。延享元年（一七四四）十一月二十日に家を継ぎ、宝暦二年（一七五二）二月二十八日先手弓頭に転任し、この日より盗賊追捕の役を務める。同三年七月五日に日光奉行に移り、同年十一月十五日に従五位下丹後守に叙任する。同五年七月二十二日、大坂町奉行へ移るが、同七年八月二十七日に大坂近辺の新開の地を故意に開墾し、さらに許可なくその地の年貢を収納していたという罪で罷免され、小普請入りとなる。さらに逼塞の処罰が下され、同八年正月二十日に赦された。明和二年（一七六五）八月四日に隠居した。

（根岸）

【典拠・参考文献】『寛政譜』第十五・一七〇～一七一頁

桜井政英《さくらいまさひで》（一六六九～一七三九）

寛文九年（一六六九）に生まれ、その後勘定を務めていた桜井政貞の養子となる。母は須藤氏の娘、妻は小普請を務めた水野甚左衛門親信の娘。六之助・藤兵衛・九右衛門と称し、のちに任官して河内守と名乗る。元禄二年（一六八九）十二月十九日に跡を継ぎ、同八年十一月四日に御納戸番に列する。宝永四年（一七〇七）九月五日に組頭に進み、さらに享保三年（一七一八）六月四日には八代将軍徳川吉宗の母浄円院付に転じた。同年十二月十八日に布衣の着用を許される。同十一年八月三日に、吉宗の実子である一橋宗尹の近習となる。同十八年四月二十八日に頭取を命じられ、新恩三五〇石を賜わる。この時、采地に改められ、常陸国真壁郡に計七〇〇石を知行する。なお、同二十年九月一日にこの役は用人と改称された。元文三年（一七三八）七月二十三日に勘定奉行へ進み、十二月十八日には従五位下河内守に叙任した。同四年十月十五日に辞任し、寄合に列した。同四年十月十八日に七十一歳で死去。法名は是誰。

（根岸）

【典拠・参考文献】『寛政譜』第十五・一七〇頁

桜井政能《さくらいまさよし》（一六四九～一七三一）

慶安二年（一六四九）に桜井七右衛門定政の二男として生まれる。孫兵衛と称した。妻は長岡氏の女。後妻は松平越後守家臣萩原五左衛門某の娘。徳川綱重に仕え、甲斐国で代官を務める。笛吹川に堤防を築くなどの功績を残す。宝永元年（一七〇四）に綱豊（のち六代将軍家宣）が将軍世嗣として江戸城西丸に入る際、御家人に列し、幕府代官となる。享保十一年（一七二六）九月十一日、老年により職を辞す。同十六年正月十四日に死去。享年八十三。法名は道就。小日向の金剛寺に葬られる。

（宮原）

【典拠・参考文献】『寛政譜』第十五・一六九頁

座光寺為時《ざこうじためとき》（一五五一～一六四三）

天文二十年（一五五一）に武田信玄に仕えた座光寺為清《ためきよ》の四男として生まれる。母は矢沢豊前某の娘。次郎右衛門・丹波と称する。信濃国伊那郡に住し、徳川家康に仕える。天正十八年（一五九〇）、徳川家が関東に移封となった際、上野国碓氷郡大竹九五〇石余を賜い、その後、さらに三〇石余が加増となる。慶長五年（一六〇〇）の関ヶ原の戦では徳川秀忠に供奉し、上田城攻めに参加、翌年、知行地を改められ、信濃国伊那郡に一〇〇〇石を賜い、代々山吹村に住して交代寄合（信濃衆）となる。後に松岡右衛門大夫某の別心のことを訴え出た恩賞として四一〇石余が加増となる。元和元年（一六一五）の大坂の陣では松平乗寿に属して枚方を守り、その後、致仕して帰慶と号する。寛永二十年（一六四三）六月二十六日に死去。享年は九十三。法名は皈慶。信濃国伊那郡山吹村の宅地に葬られる。
（田原）

【典拠・参考文献】『寛政譜』第十六・三五六頁、『旗本人名』別巻解説編四五頁

佐々木一陽《ささきいちよう》（生年不詳～一八五五）

三蔵と称す。任官後は近江守と名乗る。安政二年（一八五五）の『武鑑』によれば、父は佐々木庄三郎。『柳営補任』によれば、文化十三年（一八一六）十月二十九日に大番三番組より二番組の組頭へ移っていることが確認される。文政十二年（一八二九）三月には、佐々木三蔵の先祖が著述した書籍を上呈し、白銀の下賜を受けた。天保五年（一八三四）五月二十四日に小十人頭へと転じ、同八年二月二十四日に家定付目付、翌九年十月十五日には本丸目付なった。また、同十四年三月十五日、精勤により従五位下近江守に叙任されている。同年七月五日、普請奉行次席の格となり勤高二〇〇〇石を賜り、同月二十八日には勘定奉行並勝手掛へと昇進した。同じく天保十四年十月十日に小普請奉行に就き、翌十五年五月および弘化元年（一八四四）十二月・弘化二年五月と三度にわたり本丸普請を務め、弘化二年五月四日の際には三〇〇石の加増を受けている。弘化二年十二月十二日に持筒頭へと転じ、嘉永四年（一八五一）十二月二十一日には鑓奉行となる。安政二年（一八五五）八月に死去した。
（保垣）

【典拠・参考文献】『続徳川実紀』第二篇、『柳営補任』、『旗本百科』第三巻

佐々木顕発《ささきけんはつ》（一八〇六～没年未詳）

文化三年（一八〇六）に代官元締手代河野周助《しゅうすけ》の子として生まれ、御徒組頭佐々木助左衛門の養子となる。脩輔《しゅうすけ》と称し飛騨守・信濃守を名乗った。文政九年（一八二六）十二月二十二日に御徒組、その後支配勘定・評定所留役・寺社奉行吟味物調役・勘定組頭（永々御目見以上）などを経て、天保十四年（一八四三）閏九月二十日に勘定吟味役海防掛となり、一〇〇俵を加増され、十二月十六日に布衣を許される。嘉永四年（一八五一）七月二十八日に奈良奉行となり、二〇〇俵を加増され、十一月十五日には諸大夫となる。同五年十月八日に大坂町奉行、安政四年（一八五七）二月二十四日に小普請奉行、同五年五月二十四日に勘定奉行公事方となるが、同六年正月二日に免職させられ、差控となり、十月二十七日に小普請となるが、十二月十八日に赦される。文久二年（一八六二）七月六日に御徒頭、十月十日に作事奉行、同三年四月十六日に町奉行、同月二十三日に西丸御留守居、八月二日に町奉行へ再任し、元治元年（一八六四）五月二十五日に外国奉行を兼帯し、六月二十九日に外国奉行となるが、七月二十五日に免職させられ寄合となる。
（加藤）

【典拠・参考文献】『柳営補任』、『続徳川実紀』第三・四篇、『江戸幕臣人名』第二巻

佐々木孟雅《ささきたけまさ》（一七一九～一七七四）

享保四年（一七一九）に依田左助直有の子として生まれるが、後に佐々木孟成の養子に入る。母は依田直方の娘。猪之助・伝次郎と称す。妻は佐々木孟成の娘。後妻は紀伊家家臣佐々木季綱の娘。元文五年（一七四〇）十二月十一日にはじめて徳川吉宗に拝謁し、寛延二年（一七四九）十月二十八日より大筒役を務めていた父孟成の見習いとなる。宝暦六年（一七五六）九月六日に家督を相続し、大筒役に就いた。宝暦十三年八月二十六日、鉄炮玉薬奉行へと転じるが、なお、大筒役は兼帯している。そもそも同家は「家伝の砲術を師範」する家で

あり、「代々これを教授す」とある（『寛政譜』）。明和八年（一七七一）三月二十一日、勘定吟味役へ昇進し、同年十二月十八日には布衣の着用を許される。安永三年（一七七四）八月八日に死去、享年五十六。法名は義沢。牛込の松源寺に葬られている。（保垣）

【典拠・参考文献】『寛政譜』第十九・三六一頁

佐々木只三郎《ささきただざぶろう》（一八三三～一八六八）

会津藩士佐々木源八の三男として生まれ、のち親戚であった旗本佐々木矢太夫の養子となる。文久三年（一八六三）、浪士組結成に伴い上洛し、翌年には京都見廻組を率い、浪士組の清河八郎を暗殺した。戊辰戦争が勃発すると幕府軍の一員として鳥羽・伏見の戦いに参戦するが、重傷を負い和歌山に敗走中に死去した。墓所は和歌山県和歌山市の紀三井寺および福島県会津若松市武家屋敷内。（上野）

【典拠・参考文献】『新選組大人名事典』（新人物往来社、二〇〇一年）

笹本忠良《ささもとただよし》（一七七三～一八一九）

安永二年（一七七三）に生まれる。父は御小納戸笹本忠鋼《ただかね》で、母は西丸持弓頭高島広行《ひろゆき》の息女。熊之助・彦太郎と称した。妻は御小納戸竹川明忠《あきただ》の息女。天明八年（一七八八）十一月二十七日に家督を継いだ。家禄は五〇〇俵。寛政七年（一七九五）十月十六日に小性組の番士となり、同八年十二月十日に将軍嫡子の敏次郎（のちの十二代将軍家慶）に付けられ西丸で勤務する。同十年十月八日に田安家の物頭となり、のちに同邸で用人を務める。文化十年（一八一三）十二月二日に再び家慶に付けられ西丸御徒頭となり、同十三年十二月十二日に西丸目付となる。文政二年（一八一九）十二月に死去。享年四十六。菩提寺は牛込の仏性院（仏性寺か。現在は大法寺に合併され杉並区に移転）か。子の忠固《ただかた》は三味線音楽の一種で江戸後期に流行した歌沢節の始祖、歌沢笹丸である。（竹村）

【典拠・参考文献】『寛政譜』第二十・三二六頁、『柳営補任』、『続徳川実紀』第一・二篇、『国史大辞典』第二巻（吉川弘文館、一九八二年）

篠本彦次郎《ささもとひこじろう》（生没年未詳）

彦次郎と称す。父は勘定格奥右筆所詰の久兵衛。家禄二三八俵二斗。文化二年（一八〇五）八月二十六日に部屋住から奥右筆組頭手附出役となる。同六年十二月七日、家督を相続し、小普請となる。同九年十二月二十九日に支配勘定、文政九年（一八二六）十二月十八日に勘定、天保九年（一八三八）六月十日に甲斐石和代官、永々御目見以上となる。同十三年に越後出雲崎代官、安政二年（一八五五）に関東代官となり、文久三年（一八六三）御役御免、勤仕並寄合となる。（山本）

【典拠・参考文献】『旗本百科』第三巻、『代官履歴』

篠山景義《ささやまかげよし》（一七五五～一八一八）

宝暦五年（一七五五）に篠山彦十郎の長男として生まれる。初め奉義《ともよし》と名乗り、七十郎・十兵衛と称した。妻は飯田久四郎高勝の娘。百人組与力・勘定吟味方改役並を務めた後、天明六年（一七八六）八月四日に旗本として、勘定吟味方改役となり、蔵米一〇〇俵を拝領する。同八年八月十四日に勘定となり、同年十月十日より評定所留役も兼ねる。また同月晦日、江戸廻り代官に就任。文化元年（一八〇四）七月二十日に布衣の着用を許され、同七年正月十一日に勘定吟味役となる。同十三年十月八日に家禄を二〇〇俵高の加増をうけ、佐渡奉行を任命される。文政元年（一八一八）佐渡において死去。享年六十四。（宮原）

【典拠・参考文献】『寛政譜』第二十二・二八四頁、『旗本百科』第三巻、『代官履歴』

佐々長重《さっさながしげ》（生年未詳～一六一四）

母は尾張徳川家家臣石黒重成の息女。左平太と称した。徳川家康に仕え、御膳番をつとめる。美濃国多芸《たぎ》・山県《やまがた》両郡にて采地五〇〇石を与えられる。慶長十九年（一六一四）九月十日に死去。領地は収公された。法名は源秋。菩提寺は駿河国安部川徳願寺（静岡県静岡市）。（鍋本）

【典拠・参考文献】『寛政譜』第三・三一〇頁

佐々長次《さっさながつぐ》（一五九一～一六五四）

天正一九年（一五九一）に佐々長成《ながなり》の二男として摂津国に生まれる。権兵衛と称す。妻は佐々氏の息女。後妻は小性組番士土屋利重の息女。慶長十九年（一六一四）十二月、京において徳川家康に拝謁し、九月に死去した兄長重の采地五〇〇石を賜う。同二十年（元和元・一六一五）大坂夏の陣にて父長成とともに永井直勝組に属して供奉する。のち、二代将軍秀忠に仕え書院番士となる。寛永二年（一六二五）、父の遺跡のうち弟正成に五〇〇石を分知し、残り五五〇石を賜い、合計一〇五〇石余となる。同三年、上洛に供奉し、同十年二月七日に二〇〇石の加恩があり、上総国市原・下総国千葉両郡において加増、合計一二五〇石となる。同十二年、神田橋・雉子橋修理の普請奉行となる。同十四年九月十三日、豊後目付となり、翌十五年七月二十七日に帰謁。同十六年三月三日、松平（戸田）光重への美濃国加納城引渡役として赴き、五月五日に帰謁。同十七年二月五日、島津光久への鶴下賜の使者として薩摩国へ赴き、三月九日に帰謁。同年七月二十六日、讃岐国高松城主生駒高俊改易の検使として赴く。同十八年七月五日、諸国巡見使を命ぜられる。同十九年命を受け常陸国下館城にて目付をつとめる。同年十二月十五日に使番となり、同月晦日に布衣を許される。同二十年（一六四三）五月六日、陸奥国二本松に赴き城請取役をつとめ、六月三日には城下壁屋町・杉田町焼失を注進、八月十四日に帰謁した。同二十一年（正保元・一六四四）正月二十四日、三代将軍家光の三縁山詣の際に随身をつとめる。正保二年（一六四五）七月十四日、水野元綱への上野国安中の引渡役となる。同年十月一日に、大坂目付となり、翌三年三月一日に帰謁し、地理・風俗を報告する。同四年十一月七日、丹波国亀山に赴き目付をつとめる。慶安元年（一六四八）家光の日光参詣に供奉し、また同年六月二十一日、古田重恒の改易に伴い、城引渡役として石見国浜田に赴く。同二年八月三日、地震等非常時の登城を命じられる。同年十一月二十八日、石見国浜田より帰謁。同三年八月一日、豊後目付となり暇を賜う。同四年七月十五日、知恩院への盆中賜物の使者となり、暇を賜う。承応三年（一六五四）六月三日に死去。享年六十四。法名は伝尊。（高見澤）

【典拠・参考文献】『寛政譜』第七・三一〇頁、『徳川実紀』第二～四篇、『柳営補任』、『寛永諸家系図伝』

佐々成意《さっさなりもと》（一六九〇～一七四六）

元禄三年（一六九〇）に、甲斐国甲府藩主の徳川綱重に仕えた佐々長直《ながなお》の四男として生まれる。母は内田氏の息女。小性組の佐々成益《なります》の養子となり、その息女を妻とする。通称は又四郎。宝永元年（一七〇四）九月二十七日に家督を継ぐ。知行七〇〇石。同五年三月二十五日に西丸書院番、享保九年（一七二四）十月九日に御徒頭となり、十二月十八日に布衣の着用を許される。同十三年四月には八代将軍吉宗による日光社参に供奉。同十七年閏五月朔日に先手鉄炮頭に転じ、十一月十八日より盗賊追捕（火附改）を加役としてつとめる（同十八年四月二十八日に加役御免）。同二十年十二月十七日には盗賊追捕を再勤。元文三年（一七三八）二月二十八日に大坂町奉行となり、六月朔日に従五位下美濃守に叙任。同五年四月朔日に辰巳屋一件で逼塞となり、五月二十五日に赦免。辰巳屋一件とは、大坂の豪商辰巳屋久左衛門の先代弟木津屋吉兵衛が辰巳屋の乗っ取りを画策したことに端を発するもので、成意は訴状の取り下げに必要な証文がないにもかかわらず久左衛門側の訴状を却下したことを咎められた。延享元年（一七四四）九月二十八日に持弓頭となり、同三年五月六日に死去。享年五十七。法名成意。菩提寺は駒込の吉祥寺（東京都文京区）。（高山）

【典拠・参考文献】『寛政譜』第七・三一六頁、『柳営補任』、『大阪市史』第一巻（大阪市参事会、一九一三年）、内山美樹子「辰巳屋一件の虚像と実像」（『早稲田大学大学院文学研究科紀要』二九、一九八三年）、渡邊忠司『大坂町奉行所異聞』（東方出版、二〇〇六年）

佐藤一斎《さとういっさい》（一七七二～一八五九）

明和九年（安永元・一七七二）十月二十日に美濃国岩村藩家老佐藤信由《のぶより》の二男として江戸に生まれる。母は下総国関宿藩家老蒔田助之進の五女留《とめ》。名は信行、二十歳のとき坦《たいら》と改める。字は大道《たいどう》。幾久蔵と称していたが二十歳のとき捨蔵と改める。一斎・愛日楼・老吾軒・百之寮・風自寮等と号した。岩村藩第四代藩主松平乗蘊《のりもり》の三男、後の林述斎と兄弟のごとくして育った一斎は、十九歳のとき、五代藩主松平乗保の近習となる。寛政三年（一七九一）に致仕し、同四年に大坂に出て中井竹山に学んだ。同五年、江戸に出て林信敬に入門する。同年に信敬が没し、述斎が林家第八代の大学頭となると、述斎の門人となり、文化二年（一八〇五）、林家の塾長になる。なお、それより前の寛政十二年（一八〇〇）六月、肥前国平戸藩第九代藩主松浦《まつら》清《きよし》（号静山）に謁見し、藩校維新館にて講説を行い、また長崎に遊学している。文政十一年（一八二八）、岩村藩の老臣として藩政に関与したが、天保十二年（一八四一）、述斎が没した後、七十歳で幕府の儒官となり、昌平黌で講じた。朱子学の立場をとりつつ、陽明学にも関心を持ち続けたため、陽朱陰王と評された。著書には、「言志四録」と総称される『言志録』一巻、『言志後録』一巻、『言志晩録』一巻、『言志耋録』一巻があるほか、『周易』、『論語』、『孟子』、『大学』などの欄外書、『呉子副詮』一巻、『孫子副詮』一巻、『愛日楼文詩』四巻などがある。子弟には渡辺崋山・佐久間象山・山田方谷・池田草庵・東沢瀉・吉村秋陽・安積艮斎・河田迪斎・横井小楠・川路聖謨などがいる。安政六年（一八五九）九月二十四日に死去。享年八十八。法名は惟一院成誉大道居士。菩提寺は麻布深広寺（東京都港区）。（西）

【典拠・参考文献】『御家老日記』（松浦史料博物館蔵）寛政十二年六月条、中村安宏、村山吉廣『佐藤一斎・安積艮斎』（明徳出版社、二〇〇八年）、近藤春雄『日本漢文学大事典』（明治書院、一九八五年）、竹内誠・深井雅海編『日本近世人名辞典』（吉川弘文館、二〇〇五年）

佐藤堅忠《さとうかたただ》（一五四八～一六一二）

天文十七年（一五四八）に織田信長の家臣佐藤信則《のぶのり》の子として生まれる。妻は武藤弥平兵衛の息女。勘右衛門と称した。はじめは豊臣秀吉に仕えて使番を務め、従五位下駿河守に叙任された。慶長五年（一六〇〇）より徳川家康に仕え、同年九月の関ヶ原の戦に供奉した。同十年四月二十六日に徳川秀忠の将軍宣下にともなう上洛にも供奉した。同十二年に大御所となった家康の居城である駿府城の普請奉行になり、同十五年には家康の九男徳川義直の居城となる名古屋城の普請奉行も務めた。同十七年十二月二十三日に死去。享年六十五。法名は宗雪。
（白根）

【典拠・参考文献】『寛政譜』第十三・三四三頁、「竹腰文書抄」（徳川林政史研究所所蔵）

佐藤重信《さとうしげのぶ》（一六六六～一七〇四）

寛文六年（一六六六）に水戸徳川家の家臣佐藤吉成《よしなり》（実は先々代成次《なりつぐ》の弟）の息子として生まれる。先代継成《つぐなり》の養子となり、その娘を妻とする。八之丞・勘右衛門と称する。天和三年（一六八三）十二月十四日に遺跡を継ぎ小普請となる。家禄は三二〇〇石であった。宝永元年（一七〇四）十二月七日に死去。享年は三十九。法名了瑞。浅草の智光院に葬られる。佐藤家は裕福な旗本として著名であった。『元禄世間咄風聞集』には、重信が遺跡を継いだ際、佐藤家には七万両もの蓄えがあり、しかも町屋敷が多数あったため、重信一代の間、知行地からの収納には手をつける必要がなかったと記されている。
（田原）

【典拠・参考文献】『寛政譜』第十三・三四四頁、長谷川強校注『元禄世間咄風聞集』（岩波文庫、一九九四年）、小川恭一『江戸の旗本事典』（講談社文庫、二〇〇三年）

佐藤重矩《さとうしげのり》（一七四三～一八二八）

野呂吉十郎正直と、柘植伊右衛門竹東の娘の二男として生まれ、佐藤保族の養子となる。友五郎と称した。妻は平山清蔵義建の娘。明和六年（一七六九）正月二十六日勘定となり、安永八年（一七七九）五月二十三日に先に美濃・伊勢両国の川々普請の功により時服二領・黄金二枚を賜る（のち関東川々の普請の功でも褒美を賜る）。天明六年（一七八六）五月十四日、父の死去に伴い四十二歳で家督を相続する。家禄は一五〇俵。八年十月晦日に代官となり、同年から寛政五年（一七九三）まで信濃国御影陣屋、寛政五年から文化十二年（一八一五）まで越後国石瀬陣屋、文化十二年から文政三年（一八二〇）まで越後国出雲崎陣屋、文政四年から文政七年まで江戸代官、文政七年から文政十一年まで陸奥国川俣陣屋の代官を務める。寛政三年十月二十三日に教諭の内容で白銀一〇枚を賜る一方、六年七月十二日・七年二月十七日には拝謁を止められる。文政十一年七月六日に死去。
（堀）

【典拠・参考文献】『寛政譜』第二十一・一七三頁、西沢淳男『幕領陣屋と代官支配』（岩田書院、一九九八年）

佐藤清五郎《さとうせいごろう》（生没年未詳）

勘定をつとめた佐藤金五郎の子として生まれる。石見守を名乗った。禄は慶応四年（一八六八）段階で一〇〇俵である。天保十四年（一八四三）九月四日に家督を継ぎ、弘化二年（一八四五）十一月十八日に表右筆となり、嘉永元年（一八四八）十二月二十七日には奥右筆所留物方となる。安政三年（一八五六）十二月六日には奥右筆となり、元治元年（一八六四）十二月四日より奥右筆組頭格となったため一〇〇俵高に加増される。慶応元年（一八六五）八月二十五日に本役となり、同三年十一月六日に勝手方勘定奉行並となる。同四年正月二十八日には御役御免、勤仕並寄合となる。
（坂本）

【典拠・参考文献】『柳営補任』、『旗本百科』第三巻

佐藤継成《さとうつぐなり》（一五七〇～一六三四）

元亀元年（一五七〇）に普請奉行佐藤堅《かた》忠《ただ》の子として生まれる。実母は武藤弥平兵衛の息女。妻は佐藤紀伊守の息女。後妻は遠山筑前守の息女、および一柳五郎四郎の息女。与兵衛・勘右衛門と称した。慶長五

年（一六〇〇）九月の関ヶ原の戦後に徳川家康に召し出され、同十五年九月二十五日に美濃国加茂郡内において一〇〇〇石を拝領した。同二十年の大坂夏の陣にも供奉し、普請奉行を務めた。のちに二代将軍徳川秀忠に仕え、元和三年（一六一七）五月二十六日に二一九〇石を加増されて、美濃国加茂郡・大和国十市《といち》郡・摂津国武庫郡・同国嶋下《しましも》郡・近江国高島郡内において計三一九〇石を拝領した。寛永三年（一六二六）に大御所秀忠・三代将軍家光の上洛に供奉し、同八年六月二十日より日光東照宮の造営奉行を務めた。同九年七月二日に普請奉行となり、同年十月二十三日には駿府町奉行に転じた。同十一年四月三日に駿府で死去。享年六十五。法名は祖光。駿府伝馬町の宝泰寺に葬られた。（白根）

【典拠・参考文献】『寛政譜』第十三・三四三頁、『徳川実紀』第二篇、佐藤任宏『藤蔭十話（一）―美濃旧族・旗本佐藤家史―』（二〇〇五年）

佐藤道碩《さとうどうせき》（生没年未詳）

実父は越前松平家家来の伊藤次右衛門で、奥医師佐藤道安の養子となる。天保六年（一八三五）十一月十一日、部屋住より奥医師見習となる。同八年四月に西丸奥医師見習、同十年十二月七日に西丸奥医師、同十二年三月二十三日には家定奥医師となる。弘化二年（一八四五）十二月二十日、勤め向き出精につき二〇〇俵を下される。嘉永六年（一八五三）四月五日、父道安死去につき家督相続。安政五年（一八五八）十月の家定死去後も「只今までの通り」とされる。（吉成）

【典拠・参考文献】『旗本百科』第三巻

佐藤信顕《さとうのぶあき》（一七六五～一八三二）

明和二年（一七六五）に御留守居などを務めた神保茂清《しげきよ》の二男として生まれる。養父は寄合佐藤信富《のぶよし》。前妻は大番頭などを務めた高木正鼎《まさかね》の娘。後妻は奏者番を務めた増山正賛《まさよし》（伊勢長嶋藩主）の娘。金之丞・兵庫・修理と称した。安永九年（一七八〇）十一月四日に遺跡を継ぐ。家禄は知行三二〇〇石であった。寛政七年（一七九五）四月二十五日より火事場見廻を務め、寛政十一年十二月二十六日に寄合肝煎となる。以後、小普請組支配・甲府勤番支配・浦賀奉行・大番頭・留守居などを歴任し、天保二年（一八三一）十二月十日に死去。享年は六十七。浅草の智光院に葬られる。佐藤家は裕福な旗本として著名であった。例えば信顕は、文政七年（一八二四）五月、現役の西丸書院番頭であるにもかかわらず願い出て、一か月弱の間、美濃国加茂郡伊深村（現岐阜県美濃加茂市）の正眼寺へと祖先の墓参に赴いている。この間の総費用が四一〇両とされ、佐藤家の富裕をうかがわせる逸話となっている。（田原）

【典拠・参考文献】『寛政譜』第五・四〇四頁、第十三・三四五頁、第十八・一二五頁、第二十一・三三二頁、『旗本百科』第三巻、小川恭一『江戸の旗本事典』（講談社文庫、二〇〇三年）

佐藤信崇《さとうのぶたか》（生没年未詳）

兵庫と称した。駿河守を名乗った。文久二年（一八六二）十月二十四日、寄合より寄合肝煎となる。慶応元年（一八六五）五月二十六日に甲府勤番支配となり、同四年（明治元・一八六八）三月十七日に御役御免、寄合となる。（坂本）

【典拠・参考文献】『柳営補任』、『続徳川実紀』第五篇

里見義章《さとみまさあき》（生没年未詳）

野本文左衛門虎保の三男として生まれる。長五郎・八郎右衛門と称した。里見貞丈の養子となり、明和六年（一七六九）八月五日に家督を継ぐ。廩米一五〇俵を与えられる。安永元年（一七七二）十二月二十二日

に十代将軍家治に拝謁し、同四年十一月晦日に表右筆となり、享和三年（一八〇三）十二月二十五日に表右筆組頭に進む。天明六年（一七八六）閏十月十三日に将軍家治の葬儀に従事、同八年三月七日に諸家領知の御判物・朱印状の発給、寛政元年（一七八九）十一月二十二日に堂上方や寺社領の御判物・朱印状の発給に従事したため褒賞を受ける。（石山）

【典拠・参考文献】『寛政譜』第十八・三三六頁、『旗本百科』第三巻

里村昌琢《さとむらしょうたく》　（一五七四～一六三六）

天正二年（一五七四）に生まれる。名は景敏。号は懐恵庵・拝北庵・什庵など。連歌師の里村仍景昌叱の子。母は連歌師里村紹巴の女。慶長四年（一五九九）十一月十三日より、昌琢と名乗る。同十三年五月、法橋に叙せられる。元和三年（一六一七）八月二十八日、二代将軍徳川秀忠より一〇〇石の朱印を受け、連歌の家の地位を確立する。寛永三年（一六二六）三月、後水尾天皇より古今伝授を受け、同五年正月二十日の幕府連歌始に参士し、宗匠となる。同九年十二月、法眼に叙せられた。同十三年二月五日没、享年六十三。法名は日瑳。京錦小路の頂妙寺本立院に葬られた。（湯浅）

【典拠・参考文献】『寛政譜』第十八・三〇三頁、『古典文学』第三巻

真田信昌《さなだのぶまさ》　（一五四七～一六三二）

天文十六年（一五四七）に真田幸隆《ゆきたか》の四男として生まれる。妻は武田家家臣馬場氏勝の息女。源次郎・市右衛門と称し、のちに隠岐守となる。信尹とも名乗った。はじめ武田家に仕えたが、武田勝頼の死後は後北条氏に仕えた。天正十二年（一五八四）、徳川家康に拝謁し、三〇〇〇石を拝領した。一時蒲生氏郷に仕えたが召し返され、あらためて家康から甲斐国巨摩郡内において三〇〇〇石を拝領して使番となり、関ヶ原の戦や大坂の陣に供奉した。その後旗奉行に転任して一〇〇〇石加増され、計四〇〇〇石を拝領した。寛永九年（一六三二）五月四日に死去。享年八十六。法名は無斎。甲斐国長坂村の龍岸寺（山梨県北杜市）に葬られた。（白根）

【典拠・参考文献】『寛政譜』第十一・六三頁

真田幸政《さなだゆきまさ》　（生年未詳～一六五三）

長兵衛（尉）と称す。父は武田家・北条家に仕え、のち徳川家康に仕えた信昌。母は武田家の家臣馬場美濃守氏勝の息女。妻は叔父真田昌幸の息女。慶長五年（一六〇〇）大坂において家康に拝謁し、のち西丸書院番となり、一〇〇〇石を賜う。寛永八年（一六三一）二月十二日に使番となり、同九年八月二十六日、父の死去により遺跡を継ぎ、うち一〇〇〇石を弟信勝に分け与え、自身は三〇〇〇石を知行し、以前の一〇〇〇石は返納する。同年九月二十一日、池田光仲の因幡鳥取城に国目付として派遣され、同十三年布衣を着すことを許される。同十五年、松平信綱の武蔵川越城移封につき目付代を務め、のち遠江・播磨・豊後・因幡等で同様の役目を務める。正保元年（一六四四）王子村での犬追物高覧につき、御殿普請の奉行を務め、のち江戸城の堀・石垣・西丸普請などの奉行を務める。慶安五年（承応元・一六五二）正月十一日に鉄炮頭となる。翌年正月五日に死去。法名は林柏。葬地は甲斐国長坂村の龍岸寺（山梨県北杜市）。（小宮山）

【典拠・参考文献】『寛政譜』第十一・六三頁、『寛永諸家系図伝』第十四・六二頁、善積（松尾）美恵子「江戸幕府の監察制度―国目付を中心に―」（『日本歴史』二四四号、一九六八）

佐野庸貞《さのつねさだ》　（一七五六～一八三七）

宝暦六年（一七五六）生まれ。通称は金

蔵・宇右衛門。父佐野庸寿《つねなが》の七男。母は不詳。本家の佐野満在《みつあり》（実は兄）の養子となる。妻は安藤定賢の息女。後妻は曲直瀬養安院正雄の養女。安永四年（一七七五）閏十二月十八日に将軍家治に御目見。天明五年（一七八五）十二月二十五日に家督を相続し、相模国高座・鎌倉郡、武蔵国久良岐郡の内で七〇〇石を知行した。翌六年五月十一日に小性組番士となる。寛政九年（一七九七）二月五日に屋敷改に出役。同十二年六月十九日に御徒頭、享和二年（一八〇二）七月二十四日には目付となった。文化四年（一八〇七）二月五日、朝鮮通信使の御用を勤める。同七年十二月十六日、従五位下肥後守に叙任した。同十年一月二十八日に京都町奉行に就任。文政二年（一八一九）十一月八日に普請奉行、同六年四月十二日には作事奉行となる。同十二年五月三日に大目付となり、同月九日には道中奉行を兼任した。天保六年（一八三五）四月二十四日に西丸鑓奉行となる。天保八年十二月八日、八十二歳で死去。法名不明。菩提寺は浅草の新光明寺である。（松本）

【典拠・参考文献】『寛政譜』第十四・三六頁、『旗本百科』第三巻

佐野義行《さののりゆき》（一七五七～一八二九）

宝暦七年（一七五七）に大和国高取藩主植村家通の三男として生まれる。母は遠山氏。初め氏房と名乗り、三蔵・兵庫・亀五郎と称した。佐野徳行《とくゆき》の婿養子となり（後妻は佐野茂幸の息女）、安永二年（一七七三）四月八日に三五〇〇石を相続する。天明元年（一七八一）四月二十一日に御小納戸に列し、十一月二十八日に小性に移り、同三年十二月十八日、従五位下兵庫頭に叙任される。寛政九年（一七九七）六月十日に小普請組支配となり、同十年十二月十日に西丸小性組番頭に進み、同十一年三月十一日に本丸へ移った。享和元年（一八〇一）十二月二十七日に西丸書院番頭に転じ、同三年二月二十三日には本丸へ移った。文化四年（一八〇七）二月二十二日に大番頭、同七年六月二十四日に西丸御側となる。文政十二年（一八二九）十二月四日に死去。孫の資行が家督を相続した。義行は文芸に通じて、また狩野派風の画を描いた。天明八年六月二十一日に一橋治済の嗣子治国（早世のため家督相続はせず）に進上する『帝範』の浄書を行い、また寛政三年十月二十三日には十一代将軍徳川家斉の命により系譜の書写をしている。また、主な著作に『巡行日記』、『たまのみきり』、『戸山の春』、『並鄂百絶』、『十寸鏡』、『和多戸山尾公別業之記』がある。なお、天明四年三月二十四日に江戸城中において老中田沼意次の子息意知を刺殺した佐野政言《まさこと》は遠縁にあたる。（清水）

【典拠・参考文献】『寛政譜』第十四・一七頁、『旗本百科』第三巻、『柳営補任』、『国書人名辞典』第二巻（岩波書店、一九九五年）

佐野政言《さのまさこと》（一七五七～一七八四）

宝暦七年（一七五七）に新番佐野政豊《まさとよ》の子として生まれる。妻は村上義方の息女。源之助・善左衛門と称した。安永二年（一七七三）八月二十二日に父政豊の隠居により家督を相続し、十二月二十二日に初めて十代将軍徳川家治に御拝謁した。知行は五〇〇石である。同六年二月七日に大番となり、同七年六月五日には新番に転じた。天明四年（一七八四）三月二十四日、江戸城殿中で若年寄田沼意知《おきとも》に斬りかかり、深手を負わせた。刃傷に及んだ動機として、田沼家は家系上、佐野家の家来筋あたり、老中田沼意次・若年寄田沼意知父子が佐野家の系図を借りたまま返さなかったこと、上野国の佐野家の知行地にある佐野大明神と称する社を横領して田沼大明神に改めたこと、御小納戸などの役職を世話すると約束

し、金品を受け取ったのにもかかわらず、その約束が守られなかったことなどが取り沙汰されたが実際のところは不明である。意知は父意次の看病のかいもなく、四月二日に死去した。そのため、政言の行動は乱心とされ、翌日に切腹した。浅草の徳本寺（東京都台東区）に葬られたが、政言に対する世間の同情が集まり、庶民の参詣が相次ぎ、「世直し大明神」としてあがめられるようになった。享年二十八。

（白根）

【典拠・参考文献】『寛政譜』第十四・二九頁、『翁草』（『日本随筆大成』第三期・第二二巻、吉川弘文館）、『営中刃傷記』（『新燕石十種』第二）

佐野政親《さのまさちか》　（一七三二〜一八二四）

享保十七年（一七三二）に生まれる。与次郎・与八郎・備後守・豊前守と称する。妻は留守居を務めた河野豊前守通嵩の娘。寛保二年（一七四二）十月三日、十一歳にして駿府定番を務めた祖父政春の遺跡である采地一〇〇〇石を継ぐ。宝暦四年（一七五四）四月五日、西丸の小性組に列し、同十一年八月三日より本丸勤めとなり、同十二年十二月十五日に再び西丸へ移る。同十三年正月十一日使番に転任した。同年七月二十八日、水災にあった上野国前橋城の三曲輪の監察を命じられる。同年十二月九日に、布衣を着することを許される。明和四年（一七六七）十二月朔日、西丸の目付に移り、安永六年（一七七七）七月二十六日には堺奉行となり、同年十月朔日に従五位下備後守に叙任する。天明元年（一七八一）五月二十六日になると、大坂町奉行に進み、同七年十月六日に辞職が許され寄合に列し、寛政二年（一七九〇）八月二十四日には先手鉄炮頭となり、十月七日より火附盗賊改役となり、同三年三月十七日にこれを免ぜられる。同六年九月十日には、田安徳川家の家老となり、文化六年（一八〇九）四月二十九日に御留守居に転任する。文政二年（一八一九）十二月十五日には出精を認められて五〇〇石の加増となり、同六年十二月朔日には老年を理由に宿直を免除され、翌七年十月二日に九十三歳で死去した。

（根岸）

【典拠・参考文献】『寛政譜』第十四・二七頁、『柳営補任』

佐野正周《さのまさちか》　（一六一八〜一六八九）

元和四年（一六一八）に勘定組頭佐野吉綱の長男として生まれる。初め安綱と言い、竹松・主馬・六右衛門と称した。妻は勘定を務めた武藤安信《やすのぶ》の息女で、後妻は河原氏の息女。寛永十四年（一六三七）に勘定方見習となり、翌十五年十二月十六日に家督を相続する。正保二年（一六四五）二月に勘定組頭となる。慶安三年（一六五〇）閏十月十日に畿内および近江国の水害地を巡検する。寛文六年（一六六六）十二月十日に勘定組頭を免じられ、時々に勘定所へ出仕すべき旨を命じられる。同十年十二月二十七日に廩米二〇〇俵を、天和二年（一六八二）四月二十二日にさらに二〇〇俵を与えられる。同年六月十四日に勘定頭に付き従って勤仕すべき旨を命じられ、十二月二十七日に布衣の着用を許される。貞享四年（一六八七）九月十日に勘定頭となる。このとき一〇〇〇石を加増され、廩米を知行地に改めて合計一九〇〇石の知行となる。同年十二月二十五日に従五位下長門守に叙任される。元禄元年（一六八八）八月二十三日に勤務状況不良を理由に免職となり、出仕を止められる。同二年六月四日に赦され、知行地一〇〇〇石を収められて小普請となる。同年十二月二十六日に死去。享年七十二。法名は貞残。菩提寺は浅草の新光明寺である。

（宮坂）

【典拠・参考文献】『寛政譜』第十四・三五頁

佐野政行《さのまさゆき》（生没年未詳）

与七郎・伊勢守・豊前守・日向守を称する。文政七年（一八二四）に死去した祖父の跡を継ぎ、同八年六月十七日に中奥小性から小普請組支配となる。天保四年（一八三三）一月二十八日より一橋家老に任ぜられて、同十五年まで務める。その後、御留守居に転任し、安政五年（一八五八）五月六日に御側となって二〇〇〇石に加増され、同年十一月一日に御留守居を兼帯するようになる。翌年に宿直を免除され、文久二年（一八六二）に御役御免の願を出して聞き届けられ、以降隠居生活を送る。（根岸）

【典拠・参考文献】『柳営補任』、『旗本百科』第三巻

佐野茂承《さのもちつぐ》（一七〇三～一七八六）

元禄十六年（一七〇三）に生まれる。甚次郎・主水・喜兵衛・右兵衛尉などと称する。妻は山田奉行を勤めた佐野豊前守直行の娘。宝永七年（一七一〇）七月二十八日、八歳の時に初めて六代将軍徳川家宣に御目見する。享保二年（一七一七）八月三日に小性組に列していた父茂包《もちかね》の遺跡を継いで小普請となり、同四年六月二十六日寄合に列する。同九年十月九日に書院番となり、同十三年四月には八代将軍吉宗の日光山参詣に供奉する。同年八月十八日、小納戸に移り、九月五日には小性にすすみ、同十八年十二月十八日、従五位下となり右兵衛尉と名乗る。元文元年（一七三六）八月十二日に新番頭となり、同二年閏十一月十八日には小性組番頭に転任、延享二年（一七四五）九月一日より西丸に移る。寛延二年（一七四九）三月二十六日より書院番頭となり、宝暦四年八月二十八日、火番頭に進む。同六年九月二十六日に御側衆となり、同十年四月一日、隠退した家重に従い二丸に勤仕し御用取次となる。同十一年八月四日、再び本丸勤めとなり、明和二年（一七六五）十一月十五日十代将軍家治の嫡子家基に従属し、同六年九月十一日より御用取次となり、西丸に移る。安永三年（一七七四）九月二十四日下野国安蘇郡内に新恩一〇〇〇石を賜い、合わせて四〇〇〇石を知行する。同八年、家基の逝去により十八日職を辞し、菊間広縁詰となる。天明二年（一七八二）三月二十一日に御留守居となり、同三年十二月一日西丸の御側に転任する。同四年正月二十六日には老年のため城外の供奉を免ぜられ、同五年五月二十五日に宿直を免除される。同六年三月七日に家治の五十の御賀につき、紅裏を着する恩免がある。同年九月五日、病により職務を辞す希望を出すが許されず、七日に八十四歳で死亡する。法名は啓佑。（根岸）

【典拠・参考文献】『寛政譜』第十四・一九頁

佐野盛綱《さのもりつな》（一六二二～一六八八）

元和八年（一六二二）に書院番佐野久綱《ひさつな》の子として生まれる。寅千代・吉之丞と称す。母は北条家家臣大森左近の息女。妻は小川政吉の息女。寛永十九年（一六四二）に初めて三代将軍徳川家光に拝謁する。同二十一年（正保元・一六四四）六月十六日に書院番に列し、寛文八年（一六六八）八月二十三日に家督を継いだ。同十年六月六日に書院番組頭に進み、十一年十二月二十八日に布衣を着することを許される。延宝七年（一六七九）三月四日、先手鉄炮頭に転じ、同八年三月四日より盗賊追捕の任を勤め、同九年（天和元・一六八一）七月二十六日に禁裏附となり、丹波国氷上郡のうちから新恩一〇〇〇石を賜い、天和元年十一月二十一日、従五位下修理大夫に叙任される。同二年難波中納言宗量に勅旨によって、盛綱家伝の系図を書写させる。これを愛宕宰相通福が執奏している。貞享四年（一六八七）には十月十三日鑓奉行となり、

同五年（元禄元・一六八八）五月十六日に死去。享年六十三。法名は道持。（橋本）

【典拠・参考文献】『寛政譜』第十四・一五頁

佐野吉綱《さのよしつな》（一五八七～一六二一）

天正十五年（一五八七）に徳川家康の家臣佐野綱正《つなまさ》の長男として生まれる。新太郎・主馬と称した。父の知行地三〇〇〇石のうち八〇〇石を相続し、小性となる。その後、祇園祭見物の途上で争論を起こし、二人を切害したことにより改易。慶長十九年（一六一四）に赦免され、知行五〇〇石を与えられ、伊豆金山奉行となる。その後、遅くとも元和二年（一六一六）には勘定組頭を兼帯し、同七年十二月二十九日に死去。享年は三十五。法名は浄往。菩提寺は浅草の新光明寺である。（宮坂）

【典拠・参考文献】『寛政譜』第十四・三四頁、大野瑞男『江戸幕府財政史論』（吉川弘文館、一九九六年）

佐橋佳富《さはせよしとみ》（一七七六～没年未詳）

安永五年（一七七六）に生まれる。万蔵と称す。長門守・遠江守に叙任。実の父は佳豊。佳如の養子となる。母は某氏。妻は松平信行の息女。家禄一〇〇〇石。寛政十年（一七九八）十二月二十二日に初御目見。文化十四年（一八一七）十一月十七日に西丸書院番から使番になる。文政十一年（一八二八）一月十一日に西丸目付、同十二年四月二十八日に本丸目付、天保六年（一八三五）六月八日に京都町奉行、同十一年四月八日に勘定奉行公事方、同十二年五月三日には道中奉行兼帯、同十三年二月七日に作事奉行過人勘定奉行次席、同十四年五月十日に西丸留守居となり、同年十二月二十八日、人減につき御役御免。（山本）

【典拠・参考文献】『旗本百科』第三巻

佐橋佳如《さはせよしゆき》（一七四〇～没年未詳）

元文五年（一七四〇）に生まれる。民部・市左衛門と称す。実父は小性組番などを務めた佳遐《よしとお》。小性組を務めた兄佳太《よしやす》の養子となる。母は佐野新蔵の息女。妻は辻久暢の息女。宝暦十一年（一七六一）十二月二十九日に遺跡を継ぐ。知行一〇〇〇石。同十二年四月十八日に初御目見。明和五年（一七六八）に西丸小性組番、安永八年（一七七九）四月十六日より本丸小性組番、天明元年（一七八一）五月二十六日に西丸小性組番に復し、同六年閏十月二十日より再び本丸小性組番となる。同八年十二月二十三日、小性組頭に進み、同月二十八日、布衣を許される。寛政元年（一七八九）閏六月十九日、日光奉行に転じ、七月朔日、従五位下長門守に叙任。同四年閏二月八日、勘定奉行に就任。同六年九月十六日辞職し、寄合となる。同十年九月朔日、先手弓頭となる。同十二年に普請奉行、文化三年（一八〇六）に西丸留守居、同六年に鑓奉行となり、同九年に辞職。（山本）

【典拠・参考文献】『寛政譜』第十五・二〇〇頁、『旗本百科』第三巻

佐山八十次郎《さやまやそじろう》（生没年不詳）

実父は西丸小十人鈴木八兵衛、養父は小普請佐山治兵衛。ただし、佐山次郎兵衛との説もある。本国は摂津、屋敷は飯田町坂上にあった。家禄は一〇〇俵五人扶持。天保三年（一八三二）七月晦日に家督を継ぎ、小普請入り。同九年七月二十二日、表右筆となる。同十二年十二月六日、奥右筆所留物方となり、同十四年六月十八日には奥右筆、文久二年（一八六二）六月一日には、奥右筆組頭格となった。同年七月八日に奥右筆組頭、八月二十一日には表右筆組頭となって、閏八月八日には布衣を許される。同年十二月一日、再び奥右筆組頭となり、慶応四年までその役を務めた。なお、『諸向地面取調書』の当人についての記述には、異同がある。（浦井）

【典拠・参考文献】『幕臣人名』

沢《さわ》太郎左衛門《たろうざえもん》　（一八三四～一八九八）

天保五年（一八三四）に生まれる。鉄太郎と称した。諱は貞説。蘭学を学び、韮山代官江川英龍《ひでたつ》のもとで砲術を修行したのち、安政初年に箱館奉行支配箱館江戸書物御用出役となった。安政四年（一八五七）九月に第三期長崎海軍伝習生に選抜され、オランダ人教官から西洋海軍技術を学んだ。同六年九月に軍艦操練所教授方手伝出役、文久元年（一八六一）四月に軍艦操練所教授方出役、その後軍艦組出役に就任するなど幕府海軍の創設・運営に尽力した。同二年六月に榎本武揚らとともにオランダへ留学、砲術や火薬製造法などを学習して慶応三年（一八六七）三月に帰国した。同年五月に大番格軍艦役勤方、七月に軍艦役、同四年正月には軍艦頭並に進んだ。戊辰戦争に際しては榎本武揚に従い、同年八月に幕府軍艦開陽丸を率いて品川沖を脱走、箱館政府の開拓奉行を務めた。明治二年（一八六九）五月、箱館政府降伏により東京に送還、獄中生活を送るが、同五年正月に放免となった。以後、明治政府における海軍教育に尽力し、同三十一年五月九日に死去した。享年六十五。　（神谷）

【典拠・参考文献】『柳営補任』、『続徳川実紀』第五篇、戸川安宅編「故沢太郎左衛門氏の略歴」（『旧幕府』二巻六号、一八九八年）

佐脇《さわき》安住《やすずみ》　（一六八四～一七六一）

貞享元年（一六八四）に生まれる。実は甲府藩の家臣で後に幕府の小性組番頭となった深津正茂《まさしげ》の三男。母は不詳。同じく甲府藩の桜田館で家宣（のちの六代将軍）に仕え、のちに大番となった佐脇安邑《やすむら》の息女を妻として安邑の養子となった。後妻は館林藩松平（越智）家の家臣尾関当陳の息女。孫四郎・伝十郎・源兵衛と称した。家宣の将軍就任にともない、宝永六年（一七〇九）四月六日に部屋住から召し出され大番となり、廩米二〇〇俵を賜る。享保十年（一七二五）十一月朔日、八代将軍吉宗の二男小五郎（後の一橋家初代当主宗尹《むねただ》）の近習番となり、番料二〇〇俵を賜る。同十四年八月十一日に小五郎の近習となり、布衣を許され、同二十年九月朔日には職名が用人と改まる。寛保元年（一七四一）に二〇〇俵を加増され、都合四〇〇俵となる。延享元年（一七四四）八月二十八日、幕府の先手弓頭に転じ、宝暦四年（一七五四）三月八日に老衰のため職を辞して、寄合に列した。同年八月三日に致仕し、養老料として廩米三〇〇俵を賜った。同十一年二月二十六日に死去。享年七十八。菩提寺は四谷の天龍寺（東京都新宿区）。　（竹村）

【典拠・参考文献】『寛政譜』第六・三八五頁、『柳営補任』、『徳川実紀』第三・四・五篇、辻達也編『新稿一橋徳川家記』（続群書類従完成会、一九八二年）

し

塩谷惟寅《しおやこれのぶ》 （一七六九～一八三六）

明和六年（一七六九）六月十四日に旗本粟津清喬の二男として江戸に生まれる。名は惟寅、のちに正義。大四郎と称した。勘定方役人塩谷奉正《ともまさ》の養子となり、妻に奉正の息女を娶る。寛政四年（一七九二）に勘定、同八年に勘定吟味方改役となり、日光山の修造などにあたった。同七年には奉正の遺跡を継いでいる。文化十三年（一八一六）より日田代官となり、文政四年（一八二一）には西国郡代に昇進し、布衣を許されている。西国郡代在任中、日田の豪商広瀬久兵衛とともに水路や新田の開発に力を注ぎ、同六年には小ヶ瀬井路を開削し、五〇〇町歩の水田が潤い、さらにその余水を利用する中城河岸が開かれた。続いて同八年から天保四年（一八三三）にかけて、周防灘沿岸に乙女・順風・高砂・郡中など、あわせて六〇〇町歩を超える新田を次々に開発した。ほかにも養育田や陰徳倉を設けて貧民の救済を行ったが、新田開発の過重な負担に不満を募らせた日向の民衆が出訴し、同六年に江戸に召喚される。嫌疑は晴れたもののそのまま江戸に残り、同七年に西国郡代を辞し、二丸御留守居に転じた。同年九月八日に死去。享年六十八。菩提寺は谷中妙情寺（東京都台東区）。なお、明治四十五年（一九一二）に正五位を追贈されている。（西）

【典拠・参考文献】広瀬淡窓「懐旧楼筆記」（日田郡教育会編『淡窓全集　上巻』、一九七一年）、杉本勲編『九州天領の研究―日田地方を中心として―』（吉川弘文館、一九七六年）、竹内誠・深井雅海編『日本近世人名辞典』（吉川弘文館、二〇〇五年）

志賀金八郎《しがきんぱちろう》 （生年未詳～一八五八）

志賀藤四郎忠知の男。家禄は一五〇俵。嘉永四年（一八五一）に部屋住より表右筆となる。同七年四月二十二日に奥右筆から奥右筆組頭格に進み、安政三年（一八五六）四月二十五日に奥右筆組頭となる。同五年七月に死去する。（石山）

【典拠・参考文献】『旗本百科』第三巻

志賀定継《しがさだつぐ》 （一五九六～一六六〇）

志賀政継の男。母は渡邊周防守某が女。半兵衛と称した。慶長十五年（一六一〇）に家督を継ぎ、将軍秀忠に仕える。同十九年に大坂の陣に供奉した。のちに右筆となる。寛永三年（一六二六）には秀忠の上洛に供奉する。万治三年（一六六〇）に死去する。（石山）

【典拠・参考文献】『寛政譜』第二・八七頁、小宮木代良『江戸幕府の日記と儀礼史料』（吉川弘文館、二〇〇六年）

志賀忠知《しがただとも》 （一七六五～没年未詳）

志賀忠恭の男。母は祖父にあたる志賀忠時の女。熊五郎・藤四郎と称した。妻は奥医師の吉田快庵頼幹の女。家禄は一五〇俵。天明五年（一七八五）八月十一日に父忠恭より家督を継ぎ、同八年十二月二十三日に将軍家斉に拝謁する。寛政五年（一七九三）九月二十七日に表右筆、同六年四月四日に奥右筆見習となり、同十年十二月十九日西丸奥右筆を務める。文政七年（一八二四）八月に表右筆組頭となり、弘化三年（一八四六）に職を辞した。菩提寺は深川の心行寺（東京都江東区）。（石山）

【典拠・参考文献】『寛政譜』第十九・三九五頁、『旗本百科』第三巻

重田信征《しげたのぶゆき》 （一七五〇～没年未詳）

西丸御台所人の重田師美と、渡辺越中守家臣内田宗右衛門正房の娘の長男として生まれる。大助・幸次郎・又兵衛と称した。妻は一橋家家臣平田重右衛門正好の娘。天

明四年（一七八四）閏正月二十六日に勘定となり、七年五月九日、父の死去に伴い三十六歳で家督を相続する。家禄は四〇俵二人扶持。寛政三年（一七九一）七月十一日に先の東海道及び甲斐国の川々普請の功により黄金二枚を賜る。五年十一月七日には三河国の村々の国役普請の地を検分し、十年八月二十四日から代官になる。同年から享和元年（一八〇一）まで越後国新井陣屋、享和元年から文化元年（一八〇四）まで美作国久世陣屋、文化元年から文化十年まで大坂代官を務める（文化十年に勇退か）。
（堀）

【典拠・参考文献】『寛政譜』第二十二・二二八頁、西沢淳男『幕領陣屋と代官支配』（岩田書院、一九九八年）

寺家村《じけむら》邦一郎《くにいちろう》　（生没年未詳）

小十人格撤兵指図役勤方を務め、陸軍頭の下に属していた。しかし慶応三年（一八六七）六月十九日に幕府の人減らしの際に御役御免となり、勤仕並小普請入りを仰せ付けられた。寺家村以外にも慶応三年五月から六月以降にかけて多くの幕臣が兵士の職を解かれた。
（津田）

【典拠・参考文献】樋口雄彦『旧幕臣の明治維新　沼津兵学校とその群像』（吉川弘文館、二〇〇五年）

鎮目《しずめ》惟明《これあきら》　（一五六八～一六二七）

永禄十一年（一五六八）に武田信玄・勝頼に仕えた鎮目惟真《これざね》の長男として生まれる。母は武田家家臣甘利虎泰の息女。半次郎・市左衛門と称した。妻は徳川家康の同朋《どうぼう》を務めた内田正次《まさつぐ》の息女。天正十年（一五八二）に甲斐国において初めて徳川家康に拝謁して家康に仕え、文禄元年（一五九二）に秀忠の付属となる。慶長五年（一六〇〇）の関ヶ原の戦では信濃国上田城攻めに加わり、その武功によって「上田の七本鎗」の一人と称される。しかし、軍令違反として蟄居となり、翌六年に赦免される。同七年に加増されて合計一六〇〇石の知行となり、大番組頭となる。その後、少なくとも同十七年から元和二年（一六一六）に大番頭を務めていたことが、年寄・勘定頭連署状などの署名により推定されている。同三年に佐渡の代官となる。寛永二年（一六二五）に加増されて合計二一五〇石の知行となり、同四年七月十四日に佐渡国において死去。享年六十。法名は宗清。菩提寺は佐渡国雑太《さわた》郡の綱源寺である。
（宮坂）

【典拠・参考文献】『寛政譜』第四・二二五頁、大野瑞男『江戸幕府財政史論』（吉川弘文館、一九九六年）

設楽《しだら》貞政《さだまさ》　（一六二四～一六九一）

寛永元年（一六二四）年に生まれる。甚之助・市左衛門・肥前守と称する。父は諸道具奉行を務めた設楽貞信。妻は三好備前守長富の娘、後妻は阿部長徳院瑞屯の娘。同十三年八月二十五日にはじめて三代将軍徳川家光に拝謁し、同十五年十月二十四日に書院番の番士となる。同十八年六月二十八日小性組に移り、正保二年（一六四五）十二月十九日に遺跡を継いだ。寛文三年（一六六三）四代将軍家綱の日光社参に際して、事前に現地へ赴き御供の士の旅宿を差配した。同九年閏十月十八日には精勤を賞され、黄金五枚を恩賜される。同十二年六月十一日に使番に進み、八月十九日に仰せにより日光山に赴き目付を務め、十二月二十八日には布衣の着用を許された。同七年六月十四日に大坂町奉行となり、丹波国氷上・下野国芳賀の両郡のうちにおいて一〇〇〇石の地を加増され、十月三日に従五位下に叙される。貞享二年（一六八五）十二月二十二日に二男である助右衛門貞親が事件に連座して逼塞となり、同三年五月八日に赦免される。このとき貞政は、免職となり寄合に列する。元禄四年（一六九一）

二月二十日に六十八歳で死去、法名は日信。
（根岸）

【典拠・参考文献】『寛政譜』第十七・三〇五頁

設楽能潜《しだらのうせん》（生年未詳～一八六二）

設楽能得《よしのり》の男として生まれる。八三郎と称する。家禄は一五〇俵。天保十四年（一八四三）八月二十一日に奥右筆留物方より関東代官へ転じる。弘化元年（一八四四）に大坂鈴木町、嘉永六年（一八五三）に陸奥国川俣の代官を歴任し、安政二年（一八五五）八月二日に勘定吟味役海防掛へ栄転、同年十二月十六日に布衣を許される。同四年十二月二十八日に二丸御留守居へ転じるが、翌年八月二日に勘定吟味役へ再任される。万延元年（一八六〇）十一月一日に和宮下向縁組御用取扱や同月二十四日には朝鮮人来聘御用などを勤める。文久二年（一八六二）三月二十二日に先手頭へ転じるが過人により学問所御用を勤めるため組無し。同年五月十三日に先手鉄炮頭として正式に組を持つが、同年九月六日に死去。菩提寺は浅草の祝言寺である。
（西沢）

【典拠・参考文献】『寛政譜』第十七・三一〇頁、『代官履歴』、『旗本百科』第三巻

品川高如《しながわたかゆき》（一六一二～一六七一）

慶長十七年（一六一二）に生まれる。新太郎・内膳と称した。父は品川高久で、母は筑後某の息女である。妻は松平出雲守勝隆の養女で、後妻は増山弾正少弼正利の姉である。父高久は、今川氏真の二男で、慶長三年、初めて徳川秀忠に拝謁し、同六年に一〇〇〇石を拝領した。はじめ今川を称したが、秀忠が今川の称号は宗家に限り、品川と称するよう仰せがあったので、家号を改めた。高如は、寛永元年（一六二四）初めて三代将軍徳川家光に拝謁した。同十六年閏十一月七日、家督を継いで表高家に列し、同二十一年（正保元・一六四四）四月十日奥高家となり、正保元年十二月二十九日従四位下に叙任され、内膳正を称した。同二年四月二十三日、家綱の元服式に際しては、太刀の役を勤め、同年六月十五日家綱の日光代参の命を受けて、日光へ赴いた。同三年九月十七日、三河瀧山東照宮正遷宮により、家綱の代参を命じられ、同三年十二月晦日侍従に進んだ。同四年十一月二十四日、家光の紅葉山秀忠廟参詣の際には太刀の役を勤めた。また、同三年四月九日、同四年正月十三日、同年四月十日、同年七月二十六日、同年十二月十四日に、家綱の日光代参を勤めた。同五年（慶安元・一六四八）正月十七日、家綱の紅葉山参詣に際して太刀の役を勤め、同年閏正月二十八日、仁和寺宮（覚深法親王）が死去した際には、上皇への使者を務め、後にもまた命をうけて、京都および日光山、伊勢神宮等への使者を仰せつかった。慶安二年九月十二日、将軍家光の日光代参を命じられ、同三年九月三日より西丸家綱付きの勤めとなり、同四年また本丸の勤めに転じた。同三年閏十月十一日朝廷への使者を命じられ、寛文三年（一六六三）四月、四代将軍徳川家綱の日光社参の時に供奉し、同六年十二月二十二日式部大輔に改めた。同八年正月二十四日家綱の増上寺秀忠廟参詣の際に、太刀の役を勤めた。同九年十一月、女御鷹司房子が霊元天皇に入内した際には、同月朔日松平美作守定房に付き従って京都に至った。同年十二月二十三日従四位上に昇った。同十年、家綱の紅葉山東照宮参詣の際の太刀の役を勤めた。同十一年四月二十五日に死去した。享年六十。法名は即身院宗月晴山。
（田中暁）

【典拠・参考文献】『寛政譜』第二・二二九頁、『系図纂要』第十冊・六九七頁、『徳川実紀』第三・第六篇

芝正盛《しばまさもり》（生没年未詳）

西丸小性組石巻鉄五郎康林《やすしげ》の三男として生まれる。勘定芝与市右衛門正春《まさはる》の養子となる。妻は正春の次女。与一右衛門と称した。屋敷は牛天神下にあった。寛政四年（一七九二）正月二十六日に勘定となり、享和元年（一八〇一）十二月二十五日に油漆奉行、文化八年（一八一一）三月晦日に勘定組頭となった。同十二年五月二十七日、飛騨郡代に就任し、布衣の着用を許され、家禄は一〇〇俵に加増された。芝は在任時、年貢増徴策、山見上役設置による山内取締強化、高山町人田中半十郎出資による鉱山開発、薬種屋株の設定を行った。文政十二年（一八二九）八月十九日、老年のため職を辞した。（高橋）

【典拠・参考文献】『文政武鑑』、『寛政譜』第二十・一七一～二頁、『岐阜県史 通史編近世上』（一九六八年）、『旗本百科』第三巻、『代官履歴』

柴田勝房《しばたかつふさ》　（一七五一～一八〇六）

岩五郎・出雲守・左京亮・修理亮・丹波守などと称した。宝暦元年（一七五一）に小性組の坂本小左衛門直鎮の二男として生まれ、柴田勝曠《かつひろ》の長男勝満の死去により養子となった。妻は大坂の定番であった米津越中守政崇の娘、後妻は留守居を務めた小笠原石見守政久の娘である。明和四年（一七六七）八月五日、十七歳で遺跡三〇二〇石を継ぎ、同五年十二月五日に初めて十代将軍徳川家治に拝謁する。同六年二月二十三日に御小納戸に列し、三月十七日に小性に移る。十一月八日には献身的な勤務ぶりを認められて家治親筆の画を賜わる。同七年十二月十六日、従五位下出雲守に叙任される。安永五年（一七七六）四月、日光山参詣に供奉する。天明七年（一七八七）八月九日、十一代将軍家斉の画を賜わる。同年十月十二日に新番頭に転任し、寛政七年（一七九五）三月二十六日に小普請組支配に進み、さらに同九年六月八日に持筒頭に移る。そして、同十年五月二十日に辞職し、十月二十三日寄合肝煎となる。その後、享和三年（一八〇三）四月八日より西丸小性組番頭となるが、文化三年（一八〇六）二月八日に本丸一番組に組替えとなり、同年六月三十日に五十六歳で死去する。（根岸）

【典拠・参考文献】『寛政譜』第六・三一八頁、『柳営補任』

柴田収蔵《しばたしゅうぞう》　（一八二〇～一八五九）

文政三年（一八二〇）六月、佐渡宿根木村に生まれる。新発田とも称する。村重立八人衆、名主である長五郎の長男。養父に柴田昌琢。前妻は石塚市三郎の二女ふき、後妻は青木清十郎養女ふく。法受院大順と高津終平に師事。天保六年（一八三五）、佐渡奉行所の役人石井夏海に見出され江戸留学。高田藩医中根半仙に篆刻と漢方を師事。同十二年七月六日に帰郷。同十四年秋に出府。同年ふきと結婚。弘化元年（一八四四）、伊東玄朴門下。同二年秋に帰郷、称光寺末寺歓喜院で医者を開業。同四年、ふくと結婚。嘉永元年（一八四八）、「改正地球万国全図、地球万国山海輿地全図」出版。同三年、小木の医師柴田昌琢の養子となる。四月、古賀謹一郎門下。また天文方の山路諧孝門下。のち手伝。安政三年（一八五六）十二月二十三日、蕃書調所絵図調書役、一五人扶持年金一〇両。同六年四月に死去。享年四十。墓は佐渡の称光寺。（岩下）

【典拠・参考文献】柴田収蔵著・田中圭一編注『柴田収蔵日記』1・2（平凡社、一九九六年）

柴田剛中《しばたたけなか》　（一八二三～一八七七）

文政六年（一八二三）一月七日、御徒目付柴田順蔵の長男として生まれる。貞太郎と称し、日向守と名乗った。号は恬斎。天保四年（一八三三）八月、父の死により十歳で家督を継ぎ、小普請に入る（無役）。同十三年十月七日に御徒目付に任じられ、嘉永六年（一八五三）評定所勤務となり、同七年（安政元・一八五四）五月十八日に評定所留役介、安政二年四月十一日、評定所留役に進む。同五年九月二十五日に外国奉行支配組頭となって永々御目見以上となり、神奈川開港に尽力した。さらに外国人殺傷事件の処理などで欧米外交官との交渉に活躍し、万延二年（文久元・一八六一）一月二十九日に「御用多骨折《ごようおおくほねおり》」を理由に布衣《ほい》を許され、禄高一〇〇俵とされた。同年十二月、遣欧使節の一員として渡欧し、文久二年十二月に帰国。直後の十二月二十八日、外国奉行並に進み、同三年三月二十八日に渡欧の功績を賞されて年々二〇人扶持を加えられた。同年十一月四日に外国奉行となり、箱館で勤務し、同年十二月二十五日に諸大夫となった。慶応元年（一八六五）四月二十五日、製鉄所・軍制調査のために正使として、仏・英に再び派遣を命じられ、同年五月一日には常々の功績及び外国への派遣を理由に禄高二〇〇俵とされ、その後に出発し、同年十一月に帰国した。同三年五月十三日、大坂町奉行・外国奉行兼帯となり、同年七月には兵庫奉行（二〇〇〇石高）・大坂町奉行兼帯となって、兵庫開港や大坂居留地問題に取り組んだ。翌四年一月十七日に御役御免となり、四月に隠居を願い出て上総に移り住んだ。明治十年（一八七七）八月二十四日、五十五歳で死去。（筑紫）

【典拠・参考文献】『柳営補任』、君塚進『柴田剛中欧行日載』より」（『史林』四四巻六号、一九六一年）、戸川安宅「幕府名士小伝」（『旧幕府』一巻二号、冨山房）、『幕臣人名』第二巻

柴田政方《しばたまさのり》（生年未詳～一八五四）

勘定柴田善兵衛政恩《まさおき》の次男として生まれる。善之丞と称した。妻は評定所留役澤左吉実福《さねとみ》の息女。家禄は五〇俵五人扶持で、屋敷は小日向馬場にあった。寛政四年（一七九二）十月四日に家督を相続し、同八年十一月二十五日にはじめて十一代将軍家斉に拝謁した。その後、大坂御蔵奉行を経て、文政六年（一八二三）六月二十二日より勘定組頭となった。同十年十月四日に代官に就任し、陸奥国塙陣屋（文政十年～天保二年）、甲斐国石和陣屋（天保二年～同六年）、甲斐国甲府陣屋（天保六年～同七年）を管轄した。そして、天保七年（一八三六）正月十六日に美濃郡代となり、笠松陣屋に赴任した。布衣の着用を許され、家禄一〇〇俵高に加増された。嘉永四年（一八五一）十月八日に転任し、二丸御留守居となった。安政元年（一八五四）十二月に死去。（高橋）

【典拠・参考文献】『寛政譜』第二十二・一四九頁、「県令譜」（村上直校訂『江戸幕府郡代代官史料集』近藤出版社、一九八一年）、『文化武鑑』、『文政武鑑』、『嘉永武鑑』、『岐阜県史 通史編近世上』（一九六八年）、『旗本百科』第三巻、『代官履歴』

柴田康直《しばたやすなお》（一七八〇～没年未詳）

六三郎と称する。もともと兄である柴田安寧が、寛政五年（一七九三）に奈良奉行を務めた父康哉の遺領を継いでいたが、三年後に死去してしまい、弟の康直によって同八年十二月二十七日、十七歳で知行地二〇〇〇石が相続される。文政三年（一八二〇）十二月十五日に書院番から西丸御徒頭に進み、同十一年十一月一日に先手鉄炮頭となる。天保二年（一八三一）十二月十八日には加役として火附盗賊改を務め、同六年に山田奉行に昇進する。同十一年五月十一日より京都町奉行に転任し、同十三年八月二十四日より西丸留守居に移ることとなる。しかし、翌年には「御人減」のために免職となり、勤仕並寄合に列することとな

る。弘化二年（一八四五）三月二十日より堺奉行に任ぜられ、同四年に大坂町奉行に就任する。嘉永四年（一八五一）五月二十六日に老衰のため辞職する。（根岸）

【典拠・参考文献】『寛政譜』第六・三一五～三一六頁、『旗本百科』第三巻

柴田康長《しばたやすなが》（一五八七～一六三六）

天正十五年（一五八七）に生まれる。幼名は鶴千世・亀丸、のち七九郎と称した。父は、徳川家康に仕え、武田家旧臣の徳川家臣化等に活躍した柴田康忠。母は石河十郎右衛門某の息女。妻は永井長勝の息女。康長は、文禄二年（一五九三）に七歳で家康に拝謁し、その年に父の遺領を継ぐ。のち秀忠に仕え、慶長五年（一六〇〇）の関ヶ原の戦には、本多正信組に属して供奉。同九年には火の番の組頭となり、翌十年四月二十六日には従五位下筑後守に叙任されるが、同十八年に家臣による与力給の横領等が発覚し、改易。下野国足利に住した。大坂の陣にはひそかに伊達政宗の軍に従軍したという（『寛永諸家系図伝』）。元和九年（一六二三）に勘気をゆるされ、寛永元年（一六二四）には三〇〇〇石を賜い御徒頭となり（『寛永諸家系図伝』では同二年）、同三年には書院番組頭となった。同九年三代将軍家光に拝謁し、同十年四月二十三日、加増を受けて都合三七〇〇石となる。同七月二十六日には小性組番頭、同十三年三月二十七日には書院番頭へと転任した。同年六月二十二日に五十歳で死去。法名は月舟。父康忠と同じ武蔵国足立郡今泉十連寺（埼玉県上尾市）に葬られた。（小宮山）

【典拠・参考文献】『寛政譜』第六・三一〇頁、『寛永諸家系図伝』第五・一七三～一七四頁

柴田康能《しばたやすよし》（一六三九～一七二二）

寛永十六年（一六三九）に書院番組頭柴田康明《やすあきら》の長男として生まれる。妻は小性組朝倉高興《たかおき》の息女。七郎兵衛・七左衛門と称した。万治二年（一六五九）七月十一日に小性組に列し、延宝七年（一六七九）十一月二十七日に家督を継ぐ。同九年（天和元、一六八一）三月朔日には奥田忠信《ただのぶ》・戸川安成《やすなり》とともに西国巡視を受命。天和二年三月二十九日に使番に進み、同年四月二十一日に五〇〇石を与えられる。同年六月十八日には会津藩主保科正容《まさかた》が幼少のため、国目付を命じられる。同三年十二月十五日に布衣の着用を許される。貞享五年（元禄元、一六八八）八月二十三日に目付、元禄六年正月二十八日に仙洞附となり、五〇〇石の加増を受けて計二〇〇〇石を知行する。同年五月二十八日には従五位下日向守に叙任される。同十年には蔵米を改めて知行地を与えられる。同十一年三月十五日（『柳営補任』では二十五日）に辞職して寄合となった。宝永三年（一七〇六）七月二十七日に隠居。享保七年（一七二二）正月八日に死去。享年八十四。法名は栄休。（芳賀）

【典拠・参考文献】『寛政譜』第六・三一四頁、『柳営補任』、会津若松史出版委員会編『会津若松史』第二巻（福島県会津若松市、一九六五年）

柴野栗山《しばのりつざん》（一七三六～一八〇七）

元文元年（一七三六）に生まれる。本名を邦彦、字は彦輔と称した。号は栗山・古愚軒・五峰山房・石顚・三近堂。父は柴野平左衛門軌道、母は葛西氏の息女於沢。出生地は讃岐国三木郡牟礼村である。妻は小浜藩酒井家の家臣藤田和左衛門義知の息女阿順。高松藩校の講道館で後藤芝山に師事、優秀な才能を芝山から「我門の顔子」と称された。この頃から特に詩文と書道に頭角を現した。宝暦三年（一七五三）に十八歳で昌平黌に入学し林復軒に師事した。明和二年（一七六五）、三十歳の頃、京都に赴き国学を高橋宗直から学んだ。同四年八月

から徳島藩蜂須賀氏の儒者となり世子の教育にあたり、四〇〇石を与えられた。老中松平定信の推挙により天明八年（一七八八）一月十六日に五十三歳で幕府の寄合儒者を勤め、廩米二〇〇俵取りとなった。同月二十八日に十一代将軍徳川家斉に御目見して、七月十七日から将軍に講義をした。同年十月十日に、『国鑑』編纂の命を受けた。幕府における注目すべき活躍としては昌平黌の儒者として、老中松平定信の命を受けて大学頭林信敬や岡田寒泉と共に学政の整理を行ったこと、さらに寛政二年（一七九〇）五月二十四日から昌平黌の教育方針として異学を禁じて朱子学を正学とする、いわゆる「寛政異学の禁」を断行したことである。同九年十二月に昌平黌が幕府直轄の学問所として昌平坂学問所に改められたのは、栗山や尾藤二洲・古賀精里らの尽力による。なお、栗山は二洲・精里と共に「寛政の三博士」と称された。彼らは書道にも優れていたことでも知られ、栗山は高芙蓉・韓天寿ら文人と交流して碑版や法帖を賞玩した。同十二年十二月十六日に布衣を許され、西丸の将軍世子の侍読として西丸奥儒者となり、さらに俸禄二〇〇俵を加増された。栗山は殊の外詩文に優れており、近世有来の大家と称された。著作は前述した『国鑑』の他、『栗山文集』『栗山堂詩集』『資治概言』『冠服考証』『聖賢障子図考』その他多数ある。文化四年（一八〇七）十二月一日に死去。享年七十二。菩提寺は小石川の大塚先儒墓地と京都府の東寺町の西方寺である。

（神崎）

【典拠・参考文献】『寛政譜』第二十・二七二頁、『柳営補任』、『続徳川実紀』第一篇、谷本富・三上参次『栗山先生の面影』（六盟館、一九〇七年）、長尾藻城・川口刀水『家庭に寄せし柴野栗山の書簡』（聚精社、一九一〇年）、徳川公継宗七十年祝賀記念会編『近世日本の儒学』（岩波書店、一九三九年）、下中邦彦編『書道全集』第二十三巻日本・江戸二（平凡社、一九五八年）、竹林貫一『漢学者伝記集成』（名著刊行会、一九六九年）、五弓雪窓編『事実文編』三（関西大学東西学術研究所資料集刊十一―三、関西大学出版・広報部、一九八〇年）、市川本太郎『日本儒学史』四近世篇朱子学派・陽明学派（汲古書院、一九九四年）

柴村盛香《しばむらもりか》 （一六九三～一七六〇）

元禄六年（一六九三）に石川権三郎法定の子として生まれるが、のちに代官を務めた柴村藤左衛門盛興《もりおき》（家禄一五〇俵）の聟養子となり、その娘を妻とする。通称は勝之助・藤右衛門、隠居後は幽山と号した。正徳五年（一七一五）十二月十五日に初めて七代将軍家継に謁見する。享保八年（一七二三）十二月に養父盛興が死去したものの、代官在職中の年貢未進を咎められて家督相続を許されず、同十年三月二日になって年間五〇俵ずつを上納することを条件に遺領相続が許可され、勘定奉行支配となる。同十二年四月十一日に勘定となり関東地域の新田検地などを担当、同十七年に諸国で蝗害が発生した際には被災地を巡見し、その後の救恤施策の実務に携わった。同十八年九月十九日に勘定組頭へと進み、元文元年（一七三六）四月二日には代官に就任した。養父の支配所における年貢未進が原因で自身が苦労したこともあってか、盛香は折りからの老中松平乗邑―勘定奉行神尾春央ラインによる年貢増徴政策の中で、「新代官」と呼ばれる吏僚的代官の一人に数えられ、支配所に対する年貢率の引上げなどを強行し、徹底した収奪を図った。支配所の一つである武蔵国埼玉郡西方村の「旧記」には、盛香が代官であった時代の年貢収取のありさまを「此上何程相増候哉、際限もこれなき様子にて」と記している。盛香は宝暦六年（一七五六）六月七日に代官の職を辞して小普請組に入り、同八年十二月十九日に隠居して家督を長男の盛膺《もりたか》へ譲り、二年後の同十年五月二日に六十八歳で死去した。法名は日玄。谷中の本光寺に葬られた。（太田尚）

【典拠・参考文献】『寛政譜』第十九・一七五〜一七六頁、大石学『享保改革の地域政策』（吉川弘文館、一九九六年）

柴村盛方《しばむらもりみち》 （一七二二〜没年未詳）

享保七年（一七二二）に小十人を務めた柴村新十郎定輝《さだてる》（家禄一五〇俵）の長男として生まれる。はじめ定矩《さだのり》を名乗り、金次郎・孫市・源左衛門と称した。母は松平采女正家臣の山田権兵衛重邦の息女。妻は益田新助脩由の娘。元文四年（一七三九）八月二日に遺跡を継ぎ、延享三年（一七四六）六月十五日に初めて九代将軍家重に拝謁、寛延元年（一七四八）十二月二十日に西丸小十人となる。西丸にいた大御所吉宗の死去により寛延四年（宝暦元年・一七五一）七月十二日に番を解かれ、同五年十月十二日には表右筆に就任した。同七年十月二十九日に奥右筆へ転じ、安永七年（一七七八）九月十六日には表右筆組頭、天明五年（一七八五）十二月六日には腰物奉行となり、同月十八日には布衣の着用が許可された。腰物奉行に就任した際には、知人の屋代弘賢へ「つかさどるみはかしの太刀のつかのまに君がめぐみをさそあふぐべし」という和歌を送ったという。寛政五年（一七九三）に御役御免となって寄合入りした。

盛方は、八十九歳になった文化七年（一八一〇）に江戸の風俗に関する随筆『飛鳥川』を著した。同書には、享保以降に江戸の風俗が大きく変化したという認識のもと、過去に自らが見聞した「衣類・商い物・住居向等に至るまで」のさまざまな事象が列記されており、都市江戸における生活様式の変化などを考えるに際して、貴重な情報を与えてくれている。（太田尚）

【典拠・参考文献】『寛政譜』第十九・一七六頁、『日本随筆大成』第二期第一〇巻（吉川弘文館、一九七四年）

渋江抽斎《しぶえちゅうさい》 （一八〇五〜一八五八）

文化二年（一八〇五）十一月八日、江戸神田弁慶橋に生まれる。全善・恒吉・道純・子良・籀斎・三世劇神仙と称する。父は允成。母は縫。医学を伊沢蘭軒と池田京水に、儒学や書誌学を狩谷棭斎と市野迷庵に師事する。家は代々弘前藩の医官で、自身も弘前藩の医官であった。弘化元年（一八四四）幕府の医学校である医学館（躋寿館）講師。嘉永二年（一八四九）に御目見。医学・史学・哲学・文学・演劇・古銭・長唄等多才であり、蔵書は三万五千部に及んだという。江戸時代を代表する考証学者の一人である。後に森鷗外の長篇史伝『渋江抽斎』で名前が知られた。著作に『護痘要法』『経籍訪古誌』等。安政五年（一八五八）八月二十九日、コレラにより死去。享年五十四。墓は谷中の感応寺。（岩下）

【典拠・参考文献】国立国会図書館編『人と蔵書と蔵書印』（雄松堂、二〇〇二年）

渋江長伯《しぶえちょうはく》 （一七六〇〜一八三〇）

宝暦十年（一七六〇）に太田元達惟長の四男として生まれ、のちに渋江陳胤《よしたね》（松軒）の娘を妻として渋江家の聟養子となった。医師・本草学者で、諱は虬《たつ》といい、多宮とも称した。渋江家は、寛永年間（一六二四〜四四）の氏胤以来、歴代にわたって幕府の奥医を務めてきた家柄である。家禄は三〇〇俵一〇人扶持。長伯は安永八年（一七七九）四月八日に遺跡を継ぎ、同年八月二十八日には十代将軍家治との初めての御目見を済ませ、寛政五年（一七九三）十二月二十日に奥詰医師となった。そして翌二十一日より御薬園に関する諸事を担当し、同七年十二月二十六日には飯田町・一番町に御薬園を開設したことを賞せられて白銀三枚を賜るとともに、同所および各地の御薬園を預け置かれた。また、「羅紗織の事」を担当した褒美として、同九年十二月二十六日には白銀一〇枚が下賜されている。さらに、同十一年に幕命により東蝦夷地へ採薬調査に赴き『蝦夷採薬記』や『東遊奇勝』などの著作を残す一方、所管した巣鴨御薬園では日本で初めて綿羊を飼育し、羅紗織りを試作するなど、本草学の知識を生かして多方面で活躍した。文政十三年（一八三〇）四月十九日に七十一歳で没し、牛込の月桂寺に葬られた。（太田尚）

【典拠・参考文献】『寛政譜』第十・四八頁、上田三平『日本薬園史の研究』（私家版、一九三〇年）

渋川景佑《しぶかわかげすけ》（一七八七〜一八五六）

天明七年（一七八七）十月十五日に天文方高橋至時《よしとき》の子として大坂に生まれる。幼名善助。滄州と号す。天文方・書物奉行の高橋景保《かげやす》は実兄。文化二年（一八〇五）、伊能忠敬の測量行に同行、測量作業に従事する。同五年、天文方渋川正陽の養子となり、翌年家督を継いで助左衛門を称し、天文方となる。晩年、図書と改名。父至時の仕事を引き継ぎ、天保七年（一八三六）、『ラランデ暦書』の翻訳を完成させ、『新巧暦書』四〇巻として幕府に献上。同十年鉄炮箪笥奉行格となり、同十二年、改暦御用を仰せ付けられ、翌年『新巧暦書』に基づく天保改暦を実施した。編著は他に『新修五星法』、『新修彗星法』等多数。安政三年（一八五六）六月二十日に死去。享年七十。法名は大機院仁翁滄州居士。品川東海寺に葬られる。（工藤）

【典拠・参考文献】「天文方代々記」（大崎政次編『天文方関係史料』私家版、一九七一年）、「改暦御用留」（東北大学図書館蔵）、渡辺敏夫『日本の暦』（雄山閣、一九七六年）、上原久『高橋景保の研究』（講談社、一九七七年）

渋川則休《しぶかわのりよし》（一七一七〜一七五〇）

享保二年（一七一七）に天文方渋川敬尹《ひろただ》の長男として生まれる。通称六蔵。同十二年六月、天文方渋川敬也《ひろなり》の跡を継ぎ、渋川家六代目となる。同日、天文方を仰せ付けられる。寛延三年（一七五〇）二月、天文方西川正休《まさやす》とともに、京都において改暦のための測量御用を勤めるも中断。同年八月二十四日に死去。享年三十四。法名は真涼院天山紹心。品川東海寺に葬る。（工藤）

【典拠・参考文献】『寛政譜』第十八・三八五頁、「天文方代々記」「渋川家先祖書」（大崎政次編『天文方関係史料』私家版、一九七一年）、渡辺敏夫『日本の暦』（雄山閣、一九七六年）

渋川春海《しぶかわはるみ》（一六三九〜一七一五）

寛永十六年（一六三九）閏十一月三日に幕府碁所安井算哲の子として京都に生まれる。幼名六蔵。承応二年（一六五三）父の跡を継ぎ、安井算哲を襲名。後に姓を保井、さらに渋川に改める。名は都翁《つっぢ》、字は順正《のぶまさ》、通称助左衛門、新廬と号す。山崎闇斎《あんさい》に儒学、岡野井玄貞に暦学、陰陽頭安倍（土御門）泰福《やすとみ》に土御門神道を学んだ。当時用いられていた宣明暦《せんみょうれき》が、実際の天体の運行と合致していなかったことから改暦の気運が高まり、天和三年（一六八三）改暦御用を仰せ付けられた。晴海は、より正確な授《じゅ》時暦《じれき》を手本として貞享暦を作り、貞享元年（一六八四）に改暦が行われた。同年、改暦の功により初代天文方に任じられ、造暦・頒暦のことを司ることとなった。これにより、朝廷陰陽寮が専管していた造暦・頒暦の実質的な権限が幕府に移った。著書に『天文瓊統《けいとう》』『日本長暦』等がある。正徳五年（一七一五）十月六日に死去。享年七十七。法名は太虚院透雲紹徹居士。品川

東海寺に葬る。（工藤）

【典拠・参考文献】「天文方代々記」「渋川家先祖書」（大崎政次編『天文方関係史料』私家版、一九七一年）、「春海先生実記」（『東京市史稿』市街編第十巻）、「明時館叢書」（東北大学図書館蔵）、『寛政譜』第十八・三八四頁、渡辺敏夫『日本の暦』（雄山閣、一九七六年）

渋川敬尹《しぶかわひろただ》（一六九六～一七二六）

元禄九年（一六九六）に幕府碁方保井智哲の二男として生まれる。正徳五年（一七一五）六月、天文方渋川昔尹《ひさただ》の養子となり、渋川家四代目を継ぐとともに、天文方を仰せ付けられる。右門と称する。享保十一年（一七二六）に死去。享年三十一。法名は翠筠軒心空紹光。品川東海寺に葬る。（工藤）

【典拠・参考文献】「天文方代々記」「渋川家先祖書」（大崎政次編『天文方関係史料』私家版、一九七一年）、『寛政譜』第十八・三八五頁、渡辺敏夫『日本の暦』（雄山閣、一九七六年）

渋川敬直《しぶかわひろなお》（一八一五～一八五一）

文化十二年（一八一五）に天文方渋川景《かげ》佑《すけ》の長男として生まれる。通称六蔵。天保二年（一八三一）六月、天文方見習となり、『新巧暦書』、『新修五星法』等の編纂に携わる。同十三年十月、書物奉行を兼帯、老中水野忠邦の下で天保改革に参画した。弘化元年（一八四四）十二月、オランダ国書の和解御用を勤める。同二年十月、オランダ国書の機密漏洩の罪を問われ、豊後臼杵藩へお預けとなる。嘉永四年（一八五一）七月二十五日に死去。享年三十七。法名は霊照院月峰宗円居士。墓所は臼杵二王座多福寺および品川東海寺。（工藤）

【典拠・参考文献】「天文方代々記」「渋川家先祖書」（大崎政次編『天文方関係史料』私家版、一九七一年）、渡辺敏夫『日本の暦』（雄山閣、一九七六年）

渋沢栄一《しぶさわえいいち》（一八四〇～一九三一）

天保十一年（一八四〇）二月十三日、武蔵国榛沢《はんざわ》郡血洗島《ちあらいじま》村（埼玉県深谷市）に誕生する。父は市郎右衛門（美雅《よしまさ》・晩香）、母は栄。養蚕と製藍を家業としていた。幼名は市三郎。のちに栄治郎・栄一郎・篤太夫と改めた。安政五年（一八五八）十二月、従兄尾高惇忠《あつただ》（藍香）の妹千代と結婚（明治十五年に千代は死去。翌十六年に伊藤兼子と再婚）。文久元年（一八六一）、江戸に出て儒者海保章之助（漁村）や北辰一刀流剣客の千葉栄次郎に文武を学んだ。同三年九月、横浜鎖港路線を背景として攘夷決起をはかり、横浜の異人館焼き討ちを計画するが、従兄尾高長七郎（惇忠の弟）の説得により中止した。その後京都に出て、同四年二月に一橋家に出仕し、奥口番過人や徒士となり徳川（一橋）慶喜に仕えた。元治二年（一八六五）正月十五日に小十人並に昇進し、御用談所調方出役を兼ねた。同年二月には歩兵取立御用掛として備中・摂津・播磨・和泉の一橋領内で農兵を募集し、一橋家の兵力増強に努めた。あわせて年貢米の売払方や播州木綿の販売、硝石製造など領内における産業奨励・財政強化策に手腕を発揮し、同年八月十九日には勘定組頭並、翌慶応二年（一八六六）四月三日には勘定組頭に昇進した（御用談所出役兼帯）。慶喜の宗家相続に伴い、同年九月七日に幕府の陸軍奉行支配調役に取り立てられた。この頃、謀反の嫌疑をかけられた在京中の陸軍奉行並支配大沢源次郎を新撰組の土方歳三らと捕縛にあたっている。慶応三年正月十一日には、十五代将軍慶喜の弟徳川昭武《あきたけ》がパリ万国博覧会に列席するのに随い横浜を出航、欧州諸国を歴訪し、西洋文明を直接体験した。この時、栄一は昭武の身辺雑事や日本への信書取扱、会計などを与った。幕府瓦解により明治元年（一八六八）十一月三日に帰朝し、十二月十九日に静岡に到着。翌二年には静岡藩に銀行と商社の混交組織である商法会所（常平倉《じょうへいそう》）を設置して、その頭取となり産業振興をはかった。その後新政府から召し出され、明治二年十一月五日に民部省租税正《そぜいのかみ》に任じられた。翌三年七月十日には大蔵省租税正、四年五月九日に大蔵権大丞となり新貨条例や国立銀行条例などの起草にあたった。明治六年五月二十三日に退官。以後官途に就くことはなく民間企業の創設・発展を牽引した。同六年六月、第一国立銀行の総監役となり、以後銀行界を中心に製糸・紡績・海上保険・郵船・鉄道・瓦斯・電灯・麦酒など各種会社の創設や育生に関わり、実業界の指導者として近代日本経済発展の基盤をつくった。また経済団体を組織化するための各種機関や実業学校の創設に関与するなど、実業界の社会的地位の向上に尽力した。教育事業では特に「商業教育」と「女子教育」の重要性に着目し、私立学校の支援も惜しまなかった。首都東京の改造計画にも関わり、田園調布（東京都大田区）などの郊外開発も推進した。明治三十三年（一九〇〇）に男爵。大正期以降は福祉・医療機関の運営や援助も目立つ。また日米関係の改善を中心とした国際親善外交も展開するなど、活動は多岐にわたった。明治三十年代から主君徳川慶喜の伝記編纂に着手し、四十年以降は萩野由之《よしゆき》ほか歴史学者を執筆陣に加え、大正六年（一九一七）に『徳川慶喜公伝』全八冊を完成させた。この事業により井野辺茂雄・藤井甚太郎らの幕末史家が誕生した。昭和六年（一九三一）十一月十一日、九十二歳で死去。諡号は泰徳院殿仁智義譲青淵大居士。東京都台東区の谷中墓地に埋葬された。　（藤田）

【典拠・参考文献】渋沢青淵記念財団竜門社編纂『渋沢栄一伝記資料』第一巻（渋沢栄一伝記資料刊行会、一九五五年）、長幸男校注『雨夜譚—渋沢栄一自伝—』（岩波文庫、一九八四年）、土屋喬雄『渋沢栄一』（人物叢書、吉川弘文館、一九八九年）、渋沢史料館編集・発行『常設展示図録』（二〇〇〇年）

渋谷良信《しぶやよしのぶ》（一六八二～一七五四）

天和二年（一六八二）に紀伊家家臣渋谷当広《まさひろ》の嫡男として生まれる。母は紀伊家家老安藤直治の息女。虎之助・縫殿右衛門・隠岐守・和泉守・山城守と称する。妻は紀伊家家臣松沢治右衛門の息女。紀伊家に仕え、享保元年（一七一六）の徳川吉宗将軍就任に伴い、江戸城に供奉する。同年六月二十五日に御小納戸となり、六〇〇石を賜り、七月二十二日に布衣の着用を許される。同九年十一月十五日に新番頭となり、奥勤を兼務し、従五位下隠岐守に叙任される。同十一年正月十一日に小性組番頭となり、二四〇〇石の加増を受け、あわせて三〇〇〇石となる。同十七年二月五日に御側となり、延享二年（一七四五）九月一日より西丸勤務となる。宝暦元年（一七五一）六月二十日の吉宗の薨御により、七月十二日に勤務を解かれて菊間縁頬詰となり、同十八日に御留守居に就任する。同三年四月二十九日に寄合となり、十二月八日に致仕し、隠居料として廩米五〇〇俵を賜る。同四年五月七日に死去。享年七十三。法名は巌生。四谷の戒行寺（東京都新宿区）に埋葬される。　（福留）

【典拠・参考文献】『寛政譜』第二十一・一八八頁

島霞谷《しまかこく》（一八二七～一八七〇）

文政十年（一八二七）に、下野国栃木町（栃木市）の旅籠屋角屋仁三郎の子として誕生する。幼名は玉之助。父仁三郎が南画家椿椿山《つばきちんざん》と交友があったことから、弘化四年（一八四七）五月十九日、椿山の画塾琢華堂に入門し、梅林と号した。安政二年

（一八五五）、上野国山田郡桐生（桐生市）出身で、一橋家の右筆を勤めていたという隆《りゅう》と結婚し、同四年から慶応元年（一八六五）にかけて、夫婦で常陸・下総・越後・武蔵の各地を遊歴した。この間、松浦武四郎『石狩日記』『西蝦夷日誌』に挿絵を寄せたり、足利藩御用絵師にして草莽の志士でもあった田崎草雲《そううん》を写真撮影するなどしている。元治元年（一八六四）には、妻隆が霞谷の写真撮影に及んでいる。江戸浅草に落ち着いた慶応元年中頃以降、賄方改役を勤めた寺沢善蔵の養子となったと思われ、同三年八月十九日に寺沢三男三郎を名乗り、開成所絵図調出役となった（三人扶持、一カ月金一分二朱）。同年九月二十三日には、開成所において一橋茂栄《もちはる》とオランダ人化学教師のハラタマ（Gratama）を撮影している。幕府瓦解後の明治元年（一八六八）十一月十五日、藩に取り立てられた一橋藩の貫切となり、同年十二月十四日には仁三郎と改名した。十二月二十五日には地図御用出役、翌二年十月二十五日には大学東校中写字生となった。一橋藩の廃藩に伴い東京府貫属となる。同三年四月九日に大学大写字生となる。この頃、大学東校では医学書を出版する計画があり、霞谷は活字製造に取り組み成功した（東校活字）。だが同年十月三十一日、熱病に冒され死去。享年四十四。浅草新堀端（東京都台東区）の浄念寺に葬られた。没後、霞谷が発明した活字により『化学訓蒙』が刊行された。大正十年（一九二一）、霞谷の墓は妻隆の眠る桐生市の西方寺に移された。（藤田）

【典拠・参考文献】木下直之『写真画論―写真と絵画の結婚―』（岩波書店、一九九六年）、齊藤洋一「島霞谷と開成所について」（松戸市戸定歴史館編集・発行『幕末幻の油絵師島霞谷』一九九六年）

島権左衛門《しまごんざえもん》 （生年未詳～一六三六）

出自不詳。江戸時代前期の幕臣。平生から放蕩の振る舞いがあった。寛永十三年（一六三六）六月五日に傾城町における喧嘩に馳せ加わり、大番美濃部権兵衛に荷担したとして、切腹を命ぜられた。美濃部は鳥越にて打捨、美濃部に荷担した青木太郎兵衛・松下清兵衛・戸張半兵衛は寺にて打捨となった。（清水）

【典拠・参考文献】『徳川実紀』第三篇、『細川家史料』第二十巻・五五頁（東京大学出版会、二〇〇六年）

嶋佐次右衛門《しまさじえもん》 （生没年未詳）

嶋家は北町奉行所与力の家柄で、宝暦七年（一七五七）の『江戸町鑑』に佐次右衛門の名がみえる。天明二年（一七八二）に四番組支配役および本所改役を務め、文化初年には別家（嶋喜太郎）を創出している。文化四年から同十年の間に引退したとみられ、あとは一蔵が継いだ。菩提寺は浅草慶養寺である。（滝口）

【典拠・参考文献】『原胤昭旧蔵資料調査報告書―江戸町奉行所与力・同心関係史料―（1）・（2）』（千代田区教育委員会、二〇〇八・〇九年）

嶋主馬助《しましゅめのすけ》 （生没年未詳）

禄高は九〇〇石。ただし御家人であるという説もある。宿所は裏四番町。万延元年（一八六〇）にオランダ語句読教授出役。文久二年（一八六二）五月頃、蕃書調書物産学出役。元治元年（一八六四）八月、開成所頭取は、嶋及び同僚であった田中芳男の物産学における功績が顕著であるとして、物産方出役の役名を物産学教授出役に改め、手当の増額を企図した。しかし幕府は手当増額は承諾したものの、役名改称には至らなかった。慶応二年（一八六六）八月四日に家督相続。十一月五日引続き出役。物産学は得意であったという。（岩下）

【典拠・参考文献】原平三『幕末洋学史の研究』（新人物往来社、一九九二年）、東京大学コレクションV学問の過去・現在・未来第一部『学問のアルケオロジー』（東京大学出版会、一九九七年）

島正祥《しままささだ》（一六八七～一七四六）

貞享四年（一六八七）に目付稲生正照《いのうまさてる》の二男として生まれる。母は小十人組頭青木義和《よしかず》の娘。のち小性組島正信《まさのぶ》の養子となる。妻は正信の娘。文次郎・五郎左衛門・角左衛門・長門守と称した。元禄十三年（一七〇〇）十二月九日に家督（一二〇〇石）を継ぎ、小普請となり、同十四年三月四日に初めて五代将軍綱吉へ拝謁し、正徳三年（一七一三）三月十一日に書院番、同五年から屋敷改を勤め、享保二年（一七一七）正月二十八日に使番となり、十二月二十一日に布衣を許される。同九年十一月十五日に目付、同十七年閏五月二十八日に駿府町奉行となり、駿河古文書の収集にあたる。元文二年（一七三七）三月十日に京都町奉行となり、四月十九日に従五位下長門守に叙任される。同五年十二月二十八日に町奉行となり、寛保三年（一七四三）十月二日に伊豆国妻良村査検を速やかに処理しなかったため出仕を留められる。延享三年（一七四六）六月十四日に死去。享年六十。法名は玄康。菩提寺は牛込の松源寺（東京都新宿区）である。（加藤）

【典拠・参考文献】『寛政譜』第八・二〇二頁、第十六・三九四頁、『柳営補任』、『徳川実紀』第八・九篇

嶋田重頼《しまだしげより》（一六二五～一六九五）

寛永二年（一六二五）に嶋田重利《しげとし》の長男として生まれる。父重利は小性組の番士、母は町奉行嶋田利正《としまさ》の息女。妻は利正三男の嶋田利香《としか》の息女。通称は藤十郎。正保三年（一六四六）七月六日に書院番に列し、慶安四年（一六五一）十二月十一日に家督を相続。知行五〇〇石。寛文三年（一六六三）十一月二十五日（『柳営補任』では十月十五日）に目付に進み、十二月二十六日に三〇〇俵を加増。同月二十八日に布衣の着用を許される。同十年十二月十五日に日光山での法会のため同地に赴く。延宝四年（一六七六）正月十二日には自殺した三崎奉行土屋重吉《しげよし》の検使をつとめる。同五年九月二十六日に大坂町奉行となり、十一月二十四日に一〇〇〇石を加増、閏十二月二十六日には従五位下越中守に叙任。同九年（天和元年・一六八一）六月十九日に職を免ぜられて小普請となる。元禄八年（一六九五）十二月六日に致仕し、常也と号する。同月二十三日に死去。享年七十一。法名は常也。菩提寺は武蔵国入間郡坂戸の永源寺（埼玉県坂戸市）。（髙山）

【典拠・参考文献】『寛政譜』第五・二〇八頁、『柳営補任』

嶋田政富《しまだせいふ》（生没年未詳）

島田帯刀政美の男。八五郎・帯刀と称した。家禄は一五〇俵。天保五年（一八三四）十二月二十一日より代官を務め、陸奥国梁川陣屋や同国柔折陣屋の所管となる。嘉永六年（一八五三）に書物奉行となる。文久元年（一八六一）九月七日に職を辞している。（石山）

【典拠・参考文献】『寛政譜』第五・一九九頁、『旗本百科』、『代官履歴』

島田利木《しまだとしき》（一六二四～一六九九）

寛永元年（一六二四）に町奉行島田利正の四男として生まれる。妻は旗本喜連川頼氏の娘。守政・忠政とも名乗り、助之進・久太郎・出雲守と称し、隠居して幽山《ゆうざん》と号した。寛永七年（一六三〇）に初めて三代将軍家光へ拝謁し、同年三月十九日に小性組に入り、同十九年十月十六日に父の所領のうち一〇〇〇石を分与され、明暦二年（一六五六）三月二日に御徒頭となり、十

二月二十六日に布衣を許される。万治元年（一六五八）九月朔日に目付、寛文二年（一六六二）五月朔日に長崎奉行となるが、同六年正月晦日に病気のため辞職し寄合となる。同七年閏二月二十一日に町奉行となり、一〇〇〇俵を加増され、合わせて二〇〇〇石を知行し、十二月二十八日に従五位下出雲守に叙任された。延宝九年（一六八一）三月二十七日に越後騒動の審問終了前に辞職を願ったことを咎められ、小普請入りを命じられ閉門となる。天和二年（一六八二）十二月十七日に赦免され拝謁は憚ったが、同三年五月十五日に赦される。元禄八年（一六九五）十二月十二日に隠居し、同十二年七月十二日に死去。享年七十六。法名は幽山。菩提寺は武蔵国入間郡坂戸の永源寺である。（加藤）

【典拠・参考文献】『寛政譜』第五・一九四頁、同・一九九頁、『柳営補任』、『徳川実紀』第三〜五篇

島田利正《しまだとしまさ》（一五七六〜一六四二）

天正四年（一五七六）に使番島田重次《しげつぐ》の五男として遠江国に生まれる。母は多田慶忠の娘。兵四郎・長四郎・次兵衛・弾正忠と称し、剃髪して幽也《ゆうや》と号した。徳川秀忠に仕え、慶長五年（一六〇〇）の関ヶ原の戦に従軍した。同九年に使番、同十三年に御徒頭、同十八年に町奉行となる。同十九年の大坂冬の陣では江戸留守中の警戒にあたった。寛永二年（一六二四）正月朔日に従五位下弾正少弼に叙任された。同八年に辞職したが、その後も町奉行同様の政務を勤めた。同九年二月二十六日に秀忠の遺金を賜り、同十二年に許しを得て剃髪した。それ以前に三〇〇〇石を加増され、合わせて五〇〇〇石を知行した。同十四年に家督を継ぐ。同十九年には関東の寛永飢饉の状況を視察し窮民の賑救にあたる。同年九月に病牀となり、十月十六日に孫と子への所領の生前分与を行う。同十九年九月十五日に死去。享年六十七。法名は幽也。菩提寺は武蔵国入間郡坂戸の永源寺である。（加藤）

【典拠・参考文献】『寛永諸家系図伝』第三・一〇二頁、『寛政譜』第五・一九四頁、『柳営補任』、『徳川実紀』第一〜三篇、所理喜夫「町奉行―正徳以前を中心として―」（西山松之助編『江戸町人の研究』第四巻〈吉川弘文館、一九七五年〉、のち『徳川将軍権力の構造』〈吉川弘文館、一九八四年〉に収録）

島田直時《しまだなおとき》（一五七〇〜一六二八）

元亀元年（一五七〇）に旗奉行島田重次《しげつぐ》の三男として三河国岡崎に生まれる。清左衛門と称す。家康に仕え、天正十八年（一五九〇）小田原の役に供奉、同十九年の九戸一揆の際、陸奥国岩手沢へ扈従、文禄元年（一五九二）には名護屋陣へ供奉する。慶長五年（一六〇〇）の関ヶ原の戦には父重次に預けられた足軽五〇人を率いて供奉、同七年（一六〇二）に鉄炮足軽三〇人を預けられる。慶長十八年（一六一三）六月には甲斐国に遣わされ、大久保長安の事跡を案検する。翌十九年の大坂冬の陣では軽卒頭として供奉。同年十二月三日には、日向政成と共に構造奉行をつとめた茶臼山御営が落成、十一日には但馬石見銀鉱役夫に大坂城櫓・石垣を掘り崩させるよう命ぜられ、巡察を行う。元和二年（一六一六）、父重次の鉄炮足軽五〇人を預けられる。同五年（一六一九）九月十日に大坂町奉行となり、寛永二年（一六二五）正月一日には従五位下越前守に叙任する。同四年（一六二七）、堺奉行を兼務する。同五年（一六二八）三月十四日、堺と周辺幕領の管掌を諭書をもって命ぜられ、六月二十三日、再び諭書にて大坂蔵奉行の設置、大坂城櫓・諸門の材木買い入れを命ぜられる。十月七日死去。『大猷院殿御実紀』には「頓死」とあり、

自殺、豊島信満による西丸年寄井上正就刃傷事件に関連、松茸にあたるなど諸説あり。享年五十九。法名道因。墓所は武蔵国入間郡坂戸村の永源寺。（高見澤）

【典拠・参考文献】『寛政譜』第五・一九四、同・二〇六頁、『徳川実紀』第一・第二篇、『柳営補任』、『寛永諸家系図伝』

島田春世《しまだはるよ》（生年未詳～一六三四）

旗奉行島田重次《しげつぐ》の長男として生まれる。十右衛門と称す。西丸書院番をつとめ、采地八三〇石余を知行する。寛永九年（一六三二）八月十八日に使番となり、十一月二十七日には布衣を許される。同十年四月二十二日、松平直政が越前国大野から信濃国松本へ転封する際、郷村受取のため大野へ赴き、同年五月十日に帰謁。寛永十一年（一六三四）十一月十一日、父に先立って死去。法名光閑。（高見澤）

【典拠・参考文献】『寛政譜』第五・一九三頁、『徳川実紀』第二篇、『柳営補任』、『寛永諸家系図伝』

島田政富《しまだまさとみ》（生没年未詳）

八五郎・帯刀と称した。家禄は一五〇俵で、屋敷は水道橋内にあった。代官見習を経て、天保五年（一八三四）十二月二十一日、代官に就任し、陸奥国梁川陣屋（天保五年～同八年）、陸奥国桑折陣屋（天保八年～嘉永六年）を所管した。嘉永六年（一八五三）五月二日に書物奉行となり、文久元年（一八六一）九月七日に辞した。（高橋）

【典拠・参考文献】『旗本百科』第三巻、『代官履歴』

島田政美《しまだまさよし》（生年未詳～一八三四）

熊次郎・帯刀と称した。書院番島田次兵衛政次《まさつぐ》の三男として生まれ、二條御蔵奉行島田政続《まさつぐ》の養子となる。妻は書院番島田玄蕃利長《としなが》の養女。安永七年（一七七八）八月六日に家督を相続した。家禄は一五〇俵で、屋敷は小石川水道橋にあった。寛政四年（一七九二）九月二十五日に十一代将軍家斉に拝謁した。同十一年、小普請組支配世話取扱となった。文化十年（一八一三）十月十二日に代官となり、出羽国尾花沢陣屋（文化十年～同十三年）、摂津国大坂（大坂代官）谷町（文化十三年～文政五年）、陸奥国浅川陣屋（文政五年～天保五年）に赴任した。天保五年（一八三四）四月十九日に離職し、同年に死去。（高橋）

【典拠・参考文献】『寛政譜』第五・一九九頁、『旗本百科』第三巻、『代官履歴』

島津久芬《しまづひさよし》（一七〇一～一七四六）

元禄十四年（一七〇一）に日向国佐土原藩主島津惟久《これひさ》の四男として生まれる。母は井上氏。初め久府《ひさもと》と名乗り、千代丸・権七郎・式部と称した。妻は池田由道の息女。後妻は町奉行から寺社奉行を務めた大岡越前守忠相《ただすけ》の息女。佐土原藩では、延宝四年（一六七六）に藩主忠高が早世するも、嫡子惟久が未だ幼少のため、叔父久寿《ひさなが》が養子となり家督を相続した。元禄三年（一六九〇）に久寿は成長した惟久に家督を譲り、替わりに日向国那珂郡三〇〇〇石を分知されたことにより旗本島津家が起こる。久芬は正徳五年（一七一五）六月二日に久寿の孫久睦《ひさちか》の養子となり遺跡を継ぐ。享保十五年（一七三〇）七月二十八日に使番となり、十二月十八日に布衣をゆるされる。同十六年四月二十八日に上野国沼田城の引渡しのことを務める。同二十年十月二十二日に小性組番頭に進み、十二月十六日に従五位下山城守に叙任される。元文二年（一七三七）七月十五日に書院番頭に移り、延享二年（一七四五）七月朔日に大番頭に転ずるが、同三年八月十九日に四十六歳で死去。法名は得法。浅草の幡随院に葬られる。家督は子の久般《ひさかつ》が相続した。（清水）

【典拠・参考文献】『寛政譜』第二・三五七頁、『柳営補任』

清水瑞室《しみずずいしつ》 （生年未詳～一六五八）

亀菴と称した。父は清水宗巴。瑞室は、半井通仙院成信に医術を学び、寛永九年（一六三二）十二月二十八日に三代将軍家光に拝謁し、医師に列した。同十一年の上洛に供奉。同十四年の家光病気の際には、その原因を諮問された列に入る。同十六年十月朔日からは、江戸城に詰めて番を務めるようになり、同年十二月二十九日に法橋に叙せられる。同十七年には増上寺で病に伏せっていた智恩院良純法親王に対して、同十八年十月には病気の家光に対して薬を献じ、さらに家綱に対して献じられた薬剤の観察、外科の説を評するなどの行為も行っている。同十九年、家光の日光社参に供奉する。万治元年（一六五八）に死去した。

（小宮山）

【典拠・参考文献】『寛政譜』第七・五三頁、『寛永諸家系図伝』第十五・一一八～一一九頁

志村俊勝《しむらとしかつ》 （一六六五～一七三七）

寛文五年（一六六五）に代官志村俊茂《としげ》の長男として生まれる。孫十郎・忠兵衛と称した。妻は代官井口高精《いのくちたかきよ》の養女。元禄二年（一六八九）八月六日に勘定となり、廩米一五〇俵を与えられる。同十二年八月二十六日より関東諸国を巡見し、同十四年四月七日に御蔵奉行となる。宝永元年（一七〇四）十月七日に勘定組頭となり、同年十二月十二日に廩米一〇〇俵を加増される。正徳三年（一七一三）正月十九日に家号を元の奥野に復す。同五年十二月十八日に廩米一〇〇俵を加増され、合計三五〇俵となる。享保九年（一七二四）閏四月十二日に代官となり、甲斐国甲府陣屋に赴任する。同十九年七月五日に勤務状況不良を理由に罷免されて小普請となり、出仕を止められる。同年十一月二十七日に赦される。元文二年（一七三七）十一月二十三日に死去。享年七十三。法名は俊勝。菩提寺は小石川の伝通院である。

（宮坂）

【典拠・参考文献】『寛政譜』第十九・二五八頁、『代官履歴』

下嶋与政《しもじまともまさ》 （一五九七～一六六五）

慶長二年（一五九七）に荻原弥右衛門正明の五男として生まれる。庄五郎・市兵衛と称した。妻は下嶋政真の娘で養子となる。寛永十五年（一六三八）十二月五日、勘定に任命され、作事方会計を命じられた。明暦元年（一六五五）に遺跡を継ぎ、のちに勘定組頭へ昇進する。これより以前の加恩分を含め蔵米五〇〇俵取となる。寛文五年（一六六五）に死去。享年六十九。法名は日修。菩提寺は本所の本法寺。

（宮原）

【典拠・参考文献】『寛政譜』第十八・二五二頁、大野瑞男『江戸幕府財政史論』（吉川弘文館、一九九六年）

下嶋政真《しもじままさざね》 （一五九七～一六五五）

慶長二年（一五九七）に下嶋政茂《まさしげ》の長男として生まれる。市兵衛と称した。妻は内藤案右衛門某の娘。後妻は近山久弥某の娘。父政茂と同様、大久保長安の下にあって、寛永四年（一六二七）より安房国の代官を務める。蔵米は五〇〇俵取ともいわれる。同十五年十二月五日勘定に任命されたと『寛政譜』にあるが、実質は元和九年（一六二三）より事実上の職務を務めたことがうかがえる。明暦元年（一六五五）正月十五日に死去。享年五十九。法名は宗無。本所の本法寺に葬られる。

（宮原）

【典拠・参考文献】『寛政譜』第十八・二五一頁、『代官履歴』、大野瑞男『江戸幕府財政史論』（吉川弘文館、一九九六年）

下嶋為政《しもじまためまさ》 （一六四八～一六九四）

慶安元年（一六四八）に勘定組頭下嶋与《とも》政《まさ》の二男として生まれる。母は勘定下嶋政《まさ》真《ざね》の養女。喜兵衛・彦五郎と称した。妻は館林家家臣稲葉重勝の息女。延宝二年（一

六七四）十月二十六日に勘定となり、翌三年十二月二十一日に稟米一五〇俵を与えられる。貞享二年（一六八五）六月十日、他の勘定役三名と共に最初の御奉行に任命される。その後、兄の政重《まさしげ》に嗣子がなかったため養子となる。元禄二年（一六八九）閏正月三日に材木石奉行となり、同年十二月二十一日に五〇俵を加増される。同七年閏五月十三日、養父（実兄）に先立って死去。享年四十七。法名は日正。菩提寺は本所の本法寺である。（宮坂）

【典拠・参考文献】『寛政譜』第十八・二五二頁、深井雅海「材木（石）奉行並びに林奉行の就任者について」（徳川林政史研究所『研究紀要』昭和六十一年度、一九八七年）

下條信隆《しもじょうのぶたか》（一六二五～一七一六）

関東の郡奉行を務めた片桐貞昌の長男として、寛永二年（一六二五）に生まれたが、庶子のため二男の扱いとなり、別家をたてた。二代あとの信与《のぶとも》の時に「片桐」と改めたという。母は青木氏。諱ははじめ貞信。鶴千代・長兵衛と称する。慶安三年（一六五〇）九月三日に、徳川家綱付として西丸書院番士となり、のち本丸勤務となる。承応元年（一六五二）十二月十八日に稟米三〇〇俵を賜るが、延宝二年（一六七四）正月十九日に父貞昌の遺領より一〇〇〇石を分知された際に、この三〇〇俵は返却する。同年十月十二日に禁裏造営奉行を命じられる。元禄二年（一六八九）五月十五日に使番となり、同年十二月二十七日に布衣の着用を許可される。同四年閏八月十一日に御先鉄炮頭、宝永三年（一七〇六）正月十一日に鑓奉行となる。享保元年（一七一六）二月十八日に高齢のため退任し、寄合となる。同年四月一日に死去。享年九十二。法名は長入。渋谷の祥雲寺（東京都渋谷区）に埋葬される。（福留）

【典拠・参考文献】『寛政譜』第六・二三四、二三六頁

下曽根信之《しもそねしんし》（一八〇六～一八七四）

文化三年（一八〇六）に町奉行等を歴任した筒井政憲の子として生まれる。金三郎と称す。諱は信敦ともいう。桂園と号した。書院番の下曽根信親の養子となり、文政十二年（一八二九）に家督を継いだ。知行は九〇〇石。天保二年（一八三一）に西丸小性となる。渡辺崋山の門人となり、同十二年より高島秋帆の下で学び、高島流砲術指南を許されている。嘉永二年（一八四九）六月五日には、浦賀に赴任し、浦賀奉行配下の与力・同心に砲術を教授するよう命じられている。同五年九月二十日より二丸御留守居となり、安政二年（一八五五）八月九日には先手鉄炮頭となった。同三年四月二十三日には、講武所炮術師範其外諸向銃隊取建方を命じられている。文久元年（一八六一）五月十六日には持頭格講武所師範役となり、同年十月二十七日には諸大夫に叙任され、西丸御留守居格となった。同三年六月二十二日には歩兵奉行に就き、同年七月朔日よりは講武所炮術師範役を兼ねている。元治元年（一八六四）十月十二日に歩兵奉行を辞し、西丸留守居格講武所炮術師範役となった。慶応二年（一八六六）十一月十八日には、陸軍所修行人教授方頭取に任命されている。明治七年（一八七四）六月五日に死去し、広尾の東北寺に葬られた。享年六十九。著書には『経済弁』などがある。（山﨑）

【典拠・参考文献】『柳営補任』、佐藤昌介『洋学史の研究』（中央公論社、一九八〇年）、笹原一晃「嘉永年間の西洋砲術—下曽根金三郎の周辺—」（『蘭学資料研究会研究報告』一七六）

下田師古《しもだもろひさ》（一六九二～一七二八）

元禄五年（一六九二）に生まれる。幸大

夫と称した。父は律令研究者で御先手与力を務めた下田由正（泉翁）。母は濃美次郎左衛門明昌の息女。妻は松平左京大夫家臣浅田新五右衛門俊名の息女。父と同じく御先手組の与力を務めたが、正徳五年（一七一五）三月六日に表右筆となり廩米二〇〇俵となった。同六年（享保元・一七一六）二月十三日に奥右筆に転じ、享保二年三月十一日に八代将軍徳川吉宗の代における武家諸法度・諸士法度発令に関する功により時服二領を授与された。この年に将軍吉宗の和学御用を命じられ、毎年金五〇両を支給された。和学の師は荷田春満である。同七年十二月十八日に『本朝年代記』等を献上して銀一〇枚を授与された。同八年十一月二十二日に書物奉行となり、引き続き和学御用も兼任した。書物奉行として、同九年五月に儀式に関する校合、同十年四月六日に『多門院日記』の略抄作成、同十二年二月十八日に紅葉山文庫に収蔵すべき古い和書の目録作成、同年十月二十九日に『政事要略』の異同の校正を命じられた。同十三年四月九日に死去。享年三十七。戒名は高源院殿一峯玄乗居士。菩提寺は猿江の泉養寺である。（神崎）

【典拠・参考文献】『徳川実紀』第八・九篇、『柳営補任』、『寛政譜』第二十一・四一一頁、落合重信「御書物奉行下田師古と荷田春満」（『図書館雑誌』第三十四年第六号、一九四〇年）、森潤三郎『紅葉山文庫と書物奉行』（復刻版・臨川書店、一九七八年）、古相正美「和学御用下田師古と壺井義知・荷田春満との交渉」（『近世文芸』四五、一九八五年）

城知涯《じょうちがい》（生没年未詳）

使番などを務めた城隼人の子として生まれる。通称は鶴次郎。戦国期、城家は上杉謙信や武田信玄に仕えたが、武田家滅亡後に徳川家康に召し出された。下総・遠江のうちで二〇〇〇石を領有した。知涯ははじめ書院番久永石見守組の番士で、講武所砲術教授方出役を兼ねたが、文久二年（一八六二）十二月二十八日に歩兵頭並となり、織部と称した。慶応元年（一八六五）の十四代将軍徳川家茂の進発に際しては、一番隊の指揮官として五月五日に先発した（『連城紀聞』一）。第二次長州戦争では、周防大島口の戦闘に参加し、同二年六月十一日には大島を一時占領するが、十七日に長州勢の反撃に逢い撤退した。同年九月（十二月とも）に歩兵頭に昇進、和泉守を称す。同三年六月十六日に家督を相続し、十二月十二日に歩兵奉行並となった。翌年正月の鳥羽・伏見の開戦に際しての旧幕府軍「軍配書」によれば、知涯は伏見に配備された一軍の将として歩兵頭窪田鎮章の歩兵一大隊（大坂徴募の歩兵第十二連隊）、同並大沢顕一郎の歩兵一大隊（歩兵第七連隊八〇〇人）、土方歳三指揮の新選組一五〇人などを配下に置いた（『復古記』第一冊）。旧幕府軍が鳥羽・伏見で敗れたことで、前将軍徳川慶喜は大坂を脱出し、これを受けて知涯も海路江戸に帰府した。同四年二月十九日、御役御免となる。一族の墓は、東京都文京区小石川の龍雲院にある。（藤田）

【典拠・参考文献】『寛政譜』第八・三五〇頁、『旗本百科』第三巻、『続徳川実紀』第四・五篇、野口武彦『幕府歩兵隊』（中公新書、二〇〇二年）、野口武彦『長州戦争』（中公新書、二〇〇六年）

城信茂《じょうのぶもち》（一五七八～一六三九）

天正六年（一五七八）に使番城昌茂《まさもち》の長男とし甲斐国に生まれる。甚太郎・織部佑と称す。妻は下曽根刑部大輔某の息女。慶長五年（一六〇〇）関ヶ原の戦に父昌茂と共に大垣城の押えとなり、のち書院番を務める。大坂両度の陣では秀忠に供奉し、首級を得るが、元和元年（一六一五）十二月二十六日（二十七日とも）の賞罰の際に父の罪により士籍を削られる。のち赦免されて書院番に復す。寛永五年（一六二八）十一月二十三日、下総国香取郡に一〇〇〇石の采地を賜わる。こののち使番となり、寛永九年（一六三二）十一月十八日、九州巡見を命ぜられる。翌十年正月十三日、他の諸国巡見使と共に暇をたまい、二月に帰謁し、地図を献ずる。十一年五月十四日、甲斐国八代郡に一〇〇〇石を加増され、二〇〇〇石を知行する。寛永十六年（一六三九）四月十四日死去。享年六十二。法名宗恕。墓所は采地の下総国香取郡小松村。

（高見澤）

【典拠・参考文献】『寛政譜』第八・三五一頁、『徳川実紀』第二・三篇、『柳営補任』、『寛永諸家系図伝』

城昌茂《じょうまさもち》　（一五五一～一六二六）

天文二十年（一五五一）に城景茂《かげもち》の長男として越後国に生まれる。織部・織部佑・半俗庵と称す。和泉守に叙任する。妻は長尾信正の息女。武田信玄・勝頼に仕え、天正十年（一五八二）、武田氏没落の後、甲斐国にて父景茂と共に家康に仕える。同十二年（一五八四）長久手の役に供奉し、武蔵国忍・熊谷にて七〇〇〇石の采地を賜わる。慶長五年（一六〇〇）の関ヶ原の戦に供奉し、のち奏者番を務める。慶長十九年（一六一四）十一月三日、大坂冬の陣では使番として大坂に遣され、池田利隆軍の形勢窺いや先手諸備の指揮をとる監使となる。しかし十一月七日に大和《すい》田川で、二十九日には天満で、それぞれ池田勢の進軍を留めたとして家康から叱せられる。慶長二十年（元和元年・一六一五）四月四日、大坂夏の陣で再び使番として供奉するが、軍令を犯したとして改易、近江国石山寺へ蟄居となる。寛永三年（一六二六）、赦免され江戸へ赴く途中、信濃国にて七月二日に死去。享年七十六。法名宗仲。墓所は武蔵国熊谷の東漸寺。

（高見澤）

【典拠・参考文献】『寛政譜』第八・三五一頁、『徳川実紀』第一・第二篇、『柳営補任』、『寛永諸家系図伝』

庄田安照《しょうだやすてる》　（一五九〇～一六五六）

天正十八年（一五九〇）に生まれる。外記・小左衛門と称す。父は木村定光に属し、同年に武蔵国岩槻城において戦死した安村。なお、『寛永諸家系図伝』では安村を欠き、『寛政譜』で祖父とする安信を父としている。母は福島正則の家臣水間弥一衛門の息女。妻は永井直勝の養女。安照は、慶長十年（一六〇五）九月、十六歳の時に、伏見において徳川家康に初めて拝謁する。その後、秀忠に仕えて書院番士となり、同十九年・同二十年の大坂の陣に供奉。元和元年（一六一五）祖父安信の隠居にともない家を継ぎ、同三年五月二十六日には采地である大和国山辺・宇智郡のうち二〇〇〇石の朱印状をたまう。同年京都愛宕山の普請奉行を務め、同八年には最上義俊の改易にともない、出羽山形に出向いて目付を、またさらに本多正純の改易を受けて下野宇都宮に出向いている。のち使番となり、寛永三年（一六二六）目付として豊後府内に至る。同九年七月二日に惣普請奉行となり、同二十五日には秀忠の御霊屋造営のことを承る。同年九月二日には使番に並び指物を、同十二月二十九日には布衣を許される。翌十年十二月二十八日には近江国滋賀郡において加増され、計三〇〇〇石となる。同十三年日光御宮普請のことを承り、同十五年には有馬への使者となる。明暦二年（一六五六）三月二十七日、六十七歳で死去。法名は善真。葬地は浅草の浄念寺（東京都台東区）で、代々の葬地となっている。

（小宮山）

【典拠・参考文献】『寛政譜』第九・二六一頁、『寛永諸家系図伝』第六・一八八頁、善

積（松尾）美恵子「江戸幕府の監察制度—国目付を中心に—」（『日本歴史』二四四号、一九六八）

庄田安利《しょうだやすとし》（一六五〇～一七〇五）

慶安三年（一六五〇）に生まれる。幼名は万千代。三左衛門・小左衛門と称す。父は書院番士であった安勝。祖父は安照。母は小幡景憲の養女。妻は菅沼定実の息女。安利は、万治元年（一六五八）八月八日、九歳にしてはじめて四代将軍徳川家綱に拝謁し、寛文七年（一六七七）十一月二十一日に小性組番となる。同九年七月十日に家を継ぎ、四〇〇〇石を弟五郎左衛門安議に分知、計二六〇〇石を相続する。同十一年進物役を勤め、延宝九年（天和元・一六八一）六月十八日、高厳院殿（家綱室）の御霊屋普請にあずかったことで下賜があり、同三年三月十一日から同十二月二十五日まで本所奉行を勤める。貞享二年（一六八五）には使番に転じ、日光山への使者をしばしば勤め、同年十二月二十八日には布衣を着すことが許される。元禄五年（一六九二）五月二十八日、美濃国郡上城主遠藤常久の改易にともない城受取役を勤め、同七年西丸御留守居に転じ、十二月二十八日に従五位下下総守に叙任される。同十二年十二月十五日に大目付に昇進するが、同十四年八月二十一日に職を解かれ小普請に貶められる。宝永二年（一七〇五）九月五日、五十六歳で死去。法名は純真。代々の葬地である浅草の浄念寺（東京都台東区）に葬られた。

（小宮山）

【典拠・参考文献】『寛政譜』第九・二六一～二六二頁

白井利庸《しらいとしつね》（生没年不詳）

享保元年（一七五二）、柳沢氏の子として生まれ、裏門切手番白井尊利《たかとし》の養子となる。勝三郎・直次郎・主税・七郎兵衛と称す。妻は松平摂津守家臣平子恵左衛門正房の女。宝暦二年（一七五二）十二月十二日、初めて将軍家重に拝謁。明和八年（一七七一）十二月七日、家督を継いだ。家禄は二〇〇俵。翌安永元年（一七七二）十二月二十六日、大番に列し、天明元年（一七八一）七月六日、新番に転じた。同四年四月七日、同僚佐野善左衛門の刃傷沙汰に際し、狼藉を制し留めなかったことを咎められて小普請に下げられ、出仕を止められたが、五月六日には許され、寛政八年（一七九六）二月二日に大番に復した。

（浦井）

【典拠・参考文献】『寛政譜』第十九・二二一～二二三頁

白石忠太夫《しらいしちゅうだゆう》（一八一七～一八九八）

文化十四年（一八一七）に生まれる。父は勘定組頭白石十太夫。吉郎・忠太夫と称し、下総守を名乗った。諱《いみな》は千別《ちわき》、嶋岡。天保九年（一八三八）十二月二十五日に部屋住より新規召出となり、支配勘定見習となる。同十四年九月十四日に小十人組となり、同年十二月二十八日に家督を継ぐ。弘化二年（一八四五）十一月十八日に表右筆、嘉永元年（一八四八）九月二十八日に奥右筆所留物方、同四年十一月二十八日に代官、安政六年（一八五九）二月二日に外国奉行支配組頭となった。万延二年（文久元・一八六一）一月二十九日、「御用多骨折《ごようおおくほねおり》」を理由に布衣《ほい》を許され、禄高を一〇〇俵に加増され、文久三年（一八六三）七月十五日に御徒頭過人、外国御用出役頭取締となり、同年九月十三日に別手組出役頭取締と役職の呼称替えを命じられた。元治元年（一八六四）五月二十一日に神奈川奉行並（一〇〇〇石高）に転じ、同年八月五日に神奈川奉行（二〇〇〇石高）に進み、同年九月三日に諸大夫となった。慶応元年（一八六五）七月八日に外国奉行（二〇〇〇石高）となるが、直後の七月十日に新潟奉行

（二〇〇〇石高）となり、同四年五月一日に御役御免となって寄合（無役）に列した。その後、静岡へ移住し、明治二年（一八六九）に浜松奉行支配割付、同三十一年九月十二日に八十二歳で死去した。（筑紫）

【典拠・参考文献】『柳営補任』、『幕臣人名』第二巻、前田匡一郎『駿遠へ移住した徳川家臣団』第四編（二〇〇〇年）

白須政賢《しらすまさたか》（一七二二～一七七三）

享保七年（一七二二）に御小納戸岡村直純の二男として生まれる。母は書院番士松平景治の息女。頼母・靫負・甲斐守と称する。妻は西丸新番頭桑山通政の息女。後妻は、西丸小性組番士川村富昭の息女。徳川綱吉側室小谷氏に仕えた白須政親《まさちか》の養子となる。元文四年（一七三九）十月四日に家督を相続し、小普請となる。同五年十月二十三日に、西丸御小納戸となり、十二月二十一日に布衣の着用を許可される。宝暦元年（一七五一）八月二十三日に西丸御小納戸頭取となり、十二月十八日に従五位下甲斐守に叙任される。同十年五月十三日から本丸勤務となる。明和二年（一七六五）正月二十八日に三〇〇石を加増され、同五年十一月十七日に新番頭に準ずることとされ、御用取次見習となる。同六年十月十七日に御側御用取次を命じられ、一〇〇〇石を加増され、合わせて二〇五〇石となる。安永二年（一七七三）七月十二日に死去。享年五十二。法名は智明。（福留）

【典拠・参考文献】『寛政譜』第十九・三八頁、第二十・二二〇頁

白須政徳《しらすまさのり》（生年不詳～一八四三）

白須甲斐守政雍《まさちか》の子として生まれる。鉄五郎と称す。寛政九年（一七九七）正月晦日、召し出されて小性となる。翌十年十二月十六日、従五位下を賜り、加賀守を名乗り、享和元年（一八〇一）六月二十一日には中奥小性となった。その後、文化十三年（一八一六）十二月八日に小普請組支配となり、翌十四年七月二十三日、清水家の家老となった。文政五年（一八二二）閏正月十七日、御側御用取次見習となり、小性組番頭格に格式を進められた。同八年五月一日、御側御用取次となる。天保六年（一八三五）、精勤を賞されて一〇〇〇石を加増され、三〇五〇石となった。同八年四月より西丸御側御用取次となる。翌九年七月一日、本丸御側御用取次となり、西丸御用も兼ねる。さらに翌十年十二月二十日、数年来の出精を賞され、二〇〇〇石を加増されて、最終的に五〇五〇石となった。天保十四年（一八四三）十月九日に死去。屋敷は小川組板町にあった。（浦井）

【典拠・参考文献】『寛政譜』第十九・三九頁、『旗本百科』第三巻、『続徳川実紀』第一・二篇

白戸隆盛《しらとたかもり》（生没年未詳）

通称は石助。父親は白戸恵三郎。文久三年（一八六三）に両番格騎兵差図役頭取勤方から騎馬差図役頭取となる。翌年に御役御免となり、小普請請入りとなる。慶応二年（一八六六）、小普請組明跡支配講武所砲術教授方出役から騎兵差図役頭取に再任となった。翌年六月、騎馬差図役頭取から騎兵頭並となり、慶応四年正月に歩兵頭、二月に陸軍副総裁となった。また同年四月には陸軍総裁から大目付となっている。その後駿府へ移り、明治四年（一八七一）一月十七日に新政府からの招聘に応じ、沼津勤番組頭から陸軍少佐となる。（津田）

【典拠・参考文献】『柳営補任』、樋口雄彦『旧幕臣の明治維新　沼津兵学校とその群像』（吉川弘文館、二〇〇五年）、『旗本百科』第三巻

新庄直忠《しんじょうなおただ》（一五四二～一六二〇）

天文十一年（一五四二）、新庄蔵人直昌の次男として生まれる。母は久我大納言某

の女。刑部・刑部左衛門と称した。八歳の時に父直昌が戦死、家臣らの助けによって、兄直頼・弟直寿と共に近江国坂田郡新庄城に籠もるが、三好長慶の攻撃を恐れ、同城を退いた。その後、将軍足利義晴に仕え、近江国滋賀郡唐崎辺りに領地を賜り、さらに織田信長に属し、豊臣秀吉に仕え、入道して東玉と号した。文禄元年（一五九二）、朝鮮に出陣、同六月には太田小源五宗隆・糟屋内膳正数正とともに秀吉の命を奉じて、朝鮮八道の観察使一六人および安撫使らを遣して、各々その地に還往すべき旨の連署の廻文を作り、これを諭した。この頃、数度の加増を経て、近江国浅井・蒲生・坂田・栗太および伊勢国安濃五郡の内に、一万四六〇〇石余の領地を賜り、近江の秀吉蔵入地の代官もつとめた。慶長二年（一五九七）、善光寺如来の方広寺大仏殿遷座の際には、大津から大仏殿までの人足・伝馬徴収の長となっている。秀吉の死後、病のため京都に居を移すが、関ヶ原の戦で知行を失う。しかし同十九年、大坂冬の陣の際に家康に召し出され、甥直定と共に今里の附城を守った。翌元和元年（一六一五）正月、長男直氏と共に家康に供奉し、駿府にて旧領近江国坂田郡柏原の旅館守護ならびに付近の幕領の代官を命じられる。元和六年（一六二〇）正月二十五日、近江国坂田郡で死去。享年七十九。戒名は総寧寺殿明叔東玉大居士。墓は滋賀県坂田郡近江町寺倉の総寧寺。（浦井）

【典拠・参考文献】『寛政譜』第十三・二八〇頁、『徳川実紀』第一篇、『近世人名辞典』

新庄《しんじょう》直富《なおとみ》（一七四七～没年不詳）

延享四年（一七四七）、御小性組新庄直《すな》賀《よし》の長子として生まれる。喜蔵・六郎左衛門と称した。母は正晨の女。妻は新庄越前守直侯の女。宝暦十年（一七六〇）十二月四日、十四歳で遺跡を継ぐ。采地は四〇〇石。安永二年（一七七三）二月十三日、西之丸小性組に列せられ、同四年四月二十五日に番を辞す。本国は近江。（浦井）

【典拠・参考文献】『寛政譜』第十三・二七四頁、『旗本百科』第三巻

新庄《しんじょう》直温《なおはる》（一八三一～没年未詳）

天保二年（一八三一）に新庄鹿之助の子として生まれる。寿三郎・右近・右近将監と称す。天保十年（一八三九）、家督を継ぎ、小普請入り。嘉永元年（一八四八）八月十一日、御小納戸となり、同年十二月十六日に布衣を賜る。同六年九月二十二日、西丸御小納戸となり、翌七年五月二十日に御使番となる。さらに文久元年（一八六一）六月二十一日に目付介、同三年正月二十日に目付となる。その後、同年九月二十八日には先手鉄炮頭、元治元年（一八六四）七月二十八日には再び目付となり、勝手掛を兼帯。慶応三年（一八六七）八月五日、日光奉行となった。上総国に領地を賜り、禄高は一〇〇〇石。本国は近江。居屋敷は小川町にあり、五〇八坪余であった。（浦井）

【典拠・参考文献】『柳営補任』、『旗本百科』第三巻、『幕臣人名』、『諸向地面取調書』、『慶応四年武鑑』

新庄《しんじょう》直房《なおふさ》（一五九四～一六四九）

文禄四年（一五九四）、新庄駿河守直頼の四男として生まれる。母は佐久間大学介盛重の女。甚助・宮内・美作守と称す。妻は川口長三郎近次の女。慶長三年（一五九八）、初めて徳川家康に拝謁、来國光の御脇差を賜る。同十八年九月、父直頼の遺領、常陸国行方《なめかた》・河内、下野国芳賀・都賀《つが》・河内五郡の内に、三〇〇〇石を分かたれ、徳川秀忠に仕える。同十九年の大坂の陣において、兄新三郎直定と共に今里の附城を守る。また、元和元年の役にも直定と共に供奉し、五月七日には城中に乗り入れ、黒門

の内において甲首一級を得た。同八年、将軍家光の川越御成の際には、市岡多左衛門定次と共に駅舎のことを承る。さらに寛永七年（一六三〇）、大御所秀忠の相模国底倉における湯治の思召しにより、神奈川県御旅館作事奉行をつとめ、十二月二十九日、従五位下美作守に叙任される。同十年二月二十九日、上野国高崎目付に任じられ、暇を賜う。同年七月五日、上州高崎より帰謁、十二月二十六日には甲斐国山梨・八代両郡の内において、一〇〇〇石の地を加賜された。その後、同十二年十一月一日、御小性組の組頭となり、翌十三年九月十日には御書院番頭となる。同十八年二月二十五日・正保二年（一六四五）十二月など数度にわたり、紀州御使の暇を賜った。元和八年（一六二二）には、当時大納言であった家光に仕えている。慶安二年（一六四九）十月二十二日死去。享年五十五。法名は了智。墓は東京牛込天徳院にある。（浦井）

【典拠・参考文献】『寛政譜』第十三・二七七頁、『徳川実紀』第一～三篇

神保長興《じんぼちょうこう》　（生没年未詳）

理三郎《りさぶろう》と称した。のちに任官して伯耆守・佐渡守を名乗る。父は先手鉄炮頭などを務めた神保長道《ながみち》。天保十年（一八三九）正月十三日に書院番から西丸御小納戸となり、同年八月二日には西丸小性となった。その後、同十二年三月二十三日には本丸の小性、嘉永六年（一八五三）九月二十二日には徳川家定の小性となっている。安政二年（一八五五）に十月三日には使番となり、同三年十二月九日よりは火事場見廻を兼帯。同四年十二月晦日には目付勝手掛外国掛となっている。万延元年十二月十六日より和宮の下向御用取扱を命じられ、文久元年（一八六一）七月二十四日には下向の御供を仰せつけられた。文久二年十二月十一日には作事奉行、同三年五月八日には騎兵奉行、十一月八日には大目付に任ぜられている。元治元年（一八六四）六月二十三日より道中奉行を兼務した。慶応元年（一八六五）五月の第二次長州征伐にも従軍するが、同二年三月には江戸へ帰っている。同年十月二十四日に御留守居となった。（山崎）

【典拠・参考文献】『柳営補任』、『続徳川実紀』第四篇

神保長致《じんぼながむね》　（一八四二～一九〇三）

天保十三年（一八四二）生まれ。寅三郎と称した。元騎馬兵差図役勤方。沼津兵学校で三等教授方として数学・英語等の教鞭をとった。また沼津兵学校附属小学校頭取も務めている。明治七年（一八七四）に陸軍省陸軍兵学寮大助教となると、明治十年（一八七七）には、日本最初の数学の学術団体である東京数学会社の設立に参加した。また後年には田辺太一・乙骨太郎乙・山本淑儀・野沢房迪・川口嘉らと昔社という結社をつくり、漢詩を楽しんだという。明治三十六年（一九〇三）九月三十日に死去。（津田）

【典拠・参考文献】樋口雄彦『旧幕臣の明治維新　沼津兵学校とその群像』（吉川弘文館、二〇〇五年）、同『沼津兵学校の研究』（吉川弘文館、二〇〇七年）

神保長光《じんぼうながみつ》　（一七三七～一八〇八）

元文二年（一七三七）に御小性組番士であった神保長勝の子として生まれる。喜内と称した。前妻は長崎元亨の養女で、後妻は飯塚英長の娘である。宝暦十二年（一七六二）九月二十八日に書院番となり、後に流鏑馬の射手に列せられた。明和七年（一七七〇）四月二十二日に家督を継いだ。知行は九〇〇石。天明元年（一七八一）七月四日に御徒頭になり、同年一二月十六日には布衣を許された。同四年四月二十六日に目付に任じられ、寛政元年（一七八九）四月六日には美濃・伊勢両国の普請の検分の

ために同地を訪れている。同二年九月朔日、小普請奉行となり、同年十一月二十七日には従五位下佐渡守に叙任された。同八年二月十二日に普請奉行、同九年八月二十七日に作事奉行となった。同十年九月には宗門改を兼務し、同十二年五月六日は大目付へと進んだ。文化三年正月より、琉球人参府御用掛となり、同五年（一八〇八）一月二十八日に死去した。享年七十二。（山崎）

【典拠・参考文献】『寛政譜』第十八・一三一～一三二頁、『柳営補任』

新見正興《しんみまさおき》 （一八二二～一八六九）

文政五年（一八二二）五月に先手鉄炮頭三浦美作守義韶（禄高五〇〇俵）の二男として生まれ、同十二年六月に大坂町奉行新見正路の養子となる。房次郎《ふさじろう》と称し、豊前守・伊勢守と名乗った。号は閑水。天保十年（一八三九）一月十三日に部屋住より新規召出で小性となる。同十四年十月二十四日に中奥小性となり、養父正路の死去により嘉永元年（一八四八）十月四日に家督（二〇〇〇石）を継いだ。同七年八月九日に小普請組支配、安政三年（一八五六）三月十五日に小性組番頭となり、同六年七月八日には外国奉行に進み、同年八月二十八日に神奈川奉行を兼帯した。同年九月十三日に日米修好通商条約の批准交換のため米国派遣の正使に任命され、幕府最初の遣外使節として、安政七年（万延元、一八六〇）一月に米艦ポーハタン号で出発し、使命を果たして、同年九月に米艦ナイアガラ号で帰国した。同年九月十五日に外国奉行専管となり、同年十二月一日に遣米の功績により、二三〇〇石に加増された。しかし、折しも攘夷運動が激化しており、海外での知見を政策に活かせずにおわった。文久二年（一八六二）六月晦日に御側衆に転じ、翌三年十二月、将軍家茂の再上洛に従ったが、元治元年（一八六四）九月二十八日に免職となる。慶応二年（一八六六）十二月、病を理由に実子で目付を務める正典《まさのり》に家督を譲り、隠居料として五〇〇俵を下賜された。同四年（明治元・一八六八）三月に上総国周准《すす》郡人見村（現千葉県君津市人見）に帰農したが、明治二年四月、病気療養のため東京に出て十月十八日に病没。享年四十八。主な著書に遣米時の歌文紀行『亜行詠』がある。法名は正興院殿釈閑水遊翁大居士。墓所は東京都中野区上高田の願正寺。

（筑紫）

【典拠・参考文献】『柳営補任』、日米修好通商百年記念行事運営会編『万延元年遣米使節史料集成』全七巻（風間書房、一九六〇年～）、『幕臣人名』第二巻

新見正功《しんみまさかつ》 （生没年未詳）

内膳と称した。家禄は三〇〇俵である。屋敷は小日向金剛坂にあった。慶応二年（一八六六）四月十八日、大番より飛驒郡代となり、布衣の着用を許された。在任中、養蚕製糸業の発展や、その他諸産業の統制・取締（紙草の他国売り出しの禁止、薬草・櫨・漆の栽培奨励など）に取り組んだ。慶応三年（一八六七）十月十四日、十五代将軍徳川慶喜が大政奉還の上表を提出し、同四年正月三日、鳥羽・伏見の戦が起こり、旧幕府軍は敗退し、東山道鎮撫使竹沢寛三郎が飛驒へ入国する知らせが、飛驒郡代宛に出された。この知らせを受けた新見は、同年正月二十五日夜に元締手代浅井豊助らと共に高山から逃亡した。同年四月二十四日に御役御免となった。

（高橋）

【典拠・参考文献】『慶応武鑑』、田中貢太郎編集・発行『岐阜県飛驒国大野郡史』下巻（一九二五年）、『岐阜県史 通史編近世上』（一九六八年）、『旗本百科』第三巻、『代官履歴』

新見正栄《しんみまさなが》 （一七一八～一七七六）

享保三年（一七一八）に船手《ふなて》新見正員《まさかず》の六男として生まれるが、同十九年三月、小

性組番士新見正庸《まさつね》の臨終にさいして、同人の養子となる。六之助・又四郎と称し、従五位下加賀守に叙任された。妻は新見正庸の息女。後妻は小性組番士押田住勝《すみかつ》の息女。享保十九年六月二日に家督を相続（一一六〇石余を知行）。元文四年（一七三九）六月七日、書院番に列し、寛保元年（一七四一）六月八日より進物番をつとめた。そして、寛延二年（一七四九）四月二十八日には、使番《つかいばん》榊原忠久《ただひさ》とともに因幡国鳥取藩に「国政を監す」ために派遣を命ぜられ、さらに、宝暦四年（一七五四）正月二十九日には、美濃・伊勢・尾張国の川々普請を巡察するなどした。その後、御徒頭を経て、同七年七月十八日には目付に転じ、同九年十二月二十日には日光山諸堂社修復御用をつとめた。さらに、小普請奉行（同十一年九月七日）、長崎奉行（明和二年〈一七六五〉正月二十六日）、作事奉行（安永三年〈一七七四〉十一月二十六日）を歴任し、安永四年十一月四日勘定奉行に就任した。しかし、その在任期間はわずかで、翌五年九月二十七日に死去。享年五十九。法名は慈雲。菩提寺は牛込の願正寺（現在は東京都中野区）。（飯島）

【典拠・参考文献】『寛政譜』第三・三二七頁、『徳川実紀』第九篇

新見正路《しんみまさみち》（一七九一〜一八四八）

寛政三年（一七九一）九月十二日に生まれる。吉次郎・兵部少輔・河内守・伊賀守と称した。字は義卿、号は茅山・賜蘆《しろ》。父は目付新見正登《まさだ》（禄高八一〇石余）、母の名はかよ。新見氏は、初代の正吉《まさよし》が徳川家康に代官として召し出されて以来の旗本で、代々御小納戸など江戸城内の奥向の役職に就くことが多い。正路は、文化五年（一八〇八）十一月二十二日に小性組番士から御小納戸に転じ、翌六年一月二十二日に小性、同十年四月十四日に西丸小性、同十四年一月十一日に使番となり、文政三年（一八二〇）十一月二日に火事場見廻兼帯となった。同五年十月十二日に西丸目付、翌六年十二月一日に本丸目付となった。同十二年四月十五日に大坂西町奉行に転じ、在任中に淀川大浚《さら》いを行い、浚い土で天保山を築かせ、大塩平八郎とも親交を結んだ。天保二年（一八三一）九月十日に西丸小性組番頭格、奥勤西丸御側御用取次見習となって将軍嗣《し》子家慶《いえよし》の取次をし、同七年九月四日には家慶の子家定の御側御用取次となり、禄高を二〇〇〇石に加増された。同十二年四月二十四日には、天保改革での人材登用の一環として将軍家慶の御側御用取次となり、嗣子家定の取次も兼ねた。こうして将軍と老中間の連絡調整にとどまらずに改革政治の政策立案過程にも加わったが、老中水野忠邦が罷免されると同十四年十月二十四日に御役御免となった。文人・蔵書家でもあり、歌集「賜蘆《しろ》詠草」、随筆「打聞」などがある。嘉永元年（一八四八）六月二十七日、五十八歳で死去。法名は正学院殿釈徳厚温融大居士。牛込原町の願正寺に墓所がおかれたが、同寺の移転により中野区上高田四丁目に改葬された。（筑紫）

【典拠・参考文献】『柳営補任』、藤田覚「『新見伊賀守正路日記』と三方領知替中止前後の幕閣」（『東京大学史料編纂所報』第一一号、一九七六年）、同『天保の改革』（吉川弘文館、一九八九年）、藪田貫「大坂町奉行の世界　新見正路日記の研究・序説」（『大阪の歴史』五八号、二〇〇一年）、同編『大坂西町奉行新見正路日記』（清文堂出版、二〇一〇年）

新村猛雄《しんむらたけお》（一八三八〜一九〇八）

天保九年（一八三八）に生まれる。はじめ秀雄といったが、慶喜より猛の字を拝領し猛雄と改める。弘之助・平吉郎と称した。家禄二〇〇俵。養曽祖父は一橋家番頭用人兼帯新村藤兵衛、養祖父は一橋家抱入の小

十人頭新村平五郎（猛雄の実父で、猛雄は四男。弘化三年〈一八四六〉頃に死去）で、養父は一橋家抱入の小性新村平吉郎。安政元年（一八五四）十一月二十九日に養曽祖父の願いの通り平吉郎の養子となり、同年十二月二十八日、養父が死去したため藤兵衛の嫡曽孫となり、同二年四月二十一日に初御目見をした。同年八月十五日、一橋家の独自の抱入となり小性になる。文久元年（一八六一）十二月二十六日、養祖父・養父が部屋住のまま死去していたので、養曽祖父の家督を相続している。この際一橋家の附人となり、幕臣身分になっている。元治元年（一八六四）に広敷用人格となり、のちに小性頭取となる。慶応二年（一八六六）八月二十二日、一橋家当主慶喜の十五代将軍就任にともない幕府の小性頭取となり、主計頭に任じられる。常に慶喜の側にいて、明治維新後に慶喜が駿府に移っても従い、明治十四年（一八八一）六月に家扶格、同年十二月家扶、慶喜の東京移住の際も随従した。同四十一年正月に死去。享年六十九。なお、慶喜の側室信《のぶ》は猛雄の養女（実は松平勘十郎の息女）である。家扶として猛雄らが書き継いだ「徳川慶喜家扶日記」が千葉県松戸市戸定歴史館に所蔵されている。養子の新村出《いずる》とその子猛《たけし》は『広辞苑』の編集改訂を行っているが、出は猛雄が残した蔵書が自分の言語学の資料となったと回顧している。（竹村）

【典拠・参考文献】『柳営補任』、『続徳川実紀』第三・四・五篇、『新村出全集』第十四巻（筑摩書房、一九七二年）、辻達也編『新稿一橋徳川家記』（続群書類従完成会、一九八二年）、渋沢栄一『徳川慶喜公伝』巻四（平凡社、一九六八年）、前田匡一郎『慶喜邸を訪れた人々―「徳川慶喜家扶日記」より』（羽衣出版、二〇〇三年）、『幕臣人名』

新村《しんむら》義矩《まさのり》　（一七六九～一八四二カ）

明和六年（一七六九）に生まれる。通称は登八郎。小十人野田成允《しげざね》の二男であったが新村義豊《よしとよ》の養子となった。妻は番医喜多村直方《なおかた》の息女。寛政七年（一七九五）七月二十九日に家督を相続、禄高は廩米二〇〇俵。同九年九月二十一日、表右筆となる。文政三年（一八二〇）十二月、表右筆組頭となり、天保二年（一八三一）七月二十四日に腰物奉行に転じるが、同七年八月十六日、腰物方西山織部の小道具類盗難一件により差し控えを命じられ、同十三年八月八日、辞職して寄合となった。同年十一月七日、養子和三郎が義矩の死により家督を継いでおり、義矩は辞職後間もなく、七十四で没したものとみられる。菩提寺は麻布善学寺（東京都港区）である。（渋谷）

【典拠・参考文献】『寛政譜』第十九・二九八頁、『柳営補任』、『続徳川実紀』第二篇、『江戸幕府役職武鑑編年集成』第二十二巻（東洋書林、一九九八年）

す

末次茂貞《すえつぐしげさだ》（生没年未詳）

平蔵と称する。寛永七年（一六三〇）に政直の家督を継ぎ長崎代官となる。なお、末次家は延宝四年（一六七六）五月十九日に四代目茂朝が密貿易により罷免され、隠岐へ流されることにより絶家する。茂貞は慶安二年（一六四九）十二月十四日に病気のため、家督・代官職を二男茂房が継ぐ。法名は皆春院昨非不干居士。菩提寺は京都建仁寺内両足院であるが、末次家が建立した長崎の建仁寺派春徳寺にもある。（西沢）

【典拠・参考文献】『代官履歴』、『徳川実紀』第三篇

末次政直《すえつぐまさなお》（一五四六～一六三〇）

天文十五年（一五四六）に博多の貿易商人興善の二男として生まれる。平蔵と称する。妻は飛驒高山城主金森可重の息女。元亀二年（一五七一）に長崎開港とともに父興善と長崎に移る。元和五年（一六一九）に村山等安の後任で長崎代官となる。寛永七年（一六三〇）五月に現職で死去。享年八十五。法名は永安院殿通玄宗徹居士。菩提寺は京都建仁寺内両足院であるが、末次家が建立した長崎の建仁寺派春徳寺にもある。（西沢）

【典拠・参考文献】『代官履歴』

末吉利隆《すえよしとしたか》（一七二七～一七九四）

享保十二年（一七二七）に生まれる。祖父は摂河の代官末吉長方《ながかた》、父は代官末吉利《とし》長《なが》であるが、若死した兄元利《もととし》（利長の三男）の養子となる。妻は書院番猪飼五郎左衛門正高の息女。熊次郎・善左衛門と称した。先祖は坂上田村麻呂から出て、その後裔の平野隼人正利吉から四代の孫、藤右衛門行増は摂津国平野に住んで「藤原」姓となる。行増の子息である利方の時、豊臣秀吉の命により「末吉」姓となった。延享元年（一七四四）八月三日に祖父の家督を継いで、同二年十二月十二日一橋家近習番、その後小性頭、側用人に転じる。安永六年（一七七七）十一月二十八日に御徒頭、同七年閏七月二十六日に目付となる。天明四年（一七八四）四月七日、江戸城殿中で発生した若年寄田沼意知への刃傷事件の対処に不手際があったため、出仕を止められる。同年五月六日に赦される。同七年（一七八七）三月一日に長崎へ派遣され、同年三月十二日に長崎奉行となると、同月十八日従五位下摂津守に叙任される。長崎奉行在勤中には、貿易体制の改革をすすめ、正徳新例ばかりでなく宝暦期の松浦河内守、明和期にかけての石谷備後守による改革も遵守すべきという指針を出している。天明の大飢饉によって全国的な米不足に陥った時、同じく長崎奉行水野忠通《ただみち》とともに西国幕領（日田・石見代官所）に長崎廻米を命じて急場をしのいでいる。また、唐船船主たちの願いもあって、唐人屋敷へ持ち込む品物を緩和（量的緩和）している。こうした対外政策の一方で、天明八年（一七八八）に貿易を認める信牌を有しない唐船に対して、遭難した別の船の名義で貿易を許可したことが明らかになり、長崎奉行の裁量権を越えた判断をおこなった「越度」として一か月の閉門が申し渡されている（末吉更迭事件）。閉門が赦された後、寛政元年（一七八九）閏六月十二日に新番頭に転じ、同六年七月六日に死去。享年六十八。法名は瑞麟、墓所は東京都文京区の曹洞宗日輪寺にある。（安高）

【典拠・参考文献】『寛政譜』第十五・三六六～三六七頁、鈴木康子『長崎奉行の研究』（思文閣出版、二〇〇七年）、木村直樹『幕藩制国家と東アジア世界』（吉川弘文館、二〇〇九年）

末吉利長《すえよしとしなが》　（一六四七～一六八六）

正保四年（一六四七）に代官末吉長利の男として生まれる。勘八郎・勘兵衛と称する。妻は五畿内代官松村時直の息女。承応二年（一六五三）十二月二十三日に長利の死去により家督を継ぐ。家禄は二〇〇俵。幼少につき、叔父末吉正明が代々勤める大坂代官を代行する。寛文四年（一六六四）六月二十八日に利長が成人したことにより、叔父正明に代わり代官となる。利長は当家最後の代官職であった。貞享三年（一六八六）九月六日に現職で死去。享年四十。法名は貞寒。大坂の源光寺に葬られる。後に末吉家は菩提寺を小日向の日輪寺とする。（西沢）

【典拠・参考文献】『寛政譜』第十五・三六六頁、『代官履歴』

末吉吉安《すえよしよしやす》　（一五七〇～一六一七）

元亀元年（一五七〇）年に末吉利方の男として生まれる。孫四郎・孫左衛門と称する。妻は辻花氏の息女。末吉氏の先祖は平野氏を称した豪商であり、父利方は織田信長・豊臣秀吉、さらに徳川家康に仕え大坂平野郷の代官を勤めた朱印船貿易家でもあった。また、伏見銀座の開設にも携わる。吉安は慶長十二年（一六〇七）に家督を継ぎ、翌年命によりシャムへ渡海する。元和元年（一六一五）大坂の陣後に河内国志紀・河内両郡の代官となる。平野の町割も行う。同三年三月二十六日に死去。享年四十八。法名は道円。菩提寺は高野山蓮花院であるが、末吉家は後に小日向の日輪寺とする。（西沢）

【典拠・参考文献】『寛政譜』第十五・三六四頁、『代官履歴』

菅沼定実《すがぬまさだざね》　（一六二六～一六九一）

寛永三年（一六二六）に丹波国亀山藩主菅沼定芳《さだよし》の子として生まれる。母は三好一任の養女。妻は水の忠清の息女。初め定治と名乗り、主水と称した。寛永十九年（一六四二）三月七日、初めて三代将軍徳川家光に拝謁する。同二十年三月二十六日父定芳の遺領のうち、二〇〇〇石を分与される。同二十一年（正保元・一六四四）十月朔日、二代将軍秀忠の側室崇源院の霊廟の修営を勤める。兄定昭が先に死去し、後継が途絶えた際、定実・定賞兄弟は譜代の旧家として勲功を認められ、旧領三河国のうち一万石を知行し、そのうち七〇〇〇石を拝領して交代寄合に列せられ、新城に居住した。明暦二年（一六五六）閏四月十八日甲府城を守衛する。寛文八年（一六六八）十二月二十七日、譜代万石以上の末席に列し帝鑑間詰めとなる。貞享五年（元禄元年・一六八八）六月九日に大番頭となり、同二年十二月二十七日に従五位下摂津守に叙任された。元禄四年（一六九一）十一月四日に二条城守衛の在任中に死去。享年六十六。法名は義見。菩提寺は四谷全勝寺。（橋本）

【典拠・参考文献】『寛政譜』第五・三〇一頁

菅沼定秀《すがぬまさだひで》　（一六九九～一七五八）

元禄十二年（一六九九）に小性組組頭菅《すがの》谷《や》政憲の二男として生まれ、小性組の菅沼貞業《さだくに》の養子となる。妻は駿府定番久永信豊の息女。藤三郎・新三郎と称した。享保九年（一七二四）七月二十六日に書院番、元文五年（一七四〇）九月二十八日に使番となって十二月二十一日に布衣を許される。延享元年（一七四四）十月二日に跡目を相続し、同三年二月十五日に目付となる。寛延三年（一七五〇）八月十五日に長崎へ赴き、同四年（宝暦元・一七五一）二月二十五日（『徳川実紀』では三月十五日）長崎奉行に補任され、三月二十八日に従五位下下野守に叙任される。宝暦七年（一七五七）六月一日に勘定奉行へ転出し、同八年七月二十日に五手掛として郡上藩宝暦騒動における事件の再吟味を命じられる。同年十二月二十三日、同一件の詮議中に死去した。享年六十。法名は浄輪。墓所は浄空院（埼玉県東松山市）である。　（柳田）

【典拠・参考文献】『寛政譜』第五・二九三頁、『徳川実紀』第九篇、『柳営補任』、鈴木康子『長崎奉行の研究』（思文閣出版、二〇〇七年）、白石博男『郡上藩宝暦騒動史』（岩田書院、二〇〇五年）、高橋教雄『郡上宝暦騒動の研究』（名著出版、二〇〇五年）、深井雅海『徳川将軍政治権力の研究』（吉川弘文館、一九九一年）、同『江戸城』（中央公論新社、二〇〇八年）

菅沼定喜《すがぬまさだよし》　（一七五〇～一八一四）

寛延三年（一七五〇）に生まれる。父は佐渡奉行の菅沼定堅《さだかた》。父定堅は祖父定秀《さだひで》の聟養子で、定喜の母は定秀の息女。妻は勘定奉行新見正栄《まさなが》の息女。通称は藤馬・新三郎。安永二年（一七七三）十一月二十九日に家を継ぐ。知行一二二〇石余。同三年二月二十五日に小性組に列し、同四年閏十二月二十二日に中奥番士、天明元年（一七八一）五月二十日に御徒頭となり、十二月十六日に布衣の着用を許される。同七年三月十二日（『柳営補任』は五月十二日）に目付となる。寛政元年（一七八九）九月七日に京都町奉行に進み、十月朔日に従五位下下野守に叙任（後に越前守）。同三年正月十五日には禁裏造営、同六年五月十五日には中宮（新清和門院欣子内親王）御所の普請を担当した功で、時服と黄金を賜る。同九年十月十二日に勘定奉行（公事方）に転じ、十二月二十七日には京都町奉行在任中の改暦の功で時服と黄金を賜る。享和二年（一八〇二）五月二十七日に家来の不祥事を把握していなかったことを咎められ、御役御免で差し控えとなる。文化六年（一八〇九）二月十七日に寄合から小普請組支配となり、同十一年二月二十五日に死去。享年六十五。　（高山）

【典拠・参考文献】『寛政譜』第五・二九三頁、『柳営補任』、『旗本百科』第三巻

菅沼生定《すがぬまなりさだ》　（一六八一～一七五六）

天和元年（一六八一）に生まれる。弁之助・忠四郎・久治（次）郎と称した。実父は秋山氏で、徳川家宣に御家人として仕えた菅沼安定《やすさだ》の息女を妻として養子となった。後妻は大番塩入祥重《しおいりよししげ》の息女。宝永七年（一七一〇）四月二十六日に家督を継承し、広敷の添番、支配勘定などを務める。享保十八年（一七三三）二月二日、廩米《りんまい》一〇〇俵取となり旗本身分へ昇格し、勘定となる。元文二年（一七三七）以降、幕府勘定所勝手方を担当し手腕を発揮した勘定奉行神尾《かんお》春央《はるひで》による新田開発と年貢増徴政策の実施に配下として関わり、同四年四月二十二日越後・信濃両国の新田検地を実施。さらに大和国や関東地方の川々流作場《りゅうさくば》の検地を実施して、幕府年貢の増収に貢献した。寛保三年（一七四三）十二月十八日代官となり、延享二年（一七四五）には、関東地方の担当代官ら八名が勘定所へ提出した「覚」に名を連ねている。これには、幕領の年貢率が低いため有毛検見法《ありげけみほう》を採用したことが記されており、生定は享保改革後半期、勝手掛《かってがかり》老中松平乗邑《のりさと》体制下の幕府農政と年貢増徴政策の実施にあたっていた代官であった。寛延三年（一七五〇）六月二十二日、老齢を理由に辞職、小普請入りとなった。宝暦六年（一七五六）九月二十二日に七十六歳で死去。法名は右通。麻布専勝寺に葬られた。　（実松）

【典拠・参考文献】『寛政譜』第十九・一八七頁、『江戸幕府郡代代官史料集』（近藤出版社、一九八一年）、大石学『享保改革の地域政策』（吉川弘文館、一九九六年）

菅沼三照《すがぬまみつてる》　（一五四一～一六一五）

天文十年（一五四一）、菅沼定勝《さだかつ》の長男

として生まれる。久助・伊賀守・休也と称した。今川家から徳川家、武田家、再び徳川家に仕えた。慶長期に三河国代官と使番を務め、のちに結城秀康付きの家臣として越前国に赴き、元和元年（一六一五）十月十六日に同国で死去。享年七十五。法名は源英。福井の孝顕寺に葬られる。（宮原）

【典拠・参考文献】『寛政譜』第五・二八八頁

杉亨二《すぎこうじ》（一八二八～一九一七）

文政十一年（一八二八）十月十日（八月とも）、肥前国長崎に生まれる。父は文政年間から天保年間にかけて裕福な酒店を開いていたといわれる泰輔（巌本善治編『海舟座談』）。号は柳樊《りゅうはん》。はじめ純道《じゅんどう》と名乗り、慶応元年（一八六五）に亨二と改めた。十歳の頃孤児となり、島津斉彬を写真撮影したことで知られる時計師・蘭学者の上野俊之丞《としのじょう》（写真師上野彦馬の父）の家僕となった。弘化元年（一八四四）に大村藩医村田徹斎の書生となり、嘉永元年（一八四八）には大坂の緒方洪庵の適々斎塾に入門。その後、同三年に蘭医の杉田成卿《せいけい》（玄白の孫）の門人となり、さらに同六年には勝海舟宅に入り塾頭を勤めた。この頃、紀伊藩付家老水野忠央《ただなか》が江戸藩邸内に設けた丹鶴《たんかく》書院において、五人扶持を給され蘭学教授を勤めた。安政二年（一八五五）、蘭学の知識を認められ海舟の推挙によって老中阿部正弘（備後福山藩主）に出仕（一五人扶持・金三両）、翌年には福山藩側役中林勘之助の妹金《きん》と結婚した。阿部の死後、同七年正月二十九日に蕃書調所教授手伝を命じられ（一五人扶持・金一〇両、のち二〇人扶持・金一五両）、元治元年（一八六四）八月十一日には新規に召し出され、開成所教授方並となり（三〇人扶持・役料金二五両）、西洋の新聞を翻訳する傍ら「スタチスチック」（統計学）に関心を示し、オランダから帰朝した津田真道・西周から統計に関する談話を聴き、統計学者としての方向を決定づけた。明治元年（一八六八）、徳川家に従い駿河に移住すると、開成所時代の生徒で沼津兵学校の創設に関わった阿部潜《せん》（邦之助）や府中奉行の中台信太郎の協力を得て、駿河国で日本初の統計調査を行った。同二年に沼津兵学校二等教授となり、フランス語を教える。同三年に民部省十二等出仕、同四年に太政官大主記となり統計（政表）のことを統轄し、「辛未政表」を作製。同七年に太政官政表課長となり、同十二年には甲斐国の人口調査を実施した。亨二の建言により同十四年に統計院が設置。同十六年には共立統計学校を設立した。同十八年、統計院が廃止されると官を辞した。この間、明六社に参加し『明六雑誌』にしばしば寄稿した。明治十二年には東京学士会員（後の帝国学士院）の会員に選出された。同三十六年に法学博士。大正六年（一九一七）十二月四日、九十歳で死去した。戒名は高齢院篤学法全大居士。墓は東京都豊島区巣鴨の染井墓地にある。（藤田）

【典拠・参考文献】『幕臣人名』第二巻、加地成雄『杉亨二伝』（葵書房、一九六〇年）、塚谷晃弘「杉亨二の学問と思想」（『史学雑誌』七十六編八号、一九六七年）

杉貞響《すぎさだたか》（一七七一～一八二七）

明和八年（一七七一）に杉貞泰の男として生まれる。初め貞義と名乗り、滝五郎・庄蔵と称する。妻は松浦正美の息女。寛政元年（一七八九）十月三日に家督を継ぐ。家禄は二〇〇俵。同家は、貞響死後在職中の勘定不合につき、倅貫一郎への家督は認められなかったが、部屋住で召し出されていた田安家小性の勤めはそのままとされ、新たに一〇〇俵一〇人扶持が給され家は存続した。貞響は寛政八年六月十九日に小十人となる。同年十二月十日に西丸へ移る。

文化五年（一八〇八）十月二十六日に信濃国中野の代官になる。同十一年に関東代官へ異動するが、文政十年（一八二七）八月九日に現職で死去。享年五十七。菩提寺は駒込の円通寺である。（西沢）

【典拠・参考文献】『寛政譜』第二十二・九三頁、『代官履歴』、『旗本百科』第三巻

杉浦勝静《すぎうらかつしげ》（一八二六～一九〇〇）

文政九年（一八二六）に生まれる。大坂町奉行久須美佐渡守祐明の孫。杉浦孫之丞勝興の養子。通称正一郎。従五位下兵庫頭。武蔵国幡羅郡に四五〇俵を知行する。万延元年（一八六〇）六月、御小納戸より鉄炮玉薬奉行となり、文久二年（一八六二）五月、二丸留守居・蕃書調所頭取となって、同八月に目付となる。同十二月、松平春嶽に付添い京都へ遣わされる。同三年七月二十三日に長崎奉行となるが、同月二十九日、目付に復帰する。のち、同十一月に新番頭格となり、後に箱館奉行（勘定奉行兼任）となる。大政奉還により、慶応四年（一八六八）六月に箱館残務取扱となり、外務省出仕、開拓使三等出仕を経て、明治十年（一八七七）辞職する。同三十三年没。享年七十五。墓所は東京長延寺（杉並区和田）。（太田勝）

【典拠・参考文献】『柳営補任』、「長崎奉行歴代総覧」（『長崎事典歴史編』）

杉浦勝成《すぎうらかつなり》（生年未詳～一六八八）

通称は伊右衛門・源右衛門。富士見丸御留守番杉浦則勝《のりかつ》の三男で、慶安三年（一六五〇）八月より三代将軍徳川家光に仕えて右筆となり、同年十二月二十七日に廩米一〇〇俵、さらに明暦二年（一六五六）十二月二十三日に一〇〇俵を下される。寛文五年（一六六五）の寺社宛て領地朱印の作成に携わり、同七年十二月二十六日、一〇人扶持を加増される。天和二年（一六八二）四月三日、奥右筆に転じて、翌三年七月二十五日には武家諸法度の書写により褒美を下される。元禄元年（一六八八）二月十六日に辞職して小普請となり、同年五月二十三日に没した。（渋谷）

【典拠・参考文献】『寛政譜』第九・七二頁

杉浦正尹《すぎうらせいいん》（生没年未詳）

家禄は八〇〇〇石。屋敷は下谷藁店。牧家郎・左衛門尉と称す。元治元年（一八六四）九月四日、寄合より火事場見廻を勤め、同年十一月二十二日関東郡代となる。慶応元年（一八六五）十二月七日御役御免、勤仕並寄合となる。同二年二月十日、勤仕並寄合より元関東郡代火消役、同年八月四日に火消役組替、同年十月二十一日には組合銃隊頭となる。同三年九月二十六日御役廃止により、御免となる。（高木）

【典拠・参考文献】『旗本百科』第三巻、『代官履歴』

杉浦親俊《すぎうらちかとし》（一五八二～一六六二）

天正十年（一五八二）、姉川合戦や長篠合戦で軍功を挙げた杉浦親次の四男として生まれる。忠太郎・忠左衛門と称す。妻は木村吉次の娘。慶長七年（一六〇二）より徳川秀忠に仕え、同八年には大番となり、慶長九年に武蔵国新座郡のうちに三〇〇石の知行地を宛われた。慶長十二年に伏見在番となり、同十八年には金銀出納奉行を務め、また腰物・茶器等を司る。元和五年（一六一九）、新たに上総国市原郡のうちにおいて二〇〇石が加増され都合五〇〇石になった。元和九年、再び伏見在番となり、寛永二年（一六二五）には、命により朝岡泰勝とともに金銀奉行となった。慶安元年（一六四八）十月二十七日先手鉄炮頭となり、同年十二月には布衣を着することが許された。慶安四年十一月二十一日、新たに廩米三〇〇俵が加増されて合計八〇〇石となる。明暦三年（一六五七）十月二十二日、

老齢を理由に職を辞して寄合となり、万治三年（一六六〇）七月九日に致仕、これまでの功績により養老料として三五〇石の采地を賜っている。寛文元年（一六六一）三月二十六日に死去、享年八十。法名は友甫。浅草本願寺末長敬寺（東京都台東区）に葬られている。（保垣）

【典拠・参考文献】『寛政譜』第九・八五頁

杉浦梅潭《すぎうらばいたん》　（一八二六～一九〇〇）

文政九年（一八二六）に生まれる。正一郎と称し、兵庫頭《ひょうごのかみ》と名乗った。号は梅潭《ばいたん》、諱《いみな》は勝静、誠。実父は久須美順三郎（小性組番士の久須美七十五郎の厄介《やっかい》）で、養父は小普請（無役）の杉浦求馬である。嘉永元年（一八四八）十一月二十六日に養父の隠居により家督（禄高四五〇石）を継ぎ、小普請に入る（無役）。剣道に強く、文学を大橋訥菴《とつあん》に、詩を大沼枕山・横山湖山に学んだ。同四年十二月二十九日に御納戸番となり、万延元年（一八六〇）六月十九日に鉄炮玉薬奉行当分過人、文久二年（一八六二）五月十五日に二丸御留守居に任じられるが、勤向を免じられて洋書調所頭取となる。同年八月二十四日に目付（勝手掛・外国掛）となり、同年十二月十六日に布衣《ほい》を許される。翌三年七月二十三日に長崎奉行となるが、同年七月二十九日、目付に再任され、十月十六日に諸大夫となる。同年十一月八日に新番頭格に任じられ、勤中は禄高一五〇〇石高とされるが、元治元年（一八六四）六月十七日に御役御免、寄合となる。慶応二年（一八六六）一月十八日に箱館奉行（二〇〇〇石高）に任じられ、翌三年十月に勘定奉行を兼帯。慶応四年（明治元・一八六八）四月に江戸に帰り、同年に静岡藩公議人となり、翌明治二年、外務省に出仕、同年八月には開拓権判官となって函館で勤務した。同五年二月に開拓判官、同年九月に開拓中判官、同八年三月に開拓使三等に出仕したが、同十年一月に辞職して、以後は東京に住んだ。同三十三年五月三十日、七十五歳で病没。墓所は、東京都新宿区の長延寺。（筑紫）

【典拠・参考文献】『柳営補任』、岡田健蔵編『函館市功労者小伝』（函館市、一九三六年）、戸川安宅「梅潭翁閑話」（『旧幕府』一巻八号、冨山房）、『幕臣人名』第二巻

杉浦正勝《すぎうらまさかつ》　（一七三三～一八〇六）

享保十八年（一七三三）に杉浦正知《まさのり》の長男として生まれる。豊之允・出雲守・丹後守と称する。家録は八〇〇〇石。宝暦七年（一七五七）十一月三日に中奥小性となる。同十年七月十八日、従五位下出雲守に叙任される。明和元年（一七六四）十月二十八日に小性組番頭、同四年四月十八日に書院番頭、同六年五月十五日に大番頭となる。なお、大番頭の時代には、配下の番士に、後に長谷川宣以《のぶため》（平蔵）の後任の火付盗賊改を務めることとなる森山孝盛がいた。天明四年（一七八四）十月十一日に御側御用取次となる。寛政四年（一七九二）十二月二十九日に退任し寄合となる。同十二年四月二日に駿府城代、享和二年（一八〇二）五月十九日に西丸御側となる。文化三年（一八〇六）六月に死去。享年七十四。（福留）

【典拠・参考文献】『寛政譜』第九・八五頁、森山孝盛『自家年譜』全三巻（国立公文書館内閣文庫、一九九四～九五）、『柳営補任』

杉浦政清《すぎうらまさきよ》　（一六一六～一六九七）

元和二年（一六一六）に杉浦久真の長男として生まれる。母は戸田左門の家臣川澄正次の息女。諱ははじめ久幸《ひさよし》、のち政幸《まさゆき》。市兵衛・武兵衛・大隅守と称する。妻は徒頭安藤定次の息女。後妻は広敷番頭朝比奈勝政の息女。寛永九年（一六三二）五月に大番、同二十年八月八日に新番、慶安元年

（一六四八）五月十八日に御小納戸となる。承応二年（一六五三）十二月二十五日に家督を相続する。万治元年（一六五八）三月六日に小十人番頭となり、同年閏十二月二十五日に三〇〇俵を加増されて、七〇〇石となり、二十八日に布衣を着用することを許可される。寛文元年（一六六一）閏八月十一日に、徳川綱吉付とされ、神田館の家老となり、三〇〇〇石を賜る。同十二月二十八日に、従五位下大隅守に叙任される。延宝八年（一六八〇）に、綱吉が将軍となった際、本丸に供奉し、天和元年（一六八一）三月四日に一〇〇〇石を加増され、四〇〇〇石となり、綱吉の子徳松の御側となる。同二年七月七日に、高齢を理由に退任。貞享二年（一六八五）十二月十二日に隠居し、隠居料五〇〇石を賜う。元禄十年（一六九七）九月十六日に死去。享年八十二。法名は安休。下谷福成寺（東京都台東区）に埋葬される。

（福留）

【典拠・参考文献】『寛政譜』第九・八七頁

杉浦正昭《すぎうらまさてる》（一六一四～一七〇一）

慶長十九年（一六一四）、杉浦親俊の二男として生まれ、後に杉浦正友の養子に入る。『寛政譜』には「正綱《まさつな》」とあり、「今の呈譜、正昭に作る」と註記する。母は木村吉次の娘。一十郎・市右衛門・内蔵允と称し、致仕後は一山と号した。妻は杉浦正友の娘。寛永元年（一六二四）、はじめて徳川秀忠に拝謁し、この年より家光に仕えた。同七年に小性組番士となり、同十一年の家光上洛、同十三年の日光社参にも供奉している。万治元年（一六五八）六月十四日に家督を相続するが、采地は父正友の養老料となっている。万治二年四月十五日、城番として甲府に赴き、寛文八年（一六六八）六月十日には勘定頭に就任し、同年十二月二十八日に布衣の着用を許されている。延宝八年（一六八〇）閏八月二十一日に御留守居へと転じ、十二月に従五位下に叙せられた。その後、天和二年（一六八二）四月に二〇〇〇石の加増があり、都合八〇〇〇石を知行した。貞享四年（一六八七）十月二十八日に寄合入りするが、なお在職時よりの奥勤は続け、元禄十年（一六九七）十二月六日に辞した。元禄十四年五月十六日に死去、享年八十八。法名は一山。浅草の長敬寺（東京都台東区）に葬られている。

（保垣）

【典拠・参考文献】『寛政譜』第九・八三頁

杉浦正友《すぎうらまさとも》（一五七七～一六六二）

天正五年（一五七七）、姉川合戦や長篠合戦で軍功を挙げた杉浦親次の三男として生まれる。一十郎・市右衛門と称す。任官後は越後守を名乗る。妻は岡部貞綱の娘。文禄三年（一五九四）、はじめて徳川家康に拝謁し、慶長三年（一五九八）に伏見城へ召されて以降仕えはじめる。関ヶ原合戦、大坂の役にも供奉し、大坂夏の陣においては弓同心五〇人を配された。その後、御納戸頭となり、相模国東郡、武蔵国入間・橘樹郡の三郡において六〇〇石を宛われたが、その後も数度にわたり加増が行われ、寛永十九年（一六四二）二月には、都合六〇〇〇石を知行するに至っている。寛永三年八月、徳川秀忠の上洛に供奉し、同月十九日には従五位下越後守に叙任された。寛永十二年十一月九日に御留守居となり、同十九年三月三日からは勘定頭を兼帯した。明暦二年（一六五六）正月十二日に職を辞し、万治元年（一六五八）六月十四日に致仕、これまでの功績により養老料として四〇〇〇石の采地を賜っている。寛文二年（一六六二）九月九日に死去、享年八十六。浅草本願寺末の長敬寺（東京都台東区）に葬られた。

（保垣）

【典拠・参考文献】『寛政譜』第九・八三頁

杉岡能連《すぎおかよしつれ》（一六六九～一七三八）

寛文九年（一六六九）、御蔵奉行を務めた杉岡重能の子として生まれる。母は戸倉次郎右衛門の娘。孫八郎・弥太郎を称した。任官後は佐渡守と名乗る。妻は岡田俊易の娘。元禄二年（一六八九）八月六日、勘定となり廩米一五〇俵を賜る。同九年十二月十五日に組頭へと昇進し、新たに廩米一〇〇俵が加賜された。また、その年に日頃の精勤が賞されて黄金三枚が下賜されている。宝永六年（一七〇九）九月二十六日、禁裏造営奉行となり、その功績により禁裏仙洞新院御所より三十六歌仙歌合を下賜され、同年十二月、江戸においても時服二領・黄金三枚が下賜された。正徳二年（一七一二）七月朔日、勘定吟味役に昇進するとともに、新たに二五〇石を加増され、その際に蔵米取りから知行取りへとかわり、安房国平・上総国天羽両郡に計五〇〇石の知行地が宛われている。同年十二月十五日に布衣となる。享保十六年（一七三一）十月朔日、勘定奉行へと昇進し、従五位下佐渡守に叙任された。元文三年（一七三八）七月二日に死去、享年七十。法名は良忠。谷中の一乗寺（東京都台東区）に葬られている。（保垣）

【典拠・参考文献】『寛政譜』第十九・二一一頁

杉田玄端《すぎたげんたん》（一八一八～一八八九）

文政元年（一八一八）九月二十日に江戸で生まれる。徳太郎・充甫・泰嶽・肥舟・桜所・拡と称した。本姓吉野。実父は元尾張藩医官幡頭信氓。養父は小浜藩医官杉田立卿。妻は俊。天保五年（一八三四）、杉田立卿門下で蘭学・医学を学習。同九年に杉田立卿の猶子となり、玄端を名乗る。弘化二年（一八四五）分家、四谷に開業。同三年、本家の杉田白玄の嗣子となる。嘉永六年（一八五三）に小浜藩医。安政五年（一八五八）、蕃書調所出役教授手伝。同六年、蕃書調所教授並。万延元年（一八六〇）、洋書調所教授。文久二年（一八六二）に家督相続。同三年に外国方横文御用。慶応元年（一八六五）、外国奉行支配翻訳御用頭取。明治元年（一八六八）、駿河国移住、陸軍付医師頭取、沼津陸軍医学所頭取。同五年の沼津病院廃業後も私立病院を開院し医療に従事。同八年、東京神田に移住。同九年に共立病院開院。同十三年学士院会員。英学やドイツ語学習の草分け的存在でもあった。著訳に『地学正宗』『化学要論』『民間内外科要法』『写象新法』『解剖生理略論』『健全学』等。明治二十二年麻布で死去。享年七十二。墓は東京の青山墓地。宝山院拡誉桜所玄端居士。静岡県沼津市長谷寺に墓碑。（岩下）

【典拠・参考文献】「杉田玄白の家系」（『日本醫史學雜誌』八巻三・四号、日本医史学会、一九五七年）

杉田成卿《すぎたせいけい》（一八一七～一八五九）

文化十四年（一八一七）十一月十一日に杉田立卿《りゅうけい》の長男として江戸浜町に生まれる。名は信、通称成卿、梅里と号す。坪井信道に入門して医学・蘭語を学ぶ。天保十一年（一八四〇）に天文方蕃書和解御用出役を命じられ、外交文書の翻訳にあたった。弘化二年（一八四五）、小浜藩医となるも、安政元年（一八五四）に隠居。同三年召されて蕃書調所教授職に就任。父立卿の手がけた『和蘭政典』をはじめ、多くの医学書・科学書・兵学書を訳述した。オランダ語に通暁し、蘭文で記した『玉川紀行』などの著作もある。同六年二月十九日に死去。享年四十三。芝天徳寺に葬る。（工藤）

【典拠・参考文献】杉本つとむ『江戸蘭方医からのメッセージ』（ぺりかん社、一九九二

年）

杉田忠次《すぎたただつぐ》（一五七六〜一六四二）
天正四年（一五七六）に浅井祐政家臣杉田忠重《ただしげ》の長男として生まれる。九郎兵衛と称した。豊臣秀次に仕え、後に大久保長安の家臣となる。その後、徳川家康に仕えて廩米三〇〇俵を与えられ、大久保長安の付属を命じられる。少なくとも元和四年（一六一八）から寛永十二年（一六三五）まで勘定所役人を務めており、勘定組頭となる。その間、寛永九年七月二十六日には諸国巡見を命じられている。同十三年四月十二日に石見国銀山、翌年十二月二十五日に出雲・隠岐両国に赴き、同十五年より石見国銀山の代官を務める。同十八年六月十六日に死去。享年六十六。法名は道安。菩提寺は駒込の願行寺である。（宮坂）
【典拠・参考文献】『寛政譜』第十五・一一二頁、大野瑞男『江戸幕府財政史論』（吉川弘文館、一九九六年）

杉田直昌《すぎたなおまさ》（一六一三〜一六八三）
慶長十八年（一六一三）杉田九郎兵衛忠次の長男として生まれる。初め直次《なおつぐ》と名乗り、六之助・九郎兵衛と称した。寛永四年（一六二七）七月にはじめて三代将軍家光に拝謁し、作事方をつとめた。同十五年十二月五日に勘定となり、十八日に廩米一五〇俵を与えられた。のち勘定組頭にうつり、新恩二〇〇俵を賜った。同十八年から同十九年まで石見銀山奉行をつとめ、その後勘定組頭となった。万治三年（一六六〇）七月十五日、代官に就任し、但馬国生野陣屋（万治三年〜寛文八年）へ赴任した。寛文八年（一六六八）三月十六日に美濃国笠松陣屋の代官となり、三〇〇俵を加恩された。同十一年十二月二十八日に布衣の着用を許された。天和三年（一六八三）七月八日に死去。享年七十一。法名は道徹。菩提寺は駒込の願行寺。（高橋）
【典拠・参考文献】『寛政譜』第十五・一一四頁、『岐阜県史 通史編近世上』（一九六八年）、『代官履歴』

杉田立卿《すぎたりゅうけい》（一七八六〜一八四五）
天明六年（一七八六）十一月十五日に杉田玄白の子として生まれる。名は預、通称立卿、錦腸・泉堂・天真楼と号す。文化元年（一八〇四）、蘭方眼科医として小浜藩医となる。同十二年、『眼科新書』を刊行して世に西洋眼科学を紹介した。文政五年（一八二二）、天文方蕃書和解御用として、青地林宗とともに『遭厄日本紀事』を訳出。また、老中水野忠邦の命により『和蘭政典』の翻訳に従事した。『和蘭外科要方』など、医学関係の訳著書多数。弘化二年（一八四五）十一月二日に死去。享年五十九。芝天徳寺に葬る。（工藤）
【典拠・参考文献】日本学士院編『明治前日本医学史』（復刻版、日本古医学資料センター、一九七八年）

杉原平助《すぎはらへいすけ》（生年未詳〜一八六八）
儒者。名は直養、字は浩然。心斎と称す。別号に緑静堂。昌平黌《しょうへいこう》で佐藤一斎・安積《あさか》艮斎《ごんさい》に学んだ。天保十一年（一八四〇）三月九日に西丸書院番より幕府儒官となった。万延元年（一八六〇）九月二十七日より二丸御留守居を務めた。慶応四年（一八六八）六月二十五日に死去。著作に「七雅」などがある。（上野）
【典拠・参考文献】『旗本百科』第三巻

杉原正永《すぎはらまさなが》（一五九六〜一六七〇）
慶長元年（一五九六）に杉原長氏《ながうじ》の二男として美濃国で生まれる。四郎兵衛と称した。母は織田家の家臣根村壱岐守光次の娘。妻は栗本氏の娘。父の代より徳川家康に仕える。慶長八年に八歳で初めて将軍家康に御目見し、同十一年に家を継ぐ。同十四年には駿府で家康に仕え、同十九年・同二十年の大坂の陣では永井直勝の組に属して供奉した。元和三年（一六一七）より二代将軍秀忠に仕え、同四年に書院番となる。寛永九年（一六三二）から三代将軍家光に仕え、翌十年二月七日には下総国河内郡内に二〇〇石を賜る。同十三年に将軍家光が日光社参を行う際には、命令により諸士の宿割りを行った。同十五年二月八日には島原の乱に際し、寺沢堅高の目付として肥前国富岡城に派遣される。同十六年八月二十五日の本丸造営に際しては、久留七郎左衛門正親とともに甲斐・駿河へ赴き、良材伐採の奉行をつとめる。同十七年四月の日光社参でも宿割りを行った。同年七月二十六日には、播磨国山崎藩で発生した御家騒動（池田騒動）関係者の切腹があり、検使をつとめた。同十八年十一月二十日には、池田光仲の所領である因幡国鳥取に真田長兵衛幸政とともに派遣され、同地の国政の監察を行った。同二十年七月二十三日には荒尾平八郎久成とともに上野国館林へ赴き、目付をつとめた。正保四年（一六四七）十一月七日、松平因幡守忠憲が死去したため、井戸三十郎覚弘とともに信濃国小諸で目付をつとめる。慶安三年（一六五〇）閏十月十五日には川勝丹波守広綱とともに肥後国熊本で国目付をつとめる。承応元年（一六五二）二月より三丸普請の奉行をつとめる。のちに番を辞して小普請となる。寛文十年（一六七〇）五月十四日に死去。享年七十五。法名は宗活。墓地は谷中臨江寺である。

（坂本）

【典拠・参考文献】『寛永諸家系図伝』第七・一七頁、『寛政譜』第八・二八三頁、『徳川実紀』第三篇

杉本樗園《すぎもとちょえん》（一七六二～一八四七）

宮村永順受正の男。本名は杉本良。幸太郎・忠温・仲温と称した。号名は子敬。家禄は二〇〇俵。杉本良猷の養子となり、その娘を妻とする。天明元年（一七八一）十月八日に家督を継ぐ。寛政六年（一七九四）九月二十三日に番医となり、同九年三月八日に西丸の奥医にうつる。同十年十一月六日に奥詰となり、杉本家代々は外科であったが、樗園一代にかぎり本科となる。池田錦橋・安積艮斎などと親しくした。大塩平八郎の乱に家臣が関わり、取調べをうけている。菩提寺は谷中の瑞輪寺（東京都台東区）。ちなみに、森鴎外『伊沢蘭軒』にも樗園の略歴についてふれられている。

（石山）

【典拠・参考文献】『寛政譜』第二十・二一九頁、『旗本百科』第三巻、森鴎外『伊沢蘭軒』

菅谷長昌《すげのやながまさ》（一七三四～一八〇〇）

享保十九年（一七三四）に生まれる。源左衛門・市左衛門・弥五郎と称した。妻は越後国与坂藩主井伊家家臣原正安の息女。菅谷家は、慶安三年（一六五〇）に市郎左衛門重吉が、書院番の与力として幕府に召し抱えられたのを始めとし、六代続いて長昌に至る。はじめは高梨姓を称し、途中で秋山を家号とし、のち菅谷に改姓した。長昌は、はじめ書院と大番の与力を勤めたのち支配勘定へ転じ、評定所留役の補助を勤めた。五十三歳のとき、天明六年（一七八六）十二月十九日に御家人から旗本へ昇格。廩米《りんまい》一〇〇俵取りとなる。勘定として評定所の留役を勤め、同八年五月二日に代官となった。はじめ備中国倉敷代官を勤めた。備中国鴨方《かもがた》の儒学者西山拙斎《せっさい》が天明六年に詠んだ詩（沙美の浦歌）に感銘した長昌は、寛政元年（一七八九）同地を訪れ、拙斎の詩を添え幕府に報告し、現地の人々は白銀二〇枚を下賜された。これを記念して恵《めぐみ》池《いけ》という溜池が造られ、碑文（倉敷市指定史跡）が建立された。同二年から同五年までは石見国の大森代官を勤め、石見銀山などを支配した。在任後同六年二月、初代大

森代官大久保長安の逆修塔《ぎゃくしゅとう》脇にある紀功《きこう》碑《ひ》（石見守大久保長安公碑・島根県大安寺跡）の撰文者となっている。同五年から同八年までは豊後国高松代官、その後は関東代官を勤めた。同十一年正月六日、転じて裏門切手番頭となり、その一番組に属した。このうち豊後国高松代官は、当時同国日田代官詰であったところを、専任代官として派遣されたものであった。寛政十二年（一八〇〇）二月二十五日、六十五歳で死去。（実松）

【典拠・参考文献】『寛政譜』第十九・九七頁、『柳営補任』、西沢淳男『幕領陣屋と代官支配』（岩田書院、一九九八年）、『石見銀山遺跡調査ノート1』（島根県教育委員会他編、二〇〇二年）

鈴木伊直《すずきこれなお》　（一五四五～一六一八）

天文十四年（一五四五）に鈴木重直《しげなお》の二男として生まれる。実母は松平清康（徳川家康の祖父）の養女。妻は伏見城代内藤正成の息女。久右衛門と称した。幼少から織田信長に仕え、美濃国可児《かに》郡内において一〇〇〇貫の知行地を領していたが、やがて織田家を去り、徳川家康に仕えた。天正十八年（一五九〇）の小田原合戦で軍功をあげ、家康の関東入国後に下総国千葉郡内において一〇〇〇石を拝領し、大番頭になった。老年により諸役を解かれると、本領である三河国足助において二〇〇〇石を拝領した。慶長十九年（一六一四）の大坂冬の陣では使番（軍目付）として諸大名の軍勢を監視する役割を担った。また、駿府城では、遠山利景・池田重信とともにしばしば猿楽を舞うことがあり、家康を大いに楽しませたといわれている。元和四年（一六一八）十一月十四日、三河国足助で死去。享年七十四。法名は常心。三河国加茂郡の妙昌寺（愛知県豊田市）に葬られた。（白根）

【典拠・参考文献】『寛政譜』第十八・六頁、『徳川実紀』第一・二篇

鈴木重固《すずきしげかた》　（一八三七～一八八八）

天保八年（一八三七）生まれ。元開成所教授手伝並出役。沼津兵学校では三等教授方並として数学の教鞭をとっていた。明治三年（一八七〇）十二月、新政府からの招聘に応じ、沼津兵学校三等教授並から民部省土木権少佑准席となる。さらに明治七年（一八七四）には内務省地理寮一等少技手となった。またクリスチャンとして日本基督教会に所属している。明治二十一年（一八八八）三月十二日に死去。（津田）

【典拠・参考文献】樋口雄彦『旧幕臣の明治維新　沼津兵学校とその群像』（吉川弘文館、二〇〇五年）、同『沼津兵学校の研究』（吉川弘文館、二〇〇七年）

鈴木重成《すずきしげなり》　（一五八八～一六五三）

天正十六年（一五八八）に鈴木忠兵衛重次の三男として三河国加茂郡則定《のりさだ》村（現愛知県豊田市）に生まれる。三郎九郎と称した。母は今川家家臣栗生筑前守永旨の息女。妻は本多中務大輔家臣梶次郎右衛門盛重の息女。関ヶ原の戦、大坂冬の陣・夏の陣に従軍し、寛永二年（一六二五）、知行七〇〇石を給わる。同十四・十五年の島原の乱の鎮圧に功をたて、同十八年、初代の天草代官となり、復興に尽力した。天草は寺沢氏が統治していた時代に石高を過大評価されていたため、農民は重租に苦しんでいた。重成は天草の実態を調査したうえで、年貢減免のため、天草地域の石高の半減を幕府に訴えて、承応二年（一六五三）十月十五日に江戸駿河台の自邸にて自刃した。享年六十六。法名は英峯。菩提寺は小日向天徳院（現在は中野区上高田へ移転）。なお、重成の訴えは万治二年（一六五九）に実現し、天草の島民は鈴木神社を建てて重成を祀っている。（西）

【典拠・参考文献】『寛政譜』第十七・四

一五頁、村上直「天草における幕領の成立と代官支配―鈴木重成・重辰を中心に―」（森克己博士古稀記念会編『対外関係と政治文化（史学論集第三）』、一九七四年）、藤野保『新訂幕藩体制史の研究』（吉川弘文館、一九七五年）、竹内誠・深井雅海編『日本近世人名辞典』（吉川弘文館、二〇〇五年）

鈴木重嶺《すずきしげね》（一八一四～一八九八）

文化十一年（一八一四）に生まれる。大之進と称した。安政二年（一八五五）六月三日に勘定から勘定組頭となり、永々御目見以上となる。文久二年（一八六二）七月二十六日に勘定吟味役となり、一〇〇俵を加増される。元治元年（一八六四）七月二日に勘定奉行並、同月二十三日に鑓奉行となり、翌八月に第一次長州戦争に参加する。同月十八日に鑓奉行を免じられ、勤仕並寄合となる。慶応元年（一八六五）九月十三日に佐渡奉行となり、同三年十二月十四日に従五位下に叙任される。同四年閏四月十六日に御役御免となる。和歌を村山素行・伊庭秀賢に習い、両師匠の年忌に出版した『志能夫具佐《しのぶぐさ》』で知られる。号は翠園。明治二十四年（一八九一）一月二十三日に開催された第二回史学会事実質問会（旧事諮問会）で、勘定所などに関する応答を行っている。明治三十一年に死去。（宮坂）

【典拠・参考文献】『柳営補任』

鈴木桃野《すずきとうや》（一八〇〇～一八五二）

寛政十二年（一八〇〇）に生まれる。通称は孫兵衛。本姓は紀。名は成夔、字は一足、号は桃野の他、詩瀑山人・酔桃子・桃花外史など。書物奉行鈴木白藤の長男。母は先手与力多賀谷源蔵安貞の息女。天保十年（一八三九）に昌平黌教授となる。嘉永五年（一八五二）に家督を継ぐ。書を叔父多賀谷向陵に、漢学を父や内山壺太郎に学ぶ。『無可有郷』『反古のうらがき』『桃野随筆』などの随筆を記す。嘉永五年六月十五日没。享年五十三。法名は観良院道誉礼信居士。江戸牛込の光照寺に葬られる。（湯浅）

【典拠・参考文献】森潤三郎『紅葉山文庫と書物奉行』（臨川書店、一九八八年複製）、『国書人名辞典』第二巻（岩波書店、一九九八年）

鈴木徳之進《すずきとくのしん》（生年未詳～一七〇八）

五代将軍綱吉の側近牧野成貞の家臣だったが、元禄二年（一六八九）十二月十三日に綱吉に召されて廊下番となり、二〇〇俵を賜る。同十九日に次番となり、一〇〇俵を加増される。同三年二月十二日に桐之間番、同年四月十二日に大番となり、宝永四年（一七〇七）八月に任を解かれ、小普請となる。同五年正月十一日に死去。法名は日尋。駒込の常泉寺に埋葬される。（福留）

【典拠・参考文献】『寛政譜』第二十二・三〇八頁、福留真紀『徳川将軍側近の研究』（校倉書房、二〇〇六年）

鈴木利雄《すずきとしお》（一六六四～一六四三）

寛文四年（一六六四）に小十人鈴木重久《しげひさ》の長男として生まれる。重倫《しげとも》とも名乗り、三之助・源五右衛門と称した。石翁と号した。母は植村土佐守家臣屋代市郎兵衛安次の娘である。妻は戸田新左衛門政利の娘である。延宝六年（一六七八）三月二十九日、小十人に列して、同年四月に月俸一〇口を賜い、同八年三月二十六日には廩米一〇〇俵を賜う。貞享三年（一六八六）十二月十九日に御小納戸番に移る。元禄元年（一六八八）十月二十一日に同組頭に転じ、同年十二月十一日には二〇〇俵を加増され、月俸は召し上げられる。同七年八月十二日には御納戸頭となり、同年十二月十八日には布衣を許され、同月二十三日には二〇〇俵の加増を受けた。同十年七月二十六日に廩米を改め、上野国群馬・多胡・緑野三郡に五〇〇石を賜う。同年九月十五日に目付に転じ、後日命令により日光に赴く。宝永三年（一七〇六）十二月二十五日に二〇〇石の加増を受け、采地を相模国大住・愛甲二郡に移される。同七年閏八月十二日には甲府藩主徳川綱重の御霊屋造営と法会にかかわった功により、従五位下飛騨守に叙任される。さらに同年九月十六日には金、時服、羽織を賜る。正徳元年（一七一一）七月十八日には評定所の関係者が賞された際に、熨斗縮と越後縮を賜った。同年十一月二十二日には朝鮮通信使出府の際の規式を沙汰した功により時服三領を賜った。同二十七日には命により、大坂において朝鮮への国書を対馬藩主宗義方に下した。同二年六月一日には大坂町奉行に進み、播磨国加東郡に五〇〇石の加増を受け、計一二〇〇石を知行することとなった。享保十四年（一七二九）二月十五日に大目付に移り、道中奉行も兼帯した。元文三年（一七三八）二月九日には老年のため職を辞し、寄合となる。この際、時服五領を賜る。同年七月二十六日に隠居し、養老料廩米三〇〇俵を賜る。寛保三年（一七四三）五月六日に死去。享年八十。法名は日恵。墓地は谷中長明寺である。（坂本）

【典拠・参考文献】『寛政譜』第二十二・三〇六頁、『柳営補任』、『徳川実紀』第七篇

鈴木直裕《すずきなおひろ》（一七一六～一七八六）

享保元年（一七一六）に、日光門主の家人である田村友貞と、小性組に列せられていた猪飼正久《まさひさ》の息女との間に生まれる。富之助・多宮・治左衛門と称した。妻は鷹匠目付などを務めた高橋快続《よしつぐ》の息女。直裕は、小十人であった鈴木勝尹《かつただ》の臨終にあたって養子となり、享保十六年（一七三一）十月十一日、養父の遺跡を継いだ。元文元年（一七三六）九月二十七日に、一橋家の近習番となり、以後同家の小性・小十人の頭目付・物頭・用人を歴任した。宝暦七年（一七五七）十二月十八日には布衣を着することを許されている。後に、番頭と用人を兼務。天明六年（一七八六）三月二十日に寄合となり、同年七月十四日に死去した。享年は七十一で法名は宗慎という。（山﨑）

【典拠・参考文献】『寛政譜』第十八・三九頁

鈴木白藤《すずきはくとう》（一七六七～一八五一）

明和四年（一七六七）九月十六日に生まれる。通称は岩次郎。本姓は紀。名は成恭・恭・恭。字は士敬。号は白藤。広敷添番鈴木成義の子。母は内海彦右衛門常富の息女。妻は先手与力多賀谷源蔵安貞の息女。天明八年（一七八八）に御天守番、寛政十二年（一八〇〇）に学問所勤番組頭となる。文化九年（一八一二）には書物奉行となるが、文政四年（一八二一）に御役御免となり、小普請となる。蔵書家として著名であった。嘉永四年（一八五一）十二月六日没。享年八十五。法名は仁信院義誉礼智居士。江戸牛込の光照寺に葬られる。（湯浅）

【典拠・参考文献】森潤三郎『紅葉山文庫と書物奉行』（臨川書店、一九八八年複製）、『国書人名辞典』第二巻（岩波書店、一九九八年）

鈴木正当《すずきまさあつ》（一六四二～一七三〇）

寛永十九年（一六四二）に生まれる。伝十郎・九大夫と称した。父は重長だが、実は重長の養弟重明《しげあきら》の長男で、叔父の家に養子に入った。妻は御広敷番頭鈴木重比《しげちか》の息女。後妻は小出英清の息女。正当の祖父重三《しげみつ》は初代天草代官鈴木重成の実兄であった。万治元年（一六五八）閏十二月十八日に家督を継ぎ、小普請入りした。延宝四年（一六七六）四月二十六日に大番となり、元禄二年（一六八九）二月二十七日、桐之間番に転じ、同年三月十五日に再び大番となる。同九年に年来の精勤を賞され、黄金

五枚を受ける。同十一年、三河国賀茂郡の知行地を上総国市原郡と下総国千葉郡の内に移される。正徳三年（一七一三）二月十五日、御金奉行に転じ、同四年四月二十九日には代官となる。大坂代官として、大和国六〇〇〇石余、河内国一万石余、摂津国二万八〇〇〇石余、播磨国一万石余あわせて五万五五〇〇石を支配した。享保七年（一七二二）六月十一日に免職され、年貢滞納を弁償するように厳命を受け、勘定奉行付となる。同八年二月九日、滞納分の年貢会計が決済したことにより、その任を解かれ、大番に復帰。同十四年十二月二十七日に辞職した。翌十五年（一七三〇）五月十七日に八十九歳で死去。法名は常仙で、歴代の墓地がある浅草法福寺に葬られた。

（実松）

【典拠・参考文献】『寛政譜』第十九・九七頁、和泉清司『幕府の地域支配と代官』（同成社、二〇〇一年）

鈴木正興《すずきまさおき》 （一六七六～一七五三）

延宝四年（一六七六）に御鳥屋飼神谷作兵衛直次《なおつぐ》の二男として生まれる。養父は代官鈴木三郎兵衛正守《まさもり》。母は大番肥田与左衛門定勝《さだかつ》の息女。正守の養子となって、その息女を妻とした。新助・小右衛門と称した。家禄は二〇〇俵である。宝永元年（一七〇四）十二月十一日にはじめて五代将軍綱吉に拝謁し、同六年四月六日に勘定となった。同七年六月二十六日より父のつとめにそえられ、正徳二年（一七一二）二月晦日に家督を相続した。同年三月十六日、代官に就任し、駿河国駿府陣屋（正徳二年～同四年）、越後国楯陣屋（正徳四年～享保九年）、出羽国漆山陣屋（享保九年～同十三年）、近江国大津陣屋（享保十三年～寛保三年）、江戸在任（寛保三年～延享四年）を担当した。この間、享保四年（一七一九）六月十三日に父正守が代官を務めていた時に、年貢の滞納があり、その負金を弁済することとなった。延享四年（一七四七）六月二十二日、老年のため職を辞し、寛延元年（一七四八）に隠居し、元水と号した。宝暦三年（一七五三）五月十二日に死去。享年七十八。法名は元水。

（高橋）

【典拠・参考文献】『寛政譜』第二十一・二二二頁、『新修大津市史4 近世後期』（一九八一年）、『代官履歴』

鈴木正勝《すずきまさかつ》 （一七四六～一八〇五）

延享三年（一七四六）に鈴木正致《まさむね》の男として生まれる。伝市郎・門三郎と称する。妻は山本良哉の養女。宝暦十二年（一七六二）閏四月五日に家督を継ぐ。家禄は一〇〇俵。明和六年（一七六九）一月二十六日に勘定となり、安永五年（一七七六）十二月十一日に評定所留役、天明六年（一七八六）十二月二日に勘定組頭へ昇任、寛政三年（一七九一）三月十一日に美濃国笠松の代官となる。支配地一〇万石高のため足高（二五〇俵）はこれまで通り下される。同七年七月五日に美濃郡代へ昇任、布衣を許される。同十一年八月七日に勘定吟味役へ栄転、文化二年（一八〇五）八月十日に現職で死去。享年六十。菩提寺は小日向の日輪寺である。

（西沢）

【典拠・参考文献】『寛政譜』第二十二・一〇〇頁、『代官履歴』、『旗本百科』第三巻

鈴木正恒《すずきまさつね》 （一七七三～一八三六）

安永二年（一七七三）に鈴木正勝の男として生まれる。伝市郎と称する。妻は遠山景凞《かげひろ》の息女。寛政六年（一七九四）五月二十二日に部屋住のまま小十人となる。同七年七月十九日に父正勝が布衣を許されたため、小性組番へ転じる。文化七年（一八一〇）八月六日に関東代官となる。同十一年に甲斐国市川、文政四年（一八二一）に下野国藤岡へ転じるが、同年六月十七日に勘定吟味役へ栄転し、同年十二月十六日に布

衣を許される。同十一年十二月八日に佐渡奉行となり、一〇〇俵加増され家禄は二〇〇俵となる。天保七年（一八三六）三月五日に現職で死去。享年六十四。法名は正恒院殿義格良忠大居士。佐渡の総源寺に葬られるが、菩提寺は小日向の日輪寺である。

（西沢）

【典拠・参考文献】『寛政譜』第二十二・一〇〇頁、『佐渡相川の歴史』資料集七（新潟県相川町、一九七八年）、『代官履歴』

鈴木安貞《すずきやすさだ》（一六八二～一七五五）

天和元年（一六八二）生まれ。丈右衛門と称す。任官後は対馬守を名乗る。家伝によれば、家祖鈴木彦六郎重朝は、右近重元の長男で、徳川家康に奉仕し、榊原康政に付属した。重朝五代の孫五郎兵衛直儀は、紀伊大納言頼宣に仕え、それより三代目が安貞になるという。安貞は、紀伊家において吉宗に仕え、享保元年（一七一六）、江戸城本丸へ入城の際に従い、同年九月九日に御小納戸に任じられた。また、それにともない、廩米三〇〇俵を賜り、十二月十八日には布衣を許される。同九年閏四月十八日、『笠懸書抄』『弓法書抄』の二冊を賜る。これは、安貞の家が、先祖代々弓術の師範であり、しばしば射法を伝授していたことによる。安貞の家には、射法に関する『射法的図等委敷書』などの書物を集めた『口伝聞書』が伝えられていた。吉宗が射芸の古式を査検し、草鹿の射法を再興した際には、その命を受けて尽力している。同年九月二十一日より二丸に勤仕。のち西丸勤めとなる。同二十年九月一日、勤仕の間一五〇〇石を賜り、近習の頭取となる。同年十二月十六日に従五位下対馬守を叙任。延享二年（一七四五）九月一日より再び本丸勤めとなるが、寛延元年（一七四八）二月二十五日、西丸の御留守居に命じられ、さらに宝暦五年（一七五五）正月十一日には西丸旗奉行となる。同年七月二十日死去。享年七十三。法名は了傳。諡号は常光院。妻は鷲巣淡路守清勝の女で、安貞が近侍であった時に、吉宗の仰せにより娶った。延享元年（一七四四）十一月十一日、乳附に候すようにとの命を受け、翌二年二月十五日、萬次郎（後の清水中納言重好）生誕の際に、乳附をつとめた。これより年々、誕生日には大奥に参って宴を賜い、品々の恩賜を賜っている。

（浦井）

【典拠・参考文献】『寛政譜』第二十二・三二〇頁、『徳川実紀』第八～九篇

須田盛森《すだもりしげ》（一六〇六～一六八〇）

慶長十一年（一六〇六）に須田盛満《もりみつ》の三男として武蔵国で生まれる。五郎八・伝左衛門と称した。母は巨海三四郎の娘。妻は伊丹理右衛門之信の娘。同家は当初、武田家に仕えたが、同家滅亡後は徳川家に仕えた。元和九年（一六二三）に初めて将軍秀忠に御目見し、のち大番となる。そののち三代将軍家光に仕えた。寛永十五年（一六三八）十二月十六日には廩米二百俵を賜る。同十七年五月二十一日には本丸普請に関与したため、黄金三枚を拝領する。正保三年（一六四六）正月二十二日には御金奉行に転じる。万治元年（一六五八）閏十二月二十一日には、本丸延焼時に被災した金銀を改鋳したことに対し、時服二領と黄金三枚を賜り、この後さらに時服と黄金を賜る。寛文十三年（延宝元、一六七三）正月十四日に職を辞し、同八年正月五日に死去した。享年七十五。法名は弧月。市谷長延寺に埋葬された。

（坂本）

【典拠・参考文献】『寛永諸家系図伝』第三・二五一頁、『寛政譜』第四・三四〇頁、三四六頁

須田盛輔《すだもりすけ》（一六三二～一七一七）

寛永九年（一六三二）に御金奉行須田盛《もり》森《しげ》の長男として生まれる。母は代官伊丹之《ゆき》

信《のぶ》の息女。市兵衛と称した。正保四年（一六四七）十二月二十五日に書院番となり、蔵米三〇〇俵を与えられる。寛文三年（一六六三）四月に四代将軍徳川家綱の日光社参に従う。同五年八月二十二日に御小納戸に転じ、同年十二月二十八日に蔵米二〇〇俵を与えられ、布衣の着用を許される。延宝五年（一六七七）閏十二月二十七日に蔵米二〇〇俵、同八年七月九日に五〇〇石を加えられる。同年十一月二十八日に辞職して寄合となった。同九年（天和元・一六八一）七月十三日に小十人番頭となり、天和二年四月二十一日に五〇〇石を加えられる。同三年七月十八日に目付に転じ、貞享四年（一六八七）十一月十五日に禁裏附となり、一〇〇〇石を加えられる。同五年（元禄元・一六八八）三月十三日には従五位下大隅守に叙任される。元禄九年三月二十六日（『柳営補任』では二十八日）に辞職。同十年七月二十六日に蔵米を改めて知行地を与えられ、計二七〇〇石を知行。同十五年十二月十八日に隠居。享保二年（一七一七）八月二十三日に死去。享年八十六。法名は性月。葬地は四谷の真福寺。（芳賀）

【典拠・参考文献】『寛政譜』第四・三四六頁、『柳営補任』

須田盛照《すだもりてる》（一七八一～一八三八）

天明元年（一七八一）生まれ。諱は盛昭《もりてる》との表記もあり。与左衛門とも称す。任官後は大隅守を名乗る。『寛政譜』には、須田長三郎盛茂の婿養子で、実は長崎源之助元良の三男とあるが、『天保六年武鑑』では、須田長十郎の子とある。妻は盛茂の養女。さらに、近藤喜一郎義端の女と佐々木五郎右衛門正応の養女を後妻として娶っている。寛政元年（一七九六）九月七日に家督を継ぎ、同八年六月二日に小性組番士となり、その後、的を射て時服を賜る。文化五年（一八〇八）正月十一日、小性組より使番となる。同十年六月、駿府代目付となり、同十一年四月二十四日には西丸目付、同十三年五月二十六日には本丸目付となっている。文政六年（一八二三）十一月十五日、京都町奉行となり、同十年七月二十四日には作事奉行となり、宗門改役を兼ねた。天保三年（一八三二）正月に大目付、同八年七月十八日には再び宗門改役を仰せつけられ、翌九年四月四日に死去。享年五十七。禄高は一〇〇〇石。屋敷は新道二番町にあった。（浦井）

【典拠・参考文献】『寛政譜』第四・三四二頁、『旗本百科』第三巻、『柳営補任』、『天保六年武鑑』

須藤時一郎《すどうときいちろう》（一八四一～一九〇三）

天保十二年（一八四一）に江戸に生まれる。父は幕臣高梨仙太夫。沼間守一の兄。昌平黌で漢学を学び、のち英学を学んだ。幕臣須藤氏を継ぎ、評定所留役となる。その後、外国方に転じ、文久三年（一八六三）には外国奉行支配調役並として、横浜鎖港談判を任とする外国奉行池田長発《ながおき》の遣仏使節団に随行し、ナポレオン三世に謁見した。帰国後は歩兵差図役頭取となり、戊辰戦争期には弟守一とともに東北戦争に参加した。降伏後は静岡藩に帰参し、藩の軍事掛附属となり沼津兵学校の庶務的業務を担当した。上京すると、英学者尺振八《せきしんぱち》（外国方通弁出役として池田使節団に随行）が創設した英学塾共立学舎で英語を教授し、その後、尺とともに大蔵省御用掛となり、明治五年（一八七二）には大蔵省紙幣寮に出仕した。この年、尺と共著で『傍訓英語韵《いん》礎《そ》』を刊行している。また翌六年には、幕末期にフランスで見聞した西洋菓子（ケーキ）の製法を紹介した『万宝珍書』を著した。日本人の体を強くするためには、栄養価の高いミルクやバターを摂取する必要があると考えたうえでのことである。その後は各種銀行の監査役などを勤め、東京市政の紊乱に対しては、「江戸ッ子」の気風を背景として市政刷新運動にも尽力した（『東京経済雑誌』一一八九号）。明治二十七年（一八九四）に衆議院議員に当選。同三十六年に六十三歳で死去した。

（藤田）

【典拠・参考文献】尾佐竹猛『幕末遣外使節物語』（講談社学術文庫、一九八九年）、「沼津兵学校と共立学舎」（『沼津市明治史料館』二〇号、一九九〇年）、田口親『田口卯吉』（人物叢書、吉川弘文館、二〇〇〇年）、樋口雄彦『旧幕臣の明治維新』（吉川弘文館、二〇〇五年）

角倉玄篤《すみのくらはるあつ》（一七一六～一七四五）

享保元年（一七一六）に代官角倉玄懐《はるかね》の男として生まれる。長弥・多宮・与一と称する。妻は太田資晴の息女。角倉氏は京都の豪商で朱印船貿易家であった。角倉了以の子玄之《はるゆき》の代に代々与一と称する長子の系統である京都角倉家と二男の系統である嵯峨角倉家とに分かれる。与一の系統は、玄《はる》臣《まさ》が寛政十年（一七九八）九月三日に代官職のみ罷免され逼塞となる。安政二年（一八五五）京都角倉家最後の玄寧の時に代官職に復す。嵯峨角倉家は代々加茂川堤奉行を勤め、玄信の文政十年（一八二七）から三代、明治維新まで代官を勤めた。玄篤は元文元年（一七三六）十二月二十九日に家督を継ぎ、家職である京都代官（二条河原役所）となり淀川過書船支配を勤める。家禄は二〇〇俵。知行代として加茂川高瀬船の運上金を与えられる。延享二年（一七四五）七月十一日に死去。享年三十。法名は玄篤。菩提寺は嵯峨の二尊院である。

（西沢）

【典拠・参考文献】『寛政譜』第七・二三二頁、『代官履歴』

角倉玄之《すみのくらはるゆき》（一五七一～一六三二）

元亀二年（一五七一）に角倉光好《こうこう》の長男として生まれる。与一・貞順・素庵とも称した。母は吉田栄可（吉田は角倉の本姓）の娘。妻は吉田幻也《こうや》の娘。天正十六年（一五八八）、藤原惺窩に出会い、儒学を学ぶようになる。この関係から、林羅山と惺窩の初対面を仲介している。また、能書家としても著名であった。海外貿易や通船等を目的とした河川工事も行っている。慶長八年（一六〇三）に徳川家康に御目見し、同十七年八月十八日には駿府城で家康に薬種などを献上した。同十九年七月には富士川通船のための工事を父に代わりつとめた。同月、父の死去により家を継いだ。同年、命を受けて大坂の兵糧米三万石余を伏見城に運送し、武器類を京都より伏見に送った。この際、玄之が作った「竹束銕の盾」などを献上した。元和元年（一六一五）には代官となり、京都河原町と淀川過書船の支配も兼ねた。この際、父光好が河川輸送を行っていたことから、加茂川・嵯峨川等の通船運上金を食禄の代わりに賜った。のち木曽山木材の奉行をつとめるほか、同三年には江戸城修築時における富士山よりの材木伐出をつとめる。寛永九年（一六三二）六月二十二日に死去。享年六十二。戒名は素庵。墓地は嵯峨平山である。

（坂本）

【典拠・参考文献】『寛政譜』第七・二三一頁、『徳川実紀』第一・第二篇、林屋辰三郎『角倉素庵』朝日評伝選一九（一九七八年）

住吉具慶《すみよしぐけい》（一六三一～一七〇五）

寛永八年（一六三一）、住吉如慶広通の子として京都に生まれる。妻は、紀伊徳川家家臣・久世忠右衛門某の息女。名は広澄（はじめ広純）、通称内記。延宝二年（一六七四）に剃髪して具慶と号した。住吉家はもともと高木姓であったが、父如慶広通が禁裏絵所預・土佐家の門人として禁中の御用をつとめるようになったため、寛文二年

(一六六二)、後西天皇の勅命により改姓、住吉家を創立した。寛永二年、父如慶広通は慈眼大師天海の薫陶を得て江戸に招かれ、仙波・紀州・備前の各東照宮と、寛永寺に納める計四本の「東照宮縁起絵巻」製作の下命をうけた。寛永二十年に天海が歿したために寛永寺に納めるための一本の製作が中断していたところ、四代将軍家綱の命で広澄が完成させ延宝七年に家綱に献上、金二〇〇両を拝領した。この「東照宮縁起絵巻」は日光山輪王寺に納められた。延宝二年六月四日、法橋に叙される。天和三年(一六八三)八月、五代将軍綱吉の命により、住吉家を幕府の御画御用に従事させるべく京都から召し出され、御絵師を仰せ付けられ、一〇人扶持が与えられた。貞享二年(一六八五)、廊下番を仰せ付けられ、一〇〇俵加増の上、屋敷を拝領した。元禄二年(一六八九)、さらに一〇〇俵が加増され、切米二〇〇俵七人扶持となる。同四年、奥医師並を仰せ付けられる。同年十二月二日、法眼に叙された。以後、住吉家は狩野四家とともに奥絵師の家柄となる。なお、御絵師に「奥医師並」の職格が与えられた例は、他に狩野随川岑信のみである。現存作品は、「元三大師縁起絵」(延宝七年、寛永寺蔵)、「慈眼大師縁起絵巻」(寛永寺)、「宮崎八幡宮縁起絵巻」(寛文十二年・宮崎八幡宮蔵)、「洛中洛外図巻」(東京国立博物館)など多数。宝永二年(一七〇五)四月三日死去。享年七十五。菩提寺は上野護国院。

(鎌田)

【典拠・参考文献】『寛政譜』第五・四〇八頁、「土佐住吉絵所系譜」(国会図書館蔵)、「住吉流従始祖伝由緒書」(『東洋美術大観』巻五所収)、『徳川実紀』第五~六篇、榊原悟「住吉具慶研究ノート 延宝七年『元三大師縁起絵』制作をめぐって」(『古美術』七三、一九八五年)、尾本師子「江戸幕府御絵師の身分と格式」(『近世御用絵師の史的研究』思文閣出版、二〇〇八年)

住吉広行《すみよしひろゆき》 (一七五五~一八一一)

宝暦五年(一七五五)、住吉家四代広守の三男として生まれる。幼名新之丞。通称内記。号は景金園。若年のころ病身で父の後継が危惧されたため、安永二年(一七七三)、住吉家の跡目は広守の高弟である板谷慶舟が継いだ。その後、広行が無事成長したため、天明元年(一七八一)十二月二十五日、住吉家の家督を扶持・町屋敷ともに慶舟から受け継ぎ、召し出され御絵師を仰せ付けられた。同六年、種姫(十代将軍家治養女)の紀伊徳川家入輿のための絵巻類を製作。寛政度禁裏御所造営に際しては、紫宸殿の賢聖障子の製作途中で病没してしまった狩野栄川院典信の後任に指名された。寛政四年(一七九二)九月、賢聖障子張り立てのため京都に赴く際、松平定信の命をうけ、柴野栗山・屋代弘賢とともに畿内古刹の宝物を調査・記録し、同年十二月に『寺社宝物展閲目録』(東京国立博物館蔵)としてまとめ、幕府に献上した。同六年、尾張徳川家九代宗睦の下命による「東照宮縁起絵巻」の模写を完成させた(名古屋東照宮所蔵)。文化八年(一八一一)八月六日死去。享年五十七。菩提寺は上野護国院。法名は隆善院廣行達道居士。

(鎌田)

【典拠・参考文献】「土佐住吉絵所系譜」(国会図書館蔵)、「住吉流従始祖伝由緒書」(『東洋美術大観』巻五所収)、鎌田純子「名古屋東照宮所蔵『東照宮縁起絵巻』の製作背景について」(『金鯱叢書』三二、二〇〇五年)、鎌田純子「賢聖障子の研究—寛政度を中心に」(『金鯱叢書』三五、二〇〇九年)

諏訪頼篤《すわよりあつ》 (一六六一~一七五二)

寛文元年(一六六一)に寄合諏訪頼常《よりつね》の長男として生まれる。妻は内藤能登守家臣正木時晴《ときはる》の娘。午之助・七左衛門・肥後守・美濃守と称した。寛文六年（一六六六）七月十一日に家督（禄高五〇〇石）を継ぎ寄合となる。延宝四年（一六七六）九月十三日に初めて四代将軍家綱へ拝謁し、元禄十一年（一六九八）正月十一日に小性組組頭となり、十二月二十五日に布衣を許される。正徳四年（一七一四）八月十五日に京都町奉行となり、五〇〇石を加増され、金三〇〇両を拝借し、十月十五日に従五位下肥後守に叙任される。享保八年（一七二三）七月二十四日に町奉行となり美濃守と改める。同十六年九月十九日に田安家家老となり、五〇〇石を加増され、合わせて一五〇〇石を知行した。元文三年（一七三八）十二月八日に老齢のため辞職し寄合となる。寛保二年（一七四二）四月四日に隠居し、宝暦三年（一七五三）五月十九日に死去。年九十三。法名は全提。菩提寺は麻布の晴桃院（東京都港区）である。（加藤）

【典拠・参考文献】『寛政譜』第六・一八四頁、『柳営補任』、『続徳川実紀』第六～九篇

諏訪頼蔭《すわよりかげ》（一六四三～一七二五）

寛永二十年（一六四三）に諏訪出雲守忠恒の二男として生まれる。母は中嶋氏。頼尚・兵部と称した。妻は有馬左衛門佐康純の息女。明暦三年（一六五七）三月二十五日に家督を継ぎ、一〇〇〇石を知行し、寄合となる。寛文三年（一六六三）十一月十九日に小性組番士となる。同九年九月十一日に組頭となり、十二月二十五日に布衣を許される。天和二年（一六八二）四月二十一日に五〇〇石加増される。元禄二年（一六八九）閏正月二十六日に先手鉄炮頭となり、同五年四月二十六日に盗賊追捕の役務に就く。同八年二月十八日に御持筒頭となる。同九年三月二十八日に長崎奉行となり、五〇〇石加増される。八月十三日に従五位下下総守に叙任される。長崎奉行在任中に家臣が私貿易を行い、同十一年九月二十六日に閉門処分を受ける。同十三年五月九日に赦されて小普請となる。出仕を憚り、同十六年四月二十五日に恩免となる。宝永四年（一七〇七）十二月十四日に隠居し、享保十年（一七二五）十月朔日に死去。享年八十三。法名節由。麻布の曹渓寺に葬られ、以降、代々葬地となる。（木﨑）

【典拠・参考文献】『寛政譜』第六・一七八頁、『増補長崎略史』上巻（長崎市役所、一九二六年）、清水紘一「長崎奉行一覧表の再検討」（『京都外国語大学研究論叢』第XV号、一九七五年）

諏訪部成定《すわべなりさだ》（一六二八～一六九七）

寛永五年（一六二八）に生まれる。通称は文九郎。諏訪部定吉《さだよし》の六男である。妻は小性組大草公利《きんとし》の息女。父定吉は馬術に長じ、成定も慶安元年（一六四八）六月十日に召し出されて三代将軍徳川家光に勤仕し、承応元年（一六五二）十二月に廩米一五〇俵を下される。明暦三年（一六五七）九月七日、命により良馬を求めて陸奥国へ赴いた。万治三年（一六六〇）十二月二十六日、廩米五〇俵を加増されて、延宝九年（天和元・一六八一）三月二十八日、将軍の御馬預となり、天和元年十二月二十六日に一〇〇俵を加増され、禄高は三〇〇俵となった。元禄十年（一六九七）七月四日に辞職、同日没した。享年七十。法名は日昌。下谷法養寺（東京都台東区）に葬られた。（渋谷）

【典拠・参考文献】『寛政譜』第六・一五一頁

せ

関勝尚《せきかつなお》 （一七五六～没年未詳）

石川権左衛門義陳の二男として生まれる。仁十郎・牧之助と称した。安永五年（一七七六）十二月十九日に部屋住より表右筆となる。のち関勝興の養子となり、その娘を妻とする。後妻は友田又兵衛穏信の女。天明八年（一七八八）十一月五日に家督を継ぐ。家禄は一〇〇俵五人扶持。寛政元年（一七八九）十一月二十二日に御判持・朱印状の発給に従事して白銀一〇枚を賜う。菩提寺は江戸下谷正覚寺（東京都台東区）。（石山）

【典拠・参考文献】『寛政譜』第二十二・一八三頁、『旗本百科』第三巻

関行篤《せきぎょうとく》 （生没年未詳）

保右衛門と称し、出雲守・下総守を名乗った。天保八年（一八三七）五月二十六日に評定所留役より勘定組頭となり、永々御目見以上となる。同十年五月十四日に代官となる。同十三年五月二十八日、一〇〇俵高に加増され、同年十二月十六日布衣の着用を許される。同十五年（弘化元・一八四四）六月十八日に勘定吟味役となり、同年十二月二十九日、通用銀・一分銀改鋳の命を受け、巻物を下される。弘化四年二月二日、紅葉山の家宣・家継・家重霊廟の修復を命じられる。嘉永元年（一八四八）十一月七日に日光御宮と本坊の修復見分御用を命じられ、同二年九月十四日には日光御宮御修復奉行を命じられる。同五年八月十日に新潟奉行となり、二〇〇俵高を加増され、同七年七月二十四日には堺奉行となる。安政五年（一八五八）正月二十二日、小普請奉行となる。同年十二月二十九日に作事奉行となり、同六年九月十八日には宗門改の加役を命じられる。同年十一月四日、京都町奉行となり万延元年（一八六〇）十一月に翌春の和宮下向の供を命じられる。同年十二月、年来の勤め向きと遠国での出精に対し、勘定奉行次席の格式を得る。文久元年（一八六一）十月に御留守居次席の格となり、同年十一月十五日に和宮御供として参府する。同月十六日に御留守居並となり、在任中は三〇〇〇俵の足高を命じられる。同月二十一日には和宮付を命じられ、役料一〇〇〇俵を下される。同年十二月二十三日に和宮下向の際の供を勤めたことに対して金一〇枚と時服四領を下される。同二年十二月二十九日に願いが認められて御役御免となり、隠居した。（坂本）

【典拠・参考文献】『柳営補任』、『旗本百科』第三巻、『続徳川実紀』第一篇

関孝和《せきたかかず》 （一六四〇？～一七〇八）

江戸城天守番内藤永明《ながあきら》の二男として生まれる。関五郎右衛門の養子となる。字は子豹、通称新助、自由亭と号す。江戸前期の数学者。中国伝来の天元術を改良、独自の研究を加えて、近世日本の数学を飛躍的に発展させた。甲府宰相徳川綱重・綱豊（後の六代将軍家宣）に仕え、勘定吟味役となる。宝永元年（一七〇四）、綱豊が将軍綱吉の世子となったことに伴い、江戸城で御小納戸頭を務めた。数学の研究は独学で進めたという。研究の動機は改暦にあったとされ、円周率の計算や『授時暦経立成』、『授時発明』などの著作は、そのためのものだったと言われる。極値・行列・不定方程式・級数・円錐曲線論など、数学上の様々な研究を行った。著書に『発微算法』、『立円率解』、『開方翻変之法』などがある。宝永五年十月二十四日没。法名は法行院宗達日心。牛込七軒寺町浄輪寺に葬る。（工藤）

【典拠・参考文献】平山諦・下平和夫・広瀬秀雄『関孝和全集』（大阪教育図書、一九七

四年）、日本学士院編『明治前日本数学史』（岩波書店、一九八三年）

瀬名貞雄《せなさだお》　（一七一六〜一七九六）

享保元年（一七一六）に瀬名俊光の長男として生まれる。当初は弌福《かずまさ》を名乗ったが、のち貞雄と改めた。通称は巳之助・主膳・源五郎。狐阡軒と号した。家禄は五〇〇石。延享元年（一七四四）十一月二十九日に家督を相続し、寛延元年（一七四八）三月二十八日に初めて九代将軍家重に拝謁した。同年五月十日に大番となるが、天明二年（一七八二）には御役御免となる。考証家・故実家として知られる貞雄は、その後、寛政元年（一七八九）八月二十六日に奥右筆組頭格となり、当時幕府が企図していた『続藩翰譜』の編纂を岡田寒泉とともに担当して、同年十二月十二日には布衣を着することを許可されている。しかし、同八年十月十二日、貞雄は老齢を理由に職を辞して寄合となり、『続藩翰譜』の編纂事業は右筆所の分担業務として引き継がれた。江戸の地誌や幕府の典故などに通じた貞雄の代表的な著作としては、天明五年（一七八五）から寛政二年にかけて行われた大田南畝との問答をまとめた『瀬田《らいでん》問答』がある。また、最初の江戸切絵図として知られる吉文字屋版切絵図のうち「番町絵図」（宝暦五年）・「永田町絵図」（同九年）・「芝愛宕下絵図」（明和三年）・「下谷浅草絵図」（同四年）・「神田浜町日本橋北図」（同七年）については、貞雄が単独もしくは他者と共同で編集にあたっている。没年月日について、『寛政譜』では寛政八年（一七九六）十一月十七日（享年八十一）とあり、本項の生没年次もこれにしたがって算出したが、大田南畝の『一話一言』巻二十六には「同年十月十七日　未上刻　瀬名貞雄　源五郎　死去、当月二日より病気にて実は四・五日比歟、官年八十・実年七十八なり」と記されており、異同がみられる。法名は日中で、葬地は四谷の妙行寺である。（太田尚）

【典拠・参考文献】『寛政譜』第二・二二四頁、『大田南畝全集』第十三巻・第十七巻（岩波書店、一九八七・八八年）、『江戸切絵図集成』第一巻（中央公論社、一九八一年）

瀬名貞如《せなさだゆき》　（一七四四〜没年未詳）

延享元年（一七四四）に瀬名貞雄の長男として生まれる。通称は源太郎。家禄は五〇〇石である。宝暦八年（一七五八）五月一日に初めて九代将軍家重に御目見し、明和元年（一七六四）閏十二月十六日には部屋住から召し出されて大番となる。同三年二月二十七日、御小納戸に就任し、同年十二月十九日には布衣を着することを許される。天明六年（一七八六）十月二日には、十代将軍家治の病中の勤務ぶりを認められて黄金三枚を下賜されている。同七年十月七日、十一代将軍家斉の意に添わぬことがあったとして御役御免、寄合となる。翌八年十二月二十七日には父貞雄の跡式を相続する。貞如は弓術と絵画の才能を認められていたようで、小納戸在任中は、将軍の放鷹に供奉して鳥を射止めたり、流鏑馬興業の際に射手を勤めたり、武芸上覧の際に騎射を行ったりして、数々の褒美を受けている。一方、絵画のほうでは、寛政八年に伊勢貞春が『武器図説』を編集するにあたって、その挿画を担当するように幕府から命じられている。なお、貞如の後妻は、奥絵師で中橋狩野家五代目にあたる狩野永徳高信の娘である。（太田尚）

【典拠・参考文献】『寛政譜』第二・二二四〜二二五頁

施薬院宗雅《せやくいんそうが》　（一六〇〇〜一六五五）

慶長五年（一六〇〇）年に施薬院宗伯の長男として生まれる。妻は町奉行となった村越吉勝の息女。松千代と称した。三代将軍徳川家光に仕え、以後代々京都に居住する。寛永十六年（一六三九）七月十一日に法印に叙される。明暦元年（一六五五）九月二十五日に死去。享年五十六。法名は宗雅。菩提寺は京都の十念寺。（鍋本）

【典拠・参考文献】『寛政譜』第十八・一七八頁

施薬院宗伯《せやくいんそうはく》（一五七六～一六六三）

天正四年（一五七六）年に三雲資隆の三男として生まれ、一鷗宗虎の養子となり、その後全宗《ぜんそう》に養われる。致仕後は長生院と称した。宗虎の養子となって以後医業を学び家を継いだが、その後全宗の子秀隆《ひでたか》の弟となる。秀隆が無嗣のため、宗伯が家を継ぐ。慶長四年（一五九九）に勅許を受けて施薬院の家督を継いで昇殿が許される。その後徳川家康に近侍する。同五年の関ヶ原合戦時は家康に従い、同十九・同二十年の大坂の陣では秀忠に従う。元和三年（一六一七）に山城国愛宕《おたぎ》・葛野郡、和泉国、近江国において采地四八〇石を与えられる。全宗が妻に与えた采地と併せて五〇〇石を領する。秀忠・家光の宮中参内の際、吉例を追って宗伯宅にて装束を改めた。寛永十一年（一六三四）に隠居し、養老料月俸五〇口を与えられる。寛文三年（一六六三）七月二十七日に死去。享年八十八。法名は宗伯。菩提寺は上野東叡山の護国院。（鍋本）

【典拠・参考文献】『寛政譜』第十八・一七八頁

仙石久貞《せんごくひささだ》（一七六七～没年未詳）

明和四年（一七六七）に生まれる。久敬とも名乗った。通称は大之助・次兵衛・丹波守。父は御留守居仙石久峯《ひさみね》、妻は書院番青木該頼《かねより》の息女、後妻は小十人多賀高補《たかひさ》の息女、また蒔田広堅《ひろかた》の息女を娶る。寛政七年（一七九五）十二月十九日、中奥番となり、同九年三月七日、家督を継ぐ。知行は近江・上総・下総国内二〇〇〇石。寛政十三年（享和元・一八〇一）一月十一日、使番となる。享和二年（一八〇二）六月二日に西丸目付となり、九月十九日には本丸に転じる。文化三年（一八〇六）三月十五日には琉球使節来聘御用を勤める。翌四年（一八〇七）二月一日より船手を兼帯し、翌五年（一八〇八）二月十二日、一橋家家老となる。文政元年（一八一八）十一月二十四日、御側に転じ、天保二年（一八三一）一月十六日に辞職した。没年は不詳、菩提寺は駒込養源寺（東京都文京区）である。（渋谷）

【典拠・参考文献】『寛政譜』第五・三二四頁、『柳営補任』

仙石久隆《せんごくひさたか》（一五九四～一六四五）

文禄三年（一五九四）、仙石越前守秀久の七男として生まれる。母は野々村伊予守の息女。妻は岡崎将監の息女。慶長九年（一六〇四）、初めて徳川家康に拝謁し、秀忠の御側勤めとなる。同十三年、従五位下大和守に叙せられる。同十九年・同二十年、大坂の陣に参加する。元和三年（一六一七）書院番となり、後、秀忠および家光上洛に供する。使番となり、陸奥国若松城を加藤左馬助嘉明が給った時、城引渡し役を勤める。目付となり、寛永九年（一六三二）細川越中守忠利が肥後を給った時、使者となり熊本に赴く。同十年駿河大納言忠長の配所上野国高崎城に赴く。駿河に一〇〇〇石加恩されて計四〇〇〇石を知行する。普請奉行を経て、同十二年五月二十日に長崎奉行となる。翌同十三年四月十日、小性組番頭となる。正保二年（一六四五）五月二十一日没。享年五十二。法名宗祐。墓所下谷（後、駒込に移る）養源寺。（太田勝）

【典拠・参考文献】『寛政譜』第五・三二一頁

仙石《せんごく》久尚《ひさなお》（一六五二〜一七三五）

承応元年（一六五二）に伏見奉行などを務めた仙石久邦《ひさくに》の二男として生まれる。母は関ヶ原の戦で活躍した石河《いしこ》貞政《さだまさ》の娘。次兵衛と称する。寛文七年（一六六七）十一月二十一日、小性組に列して、寛文九年十二月二十一日に切米三〇〇俵を賜う。以後、中奥番士・小性・小性組組頭・新番頭・大目付・小性組番頭・留守居を歴任する。この間、延宝四年（一六七六）十二月二十六日に丹波守に任ぜられ（のちに伯耆守、丹波守と転任）、二〇〇〇石にまで加増されている。享保十六年（一七三一）正月十六日に老年により辞職し、享保十七年八月二十六日に致仕して丹波入道と号する。享保二十年七月二十三日に死去。享年は八十四。法名宗毅。駒込の養源寺に葬られる。久尚は、元禄十五年（一七〇二）十二月十四日、赤穂浪士が吉良邸に討ち入った当時の大目付で、浪士たちを取り調べたことで著名である。また、事件直後に赤穂浪士が泉岳寺へ引き揚げる途中、列を離れた吉田忠左衛門と冨森助右衛門の両名が、仙石邸（現在の港区虎ノ門二丁目）に「浅野内匠頭家来口上」を届けたことでも有名。（田原）

【典拠・参考文献】『寛政譜』第五・三二二、三二四、四二一頁、中島康夫『忠臣蔵―討ち入りを支えた八人の証言』（青春出版社、二〇〇二年）

仙石《せんごく》正勝《まさかつ》（一六二〇〜一七〇〇）

元和六年（一六二〇）、仙石忠政の三男として生まれる。母は小堀作内の娘。万千代・権之助・采女・治左衛門と称す。任官後は和泉守と名乗る。致仕後は久信と称した。妻は奥田忠一の娘。寛永十一年（一六三四）三月十五日、はじめて家光に拝謁し、同十八年四月十六日に小性組番士となる。寛文五年（一六六五）二月二十八日には組頭へ昇進し、同年十二月二十八日、布衣の着用を許された。寛文九年二月二十五日、兄仙石政俊の知行地を割譲されて信濃国小県郡二〇〇〇石の知行取りとなる。延宝三年（一六七五）五月十三日に先手鉄炮頭へ転じ、同六年十二月三日からは盗賊改を兼務、翌七年十二月二十五日には勤労を賞せられて時服三領・羽織・黄金三枚を賜わった。延宝八年二月二十六日に新番頭、貞享二年（一六八五）十二月二十九日には勘定頭に就き、従五位下和泉守に叙任された。しかし、同四年九月十日、勤務不良により罷免され逼塞となる。元禄二年（一六八九）に赦されるものの、なお、拝謁は止められ、全てが赦免されたのは同三年四月十七日になってのことだった。元禄九年十二月七日に致仕、同十三年五月八日に死去した。享年八十一。法名は沢英。知行地である小県郡矢沢村（長野県上田市）に葬られている。（保垣）

【典拠・参考文献】『寛政譜』第五・三一九頁

千本《せんぼん》義定《よしさだ》（一五六五〜一六二三）

永禄八年（一五六五）に生まれる。通称は又七郎。父は千本義政《よしまさ》、母は那須資胤《すけたね》の息女、妻は茂木治景の息女である。父とともに小田原合戦および朝鮮の役に出陣、慶長四年（一五九九）五月十七日に伏見で徳川家康に初めて、拝謁する。同五年八月に三〇〇石、同七年に一〇〇〇石、いずれも下野国内に与えられて、旧領と合わせ三三七〇石余を知行する。同十九年・同二十年の大坂の陣では本多正信に属して参戦し首五八級を上げる。元和四年（一六一八）八月には同じく本多正信に随従して伏見城松丸大手番を勤める。同九年の三代将軍徳川家光の上洛に供奉してその途中、九月九日に京都で没した。法名宗徳、宇治の恵心院（京都府宇治市）に葬られた。（渋谷）

【典拠・参考文献】『寛政譜』第十二・一

そ

曽我包助《そがかねすけ》　（一六一一～一六七六）

猪之助・太郎右衛門と称し、のちに任官して伊賀守・伊予守を名乗る。致仕号は伊斎という。曽我尚祐の三男として生まれる。母は酒井忠次の養女。妻は彦坂重定の息女。慶長十六年（一六一一）に生まれる。寛永元年（一六二四）より徳川家光に仕え、小性組に入る。同三年、兄古祐《ひさすけ》が家督を相続した時に、元の古祐の知行二〇〇石（下野国足利郡）は弟の包助に与えられた。のちに書院番となり、さらに二〇〇石を加増された。同十一年七月の家光の上洛にも供奉。同十六年七月十二日に御徒頭となり、慶安元年（一六四八）六月十三日には新番頭へと転じた。同四年十一月二十一日には廩米四〇〇俵を加えられ、万治三年（一六六〇）五月朔日に、徳川綱吉の付属となり、家老となる。それにより二二〇〇石を加増され、廩米四〇〇俵も改めて知行地を与えられている。十二月二十八日には、従五位下伊賀守に叙任された。寛文元年（一六六一）閏八月十一日にさらに二〇〇〇石を加増され、知行地は合計五〇〇〇石となった。同年十一月二十一日、包助の本領八〇〇石は長男の助寿《すけとし》に与えている。延宝四年（一六七六）十月二十九日に六十六歳で死去した。法名は道毅といい、浅草の海禅寺（東京都台東区）に葬られた。　（山崎）

【典拠・参考文献】『寛政譜』第九・一五三～一五四頁

曽我助興《そがすけおき》　（一六三八～一七一七）

寛永十五年（一六三八）に生まれる。通称忠三郎・喜左衛門。従五位下伊賀守に叙任され、のちに周防守・播磨守に改める。三代将軍徳川家光の三男徳川綱吉（のちの五代将軍）の家老曽我包助《かねすけ》の三男、母は御徒頭彦坂重定《しげさだ》の息女、妻は奥高家《おくこうけ》畠山義里《よしさと》の息女である。万治二年（一六五九）七月十一日、書院番に列し、翌三年五月一日、父とともに綱吉附となり神田館の奏者を勤め、のち遺跡を継ぎ四五〇〇石を領して、うち五〇〇石を弟助路《すけみち》に分知した。延宝六年（一六七八）三月十二日、神田館家老となり、十二月二十八日、従五位下伊賀守に叙任される。のち綱吉長子徳松附属となり、同八年（一六八〇）、その西丸移徙に随従する。延宝九年（天和元年・一六八一）三月五日に武蔵国内一〇〇〇石が加増され、のち西丸御側となるが、同三年（一六八三）、徳松の死去により七月十九日、寄合となった。貞享二年（一六八五）七月二十二日に新番頭、九月二十七日に御側に転じ、元禄三年（一六九〇）三月二十七日、上野国内一〇〇〇石加増、計六五〇〇石を知行し、のち采地を美濃・遠江・駿河国内に改められる。同十年二月十四日に辞職、宝永六年（一七〇九）十月二十三日に隠居、享保十二年（一七二七）八月十四日、九十歳で没した。法名は玉庭、菩提寺は浅草海禅寺（東京都台東区）である。（渋谷）

【典拠・参考文献】『寛政譜』第九・一五五頁

曽我助弼《そがすけまさ》（一七六六～没年未詳）

明和三年（一七六六）に曽我祐諸《すけもろ》の子として生まれる。妻は根岸鎮衛の息女。のち堀知秀の息女。初め祐求《すけもと》・助求と名乗り、鉄次郎・七兵衛と称し、豊後守と名乗る。天明四年（一七八四）十月六日、家督八〇〇石を継ぎ、同七年五月二十六日に書院番に列する。寛政八年（一七九六）西丸書院番となり、同十二年書院番組頭となる。文化七年（一八一〇）十二月二十六日に西丸目付、同十一年四月九日に御留守居番、同十四年二月二日に禁裏付、文政三年（一八二〇）八月十三日より京都町奉行となる。同六年十一月八日、勘定奉行公事方となり、同十一年八月二十九日に道中奉行を兼任する。天保六年（一八三五）十二月九日、仙石道之助家来の後闇を取り計らったことで咎められ、御役御免となる。（橋本）

【典拠・参考文献】『寛政譜』第九、一五八頁、『旗本百科』第三巻

曽我近祐《そがちかすけ》（一六〇五～一六六一）

慶長十年（一六〇五）に生まれる。通称権左衛門・又左衛門。父は大坂町奉行曽我古祐《ひさすけ》、母は大番組頭小笠原長房《ながふさ》の息女、妻は柳生宗冬の息女、後妻は山岡景長《かげなが》の息女。寛永三年（一六二六）に西丸小性組に列し廩米二〇〇俵を下され、翌四年には同僚の狼藉を鎮めた褒美に二〇〇石加増、また廩米を下総国内四〇〇石に改められる。同八年三月四日にも加増されて五二〇石余を知行する。同十年に書院番に転じて、二月七日に二〇〇石加増、明暦元年（一六五五）十二月二十六日に先手御弓頭となり、同月二十九日、布衣着用を許される。翌二年十二月二十六日には三〇〇石が加増された。明暦四年（万治元・一六五八）三月十九日、没した父に代り大坂町奉行となり一〇〇〇石加増されて二〇二〇石余となったが、同年六月二十七日に家督を継ぎ、父の遺領河内国内三〇〇〇石を知行することになった。寛文元年（一六六一）九月十三日、大坂で没する。享年五十七、法名は惟心、菩提寺は浅草海禅寺（東京都台東区）である。（渋谷）

【典拠・参考文献】『寛政譜』第九・一四八頁

曽我尚祐《そがなおすけ》（一五五七～一六二五）

弘治三年（一五五七）に生まれる。又六郎・又左衛門と称し、兵庫頭・主計頭と名乗った。父は足利義晴・義輝・義昭に仕え、のち豊臣秀吉に仕えた助乗。母は沼田常陸介の息女。妻は滝川雄利の息女で、後妻に酒井忠次の養女を娶る。尚祐は、はじめ父と共に足利義昭に仕えるが、義昭が織田信長に追放された折、幼稚であったことから義昭に従わず、のちに織田信雄に仕えた。天正十八年（一五九〇）の信雄配流後も信雄に仕え、のちに豊臣秀次に仕える。秀次が処罰された後、文禄四年（一五九五）細川幽斎の推挙で秀吉に仕え、伊勢国において四〇〇石をたまう。慶長五年（一六〇〇）家康に召され、一〇〇〇石を賜い、翌年より江戸にて秀忠の夜詰を勤める。足が不自由であったため、輿にて平川口より御台所のほとりまで登城することがゆるされ

ていた。寛永元年（一六二四）より三代将軍家光に仕え、同三年二月十日、六十九歳で死去。法名は疎雪。葬地は尚祐が開基した神田の海禅寺（東京都台東区）。寛永元年建立され、のち浅草に移る。本寺はのちに代々の葬地となっている。（小宮山）

【典拠・参考文献】『寛政譜』第九・一四九～一五〇頁、『寛永諸家系図伝』第七・六九～七〇頁

曽我古祐《そがひさすけ》（一五九六～一六五八）

慶長元年（一五九六）、曽我尚祐の長男として生まれる。通称又左衛門。妻は小笠原縫殿助長房の息女。後妻は彦坂九兵衛光正の息女。同六年徳川秀忠に仕え、後、書院番となる。同十九年・同二十年の大坂の陣に奮戦するが、軍令違犯により閉門。後、赦されて寛永三年（一六二六）遺跡を継ぎ、上総国海上郡内において一〇〇〇石を知行する。家光の命により書札法式を久保吉右衛門に伝える。同八年二月十二日に使番、同九年四月八日には目付となった。同九年六月、加藤忠広改易の時、肥後に赴く。同十年二月十四日に長崎奉行となり、同月二十八日付老臣奉書の下知を執行する。十二月二十六日には一〇〇〇石加増される。長崎奉行所より出火し、奉行所を外浦町に移転する。同十一年三月、日光山神田検断に遣わされる。同六月、家光上洛の供をする。七月二十九日、大坂町奉行となり、一〇〇〇石加増、河内国河内郡に計三〇〇〇石を知行する。同十五年十二月十六日、従五位下丹波守に叙せられる。正保二年（一六四五）十月、高野山学侶方行人方争論の時に使者となる。明暦四年（一六五八）三月辞職し、翌四月に大坂で没する。享年七十三。法名是聖。墓所浅草海禅寺。（太田勝）

【典拠・参考文献】『寛政譜』第九・一五〇頁

曽根勘六《そねかんろく》（生没年未詳）

河内代官末吉家文書にある元和四年（一六一八）から同六年分の「勘定目録」において、守屋八兵衛（昌房）とともに名前がある。これらの年貢米が、元和四年には伏見御蔵、同五・六年には大坂御蔵へ納められていることから、伏見御蔵奉行から大坂御蔵奉行となったと考えられている。『柳営補任』にも就任年は不明であるが、大坂御蔵奉行として記載されている。（栗原）

【典拠・参考文献】『柳営補任』、大野瑞男『江戸幕府財政史論』（吉川弘文館、一九九六年）

曽根次孝《そねつぐたか》（一七七六～一八三五）

安永五年（一七七六）に生まれる。通称健次郎。また左膳・内記・内匠とも称し、日向守・大隅守を名乗る。駿府御定番奥田高寛《たかひろ》の二男、母は御留守居岡野知暁《ともさと》の息女であったが、西丸御留守居曽根次武《つぐたけ》の養子となり、その養女を妻とした。文政四年（一八二一）一月十一日に小性組から使番となる。同六年十二月二十日に西丸目付となり、同八年七月一日に本丸勤めに転じる。同十三年（天保元・一八三〇）十一月八日に大坂町奉行となるが、天保三年（一八三二）三月、病気保養のために参府、同年六月二十八日に西丸御留守居となる。翌四年（一八三三）九月十四日、小普請組支配となり、同六年八月十四日に没した。享年六十。なお同家の菩提寺は三田大松寺（東京都港区）である。（渋谷）

【典拠・参考文献】『寛政譜』第三・二七〇頁、『柳営補任』

曽根吉次《そねよしつぐ》（一五九一～一六六四）

天正十九年（一五九一）に伊豆国代官曽根家次《いえつぐ》の長男として生まれる。当初世継ぎとされ家次の養子となった忠次《ただつぐ》は、実は伯父曽根藤八郎の子。このため形の上で二男とされた吉次は別家を興したが、立身出世により吉次家が宗家とされた。源蔵・孫兵

衛・源左衛門と称し、致仕《ちし》してのちは覚斎と号した。妻は相模国中原代官奥津良信《よしのぶ》の息女（のち後妻を迎えたといわれる）。吉次は、徳川秀忠《ひでただ》に仕え、慶長十九年（一六一四）・同二十年の大坂冬夏の陣に参戦。寛永七年（一六三〇）関東勘定頭となり、同九年七月二十六日には関東諸国の巡視を命ぜられた（同十年六月二十七日二〇〇石加増）。また、同十年八月には畿内・近江国川々堤防の巡察を、同十一年から十三年にかけては伊予国松山城・今治城、伊勢国神《かん》戸《べ》城・亀山城の受取りや入封大名への引渡し御用などをつとめたとされる。同十二年関東に限っての幕領や代官支配についての機能が吉次ら五人の勘定頭の職務とされた。そして、同十三年には惣勘定頭（勘定の惣奉行）となり、翌十四年には評定の席に列するようになった。さらに、江戸城本丸造営御用もつとめ、同十八年には二四〇〇石の加増を受けて計三〇〇〇石を知行。同十九年八月十六日に酒井忠吉《ただよし》、伊丹康勝《やすかつ》、杉浦正友《まさとも》とともに「租税及び財穀出納の事」を司るよう命ぜられた。吉次は、その後も上野国館林《たてばやし》藩の封地《ほうち》引渡しや、伊勢遷宮《せんぐう》、家光の一・三回忌法事など多くの御用をつとめたが、寛文元年（一六六一）十一月十九日に職を辞し、翌二年十一月九日家督を長男吉勝《よしかつ》に譲った。なお、この時養老料として稟米《りんまい》三〇〇俵が支給された。同四年十二月十五日に死去。享年七十四。法名は覚齋。菩提寺は三田の大松寺（東京都港区）。

（飯島）

【典拠・参考文献】『寛政譜』第三・二七一頁、『徳川実紀』第二～四篇

薗鑑《そのかん》（一八三九～一八八四）

東京都豊島区の雑司ヶ谷霊園にある墓には、「明治十七年十二月十日卒　歳四十六」とあることから、生まれは天保九年（一八三九）。通称は鑑三郎。若くして箕作麟祥から英語を学ぶ（大槻文彦『箕作麟祥伝』）。文久元年（一八六一）十二月に蕃書調所英学世話心得に任じられ、その後開成所教授手伝並出役などを務めた。文久期から慶応期にかけて、外国情報を幕閣に提供するため、横浜で発刊された英字新聞の翻訳・抄出活動に従事した。慶応三年（一八六七）十月、イギリス海軍伝習に際して翻訳掛頭取に任命された。維新後、沼津兵学校三等教授となり英語・数学を教えた。明治三年（一八七〇）閏十月頃、静岡学問所の英学主任の欠員を埋めるため静岡に転任し、二等教授となった。その後文部省に出仕し、以後正院七等出仕、東京上等裁判所判事などを務めた。『地質学』（明治五年）、『百科全書 北欧鬼神誌』（同十一年）、『百科全書之中 数学必要巻之弐』（同十八年）などの訳書がある。同十七年十二月十日、胃病により四十六歳で死去。戒名は法性院真誉理鑑居士。

（藤田）

【典拠・参考文献】倉沢剛『幕末教育史の研究』二（吉川弘文館、一九八四年）、「沼津兵学校とその人材44 英学者 薗鑑」（『明治史料館通信』四七号、一九九六年）、宮地正人「混沌の中の開成所」（『学問のアルケオロジー』東京大学出版会、一九九七年）、樋口雄彦『旧幕臣の明治維新』（吉川弘文館、二〇〇五年）

た

大道寺直次《だいどうじなおつぐ》　（一五七一～一六五二）

元亀二年（一五七一）に北条氏直家臣大道寺政繁《まさしげ》（政重）の四男として生まれる。実母は北条家家臣遠山直景の息女。妻は北条家家臣高城胤時の息女。長右衛門・内蔵助と称した。父政繁とともに北条氏直に仕え、諱の一字を与えられて直次と名乗った。天正十八年（一五九〇）七月十二日、小田原合戦に敗れると、北条氏直とともに城を出た際、徳川家康に拝謁した。北条家の没落後は母方の姓を名乗り、遠山長右衛門と称した。その後、福島正則に仕え、慶長五年（一六〇〇）の関ヶ原の戦でも正則の軍勢に属して功を立てたが、元和五年（一六一九）に正則が改易となると、以後、江戸の本誓寺に閑居した。寛永十一年（一六三四）五月二十日に三代将軍徳川家光に召し出されて御家人に列し、甲斐国内において一〇〇〇石を拝領した。これ以降、「大道寺」の家号に復した。同十二年十二月二十六日に先手弓頭となり、同十三年十二月二十九日には布衣の着用を許された。慶安四年（一六五一）十月十一日に死去。享年八十一。法名は道蹟。西久保の大養寺（東京都港区）に葬られた。

（白根）

【典拠・参考文献】『寛政譜』第十四・二八〇～二八一頁

多賀常長《たがつねなが》　（一五九二～一六五七）

文禄元年（一五九二）に多賀常直《つねなお》の長男として生まれる。妻は神保式部大輔春茂の息女。左近と称した。徳川家康に仕え、慶長二十年（一六一五）の大坂の陣のとき、松倉豊後守重正・奥田三郎右衛門忠次等と大和口寄手であった。元和四年（一六一八）に家督を相続する。寛永三年（一六二六）に徳川秀忠の上洛に供奉した。同四年に使番となり、布衣を許される。同十年八月十四日に使として上総国佐貫《さぬき》に赴く。同年に堀尾山城守忠晴が死去し、出雲・隠岐両国の封地を治めるために同地へ赴き、制法を沙汰する。また京極若狭守忠高が死去した際にも、同十四年十二月二十五日の仰せにより出雲・隠岐両国に赴き、目付代を務める。同十六年正月十六日には蜂須賀蓬庵の喪を弔するために上使として阿波国へ赴く。同年九月三日の仰せにより因幡国へ赴き、目付代を務める。同十八年十一月二十日に目付代として豊後国府内へ赴く。同二十年に陸奥国若松城主加藤式部少輔明成の領地が収公され、五月六日に会津へ赴き、城の受取り役を務める。同二十一年九月十六日に豊島郡王子村で秀忠上覧の犬追物において御殿普請の沙汰をする。正保元年（一六四四）十一月二十六日には松平鶴松丸（奥平忠弘）が幼少であったため、播磨国姫路に赴いて国政を監督し、同三年五月十日には豊後国府内へ赴いて目付代を務める。また、同四年十二月二十八日に再び同地へ赴く。慶安二年（一六四九）には播磨国明石城を松平山城守忠国に与えられ、八月二日に使として同地へ赴く。同四年に伊勢国亀山城を石川主殿頭憲之に与えた際にも、四月十日に同地へ赴き、城の引渡し役を務める。承応二年（一六五三）二月十三日に目付に代わって肥後国熊本へ赴き、国政の沙汰をする。明暦三年（一六五七）に山崎虎之助治頼が死去してその城を収めるために、三月十九日に仰せをうけて讃岐国丸亀へ赴いたが、七月二十日に同地で死去した。享年六十六。法名は宗周。菩提寺は京都五条の宗仙寺（京都府下京区）である。

（栗原）

【典拠・参考文献】『寛政譜』第十一・一七四頁、『柳営補任』

多賀政常《たがまさつね》 （生年未詳～一七二一）

大屋与左衛門信隆の二男として生まれたが、多賀九郎右衛門某の養子となる。彦八郎と称した。妻は諏訪弥五左衛門頼忠の息女。神田館において徳川綱吉に仕え、延宝八年（一六八〇）に徳松（綱吉の子）が西丸に入るときに従い、廩米一五〇俵を与えられる。天和三年（一六八三）の徳松の死後には小普請となる。元禄五年（一六九二）十一月二日に勘定に列し、同九年十二月二十二日に怠りなく勤めたことにより、黄金一枚を与えられる。宝永五年（一七〇八）九月三日に二条御蔵奉行に移る。享保六年（一七二一）三月六日に死去した。

（栗原）

【典拠・参考文献】『寛政譜』第十一・一七九頁

高井清寅《たかいきよとら》 （一七五〇～一八一七）

寛延三年（一七五〇）に御留守居高井直熙の嫡男として生まれる。増之助・勝之丞・伊予守・主膳正・飛騨守と称す。妻は御側高井綽房《ひろふさ》の養女。後妻は高家前田長敦《ながとし》の養女。安永四年（一七七五）六月三日に西丸御小納戸となり、同年閏十二月十一日に布衣の着用を許可される。同五年七月二十二日に西丸小性となり、同六年十二月十八日に従五位下伊予守に叙任する。同八年に徳川家基の死去に伴い、四月十八日に勤務を解かれ、寄合となる。天明元年（一七八一）四月二十一日に御小納戸、五月二十八日に再び西丸小性となる。同五年九月六日に家督を相続する。家禄は二〇〇〇石。同六年閏十月七日より本丸勤務となり、寛政三年（一七九一）五月三日に小性組番頭格として御用取次見習となる。同七年三月十五日に御側御用取次となる。文化十四年（一八一七）五月二十八日に死去。享年六十八。

（福留）

【典拠・参考文献】『寛政譜』第十八・二三一頁、『柳営補任』、深井雅海『徳川将軍政治権力の研究』（吉川弘文館、一九九一年）

高井実徳《たかいさねのり》 （一七六一～一八三四）

宝暦十一年（一七六一）に横田十郎尚松の二男として生まれ、のちに高井実員の娘を妻として高井家の聟養子となった。通称は従松《よりとし》・十之助・隼之助。任官後は山城守を名乗る。安永九年（一七八〇）三月十五日に初めて十代将軍家治に謁見し、天明四年（一七八四）十一月十八日に御小納戸の職に就いた。同年十二月二日からは西丸勤務に転じ、同月十六日に布衣を着することを許可される。同六年閏十月七日には家斉の本丸移徙にともなって本丸勤務となり、寛政六年（一七九四）七月十六日に小性に就任、翌七年十二月十七日には従五位下に叙されて山城守と名乗った。同九年閏七月二十一日に再び御小納戸の職に就き、以後は文化二年（一八〇五）九月二十六日に西丸目付、同八年三月二十八日に目付、同十四年四月八日に山田奉行、文政三年（一八二〇）十一月十五日には大坂町奉行というように諸職を歴任し、同十三年十月二十七日に病気のためにいったん寄合となるが、同年十二月二日には復職して田安家家老を務めた。天保五年（一八三四）十一月に在職のまま死去。享年七十四。

（太田尚）

【典拠・参考文献】『柳営補任』、『寛政譜』第十八・二三七頁

高井真政《たかいさねまさ》 （一六七七～一七六三）

延宝五年（一六七七）に新番を務めた高井実為《さねため》の長男として生まれる。母は松平近江守家臣鶴見半左衛門俊昌の息女。妻は玉虫助大夫利茂の養女。後妻は酒井雅楽頭家臣高井隆軒安伸の息女。蔵人と称した。元禄六年（一六九三）十二月九日に大番となり、同十年閏二月十九日に桐間番に移り、同十一年八月二十一日に近習番に転じ、同十二年三月二十三日に大番に復する。宝永

五年（一七〇八）十月二十七日に家督を相続した。享保五年（一七二〇）九月三日より浅草御蔵奉行を務め、同六年閏七月六日に二条御蔵奉行仮役となり赴任する。同七年十月十五日に江戸へ戻り、同十三年七月二日に浅草御蔵奉行組頭となり、同十八年三月十一日に御賄頭となる。元文四年（一七三九）五月二十五日、以前預っていた道具に疎かなところがあり、それを等閑にしていたことを咎められて拝謁を差し止めとなったが、七月十四日に赦された。同五年九月朔日に月光院（家継母勝田氏）の御用人になる。同年十二月二十一日に布衣を許される。寛保二年（一七四二）十二月十八日に従五位下長門守に叙任され、宝暦元年（一七五一）九月二十六日に老齢を理由に辞職して寄合となった。このとき時服三領を与えられる。同十二年五月十三日に致仕し、隠栖の料三〇〇俵を与えられる。同十三年十一月二十六日に死去。享年八十七。法名は宗灌。菩提寺は白山の浄土寺である。

（栗原）

【典拠・参考文献】『寛政譜』第十八・二二八頁、『柳営補任』

高井信房《たかいのぶふさ》　（一七〇八～一七五六）

宝永五年（一七〇八）に紀伊家家臣でのちに西丸御側高井清房の三男として生まれる。母は西村氏。久米之助・左門・但馬守・兵部少輔と称す。妻は紀伊家家臣でのちに西丸留守居石谷清全《きよのり》の息女。紀伊家で徳川家重に仕えるが、享保元年（一七一六）八月四日に家重の江戸城二丸入りに供奉し、御伽となる。同五年五月十二日に二丸小性となり、廩米三〇〇俵を賜る。同十年六月十九日に西丸勤務となり、同十一年九月四日に従五位下但馬守に叙任される。同十八年十一月十五日に三〇〇石を加増され、すべて知行地に改められる。元文四年（一七三九）五月二十八日に御側の藪忠通と戸田忠胤の勤務を見習い、御用取次をするように命じられる。延享二年（一七四五）九月一日に本丸勤務となり、小性組番頭格御用取次となる。十月二十五日に御側御用取次となり、一四〇〇石を加増される。その後、寛延元年（一七四八）十一月十五日にも三〇〇〇石を加増される。宝暦五年（一七五五）九月十九日に西丸勤務となり、一〇〇〇石加増され、六〇〇〇石となる。同六年五月二十八日に死去する。享年四十九。法名は道樹。四谷の西念寺（東京都新宿区）に埋葬される。

（福留）

【典拠・参考文献】『寛政譜』第十八・二三一頁

高尾信福《たかおのぶとみ》　（一七三七～一八〇二）

元文二年（一七三七）に裏門切手番頭高尾信秀《のぶひで》の長男として生まれる。弥次郎・惣十郎と称した。妻は西丸先手弓頭桜井依勝《よりかつ》の息女。宝暦四年（一七五四）十月四日に家督を相続した。知行は五〇〇石。同十一年十一月十三日に大番に列し、安永五年（一七七六）七月二十一日に御膳奉行となり、天明七年（一七八七）七月二十六日に勘定吟味役となり、同十二月十八日に布衣を許される。寛政元年（一七八九）六月二日に故あって将軍拝謁を憚り、閏六月二日に許される。同二年十二月二十一日に日光奉行となり、同二十九日に従五位下伊賀守に叙任される。寛政五年二月二十四日に長崎奉行となり、九月四日に長崎に到着する。同年九月に幕府は、長崎奉行の給人を三人に減らし、御家人の内から八人を新たに手附出役として設置（文政三年〈一八二〇〉廃止）した。同役は奉行配下として、目安方・諸検使・呈書進達向等を勤務した。同年唐番外船の貿易を許した。翌六年八月十五日、職業に従事して勉励する者に銀を賞として与えた。同九月二十三日に長崎を出発、江戸へ帰る。同七年二月五日に普請奉行となり、享和元年（一八〇一）十一月十二日に新番頭となる。同三年七月に死去。享年六十七。菩提寺は関口（東京都文京区関口）の洞雲寺であったが、同寺は大正三年に東京都豊島区池袋に移転している。

（盛山）

【典拠・参考文献】『寛政譜』第三・一八一頁、『旗本百科』第三巻、「長崎奉行代々記」（鈴木康子『長崎奉行の研究』〈思文閣出版、二〇〇七年〉所収）、金井俊行編「長崎奉行歴代略譜」（『増補長崎略史』上巻〈『長崎叢書』下巻《明治百年史叢書》長崎市役所編、原書房、一九七三年復刻〉所収）

高尾《たかお》信仍《のぶより》 （一六四一～一七一三）

寛永十八年（一六四一）に御先鉄炮頭岡野英明の六男として生まれる。母は岡野房恒の息女。源右衛門・源左衛門・阿波守と称する。妻は高尾文薫の息女。後妻は甲府の家臣河村広俊の息女、その後広俊の養女。延宝四年（一六七六）十二月十二日に大番高尾政好の家督を継ぎ、小普請となる。同五年正月二十五日に大番士、貞享元年（一六八四）六月二十一日に御蔵奉行となる。元禄二年（一六八九）閏正月六日に御納戸頭となり、同十二月二十日に一〇〇俵加増され、二十七日に布衣の着用を許可される。同六年五月十五日に目付となり、同十二月十八日に二〇〇俵加増される。同八年二月二十一日に廊下番頭となり、三〇〇俵加増され、同十二月十一日に、従五位下阿波守に叙任される。同十年七月二十六日に、武蔵国に八〇〇石を賜い、これまでの蔵米を返納する。将軍綱吉の死去により、宝永六年（一七〇九）二月二十六日に勤務を許されて寄合となる。正徳元年（一七一一）四月二十二日に致仕する。同三年十二月十二日に死去。享年七十三。法名は窓月。

（福留）

【典拠・参考文献】『寛政譜』第三・一八二頁、第八・三二四頁、福留真紀『徳川将軍側近の研究』（校倉書房、二〇〇六年）

高木《たかぎ》清吉《きよよし》 （生年未詳～一六五四）

高木清方《きよかた》の四男として生まれる。母は大橋助兵衛の娘である。甚兵衛と称した。慶長四年（一五九九）に父の遺跡となる相模国高座郡内の領地の内、二二〇石を分割相続した。同年に初めて徳川家康に御目見し、大番となる。同五年の関ヶ原の戦、同十九年・同二十年の大坂の陣に出陣した。正保年間に御金奉行となる。その後、現米八〇石を加えられた。承応三年（一六五四）に死去。正徳年間に後継者不在のため絶家となっていることもあり、戒名・墓所とも不明である。

（坂本）

【典拠・参考文献】『寛政譜』第五・三九六頁、同・三九八頁、『柳営補任』

高木《たかぎ》貞勝《さだかつ》 （一五九八～一六七一）

慶長三年（一五九八）に美濃石津郡多羅郷の領主高木貞盛《さだもり》の長男として生まれる。母は小牧長久手の陣などで活躍した徳川家の武将松平伊昌《これまさ》の娘。妻は下総古河藩主小笠原信之《のぶゆき》の娘。慶長十九年、元和元年（一六一五）両年の大坂の陣に父とともに従軍する。寛永十七年（一六四〇）に遺跡を継ぐ（多羅郷二三〇〇石余、代々同所に居住する）。寛文八年（一六六八）八月十八日、今後、高木一族三人が隔年で参府すべき旨が老中連名の奉書で下され、以後代々の例となり、同家は交代寄合（美濃衆）として幕末まで続く。寛文十一年五月二十九日に致仕し、九月十七日に多羅郷において死去。享年は七十四。法名は清入。宅地の西方に葬られる。

（田原）

【典拠・参考文献】『寛政譜』第一・一四七頁、第四・二四頁、第五・四一六頁、『旗本人名』別巻解説編四四頁

高木《たかぎ》貞重《さだしげ》 （一六一九～一六七三）

元和五年（一六一九）に美濃国石津郡多

羅郷の領主高木貞元《さだもと》の長男として生まれる。母は津田長門守信成の娘。妻は野中氏の娘。初め貞仲《さだなか》・貞成《さだなり》と名乗り、四郎左衛門と称する。寛文五年（一六六五）十二月十一日に遺跡を継ぐ（多羅郷一〇〇〇石余、代々同所に居住する）。寛文八年八月十八日、今後、高木一族三人が隔年で参府すべき旨が老中連名の奉書で下され、以後代々の例となり、同家は交代寄合（美濃衆）として幕末まで続く。延宝元年（一六七三）六月十五日に死去。享年は五十五。法名は安清。多羅郷の内馬瀬村に葬られる。（田原）

【典拠・参考文献】『寛政譜』第五・四一四頁、『旗本人名』別巻解説編四四頁

高木貞次《たかぎさだつぐ》（一六三一～一六九八）

寛永八年（一六三一）に法泉寺流済の二男として生まれる。美濃国石津郡多羅郷の領主高木貞友《さだとも》の養子となる。母は貞友の娘。彦十郎・藤兵衛と称する。万治二年（一六五九）七月二十六日に遺跡を継ぐ（多羅郷一〇〇〇石余、代々同所に居住する）。寛文八年（一六六八）八月十八日、今後、高木一族三人が隔年で参府すべき旨が老中連名の奉書で下され、以後代々の例となり、同家は交代寄合（美濃衆）として幕末まで続く。元禄十一年（一六九八）七月三日に多羅郷において死去。享年は六十八。法名は月心。同地の本堂寺に葬られる。（田原）

【典拠・参考文献】『寛政譜』第五・四一二頁、『旗本人名』別巻解説編四四頁

高木守勝《たかぎもりかつ》（一六四〇～一六九九）

寛永十七年（一六四〇）に禁裏附等を勤めた高木守久の長男として生まれる。善左衛門と称した。母は神谷縫殿助正次の娘。妻は花房外記幸昌の娘。承応二年（一六五三）閏六月一日、十四歳で初めて四代将軍家綱に拝謁し、寛文三年（一六六三）十一月十九日、小性組に入る。同五年十二月二十五日に廩米三〇〇俵を賜う。同七年八月十八日に進物番となる。同十年二月二十八日には御徒頭となり、三〇〇俵を加えられ、同十二月二十八日に布衣を許される。延宝四年（一六七六）十二月六日に家督を継ぎ、知行地一八〇〇石と廩米一〇〇〇俵を相続した。この際、これ以前に下されていた廩米六〇〇俵は父の養老料となる。同五年十月四日、目付に転じ、同八年閏八月七日には風雨による日光諸堂社破損の見分に派遣される。同年十月七日に勘定頭となり、常陸国鹿島郡内に一〇〇〇石の加増を受ける。この際、同時に廩米を采地に改められ、同時に一〇〇〇石を与えられる。同九年（天和元、一六八一）七月十二日に松平越後光長の領地没収の際、越後国高田へ派遣され、郷村請取を行った。十二月二十六日には勤務に怠りが無いことを賞せられ、時服四領を賜る。同二年四月二十一日、下野国安蘇郡内に七〇〇石を加増される。同十月十六日に大目付に転じ、十二月二十七日には従五位下伊勢守に叙任される。貞享元年（一六八四）十二月十二日、職務精進により時服四領を賜る。元禄四年（一六九一）十二月十日、常陸国鹿島郡内に五〇〇石を加増され、計五〇〇〇石を知行する。同五年七月一日には高野山内で争論が発生したため現地に派遣される。同八年八月九日に職を辞して寄合となる。十一月五日、旧知行地八〇〇石と常陸・下野国の三二〇〇石を近江国八洲・甲賀・栗太三郡に移される。七月十二日に隠居し、同十二年四月十一日死去した。享年六十。法名は円空。墓地は麹町栖岸院である。（坂本）

【典拠・参考文献】『寛政譜』第五・三九四頁

高木守久《たかぎもりひさ》（一五九九～一六七九）

慶長四年（一五九九）に高木守次の長男として生まれる。善七郎と称した。妻は神谷正次の息女。慶長十四年、父が死去する

と知行地は収められ、同十五年より徳川家康に仕えた。後に蔵米五〇〇俵を与えられる。元和二年（一六一六）より二代将軍秀忠に仕え、小性組に列する。寛永八年（一六三一）四月十日には御小納戸に移るが、同九年に秀忠が死去すると小性組に復す。同十年二月二日大番組頭に転ずる。同二十三日に三〇〇石の加増を受け、蔵米を知行地に改めて合計八〇〇石を知行する。同十九年十月二十六日に目付となり、同年十二月晦日には布衣の着用を許される。同二十年八月晦日には禁裏附に進み、一〇〇〇石を加増。同年十月十日には従五位下伊勢守に叙任された。万治二年（一六五九）七月十九日には大目付となり、寛文四年（一六六四）十二月二十七日には蔵米一〇〇〇俵を与えられる。延宝四年（一六七六）十月十一日に職を辞し、同年十二月六日に致仕すると、養老料として蔵米六〇〇俵が与えられた。同七年八月十五日に死去。享年八十一。法名は相哲。歴代の墓は麹町栖岸院。

（芳賀）

【典拠・参考文献】『寛政譜』第五・三九三〜三九四頁

高階経和《たかしなつねまさ》（一六七二〜一七三六）

寛文十二年（一六七二）に生まれる。半次郎・半三郎と称した。当初の本名は経雅。同家はかつて、鳥居小路、安宅を家名としていたが、経和の代から高階と名乗った。妻は望月氏の息女。甲府藩主徳川綱豊に仕え桜田の館で右筆を勤めた。宝永元年（一七〇四）十二月に綱豊が五代将軍徳川綱吉の継嗣となり、家宣と改名して西丸に居を移した折、これに従って御家人となり、廩米一〇〇俵・月俸五口取りとして西丸右筆を勤めた。同三年八月二十一日に西丸奥右筆となり、同四年十二月二十六日に加増されて廩米二〇〇俵となった。その後、本丸奥右筆に転じた。正徳二年（一七一二）三月七日から、新井君美（白石）の下で朝鮮通信使来日に備えて儀注や日記をまとめ、同五年十二月二十一日に、朝鮮通信使が来日した折、規式の書類をしたためた功により黄金一枚を授与された。なお、同日に書物奉行に転任した。享保二年（一七一七）七月十三日に職を辞して小普請入りした。元文元年（一七三六）九月二十六日に死去。享年六十五。戒名は逍遥斎脱海印空居士。菩提寺は麻布の曹渓寺である。

（神崎）

【典拠・参考文献】『柳営補任』、『徳川実紀』第七篇、『寛政譜』第二十一・一八頁、森潤三郎『紅葉山文庫と書物奉行』（復刻版・臨川書店、一九七八年）

高島茂徳《たかしましげのり》（一八四六〜一八七六）

弘化三年（一八四六）四月十日、弓矢鑓奉行組同心組頭を勤めた福田好政の三男として江戸牛込箪笥町（新宿区）に生まれる。母は飯山彦左衛門の長女喜勢子。福田重固《しげかた》の弟。幼名は松次郎。兵衛・四郎兵衛・四郎平と称した。西吉十郎に英語を学び、文久元年（一八六一）に蕃書調所英語句読教授出役、翌二年に英学世話心得となった。同年八月十三日、外国奉行支配通弁出役に転じた。元治元年（一八六四）十一月二十九日、高島流砲術の創始者高島秋帆の養子となる。妻は塩野谷景朝の息女紀子。景朝は文久期に「西洋砲薬製方御用」などを勤めた（『藤岡屋日記』第十巻）。その後英学から陸軍へと転じ、慶応元年（一八六五）十二月五日に大砲組差図役並勤方となり、十四代将軍徳川家茂の進発に先発して五月六日に江戸を出立、第二次長州戦争では芸州口で戦った。同三年三月七日に家督を継ぎ、海軍奉行並支配となる。その後、砲兵差図役並勤方（三月二十六日）、同差図役勤方（六月十三日）、同差図役頭取勤方（十二月）と昇進し、上坂途上で鳥羽・伏見の戦が勃発したため大坂へは行かず、紀州由良より江戸に帰った。同四年三月十日に砲兵差図役頭取に任じられる。徳川家の駿河移住に従い、明治元年（一八六八）十一月二十三日に沼津兵学校三等教授となり、英語・漢学などを教えた。同三年、民部省や大蔵省に出仕し、ついで陸軍兵学寮砲兵係となり、同五年に陸軍少佐となった。その後、教導団砲兵第一大隊長・士官学校教授などを勤め、同七年に中佐。翌年、熊本鎮台参謀長となるが、赴任中の同九年、神風連（敬神党）の乱が起こり、十月二十四日に反乱士族に襲撃され落命した。享年三十一。墓は熊本市花岡山の官軍墓地にある。沼津市明治史料館に関係文書が所蔵されている。（藤田）

【典拠・参考文献】中野善達「文久遣欧使節の徒目付福田作太郎をめぐって」（『蘭学資料研究会研究報告』二〇〇号、一九六七年）、「高島茂徳の死」（『沼津市明治史料館通信』五〇号、一九九七年）、樋口雄彦『幕臣 福田重固・高島茂徳兄弟』（私家版、二〇〇六年）

高島《たかしま》秋帆《しゅうはん》（一七九八〜一八六六）

寛政十年（一七九八）、長崎大村町に生まれる。糾之丞・四郎太夫・四郎大夫・舜臣・喜平・茂敦と称する。長崎町年寄出島備場受持高島四郎兵衛茂紀の三男。妻は香とかつ。父に荻野流砲術を師事し皆伝。また西洋式砲術も体得（師についてはスチュルレル等諸説あり）。文化十一年（一八一四）に家督相続、町年寄見習、出島備場受持。七〇俵五人扶持、受持銀四一貫三〇〇目。天保三年（一八三二）から六年まで銃器関連を精力的に輸入。モルチール砲・歩兵銃・ホウィツル銃や、『和蘭歩兵操典』『小銃射撃教範』『海上砲術全書』『火攻精選』を入手。ヤーゲル銃や砲弾を注文。同五年頃、高島流砲術創始。同六年、佐賀武雄領でモルチール砲鋳造。同八年、佐賀藩のためにモルチール砲鋳造。同十一年には「天保上書」提出。同十二年三月、一代限七人扶持、会所調役頭取。五月九日に武州徳丸原で演練。同十三年十月二日、謀叛の罪状により逮捕。同十四年二月に投獄。弘化三年（一八四六）七月二十五日、中追放。嘉永六年（一八五三）八月六日に赦免。伊豆韮山代官江川坦庵邸に寄寓。八月十五日に海防掛御用取扱、江川坦庵手附。八月二十八日、大砲鋳造方御用掛。同年「嘉永上書」。江川坦庵の私塾である縄武館の塾頭となる。安政二年（一八五五）七月二十日に普請役、鉄砲方手附教授方頭取。同三年、西洋流砲術の開祖として賞詞、新規召抱一〇人扶持、諸組与力格。同四年十二月、富士見宝蔵番、講武所砲術師範役。七人扶持を加増。文久元年（一八六一）小十人格、高一〇〇俵。同二年八月、江川英敏の死により講武所奉行支配。同三年八月に武具奉行格、足高二〇〇俵。高島流砲術開祖である。また西洋流砲術の祖として知られ、阿部正弘から「火技中興洋兵開基」の語を贈られたという。慶応二年（一八六六）正月十四日に江戸小石川で死去。享年六十九。墓は東京都文京区本郷東片町の大円寺。法号皎月院殿碧水秋帆居士。明治二十六年（一八九四）正四位追贈。徳丸原演練で本陣を置いた板橋区の松月院及び幽囚の地である深谷市岡部に碑がある。（岩下）

【典拠・参考文献】有馬成甫『高島秋帆』（吉川弘文館、一九八九年）、石山滋夫『評伝高島秋帆』（葦書房、一九八六年）、岩下哲典『訂正増補 幕末日本の情報活動』（雄山閣、二〇〇八年）、埼玉県教育局市町村支援部生涯学習文化財課『埼玉県文化財目録』（埼玉県教育委員会、二〇〇七年）、国立歴史博物館編『歴史の中の鉄炮伝来 種子島から戊辰戦争まで』（国立歴史民俗博物館、二〇〇六年）、板橋区立郷土資料館編『日本の砲術―和流砲術から西洋流砲術へ―』（板橋区立郷土資料館、

二〇〇四年）、板橋区立郷土資料館編『江戸の砲術―砲術書から見たその歴史―』（板橋区立郷土資料館、二〇〇四年）、梶輝行「史料紹介　天保十二年高島秋帆の出府に関する一史料『高島秋帆徳丸原入費覚書』」（『洋学史研究』一〇号、洋学史研究会、一九九三年）、梶輝行「天保十四年長崎入港オランダ船が船載したモルティール砲について」（『佐賀県立佐賀城本丸歴史館研究紀要』一号、佐賀県立佐賀城本丸歴史館、二〇〇六年）、石田千尋「鷹見泉石と洋式法」（『泉石』一号、古河歴史博物館、一九九〇年）

高島《たかしま》祐啓《ゆうけい》　（一八三二～一八八一）

天保三年（一八三二）に寄合医師高島朔元の子として生まれる。烈・久也を名乗り、恒斎と号した。漢方表医師として幕府に仕え、文久二年（一八六二）の遣欧使節に同行した。そのときの記録として『欧西行記』を著した。寄合医師・奥医師を歴任した兄祐庵《ゆうあん》が死去すると、家督を相続し、十四代将軍徳川家茂の侍医となった。維新後は東京四谷で開業し、明治十年（一八七七）には岡田昌春との共著で『躋寿館《せいじゅかん》医籍備考』を刊行した。同十四年八月一日に死去。享年五十。　　（白根）

【典拠・参考文献】石黒敬章『幕末明治の肖像写真』（角川学芸出版、二〇〇九年）、『国書人名辞典』第三巻

高橋《たかはし》景保《かげやす》　（一七八五～一八二九）

天明五年（一七八五）に高橋至時《よしとき》の長男として大坂に生まれる。幼名作助。通称作左衛門。字を子昌。蛮蕪・玉岡・求己堂主人などと号した。天文方渋川景佑は景保の実弟。父および間《はざま》重富《しげとみ》から、天文暦学を学んだ。文化元年（一八〇四）四月、父の跡を継ぎ、天文方を仰せ付けられた。また、天文方手附伊能忠敬が進めていた日本全国の沿海測量御用について、父至時と同様出精して勤めるようにとの沙汰があった。これを受けて、景保は忠敬の測量事業を援助・監督し、文政四年（一八二一）、「大日本沿海輿地実測録」の献上に漕ぎ着けた。蕃書をもって地図を仕立てよとの命を受け、文化六年（一八〇九）、「新鐫総界全図附日本辺海略図」を作製、同七年、「新訂万国全図」を完成した。また満州語の書物の翻訳にも従事している。同八年、景保の下、天文方に蕃書和解御用の局が設けられ、大槻玄沢・杉田立卿《りゅうけい》・青地林宗ら著名な蘭学者たちが翻訳の仕事を担った。同十一年二月、書物奉行を兼帯。文政九年（一八二六）、オランダ商館長に従って江戸を訪れていたシーボルトと知遇を得、以後たびたび交流するようになる。その中で、景保はシーボルトに「大日本沿海輿地全図」等の日本地図類を贈り、代わりに地理学書や外国の地図を入手していた。同十一年に、その事実が発覚、景保は捕縛され、シーボルトは資料没収の上、国外退去処分となった。いわゆるシーボルト事件である。同十二年二月十六日、景保は獄中にて死去。享年四十五。翌同十三年（天保元年）三月、存命ならば死罪との判決が下された。法名は信貞院殿保誉観巣昌命居士。上野源空寺に葬る。　　（工藤）

【典拠・参考文献】「天文方代々記」（大崎政次編『天文方関係史料』私家版、一九七一年）、上原久『高橋景保の研究』（講談社、一九七七年）、日本学士院編『明治前日本天文学史 新訂版』（臨川書店、一九七九年）

高橋《たかはし》重賢《しげかた》　（一七五八～一八三三）

宝暦八年（一七五八）に普請方・支配勘定・勘定などを歴任した高橋方政《のりまさ》の長男として生まれる。通称は三平、任官後は駿河守・越前守を名乗る。寛政九年（一七九七）十二月二十八日に四十歳で勘定に就任、これ以降の職歴については一部不明であるが、文化十一年（一八一四）十二月二十七

日に松前奉行吟味役より西丸御納戸頭へと転任している。文政元年（一八一八）二月八日には佐渡奉行となり、従来の五〇俵三人扶持から加増されて家禄二〇〇俵となる。同三年三月八日には松前奉行に就任して、再度加増され三〇〇俵高となる。また、松前奉行在任中には任官して駿河守と改称している。同五年六月十四日には長崎奉行へと転じ、同九年五月二十四日からは西丸新番頭、さらに天保四年（一八三三）四月九日には日光奉行へというように諸職を歴任し、同年に在職中のまま死去した。享年七十六。（太田尚）

【典拠・参考文献】『柳営補任』、『寛政譜』第二十一・二六四頁

高橋恒佐《たかはしつねすけ》（一六七七～一七五八）

延宝五年（一六七七）に生まれる。通称は与右衛門。もとは紀伊藩士で、藩主徳川吉宗の命により機密の御用に携わる薬込役を務めていたが、享保元年（一七一六）に吉宗が紀伊藩主から将軍に就任し、同三年四月に吉宗の生母浄円院が紀伊和歌山から江戸へ移る際に供奉して幕臣となった。当初は御広敷伊賀者へ編入されたが、給米（三五俵三人扶持）・職務内容（御庭御番所に泊まって御小納戸御用や御内々御用を勤める）とも一般の御広敷伊賀者とは異なるものであった。そして同十一年には、進上取次上番格の御休息御庭締戸番となり、いわゆる「御庭番」として将軍直属の隠密御用に携わることになった。御庭番を務める特別な家柄は「御庭番家筋」と呼ばれ、当初一七家あったが、高橋家もそのうちの一家にあたる。恒佐はその後添番格となり、寛保元年（一七四一）十月二十九日には広敷御用達に任ぜられ、延享二年（一七四五）九月一日からは吉宗の隠居にともない西丸勤務となる。寛延三年（一七五〇）三月二十七日に西丸広敷番之頭に就任、加増されて家禄一〇〇俵となる。宝暦元年（一七五一）、大御所吉宗の死去により小普請組へと編入されるが、翌二年九月十六日に西丸広敷番之頭に復帰し、同六年六月二日に老年のため辞任するまで同職を務めた。同八年八月十九日に八十二歳で死去、麹町の心法寺に葬られる。（太田尚）

【典拠・参考文献】『寛政譜』第二十一・三〇七～三〇八頁、深井雅海「江戸幕府御庭番と幕政」（徳川林政史研究所『研究紀要』昭和五十四年度、一九八〇年）

高橋恒成《たかはしつねよし》（一七四六～没年未詳）

延享三年（一七四六）に「御庭番家筋」の高橋屋称《すえのり》の長男として生まれる。高橋恒《つね》佐《すけ》の孫にあたる。家禄は一〇〇俵。源四郎・三左衛門・与右衛門を通称とした。宝暦十一年（一七六一）十二月九日に初めて十代将軍家治に謁見し、同十三年六月二十三日に部屋住のまま召し出されて小十人格御庭番となる。安永六年（一七七七）八月十八日には両番格に準ずる格式へと昇進した。寛政七年（一七九五）十月三日に家督を相続し、文化元年（一八〇四）より同九年までは広敷番之頭を務めた。御庭番当時の活動としては、天明七年（一七八七）五月に起こった江戸打ちこわしの翌月に、古坂古峯《ひさみね》・村垣軌之《のりゆき》・和多田直温《なおあつ》・明楽茂村《あけらしげむら》と連記で、米屋・富家の囲米や諸国の作柄・江戸への廻米状況などを調査した報告書を提出しているほか、翌八年五月には御三卿清水家の家臣の動静を調査した報告書を提出し、同家の家中取締りに関する情報を提供している。恒成の没年に関しては明記された史料を欠く。葬地は代々の墓所がある麹町の心法寺であろう。（太田尚）

【典拠・参考文献】『寛政譜』第二十一・三〇八頁、深井雅海『江戸城御庭番』（中公新書、一九九二年）

高橋泥舟《たかはしでいしゅう》（一八三五～一九〇三）

天保六年（一八三五）二月十七日に旗本山岡正業の二男として生まれる。諱は政晃。通称は謙三郎・精一郎・精一。号を忍歳といい、泥舟は後年の号である。母方を継いで高橋包承の養子となった。安政三年（一八五六）、講武所槍術教授方出役となり、万延元年（一八六〇）に槍術師範役となった。また、文久三年（一八六三）、一橋慶喜に随行して上京し、従五位下伊勢守を叙任した。同年三月には浪士取締を命じられるが、翌月にはその失敗を問われて寄合入りとなる。同年十二月、講武所槍術師範役に再任。慶応二年（一八六六）十一月には遊撃隊頭取、翌三年十月には遊撃隊頭並となる。慶応四年正月の鳥羽伏見の戦の敗戦後、帰京した徳川慶喜に恭順を説いた。同月には遊撃隊頭となる。二月十二日、江戸城から上野東叡山に退去する慶喜を護衛した。後に徳川家が江戸から静岡に移住するのに従い、地方奉行などを務めた。廃藩置県後は職を辞して東京に隠棲した。明治三十六年（一九〇三）二月十三日死去。墓地は東京都台東区谷中六の大雄寺にある。（上野）

【典拠・参考文献】『明治維新人名辞典』（吉川弘文館、一九八一年）

高橋兵四郎《たかはしへいしろう》　（生没年未詳）

享保三年（一七一八）に紀州藩薬込役から御庭番家筋に取り立てられた高橋与右衛門恒佐の別家で、元文三年（一七三八）に御庭番家筋（伊賀庭番）となった高橋源内保道に続く二代目である。寛政元年（一七八九）十二月における御庭番家筋面々二七人の内の一人として確認でき、御賄調役を務めていた。子孫には文久元年（一八六一）に家禄一〇〇俵で両番格庭番を務めている与太夫がいる。（栗原）

【典拠・参考文献】深井雅海『徳川将軍政治権力の研究』（吉川弘文館、一九九一年）

高橋正次《たかはしまさつぐ》　（生没年未詳）

高橋正定《まささだ》の子として、上総国で生まれる。七兵衛・七兵衛尉と称した。父は里見家に仕えた。正次は二代将軍秀忠及び三代将軍家光に仕え、二条御蔵奉行をつとめた。（坂本）

【典拠・参考文献】『寛永諸家系図伝』第十四・九九頁、『寛政譜』第十一・一九七頁

高橋正法《たかはしまさのり》　（一八四〇～一九一六）

天保十一年（一八四〇）六月十九日に生まれ、通称は銀十郎。高橋家は北町与力の家柄で、父は吉右衛門（のち捐吉）、安藤親枝とは従兄弟の間柄である。明治二十二年八月に発足した、南北町奉行所与力・同心出身者の会である南北会の発起人の一人となっている。大正五年（一九一六）一月五日に死去。享年七十七。（滝口）

【典拠・参考文献】『江戸町与力の世界―原胤昭が語る幕末―』図録（千代田区立四番町歴史民俗資料館、二〇〇七年）、『原胤昭旧蔵資料調査報告書―江戸町奉行所与力・同心関係史料―（1）・（2）』（千代田区教育委員会、二〇〇八・九年）

高橋保道《たかはしやすみち》　（生没年未詳）

通称は源内・五左衛門・幸右衛門。別項にある「御庭番家筋」の高橋恒佐《つねすけ》の次男で、『寛政譜』では「御広敷の伊賀者にめしくはへらる」としか記載はないが、深井雅海氏の研究によれば、元文三年（一七三八）、伊賀御庭番に就任したとされる。この保道家も、恒佐家から別家した形で新たな「御庭番家筋」となり、幕末期まで代々御庭番を輩出する特別な家柄となった。（太田尚）

【典拠・参考文献】『寛政譜』第二十一・三〇八頁、深井雅海「江戸幕府御庭番と幕政」（徳川林政史研究所『研究紀要』昭和五十四年度、一九八〇年）

高橋至時《たかはしよしとき》　（一七六四～一八〇四）

明和元年（一七六四）十一月三十日に大

坂定番同心高橋徳次郎の長男として、生まれる。通称作左衛門。字を子春、東岡《とうこう》あるいは梅軒と号した。天文方高橋景保・渋川景佑は至時の実子。安永七年（一七七八）十二月、父の跡を継ぐ。麻田剛立の門に入り、ケプラーの法則や消長法などを含む、当時最先端の天文学を学んだ。寛政七年（一七九五）三月、改暦御用のため江戸に召し出され、同年十一月天文方に任じられた。同八年、天文方山路徳風・吉田靫負らとともに京都での天体観測を行い、また麻田門下の間重富《はざましげとみ》の協力を得て『暦法新書』八巻を完成。同九年、寛政改暦を実現させた。その後も、惑星運動理論の研究を進めるとともに、天体観測を重視して、正確な観測データの収集に努めた。至時の門下には「大日本沿海輿地全図」作製で知られる伊能忠敬がいる。同十二年、忠敬が初めて行った奥州街道と蝦夷地東南岸の測量は、当時天文暦学上の課題となっていた「緯度一度の距離」を、正確に実測することを目的のひとつとしていた。享和三年（一八〇三）、至時は当時最も優れた天文学書であった『ラランデ暦書』（フランスの天文学書の蘭訳本）を入手し、その翻訳に全力を傾注、重点の抄訳である『ラランデ暦書管見』を著した。他の編著に『増修消長法』『新修五星法及図説』『新考交食法及図説』などがある。同四年（文化元、一八〇四）正月二十七日死去。享年四十一。法名は高朗院殿時誉令終有叔居士。上野源空寺に葬る。（工藤）

【典拠・参考文献】「天文方代々記」（大崎政次編『天文方関係史料』私家版、一九七一年）、『寛政譜』第二十・三八七頁、上原久『高橋景保の研究』（講談社、一九七八年）、日本学士院編『明治前日本天文学史　新訂版』（臨川書店、一九七九年）

高橋和貫《たかはしわかん》（生没年未詳）

高橋平作の子として生まれる。平作と称した。美作守に任じられた。禄は一〇〇俵である。嘉永六年（一八五三）正月二十九日に勘定より勘定組頭となる。安政五年（一八五八）、大船製造などの御用をつとめたため、銀一〇枚を賜る。同六年五月四日に勘定吟味役となる。以後、陸戦用の武器の製造にかかわる。同年九月十八日、北海岸見分御用を命じられ派遣される。同年十一月十一日、長崎表へ御用のため派遣されたため、北海岸見分御用を御免となる。文久元年（一八六一）三月二十四日、フランス・イギリス等の御用のため派遣する旨を命じられる。同年五月四日には外国派遣のため、特別に諸大夫となる。同月八日（『柳営補任』『続徳川実紀』では十二日）に長崎奉行となる。同二年八月十六日に御役御免となる。（坂本）

【典拠・参考文献】『柳営補任』、『続徳川実紀』第三・第四篇、『旗本百科』第三巻

高畠五郎《たかはたけごろう》（一八二五～一八四四）

文政八年（一八二五）に阿波国に生まれる。慶応三年（一八六七）六月、両番格騎兵差図役勤方から外国奉行支配組頭となり、永々御目見以上となる。維新後は海軍省に属し、一般官吏級の時にオーストリアへ外交交渉のために渡航した。またウィーン万国博覧会にも出向いており、官界において活躍した。明治十七年（一八四四）死去。享年五十五歳。（津田）

【典拠・参考文献】『柳営補任』、手塚晃編『幕末　明治海外渡航者総覧』第二巻（柏書房、一九九二年）

高林明慶《たかばやしとしのり》（一七一〇～一七六五）

宝永七年（一七一〇）に生まれる。山田氏の息子であったが、小性組高林寿久《としひさ》の養子となる。母は不詳。藤四郎・主計・弥兵衛と称した。妻は留守居番飯塚昭之《てるゆき》の息女。享保十七年（一七三二）九月四日に家督を

継ぎ、同年十二月に初御目見をした。家禄は五〇〇石。元文元年（一七三六）九月二十七日（十月三日とも）八代将軍吉宗の四男宗尹《むねただ》（のちの一橋家初代当主）の近習番となり、延享三年（一七四六）十一月十一日には一橋家の用人になり、布衣を許された。宝暦七年（一七五七）九月二十七日には一橋家の番頭、同十一年には番頭上座、明和元年（一七六四）には一橋で附切となる。翌二年七月二日に死去。目白の桂林寺（東京都文京区目白台）。法名は日徳。享年五十六。（竹村）

【典拠・参考文献】『寛政譜』第二・二四三頁、『徳川実紀』第九・十篇、「一橋徳川家文書」（茨城県立歴史館所蔵）

高松凌雲《たかまつりょううん》（一八三六～一九一六）

天保七年（一八三六）十二月二十五日、筑後国御原郡古飯村に生まれる。権平・荘三郎と称する。庄屋高松直道の三男。養父は久留米藩有馬飛驒家中川原弥兵衛。母は中村氏。妻は古屋家の二女久。長松重兵衛に字を習う。安政六年（一八五九）に脱藩。柴田方庵門下となる。八月、石川桜所門下。文久元年（一八六一）四月二十一日、緒方洪庵門下。元治元年（一八六四）英学所入門、S・R・ブローン門下。慶応元年（一八六五）閏五月二十六日、一橋家御軍制所付表医師、俸米七人口、手当月三両。十月十一日に御医師並。八月二十日に奥詰医師、二〇人扶持。同三年一月十一日、フランス使節に随行し横浜出港。三月七日パリ着。フランス語、医学を学習。パリ市立病院に通う。同四年（明治元年・一八六八）五月十七日に帰国。八月二十日、榎本武揚と共に開陽丸で脱走。箱館占領後、箱館病院頭取として全権委託され、敵味方の区別なく治療活動を行う。明治二年五月十一日、病院で官軍に降伏。五稜郭降伏の仲介も行う。八月二十一日、神奈川着。十月、阿波蜂須賀藩預け。同三年二月二十一日釈放。同年、水戸藩の北地開拓検分に随行。十一月十一日、浅草新片町に開業。西南戦争時に和泉橋の大病院で治療。同十二年三月三日に同愛社設立、社長。同二十五年同愛社幹事。東京医会副会長。同三十三年会長。同四十一年同愛社社長。大正二年（一九一三）藍綬褒章。著訳に『保嬰新書』『虎列刺病論』等。救民医療に生涯を費やした。大正五年十月十二日死去。享年八十一。墓は東京の谷中墓地。（岩下）

【典拠・参考文献】木本至『医の時代　高松凌雲の生涯』（マルジュ社、一九八〇年）、『旗本百科』第五巻

高室昌重《たかむろまさしげ》（生年未詳～一六四五）

高室久家を父として生まれる。金兵衛・四郎左衛門と称した。先祖は甲斐国高室に住し、父久家は武田信玄・勝頼に仕え、昌重も勝頼に仕え、武田氏滅亡後の天正十年（一五八二）に父子ともども徳川家康に属したという。昌重はのち大番、その後代官となり、武蔵国八王子に住した関東十八代官の一人として、昌重のあと昌成―昌久―昌貞と代官職を世襲するが、昌貞の時年貢滞納により切腹を命じられ家名断絶となる。昌重は、代官として慶長年間には武蔵国多摩郡内の支配に当たっているが、元和五年（一六一九）からは下総国千葉郡内の支配に当たり、寛永二年（一六二五）に遠江国中泉代官に転じる。この間、元和二年五月十一日に幕府の悪銭通用禁止令の伝達や同八年十二月八日の仙石忠政宛の信濃国上田領知行引渡目録に署名するなどしている。寛永十二年まで中泉代官を勤め、その後同十四年には武蔵国多摩郡内の検地に携わり、正保元年（一六四四）まで武蔵国秩父郡・高麗郡幕領の支配に当たっている。なお、『寛政譜』には、昌重に金兵衛と称したとの記述はなく、子の昌成に金兵衛とあるが、

昌成が金兵衛と称した可能性は低く、昌重が四郎左衛門と称する前に金兵衛と称していたことは確実である。また、『寛政譜』には昌重のことを「遠江国の郡代をかね」とあるが、当時中泉代官が、遠江各地に存在した土豪代官を統括する立場にあったことを、「郡代」と表現したのではないか。正保二年六月五日に死去。法名は宗本。菩提寺は市谷の長龍寺。　（佐藤）

【典拠・参考文献】『寛政譜』第四・一九三頁、馬場憲一「近世前期世襲代官の支配とその終焉—江戸幕府高室代官の事例を中心に—」（『法政史学』四〇、一九八八年）、佐藤孝之「幕府代官高室氏に関する若干の考察」（『関東近世史研究』二七、一九九〇年）

高柳元曙《たかやなぎげんとく》　（生年未詳～一八六五）

小三郎と称す。家禄一〇〇俵。文久三年（一八六三）二月五日、評定所留役から勘定組頭格となる。同年八月十八日、勘定評定所組頭。元治元年（一八六四）五月十三日に飛驒郡代となり、家禄一〇〇俵に加増。慶応元年（一八六五）十月、飛驒において死去。布衣につき永々御目見以上。（山本）

【典拠・参考文献】『旗本百科』第三巻

多紀元堅《たきもとかた》　（一七九五～一八五七）

寛政七年（一七九五）、江戸で生まれる。茝庭・三松・亦柔・鋼之進・安叔・守叔・楽真院・楽春院・存誠薬室・菖軒主人・万梅書屋・三松斎・西域直舎と称した。多紀元簡の五男。庶子であるという。文化十一年（一八一四）、浅草三好町に居住し、弘化二年（一八四五）に日本橋元矢の倉に移転。元胤の向柳原多紀家に対し元矢の倉多紀家と言われる。文化十一年には町医者。天保二年（一八三一）に医学館講書。天保六年に奥詰医師、徳川家斉を拝診。同七年十一月に奥医師、西丸附。十二月に法眼。同年侍医。同十一年月法印、楽真院と称す。天保十四年、医書一〇〇部を医学館に献納。弘化二年（一八四五）、徳川家慶御匙。嘉永六年（一八五三）印号を楽春院と改める。著書に『雑病広要』『傷寒広要』『時環読我書』『名医彙論』等がある。水戸斉昭の信任も厚く、また島津斉彬とも親しかったという。蘭方医学には否定的であったが、シーボルトと曲直瀬玄朔のことは賞賛している。安政四年（一八五七）二月十四日に死去。享年六十三。法号顕照院継述温雅居士。墓は東京都北区の城官寺。　（岩下）

【典拠・参考文献】多紀元堅　近世漢方医学書集成48『雑病広要』（1）（名著出版、一九八一年）、森潤三郎『多紀氏の事績』（思文閣、一九八五年）

多紀元孝《たきもとたか》　（一六九五～一七六六）

元禄八年（一六九五）に生まれる。安元・玉池と称した。金保家（多紀家）第五代。養父は金保元燕。元は福嶋氏の出。母は山田氏。妻は小見山元良某の女で金保元燕の養女。平安時代の名医丹波康頼を祖とし、代々典薬頭を輩出した名家である。丹波康頼の三男俊雅の家系で、多紀家は金保を名乗った元泰を初代とする。元は口科の家であったが、元孝が番医となった際に本科（内科）も兼ねた。享保十五年（一七三〇）に家を継ぐ。同十九年、徳川吉宗に謁見。同二十年に番医。元文元年、月光院の療養の命により寄合医師。延享四年（一七四七）七月に西丸奥医師、十二月、蔵米二〇〇俵、法眼。寛延二年（一七四九）、多紀氏に改める。宝暦元年（一七五一）五月、徳川吉宗御匙。七月徳川吉宗薨去により務を免除。同二年に奥医師。明和二年（一七六五）四月、医学校設置を請い、五月に免許され外神田佐久間町の天文台跡に躋寿館を設立。明和三年六月二十日に死去。享年七十二。法号沖漠院静翁元孝居士。墓は東京都北区城官寺。　（岩下）

【典拠・参考文献】『寛政譜』第十八・一

八一頁、森潤三郎『多紀氏の事績』（思文閣、一九八五年）

多紀元胤《たきもとたね》（一七八九～一八二七）

寛政元年（一七八九）三月一日に生まれる。多紀家第八代。多紀元簡の三男。母は山形氏の女。妻は葉山氏の女、後妻に山田氏の女。奕禧・紹翁・弥生之助・安良・安元・柳沜と称する。大田錦城に儒学を、父に医術を師事する。文化二年（一八〇五）徳川家斉に謁見。同八年三月四日に家督相続し、寄合医師、医学館督事。この時家禄とは別に三〇人扶持を賜う。文政五年（一八二二）十二月十六日に法眼。著書に『難経疏証』『医籍考』『本書目録』等がある。画をよくしたという。同十年六月三日に死去。享年三十九。法号専覚院博古清雅居士。墓は東京都北区の城官寺。文化三年の火事で屋敷が向柳原に移転したため、本家元胤流の多紀家を向柳原多紀家と称する。

（岩下）

【典拠・参考文献】森潤三郎『多紀氏の事績』（思文閣、一九八五年）、多紀元簡　近世漢方医学書集成41『傷寒論輯義』（1）（名著出版、二〇〇三年）

多紀元簡《たきもとやす》（一七五一～一八一〇）

宝暦五年（一七五一）、江戸で生まれる。廉夫・金松・安清・安長・桂山・櫟窓と称する。多紀家第七代。多紀藍渓の長子。母は書院番士松井助太夫保勝の女。妻は野田氏、後妻は山形氏。経書を井上金峨に、医術を父に師事する。安永六年（一七七七）、徳川家治に謁見。寛政二年（一七九〇）、松平定信の試問に答えて精博を賞され、十一月二十二日に奥医師、二十七日に法眼。さらに侍医。同三年に医学館勤、医学教諭。同六年に御匙見習。同十一年七月に家督相続。八月御匙。享和元年（一八〇一）、医官選任の非に関する建言で上旨に逆らった罪により奥医師免職、寄合医師、屏居一〇〇日。大奥との対立があったとされる。文化三年（一八〇六）、医学館類焼。同七年に奥医師。医学館の講義は精緻であり、医術の腕は名人と称された。書画にも秀でていたという。江戸の考証医学の学風を確立した人物。著書に『素問識』『霊枢識』『傷寒論輯義』『金匱輯義』等がある。文化七年十二月二日に死去。享年五十六。法号本覚院文懿孝憲居士。墓は東京都北区の城官寺。

（岩下）

【典拠・参考文献】多紀元簡　近世漢方医学書集成41『傷寒論輯義』（1）（名著出版、二〇〇三年）、森潤三郎『多紀氏の事績』（思文閣、一九八五年）

多紀藍渓《たきらんけい》（一七三二～一八〇一）

享保十七年（一七三二）に生まれる。元徳・元悳・仲明・金之助・安長・安元・広寿院・永寿院と称した。多紀元孝の五男。母は金保元燕の養女。妻は書院番士松井助太夫保勝の女。寛延三年（一七五〇）、徳川家重に謁見。明和三年（一七六六）九月四日に家督相続し、躋寿館を督す。同月十四日に寄合医師。同九年、躋寿館焼失も私財で再建。安永二年（一七七三）、諸医から応分の資金を募って学校の費用に当てることとなり、江戸の医師は年に銀一匁を寄付することとなった。同五年三月に奥医師。十二月に法眼。同年侍医。天明四年（一七八四）、徳川家治より御料の羽織を賜る。同六年、躋寿館焼失も官財及び私財で造営。教育仕法を定める。同八年、徳川家斉御匙、尚薬。寛政二年（一七九〇）に法印へ進み、広寿院、のち永寿院と改めた。同三年十月、躋寿館を官立とし医学館と改め、館費として町屋敷一か所と年金二〇〇両を賜うこととなり、会計は目付が出役として学校の費用を取り扱うことになった。同年十二月、仁和寺宮所蔵の『医心方』三〇巻（丹波康頼著）を下され、謄写して奉ったことを賞された。同四年十二月十二日、躋寿館建築及び火事後の私財による再建と教育の功を賞せられて年一〇〇両を賜う。十二月二十八日、二丸に新たに製薬所を建てることを奉った功を賞せられ、また尾張藩所蔵の『太平聖恵方』一〇〇巻の書写及び献上により縮緬五巻を賜う。同八年、多病につき城内で肩輿使用許可。同九年、朝鮮人参及び薬種を賜う。同十年、致仕を願うも許されず、気長に療養すべき旨を仰せられる。同十一年に致仕。著書に『医家初訓』『広恵済急方』『医学平言』『答問稿』『養生歌八十一首』等がある。享和元年（一八〇一）五月十日死去。享年七十。法号永照院文恭覚明居士。墓は東京都北区の城官寺。

（岩下）

【典拠・参考文献】『寛政譜』第十八・一八二頁、森潤三郎『多紀氏の事績』（思文閣、一九八五年）、多紀元簡 近世漢方医学書集成41『傷寒論輯義』（1）（名著出版、二〇〇三年）

滝川元以《たきがわげんい》（生没年未詳）

駿太郎・主殿と称し、讃岐守と名乗る。禄高は二〇〇〇石余。弘化三年（一八四六）正月十一日、西丸小性組大島義彬《よしあきら》組より使番となり、安政六年（一八五九）九月十八日からは寄合火事場見廻を兼帯、万延元年（一八六〇）十月十五日に西丸目付へ転役した。文久元年（一八六一）三月六日以後は本丸に詰め、日々西丸を見廻った。同年九月十五日に目付へ進み、同二年六月五日に先手次席講武所頭取に就任、同年十二月四日一橋慶喜に従い大坂へ派遣された。同三年七月一日に歩兵頭となり、同月三日から御持小筒組之頭を兼帯した。同年九月十日に佐渡奉行、元治元年（一八六四）三月二十八日に堺奉行、同年九月に京都町奉行と遠国奉行を歴任した。慶応二年（一八六六）十月京都にて御役御免となり、勤仕《きんじ》並寄合《なみよりあい》となった。

（神谷）

【典拠・参考文献】『柳営補任』、『続徳川実紀』第三〜五篇

滝川惟一《たきがわこれかず》（一七四二〜一八一四）

寛保二年（一七四二）、佐久間長孝の三男として生まれ、後に滝川貞倚《さだより》の養子となる。母は近藤舜政の娘。小三郎・小右衛門と称した。妻は間宮盛峯の娘。宝暦八年（一七五八）十一月、十七歳で家督を相続して小普請入り。明和五年（一七六八）十二月にははじめて徳川家治に拝謁し、翌六年十一月より西丸小十人組となる。明和八年十一月に職を辞すが、天明五年（一七八五）正月に西丸表右筆として職に復し、翌年閏十月には本丸表右筆となった。寛政五年（一七九三）九月に代官に就き、翌六年三月晦日には、その学術を賞せられて巻物三を賜る。文化十一年（一八一四）六月、美濃において死去、享年七十三（『県令譜』）。深川の本誓寺（東京都江東区）に葬られている。

（保垣）

【典拠・参考文献】『寛政譜』第十九・五〇頁、『旗本百科』第三巻

滝川忠征《たきがわただゆき》（一五五八〜一六三五）

永禄元年（一五五八、一説に同二年）に滝川忠澄《ただのり》の子として生まれる。実母は平手小八郎の息女。妻は南部下総の息女。滝川氏は、はじめ木全《きまた》氏を称していたが、忠征が父忠澄とともに滝川一益に仕え、信頼を得たことにより、滝川の姓を与えられた。忠征は天正十二年（一五八四）より豊臣秀吉に仕えて、使番や普請奉行を務め、慶長二年（一五九七）九月に従五位下豊前守に叙任された。同五年の関ヶ原の戦では西軍に属したが、その後徳川家康に召し出されて使番となり、二〇一〇石余を拝領した。同十二年に大御所となった家康の拠点である駿府城の普請奉行となり、同十五年には、家康の九男徳川義直の居城である名古屋城

の普請の際も奉行を務め、これに動員された諸大名の普請衆を指揮した。また、同十九年・同二十年の大坂の陣では家康に供奉し、目付として諸大名の軍勢を監視する役割を担った。元和二年（一六一六）に家康の遺命により、尾張家初代当主の徳川義直に付属し、寛永九年（一六三二）まで年寄を務めた。同十二年二月二日に死去。享年七十八（一説に七十七）。法名は宗機。尾張国愛知郡広井村の大林寺（名古屋市千種区）に葬られた。　（白根）

【典拠・参考文献】『寛政譜』第十一・三一頁、『新修名古屋市史』第三巻（名古屋市、一九九九年）

滝川具章《たきがわともあきら》　（一六四四～一七一二）

正保元年（一六四四）に滝川利貞の三男として生まれる。三郎四郎と称した。母は滝川政利の息女。妻は出羽国庄内藩主酒井忠勝の息女。滝川氏の祖雄利は織田信長や豊臣秀吉に仕え、関ヶ原の戦後、徳川秀忠に仕えた。具章は万治三年（一六六〇）十二月二十五日に初めて四代将軍徳川家綱に拝謁し、寛文三年（一六六三）十一月十九日に書院番となって、同五年十二月二十五日に廩米三〇〇俵を与えられた。同十年十月十二日に中奥の番士に移り、同年十一月十六日には小性に転じて、十二月二十五日に二〇〇俵を加えられ、同月二十八日に従五位下相模守に叙任された。延宝五年（一六七七）閏十二月二十七日に五〇〇俵を加増されるが、同八年の家綱の死去により寄合となる。しかし、元禄五年（一六九二）四月十四日に目付、同九年正月十五日には京都町奉行となり、五〇〇石を加えられ、同年二月二日に伏見町奉行を兼ねることになった。同十年七月二十六日には廩米を改めて一五〇〇石を知行する。同十五年十月二十五日にその職に応じなかったことから、職を解かれ小普請となる。正徳二年（一七一二）十一月十八日に六十九歳で死去。法名は義海。下谷広徳寺の桂徳院に葬られる。家督は二男の平利《ひらとし》が相続した。　（清水）

【典拠・参考文献】『寛政譜』第八・四〇頁、『柳営補任』

滝川具挙《たきがわともたか》　（生没年未詳）

具知とも名乗り、三郎四郎と称した。一二〇〇石を知行した。父は大坂目付を務めた滝川三郎四郎。滝川氏の祖雄利は織田信長・信雄に、後豊臣秀吉に仕え、関ヶ原の戦後、徳川秀忠に仕えた。具挙の滝川氏は寛文三年（一六六三）に書院番士となった具章に始まる。具挙は安政六年（一八五九）十月八日に小性組進物番より小十人頭となる。万延元年（一八六〇）閏三月朔日に目付外国掛、同年九月二十日に外国立会貿易筋之儀取扱となり、十二月朔日には外国奉行となる。この頃従五位下播磨守に叙任される。同二年正月二十三日に神奈川奉行に移り、二〇〇〇石高とされた。同年八月十五日に禁裏附となる。文久二年（一八六二）七月二十七日に京都町奉行に転じ、元治元年（一八六四）九月に大目付に進む。慶応三年（一八六七）の十五代将軍慶喜の大政奉還の際に老中格大給乗謨等と兵を率いて上京し、慶喜の説諭によって一度江戸へ戻るも、同年十二月に再び上京して、翌年の鳥羽伏見の戦の際には淀城を本陣として兵の指揮にあたった。同年二月九日には戦いの責任を問われる形で御役御免、寄合となり、翌十日には官位を召し上げられて登城を禁止された。さらに十九日には逼塞となり、四月七日に永蟄居となった。　（清水）

【典拠・参考文献】『続徳川実紀』第四・五篇、『柳営補任』、『旗本百科』第三巻、『明治維新人名辞典』（吉川弘文館、一九八一年）

滝川元長《たきがわもとなが》　（一六六二～一七四七）

寛文二年（一六六二）に小性組番士滝川

征盛《ゆきもり》の子として生まれる。実母は鑓奉行安藤正珍《まさよし》の息女。妻は大目付中山直守の息女。十大夫・彦次郎と称した。諱は征長・忠隆・忠興とも名乗った。讃岐守・播磨守と称した。同七年七月五日に家督を相続して、二〇一〇石余を拝領した。延宝九年（天和元・一六八一）二月二十六日に小性組に列し、元禄九年（一六九六）に使番となり、十二月二十二日に布衣の着用を許された。同十年十一月十五日、目付に転任し、同十二年閏九月二十八日には桐間番頭となり、十二月十八日に従五位下讃岐守に叙任された。宝永六年（一七〇九）二月二十一日、寄合に列するが、享保四年（一七一九）六月二十五日に小普請支配となった。同十二年六月二十六日に小性組番頭に昇進すると、同十七年には、八代将軍徳川吉宗による享保改革の方針に従わない尾張藩主徳川宗春を詰問する使者を務めた。同十九年十一月十日、書院番頭に転任し、元文元年（一七三六）八月二十八日に御留守居となった。延享四年（一七四七）十二月二日に死去。享年八十六。法名は恭肅。（白根）

【典拠・参考文献】『寛政譜』第十一・三二頁、『新修名古屋市史』第三巻（名古屋市、一九九九年）

滝村鶴雄《たきむらつるお》　（一八三九～一九一二）

天保十年（一八三九）十二月二十日、勘定所に出仕し伺方掛神宝方などを務めた左司馬（矩蓬）とくにの長男として、江戸青山（港区）に生まれる。通称は小太郎。妻は母の姪にあたるセツ。滝村家の初代朝由は、駿府にいた大御所徳川家康に仕えたが、十男頼宣に付属し紀伊藩士となった。徳川吉宗の八代将軍就任に伴い、三代矩慰《のりやす》は、享保元年（一七一六）に小次郎（田安家祖宗武）に従い江戸に来て、広敷添番となった。俸禄は七〇俵三人扶持。鶴雄は八代目である。嘉永元年（一八四八）十一月に家督相続し、安政二年（一八五五）十二月に勘定出役となる。安政四年以降、取箇方に配属され廻米方を勤めるが（『江戸幕府勘定所史料』）、文久元年（一八六一）十二月に表右筆、同三年に奥右筆従史と転じ、元治元年（一八六四）末までに奥右筆となった（『江戸城多門櫓文書明細短冊』）。慶応四年（一八六八）八月、徳川家達の奥詰として駿河に移住し、明治二年（一八六九）九月に徳川家の家扶となった。同五年十一月、東京に転居。同二十二年には徳川達孝《さとたか》（田安家当主・家達弟）に随行して欧米を歴訪し、同二十四年には家達嫡男の家正の養育係となった。勝海舟がすすめる『陸軍歴史』『海軍歴史』『吹塵録』などの編纂事業に協力し、明治三十一年には『海舟伝稿』全二六冊を著した。晩年には徳川家の実紀編纂事業にも関わった。洋の東西を問わず音楽に精通し、自ら琴や月琴、フルートなどを演奏するだけでなく（『勝海舟の嫁 クララの明治日記』）、『日本古典音楽』（明治十一年）、『西洋音楽小解』（同十三年）、『音律精算』（同十八年）など、多くの著作や訳本がある。「音楽」「音符」「休止符」「長調」「短調」「音程」などの音楽用語は、鶴雄が考案した訳語であり、英語の「C・D・E・F・G・A・B」を「ド・レ・ミ・ファ・ソ・ラ・シ」と翻訳したのも鶴雄であった。明治四十五年四月七日、七十四歳で死去。墓は東京都港区の青山墓地にある。鶴雄の七回忌にあたる大正七年（一九一八）に、長男竹男の編纂により、鶴雄が詠んだ和歌集『鳴鶴遺稿』がまとめられた。同書には外務官僚宮本小一《おかず》（神奈川奉行支配組頭を勤めた旧幕臣）が執筆した鶴雄の小伝が収載される。（藤田）

【典拠・参考文献】『寛政譜』第二十・一四七頁、藤原義久・森節子・長谷川明子「瀧村小太郎の生涯と楽語形成」（『音楽情報と図書館』音楽図書館協議会、一九九五年）、矢口祥有里「瀧村小太郎と岡田斧吉」（『残照』四、二〇〇三年）、上田真樹「明治初期における西洋音楽用語の創成」（『音楽教育史研究』九、二〇〇六年）

田口卯吉《たぐちうきち》　（一八五五～一九〇五）

安政二年（一八五五）四月二十九日、江戸目白台（東京都文京区）の御徒屋敷で生まれる。父は樫郎《かしろう》（西山氏の三男）、母は御《お》徒《かち》田口慎左衛門の一女町子。田口家は、初代卯右衛門が八代将軍徳川吉宗の時に召し出されて以来、代々御徒を務める家柄だった（七〇俵五人扶持）。乙卯の年卯月に生まれたため曽祖父佐藤一斎が卯吉と名付け、慶応二年（一八六六）四月十五日に元服し、名を鉉、号を鼎軒《ていけん》とした。同年、亡父の跡を受けて御徒見習となるが、十二月の軍制改革で御徒組は廃止され、銃隊に編入された。翌年末、家計逼迫により姉鐙子《とうこ》の婚家木村熊二の家に同居し、近所に住む開成所教授手伝並出役の乙骨太郎乙《おつこつたろうおつ》と交際した。維新の動乱を避けて横浜に移住し、旧幕臣飯岡金次の食客となり、アメリカ人宣教師から英語を学んだ。その後駿河に赴き、明治二年（一八六九）五月九日に陸軍生育方頭取支配御雇、十二月には沼津勤番組支配三等勤番組に属した。この頃、沼津兵学校附属小学校に通学。翌三年十月二十七日に同兵学校資業生となり、十二月二十日に静岡病院での医学修業を拝命、四年五月三日には静岡病院生徒となり、同年十二月五日、東京での医学修行を命じられた。五年に上京。薬剤師を目指すも、結局尺振八《せきしんぱち》（旧幕府外国方通弁）の共立学舎で英語を学んだ。五年十月二十二日、大蔵省翻訳局に採用され医学から経済学に転じる。大蔵省改革により、七年五月に大蔵省紙幣寮十一等出仕となり、十月には紙幣寮権中属、翌八年十二月に同中属、十年一月には同省御用掛と昇進するが、十一年十月に辞職した。その間、九年十二月六日に旧幕臣山岡義方（大蔵省監正掛）の長女千代と結婚（千代は十八年に死去。十九年に千代の妹鶴子と再婚）。十年九月には文明史観に立った『日本開化小史』の刊行を開始し（十五年十月完結）、日本のアイデンティティ確立に大きな影響を与えた。十二年には経済雑誌社を起立し『東京経済雑誌』を刊行、経済評論家としての地位を確立した。経済学者としての立場は、自由貿易論に立脚し、保護貿易論の犬養毅と論争を繰り広げた。政治的には反藩閥の立場で一貫し、自由党や立憲改進党に関わった。東京府会議員や東京市会議員を経て、二十七年に衆議院議員に当選、以後死去まで連続当選した。実業家としては南洋貿易を試み、政府の保護なしで両毛鉄道を建設し経営を行った。当初軍備拡張に反対していたが、北清事変後の北京情勢を見て対露主戦論に転じる。歴史家としては文明史観から次第に歴史の法則性を否定し、二十八年の史学会では「歴史は科学に非ず」と題した講演を行った。また『大日本人名辞典』（十九年）、雑誌『史海』（二十四年～二十九年）、『群書類従』の活字本（二十六年）などを刊行し、二十九年には黒板勝美の協力により『国史大系』の編纂を開始するなど、歴史学界への寄与は多大であった。明治三十八年一月十三日、五十一歳で死去。キリスト教による告別式の後、東京都台東区の谷中墓地に埋葬された。

（藤田）

【典拠・参考文献】田口親『田口卯吉』（人物叢書、吉川弘文館、二〇〇〇年）

田口喜行《たぐちきこう》　（生没年未詳）

田口八郎右衛門（五郎左衛門ヵ）の子として生まれる。五郎左衛門と称した。加賀守に任じられた。天保三年（一八三二）八月八日に代官より勘定吟味役となる。同八年十二月九日、御留守居番次席および在勤中七〇〇俵高、御勝手方御繰合御用を命じられる。同月二十六日には米価高騰時に江戸市中の人々の救助に尽力したため時服を賜る。同九年四月二十六日、紅葉山芝方の霊廟修復を命じられる。十二月二十八日、国絵図写の作成に携わったことにより、褒美を賜る。同年十二月には通用銀・一分銀の改鋳にかかわったため時服を賜る。同十年四月七日に長崎奉行となり、三〇〇俵高加増される。同十二年四月十五日に勝手方勘定奉行となり、五〇〇石加増となる。同年五月十四日、堀大和守宅において、長崎在勤中の不手際と家事の不取締りのため、御役召し放ちとなり、小普請入と差控え、加増のうち二〇〇石の召上げを命じられる。同時に倅五郎左衛門が常々不身持で不埒の廉があったため部屋住切米三〇〇俵を召上げのうえ、慎むべき旨を命じられる。

（坂本）

【典拠・参考文献】『柳営補任』、『続徳川実紀』第二篇、『旗本百科』第三巻

田口慎左衛門《たぐちしんざえもん》　（一八〇七～一八四〇）

文化四年（一八〇七）、昌平坂学問所の教授であった佐藤一斎（担《たいら》）の長男として生まれる。名を滉という。一斎は、近世後期に落魄していた田口家の御家人株を買い、慎左衛門を田口家当主弥兵衛の婿養子とした。妻は弥兵衛の娘鉄（のち可都《かつ》）。養父弥兵衛の隠居により文政九年（一八二六）十二月、御徒として召し抱えられるが、組中とはしばしば乱闘沙汰を起こしていたという。同十一年に天文方手附へと転じ、山路弥左衛門（山路愛山の祖父）の配下となり文書校閲の任にあたった。散財癖があったようで、一家は常に財政難に苦しんでいたという。佐久間象山や渡辺崋山ら知識人と交流していたので、書籍の収集などに熱心だったといわれる。天保十一年（一八四〇）に三十四歳で死去。東京都港区三田の功雲寺に葬られたが、のちに台東区の谷中霊園に改葬された。なお、慎左衛門と可都の間には一女町子がいた。町子は井上貫流左衛門（末五郎）の二男耕三（秀作）を婿とする。その長女が木村熊二の妻となった鐙子《とうこ》である。

（藤田）

【典拠・参考文献】田口親『田口卯吉』（人物叢書、吉川弘文館、二〇〇〇年）

田口喜古《たぐちよしふる》　（一七五〇～一八一二）

寛延三年（一七五〇）に勘定吟味方改役田口八郎右衛門照房《てるふさ》の長男として生まれる。

母は小島半助光定の息女。妻は古川源右衛門敬長の息女。九十助・重太郎・五郎左衛門と称した。屋敷は麻布狸穴にあった。明和五年（一七六八）十二月六日に勘定吟味方改役となり、同九年（安永元・一七七二）六月五日、家督を相続した。家禄は三〇俵二人扶持である。天明六年（一七八六）四月九日、勘定組頭となり、文化元年（一八〇四）四月三日、飛騨郡代となり、布衣の着用を許され、家禄が一〇〇俵に加増された。田口は在任中、塩購入の差配人の交代（高山町年寄矢島茂右衛門を任命）、高山陣屋元の郷宿一〇軒の指定、教授所の設置、非常御手当貸附金の開始などを行った。文化八年二月に死去。享年六十二。

（高橋）

【典拠・参考文献】『寛政譜』第十九・五三～四頁、「県令譜」（村上直校訂『江戸幕府郡代代官史料集』近藤出版社、一九八一年）、『文化武鑑』、『岐阜県史 通史編近世上』（一九六八年）、『旗本百科』第三巻、『代官履歴』

武井常信《たけいつねのぶ》　（一六六一～没年未詳）

寛文元年（一六六一）に武井又左衛門の男として生まれる。善八郎と称する。初め甲府徳川家に仕え御賄頭を勤める。宝永元年（一七〇四）十二月に徳川家宣の西丸入

りに従い幕臣となり、二〇〇俵を給され西丸御賄頭となる。同二年二月四日に勘定へ転じる。同七年御賄頭へ復し、正徳三年（一七一三）六月二十七日に越後国吉木の代官となる。翌年に美作国倉敷へ場所替するが、享保五年（一七二〇）四月二十日に辞職し小普請入りする。翌年十二月十二日に隠居する。時に六十一歳。同家は同十九年九月五日に子息善八郎が屋敷において博奕開帳等により死罪、弟幸十郎も重追放となり絶家する。（西沢）

【典拠・参考文献】『断家譜』二巻・三〇頁、『寛政譜』第二十二・四〇七頁、『代官履歴』

竹内保徳《たけうちやすのり》（一八〇七～一八六七）

文化四年（一八〇七）に、由緒取調出役を務めた竹内富蔵（喜兵衛）の子として生まれる。清太郎と称し、下野守と名乗った。勘定を務め、天保十四年（一八四三）七月一日に勘定組頭格、永々御目見以上となり、翌十五年一月十五日に勘定組頭となった。老中阿部正弘の抜擢をうけて、嘉永五年（一八五二）閏二月二十八日に勘定吟味役（海防掛）となり、翌六年のペリー来航直後には、同役の江川英龍らとともに、御台場普請・大筒鋳造・大船建造・米使応接に尽力し、翌七年四月二十七日には下田に派遣された。同年六月晦日に堀利熙とともに箱館奉行となり、禄高二〇〇俵とされた。万延二年（文久元・一八六一）一月二十日に勘定奉行（勝手方）となり、同年三月二十四日に外国奉行を兼帯した。同年十二月、開港開市延期交渉のために欧州に正使として派遣され、文久二年（一八六二）十二月に帰国した。翌三年一月十二日に遣欧の功績により禄高を五〇〇石とされたが、折しも攘夷運動の激化の中で、新知見を活かすことができなかった。元治元年（一八六四）に勘定奉行専任となり、同年五月二十五日に大坂町奉行兼帯となったが、赴任しないまま六月に大坂町奉行を免じられ、八月十三日に西丸御留守居に移った。慶応元年（一八六五）十一月十日に横浜表製鉄所御用引受取扱に転じたが、同三年二月に六十一歳で死去した。（筑紫）

【典拠・参考文献】『柳営補任』、尾佐竹猛「竹内下野守に就いて」（『武蔵野』二〇巻六号、武蔵野会）、戸川安宅「幕府名士小伝」（『旧幕府』一巻二号、冨山房）、『幕臣人名』第三巻

竹尾忠明《たけおただあき／ただつね》（生年未詳～一八四七）

竹尾富之助忠庸の子として生まれる。清右衛門と称した。禄高は四〇俵三人扶持。天保七年（一八三六）十一月十一日、勘定役より勘定組頭となる。同十二年七月十六日には西国郡代となる。この時に布衣を許され、禄高一〇〇俵となったと考えられる。弘化四年（一八四七）八月に死去。（西）

【典拠・参考文献】『寛政譜』第十八・三四三頁、『旗本百科』第三巻

竹尾俊勝《たけおとしかつ》（一五七三～一六三九）

天正元年（一五七三）に生まれる。父は駿河町奉行や榊原康政付をつとめた竹尾俊《とし》久《ひさ》。四郎兵衛とも称した。同十一年より秀忠に仕える。のち御膳番をつとめ、元和元年（一六一五）の大坂の陣に供奉し、そののち崇源院（秀忠室浅井氏）付となる。相模国愛甲・大住、武蔵国荏原、下総国葛飾四郡の内において采地一七七〇石。寛永二年（一六二五）十二月十一日、采地の朱印を下される。同九年八月二十五日天樹院（秀忠娘千姫）付となり、歩行同心二〇人を預けられる。この日下総国葛飾郡のうちにおいて五〇〇石を加増されて、合計一六七〇石余を知行する。同十六年七月二十八日に死去。享年六十七。法名は心月。葬地は小石川伝通院で、この後代々の菩提寺とする。（吉成）

【典拠・参考文献】『寛政譜』第十五・二

六二頁

竹垣直清《たけがきなおきよ》（一七七五～一八三二）

安永四年（一七七五）に代官竹垣直温《なおひろ》の長男として生まれる。公年では安永二年生まれである。亀五郎・庄蔵・善佐と称した。趣味人としても知られ雅号は柳塘。妻は一橋家臣安藤正譜の息女。寛政八年（一七九六）十月二十日に部屋住より勘定に召し出される。文化元年（一八〇四）十月二十九日に小普請方へ転役、同十一年五月二十二日に父の隠居により支配所を引き継ぎ下野国真岡の代官となり、同年十二月二十四日に家督を継ぐ。家禄は一五〇俵。文政六年（一八二三）に遠江国中泉、同十一年出羽国尾花沢、天保二年（一八三一）に越後国出雲崎の代官を歴任、同三年六月三日に現職で死去。享年五十八（公年六十）。菩提寺は芝の清岸院である。（西沢）

【典拠・参考文献】『江戸幕府代官竹垣直清日記』（新人物往来社、一九八八年）、『寛政譜』第二十二・九八頁、『代官履歴』、寺田登「化政期の幕府代官」（渡辺信夫編『近世日本の民衆文化と政治』河出書房新社、一九九二年）

竹垣直温《たけがきなおひろ》（一七四一～一八一四）

寛保元年（一七四一）十二月二十六日に使番丹羽長利の三男として生まれる。登・三右衛門と称した。妻は元大番室富政の息女、後に離縁。明和四年（一七六七）十二月二十三日に代官竹垣直照の養子となる。初代竹垣喜長は甲府徳川家の勘定役を勤め、徳川家宣の宗家相続により幕臣となり勘定となった。二代目喜道から五代にわたり世襲的に代官職を勤める。四代目である直温は安永六年（一七七七）五月六日に部屋住より小十人に召し出される。天明六年（一七八六）七月十六日に家督を継ぐ。家禄は一五〇俵。同年九月六日に養父の支配所越後国川浦の代官職を引き継ぐ。寛政元年（一七八九）に大坂谷町、同五年に勘定奉行兼帯関東郡代付代官、文化三年（一八〇六）に馬喰町御用屋敷詰代官となり、翌年十二月二十六日に布衣を許される。直温は大坂代官在職中の民政による手腕を請われ、関東代官として召還された。支配所は天明の大飢饉による荒廃から疲弊していた常陸・下野国等北関東であった。人口減少を食い止める即効的復興策として、間引き禁止と産児奨励金支給制度を打ち出し、効果を上げた。抜本策としては、元支配所であった越後国の真宗門徒を入百姓として入植させ、人口増に成功する。根本的な民衆の教化策として心学者を招いた講話による教導もおこなった。これらの施策実行のため寛政九年に下野国真岡と上郷に出張陣屋を建立した。死後善政に報いるため真岡と上郷に各々徳政碑が建てられている。文化十一年五月四日に老衰により隠居、同年十一月八日に死去。享年七十四。法名は良篤院殿仁應榮儀居士。菩提寺は芝の清岸院である。（西沢）

【典拠・参考文献】『寛政譜』第二十二・九八頁、『代官履歴』、村上直『江戸幕府の代官群像』（同成社、一九九七年）

竹垣直道《たけがきなおみち》（一八〇六～一八六九）

文化三年（一八〇六）に代官岸本荘美の四男として生まれる。長四郎・三平・三右衛門と称した。文化十四年（一八一七）一月十二日に関東代官として父荘美の盟友であった竹垣直清の養子となる。この時に実年齢（数え年）では十二歳であるが、幕府へ届けている公年では十六歳である。妻はきく。天保三年（一八三二）六月三日に養父が死去、同年九月六日に家督を継ぐ。家禄は一五〇俵。同年十二月二十日に勘定に召し出されている。同八年十二月二十九日に家職である代官として陸奥国塙へ転出し、同九年に大和国五条、同十一年に大坂谷町

（摂河堤奉行・廻船役）、嘉永元年（一八四八）十月二十八日に関東代官（日光今市御蔵掛）、同二年六月九日に関東在々取締掛を兼帯する。同年十月十八日に一万石増地場所替、馬喰町御用屋敷詰代官（鷹野掛）となる。同六年十二月二十八日に布衣を許される。安政四年（一八五七）九月二十九日に貸付掛兼帯、同年十月十二日に一〇万石高・江戸廻代官へ場所替。文久二年（一八六二）八月三日に馬喰町御用屋敷詰代官の筆頭となる。十五年間の関東在任中、鷹野掛として馬喰町御用屋敷内にある鷹野役所を統括し、将軍家の鷹場等へ御成の際に膳所の担当として焚出場の見廻・見分をおこなった。これにより度々縮緬や銀などの拝領物を賜っている。また、参向の公家衆賄御用を五度、アメリカ人・イギリス人参上による賄御用、十三代将軍家定の葬送御用や和宮下向にともなう勅使・公家衆の馳走・賄御用による報奨もうけている。地方在勤の代官と異なり、本来の職務以外の諸御用・諸掛の比重が高かった。こうした功績により、文久三年七月一日に天璋院・和宮用人となり、従五位下伊勢守に叙任され、のち大和守を称する。晩年翠翁と称し、明治二年（一八六九）死去。享年六十四（公年六十八）。代々竹垣家の菩提寺は芝の清岸院である。

（西沢）

【典拠・参考文献】村上直『竹垣・岸本代官民政資料』（近藤出版、一九七五年）、『代官履歴』、西沢淳男「幕末期関東における幕府代官の実相」（『地方史研究』第二四七号、一九九四年）、西沢淳男『代官の日常生活』（講談社、二〇〇四年）

竹田斯綏《たけだしえい》　（生没年不詳）

甚五郎と称す。任官後は伊豆守・摂津守・豊前守・豊後守を名乗る。父は西丸小性組の竹田源次郎、養父は寄合の兄・直五郎（「明細短冊」）。文政元年（一八一八）、小普請組より小性組となり、同十一年十二月七日には御小納戸となる。その後、天保八年（一八三七）四月二日に西丸御小納戸に、同八年六月九日には本丸御小納戸奥之番となり、同年八月二十九日、御小納戸頭取格へ昇進した。翌九年六月二十九日には御小納戸頭取御場掛・野馬掛となる。嘉永六年（一八五三）九月に将軍家慶は死去するが、御小納戸頭取としての務めを継続し、安政四年（一八五七）六月二十五日に一橋家老へ転じた。安政六年十一月二十八日、勘定奉行公事方となり、万延元年（一八六〇）九月十五日には清水附支配となる。なお、その際の足高はこれまでの通りとされ、席次は一橋家老次席であった。元治元年（一八六四）七月六日、御役御免となって勤仕並寄合となるが、同月二十六日には御留守居となって職に復する。翌二年二月十四日、再び御役御免となり隠居した。

（保垣）

【典拠・参考文献】『幕臣人名』、『柳営補任』、『旗本百科』第三巻

武田信典《たけだしんてん》　（一七七六〜一八六〇）

安永五年（一七七六）に生まれる。貞之丞・左京大夫・大膳大夫と称した。実は松平頼亮の二男である。養父は高家の武田織部信明。相模国に五〇〇石を知行し、愛宕下久保町に八二一坪六合余の居屋敷と西久保（港区虎ノ門）に一一九一坪の拝領下屋敷（地守附置）を得た。文化五年（一八〇八）四月六日に家督を継いで、同八年十一月二十四日に表高家より高家に任じられ、従五位下侍従に昇進し、左京大夫と称した。文政三年（一八二〇）四月六日、日光門主への時服を下賜する使者の命を受けている。同六年二月九日従四位下に昇った。そして、同十一年十一月二十七日、高家肝煎に任じられ、従四位下に任じられ、大膳大夫を称した。天保八年（一八三七）九月二日、将

軍の使者の差添に転任し、同年十一月十三日従四位上に昇進した。さらに弘化四年（一八四七）八月、統仁《おさひと》親王（孝明天皇）の即位に当たって京都への御使差添の命を賜り、十月二十一日少将に昇った。安政三年（一八五六）十月二十二日老衰のため、願いの通り職を辞し、時服五領を下賜された。万延元年（一八六〇）十一月十八日死去した。（田中暁）

【典拠・参考文献】『続徳川実紀』第二篇、『柳営補任』、『吏徴別録』、『諸向地面取調書』二四九頁、『系図纂要』第十一冊・三九三頁、『幕臣人名』、『旗本百科』

武田成章《たけだなりあき》（一八二七～一八八〇）

文政十年（一八二七）に伊予国大洲藩士武田敬忠の二男として生まれる。母は三保子。裁之・斐・斐三郎・竹中庄蔵とも称し、竹塘と号した。大洲藩校の明倫堂で学び、続いて大坂に出て緒方洪庵に、さらに江戸へ出て伊東玄朴、佐久間象山、箕作阮甫に師事して、蘭語・仏語・英語・医学・洋式兵学などを修めた。嘉永六年（一八五三）に象山の推挙により幕府に出仕した。翌同七年（安政元・一八五四）三月に蝦夷地御用のため箱館詰となり、ペリーの箱館来航時に応接を務めた。安政三年八月には箱館奉行支配諸術調所教授役となり、洋式兵術を教授した。門下生に前島密らがいる。さらに弁天崎砲台や五稜郭の建設に従事した。文久元年（一八六一）四月には亀田丸で、ロシアと中国の間を流れる黒龍江（アムール川）を遡航してニコライエフスクに航海した。元治元年（一八六四）に江戸へ戻り開成所教授職並となり、次いで関口大砲製造所頭取に抜擢され、さらに滝野川反射炉の建築にも従事した。慶応三年（一八六七）五月六日には砲兵指図役頭取から砲兵頭となり、ナポレオン砲の国産化に成功している。同年十二月には布衣を着すことを許された。明治元年（一八六八）には信濃国松代藩兵制士官学校教授となり、同四年兵部省に出仕した後には明治初期の士官教育に尽くした。同十三年一月二十八日に五十四歳で死去。法名は禅心院殿学翁道智居士。浅草の智光院に葬られた。著述に『黒竜江誌』、『三浦見聞志』、『北役紀行』、『鉄炉略説』などがある。（清水）

【典拠・参考文献】『続徳川実紀』第四・五篇、『日本人名大事典』（平凡社、一九七九年）、『明治維新人名辞典』（吉川弘文館、一九八一年）、『国書人名辞典』（岩波書店、一九九六年）、『日本近世人名辞典』（吉川弘文館、二〇〇五年）

竹中重固《たけなかしげかた》（一八二八～没年未詳）

文政十一年（一八二八）に生まれる。民部と称し、遠江守・丹後守と名乗った。実父は分家の竹中彦八郎（禄高一〇〇〇石、小性組番士）で、養父は竹中図書助《ずしょのすけ》重明《しげあきら》（禄高五〇〇〇石、交代寄合表御礼衆）である。竹中氏の先祖は、斎藤道三・織田信長・豊臣秀吉に仕え、のちに徳川家康の家臣となった。重門の代より知行地の美濃国岩手に住し、交代寄合となることが多かった。万延元年（一八六〇）八月十四日に重明の養子となり、同年十月一日に将軍家茂《いえもち》に初めて拝謁し、文久元年（一八六一）三月晦日に重明の隠居により家督を継いだ。元治元年（一八六四）五月八日に大番頭となった。同年十月十一日に陸軍奉行（五〇〇〇石高）に進み、慶応元年（一八六五）五月に将軍家茂に供奉して大坂に赴き、同年十一月十五日に第二次長州戦争のため大坂を出発し、翌二年六月に長州攻撃の最前線に立った。同三年十月二十六日に若年寄並陸軍奉行となり、翌四年一月、鳥羽・伏見の戦では幕府軍の副将として参加して前線に立ち、敗北して江戸に帰った。同年二月には戦いの責任を問われて免職され、差控・逼塞《ひっそく》となった。明治元年（一八六八）九月に前老中小笠原長行らと共に東北に逃れ、さらに箱館に至った。同年十二月十五日に榎本武揚《たけあき》が箱館の旧幕府軍の総裁になると、重固は海陸軍裁判官の要職に就いた。同二年五月に五稜郭が降伏した際の脱兵名簿には吉野春山という変名で記されていた。

（筑紫）

【典拠・参考文献】『柳営補任』、『続徳川実紀』第四・五篇、『寛政譜』第六・三〇二頁、戸川安宅「伏見戦争前後の記」（『旧幕府』一巻八号、冨山房）、村居銕城「幕府最後の陸軍奉行」（『武蔵野』二九巻一〇号、武蔵野会）、『幕臣人名』第三巻

竹中重門《たけなかしげかど》（一五七三～一六三一）

天正元年（一五七三）に美濃国不破郡岩手の領主で豊臣秀吉の謀臣竹中重治《しげはる》の長男として生まれる。母は安東伊賀守範俊の娘。妻は甲斐甲府城主であった加藤光泰《みつやす》の娘。吉助と称する。はじめ豊臣秀吉に仕え、天正十六年（一五八八）、丹後守に任ぜられる。慶長五年（一六〇〇）の関ヶ原の戦では徳川方に属し、戦後、重門の領知である関ヶ原での勝利により特に米一〇〇〇石が下賜されている。以後、代々不破郡岩手に住し、子孫は交代寄合（表御礼衆）となる。その後、大坂の両陣に供奉し、寛永二年（一六二五）十月二十三日、美濃国不破郡など六〇〇〇石の朱印を下される。寛永八年閏十月九日に死去。享年は五十九。法名は出堂。芝の泉岳寺に葬られる。

（田原）

【典拠・参考文献】『寛政譜』第六・三〇三頁、第十三・一四頁、『旗本人名』別巻解説編四二頁

竹中重之《たけなかしげゆき》（一六三五～一七〇三）

寛永十二年（一六三五）に竹中重常《しげつね》の二男として生まれる。実母は但馬国豊岡藩主杉原長房の息女。妻は御留守居番筒井忠助の息女。大膳・彦八郎と称した。寛文三年（一六六三）三月二十三日に初めて四代将軍徳川家綱に拝謁した。同四年十二月十日に兄で交代寄合の竹中重高《しげたか》が家督を相続する際、父重常の知行地のうち、河内国安宿部《あすかべ》・大縣《おおがた》両郡内において一〇〇〇石を分与され、寄合に列した。同六年十二月三日に書院番となり、同九年十二月二十四日、駿河国内の争論地を検察したことから時服二領と羽織を拝領した。貞享五年（元禄元・一六八八）八月二十三日より使番を務め、元禄元年十二月二十五日に布衣の着用を許された。同八年二月五日には先手鉄炮頭に転じ、同十五年閏八月二十七日に職を辞した。同十六年正月二十日に死去。享年六十九。法名は休心。芝の泉岳寺（東京都港区）に葬られた。

（白根）

【典拠・参考文献】『寛政譜』第六・三〇五頁

竹中重義《たけなかしげよし》（生年未詳～一六三四）

竹中重利（豊後国府内城二万石）の長男として生まれる。通称重次・重興。采女正と名乗った。母は遠江守の息女。妻は松平周防守康重の息女。寛永三年（一六二六）、三代将軍徳川家光上洛の供に加わる。同九月行幸に際して供に加わる。同六年に長崎奉行となる。踏絵を執行する。翌七年切支丹の乞食七〇人をルソンへ追放する。翌八年六月、長崎代官末次平蔵の朱印船の東京派船に当り、初めて異国渡海朱印状に、派船許可に関する老臣奉書を添えて長崎奉行に遣わすことが始められ、竹中宛に奉書が発せられる（奉書船制度の創始）。また、幕府は糸割符制度の改革に着手し、まず呉服師仲間に現糸六〇丸、堺・京都・長崎の三か所糸割符仲間に江戸を新たに加えて題糸五〇丸を配分する事とするが、これを聞き付けた大坂が糸割符仲間加入を運動した。これに対して、竹中は独自の判断で当面大坂に題糸二〇丸を配分する措置を講じた。

後、同十年までに制度が整えられ、大坂を加えた五か所糸割符仲間が形成される。同十年二月、長崎奉行を罷免される。罷免の理由は、明白とは言えないところがあるが、竹中は長崎にあって町人妻女娘の区別なく美女を所望し、平野屋三郎右衛門の美妻を酒宴に招き戻さずにいたところ、この妻が竹中の屋敷の塀を乗り越えて脱出する事件が発生した。竹中は平野一族に圧力をかけたため、平野一族は彼女を竹中に差し出さなくてはならなかった。三郎右衛門は、御用物とすべき輸入鮫柄を竹中が秘かに私物化しているなど、他の悪事と共にこれを江戸町奉行所に訴え出た。このことにより、長崎代官末次平蔵と江戸で裁判となるが、その最中に平蔵が変死を遂げたと言われる。結局、竹中は改易となり、同十一年二月二十二日、浅草海禅寺にて長子源三郎と共に切腹を命じられた。この理由が平野屋の一件だけによるものか、他に、外国貿易等に関るさらに重大な事実が判明してのことか明白ではない。（太田勝）

【典拠・参考文献】『寛政譜』第六・三〇六頁、『増補長崎略史上巻』（『長崎叢書三』）、『寛明日記』（『通航一覧第四』五八頁）

竹内玄同《たけのうちげんどう》　（一七九五～一八八〇）

寛政七年（一七九五）に生まれる。麒麟太・幹・西坡・渭川院・風青・風香と称した。加賀大聖寺の人。竹内玄立の次男。越前丸岡藩医官であった叔父竹内玄秀の後を継ぐ。京都にて藤林普山に蘭学を学ぶ。のち長崎に遊学してシーボルト門下。天保四年（一八三三）の帰郷後、藩の侍医となる。同六年に上府。同十三年、蘭書翻訳手伝。安政五年（一八五八）に奥医師、侍医。法眼ののち法印、西洋医学所取締。文久三年（一八六三）、徳川家茂の上洛に随行。慶応二年（一八六六）一月の家茂薨去により致仕。明治十三年（一八八〇）十一月十二日に死去。享年七十六。東京青山梅窓院に葬る。大正十三年（一九二四）正五位。（岩下）

【典拠・参考文献】呉秀三『シーボルト先生　その生涯及び功業』三巻（東洋文庫、平凡社、一九六八年）、芳賀登編『日本人物情報大系』五一・五二・五四巻（皓星社、二〇〇〇年）

竹内貞基《たけのうちさだもと》　（一八一三～一八六三）

文化十年（一八一三）に長崎奉行組下竹内良太夫の二男として生まれる。初め山本氏を称し、のちに竹内家を継ぐ。卯吉郎と称し、清潭と号した。兄山本晴海は、高島秋帆及び広瀬淡窓の高弟。文政十年（一八二七）に兄晴海の跡を継いで海上警備を行う船番役となる。高島秋帆に西洋砲術を、中島広足に国学・和歌を学び、さらに剣術・柔術をも修めた。安政元年（一八五四）にオランダ人から反射炉の使用法や汽船の操船等の伝習を受け、同二年に佐賀藩の依頼で日本初の蒸気機関の雛形を製造した。さらに長崎の海軍伝習所で学び、同四年には海軍伝習所の練習艦観光丸の運用長として江戸へ廻航して、幕府の軍艦教授所の教授となった。多くの門下を育て、航海術の普及に大きく貢献した。同五年に長崎へ帰り、文久二年（一八六二）に家督を兄晴海の子息に譲って隠居し、同三年に死去した。享年五十一。法名は得応月潭居士。長崎の晧台寺に葬られた。著書に『航海図説』がある。（清水）

【典拠・参考文献】『明治維新人名辞典』（吉川弘文館、一九八一年）、『国書人名辞典』（岩波書店、一九九六年）

竹内信氓《たけのうちのぶたみ・のぶまさ》　（生年未詳～一八二四）

代官竹内信将の男として生まれる。富之助・新八郎と称する。文化九年（一八一二）五月に父の見習となる。同十年三月八日に父信将の死去により、家督を継ぎ同年七月十八日に越後国川浦の代官となる。文政三年（一八二〇）に陸奥国浅川、同五年に大和国五条の各代官を歴任し、同七年に現職で死去。竹内家の菩提寺は牛込の保善寺である。（西沢）

【典拠・参考文献】『寛政譜』第十五・二四五頁、『代官履歴』

竹内信就《たけのうちのぶなり》（一六三〇～一六九四）

寛永七年（一六三〇）に竹内信正の長男として生まれる。母は松平金兵衛の息女。平三郎・平十郎・三郎兵衛と称した。妻は御手洗昌重の息女。正保元年（一六四四）に初めて徳川家光に拝謁し、同二年十二月十九日に家督を相続する。承応二年（一六五三）七月に大番に列し、寛文六年（一六六六）四月七日に代官として豊後国日田に赴き、同九年二月まで在職する。貞享元年（一六八四）より伊豆国三島代官を勤める。同四年七月六日に上総国山辺郡で起こった境界争論の検使に派遣されるが、その際の不正を咎められて六郷政晴に預けられ、元禄五年（一六九二）に赦免となる。同七年五月十日に小普請となり、八月九日に死去。享年六十五。法名は直心。菩提寺は牛込の保善寺。（佐藤）

【典拠・参考文献】『寛政譜』第十五・二四四頁、『代官履歴』

竹内信将《たけのうちのぶまさ》（一七五七～一八一三）

宝暦七年（一七五七）に書院番内藤忠郷の七男として生まれる。伊織・平右衛門と称する。竹内信要《のぶちか》の息女を妻とし養子となる。安永七年（一七七八）七月八日に家督を継ぐ。家禄は二〇〇俵。同八年六月六日に大番となり、寛政五年（一七九三）十一月六日に御蔵奉行へ転じる。同六年十二月二十七日に信濃国中野の代官となる。同十二年に陸奥国桑折へ場所替、文化十年（一八一三）三月八日に現職で死去。享年五十七。竹内家の菩提寺は牛込の保善寺であるが、桑折の大安寺に葬られる。（西沢）

【典拠・参考文献】『寛政譜』第十五・二四五頁、『代官履歴』、誉田宏「陸奥桑折代官竹内平右衛門信将の民政」（『日本地域史研究』文献出版、一九八六年）

建部賢豊《たけべかたとよ》（一六一八～一六九〇）

元和四年（一六一八）に右筆建部昌興の三男として生まれる。六蔵・甚右衛門と称した。妻は外山正吉の息女。祖父賢文《かたぶん》は佐々木承禎に仕え、青蓮院尊鎮法親王の門に入るなど能書家として知られた。賢豊は、寛永十二年（一六三五）に召し出されて、三代将軍徳川家光の右筆となる。同十四年十一月二十六日に廩米二〇〇俵を与えられる。『徳川実紀』に引用されている「江戸幕府右筆所日記」の当番右筆を務めている。慶安二年（一六四九）十月十九日に甲府藩主徳川綱重に付属して、一七〇俵を加えられた。元禄三年（一六九〇）五月二日に七十三歳で死去。法号は道恩。小日向の龍興寺に葬られた。建部氏の家督は広政が相続し、孫の広次の時に甲府藩主徳川綱豊が六代将軍徳川家宣になるのに伴い、幕臣に復した。（清水）

【典拠・参考文献】『寛政譜』第七・七二頁、小宮木代良『江戸幕府の日記と儀礼史料』（吉川弘文館、二〇〇六年）

建部賢弘《たけべかたひろ》（一六六四～一七三九）

寛文四年（一六六四）に右筆建部直恒の三男として生まれる。幼名源右衛門・通称彦次郎・不休と号す。二人の兄とともに関孝和に入門し、和算を学んだ。賢弘は門下中随一の逸材として知られ、天和三年（一六八三）、弱冠二十歳で『研幾算法』を著すなど、抜群の才能を発揮。その後、孝和とともに研究を進め、『大成算経』をまとめた。また、天文暦学の分野でも『授時暦解議』を著している。六代将軍家宣・七代家継・八代吉宗に仕え、特に吉宗の信頼厚く、たびたび天文暦学に関する諮問を受けた。さらに、「日本総図」の作製も担当した。弟子に中根元圭がいる。元文四年（一七三九）七月二十日に死去。享年七十六。法名は道全。小日向龍興寺に葬る。（工藤）

【典拠・参考文献】『寛政譜』第七・七六頁、日本学士院編『明治前日本天文学史　新訂版』（臨川書店、一九七九年）、同編『明治前日本数学史』（岩波書店、一九八三年）

建部広次《たけべひろつぐ》（一六七一～一七三九）

寛文十一年（一六七一）に生まれる。父は桜田御殿の用人広政《ひろまさ》。母は熊本藩主加藤肥後守家臣松田某の息女。荒次郎・市十郎・甚右衛門と称した。はじめ桜田御殿で表小性・書院番組頭・同番頭を歴任し、家督を継ぐ。家禄は廩米八〇〇俵。宝永元年（一七〇四）十二月十二日、桜田御殿の綱豊が五代将軍綱吉の養子となって西丸に移徙したため御家人となり、西丸桐間番組頭に就任し、二十二日に布衣を許された。同三年に廩米を知行に改める。同四年八月十六日には西丸焼火間番頭となるが、同六年十月二十九日、西丸焼火間番が廃止となり寄合となる。同七年五月二十三日に御徒頭、享保四年（一七一九）三月二十三日に先手弓頭、享保二十年（一七三五）九月朔日には八代将軍吉宗の四男小五郎（後の一橋家初代当主宗尹《むねただ》）の傅役となり、二〇〇石を加増され、従五位下大和守に叙任される。元文四年（一七三九）九月二十九日に死去。享年六十七。法名は全秀。菩提寺は小日向の龍興寺（現在は東京都中野区に移転）。（竹村）

【典拠・参考文献】『寛政譜』第七・七二頁、『徳川実紀』第六・八篇

竹村嘉通《たけむらよしみち》（生年未詳～一七三三）

竹村嘉有《よしあり》の四男として生まれる。母は猶井氏。甲府徳川家の桜田の館において、徳川綱豊（後の六代将軍家宣）に仕えて表右筆となる。宝永元年（一七〇四）十二月五日に綱豊が五代将軍綱吉の養子として江戸城西丸に入った際、それに従って幕臣となった。廩米一五〇俵を与えられ、十二月十八日に西丸表右筆となり、後に本丸に勤仕した。同七年十二月十九日に五〇俵を加増されている。正徳二年（一七一二）三月七日に新井白石と相談して「朝鮮人来聘登城之御規式書」と「来聘日記」を作成するように命じられている。享保十八年（一七三三）十二月十日に死去。法名は栄繁。駒込願行寺に葬られる。兄である竹村嘉躬《よしみ》の五男嘉甫《よしすけ》が養子となって家督を相続した。（清水）

【典拠・参考文献】『寛政譜』第十五・二六九頁、深井雅海『徳川将軍政治権力の研究』（吉川弘文館、一九九一年）

竹本正明《たけもとしょうめい》（生没年未詳）

隼之助・隼人正と称す。父は先手弓頭などを務めた竹本正路。禄高は五〇〇石だった。天保十四年（一八四三）十一月二十七日に御小納戸、十二月二十一日に徳川家慶の小性となる。嘉永六年（一八五三）九月二十二日に御小納戸になり、同年十二月二十一日には家定の小性に就いている。安政五年（一八五八）十月六日に徳川家茂の小性に任じられ、同六年十二月十一日には頭取介へと進んだ。文久元年（一八六一）八月二十四日に外国奉行へと転じた。同二年十二月二十八日には作事奉行格となり、同三年正月十五日にそれを免ぜられた。以後、同年四月朔日より神奈川奉行を兼帯し、同年五月十五日には御側御用取次見習となる。同年十二月十九日に一度外国奉行に復するが、元治元年（一八六四）六月二十二日に御側御用取次見習に戻った。同年七月二日には御側御用取次に就任し、家禄も五〇〇石加増されている。慶応元年（一八六五）の長州征伐にも従軍した。その後、同年十月九日に御役御免、差控となり、菊之間縁

頻詰となっている。同四年三月十八日には留守居役並となるが、御側御用取次勤方を命じられた。幕府倒壊後は、外国奉行の残務整理などを行った後、帰農したとされる。（山﨑）

【典拠・参考文献】『柳営補任』、『続徳川実紀』第二篇、信士慶幹校注『旧事諮問録』下（岩波文庫、一九八六年）

竹本正時《たけもとまさとき》（生年未詳～一六五八）

大番竹本正吉《まさよし》の長男として生まれる。初め正次《まさつぐ》といい、猪右衛門（伊右衛門）と称した。徳川秀忠・家光に仕えて大番を務め、後に甲斐国山梨・八代両郡に知行地二〇〇石を与えられる。寛永十九年（一六四二）八月十八日に勘定役の油井（由比）光運《みつかず》と共に切米手形改役に任じられ、大番より出役して務める。万治元年（一六五八）十一月二十日に死去。法名は宗隣。（宮坂）

【典拠・参考文献】『寛政譜』第十五・二五五頁、大野瑞男『江戸幕府財政史論』（吉川弘文館、一九九六年）

竹本正仲《たけもとまさなか》（一六八二～一七四二）

天和二年（一六八二）に生まれる。沢右衛門と称し、のち任官して肥後守・備後守を名乗った。父は紀伊徳川家に仕えた竹本正孝《まさたか》。母は不明。妻は紀伊家家臣の小笠原作右衛門某の息女。正仲も紀伊家において長福丸《ながとみまる》（徳川家重）に仕え、享保元年（一七一六）にその父吉宗が将軍となって長福丸が江戸城二丸に入ったのに従い、幕臣となる。同年九月九日に二丸御小納戸となり、廩米三〇〇俵を与えられる。同十八年十一月十五日、頭取に進み、同年十二月十八日には従五位下肥後守に叙任された。同二十年三月十日に辞職するが、元文二年（一七三七）五月二十八日には西丸御小納戸となる。寛保二年（一七四二）正月二十日に六十一歳で死去した。法名は了本といい、小日向の龍興寺に葬られた。（山﨑）

【典拠・参考文献】『寛政譜』第十五・二六〇頁

田沢政路《たざわせいじ》（生没年未詳）

小十人田沢正則《まさのり》を祖とする家筋。二丸御留守居田沢道正《みちまさ》の家督を継ぐ。家禄は二〇〇俵。鉞之丞・鉄之丞と称した。任官後は隼人正・兵庫頭・河内守・対馬守を名乗った。天保五年（一八三四）十一月二十三日に小普請より御小納戸、同七年五月には小性となる。同八年四月二日、十一代将軍家斉の隠居にともない西丸小性、同十二年、家斉死去後に将軍世子の家定が西丸に入るも、そのまま西丸小性であった。嘉永元年（一八四八）十月二十二日に本丸の御小納戸に復し、同五年には御小納戸頭取で奥の番・御場掛となる。同六年九月二十二日、家定の将軍就任後、御小納戸頭取格介、安政二年（一八五五）八月晦日に御小納戸頭取、同五年十月六日、家茂の十四代将軍就任後も御小納戸頭取を続け、万延元年（一八六〇）十二月十二月二十四日、新番頭格の御小納戸頭取となる。文久二年（一八六二）六月七日に外国奉行となり、同年八月、生麦事件の処置のため神奈川へ派遣される。同年十月十日に作事奉行となり、同月には日光東照宮・御霊屋修復御用を務める。元治元年（一八六四）九月一日に大目付となり、家茂の上洛に随従し、家茂の御前で何度も密談をしている。慶応二年（一八六六）、第二次長州戦争に出陣した。同二年十二月三日に再び作事奉行、同三年五月十三日に一橋家の家老となり、慶応四年（一八六八）二月二十七日に辞職した。菩提寺は白山の浄雲寺（現在は隣接した心光寺に合併。東京都文京区）か。（竹村）

【典拠・参考文献】『寛政譜』第三・一七八頁、『柳営補任』、『続徳川実紀』第三・四・五篇、『維新史料綱要』全一〇巻（東京大学出版会、一九八三～八四）

田沢正斯《たざわまさこれ》　（一七二一～没年未詳）
享保六年（一七二一）に生まれる。十太郎・伝左衛門と称し、隠居後は松陰と号した。妻は墨美平右衛門親義の娘であり、後妻は三宅書院番を勤めた権之助高通の娘である。明和元年（一七六四）閏十二月十六日に大番となり、同六年十一月九日に西丸の御腰物方に移る。安永三年（一七七四）七月五日に新番に転任し、同五年四月に十代将軍徳川家治の日光山参詣に供奉する。天明四年（一七八四）四月七日、当番の際同隊の佐野善左衛門政言が刀を抜いて田沼山城守意知に斬りかかる事件が起こる。正斯らは政言を押さえようと席を立つが、番所を離れることを憚って席に戻る。しかし、一列の者の狼藉を見ながら制止しないことは越度であるとして、小普請入りとなり出仕を止められ、五月六日にこれを赦される。寛政四年（一七九二）四月七日に七十歳で致仕する。
（根岸）
【典拠・参考文献】『寛政譜』第三・一七八頁

橘元周《たちばなもとちか》　（一七二八～没年未詳）
享保十三年（一七二八）に御番医師吉田郷美《さとよし》（梅庵）の長男として生まれる。のちに奥医師橘元孝《もとたか》の養子となり、その養女を妻とした。鉄蔵・隆庵と称し、梅園・宗仙院と号した。法眼・法印に叙せられた。延享二年（一七四五）八月十一日に初めて八代将軍徳川吉宗に拝謁し、同三年三月二十日に家督を相続して寄合となった。知行は七〇〇石である。宝暦十一年（一七六一）十月十五日、法眼に叙せられた。明和六年（一七六九）四月二十五日に奥医師となった。安永五年（一七七六）六月二十二日、九代将軍家重の子である清水重好が麻疹にかかると、清水家の屋敷に宿直して薬を調進した。やがて重好が快復すると、これを賞されて時服二領・白銀二〇枚を賜った。天明三年（一七八三）十二月十八日には法印に叙せられた。同五年七月二十日に御匙となり、同八年十一月十四日には著書の『脚気説』を十一代将軍家斉に献上した。寛政十年（一七九八）八月二十九日に隠居して家督を元春《もとはる》に譲り、蔵米二〇〇俵を拝領した。このとき七十一歳であったが、その後も時々登城することを許された。
（白根）
【典拠・参考文献】『寛政譜』第二十・三六三～三六四頁

田付景澄《たつけかげずみ》　（一五五六～一六一九）
弘治二年（一五五六）に田付景定《かげさだ》の長男として近江国で生まれる。兵庫助と名乗った。父は近江国神崎郡田付村に住み、織田信長に仕えた。母は伊庭蔵人の娘である。父の死後、田付村を去り摂津国三田や美濃国に住んだ。砲術に長けており、その評判により慶長十八年（一六一三）に徳川家康に召し出され、仕えることとなった。下総国香取郡内に五〇〇石を賜る。同十九年の大坂冬の陣に供奉し、和議のきっかけとなる砲撃を行う。翌年の大坂夏の陣では土井利勝に属し、首一つの戦功を上げた。五月七日には大坂方が備前島の櫓より鉄砲で攻撃してきた際、安藤重信の命により大砲で反撃し、五発で相手を鎮めた。この後、仰せによりこの際使用した大砲に景澄の姓名を記した。このうち一つには景澄の願いにより、「浦の苫」と名づけられた。これは定家が「浦の苫屋」と詠ったことに由来した銘である。以後、田付家は田付流と称する砲術を代々師範した。景澄は『鉄砲打方』『十三段初心集』『鉄炮伝来記』等多くの著書を残している。元和五年（一六一九）十月十四日に死去。享年六十四。法名は宗銕。墓所は領地である香取郡一分目《いちのわけめ》村善雄寺である。
（坂本）
【典拠・参考文献】『寛永諸家系図伝』第

十三・一一七頁、『寛政譜』第七・三三五頁、『徳川実紀』第一・二篇

田付景彪《たつけかげみつ》　（一六八三〜一七五五）

天和三年（一六八三）に田付四郎兵衛景利の三男として生まれる。実兄田付利清が重病で利清の養子となり、同年七月晦日に家督を継ぐ。母は松本氏。規矩《かたのり》・景泒《かげみつ》・伊織・又四郎と称した。妻は長谷川庄兵衛長貴の息女。宝永元年（一七〇四）六月十一日に書院番となり、十一月晦日に桐間番となる。同五年二月十九日に御小納戸となる。同六年二月二十一日に再び書院番となるも、正徳元年（一七一一）十一月十九日に辞職する。享保四年（一七一九）十月十八日に書院番に復する。同十七年四月朔日に組頭となり、十二月十六日に布衣を許される。元文四年（一七三九）十月二十八日に佐渡奉行となる。寛保二年（一七四二）三月二十八日に長崎奉行となり、七月朔日に従五位下阿波守に叙任される。延享五年（寛延元、一七四八）六月二十日に西丸御留守居となる。宝暦四年（一七五四）七月十九日に寄合となる。同五年三月十四日に死去。享年七十三。法名西往。本所の霊光寺に葬られ、以降、代々葬地となる。（木崎）

【典拠・参考文献】『寛政譜』第七・三三八頁、清水紘一「長崎奉行一覧表の再検討」（『京都外国語大学研究論叢』第XV号、一九七五年）

田付直愛《たつけちょくあい》　（一八一〇〜一八七九）

文化七年（一八一〇）に生まれる。主計《かずえ》・右膳と称し、筑後守・筑前守と名乗った。直愛は諱《いみな》。実父は先手鉄炮方田付四郎兵衛直温《なおあつ》である。田付氏は代々幕府の鉄炮方を勤める家柄で、直愛は二男（三男ともいう）で「厄介《やっかい》」という立場でいた。天保十三年（一八四二）十二月十六日に新規に召し出され、甥の四郎兵衛（鉄太郎）が幼少で家督を継いだために後見を命じられて、鉄炮方に任命され、役料三〇〇俵を与えられる。同十五年十二月に布衣を許され、嘉永二年（一八四九）十二月二十八日に四郎兵衛の後見は免じられたが、鉄炮方は勤続した。同六年三月二十八日に「御用出精」を理由に新規の家禄として切米二〇〇俵、三〇〇俵高とされ、役料三〇〇俵を与えられた。安政四年（一八五七）九月二十一日に講武所砲術師範役を命じられ、翌五年十二月二十九日に先手鉄炮頭となった。文久三年（一八六三）一月、将軍家茂《いえもち》の上洛に供奉し、慶応元年（一八六五）五月には家茂に供奉して大坂に赴いた。翌二年八月八日に御持小筒組之頭・鉄砲役兼帯、同年十一月十八日には、御持小筒組之頭の専任となり、のち撒兵頭《さっぺいがしら》となるが、翌三年七月十六日に御役御免となり、寄合に列した。翌四年二月二十八日に寄合肝煎《きもいり》となり、同年三月十八日に使番に任じられるが、その日のうちに目付に転じた。同年、静岡に移住し、草深町近藤家屋敷跡に居住、翌明治二年に静岡藩使番、静岡勤番組世話役頭取、同五年、静岡第四十六区副戸長となる。同十二年二月十三日、七十歳で死去した。法名は、本源院殿仁道直愛居士、墓は、静岡臨済寺にある。（筑紫）

【典拠・参考文献】『柳営補任』、『続徳川実紀』第五篇、『幕臣人名』第三巻、前田匡一郎『駿遠へ移住した徳川家臣団』第二編（一九九三年）

立田正明《たつたまさあきら》　（生年未詳〜一八五九）

通称は岩太郎。従五位下主水正に叙任された。天保九年（一八三八）二月二十三日、勘定から勘定組頭に昇格し、永々御目見以上を許され旗本身分となる。同十年には、伺方組頭で、道中吟味物大豆油御手絞り油を担当。小川町裏神保小路に居宅があり、三〇俵二人扶持であった。同十三年、勘定奉行梶野良材とともに十月十四日からはじ

まった印旛沼堀割普請の試掘現場検分に派遣された。なおこのときの一行には、普請役格の肩書きで二宮金次郎が同行していた。同十四年十二月八日から勘定吟味役となり、同役職中は、同十五年六月二十四日に江戸城本丸普請御用掛、同年八月十八日に上野国の世良田東照宮修繕普請の見分御用を勤めた。同僚の佐々木顕発《あつのり》とともに、弘化元年（一八四四）十二月二十五日に本丸普請の時服金一七枚、同二年五月四日に本丸普請が終了したため時服二領・金八枚を下付された。同三年には、小川町神保小路に居宅があり、江戸川・神田川・馬喰町貸付と植物・猿江材木蔵・関東筋川々を担当し、同四年に一〇〇俵取となる。嘉永五年（一八五二）五月二十七日、江戸城西丸普請掛を勤め、十二月二十四日に将軍家慶と西丸の家祥双方から金一〇枚と時服三両を受け、さらに同月二十六日には格別苦労して速やかに普請が終了したことを賞され、金一〇枚と時服四両を受けた。同七年十月十五日、普請御用で京都へ派遣され、十二月二十日には大坂・伊勢国の海岸見分のため派遣された。安政二年（一八五五）十二月四日、御留守居番次席の座順となる。同三年には金座掛、猿江材木蔵掛、関東筋川々定掛、諸国川々普請掛、倹約筋取扱、江戸川・神田川定掛、町々囲穀取締御用を担当し、翌四年には植物掛と貸付金取扱も加えて担当していた。同四年十二月十六日、高齢になっても精勤を続けていることを賞され諸大夫《しょだいぶ》（五位相当）となった。同五年七月十一日に勘定奉行格となり、勤役中は高二五〇〇石・役料五〇〇俵を受け、勝手方を担当した。同六年四月十七日に死去。（実松）

【典拠・参考文献】『柳営補任』、村上直・馬場憲一編『江戸幕府勘定所史料—会計便覧—』（吉川弘文館、一九八六年）、鏑木行廣著『天保改革と印旛沼普請』（同成社、二〇〇一年）

立田正直《たつたまさなお》（生年未詳～一八六四）

通称は録助。主水正と名乗った。万延元年（一八六〇）四月十五日、両番格奥右筆から奥右筆組頭格となり、同年九月七日には勘定吟味役となる。同役職中は、同二年正月十五日に東海筋川々普請御用のため派遣され、同年七月二十日には対馬へ御用のため派遣された。文久二年（一八六二）閏八月四日、朝鮮人来聘《らいへい》御用を命じられ、同月二十二日には翌年二月に予定されていた十四代将軍徳川家茂の上洛御用（実施は三月）を大目付・勘定奉行・目付らとともに命じられ、足高と役料を下付された。同年九月十一日に上洛の節の御先を命じられたが、同年十一月二日、上洛御用と御先の命令は取り消された。同三年十一月七日、勘定奉行並に昇格し、勝手方を担当、旗奉行次席の座順となる。同日上洛の御供を命じられる。元治元年（一八六四）七月、下野国へ御用のため派遣されたが、これは当時常陸・下野両国を席巻していた天狗党の乱の追討に関わるものであった。同年八月十日死去。（実松）

【典拠・参考文献】『続徳川実紀』第四篇、『柳営補任』

田中正長《たなかせいちょう》（生没年未詳）

敦賀の豪商。清六と称した。北国海運で活躍していた。関ヶ原の戦後、慶長六年（一六〇一）に、徳川家康は上杉氏より佐渡鉱山および佐渡一国を没収して直轄領とし、正長・河村彦左衛門吉久・吉田佐太郎守貞・中川主税が佐渡支配にあたった。同八年に、吉田と中川は年貢増徴を村々に命じたが、反発を買い、江戸へ直訴された。家康の裁許により吉田・中川は切腹、正長・河村は罷免された。代官罷免後も、正長は次の大久保長安のもとで廻船商人として、佐渡金山の経営に関わった。（高橋）

【典拠・参考文献】『累代武鑑』五、『佐渡志略』一、永井次芳著・萩野由之校閲『佐渡風土記』（臨川書店、一九七四年）、北島正元『江戸幕府の権力構造』（岩波書店、一九六四年）、和泉清司『徳川幕府成立過程の基礎的研究』（文献出版、一九九五年）

田中正純《たなかまさずみ》　（一七五四～没年未詳）

田中喜道の三男として生まれる。母は長谷川甚兵衛安貞の女。吉蔵と称した。妻は石川榮阿彌最清の女。安永八年（一七七九）九月六日に兄喜和より家督を継ぐ。家禄は一五〇俵。同九年十二月二十二日に将軍家治に拝謁。天明三年（一七八三）八月二十九日に表右筆、同六年五月二十六日に奥右筆となる。寛政七年（一七九五）に小金原の鹿狩に従事する。享和三年（一八〇三）十二月から文化六年（一八〇九）まで表御右筆組頭を務める。（石山）

【典拠・参考文献】『寛政譜』第二十・一四六頁、『旗本百科』第三巻

田中理以《たなかまさゆき》　（一七一二～一七六六）

正徳二年（一七一二）に渡辺善左衛門定経の二男として生まれる。通称は岩松・八兵衛。妻は川窪彦之進信明の娘。後妻は原田順阿弥の養女。享保六年（一七二一）二月、新番組の番士であった田中半助理長《まさなが》（家禄三〇〇俵）の死に臨んでその養子となり、同年四月二十九日に遺跡を継いだ。同十八年九月十八日に御納戸番となり、寛保二年（一七四二）七月二十五日には代官に就任、当初は越後国、延享元年（一七四四）からは関東を支配所とした。宝暦三年（一七五三）十一月十日に職を辞し、明和三年（一七六六）正月十五日に五十五歳で死去した。法名は道英。代々の葬地である牛込の保善寺に葬られた。（太田尚）

【典拠・参考文献】『寛政譜』第十二・六九頁、『代官履歴』

田中芳男《たなかよしお》　（一八三八～一九一六）

天保九年（一八三八）八月九日、信濃国伊那郡飯田（長野県飯田市）の久々利《くぐり》陣屋において、千村氏の典医を務める田中隆三（如水）の三男として誕生した。母は奥村三左衛門の孫娘津真子。幼名は芳介。嘉永三年（一八五〇）に名古屋の伊藤圭介に師事し、本草学・博物学を学ぶ。文久元年（一八六一）、師とともに江戸に出て、翌年五月に蕃書調所物産方手伝出役（七人扶持金五両）となり、元治二年（一八六五）には一五人扶持金一〇両に加増された。慶応年間に舶来植物の調査研究を行い、リンゴの接木などを行った。この頃三沢良益の養女栄子と結婚。慶応三年（一八六七）、幕府の命によりパリ万国博覧会に参加し、自ら採集した昆虫標本などを出品した（同年十月に帰朝）。翌四年六月十八日、新政府の命で開成所御用掛となり、その後大阪に出張し舎密《せいみ》（化学）局御用掛となった。明治三年（一八七〇）九月に帰京し、大学南校（前身は蕃書調所）の少教授となり物産局の創立に関与した。同五年正月にウィーン万博御用掛となり、翌年同万博に参加、名古屋城の金鯱などを出品し日本文化を欧州に広めるとともに、西洋文明を日本に持ち込むなど、その後の殖産興業政策に貢献した。明治八年のフィラデルフィア万博にも事務官として参加し、このとき鮭・鱒の養殖法を習得、以後、第一回内国勧業博覧会（明治十年）、第一回水産博覧会（同十六年）など多くの博覧会を開催した。明治八年には上野の公園化と動物園創設にもかかわり、不忍池の周囲に競馬場を設けることを立案した。同十一年には駒場農学校を設立している。この間、大日本農会・大日本山林会・大日本水産会などを創設し、日本の農林水産業の育生に尽力した。同二十三年に貴族院議員となり、同二十九年三月五日には貴族院において博物館建設を建議し

た。大正四年（一九一五）に男爵。翌五年六月二十二日、東京都文京区本郷金助町の自宅で死去。享年七十九。墓は東京都台東区の谷中墓地にある。（藤田）

【典拠・参考文献】『幕臣人名』第三巻、宮地正人「混沌の中の開成所」（『学問のアルケオロジー』東京大学出版会、一九九七年）、みやじましげる編『田中芳男伝』（伝記叢書、大空社、二〇〇〇年）

田中吉官《たなかよしすけ》（一六〇〇～一六五八）

慶長五年（一六〇〇）生まれ。翁助と称す。また、諱も定行・定官とも称した。実父は家康に仕え、三河野田城主から伊勢長島城主となった菅沼織部正定盈。実母は桜井松平家の松平監物家次の女。養父は田中吉政の三男で、家康に仕えて近江国他に二万石を領した田中久兵衛吉興。妻は吉興の女。子には実子定格、菅沼定芳からの養子定房がいる。吉官は、慶長十一年六月、七歳の時に秀忠に仕えて近習となる。同十六年正月に従五位下主殿頭に叙任され、同十九年からの大坂両度の陣にも供奉し、戦功をあげる。元和八年（一六二二）十一月に、仰せにて吉興の婿養子となり家督を相続、近江国野洲郡内で一万石、三河国田原・上野国新田にてそれぞれ五〇〇〇石、合計二万石を領し、同年十二月には小性頭となる。翌九年に秀忠の上洛に供奉するが、同年九月十八日、吉官の組下の者が罰せられたことにより領地を没収される。寛永二年（一六二五）赦免され、七月より家光に仕えて廩米二〇〇〇俵・書院番となり、のち組頭、同九年には番頭となる。翌十年四月二十三日、加増にて上総・安房国内で都合五〇〇〇石を領す。同十七年正月二十八日、前田光高への使者として加賀へ向かう。同十九年閏九月五日、大番頭に就任。明暦四年（万治元年・一六五八）正月九日、五十九歳にて死去。法名は殿雪と号し、四谷の全勝寺（東京都新宿区）に葬られた。この全勝寺は、のちに子孫代々の葬地となっている。（小宮山）

【典拠・参考文献】『寛政譜』第二十・三四九頁、『寛永諸家系図伝』第三

田中喜乗《たなかよしのり》（一六九一～一七四〇）

元禄四年（一六九一）に田中喜古《よしひさ》（のちに支配勘定格・三〇人扶持）の長男として生まれる。通称は休蔵。母は武蔵国橘樹郡小向村の農民田中源左衛門の娘。享保十五年（一七三〇）三月一日に父喜古の遺跡を継ぎ、大岡忠相配下の支配勘定格となり、幕領三万石を支配地として預けられる。元文四年（一七三九）二月八日、御目見以上となって代官に就任、家禄を蔵米一五〇俵取に改められる。翌五年二月二十二日に五十歳で死去。法名は日理。浅草の大仙寺に葬られた。（太田尚）

【典拠・参考文献】『寛政譜』第二十・一四六頁、大石学『享保改革の地域政策』（吉川弘文館、一九九六年）

田中喜古《たなかよしひさ》（一六六二～一七二九）

寛文二年（一六六二）三月十五日に武蔵国多摩郡平沢村（現あきるの市）の名主窪島八郎左衛門重冬の二男として生まれる。通称は休愚・休愚右衛門。冠帯老人・武陽散民とも号した。村上直氏の研究によれば、喜古のことを「丘隅」と記しているのは後年に建立された碑文などが中心で、撰文した儒学者による漢文流の装飾ではないかといわれ、実際に本人が称したのは主として「休愚」で、ごく短い期間に「休愚右衛門」が使われたと推定されている。幼年のころから学問を好んだ喜古は、絹織物の行商をしながら見聞を深め、その後川崎宿の名主で本陣・問屋を兼ねていた田中兵庫の養子となった。宝永元年（一七〇四）に養父の跡を継いで兵庫と名乗り、宿役人の仕事に出精した。五十歳となった正徳元年

（一七一一）に家業を息子に譲り、江戸と地元を往復しながら荻生徂徠・成島道筑らに師事して学識を深め、享保六年（一七二一）九月頃には地方書『民間省要』三編十五巻を脱稿した。同八年（一七二三）、新田開発や河川改修の知識が豊富であるとして幕府に召し出され、一〇人扶持を得て荒川・多摩川・酒匂川などの堤防普請を担当、同十四年（一七二九）七月十九日には、成島道筑や大岡忠相の推挙によって『民間省要』が八代将軍吉宗に献上された。同月、喜古は大岡忠相支配の支配勘定格（三〇人扶持）となり、三万石の幕領を支配地として預かることになったが、わずか五か月後の十二月二十二日に江戸浜町の役宅において六十八歳で病死し、川崎の妙光寺に葬られた。（太田尚）

【典拠・参考文献】『寛政譜』第二十・一四六頁、村上直校訂『新訂　民間省要』（有隣堂、一九九六年）、大石学『享保改革の地域政策』（吉川弘文館、一九九六年）

田辺太一《たなべたいち》　（一八三一～一九一五）

天保二年（一八三一）九月十六日に幕府儒者田辺石庵誨輔の次男に生まれ、定輔を称し、蓮舟と号した。田辺家は元来大番与力の家柄で、村瀬姓だった父が田辺次郎太夫の養子となり、昌平黌教授出役として甲府徽典館学頭となった人物である。その後田辺家は兄孫次郎（勿堂）が継ぎ、高島秋帆に砲術を学び、講武所に出仕したが、文久二年（一八六二）に死去している。太一は昌平黌で儒学を学び、甲府徽典館教授となり、安政四年（一八五七）にはと長崎海軍伝習所の第三期生となる。その後同六年に外国方の書物方出役に出仕し、文久元年に外国奉行水野忠徳が小笠原諸島の調査を行う際に遂行を命じられ、外国奉行支配調役並となり、同三年に外国奉行池田長発が横浜鎖港使節となると外国奉行支配組頭となり、フランスに向けて旅立つ。一行は交渉に失敗し帰国するが、太一はこのとき免職の上、百日間の閉門を命じられ、しばらくは外国方の出役として外交文書の調査や交渉事務にあたっていたが、慶応三年（一八六七）正月、パリ万国博覧会に参列するため渡欧する徳川昭武一行に随行を命じられ、外国奉行支配組頭に復し、公使館書記官となった。帰国後の同四年三月には目付に昇進し、残務処理を行い、五月に免職となっている。太一はその後横浜で丸屋太助と名乗り、輸入商を始めるが、明治二年（一八六九）五月に沼津兵学校の教授に招かれ、再び徳川家に出仕した。同三年正月には外務省の要請で外務少丞となり、翌年の岩倉遣欧使節に一等書記官として随行するなど、以後外交官として活躍する。明治十六年九月に元老院議官となり、同二十三年には貴族院議員に勅選された。晩年は『幕末外交談』を著し、維新史料編纂会の委員を務めるなど、幕末維新期の貴重な証言を残している。大正四年（一九一五）九月十六日に死去。享年八十五。墓所は青山墓地である。なお、太一の長男次郎一は早世し、長女竜子は三宅雪嶺の夫人となって、明治期の女流作家三宅花圃として活躍した。また明治・大正期に活躍した土木工学者田辺朔郎は甥にあたり、その次男主計が太一の家を継いでいる。（滝口）

【典拠・参考文献】『幕末外交談１・２』（平凡社東洋文庫、一九六六年）

谷次利《たにつぐとし》　（生年未詳～一六七一）

庄兵衛と称す。大猷院（徳川家光）の時に御徒目付となり、御側衆に属して国廻を勤め、その後伊豆国大賀郷にて代官に転ずる。采地は下野国河内郡二〇〇石。寛文九年（一六六九）三月二十三日職を辞し、同十一年二月二十一日死去する。法名は淪雲で、浅草天龍寺（東京都台東区）に葬られる。

（高木）

【典拠・参考文献】『寛政譜』第二十・一三頁、『代官履歴』

谷衛冬《たにもりふゆ》　（一六一六～一六四〇ヵ）

衛忠《もりただ》とも。丹波国山家領主谷衛友の六男として生まれる。宇右衛門と称す。妻は大島義唯の息女。寛永五年（一六二八）、前年没した父の遺領一万八二石のうち、丹波国何鹿郡に一五〇〇石を分与される。のち小性組に属す。寛永十七年（十八年とも）八月十五日、江戸において死去。享年二十五（二十四とも）。法名月秋。墓所は高輪の泉岳寺。

（高見澤）

【典拠・参考文献】『寛政譜』第七・三二二、同・三二五頁、『徳川実紀』第二篇、『寛永諸家系図伝』

谷田正則《たにだまさのり》　（一七一九～一七九〇）

享保四年（一七一九）に渡辺新兵衛政道の子として生まれる。清九郎・又四郎と称した。実母は谷田正伝《まさのぶ》の娘。養父は勘定等を勤めた谷田軌隆《のりたか》で、実母の兄にあたる。妻は神山三郎左衛門由明の娘。家禄は廩米一一〇俵である。元文五年（一七四〇）六月二十二日に勘定となり、延享元年（一七四四）十二月二十二日に遺跡を継ぐ。宝暦十二年（一七六二）二月二十三日、蔵立合のため佐渡国へ派遣された。明和元年（一七六四）八月十八日に佐渡御蔵奉行に転じ、同七年五月七日には御金奉行になる。寛政二年（一七九〇）五月十日老年のため辞職し、黄金二枚を賜る。同年十月十三日に死去。享年七十二。法名は静恬。墓地は小石川喜運寺である。

（坂本）

【典拠・参考文献】『寛政譜』第二十一・二六一頁

谷村正養《たにむらまさやす》　（一八二九～一九〇四）

文政十二年（一八二九）に生まれ、官太郎を称した。南町奉行所与力仁杉家八右衛門幸雄の次男で、北町奉行所与力谷村家に養子に入り、人足改・赦帳撰要方人別調・牢屋見廻り・詮議方を歴任した。明治二十二年（一八八九）八月に発足した、南北町奉行所与力・同心出身者の会である南北会の発起人の一人となっている。また、『旧事諮問録』第一一回（明治二十五年四月十六日）で与力について語っている記事は広く知られている。明治三十七年（一九〇四）十二月二日に死去。享年七十六。戒名は龍正院養誉白羽居士。

（滝口）

【典拠・参考文献】『江戸町与力の世界―原胤昭が語る幕末―』図録（千代田区立四番町歴史民俗資料館、二〇〇七年）、『原胤昭旧蔵資料調査報告書―江戸町奉行所与力・同心関係史料―(1)・(2)』（千代田区教育委員会、二〇〇八・九年）

田沼意次《たぬまおきつぐ》　（一七一九～一七八八）

徳川吉宗の八代将軍就任に伴って紀伊藩士から幕臣となり小性や御小納戸頭取を務めた田沼意行《もとゆき》の長男として、享保四年（一七一九）に生まれる。通称は龍助、のちに任官して主殿頭《とのものかみ》と名乗る。母は紀伊藩士田代高近の養女。妻は伊丹兵庫頭直賢の息女。後妻は黒沢杢之助定紀の息女。享保十七年七月二十一日に十四歳で初めて八代将軍吉宗に謁見、同十九年三月十三日に西丸小性となり、翌二十年三月四日に遺領六〇〇石を相続した。元文二年（一七三七）十二月十六日には、従五位下に叙せられて主殿頭と称した。徳川家重が九代将軍となった延享二年（一七四五）九月一日には本丸勤務に転じ、これ以降めきめきと頭角を現して異例の出世を遂げていくことになる。まず同四年九月十五日に小性組番頭格となり、翌寛延元年（一七四八）閏十月一日には正式に小性組番頭になると同時に奥勤を兼帯、知行地一四〇〇石が加増されて都合二〇〇〇石となる。次いで寛延四年（宝暦元・一七五一）七月十八日に御側に就任し、同五年九月十九日には三〇〇〇石、同八年九月三日には五〇〇〇石を加増されて一万石の大名となり、評定所の式日には出座するよう命ぜられた。意次は十代将軍家治のもとでも重用され、同十二年二月十五日には五〇〇〇石の加増、明和四年（一七六七）七月一日には側用人となって従四位下に叙され、さらに五〇〇〇石を加増されて遠州相良城主となった。同六年八月十八日には侍従に進み、老中格に昇進、五〇〇〇石の加増を受けて合計二万五〇〇〇石となり、さらに明和九年（安永元・一七七二）正月十五日には、正式に老中に就任するとともに、さらに五〇〇〇石を加増されて三万石となった。意次への加増はその後も続き、安永六年四月二十一日に七〇〇〇石、天明元年（一七八一）七月十五日に一万石、同五年正月二十九日には一万石の加恩を受けて、家禄は五万七〇〇〇石に達した。このような意次の栄達を可能にしたのは、第一に閨《けい》閥《ばつ》による幕閣支配、第二に将軍からの絶大なる信頼、第三に大奥の懐柔であったといわれる。意次は子女たちを次々と老中らの家へ養子に出したり嫁がせたりして家格の上昇を図った。また意次自身は、老中格や老中に昇進しても常に「昵懇の職」を兼ねて側用人的性格を保持し続け、常に将軍の傍らにあって実権を握った。さらに将軍側近人事に影響力のある大奥の老女たちへの進物なども欠かさず、大奥の入用にはできる限り応えたという。意次が行った政治の特色は、経済活動への積極的な進出である。宝暦期前後の幕府の年貢米収入は、ほぼ一七〇万石というピークに達しており、農業生産からの収入はこれ以上見込めない状況となっていた。そこで意次は、株仲間の公認や専売制の推進、長崎貿易の拡大、五匁銀・南鐐二朱銀・四文銭のような新貨幣の創出など、さまざまな政策で経済の活性化を図った。その結果、特権を得ようとした商人らが役人へ賄賂を送るなどの腐敗を蔓延させることにつながった。しかし一方で、金回りのよい社会のもとで消費活動が刺激され、多様な出版物の出現、錦絵の創始、川柳・狂歌の流行、演劇の発達、物見遊山や食べ歩きの盛行など、特に文化面において消費文化・行動文化と総称される数多くの現象を生み出していった。天明期を迎えると、栄華を極めた意次にも次第に翳りが生じ、その専横ぶりが庶民の反感を買うようになり、またこの時期に発生した天災・飢饉による生活苦も田沼批判へと直結していった。天明六年八月、水腫を発症した十代将軍家治に対し、意次は懇意の二名の町医者（若林敬順・日向陶庵）を急いで奥医師に登用した。ところが、家治が若林敬順の調合した薬を服用したところ、病状がにわかに悪化して同月二十日には重体に陥り、五日後の二十五日に他界するに至った。意次は二十二日より自邸に引き籠もり、家治が没した翌日の二十六日には辞職願を提出、二十七日には老中を解任され、雁之間詰となった。さらに同年閏十月五日、幕府は意次の所領二万石と江戸上屋敷・大坂蔵屋敷を収公し、江戸城への出仕を禁じた。翌七年六月に松平定信政権が誕生すると、前政権の「不正のはからひ」を追及する姿勢を鮮明に打ち出し、同年十月二日、意次は相良城と所領二万七〇〇〇石を没収され、隠居して下屋敷に蟄居・謹慎すべき旨を申し渡された。蟄居の身となった意次は、翌天明八年七月二十四日に失意のまま七十歳で死去した。法名は隆興院耆山良英。駒込の勝林寺に葬られた。（太田尚

【典拠・参考文献】『寛政譜』第十八・三六四～三六六頁、竹内誠「田沼意次とその時代」「田沼意次の権勢と失脚」（徳川林政史研究所監修『江戸時代の古文書を読む―田沼時

代』（東京堂出版、二〇〇五年）

田沼《たぬま》意知《おきとも》（一七四九～一七八四）

寛延二年（一七四九）に田沼意次の長男として生まれる。通称は龍助、のちに任官して大和守・播磨守・山城守を名乗る。母は黒沢杢之助定紀の息女。妻は松平周防守康福の息女。宝暦十四年（明和元年・一七六四）正月二十八日に十代将軍家治に初めて拝謁し、菊之間縁頬詰となる。明和四年十二月十六日には従五位下に叙されて大和守を名乗り、同六年九月一日には雁之間詰に改められる。天明元年（一七八一）閏五月十一日、播磨守に改称。同年十二月十五日には奏者番に就任した。翌二年十一月十五日に官名を山城守と改め、同三年十一月一日には若年寄となって、父の意次とは別に廩米五〇〇〇俵を支給された。同四年三月二十四日、執務を終えた意知が同僚とともに御用部屋を退出し、中之間へ行きかけた際、新番組の詰所から出てきた番士の佐野善左衛門政言に背後から斬りつけられて重傷を負った。傷は肩に一か所、背中に三ヵ所、股に二か所で、特に股の傷は深さが骨にまで達するほどの深手であった。下部屋で治療を受けた後、神田橋内にある父意次の屋敷へ引き取られた意知は、同月二十九日に若年寄の御役御免を願い出たが認められず、心永く保養すべき旨の仰せを受けた。しかし四月二日、意知は治療の甲斐なく三十六歳の若さで死去した。法名は孝嶽元忠仁良院である。一方、斬りつけた佐野政言は、翌四月三日、「乱心」を理由に切腹を命じられた。ただし「乱心」とされたのは、事を荒立てないための方便で、実際には遺恨による刃傷であった。田沼家は、鎌倉時代から続く名家である佐野家の家来筋にあたることから、意知は事件発生の三～四年前に、政言が持っていた佐野家の系図を借用した。しかし、政言がたびたび系図の返却を申し入れても意知は応じず、それどころか政言が所属する新番の組頭である蜷川親文に、政言は無礼な人物なので出入り禁止にする旨を申し渡したという。また、上野国の政言の知行所内にある佐野大明神という社を、意知が田沼大明神と改称して横領したり、御小納戸か小普請組組頭の役職を世話すると言って、意知が六二〇両もの金子を受け取りながら約束を守らなかったりしたといい、こうした数々の遺恨が引き金になって、ついには城中での刃傷事件に発展したのであった。　（太田尚）

【典拠・参考文献】『寛政譜』第十八・三六六頁、白根孝胤「田沼意知刺殺事件の真相」（徳川林政史研究所監修『江戸時代の古文書を読む―田沼時代』（東京堂出版、二〇〇五年）

田沼《たぬま》意致《おきむね》（一七四一～一七九六）

寛保元年（一七四一）に一橋家家老であった田沼意誠《おきのぶ》（意次の実弟）の長男として生まれる。妻は先手鉄炮頭などを務めた能勢頼忠《よりただ》の養女（実は鑓奉行などを務めた山名豊明《とよあきら》の娘）。後妻は西丸小納戸を務めた伊丹直宥《なおひろ》の娘。専助・主水・市左衛門と称する。宝暦十二年（一七六二）九月二十八日、小性組番士となり、宝暦十三年二月二十二日、御小納戸に転じる。同年七月十五日、世嗣家基《いえもと》付となり、同年十二月九日には布衣を許される。安永三年（一七七四）三月八日に遺跡を継ぐ（家禄八〇〇石）。安永四年八月五日、西丸目付となり、以後、一橋家家老・西丸小性組番頭格（御側御用取次見習）、西丸御側御用取次・本丸御側・大番頭を歴任する。この間、安永七年十二月十六日には能登守に任ぜられ、天明二年（一七八二）四月二十三日には一八〇〇石が加増され合わせて二〇〇〇石となっている。寛政八年（一七九六）六月二十五日に死去。享年は五十六。法名は惟徳。駒込の

勝林寺に葬られる。（田原）

【典拠・参考文献】『寛政譜』第五・九二、一〇四頁、第十八・三六七頁、第二十一・一三九頁、『柳営補任』、『日本近世人名辞典』（吉川弘文館、二〇〇五年）

田沼意行《たぬまもとゆき》 （一六八八〜一七三四）

元禄元年（一六八八）、元紀伊徳川家家臣で病により官を辞した田沼義房の子息として生まれる。妻は紀伊家家臣で叔父の田代高近の養女。重之助・専左衛門と称する。意行は高近に養われ、後に召し出されて紀伊藩主徳川吉宗に仕えるようになる。享保元年（一七一六）、八代将軍となった吉宗に御供して幕臣となり、同年六月二十五日には小性となって切米三〇〇俵が下される。享保九年十一月十五日に主殿頭に任ぜられ、享保十八年九月十一日、三〇〇石加増のうえ切米を改められ、合わせて家禄六〇〇石となる。享保十九年八月十五日、御小納戸頭取となり、同年十二月十八日に死去。享年は四十七。法名は良祐。駒込の勝林寺に葬られる。なお意行は、老中田沼意次《おきつぐ》の父である。（田原）

【典拠・参考文献】『寛政譜』第十八・三六四頁

玉置喬直《たまきたかなお》 （一六五六〜一七二三）

先祖が紀伊国玉置に住んでいたので玉置姓を名乗る。半助と称した。はじめ江戸桜田館の徳川綱豊（のちの将軍家宣）に右筆として仕える。宝永元年（一七〇四）に綱豊が将軍世嗣として「家宣」と改名して江戸城西丸に入ると、御家人として召し抱えられる。廩米一〇〇俵五人扶持を与えられ、西丸右筆となる。後に本丸勤務となり、同七年十二月十九日に一〇〇俵の加増をうける。家禄は二〇〇俵となる。正徳三年（一七一三）三月二十五日に職を辞して小普請に入る。享保八年（一七二三）五月十四日に六十八歳で死去する。法名は道智。代々の菩提寺は江戸浅草の宝蔵院（東京都台東区）。（石山）

【典拠・参考文献】『寛政譜』第二十二・三五五頁、小宮木代良『江戸幕府の日記と儀礼史料』（吉川弘文館、二〇〇六年）

玉置直之《たまきなおゆき》 （一六七九〜一七四六）

玉置喬直の男。金平・治右衛門と称した。妻は宮村永菴玄仙の女。宝永二年（一七〇五）十一月二十八日に将軍綱吉に拝謁する。同六年四月六日に右筆見習となり、十二月二十五日に二〇人扶持を与えられる。正徳二年（一七一二）正月二十七日に奥右筆となり、十二月二十六日に家禄二〇〇俵となる。享保九年（一七二四）十二月二日に二丸に勤仕、同十六年四月十五日表右筆組頭となるが、九月二日に職を辞す。延享三年（一七四六）二月十七日に六十八歳で死去する。法名は道仙。妻は宮村永菴玄仙の女。（石山）

【典拠・参考文献】『寛政譜』第二十二・三五五頁、小宮木代良『江戸幕府の日記と儀礼史料』（吉川弘文館、二〇〇六年）

玉虫重茂《たまむししげもち》 （一五七九〜一六五六）

天正七年（一五七九）に城景茂《じょうかげもち》の二男として生まれる。妻は叔父で徳川忠長の家臣玉虫繁茂《しげもち》の息女。助大夫と称した。玉虫氏の本家は城氏で、父景茂は上杉謙信に仕えた後、武田信玄に属し、武田氏滅亡後は徳川家康に召し出された。景茂の家督は長男昌茂《まさもち》が相続したが、支族の重茂は在所の越後国古志《こし》郡の地名から「玉虫」を家号とした。慶長十年（一六〇五）、二代将軍徳川秀忠に拝謁し、のちに知行四〇〇石を拝領した。同十九年・同二十年には大坂の陣に供奉した。元和九年（一六二三）より三代将軍家光に仕え、寛永六年（一六二九）に使番となった。同年十二月二十六日に一〇〇〇石を加増され、上総国周准《すす》郡・望陀《もうだ》郡および甲斐国内において計一四〇〇石を拝領した。甲斐国内の知行地は、のちに駿河国富士郡内に移された。同十一年正月十三日には先手鉄炮頭に転任し、同年二月二十六日に与力五〇人を預けられた。やがて職を辞し、明暦二年（一六五六）三月五日に死去。享年七十八。法名は道一。青山の玉窓寺（東京都港区）に葬られた。（白根）

【典拠・参考文献】『寛政譜』第八・三五四頁

玉虫（城）時茂《たまむし（じょう）ときもち》　（生没年未詳）

友之助と称す。父は書院番や使番を勤めた信茂。寛永四年（一六二七）より小性組番として三代将軍徳川家光に仕え、采地をたまう。同十六年四月十五日に中奥番となり、そのち書院番に移る。慶安三年（一六五〇）九月三日からは西丸に書院番として勤務した。なお、「城」姓と「玉虫」姓について、『寛永諸家系図伝』によれば、「城」は惣領のみが称するものとされ、庶流は「玉虫」を号するとされる。時茂の兄朝茂は城半左衛門を称していること、『寛永諸家系図伝』によれば時茂も「玉虫友之助」と称したとされていることなどから、時茂は「玉虫」を称していたと考えられよう。（小宮山）

【典拠・参考文献】『寛政譜』第八・三五二頁、『寛永諸家系図伝』第六・一〇四頁

玉虫茂喜《たまむしもちよし》　（一六七八～一七四七）

延宝六年（一六七八）に、小堀正憲《もとかつ》の二男として生まれる。京都代官の小堀克敬は実兄。初めは憲治《のりはる》と名乗り、茂嘉とも記す。通称は左太郎・左兵衛。妻は御天守番頭難《なん》波田《ばた》憲継《のりつぐ》の息女。小性組玉虫定茂《さだもち》の養子となり、元禄十年（一六九七）七月十一日に家督を継承した。同十一年八月十八日、小性組となり、同十二年八月十日に桐間番となる。同十四年、近習番に転じ、同年五月十二日に免職。宝永元年（一七〇四）六月十一日、小姓組に復帰し、享保四年（一七一九）七月七日、兄小堀克敬が死去し、その子惟貞《これさだ》が幼かったため、京都代官に任じられ、同九年四月十八日に布衣《ほい》の着用を許可された。同十三年、京都の東宮御所造営を受けたことにより、黄金二枚を受けた。同十四年九月十五日、江戸城西丸小十人頭に昇進し、同十七年二月五日、西丸目付に転じ、同二十年正月十一日には御留守居番となる。延享二年（一七四五）十一月晦日に辞職、寄合となる。同四年四月十八日、七十歳で死去。法名は静全で、墓所は高田清源寺（東京都新宿区）。（実松）

【典拠・参考文献】『寛政譜』第八・三五三頁、『柳営補任』

田村顕影《たむらけんしょう》　（生没年不詳）

田村主馬顕時の養子として同家を継ぐ。隼人・中黒数馬と称す。任官後は伊予守・伊勢守を名乗る。文化三年（一八〇六）十二月二十六日に養父の家督を相続して小普請入りし、文政四年（一八二一）二月九日に書院番となり、同六年十二月十日には進物番となった。その後、天保五年（一八三四）七月二十八日に小十人頭へと進み、十二月には布衣の着用を許されている。その後も天保七年五月十四日には西丸目付、同九年正月二十九日には禁裏附、同十三年九月には京都町奉行と諸職を歴任し、弘化三年（一八四六）十一月二十九日、作事奉行へと転じ、嘉永五年（一八五二）十二月より宗門改役を兼帯した。翌六年十月八日、勘定奉行公事方過人となり、安政二年（一八五五）八月九日に田安家老、同四年七月二十八日に大目付となって分限帳改役となり、安政五年八月から再び宗門改を兼帯した。安政五年八月六日に再び田安家老へと復し、勤役中に一〇〇〇俵高の足高が加えられている。万延元年（一八六〇）四月二十三日、一関の本家より蔵米一三〇〇俵を加増され、二〇〇〇俵高となる。同年十二

月二十四日に西丸御留守居へと転じた後、文久二年（一八六二）七月十七日に病気を理由に職を辞した。（保垣）

【典拠・参考文献】『幕臣人名』、『柳営補任』、『旗本百科』第三巻

田村恒豊《たむらつねとよ》（一七六九～一八四五）

大番与力・書院番与力から勘定吟味方改役・御広敷御用達・御広敷番之頭などを務めた恒常の長男として明和六年（一七六九）に生まれ、金左衛門を称す。妻は日光御門主付用人鬼平佐渡守娘。田村家は奥州三春の豪族田村氏の支族を称し、上州の武田遺臣に連なる家で、徒から出発し与力クラスの御家人を数代経て、田沼時代に勘定所系・広敷系の役職に転じて旗本に昇進した家（現米八〇石）である。恒豊は家督相続当初は無役の小普請であったが、寛政十年（一七九八）正月に小普請支配世話取扱助となる。その後享和二年（一八〇二）二月に西丸御納戸に召し出され、文化十五年（一八一八）三月に西丸御納戸組頭、文政十三年（一八三〇）七月に西丸御納戸頭と昇進している。西丸御納戸頭在職中、彼は天保八年四月に大御所家斉付、同十三年に世子家定付となり、布衣となっている。そして同十四年五月には焼火之間番頭に任じられている。この焼火之間番頭は改革下の天保十三年三月に再興された役職で、同十四年十二月には廃止となってしまう。これによって恒豊は勤仕並寄合となる。特筆すべきは彼の馬術の技能であろう。彼はすでに部屋住時代の寛政元年九月十六日に吹上御庭の馬場で騎射を披露し、そのうち五本が当ったことを賞され、その場で白布縮緬紗羅紗を拝領している。このことが幸いしたのか、同年十二月に御厩預諏訪部三之助が預かる二才になる青毛の野馬一頭を拝領する名誉を得ている。また家督相続後間もない寛政四年五月には日光の家康霊廟に往復七日で参拝に出かけているほか、享和元年四月十三日鎌倉の鶴岡八幡宮に日帰りで行っている。これらはいずれも乗馬によるものであろうが、この行動をみても、恒豊は馬術に相当な自信があったようである。彼はのちに大坪本流の馬術の師匠をしている。弘化二年（一八四五）八月十九日死去。享年七十七。菩提寺は浅草松平西福寺地中源崇院である。（滝口）

【典拠・参考文献】『千代田の古文書―区内文献史料調査報告―』（千代田区教育委員会、二〇〇九年）

田村藍水《たむららんすい》（一七一八～一七七六）

享保三年（一七一八）に小普請方棟梁大谷出雲の二男として生まれる。本姓は坂上、諱は登、字は玄台、通称は元雄で、藍水と号した。母は作事方棟梁甲良豊前の娘。元文五年（一七四〇）十一月十五日に町医者の田村宗宣の聟養子となり、その娘を妻とした。十五歳で医学を志し、二十歳の元文二年（一八三七）には、八代将軍吉宗の命により朝鮮人参の実を拝領して自園に植え、繁殖させたといわれる。その後も人参の栽培を続け、人参に関する書物も次々と著したことから、当時人参に関する第一人者といわれた。宝暦七年（一七五七）には門人の平賀源内とともに、湯島において江戸で初めての薬品会（物産会）を開いた。採薬旅行も積極的に行い、その範囲は三八州におよんだ。同十三年六月二十四日、幕府に召し出されて御医師並となり、三〇人扶持を賜って人参製法御用を勤めるべき旨を仰せ渡され、同年七月二十八日には十代将軍家治に初めて拝謁した。安永四年（一七七五）には持病の脚気の養生のため御番を辞し、翌五年三月二十三日に死去した（ただし幕府への届け出は五月二十二日付）。浅草の真龍寺に葬られた。なお同年四月二十八日、幕府は息子の元長（西湖）に対して、

父に引き続き人参御用を勤めるべき旨を仰せ渡している。

(太田尚)

【典拠・参考文献】草野冴子・藤田覚校訂『田村藍水・西湖公用日記』(史料纂集七九、続群書類従完成会、一九八六年)

多羅尾光豊《たらおみつとよ》 (一七一一～一七七一)

正徳元年(一七一一)に代官多羅尾次左衛門光頭《みつあき》の長男として生まれる。求馬・四郎右衛門と称した。母は朽木監物定朝《さだとも》の息女。妻は代官小堀仁右衛門克敬《もとかつ》の息女。旗本多羅尾氏は、鎌倉末の人物である太政大臣近衛経平の子、高山師俊を祖とする。高山師俊は、近江国甲賀郡信楽荘に居住し、多羅尾を家号としたという。多羅尾氏は、徳川家康のいわゆる伊賀越えの際に功績があり、多羅尾光太が旗本に取り立てられ、一五〇〇石余の知行地を与えられた。そして、慶長五年(一六〇〇)に代官に任命され、知行所の一つである多羅尾村に陣屋を構え、幕末まで一〇代にわたり代官をつとめた。光豊は享保十八年(一七三三)六月二日に家督を相続して代官となり、同十三日にはじめて八代将軍吉宗に拝謁した。宝暦四年(一七五四)当時の支配地・石高は、近江国に三万八六九二石余、伊勢国に八三四八石余であった。この後、支配地は増えて、河内国もあわせて支配した。明和七年(一七七〇)九月十一日、大坂本町東浜の代官となり、大坂堤奉行を兼務した。大坂堤奉行の職掌は、国役普請の指揮・監督および国役堤の保全、中小諸河川・溜池の普請所の見分などであったが、光豊は、大坂堤奉行となった二日後の明和七年九月十三日に職を辞して、同八年六月十日に死去。享年六十一。法名は錦谷。子の光雄は父の職を引き継ぎ、大坂代官・大坂堤奉行をつとめた。しかし、安永二年(一七七三)の年貢銀の未進分を咎められ、知行所一五〇〇石の内、一二〇〇石をもって償うことになり、代官職を解かれ、勘定奉行支配下に入った。天明元年(一七八一)七月二十一日に、罪をゆるされ、代官に復した。これ以後、光崇・氏純・純門・光弼が代官をつとめた。

(高橋)

【典拠・参考文献】『略譜』(国立公文書館所蔵)、『宝暦武鑑』、『寛政譜』第十五・一二二～四頁、大谷貞夫・千田豊子編「近江国信楽代官所旧蔵古文書(1)・(2)國學院大図書館所蔵古文書目録(二)」(『國學院大學図書館紀要』九・一〇、一九九七年・二〇〇〇年)、村田路人『近世広域支配の研究』(大阪大学出版会、一九九五年)、西沢淳男『幕領陣屋と代官支配』(岩田書院、一九九八年)、高橋伸拓「維新政権の直轄地編成と旧幕府代官所―信楽代官所の動向を中心に―」(『立正史学』九八、二〇〇五年)、平山敏治郎「多羅尾氏に就いて」(『史林』二四―四、一九三九年)、信楽町史編纂委員会ほか編『信楽町史(復刻版)』(臨川書店、一九八六年)、杉原信一『多羅尾の歴史物語』(多羅尾郷土史研究会、一九八五年)、小林健太郎『近江地域研究』(ナカニシヤ出版、一九九八年)、多羅尾郷土史研究会編集・発行『多羅尾の宮座と祭事』(一九八九年)

団景貞《だんかげさだ》 (一六五〇～一七一三)

団荘兵衛正安の二男として生まれる。母は豊臣の臣那須庄右衛門某の女。平八郎と称した。妻は大津氏の女。はじめ神田館の綱吉家臣として右筆を務める。延宝八年(一六八〇)に綱吉の子徳松に仕え、廩米一五〇俵を与えられる。天和三年(一六八三)に徳松が逝去したため、七月二十三日に右筆となる。貞享三年(一六八六)十二月十一日に廩米五〇俵を加増、同四年六月二十六日に奥右筆となり、元禄四年(一六九一)十二月二十二日に一〇〇俵を加増される。同八年一二月二十五日に再び一〇〇俵加増、家禄は四〇〇俵となる。宝永二年（一七〇五）六月四日に職を辞して小普請となる。将軍綱吉より直筆の画賛を賜う。正徳三年（一七一三）十月二十八日に六十四歳で死去する。法名は日近。菩提寺は本所の最教寺（現在は東京都八王子市）。（石山）

【典拠・参考文献】『寛政譜』第二十・二三六頁、小宮木代良『江戸幕府の日記と儀礼史料』（吉川弘文館、二〇〇六年）

ち

知久則直《ちくのりなお》　（一五七八～一六四四）

信濃国伊那郡知久の領主で、徳川家康に仕えた知久頼氏《よりうじ》の長男として天正六年（一五七八）に生まれる。母は遠江国入野郷に下野していた後二条天皇の皇孫木寺宮の娘と伝えられている。妻は叔父知久頼龍《よりたつ》の娘。万亀・伊左衛門と称する。天正十三年十一月、父頼氏が自殺した際、幼少のため菅沼某、のちに大久保忠世《ただよ》に預けられる。天正十九年正月、忠世の居城小田原に徳川家康が渡御した際に召し出される（切米三〇〇俵）。関ヶ原の戦後の慶長六年（一六〇一）正月、信濃国伊那郡阿島三〇〇〇石を賜う。慶長十九年の大坂の陣では信濃国浪合関所を守り、元和元年（一六一五）の大坂の陣では河内国枚方を守る。元和六年、信濃国浪合・小野川・帯川・心川の四関所と近隣一三〇〇石を預けられ、以後、交代寄合（信濃衆）として代々知行地に居住して四関所を守ることとなる。正保元年（一六四四）正月二日に死去。享年は六十七。法名は宗清。信濃国知久郷の玉川寺に葬られる。（田原）

【典拠・参考文献】『寛政譜』第六・一四五頁、『静岡県の地名』（日本歴史地名大系第二十二巻、平凡社、二〇〇〇年）、『旗本人名』別巻解説編四五頁

千種直豊《ちくさなおとよ》　（一六八九～一七六七）

元禄二年（一六八九）に天主番千種清右衛門の長男として生まれる。六郎右衛門・清右衛門と称した。妻は小十人沢勘右衛門貴政《もちまさ》の息女。宝永五年（一七〇八）十二月二十九日に家督を相続し、のちに支配勘定をつとめ、旗本となり、勘定に就任した。廩米は一〇〇俵、月俸は五口であった。享保七年（一七二二）十月二十七日、畿内および近江、越前その他中国の国々を検分した。のちに上方筋川除普請を仰せ付けられた。また、新田検地のため、下総・常陸・下野などの国々に赴いた。同十四年七月朔日、代官に就任し、摂津国大坂（大坂代官）鈴木町北側役宅（享保十四年～元文元年）、同国大坂（大坂代官）鈴木町南側役宅（元文元年～延享三年）、備中国倉敷陣屋（延享三年～宝暦三年）、出羽国長瀞陣屋（宝暦三年～同五年）、越後国小千谷陣屋（宝暦五年～同六年）、越後国十日町陣屋（宝暦六年～同八年）を担当した。宝暦八年（一七五八）十二月二九日に美濃郡代とな

り、布衣の着用を許され、美濃国笠松陣屋へ赴任した。明和三年（一七六六）二月七日、老年のため、職を辞して寄合に列し、九月七日に隠居した。このとき養老の料として廩米一〇〇俵を与えられた。同四年十月三日に死去。享年七十九。（高橋）

【典拠・参考文献】『寛政譜』第二十二・四二二頁、『岐阜県史 通史編近世上』（一九六八年）、『代官履歴』

千村重堅《ちむらしげかた》（一六三〇～一六八九）

寛永七年（一六三〇）に千村重長《しげなが》の二男として生まれる。実母は尾張藩年寄阿部正興の息女。長五郎・清左衛門と称した。千村氏は、幕府と尾張家の両方に付属し、信濃国伊那郡および遠江国船明村の榑木支配を管轄しており、その役務は本家の父重長から兄基寛《もとひろ》に引き継がれ、重堅は分家の当主となった。重堅は、寛文七年（一六六七）十一月二十八日、四代将軍徳川家綱に初めて拝謁した。同年十二月朔日に書院番となり、同九年十二月二十一日に蔵米三〇〇俵を賜った。元禄二年（一六八九）三月九日に死去。享年六十。法名は宗覚。麻布の春桃院（東京都港区）に葬られた。（白根）

【典拠・参考文献】『寛政譜』第二・四〇〇頁、『可児町史・通史編』（一九八〇年）

千村良重《ちむらよししげ》（一五六六～一六三〇）

永禄九年（一五六六）に木曽義昌に仕えた千村家政《いえまさ》の二男として生まれる。母は信濃国木曽福島の武将山村良利《よしとし》の娘。妻は木曽代官であった山村良候《よしとき》（良利の長男）の娘。三郎太郎・平右衛門と称する。木曽義昌・義利に仕え、天正十八年（一五九〇）に木曽氏が没落し、下総国に移住した際、これに従って山村良勝《よしかつ》（良候の長男）ともども関東に下る。慶長五年（一六〇〇）七月二十八日、上杉征伐のため小山の陣所にいた徳川家康に山村良勝とともに拝謁し、石田三成との合戦（関ヶ原の戦）に向けて、木曽路の平定を命じられる。関ヶ原の戦後、美濃国可児郡久々利に四四〇〇石を賜る。慶長八年、信濃国伊那谷および遠江国奥山を預けられ榑木《くれぎ》成村の支配にあたる。大坂の陣の後、山村良勝とともに尾張義直への付属を命じられ、元和五年（一六一九）、尾張家家臣となる。寛永七年（一六三〇）九月二十二日に死去。享年は六十五。法名は道甫。美濃国可児郡泳宮の東禅寺に葬られる。千村家は、良重以後、代々千村平右衛門を名乗り尾張家家臣となる一方、信州伊那谷の榑木成村支配はそのままとされ、将軍からは江戸に拝領屋敷を与えられた。このため、山村甚兵衛家と同様に幕府旗本と尾張家家臣との両側面をもった家柄であった。（田原）

【典拠・参考文献】『寛政譜』第二・三九九頁、第十・三二二頁、武居正次郎編著『岐蘇古今沿革志』（国書刊行会、一九八二年復刊）二二六頁、『旗本人名』別巻解説編三八頁、田原昇「近世伊那谷における榑木成村の様相」（徳川林政史研究所『研究紀要』第三八号、二〇〇四年）

中条直景《ちゅうじょうなおかげ》（一六五〇～一七三一）

元喜多大夫家三世喜多七大夫宗能のことで、貞享三年（一六八六）二月五日に養子の十太夫梅能とともに追放される。このことにより、喜多座は一時的に解体する。理由は不明。同四年六月四日に召し出され、廊下番となり、廩米二〇〇俵を賜わる。同年八月二十五日に桐間番となり、一〇〇俵加増、元禄二年（一六八九）六月七日には、二〇〇俵加増される。その後、同五年八月十日に廊下番組頭となり、同十年七月二十六日に廩米を相模国大住郡の五〇〇石に改められる。同十三年正月十一日に一〇〇石加増される。同十四年十二月十一日に廊下番頭となり、従五位下河内守に叙任される。

宝永六年（一七〇九）二月二十一日に桐間番頭に準ぜられる。正徳元年（一七一一）十二月十五日に三〇〇石の加増を受け、合わせて九〇〇石となる。同三年五月十八日に寄合となり、同五年七月十二日に致仕し、養老の廩米三〇〇俵を賜る。享保十六年（一七三一）七月六日死去。享年八十二。法名は祐山。浅草の九品寺に埋葬される。なお、直景が召し出された後の喜多大夫家は、養子の十太夫梅能が四世となる。

（福留）

【典拠・参考文献】『寛政譜』第二十二・五頁、表章・天野文雄『岩波講座 能・狂言Ⅰ 能楽の歴史』（岩波書店、一九八七年）、福留真紀『徳川将軍側近の研究』（校倉書房、二〇〇六年）

中条《ちゅうじょう》信実《のぶざね》（一六七六～一七三九）

延宝四年（一六七六）に生まれる。初め信治、のち信福・信澄。父は中条信慶である。母は柴田筑後守康久の息女。妻は中根左兵衛正武の息女である。元禄五年（一六九二）十一月一日、初めて五代将軍徳川綱吉に拝謁し、同十四年九月十八日に家督を継いだ。同二十一日高家に列し、この日従五位下侍従に叙任され、山城守に改めた（のち対馬守・大和守）。同十五年十二月二十二日下野国河内・都賀両郡において五〇〇石を加えられ、計一〇〇〇石を知行した。宝永三年（一七〇六）七月九日、日光代参の命を受け、日光に赴いた。同五年三月十二日禁裏および霊元院の御所が炎上したため、将軍の使者として京都に赴いた。正徳元年（一七一一）七月晦日従四位下に昇ったが、これは朝鮮通信使来聘の事を預かったことによるものである。同二年十二月九日将軍徳川家宣の院号、贈位・贈官等を賜ったことを謝す使者として差し向けられ、京都に上った。同三年六月十八日に肝煎となった。同五年、東照宮百回忌の法会のことを任じられ、同年三月二十四日、日光山に赴いた。享保元年（一七一六）十月十六日、近衛尚子（新中和門院）が中御門天皇への入内を賀す使者として上洛した時に、信実も付き添って上京した。同年十二月二十一日従四位上に昇った。同二年五月七日、増上寺において七代将軍徳川家継一回忌の法会が行われ、八代将軍徳川吉宗が参詣した。その際、御霊屋において御簾をかかげた時に平伏すべきかどうか、鷲尾大納言隆長がその進退を信実等に尋ねたところ、その儀に及ばずと答えたことが越度とされて出仕を止められたが、六月二十五日に許された。同十二年八月十八日には日光社参の供奉を命じられており、同十三年四月日光山への将軍参詣の時には、命を受けて先に赴いた。同二十年十月四日昭仁親王（桜町天皇）の即位の際には、井伊掃部頭直定に付き従って京都に赴き、十一月七日に参内し、天皇に拝謁して盃を賜った。同十五日また参内し、桜町天皇より康光の太刀を、中御門上皇より歌書及び紅白の絹一〇匹を賜った。十二月四日、少将に進んだ。元文四年（一七三九）四月十九日に死去した。享年六十四。法名は日仁。

（田中暁）

【典拠・参考文献】『寛政譜』第二十一・九三～九四頁、『徳川実紀』第六篇、『諸御役代々記』一、『柳営補任』

鳥文斎《ちょうぶんさい》栄之《えいし》（一七五六～一八二九）

宝暦六年（一七五六）小性組に列していた細田時行《ときゆき》の子として生まれる。本名は細田時富《ときとみ》。妻は小十人頭大岡忠主《ただぬし》の息女。民之丞・弥三郎と称した。細田氏の先祖は武田信玄・勝頼に仕え、のちに徳川家康の家臣となった。時房の代に神田館家臣として徳川綱吉に仕えて以来、代々勘定方の役人を務めており、時富の祖父時敏《ときとし》は勘定奉行であった。明和九年（安永元・一七七二）六月五日に父時行が死去したため、時富は九月六日に家督を相続した。知行は五〇〇石である。天明元年（一七八一）四月二十一日に御小納戸となり、十二月十六日に布衣の着用を許された。同三年二月七日に西丸御小納戸となったが、十二月十八日に職を辞して寄合となった。そして、寛政元年（一七八九）八月五日に致仕し、三十四歳で家督を養子の時豊《ときとよ》（土屋正延《まさのぶ》の二男）に譲ると、本格的に以前から手がけていた浮世絵の制作に取り組んでいった。はじめは御用絵師の狩野栄川院典信《えいせんいんみちのぶ》に師事した。浮世絵師鳥居清長を慕い、「鳥文斎」と号したという説もある。また、画名の「栄之」は十代将軍徳川家治から与えられたといわれている。清楚で典雅な作風を特徴とし、やがて喜多川歌麿と並び称されるほどの美人画絵師となった。代表的な作品として、「風俗略六芸」「風流略六芸」（寛政中期頃制作）と題した六枚揃いの大判錦絵をはじめ、肉筆浮世絵では、春・夏・秋を描き分けた美人画である「柳美人図」「桜美人図」「楓美人図」（享和～文化前期頃製作）や「隅田川渡舟図」（文化年間製作）、「見立三酸図」（文政四年製作）など、多数の秀作を残した。文政十二年（一八二九）七月二日に死去。享年七十四。戒名は広説院殿皆信栄之日随居士。谷中の蓮華寺（東京都台東区）に葬られた。　（白根）

【典拠・参考文献】『寛政譜』第十五・一〇二頁、『古典文学』第四巻、『ボストン美術館所蔵肉筆浮世絵展　江戸の誘惑』図録（江戸東京博物館、二〇〇六年）

つ

塚越元邦《つかごしもとくに》（生年未詳～一八六一）

御林奉行塚越九右衛門の子として生まれる。藤助と称した。大蔵少輔を名乗った。禄は一三〇俵である。天保十年（一八三九）七月九日に、勘定より勘定組頭となる。同十五年正月十九日に御殿詰となり、弘化二年（一八四五）御殿詰を御免となった。のちに五〇俵の加増を受ける。嘉永四年（一八五一）八月八日に勘定組頭より勘定吟味役となる。同六年十二月には通用銀吹き直し、一分銀吹き立て御用にかかわり、巻物を下される。同七年（安政元・一八六四）四月七日、田付流及び諸流大筒の車台製造等に携わり、金二枚と時服二領を賜る。以後、勘定奉行格時代も含め小筒等の鋳造に携わる。同三年五月四日、講武所創建御用をつとめたことにより、時服二領を賜る。同八月十七日に朝鮮人来聘御用懸となる。同四年七月二日及び八月十四日には、アメリカ使節の登城に向けた調査を命じられる。同五年十月二十三日には神奈川開港に関する調査を命じられる。同六年四月二十二日に勝手掛勘定奉行格となり、在任中は二五〇〇俵と役料五〇〇俵が下される。万延元年（一八六〇）には増上寺御霊屋向修復御用をつとめたことにより、金五枚と時服三領を賜る。同年八月二十九日には広大院十七回忌執行の御用を命じられる。同二年正月二十七日に死去。（坂本）

【典拠・参考文献】『柳営補任』、『旗本百科』第三巻、『続徳川実紀』第三篇

塚原靖《つかはらしずむ》（一八四八～一九一七）

嘉永元年（一八四八）三月一日に塚原市之丞昌之の長男に生まれ、直太郎を称した。塚原家は根来百人組与力の家柄で、父は宝蔵院流槍術の腕を認められて講武所に槍術の世話心得取締として出仕し、のち御徒目付に転じた人物である。靖は元治元年（一八六四）九月に二条城の定番となるが、まもなく辞し、父の知己である木城安太郎のもとに身を寄せる。維新後は静岡藩士となり、明治二年（一八六九）に沼津兵学校、次いで静岡の医学校に入学し、翌年には藩命を受けて薩摩に遊学した。廃藩後しばらくは小学校教師などをしていたが、同七年に横浜毎日新聞社に入社し、同十一年には東京日日新聞社に転じると、以後は小説家塚原渋柿園として『浄瑠璃坂』『天草一揆』『由井正雪』などの歴史小説を中心に多くの著作を残した。大正六年（一九一七）七月五日に死去。享年七十。戒名は翰林院透関渋柿居士、菩提寺は牛込若松町の宝祥寺である。（滝口）

【典拠・参考文献】塚原渋柿園「明治元年」（柴田宵曲編『幕末の武家』青蛙房、一九六五年）、大塚豊子「塚原渋柿園」（『近代文学研究叢書』一七、昭和女子大学近代文化研究所、一九七三年）

塚原昌義《つかはらまさよし》（生没年未詳）

実父は慶応元年（一八六五）五月より別手組頭取締を勤めた塚原寛十郎（家禄四五〇石）。藤助・治左衛門・重五郎・三左衛門と称し、但馬守と名乗った。昌義は諱《いみな》。昌義は部屋住より新規に召し出されて書院番士となり、安政三年（一八五六）十月に外国貿易取調掛に任じられ、以後、外国関係の役職に就くことが多かった。同六年六月八日、両番格で外国奉行支配調役（一五〇俵高）となり、同年九月には日米修好通商条約批准のための遣米使節に随行を命じられた。万延元年（一八六〇）に終身一〇人扶持とされた。文久元年（一八六一）八月二十日に御徒頭、翌二年九月十一日に目付、同年十二月一日に講武所頭取（七〇〇俵高）・留守居番次席、翌三年三月二十二日に歩兵頭格、大砲組之頭（一〇〇〇石高）となった。元治元年（一八六四）八月三日には目付に再任され、同年八月五日に諸大夫となった。同年十二月八日に新番頭格に任じられ、勤務中は一五〇〇俵高とされた。翌二年二月二十二日に大目付となり、慶応二年（一八六六）十月、京都において外国奉行（二〇〇〇石高）・勘定奉行兼帯となり、席次はこれまでの通りとされた。翌三年六月二十九日に外国惣奉行並（二〇〇〇石高）、同年十月二十九日に御側衆格の外国惣奉行となるが、同年十一月十五日に辞任した。ところが同年十二月に大坂において若年寄並、外国惣奉行に任じられ、翌四年一月三日に始まった鳥羽・伏見の戦には、老中格大河内正質（上総大多喜藩主）に次ぐ副将として参加したが、敗戦の責任を問われて同年二月九日に免職・差控を命じられた。さらに同年二月十九日に逼塞《ひっそく》となり、同年四月に死罪は免れることになったものの出奔した。（筑紫）

【典拠・参考文献】『柳営補任』、『続徳川実紀』第五篇

塚本明毅《つかもとあきたけ》（一八三三～一八八五）

天保四年（一八三三）十月十四日に生まれ、金太郎・桓輔を称し、寧海と号した。

塚本家は富士見宝蔵番格の家柄で、明毅は長崎海軍伝習所の第一期生となり、その後軍艦操練所教授として活躍し、慶応四年（一八六八）正月二十二日には軍艦役から軍艦頭並に進んでいる。維新後は徳川宗家の静岡移転に従い、沼津兵学校の教授・頭取を務め、兵学校が兵部省に移管されると新政府に出仕し、太政官地誌課長・内務省少書記官などを歴任した。明毅は新政府にあっても、改暦事業を指揮し、皇国地誌編纂を推進して『日本地誌提要』の編集にあたるなど、後世に残した業績は少なくない。明治十八年（一八八五）二月五日に死去。享年五十三。戒名は文恪院簡誉寧楽居士、菩提寺は新宿の成覚寺である。（滝口）

【典拠・参考文献】『柳営補任』、大野虎雄『沼津兵学校と其人材』（安川書店、一九八三年）

津軽信英《つがるのぶふさ》 （生没年不詳）

　津軽越中守の二男として生まれる。母は徳川家康の養女。初め信逸《のぶとき》と名乗る。万吉・左京・十郎左衛門とも称す。妻は山口勘兵衛直堅の女。寛永八年（一六三一）四月一日、初めて将軍家光に拝謁。同二十年六月十六日、小性組に列し、正保二年（一六四五）十二月二十八日、廩米三〇〇俵を賜る。慶安三年（一六五〇）九月三日には西丸の書院番となり、その後、本丸勤めとなる。明暦二年（一六五六）二月二日、兄である陸奥国弘前城主津軽土佐守信義の遺領一万石のうち、陸奥国津軽・上野国勢多両郡の五〇〇〇石を賜った。同年三月十五日、寄合に列せられ、廩米は収められる。この時、甥平蔵信政が幼少のため、その家政を計らうよう仰せ付けられる。同三月二十三日、暇を賜り、宗家の城地である弘前に赴き、寛文二年（一六六二）九月二十二日、その地において死去。享年四十三。法名は圓心。津軽黒石に葬られる。（浦井）

【典拠・参考文献】『寛政譜』第十二・七八頁、『徳川実紀』

柘植竹苞《つげたけしげ》 （一七五〇～没年未詳）

　寛延三年（一七五〇）に富岡明正の二男として生まれる。万吉・又左衛門と称する。妻は柘植永随《ながゆき》の息女、廃嫡養子永雋《のりとし》の元妻。天明二年（一七八二）十月五日に家督を継ぐ。家禄は七〇俵五人扶持。同四年閏一月二十六日に勘定となる。寛政九年（一七九七）十月六日に備中国倉敷の代官となる。享和三年（一八〇三）に大坂谷町の代官へ転じるが、文化元年（一八〇四）に辞任する。時に五十五歳。菩提寺は本所の福厳寺である。（西沢）

【典拠・参考文献】『寛政譜』第二十・二八四頁、『代官履歴』

柘植正寔《つげまさたね》 （一七三五～没年未詳）

　享保二十年（一七三五）に生まれる。父は先手御弓頭を務めた柘植晃正《てるまさ》である。妻は鑓奉行の戸田五助勝便《かつより》の息女。三蔵とも称した。祖は清洲三奉行の一家である織田弾正忠家の信定の五男とされる。石高は一五〇〇石。正寔は、寛延四年（宝暦元・一七五一）五月九日遺跡を継いだ。明和二年（一七六五）五月二十八日に御徒頭、同四年九月二十四日に目付となり、安永二年（一七七三）十二月十八日、佐渡奉行に転じた。同四年六月八日に長崎奉行となると、七月一日従五位下長門守に叙任される。長崎奉行在勤中の安永六年には、天草高浜村で高浜焼を開窯していた庄屋上田伝五右衛門に輸出向けの陶器の製造をさせた。これをうけて出島内に出張所を設けて、オランダ人を相手に輸出向けの陶器を販売した。西洋人向けの染付「赤絵錦手」の焼き物も製作された。また、稽古通詞に対して出島においてオランダ語のネイティブスピーカーによる講義の受講を許可している。そして、天明二年（一七八二）には、予定されていた二隻のオランダ船来航がなく、前年も一隻だったために長崎での貿易取引規模が縮小したことからオランダ商館長へその説明を求めている。そこで、第四次英蘭戦争によるアジア情勢の混乱やオランダ東インド会社のアジア拠点であったバタビア政庁にある対日貿易消極論を示されるなど、日蘭外交に苦慮した。また、同年八月には、和製龍脳の製造を休止している。同三年三月二十日には作事奉行、同六年閏十月二十一日には勘定奉行を歴任した。しかし、寛政十年（一七九八）十月六日の老中列座の席に出るときに、手を袖にしたことから「不敬」であるとして拝謁をとどめられることになる。同年十一月六日にはこれを赦された。その後、清水家家老や西丸小性組番頭を務めるも、享和二年（一八〇二）四月二十五日に辞職する。墓所は東京都中野区の曹洞宗保善寺である。　（安高）

【典拠・参考文献】『寛政譜』第八・二二九頁、『続長崎実録大成』（長崎文献社、一九七四年）、木村直樹『幕藩制国家と東アジア世界』（吉川弘文館、二〇〇九年）

柘植正時《つげまさとき》　（一五八四～一六四三）

天正十二年（一五八四）、柘植正俊（一四〇〇石）の長男として生まれる。通称平右衛門。母は氏勝の娘。妻は森対馬守可政の娘。後妻は比留与左衛門正吉の娘。慶長十四年（一六〇九）、家督を相続する。同十九年・同二十年の大坂の陣に参加する。後、小性組・淀橋の奉行を経て、寛永八年（一六三一）二月に使番となり、同九年、備前国岡山城を松平新太郎が給わった際、引渡し役を勤める。同十年正月に中国を巡視する。同年十二月、一〇〇〇石加増となり、計二四〇〇石を知行する。同十一年六月に目付となり、同十三年十月、松平忠直の配所豊後国府内へ赴く。同十六年普請奉行を経て、同十七年六月に長崎奉行となり、薩摩下甑島に潜匿した伴天連五人を長崎で処刑する。同十八年、オランダ商館を平戸から長崎出島へ移転させる。金の輸出を禁止し、沖の番所を設置する。佐賀鍋島氏に長崎港の警備を命ずる。また、長崎に丸山町・寄合町を開き、遊廓とする等の諸事に携わる。同十九年十二月九日没。享年六十。法名洞英。墓所は牛込保善寺。　（太田勝）

【典拠・参考文献】『寛政譜』第八・二二七頁、『増補長崎畧史上巻』（『長崎叢書三』）

柘植宗次《つげむねつぐ》　（生年未詳～一六五五）

三之丞と称す。また、後に宗逢と改称したとする説もある。実父は伊賀の武士で徳川家康に属した柘植宗能。養父は宗能の弟で家康に仕えた清広。妻は佐藤勘右衛門継成の息女。宗次は、元和八年（一六二二）養父清広の隠居にともない家を継ぎ、伏見城番を勤める。のち、伏見松の丸口極楽橋門番を勤め、寛永二年（一六二五）二条城西門番、のち鉄炮御用役となり、正保四年（一六四七）十二月二十七日には鉄炮部屋と与力同心を預けられる。慶安元年（一六四八）三月十三日鉄炮方となり、同四年布衣の着用をゆるされる。同年十一月二十一日に二〇〇俵の加増があり、都合五〇〇石となる。承応四年（明暦元・一六五五）三月二十二日に死去。法名は道罷。牛込の万昌院（東京都中野区）に葬る。　（小宮山）

【典拠・参考文献】『寛政譜』第九・二八〇頁、『寛永諸家系図伝』第七・二三頁

都甲斧太郎《つこうおのたろう》　（生没年未詳）

勝海舟に蘭学を奨励した人物。寛政十一年（一七九九）から天保十三年（一八四二）の『武鑑』には、西丸下御厩の御馬乗の欄に名前が見える。御馬乗とは、将軍御召の馬の調教と飼育を行う役。役高は五〇俵三人扶持、家格は抱席であった。寛政八から同十年の『武鑑』には、都甲源助の名が西丸下御厩の御馬乗の欄に見えるが、同

一人物か父親であるかなど不明。勝海舟『氷川清話』によると、嘉永初年頃に六十五、六歳であったというから、生まれは天明初期と推測される。蘭学を小関三英《さんえい》（三栄）に学んだという。馬の治療においても西洋流を摂取し、御馬医方の手に負えない難病も全治させたことから、大名・旗本の多くから治療の依頼が相ついだ。斧太郎はその収益をもって蘭書を収集し、研究に励んだ。世間の人と交際することを厭い、息子に家督を譲って麻布狸穴《まみあな》（東京都港区）に隠居したという。隠居中の嘉永年間、若き海舟は月に三、四度ずつ斧太郎を訪れ教えを乞うた。斧太郎は西洋事情を研究する必要性を力説し、海舟に蘭学講究を奨励している。海舟も蘭学者としての斧太郎を高く評価し、海舟が蕃書調所における翻訳御用の候補者として調査したという安政三年（一八五六）の江戸在住蘭学者リスト五八名のなかに、斧太郎の名前も見出せる（『日本洋学編年史』）。ちなみに、『諸向地面取調書』（安政三年）には、書物同心の項に斧太郎の名前が見えるので、御馬乗を引退した後、再び役職に就いたことがわかる。海舟の長崎伝習中の安政四年から同六年頃、七十歳代半ばで死去した。（藤田）

【典拠・参考文献】深井雅海・藤實久美子編『江戸幕府役職武鑑編年集成』十九〜二十七巻（東洋書林、一九九八年）、江藤淳・松浦玲編『氷川清話』（講談社学術文庫、二〇〇〇年）

辻山盈《つじたかみつ》（生年未詳〜一七三九）

菊之助・庄左衛門と称す。初め母方の児玉を称するも、後に辻に復した。元禄十二年（一六九九）七月に取り立てられ、四谷病馬御厩預を務め、後に御徒となり、その後小普請方の改役に転じる。享保三年（一七一八）三月二十六日に材木石奉行となり、廩米一五〇俵を与えられた。同十七年四月十五日に西丸御賄頭となるが、同十八年二月六日に、配下の者に過ちがあったことを告げ、後にその過ちがなかったことを知った際、同僚の村松友政に談合して、その子細を告達しなかった越度により、村松とも ども小普請となり出仕を止められた。十月八日に赦される。元文四年（一七三九）九月十三日に死去。家督は岩室正次二男の山《たか》羨《よし》を婿養子として相続させた。法名は如空。四谷太宗寺に葬られた。（清水）

【典拠・参考文献】『寛政譜』第二十・三七九頁、『柳営補任』、深井雅海『徳川将軍政治権力の研究』（吉川弘文館、一九九一年）

辻守輝《つじもりてる》（一六七六〜一七二八）

延宝四年（一六七六）に代官辻守誠《もりのぶ》の長男として生まれる。母は岡田俊易の息女。八之丞・覚左衛門と称した。妻は近藤平八郎重興の息女。貞享三年（一六八六）五月二十八日、五代将軍徳川綱吉に初めて拝謁した。元禄六年（一六九三）十二月十一日に小十人組の番士となり、蔵米一〇〇俵を給う。正徳五年（一七一五）二月二十三日小十人組の組頭へ昇進し、同年十二月十八日、一〇〇俵の加増を受ける。享保九年（一七二四）閏四月一日に御蔵奉行組頭に任命される。同十三年五月十九日に死去。享年五十三。法名は仁海。浅草の乗満寺に葬られる。（宮原）

【典拠・参考文献】『寛政譜』第二十二・二九六頁

辻守参《つじもりみつ》（一六五三〜一七三八）

承応二年（一六五三）に辻八郎兵衛守敬の二男として生まれる。弥市兵衛・六郎左衛門と称した。隠居後、鶴翁と号した。母は武田家の旧臣長谷川市左衛門安利の息女。妻は代官野田三郎左衛門秀成《ひでしげ》の息女。神田館で勘定役をつとめ、延宝八年（一六八〇）、綱吉の子、徳松に従って、御家人となり、廩米一〇〇俵を与えられた。西丸に勤仕し、天和三年（一六八三）徳松の逝去により、十一月二十五日に勘定となり、貞享四年（一六八七）十二月十日に一五〇俵を加増された。同五年（元禄元・一六八八）三月二十九日に仰せにより、遠江国河辺の堤を巡見した。同年十一月朔日、勘定組頭となり、同年十二月十一日に廩米一〇〇俵を加えられた。同十二年二月二日に美濃郡代となり、加恩一五〇俵を与えられ、廩米をあらため、下野国足利・安蘇両郡のうちで、あわせて五〇〇石の知行地を与えられた。十二月十八日に布衣の着用を許された。守参は着任早々に、木曽・長良・揖斐三川、翌十三年に木曽川、十四年には木曽・揖斐二川の洪水が相次いだため、公儀普請として諸川の堤防を修理した。その後も河川氾濫は続出し、その復旧はすべて公儀普請で施工され、守参は工事の進行に関わった。このときの工事仕法が、のちの一つの施工基準になったといわれる。享保三年（一七一八）七月十九日に勘定吟味役に転じ、同十七年二月十一日に老齢により辞して寄合に列した。この日、時服三領を与えられ、閏五月十一日に隠居し、養老の料として廩米三〇〇俵を与えられた。元文三年（一七三八）三月五日に死去。享年八十六。法名は鶴翁。江戸小石川の善仁寺に葬られた。守参は、享保改革時に抜擢されて勘定方となったが、有名な「辻六郎左衛門上書」は、田制の由来・慣例・定格・取り扱い方などについて、著者の経験に従って、諮問に答えたものである。　（高橋）

【典拠・参考文献】「辻六郎左衛門上書」（『日本経済叢書』六、一九一四年）、『寛政譜』第二十二・二九七〜八頁、『岐阜県史　通史編近世上』（一九六八年）、大石学『享保改革の地域政策』（吉川弘文館、一九九六年）、『代官履歴』

津田正路《つだせいじ》　（生年不詳〜一八六三）

半三郎と称す。任官後は近江守を名乗る。文久三年（一八六三）の『武鑑』によれば、父は津田辰五郎。嘉永元年（一八四八）八月十一日、西丸書院番より御小納戸となり、同六年九月二十二日には家定御小納戸、安政二年（一八五五）八月晦日には西丸目付、本丸目付当分介となる。翌三年二月十日に本丸目付へと転じて勝手掛・海防掛を務め、安政五年には、同じく海防掛を務めていた岩瀬忠震《ただなり》とともに露国プチャーチンとの条約改訂に向けた協議を行っているほか、同年八月には条約締結のためアメリカへの派遣が申し渡されている。同年十月十一日、箱館奉行へ就任し、万延元年（一八六〇）十二月十三日より外国奉行を兼帯、文久二年（一八六二）七月五日より正式に外国奉行へと就任した。その後、同年閏八月二十五日に勘定奉行勝手方へと転じ、翌三年七月十五日には大目付となる。文久三年八月九日に死去した。　（保垣）

【典拠・参考文献】『続徳川実紀』第三篇、『柳営補任』、『旗本百科』第三巻

津田信久《つだのぶひさ》　（一七六二〜一八〇七）

宝暦十二年（一七六二）、津田信之の長男として生まれた。家禄六〇〇〇石。通称は金之丞、任官後は能登守・壱岐守・山城守を名乗る。明和八年（一七七一）十二月一日に九歳で十代将軍家治の長男家基の御《お》伽《とぎ》として召し出され、安永五年（一七七六）七月二十二日には西丸小性となる。翌六年十二月十八日には従五位下に叙せられて能登守を名乗った。家基死去後の同八年四月十八日からは中奥小性へ転じ、天明七年（一七八七）二月十五日より奥詰となる。同八年七月二十六日には隠居した父の家督を継ぎ、寛政四年（一七九二）十二月二十六日には百人組之頭となる。同十一年三月十一日に小性組番頭、文化元年（一八〇四）八月五日からは書院番頭を務め、同四

年十月十四日に在職中のまま死去した。享年四十六。浅草の長徳院に葬られた。

（太田尚）

【典拠・参考文献】『柳営補任』、『寛政譜』第二十・一八四頁

津田信之《つだのぶゆき》 （一七四一～没年未詳）

寛保元年（一七四一）に御書院番津田信《のぶ》成《しげ》の三男として生まれる。通称は銕次郎、任官後は日向守・内匠頭を名乗り、隠居後は猶眠と号した。信之の実姉は、十代将軍家治の側室で、家治の長男家基の実母となった蓮光院（蔦・千穂）である。蓮光院は元文二年（一七三七）十一月十五日の生まれで、当初は九代将軍家重の御次勤めをしていたが、寛延四年（宝暦元・一七五一）正月十八日に御中臈となり、家重の死後は家治付きの御中臈に転じて、宝暦十二年（一七六二）十月二十四日に家基を出産した。そして、同年十一月十五日には老女上座となり、明和六年（一七六九）の家基とともに西丸入りし、安永三年（一七七四）十一月七日には「御部屋」と称されることとなるが、天明六年（一七八六）九月、家治の死去にともない落飾して蓮光院と名乗る。一方、弟の信之は、宝暦七年十二月五日に御小納戸となり、同月十二日に家督を相続、十八日には布衣の着用を許された。同八年五月六日には小性へ転じ、翌九年十二月七日に従五位下に叙せられて日向守を名乗る。同十年四月一日からは西丸勤めとなり、家基誕生後の同十一年八月四日にはいったん本丸の御小納戸に復すものの、同十二年十一月一日に西丸小性となった。明和二年十二月十一日に新番頭となるが奥勤めは従来通りとされ、この日七〇〇石を加増されて、家禄は一〇〇〇石となる。その後、同五年十一月十六日に小性組番頭（奥勤めは従来通り）、翌六年十月十七日には御側へと進み、同時に一〇〇〇石を加増されて禄高二〇〇〇石となる。安永六年十二月一日にはさらに三〇〇〇石の加増があり、天明六年十二月一日に御役御免となって菊之間縁頬詰になった際も一〇〇〇石を加増されて、家禄は合計六〇〇〇石に達した。天明八年七月二十六日に隠居して家督を息子の信久に譲るが、このとき幕府から養老料として米五〇〇俵を給されることになる。以上のように、信之は実姉である蓮光院の権勢を背景として、約三〇年の間に、家禄三〇〇俵から一気に六〇〇〇石の大身旗本へと昇進を遂げていった。

（太田尚）

【典拠・参考文献】『徳川諸家系譜』第二（続群書類従完成会、一九七四年）、『寛政譜』第二十一・二六四頁

津田秀政《つだひでまさ》 （一五四六～一六三五）

天文十五年（一五四六）年に津田秀重の長男として生まれる。妻は滝川一益《かずます》の息女。小平次と称した。当初は正秀《まさひで》。織田信長に仕え、滝川一益のもとで上野松枝城を預かる。一益没落後は浪人となり、その後豊臣秀吉に仕える。慶長五年（一六〇〇）の関ヶ原合戦に家康方として参戦し、褒賞として三〇〇〇石を与えられ、旧領と合わせて四〇〇〇石余を領する。西尾吉次とともに慶長国絵図作成に携わり、西国三十三カ国を担当する。同十九年・二十年の大坂の陣に参戦し、家康死後致仕し、興庵と号する。茶人としても知られ、関ヶ原合戦後は安国寺恵瓊秘蔵の茶器を、家康死後は遺物として有明の茶入や松竹梅の茶碗を与えられ、細川忠興との交流もあった。その後もたびたび江戸へ赴いていたが、寛永十二年（一六三五）正月二十九日に死去。享年九十。法名は興庵。菩提寺は京都妙心寺長興院。

（鍋本）

【典拠・参考文献】『寛政譜』第八・二〇三頁、『干城録』巻九六、『譜牒餘録』後編巻二十七

津田正重《つだまさしげ》（一六〇三～一六六一）

慶長八年（一六〇三）に生まれる。実父は豊臣秀頼の家臣河北正勝（正元とも）。母は紀伊徳川家の家臣花房正守の息女。正方とも名乗り、平七郎・平左衛門と称す。津田秀政の婿養子となり家督を相続した。津田氏は、元々織田氏を称し、秀政の祖父秀敏は織田信長の大叔父にあたるとされる。秀政の父秀重の時津田氏に改めた。石高は四〇一〇石余り。正重は元和元年（一六一五）に駿府で徳川家康に、翌二年に江戸で二代将軍秀忠に初めて拝謁し、家督相続後、小性組に列する。寛永九年（一六三二）十一月五日より進物番となる。同十一年将軍家光の上洛の際、伊勢国桑名にて同職中で口論し刃傷に及んだ際、正重は疵を蒙るが罪なきに決する。同十九年十月二十六日に使番となり、十二月晦日に布衣をゆるされる。同二十年六月十七日、江戸城大広間にて猿楽上覧の時に、警衛を怠ったとして出仕を止められるが、同二十一年（正保元・一六四四）正月二十七日にゆるされる。正保四年六月六日地震によって破損した外堀の石垣修復を奉行する。使番として各地に出張しており、正保二年、播磨国赤穂、同四年に肥前国唐津、慶安四年（一六五一）と承応三年（一六五四）に肥後国熊本、明暦二年（一六五六）豊後国府内、万治三年（一六六〇）陸奥国仙台などへ遣わされている。寛文元年（一六六一）十二月二十四日に五十九歳で死去。法名は全節。京都妙心寺の長興院に葬られる。家督は正勝が相続した。（清水）

【典拠・参考文献】『寛政譜』第八・二〇四頁、『柳営補任』

津田真道《つだまみち》（一八二九～一九〇三）

文政十二年（一八二九）六月二十五日津山に生まれ、喜久治・真一郎を称した。父は津山藩料理番津田文行で、母は中尾氏の息女イヨ。幼少より藩儒大村桐陽に学び、嘉永三年（一八五〇）に家を弟に譲り、同郷の箕作阮甫を頼って江戸へ出、同四年に伊東玄朴の象先堂に入塾し、安政四年（一八五七）五月五日、開成所教授手伝並出役となり幕臣に列する。同六年四月二日には同所の教授手伝出役、慶応二年（一八六六）三月十二日には同所教授となる。この間文久二年（一八六二）には西周・榎本武揚らとともにオランダに留学し、慶応元年に帰国するまで、同所で法律学・経済学・統計学などを学んでいる。真道は慶応三年に幕府中心の憲法草案を作り、同年十二月には目付に任じられ、翌年正月二十八日に免職になるまでその任にあった。維新後は新政府に出仕し、徴士刑法官権判事・刑部中判事・外務権大丞・元老院議官・高等法院陪席裁判官などを歴任している。ことに明治四年（一八七一）の日清修好条規締結にあたって全権伊達宗城の副使として清国に渡り補佐していることが知られる。また同六年に発足した明六社に参加し、啓蒙学者としても活躍している。明治二十三年に衆議院議員に当選し、同二十九年に貴族院議員に転じ、同三十三年には男爵を授けられた。明治三十六年（一九〇三）に死去。享年七十五。墓所は谷中霊園である。（滝口）

【典拠・参考文献】明細短冊（国立公文書館内閣文庫所蔵）、『柳営補任』、大久保利謙編『津田真道　研究と伝記』（みすず書房、一九九七年）

土屋勝正《つちやかつまさ》（生年未詳～一六四四）

父は使番土屋昌吉、母は戸田忠兵衛某の娘。妻は目付今村重長の女子。市之丞と称す。十五歳のとき家康にはじめて拝謁し、十七歳より出仕。慶長五年（一六〇〇）、関ヶ原の合戦に供奉、尾張清洲城にて大番に列せられ、同十九年、大番組頭に進む。

寛永七年（一六三〇）正月十四日、使番に転じ、同十年八月十九日、目付に就任。翌十一年四月二十五日、駿府町奉行となるが、在職中の正保元年（一六四四）八月十六日に死去した。法名は長英。父昌吉が開基となった武蔵国高麗郡篠井村宗源寺に葬られた。（西木）

【典拠・参考文献】『寛政譜』第九・二四一頁、『柳営補任』

土屋重成《つちやしげなり》（一五六四～一六一一）

永禄七年（一五六四）に徳川家康家臣土屋重治《しげはる》の三男として生まれる。権右衛門と称した。徳川家康・秀忠に仕え、慶長九年（一六〇四）に使番から町奉行となり、同十四年正月には浪人や農民が商売をする時の鑑札を発行した。町奉行の就任時期については慶長十年説・同十一年説もあり、その経歴の詳細も不詳である。同十六年（一六一一）七月に死去。享年四十八。菩提寺は武蔵国高麗郡中野村長久寺である。（加藤）

【典拠・参考文献】『寛永諸家系図伝』第六・一五三頁、『寛政譜』第九・二三三頁、『柳営補任』、『徳川実紀』第一篇、所理喜夫「町奉行―正徳以前を中心として―」（西山松之助編『江戸町人の研究』第四巻〈吉川弘文館、一九七五年〉、のち『徳川将軍権力の構造』〈吉川弘文館、一九八四年〉に収録）

土屋正直《つちやせいちょく》（生没年未詳）

父は書院番頭の土屋州直。陽之助・兵庫・民部と称し、のち任官して丹後守・豊前守を名乗る。安政五年（一八五八）十二月十四日に部屋住で中奥番となり、翌年七月二日には学問所教授方手伝出役となる。文久二年（一八六二）十一月二十三日に家督を相続した。同十二月六日に目付・外国掛となるが、翌三年八月五日に差控となり、役を免じられている。同年十二月二十六日に七〇〇石取の学問所頭取出役に就任し、元治元年（一八六四）三月四日に勤仕並寄合から外国奉行へ転じている。同年九月二十八日には大目付、十二月二十一日には公事方の勘定奉行を拝命している。慶応元年（一八六五）六月二十七日に書院番頭（翌年十二月二十一日御免）、同四年三月晦日に西丸留守居役格学問所御用を仰せつけられている。（山﨑）

【典拠・参考文献】『柳営補任』、慶応二年『武鑑』、『幕臣人名』

土屋喬直《つちやたかなお》（一六六六～一七二五）

寛文六年（一六六六）に上総国久留里藩主土屋利直《としなお》の三男として生まれる。実母は松平正綱の養女。数馬・刑部と称し、はじめ諱は宗直と名乗った。延宝三年（一六七五）六月二十八日、父利直の遺領上総国市原郡のうち一〇〇〇石と新墾の田を加えた、計二〇〇〇石を分知されて、寄合に列した。同年七月二十六日、初めて四代将軍徳川家綱に拝謁し、同七年八月に知行地が下総国相馬郡および、常陸国河内郡・新治《にいはり》郡内に移された。天和三年（一六八三）閏五月七日に中奥番士となり、貞享二年（一六八五）二月九日、小性組に転じ、元禄十一年（一六九八）九月十八日より火事場目付となった。同年、常陸国新治郡内の知行地が同国茨城郡に移された。同十三年正月二十三日に火事場目付が廃止となると職を解かれた。宝永七年（一七一〇）三月朔日、幕府の命令で諸国巡見使となり、筑前・筑後・肥前・肥後・日向・大隅・薩摩・壱岐・対馬等の国々を査察した。同八年（正徳元・一七一一）正月十一日に御徒頭となり、正徳元年六月四日、布衣の着用を許された。享保三年（一七一八）十月二十八日、御持弓頭となり、同六年二月二十八日には百人組頭に転じた。同十年八月二十三日に死去。享年六十。法名は義透。浅草の海禅寺（東京都台東区）に葬られた。（白根）

【典拠・参考文献】『寛政譜』第二一・一八六〜一八七頁

土屋廉直《つちやただなお》 （一七五九〜没年未詳）

宝暦九年（一七五九）に長崎奉行土屋守《もり》直《なお》の長男として生まれる。最初兼直《ともなお》と名乗り、金三郎・帯刀・頼母・讃岐守・紀伊守と称した。妻は書院番三枝守保《もりやす》の息女。安永四年（一七七五）閏十二月十八日にはじめて十代将軍家治に拝謁し、天明四年（一七八四）八月五日に家督を相続した。知行は一〇〇〇石。同年十二月三日に中奥の番士となる。寛政九年（一七九七）十二月二十三日に御徒頭となり、二十七日に布衣を許される。同十三年（享和元・一八〇一）二月四日に西丸目付となり、文化元年（一八〇四）四月九日に本丸目付となる。同四年一月二十八日に堺奉行となり、同六年三月五日に長崎奉行となる。九月七日に長崎に到着する。阿蘭陀通詞にロシア語・英語を学ばせ、同二十七日に通詞六人を蛮学稽古世話役に命じた。長崎港内外に砲台を増築し、同七年五月七日に長崎港外で舟戦の演習を行った。同五月洪水の後に赤痢が発生、八月まで流行し、費用を出して貧困の病人を助けた。九月二十一日に長崎を出発、江戸へ帰り、再び文化八年（一八一一）五月五日に長崎に到着する。同年、唐蘭貿易少額のため、地役人の加役料及び諸役場の雑費を一割減らした。同九年九月二十一日に長崎を出発し江戸へ帰る。同十年五月九日に小普請奉行となり、同十一年十一月八日に作事奉行となる。同十三年七月二十四日に勘定奉行となる。文政二年（一八一九）八月二十一日に西丸御留守居となり、同六年九月二十日に小普請組支配となる。天保三年（一八三二）七月八日に大目付日記改となり、同九年四月十七日に宗門改となる。同十二年五月十八日に御留守居となる。弘化三年（一八四六）三月二十四日には老年までの務め出精を賞され、五〇〇石を加増（家禄一五〇〇石高）される。嘉永六年（一八五三）九月十四日に老衰につき辞職する。菩提寺は浅草（東京都台東区松が谷）海禅寺である。（盛山）

【典拠・参考文献】『寛政譜』第二一・一九六頁、『旗本百科』第三巻、「長崎奉行代々記」（鈴木康子『長崎奉行の研究』〈思文閣出版、二〇〇七年〉所収）、金井俊行編「長崎奉行歴代略譜」（『増補長崎略史』上巻〈『長崎叢書』下巻《明治百年史叢書》長崎市役所編、原書房、一九七三年復刻〉所収）

土屋秀直《つちやひでなお》 （一六八七〜一七五四）

貞享四年（一六八七）に丹波国福知山藩主朽木稙昌の三男として生まれる。初め稙隆と名乗り、左京・兵部とも称した。土屋朝直の二女を妻として婿養子となる。後妻は朝直の三女。石高は三〇〇〇石。宝永三年（一七〇六）正月二十八日に初めて五代将軍徳川綱吉に拝謁する。享保七年（一七二二）七月十一日に家督を相続し、同八年四月六日に使番に列した。その出自から幕府内部での仕事に練達させるために、火事場見廻を兼帯させて、使番として遠国へ行くことを免除されている。十二月十八日に布衣をゆるされる。同九年九月十五日に小性組番頭に進み、十二月十八日に従五位下兵部少輔に叙任された。同十一年正月十一日に御側となる。同十七年二月五日より西丸に伺候し、元文二年（一七三七）七月二十八日に御側の職を辞す。延享元年（一七四四）九月十八日に留守居となり、寛延四年（宝暦元・一七五一）三月二十五日に駿府城代に転ずる。宝暦四年（一七五四）八月十二日駿府にて六十八歳で死去。法名は全脱。先祖同様浅草海禅寺に葬られる。家督は応直《まさなお》が相続した。（清水）

【典拠・参考文献】『寛政譜』第二一・一九四頁、『徳川実紀』第八篇、『柳営補任』

土屋正方《つちや まさかた》　（一七〇九～一七六八）

宝永六年（一七〇九）、書院番組頭土屋正克の二男として生まれる。熊次郎・長三郎と称した。妻は書院番筧平三郎正忠の女子。後妻は浦賀奉行山口勘兵衛の女子。長兄正勝が享保六年（一七二一）二月、父に先立って死去したため、同十二年十月九日、正方が家督を相続した。元文四年（一七三九）七月十九日、小性から御徒頭に進み、寛保元年（一七四一）六月朔日、目付に就任、在職中琉球人参府御用・日光東照宮修覆御用掛を歴任し、宝暦二年（一七五二）二月十五日、京都町奉行となった。翌三年十二月二十四日には町奉行に任じられた。明和三年（一七六六）正月十一日には三〇〇石の加増をうけ知行高一〇〇〇石となった。在職中の明和五年五月十九日に死去。享年六十。法名は慈道。墓は西久保大養寺。

【典拠・参考文献】『寛政譜』第九・二二三八頁、『柳営補任』　（西木）

土屋正甫《つちや まさすけ》　（一七四五～一七九九）

延享二年（一七四五）に定火消石河貞貴《さだたか》の三男として生まれる。妻は御小納戸土屋正方《まさかた》の息女。後妻は旗奉行駒井寿正《としまさ》の息女、その後、西丸小性組揖斐政徳《まさのぶ》の息女と婚姻した。友三郎・源四郎と称した。土屋氏の先祖は、はじめ武田信玄・勝頼父子に仕え、武田氏滅亡後は徳川氏に仕えていた。正甫は、御小納戸土屋正方の養子となり、明和八年（一七七一）九月四日に家督を相続した。知行は五〇〇石である。同九年（安永元年）五月十三日、初めて十代将軍徳川家治に拝謁し、安永三年（一七七四）二月二十五日より書院番に列した。天明四年（一七八四）十二月二十四日に小十人頭となり、同月二十七日に布衣の着用を許された。寛政七年（一七九五）三月、十一代将軍徳川家斉が小金原で鹿狩を行ったときには、隊士を率いてこれに供奉した。同十年十二月十日には西丸先手御弓頭に転じた。同十一年七月二十九日に死去。享年五十五。市谷の長龍寺（現在は移転して東京都杉並区）に葬られた。

【典拠・参考文献】『寛政譜』第九・二二三六頁、『柳営補任』　（白根）

土屋正延《つちや まさのぶ》　（一七三六～一七八五）

元文元年（一七三六）に土屋正方《まさかた》の長男として生まれる。父正方は町奉行、母は書院番の筧正忠《まさただ》の息女。妻は小性組組頭の赤井忠通《ただみち》（忠道）の養女。通称は左膳・左内・長三郎。宝暦十二年（一七六二）九月二十八日に小性組に列し、明和元年（一七六四）閏十二月九日に中奥番士、同四年閏九月二十八日に小十人頭となる。十月二十四日（『柳営補任』では二十三日）に町奉行の父正方が病で馬に乗れなくなったため、火災時には正延が与力・同心を指揮するよう命ぜられる。十二月十六日には布衣の着用を許される。同五年八月八日に家督を継ぐ。知行一〇〇〇石。同六年二月十二日に目付、安永四年（一七七五）七月朔日に駿府町奉行、同七年閏七月二十日に京都町奉行となり、九月十五日に従五位下伊予守に叙任。天明四年（一七八四）七月二十六日に長崎奉行に転じるが、長崎に赴任することなく、同五年七月十二日に江戸で死去する。享年五十。法名は光徹。菩提寺は西久保大養寺（東京都港区）。　（高山）

【典拠・参考文献】『寛政譜』第九・二二三八頁、『柳営補任』、『長崎奉行代々記』（鈴木康子『長崎奉行の研究』思文閣、二〇〇七年に収録）

土屋守直《つちや もりなお》　（一七三四～一七八四）

享保十九年（一七三四）に書院番土屋縄《なわ》直《なお》の二男として生まれる。母は祖父茂直《しげなお》の息女（父縄直は茂直の養子）。妻は先手御弓頭柘植晃正《てるまさ》の息女。通称は菊三郎・帯刀。

長男の正直《まさなお》が父に先立って死去していたため、宝暦四年（一七五四）八月四日に家督を相続する。知行一〇〇〇石。同五年四月七日に西丸書院番、明和二年（一七六五）正月十一日に使番となり、十二月十八日に布衣の着用を許される。同三年二月二十一日に、水戸藩主徳川宗翰《むねもと》逝去により尾張藩主徳川宗睦《むねちか》への使として名古屋に赴く。安永五年（一七七六）四月には十代将軍家治の日光社参に供奉して目付の事をつとめる。十二月十二日には使番から先手弓頭となり、十四日から火附盗賊改を加役で務める。同八年正月十五日（『柳営補任』は十一日）に大坂町奉行となり、三月六日に従五位下駿河守に叙任。天明三年（一七八三）四月二十九日（『柳営補任』、『長崎奉行代々記』は十九日）に長崎奉行となる。同四年五月十八日に長崎で死去し、長崎の春徳寺（長崎県長崎市）に葬られる。享年五十一。法名は密雲院殿従五位下前駿州刺史慈仁守直周沢大居士。（高山）

【典拠・参考文献】『寛政譜』第二・一九六頁、『柳営補任』、『長崎奉行代々記』（鈴木康子『長崎奉行の研究』思文閣、二〇〇七年に収録）

土山孝之《つちやまたかゆき》（生年未詳～一七八七）

勘定組頭土山孝祖《たかそ》の子として生まれる。藤次郎・宗次郎と称した。宝暦六年（一七五六）十月八日に家督を相続して小普請となり、同十年七月五日、勘定に列した。明和六年（一七六九）正月二十八日より評定所留役を務め、安永五年（一七七六）十一月二十六日、勘定組頭になった。天明六年（一七八六）十一月十七日には富士見御宝蔵番頭に転じた。老中田沼意次の信頼が厚く、勘定奉行松本秀持の腹心として蝦夷地開拓の調査を建言した。しかし、同年八月に十代将軍徳川家治が死去し、田沼意次が失脚すると、同七年六月に老中首座となった松平定信の命令で、松本秀持とともに免職・逼塞処分となった。遊女を妾としたことや越後米の買い上げをめぐって五〇〇両を着服したことが処分の理由であった。その間罪状が糾明されるのを恐れて逐電し、狂歌仲間の平秩東作《へづつとうさく》がかくまったが、同年十二月五日、死罪に処せられた。和歌や狂歌を嗜んだことから、東作を介して大田南畝とも親交が深く、南畝の日記である『三《さん》春行楽記《しゅんこうらくき》』には孝之との遊興の様子が克明に記録されていた。そのため、孝之の刑死は、身の危険を感じていた南畝が狂歌・戯作の世界から絶縁する契機となった。（白根）

【典拠・参考文献】『寛政譜』第二十一・二六六～二六七頁、沓掛良彦『大田南畝』（ミネルヴァ書房、二〇〇七年）、揖斐高『江戸の文人サロン 知識人と芸術家たち』（吉川弘文館、二〇〇九年）

筒井順明《つついとしあきら》（一六八三～一七四三）

天和三年（一六八三）に生まれる。平八郎・主税と称す。父は殺生方を務めた筒井正良《まさよし》、母は稲垣氏。妻は松平乗邑《のりさと》の家臣二村吉兵衛某の息女。元禄十年（一六九七）七月十一日、父の遺跡を継ぎ、正徳三年（一七一三）六月十八日に小十人に列せられた。同五年十一月十六日に納戸番へ転じ、享保四年（一七一九）五月二十一日に大坂の御蔵奉行となった。元文三年（一七三八）二月十八日からは同地の弓奉行を務め、寛保三年（一七四三）五月二十二日に辞職し、小普請となった。同年六月二十三日に死去、享年六十一。法名は敬翁といい、牛込の天徳院に葬られた。（山﨑）

【典拠・参考文献】『寛政譜』第十七・八八頁

筒井政憲《つついまさのり》（一七七八～一八五九）

安永七年（一七七八）五月二十一日に旗本久世広景《ひろかげ》の二男として江戸に生まれる。

母は寄合内藤信庸《のぶつね》の娘。寛政十年（一七九八）旗本筒井正盈《まさあきら》（禄高二二〇〇石）の養子となる。妻は正盈の娘。子恆とも名乗り、佐次右衛門・右馬介・和泉守・紀伊守・肥前守・伊賀守と称し、鑾渓《ばんけい》と号した。文化七年（一八一〇）十二月二十六日に二丸御留守居となり、その後西丸御徒頭・西丸目付を経て、同十二年九月六日に本丸目付、同十四年七月二十一日より長崎奉行、文政四年（一八二一）正月二十九日には町奉行となる。天保十一年（一八四〇）六月二十八日に数年の勤労により五〇〇石を加増された。同十二年四月二十八日に西丸御留守居となるが、同十三年三月二十二日に元町奉行矢部定謙と与力仁杉《ひとすぎ》五郎左衛門に連座して出仕を留められ寄合となる。さらに六月二十六日にも町奉行勤役中のことを咎められ、翌十四年十二月十一日にも長崎奉行勤役中のことを咎められ、いずれも出仕を留められた。弘化二年（一八四五）七月十九日に勤仕並を命じられ林大学頭を補佐し、同四年二月十一日に西丸御留守居となり、ロシア使節プチャーチンが長崎に来航すると、嘉永六年（一八五三）十月にロシア使節応接掛として派遣され交渉にあたり、同七年七月二十四日に大目付となり、十月にプチャーチンが下田に再航すると日露和親条約を締結した。安政四年（一八五七）正月二十二日に鎗奉行となり、アメリカ総領事ハリスの江戸参府御用掛を勤める。同六年六月八日に死去。享年八十二。法名は政憲院殿仁徳功日学大居士。菩提寺は成子の常円寺（東京都新宿区）である。　（加藤）

【典拠・参考文献】『寛政譜』第八・一〇頁、第十七・八三頁、『柳営補任』、『続徳川実紀』第二篇、石井孝『日本開国史』（吉川弘文館、一九七二年）、藤田覚「外圧と幕政」（『歴史評論』四二二号〈一九八四年〉、のち『幕藩制国家の政治史的研究　天保期の秩序・軍事・外交』〈校倉書房、一九八七年〉に収録）

都筑成幸《つづきしげゆき》　（一八四四～一九一二）

弘化元年（一八四四）十一月二十一日に生まれ、末之進・十左衛門を称した。父は兵右衛門成親、母は南町奉行所与力原善左衛門胤輝の娘とくで、佐久間長敬・原胤昭兄弟の従兄弟にあたる。町与力都筑家は阿部姓彦左衛門が寛文十一年（一六七一）遠州今切関所の奉行中根平十郎組与力に召し出され、元禄十五年（一七〇二）に中町奉行所が設置されて丹羽遠江守が初代奉行になった際に配下の与力に組み入れられたことから始まる。この跡を継いだ彦太夫は享保五年（一七二〇）、不調法の廉で御暇となり、与力阿部家は断絶するが、その二年前の享保三年十二月、彦左衛門次男の兵右衛門（成興）が北町奉行中山出雲守組与力の株を得て、新規に抱入となったのである。このとき兵右衛門は母方の都筑家を継いでおり、北町奉行所与力都筑家がここに誕生したのである。六代目に当たる成幸は与力見習として安政二年頃には出仕していたようで、以後古銅吹所見廻り・諸問屋組合再興掛・下田表御用取扱掛・高輪南町之内上地掛を経て、慶応二年（一八六六）には人足寄場定掛をつとめ、維新を迎えている。彼は御家流の香道家として活躍するかたわら、南北会の発足直後から加入し、大正～昭和初期には伝来の資料の数々を度々展覧会に出品している。明治四十五年（一九一二）五月二十二日に死去。享年六十九。戒名は小自在庵宗穆成幸居士、菩提寺は上野池之端慶安寺（のち杉並区梅里に移転）である。なお、成幸には男子が三人あり、長男成一（一八六六～一九二九）・次男幸哉（～一九四二）ともに南北会員で、ことに幸哉は蒔絵師・香道家として知られている。柴田是真に蒔絵をまなび、父成幸から香道の教えを受けた彼は、同門の式守蝸牛とと

もに多数の門下を育成した。またもう一人の男子は仁杉英の養子となった仁杉寅である。（滝口）

【典拠・参考文献】『江戸町与力の世界―原胤昭が語る幕末―』図録（千代田区立四番町歴史民俗資料館、二〇〇七年）、『原胤昭旧蔵資料調査報告書―江戸町奉行所与力・同心関係史料―（1）・（2）』（千代田区教育委員会、二〇〇八・九年）

都築為政《つづきためまさ》（一五五五～一六二二）

弘治元年（一五五五）に都築秀綱《ひでつな》の子として生まれる。実母は祖父秀景《ひでかげ》の息女。妻は本多重次の息女。弥左衛門と称した。父秀綱とともに徳川家康の重臣本多忠勝に属し、元亀三年（一五七二）の三方ヶ原の戦から供奉し、天正三年（一五七五）の長篠の戦や同十八年の小田原合戦で軍功をあげた。やがて家督を相続し、本多忠勝の家老となったが、慶長六年（一六〇一）に忠勝の下を去り、一時、信濃国松本に蟄居した。同八年に再び召し出されて徳川秀忠に仕えることになり、六〇〇〇石を拝領した。同十年、秀忠の将軍宣下にともなう上洛の際には鑓奉行として供奉した。同十一年および同十六年には江戸城修築の普請奉行を務めた。同二十年の大坂夏の陣では眼病を患っていたため、江戸城に留まり、足軽五〇人を率いて大手門を守衛した。元和四年（一六一八）、信濃国松本城主小笠原忠真が播磨国明石に転封となると、村上吉正・建部政長とともに、明石城の普請奉行を務めた。同八年十二月十七日に死去。享年六十八。法名は全金。（白根）

【典拠・参考文献】『寛政譜』第十三・一七二～一七三頁、『大日本史料』第十二編

都筑徳高《つづきのりたか》（生没年未詳）

御留守居支配であった都筑徳宜《のりよし》の子として生まれる。通称は鐐太郎《りょうたろう》。禄高三〇〇俵。徳高は安政三年（一八五六）十一月十二日、部屋住より召し出され小性組番士となり、同五年正月十三日に十三代将軍徳川家定が千住へ御鷹野御成した際、鳥を射止めたことから、同月十五日に時服三領を賜った。講武所砲術教授方出役にもなっている。文久三年（一八六三）二月十日（『続徳川実紀』第四篇では二月九日）に歩兵差図役頭取、元治二年（一八六五）四月十五日に歩兵頭並となる。ただし、「江戸城多門櫓文書明細短冊」によれば、この間の元治元年七月二十四日に歩兵差図役頭取とともに歩兵組頭役兼勤、同年十月九日に塩ヶ崎（水戸市）において天狗党追討の御用中歩兵頭並となるよう命じられ、さらに同年十一月十七日にも同職を仰せ付けられるなど、歩兵頭並となった年月日が錯綜している。慶応元年（一八六五）五月十六日の十四代将軍徳川家茂の進発に際しては、九番隊に属して五月十五日に出立した（『連城紀聞』二）。同二年中には歩兵頭となった（『慶応二年大成武鑑』）。戊辰戦争下の同四年正月二十八日に使番となるが、三月に辞職。同年十月十八日、父の隠居により家督を相続した。以後の経歴は不明。一族の墓は麹町の長福寺。長福寺はのちに寺号を栖岸院《せいがんいん》と改め、大正九年（一九二〇）に東京都杉並区に移転した。（藤田）

【典拠・参考文献】『寛政譜』第十三・一六七頁、『幕臣人名』第三巻、『旗本百科』第三巻、『続徳川実紀』第三・四篇、野口武彦『幕府歩兵隊』（中公新書、二〇〇二年）、野口武彦『長州戦争』（中公新書、二〇〇六年）

都築峯暉《つづきほうき》（生没年未詳）

旗本都筑峯重の子として生まれる。源七郎・金三郎・駿河守・但馬守を称した。安政二年（一八五五）八月九日に書院番から御徒頭、同四年正月十一日に目付外国掛となる。同五年七月五日に家督（禄高二〇〇俵）を継ぎ、七月五日に外国御用立会の心

得で御前給仕を命じられる。十月二十三日には神奈川開港のための普請工事にたずさわり、万延元年（一八六〇）九月十五日に神奈川奉行、同二年正月二十三日に先手鉄炮頭となり、火付盗賊改加役を勤める。文久二年（一八六二）十月二十四日に勘定奉行公事方、元治元年（一八六四）三月十四日に町奉行、七月六日に清水家付支配となるが、七月二十五日に免職され、勤仕並寄合となる。慶応二年（一八六六）六月十五日に勘定奉行公事方に再任し、同四年二月二十七日に一橋家家老となる。菩提寺は大久保の全龍寺（東京都新宿区）である。（加藤）

【典拠・参考文献】『柳営補任』、『続徳川実紀』第三～五篇

都築昌孝《つづきまさたか》　（生年未詳～一六九八）

物兵衛と称す。父は二条城の鉄炮槍奉行などを務めた都築正数《まさかず》。母は御徒目付組頭などを務めた庵原正成《いはらまさなり》の息女。寛文三年（一六六三）正月七日に家督を相続し、後に二条城の御蔵奉行を務める。同四年十月十五日に将軍徳川家綱に初御目見した。その後二条城の鉄炮奉行を務め、元禄十一年（一六九八）二月八日に死去した。法名は築誉。（山崎）

【典拠・参考文献】『寛政譜』第十三・一七五頁

都筑光郷《つづきみつさと》　（一七五九～没年未詳）

宝暦九年（一七五九）に生まれる。初め景郷と名乗る。通称亀之助・市之助。父は表右筆都筑義淳《よしあつ》、母は糟屋覚兵衛の養女、妻は大番千村義知《ちむらよしとも》の息女、後妻は大番天野忠久の息女。安永五年（一七七六）十二月十九日、表右筆となる。天明八年（一七八八）十二月二十九日より奥右筆見習となり、寛政元年（一七八九）十月十九日に奥右筆に進み、翌二年（一七九〇）に家督を継ぎ、同八年（一七九六）十二月十日より西丸に勤仕する。寛政十二年（一八〇〇）に本丸奥右筆に移り、文化九年（一八一二）七月、表右筆組頭となり、文政十二年（一八二九）一月十九日に辞職して小普請となった。没年は不詳、なお菩提寺は麹町栖岸寺（東京都千代田区）である。（渋谷）

【典拠・参考文献】『寛政譜』第十三・一七一頁、『江戸幕府役職武鑑編年集成』第十九・二十一巻（東洋書林、一九九八年）、『続徳川実紀』第二篇

都筑峰重《つづきみねしげ》　（一八〇三～一八五八）

享和三年（一八〇三）に生まれる。父は飯島伴太夫、のち都筑峰之《つづきみねゆき》の養子となる。金之丞・金三郎と称し、駿河守と名乗る。禄高は一〇〇俵、のち二〇〇俵。天保五年（一八三四）十月二十九日評定所留役から勘定組頭となり、同十四年六月十日大津代官に転役した。嘉永元年（一八四八）十一月一日に勘定吟味役に就任すると、同三年十二月に美濃国・伊勢国の川々普請御用を勤めた。また、海防掛にも就任し、阿部正弘政権下の対外政策を支えた。同六年三月二十四日に佐渡奉行となり、禄高が二〇〇俵に加増された。同七年四月二十二日に下田奉行へ転じ、開港場下田（静岡県下田市）においてアメリカとの欠乏品《けつぼうひん》取引きを統括した。安政二年（一八五五）五月二十二日に禁裏附となり、修好通商条約締結の勅許をめぐって廷臣間の説得に尽力するも実現せず、同五年四月六日に京都において病気のため死去した。享年五十六。墓所は東京都新宿区全竜寺。（神谷）

【典拠・参考文献】『柳営補任』、『続徳川実紀』第三篇、虚心堂「都筑駿河守病死の顛末」（『旧幕府』一巻六号、一八九七年）

坪井信良《つぼいしんりょう》　（一八二三～一九〇四）

文政六年（一八二三）八月二十八日、高岡に生まれる。本姓佐渡氏。良益・未三郎と称した。実父は婦人科医八代目佐渡養順

で次男。養父に坪井信道。前妻に坪井信良長女牧。後妻に幕府医師荒井清兵衛の娘よの。天保十一年（一八四〇）三月に上京。小石元瑞に入門し蘭方医学を学ぶ。同十四年一月十六日、坪井信道門下となるため江戸へ出立。弘化元年（一八四四）末、坪井信道の養子となる。また小性組番頭小笠原加賀守長穀家来となった。同二年、江戸浜町の広瀬旭荘に漢学を師事。同四年二月、適塾へ赴き緒方洪庵に師事。九月には坪井信道大病により帰府。嘉永元年（一八四八）十一月初旬に結婚。同六年、越前藩召抱、十人扶持。安政三年（一八五六）三月、松平春嶽に従い福井に赴く。同四年に出府。同五年、蕃書調所教授補、外国方翻訳出役。二十人扶持。同六年、越前藩から五人扶持加増。文久二年（一八六二）五月、横井小楠のコレラを治療。同三年正月、松平春嶽に随行し上京。三月には医学所教授。四月に帰府。元治元年（一八六四）九月十四日、妻牧死去。十一月に奥医師、法眼。家禄二〇〇俵、役料二〇〇俵。十二月に再婚。慶応二年（一八六六）十二月に上京。同三年十二月に大坂へ移る。同四年（一八六八）一月、徳川慶喜に従い開陽丸で帰府。四月徳川慶喜と共に水戸移住。八月帰府。約半月後、静岡藩へ赴く。十二月に病院頭並。明治五年八月、静岡病院閉局につき免職。同六年二月に上京。この頃、日本最初の医学雑誌『和蘭医事雑誌』を発行。同七年十二月に東京府病院院長、月俸一〇〇円。同九年二月に免職。同十六年に隠居。著書に『新薬百品考』『カンスタット内科書』等がある。明治三十七年十一月九日に死去。享年八十二。法号温情院殿顕誉信良居士。墓は東京都の染井霊園。（岩下）

【典拠・参考文献】宮地正人『幕末維新風雲通信—蘭医坪井信良家兄宛書翰集—』（東京大学出版会、一九七八年）、斎藤祥男『蘭医家坪井の系譜と芳沿』東京布井出版、一九八八年）

坪内定鑑《つぼうちさだかね》　（一六四九～一七二三）

慶安二年（一六四九）、持筒頭坪内定次の二男として生まれる。源五郎・弥五郎と称す。延宝元年（一六七三）十二月十一日家督を継ぐ。元禄十年（一六九七）、三〇〇石の加増をうけ知行高一一〇〇石となる。同年十二月一日、使番となり、同十五年正月十一日、先手鉄炮頭に転任、同年十二月晦日より火附改加役を兼ねる。宝永二年（一七〇五）正月二十八日、町奉行に就任する。享保四年（一七一九）正月二十八日職を辞し寄合となる。同八年十月十三日死去。享年七十五。法名定鑑。墓は赤坂の松泉寺。（西木）

【典拠・参考文献】『寛政譜』第十六・九一頁、『柳営補任』

坪内定次《つぼうちさだつぐ》　（一五九六～一六七三）

慶長元年（一五九六）に坪内家定《いえさだ》の二男として生まれる。実母は織田家家臣生駒家長の息女。妻は池田家家臣横井弥兵衛の息女。半三郎と称した。同十五年に初めて二代将軍徳川秀忠に拝謁し、同十六年に召し出されて小性組に列した。のちに三〇〇石を拝領した。同十九年・同二十年の大坂陣に従軍し、寛永三年（一六二六）に大御所となった秀忠が上洛した際にも供奉した。同十年二月二日に御徒頭となり、同年十二月二十七日、甲斐国中郡内において五〇〇石を拝領した。同十八年四月十二日、三代将軍家光が西丸から還御するにあたり、それに供奉するときに不手際があり、勘気を蒙って逼塞したが、九月五日に赦された。同二十一年（正保元・一六四四）二月二十日に先手鉄炮頭となり、十二月十六日には御持筒頭に転じた。慶安四年（一六五一）十一月二十一日に蔵米三〇〇俵を賜ったが、寛文三年（一六六三）十一月六日に職を辞した。延宝元年（一六七三）十一月七日に死去。享年七十八。法名は宗休。赤坂の松泉寺に葬られた。

（白根）

【典拠・参考文献】『寛政譜』第十六・九〇頁

坪内定央《つぼうちさだふさ》（一七一一～一七六一）

宝永八年（正徳元・一七一一）に書院番坪内定哉《さだかな》の長男として生まれる。妻は書院番組頭遠山景信の息女で、後妻は西丸先手鉄炮頭板橋永盛の息女。権之助と称した。寛保二年（一七四二）十月三日に跡目を相続し、同年十二月十一日、八代将軍吉宗に謁見する。延享二年（一七四五）九月十三日に小性組に加わり、寛延三年（一七五〇）十二月一日に小性組組頭となって、十八日には布衣を許される。宝暦二年（一七五二）二月十五日に目付、同四年四月九日に長崎奉行となり、七月一日、従五位下駿河守に叙任される。同十年六月二十三日に勘定奉行へ転出し、同十一年十一月二十六日に死去。享年五十一。法名は良忠。菩提寺は四谷全勝寺（東京都新宿区）である。

（柳田）

【典拠・参考文献】『寛政譜』第十六・八八頁、『徳川実紀』第九篇、『柳営補任』、鈴木康子『長崎奉行の研究』（思文閣出版、二〇〇七年）

坪内定仍《つぼうちさだより》（一五八七～一六六四）

天正十五年（一五八七）に坪内家定《いえさだ》の子として生まれる。実母は織田家家臣生駒家長の息女。妻は菅沼定盈《さだみつ》の息女。喜太郎・惣兵衛と称し、隠居後は道雪と号した。坪内氏は加賀国富樫氏の出身で、のちに美濃国松倉城に居住し、代々織田氏に仕えた家柄であった。父家定は、はじめ織田信長の家臣であったが、その後徳川家康に仕えた。定仍は慶長六年（一六〇一）に初めて徳川家康に拝謁し、仕えることになった。同十六年に家康が上洛した際には、病気の父家定に代わって配下の同心五〇人を率いて供奉し、二条城における家康と豊臣秀頼との会見では大手門を警護した。同十九年・同二十年の大坂の陣にも父家定とともに従軍した。寛永三年（一六二六）には大御所秀忠の上洛に供奉した。慶安元年（一六四八）十二月十一日に家督を相続し、鉄炮頭となった。知行地は美濃国葉栗郡・各務《かがみ》郡内で六五三〇石余である。同年十二月晦日に布衣の着用を許された。同三年閏十月十日には、美濃国に赴いて洪水地域を監察した。万治三年（一六六〇）三月十一日に職を辞して寄合に列した。同年七月九日に隠居し、蔵米六〇〇俵を賜った。寛文四年（一六六四）四月十二日に死去。享年七十八。法名は道雪。渋谷の東北寺（東京都渋谷区）に葬られた。

（白根）

【典拠・参考文献】『寛政譜』第十六・八三～八五頁

坪内保之《つぼうちやすゆき》（一八二三～没年未詳）

文政六年（一八二三）に生まれる。通称栄吉。また諱を定保ともいう。左京と称し、伊豆守・安房守・河内守を名乗る。父は西丸御留守居坪内定儀《さだのり》。知行は美濃・上野国内五五三三石。天保五年（一八三四）三月二十一日、寄合より火事場見廻となる。翌六年七月二十日に火消役に転じ、同十一年九月十八日に小普請組支配となる。翌十二年十月八日に浦賀奉行、同十四年二月一日に西丸小性組番頭となり、翌十五年（弘化元・一八四四）六月十八日には本丸に転じる。嘉永三年（一八五〇）六月二十八日に書院番頭、同五年（一八五二）七月八日に駿府城代、安政四年（一八五七）二月九日に御側、翌五年（一八五八）八月二日に御用取次と歴任し、万延元年（一八六〇）十二月十五日、一〇〇〇石加増される。元治元年（一八六四）三月十八日に辞職するが、八月六日に御用取次に再任される。慶応四

年（一八六八）三月五日に再辞職して隠居した。没年は未詳、菩提寺は渋谷東北寺（東京都渋谷区）である。（渋谷）

【典拠・参考文献】『幕臣人名』第三巻、『柳営補任』、『寛政譜』第十六・八三頁

妻木重直《つまきしげなお》（一六〇四～一六八三）

慶長九年（一六〇四）、妻木重吉（一二〇〇石）の長男として生まれる。通称彦右衛門、諱は頼熊とも名乗った。母は元通の娘。妻は真田安房守昌幸の娘。元和七年（一六二一）書院番となり、寛永十一年（一六三四）三代将軍徳川家光上洛の時に宿割を勤める。同十五年十二月に遺跡を継ぐ。慶安三年（一六五〇）西丸普請奉行を務め黄金三枚を給わる。承応四年（明暦元・一六五五）三月、朝鮮信使来朝に備えて東海道を巡見する。万治元年（一六五八）陸奥国仙台に目付代として赴く。同二年八月二十一日、御使役となり、同三年六月二十一日、長崎奉行に転じる。寛文二年（一六六二）四月十二日、勘定奉行となり、一八〇〇石加恩され、計三〇〇〇石を知行する。同七年、家光十七回忌法会のため日光に赴く。同九年六月、上総・下野・武蔵等で新田開発地を検査する。同十年十二月二十三日辞職し、寄合に列する。同十二年十二月九日に隠居し、隠栖の料として廩米三〇〇俵を給う。天和三年（一六八三）三月二十七日没。享年八十。法名暫軒。墓所は麻布天真寺。（太田勝）

【典拠・参考文献】『寛政譜』第五・二八三頁

妻木重吉《つまきしげよし》（一五七一～一六三八）

元亀二年（一五七一）に妻木伝兵衛貞徳の三男として生まれる。母は土岐三兵某の息女。妻は長崎半左衛門元通の息女。平四郎・彦右衛門と称した。幼少のころ森美作守忠政の許にいた。その後、松平薩摩守忠吉に仕え、死去した後に徳川家康に仕えた。美濃国可児《かに》郡の内に知行地一〇〇〇石を与えられる。元和二年（一六一六）の家康死去の後に書院番となる。寛永十年（一六三三）二月七日に上野国新田《にった》郡の内に二〇〇石を加増されたが、その後辞職して小普請となる。同十五年十月晦日に死去。享年六十八。法名は宗淳。菩提寺は麻布の祥雲寺であったが、同寺は後に豊島郡下渋谷村（東京都渋谷区）へ移された。（栗原）

【典拠・参考文献】『寛政譜』第五・二八三頁

妻木頼利《つまきよりとし》（一五八五～一六五三）

天正十三年（一五八五）に妻木頼忠《よりただ》の長男として生まれる。主水・権左衛門と称した。慶長五年（一六〇〇）に人質となって江戸へ赴くとき、駿河国岡部ではじめて徳川家康に拝謁する。同六年四月に暇を賜り美濃国妻木に帰る。同十年の上洛に従い、同十五年二月に三河国田原での猟に従った。後に小性組となり、同十七年に書院番に列し、後に大坂の陣に供奉した。元和九年（一六二三）に家督を継承し、美濃国土岐《とき》郡の内に七五〇〇石余を知行し、寄合となる。寛永十年（一六三三）六月十二日に仰せを請けて、美濃国川々の普請奉行を務める。同十一年二月十二日の上洛のときに尾張国宮へ赴いて渡船のことを沙汰し、同十三年正月十四日に近江国多賀社造営の奉行を務める。同年四月に知行地へ行く暇を賜う。承応二年（一六五三）十月朔日に死去。享年六十九。法名は安休。菩提寺は三田の正覚院である。（栗原）

【典拠・参考文献】『寛政譜』第五・二八〇頁

妻木頼矩《つまきよりのり》（一八一六～一八九一）

文化十三年（一八一六）に生まれる。田宮・多宮・主一・中務と称した。家禄は常陸国に五〇〇石。安政六年（一八五九）十二月二十七日に小性組となり、学問所教授

方出役より、万延元年（一八六〇）には奥右筆所詰となった。文久元年（一八六一）六月二十日に両番格となって奥右筆所詰より目付に移り、外国掛を務めた。同年十一月五日に蕃書調所御用を兼帯し、外国立合貿易筋御用も取り扱い、その他の臨時御用（目付）役はすべて御免となったが、同二年六月二日に辞職する。慶応三年（一八六七）十二月十九日には大坂で姫君用人格の目付となり、同四年三月三日に大目付に就任した。同年三月十二日に当分之内一橋家老兼帯となり、同年閏四月二十八日には正式に一橋家老を兼帯した。明治二十四年（一八九一）一月十二日に死去。享年七十六。（栗原）

【典拠・参考文献】『柳営補任』、『旗本百科』第三巻

鶴見《つるみ》七左衛門《しちざえもん》（生没年未詳）

父は御馬預であった鶴見忠左衛門。祖父の鶴見直喬《なおたか》も御馬預であった。禄高は一〇〇俵五人扶持。文政九年（一八二六）九月二十二日に初御目見し、同年十月十日に御馬方見習御奉公となる。同十一年九月六日に一五人扶持を受ける。天保八年十二月二十六日に家督を継ぎ、御馬預となる。以後の経歴や生没年は不明。（山崎）

【典拠・参考文献】慶応二年『武鑑』、『幕臣人名』

て

寺西《てらにし》封元《たかもと》（一七四九〜一八二七）

寛延二年（一七四九）に安芸国三原で寺西弘篤の男として生まれる。畔松・重次郎と称する。妻は閑院宮家司木村秀辰の息女。幼少時に備後国龍興寺に寓し薙髪するが、江戸へ出て宝暦十三年（一七六三）に還俗、明和九年（安永元・一七七二）七月十一日に御徒であった兄茂平の番代として西丸御徒に抱入れられる。職禄七〇俵五人扶持。その後本丸へ移り、御徒組頭へ昇任する。寛政四年（一七九二）六月二十一日に陸奥国塙の代官へ転任、御目見以上となる。家禄は七〇俵五人扶持。文化九年（一八一二）二月二十日に永々御目見以上となり、正式な旗本となった。同十年十一月二十八日二万石増地を期に陸奥国桑折へ本陣屋を移す。同十四年（文政元・一八一八）三月四日に勘定組頭格、文政七年十二月十九日に家禄が一〇〇俵五人扶持へ加増、同九年二月二十四日に布衣を許される。通常は江戸在府が基本であった陸奥国代官であったが、在陣して天明の大飢饉後の農村復興にあたった。先ず赴任の翌年から「寺西八箇

条」と称する訓諭を支配地廻村の際に読み聞かせ、八箇条を普段心掛ければ人間の道にかなうので、子々孫々まで繁昌栄えると説いた。さらに『子孫繁昌手引草』という木版刷りの小冊子を全戸に配布し、間引き・堕胎がなぜ悪いのかを芋や大根といった農産物や雉や馬といった動物にたとえたり、土地の方言を交えわかりやすく説き、自発的に矯正させようとした。こうした教化策以外に、小児養育金制度を設けたり、産業の育成や工事補助金を交付して普請事業もおこなった。こうした封元の善政を讃え、生祠や頌徳碑が支配所各地に残されている。陸奥国での在任は三六年の長きにわたるが、文政十年二月十八日に現職で死去。享年七十九。法名は松樹院殿翠嶽豪山大居士。桑折の無能寺に葬られるが、西日暮里南泉寺にも墓碑がある。　（西沢）

【典拠・参考文献】『寛政譜』第十九・三三四頁、金沢春友『寺西代官民政資料』（柏書房、一九七二年）、『代官履歴』、村上直『江戸幕府の代官群像』（同成社、一九九七年）

寺西元貞《てらにしもとさだ》　（生没年未詳）

直次郎と称した。父は西国筋郡代寺西蔵太元栄。家禄は一〇〇俵五人扶持で、屋敷は小川町御台所町にあった。天保十一年（一八四〇）二月九日、部屋住より父の見習となり、同十二年九月七日、家督を相続し、小普請となった。同十三年三月十一日、代官に就任し、陸奥国塙陣屋（天保十三年～弘化四年）、駿河国駿府陣屋（弘化四年～嘉永六年）、丹後国久美浜陣屋（嘉永六年～安政元年）、甲斐国甲府陣屋（安政元年～万延元年）を担当した。万延元年（一八六〇）十二月一日に離任し、御納戸頭となった。同年十二月十六日に布衣の着用をゆるされた。慶応元年（一八六五）五月六日、病気のため、職を辞して、寄合となった。同二年六月六日、寄合より二丸御留守居過人、別手組頭取締並となり、同四年五月二日に大目付付属となった。　（高橋）

【典拠・参考文献】『元治武鑑』、『慶応武鑑』、『旗本百科』第三巻、『代官履歴』

寺西元栄《てらにしもとなが》　（一七八二～一八四〇）

天明二年（一七八二）三月九日に寺西封元の次男として生まれる。初め元永と名乗り、虎之助・隆三郎・蔵太と称する。文化十年（一八一三）十二月七日に代官見習、文政十年（一八二七）閏六月六日に家督を継ぎ、父の後陸奥国桑折の代官となる。家禄は一〇〇俵五人扶持。天保七年（一八三六）に豊後国日田の西国筋郡代へ栄転、布衣を許される。同十二年六月二日に現職で死去。享年六十。法名は待春院殿。日田の岳林寺に葬られるが、西日暮里南泉寺にも墓碑がある。　（西沢）

【典拠・参考文献】『寛政譜』第十九・三三四頁、金沢春友『寺西代官民政資料』（柏書房、一九七二年）、『代官履歴』、村上直『江戸幕府の代官群像』（同成社、一九九七年）

寺町百庵《てらまちひゃくあん》　（一六九五～一七八一）

元禄八年（一六九五）に坊主衆の子として生まれる。本姓は越智氏。通称は三知。号は百庵の他、己百庵・南無三坊・越堂・沈虎子・文翰井・四方明・負薪山人・梅仁翁・独知翁・道阿・新柳亭・不二山人など。正徳（一七一一～一七一六）末頃に家督を継ぎ、表坊主となる。茶・歌・俳諧を学び、特に連歌には志があり、幕府の連歌師の座を望むが果たせず、逆にそのために太鼓坊主に降格された。若年の頃、紀伊国屋文左衛門の取り巻きとして有名であった。天明元年（一七八一）没。享年八十七。法名は広海院最誉道阿百庵居士。　（湯浅）

【典拠・参考文献】『古典文学』第五巻

と

土井利用《どいりよう》（生没年未詳）

酉之助・主計と称し、備前守・備中守・出羽守を名乗った。知行高五〇〇〇石。天保十三年（一八四二）四月二十九日に寄合より寄合火事場見廻となる。同年十一月二日、寄合肝煎となり、同十五年五月二十六日に病気のため辞職した。嘉永五年（一八五二）十二月七日、寄合より寄合火事場見廻へ再出役する。安政四年（一八五七）十一月十二日、寄合肝煎に再任し、講武所頭取も兼ねる。同五年十月二十四日に甲府勤番頭となる。同六年五月、不快保養のため参府し、同年八月二十一日に辞職した。万延元年（一八六〇）閏三月一日には本丸御殿の普請に際し、金一五〇両を上納した。文久元年（一八六一）十二月十日に中奥小性次席頭取となり、同二年三月二十四日より新番頭となる。同三年六月二十五日には寄合より小性組番頭となり、同年八月二日加州表へ御用のため派遣される。同年八月十四日に書院番頭となる。同年八月十九日には海陸御備向掛となり、同年九月二十二日、大目付に転じたが、席次はこれまでの通りと命じられる。同年十一月七日に上洛時の御供となる。元治元年（一八六四）五月二十六日、御役御免のうえ勤仕並寄合となるが、同年七月二十四日、勤仕並寄合より寄合肝煎に再々任し、同年八月十一日には大目付となる。同月十九日、京都へ一年間の詰のため派遣される。同年十一月十九日より田安家家老となり、慶応二年（一八六六）六月十五日に講武所奉行となる。同年八月二十六日、御役御免となる。（坂本）

【典拠・参考文献】『柳営補任』、『旗本百科』第三巻、『続徳川実紀』第二・第三・第四篇

董九如《とうきゅうじょ》（一七四五～一八〇二）

本名は井戸弘梁《ひろやな》。延享二年（一七四五）、本多丹下成賢の三男として生まれる。名は弘梁・直道。字は九如・仲魚。号は広川居士・翟門。通称に甚助・頼母・承三郎・小十郎。居所を黄蘆園・遯窩と称す。井戸弘堅の養子となる。天明二年（一七八二）十二月二十四日、弘堅の死により家督を継ぐ。家禄五〇〇石。同三年、十代将軍家治に御目見。同五年、西丸小性組に列し、同六年、本丸勤務となる。同八年、将軍世子家慶に仕え、西丸に勤務する。絵を宋紫石に師事する。宋紫石『古今画藪後八種四体譜』（安永八年刊）の選者。同著には、松平乗完が序を寄せている。出版の目的は、沈南蘋や熊斐に連なる画風を広めるためであるという。また、林述斎に「跋董九如秋蘆画巻」（享和元年、『蕉窓文章』所収）があることが知られている。『雲遊文蔚』（享和二年刊）に鏑木梅渓・渡辺玄対らとともに挿図を寄せている。享和二年（一八〇二）七月二十三日死去。菩提寺は下谷法養寺。

（鎌田）

【典拠・参考文献】『寛政譜』第十七・七〇頁、『旗本人名』、『江戸の異国趣味—南蘋風大流行』（千葉市美術館、二〇〇一年）

藤堂良直《とうどうよしなお》（一六三二～一七〇六）

寛永九年（一六三二）、小出重堅の三男として生まれる。母は秋田安房守盛季の養女。堅吉・五郎左衛門・新助と称す。のち藤堂良利の養子となり良利の女子を妻とする。寛文二年（一六六二）十二月九日、家督を継ぐ。同八年正月より屋敷改を務め、寛文十一年（一六七一）四月九日、御徒頭となる。延宝七年（一六七九）九月二十五日、目付に就任。天和元年（一六八一）七月六日、大坂町奉行に転任し、一〇〇〇石の加増をうける。貞享元年（一六八四）十二月二十五日、従五位下伊予守に叙任。元

禄元年（一六八八）四月九日、大目付となる。同五年三月二十三日、御留守居に移り、翌六年四月二十八日、御側衆に転じた。このとき一〇〇〇石加増、さらに七年正月、八年十二月に一〇〇〇石の加増をうけ、知行高は都合五〇〇〇石となる。元禄十二年閏九月十八日、宿直を免じられ、中根大隅守正延と交替で出仕すべき旨仰せ付けられる。宝永三年（一七〇六）正月八日に死去。享年七十五。法名は元英。品川の大龍寺に葬られる。（西木）

【典拠・参考文献】『寛政譜』第十四・三〇六頁、『柳営補任』

遠山景晋《とおやまかげみち》（一七五二～一八三七）

宝暦二年（一七五二）に旗奉行永井直令《なおよし》の四男として生まれる。金四郎・左衛門と称した。妻は書院番榊原忠寛《ただひろ》の息女。永井氏の先祖は松平広忠に仕え、徳川家康の家臣となった。永井氏の知行は一〇〇〇石である。祖父直允《なおちか》と兄直廉《なおかど》はともに長崎奉行を務めた。姪は長崎奉行平賀貞愛《さだえ》の妻、義妹は長崎奉行朝比奈昌始《まさもと》の後妻。腰物奉行遠山景好《かげよし》の養子となる。遠山氏の先祖は美濃国明知を領し、織田信長に仕え、のちに徳川家康の家臣となった。遠山氏の家系は代々、寄合・御留守居番・書院番などを務めた。天明六年（一七八六）閏十月六日に家督を相続した。知行は五〇〇石。同十二月七日にはじめて十一代将軍家斉に拝謁し、同七年一月一日に小性組に列する。寛政八年（一七九六）十二月十日より十一代将軍家斉の世子家慶（のちに十二代将軍）の小性として付属され西丸に伺候し、同十一年二月二十八日に蝦夷地巡視を命じられる。同十二年一月二十五日に御徒頭となり、享和二年（一八〇二）三月十七日に目付となる。文化元年（一八〇四）十二月二十八日に対露交渉のため長崎派遣が決定、同二年二月二十八日に長崎に到着、翌月に同使節レザノフと交渉した。同年八月十五日に松前・西蝦夷地への派遣を命じられる（翌年再度）。同五年十二月十四日に初の朝鮮通信使易地聘礼に関する交渉のため、対馬派遣が決定（翌年交渉）、従五位下諸大夫に叙任され、左衛門尉《さえもんのじょう》となる。同八年朝鮮通信使が対馬へ来島し、易地聘礼に立ち会う。同九年二月十七日に長崎奉行となり、九月七日に長崎に到着する。同十年一月、幕府はオランダ船が入港せず、長崎会所会計は困難となったので、前年に上納すべき銅代銀を冬まで、長崎会所買入れ米代など銀を五月まで延期するという通達を出したため、諸役所の雑費二割を減じて節約した。同六月二十八日にオランダ船がセイロン産象一頭の輸入契約をまとめ、景晋は小麦一〇〇俵を供して積み戻らせた。同九月二十二日に長崎を出発、江戸へ帰り、再度、同十一年九月六日に長崎に到着する。同十月に幕府領浦上村の溜牢の構内に犯罪者等を対象とする授産施設として細工所を設けた。同年、出島オランダ商館の生活窮乏を救うため、商館長ヘンドリック＝ドゥーフに蘭和辞書の編纂を命じ、ドゥーフや阿蘭陀通詞の協力を得て、事業に着手した（天保四年〈一八三三〉に完成、「和蘭字彙」〈ドゥーフハルマ〉という）。九月二十二日に長崎を出発し江戸へ帰り、同十三年七月二十四日に作事奉行（「長崎奉行代々記」）となる（『柳営補任』によると勘定奉行）。文政元年（一八一八）一月十九日に日光山霊廟および諸堂社修復を命じられる。同二年九月二十四日に勘定奉行公事方となり、同三年六月二十四日に勘定奉行勝手方となる。同十二年二月七日に辞職し、天保八年（一八三七）七月二十二日に死去。戒名は静定院殿従五位下前金吾校尉光善楽土大居士。享年八十六。菩提寺は下谷（東京都台東区谷中）の本光寺であり、景晋も同寺に葬られたが、現在は巣鴨の本妙寺の墓地に改葬されている。実子は江戸町奉行（北町奉行・南町奉行）や大目付などを務めた遠山左衛門尉景元《かげもと》である。　（盛山）

【典拠・参考文献】『寛政譜』第十三・八六頁、『旗本百科』第三巻、「長崎奉行代々記」（鈴木康子『長崎奉行の研究』〈思文閣出版、二〇〇七年〉所収）、金井俊行編「長崎奉行歴代略譜」（『増補長崎略史』上巻〈『長崎叢書』下巻《明治百年史叢書》長崎市役所編、原書房、一九七三年復刻〉所収）、『続徳川実紀』第二篇、『長崎奉行遠山景晋日記』（清文堂史料叢書第一一四、荒木裕行・戸森麻衣子・藤田覚編、清文堂出版、二〇〇五年）

遠山《とおやま》景元《かげもと》　（一七九三～一八五五）

寛政五年（一七九三）に目付・小普請奉行・西丸御留守居・長崎奉行・勘定奉行などを歴任した遠山景晋《かげみち》の子として生まれる。母は榊原忠寛の娘。幼名は通之進で、文化六年（一八〇九）より実父の通称であった金四郎に改めた。任官後は大隅守・左衛門尉を名乗る。隠居後は帰雲と号した。実父の景晋は旗本永井家から遠山景好《かげよし》のもとへ養子に入ったが、のち景好に実子の景善が生まれたため、寛政五年に景元が生まれたにもかかわらず幕府へは届けず、同六年七月に景善を養子とし、同年九月になって景元の誕生を届け出た。享和三年（一八〇三）八月、景元は景善の養子となり、文政七年（一八二四）にその景善が部屋住のまま死去したため、翌八年正月に系譜上の祖父（実は父）となる景晋の後継者として認められた。同年三月には十一代将軍家斉へ初めて拝謁し、十二月十三日には部屋住のまま西丸御小納戸の職に就いた。同十二年には景晋が隠居したため、正式に家督を相続している。天保三年（一八三二）には御小納戸頭取格となり、従五位下大隅守に叙任され、同五年五月には西丸御小納戸頭取に就任、翌六年五月十四日には小普請奉行へ転じ、同八年八月二十日には作事奉行、同九年二月十二日からは勘定奉行へと昇進した。天保十一年三月二日に町奉行（北町奉行所を担当）となり、三年間の勤務の後、同十四年二月二十八日には大目付へ転じるが、弘化二年（一八四五）三月十五日には町奉行（南町奉行所を担当）へ再任された。嘉永五年（一八五二）三月二十四日に職を辞し、その翌月に隠居して、安政二年（一八五五）二月十九日に死去。享年六十三。墓所は巣鴨の本妙寺（元東京都豊島区）にある。景元といえば、時代劇の「遠山の金さん」などに見られる、若年の頃に家を出て無頼の徒と交わり、これが江戸市中の下情に通じて名裁きを演じる基礎となったという逸話が有名であるが、この話は、明治二十六年（一八九三）に著された中根香亭『帰雲子伝』に記されており、また同じ『帰雲子伝』には、文政年間（一八一八～三〇）に景元が江戸三座の一つである森田座の囃子方にいて、歌舞伎脚本作家の二世並木五瓶と喧嘩となった際、勢い勇んで腕まくりをしたところ、桜吹雪ではないものの、首から上だけの美人が髪を振り乱して口に紙切れを噛み締めている図柄の刺青が彫られていた、という逸話を載せている。これらの逸話が事実であるかは判然としないものの、無頼漢・刺青という景元のイメージは、その後につくられた芝居などを通じて、人々の間に定着していった。一方、実像としての町奉行遠山景元は、天保十二年から始まった水野忠邦による天保改革の中で、江戸の都市政策という主要な課題を担った有能な役人であった。原則論的な水野の意見に対し、景元は江戸の庶民生活の実態を踏まえた施策の必要性を主張し、人返しの施策や芝居町の移転、娯楽・風俗統制などの面でしばしば水野と対立するなど、必ずしも改革政治に忠実な立場ではなかった。そのために一時は町奉行から外されるが、水野の失脚後に再び町奉行の職に就くなど、当時の都市政策を展開する上で、景元の手腕は大きく期待されていたといえよう。なお近年、遠山家の「御次」や「御用部屋」に務めた家臣が記した「日記」（大倉精神文化研究所所蔵）が『遠山金四郎家日記』として翻刻され、景元が生きた弘化～安政期（一八四四～六〇）の同家の動きを知る手がかりを与えてくれている。（太田尚）

【典拠・参考文献】『旗本百科』第三巻、『日本近世人名辞典』、藤田覚『遠山金四郎の時代』（校倉書房、一九九二年）、岡崎寛徳編『遠山金四郎家日記』（岩田書院、二〇〇七年）

遠山資尹《とおやますけただ》　（生没年未詳）

太田道薀（隠岐守）の子として生まれる。養父は遠山小左衛門。勝之丞と称し、のち任官して兵部少輔・兵庫頭・玄蕃頭・大和守・隠岐守・丹波守を名乗った。家禄は三〇〇石（ただし『柳営補任』では二五〇石）であった。天保十年（一八三九）十二月二十七日に養父の跡を継いで小普請入りし、嘉永三年（一八五〇）十二月二十三日に西丸小性組に入った。同五年二月二十三日には御小納戸となり、同年十二月十六日に布衣を許される。同年十二月十九日には小性、同六年九月二十二日には家定小性となる。安政五年（一八五八）七月十一日に中奥小性へ移り、文久三年（一八六三）八月十三日には目付となった。元治元年（一八六四）三月十六日に二条城にて禁裏附となり、慶応二年（一八六六）十月には京都町奉行となったが、同三年六月に御役御免となり、勤仕並寄合になった。（栗原）

【典拠・参考文献】『寛政譜』第四・三八五頁、『柳営補任』、『旗本百科』第三巻、『幕臣人名』第三巻

戸川逵富《とがわみちとみ》　（一六七二～一七二九）

寛文十二年（一六七二）に戸川土佐守安宣の二男として生まれる。主計・玄蕃と称した。妻は本堂源七郎玄親《はるちか》の息女。延宝三年（一六七五）三月二十三日、父の遺領のうち一〇〇〇石の地を分け与えられ、五月十八日にはじめて将軍家綱に拝謁した。同七年十一月二十七日、兄安風の跡目を継ぎ、交代寄合に列し、四〇〇〇石を加増された。旧領備中国賀陽《かよう》・都宇《つう》二郡のうちにおいて五〇〇〇石を賜り、賀陽郡庭瀬を居所とする。天和三年（一六八三）十月、賀陽郡の采地を割り、同国小田・川上両郡に移され、都宇郡撫川《なつかわ》を居所とした。宝永五年（一七〇八）正月十一日に定火消となり、三月九日に布衣の着用を許された。正徳五年（一七一五）三月十一日に職務を辞した。享保十四年（一七二九）九月二十九日死去する。享年五十八。法名は主賢。葬地は兄安風と同じく三田の大乗寺。（高木）

【典拠・参考文献】『寛政譜』第十五・二八〇頁

戸川逵和《とがわみちとも》　（一七二〇～一七九七）

享保五年（一七二〇）に生まれる。実は使番八木補頼《みつより》の二男。母は交代寄合戸川逵《みち》富《とみ》の息女で、養父の書院番戸川正方《まさかた》とは兄妹。正方の末期養子となる。千之丞・伊織・助次郎と称した。妻は大番頭阿部正興《まさおき》の息女。寛保元年（一七四一）十二月二十七日に養父の家督を継ぐ。家禄は一五〇〇石。同二年（一七四二）三月二十三日に初御目見をし、同年四月十六日に書院番、延享二年（一七四五）三月六日に進物番、同三年八月三日には御小納戸となり、同年布衣を許される。宝暦十年（一七六〇）四月朔日九代将軍家重の隠居にともない西丸勤めとなり。同十一年八月四日、家重の死去により寄合となる。翌十二年正月十一日には使番、明和三年（一七六六）五月四日には日光奉行となり、六月朔日に従五位下山

城守に叙任される。安永三年（一七七四）五月四日に小普請支配、天明二年（一七八二）十月二十日に田安家の家老、同七年十一月十二日に大目付、同八年六月二十六日に小性組番頭、寛政三年（一七九一）五月二十四日より書院番頭を務める。同七年二月五日、病により職を辞して寄合となる。同八年四月十九日に致仕し、養老料として廩米三〇〇俵を賜る。同九年十二月晦日に死去。享年七十八。法名は節礼。菩提寺は三田の大乗寺（現永隆寺、東京都目黒区に移転）。（竹村）

【典拠・参考文献】『寛政譜』第十五・二八二頁、『徳川実紀』第九・十篇、『続徳川実紀』第一篇

戸川安清《とがわやすきよ》（一七八七～一八六八）

天明七年（一七八七）、松前奉行戸川筑前守安論の長男として誕生。通称安恵。従五位下大隅守に叙任され、後に播磨守と名乗った。備中国都宇郡に五〇〇石を知行。小性・御小納戸・西丸御小納戸・西丸小性・目付を経て、天保七年（一八三六）長崎奉行となる。備穀の法の再興（天保七年）、唐船御定高の増加、唐船の番船の増加、救銀法の改善（以上同八年）、長崎大火（焼失家屋一三九三戸）罹災民に米・銭を施与。オランダ商館が禁止の甘草を輸出、貿易停止を命令、出島に新番所を建築（以上同九年）、唐人との密貿易者を処罰、長崎会所の放火犯を処刑（以上同十年）、野母村田子島で破船の唐船を救助（同十一年）、唐船将来の禁書を焼く（同十二年）等に携わる。天保十三年二月に勘定奉行となる。後、勝手方・朝鮮人来聘御用・本丸普請掛・西丸御留守居・小性組番頭格・本丸御留守居を経て元治元年（一八六四）五月に辞職するが、同八月、御留守居に復帰し、慶応二年（一八六六）十月職を辞して寄合に列する。同年没。享年八十二。墓所は最上寺（品川区上大崎）。（太田勝）

【典拠・参考文献】『柳営補任』、『増補長崎略史上巻』（『長崎叢書三』）、「長崎奉行歴代総覧」（『長崎事典歴史編』）

戸川安論《とがわやすとき》（一七六一～一八二一）

宝暦十一年（一七六一）に医家の曲直瀬《まなせ》養安院正山の次男として生まれる。母は井上交泰院俊良の娘。通称は内記・藤十郎で、任官後は筑前守を名乗る。安永六年（一七七七）に書院番・同組頭を務めた家禄四〇〇石の旗本戸川安精の養子となり、同年十月八日に十七歳でその跡を継いだ。天明三年（一七八三）九月二十七日に御小納戸となり、同年十二月十八日には布衣を着することを許可される。寛政十二年（一八〇〇）正月に御小納戸頭取格介に進み、翌享和元年二月二十八日からは正式に御小納戸頭取となる。従五位下に叙されて筑前守を名乗るのは、この時期前後と見られる。同二年二月二十三日には新設された蝦夷地奉行（のちの松前奉行）となり、一〇〇石を加増されて都合五〇〇石となったが、文化五年（一八〇八）四月五日、前年のロシア商人来航の際に不取締の向きがあったとして寄合へ編入され、差し控えとなる。同十二年十二月十二日に広敷御用人として役職に復帰し、文政四年（一八二一）三月二十三日に在職中のまま死去した。享年六十一。葬地は目黒の最上寺である。（太田尚）

【典拠・参考文献】『柳営補任』、『寛政譜』第十五・二八六頁

戸川安愛《とがわやすなる》（一八三四～一八八五）

天保五年（一八三四）に戸川安栄《やすひで》の子として江戸飯田町（東京都千代田区）に生まれる。忠愛《ただなる》とも。鉡三郎、主膳と称し、伊豆守と名乗る。号は晩香。禄高は三〇〇〇石。安政四年（一八五七）十一月二十日に中奥番となり、文久元年（一八六一）三月二十六日に御小納戸に転じた。同三年六月

に大坂にて目付に就任、同年八月三日京都へ派遣され、同月二十六日に老中酒井忠績《ただしげ》の上京に随伴した。慶応元年（一八六五）五月九日に一旦職を辞するが、同年十月四日に大坂において寄合から再び目付に就任、同二年六月二十一日に諸大夫を仰せ付けられ、伊豆守を称するようになり、同年七月二十六日には大坂で大目付となった。同四年正月の鳥羽伏見の戦いに際しては十五代将軍徳川慶喜とともに幕府軍艦開陽丸《かいようまる》で江戸へ脱出。同年二月九日に御役御免、寄合となった。明治二年（一八六九）八月に静岡藩権大参事を命じられたが備中国羽島村（岡山県倉敷市）へ帰農した。明治七年から同十四年（一八七四～八一）まで東京府学務御用となり、その後帰村して郡長を務め、同十八年に死去した。享年五十二。（神谷）

【典拠・参考文献】『柳営補任』、『続徳川実紀』第三・四・五篇、戸川安宅編「戸川安愛小伝」（『旧幕府』五巻一号、一九〇一年）

戸川安広《とがわやすひろ》 （一六五四～一七〇九）

承応三年（一六五四）、戸川安利の子として生まれる。大九郎・平右衛門と称す。任官後は備前守・日向守を名乗る。妻は小出越中守尹貞の娘。寛文四年（一六六四）十二月十日、父の遺領を継ぎ小普請となる。延宝二年（一六七四）六月十八日に書院番となり、貞享元年（一六八四）正月二十六日より進物のことを務める。元禄三年（一六九〇）九月二十七日使番に転じ、同年十二月には布衣の着用を許された。また同三年十二月十九日、目付代として日光山に赴き、翌四年二月には肥前国唐津城の引き渡し役を務める。同年八月二十一日に目付となり、同六年五月四日には桐間番頭となり、同年十二月十一日に従五位下備前守に叙任された。翌七年正月十一日に西丸御留守居となり、同十二年四月十四日には勘定奉行に就任した。宝永五年（一七〇八）二月二十九日全ての職を辞して寄合となり、同六年九月二十一日に死去。享年五十六。法名は日覚。白銀の玄照寺（現在は東京都世田谷区へ移転）に葬られている。（保垣）

【典拠・参考文献】『寛政譜』第十五・二八七頁

土岐朝澄《ときともずみ》 （一六九一～一七五二）

元禄四年（一六九一）西丸御側などを務めた土岐朝治《ともはる》の嫡男として生まれる。竹之助・八左衛門と称した。母は紀伊徳川家の侍女勝野の養女。妻は江原全玄の息女。土岐氏の先祖は、常陸国江戸崎城主であったが、佐竹氏に敗れ、朝房の時に豊島氏に改めて徳川家康に仕え、慶長十六年（一六一一）からは紀伊徳川家付属となった。朝澄の父朝治の時に土岐氏に復す。朝澄も紀伊家に仕えていたが、享保元年（一七一六）に吉宗が八代将軍となった際に幕臣となる。六月二十五日に御小納戸となり、七月二十二日に布衣を許される。同十四年十二月十六日に従五位下大学頭に叙任される。同十八年十月二十六日に遺領二二〇〇石を継ぎ、同二十年九月二十日に御小納戸頭取となり、寛延二年（一七四九）三月二十六日には西丸小性組番頭に進む。宝暦元年（一七五一）、将軍吉宗薨去により七月十二日に務めを許されて寄合となる。同二年四月九日に家督を朝真《ともまさ》に譲って致仕し、隠居領として廩米三〇〇俵を与えられる。八月十七日に死去。享年六十二。法号は卜山。父同様早稲田宗参寺に葬られた。（清水）

【典拠・参考文献】『寛政譜』第五・一六七頁、『徳川実紀』第八篇、『柳営補任』、深井雅海『徳川将軍政治権力の研究』（吉川弘文館、一九九一年）

土岐朝利《ときともとし》 （一七六五～一八二九）

明和二年（一七六五）に小十人頭などを務めた土岐朝秋の二男として生まれる。土岐氏の本家筋の朝恒の息女を娶り末期養子となり、天明元年（一七八一）十二月四日遺跡を継いで小普請となる。知行は二二〇〇石。同三年九月二十七日に御小納戸となり、十月十九日から西丸に伺候し、十二月十八日布衣をゆるされる。同六年閏十月七日に本丸に復し、同七年十一月七日に小性に転じた。寛政二年（一七九〇）十月二十四日に中奥小性に移り、十一月二十七日に従五位下信濃守に叙任される。文化二年（一八〇五）十二月二十六日に新番頭、同七年八月十二日に小普請組支配となり、同八年五月九日に御三卿一橋家の家老となる。文政五年（一八二二）に三〇〇石を加増され、同八年八月六日に一位殿（将軍家斉実父の一橋治済）附となり（同十年まで）、御留守居次席、一橋斉礼用向を兼ねた。同十一年五月二十四日に御留守居となる。同十二年十一月二日に死去。家督は源次郎が相続した。（清水）

【典拠・参考文献】『寛政譜』第五・一六八頁、『続徳川実紀』第一篇、『柳営補任』、『旗本百科』第三巻

土岐朝昌《ときともまさ》　（生没年未詳）

父は御側御用取次を務めた土岐朝旨。綱五郎と称し、従五位下下野守に叙任され、豊前守・摂津守に改めた。天保三年（一八三二）七月十九日に西丸小性となり、同八年四月二日には本丸に転じた。同九年の朝旨の死去により七〇〇〇石を相続する。同十三年正月十一日に百人組頭、同十五年十二月三日に小性組番頭、嘉永四年（一八五一）四月八日に書院番頭となる。同七年六月四日に浦賀奉行となるが、安政四年（一八五七）二月九日に書院番頭に復した。七月二十四日に勘定奉行の勝手方海防掛、同六年三月九日に駿府城代、文久二年（一八六二）十二月二十八日に講武所奉行となり五〇〇〇石高を与えられた。同三年正月二十日に御側、同年七月十二日に御側御用取次となり、元治元年（一八六四）六月二十三日に御役御免となった。（清水）

【典拠・参考文献】『柳営補任』、『寛政譜』第五・一七〇頁、『旗本百科』第三巻、深井雅海『徳川将軍政治権力の研究』（吉川弘文館、一九九一年）

土岐朝旨《ときともむね》　（一七七〇～一八三八）

明和七年（一七七〇）深津盛徳の三男として生まれる。金三郎と称し、愚叟と号した。母は水野守鑑の息女。妻は小長谷時懋の息女。土岐朝堯《ともたか》の末期養子となり、天明六年（一七八六）三月六日に遺跡を継ぐ。知行は六〇〇石。寛政六年（一七九四）八月二十六日に御小納戸となり、九月十日に小性に進む。同九年二月二十七日に西丸小性となり、将軍世嗣家慶付属となった。十二月十八日に従五位下肥前守（後に豊前守）に叙任された。享和二年（一八〇二）四月に西丸小性頭取、文化十一年（一八一四）十二月朔日に小性組番頭格、御側御用取次見習、同十四年六月朔日に御側御用取次となり一四〇〇石を加増された。文政十年（一八二七）五月七日には二〇〇〇石加増され、さらに天保七年（一八三六）九月四日に三〇〇〇石加増されて都合七〇〇〇石となった。同八年四月二日からは隠居して大御所となった徳川家斉の御用も務めた。同九年六月二十一日に死去。享年六十九。早稲田宗参寺に葬られる。家督は朝昌が相続した。著作に『善事須修』、『武家必用童形用心大略』、『幼童教諭本具三宝』がある。（清水）

【典拠・参考文献】『柳営補任』、『寛政譜』第五・一七〇頁、『旗本百科』第三巻、『国書人名辞典』第三巻（岩波書店、一九九六年）、深井雅海『徳川将軍政治権力の研究』（吉川弘文館、一九九一年）

土岐朝義《ときともよし》　（生年未詳～一八五九）

小性頭取土岐源治郎の養子。半之丞と称

し、従五位下佐渡守に叙任され、大和守・豊後守・信濃守を名乗った。父源治郎は一橋家家老土岐朝利の子息である。知行は二五〇〇石。文政三年（一八二〇）十二月十二日に御小納戸となる。同八年五月に小性、天保八年（一八三七）四月二日に将軍家斉の隠居に伴い西丸小性へ移る。同九年六月に西丸小性頭取介、同十年六月十二日に西丸小性頭取となる。同十二年三月二十三日には新番頭格式となり、五月二十八日に新番頭となる。弘化三年（一八四六）四月二十八日に小普請組支配、嘉永二年（一八四九）十二月二十八日に西丸小性組番頭、同四年四月八日に小性組番頭、十二月二十一日に御三卿一橋家の家老となる。安政六年（一八五九）八月に死去。家督は子の朝佐が相続した。（清水）

【典拠・参考文献】『柳営補任』、『寛政譜』第五・一六八頁、『旗本百科』第三巻

土岐頼元《ときよりもと》 （一六四〇～一七一二）

寛永十七年（一六四〇）に生まれる。大膳と称した。父は土岐頼長。曾祖父土岐頼元は斎藤義龍と由緒があったことから、その扶助を受け、斎藤の姓を称していたが、義龍の子龍興が織田信長に敗れた後には、和泉国に赴き、また甲斐国に至って武田信玄の家臣となった。その後豊臣秀吉に仕え、関ヶ原の戦後に、徳川家康に仕えることになり、領地を賜った。そして祖父持益の代に至って土岐姓に戻した。頼元は、慶安五年（承応元・一六五二）八月二十五日、初めて四代将軍徳川家綱に拝謁した。明暦三年（一六五七）十二月二十五日に家督を継ぎ、表高家に列した。この日三〇〇石を弟三之助頼房に分かち与え、七〇〇石を知行した。宝永元年（一七〇四）六月二十七日に致仕し、是久と称し、子図書頼常が家督を継いだ。享保七年（一七二二）九月十七日死去した。享年八十三。法名は徳雲。（田中暁）

【典拠・参考文献】『寛政譜』第五・一六五頁、『徳川実紀』第六篇

徳永昌清《とくながまさきよ》 （一六三八～一七一四）

寛永十五年（一六三八）に書院番徳永昌《まさ》成《なり》の四男として生まれる。妻は大奥の侍女音羽の養女。半之丞・十左衛門と称した。寛文二年（一六六二）十月九日に四代将軍徳川家綱に仕え、小十人に列する。同年十二月二十二日に月俸十口を与えられ、同四年十二月二十五日に蔵米一〇〇俵を与えられる。延宝元年（一六七三）十二月二十一日に新番となり、同二年十二月十八日に月俸を収められ、一五〇俵を与えられる。貞享元年（一六八四）十二月二十五日に新番組頭に移り、同二年十二月二十三日に二〇〇俵を加えられる。同四年三月二十五日に目付に転じ、同年十二月二十五日には布衣の着用を許される。元禄元年（一六八八）十二月十一日に一五〇俵を加えられ、同五年三月二十三日に仙洞附に進み、五〇〇石を加えられる。同年八月十三日には従五位下備前守に叙任される。同十年七月二十六日に蔵米を改められて六〇〇石の知行地が与えられた。同十二年八月二十七日に辞職して寄合となった。宝永七年（一七一〇）七月二十七日に隠居し、養老料として蔵米三〇〇俵を与えられる。正徳四年（一七一四）十一月十八日に死去。享年七十七。法名は宗寛。葬地は赤坂の松泉寺。（芳賀）

【典拠・参考文献】『寛政譜』第十七・一三三頁

徳永昌新《とくながまさよし》 （生没年未詳）

書院番頭徳永伊予守昌保の長男として生まれる。通称主税・織部。従五位下石見守に叙任され、後に伊予守と名乗った。美濃国大野郡に二五〇〇石を領する。小性組・中奥番・西丸御小納戸・目付等を経て、慶応二年（一八六六）三月に長崎奉行となる。

長崎小菅浦に修船場を置く、節約を令する、出島を外国人居留地に編入（以上慶応二年）、長崎地役人に乃武館で砲術を習わせる。外国渡航者に運上所で出願印章を受けさせる。日見峠・田上・西坂・西山に関門を置き、島原・平戸・大村の兵で守らせる、浦上の切支丹を投獄（浦上崩れ）、長崎町年寄以下の地役人を廃止、長崎会所を仮御金蔵に改称する（以上同三年）などの事柄に携わった。同三年、浦上四番崩れの時、キリスト教徒に対する処置不適切の故をもって奉行を罷免される。後、目付となるが大政奉還により辞職する。（太田勝）

【典拠・参考文献】『増補長崎略史上巻』（『長崎叢書三』）、「長崎奉行歴代総覧」（『長崎事典歴史編』）

徳山重政《とくのやましげまさ》（一六一五～一六八九）

元和元年（一六一五）に使番徳山直政の三男として生まれる。母は京都所司代板倉勝重の息女。権十郎・五兵衛と称した。妻は大目付水野守信《もりのぶ》の息女。寛永八年（一六三一）九月に書院番となり、同十一年五月二十五日に家督を相続する。同二十年六月九日より進物番を出役して務める。正保二年（一六四五）十月一日、目付代として松平忠直の配流先である豊後国に赴く。万治三年（一六六〇）三月二十五日、同じく書院番の山崎重政と共に最初の本所奉行に任命される。本所・深川地域の開発を職務とし、亀戸天神の遷座や深川の長慶寺の建立に深く関わる。寛文十年（一六七〇）五月十六日に勘定頭となり、同年十二月二十八日に布衣の着用を許される。天和元年（一六八一）三月二十九日に永年勤務により職を免じられ、貞享三年（一六八六）十二月六日に致仕する。致仕後は浄雲と号し、元禄二年（一六八九）六月二十九日に死去。享年七十五。法名は浄雲。菩提寺は深川の長慶寺である。（宮坂）

【典拠・参考文献】『寛政譜』第五・三三六頁、『柳営補任』、『新編武蔵風土記稿』第二巻（雄山閣）

徳山秀起《とくのやましゅうき》（生没年未詳）

父は小普請徳山兵庫助。五兵衛・権十郎と称する。文化十年（一八一三）十二月十二日、小性組より御小納戸となり、同十五日西丸御小納戸へ移る。文政十二年（一八二九）正月十一日、使番となり天保三年（一八三二）九月から寄合火事場見廻を兼帯する。同五年八月九日、西丸目付に就き七年正月二十九日、本丸目付に移る。同十年九月十日、大坂町奉行に就任する。同十三年八月六日、先手鉄炮頭となり、翌十四年七月十六日、御役御免となる。（西木）

【典拠・参考文献】『柳営補任』、『天保武鑑』

徳山直政《とくのやまなおまさ》（一五八九～一六三四）

天正十七年（一五八九）に生まれる。安十郎・五兵衛と称する。父は徳山法眼則秀、母は蕪木右衛門大夫頼信の娘。妻は竹中周防守重定の娘、後妻は板倉伊賀守勝重の娘。慶長十一年（一六〇六）四月に初めて家康に拝謁し、十二月には父の遺跡のうち三〇〇〇石を賜い、二〇〇〇石は姉婿にあたる九蔵英行に分知する。同十四年に知行地のうちで二四〇石余の打出し分を加えられる。大坂冬・夏の両陣に供奉し、仮に使番を勤める。寛永八年（一六三一）正月二十四日に仰せにより美濃国川々の普請を奉行する。同年三月、布衣の着用を許され、のち大坂城の普請奉行を務める。同十年正月十三日、北陸道諸国の巡検を行うが、同十一年にその帰路において病にかかり、二月三日京師において四十六歳で死去した。法名は常安、葬地は徳山の増徳寺。（根岸）

【典拠・参考文献】『寛政譜』第五・三三六～三三七頁

徳山秀栄《とくのやまひでいえ》（一六九〇～一七五七）

徳山重俊の男。権十郎・五兵衛と称した。妻は藤枝若狭守方教の女。元禄十三年（一七〇〇）七月十二日に将軍綱吉に拝謁する。正徳三年（一七一三）十一月二十九日に家督を継ぎ、小普請に入る。采地二二四〇石余を知行する。享保九年（一七二四）三月八日より江戸本所の火事場見廻を務め、同十八年正月十一日に使番となる。同年十二月十八日に布衣を許される。延享元年（一七四四）正月十一日に先手鉄炮頭となり、同三年七月二十一日より火附盗賊改の加役をつとめ、東海道諸国を荒らした盗賊日本左衛門の事件などを担当した。宝暦四年（一七五四）四月九日に西丸持筒頭となるが、同七年七月十八日に六十八歳にて死去する。法名は浄性。（石山）

【典拠・参考文献】『寛政譜』第五・三二八頁

徳山秀堅《とくのやまひでかた》（生年未詳～一八七〇）

幕末期に小納戸や使番・先手鉄炮頭などを務めた徳山秀守の子として生まれる。通称は鋼太郎。徳山家は、家伝によれば坂上田村麻呂四代の孫貞守の時から美濃国大野郡徳山を所領とし、その末孫貞信の時に徳山を家号とした。はじめ「とこのやま」と称したが、徳川家康に仕えた則秀《のりひで》以降は「とくのやま」と称した。則秀の時に旧知徳山五〇〇〇石を安堵されるが、のちに一族に分知し、貞享三年（一六八六）以降は二七四三石余を知行した。秀堅は、文久三年（一八六三）五月二十二日、小性組番・講武所砲術教授方出役より歩兵差図役頭取となり、十一月二十八日に歩兵頭並となった。慶応元年（一八六五）の十四代将軍徳川家茂の進発に際しては、一番隊に属して五月六日に先発した（『連城紀聞』二）。第二次長州戦争では、同年十一月十五日に歩兵奉行河野通和《みちかず》・歩兵頭戸田鎬次郎《こうじろう》らとともに芸州路に出軍。この年十二月、先手鉄炮頭の父秀守が大坂で死去するが、家督相続することなく翌二年七月・八月の大野村（広島県廿日市市）攻防戦に参加した。帰陣後の同三年三月に家督相続し、歴代の呼称である五兵衛を称した。同三年五月朔日、歩兵頭となり出羽守を称す。十二月には歩兵奉行並となった。三男秀業（誠吉）も陸軍に進み、元治二年（一八六五）三月六日に開設された横浜仏語伝習所でフランス語を学んだ。慶応四年正月の鳥羽・伏見の開戦に際しての旧幕府軍「軍配書」によれば、秀堅は陸軍奉行大久保忠恕《ただくみ》の二条城侵攻部隊に属し、歩兵二大隊（歩兵第一連隊一〇〇〇人）を指揮した。この部隊には佐々木只三郎配下の見廻組四〇〇人、水戸本圀寺勢二〇〇人が属していた（『復古記』第一冊）。徳川家の駿河移住に従い、明治二年（一八六九）に掛川奉行支配となる（「駿藩各所士族姓名録」）。この当時、静岡八幡町青木屋半次郎方に寄留していたが、同三年九月六日に死去。戒名は義峰院殿忠道秀堅大居士。一族は江戸深川（江東区）の長慶寺に埋葬されたが、秀堅の墓は静岡県静岡市の臨済寺にある。徳山家に伝わった文書は、現在「徳山稔家文書」として岐阜県歴史資料館に所蔵されている。（藤田）

【典拠・参考文献】『寛政譜』第五・三二六頁、『旗本百科』第三巻、『続徳川実紀』第四篇、渡辺一郎編『徳川幕府大名旗本役職武鑑』四（柏書房、一九六七年）、友田靖雄「幕末における徳山氏の動向」（『岐阜県歴史資料館報』一五号、一九九二年）、前田匡一郎『駿遠へ移住した徳川家臣団』第四編（私家版、二〇〇〇年）、野口武彦『幕府歩兵隊』（中公新書、二〇〇二年）、野口武彦『長州戦争』（中公新書、二〇〇六年）

豊嶋武経《としまたけつね》（一七三八～没年未詳）

元文三年（一七三八）に御番医師久志本常周《つねちか》の三男として生まれる。実母は御番医師久志本常盛の息女。妻は小浜酒井家家臣宮田景豊の息女であったが、のちに大番豊嶋教泰《のりやす》の養女を後妻とし、御留守居番与力豊嶋泰朝《やすとも》から家督を相続した。息之助・平次郎・左兵衛と称した。はじめ諱は常方《つねみち》・泰紀《やすのり》と名乗った。養父豊嶋泰朝と同様に御留守居番与力となり、のちに上水道方改役を務めた。安永元年（一七七二）七月三日、旗本に列し、小普請方となり、上総国望陀《もうだ》郡内において二一〇石余を拝領した。同六年十二月十二日、御細工頭に転じた。天明五年（一七八五）六月十日より川船改めの立ち会いを務め、関東河川の通船や御用船のことを司り、同六年五月十四日に川船奉行となった。寛政元年（一七八九）八月晦日、浜御殿奉行に転任し、同九年九月五日より御小納戸頭取の付属となった。同十二年に職を辞した。（白根）

【典拠・参考文献】『寛政譜』第九・一七九頁、『柳営補任』

豊島信満《としまのぶみつ》　（一五七九～一六二八）

天正七年（一五七九）に豊島信貞の子として生まれる。主膳・刑部と称した。徳川家康に仕えて一七〇〇石を与えられた。慶長十九年（一六一四）十一月に使番となり、大坂の陣に従軍している。元和元年（一六一五）十一月二十九日に三年に一度各国へ監使を遣わすこととなった際、会津への監使を命ぜられた。同三年正月に目付となる。同五年六月に福島正則が改易された際に、広島へ遣わされた。同九年と寛永三年（一六二六）に三代将軍家光が上洛した際に供奉をしている。同四年十二月二十六日に従五位下刑部少輔に叙任された。同五年八月十日、殿中において老中井上正就を刺殺し、自身もまた小十人組の青木義精に止められながらも、割腹して果てた。この時割腹した刃が、後ろから止めていた青木まで貫通したため、青木まで果ててしまった。同月十四日に嫡子主膳も切腹、御家断絶となった。この刃傷の原因は、信満が、井上正就の子政利の妻として、大坂町奉行島田直時の息女を媒酌し、仲人を務める内約を結んでいたが、春日局の命により、政利は鳥居成次の息女と縁組みすることとなり、島田の息女との縁組みを破棄したことから、面目を失った信満が恨みに思ったことによるという。法名は越祖英心居士。享年五十。武蔵国久良岐郡富岡の青松寺に葬られた。（清水）

【典拠・参考文献】『断家譜』巻五・一五二頁、『徳川実紀』第二・三篇、『柳営補任』、杉山博『豊嶋氏の研究』（名著出版、一九七四年）

戸田氏著《とだうじあき》　（生没年未詳）

父は使番戸田氏香。伊三郎と称し、従五位下能登守に叙任された。知行は二〇〇〇石。文政八年（一八二五）十二月七日に小普請から西丸御小納戸になる。同十年四月二十八日に西丸小性、天保八年（一八三七）徳川家慶の将軍就任に伴い、四月二日に本丸小性に移り、同十二年正月十一日に使番となる。弘化二年（一八四五）八月三日に西丸目付介となるも、八月三日には御免となって、九月四日に火事場見廻を兼帯する。同三年二月八日に目付となり、嘉永三年（一八五〇）九月二十九日に日光奉行、同五年十月八日に奈良奉行、安政五年（一八五八）八月二十三日に普請奉行となる。同六年十二月十五日には一橋家の家老に移るが、元治元年（一八六四）五月朔日には二条城の御留守居過人となり、十一月十九日に大目付となる。慶応二年（一八六六）二月二十二日に御留守居となるが、十一月四日に御役御免、寄合となった。著作に『御陵御取締伺』、『神武天皇御山陵ノ記事』がある。（清水）

【典拠・参考文献】『柳営補任』、『旗本百

科』第三巻、『明治維新人名辞典』（吉川弘文館、一九八一年）、『国書人名辞典』第三巻（岩波書店、一九九六年）

戸田《とだ》氏孟《うじたけ》　（一七三八～一七八五）

元文三年（一七三八）に書院番の新庄源六郎直良《なおよし》の二男として生まれる。その後、小性番の戸田氏喜《うじよし》の養子となる。妻は書院番・使番の横田三四郎松春《としはる》の息女。吉五郎・主膳などと称した。戸田家の始祖は三河国戸田郷に住んだことから、「戸田」姓を名乗り、祖の氏輝《うじてる》は十田弾正左衛門宗光の四代孫にあたる。氏孟の父氏喜は氏輝から八代後裔になる。家禄は五〇〇石で、知行地は美濃国大野郡。明和三年（一七六六）十二月十九日に家督を継ぎ、同四年には書院番となる。安永六年（一七七七）三月十七日に御徒頭、天明元年（一七八一）六月十五日に佐渡奉行、同年三月十二日に長崎奉行となる。長崎奉行就任にともない、同年六月十八日には従五位下出雲守に叙任される。長崎奉行在勤中は、こぼれ砂糖商人仲間（盈物《こぼれもの》仲買商）を停止すると同時に、大村町に「砂糖地売所」を建てるなど従来の貿易習慣の制度を改めている。唐人に対しても唐人屋敷で実際に使用される日用品の持ち込みだけを認め、滞在費の決済にあてられる品物は長崎奉行が現金で買い上げ、これを地役人に売却するなど物品の流れの透明化を図っている。天明五年（一七八五）には、外国金銀輸入で功があった唐大通事の林梅郷を町年寄に昇任し会所改役を兼任させている。そして会所調役に町年寄久松半右衛門・薬師寺久左衛門を登用し、二人に帯刀を許可する。また、俵物役所を西浜町に置いている。さらに、佐賀・福岡藩に命じて番船による長崎湾岸の警備強化を行うなど、長崎貿易の管理・警備体制を改めた。長崎在勤中の天明五年十月四日に死去。享年四十八。法名は宗峻、戒名は高岳院殿顕誉氏孟宗俊大居士である。墓所は長崎の浄土宗大音寺にあり、菩提寺は東京都文京区の蓮光寺である。　（安高）

【典拠・参考文献】『寛政譜』第十四・三八六頁、『続長崎実録大成』（長崎文献社、一九七四年）、木村直樹『幕藩制国家と東アジア世界』（吉川弘文館、二〇〇九年）

戸田《とだ》氏寧《うじやす》　（一七七六～一八三九）

安永五年（一七七六）に生まれる。父は寄合の戸田氏永《うじなが》、母は不詳。寛之丞・阿波守とも称した。妻は浦賀奉行久世広徳の娘。寛政五年（一七九三）六月十八日にはじめて家斉に御目見し、寄合となる。同九年十一月三日に遺跡を継ぐ。采地三五〇〇石。同十一年五月二十二日には御小納戸となり、享和元年（一八〇一）六月二十三日に西丸小性となる。文化十一年（一八一四）十二月、西丸小性頭取介となり、同十四年正月には西丸小性頭取になる。文政十年（一八二七）四月九日には小性組番頭へ転じ、同十三年四月一日紀州へ御使を仰せ付けられた。天保二年（一八三一）二月二十八日に書院番頭となり、同八年六月十三日紀伊大納言御側となる。同十年十月十日卒。享年六十四。菩提寺は駒込蓮光寺。　（吉成）

【典拠・参考文献】『寛政譜』第十四・三八五頁、『柳営補任』

戸田《とだ》氏栄《うじよし》　（一七九九～一八五八）

寛政十一年（一七九九）、美濃国揖斐郡深坂村（岐阜県揖斐郡揖斐川町）に生まれる。戸田氏友《うじとも》の実子。寛十郎と称し、従五位位下伊豆守に叙任される。禄高は五〇〇石、のち五〇〇〇石。天保十二年（一八四一）閏正月二十四日に西丸小性組遠山景高《かげたか》組より御徒頭、次いで同年七月一日に使番となり、書物御用見廻、駿府目付代、旧跡調査などを勤めた。その後、同十四年二月一日に目付、同年九月二十四日に駿府町奉行、弘化四年（一八四七）正月二十五日に日光奉行となった。同年二月九日には浦賀奉行となり、従五位下伊豆守に叙任、勤役中二〇〇〇石高、一か年金二〇〇両を拝領した。なお、異国船来航時における諸藩への指揮権を確立するため、同年七月三十日に浦賀奉行は長崎御奉行次席の格で諸大夫場となった。嘉永五年（一八五二）閏二月には「御仁心」が深いとの理由で氏栄の「永御在住」の歎願が浦賀（神奈川県横須賀市）の町々小前一同から出されている。同六年六月にペリー艦隊が来航した際には、本家の戸田氏正が藩主を勤める大垣藩から小原鉄心の斡旋により藩兵を動員、久里浜村（神奈川県横須賀市）の応接所でアメリカ大統領国書を受理した。この時アメリカ側からの贈品を独自の判断に基づき浦賀番所前の波止場で焼き捨てた。また、同月中に同僚の浦賀奉行井戸弘道《ひろみち》とともに浦賀での軍艦建造を提案、軍艦配備による江戸湾海防構想を老中阿部正弘に上申した。その一方で、浦賀の明神崎《みょうじんざき》に西洋式台場を建造した。翌七年正月のペリー再来航時においても日本側全権として横浜村（神奈川県横浜市）で日米和親条約を結ぶなど、幕府の対外政策において重要な役割を果たした。同年六月四日に西丸御留守居、安政四年（一八五七）二月二十四日に大坂町奉行へ転じたが、同五年八月二十一日に大坂において死去した。享年六十。毒殺との説もあるが、氏栄の大坂町奉行在任中に用人を務めた野々村市之進《いちのしん》の「手留」によると病死と思われる。墓所は岐阜県揖斐郡揖斐川町の円立寺。（神谷）

【典拠・参考文献】『柳営補任』、『続徳川実紀』第三篇、戸川安宅編「幕府名士小伝」（『旧幕府』一巻二号、一八九七年）、『新横須賀市史』資料編近世Ⅰ・Ⅱ（横須賀市、二〇〇五・二〇〇七年）、浦賀近世史研究会『南浦書信』（未來社、二〇〇二年）

戸田氏倚《とだうじより》（一七七三～一八三七）

安永二年（一七七三）に生まれる。文太郎・図書と称した。屋敷は江戸小川町にあった。父は戸田氏明。母は戸田主水定候の息女。妻は戸田兵庫頭氏紹の息女で、後妻は松平河内守定休の息女である。父氏明は宝暦十一年（一七六一）に家督を継ぎ、二〇〇〇石を領し、明和四年（一七六七）十二月十一日に高家に列した。氏倚は、寛政元年（一七八九）五月十五日、初めて十一代将軍徳川家斉に拝謁した。同十年九月十四日部屋住より高家見習となり、切米五〇〇俵を賜った。同年十二月十六日従五位下侍従に叙任され、備後守に改め、さらに土佐守に改めた。同月十九日高家となり、切米一〇〇〇俵を賜った。文化七年（一八一〇）父の家督二〇〇〇石を継ぎ、同月二十四日高家肝煎に任じられ、従四位下侍従となった。同十四年十一月一日恵仁親王（仁孝天皇）の即位の際に、将軍使者の差添に任じられ、従四位上に昇り、伊豆守に改めた。文政五年（一八二二）六月九日、家斉の左大臣転任の賀使の差添に任じられ、少将に昇任した。同十年閏六月十五日には家斉の太政大臣任官の賀使の差添に任じられ、正四位下に昇った。文政十三年（天保元・一八三〇）十一月二十二日痛むところがあるということで、願いのままに太刀の役、給仕を免除された。同八年十月二十五日に死去した。享年六十五。法名は林高院徳元秀山日幸。（田中暁）

【典拠・参考文献】『寛政譜』第二十・三四頁、『続徳川実記』第二篇、『系図纂要』第九冊・一三二頁、『柳営補任』

戸田勝房《とだかつふさ》（一六六五～一七二二）

寛文五年（一六六五）に戸田正吉《まさよし》の長男として生まれる。母は大坂町奉行松平重次の息女。浅之助・七之助・次郎右衛門・五助と称した。当家は戸田忠政の二男勝則《かつのり》が興した分家で、その孫である貞吉《さだよし》が相続した。家禄は貞吉のときに二〇〇〇石余で、その孫の正吉が家督を相続する際に弟に五〇〇石余を分与し、一五〇〇石となる。勝房の曾祖父である貞吉は、秀忠・家光の二代に渡って仕えた有能な鷹匠頭であり、その後、当家は代々鷹匠頭を務める家柄となる。家督相続前に死去した祖父吉成《よしなり》も鷹に関する職務を行っており、父の正吉も鷹匠頭を務めた。また、勝房の長男である勝便《かつより》以降も代々鷹匠頭を務めている。勝房は、延宝六年（一六七八）より父のもとで鷹に関する勤めに従事し、同八年九月七日に家督を相続して鷹匠頭となる。その後、生類憐み政策による鷹場関係役人の縮小により、天和二年（一六八二）三月二十一日に大番となる。大番を一旦辞した後、元禄十年（一六九七）四月十五日に再度大番となり、翌月二十一日に新番に転ずる。吉宗の八代将軍就任直前である享保元年（一七一六）八月三日に鷹方を命じられ、同月九日には四代将軍家綱の時代の鷹狩について吉宗より下問されている。同月十三日に将軍に就任した吉宗は、鷹場役人の任命と江戸周辺における鷹場制度の復活を行い、勝房も同月二十一日に小普請の間宮敦信と共に鷹匠頭を命じられた。同三年十二月十八日に布衣の着用を許される。同七年四月十三日に死去。享年五十八。法名は道久。菩提寺は牛込の松源寺である。

（宮坂）

【典拠・参考文献】『寛政譜』第十四・三五一～三五三頁、『徳川実紀』第九篇、大石学『享保改革の地域政策』（吉川弘文館、一九九六年）

戸田貞吉《とださだよし》 （生年未詳～一六五二）

戸田吉久《よしひさ》の二男として生まれる。母は鎗奉行戸田光定《みつさだ》の息女。久助と称した。妻は徳川家康に仕えた清水正吉《まさよし》の息女。父吉久が祖父勝則《かつのり》に先立って死去したため、祖父より家督を相続する。徳川秀忠に近侍し、鷹匠頭となる。寛永十五年（一六三八）十一月三日、職務精勤により五〇〇石を加増される。同十八年十二月十三日、先の放鷹において貞吉預りの鷹が丹頂鶴を獲ったことを賞せられ、白銀を与えられる。同十九年十一月十二日に布衣の着用を許される。正保三年（一六四六）十二月四日に三〇〇石を加増され、合計二〇八〇石余の知行となる。翌四年十二月、遊猟に供奉し、貞吉の放った鷹が雁を獲ったことを賞せられ、御拳の雁を賜る。慶安二年（一六四九）五月七日に同心を増員され、合計五〇人を預かる。同三年閏十月十四日に老衰のため遊猟の供奉を免除される。承応元年（一六五二）十月十四日に死去。法名は法安。菩提寺は牛込の松源寺である。鷹狩を好んだ三代将軍家光に重用されたことから、当時権勢を振るった酒井讃岐守忠勝にたとえて「野讃岐」と呼ばれたという逸話が残る。

（宮坂）

【典拠・参考文献】『寛政譜』第十四・三五一頁、『徳川実紀』第三篇

戸田重種《とだしげたね》 （一六一五～一六八八）

元和元年（一六一五）に書院番士戸田重《しげ》宗《むね》の子として生まれる。妻は大番頭本多正貫の息女。斎宮・藤五郎と称した。従五位下備後守に叙任され、のちに但馬守・出羽守を名乗った。同三年に父重宗が大坂の陣での傷が癒えず死去したために家督を相続し、武蔵国および上野国内において新墾田を含め、六四二〇石余を拝領して寄合に列した。寛永二年（一六二五）九月二日に知行宛行の朱印状が発給された。同十一年には三代将軍徳川家光の上洛に供奉し、同十四年から甲府城の守衛を務めた。慶安二年（一六四九）七月三日には、増上寺の御霊屋や諸堂の修復を担当した。承応二年（一六五三）九月二十七日に小性組番頭となり、

十二月二十八日に従五位下備後守に叙任された。万治二年（一六五九）二月二十三日より書院番頭を務め、寛文二年（一六六二）二月八日、大番頭に転じた。同十二年十二月三日に御留守居となり、天和二年（一六八二）四月七日に職を辞した。貞享五年（元禄元・一六八八）三月十七日に死去。享年七十四。法名は江山。青松寺（東京都港区）に葬られた。（白根）

【典拠・参考文献】『寛政譜』第十四・三二八頁

戸田祐之《とだすけゆき》 （一七二四～一七七九）

享保九年（一七二四）に戸田高猶《たかなお》の子として生まれる。実母は紀伊徳川家家臣高瀬中頓の息女。要人と称した。延享元年（一七四四）四月四日に父高猶の隠居により家督を相続した。同年十一月二十一日、書院番に列したが、同四年九月十二日に職を辞した。安永八年（一七七九）四月十日、中国の明王朝時代に著された『本草綱目』に掲載されている薬草の精密な彩色図を描き、『庶物類纂図翼』（全二七巻・別録一巻）と題して十代将軍徳川家治に献上し、褒賞された。『庶物類纂図翼』の献上にあたり、この図集に描かれた薬草の形状などが正確であるかどうか、本草学の専門家である、小石川御薬園奉行次席植村政辰《まさとき》とその子政《まさ》養《もち》（駒場御薬園預見習）、田村元長（藍水の子）による事前審査が行われた。その結果、一部修正すべき箇所があるものの、すでに将軍家の紅葉山文庫に納められている本草博物学の書『庶物類纂』（延享四年に完成、全一〇五四巻）の参考図集として利用する価値があると認められた。同年八月六日に死去。享年五十六。法名は浄輪。牛込の宗参寺（東京都新宿区）に葬られた。（白根）

【典拠・参考文献】『寛政譜』第十九・一三頁、氏家幹人「『古今要覧稿』『庶物類纂図翼』絵図細目」（『北の丸』第四〇号、二〇〇七年）

戸田正意《とだせいい》 （生没年不詳）

嘉十郎と称す。父は佐渡奉行を務めた戸田与左衛門。妻は京都町奉行の大久保土佐守の娘（『続徳川実紀』）。嘉永元年（一八四八）八月十一日に寺社奉行吟味調役より代官となり「永々御目見以上」となる。安政元年（一八五四）十二月二十四日には御納戸頭となり、家禄を一〇〇俵高に加増された。その後、万延元年（一八六〇）十月二十二日に佐渡奉行、文久二年（一八六二）七月五日に先手鉄炮頭、元治元年十二月二十七日には火附盗賊改の加役を務め、役高一五〇〇石に加増されている。慶応二年（一八六六）八月四日、御役御免となり勤仕並寄合となるが、翌三年三月二十日には西丸切手門番之頭として復職した。しかし、慶応四年二月十日、再び思召しにより御役御免となる。慶応四年四月、それまでの撤兵差図役頭取および同改役兼帯から撤兵頭並へと進んだことが確認されるが（『続徳川実紀』）、その間の詳細は不明。（保垣）

【典拠・参考文献】『続徳川実紀』第四、第五篇、『柳営補任』、『旗本百科』第三巻

戸田忠利《とだただとし》 （一六三七～一七一二）

寛永十四年（一六三七）小性組戸田忠次の二男として生まれる。忠時とも名乗り、九十郎・三郎左衛門・八郎兵衛と称した。祖父は三河国田原藩主戸田尊次《たかつぐ》。母は田原藩士伴忠好の息女。妻は土屋利次の息女。四歳で父の遺跡廩米二〇〇俵を継ぎ、承応三年（一六五四）二月二十三日に小性組番士となり、廩米一〇〇俵を加えられる。延宝八年（一六八〇）二月六日に御徒頭に転じ、三〇〇俵を加えられ、八月二十一日には布衣を許される。十一月三日に目付に移り、天和二年（一六八二）正月十一日に伏見奉行に転じ、一〇〇〇石を加増される。同三年十二月四日に従五位下長門守に叙任

する。貞享三年（一六八六）十一月十一日に小性組番頭となり、元禄二年（一六八九）七月二十六日に甲府藩主徳川綱豊に付属して家老となり、甲府において五〇〇〇石を知行し、後に加増され八〇〇〇石に至る。元の一〇〇〇石は三男忠義に与えられた。宝永元年（一七〇四）十二月に綱豊が将軍世嗣となるに従い、西丸御側となる。同二年正月七日に三〇〇〇石の加増を受けて下野国足利藩一万一〇〇〇石の藩主となる。後に大炊頭に改め、従四位下に昇進し、座班も若年寄の上に位置するようになる。同三年十月十五日に務めをゆるされ、雁間に伺候する。同五年六月二十九日に隠居して、家督は四男忠囿《ただその》が相続した。正徳二年（一七一二）七月二十四日に七十六歳で死去。徳翁全隆方広院と号する。（清水）

【典拠・参考文献】『寛政譜』第十四・三三九頁、『徳川実紀』第六篇

戸田輝道《とだてるみち》 （一六二八～一六九七）

寛永五年（一六二八）大番組頭戸田直良の二男として生まれる。初め輝吉と名乗り、平吉・勘兵衛・作右衛門と称した。母は山角正勝の息女。妻は玉虫重茂の息女。同十九年六月二十日に書院番士に列し、正保元年（一六四四）十二月二十五日に廩米三〇〇俵を与えられる。万治元年（一六五八）閏十二月十九日から進物番を務め、寛文六年（一六六六）六月八日に目付に転じ、十二月二十三日に三〇〇俵を加えられて、二十八日には布衣を許される。同十年六月十日に甲府藩主徳川綱重の家老となり、三〇〇〇石を知行する。元の六〇〇俵は嫡男憲《のり》直《なお》に与えられた。十二月二十八日に従五位下播磨守に叙任された。元禄二年（一六八九）七月二十五日に小普請となり、さらに逼塞させられて知行を没収される。同九年五月二十四日に赦免されるが、出仕は憚った。同十年十一月晦日に死去。享年七十。法名は了参。三田功運寺に葬られた。（清水）

【典拠・参考文献】『寛政譜』第十四・三七二頁、『柳営補任』

戸田直武《とだなおたけ なおまさ》 （生没年未詳）

御徒頭戸田直政の長男として生まれる。五郎八・五郎右衛門・金五郎・又兵衛と称した。妻は大目付大岡忠勝《ただとう》の息女。明暦二年（一六五六）十一月五日に家督を相続する。寛文三年（一六六三）十一月十九日に書院番となり、同七年八月十八日より進物番、延宝五年（一六七七）二月十一日より屋敷改を出役して務める。同七年九月二十八日に御徒頭となり、同年十二月二十八日に布衣の着用を許される。天和元年（一六八一）十一月九日に目付となり、翌二年四月二十一日に五〇〇石を加増される。貞享元年（一六八四）十二月十日に作事奉行、同四年十二月十五日に大目付となり、同月二十五日に従五位下美作守に叙任される。元禄元年（一六八八）二月十四日、二男直久に連座して逼塞となり、六月四日に職を免じられ小普請となる。同年十一月十四日に勘定奉行となるが、翌二年四月十八日に職務上の過失により詮議を受け、二十六日に近江国大溝藩主分部《わけべ》信政《のぶまさ》のもとに預けられる。（宮坂）

【典拠・参考文献】『寛政譜』第十四・三六五頁、『柳営補任』

戸塚忠栄《とつかただよし》 （一七七八～没年未詳）

安永八年（一七七八）に生まれる。金十郎・吉三郎と称した。父は戸塚為忠、母は戸田伝之丞氏純の女子。妻は奏者番松平忠刻の四男忠睦の女子。天明八年（一七八八）十二月二十七日、家督を継ぐ。享和二年（一八〇二）七月十日、御小納戸となり、直後の七月二十四日、小性に転じる。文化十一年（一八一四）四月二十四日、使番となり、文政九年（一八二六）二月一日、西

丸目付に就任、同十年七月八日、本丸目付に移る。天保三年（一八三二）六月二十八日、大坂町奉行に就任。同五年七月八日に西丸御留守居となり、翌六年九月一日、小普請組支配に移る。同十三年七月二十八日、先手鉄炮頭に就く。安政二年（一八五五）六月晦日、七十九歳の時老衰につき職を辞す。（西木）

【典拠・参考文献】『寛政譜』第十八・二七八頁、『柳営補任』

戸張半兵衛《とばりはんべえ》 （生年未詳～一六三六）

小十人組。寛永十三年（一六三六）六月頃、遊里で美濃部権兵衛某と口論に及び、六月、美濃部と同様、その罪は軽くないとして、青木太郎兵衛・松下清兵衛とともに斬罪に処される。（鍋本）

【典拠・参考文献】『江戸幕府日記』

富沢利貞《とみざわとしさだ》 （生年未詳～一七一一）

富沢利継の子として生まれる。太郎兵衛と称した。母は大平氏の息女。妻は大谷木安左衛門季政の息女。表火番を経て御徒目付となり、貞享四年（一六八七）十二月九日、父の遺跡を継ぐ。元禄六年（一六九三）四月二日、細工頭となった。廩米二〇〇俵を給わり、同十一年十二月二十二日には五〇俵を加増され、合わせて二五〇俵となる。宝永六年（一七〇九）十月十九日、西丸の職務も兼帯するよう命じられる。正徳元年（一七一一）四月五日、職を辞して小普請となるが、同七日に死去。法名は宗入。菩提寺は本所常光寺（東京都江東区）。（西）

【典拠・参考文献】『寛政譜』第二十一・一九九頁

富田錠之助《とみたじょうのすけ》 （生没年未詳）

天保十四年（一八四三）より弘化四年（一八四七）まで関東取締出役を勤める。岩鼻代官林部善太左衛門の手附であった。関東取締出役退任後には林部の手附も辞したようである。（坂本）

【典拠・参考文献】関東取締出役研究会編『関東取締出役』（岩田書院、二〇〇五年）、村上直他編『江戸幕府代官史料』（吉川弘文館、一九七五年）

富永重吉《とみながしげよし》 （一五五一～一六四六）

天文二十年（一五五一）、富永重久の子として生まれる。母は北条家家臣田中越中守泰行の息女。妻は北条家家臣高橋和泉守秀治の息女。北条氏康・氏政・氏直に仕え、天正十八年（一五九〇）、小田原の陣で北条氏が敗れると、蟄居した氏直に従って高野山に登る。文禄元年（一五九二）、徳川家康に召し出されて肥前名護屋の陣に供奉し、同三年、武蔵国都筑郡の内に采地二五〇石を給わる。慶長五年（一六〇〇）の関ヶ原の戦、同十九・二十年の大坂両陣での働きの後、元和八年（一六二二）、普請奉行となり、武蔵国埼玉郡の内に五五〇石の加増をうけ、後に屋敷奉行を兼職する。寛永九年（一六三二）、鑓奉行に転じ、同十年には甲斐国山梨郡の内に五〇〇石を加増され、合わせて一三〇〇石を知行した。重吉は壮年より兵法に通じており、また剣術にも長じていたため、三代将軍徳川家光の御前でその技を度々披露していた。その剣術は後に富永流と称される。正保三年（一六四六）十二月十六日に死去。享年九十六。法名は宗観。菩提寺は采地都筑郡早野村に重吉が開基した戒翁寺（神奈川県川崎市麻生区）である。（西）

【典拠・参考文献】『寛政譜』第七・三六一頁

富永寛恒《とみながひろつね》 （生没年未詳）

富永金次郎の子として生まれる。通称は雄之助・孫太夫。富永氏ははじめ北条氏に仕えていたが、のちに徳川家康に従い慶長五年（一六〇〇）の上杉征伐に供奉した。

同家はこの富永家の分家で三〇〇俵。寛恒は小性組番士となり、講武所砲術教授方出役を勤めていたが、文久二年（一八六二）十二月二十八日、歩兵頭並に任じられ、ついで元治元年（一八六四）九月朔日に歩兵頭に昇進、相模守を称した。慶応元年（一八六五）五月十六日の十四代将軍徳川家茂の進発に際しては、九番隊に属し陸軍奉行竹中重固《しげかた》らとともに歩兵一大隊を率いた。同二年八月八日には大坂城において歩兵奉行並となり、翌年十二月二十八日には歩兵奉行となった。同四年三月朔日、御留守居に任命されている。徳川家の駿河移住に従い、明治二年（一八六九）に静岡藩の中老、その後同藩権大参事・刑法掛に任じられた。この頃雄造と改称する。息子の寛容は静岡県安倍郡で教員を勤めた。先祖は東京都台東区の寛永寺護国院を菩提寺としたが、寛恒の墓は静岡にあると思われる。（藤田）

【典拠・参考文献】『寛政譜』第七・三六六頁、『旗本百科』第三巻、前田匡一郎『駿遠へ移住した徳川家臣団』第三編（私家版、一九九七年）、野口武彦『幕府歩兵隊』（中公新書、二〇〇二年）

友成直高《ともなりなおたか》（生年未詳～一八六六）

鉄炮玉薬奉行などを勤めた安良（将監）の長男として生まれる。求馬と称した。友成氏は、藤原秀郷の従者にして源義経の家人であった佐藤継信の末裔という。家祖が武蔵国友成村を領したことから友成を家号とした。寛永期に外家の号である高田を称するも、寛政十年（一七九八）以降、友成を名乗った。禄高は一五〇俵。直高の前歴は不詳だが、慶応二年（一八六六）段階で歩兵差図役勤方を勤めた。第二次長州戦争では、芸州口大野村攻防戦に参加し、同二年六月十九日早朝、長州勢と銃撃戦に及び、右胸から肺にかけ銃弾を打ち抜かれ即死、幕府歩兵隊士官の戦死者第一号となった。戦争終結後の同年十一月二十五日、芝増上寺で挙行された長州戦争戦死者の合同法要で供養されている。翌三年六月二十一日、父安良は、直高が名誉の戦死を遂げたことを嘉賞され、一〇〇俵を加増された。なお、安良は慶応四年以降、高田郷助と称して上野戦争や飯能戦争に参加し、新政府軍への徹底抗戦を貫いた。白河、仙台を経て箱館へ渡航し、榎本政権下では器械方頭取を勤めた。明治五年（一八七二）に陸軍省に出仕。同十四年には榎本武揚や松平太郎が経営する北辰社に入社し酪農に従事した（山崎有信『幕末血涙史』）。同二十四年二月十日、小樽にて七十二歳の天寿を全うする（『明治過去帳』）。安良の四男仲は、北海道庁五等技師となった。（藤田）

【典拠・参考文献】『寛政譜』第二十一・一七七頁、『旗本百科』第三巻、『続徳川実紀』第四・五篇、前田匡一郎『駿遠へ移住した徳川家臣団』第二編（私家版、一九九三年）、野口武彦『幕府歩兵隊』（中公新書、二〇〇二年）、野口武彦『長州戦争』（中公新書、二〇〇六年）

友野霞舟《とものかしゅう》（一七九一～一八四九）

寛政三年（一七九一）、江戸に生まれる。名は煥。字は子玉。霞舟、錦天山房と号し、雄助と称した。井川東海に学んだ後、昌平黌で野村篁園より学ぶ。文化十四年（一八一七）より昌平黌の教授をつとめた後、天保十四年（一八四三）から弘化二年（一八四五）にかけて甲府徽典《きてん》館の学頭となり、乙骨耐軒とともに学制を整備した。その後江戸に戻り、再び昌平黌で教えた。著書に江戸時代の代表的な詩の選集である『熙朝詩薈』一一〇巻の他、『錦天山房詩話』二巻、『霞舟吟巻』一巻、『霞舟文稿』一巻、『霞舟海防策』がある。嘉永二年（一八四九）六月二十四日に死去。享年五十九。菩提寺は谷中宗林寺（東京都台東区）。（西）

【典拠・参考文献】近藤春雄『日本漢文学大事典』（明治書院、一九八五年）

伴野貞政《とものさだまさ》（生年未詳～一六九一）

主馬・九左衛門と称す。諱については貞昌とするものもある。父は徳川家康・秀忠に仕えた貞明。母は依田内蔵助の息女。妻は倉橋勝兵衛政長の息女。後妻は加藤主計頭の家臣吉田勘右衛門の息女。貞政は、元和四年（一六一八）に父の隠居にともない家を継ぎ、同八年、家光の弟である徳川忠長に付属された。しかし、寛永九年（一九三二）に忠長が処罰されたことにより、貞政自身も松平乗寿に召し預けとなった。同十三年十二月十日、ゆるされて小性組に属し、同十五年十二月朔日には武蔵国で三五〇石余りをたまわった。寛文三年（一六六三）に大番に移り、同十二年に小普請となる。元禄四年（一六九一）三月十二日に死去。法名は貞穏。葬地は駒込の大円寺（東京都文京区）。（小宮山）

【典拠・参考文献】『寛政譜』第四・四七頁、『寛永諸家系図伝』第四・二五八頁

豊田友直《とよだともなお》（一八〇五～一八七〇）

文化二年（一八〇五）に勘定奉行久須美佐渡守祐明の三男として生まれる。家禄は一五〇俵で、屋敷は駿河台袋町にあった。養父は小普請豊田藤太郎。藤之進と称し、此若軒と号した。文化十四年（一八一七）七月二十九日、家督を相続して小普請入りし、文政十年（一八二七）三月八日に勘定出役となり、同十一年七月二日に勘定で評定所留役当分助となった。同十二年十二月十一日に評定所留役助、天保四年（一八三三）正月二十四日に評定所留役、同七年六月二十八日に評定所留役勘定組頭となった。同十年九月二日、飛騨郡代となり、布衣の着用を許された。在任時、百石五粒の法と呼ばれる備荒貯蓄制度、文武稽古による地役人改革、御林山箇所附帳の作成、植林政策などを実施した。また豊田は、天保改革期に在任したが、天保十四年の御料所改革の時に、その政策に批判的姿勢を示したり、人足寄場案を構想して政策を自身なりの形で推進した。事務引継書である地方演説書を作成し、飛騨国支配に関わる事項を詳細に記録した。弘化二年（一八四五）四月八日に二丸御留守居となり、同四年五月二十六日に御留守居番となった。嘉永七年（一八五四）十一月二十四日に先手御弓頭、安政五年（一八五八）六月五日に火附盗賊改加役となった。同年十二月二十九日、御持筒頭となり、万延元年（一八六〇）三月九日、江戸中昼夜廻となった。文久二年（一八六二）十二月十九日、廻は御免となり、同年十二月二十八日、旗奉行となった。元治元年（一八六四）八月十八日、勤仕並寄合となり、同年十月十三日、病気のため、職を辞して隠居した。豊田が書き残した『豊田友直日記』は、飛騨郡代在任時とそれ以後の日々の出来事が詳しく記されている。日記は、天保五年（一八三四）四月二十七日～同六年正月元日、天保十一年四月十一日～明治二年（一八六九）十月十三日の記事がみられる。明治三年に死去。享年六十六。（高橋）

【典拠・参考文献】『文久武鑑』、「豊田友直日記」（東京大学法学部法制史資料室所蔵）、「飛騨呈書」（久須美家史料、筑波大学附属中央図書館所蔵）、『岐阜県史 史料編近世二』（一九六六年）、『岐阜県史 通史編近世上』（一九六八年）、田口英爾『最後の箱館奉行の日記』（新潮社、一九九五年）、『旗本百科』第三巻、『代官履歴』、藤田覚『幕藩制国家の政治史的研究』（校倉書房、一九八七年）、神崎直美「飛騨高山郡代豊田友直の人足寄場案―幕府天保改革推進の一事例―」（『地域文化研究』四号、二〇〇〇年）、同「飛騨高山郡代豊田友直の人足寄場案―解題と翻刻」（『地域文

化研究』五号、二〇〇一年)、田中豊「大坂町奉行の中山道道中と大坂入り—久須美祐明『浪華日記』から」(『奈良県立大学研究季報』一四巻二・三号、二〇〇三年)、高橋伸拓「飛騨幕領における植林政策の展開—天保～嘉永期を中心に—」(徳川林政史研究所『研究紀要』四二号、二〇〇八年)、山崎圭『近世幕領地域社会の研究』(校倉書房、二〇〇五年)

鳥居忠耀《とりいただてる》 (一七九六～一八七三)

寛政八年(一七九六)十一月二十四日に幕府儒官林述斎《じゅつさい》の四男として生まれる。母は側室前原八穂。文政三年(一八二〇)に旗本鳥居成純《なりずみ》の養子となり、その娘登与を妻とした。耀蔵・甲斐守と称し、胖庵《はんあん》と号した。文政六年(一八二三)三月二十九日に小普請組から中奥番、天保五年(一八三四)六月八日に御徒頭、同七年五月四日に西丸目付、同九年四月十二日に本丸目付となる。大塩平八郎事件の処理をし、同十年に海防のため浦賀海岸の測量を韮山代官江川英龍《ひでたつ》とともに命ぜられるが、これが一つの契機となって翌十一年五月に蛮社の獄で洋学者を弾圧し、さらに同十三年十月には砲術洋式化に反対して高島秋帆を投獄した。同年十二月二十八日に町奉行となり、従五位下甲斐守に叙任された。同十三年に市中取締りと物価引下げにあたり、翌十四年五月四日には改革政策に精勤したとして五〇〇石を加増され、合わせて三〇〇〇石を知行し、六月には印旛沼干拓工事を命じられる。同年八月十三日に勘定奉行勝手掛を兼帯した。天保改革では厳酷な態度で政策実施にのぞんだため、町人からは「妖怪」(耀甲斐)と呼ばれて恐れられた。同年十月十六日に勘定奉行の兼帯を免除され、同十五年九月六日に病気を理由に辞職し寄合となった。実際は高島秋帆処罰事件についての責任を追及されての罷免であり、弘化二年(一八四五)二月に評定所での審理の結果、町奉行勤役中の不届きを咎められ、京極高明《たかあきら》へ永預となり讃岐国丸亀へ流謫される。明治元年(一八六八)十一月に大赦で解放されて東京に帰る。明治六年(一八七三)十月三日に死去。享年七十八。法名青龍院殿法雲大輪居士。菩提寺は駒込の吉祥寺(東京都文京区)である。　(加藤)

【典拠・参考文献】『柳営補任』、『続徳川実紀』第二篇、佐藤昌介『洋学史研究序説』(岩波書店、一九六四年)、北島正元『水野忠邦』(吉川弘文館、一九六九年)、藤田覚『天保改革』(吉川弘文館、一九八九年)、松岡英夫『鳥居耀蔵　天保の改革の弾圧者』(中央公論社、一九九一年)

鳥居忠善《とりいただよし》 (生没年未詳)

政之進・権之進・越前守と称した。文政十三年(天保元年・一八三〇)十二月、小普請組より御小納戸となり、嘉永七年(安政元年・一八五四)五月に使番を務めた。安政五年(一八五八)八月、西丸目付を務め、同六年三月に本丸目付となり、四月には外国奉行となった。万延元年(一八六〇)四月、外国奉行・神奈川奉行を兼任した。文久元年(一八六一)十二月に大坂町奉行、同三年五月に堺奉行となった。元治元年(一八六四)三月、役を免ぜられて寄合となり、同年十一月田安家家老となり、慶応二年(一八六六)十月まで務めた。　(上野)

【典拠・参考文献】『明治維新人名辞典』(吉川弘文館、一九八一年)、『旗本百科』第三巻

鳥山精明《とりやまきよあきら》 (一五九〇～一六六六)

天正十八年(一五九〇)に鳥山精信《きよのぶ》の子として生まれる。叔父鳥山精俊《きよとし》の養子となり、その息女を妻にした。牛之助と称した。慶長十五年(一六一〇)に父精俊を継ぎ三河国吉良東条陣屋の代官を務め、寛永十五年(一六三八)蔵米二〇〇俵を給う。寛文

六年（一六六六）に十月十九日死去。享年七十七。法名は常輔。菩提寺は三河国吉田の法泉寺。（宮原）

【典拠・参考文献】『寛政譜』第二・一〇八頁、『代官履歴』

な

内藤右門《ないとううもん》（生没年未詳）

父は紀伊徳川家書院番の内藤柳太郎。享和三年（一八〇三）二月三日、紀伊徳川家にて家督を継ぎ、大番となる。文化七年（一八一〇）一月十一日、紀伊徳川家の小性組になる。安政四年（一八五七）四月四日紀伊徳川家の簾中御用人・小性組番頭格となる。文久元年（一八六一）二月十八日、幕府に新規召出しとなり、家禄六〇〇石で天璋院御用人となる。同年十一月二十二日和宮御用人兼になり、十二月十六日布衣となる。同二年七月九日に御役御免、勤仕並寄合となり、時服三領を下された。（吉成）

【典拠・参考文献】『旗本百科』第四巻、『柳営補任』

内藤英之助《ないとうえいのすけ》（生没年未詳）

父は大番組頭伴野《ともの》庄十郎《しょうじゅうろう》、のち小普請内藤直三郎《ないとうなおさぶろう》の養子となる。禄高は八〇石。江戸の小日向赤城明神下馬場脇に拝領屋敷を有した。天保十年（一八三九）十一月五日に家督を継ぎ、小普請入り。嘉永四年（一八五一）五月十六日大番入りし、文久三年（一八六三）八月十八日に講武所調方出役となった。元治元年（一八六四）十月一日に両番上席の講武所奉行支配取締役に就任、慶応二年（一八六六）十一月十八日に遊撃隊へ転役した。（神谷）

【典拠・参考文献】『柳営補任』、『続徳川実紀』第五篇、「慶応二年武鑑」

内藤重次《ないとうしげつぐ》（一五八四～一六六〇）

天正十二年（一五八四）、内藤某の子として生まれる。喜蔵・主馬と称する。妻は紀伊家の家臣小笠原与左衛門の女。慶長四年（一五九九）、召されて徳川家康に仕えるようになり、御側小性をつとめる。同五年、上杉景勝征伐の際、家康に従って小山《おやま》に至り、関ヶ原の陣や大坂夏の陣・冬の陣にも供奉した。元和二年（一六一六）より二代将軍秀忠に仕え、書院番士となり、寛永四年（一六二七）には諸国金銀奉行に任じられる。これより前に、武蔵国入間郡所沢のうちに采地五六〇石余および現米八〇石を賜る。万治三年（一六六〇）十月二十五日に死去。享年七十六。法名は成誉。浅草新光明寺に葬る。（浦井）

【典拠・参考文献】『寛政譜』第十三・二四九頁、『徳川実紀』第一～三篇

内藤重頼《ないとうしげより》（一六二八～一六九〇）

寛永五年（一六二八）、内藤正勝の長男

として生まれる。弥三郎と称し、任官後は若狭守・伊賀守・大和守を名乗る。母は重宗の女。同七年、重頼が幼少のため、親族が父正勝の遺領のうち一万五〇〇〇石をおさめ、重頼は安房国長狭郡の内の五〇〇〇石を賜ることとなる。同十二年三月二十八日、初めて徳川家光に拝謁。万治三年（一六六〇）十一月十八日に定火消となり、同年十二月二十八日に布衣を許される。寛文二年（一六六二）二月八日、書院番番頭となり、同月二十七日、従五位下若狭守に叙任される。同三年四月、徳川家綱の日光参詣の際に供奉し、同八年十二月五日、大番頭となる。延宝四年（一六七六）二月二十一日に御側となり、翌五年十二月十六日には安房国の采地を下野国芳賀・常陸国那珂・茨城・真壁・信太《しだ》・新治《にいはり》の六郡の内に移される。同八年十一月二十二日、綱吉の子徳松に付属して傅役となり、上総国市原・常陸国新治・下野国芳賀三郡の内に三〇〇〇石を加えられる。天和三年（一六八三）閏五月三日、務めを辞し、貞享元年（一六八四）十二月十日、若年寄となる。これにより、常陸国信太・新治・河内《かうち》三郡の内、さらに新恩五〇〇〇石を賜り、都合一万三〇〇〇石となった。同月十一日に伊賀守とあらため、つづいて翌二年六月二十三日には大和守にあらためる。同年九月二十七日、大坂城代となり、摂津国有馬・川邊・嶋上・河内国渋川・丹北・若江の六郡のうちにおいて二万石を加えられ、都合三万三〇〇〇石を領した。同四年十月十三日、所司代となり、同日、持槍二本を許される。同月二十一日、従四位下侍従に昇進。十一月一日、暇を願い出た際には、備前長光の御刀や時服五領・羽織一領・黄金一枚・馬一匹を賜っている。元禄三年（一六九〇）十一月二十七日、京都において死去。『寛政譜』には、享年六十三とある。法号は、然譽常光存空無著院。京都新黒谷の金戒光明寺に葬られる。妻は久世三四郎広当の女。

（浦井）

【典拠・参考文献】『寛政譜』第十三・二二七～二二八頁

内藤忠明《ないとうただあきら》（生没年未詳）

寄合の内藤忠孝の長男として生まれた。母は谷頼母衛明の娘である。長十郎・庄之助とも称し、のち任官して上野介・安房守を名乗った。知行高は一〇〇〇石である。文化五年（一八〇八）十一月二十二日に御小納戸となる。同六年正月二十四（二ヵ）日には小性となる。同十一年九月十八日には再度御小納戸となる。天保二年（一八三一）三月二十二日、御小納戸頭取に転じ、御場掛となる。同八年四月二日には将軍家斉の隠居に伴い、西丸御小納戸頭取（御場掛）に移る。同九年三月十四日、西丸普請用掛を勤め、同十年三月十七日にはこの御用に携わったことにより金一〇枚と時服三領を下賜される。同十二年三月二十三日西丸御小納戸頭取より新番頭格御小納戸頭取（御場掛・御厨取締）となる。同五月十五日より先手弓頭。同十五年十月二十四日には火附盗賊改当分加役。弘化二年（一八四五）六月十七日には火附盗賊改加役を御免となる。同三年七月二十八日禁裏附となる。嘉永二年（一八四九）九月二十四日、長崎奉行となる。同五年五月十五日には長崎奉行より西丸御留守居となり、安政五年（一八五八）八月四日に同職を辞した。

（坂本）

【典拠・参考文献】『寛政譜』第十三・二三四頁、『柳営補任』、『旗本百科』第四巻

内藤忠興《ないとうただおき》（一五九二～一六七四）

文禄元年（一五九二）に生まれる。金一郎・帯刀と称す。父は、徳川家康の家臣で後に陸奥国で七万石を領した内藤政長《まさなが》。母は家康に仕えて慶長九年（一六〇四）に一万石を領した三宅康貞《やすさだ》の息女。妻は酒井家《いえ》

次《つぐ》の息女。同十年、徳川秀忠の上洛に供奉し、従五位下に叙された。この時、秀忠の一字をもらい、忠長と名乗った（後に忠興と改める）。慶長二十年（一六一五）三月二十五日に上総国佐貫の地で一万石を与えられた。同年の大坂夏の陣に参加し、舅である酒井家次の組下で勇戦している。同八年九月二十八日、父政長とともに陸奥国に領地替となり、合計二万石を知行した。寛永十一年（一六三四）十二月二十八日に家督を継承し、父の遺領七万石を与えられた。承応三年（一六五四）三月三日には大坂の城代となり、万治三年（一六六〇）には天守などの修造にあたっている。寛文七年（一六六七）十二月二十八日には従四位上に叙せられた。同十年十二月三日に致仕し、延宝二年（一六七四）十月十三日に死去。享年八十三であった。法名は長山高岳院といい、鎌倉の光明寺に葬られた。（山崎）

【典拠・参考文献】『寛政譜』第十三・一八六～一八七頁

内藤忠清《ないとうただきよ》 （一五五八～一六一四）

内藤忠村の二男として三河国に生まれる。金左衛門と称す。妻は大久保康忠の息女。家康に仕え、小性となる。天正十二年（一五八四）の長久手の役に供奉、首級を得る。天正十八年（一五九〇）の小田原陣では使番として供奉。のち秀忠に附属し、石川重次とともに普請奉行をつとめる。慶長十三年（一六〇八）八月、松平（松井）康重が常陸国笠間から丹波に移り五万石となった時、家康より山陰道要害の地として篠山に新城を築くよう命ぜられ、藤堂高虎・松平重則・玉虫繁茂らと共に赴き、城普請を奉行。翌十四年九月十六日に帰謁。これより先、武蔵国足立・上総国長柄二郡のうちに采地二〇〇〇石を賜わる。慶長十九年（十八年十一月八日とも）死去。享年五十七。法名了意。墓所は神田（のち小石川に移転）の無量院。（高見澤）

【典拠・参考文献】『寛政譜』第十三・二〇九頁、『徳川実紀』第一篇『柳営補任』、『寛永諸家系図伝』

内藤忠重《ないとうただしげ》 （一五八六～一六五三）

天正十四年（一五八六）、遠江国において内藤仁兵衛忠政の二男として生まれる。甚十郎とも称する。妻は紀伊家の家臣内藤甚五左衛門正長の女。慶長四年（一五九九）より徳川秀忠に仕える。翌五年、上杉景勝征伐の時、下野国宇都宮に供奉し、その後、信濃国上田の陣に従い、凱旋後、相模国において采地三〇〇石を賜る。同十五年正月十三日、徳川家光に付属して傅役となる。元和元年（一六一五）、大坂の陣の際には、御使として茶磨山に赴く。同八年十二月二十三日、下野・武蔵の両国の内において、新恩一〇〇〇石を賜る。同九年、家光上洛の際に付き従い、同年七月二十七日、従五位下伊賀守に叙任される。これより以前、家光より精勤を賞せられて、御書を賜る。この年、常陸国の内に三七〇〇石を加増され、小性組番頭となる。さらに寛永二年（一六二五）九月二日、常陸国真壁郡の内にさらに五〇〇〇石を加増され、都合一万石を領し、書院番頭となった。同三年、家光上洛の際に付き従い、同年九月六日、二条城への行幸の際には供奉の列に加わった。この年、常陸国の内に一万石を加えられ、その後奉行職に列し、同十年三月十八日には志摩国鳥羽城を賜って、一万五〇〇〇石を加恩される。これで都合三万五〇〇〇石を領することとなった。同十一年、家光上洛の際には、暇を賜って鳥羽城に居たため、尾張国熱田で迎え、供奉の列に加わっている。同年閏七月十一日、上洛中に五万石以上を呼び、城主の面々に御朱印を下されることになり、そのことについて奉行するよう仰せ付かる。同十三年六月二十三日、本多下総守俊次が伊勢国亀山城を賜った際には、その地に赴き、仰せを伝える役をつとめた。同十四年、品川において点茶を献じ、馬一疋を賜る。同十七年十二月十日、穐田河内守俊季に預けられていた弟内藤仁兵衛政吉が、忠重に召し預けられる。同十九年三月十八日、志摩守と改める。翌二十年六月二十九日、三丸造営の助力により、家臣らに物を賜る。正保元年（一六四四）、二丸において御膳を奉り、小袖を賜る。翌二年、家光の子亀松の生誕の際には、蟇目の役をつとめ、それにより三月五日に時服・白銀をたまわる。慶安二年（一六四九）四月、徳川家綱の日光参詣に供奉する。これ以前に、家康自ら薫物の法を書して賜っている。また、秀忠・家光よりも親筆の色紙を賜る。承応二年（一六五三）四月二十三日に死去。『寛政譜』によると、享年六十八。法号は、空安了源善龍院。江戸神田無量院に葬られるが、後に寺が小石川に移ったため、墓は小石川にある。（浦井）

【典拠・参考文献】『寛政譜』第十三・二三〇～二三二頁

内藤忠吉《ないとうただよし》（一六一九～一六六五）

元和五年（一六一九）に年寄（老中）内藤忠重の二男として生まれる。母は紀伊家家臣内藤正長の息女。三之助と称する。妻は三宅康盛の息女。承応二年（一六五三）六月十六日に、父忠重の遺領のうち、新田三〇〇〇石を分知され、寄合となる。寛文五年（一六六五）七月二十六日に死去。享年四十七。法名は法山。小石川の西岸寺（東京都文京区）に埋葬される。（福留）

【典拠・参考文献】『寛政譜』第十三・二三一頁

内藤忠由《ないとうただよし》（一六一六～一六九〇）

元和二年（一六一六）生まれ。三十郎とも称す。『寛永譜』では忠清《ただきよ》とされているが、当時の呈譜では、すでに忠由《ただよし》とされていた。妻は北條出羽守氏重の女。寛永七年（一六三〇）二月朔日、初めて徳川家光に拝謁。同十八年八月九日、召されて徳川家綱に付属し、小性となる。正保二年（一七一七）四月二十一日、従五位下出雲守に叙任。慶安三年（一六五〇）九月四日、小性組番頭となり、廩米一〇〇〇俵を賜り、同四年十一月二十一日、さらに一〇〇〇俵を加えられる。承応二年（一六五三）九月十八日、久世大和守広之・牧野佐渡守親成・土屋但馬守数直らと共に御側に候し、交代で宿直をつとめるようになる。同十二月二十七日、昼夜の勤仕の怠りなきを賞せられ、時服三領を賜る。同三年五月十八日、御使として日光山に赴き、さらに仰せにより日光の普請を検ずる。明暦元年（一六五五）十一月二十日、紀伊大納言頼宣の領地和歌山において起こった火災に際して御使をつとめ、和歌山に赴く。翌二年十二月二十一日、新恩二〇〇〇俵を賜る。さらに翌三年十二月二十五日、一〇〇〇石を加増され、この日廩米をあらためて、常陸国宍戸領の内において、都合五〇〇〇石を知行する。寛文元年（一六六一）六月二十五日、御気色に違《たが》うことありとして逼塞を命ぜられたが、その年の十二月二十四日には許され、寄合となる。元禄三年（一六九〇）三月十七日死去。『寛政譜』では、生没年と享年に齟齬があり、享年は七十とされている。法名は月崇。江戸小石川西岸寺に葬られ、この後代々がこの寺を葬地とした。（浦井）

【典拠・参考文献】『寛政譜』第十三・二三四頁

内藤信照《ないとうのぶてる》（一五九二～一六六五）

文禄元年（一五九二）に伊豆国韮山で内藤信正《のぶまさ》の長男として生まれる。母は石川長門守康通の息女。妻は阿部備中守正次の息女。弥七郎と称した。はじめ病が多く、弟信武《のぶたけ》に嫡子を譲ったが、その信武が死去したため、再び嫡子となる。元和七年（一六二一）六月、従五位下豊前守に叙任され、同九年の家光上洛に従った。寛永三年（一六二六）に遺領を継ぎ、同年の秀忠・家光の上洛に従い、家光将軍宣下拝賀のときに供奉する。同四年に陸奥国白川《しらかわ》・菊田《きくた》、常陸国多賀《たが》の三郡の内に領地を改められ、陸奥国棚倉城に移る。同六年七月二十五日に大徳寺の僧芳春院玉室を預けられたが、同十一年五月二十九日に玉室は罪を赦される。同十三年二月に西丸普請を手伝う。正保元年（一六四四）四月十日の仰せにより、陸奥国三春城を守衛する。慶安二年（一六四九）十月二十五日に大坂定番となり、後に免される。万治元年（一六五八）十二月朔日に江戸城梅林坂門普請の手伝により、家臣らが褒美を賜う。寛文四年四月五日に将軍家綱より領地の御朱印を下される。同五年正月十九日に死去。享年七十四。法名は長誉良栄徹春清浄院。菩提寺は棚倉の光徳寺であったが、後に小石川の無量院に改葬された。（栗原）

【典拠・参考文献】『寛政譜』第十三・二〇〇頁、『柳営補任』

内藤信正《ないとうのぶまさ》 （一五六八〜一六二六）

永禄十一年（一五六八）に三河国で内藤信成《のぶなり》の長男として生まれる。母は栗生筑前守長勝の息女。妻は石川長門守康通の息女である。弥七郎と称した。天正十二年（一五八四）長久手合戦で徳川家康に従い、奮戦して首級を得る。同十四年に大番頭となる。この職は壮年の者が任じられるものであるが、信正は十九歳で任じられており、その武勇がうかがい知れる。同十八年の小田原の役に従い、同十九年の九戸《くのへ》一揆の際には供奉して陸奥国岩手沢へ行く。文禄元年（一五九二）の朝鮮出兵には、家康に従って肥前国名護屋に赴く。同四年三月、従五位下紀伊守に叙任される。慶長五年（一六〇〇）、上杉景勝の討伐に父信成とともに供奉したが、下野国雀宮《すずめのみや》において秀忠の命令があり韮山城を守る。同年に関ヶ原合戦に従い、軍功があった。後に石川康通と近江国佐和山城を請け取った。同年に襲封する。同十九年の大坂冬の陣では、領地に留まって長浜城を守る。同二十年の大坂夏の陣では、息子信照とともに摂津国尼崎城を守る。同年閏六月十八日に城地を改めて摂津国芥川太田に移され、高槻城に住む。元和三年（一六一七）に伏見城代となる。このとき一万石の地を加増され、全五万石となる。後に伏見城廃城のときに、御殿のうち吉野の間を与えられ、居城を移す。同五年に大坂城代となる。同九年の将軍家光上洛の還御のときに大坂城に入り、御膳を献ずる。このとき家臣一〇人が御前に出て、各時服二領を賜う。秀忠の帰府に供奉して枚方《ひらかた》で持っていた扇子を賜る。寛永二年（一六二五）十二月十一日に領地を改められ、近江国滋賀・高嶋・野州《やす》・栗太《くりもと》・甲賀《こうが》、山城国綴喜《つづき》・久世《くぜ》・宇治《うじ》・紀伊《きい》の九郡の内にて五万石余の領地となる。同三年四月十一日に病となり、同月二十八日に大坂城で死去した。享年五十九。法名は本誉善寿宗学光徳院である。（栗原）

【典拠・参考文献】『寛政譜』第十三・一九九頁

内藤矩佳《ないとうのりとも》 （一七六六〜一八四二）

内藤品照の子として生まれる。母は小野一吉の養女。徳太郎と称す。任官後は隼人正・周防守を名乗る。天明二年（一七八二）七月四日、早世した祖父・品明、父・品照に代わり、十七歳で曾祖父より家督を相続して小普請入り。寛政六年（一七九四）八月二十六日に御小納戸となり、同年九月二十六日には小性へと転じた。小性のおりには、放鷹で鳥を射て時服を拝領したという。寛政八年十二月に従五位下周防守に叙任されている。その後、寛政九年十一月晦日に西丸御小納戸、翌十年九月十九日には本丸小性へと移り、以後も文化二年（一八〇五）四月二十四日に使番、同九年六月四日には大坂目付代、文化十一年十二月二十二日に目付、文政三年（一八二〇）四月朔日には大坂町奉行と諸職を歴任している。そして文政十二年三月二十八日、勘定奉行公事方へと昇進し、天保六年（一八三五）十二月からは道中奉行を兼帯した。同九年二月十二日、勘定奉行勝手方となる。勘定奉行在職中には、通用銀壱分銀の改鋳が行われ、天保十一年十二月には、その功によって時服が下賜されている。翌十二年六月七日に死去、享年七十六。四ツ谷の西念寺に葬られている。（保垣）

【典拠・参考文献】『寛政譜』第三・一九四頁、『続徳川実紀』第二篇

内藤矩正《ないとうのりまさ》（一七二九～没年未詳）

実父は小普請の本田新次郎。養父は勘定奉行内藤矩佳《のりとも》。伝十郎・采女・隼人正・宮内少輔・若狭守を称した。天保五年（一八三四）十一月二十三日小性から御小納戸となり、同八年四月二日、十一代将軍徳川家斉が隠居のため移徙するにあたり西丸に召し連れられて大御所附の西丸御小納戸となった。同十二年三月二十三日に本丸の御小納戸となり、同年五月十五日に再び西丸小納戸となる。嘉永元年（一八四八）十二月十六日に諸大夫に上る。同四年八月四日には西丸御小納戸頭取介、同年十二月十九日に西丸御小納戸頭取となる。同六年十月二十一日、家定が将軍職を継ぐために本丸へ移徙したため、それに伴い本丸勤めとなった。安政五年（一八五八）十月六日十四代将軍となった家茂付きの御小納戸頭取となる。同六年十一月四日、御小納戸頭取から持弓頭となり、元治元年（一八六四）六月十八日に御役御免となり、勤仕並寄合となった。このときに時服三領を拝領している。同二年二月二日に小十人頭となり、慶応二年（一八六六）十二月二日に御役御免、勤仕並寄合となる。（吉成）

【典拠・参考文献】『旗本百科』第四巻

内藤正重《ないとうまさしげ》（一五七八～一六六二）

天正六年（一五七八）に徳川家康の小性内藤正貞《まささだ》の長男として生まれる。外記と称し、善斎と号した。妻は内藤右京進正成の息女。同十七年十二月に家康が三河国で放鷹したとき、祖父正成が同国羽角《はすみ》村の宅地に乗物を寄せて、祖父のもとではじめて家康に拝謁した。同十八年正月に駿河で家康に仕え、同年の小田原の役には徳川秀忠に従った。文禄元年（一五九二）の上洛にも供奉した。聚楽第の逗留において奉仕して配膳役を務めた。このとき相模・下総両国の内にて三〇〇石を、近江国守山の内にて一〇〇石を与えられる。慶長五年（一六〇〇）の関ヶ原合戦で使番となり、茜の緥《ほろ》をゆるされる。同六年に相模・下総両国の内にて新恩一〇〇〇石を与えられ、御徒頭に転ずる。同十六年に武蔵・下総両国の内にて五〇〇石を加増される。同十九年十月に持弓頭となり、大坂の陣に従った。元和八年（一六二二）に京極丹後守高知が領地で死去したため、九月に上使を承って丹後国へ赴いた。同九年に上総国の内で一〇〇〇石を加増され、知行は合計二九〇〇石となる。寛永三年（一六二六）四月に松平上総介忠輝が信濃国諏訪へ移されるときに、中山勘解由照守とともに警固する。同年の上洛に従い、十月三日に従五位下へ叙され、なお外記と称する。同八年二月八日に知行地を改められ、武蔵国埼玉郡に五〇〇〇石に加増された。この地は祖父正成の旧知であり、図書助忠俊が領地没収によって正重が拝領することとなった。同九年に与力一〇騎を預けられ、同十九年三月十二日に辞

職した。承応三年（一六五四）四月二十日に致仕する。寛文三年（一六六三）四月二十日に死去。享年八十六。法名は善齋。菩提寺は知行地の武蔵国埼玉郡栢間《かやま》村の善宗寺（埼玉県南埼玉郡菖蒲町）である。（栗原）

【典拠・参考文献】『寛政譜』第十三・二二三頁、『柳営補任』

内藤正弘《ないとうまさひろ》（生年未詳～一八二二）

外記と称し、伊豆守と名乗る。文化四年（一八〇七）三月二十二日に寄合から寄合肝煎、同七年七月十七日に小普請組支配を経て、同十年二月二十四日に浦賀奉行に就任した。江戸湾の海防が会津藩から浦賀奉行に引き継がれ、文政三年（一八二〇）十二月十六日に諸大夫に任ぜられた。同五年（一八二二）四月二十四日、在職中に死去した。（神谷）

【典拠・参考文献】『柳営補任』、『新横須賀市史』資料編近世Ⅱ（横須賀市、二〇〇五年）

内藤政吉《ないとうまさよし》（一五八八～一六五九）

正吉《まさよし》とも。天正十六年（一五八八）に内藤忠政《ただまさ》の三男として生まれる。甚次郎・仁兵衛と称す。妻は書院番頭酒井重之の息女。慶長十一年（一六〇六）十二月八日、忠長傅役を仰せ付けられる。翌十二年秀忠に拝謁、書院番となり廩米を賜わる。慶長十七年（一六一二）、徳川忠長に付属し、寛永六年（一六二九）十二月二十六日（寛政譜では二十八日）布衣を許される。寛永八年（一六三一）四月、忠長蟄居に際し甲府守護を命ぜられ、翌九年十一月十六日、改易に伴い秋田俊季へ預けられる。同十七年（一六四〇）十二月十日より兄忠重のもとへ預け替えとなり、のち赦免される。万治二年（一六五九）五月二十六日死去。享年七十二。法名道翁。墓所は小石川の無量院。（高見澤）

【典拠・参考文献】『寛政譜』第十三・二二六、二三六頁、『徳川実紀』第一～三篇、『寛永諸家系図伝』

中井清太夫《なかいせいだゆう》（生没年未詳）

実名は九敬。安永三年（一七七四）七月二十六日、勘定から転じて代官となり、八月に甲斐国上飯田陣屋に赴任。同六年からは甲府長禅寺陣屋に転じ甲府代官となった。天明四年（一七八四）には甲斐国谷村《やむら》陣屋も預かり、支配所を一万石増加し、甲斐国のうち七万石を管轄した。甲府代官としての清太夫の治績は、領民にとって善政であったといわれている。安永九年の長雨と洪水に続き、天明の飢饉が村々をおそい、農民生活が困窮したが、清太夫は領民救済のため幕府の許可を得て九州から馬鈴薯《ばれいしょ》を取り寄せ、八代郡九一色郷《くいしきごう》で試作し栽培に成功すると、甲州芋として領内外にその普及に努めた。この功績を顕彰するため、甲州芋は清太夫芋、清太芋の別称が名づけられた。また、天明二年には甲府城修復のため立ち退かされた塩部村の人々の帰住を認め、同六年には水難に悩む八代郡上野村外二か村から笛吹川へ水を落とす工事を計画し、費用を補助し、常に領民の側に立った支配を行なった。同七年、陸奥国小名浜代官となり、陸奥・下総・下野・常陸四か国のうち八万四〇〇〇石を管轄し、ここでも芋の普及に努めたが、翌年には江戸詰の関東代官へと転じた。寛政三年（一七九一）八月十三日に解職、禄高を没収される。その理由は、清太夫の治績は領民の側に立ったものだったので、当時の幕府からみれば必ずしも年貢増徴に結びつくものではなく、幕府高官の意向に沿っていなかったためではないかといわれている。清太夫の罷免にともない、子の吉太夫は禄高五〇俵の御家人に格下げとなり、小普請入りとなってしまった。ただ、罷免後も甲斐国では生祠《せいし》や頌《しょう》徳碑《とくひ》、芋大明神の碑などが建てられ、その

事績は顕彰された。（実松）

【典拠・参考文献】村上直著『江戸幕府の代官群像』（同成社、一九九七年）、西沢淳男著『幕領陣屋と代官支配』（岩田書院、一九九八年）、『江戸幕府郡代代官史料集』（近藤出版社、一九八一年）

中井太左衛門《なかいたざえもん》（生没年未詳）

陪臣菊池代右衛門の子として生まれる。養父は新番中井猶右衛門。禄は四〇俵三人扶持である。文化十年（一八一三）三月四日に部屋住より小十人組となる。文政九年（一八二六）に家督を継ぐ。弘化二年（一八四五）十二月二十八日に小十人内藤伊予守組組頭より日光奉行支配組頭となり、安政二年（一八五五）二月五日に書物奉行となる。同年三月二十日には、日光奉行支配組頭時代に日光表貯穀等を取り計らったことに対し、銀一五枚の褒美を賜る。元治元年（一八六四）六月十九日、願いにより御役御免となり、隠居した。（坂本）

【典拠・参考文献】『柳営補任』、『旗本百科』第四巻、『続徳川実紀』第三篇

中井正清《なかいまさきよ》（一五六五～一六一九）

永禄八年（一五六五）に大和国生まれる。通称藤右衛門。父は中井正吉《まさよし》、母は鎌田氏の息女、妻は吉村氏の息女である。父の正吉は、その父正範《まさのり》が天文七年（一五三八）一月二日、討死したことにより、母とともに大和国平群《へぐり》郡法隆寺西里村の工匠中村伊太夫に身を寄せて養育され、そのもとで大工技術を習得し、天正十一年（一五八三）の豊臣秀吉の大坂城築城の折には法隆寺大工棟梁の一員として加わる。また方広寺大仏殿の造営では和州棟梁格の筆頭で参画して棟梁司を勤め、この功により大和守に任じられ、豊臣家に御大工として勤仕することになる。正清はこの父にしたがってこれらの作事に携わり、技術を習得したものと推察される。そして天正十六年（一五八八）、伏見で徳川家康に謁見し、采地二〇〇石で召し抱えられ、のち三〇〇石加増された。主に大工や諸職人の差配を担当したようで、慶長五年（一六〇〇）の関ヶ原の戦後、山城・大和・河内・和泉・摂津・近江、計六か国の大工・大鋸の支配を許された。同七年、伏見城改修および二条城築城、翌八年の知恩院の諸堂造営では、大工と諸職人らの差配のほか、材料の吟味や費用面に関しても監督にあたり、作事全般の最高責任者を勤めている。これらの功により同十一年には従五位下大和守に叙任された。その後は江戸の町割や増上寺、江戸城天守・本丸ほか、駿府城・名古屋城など、幕府の主要な土木建設事業に従事するとともに、京都の仙洞御所・女院御所・内裏の造営、また豊臣秀頼の方広寺大仏殿再興、法隆寺大修理、相国寺山門再興の惣棟梁として指揮にあたり、同十四年十月八日には五〇〇石加増されて、知行は大和国内一〇〇〇石となり、同十八年、禁裏造営の功により、大工としては異例の従四位下に叙せられた。また同年、家康の命を受けて隠密に大坂城に赴き、城中の絵図作成にあたり、翌十九年と同二十年（元和元・一六一五）の両度の大坂の陣にも配下の大工・職人を動員して、陣小屋建設や鉄楯製作ほか、一族・家来騎馬三〇騎余らを従えて参戦もしている。元和五年（一六一九）一月二十一日、旅中に近江国水口《みなくち》で没した。享年五十五、法名は浄樹院宗徹道意。京都長香寺（京都府京都市）に葬られる。正清の跡はその男子正侶《まさとも》が継ぎ、中井家は以後、代々江戸幕府において五畿内および近江六か国の支配を許された、京の大工頭を勤めることになった。（渋谷）

【典拠・参考文献】『寛政譜』第二十・三五一頁、『中井家文書の研究』第一巻（中央公論美術出版、一九七六年）

永井白元《ながいあきもと》（一五七二～一六五四）

元亀三年（一五七二）に生まれる。弥右衛門と称す。実父は長田平右衛門重元。実母は鈴木弥右衛門の息女。養父は井伊兵部少輔直政の家臣辻弥兵衛盛昌。妻は近藤八兵衛正忠の息女。当初は、養父辻盛昌とともに井伊直政に仕え小田原の陣で戦功をあげたが、のち井伊家を退去する。その後、加藤光泰に仕え朝鮮にて戦功をあげるが、光泰の死後、文禄三年（一五九四）に家康に仕え、徳川家康に離れず扈従する。慶長元年（一五九六）三五〇石を賜い、同七年より徳川秀忠に仕える。同九年より本多左大夫光重とともに中山道に一里塚を築き、のち諸道の一里塚の検視を行う。同十二年に使番となり、同十四年、翌十五年と加増を受けて八五〇石を知行し、同十六年には目付となっている。さらに、元和二年（一六一六）、同八年、同九年と加増を受け、寛永二年（一六二五）九月十二日、相模・下総・上総のうちで二五三〇石の朱印を賜る。同三年十月三日従五位下監物に叙任され、さらに同五年には加増により三五三〇石を知行する。のち、池田光仲の因幡鳥取城移封、松平直政の出雲松江城移封、松平信綱の武蔵川越城移封などに使者として出向き、また東海道の巡察、日光社参のお供などを勤めた。同二十年、猿楽上覧の折の勤務態度を咎められ出仕停止となり、同二十一年（正保元・一六四四）正月二十七日に赦されるが、のち番を辞して、慶安五年（承応元・一六五二）正月二十八日に隠居。養老料として三〇〇俵を賜う。同三年九月二十七日、八十三歳で死去。法名は道智。葬地は三田の功運寺（東京都中野区）で、のち代々の葬地となる。（小宮山）

【典拠・参考文献】『寛政譜』第十・二九五頁、『寛永諸家系図伝』第十二・一七六～一七八頁

永井尚徳《ながいしょうとく》（生没年未詳）

父は小普請永井勘解由。文化四年（一八〇七）七月二十九日に家督を継ぐ。同七年十一月十日、小性組入り。文政十年（一八二七）正月十一日、使番となる。天保十三年（一八四二）七月二十日、駿府町奉行に転じ、同十四年七月二十八日、堺奉行に移る。翌弘化元年（一八四四）十二月二十七日には大坂町奉行に就任した。嘉永二年（一八四九）十一月二十八日、先手弓頭に移り、安政五年（一八五八）二月九日、西丸御留守居に任じられる。文久二年（一八六二）七月四日に御役御免、勤仕並寄合となる。（西木）

【典拠・参考文献】『柳営補任』、『幕臣人名』

永井武氏《ながいたけうじ》（一六九三～一七七二）

元禄六年（一六九三）に大番永井武生《たけなり》の子として生まれる。八十郎・久右衛門と称した。母は松崎正永の息女。妻は青木当高の息女。享保四年（一七一九）十二月二十七日に廩米二〇〇俵の遺跡を継ぎ、同九年十月九日、大番に列する。同十七年十二月二十八日に御小納戸となり、布衣を許される。後しばしば騎射・歩射をつとめ、あるいは水馬の術を台覧された。延享二年（一七四五）九月朔日より西丸へ移り、宝暦元年（一七五一）に大御所吉宗の薨去により七月十二日に寄合となる。同二年九月十五日に西丸御広敷用人となり、同四年十一月十五日には五十宮《いそのみや》（十代将軍家治正室倫《とも》子《こ》）付属となる。同七年五月二十一日に将軍家重の二男万次郎（後の御三卿清水家の重好）の傅役となり（後に御三卿清水家の家老となる）、役料として二〇〇〇俵を与えられた。さらに家禄三〇〇石を加えられ、従五位下主膳正に叙任された。二十五日には廩米を改められて常陸国新治郡の内に五〇〇石の知行を与えられた。武術に優れ、

真当流の槍術を修めていたという。明和八年（一七七一）十二月朔日に死去。享年七十九。法名は道勇。家督は婿養子武信の嫡子氏恵《うじよし》が相続した。

（清水）

【典拠・参考文献】『寛政譜』第十・三〇六頁、『徳川実紀』第九篇

永井尚方《ながいなおかた》（一七〇三～一七五三）

元禄十六年（一七〇三）、小普請でのち書院番となる永井白弘《あきひろ》の長男として生まれる。母は水谷信濃守勝阜の女子。妻は長崎奉行永井直允の女子。白増《あきます》・伝九郎・直之と称す。正徳元年（一七一一）十一月二十五日、家督を継ぐ。享保四年（一七一九）十月十八日、書院番となる。同十七年閏五月二十八日、使番となり、同二十年六月二十七日より火事場見廻を兼帯。元文四年（一七三九）二月十二日兼帯御免となり、同年四月一日、小普請支配に転じる。延享三年（一七四六）七月二十一日、京都町奉行に就き、同年十月十五日、従五位下丹波守に叙任。宝暦二年（一七五二）正月十一日、勘定奉行に就任し、同月二十六日からは道中奉行を兼帯する。同年九月十五日、在任中に死去。享年五十一。法名は義顕。墓は三田の功雲寺。

（西木）

【典拠・参考文献】『寛政譜』第十・二九六頁、『柳営補任』

永井直廉《ながいなおかど》（一七三九～一七九二）

元文四年（一七三九）に生まれる。父は小普請奉行を務めた永井直令《なおよし》で、祖父は元禄十五年（一七〇二）～宝永六年（一七〇九）まで長崎奉行を務めた永井讃岐守直允《なおちか》である。妻は書院番頭から大番頭となった島津山城守久芬《ひさよし》の息女。伊織・主計・弾正などと称した。祖は大江広元の二男長井左衛門尉時広の孫の直勝で、のちに「永井」姓を名乗る。直廉は、天明二年（一七八二）に直令から家督を継ぐ。石高は一〇〇〇石。同六年一月十一日に使番、同八年六月十八日に目付となる。寛政元年（一七八九）閏六月十二日には長崎奉行となり、七月一日に従五位下筑前守となる。長崎奉行在勤中の寛政二年には、冠婚葬祭の簡素化や過分な新築、高利の貸付の禁止などを含めた倹約令を発布している。同三年九月二十六日には市中の者に砲術稽古を申し付け、これに合せて長崎村馬場郷に砲術稽古場を設置した。また同年十月一日には市中の貧困者対策として産業方を設置し、町年寄の福田大之丞・後藤五郎左衛門、町乙名の高石行大夫・前園金蔵に加役を申し付けている。さらに同年十一月十一日、市中郷中の八十歳以上の長寿の者一六一人に孝養のために銀一枚を与えたり、親子忠孝の者を褒賞して銀を褒賜している。対外政策としては、幕府が抜荷犯に対して厳罰主義へと転換したことを受けて、金子に換算して一〇両以上の抜荷関与者、および再犯のものは金額に関係なく死罪とした。その他従来の刑罰を改めて重くするなど、厳罰化への転換を図った。寛政四年閏二月六日、長崎で死去、享年五十四。法名良義、戒名は瓊雲院殿前筑州刺史仁峯良義大居士。墓所は長崎市の曹洞宗晧台寺にある。

（安高）

【典拠・参考文献】『寛政譜』第十・二八六頁、『続長崎実録大成』（長崎文献社、一九七四年）

永井直貞《ながいなおさだ》（一五九八～一六六八）

慶長三年（一五九八）に永井直勝の三男として生まれる。熊之助・十左衛門と称した。母は阿部正勝の息女。妻は長崎元通《もとみち》の息女。同九年七月の家光誕生・御七夜にともない、小性をつとめる。元和九年（一六二三）十二月十四日に小性組番頭となり、同年武蔵国埼玉郡内に采地一〇〇〇石を与えられる。寛永三年（一六二六）には父直勝の遺領のうち上総国市原・長柄両郡内で三三〇〇石を分けられる。同五年に職を辞

し、万治元年（一六五八）に致仕する。寛文八年（一六六八）二月二十六日に死去。享年七十一。法名は蘭室。菩提寺は三田の功運寺（東京都港区）。

（鍋本）

【典拠・参考文献】『寛政譜』第十・二九三頁

永井直允《ながいなおちか》（一六七三～一七一七）

延宝元年（一六七三）に小性永井尚申《なおのぶ》の長男として生まれる。母は畠山牛菴の息女。尚宗・直條《なおなか》・直勇《なおたけ》・直圀《なおその》・大之丞・采女と称した。妻は永見甲斐守重直の息女。元禄九年（一六九六）七月五日に家督を継ぐ。同十年閏二月二十八日に使番となり、十二月十八日に布衣を許される。同十二年十月六日に目付となり、同十四年九月十九日から火の元改を勤める。同十五年正月十一日に長崎奉行となり、八月十一日に従五位下讃岐守に叙任される。宝永六年（一七〇九）九月二十九日に職を辞し、享保二年（一七一七）六月二十八日に死去。享年四十五。法名長運。三田の功運寺に葬られ、以降、代々葬地となる。

（木崎）

【典拠・参考文献】『寛政譜』第十・二八四頁、清水紘一「長崎奉行一覧表の再検討」（『京都外国語大学研究論叢』第XV号、一九七五年）

永井尚庸《ながいなおつね》（一六三一～一六七七）

寛永八年（一六三一）に下総国古河藩主で老中の永井尚政の三男として生まれる。母は高遠藩主内藤清成の息女、後妻は太田資宗の息女。妻は稲葉正吉の息女。大学と称した。同十八年八月九日に家綱が生まれて御七夜の時に小性となり、後に中奥に伺候する。慶安四年（一六五一）八月十六日に従五位下伊賀守に叙任される。承応元年（一六五二）六月四日に小性に復し、十一月七日に廩米一〇〇〇俵を与えられる。明暦四年（万治元・一六五八）二月二十八日には父尚政の領知から河内国の内二万石を分知される。同二年七月二十三日に近侍の務めはゆるされ、菊間広縁に伺候する。寛文元年（一六六一）六月八日に鷹匠支配となる。同四年に諸大名へ領知の朱印等を交付した際に奉行を務める。同年七月二十八日には林鵞峰（春斎）に命じた『本朝通鑑』編修の奉行を命じられる。同五年二月十八日に奏者番に列し、十二月二十三日には若年寄となる。同十年二月十四日に京都所司代に転じ、一万石を加増されて三万石を知行する。六月三日に従四位下侍従に進む。延宝四年（一六七六）四月四日に職を辞し、同五年三月二十七日に死去。享年四十七。覚応賢心正源院と号し、三田功運寺に葬られた。家督は嫡男の直敬《なおひろ》が相続した。

（清水）

【典拠・参考文献】『寛政譜』第十・二七六頁、『柳営補任』、『国書人名辞典』第三巻（岩波書店、一九九六年）

永井尚志《ながいなおゆき》（一八一六～一八九一）

文化十三年（一八一六）十一月三日に生まれる。岩之丞と称し、玄蕃頭・主水正と名乗った。雅号を介堂といった。尚志は諱《いみな》で、「なおむね」とも読まれてきた。三河国奥殿藩主松平乗尹の二男として生まれ、三歳で父母に死別。天保十一年（一八四〇）に使番永井求馬尚徳（家禄一〇〇〇石）の養子となる。弘化四年（一八四七）に部屋住より新規召出となり、番士として三〇〇俵を与えられ、嘉永六年（一八五三）七月二十日に小性組進物番より御徒頭に転じた。同年十月八日に目付（海防掛）となり、嘉永七年（安政元・一八五四）四月五日、長崎派遣を命じられた。安政二年に目付のまま、長崎海軍伝習所の監督に任じられ、同年十一月十九日に諸大夫に列した。同四年五月に第一期伝習生を率いて観光丸で帰府した。同年十二月三日に勘定奉行（勝手掛）となり、翌五年七月八日、新設の外国奉行（二〇〇〇石高）に任じられ、露・英・仏と通商条約を結んだ。同六年二月二十四日に軍艦奉行（二〇〇〇石高）となるが、安政の大獄の余波で同年八月二十七日付で免職となり、切米三〇〇俵は召上げられ差控となる。政局の変動により、文久二年（一八六二）八月七日、再び召し出されて京都町奉行となり、反幕府勢力の矢面に立った。同年十一月七日に家督を継ぎ、元治元年（一八六四）二月九日には大目付に任じられ、第一次長州戦争の処理にあたり、同二年（慶応元・一八六五）五月六日に辞職して寄合に列した。慶応元年十月四日、大目付に再任され、第二次長州戦争前に長州側との応接にあたった。十五代将軍慶喜《よしのぶ》に抜擢されて、同三年二月晦日に京都で若年寄格（七〇〇〇石高）に任じられ、同年十二月十五日に若年寄となった。翌四年一月三日に始まった鳥羽・伏見の戦には、参政として幕府軍を率いて参加し、のち帰府し敗北の責任を問われて、同年二月九日に免職、寄合に列した。さらに同年二月十九日に逼塞《ひっそく》となった。同年八月、榎本武揚と共に箱館戦争に参加し、明治二年（一八六九）五月に新政府軍に降伏し、東京で入獄。同五年正月に赦免され、同年に開拓使御用掛となり、同八年に元老院権大書記官となるが、翌九年に免職、隠退した。同二十四年七月一日に七十六歳で死去。法名は崇文院殿介堂日彰大居士。墓は東京都荒川区西日暮里の本行寺にある。

（筑紫）

【典拠・参考文献】『続徳川実紀』第五篇、『柳営補任』、戸川安宅「永井玄蕃頭伝」（『旧幕府』一巻一号、冨山房）

永井直令《ながいなおよし》（一七〇七～一七八一）

宝永四年（一七〇七）に長崎奉行永井直《なお》允《ちか》の五男として生まれる。初名は直亮《なおすけ》。直《なお》挙《とも》、直慶《なおよし》とも名乗り、主計・伊織と称した。妻は土屋利起の養女。享保二年（一七一七）十月九日、父直允の知行地河内国交野・茨田の両郡を分与され、一〇〇〇石を拝領し、小普請となる。元文二年（一七三七）三月二十三日、書院番に列する。宝暦五年（一七五五）正月十一日に使番に転じ、十二月十八日に布衣を着することを許される。同十年十月十五日、目付に転じる。同十一年、喜連川左兵衛督恵氏が領地にて病を発し、危篤に陥った際、同年十一月十五日に家督相続の申し渡しのため下野国喜連川に赴く。同十三年十月二十九日、日光山御霊屋・本坊などの修理が落成した際には、これを検査するために日光山を訪れている。明和二年（一七六五）正月二十八日、小普請奉行に転じ、十二月十八日に従五位下筑前守に叙任される。同五年三月八日に西丸御留守居、安永十年（天明元・一七八一）二月八日より旗奉行を務めて天明元年九月八日に死去。享年七十五。法名は源水。三田の功運寺に葬られる。

（橋本）

【典拠・参考文献】『寛政譜』第十・二八五頁

長井広信《ながいひろのぶ》（一八三八～一八九一）

長井家は大江広元の次男時広の系統で、鎌倉幕府の六波羅評定衆、室町幕府の奉公衆を経て、江戸時代初期の当主教順（時広から一四代目）は近江堅田に退き、次の勝正が承応三年（一六五四）に禁裏に召し出された。以後同家代々の当主は禁裏使番という「口向諸役人」といわれる朝廷の勝手方の事務官僚を歴任する家系であった。広信は政太郎・奉膳と称し、嘉永元年三月一日に病気で退身した父広聴に代って禁裏使番となり維新を迎える。彼は天皇が東京に移ったのに伴って明治二年（一八六九）二月に父とともに東京に居を移し、同三年十二月に東京府貫属士族として現米二九石六斗を下賜されている。このときの新居が飯田町六丁目であった。明治二十四年（一八九二）に死去。享年五十四。なお、長井家は代々京都東山金戒光明寺中養親院を菩提寺にしていたが、移住後は麹町十丁目の心法寺の檀家となる。そして広聴が没すると千駄ヶ谷村の長善寺に埋葬し、さらに明治二十年四月には青山共同墓地へ改葬している。（滝口）

【典拠・参考文献】『千代田の古文書―区内文献史料調査報告―』（千代田区教育委員会、二〇〇九年）

長井昌言《ながいまさこと》（生没年未詳）

大坂町奉行戸田伊豆守の子として生まれたが、後に小普請長井乙三郎の養子となる。五右衛門と称し、のち任官して筑前守を名乗った。家禄は一五〇六石。嘉永六年（一八五三）三月二十七日に家督相続して小普請入りした。同七年四月二十日に両番となり、安政六年（一八五九）六月六日には蕃書調所句読教授出役となった。文久元年（一八六一）十月一日に小性組より使番となり、同年十二月十六日に布衣を許された。同二年七月十一日には目付となったが、同三年四月二十三日には病気のため辞職した。同年六月二十五日には神奈川奉行（二〇〇〇石高）となり、同年八月十四日には先手鉄炮頭、同年九月十日に騎兵頭（二〇〇〇石高）へと転じた。元治元年（一八六四）十一月十日には堺奉行となり、慶応元年（一八六五）十一月十日には京都町奉行を務めたが、同年十二月に辞職して寄合となった。同三年七月二十三日には作事奉行格で目付に再任されたが、同四年一月二十八日に御役御免となり、勤仕並寄合となった。（栗原）

【典拠・参考文献】『寛政譜』第九・二六七頁、『柳営補任』、『旗本百科』第四巻、『幕臣人名』第三巻

中川清治《なかがわきよはる》（一六七三～一七三九）

中川廣重の男。伝左衛門・進三郎と称した。妻は小幡武兵衛正利の女。はじめ徳川綱豊に右筆として仕え、宝永元年（一七〇四）に綱豊が将軍世嗣として「家宣」と改名して江戸城西丸に入ると、西丸右筆となり、廩米一〇〇俵五人扶持を与えられる。同四年十月晦日に西丸奥右筆となり、同五年十二月二十六日に廩米一〇〇俵を加増、扶持米は収公される。同六年十月二十五日に本丸の御用方右筆となる。正徳元年（一七一一）十二月十九日に一〇〇俵を加えて、廩米三〇〇俵となる。享保元年（一七一六）五月一六日に奥右筆、同三年三月十六日に新番、同十年十一月十一日に天英院（家宣室近衛照子）広敷番頭となる。同二十年六月二十八日に広敷御用人となり、同年十二月十六日に布衣を許される。元文四年（一七三九）十二月十二日に六十七歳で死去する。法名は自得。菩提寺は牛込松源寺（現在は東京都中野区）。（石山）

【典拠・参考文献】『寛政譜』第五・四一頁、小宮木代良『江戸幕府の日記と儀礼史料』（吉川弘文館、二〇〇六年）

中川源兵衛《なかがわげんべえ》（一七三六～没年未詳）

元文元年（一七三六）に生まれる。源兵衛・市左衛門と称した。宝暦四年（一七五四）一橋家の抱入となり、一橋邸に勤める。天明五年（一七八五）頃に勘定奉行となり、天明七年（一七八七）四月、数年出精して勤めたため、一橋の附切となり、幕臣身分に昇格した。同月には用人見習となっている。寛政十二年（一八〇〇）頃には隠居した一橋家二代当主治済《はるさだ》附の番頭、享和三年（一八〇三）頃には治済付の側用人格番頭となり、文化三年（一八〇六）頃には「武鑑」に名前が見えなくなる。（竹村）

【典拠・参考文献】辻達也編『一橋徳川家文書摘録考註百選』（続群書類従完成会、二〇〇六年）、『江戸幕府役職武鑑編年集成』全三

六巻（東洋書林、一九九六～九九年）

中川忠勝《なかがわただかつ》（生年不詳～一六二九）

半左衛門と称す。任官後は伊勢守と名乗る。母は渡辺覚右衛門の女。織田信雄に仕え、さらに豊臣秀吉に仕える。慶長五年（一六〇〇）、上杉景勝征伐の時、徳川家康に従い、その後、麾下に属した。同年九月の関ヶ原の戦では、敵と戦い、捥付《もぎつけ》（兜付きの首）を得た。凱旋後、美濃国可児《かに》・羽栗《はくり》両郡の内において、采地三〇〇石を賜る。その後、使番となり、大坂夏の陣・冬の陣でも御陣に従う。寛永二年（一六二五）十二月十一日、采地の御朱印を下される。同五年、山田奉行となり、従五位下伊勢守に叙任。翌六年九月十五日、山田において死去。法名は宗英。尾張国名古屋長栄寺に葬られる。なお、中川の家については、『寛政譜』に、家伝に異同のあることが記されている。（浦井）

【典拠・参考文献】『寛政譜』第八・二二四～二二五頁、『徳川実紀』第一～三篇

中川忠英《なかがわただてる》（一七五三～一八三〇）

宝暦三年（一七五三）に書院番中川忠易《ただやす》の五男として生まれる。重三郎・牛五郎・馬五郎・勘三郎と称した。号は駿台。妻は御小納戸頭取曾我助柴《すけしげ》の息女。中川氏の先祖は松平広忠に仕え、徳川家康の家臣となった。忠英の家系は代々小性組や書院番などを務め、曾祖父忠雄《ただお》は寄合・先手弓頭などを務めた。明和三年（一七六六）十月十五日にはじめて十代将軍家治に拝謁し、同四年十一月四日に家督を相続した。知行は一〇〇〇石。安永六年（一七七七）十二月十八日に小普請組頭となり、天明八年（一七八八）九月二十八日に目付となり、十二月十六日に布衣を許される。寛政七年（一七九五）二月五日に長崎奉行となり、同七月一日には従五位下飛騨守に叙任される。同手附出役として御家人で北方探検家の近藤重蔵を同行させ、九月十日に長崎に到着する。同十二月に唐船が漂着仙台人九人を送還する。同年、明和三年（一七六六）に廃止の唐館（唐人屋敷）内通用銀券（銀札）を再発行した。翌寛政八年二月に唐小通事・阿蘭陀小通詞以下の語学力を試験し、以後毎年三回行うことにした。同五月二十六日に神器掛乙名を設け、神器修理基金（銀）を寄付し、総氏神である鎮西大社諏訪神社の神輿や神器を修理させた。同年長崎会所の用意銀を増加した。同年九月二十日に長崎を出発、江戸へ帰る。同九年二月十二日に勘定奉行となり、六月六日から関東郡代を兼任する（役料一〇〇〇俵、後御免）。文化三年（一八〇六）一月三十日に大目付鉄砲改となる。同四年六月八日に蝦夷地見廻差添として蝦夷地へ派遣される。文政五年（一八二二）六月十三日に御留守居となる。同八年四月二十四日に旗奉行となり、足高五〇〇〇石を加増される。同十三年（天保元・一八三〇）九月に死去。享年七十八。『清俗紀聞《しんぞくきぶん》』全六冊一三巻は長崎奉行在勤中に忠英が監修者となって中国清朝乾隆帝時代（一七三六～九五）頃の福建省・浙江省・江蘇省の風俗慣行文物を、同手附出役近藤重蔵ら海外事情調査に長けた幕臣や唐通事を動員して、長崎に渡来した清国商人から問いただし、具体的な絵図は唐絵目利で長崎派画人の石崎融思《いしざきゆうし》と他一名が担当、和漢混淆文で解説した調査記録を作成させたもので、寛政十一年（一七九九）八月に東都書林金蘭堂から刊行された。序文は幕府儒官林述斎《じゅっさい》によって書かれ、将軍に献上された。また元亀元年（一五七〇）の長崎開港の時期から貞享二年（一六八五）までの長崎の事蹟をまとめた記録（地誌・旧記）『長崎記』全一冊を同じく長崎奉行在勤中に編纂している。（盛山）

【典拠・参考文献】『寛政譜』第五・三九

頁、『旗本百科』第四巻、「長崎奉行代々記」（鈴木康子『長崎奉行の研究』〈思文閣出版、二〇〇七年〉所収）、金井俊行編「長崎奉行歴代略譜」（『増補長崎略史』上巻〈『長崎叢書』下巻《明治百年史叢書》長崎市役所編、原書房一九七三年復刻〉所収）、『清俗紀聞』1《東洋文庫六二》（中川忠英著、孫伯醇・村松一弥編、平凡社、一九六六年）、中川忠英著「長崎記」『近世長崎・対外関係史料』（太田勝也編、思文閣出版、二〇〇七年所収）

中川忠道《なかがわただみち》　（生没年未詳）

作事奉行中川飛騨守の子として生まれる。勘三郎・力三郎と称し、のち任官して右京亮・飛騨守・備中守を名乗った。家禄は一〇〇〇石。天保十二年（一八四一）十二月二十二日に御目見し、弘化四年（一八四七）四月十六日に両番入り（小性組）となった。嘉永元年（一八四八）八月十一日には小性組より御小納戸へ移った。同年八月十四日に西丸御小納戸となり、同年十二月十六日布衣を許される。同六年九月二十二日に本丸御小納戸に移り、安政四年（一八五七）十二月二十七日には家督を相続した。安政五年（一八五八）六月十三日に家茂小性、同年十月六日には本丸小性となり、同年十一月二十三日に諸大夫に叙せられた。文久二年（一八六二）五月二十八日には小性頭取となり、元治二年（一八六五）一月二十八日に新番頭となった。慶応二年（一八六六）四月八日には大坂町奉行となり、同年五月七日に大坂で作事奉行に就任した。同八月八日に大坂で御小納戸頭取、同年九月六日には帰府して、同年十二月三日に御役御免となり、勤仕並寄合となった。　（栗原）

【典拠・参考文献】『寛政譜』第五・三八頁、『柳営補任』、『旗本百科』第四巻、『幕臣人名』第三巻

中川成慶《なかがわなりよし》　（一六六三～一七二一）

寛文三年（一六六三）に書院番中川重勝の長男として生まれる。母は松平加賀守家臣前田熊之丞の息女。喜左衛門・伊勢守・淡路守、その後再び伊勢守と称する。妻は寄合本多政朝の息女。延宝元年（一六七三）七月十一日に家督を相続し、寄合となる。同二年六月十八日に書院番士となる。元禄三年（一六九〇）六月十二日に従五位下伊勢守に叙任され、同年八月二十七日に使番となる。同四年八月二十一日に目付、同七年三月二十八日に桐之間番頭、宝永元年（一七〇四）九月二十七日に御側衆となる。同六年二月二十一日に、将軍綱吉の死去に伴い、役職を解かれるが、正徳二年（一七一二）六月一日に大目付、享保二年（一七一七）二月二十一日に御留守居となる。しかし同三年三月二十三日に、支配下の太田英資が小普請であることを隠して小性組に番入りしていたことから、管理不行き届きを咎められて出仕を留められ、同年五月二十六日に許される。同六年五月三日に死去。享年五十九。法名は紹雄。　（福留）

【典拠・参考文献】『寛政譜』第八・二二五頁、『徳川実紀』第八篇

永倉新八《ながくらしんぱち》　（一八三九～一九一五）

天保十年（一八三九）、江戸下谷三味線堀（現東京都台東区）で松前藩定府取次役長倉勘次の二男として生まれた。旧姓は長倉、諱は載之、幼名は英治。幼少のころ、神田猿楽町の神道無念流の道場撃剣館に入門。以後道場を転々とし、天然理心流の試衛館で修行をした。そこで近藤勇や沖田総司・土方歳三らと出会う。この時期、跡取りは藩邸内に住むという掟を破ったために脱藩。文久三年（一八六三）、将軍家茂の警護のために幕府が募集した浪士組に参加するため、近藤らとともに江戸を発った。そのちに会津藩の下で新撰組を結成し、その一員となった。元治元年（一八六四）の池

田屋事件において活躍し、その恩賞として金一〇両、別に親身料として一〇両を受けている。慶応三年（一八六七）六月の幕臣取立の際、見廻組格として七〇俵三人扶持を給された。その後も新撰組の隊士として戦い、慶応四年三月、近藤・土方らと甲陽鎮撫隊を率いて出陣したが、近藤・土方と意見が合わずに新撰組を離脱し、同じく隊士であった原田左之助らとともに新たに靖共隊を結成した。しかし、江戸開城となった慶応四年四月には原田が離脱し、隊を検索隊（遊軍隊）と改めた。閏四月、単身松前藩邸へ出向いて帰参となり、明治三年（一八七〇）には藩医の杉村介菴（松柏）の婿養子となった。六年に杉村家の家督を相続した。その後、新撰組の慰霊碑を建立したり、回想録（『新選組顛末記』）を書くなどした。大正四年（一九一五）に七十七歳で病死。遺骨は北海道小樽市の中央墓地杉村家の墓、また東京の新選組慰霊碑脇の「永倉新八之墓」などに納められている。

（上野）

【典拠・参考文献】『新選組大人名事典』（新人物往来社、二〇〇一年）

長坂信次《ながさかのぶつぐ》　（一五八四～一六四六）

天正十二年（一五八四）に生まれる。作兵衛・小血鑓・茶利九郎・血鑓などと称した。父は徳川家康に仕え、のち本多忠勝に付属されて本多家に仕えた血鑓九郎信宅で、祖父は清康に仕え血鑓九郎の名乗りと朱の鑓を許されたといわれる信政である。母は本多中務大輔家の家臣石原弥右衛門貞績の息女。弟には、大坂の陣の時に松平忠輝の家臣に殺害された信時がいる。信次は、父の死後、慶長十四年（一六〇九）に家康に召し出され、同十六年に小十人となり、同十八年に三五〇石を賜い、大坂の陣に供奉した。のち秀忠に属して近習番となり、かつ加増されて五八〇石余りを知行した。寛永九年（一六三二）四月七日に小十人組頭、同年十二月六日に布衣の着用をゆるされ、同十年にはさらに加増されて一〇八〇石余りを知行した。その後、同十五年十二月十八日に御鉄炮頭、同十九年三月十二日には御持筒頭となり、正保元年（一六四四）二丸御宮造営の奉行をつとめたことにより、同年九月十七日従五位下丹波守に叙任されている。同三年九月二十六日、稲富真賢と井上正継の争論に巻き込まれ、真賢とともに正継によって殺害された。享年六十三。法名は宗心。

（小宮山）

【典拠・参考文献】『寛政譜』第四・一七三頁、『寛永諸家系図伝』第五・三頁

長坂矩貞《ながさかのりさだ》　（一六九五～一七五二）

元禄八年（一六九五）に奥村氏の子として生まれる。通称は勘次郎・七之助・孫七郎。母は長谷川氏の娘。御林奉行を務めた長坂孫七郎正朝の聟養子となって、その娘を妻とした。後妻は能勢市兵衛能久の娘。享保六年（一七二一）十月二十四日に御勘定となり、郷村請取や川除普請などの任務にあたる。同十五年に養父の遺跡（家禄二〇〇俵）を継いだ。元文元年（一七三六）に行われた地方《じかた》御用大岡忠相《ただすけ》管轄の武蔵野新田検地では、勘定所を代表する形で検地帳にその名を記している。同四年八月十三日、職務に関して勘気を蒙り、小普請組に編入されて出仕停止の処分を受ける（同年十一月十二日解除）。宝暦二年（一七五二）八月十九日に五十八歳で死去。法名は宗月。代々の葬地である浅草の大松寺に葬られた。

（太田尚）

【典拠・参考文献】『寛政譜』第四・一七七頁、大石学『享保改革の地域政策』（吉川弘文館、一九九六年）

長坂基隆《ながさかもとたか》　（一六四二～一七二四）

寛永十九年（一六四二）に女院御所の侍を務めた長坂基俊《もとのり》の長男として生まれる。

新右衛門と称した。母は境原氏の息女。妻は松平伊賀守家臣松井忍可某の息女。父を継いで女院御所に仕え、江戸使役を務める。延宝六年（一六七八）に東福門院（徳川和子）が崩御した後に女院付が廃止されるに伴って旗本となり、十一月三日に大津御蔵奉行となる。廩米一〇〇俵・月俸五口を与えられる。元禄十二年（一六九九）に同役を辞職し、同年四月二十二日に二条御蔵奉行となり、正徳二年（一七一二）九月二十九日に辞職し、小普請となる。享保九年（一七二四）八月五日に死去。享年八十三。法名は浄岸。菩提寺は深川の本誓寺（東京都江東区）である。（栗原）

【典拠・参考文献】『寛政譜』第十九・八二頁

長崎元貴《ながさきもとたか》（一七六四〜没年未詳）

長崎元岑の三男に生まれる。母は長崎元茂の女。権之丞・四郎左衛門・半七郎と称した。妻は一橋家家臣奥田三右衛門本布の女。兄元広の養子となり、天明七年（一七八七）十二月十日に家督を継ぐ。廩米二〇〇俵を与えられる。同八年十二月二十五日に大番となり、寛政九年（一七九七）六月五日に書物奉行となる。菩提寺は雑司谷法明寺の大行院（東京都豊島区）。（石山）

【典拠・参考文献】『寛政譜』第八・二三八頁、『旗本百科』

中沢清盈《なかざわきよみつ》（生没年未詳）

父は大番組頭の中沢清繁《きよしげ》、母は西丸切手門番の渥美親政の娘。主税助《ちからのすけ》・栄之助・永之助とも称した。文政四年（一八二一）頃に御納戸番となり、同十二年（一八二九）八月二十二日、西丸広敷番頭となる。天保八年（一八三七）四月二日、広大院（十一代将軍徳川家斉御台所）の広敷番頭として西丸に勤め、同十二年五月二十八日の広大院の本丸移徙に伴い、本丸の広敷番頭となる。弘化二年（一八四五）四月十九日、勤め向き出精により褒賞され、姫君御用人格となり、布衣を許される。同四年七月二十九日に簾中御用人となり、嘉永三年（一八五〇）二月二十四日には本丸の広敷御用人となり、安政三年（一八五六）十二月十五日に十三代将軍徳川家定御台所（天璋院）の御用人となった。同五年十一月晦日に辞職。菩提寺は高田の宝祥寺。（吉成）

【典拠・参考文献】『旗本百科』第四巻、『続徳川実紀』第二篇

長沢資親《ながさわすけちか》（一六八一〜一七五〇）

天和元年（一六八一）に生まれる。博宣・茂丸・要人と称した。父は外山権大納言光顕（日野弘資子息）。妻は酒井隠岐守重英である。元禄十二年（一六九九）閏九月十五日に召されて三〇〇俵を賜り、寄合に列した。この日初めて五代将軍徳川綱吉に拝謁した。同年十一月九日小性並となり、同月二十八日従五位下侍従に叙任され、壱岐守に改めた。この日新恩三〇〇石を賜り、禄米を知行地に改められ、武蔵国入間郡において六〇〇石を知行した。同十五年正月十一日、また入間郡において三〇〇石の加増があり、宝永二年（一七〇五）正月二十一日従四位下に昇った。同三年四月七日知行地を多摩郡に移封された。同四年正月九日相模国愛甲郡において五〇〇石を賜り、計一四〇〇石を知行した。同年十二月十日徳川綱吉より仁敬の二文字、誠明の二文字を書して賜った。同六年二月二十一日高家となり、同年三月五日、本郷お茶の水に八二四坪の屋敷を拝領した。正徳元年（一七一一）朝鮮通信使が駿府の旅館に滞在した時、九月二十一日にその饗応役を仰せつかり駿府に赴き、十月十九日使節の帰路まで使者の任を勤めた。同五年五月十三日、徳川家康の百回忌に当たって、日光山において勅会の法会が行われることとなり、これを謝す使者の任に命じられ、京都に至った。

享保十三年（一七二八）四月、徳川吉宗が日光社参を行った時には、御先供奉の列にあった。この年、立坊宣下行われることになり、五月十五日命により酒井雅楽頭親本に付き従って京都に至り、六月十八日に暇のために参内した時、禁裏から是行の太刀を賜り、七月十一日従四位上に昇った。同十四年三月二十八日肝煎となり、同列を指揮することを命じられた。寛保元年（一七四一）八月二十七日、吉宗の右大臣転任を謝す使者松平肥後守容貞に付き従って京都に赴いた。十月七日に参内し、禁裏より國俊の太刀を賜り、同月二十七日少将に進んだ。延享二年（一七四五）三月二十六日、紅葉山において法華八講が行われた時、その任を勤め、七月二十二日京都への使者を務めて、金三〇〇両を賜った。同四年十一月二十二日病を理由に職務を辞すことを願い出たが許されなかった。寛延元年（一七四八）十二月十日再び辞職願いを出したが、許されず、同三年五月二十二日に死去した。享年七十。法名は光厳院泰然日明。菩提寺は谷中の大円寺。（田中暁）

【典拠・参考文献】『寛政譜』第二十一・一一一～一一二頁、『系図纂要』第四冊・二三九～二四〇頁、『徳川実紀』第七・第八篇、大石学編『高家前田家の総合的研究』（東京堂出版、二〇〇八年）

中島三郎助《なかじまさぶろうすけ》（一八二一～一八六九）

文政四年（一八二一）一月二十五日、浦賀に生まれる。永胤・木鶏と称する。浦賀奉行組与力中島清司永豊の三男（次男説有り）。母は同組与力樋田仲右衛門の娘。妻は西丸一番組御徒岡田定十郎娘錫子。剣術では天然理心流・北辰一刀流、砲術では高島流・荻野流・田付流・集最流、槍術では高田流を学び、いずれも弘化二年（一八四五）までに免許皆伝。天保六年（一八三五）閏七月十二日に浦賀奉行所与力見習、五〇俵。同八年六月二十九日、モリソン号打払向勤に付白銀二枚。同年結婚。のち鶴崎台場建造。弘化三年閏五月二十七日、ビッドル来航時の異国船警備に付き褒美。嘉永元年（一八四八）三月十五日に武器掛。七月十一日、格別出精に付き別段五人扶持。同二年六月二十日跡目相続、与力。十二月四日、異国船応接掛。同三年、奉行所船庫焼失により押込。同六年六月三日ペリー来航、浦賀副奉行と称して交渉。六月九日、国書受取に際し、大砲や機関について質問。十月十一日、鳳凰丸並晨風丸形船其外附属品製造御用掛。安政元年（一八五四）五月、鳳凰丸竣工。十一日試験航海、鳳凰丸副将。十月二日、明神崎台場据筒鋳直御用掛。同二年、ロシア人スクーナー打建見置のため戸田村出張。ヘダ号の設計図を写す。八月二十七日、長崎海軍伝習に派遣。蒸気機関運用と軍艦製造を学ぶ。同五年五月五日帰府。六月十八日軍艦操練所教授方出役。万延元年（一八六〇）九月二日、軍艦操練所教授方頭取手伝出役。文久元年（一八六一）九月十二日同役辞職、浦賀奉行組。同二年十二月二十二日、浦賀奉行所地方役所詰。同三年一月二十三日、富士見宝蔵番格軍艦頭取手伝当分出役。七月二十八日、浦賀表館浦備場築造普請御用掛。元治元年（一八六四）十二月二十九日、富士見宝蔵番格軍艦頭取出役、旗本格十五人扶持。慶応二年（一八六六）三月晦日、軍艦頭取出役辞職。十二月九日に隠居。同三年五月十六日、軍艦組出役。七月十五日、軍艦役並。十二月十三日、小十人格軍艦役。明治元年一月二十三日、両番上席軍艦役。八月十九日、開陽丸乗組、品川沖より脱走。十二月五日、箱館奉行並。同二年五月十六日、箱館千代ヶ岡台場で戦死。享年四十九。墓は現函館市の称名寺。儀顯院忠譽勵道現勇居士。長男及び次男も共に戦死。浦賀東林寺にも本人が形状を指示した墓がある。
（岩下）

【典拠・参考文献】中島義生編『中島三郎助文書』（中島義生、一九九六年）、田口由三編『義烈中島三郎助父子』（私家版、一九三九年）、松邨賀太『義に死す　最後の幕臣―評伝・中島三郎助』（文芸社、二〇〇八年）

中嶋重春《なかじましげはる》（一六〇七～一六六八）

慶長十二年（一六〇七）に三河国大崎の船手を奉行した中嶋重好《しげよし》の長男として生まれる。与五郎と称する。元和元年（一六一五）に大坂から帰陣する徳川家康に三河国吉田で初御目見する。この際、御船手を預ける旨の仰出があったが、父重好の異父弟板倉重昌の言上により沙汰止みとなる。その後、父の時と同様、大崎の船手を奉行する。寛永六年（一六二九）八月八日、知行地（三河国大崎六〇〇石）の朱印を賜い、以後、代々交代寄合（三河衆）として在所に居住することとなる。寛文八年（一六六八）十二月十一日に死去。享年六十二。法名は法岸。三河国岡崎の大林寺に葬られる。
（田原）

【典拠・参考文献】『寛政譜』第十三・三四九頁、『旗本人名』別巻解説編四五頁

中島常房《なかじまつねふさ》（一六八六～一七七二）

貞享三年（一六八六）生まれ。通称は勘三郎・浅右衛門。父は中島常治《つねはる》、母は不詳。御三家紀伊家に仕えていたが、藩主吉宗の将軍就任に伴い幕府御家人となった。享保元年（一七一六）七月に御小納戸となって、切米三〇〇俵を給わり、布衣を着することを許された。同十三年四月、吉宗の日光参詣に供奉し、時服を賜る。元文三年（一七三八）十二月、御小納戸頭取にすすみ、従五位下内匠頭に叙任した。延享二年（一七四五）九月より西丸の大御所吉宗に仕え、宝暦元年（一七五一）六月、吉宗死去により本丸に移る。同十年五月には将軍家重の隠退により二丸に移り、翌十一年八月、家重死去により本丸に戻る。同十二年六月に隠居して閑休と号す。この後、時服と金を毎年賜る。安永元年（一七七二）三月に八十七歳で死去。法名は日善。菩提寺は四谷の戒行寺である。
（松本）

【典拠・参考文献】『寛政譜』第十九・三〇六頁

中嶋正久《なかじままさひさ》（一六五六～一七二三）

中嶋氏の男。八之丞・源右衛門と称した。妻は三宅五郎右衛門某の女。中嶋正忠の養子となり、元禄十五年（一七〇二）九月二十九日に家督を継ぐ。宝永三年（一七〇六）六月九日に表右筆となり、廩米一五〇俵を与えられる。同七年十二月十九日に五〇俵を加増される。享保十八年（一七三三）七月二十五日に六十八歳で死去する。法名は宗甫。菩提寺は小石川の善仁寺（東京都文京区）。
（石山）

【典拠・参考文献】『寛政譜』第二十・一三〇頁、小宮木代良『江戸幕府の日記と儀礼史料』（吉川弘文館、二〇〇六年）

中条景昭《なかじょうかげあき》（一八二七～一八九六）

金之助と称した。慶応四年（一八六八）二月十四日に山岡鉄太郎と共に精鋭隊頭に任ぜられ、慶喜の謹慎した上野大慈院内の警固を行った。さらに翌年九月二十九日に精鋭隊が新番組に改称されると新番組の頭として御殿向・御門勤・久能山取締に当たった。明治二年（一八六九）に新番組が開墾方に改組されると、その土地に移住して土地の開墾にあたった。
（津田）

【典拠・参考文献】『静岡県史』通史編五・近現代一（静岡県、一九九六年）

中田正勝《なかたまさかつ》（生年未詳～一六八六）

鳥見中田正吉《まさよし》の長男として生まれる。甚右衛門と称した。同家は代々、鷹匠や鳥見を務めた家柄であり、正勝も寛文九年（一

六六九）に御手鷹匠の見習となる。同十二年七月十二日に家督を相続し、父正吉と同じく川越の鳥見となる。貞享二年（一六八五）、鳥見の減員により御手鷹師となり、翌三年二月十六日に死去。法名は道玄。菩提寺は大塚の本伝寺である。　（宮坂）

【典拠・参考文献】『寛政譜』第十八・二八五頁、大石学『享保改革の地域政策』（吉川弘文館、一九九六年）

永田重真《ながたしげざね》　（一五六五～一六二六）

永禄八年（一五六五）生まれ。通称は勝左衛門。父永田久琢《ひさあきら》と母久野久大夫某の息女の二男。妻は高木広正の息女である。織田信雄に仕え、信雄配流の後、父久琢とともに江戸に出て、天正十九年（一五九一）より家康に仕えた。文禄四年（一五九五）秀忠付となった。その後、父の領地上総国武射・長柄郡の内で六〇〇石を分与された。慶長五年（一六〇〇）信濃上田城攻めに加わる。その後、使番となって、同九年、東海道・東山道・北陸道に一里塚を築くため陸奥に赴きそれを奉行した。のち大坂の陣での行賞で武蔵国入間郡において四〇〇石を加増され、元和三年（一六一七）五月に領地判物を下付された。寛永三年（一六二六）の秀忠・家光の上洛に従う。同九年十月に目付代として甲斐国に赴く。同十年十二月、一〇〇〇石を加増され、計二〇〇〇石を知行した。同十三年三月、越前藩主であった松平一伯忠直の配流地・豊後国萩原に豊後府内目付として赴き、八月五日に同地府内において死去。享年七十二。菩提寺は豊後府内（大分市）の来迎寺である。　（松本）

【典拠・参考文献】『寛政譜』第十六・二七八頁

永田重路《ながたしげみち》　（一六〇四～一六七六）

慶長九年（一六〇四）に徳川家康の家臣永田政次《まさつぐ》の子として生まれる。伝左衛門と称した。同十四年、二代将軍徳川秀忠に拝謁して家督を相続した。知行は二〇〇石である。元和八年（一六二二）に大番となり、寛永三年（一六二六）より、三代将軍家光の弟忠長に付属した。同九年に忠長が改易となると、同十一年には大番に復し、知行も以前の通り安堵された。正保四年（一六四七）十二月二十七日、御金奉行に転じ、寛文五年（一六六五）に蔵米一〇〇俵を加増された。寛文十三年（延宝元・一六七三）五月二十八日に職を辞して小普請となった。延宝四年五月二十七日に死去。享年七十三。法名は宗性。牛込の宝泉寺（現在は移転して東京都中野区）に葬られた。　（白根）

【典拠・参考文献】『寛政譜』第十六・二八四頁

永田尚賢《ながたなおかた》　（一七五七～一八四一）

宝暦七年（一七五七）、大番の永田直養《なおよし》の三男として生まれる。母は普請奉行であった駒井寿正《としまさ》の養女。初めは直好《なおよし》といった。求次郎・三郎右衛門・権八郎・三右衛門と称す。安永二年（一七七三）十一月、西丸小性番士であった永田昌者《まさとし》の臨終にあたってその養女を妻とし、同十二月二十七日に遺跡を継ぎ、小普請となる。知行は八五〇石であった。同七年三月十四日に書院番となり、天明五年（一七八五）十二月七日には進物の役を務めた。寛政九年（一七九七）正月晦日に御小納戸となる。以後、将軍の鷹狩に供奉し、鳥を射て時服を賜っている。文政九年（一八二六）六月八日より御留守居番、天保七年（一八三六）五月十日からは先手鉄炮頭となり、同九年十一月八日には西丸旗奉行に就任した。同十二年三月二十三日、徳川家定付きの旗奉行となるが、同年の五月二十一日に死去した。享年八十五。　（山﨑）

【典拠・参考文献】『寛政譜』第十六・二

八三頁、『柳営補任』

永田正道《ながたまさみち》 （一七五二～一八一九）

実は菊沢助左衛門富章の子。母は勘定・代官をつとめた永田政白《まさきよ》の娘。母の兄弟で勘定をつとめた政行《まさゆき》の養子となり、その娘を妻とする。後妻は豊田金右衛門友政の養女。千次郎・左兵衛・与左衛門とも称した。また備後守を名乗った。明和六年（一七六九）正月二十六日に勘定となり、安永三年（一七七四）三月八日に遺跡を継ぐ。廩米一五〇俵。同五年七月二日、東海道および美濃・伊勢両国に赴いて川々の普請をつとめた功績により黄金二枚を賜る。同七年十二月二十一日には評定所留役の助となり、同月二十四日、山城国石清水八幡宮修復を担当したことにより黄金二枚を賜る。同九年七月十二日に評定所の留役となる。天明七年（一七八七）四月十九日には勘定組頭に転じ、同八年七月九日、久能山御宮および宝台院修造を命じられて黄金三枚を賜わる。同年八月十九日に清水家用人に進み、十二月十六日には布衣に列し、のち番頭を兼ねる。寛政七年（一七九五）八月二十九日に貞章院（清水重好室伏見宮貞子）御用人、同九年二月十一日（『柳営補任』では二十一日）に西丸広敷の御用人となり、文化二年（一八〇五）三月八日、本丸の広敷御用人となる。同七年十二月十四日には勘定奉行となり、公事方をつとめ、家禄を五〇〇石高加増される。同八年四月二十六日に大目付となる。文政二年（一八一九）四月二十二日卒する。菩提寺は浅草の智光院（現在地は東京都杉並区）。 （吉成）

【典拠・参考文献】『寛政譜』第二十二・八六頁、『旗本百科』第四巻

中根淑《なかねきよし》 （一八三九～一九一三）

天保十年（一八三九）生まれ。元歩兵差図役。沼津兵学校では三等教授方として漢詩を教えた。明治四年（一八七一）正月、三等教授方から二等教授方並に昇進している。また明治七年（一八七四）に陸軍省歩兵少佐となった。その後出版社金港堂に勤め、文芸雑誌『都の花』を創刊。『金港堂小説叢書』の編集を担当するなど文学方面で活躍した。また明治三十二年（一八九九）設立の旧幕府史談会に属し、古老から旧幕時代の談話を聞き取りそれを『旧幕府』の誌上に掲載することを発案した。大正二年（一九一三）一月二十日死去。（津田）

【典拠・参考文献】樋口雄彦『旧幕臣の明治維新 沼津兵学校とその群像』（吉川弘文館、二〇〇五年）、同『沼津兵学校の研究』（吉川弘文館、二〇〇七年）

中根長十郎《なかねちょうじゅうろう》 （一七九四～一八六三）

寛政六年（一七九四）に生まれる。名を正言《まさのり》という。父は一橋家用人や西丸御留守居などを勤めた正峡。中根氏の先祖は、代々三河国松平郷に住み松平を称した。寛永期に中根を称し、禄高二〇〇俵が確定、代々継承された。父正峡の時に初めて一橋家に出向。長十郎は、文化九年（一八一二）十一月三日、部屋住ながらも召し出され、一橋治済《はるさだ》の近習を命じられ、天保二年（一八三一）に一橋家小十人頭となった。翌年、正峡が一橋家附人となったことから一橋家雇となり、同家の目付（天保四年十月二十日）、勘定奉行（同九年四月十日）、郡奉行（同十三年七月十二日）などを歴任、同十三年十月十一日に家督相続し、一橋附となった。同十四年四月朔日以降、用人を勤め、弘化四年（一八四七）九月朔日に徳川慶喜が一橋家を継承して以降も側近として仕えた。文久二年（一八六二）十二月、慶喜の上京に従い、その国事御用を支えた。翌三年五月二十三日に側用人に昇進し番頭を兼任、一〇〇〇俵に加増された（幕府より五〇〇俵、一橋家より五〇〇俵が支給）。十

月二十六日、慶喜の再上洛が決まり、長十郎も随行するよう命じられたが、同月二十三日に雉子橋門外で攘夷派浪士数人に暗殺された。享年七十。その理由は不詳であるが、一説によれば開国論を持論とする一橋家家臣平岡円四郎を襲撃すべきところ、円四郎が罪を長十郎に転嫁したため危難にあったとされる。歴代の墓は、東京都文京区小石川の浄雲寺にある。（藤田）

【典拠・参考文献】『寛政譜』第九・二五二頁、『幕臣人名』第三巻、渋沢栄一『徳川慶喜公伝』二・四（東洋文庫、平凡社、一九六七・六八年）

中根正包《なかねまさかね》（一六六一～一七一六）

寛文元年（一六六一）に先弓頭等を勤めた中根正章《まさよし》の三男として生まれる。権兵衛・内匠・宇右衛門と称した。母は蜂屋七兵衛定政の娘。妻は鳥居久大夫忠直の娘。父の禄は一五〇〇石である。中根家の先祖は三河国額田郡箱柳村に住居し、天文五年（一五三六）に松平広忠に仕えたのを皮切りに、代々松平・徳川家家臣の家柄である。貞享四年（一六八七）九月六日、五代将軍綱吉に初めて拝謁をした。元禄四年（一六九一）十二月二日に書院番士となり、同九年七月九日に遺跡を継ぐ。同十二月二十二日には勤務態度を賞され黄金五枚を賜る。同十一年七月一日に水野松之丞勝岑が備後国福山城を没収された際に命を受け、青山播磨守幸督・松平駿河守定陳・浅野土佐守長澄に従い、別所孫右衛門常治・溝口源兵衛勝興等とともに現地に派遣された。同月、相模国愛甲郡・上総国武射郡の領地を上野国新田郡・下野国梁田郡に移された。同十二年四月一日に西丸御徒頭に昇進し、同十二月十八日には布衣を許された。同十六年三月十五日に書院番組頭となる。宝永二年（一七〇五）八月五日、京都町奉行に転じ、同九月二十八日に丹波国氷上郡《ひかみ》において五〇〇石を加増された。同日、従五位下摂津守に叙任された。同四年八月、上野国邑楽郡の領地を相模国高座・大住郡、武蔵国多摩郡に移された。正徳四年（一七一四）八月十五日に職を辞して寄合となる。同十月には氷上郡の領地を三河国設楽郡に移される。享保元年（一七一六）七月二十九日に死去。享年五十六。法名は品永。墓所は浅草本願寺内長敬寺である。（坂本）

【典拠・参考文献】『寛政譜』第十四・三一三頁、『柳営補任』

中根正次《なかねまさつぐ》（生年未詳～一六五六）

伏見城番を勤めた中根正重《まさしげ》の三男として生まれる。母は服部保長《やすなが》の息女。妻は幕府年寄青山忠俊《ただとし》の息女。五兵衛と称した。慶長十九年（一六一四）より二代将軍徳川秀忠に仕えて書院番に列し、蔵米三〇〇俵を与えられる。元和二年（一六一六）には秀忠の三男忠長（のちに駿府藩主）の付属となり、二〇〇石を与えられ、さらに蔵米を改められて、計五〇〇石を知行。寛永九年（一六三二）十月二十日には忠長が改易されるに伴い、処士となる。同十三年十二月十日に許されて三代将軍家光に仕え、再び五〇〇石を与えられる。同十五年十二月二十三日には書院番に列する。同二十年八月晦日に新院附となり、五〇〇石を加えられて、計一〇〇〇石を知行し、従五位下但馬守に叙任される。明暦二年（一六五六）十一月十五日に死去。法名は憲相。葬地は牛込の法正寺。（芳賀）

【典拠・参考文献】『寛政譜』第九・二四九頁、静岡県編『静岡県史』資料編九近世一・通史編三近世一（静岡県、一九九二年・九六年）

中根正成《なかねまさなり》（一五八七～一六七一）

天正十五年（一五八七）に生まれる。伝七郎と称す。また、隠居後は宗閑と称した。父は松平信康に仕え、のち徳川家康に仕えた正重。母は服部石見守保長の息女。妻は榊原隼之助忠勝の息女。また紀伊家家臣川北主水の息女、金田靫負宗房の息女を娶る。正成は、慶長四年（一五九九）、十三歳の時に秀忠に拝謁し、小性となる。同十年下総国にて二〇〇石を賜い、同十九年の大坂冬の陣に供奉。翌二十年（元和元・一六一五）には書院番となり青山忠俊に属して参陣する。同年十二月二日、上総・武蔵両国内で一〇〇〇石の加増をうけ、翌年九月十八日に家光に付属される。同九年六月朔日、小十人頭に昇進し、同年武蔵国にて二〇〇石を、のち、さらに下野国にて四〇〇石を加増され、寛永五年（一六二八）八月四日には上総・下総国内で一〇〇〇石の加増をうける。同九年御持筒頭に転じ、翌年七月二十六日小性組番頭となり、同十二年十二月十四日には二〇〇〇石の加増をうけて計五〇〇〇石となる。翌年三月二十七日書院番頭となり、同年十二月二十九日には従五位下大隅守に叙任される。同十七年十月十六日大番頭となり、万治二年（一六五九）二月二十三日隠居。養老料一五〇〇俵を賜う。寛文十一年（一六七一）九月四日、八十五歳で死去。法名は宗閑。深川の法禅寺（東京都千代田区、現神田寺）に葬る。のちに代々の葬地となっている。（小宮山）

【典拠・参考文献】『寛政譜』第九・二四四～二四五頁、『寛永諸家系図伝』第六・一八二頁

中根正延《なかねまさのぶ》（一六三七～一七〇七）

はじめ正則。半平・大隅守と称する。寛永十四年（一六三七）に生まれる。父は大番頭であった中根日向守正勝、母は高取城主であった植村出羽守家政、妻は大給松平家当主左近将監忠昭の娘。正保三年（一六四六）正月十四日、祖父正成が蟇目の役を勤めたときに、正延が矢取を勤め、それにより時服三領・白銀二〇枚を賜る。慶安元年（一六四八）六月二十日にはじめて三代将軍徳川家光に謁見し、万治二年（一六五九）十二年二十七日従五位下大隅守に叙任する。延宝元年（一六七三）七月晦日に家を継ぎ、同四年二月十二日書院番頭となる。天和二年（一六八二）四月二十一日、上野国山田、下野国梁田両郡のうちに新恩一〇〇〇石を賜うことで、合わせて六〇〇〇石を知行することとなる。貞享四年（一六八七）五月二十七日に大番頭にすすみ、元禄八年（一六九五）二月十八日に御留守居に移る。同十年八月二十三日に御側に転任し、同十二年閏九月二十八日には老年のため宿直をゆるされる。同十五年七月十二日に辞職する。これより度々登営して御側の席に列し気色を伺う役を命ぜられる。同十六年十一月朔日より菊間の広縁に列する。宝永四年（一七〇七）六月九日、七十一歳で死去する。法名は道義。（根岸）

【典拠・参考文献】『寛政譜』第九・二四五頁

中根正盛《なかねまさもり》（一五八八～一六六五）

天正十六年（一五八八）に生まれる。平十郎と称した。実父は近藤正則で、中根正時の養子になったという。母は平岩親吉の娘。妻は大橋氏の娘。小性・大番などを務めたのち、寛永二年（一六二五）十二月十一日采地二二〇石をたまう。同九年、御小納戸に転じ、のち一八〇石加増（計四〇〇石となる）。同十一年正月十三日、四〇〇石加増（計八〇〇石）。同十二年十月～十二月頃、三代将軍家光から「御側」に抜擢された。その職務は、将軍と老中との取り次ぎ役を務めると共に、評定所や諸大名の監察を行うことであった。そのため、二〇名前後の与力（国目付）が付属しており、「奥向にては老中も手をつきあひさつ」するほど権勢が強かったという。寛永十五年正月一日、従五位下壱岐守に叙任。同年四

月十四日に一〇〇〇石、同十六年六月十一日に一二〇〇石、同十七年十一月十四日には二〇〇〇石を加増され、知行五〇〇〇石となる。明暦元年（一六五五）八月三日に隠居し、養老料として廩米六〇〇俵を下賜される。寛文五年（一六六五）十二月二日に死去。享年七十八。法名は幽仙。采地の武蔵国橘樹《たちばな》郡菅《すげ》村福昌寺に葬られた。

（深井）

【典拠・参考文献】『寛政譜』第十四・三一一頁、北原章男「家光政権の確立をめぐって」（『歴史地理』九一巻二・三号、一九六五・六六年、のち『論集日本歴史7　幕藩体制I』有精堂、一九七三年に収録）、深井雅海『徳川将軍政治権力の研究』（吉川弘文館、一九九一年）

中野清茂《なかのきよしげ》　（一七六五～一八四二）

明和二年（一七六五）に生まれる。父は御徒頭の中野清備《きよとも》、母は未詳。幼名は定之助。妻は大番矢部定賢の娘。後妻は高家の宮原義潔《よしきよ》の娘。また川田貞興の娘を妻とする。同二年十二月二十六日に遺跡を継ぎ、小普請となる。廩米三〇〇俵。天明三年（一七八三）九月二十七日に御小納戸に列し、十二月十八日に布衣となる。享和二年（一八〇二）四月十五日に小性となり、文化三年（一八〇六）六月には小性頭取、同七年十二月四日には御小納戸頭取（御場掛）となる。文政五年（一八二二）十二月二十二日、家禄を五〇〇石高に加増される。同十年十月八日には新番頭格となる。第十一代将軍家斉の側室美代の方の養父として、強大な権力を持っていたといわれる。同十三年十一月十五日、願いの通り隠居し、剃髪して碩翁と称する。勤め方は「唯今までの通りに心得のこと」と申し渡され、大御所家斉の話し相手として江戸城にしばしば登城していたといわれる。家斉大御所時代の「三翁」の一人である。天保十二年（一八四一）に家斉が死去した後は登城を止められ、加増地も召し上げられ、向島に逼塞した。同十三年五月十二日に死去。享年七十八。墓地は牛込大法寺（明治期に現杉並区に移転）。

（吉成）

【典拠・参考文献】『寛政譜』第二十一・一八二頁、『旗本百科』第四巻

中野重吉《なかのしげよし》　（生年未詳～一六二四）

酒井次郎左衛門貞勝の息子として生まれ、中野重直《しげなお》の養子となる。七蔵と称した。天正十八年（一五九〇）ころより代官を務め、寛永元年（一六二四）七月二十九日に死去。法名は清厳。下総国葛飾郡小金村の東漸寺に葬られる。

（宮原）

【典拠・参考文献】『寛政譜』第十三・三三九頁、『代官履歴』

中野長風《なかのちょうふう》　（生年未詳～一八五〇）

父は中野兵左衛門。長風は中野家の養子であったらしいとする記録があるという。通称は又兵衛。文政六年（一八二三）八月六日に評定所留役より勘定組頭となり、永々御目見以上となる（『柳営補任』の勘定組頭の着任記事には「評定所組頭」とも記されている）。同十三年（天保元・一八三〇）閏三月二十五日に廩米一五〇俵高に加増され、天保三年十二月十六日に布衣の着用を許される。同六年十二月十四日に勘定吟味役となり、三河・駿河や甲斐の一揆・騒動の吟味、大塩平八郎の乱の裁許、金貨鋳造、橋の改架、武器修復、日光山霊廟の修復などを担当する。同十二年十一月八日に佐渡奉行に転じ、廩米二〇〇俵高に加増。翌十三年五月には佐渡に赴任している。同十四年六月十五日に持筒頭、弘化四年（一八四七）九月二十日に堺奉行となり、十一月朔日には石見守に叙任。嘉永二年（一八四九）十二月に大坂町奉行となる。同三年五月十一日に大坂で死去。

（高山）

【典拠・参考文献】『柳営補任』、『続徳川

実紀』第二篇、『江戸幕府役職武鑑編年集成』二七～二九、『旗本百科』第四巻、荒川秀俊「御家人の出世コースと派閥—久須美六郎左衛門と中野又兵衛」（『日本歴史』三一二号、一九七四年）

長野重恒《ながのしげつね》　（一六七二～一七五二）

源次郎・善大夫と称した。妻は河野六郎右衛門某の女。はじめ徳川綱豊に右筆として仕え、宝永元年（一七〇四）に綱豊が将軍世嗣として「家宣」と改名して江戸城西丸に入ると、表右筆となって廩米一〇〇俵五人扶持が与えられる。同七年十二月十九日一〇〇俵を加増して、家禄は二〇〇俵となる。寛保三年（一七四三）閏四月二十九日に老齢のため職を辞して小普請に入る。宝暦二年（一七五二）三月十六日に八十一歳で死去する。法名祖庭。菩提寺は麻布の西照寺。（石山）

【典拠・参考文献】『寛政譜』第二十・四一六頁、小宮木代良『江戸幕府の日記と儀礼史料』（吉川弘文館、二〇〇六年）

長野友秀《ながのともひで》　（生年未詳～一六一八）

江戸時代初期の国奉行。内蔵丞《くらのじょう》と称する。同家は伊勢長野氏の家人であったという。慶長八年（一六〇三）より元和三年（一六一七）まで伊勢山田奉行（伊勢町奉行、伊勢郡代とも）を日向正成と共に務めた。山田奉行は伊勢神宮の警衛と遷宮の奉行、伊勢・志摩両国の支配と訴訟の取扱いなどを行った。長野は慶長八年には伊勢の訴訟を担当していたことが確認されている。慶長十四年には、徳川家康が施主となった神宮の正遷宮の奉行を務めている。また他の国奉行と同様に伊勢の郷帳と国絵図の作製責任者でもあったと考えられている。元和四年に死去した。（松本）

【典拠・参考文献】高木昭作『日本近世国家史の研究』（岩波書店、一九九〇年）、『国書人名辞典』（岩波書店）

中坊広風《なかのぼうこうふう》　（生没年不詳）

金蔵と称す。任官後は駿河守を名乗る。天保十三年（一八四二）の『武鑑』によれば、父は中坊兵庫助。天保七年（一八三六）に寄合から寄合肝煎となり、同十二年五月二十八日には小普請組支配となっている。天保十三年五月二十四日に日光奉行へと就任し、同十五年八月二十八日には勘定奉行公事方へと昇進した。同年九月二十六日より道中奉行を兼帯。弘化二年（一八四五）三月二十日に甲府勤番支配となる。その後、同年六月十七日に病気を理由に職を辞して寄合となり、弘化四年三月二十五日に致仕、家督を子の鍋之助に譲った。（保垣）

【典拠・参考文献】『続徳川実紀』第二篇、『柳営補任』、『旗本百科』第四巻

中坊秀祐《なかのぼうひですけ》　（一五五一～一六〇九）

天文二十年（一五五一）に生まれ、忠右衛門・左近・飛驒守を称した。父は中坊讃岐守盛祐、母は海老沼兵衛尉友清の息女。中坊家は大和国吉野郡の豪族で、秀友は足利義晴に仕え、大永七年（一五二七）に春日造営の奉行を務めている。曾孫秀祐ははじめ筒井順慶に属していたが、天正八年（一五八〇）に春日造営の奉行を務めた。その後慶長七年（一六〇二）には家康に召し出され、吉野郡の旧領三五〇〇石を拝領した。このとき彼は奈良奉行に任じられ、在国のまま大和・近江両国の御料の支配を任されている。慶長十四年（一六〇九）三月一日に死去。享年五十九。法名は道尊、菩提寺は南都の真言院である。（滝口）

【典拠・参考文献】『寛政譜』第十六・二〇二・二〇三頁。

中坊秀政《なかのぼうひでまさ》　（一五七五～一六三八）

中坊秀祐嫡男として天正三年（一五七五）に生まれ、左近・左近大夫・飛驒守を称した。妻は多羅尾左京進光太の息女。慶

長十四年（一六〇九）、父の死去により家督を継ぎ、奈良奉行を務める。同十七年に春日造営を担当し、同十九年・翌元和元年の大坂の陣では豊臣方の動きを封じ、徳川方の道案内などを務めている。その後寛永八年（一六三一）にも春日造営の奉行に任じられている。寛永十五年（一六三八）八月十日に死去。享年六十四。法名は宗安、菩提寺は南都の真言院である。（滝口）

【典拠・参考文献】『寛政譜』第十六・二〇三頁。

中坊広看《なかのぼうひろみつ》　（一七四二～一八〇四）

初めは秀道《ひでみち》、秀看《ひでみつ》と名乗った。金蔵と称す。任官後は河内守・近江守と名乗る。父は駿府町奉行等を歴任した中坊秀享《ひでみち》。妻は小納戸を務めた小笠原信喜《のぶよし》の息女。寛保二年（一七四二）に生まれる。明和三年（一七六六）二月二十七日に御小納戸に進み、同年十二月十九日に布衣を許された。安永五年（一七七六）四月に将軍徳川家治の日光社参にも供奉した。同年八月六日に家督を継ぐ。知行は四〇〇〇石。同八年十二月二十三日、家治が船堀（現東京都江戸川区）周辺で行った狩に供奉し、広看は鳥銃で黒トキを仕留めている。同九年十一月二十四日に定火消、天明三年（一七八三）三月二十八日に小普請組支配となり、同七年八月二十六日には小性組番頭に任ぜられた。同年十二月十八日に、従五位下近江守に叙任される。同八年六月二十六日、書院番頭に転じ、寛政七年（一七九五）三月十三日、将軍徳川家斉の小金原での鹿狩に供奉した功により、時服三領を下賜された。同年十二月十二日に、大番頭となった。文化元年（一八〇四）二月に死去。享年は六十三。（山崎）

【典拠・参考文献】『寛政譜』第十六・二〇五頁、『柳営補任』、『徳川実紀』第十篇

中浜万次郎《なかはままんじろう》　（一八二七～一八九八）

文政十年（一八二七）一月一日、土佐国幡多郡中ノ浜に生まれる。信志・ジョンと称した。悦助の次男。母は志を。最初の妻は剣術師範団野源之進の次女鉄。二人目は熊本藩医師樋口立卓の妹琴。三人目は志げ。天保十二年（一八四一）、仲間四人とともに出漁、漂流し捕鯨船ジョン・ハラウンド号（ホイットフィールド船長）に救助される。同十四年、捕鯨船のアメリカ帰国とともにフェアヘーブンで生活を始め、オックスフォード小学校、スコンチカットネックスクールで学ぶ。弘化元年（一八四四）、バートレットアカデミーで学び、同三年に主席卒業。同年五月十六日、捕鯨船フランクリン号に乗船。嘉永元年（一八四八）、一等航海士。同二年九月二十三日、フランクリン号帰帆。同三年五月、サクラメントの金鉱に入山。同四年一月三日、琉球摩文仁小渡浜海岸到着。八月一日、鹿児島着。洋式帆船の雛形を作成。九月二十九日長崎着、長崎奉行所の取調べを受ける。同五年七月十一日高知着、十月八日教授館に出仕。十二月四日土佐藩に登用、小者。同六年六月二十日、老中首座阿部正弘が招聘。八月三十日江戸着、伊豆韮山代官江川坦庵邸に居住。十一月五日に普請役、二〇俵二人扶持。同年、中濱万次郎信志と名乗る。同七年（安政元年・一八五四）正月九日に直参。安政四年、築地軍艦操練所教授。十月十七日、箱館奉行手付与力次席として箱館で捕鯨指導。同六年三月、君沢型一番船で捕鯨行うも失敗。同七年一月十九日、咸臨丸に通訳として乗船し渡米。万延元年（一八六〇）五月五日帰国。八月二十五日、築地軍艦操練所教授免職。文久元年（一八六一）十二月四日、小笠原開拓団一員として出港。同二年十二月二十九日、壹番丸で捕鯨に出発。元治元年（一八六四）十月十三日、薩摩藩

に招聘され開成所教授。慶応二年（一八六六）、土佐藩開成館で教授。八月に後藤象二郎と上海で土佐藩の用船を購入。明治元年（一八六八）に土佐藩士、馬廻格一〇〇石となる。同二年三月、開成学校二等教授。十一月中博士。同三年八月二十五日、欧州出張。同四年一月八日帰国。同二十一年六月、捕鯨航海。同三十一年十一月十二日、脳溢血で死去。享年七十一。墓は谷中の仏心寺にあったが、大正九年に移転し東京の雑司ヶ谷墓地にある。法号英良院日義居士。（岩下）

【典拠・参考文献】中濱武彦『ファースト・ジャパニーズ　ジョン万次郎』（講談社、二〇〇七年）、中濱博『中濱万次郎―「アメリカ」を初めて伝えた日本人―』（冨山房インターナショナル、二〇〇五年）、岩下哲典「アメリカより帰国した漂流民中浜万次郎への期待と待遇の変化について」（『Journal of Hospitality and Tourism』vol.1. No.1. 2005）

永見貞之丞《ながみさだのじょう》（生没年未詳）

諱は為信。父親は永見釜五郎。文久三年（一八六三）八月、寄合から寄合火事場見廻となる。同年十二月に使番に任ぜられた。元治元年（一八六四）六月、下野国に松平右京亮らの追討のため目付代として遣わされている。慶応四年（一八六八）、狙撃隊頭から目付となる。（津田）

【典拠・参考文献】『柳営補任』、『旗本百科』第四巻

永見重隆《ながみしげたか》（一六四八～一七一一）

慶安元年（一六四八）に先弓頭永見重時の嫡男として生まれる。母は日根野弘吉の息女。諱ははじめ重貞《しげさだ》。新助・権七郎・伊予守・伯耆守・隠岐守・周防守と称する。妻は先弓頭大久保忠隆の息女。寛文三年（一六六三）十一月十九日に書院番士となる。延宝八年（一六八〇）十二月二十五日に家督を相続し、貞享三年（一六八六）七月十日に御徒頭となり、同年十二月二十六日に布衣を着用することを許可される。元禄元年（一六八八）十一月十四日に廊下番頭となり、同四年十二月二日に従五位下伊予守に叙任する。同十年七月二十六日に廩米を知行に改められ、三〇〇石となる。同十五年十一月一日に持弓頭となり、宝永三年（一七〇六）十一月二十六日に西丸勤務となり、同五年十月十八日に退任し、寄合となる。正徳元年（一七一一）七月二十四日に死去。享年六十四。法名は日信。（福留）

【典拠・参考文献】『寛政譜』第十・一三二頁、福留真紀『徳川将軍側近の研究』（校倉書房、二〇〇六年）

永見重直《ながみしげなお》（一六四六～一七三五）

正保三年（一六四六）に山田十大夫重恒の三男として生まれる。母は中山勘解由直定の息女。妻は永見重広の息女で、重直は重広の養子となる。造酒之助・監物・十左衛門と称した。万治三年（一六六〇）十二月二十五日にはじめて将軍家綱に拝謁する。後に、父重恒の遺跡のうち遠江国榛原《はいばら》・常陸国信太《しだ》二郡の内で五〇〇石を分割相続し、小性組となった。後に中奥の番士に移り、延宝四年（一六七六）十月十日に小性となった。同年十二月二十六日、従五位下甲斐守に叙任される。後に重広の男子が皆死去して後継ぎがなかったため養子となり、同七年十一月二十七日に家督を相続した。以前の知行地は重広の隠栖の料を賜う。同八年の家綱逝去の後、寄合となる。天和元年（一六八一）十月二十二日に御徒頭となり、同二年四月二十一日に上野国邑楽《おうら》・下野国梁田《やなだ》二郡の内で五〇〇石の領地を加増される。同三年八月二十三日に使番となる。貞享三年（一六八六）正月晦日、以前に日光山に赴き、本坊普請を勤めて黄金一〇枚を賜う。元禄五年（一六九二）四月十四日に

目付になり、同九年正月十一日に大坂町奉行に転じ、丹波国氷上《ひかみ》郡の内で五〇〇石の領地を加増され、全知行三〇五〇石となる。同年二月二日に堺も支配するよう仰せがある。同十四年八月十八日に辞職し、後に下総国の知行地を上総国市原郡の内に移される。享保三年（一七一八）十月十九日に致仕する。同二十年六月十八日に死去。享年九十。法名は日証。菩提寺は深川の浄心寺（東京都江東区）である。（栗原）

【典拠・参考文献】『寛政譜』第十・一三〇頁、『柳営補任』

永見《ながみ》為貞《ためさだ》　（一七四三～一八二〇）

永井筑前守直令の二男。母は中田氏。妻は永井甲斐守直該の養女。専之丞と称した。永見為好《ためよし》の死後、養子となり、宝暦十年（一七六〇）十二月二十八日に三〇五〇石の家督を相続する。同十二年十二月七日にはじめて将軍家治に拝謁した。明和五年（一七六八）正月二十一日より火事場見廻を務め、十二月十日に中奥の小性となる。同八年五月十六日、従五位下伊予守に叙任された。天明元年（一七八一）五月二十日に新番頭となり、同八年に永井信濃守直温が大坂定番を命ぜられ、六月朔日に仰せを伝達した。寛政元年（一七八九）閏六月十二日に甲府勤番支配となり、同十年正月十一日に小性組番頭に移る。同十一年六月十日に西丸書院番頭となり、享和二年（一八〇二）六月二日に本丸書院番頭に転じる。文化元年（一八〇四）四月四日に御留守居になり、同五年二月八日に西丸御側となる。文政三年（一八二〇）一月二十二日に死去。享年は七十八。菩提寺は深川の浄心寺（東京都江東区）である。（栗原）

【典拠・参考文献】『寛政譜』第十・一三一頁、『柳営補任』、『旗本百科』第四巻

中村《なかむら》一之《かずゆき》　（一八二九～没年未詳）

文政十二年（一八二九）に生まれ、又蔵を称した。中村家は南町奉行所与力の家柄で、父次郎八（一七八二～一八五七）は好古の号があり、幕末の『江戸町鑑』によれば、南一番組に中村又蔵、二番組に中村次郎八の名がみえることから、年長の兄次郎八が本家を継ぎ、弟の一之が別家を立てたと考えられる。嘉永六年（一八五三）の「南組与力・同心性名帳」によれば、一之は天保十四年（一八四三）から勤続十一年で、赦帳撰要方・沽券人別調・風烈廻・昼夜廻・増人足改を務めているとあり、文久元年（一八六一）には詮議役となっている。彼は文筆に秀で、紀行文「真間の記」を残したほか、安政四年（一八五七）には父次郎八の聞書集である『古翁雑話』を著している。なお、彼は新政府への南町奉行所引き渡しの際には、佐久間長敬の下役として大任をはたしている。（滝口）

【典拠・参考文献】『江戸町与力の世界—原胤昭が語る幕末—』（千代田区立四番町歴史民俗資料館図録、二〇〇七年）、『原胤昭旧蔵資料調査報告書—江戸町奉行所与力・同心関係史料—（1）・（2）』（千代田区教育委員会、二〇〇八・〇九年）

中村《なかむら》惟寅《これとも》　（一七七四～没年未詳）

安永三年（一七七四）に生まれる。父は紀伊徳川家家臣吉岡美清、母は河合氏の娘。御庭番家筋の中村信之《のぶゆき》の養子となる。妻は同じ御庭番家筋の村垣軌之《のりゆき》の娘。富三郎・与八郎と称した。寛政九年（一七九七）正月二十二日、小十人格御庭番となり、同十年四月二十八日、両番格に昇格する。同十二年八月に家督（廩米一〇〇俵）を継ぐ。享和二年（一八〇二）七月に、他の御庭番二人と関東筋の遠国御用を務めた。また、同年七月十八日には、小普請組支配船越駿河守に関する風聞書を将軍に提出しており、現存している同書から、当時の将軍家斉が御庭番の調査報告書をどのように活用した

かを知ることができる。
（深井）

【典拠・参考文献】『寛政譜』第二十二・四八頁、深井雅海『江戸城御庭番』（中公新書、一九九二年）

中村時万《なかむらときかず》（生没年未詳）

通称は為弥《ためや》。出羽守・石見守を名乗る。天保十年（一八三九）に勘定吟味方改役並となり、貸付掛を兼務しており、神田お玉が池に住居があった。天保十三年（一八四二）十月十日、勘定奉行の命によって相模・伊豆・安房・上総及び下総銚子付近の沿岸調査に勘定吟味役川村修就《ながたか》とともに勘定吟味役並の肩書きで同行している。のち弘化三年（一八四六）には勘定吟味方改役で貸付掛兼務となっており、嘉永四年（一八五一）八月十八日、勘定組頭に転じ、永々御目見以上となり旗本身分に昇格した。同六年九月、長崎へ御用のため派遣され、同年十月十七日に下田へも派遣された。この時の御用は、ロシア使節プチャーチンと日露通好条約を結ぶための交渉であり、露使応接掛を命じられた川路聖謨と筒井正憲《つついまさのり》らの使者を勤めた。長崎交渉では同七年一月二日プチャーチンの提出した希望条項の返答や、同月六日「覚書」の交付に派遣された。このロシア船に使者として派遣されたときの記録は、『中村為弥対話（中村為弥筆記）』と題する写本で流布している。下田交渉では副官ポシェットと同年十一月七日から十日にかけて三回会談している。安政二年（一八五五）五月二十四日に勘定吟味役となり、一〇〇俵の加増を受けた。同三年には米価掛、講武場掛、貸付金取扱を担当しており、駿河台鈴木町が居宅となっている。同四年四月二十七日に下田奉行へ昇格し、二〇〇俵の加増を受ける。同年五月二十六日、下田了仙寺《りょうせんじ》にてアメリカ総領事ハリスとの間で締結された下田条約に、同役の井上清直とともに調印した。万延元年（一八六〇）閏三月十五日に普請奉行となり、文久二年（一八六二）六月十五日に御役御免、勤仕並寄合に属したが、元治元年（一八六四）五月八日に佐渡奉行に任命される。佐渡奉行在任中、時万は私費を投じて大砲一門を鋳造し配備した。慶応元年（一八六五）十月十七日に御役御免となり、勤仕並寄合に属した。
（実松）

【典拠・参考文献】『柳営補任』、『国書総目録』、西沢淳男『幕領陣屋と代官支配』（岩田書院、一九九八年）、『新潟県史』通史編五（新潟県編、一九八八年）、東京大学史料編纂所編『維新史料綱要』一（東大出版会、一九六六年）、村上直・馬場憲一編『江戸幕府勘定所史料—会計便覧—』（吉川弘文館、一九八六年）

中村利政《なかむらとしまさ》（一七六七～没年未詳）

中村利居の男。母は佐橋忠右衛門佳通の女。伝之助・権之丞と称した。妻は小菅新五左衛門正幸の女。天明二年（一七八二）十二月二十四日に家督を継ぎ、廩米三五〇俵を与えられる。寛政四年（一七九二）九月二十五日に将軍家斉に拝謁する。のちに御腰物方となる。
（石山）

【典拠・参考文献】『寛政譜』第二十・一二七頁、『旗本百科』第四巻、小宮木代良『江戸幕府の日記と儀礼史料』（吉川弘文館、二〇〇六年）

中村知剛《なかむらともかた》（一七四五～一八四三）

勘定を務めた中村知香と、秋山氏の娘の長男として生まれる。鉄太郎・八大夫と称した。妻は朝岡直右衛門城宣の娘。明和六年（一七六九）正月二十六日に勘定となり、安永四年（一七七五）九月十四日、関東及び甲斐国の川々の普請を勤めた功により時服二領・黄金二枚を賜る（その後、しばしば東海道及び関東の川々の普請の功で褒美を受けている）。閏十二月六日、父の死去に伴い二十九歳で家督を相続する。家禄は三

○俵三人扶持。寛政十一年（一七九九）十月二十八日に勘定から代官となる。同年から文化三年（一八〇六）まで郡代屋敷代官、文化三年から文化十一年まで甲斐国市川陣屋、文化十一年から天保十二年（一八四一）まで馬喰町代官を務める。同年十一月八日に二丸御留守居となる。同十四年に死去。（堀）

【典拠・参考文献】『寛政譜』第二十二・四七頁、『柳営補任』、西沢淳男『幕領陣屋と代官支配』（岩田書院、一九九八年）

中村信興《なかむらのぶおき》（一七一九～一七九一）

父は西丸広敷用達の中村祥信《よしのぶ》、母は田中氏の娘。楠松・源五郎・幸十郎・久兵衛とも称した。妻は紀伊徳川家臣吉岡九左衛門耀政の娘。はじめ広敷添番並の御庭番となり、のち西丸山里番をつとめた。寛延三年（一七五〇）八月七日、小十人格にすすみ、同年十二月二十六日、九代将軍徳川家重に初御目見を行う。宝暦二年（一七五二）七月三日に遺跡を継ぎ、同八年六月二十九日には西丸広敷の御用達となる。十一年八月三日より本丸に勤仕し、明和四年（一七六七）十一月二十一日、さきに寿賀宮（公仁親王王女在子、一橋治済室）下向のとき、御迎として京都に行ったことにより、白銀三枚をたまう。同五年八月十三日には広敷番頭となる。同六年十月四日から西丸で勤めた。安永八年（一七七九）に孝恭院殿（家治子家基）が死去したことにより、四月十六日に本丸の勤めとなる。同年十一月六日から二丸に勤仕し、天明元年（一七八一）五月二十三日には再び西丸に移り、同六年閏十月二十日から本丸に勤めた。寛政三年（一七九一）八月二日、老年により辞職し、この日黄金三枚を賜った。同年十一月二十日死去。享年七十三。法名日醎。菩提寺は鮫橋の本迹寺。（吉成）

【典拠・参考文献】『寛政譜』第二十二・四八頁

中村祥信《なかむらよしのぶ》（一六七五～一七五二）

延宝三年（一六七五）に生まれる。万五郎と称した。妻は田中氏の娘。紀伊藩主徳川吉宗に仕え、薬込役を務めた。同役は表向き女中の警固役であるが、時に応じ、藩主直々の密命をおびて探索を行う隠密でもあった。享保元年（一七一六）、藩主吉宗が将軍家を相続したとき、同三年、その母浄円院に従って幕臣となり、五月十三日、広敷伊賀者に任命された。同十一年二月、御庭番の名称が出来たとき、将軍直属の隠密御用を務める御庭番家筋の一つとなった。その後、西丸山里添番を経て、寛延三年（一七五〇）五月二十四日、旗本に列して西丸広敷御用達にすすみ、十二月二十七日に務めを辞し、小普請となる。宝暦二年（一七五二）四月二十三日に死去。享年七十八。法名は日義。鮫橋の本跡寺に葬られた。（深井）

【典拠・参考文献】『寛政譜』第二十二・四七～四八頁、深井雅海『江戸城御庭番』（中公新書、一九九二年）

永持明徳《ながもちあきのり》（一八四五～一九〇四）

弘化二年（一八四五）生まれ。文久遣欧使節の随員として派遣された経験を持つ。沼津兵学校では三等教授方として教鞭をとっていた。明治三年（一八七〇）十月二十日、新政府の招聘に応じ、沼津兵学校三等教授方から大阪兵学寮へ異動している。その後明治七年（一八七四）に陸軍省砲兵少佐となった。明治三十七年（一九〇四）七月七日に死去。（津田）

【典拠・参考文献】樋口雄彦『旧幕臣の明治維新　沼津兵学校とその群像』（吉川弘文館、二〇〇五年）、同『沼津兵学校の研究』（吉川弘文館、二〇〇七年）

中山誠一郎《なかやませいいちろう》（生没年未詳）

慶応二年（一八六六）の禄は一〇〇俵で

ある。天保十年（一八三九）および同十四年より嘉永七年（一八五四）まで関東取締出役をつとめる。天保十年は代官羽倉外記手代、天保十四年以降嘉永七年までは代官関保右衛門・簗山茂左衛門・竹垣三右衛門の順でその手附となっている。安政六年（一八五九）十二月十一日、御目見以下の長崎奉行支配調役並より長崎奉行支配調役となり、文久三年（一八六三）二月二十二日より小十人組となる。同年三月には「御勘定方関東取締出役御用掛」として関東取締出役とともに関東農村を廻村している。同三年十二月には勘定より代官となる。当初は江戸、元治元年より岩鼻、慶応元年（一八六五）より駿府、同三年より甲府を管轄した。慶応三年段階では駿府蔵掛を兼務している。維新直後の履歴は不明であるが、明治五年（一八七二）十月十七日には明治政府の記録課写字生となっている。また、同八年四月二十八日には蕃地事務局より御用掛を申し付けられて、同年九月二十二日まで勤めている。同月二十五日には再び記録課写字生に戻り、同十三年六月五日には十等属に任じられ、開拓使となっている。なお、明治十三年前後の履歴書では三重県平民となっている。

（坂本）

【典拠・参考文献】西沢淳男『幕領陣屋と代官』（岩田書院、一九九八年）、関東取締出役研究会編『関東取締出役』（岩田書院、二〇〇五年）、「諸帳簿」（国立公文書館蔵）、「単行書」（国立公文書館蔵）、村上直他編『江戸幕府代官史料』（吉川弘文館、一九七五年）、安藤博『徳川幕府県治要略』（青蛙房、一九六五年）、『柳営補任』、『旗本百科』第四巻

中山時庸《なかやまときつね》（一七〇八～一七六二）

宝永五年（一七〇八）に中山豊時《とよとき》の長男として生まれる。母は三枝守繁《もりしげ》の娘。のち叔父時富《ときとみ》の養子となる。妻は町奉行大岡忠《ただ》相《すけ》の娘。亀之助・猪右衛門・五郎左衛門・遠江守・出雲守を称した。享保十年（一七二五）正月二十八日に初めて八代将軍吉宗へ拝謁し、同十五年八月十九日に書院番、同十九年九月二十九日に中奥番となり、同二十年七月五日に家督（禄高一五〇〇石）を継ぐ。元文二年（一七三七）十一月六日に小十人頭となり、十二月十六日に布衣を許される。同四年正月十一日に目付、寛延三年（一七五〇）三月十一日に大坂町奉行となり、五月十五日に従五位下遠江守に叙任された。宝暦五年（一七五五）七月二十二日に勘定奉行勝手方となるが、同七年八月五日には大坂町奉行勤役中に新田地の年貢を横領するなどにより免職され、領地を五〇〇石削封され、小普請入りし閉門となるが、同八年正月二十日に赦される。同十二年六月二十三日に死去。享年五十五。法名は道昌。菩提寺は西久保の天徳寺である。

（加藤）

【典拠・参考文献】『寛政譜』第十二・二四〇頁、『柳営補任』、『徳川実紀』第九篇

中山時春《なかやまときはる》（一六五二～一七四二）

承応元年（一六五二）、御納戸番中山時定の長男として生まれる。亀之助・半右衛門と称す。寛文十二年（一六七二）五月二十六日、小十人に列する。貞享元年（一六八四）六月十二日、御納戸番に移り、元禄二年（一六八九）閏正月二十三日、御納戸組頭となる。同八年四月二十八日、御腰物奉行に進み、翌九年九月十五日、目付に転じる。同十二年四月十四日、大坂町奉行となり、さらに十五年十一月二十八日、勘定奉行に就任、知行高一五〇〇石となり、同年十二月十八日に従五位下出雲守に叙任。在任中、正徳三年（一七一三）の新金改鋳などに携わり、同四年正月二十八日、町奉行となる。享保八年（一七二三）六月二十九日、老衰につき職を辞し、寄合となる。翌九年七月十九日に致仕。寛保元年（一七

四二）十一月二十六日に死去。享年九十。法名は義貞。小日向の龍興寺に葬る。

（西木）

【典拠・参考文献】『寛政譜』第十二・二三九頁、『柳営補任』

中山利及《なかやまとしとも》　（一七一四～一七六四）

正徳四年（一七一四）に、桜田館で徳川家宣に仕えた中山利勝《としかつ》の長男として生まれる。母は竹田直重の息女。源四郎・源蔵と称した。妻は勘定浦野義陳《よしのぶ》の息女。広敷伊賀者・二丸火番を経た後、支配勘定となり、宝暦八年（一七五八）十一月十八日に旗本に列して勘定となる。同十年十一月二十四日に佐渡御蔵奉行となり、明和元年（一七六四）八月二日に佐渡国において死去。享年五十一。法名は道源。菩提寺は佐渡国相川の専光寺である。

（宮坂）

【典拠・参考文献】『寛政譜』第二十二・一八九頁

中山直守《なかやまなおもり》　（一六三三～一六八七）

寛永十年（一六三三）に先弓頭等を勤めた中山直定《なおさだ》の長男として生まれる。新藤左衛門・助六郎・勘解由と称した。母は石巻市之丞某の娘。妻は大久保右京亮教隆の娘である。中山家はもともと武蔵国高麗郡に住んでおり、先祖は上杉氏や後北条氏に仕えた。父の禄は三五〇〇石である。寛永十七年（一六四〇）七月二十二日に初めて三代将軍家光に拝謁する。正保二年（一六四五）十二月十九日に遺跡を継ぎ、三〇〇〇石を知行し、五〇〇石を弟の主税直張に分与した。承応三年（一六五四）二月二十三日に小性組番士となる。明暦四年（一六五八）三月六日（『柳営補任』には正月十一日とある）、西丸御徒頭に進み、同閏十二月二十八日に布衣を許された。寛文元年（一六六一）七月十七日には徳川頼房の病状を尋ねるための使者として水戸に派遣された。同三年四月の家光十三回忌法要の際には御法会勤番として日光へ派遣される。同九月三日には先手鉄炮頭に転じた。天和二年（一六八二）四月二十一日には上野国邑楽・下野国安蘇《あそ》両郡に五〇〇石の加増を受けた。同三年正月二十三日より盗賊追捕（後の火附盗賊改）を兼ねることを命じられ、同年三月二日、多くの放火犯を捕縛したことにより、金五枚を賜る。貞享元年（一六八四）十二月十二日、上野国邑楽・新田両郡に五〇〇石を加増され、計四〇〇〇石となる。同三年十二月三日に大目付に進み、切支丹宗門改も兼ね、同二十六日、従五位下丹波守に叙任された。同四年七月二日に五十五歳で死去。法名は良関。墓地は高麗郡中山村能仁寺。

（坂本）

【典拠・参考文献】『徳川実紀』第四篇、『寛政譜』第十一・八九頁、『柳営補任』

中山弥十郎《なかやまやじゅうろう》　（生没年未詳）

中山家は北町奉行与力の家柄で、文化十年（一八一三）から十五年の間に与力に抱入れとなったと思われる。天保二年（一八三一）には改正会所、同九年に三番組支配与力、同十三年に定橋掛を歴任し、『江戸町鑑』には弘化二年（一八四五）までその名がみえることから、この頃に引退したようである。菩提寺は赤坂の陽泉寺である。

（滝口）

【典拠・参考文献】『原胤昭旧蔵資料調査報告書―江戸町奉行所与力・同心関係史料―（1）・（2）』（千代田区教育委員会、二〇〇八・〇九年）

中山吉勝《なかやまよしかつ》　（一六一八～一六九九）

元和四年（一六一八）に水戸家家老中山信吉の二男として生まれる。母は塩谷義上の息女。主馬と称した。妻は書院番松平清《きよ》須《もち》の息女。寛永十一年（一六三四）に小性組となり、後に廩米三〇〇俵を賜る。慶安元年（一六四八）五月二十一日より進物番を務め、寛文六年（一六六六）二月二十七日に小性組頭となる。同年十二月二十三日に三〇〇俵を加増され、同月二十八日に布衣の着用を許される。延宝七年（一六七九）六月十四日に先手鉄炮頭となり、天和元年（一六八一）七月晦日より加役として盗賊改を務める。翌二年四月二十一日、武蔵・下野両国内に五〇〇石を与えられる。同年十一月六日に勘定頭となり、同日に一〇〇〇石を加増される。これにより、先の廩米を上野・下野両国内の知行地に改め、合計二一〇〇石の知行となる。同年十二月二十七日に従五位下隠岐守に叙任される。貞享元年（一六八四）十二月十二日、職務精勤を賞せられて時服を賜る。翌二年九月晦日に職を辞して寄合となり、元禄八年（一六九五）七月九日に致仕。同十二年七月十二日に死去した。享年八十二。法名は方円。菩提寺は武蔵国高麗郡中山村（現埼玉県飯能市）の智観《ちかん》寺である。（宮坂）

【典拠・参考文献】『寛政譜』第十一・一〇三頁

半井成信《なからいなりのぶ》（生年未詳～一六三八カ）

宮内大輔を名乗り、剃髪後に驢庵と号す。幼少の頃に相国寺の妙安惟高を頼り、のち駿府にて徳川家康に仕える。駿府では薬を家康に献じ、時に秀忠へも薬を献じた。寛永元年（一六二四）に先例によって法印に叙さず通仙院と号し、驢庵を孫の成近《なりちか》に譲り、深黒の素絹を着すべき勅許を受ける。寛永十五年四月十一日に死去（寛永十一年・享年九十五の説もある）。法名瑞桂。（鍋本）

【典拠・参考文献】『寛政譜』第十一・一九五頁

半井盧庵《なからいろあん》（生年未詳～一六三八カ）

半井利親の長男として生まれる。諱は成近。典薬頭・出羽守を名乗り、勝磨と称した。母は藤堂高虎の息女。妻は横浜正勝の息女。寛永元年（一六二四）より三代将軍徳川家光に仕え、剃髪して驢庵《ろあん》と号した。同五年に家光が疱瘡を患った時に薬を献じ、同七年には素絹を着する勅許を受けた。同八年には諸医に先立ちて拝謁し、同九年に相模国高座郡において一〇〇〇石を与えられた。同十年に稲葉正勝が病に伏せた時、家光の命によって相模国小田原へ赴いた。同十四年に、家蔵の『聖済摠録』の闕巻を官本で補う。その後勘気を蒙ったが、翌十五年に赦される。同十六年三月には東福門院和子《まさこ》が咳気のため京都へ赴き、六月九日には久志本常尹《つねただ》と交代でつとめることを命ぜられる。同年、祖父の遺領山城国愛宕《おたぎ》郡五〇〇石をあわせて一五〇〇石を領する。同年十月九日に死去。法名は瑞寿。菩提寺は京都大徳寺真珠菴。（鍋本）

【典拠・参考文献】『寛政譜』第十一・一九五頁

那須資徳《なすすけのり》（一六七二～一七〇八）

寛文十二年（一六七二）に津軽信政の三男として生まれる。母は増山正利の息女。妻は花房正矩の息女。主殿・与一と称した。天和三年（一六八三）閏五月朔日、那須遠江守資弥《すけみつ》の養子となり、七月十一日、初めて五代将軍徳川綱吉に拝謁した。貞享四年（一六八七）八月二十五日に遺領を継ぐ。しかし同年十月十四日、資弥は、実子があるにもかかわらず資徳を養子にしたことを咎められ、烏山藩二万石を改易された。資徳は幼年であるため厳重な沙汰には及ばず、実父信政の元にお預けの身となる。元禄十三年（一七〇〇）五月二十日に寄合となり、翌年十二月二十五日に下野国那須郡の内知行地一〇〇〇石を賜る。宝永五年（一七〇八）四月五日に那須党の上座に列し、老中支配となる。これにより、那須氏は那須衆四家の大名家名跡を認められ、交代寄合に取り立てられた。同年六月二十五日に死去。享年三十七。法名は常心。（橋本）

【典拠・参考文献】『寛政譜』第十二・七六・一三三頁、『徳川実紀』第五・六篇

夏目信明《なつめのぶはる》 （生年未詳～一八五九）

夏目左近将監信平（信民）の子として生まれる。次郎右衛門とも称す。のちに任官して左近将監・備後守を名乗る。文政三年（一八二〇）十二月十二日、西丸小性組より御小納戸となる。同八年二月七日、十三代将軍家定の小性となり、翌九年九月一日には、小性頭取になった。その後、天保九年七月一日、家定の小性組番頭格式、同十二年十二月十五日には西丸御用取次見習となり、翌十三年九月二十九日には「本丸之日勤」および「西丸之四番」に勤めるようになる。「本丸之日勤」は同十四年十月に御免となるが、弘化二年（一八四五）十二月十五日に西丸（御側）御用取次となって、一二六七石を加増され（石高には異同あり）、家禄二〇〇〇石となった。嘉永六年（一八五三）九月十五日、本丸御側御用取次となる（年次に異同あり）。上屋敷は常盤橋内にあり、二一二六坪余り。拝領下屋敷は本所三つ目皆川上総介の上地で一九〇〇坪。さらに、北本所三つ目に拝領屋敷一〇〇坪（同所下屋敷地続きのため、囲い込みとなっていた）を所持していた。安政六年（一八五九）没。 （浦井）

【典拠・参考文献】『旗本百科』第四巻、『柳営補任』、『安政六年武鑑』

夏目信栄《なつめのぶひさ》 （一七五二～没年未詳）

宝暦二年（一七五二）に夏目和泉守信政の子として生まれる。藤四郎・正平とも称す。任官後は和泉守を名乗る。安永二年（一七七三）九月八日、家督を継いで小普請入り。翌三年二月二十五日に小性組に入り、同六年十一月十九日には御小納戸となり、布衣を許される。その後、天明三年（一七八三）四月五日に西丸御小納戸、同六年閏十月七日に本丸御小納戸となって、寛政九年（一七九七）二月二十七日には御小納戸頭取となる。この年、十二月十八日に従五位下和泉守を賜っている。同十二年二月十一日、先手鉄炮頭となり、文化九年（一八一二）四月二十四日に辞した。禄は三〇〇俵。屋敷は飯田町二合半坂にあった。 （浦井）

【典拠・参考文献】『寛政譜』第六・一六六頁、『旗本百科』第四巻、『文化八年武鑑』、『享和三年西丸武鑑』

夏目信平《なつめのぶひら》 （生年未詳～一八三三）

通称長右衛門・次郎左衛門。左近将監と名乗る。文化六年（一八〇九）十一月十八日に西丸書院番より西丸御徒頭に進み、同十年閏十一月十二日に西丸目付に転じ、同十三年二月八日より本丸勤務となる。翌十四年二月二日に松前奉行に就任、文政五年（一八二二）七月二十四日に西丸御留守居となり、翌六年四月十二日、小普請奉行に転じ、さらに同十三年（天保元・一八三〇）十月二十日、普請奉行となる。翌天保二年（一八三一）十二月二十四日、一橋家家老となり、同四年（一八三三）一月二十日に没した。菩提寺は浅草本願寺内長敬寺（東京都台東区）である。 （渋谷）

【典拠・参考文献】『柳営補任』

夏目信政《なつめのぶまさ》 （一七一二～一七七三）

正徳二年（一七一二）に生まれる。御留守居・小普請組頭木村弥七郎恒忠の三男として生まれ、その後、夏目主殿信氏《のぶうじ》の養子となる。妻は藤方主膳重堯《しげたか》の息女。久之丞・藤四郎と称す。藤原泰衡追討の功があった二柳三郎国忠は、信濃国伊那郡夏目村の地頭職を命ぜられる。国忠の子息、国平の時に夏目姓を名乗るようになる。信政は、享保十七年（一七三二）八月五日に遺跡を継ぎ、宝暦十一年（一七六一）八月四日には寄合に列する。同十二年十二月二十八日には目付となり、明和二年（一七六五）七

月二十八日に佐渡奉行となる。同六年九月二十四日には普請奉行となり、同年十二月十八日、従五位下和泉守に叙任される。同七年六月十七日に長崎奉行となると、廩米五〇俵となる。勘定奉行兼任の長崎奉行石谷備後守清昌の後任を務め、石谷清昌が着手した貿易改革の基本路線を継承している。長崎貿易による国益重視という方針のもと、勘定所役人の長崎常駐化やそれにともなう勘定所役人の服務規程、さらに御料所の取り扱い、御林開発など石谷清昌が制定した基本政策を引き継いだ長崎支配を展開している。同八年には、オランダ船が明和元年に津軽を出帆してその後漂流していた筑前の者を同乗させて来航したことにより、オランダ総督に米五〇俵、カピタンに三〇俵、船長に二〇俵を送っている。また、「長崎市中明細帳」を作成し、長崎市中の地勢および土地区画、役所の坪数などの現状把握を行なっている。しかし、長崎奉行在勤中の安永二年（一七七三）六月十二日長崎で死去する。享年六十二。法名は日貞、戒名は元享院殿義山信政日貞大居士。墓所は長崎市の日蓮宗本蓮寺にある。　（安高）

【典拠・参考文献】『寛政譜』第六・一六六頁、鈴木康子『長崎奉行の研究』（思文閣出版、二〇〇七年）、嘉村邦夫編『新長崎年表』上（長崎文献社、一九七四年）

名取長知《なとりながとも》　（生年未詳～一六六七）

鉄炮役名取半左衛門長次の長男として生まれる。伊織・半左衛門と称した。妻は大番中嶋十右衛門盛昌《もりまさ》の息女。父と同じく、徳川忠長に仕え、忠長自刃の後、牢人となり、寛永十一年（一六三四）に召されて三代将軍家光に仕え、知行地三〇〇石を与えられた。のちに大番となり、同十九年八月十八日より御蔵奉行をつとめ、慶安元年（一六四八）三月十三日、四代将軍家綱に付属した。万治二年（一六五九）十月二十一日、大番の組頭にすすみ、十二月二十三日、二〇〇俵の新恩を与えられた。同三年七月八日、徳野代官岡田善政の跡役を命ぜられて代官に転じ、美濃国安八郡のうちで、三〇〇石を加増された。美濃国徳野陣屋に赴任したが、不便であるという理由から、寛文二年（一六六二）に、その陣屋門・玄関・書院などを笠町に移し、笠町を笠松村と改め、笠松陣屋を設置した。同三年十二月二十八日、布衣の着用を許された。同七年十二月二十六日に死去。法名は順松。笠松の瑞応寺に葬られた。　（高橋）

【典拠・参考文献】『寛政譜』第十七・二一～二二頁、『岐阜県史 通史編近世上』（一九六八年）、高牧実「近世初期美濃国幕領支配について」（『日本歴史』二一五号、一九六六年）、『代官履歴』

鍋島直孝《なべしまなおたか》　（生没年未詳）

旗本鍋島直正《なおまさ》（禄高五〇〇〇石）の子として生まれる。帯刀・内匠・内匠頭と称した。天保三年（一八三二）十二月五日に寄合から火事場見廻を兼帯し、同十年四月二日に寄合肝煎、同十三年七月朔日に小普請組支配となる。同十四年十月十日に町奉行となり、弘化二年（一八四五）に町会所貯穀にたずさわり、同三年秋の浅草・本所・深川洪水の時に救助船の指揮をし、日本橋などの改架を行った。嘉永元年（一八四八）十一月八日に大番頭となり、同二年十二月十三日に病気で免職し寄合となる。　（加藤）

【典拠・参考文献】『柳営補任』、『続徳川実紀』第二篇

鍋田成憲《なべたせいけん》　（生没年未詳）

通称は三郎右衛門・三郎左衛門。元治元年（一八六四）正月十三日、勘定格御徒目付から代官（大森代官）に昇任した。第一次長州征討に際して石見銀山領内における警戒を強めた。しかし第二次長州征討では、

慶応二年（一八六六）七月に長州軍の進撃を受けて幕府方の諸藩が石見国から敗走。慶応三年三月十七日に御役御免となり、勤仕並小普請となった。同年十一月十八日に京都見廻組与力、十二月二十二日には遊撃隊勤方より遊撃隊頭取並勤方となっている。

（上野）

【典拠・参考文献】『柳営補任』、『旗本百科』第二巻

名村五八郎《なむらごはちろう》（一八二七～一八七六）

文政十年（一八二七）に長崎で生まれる（文政九年説あり）。五一郎・元慶・元度と称する。父はオランダ通詞名村八右衛門元義。三〇俵五人扶持。英語も修行し、嘉永四年（一八五一）の『エゲレス語辞書和解』序文に連名。同六年、ペリーの来航により江戸詰。安政元年（一八五四）、日米和親条約の条約文翻訳に参加。のち箱館奉行村垣範正に随行、蝦夷地や樺太を巡見。安政三年に支配調役下役格。同六年、村垣範正の遣米使節副使選任に伴い十二月出府し、支配勘定格通詞。万延元年（一八六〇）正月、米艦ポーハタン号に乗船、一等通訳。九月ナイアガラ号で帰国。十二月箱館着。慶応二年（一八六六）六月十一日、箱館奉行支配調役より外国奉行支配調役通弁御用頭取。同年、遣露使節小出秀実・同村垣範正に随行して十月に横浜出航。十二月ペテルブルグ着。同三年五月帰国。著書『亜行日記』『蝦夷地并カラフト島地日記』。箱館奉行所で英語を指導、門下に塩田三郎、立広作ら。明治九年（一八七六）一月十八日に死去。享年四十九。墓は東京都文京区吉祥寺。法名茗郁居士。

（岩下）

【典拠・参考文献】『旗本百科』第四巻

成田新十郎《なりたしんじゅうろう》（一八二六～一八六八）

文政九年（一八二六）（文政八年とも）に生まれる。父は一橋家の側用人成田藤次郎。祖父成田藤次郎も一橋家の郡奉行や用人見習を務めている。家禄は一〇〇俵。一橋家当主であった慶喜の上洛に付き添い、慶応二年八月二十二日、慶喜の徳川宗家相続により一橋家の附人で小性頭取より幕府の小性頭取となる。のち切米四〇〇俵を下賜され、下総守に任じられた。明治元年（一八六八）四月、慶喜の水戸行きに随行している。その後も慶喜に従い、慶喜家の家扶となる。明治九年三月十八日に死去。享年四十三。静岡の宝台院（静岡県静岡市）に葬られる。法名は成徳院殿功誉新哲居士。なお、慶喜の側室幸《こう》は新十郎の養女（実は中根芳三郎の息女）である。

（竹村）

【典拠・参考文献】『続徳川実紀』第四・五篇、『幕臣人名』、辻達也編『新稿一橋徳川家記』（続群書類従完成会、一九八二年）、渋沢栄一『徳川慶喜公伝』巻四（平凡社、一九六八年）、前田匡一郎『駿遠に移住した徳川家臣団』第二編（私家版、一九九三年）、前田匡一郎『慶喜邸を訪れた人々―「徳川慶喜家扶日記」より』（羽衣出版、二〇〇三年）

成島筑山《なるしまちくざん》（一八〇二～一八五二）

享和二年（一八〇二）、奥医師杉本宗春院の子として生まれる。名は良譲。字は倹卿。桓吉・桓之助と称し、筑山・稼堂・秋槲と号した。成島司直の養子となり幕府奥儒者になる。天保十二年（一八四一）十二月十六日、布衣を許される。同十四年十月二十四日、父司直とともに御役御免となり、隠居を命じられる。弘化四年（一八四七）九月二十日、寄合より奥儒者となるが、二丸御留守居に転じ、嘉永四年（一八五一）六月九日、再び奥儒者へと戻る。『御実紀』副本の作成にもあたっており、同二年十一月に賞賜を受けている。また幕命を受けて『後鑑』三六五巻を編纂しているほか、『南山史』三〇巻、『列国譜』、『紫史吟評』

などを著した。和歌にも優れており、『百合聯詠』、『堀河百首』もある。同六年十一月十一日に死去。享年五十二。菩提寺は本所本法寺（のち豊島区雑司ヶ谷墓地に改葬）。（西）

【典拠・参考文献】福井保『江戸幕府編纂物』（雄松堂出版、一九八三年）、『近世漢学者著述目録大成（日本人物情報大系　第四十八巻）』（皓星社、二〇〇〇年）、近藤春雄『日本漢文学大事典』（明治書院、一九八五年）、竹内誠・深井雅海編『日本近世人名辞典』（吉川弘文館、二〇〇五年）、『旗本百科』第四巻

成島道筑《なるしまどうちく》（一六八九～一七六〇）

元禄二年（一六八九）一月十五日、陸奥国白河に生まれる。本姓は平井。名は信遍《のぶゆき》、鳳卿。字は帰徳、子陽。錦江、芙蓉道人と号し、忠八郎、道筑と称した。妻は細川采女正家臣乾五郎兵衛利定の息女。後妻は同利定の二女。十七歳のとき江戸に出て幕府の表坊主成島道雪の養子となり、後に自らも表坊主となった。元文五年（一七四〇）、冷泉卿、葉室卿が京都より江戸へ来て、隅田川で遊んだ際、接待役をつとめた。『春のみふね』はそのときのことを書いた文章である。学問としては徂徠学を主に学び、詩や和歌にも優れており、幕府の儒官となった。享保年間（一七一六～三六）、八代将軍徳川吉宗の侍講となり、『礼記』、『明律』を講じ「十三経」、「二十一史」を賜り、書物部屋をあずかった。著書に『飛鳥山碑文』一巻、『絶句解比肩』一巻、『芙蓉楼集』、『詩歌題苑』一巻、『禁子姪俳諧書』一巻、『みその、露』一巻がある。宝暦十年（一七六〇）九月十九日に死去。享年七十二。本所本法寺に葬られたのち、豊島区雑司ヶ谷墓地に改葬。（西）

【典拠・参考文献】『寛政譜』第十九・九五頁、『近世漢学者著述目録大成（日本人物情報大系第四十八巻）』（皓星社、二〇〇〇年）、近藤春雄『日本漢文学大事典』（明治書院、一九八五年）

成島司直《なるしまもとなお》（一七七八～一八六二）

安永七年（一七七八）二月十五日、小十人格奥詰成島峰雄（勝雄とも。号衡山）の子として生まれる。字は邦之。邦之助、邦之丞と称し、東岳、翠麓と号した。母は成島和鼎《かずさだ》の息女。妻は万年七郎左衛門頼良の息女。成島道筑の曽孫にあたる。寛政七年（一七九五）五月に奥儒者見習、同十一年に大番格となる。文化十年（一八一三）には奥儒者、同十四年には布衣を許されている。天保二年（一八三一）、一〇〇俵を加増され、禄高二〇〇俵となる。同十二年八月二十日、従五位下図書頭に叙任され、広敷用人次席格となり、一〇〇俵を加増されて禄高三〇〇俵となる。同十四年十月二十四日、御役御免となり、隠居を命じられている。文化六年（一八〇九）より、林述斎のもとで『御実紀』の編纂に尽力し、完成した『御実紀』を天保十四年（一八四三）に、副本を嘉永二年（一八四九）に献上している。なお天保十二年六月には封事を十二代将軍徳川家慶に呈し、時弊改革を建言している。漢学だけでなく日本の歴史、故実にも精通していた。また和歌の造詣も深かった。編著書には『御実紀』の他、『改正三河風土記』二七巻、『唐服考』一巻、『群書奇事』一巻、『琉球録話』一巻、『源氏物語忍草』五冊、『飛鳥山碑始末』二巻、『川端歌合』一巻などがある。文久二年（一八六二）八月十三日に死去。享年八十五。墓は豊島区雑司ヶ谷墓地にある。（西）

【典拠・参考文献】『寛政譜』第十九・九六頁、『近世漢学者著述目録大成（日本人物情報大系第四十八巻）』（皓星社、二〇〇〇年）、小宮木代良『江戸幕府の日記と儀礼史料』（吉川弘文館、二〇〇六年）、近藤春雄『日本漢文学大事典』（明治書院、一九八五年）、竹内

誠・深井雅海編『日本近世人名辞典』（吉川弘文館、二〇〇五年）、『旗本百科』第四巻

成島柳北《なるしまりゅうほく》（一八三七～一八八四）

天保八年（一八三七）二月十六日、成島筑山の三男として江戸浅草に生まれる。名は惟弘。字は保民、叔厲。甲子太郎と称し、柳北・確堂・漫上漁史・何有仙史と号した。官位は従五位下大隅守。嘉永七年（一八五四）一月十二日、奥儒者見習となる。安政三年（一八五六）、幕府の侍講となり、十三代将軍徳川家定、十四代将軍家茂の二代にわたって経学を講じている。同四年十二月十六日、布衣を許される。文久三年（一八六三）八月九日、奥儒者を免じられ寄合となる。慶応元年（一八六五）九月二十八日、寄合より奥儒者に戻り、歩兵頭並（一〇〇〇石高）になる。同年十二月十九日、騎兵頭並（一〇〇〇石高）となり、同三年五月六日、騎兵頭（二〇〇〇石高）となるが、同年十二月九日には辞して寄合となっている。同四年一月十一日、騎兵頭に戻り、外国奉行（二〇〇〇石高）を務め、同年一月二十八日、会計副総裁となるが、同年四月にはその職を解かれている。十五代将軍慶喜が隠遁した後、明治二年（一八六九）、隠居して向島の墨田河畔に居を構えた。維新後は文筆業に転じ、同七年には朝野新聞社長となり、雑録などに健筆を奮って明治新政府を鋭く批判、風刺し、政府の言論弾圧とたたかった。また同十年には「花月新誌」を創刊主宰している。なお、同五年から六年にかけて、東本願寺法主大谷現如に従って欧州を遊学し、『航西日乗』を著した。著書には他に、山陽地方への紀行文である『航薇日記』三巻、漢文随筆の『柳橋新誌』二冊の他、『柳北奇文』二巻、『新橋情譜』、『京猫一斑』、『英国国会沿革誌』二巻などがある。同十七年十一月三十日に死去。享年四十八。菩提寺は本所本法寺（のち豊島区雑司ヶ谷墓地に改葬）。　（西）

【典拠・参考文献】前田愛『成島柳北』（朝日新聞社、一九七六年）、近藤春雄『日本漢文学大事典』（明治書院、一九八五年）、『近世漢学者著述目録大成（日本人物情報大系第四十八巻）』（皓星社、二〇〇〇年）、『旗本百科』第四巻

成瀬正勝《なるせまさかつ》（一六〇七～一六七六）

慶長十二年（一六〇七）に徳川家康の家臣成瀬正一《まさかず》の四男として生まれる。実母は倉賀野甚五兵衛の姉。妻は大目付水野守信《もりのぶ》の息女。右衛門・吉右衛門と称し、隠居後は休心と号した。同十九年八月八日、父正一にしたがって弟正則《まさのり》とともに駿府城に参上し、初めて家康に拝謁した。元和六年（一六二〇）六月二十八日に父正一が死去すると、すでに兄正成《まさなり》は尾張家付家老、吉《よし》正《まさ》は加賀前田家家老となり、正武《まさたけ》は死去していたため、家督を相続し、小性組番士となった。寛永三年（一六二六）九月、および同十一年七月に三代将軍徳川家光が上洛した際には供奉した。承応二年（一六五三）十月十六日より先手鉄炮頭を務め、十二月二十八日に布衣の着用を許された。寛文三年（一六六三）四月には四代将軍家綱の日光社参に供奉した。同五年二月九日に職を辞して、延宝二年（一六七四）十二月三日に隠居し、家督を正章《まさあきら》に譲った。同四年五月五日に死去。享年七十。法名は休心。浅草の本願寺（東京都台東区）に葬られた。　（白根）

【典拠・参考文献】『寛政譜』第十五・一三一頁

成瀬正定《なるせまささだ》（一七五一～一八〇六）

宝暦元年（一七五一）に成瀬正常《まさつね》の長男として生まれる。父正常は小普請組支配、母は使番松平康直《やすただ》の息女。妻は小性組番士の中根正興《まさおき》の息女で、後妻は駿府城の守衛に随従した井上正朝《まさとも》の息女。当初の諱は正《まさ》

孝《たか》。通称は小弥太・藤蔵・吉右衛門。天明四年（一七八四）三月六日に家督を継ぐ。知行二四〇〇石。十二月三日に中奥番士、同七年六月十日に西丸目付となり、十二月十八日に布衣の着用を許される。寛政四年（一七九二）三月八日に目付となり、同七年三月十三日には十一代将軍家斉の小金原での鹿狩を管掌した功で時服を賜る。同八年二月には琉球人参府御用をつとめる。四月二十九日に堺奉行に進み、七月朔日には従五位下因幡守に叙任。同九年四月四日に大坂町奉行、享和元年（一八〇一）四月三日（『柳営補任』では十二日）に長崎奉行となる。文化三年（一八〇六）四月十四日（『柳営補任』は文化四年八月七日）に長崎で死去。法名は一義院殿前因州刺史天朗道哲日仁大居士。享年五十六。長崎の本蓮寺（長崎県長崎市）に葬られる。　（高山）

【典拠・参考文献】『寛政譜』第十五・一三三頁、『長崎奉行代々記』（鈴木康子『長崎奉行の研究』思文閣、二〇〇七年に収録）、『柳営補任』、『旗本百科』第四巻

成瀬正武《なるせまさたけ》　（一五八四～一六一五）

天正十二年（一五八四）に徳川家康の家臣成瀬正一《まさかず》の三男として生まれる。実母は山上淡路守の息女。妻は山口重政《しげまさ》の養女、および伊東祐兵《すけたけ》の息女。清吉と称した。従五位下豊後守に叙任された。幼少から徳川秀忠に小性として仕え、のちに小性組番頭となって五〇〇〇石を拝領した。慶長十年（一六〇五）四月、秀忠の将軍宣下による上洛に供奉し、同十九年・同二十年の大坂の陣では秀忠に従軍し、軍功をあげた。同二十年（元和元・一六一五）閏六月二十一日、秀忠の参内に供奉した際、新上東門院の侍女と酒宴を催し、正武とともに供奉していた小性小山吉久が美少年であったために、その姿を見ようと侍女たちが多数集まる騒ぎとなった。吉久は将軍秀忠の寵愛を受けていたが、正武と懇意な関係にあると噂されていた。この出来事が家康・秀忠に報告されると、真相が吟味され、その結果、安藤重信に預けられ、元和元年十二月二十七日に吉祥寺（現在は東京都文京区）で切腹となった。享年三十二。　（白根）

【典拠・参考文献】『寛政譜』第十五・一三〇～一三一頁、『元和年録』（内閣文庫所蔵史籍叢刊、第六五巻）

に

新楽閑叟《にいらかんそう》　（一七六四～一八二七）

明和元年（一七六四）に生まれる。諱は定、字は子固、通称は郷右衛門・伝蔵、閑叟のほか間叟・馬門・愛閑堂とも号した。幕府の御徒を務め、寛政六年（一七九四）に行われた幕府の学問吟味では大田南畝とともに次席の成績を残す。また閑叟の養子である金十郎は、南畝の娘婿の弟にあたる。児玉空空門下の七絃琴の名手としても知られ、漢学者の松崎慊堂は二十歳のとき（寛政二年）に閑叟から七絃琴の手ほどきを受けたといわれる（『慊堂日歴』天保二年四月七日条）。隠居した後は、諸方を遍歴し、足利学校の蔵書を調査したり、越後の出雲崎に滞留したりした。また、閑叟がいつ誰から医術を学んだかは明らかではないが、隠居後には幕府の御雇医師となり、文化四年（一八〇七）には箱館奉行支配調役下役の関谷茂八郎によるウルップ島見分への随行を命じられた。そして同年五月八日にはエトロフ島へ到着、同島シャナ駐屯の幕府・南部藩・津軽藩の守備隊がロシア人の攻撃を受けて退却した直後の状況を克明に

記録している。おもな著作には『足利学校蔵書目録』『蝦夷問答』『蝦夷よりの通信書』『間叟雑録』『新楽閑叟筆記』『北槎小録』『北辺紀事』などがある。文政十年（一八二七）六月二十二日に六十四歳で死去。法名は正善院閑叟間日行居士。下野国佐野の長法寺に葬られた。（太田尚）

【典拠・参考文献】『国書人名辞典』第三巻（岩波書店、一九九六年）、『慊堂日歴』第三巻（東洋文庫、平凡社、一九七三年）、梅谷文夫「新楽閑叟がエトロフ島オイトより発したシャナ事件に関する書簡」（『一橋論叢』第一一四巻第三号、一九九五年）

贄正寿《にえまさとし》（一七四一～一七九五）

寛保元年（一七四一）に生まれる。通称市之丞。従五位下壱岐守に叙任され、のちに越前守・安芸守と名乗る。祖父贄正直《まさなお》は初め紀伊徳川家に仕え、同家五代吉宗の八代将軍就任に従い、享保元年（一七一六）に幕臣となった。知行は武蔵国内三〇〇石。父は二丸小性贄正周《まさちか》、妻は先手鉄炮頭寺嶋《てらじま》尚包《なおかね》の息女、後妻は御勘定奉行逸見忠栄《へんみただなか》の息女である。寛延四年（宝暦元・一七五一）三月十九日に御伽となり、同五年十月十七日、西丸小性に列す。翌六年十二月十八日、従五位下壱岐守に叙任され、翌七年十二月十二日、家督を相続した。同十年五月十三日に本丸勤務に転じ、明和五年（一七六八）には小性頭取となる。安永七年（一七七八）二月二十八日、先手御弓頭となって翌八年一月十五日から火附盗賊改方を勤めた。天明四年（一七八四）七月二十六日、堺奉行に転じる。寛政五年（一七九三）四月、正寿の異動に際し、堺の町人らが挙げて再任の願書を提出して堺奉行を留任、またその精勤が賞されて五月二十三日には武蔵国内に一〇〇石加増された。同七年十一月十九日、任地の堺で病没、同地の南宗寺（大阪府堺市）に葬られた。享年五十五、戒名は寛量院殿従五位下前芸州刺史《しし》海印紹信居士である。（渋谷）

【典拠・参考文献】『寛政譜』第二十二・一四二頁、『柳営補任』、堺市役所編『堺市史』第七巻（清文堂出版、一九六六年復刻版、一八八頁）

仁賀保誠善《にかほしげよし》（一七三八～没年未詳）

元文三年（一七三八）、書院番および先手鉄炮頭などをつとめた仁賀保誠之《のぶゆき》の長男として生まれる。内記・兵庫・大膳と称した。妻は小出織部英好の女。後妻は三上辰之丞季逵の養女。宝暦七年（一七五七）、初めて将軍徳川家重に拝謁。安永五年（一七七六）十二月十九日、西丸書院番に列せられ、同六年、父誠之の死によって家督を継ぎ、その後、的を射て時服を賜っている。寛政二年（一七九〇）四月三日より本丸勤めとなり、同八年正月十一日、使番に進んで、同十二月十九日には布衣を許された。享和二年（一八〇二）に務めを辞す。禄高は一二〇〇石。（浦井）

【典拠・参考文献】『寛政譜』第四・七八頁、『柳営補任』、『享和二年武鑑』、『徳川実紀』第十篇、『続徳川実紀』第一篇

西周《にしあまね》（一八二九～一八九七）

文政十二年（一八二九）二月三日、津和野森村堀内で生まれる。経太郎・時愁・時懋・魚人・魯人・修亮・周助・天根・甘寐・甘寐舎・甘寐齋鹿城と称する。江戸時代は周助と称し、明治以降は周と称した。父は津和野藩御匙医西時義。母は梁田兼。家は代々津和野藩の医官。天保十一年（一八四〇）、藩校養老館で朱子学を学習。嘉永元年（一八四八）元服。同二年十月、後藤松陰門下。同三年八月岡山学校入学。同六年七月、江戸へ派遣。野村春岱にオランダ語を師事。安政元年（一八五四）三月脱藩、杉田成卿・手塚律蔵に師事。同三年、

中浜万次郎に英語を師事。同四年五月、蕃書調所教授手伝並。同六年三月結婚、五月には蕃書調所教授手伝。文久二年（一八六二）六月十八日、咸臨丸でオランダへ留学。同三年五月ライデン着。八月下旬にフィッセリングから法律・経済・統計を学ぶ。慶応元年（一八六五）十二月二十八日帰国。同二年三月に幕府直参、開成所教授となる。徳川慶喜の政治顧問として京都に赴く。明治元年（一八六八）十月、沼津兵学校頭取。同二年帰郷。同三年九月兵部省出仕、学制取調御用掛。私塾の育英舎を開塾。同四年宮内省侍読、御前進講。明治五年陸軍大丞。同六年、明六社設立に参加。同十一年「軍人勅諭」起草。同十二年東京学士会院会員。同十三年東京学士会院会長（明治十九年まで）。同年参謀本部へ。同十四年六月、文部省御用掛、東京師範学校長。同十五年五月、元老院議官。私擬憲法草案作成。同十六年四月、宮内省御用掛、『大政紀要』編纂局編修委員長。十二月『大政紀要』編纂。同十九年一月公職を引退。同二十三年、貴族院議員勅選。同二十四年二月、貴族院議員辞職。のち大磯に退隠した。同三十年一月、危篤に際して勲一等瑞宝章、男爵。著訳に『万国公法』『百一新論』『致知啓蒙』『心理学』等。日本における西洋人文学の先駆。民選議員論争にも参加し官僚派啓蒙思想家として名を馳せた。明治三十年一月三十一日午後九時三十分に死去。墓碑には二月一日死去とある。享年六十九。法名周光院殿一雄貫道大居士。墓は東京都港区青山霊園。（岩下）

【典拠・参考文献】『明治哲学思想集』（明治文学全集80、筑摩書房、一九七四年）

西善三郎《にしぜんざぶろう》（生年未詳～一七六八）

通詞。寛延二年（一七四九）に年番小通詞、同三年に江戸番小通詞、宝暦元年（一七五一）に大通詞助役、同二年に年番小通詞、同三年に年番大通詞・江戸番小通詞、同四年に江戸番大通詞、同七年に年番大通詞、同八年に江戸番大通詞、同十一年に年番大通詞、同十二年に江戸番大通詞、明和二年（一七六五）に年番大通詞、同三年に江戸番大通詞を歴任していることが確認できる。「鎖国」以来横文字の読み書きは一切禁止されてきたが、将軍吉宗のときに通詞吉雄幸左衛門らとともに幕府へ横文字学習を願い出て許されたと杉田玄白『蘭学事始』にある。翻訳としては、青木昆陽がまとめたオランダ語学書『和蘭文訳』（全一〇集）二集・五集・六集・十集に江戸番通詞として参加し、その成立に貢献した。また寛延三年の『阿蘭陀本草和解』には小通詞として翻訳に参加している。晩年は蘭日辞典編纂に着手していたと考えられるが、明和五年（一七六八）に没した。（栗原）

【典拠・参考文献】片桐一男・服部匡延校訂『年番阿蘭陀通詞史料』（近藤出版社、一九七七年）、片桐一男『阿蘭陀通詞の研究』（吉川弘文館、一九八五年）

西規矩《にしのりひろ》（一六八一～一七六〇）

天和元年（一六八一）、代々玄哲と称する医者の家系に生まれる。妻は片岡庄左衛門弘等の娘。延享三年（一七四六）十一月朔日、初めて九代将軍徳川家重に拝謁し、同四年正月十九日より寄合となって、廩米二〇〇俵を賜わる。同年四月六日に奥医へ移る。宝暦十年（一七六〇）二月八日に八十歳で死去し、高輪の洞法蓮寺に葬られる。法名は規弘。オランダ流外科医として活躍した、杉田玄白の父である杉田甫仙に医学を教授したことで知られる。（根岸）

【典拠・参考文献】『寛政譜』第二十二・二〇九頁、小川鼎三『世界伝記文庫9　杉田玄白』（国土社、一九七三年）

西尾錦之助《にしおきんのすけ》（生没年未詳）

禄高は一〇〇俵三人扶持。文久三年（一八六三）十二月二十二日に奥右筆から開成所頭取並となり、元治元年（一八六四）七月二十一日には開成所頭取に進み、幕府における外国語の教育や翻訳作業などに従事し、西洋文物・知識の受容を推進した。

（神谷）

【典拠・参考文献】『柳営補任』

西尾政敏《にしおまさとし》　（一六四八～一七一七）

慶安元年（一六四八）、内藤筑後守重種の二男として生まれる。宇右衛門・藤兵衛とも称する。母が目付代西尾政氏の女であったことから、政氏の養子となった。妻は近藤縫殿助用由の女。延宝元年（一六七三）十二月二十六日、初めて将軍徳川家綱に拝謁し、同三年に遺跡を継いで小普請となる。翌四年四月二十六日、書院番に列せられるが、貞享二年（一六八五）二月十五日、先に駿府城の守衛にあたっていた折の始末を尋ねられた際に、言上に及ぶべき事を申し上げなかったことを咎められ、閉門となり、同年九月八日に赦された。元禄二年（一六八九）十二月二十一日、久能山に赴いて東照宮の普請を奉行したことによって白銀二〇枚を賜る。同九年十二月二十日には、出石藩の九代藩主であった小出久千代（英及）が三歳で没し、無嗣断絶となったため、永田弥左衛門重胤と共に目付の指図を承り、出石城の引渡しに但馬へ赴いた。同十四年三月二十八日に御徒頭となるが、同八月六日、かねてより営中に酒を携えることを禁じられていたにもかかわらず、内藤求馬某の望みにまかせ、禁を犯して飲酒に及んだことを咎められ、再び閉門となり、翌七日には小普請に貶された。同年十二月二十四日に閉門を赦されて逼塞し、同十五年七月十三日には赦免されたが、出仕をはばかり、翌十六年四月二十五日に出仕を赦された。享保二年（一七一七）五月十七日に死去。享年七十。法名は大通。

（浦井）

【典拠・参考文献】『寛政譜』第六・三四六頁

西川正休《にしかわせいきゅう》　（一六九三～一七五六）

元禄六年（一六九三）十一月十四日、長崎で西川如見の二男として生まれる。忠次郎とも称した。江戸に出て天文を教え、元文五年（一七四〇）十一月に西洋天文学に通じているため、御家人に取り立てられる。寛保元年（一七四一）以降、江戸城内吹上御苑において、暦術測量御用を勤め、渋川六蔵を指導・補佐した。延享三年（一七四六）十月十四日に改暦御用を命じられた。同四年正月に天文方に任じられ、俸禄二〇〇俵を賜った。寛延三年（一七五〇）には、京都に上り改暦について陰陽頭土御門泰邦と交渉したが、宝暦二年（一七五二）に泰邦により失脚させられ、江戸に召喚された。以後、公務にかかわることを禁じられる。同六年五月一日に六十四歳で死去した。著書に『天経或問』訓点本などがある。

（坂本）

【典拠・参考文献】中山茂「西川正休」（竹内誠・深井雅海編『日本近世人名事典』吉川弘文館、二〇〇五年）、「諸家人物誌　寛政四年版」（森銑三・中島理壽編『近世人名録集成』第三巻、勉誠社、一九七六年）

西村時憲《にしむらじけん》　（生没年未詳）

御金奉行西村九郎右衛門の子として生まれる。貞太郎と称した。勘定を務めた後、小普請となる。天保三年（一八三二）六月十七日に代官となり、同年から但馬国生野陣屋、同六年から越後国水原陣屋に赴任する。翌七年、甲斐国石和陣屋に赴任する際に甲斐国で郡内騒動が発生する。発生当時、時憲はまだ江戸におり、打ちこわしについて手附・手代から報告を受けた後も迅速な行動をとらなかったため、現地への着任が大幅に遅れた。これにより、同九年五月七

日に職を免じられて小普請となり、逼塞を命じられる。（宮坂）

【典拠・参考文献】『山梨県史 通史編4・近世2』（山梨県、二〇〇七年）、『代官履歴』、『旗本百科』第四巻

西村庄左衛門《にしむらしょうざえもん》（生没年未詳）

紀州藩の薬込役であったが、吉宗の将軍家相続にともなって享保元年（一七一六）十一月に御用のため出府して、同年十二月に広敷伊賀者に任命され、幕臣となった。給米は三五俵三人扶持である。享保十一年からは御庭番と改称され、同十四年には御庭番家筋として隠密御用に従事した。子孫には寛政元年（一七八九）十二月に添番並御庭番を務めていた富蔵や、文久元年（一八六一）に小普請組に所属した長十郎が確認できる。（栗原）

【典拠・参考文献】深井雅海『徳川将軍政治権力の研究』（吉川弘文館、一九九一年）

西村富蔵《にしむらとみぞう》（生没年未詳）

吉宗の将軍家相続にともなって御庭番家筋となった西村庄左衛門家の四代目。御庭番家筋の面々二七人の内の一人で、寛政元年（一七八九）十二月に添番並御庭番を務めていたことが確認できる。子孫には文久元年（一八六一）に小普請組に所属した長十郎がいる。（栗原）

【典拠・参考文献】深井雅海『徳川将軍政治権力の研究』（吉川弘文館、一九九一年）

仁木三岳《にっきさんがく》（一七七一～一八三九）

明和八年（一七七一）に小性組仁木守安《もりやす》の子として生まれる（一説に同七年生まれ）。妻は大久保忠寅の息女。万之助・甚五兵衛と称し、諱は守昌《もりまさ》と名乗った。寛政六年（一七九四）七月十一日に家督を相続し、一五〇〇石を拝領した。同年十二月二十六日に初めて十一代将軍徳川家斉に拝謁し、やがて小普請入りとなった。琴曲の大家としてその名が広く知られており、天保五年（一八三四）には、佐久間象山が入門し、三十余の曲目を伝授した。同十年九月十六日に死去。享年六十九。深川の本誓寺（東京都江東区）に葬られた。本誓寺には象山が執筆した碑銘が建てられた。（白根）

【典拠・参考文献】『寛政譜』第十八・三七二頁、『旗本人名』第二巻、大平喜間多『人物叢書・佐久間象山』（吉川弘文館、一九五九年）

蜷川親宝《にながわしんほう》（生没年未詳）

小性組番頭や御留守居を務めた蜷川親常の子として生まれる。親文《ちかぶん》の孫にあたる。七郎と称し、従五位下左衛門尉に叙任され、駿河守・相模守を名乗った。知行は五〇〇〇石。文政三年（一八二〇）十二月十二日に御小納戸となり、同年十二月十六日に布衣を許される。同八年十二月十三日に小性となり、同九年十二月十六日に従五位下諸大夫に叙任される。天保二年（一八三一）八月七日に小性頭取、嘉永五年（一八五二）九月十二日に西丸小性組番頭格、御側御用取次見習となり、切米二〇〇〇俵を与えられた。同六年に徳川家定が将軍に就任するのに伴い、九月十五日に本丸の御用取次見習に移った。同七年三月二十七日に家督を相続し、安政四年（一八五七）九月十三日に御側御用取次となる。文久二年（一八六二）十一月十五日に病気のため願いの通り御役御免となり、家督を子の親賢に譲った。親賢の切米役料五〇〇俵を隠居料とし、折々御機嫌伺として奥へ罷り出るように仰せ付けられた。（清水）

【典拠・参考文献】『続徳川実紀』第三・四篇、『柳営補任』、『旗本百科』第四巻、深井雅海『徳川将軍政治権力の研究』（吉川弘文館、一九九一年）

蜷川親和《にながわちかかず》（一六七一～一七三七）

寛文十一年（一六七一）に生まれる。通称久米之助・兵四郎・八右衛門。奥右筆組

頭蜷川親煕《ちかひろ》の四男。母は土井利重家臣服部三右衛門の息女。妻は表右筆組頭飯高胤英《いいたかたねふさ》の息女である。父親煕より曽我流の書法を、兄親英《ちかふさ》より下馬札の書法を習い、これを子の親雄《ちかお》に伝える。元禄六年（一六九三）十二月二十二日、表右筆となり廩米二〇〇俵を下される。同十四年七月九日、父の遺領のうち下野国内二〇〇石を兄親英より分知され、廩米は収公された。宝永元年（一七〇四）六月十三日、奥右筆に転じたが翌二年六月四日に辞職、小普請となる。同七年八月二十三日、表右筆に列し、正徳五年（一七一五）十二月十八日に廩米五〇俵加増、知行は二五〇石となる。享保十年（一七二五）六月十一日に表右筆組頭、同十九年四月十八日に奥右筆組頭と転じ、同年十二月十八日、布衣着用を許可された。元文二年（一七三七）六月十四日没、享年六十七。法名は親和、赤坂松泉寺（東京都港区）に葬られた。　（渋谷）

【典拠・参考文献】『寛政譜』第二十二・三二〇頁

蜷川親煕《にながわちかひろ》　（一六二九～一七〇一）

寛永六年（一六二九）に生まれる。通称内匠・彦左衛門。妻は丹波国篠山藩主松平典信《すけのぶ》の家臣猿木三郎右衛門の息女、後妻は下総国古河藩主土井利重家臣の服部三右衛門の息女である。青蓮院宮尊純法親王《しょうれんいんのみやそんじゅんほっしんのう》の門下で入木道《じゅぼくどう》を伝授された能書で、三代将軍徳川家光の三男徳川綱吉（のちの五代将軍）の神田館に勤仕して右筆を勤めていたが、延宝八年（一六八〇）、綱吉長子徳松の江戸城西丸入りに従い御家人となり、廩米二五〇俵を下される。天和元年（一六八一）八月二十二日に奥右筆となり、同年十二月二十六日に五〇俵、元禄元年（一六八八）十二月十一日には一〇〇俵を加増される。この間、天和二年六月七日、命により曽我流室町将軍家の書札法式・下馬札書法の秘事を伝授された。そして元禄二年（一六八九）十月二十六日、奥右筆組頭に進み、同五年十二月十八日に布衣着用を許される。同九年十二月二十五日に一〇〇俵加増、翌十年七月二十六日には廩米を下野国内五〇〇石に改められ、同十三年十二月二十二日、また同国内二〇〇石が加増され、知行は七〇〇石となった。同十四年一月十七日没、享年七十三。法名は道光、赤坂松泉寺（東京都港区）に葬られた。　（渋谷）

【典拠・参考文献】『寛政譜』第二十二・三一九頁

蜷川親英《にながわちかふさ》　（一六六二～一七一四）

寛文二年（一六六二）に生まれる。通称又太郎・又右衛門・彦左衛門。父は奥右筆組頭蜷川親煕《ちかひろ》、母は下総国古河藩主土井利重家臣服部三右衛門の息女、妻は筒井重治の息女である。貞享四年（一六八七）十月二十八日、表右筆となる。元禄十四年（一七〇一）七月九日に、家督を相続、父の遺領七〇〇石のうち五〇〇石を知行し、二〇〇石を弟親和《ちかかず》に分知する。同年十二月二十一日、奥右筆に転じ、同十六年二月十二日に表右筆組頭となるが勤めに応ぜず、宝永五年（一七〇八）六月二十三日、小普請に降格されて家に伝来してきた書法の書籍を召し上げられ、伝授してきた曽我流の書法は断絶することになった。正徳四年（一七一四）七月二十二日没、享年五十三。法名は端草、菩提寺の赤坂松泉寺（東京都港区）である。　（渋谷）

【典拠・参考文献】『寛政譜』第二十二・三一九頁

蜷川親文《にながわちかぶん》　（一七四〇～一八二七）

元文五年（一七四〇）西丸御小納戸等を務めた蜷川親豊《ちかとよ》の子として生まれる。金十郎・新十郎と称した。母は渡辺盛の息女。妻は笹本忠省の息女。蜷川氏の先祖は、初め越中国新川郡蜷川より起こり、代々室町幕府に仕え、後に徳川家康に仕えて旗本となった。親文は宝暦十二年（一七六二）九月二十八日に小性組に列し、十二月十五日より西丸に勤仕し、同十三年二月二十二日には御小納戸に転じた。十一月五日には小性に移り、明和元年（一七六四）十一月十三日に従五位下相模守に叙任される。安永四年（一七七五）九月七日に家督を相続した。知行は八二〇石余。同五年七月八日に目付に転じ、天明元年（一七八一）四月二十八日に新番頭に移り、同七年二月十五日には御三卿田安家の家老となる。寛政六年（一七九四）九月十一日からは将軍世嗣だった家慶に近侍し、小性組番頭格となり、同八年十一月十日には御側となり、一一七〇石余りを加増される。同九年四月二十一日に家慶が西丸に移るのに伴い、西丸御側となる。多年の功績が認められる形で、文化十年（一八一三）に一〇〇〇石、文政二年（一八一九）十二月十五日に二〇〇〇石の加増がなされ、都合五〇〇〇石を知行するに至った。同十年四月九日に御用取次を病気のため免じられ、十二月二十五日に死去。享年八十八。家督は子の親常が相続した。（清水）

【典拠・参考文献】『寛政譜』第十八・九七頁、『続徳川実紀』第二篇、『柳営補任』、『旗本百科』第四巻

蜷川親賛《にながわちかよし》（一七四一～没年未詳）

寛保元年（一七四一）に生まれる。通称善九郎。大番由比邑勝《ゆいむらかつ》の四男だったが、蜷川親賢《ちかかた》の死に臨んで養子となり、その養女を妻とした。家筋は奥御右筆組頭を勤めた蜷川親熙《ちかひろ》に連なる。明和元年（一七六四）七月四日、家督を継ぐ。家禄は下野国内五〇〇石。同四年閏九月十九日、西丸表右筆となるが、安永八年（一七七九）、十代将軍徳川家治の嫡子家基《いえもと》の死去により四月十六日に免職、天明元年（一七八一）五月二十六日に再び西丸表右筆となり、別家蜷川親雄《ちかお》よりその家伝の書法を習っていたため、同三年八月九日、奥御右筆組頭橋本敬惟の転役により故実書法及び下馬札等の書法を伝えられる。同六年（一七八六）十一月二十八日より本丸勤務に転じ、寛政九年（一七九七）一月十六日に西丸表右筆に再任した。そして文化二年（一八〇五）、御幕奉行に転じて同十年十二月三日まで勤めて小普請入りし、養老料を下された。没年は未詳、なお同家の菩提寺は赤坂松泉寺（東京都港区）である。（渋谷）

【典拠・参考文献】『寛政譜』第二十二・三一九頁、『柳営補任』、編著『江戸幕府役職武鑑編年集成』第二十巻（東洋書林、一九九八年）、『続徳川実紀』第二篇

二宮尊徳《にのみやそんとく》（一七八七～一八五六）

天明七年（一七八七）七月二十三日に相模国足柄上郡で生まれる。通称は金次郎、諱は尊徳（正確には「たかのり」）。百姓利右衛門と妻よしの長男。妻は堀之内村中島弥之右衛門の娘、きの。後妻は飯泉村岡田峯右衛門の娘、なみ。寛政十二年（一八〇〇）に父、享和二年（一八〇二）に母を失い、叔父二宮万兵衛に預けられる。万兵衛家での田畑耕作の傍ら勉学にはげみ、また荒地を再墾し、父の代で失った一家を再興した。文化九年（一八一二）、小田原藩家老服部十郎兵衛の若党となり、財政の逼迫していた服部家を再興する。文政四年（一八二一）、小田原藩主分家宇津家の領地下野国桜町領の調査を命じられ、その復興を託された。その後、桜町領に移り、領主の収奪の制限、肥料の導入、種の貸付、用水整備等を行い、天保八年（一八三七）までに復興させた。この復興の成功が桜町仕法と呼ばれ、以後も復興の依頼が続く。また、その仕法を学び、指導を試みる豪農層たちもおり、各地で報徳社を結成していった。

この間、文政五年（一八二二）に名主役格、天保五年（一八三四）には徒士格となったが、さらに、同十三年（一八四二）十月、普請役格として幕府に登用され、利根川分水路見分目論見御用を命じられる。弘化二・三年（一八四五・四六）には日光領荒地再墾の雛形を制作し献上した。嘉永六年（一八五三）二月、日光領復興を命じられ、日光奉行所手附となる。安政二年（一八五五）四月今市に移り、同三年二月に普請役となるが、十月二十日没。享年七十。今市の星顕山如来寺に葬られる。なお、日光復興は長男弥太郎により継続された。（湯浅）

【典拠・参考文献】奈良本辰也・中井信彦校注『二宮尊徳・大原幽学』（日本思想大系52、岩波書店、一九七三年）、奈良本辰也『二宮尊徳』（岩波新書、一九五九年）

丹羽正伯《にわせいはく》　（一六九一～一七五六）

元禄四年（一六九一）に生まれる。貞機と名乗った。丹羽家は紀伊藩領の伊勢国松坂で医業を営んでおり、正伯も京都で医学を学び、のちに稲生若水に師事して本草学を修めた。徳川吉宗が紀伊藩主から将軍職に就くと正伯も幕府に登用され、享保七年（一七二二）四月一日には御医師並の格式を与えられ、三〇人扶持を支給された。正伯は享保五年以降、全国各地へ赴いて薬草見分を行う一方、同七年四月四日には下総国千葉郡滝台野（現千葉県船橋市）の薬草栽培地を預かり、また同八年には長崎に渡来していた中国商人の鄭大典に対して物産に関する諮問を行ったり、同十年八月にはオランダ船が持ってきた椰子の苗木を伊豆諸島や駿河国内へ試植した。同十四年からは師匠である稲生若水の『庶物類纂』の増補作業にも関与し、享保十八年（一七三三）には前年に発生した享保の大飢饉の対策の一環として、医師の望月三英とともに疫病の処方を書き上げて代官たちへ通達している。同二十年五月には江戸大伝馬町に設置された唐和明礬《みょうばん》会所の指導にあたり、元文五年（一七四〇）に職を辞して小普請組に入った。宝暦六年（一七五六）四月に死去。著書には『佐渡採薬記』（寛延二年）などがある。（太田尚）

【典拠・参考文献】大石学『享保改革の地域政策』（吉川弘文館、一九九六年）

丹羽長守《にわながもり》　（一六四三～一七二六）

寛永二十年（一六四三）に書院番丹羽長《なが》吉《よし》の長男として生まれる。母は赤井兵庫頭忠泰の息女。吉松・権十郎・左近・五左衛門・勝寿と称した。妻は三宅半七郎重貞の息女。寛文十二年（一六七二）五月二十六日に小性組番士となる。元禄元年（一六八八）十二月九日に家督を継ぐ。同四年閏八月二十六日に屋敷改となる。同六年五月十日に使番となり、十二月十八日に布衣を許される。同七年四月十四日に目付となる。同八年二月五日に長崎奉行となり、同日に新恩五〇〇石を賜り、合計一五〇〇石を知行する。八月六日に従五位下遠江守に叙任される。同十五年閏八月十五日に町奉行となる。正徳四年（一七一四）正月二十六日に職を辞し、寄合となる。六月二十六日に隠居し、養老の料廩米三〇〇俵を賜う。享保十一年（一七二六）四月七日に死去。享年八十四。法名宗功。（木崎）

【典拠・参考文献】『寛政譜』第十一・三三五頁、清水紘一「長崎奉行一覧表の再検討」（『京都外国語大学研究論叢』第XV号、一九七五年）

ぬ

沼間守一《ぬまもりかず》　（一八四三～一八九〇）

天保十四年（一八四三）十二月二日に高梨仙太夫の第二子として江戸牛込（新宿区）に誕生する。通称は慎次郎。長崎奉行支配調役を勤めた沼間平六郎の養子となる。安政六年（一八五九）、養父の長崎行きに従い、同地で英学を修めた。帰国後の文久年間に軍艦頭取矢田堀景蔵（鴻）から測量技術を習得した。元治元年（一八六四）以降、横浜に赴き益田孝らと米医ヘボンに入門し、英語を学んだ。慶応元年（一八六五）、横浜に設立された陸軍伝習所の歩兵科に応募し、仏国士官の軍事操練を受けた。軍略に優れていたことから仏国士官に認められ、歩兵差図役頭取（あるいは歩兵差図役頭取勤方）となり、慶応四年（明治元・一八六八）正月二十九日には歩兵頭並に昇進した。戊辰戦争では主戦派として同年三月七日に江戸を脱走、東北に向かい、会津・庄内藩士に操練を伝授した。庄内で降伏した後は東京の静岡藩邸で謹慎生活を送るが、軍事的才能を高く評価されて明治二年（一八六九）に赦免、五月には高知藩に赴き練兵・英学を教授した。廃藩後、横浜で一時商業を営むが、同五年四月二十四日に井上馨の推薦で大蔵省租税寮に出仕し、横浜税関詰を命じられた。この年守一と改名する。同年七月四日、司法省に転じて河野敏鎌《とがま》・川路利良《としよし》・井上毅《こわし》らと欧州視察に出掛けた。同八年には河野の推薦をもって元老院権大書記官となる。いっぽう、同六年には河野らと法律講義会（のちの嚶鳴《おうめい》社《しゃ》）を設立し、演説・討論会実行の先駆となり、明治十二年に官を辞し、都市自由民権派として活躍した。同年十一月には『横浜毎日新聞』を買収して『東京横浜毎日新聞』と改め発行。同十四年には自由党創立委員となるが、意見が合わず翌年立憲改進党の創立に参加した。同十五年に東京府会議長となる。同二十三年五月十七日、四十八歳で死去。墓は東京都台東区の寛永寺にある。　（藤田）

【典拠・参考文献】『柳営補任』、松尾章一『増補・改訂 自由民権思想の研究』（日本経済評論社、一九九〇年）、石川安次郎『沼間守一』（伝記叢書、大空社、一九九三年）

ね

根岸衛奮《ねぎしえいふん》　（一八一七～没年未詳）

文化十四年（一八一七）に御小納戸根岸衛恭の子として生まれる。栄太郎・九郎兵衛・肥前守・備前守と称した。天保四年（一八三三）十二月二十七日に家督（禄高一〇〇〇石）を継ぎ小普請となり、西丸書院番を経て、同十年正月十三日に西丸御小納戸となり、十二月十八日に布衣を許される。その後御小納戸、使番、目付を経て、安政二年（一八五五）八月九日に新潟奉行、同五年十一月八日に奈良奉行となり、同月二十三日に諸大夫となる。文久元年（一八六一）九月十二日に外国奉行、十月十五日に勘定奉行公事方となる。同二年に将軍上洛の道筋見分を行うが、十一月二十六日に道筋見分に不備があり差控を命じられ、十二月十八日に小普請組支配となる。同三年八月十三日に小性組番頭、元治元年（一八六四）七月六日に大目付、同月二十一日に勘定奉行公事方（再任）、十二月二十一日には町奉行となる。慶応元年（一八六五）十一月二日に講武所奉行並、十二月七日に関東郡代となる。同二年八月十四日に辞職し

寄合となるが、同四年二月二十七日に一橋家家老となる。菩提寺は麻布今井町の善学寺（東京都港区）。（加藤）

【典拠・参考文献】『柳営補任』、『続徳川実紀』第三～五篇、『幕臣人名』第三巻

根岸鎮衛《ねぎしやすもり》 （一七三七～一八一五）

元文二年（一七三七）に代官安生定洪《あんじょうさだひろ》の三男として生まれる。母は松平阿波守家臣河野通達《みちたつ》の娘。宝暦八年（一七五八）二月十五日に幕臣根岸衛規《もりのり》の死に際して養子となる。妻は勘定桑原盛利《もりとし》の娘。守信《もりのぶ》・守臣《もりおみ》とも名乗り、銕蔵《てつぞう》・九郎左衛門・肥前守と称した。同年五月六日に家督（禄高一五〇俵）を継ぎ、同年十月二十八日に初めて九代将軍家重へ拝謁し、十一月十八日に勘定となる。同十三年二月十五日から評定所留役を兼帯、明和五年（一七六八）十二月二十四日に勘定組頭、安永五年（一七七六）十一月朔日に勘定吟味役となり、十二月十六日に布衣を許される。天明四年（一七八四）三月十二日に佐渡奉行となり、五〇俵を加増され二〇〇俵となる。同七年七月朔日に勘定奉行勝手方となり、三〇〇石を加増され、廩米を改めて五〇〇石を知行し、十二月十八日に従五位下肥前守に叙任される。同八年七月二十五日に公事方となるが、寛政元年（一七八九）六月二日に勘定福島正儀処罰に不備があり出仕を留められ、十三日に許される。同十年十一月十一日に町奉行となり、文化十二年（一八一五）六月二十八日には精勤により五〇〇石を加増され、合わせて一〇〇〇石となる。異例の昇進・加増を遂げたため、商人・車引きなどの出身との説も生まれた。なお、佐渡奉行在任中の天明年間から文化十一年まで書き継がれた随筆「耳嚢」があり、奇談・雑話の聞書を集録し、市中の風聞・為政者の噂などが綴られている。文化十二年十一月九日（十月六日ともいう）に死去。享年七十九。法名は善篤院殿高誉照岳応政大居士。菩提寺は麻布今井町の善学寺（東京都港区）である。（加藤）

【典拠・参考文献】長谷川強校注『耳嚢』全三冊（岩波書店、一九九一年）、『寛政譜』第十九・三一七頁、第二十二・一〇四頁、『柳営補任』、『徳川実紀』第十篇、『続徳川実紀』第一篇

根来長郷《ねごろながさと》 （一七四五～没年未詳）

延享二年（一七四五）に根来平右衛門長時の三男として生まれ、のちに家禄五〇〇石の旗本である根来長主《ながぬし》家へ聟養子に入った。通称は清次郎・内記・内膳、任官後は内膳正《ないぜんのかみ》を名乗る。宝暦十二年（一七六二）十月二十三日、養父長主の隠居にともない一八歳で家督を相続、同年十二月七日に初めて十代将軍家治に謁見した。明和三年（一七六六）二月二十七日に御小納戸となり、同年十二月二十七日には布衣を着することを許可される。寛政八年（一七九六）五月十日に御小納戸頭取へ昇進し、同年十二月十九日には従五位下に叙されて内膳正を名乗った。同十一年八月七日からは田安家家老を務めたが、翌十二年正月九日に死去、市谷の光徳院に葬られた。（太田尚）

【典拠・参考文献】『柳営補任』、『寛政譜』第十六・三五五頁

根来正縄《ねごろまさなわ》 （一六五〇～一七〇〇）

慶安三年（一六五〇）に持筒頭根来盛正の二男として生まれる。小才次・新之丞・半右衛門と称する。妻は小性組番頭大久保忠重の息女。承応三年（一六五四）十二月六日に家督相続し、小普請となる。寛文二年（一六六二）十二月一日に書院番士、天和元年（一六八一）七月十三日に御徒頭となり、同年十二月二十七日に布衣の着用を許可される。同二年四月二十一日に五〇〇石加増され、三四五〇石余となる。元禄七年（一六九四）六月二十八日に廊下番頭と

なる。同八年七月四日に役職を解かれ、小普請となり出仕を止められるが、同九年五月二十四日に許される。なお、この解任は、現存する起請文の写しによると体調不良が原因である。同十三年九月十四日に死去。享年五十一。法名は元高。白金の瑞聖寺（東京都港区）に埋葬される。　（福留）

【典拠・参考文献】『寛政譜』第十六・三四九頁、福留真紀『徳川将軍側近の研究』（校倉書房、二〇〇六年）

根来盛正《ねごろもりまさ》　（一五九一～一六五四）

天正十九年（一五九一）に生まれる。小左次と称す。父は根来衆を率いて秀吉と戦い、のち徳川家康に仕えた盛重。盛正は、慶長八年（一六〇三）に伏見で家康に初めて拝謁した。同十二年より駿府にて家康に仕え、同十九年・同二十年の大坂の陣に参陣し、元和元年（一六一五）七月十六日に大和国宇智郡内にて五〇〇石をたまう。家康没後、二代将軍秀忠に仕えて書院番、さらに同八年に家光に付属される。寛永元年（一六二四）因幡国鳥取の池田光政のもとに赴いて国目付を務め、翌二年御徒頭、同五年御持筒頭と歴任し、同六年・同七年・同十年と続けて加増をうけ、都合二二〇〇石となる。また、同十四年九月二十六日、従五位下出雲守に叙任される。同十八年十二月四日、父の死去により家督相続し、都合二九五〇石を領す。のち職を辞し、承応三年（一六五四）九月十九日、六十四歳で死去。法名は良英。葬地は下谷の高岸（岩カ）寺（東京都豊島区）。　（小宮山）

【典拠・参考文献】『寛政譜』第十六・三四八頁、『寛永諸家系図伝』第十一・二二一～二二二頁

根本玄之《ねもとはるゆき》　（生没年未詳）

家禄は七〇俵五人扶持。文政十二年（一八二九）七月二日に勘定から代官となる。同年から天保六年（一八三五）まで石見国大森陣屋、天保六年から同九年まで大坂代官を務める。同九年四月八日に勘定吟味役となる。天保十三年三月二十八日に日光社参の御用掛を勤める。同十四年閏九月六日若年寄堀田摂津守宅において御役御免、小普請入りとなる。　（堀）

【典拠・参考文献】『柳営補任』、西沢淳男『幕領陣屋と代官支配』（岩田書院、一九九八年）

の

野一色義恭《のいっしきよしゆき》　（一七四九～没年未詳）

寛延二年（一七四九）に生まれる。宝暦三年（一七五三）七月三日に五歳で義簾《よしかど》の遺跡を継ぐ。初め義通と名乗り、正蔵・助七・頼母とも称した。知行は二五〇〇石。父義簾は堀直好の二男で、書院番野一色義休の婿養子となった。義恭は義休の実子であり、義簾死去後に家督を相続した。妻は久世広寛の息女。後妻は浅野長寿の息女。明和四年（一七六七）八月十日に小性組に列し、安永五年（一七七六）正月十一日使番に転じ、十二月十六日に布衣を許される。天明元年（一七八一）八月二十日に目付に進み、同六年二月二十八日に山田奉行となり、四月十五日に従五位下兵庫頭に叙任された。寛政六年（一七九四）四月七日に普請奉行となり、同七年二月五日に御持弓頭に転じる。享和三年（一八〇三）六月七日に西丸御留守居となり、文化九年（一八一二）十二月二十六日に病気により寄合となった。家督は西郷員相の二男で、養子の義《よし》儔《かず》が相続した。　（清水）

【典拠・参考文献】『寛政譜』第七・三〇九頁、『柳営補任』、『旗本百科』第四巻、『続徳川実紀』第二篇

野口直方《のぐちなおかた》　（一七四七～没年未詳）

延享四年（一七四七）に支配勘定野口度《のり》英《ひで》の二男として生まれる。辰之助と称した。妻は中井清大夫九敬の養女。支配勘定の見習より、天明四年（一七八四）八月五日、遺跡を継承。蔵米は七〇俵五人扶持。同八年五月二日には、旗本に列し、支配勘定から代官へ昇進する。文化二年（一八〇五）閏八月二十一日に病気のため辞す。（宮原）

【典拠・参考文献】『寛政譜』第二十一・一〇三頁、『旗本百科』第四巻、『代官履歴』

野尻高豊《のじりたかとよ》　（生没年未詳）

七郎兵衛・久大夫と称した。家伝には、清和源氏の流れを汲む深栖光重の子である波多野仲重が美濃国伊奈郡野尻村に住んだことにより、野尻を称したという。徳川家康に仕え、後に御三家の紀伊藩主徳川頼宣に付属し、その四代後に高豊に至る。初め紀伊家に仕えて、享保三年（一七一八）四月に将軍吉宗の生母浄円院が和歌山城から江戸城に移った際に、紀伊藩で隠密御用を務めていた薬込役から、旗本となり広敷伊賀者をつとめた。その後、家督は子の高保が相続した。（清水）

【典拠・参考文献】『寛政譜』第十九・一六〇頁、『徳川実紀』第八・九篇、深井雅海『徳川将軍政治権力の研究』（吉川弘文館、一九九一年）

野尻高保《のじりたかやす》　（一七一八～没年未詳）

享保三年（一七一八）に生まれる。源之丞・彦九郎・助四郎と称する。致仕号は恪翁。父は広敷の伊賀者であった野尻高豊《たかとよ》。母は西丸広敷の伊賀者等を務めた古坂供憲《とものり》の息女。妻は同じく西丸広敷用達などであった川村修常《なかつね》の息女。高保も広敷の伊賀者となり、後に添番並となり、御賄の調役に転じた。明和元年（一七六四）閏十二月二十二日には表御台所頭となる。安永四年（一七七五）八月十一日に西丸御賄頭になり、同六年二月十日より書物奉行。寛政六年（一七九四）六月二十四日に老いを理由に辞職し、小普請となる。同閏十一月十七日に致仕した。没年や墓所は不明。（山﨑）

【典拠・参考文献】『寛政譜』第十九・一六〇頁、『柳営補任』

野尻文緒《のじりふみお》　（生没年未詳）

野尻家は紀州徳川家の家臣であったが、享保元年（一七一六）に徳川吉宗が将軍家を相続し、同三年五月に吉宗の生母である浄円院が和歌山城から江戸へ移ることになった時、紀州藩の薬込役であった野尻七郎兵衛高豊も従事して江戸へ赴き、幕府の広敷伊賀者に編入されることとなった。そして、将軍の隠密御用を担う御庭番家筋として活躍し、文緒は四代目の当主として文化十一年（一八一四）十二月に家督を継ぐ。二代助四郎高保が当主であった明和元年（一七六四）閏十二月より、御賄調役から表御台所頭に昇進して御家人から旗本に昇格していた。（根岸）

【典拠・参考文献】深井雅海『徳川将軍政治権力の研究』（吉川弘文館、一九九一年）、同『江戸城御庭番』（中央公論社、一九九二年）

能勢隆重《のせたかしげ》　（一六六一～一七一七）

寛文元年（一六六一）に生まれる。父は紀伊徳川家臣の能勢頼員《よりかず》、母は御小納戸組頭保々貞広《ほほさだひろ》の娘。小三郎・惣八郎・頼亮《よりすけ》と称した。はじめ紀伊徳川家において小性をつとめた。享保元年（一七一六）、徳川吉宗が江戸城本丸に移徙した際に御家人に列し、十一月二日下野国都賀・安蘇両郡のうちにおいて采地三〇〇石を下されて広敷の御用人となる。十二月十八日布衣の格になる。同二年二月八日死去。享年五十七。法

名日栄。大崎の本立寺に葬る。のち代々葬地とする。（吉成）

【典拠・参考文献】『寛政譜』第五・一〇四頁

能勢頼一《のせよりかず》（一六九〇〜一七五五）

元禄三年（一六九〇）小性組能勢頼雄《よりお》の長男として生まれる。妻は徳川家宣家臣（のち幕府小性）竹田政就《まさつぐ》の娘。貞宣《さだのぶ》とも名乗り、八十郎・源七郎・与十郎・甚四郎・肥後守と称した。元禄三年十二月十二日に家督（家禄三〇〇俵）を継ぎ、小普請となる。宝永四年（一七〇七）十一月十八日に小性組、同六年十二月二十七日に御小納戸、正徳六年（一七一六）五月十六日に御小性組へ復し、享保十二年（一七二七）六月二十三日に小十人頭となり、十二月十八日に布衣を許される。同十四年十一月二十八日に小性組組頭、同二十年十月朔日に目付となり、寛保元年（一七四一）十二月十五日に三〇〇石を加増され、廩米を改めて六〇〇石を知行した。延享元年（一七四四）六月十一日に町奉行となり、十二月十六日に従五位下肥後守に叙任された。同三年七月二十八日に御定書編集を命じられ、宝暦三年（一七五三）三月二十八日に西丸旗奉行となるが、翌四年十一月二十八日に病気で辞職し寄合となる。同五年五月十一日に死去。享年六十六。法名は日鏡。菩提寺は大崎の本立寺（東京都品川区）である。（加藤）

【典拠・参考文献】『寛政譜』第五・一一二頁、『柳営補任』、『徳川実紀』第八・九篇

能勢頼重《のせよりしげ》（一五八七〜一六五〇）

天正十五年（一五八七）に能勢頼次の長男として生まれる。母は井上氏幸の息女。妻は佐久間勝之《かつゆき》の息女。慶長五年（一六〇〇）に人質として大坂城にいたが、同七年に徳川家康に仕え、父の采地摂津国能勢郡のうち一五三〇石余を領する。元和三年（一六一七）の二代将軍秀忠上洛の時に供奉し、同七年に家を継いで先の采地を弟へ与える。寛永三年（一六二六）秀忠上洛に供奉し、後に使番となり、同十一年の三代将軍家光上洛の時に供奉する。同年閏七月八日に幕命により下総国佐倉へ赴き、同十五年五月八日、松平忠直の配所である豊後国府内の目付代をつとめた。その他にも同十五年月二十八日に収公された本多犬千代の旧領下野国榎本へ、その後さらに越後国村上・陸奥国三春などへ赴き、再び府内にて目付代をつとめる。正保二年（一六四五）三月二十二日に堀普請の奉行をつとめ、同三年五月二十四日の日光東照宮瑞籬、石垣修補に際し現地に赴く。慶安三年（一六五〇）三月二日に死去。享年六十四。法名は日理。（鍋本）

【典拠・参考文献】『寛政譜』第五・九八頁

能勢頼隆《のせよりたか》（一五八八〜一六五七）

天正十六年（一五八八）に生まれる。小十郎と称した。父は、豊臣家に仕え、のち徳川家に属した摂津守頼次。母は井上治部少輔氏幸の息女。妻は池田輝政の家臣森寺清右衛門某の息女。頼隆は、慶長九年（一六〇四）家康に拝謁し小性となり、丹波・摂津において一〇〇〇石をたまわった。同十九年・同二十年の大坂の陣にも父・兄とともに供奉し、家康没後は秀忠に仕えて書院番をつとめた。元和七年（一六二一）、兄である次左衛門頼重の家督相続に伴って、頼重の采地一五三〇石余りをたまわり、頼隆の采地一〇〇〇石は弟である惣（宗）右衛門頼之へ与えられた。その後、寛永三年（一六二六）の上洛に供奉、同十年には小出吉親とともに西国の巡見を、同十四年には江戸府内の巡検と放火人の捕縛を命ぜられている。また、使者として、同十五年には薩摩国へ、同十七年には陸奥国仙台と肥後国相良へと遣わされ、同十九年に使番と

なり布衣を着すことを許されている。さらに、同二十年には陸奥国会津若松へ遣わされ、そののち三河国岡崎、播磨国姫路、肥後国熊本、長門国萩、下総国関宿等に派遣される。明暦三年（一六五七）正月二十三日、七十歳で死去。法名は日前。池上本門寺（東京都大田区）に葬る。以後、代々の葬地となっている。（小宮山）

【典拠・参考文献】『寛政譜』第五・一〇三頁、『寛永諸家系図伝』第三・一二三頁、誉田宏「江戸幕府の藩政監察について—国目付の派遣を中心として—」（福島県歴史資料館『研究紀要』十六号、一九九四）

能勢頼寛　のせよりひろ（一六四〇～一六九七）

寛永十七年（一六四〇）、御徒頭能勢頼永の長男として生まれる。母は大坂町奉行を務めた曽我古祐の女子。妻は勘定奉行曾根吉次の女子。はじめ頼相《よりよ》。亀太郎・権十郎と称す。明暦三年（一六五七）家綱に拝謁し中奥の番士となり、寛文元年（一六六一）六月十五日、中奥小性に進む。翌二年三月一日、小性に転じ、同年十二月二十七日、従五位下摂津守に叙任。延宝八年（一六八〇）、家綱の死により寄合に列するが、天和元年（一六八一）五月二十六日、書院番組頭となる。元禄元年（一六八八）五月三日、大坂町奉行となり、加増をうけて知行高二〇〇〇石になる。同三年十二月二十三日、町奉行に就任する。同十年四月三日、職を辞し、十二月二十七日に死去する。享年五十八。法名は日将。池上本門寺（東京都大田区）に葬る。（西木）

【典拠・参考文献】『寛政譜』第五・一一三頁、『柳営補任』

能勢頼宗　のせよりむね（一六一四～一六七八）

慶長十九年（一六一四）に能勢頼重《よりしげ》の長男として生まれる。母は佐久間勝之《かつゆき》の娘。妻は黒田筑前守家臣能勢頼資《よりすけ》の娘。頼定《よりさだ》とも名乗り、新十郎・次左衛門・日向守と称した。寛永十年（一六三三）に書院番、同十一年に中奥番となるが、同十三年十月八日に書院番へ復す。慶安三年（一六五〇）十二月十一日に家督（禄高三〇〇〇石）を継ぎ、万治二年（一六五九）八月二十一日に使番となり、十二月二十八日に布衣を許される。寛文十年（一六七〇）五月十六日に普請奉行となり、六月十五日に作事奉行次席、芙蓉間詰となる。同十二年二月十三日に京都町奉行となり、一〇〇〇石を加増され、合わせて四〇〇〇石余を知行し、四月二十七日に従五位下日向守に叙任された。延宝六年（一六七八）十一月十五日に江戸へ向かう途中の尾張国鳴海で死去。享年六十五。法名日徳。菩提寺は池上の本門寺（東京都大田区）である。（加藤）

【典拠・参考文献】『寛政譜』第五・九九頁、『柳営補任』、『徳川実紀』第二～五篇

能勢頼安　のせよりやす（生年未詳～一六四五）

能勢頼之《よりゆき》の息子として生まれる。四郎右衛門と称した。元和期より徳川家康に仕え、勘定を務める。寛永九年（一六三二）六月十六日に熊本藩主加藤忠広の改易により、肥後国に赴く。同十年八月、関東における論所の検使を大番組頭小幡直之と務めたため、黄金三枚を給う。同十四年、島原の乱の際には、兵粮米の差配を行い、松平信綱とともに島原へ赴いている。のちに加増をうけて蔵米五〇〇俵を給う。正保元年（一六四四）十二月二十五日に隠居し、翌二年十二月二十七日に死去。法名は浩円。根津の曲林寺に葬られる。（宮原）

【典拠・参考文献】『寛政譜』第五・一一七頁、大野瑞男『江戸幕府財政史論』（吉川弘文館、一九九六年）、宮原一郎「近世前期の幕府裁許と訴訟制度」（徳川林政史研究所『研究紀要』第三八号、二〇〇四年）

能勢頼之　のせよりゆき（生没年未詳）

能勢仙山の三男として生まれる。通称金

之助。従五位下大隅守に叙任される。家禄二〇〇〇石。小性組番・進物番・使番・目付介・目付を経て、文久三年（一八六三）十一月、長崎に赴く。日光奉行を経て慶応元年（一八六五）長崎奉行となる。俵物会所を産物会所と改称（慶応元年）、長崎小菅浦に修船場を設置、節約を令する、出島を外国人居留地に編入（以上慶応二年）、長崎地役人に乃武館で砲術を習わせる、外国渡航者に運上所で出願印章を受けさせる、日見峠・田上・西坂・西山に関門を置き、島原・平戸・大村の兵で守らせる、浦上の切支丹を投獄（浦上崩れ）、長崎町年寄以下の地役人の改組を図る。長崎会所を仮御金蔵に改称（以上同三年）などの事柄に関与する。慶応三年、浦上四番崩れの時、キリスト教徒に対する処置不適切の故をもって奉行を罷免される。大政奉還により解任する。菩提寺は法性寺（大阪府豊能郡）であるが墓は無い。　（太田勝）

【典拠・参考文献】『増補長崎略史上巻』（『長崎叢書三』）、「長崎奉行歴代総覧」（『長崎事典歴史編』）

野田《のだ》斧吉《おのきち》　（生年未詳～一八三五）

父は代官野田松三郎政晟《まさあきら》。屋敷は元矢の倉にあった。七〇俵五人扶持であったが、文政三年（一八二〇）七月二十日に小十人から代官となり、越後国出雲崎陣屋（文政三年～同十二年）へ赴任した。同九年四月二十六日に褒美金二枚・時服二領を与えられた。同十二年より美濃国笠松陣屋へ赴任し、天保二年（一八三一）五月十六日に美濃郡代となり、一〇〇俵高に加増され、布衣の着用を許された。在任中、水防役（村の有力者を任命）の設置、笠松陣屋の堤方地役人の待遇改善（出張手当金五両を支給）を行った。天保六年（一八三五）九月には、いわゆる百八輪中の万寿騒動が起こり、高須・大垣両藩より出兵して鎮圧した。同年に死去。　（高橋）

【典拠・参考文献】『天保武鑑』、「県令譜」（村上直校訂『江戸幕府郡代代官史料集』近藤出版社、一九八一年）、『岐阜県史 通史編近世上』（一九六八年）、『旗本百科』第四巻、『代官履歴』

野田《のだ》孝成《たかなり》　（一七四七～没年未詳）

延享四年（一七四七）に甲府勤番野田朝成の男として生まれる。源五郎と称する。妻は藤沢次定の息女。宝暦七年（一七五七）十一月十二日に家督を継ぐ。家禄は三〇〇俵。後に甲府勤番となり、寛政八年（一七九六）十一月三日に御納戸番へ転じる。同九年二月十三日に西丸へ移る。享和三年（一八〇三）閏一月十八日に関東代官となる。文化十年（一八一三）八月二十六日に病気により辞任する。時に六十七歳。　（西沢）

【典拠・参考文献】『寛政譜』第十六・二五二頁、『代官履歴』

野田《のだ》政晟《まさあきら》　（一七五五～一八一九カ）

代官を務めた野田政啓と、野田文蔵元偏の娘の長男として生まれる。初めは政芳と名乗る、茂之丞・松三郎と称した。妻は倉橋与四郎員尉の娘、後妻は須藤宗左衛門盛春の娘。安永八年（一七七九）九月四日に勘定となり、九年四月二十九日に代官となる。九月六日には父の死去に伴い二十三歳で家督を相続する。家禄は七〇俵五人扶持。同年から天明八年（一七八八）まで出羽国柴橋陣屋、天明八年から寛政五年（一七九三）まで駿河国島田陣屋、寛政五年から文化元年（一八〇四）まで駿河国駿府陣屋、文化元年から文政二年（一八一九）まで甲斐国甲府陣屋の代官を務める。文政二年に離職した（死去か）。　（堀）

【典拠・参考文献】『寛政譜』第十六・二四八頁、西沢淳男『幕領陣屋と代官支配』（岩

田書院、一九九八年）

野田元清《のだもときよ》　（一七三五〜一八〇一カ）

勘定を務めた野田元偏と、平沢善兵衛勝信の娘の長男として生まれる。亀太郎・文蔵と称した。妻は桑山六郎兵衛元武の娘。宝暦十三年（一七六三）九月四日、父の死去に伴い二十七歳で家督を相続し小普請となる。家禄は七〇俵五人扶持。明和六年（一七六九）正月二十六日に勘定となり、安永四年（一七七五）九月十四日には関東筋及び甲斐国の川々普請の功により時服二領・黄金二枚を賜る（その後、同様の功により時服・黄金等を賜る）。天明六年（一七八六）十二月二日には組頭となり、寛政元年（一七八九）十一月二十四日に代官となる。同年から享和元年（一八〇一）まで江戸廻代官を務め、同年に離職した（死去か）。　（堀）

【典拠・参考文献】『寛政譜』第十六・二四八頁、西沢淳男『幕領陣屋と代官支配』（岩田書院、一九九八年）

野田元矩《のだもとのり》　（一七六九〜一八四六）

父は勘定組頭や代官をつとめた野田元清《もときよ》、母は広敷番頭桑山元武《もとたけ》の娘。吉五郎・下総守・伊勢守・甲斐守とも称した。妻は奥右筆組頭の蜷川親賢《ちかよし》の娘。天明七年（一七八七）四月六日、十一代将軍徳川家斉に初めて御目見する。のち一橋用人となり、文政五年（一八二二）五月十日に西丸御納戸頭になる。同八年十二月二十四日には広敷用人となる。天保八年（一八三七）八月二十日に小普請奉行となり、二〇〇俵高を加増される。同九年三月十三日に西丸普請の御用掛を任じられ、同年十月に報奨として本丸・西丸からそれぞれ金一五枚、時服五領ずつを下された。同十二年六月二十八日に普請奉行となり、同十三年十一月三十日に先手鉄炮頭となる。弘化三年（一八四六）十一月五日に死去。　（吉成）

【典拠・参考文献】『寛政譜』第十六・二四八頁、『柳営補任』

野田諸成《のだもろなり》　（一七二二〜没年未詳）

享保七年（一七二二）に生まれる。平安時代の南都楽人の祖といわれる狛光高の子野田則高の末裔で代々楽人となり、上《うえ》氏を称した家筋。父は禁裏の楽人から幕府の紅葉山の楽人になった上近方《ちかかた》。母は同じく京から江戸へ下り幕府の御用絵師となった住吉具慶広澄《ぐけいひろずみ》の息女。岩之丞・帯刀と称した。妻は小普請伊藤祐之《すけゆき》の息女。元文五年（一七四〇）十二月三日に家督を継いだ。家禄は廩米二〇〇俵。寛保三年（一七四三）十二月九日に田安家の近習番となり、のちに用人となる。この間、家号を上から野田に改めた。宝暦八年（一七五八）十二月十八日には布衣を許される。同十三年（一七六三）十月三日に小普請に貶《おとし》められ、六日に出仕を止められ、十二月二十七日に赦しを得る。安永元年（一七七二）十二月七日に致仕する。致仕後は助教と号した。菩提寺は浅草の行安寺（東京都台東区）か。（竹村）

【典拠・参考文献】『寛政譜』第二十二・三四八頁

野々山兼綱《ののやまかねつな》　（一五九一〜一六六七）

天正十九年（一五九一）に生まれる。新兵衛と称し、致仕後は無世と号した。養父は家康に仕え腰物奉行を務めた野々山新兵衛頼兼。養母は石川太郎右衛門の女。実父は内藤右京進の家臣上田内記信綱の男。実母は不明。妻は野々山頼兼の女。後妻は石川三蔵忠勝の女。また井上主計頭正哉の養女を娶った。兼綱は、慶長十年（一六〇五）九月十七日に秀忠に拝謁したのを初めとして、腰物奉行・御小納戸を務めた。寛永九年（一六三二）、秀忠の死去にともなって、同六月より番衆に列する。同十五年五月八日に目付となり、同年十月からは武蔵・相模等の巡検を、また同十七年には長崎で耶蘇教徒の弾圧を行っている。同十六年には布衣を着すことを許されるが、同十八年に勘気を受けて一度蟄居。のち赦され、同二十年からは女院御所付となり、また加増されて、知行計一五三〇石余・廩米二〇〇俵となった。さらに、従五位下丹波守に叙任されている。寛文四年（一六六四）四月六日に致仕し、子息兼周に与えられていた四〇〇石を養老料として与えられた。同七年十月二十八日、七十七歳で死去。法名は無世。（小宮山）

【典拠・参考文献】『寛政譜』第二一・三五九～三六〇頁、『寛永諸家系図伝』第二

野間玄琢《のまげんたく》 （一五九〇～一六四五）

天正十八年（一五九〇）に野間宗印の子として山城国に生まれる。名は成岑《せいしん》で、寿昌院と号し、白雲老人とも称した。父の宗印が曲直瀬玄朔《まなせげんさく》と親しかったことから、その門下に入って医道を学んだ。慶長十五年（一六一〇）十一月十二日に法橋となり、しばしば禁裏への診察を行った。元和三年（一六一七）に法眼となり、同六年には寿昌院と号し、同九年閏八月十二日には法印に叙せられる。二代将軍秀忠が上洛した寛永三年（一六二六）七月一日、二条城において初めて秀忠に拝謁し、そのときの命により江戸へ至る。その後、三代将軍家光の上洛を契機に、江戸と京都とを隔年で行き来するようになった。同五年四月に家光が疱瘡に罹った際には、江戸城中で診察に従事し、また、同十三年に東福門院（秀忠の娘和子）が病を得た際にも診察を行い、快癒後に数々の褒美を賜っている。同十五年には東福門院付きとなって、幕府より五〇〇俵の扶持を下された。玄琢の住居は、元和元年に拝領した京都鷹が峰の薬草園の一角にあり、ここが白雲渓と呼ばれていたことから、白雲老人の称が生まれたといわれる。また、鷹が峰周辺には、現在でも玄琢の名にちなんだ大宮玄琢北東町・大宮玄琢北町・大宮玄琢南町（いずれも京都市北区）の住居表示が残されている。ちなみに、のちに茶道の裏千家を興す仙叟宗室《せんそうそうしつ》（千宗旦の四男）が、一時期玄室と称して玄琢の医業の弟子となっていたことは有名である。玄琢は正保二年（一六四五）十一月十四日、京都において五十六歳で没し、鷹が峰にあった別邸の敷地内に葬られた。（太田尚）

【典拠・参考文献】『寛政譜』第十三・三五〇～三五一頁

野間三竹《のまさんちく》 （一六〇八～一六七六）

慶長十三年（一六〇八）に医家の野間玄《げん》琢《たく》の長男として生まれる。名は成大《せいだい》で、父の号である寿昌院を受け継ぎ、また静軒・柳谷・潜楼とも称した。幼い頃には、歌学者として知られる松永貞徳および儒学者の松永尺五《せきご》父子から学問を学び、また父の玄琢より医業を学んだという。寛永十三年（一六三六）五月十二日に法橋、同十五年十二月十九日に法眼へと進み、同十七年からは奥医として東福門院の付属となった。これ以後、父と同様に江戸と京都とを隔年で往来するようになる。正保三年（一六四六）二月二十八日に父玄琢の跡を継ぎ、寛文八年（一六六八）十二月二十七日には法印に叙せられた。三竹には医学・儒学関係の著作も多く、父玄琢の『群方類稾』を補訂した『群方類稾刪補』全六三巻をはじめ、『北渓含毫』『俗語録』『群書考』『沈静録』『桑華記年』『席上談』『望海録』『修養編』『学医通論』『医学類篇』などの著書がある。延宝四年（一六七六）八月十八日に京都において死去した。享年六十九。父と同様に鷹が峰の別邸敷地内に葬られた。なお、寛延二年（一七四九）に神谷養勇軒により著された『新著聞集』には、「野間三竹口毒身を害す」という項があり、側近くに仕え

る者へ罵詈雑言を浴びせる悪癖を持った三竹が、短気な少年の小性に刺し殺され、これを世間へは「頓死」として披露したという記事がある。真偽のほどは定かではないが、三竹に関する奇談の一つとして付記しておく。（太田尚）

【典拠・参考文献】『寛政譜』第十三・三五一頁、『日本随筆大成』第二期5（吉川弘文館、一九七四年）、田中葉子「『新著聞集』の成立」（『語文研究』第六二号、一九八六年）

野間武正《のまたけまさ》（一六八八～一七五八）

元禄元年（一六八八）に佐野武兵衛安晴の次男として生まれ、のち家禄二七〇石余の旗本である野間正信家へ聟養子に入った。通称は四郎右衛門・藤助・藤右衛門、隠居後は存居と号した。享保元年（一七一六）四月二十七日に養父正信の遺跡を継ぎ、小普請組となる。同三年三月十六日に小十人組へと編入され、同六年閏七月二十六日には御納戸番となった。同九年十一月十五日に新番となり、延享四年（一七四七）三月九日からは御金奉行を務めたが、宝暦四年（一七五四）二月二十七日に御役御免となる。同年八月三日に致仕し、同八年十月十五日に七十一歳で没した。葬地は駒込の吉祥寺である。野間家の知行所のうち、武州豊島郡滝野川村（現東京都北区）には飛鳥山と呼ばれる地頭林があったが、八代将軍吉宗は、享保五・六年（一七二〇・二一）にこの地へ桜の苗木一二七〇本あまりを植樹し、元文二年（一七三七）に飛鳥山を収公して野間武正へ替地（幡ヶ谷村・中荒井村）を与え、これをさらに王子権現（別当金輪寺）へ寄進して（寄進後の飛鳥山は王子村へ編入）、庶民へ開放されることとなった。（太田尚）

【典拠・参考文献】『寛政譜』第十五・三四五頁、『北区史 資料編 近世2』（東京都北区、一九九五年）、『北区史 通史編 近世』（東京都北区、一九九六年）

野村有亘《のむらありつね》（一七一一～一七七〇）

正徳元年（一七一一）に生まれる。忠助と称した。妻は内藤紀伊守家臣内藤八左衛門賀充の娘で、後妻は塩野氏の娘である。元文二年（一七三七）に御徒となり、のち御西丸徒目付にうつる。そののち、作事下奉行となり、拝謁を許される。宝暦八年（一七五八）三月二日に佐渡奉行支配組頭に転じ、明和元年（一七六四）四月二日西丸切手門番頭となる。同七年十一月三日に死去。享年六十。法名は源雄。鮫橋の発昌寺に葬られる。（坂本）

【典拠・参考文献】『寛政譜』第二十・二六頁

野村篁園《のむらこうえん》（一七七五～一八四三）

安永四年（一七七五）、野村直超《なおたか》の子として大坂に生まれる。名は直温《なおはる》。字は君玉。兵蔵と称し、篁園、静宜軒と号した。古賀精里に師事し、精里の推薦を得て寛政十三年（一八〇一）一月、昌平黌の教授となり、廩米二〇〇俵を給わる。文化十年（一八一三）二月八日、小十人より儒者見習となり、天保三年（一八三二）十二月、幕府の儒官となり、両番上席につらなり、手当一五人扶持を給わる。晩年は、水野忠邦の招きにより遠江国浜松藩の儒官となっている。塡《てん》詞《し》に優れており、古賀侗庵、小島蕉園らと詩社を結んでいる。著書に『篁園先生詩集』、『採花集』、『篁園全集』二〇巻がある。同十四年六月二十九日に死去。享年六十九。菩提寺は駒込千駄木養源寺（東京都文京区）。（西）

【典拠・参考文献】『寛政譜』第二十二・二六三頁、『古典文学』第四巻、近藤春雄『日本漢文学大事典』（明治書院、一九八五年）、『旗本百科』第四巻

野村正福《のむらまさとみ》（一七五四～一八〇〇？）

江坂孫三郎正恭の三男として生まれ、代

官を務めた野村正名の養子となり、その娘を妻とする。初めは正敏と名乗る。孫六・権九郎と称した。天明四年（一七八四）閏正月二十六日に勘定となり、八月十三日には代官、十二月二十六日には父の死去に伴い二十九歳で家督を相続する（廩米一〇〇俵、月俸五口）。天明四年から天明七年まで陸奥国塙陣屋、天明七年から寛政元年（一七八九）まで越後国石瀬陣屋、寛政元年から寛政十二年まで丹後国久美浜陣屋、寛政十二年に越後国水原陣屋の代官を務める。同年に離職（死去か）。なお、寛政十年七月十一日には、美作国の村々の論所の検分のため現地に赴いている。　（堀）

【典拠・参考文献】『寛政譜』第二十・二六頁、西沢淳男『幕領陣屋と代官支配』（岩田書院、一九九八年）

野呂元丈《のろげんじょう》　（一六九四～一七六一）

元禄七年（一六九四）に生まれる。伊勢国多気郡波多瀬村（現・三重県松阪市）の出身で、名は実夫《じっぷ》。もともとは高橋姓であったが、叔父の野呂三省の跡を継いだため、野呂姓を名乗るようになったという。稲生若水の弟子として本草学を修め、物産に詳しいとの評判が八代将軍吉宗の上聞に達したことから、享保五年（一七二〇）三月、幕府による諸国薬草見分の一員に加えられた。元丈が見分を行った地域は、日光・箱根・富士山・木曽（同五年七月）、南伊勢・熊野・吉野（同六年七月）、近江（同七年六月）、加賀・越中・越後・佐渡（同年八月）、上野・越後・佐渡・越中・近江（同九年六月）、伊豆大島（同年八月）、佐渡（同十五年）など、実に広い範囲に及んでいる。元文四年（一七三九）十月一日に初めて将軍吉宗との謁見を果たし、翌五年からは青木昆陽とともにオランダ語の学習をはじめ、寛保元年（一七四一）から同三年までの間、江戸へ参府してきたオランダ人へさまざまな事項について質問を行っている。延享四年（一七四七）六月十八日には幕府に召し出されて家禄二〇〇俵を賜り、寄合へと編入された。宝暦十一年（一七六一）七月六日に六十九歳で死去、法名は道水、高輪の泉岳寺に葬られた。　（太田尚）

【典拠・参考文献】『寛政譜』第二十二・二〇九～二一〇頁、大石学『享保改革の地域政策』（吉川弘文館、一九九六年）

野呂元忠《のろげんちゅう》　（一七六三～没年未詳）

宝暦十三年（一七六三）に小普請組（のち御番医）の野呂元順実和《さねまさ》の次男として生まれたが、のちに実兄である野間元正実光の養子となった。野呂元丈の実孫にあたる。家禄は二〇〇俵。名を実信といい、源之助と通称した。妻は安間庄左衛門秀置の娘。天明八年（一七八八）十一月二十七日に二十六歳で家督を継ぎ、寛政七年（一七九五）六月七日には御番医となる。　（太田尚）

【典拠・参考文献】『寛政譜』第二十二・二一〇頁

は

萩野敬蔵《はぎのけいぞう》（一八四三〜一九〇二）

天保十四年（一八四三）十二月二十二日に、具足（武具）同心高谷元輔（「明細短冊」では元徳）の三男として生まれる。母は黒鍬之者の内藤彦右衛門の息女。慶応二年（一八六六）八月二十七日に萩野又蔵の養子となる。妻は又蔵の息女ゆふ。明治以降は為美と改名。慶応二年十一月九日に養父又蔵の跡式を下され武具同心となる。家禄は二〇俵二人扶持。同年十二月二十八日に撤兵勤方、同三年四月十日に撤兵取締役となる。八月十七日には退役するが、十月二十六日に上洛の増御供を命ぜられ、十二月晦日に大坂で歩兵差図役下役となる。慶応四年（明治元・一八六八）五月晦日に勤仕並小普請入となる。十一月三日に御雇船に乗り、翌四日に駿河国の清水港に到着（静岡移住）、十二月には三等勤番組となる。明治二年二月に田中奉行支配、八月には田中勤番組之頭支配となる。同五年に静岡を離れ、同六年には神奈川県馬絹村で小間物屋を開店する。同十一年以降は東京で暮らし、同十三年四月十四日には下駄小売の営業鑑札を受けている。同三十五年六月十六日に死去。享年六十。菩提寺は赤坂の常玄寺（東京都港区）。萩野家はもとは松江藩士で、敬蔵の曾祖父にあたる萩野喜内（信敏）は、千社札の祖といわれる「天愚孔平」として知られる。敬蔵が養子に入った萩野家は養父又蔵を初代とする分家で、又蔵は天保九年（一八三八）十一月十五日に具足同心として抱え入れられている。

（高山）

【典拠・参考文献】「萩野家文書」（東京都江戸東京博物館所蔵）、丹野美子「女のみたもう一つの戊辰戦争」（林英夫編『戦乱の日本史』第十二巻、第一法規出版、一九八八年）、石倉晴恵「旧幕臣萩野敬蔵の日記」（林英夫編『古文書に学ぶ日本史』下巻、名著出版、一九九一年）

萩原宗固《はぎわらそうこ》（一七〇三〜八四）

元禄十六年（一七〇三）に生まれ、名は貞辰、又三郎を称し、百花庵・宗固と号した。市谷本村町の鈴木氏の出身で、先手与力の萩原家に養子に入り、家督相続後は先手与力をつとめ、四谷の組屋敷に住んだ。宗固は隠居後の号である。宗固の名を有名にしているのは国学者・歌人としてであり、塙保己一や松平定信は彼の門人にあたる。彼は烏丸光栄・武者小路実岳らに学び、のち冷泉為村の門人となり、江戸冷泉派を代表する武家歌人として知られ、師の教えを書き留めた『冷泉宗匠家伺書』、堂上諸家の教えを蒐集した『雲上歌訓』、随筆『一葉抄』などの著書がある。また内山賀邸と共に「明和十五番狂歌合」の判者を勤めるなど、天明狂歌にも多大な影響を与えた。天明四年（一七八四）五月二日に死去。享年八十二。菩提寺は四谷の本性寺である。

（滝口）

【典拠・参考文献】安藤菊二『江戸の和学者』（青裳堂書店、一九八四年）

萩原美雅《はぎわらよしまさ》（一六六九〜一七四五）

寛文九年（一六六九）に勘定萩原久茂の長男として生まれる。母は原孫三郎の息女。善次郎・三左衛門・源左衛門と称した。妻は秋間源兵衛武治の息女。元禄五年（一六九二）十一月二日に勘定となり、同月十九日に廩米一五〇俵を賜る。同九年十二月二十二日に精勤により金三枚を賜る。同十一年十二月二十一日に金銀貨幣の改鋳事業に関与したとして米五〇俵を賜る。同十三年四月二十二日に御蔵奉行となる。同十四年四月七日に勘定組頭となり、十二月二十二日に米一〇〇俵を加賜される。正徳元年

（一七一一）七月十二日に朝鮮通信使来聘の際、松平石見守乗邦に伴って東海道から摂津国に至る道路を検分する。同二年七月朔日に勘定吟味役となり、二〇〇石を加賜され、これまでの廩米を改めて知行地を賜る。安房国平《へい》郡、上総国天羽《あまは》郡南部を合わせて五〇〇石を知行し、十二月十五日に布衣を許される。同四年に白銀改鋳の命を受け、また女御御所の普請も担当し、京都に赴く。正徳六年（享保元・一七一六）三月二十二日に二丸留守居となる。享保五年五月九日に勘定吟味役に復し、以前に大井川普請を行ったことで黄金五枚を賜る。同十一年十月九日に金大判改鋳に携わり装束二領を賜る。同十七年閏五月朔日に佐渡奉行となる。元文元年（一七三六）十月二十八日に長崎奉行となり、十二月十六日に従五位下伯耆守に叙任される。寛保三年（一七四三）正月十一日に勘定奉行となる。この勘定奉行就任は、享保以降における財務経験者の地位向上を示す意義を有する。延享二年（一七四五）四月四日に死去。享年七十七。法名は日修。（木崎）

【典拠・参考文献】『寛政譜』第八・八〇～八一頁、清水紘一「長崎奉行一覧表の再検討」（『京都外国語大学研究論叢』第XV号、一九七五年）、辻達也『江戸幕府政治史研究』（続群書類従完成会、一九九六年）

羽倉秘救《はくらやすひら》（一七四八～一八〇九）

寛延元年（一七四八）に柏山介英の男子として生まれる。母は柏山介重の息女。羽倉光周《みつちか》の養子となり、その息女を妻とする。弥九郎・権九郎と称した。宝暦十三年（一七六三）九月八日に家督を相続し、のち鳥見役を勤め、安永七年（一七七八）十二月二十三日に勘定吟味方改役となり、同九年三月二十五日に東海道川々普請を命じられたのを初めとして、しばしば関東・尾張・美濃・伊勢の川々普請に携わり、浅間山焼けの村々の普請にも当たる。天明四年（一七八四）五月十三日に越後国出雲崎代官となり、同八年より寛政五年（一七九三）まで大坂代官を勤め、この間、寛政三年四月二十九日、出雲崎代官在職時に支配所の廻米船が最上川にて破船した際の処置を咎められて出仕を止められ、六月十日赦免されたという。寛政五年に代官として豊後国日田に赴き、文化三年（一八〇六）には郡代（西国筋郡代）に昇格している。日田の儒者広瀬淡窓とも親交があった。同六年三月五日に日田にて死去。ただし、これは発喪の日で、実際には同五年六月四日の死去という。享年六十一。菩提寺は日田の大超寺。（佐藤）

【典拠・参考文献】『寛政譜』第二十二・三五八頁、村上直「羽倉権九郎秘救」（同著『江戸幕府の代官群像』同成社、一九九七年）、『代官履歴』

羽倉秘道《はくらやすみち》（一七九〇～一八六二）

寛政二年（一七九〇）十一月一日に代官羽倉秘救《やすひら》の男として大坂に生まれる。永吉・陽三郎・左門・外記・用九と称した。号は簡堂・天則・可也・蓬翁・小四海堂という。羽倉氏は代々書院番与力、御留守居与力を勤めた。父秘救は安永七年（一七七八）十二月二十三日に鳥見より勘定吟味方改役となり旗本へ昇格した。天明四年（一七八四）五月十三日に越後国出雲崎の代官となり大坂鈴木町代官を経て寛政五年（一七九三）より豊後国日田、文化三年（一八〇六）十二月四日には同地で西国筋郡代へ昇任、同六年三月五日に現職で死去する。これにより同年九月三日に家督を継ぐ。家禄は現米八〇石。若年であったため見習のまま父の支配所を預かり、翌七年六月十九日に正式に越後国脇野町の代官に発令される。同十一年に関東、同十三年に下野国藤岡、文政四年（一八二一）に遠江国中泉、同六年に駿府紺屋町、天保二年（一八三一）に再び関東代官を歴任し、同五年十月二十九日には布衣を許される。同十三年一月十五日に御納戸頭へ栄転、同年十二月二十八日に勘定吟味役を兼帯する。秘道は古賀精里に漢学を学び、広瀬淡窓とも交わり、尚歯会のメンバーとして渡辺崋山・高野長英・江川英龍・川路聖謨らと親交があった。また、老中水野忠邦のブレーンでもあり、命により伊豆・小笠原諸島を巡見する。同十四年六月に出された上知令も秘道の建議といわれている。しかし、同年閏九月十二日に水野忠邦は罷免されてしまった。これにより秘道も同月二十二日に罷免、家禄の半分を召し上げられ、小普請入りの上逼塞となった。以後復職することはなかったが、『海防秘策』を始めとしてかなりの著書を残している。文久二年（一八六二）七月三日に死去。享年七十三。菩提寺は碑文谷の正泉寺である。（西沢）

【典拠・参考文献】『寛政譜』第二十二・三五八頁、『代官履歴』、村上直『江戸幕府の代官群像』（同成社、一九九七年）

初鹿野信興《はしかののぶおき》（一七四四〜一七九一）

延享元年（一七四四）に御留守居依田政次の三男として生まれる。御小納戸初鹿野信彰《のぶちか》の養子となり、その息女を妻とした。後妻は長田元鋪の息女。伝右衛門と称し、従五位下河内守に叙任される。宝暦十二年（一七六二）十二月七日に初めて十代将軍徳川家治に拝謁し、明和七年（一七七〇）四月二十二日に家督を相続した。禄高は一二〇〇石。同八年正月二十三日、御小性組番士に列し、安永五年（一七七六）四月、日光社参に供奉した。同八年正月十一日に小性組浅野長充組より使番に就任、天明二年に大坂目付代となった。同五年九月二十四日に目付へ転じ十二月十六日に布衣の着用を許された。同七年八月二十六日に浦賀奉行に進み、江戸湾海上交通の取り締まりにあたった。同年九月十日町奉行に任ぜられ、十二月十六日、従五位下河内守に叙任された。寛政三年（一七九一）十二月二十日在職中に死去した。享年四十八。法名は源高。（神谷）

【典拠・参考文献】『寛政譜』第十五・三五二頁、『柳営補任』、『続徳川実紀』第五篇

初鹿野昌久《はしかのまさひさ》（一五四一〜一六二四）

天文十年（一五四一）に初鹿野丹後守の子として生まれる。妻は武田家家臣馬場氏勝の息女。伝右衛門と称した。はじめ武田信玄・勝頼父子に仕えていたが、武田氏が没落すると、天正十年（一五八二）七月二十四日、徳川家康に召し抱えられた。その際に人質として妻子を差し出すと、同年八月七日に五〇貫文の知行地を与えられ、同月二十七日には、甲斐国山梨郡・巨摩《こま》郡内において二七〇貫文余の知行地を拝領した。同十八年に家康が関東に入国すると、知行地を武蔵国足立《あだち》郡、下総国葛飾郡・相馬郡・香取郡内に移され、七〇〇石を拝領した。慶長十九年・同二十年（一六一四・一五）の大坂の陣では使番を務め、軍目付として先鋒諸将に付け置かれた。寛永元年（一六二四）十一月十五日に死去。享年八十四（一説に八十一）。法名は性蓮。武蔵国足立郡片柳村の万年寺（埼玉県さいたま市）に葬られた。（白根）

【典拠・参考文献】『寛政譜』第十五・三五〇頁、『徳川実紀』第一・二篇

橋本悌蔵《はしもとていぞう》（一八一九〜没年未詳）

文政二年（一八一九）に普請役格代官手附であった橋本祐一郎の惣領として生まれる。祖父に同役を勤めた橋本大次郎がいる。天保十一年（一八四〇）二月二十七日、部屋住より普請役格代官手附当分出役を仰せ

付けられ、天保十四年五月朔日、父祐一郎の御暇にともない普請役格代官手附の明跡へ御抱入となる（二〇俵二人扶持）。安政元年（一八五四）閏七月二十七日に箱館奉行支配調役下役となり、以後、同調役下役元締・同調役並・同調役・箱館奉行支配組頭勤方など、箱館奉行所内の諸役を歴任する。慶応二年（一八六六）九月二十二日、箱館奉行支配組頭となり、永々御目見以上を仰せ付けられ旗本となる。慶応三年三月、一橋殿郡奉行を経て、慶応四年二月十二日、箱館奉行並となる。

（田原）

【典拠・参考文献】『柳営補任』、『国書人名辞典』第四巻（岩波書店、一九九八年）、『幕臣人名』第三巻、『旗本百科』第四巻

橋本敬惟《はしもとゆきのぶ》（一七二三～一七八九）

享保八年（一七二三）に表右筆組頭橋本敬周の二男として生まれる。母は土圭間番橋本敬近の息女。亀之助・喜平太・喜八郎と称する。妻は小性組番士安西元栄の養女。寛保二年（一七四二）七月二十日に表右筆、同三年九月二十日に奥右筆となる。明和三年（一七六六）九月晦日に奥右筆組頭となり、十二月十九日に布衣の着用を許可される。天明元年（一七八一）六月二十三日には、将軍継嗣子として西丸にいた家斉へお手本を奉る。同三年七月二十四日には御留守居番となり、寛政元年（一七八九）十一月二日に死去。享年六十七。法名は日與。

（福留）

【典拠・参考文献】『寛政譜』第十九・二七三頁

橋本敬周《はしもとゆきまさ》（一六九三～一七五八）

元禄六年（一六九三）に天守番野々山兼富の二男として生まれる。喜八郎と称する。母は広敷添番野々山正次の息女。のち橋本敬近《ゆきちか》の養子となり、その息女を妻とする。養父敬近は、もとは能役者として松平伊予守の扶持を受けていたが、のち六代将軍綱吉に召し出され、廊下番・土圭間番を歴任した人物である。本人も綱吉時代の能役者であり、能筆家でもあった。享保八年（一七二三）三月五日に家督を相続した。家禄は一五〇俵。同十年六月二日に表右筆、同十一年十一月十三日に奥右筆、延享三年（一七四六）八月十一日に表右筆組頭となった。宝暦五年（一七五五）十二月二十八日に下馬札の書法を蜷川親雄から伝承するよう命じられ、のち子息の敬惟に伝えた。同八年五月二十六日に死去。享年六十六。法名は栄水。

（福留）

【典拠・参考文献】『寛政譜』第十九・二七二頁

橋本敬簡《はしもとゆきやす》（一七七七～没年未詳）

安永六年（一七七七）に船手橋本敬賢《ゆきまさ》の長男として生まれる。母は敬賢の後妻で西丸の侍女山野の養女。猶五郎・喜平太と称する。妻は西丸書院番頭山田利寿の養女。西丸小性組番士となり、嘉永元年（一八四八）八月八日に西丸小性組組頭となり、同三年十二月二十五日に退任する。なお、文政八年（一八二五）二月、家を治めるための詳しい実用的な節約方法を記した『経済随筆』を著した。

（福留）

【典拠・参考文献】『寛政譜』第十九・二七三頁、『柳営補任』、橋本敬簡『経済随筆』（小野武夫編『近世地方経済史料』第一巻、吉川弘文館、一九五八年）

長谷川権六《はせがわごんろく》（生没年未詳）

父母妻子ともに不詳。名前は藤正、史料には権太郎・権三郎、或いは権六郎などと一定しないが、権六の自署書翰がある。長谷川左兵衛藤広の甥とも弟とも、或いは息子などとも言われるが確かな関係は不詳である。慶長十九年（一六一四）、長谷川左兵衛藤広が堺奉行となった後に、長崎奉行を命じられたと見られ、寛永二年（一六二五）まで長期に亘り同職を勤める。元和二

年（一六一六）長崎代官村山東安の処刑、長崎銀座・朱座の設置、宗門人別帳の作成、イギリス船の貿易港を平戸に限定、同三年平山常陳事件、大音寺の建立、同七年、来朝邏羅使節との交渉、寛永二年、諏訪神社の造営等に携わる。また、平戸でのオランダ商館・イギリス商館からの御用物の買付け、特に、大坂の陣の時にイギリス商館から火薬・鉛の買占め等に活躍した。

（太田勝）

【典拠・参考文献】『増補長崎畧史上巻』（『長崎叢書三』）、レイン・ロバート・アーンズ（フミコ・アーンズ訳）「長崎奉行長谷川権六について」（『長崎市立博物館々報』二〇）

長谷川慎卿《はせがわさねあきら》 （一六八八～一七六三）

元禄元年（一六八八）に生まれる。初め広堅《ひろかた》と名乗り、半之助・吉右衛門と称した。父広武は、紀伊藩主徳川頼宣の家臣。母は多田彦右衛門の息女。妻は岩松富純の息女。父同様紀伊家に仕えたが、享保元年（一七一六）に徳川吉宗が将軍となるのに伴って旗本となる。六月二十六日に御小納戸となり、廩米三〇〇俵を与えられて、七月二十二日には布衣を許される。寛保元年（一七四一）四月十二日に御小納戸頭となり、十二月十九日に従五位下肥後守に叙任された。延享二年（一七四五）九月朔日から西丸の務めとなり、同四年九月二十四日に寄合に列し、延享五年（寛延元・一七四八）四月二日に致仕した。養老料として廩米三〇〇俵を与えられ、宝暦十三年（一七六三）九月四日に死去。享年七十六。法名は子静。駒込清林寺に葬られる。家督は紀伊家の家臣長谷川半兵衛の子寿茂《としげ》を養子として相続させた。

（清水）

【典拠・参考文献】『寛政譜』第十三・一二五頁、『徳川実紀』第八・九篇、深井雅海『徳川将軍政治権力の研究』（吉川弘文館、一九九一年）

長谷川重吉《はせがわしげよし》 （生年未詳～一六〇六）

長谷川三郎左衛門藤直の長男として生まれる。左兵衛藤広（長崎奉行・堺奉行）の兄。元は進藤を称した。伊勢の国司北畠中納言具教に仕えたが、具教の二男多気次郎が長野家の養子となった時に、これに従い長野家に属した。藤直の時に長谷川を称した。重吉の生年は不詳である。通称は波右衛門。徳川家康に仕え、慶長四年（一五九九）、佐渡国に赴く。同八年（或いは同十年ともいわれる）長崎に遣わされ、家康が輸入した白糸一〇〇〇丸を長崎奉行小笠原一庵為宗と共に小倉まで陸送し、近隣の大名により設けられた蔵に一時保管し、後、小倉より細川越中守の船七艘にて、小笠原が五艘、長谷川が二艘を率いて伏見まで輸送し、白糸を伏見城の天守に納めた、と言われる。同十一年七月二十六日、京都で没した。享年四十五。法名浄久。跡継ぎなく断絶する。

（太田勝）

【典拠・参考文献】『寛政譜』第十三・一二四頁、『長崎初発書』、『糸割符由緒書』

長谷川素丸《はせがわそまる》 （一六八五～一七五二）

貞享二年（一六八五）十月十一日、江戸本所に生まれる。姓は藤原、長谷川氏。名は直之、通称は半左衛門。号は、はじめ白芹・絢堂素丸・一練窓馬光・泥山・夕可庵・二世其日庵など。津軽藩士須田宗入盛直の二男であるが、従兄の長谷川五左衛門直隆の娘婿となる。元禄七年（一六九四）に家督を継ぎ、小普請方となる。享保十一年（一七二六）正月に西丸小十人組となるが延享四年（一七四七）に隠居し、剃髪。俳諧を葛飾派の祖、素堂に学び、素堂の号其日庵を継ぐ。享保十六年（一七三一）の『五色墨』、同十八年の『百番句合』などで名を成した。寛保三年（一七四三）、芭蕉の五十回忌の折には、江戸本所原庭の定林院（のち東盛寺、桃青寺）に芭蕉堂を建て、芭蕉と素堂の像を収めている。寛延四年（一七五一）五月一日没。享年六十七。法名は法雲院実岫馬光居士。東盛寺に葬られる。（湯浅）

【典拠・参考文献】『寛政譜』第二十一・三八七頁、『古典文学』第四巻

長谷川太郎兵衛《はせがわたろべえ》（生没年未詳）

父は西丸小性組の長谷川正愛《まさちか》。知行は一四五一石余である。西丸小性組から、安政四年（一八五七）二月九日に西丸小性組組頭となる。文久三年（一八六三）三月二十一日に老衰のため願いにより御役御免となる。家督は新番頭揖斐敬之進の子藤九郎を養子として相続させた。（清水）

【典拠・参考文献】『寛政譜』第十四・九四頁、『旗本百科』第四巻

長谷川長綱《はせがわながつな》（一五四三～一六〇四）

天文十二年（一五四三）年に長谷川長久の三男として生まれる。七左衛門と称した。家康に仕え、天正十八年（一五九〇）の関東入国時に検地を担当し、後に代官をつとめる。出頭人とも評される。慶長九年（一六〇四）四月十二日死去。享年六十二。法名は節叟。菩提寺は相模国三浦郡海宝院（現在は逗子市に移る）。（鍋本）

【典拠・参考文献】『寛政譜』第十四・一〇〇頁、『慶長年録』『慶長見聞録案紙』

長谷川宣雄《はせがわのぶお》（一七一九～一七七三）

享保四年（一七一九）に長谷川宣有《のぶあり》の長男として生まれる。母は三原氏。延享五年（一七四八）正月十日に叔父宣尹《のぶただ》の死に際して養子となりその娘を妻とする。平蔵・備中守と称す。同年四月三日に家督（禄高四〇〇石）を継ぎ、閏十月九日に西丸書院番、宝暦八年（一七五八）九月十五日に小十人頭となり、十二月十八日に布衣を許される。明和二年（一七六五）四月十一日に先手御弓頭となり、同八年十月十七日に火付盗賊改加役を命じられ、同九年三月六日に定加役となる。同年十月十五日に京都町奉行となり、十一月十五日に従五位下備中守に叙任されたが、安永二年（一七七三）六月二十二日に死去。享年五十五。法名は日晴。菩提寺は京都地千本の華光寺である。（加藤）

【典拠・参考文献】『寛政譜』第十四・九六頁、『柳営補任』、『徳川実紀』第十篇

長谷川藤継《はせがわふじつぐ》（生年未詳～一六六五）

長谷川藤直の三男として生まれる。重兵衛・頓也と称する。兄は長崎奉行（堺奉行）長谷川藤広である。慶長十四年（一六〇九）以降には摂津国代官（多田銀山奉行）となる。病気により職を辞し、京都に居宅を賜い居住する。寛文五年（一六六五）三月二十七日に死去。法名は賢白。（西沢）

【典拠・参考文献】『寛政譜』第十三・一二四頁、『代官履歴』

長谷川藤広《はせがわふじひろ》（一五六八～一六一七）

永禄十一年（一五六八）、長谷川藤直の二男として生まれる。通称左兵衛。妻は川村氏の娘。妹（夏）は徳川家康の側室。慶長八年（一六〇三）家康に仕える。同十一年に長崎奉行となる。有馬晴信の朱印船が起こしたマカオ事件について、同十四年に渡来したマードレ・デ・デウス号のポルトガル使節と交渉する。以後、日本船のマカオ渡航が禁止となる。しかし、有馬晴信とマードレ・デ・デウス号が争いを起こし、同船を焼き討ちし、長崎伊王島付近に沈める。この後、ポルトガルとの交渉に携わり、同十六年ポルトガル船貿易再開となる。同

十五年、オランダ船とポルトガル船の海上戦の仲裁に入る。同十七年、キリスト教禁止が発令され、切支丹を追捕する。同十九年、切支丹をマカオに追放する。同年大坂冬の陣に際し、西国筋の諸将に出陣を伝達し、後、大坂へ赴く。十二月、堺奉行となる。同二十年の大坂夏の陣にも参加する。家康の没後、秀忠政権により糸割符についての調査があり、これに携わる。元和三年（一六一七）十月二十六日没。享年五十。法名秀月盛白。墓所は近江国坂本西教寺。

（太田勝）

【典拠・参考文献】『寛政譜』第十三・一二四頁、『増補長崎畧史上巻』（『長崎叢書三』）、『糸割符由緒書』。三宅英利「長崎奉行長谷川左兵衛論考」（『史淵』六九）、清水紘一「近世初頭長崎代官の一役割について」（『長崎談叢』五八）

長谷川平蔵《はせがわへいぞう》 （一七四五～一七九五）

延享二年（一七四五）に御先手弓頭・京都町奉行など歴任した長谷川備中守宣雄《のぶお》の長男として生まれる。諱は宣以《のぶため》、通称は銕三郎。妻は大橋与惣兵衛親英の娘。明和五年（一七六八）十二月五日に初めて将軍家治に御目見し、安永二年（一七七三）九月八日に父の遺跡を継いで禄高四〇〇石の旗本となる。翌三年四月十三日に西丸書院番となり、同四年十一月十一日からは進物に関する事項を担当する。天明四年（一七八四）十二月八日には西丸御徒頭に就任して、同月十六日に布衣の着用を許可される。同六年七月二十六日に御先手弓頭へ転じ、翌七年九月十九日より火附盗賊改の加役を務め、同八年四月二十八日にはいったん加役を解かれるが、同年十月二日より再任する。寛政二年（一七九〇）十一月十四日、かねてより献策していた加役方人足寄場の取扱いに尽力したとの理由で時服二領・黄金三枚を賜る。同四年六月四日にこの任務を解かれたときにも黄金五枚の褒美を下賜される。同六年十月二十九日には、長年にわたり盗賊追捕の役を務めた褒賞として時服三領を賜る。同七年五月十六日に火附盗賊改の加役を辞し、このときにも時服二領・黄金三枚を下賜される。辞職から三日後の同年五月十九日に死去。享年五十。法名は日耀。四谷の戒行寺に葬られたが、墓所は現存しない。平蔵は、若い頃に市井の無頼の徒らと交遊があり、下情に通じていたため盗賊追捕に実績をあげたといわれる。江戸市中の評判も、最初は「長谷川平蔵がヤウナものをどふして加役ニ被仰付候やと疑候さた、姦物のよし」（「よしの冊子」巻一、以下巻数のみを記す）などと芳しくなかったが、寛政元年頃になると「長谷川先達てハさして評判不宜候所、奇妙ニ町方ニても受宜く、西下（松平定信）にも平蔵ならバと申候様ニ相成候よし」（巻八）というように、にわかに評判がよくなり、ついには「長谷川平蔵至て精勤、町々大悦の由、今でハはせ川が町奉行の様にて、町奉行が加役の様ニ相成り、町奉行大へこミのよし」（巻九）という人気ぶりとなっていった。これは、日頃から捕らえた罪人に対して慈悲深い態度で接していることなどが市中の噂になり、平蔵という人物について「御仕置筋にハ手強いが、又慈悲も能する人じや」（巻八）とする評価が固まったためかと思われる。そして、こうした平蔵の人柄が反映されたのが、寛政二年二月の加役方人足寄場設置の建議であった。これは、江戸市中を徘徊する無宿者たちを火附盗賊改方の人足（加役方人足）として囲い込み、石川島に設けた収容施設（寄場）へ預けて職業訓練を施し、授産のうえ社会復帰させるというもので、はじめこそ「何レ永く続きハ仕るまじ、長谷川が勤て居る内計で有ふ」（巻一三）、「中々無宿共手ニ乗不申候、初め見込之通ニハ参り不申候由」（巻一四）などと不評であったが、のちにこの施設は「人足寄場」と略称され、軽微な罪人の更正施設の要素も兼ねるようになり、幕末に至るまで存続した。右のような平蔵の活躍に対しては、他の役人たちの妬みも多く、平蔵の町奉行や勘定奉行への昇進が噂されても、ついに実現することはなかった。また、老中の松平定信も自叙伝『宇下人言』の中で、平蔵のことを「盗賊改をつとめし長谷川何がし」と呼ぶなど、冷めて突き放した態度を見せている。平蔵の突出した仕事ぶりが、かえって諸役人に「長谷川ハ山師利口もの謀計もの」（巻六）という印象を与えていたのかもしれない。

（太田尚）

【典拠・参考文献】『寛政譜』第十四・九六頁、松平定信「宇下人言」（同『宇下人言・修行録』、岩波文庫、一九四二年）、水野為長「よしの冊子」（『随筆百花苑』第八～九巻、一九八〇～八一年）、『東京市史稿　産業篇』第三三（東京都、一九八九年）、滝川政次郎『長谷川平蔵—その生涯と人足寄場』（中公文庫、一九九四年）、『日本近世人名辞典』

秦寿命院《はたじゅみょういん》　（生没年未詳）

父は寄合医師の秦寿命院子温《たねあつ》。文政十二年（一八二九）七月三日寄合医にて和姫付となり、同年八月二十五日奥医となった。秦氏は代々寄合医師をつとめ、寿命院を名乗った。天文十九年（一五五〇）生まれの宗巴《そうは》は吉田宗桂に入門し医学を学んだ後、豊臣秀次・徳川家康に仕えた。宗巴の著作として『医学的要方』などの医学書のほか、『犬枕并狂歌』『徒然草寿命院抄』などがある。

（吉成）

【典拠・参考文献】『寛政譜』第十・三二七頁、『旗本百科』第四巻、『寛永諸家系図伝』第十五

畠山基玄《はたけやまもとはる》　（一六三六～一七一〇）

寛永十三年（一六三六）に生まれる。二郎四郎と称した。父は畠山政信である。母は片桐市正且元の息女。妻は田中三左衛門満吉の息女である。慶安元年（一六四八）六月二十日、初めて三代将軍徳川家光に拝謁した。寛文四年（一六六四）九月二十七日に家を継いで、延宝七年（一六七九）五月三日奥高家となり、摂津国八部郡において三〇〇石の加増があった。同年十二月二十八日、従五位下侍従に叙任され、民部大輔に改めた。同七年八月二十一日後水尾院の崩御により、将軍の使者を命ぜられて京都に赴いた。同八年四月十二日、天和二年（一六八二）九月十日、日光代参の命を受けて日光に赴いた。この間天和元年五月二十七日、勅額を賜ることを謝す使者として、京都に上った。同三年二月九日、東宮（朝仁親王）・中宮（鷹司房子）の両宣下があり、命を受け松平讃岐守頼常の差添として京都に至り、三月二十五日従四位下に昇り、のちまた命により京都や日光山に赴いた。同年六月一日伊勢両宮の代参を命じられ、貞享二年（一六八五）四月二十七日、下野国都賀郡の内において五〇〇石を加増され、同四年四月十九日従四位上に昇った。元禄元年（一六八八）十一月十四日御側衆となり、この日また都賀郡において一〇〇〇石の加増がなされた。同十八日、五代将軍徳川綱吉の知足院御成の供奉を命じられ、同年十二月七日金森出雲守頼時と同様に側用人を勤めることが命じられ、十五日下野国都賀郡において二九〇〇石を加増されて、計五〇〇〇石を知行した。同四年二月三日奏者番となり、のち訳があって拝謁を止められたが、同月二十八日に許され、雁間詰となった。五月二十八日職務を許され、同九年十二月十一日奥高家に復した。同十年三月六日肝煎吉良義央を見習い勤めよとの

仰せを蒙り、八日肝煎となった。同十三年二月五日姫宮（秋子内親王）が誕生したため、賀使の任を務めて京都に上った。宝永四年（一七〇七）十一月二十一日病気を理由に職務を辞し、同七年二月二十日死去した。享年七十五。法名は基玄。菩提寺は芝の金地院。

（田中暁）

【典拠・参考文献】『寛政譜』第二・二五〇頁、『徳川実紀』第五・第六篇

畠山義里《はたけやまよしさと》　（一六二一～一六九一）

元和七年（一六二一）に生まれる。高国・基昌・義重を名乗り、織部・右近大夫と称する。父は畠山義真。妻は松平縫殿助真次の息女である。寛永十三年（一六三六）八月二十五日、初めて三代将軍徳川家光に拝謁した。万治二年（一六五九）二月九日に家督を継いで、寛文三年（一六六三）正月十五日奥高家となり、二月二十七日従五位下侍従に叙任され、下総守に改められた（のち下野守）。同年六月一日、伊勢代参の命を受けて伊勢に赴き、同四年五月十三日、日光東照宮外遷宮の代参を命じられて日光へ赴いた。同五年五月一日、徳川家康五十回忌に際しては、法皇御所において観音懺法執行が行われることを謝す使者の命を受けて京都に至った。同年十月九日八条宮穂仁親王の死去により、再び命ぜられて京都に上った。同七年正月十七日四代将軍徳川家綱の紅葉山参詣の際の太刀の役を、同年四月二十日家綱の東叡山家光廟参詣の際の太刀の役を、それぞれ勤めた。同九年正月十二日伊勢神宮の代参の命を受けて伊勢に赴いた。また同十年九月十二日、日光代参の命を受けて日光に赴いた。そして、延宝元年（一六七三）十二月九日、同六年六月二十三日、天和二年（一六八二）正月十二日、貞享二年（一六八五）正月十四日に、それぞれ朝廷への使者の命を受けて京都へ赴いた。また延宝三年には女三宮顕子内親王死去により、五月四日禁裏及び法皇御所への使者を仰せつかり京都に上った。同四年正月十二日、同五年正月十二日、同七年四月十二日、天和元年九月十二日、同三年正月九日に、それぞれ日光代参の命を受けて日光に赴いた。また、天和元年十二月二十七日従四位下に昇り、飛騨守を称した。同二年八月七日久能山御宮正遷宮により、命を受けて久能山に赴いた。同三年三月七日高家肝煎となったが、貞享三年五月二十七日老いのため職務を辞した。これ以前、五代将軍徳川綱吉の命で、二丸において猿楽を務め、時服五領を賜わった。同年七月九日に致仕し、十二月三日得物青江正恒の刀を献じた。元禄四年（一六九一）二月十三日に死去した。享年七十一。法名は興春院窓暫義閑。菩提寺は谷中の臨江寺。

（田中暁）

【典拠・参考文献】『寛政譜』第二・二五四頁、『諸御役代々記』一（『古事類苑』官位部三）、『徳川実紀』第四・第五篇、『系図纂要』第十冊・六四三頁

波多野鍋之助《はたのなべのすけ》　（一七二〇～没年未詳）

実父は小十人頭の田丸直純《なおよし》。裏門切手番頭の波多野忠蔵の養子となる。文政三年（一八二〇）九月に家督相続し、小普請入りする。同八年に西丸小十人組となる。天保五年（一八三四）五月に簾中（家慶正室楽宮）御用達となり、同七年十二月西丸勤めとなる。同八年四月大御台所（家斉正室広大院篤姫）御用達、同十二年五月本丸勤めとなる。弘化元年（一八四四）十二月に広敷御用達、嘉永二年（一八四九）四月には西丸広敷番之頭、同六年には本丸広敷番之頭となる。文久元年（一八六一）十一月二十二日、和宮兼天璋院御用となり、同年十二月二十九日には姫君用人格となって布衣となる。同二年に溶姫御用助、同年十二

月二十八日には溶姫御用人となる。慶応四年（一八六八）三月四日に御役御免、勤仕並寄合となり、布衣につき永々御目見以上とされた。（吉成）

【典拠・参考文献】『旗本百科』第四巻

蜂屋茂橘《はちやしげきつ》（一七九五～一八七三）

寛政七年（一七九五）に生まれ、諱は惟清・清漪《きよなみ》で、椎園《すいえん》の号がある。蜂屋家は紀州藩から田安家に召し出された家柄で、家禄四〇〇石。茂橘は田安家広敷用人（役料一〇〇俵）を務めた。小日向に居を構え、庭に椎の大樹があったことから、椎園を号としたという。彼は田安家から出た松平春嶽の幼時の訓育に関わったほか、谷文晁と交流をもち、妹なみの婿に拳の名人山崎桜斎（大番旗本山崎春秀）をもつなど、当時の知識人と広く交友関係を有する。『みつのさち』『椎の実筆』『椎園叢書』『椎園雑抄』などの著作がある。明治六年（一八七三）十二月二十三日に死去。享年七十九。菩提寺は神楽坂の天徳院（現中野区上高田）である。（滝口）

【典拠・参考文献】『森銑三著作集　続編』第二巻（中央公論社、一九九二年）

八田定保《はったさだやす》（一七五一～没年未詳）

宝暦元年（一七五一）に生まれ、郡太夫・五郎左衛門を称した。八田家は大坂東町奉行所与力の家系で、代々五郎左衛門を称し、定保で七代目にあたる。父五郎左衛門は目安役・証文方・盗賊吟味役などを歴任した能吏で、晩年は与力として最高の職である同心支配役に就いた人物である。定保は明和二年（一七六五）に不時見習、翌年に見習勤番となり、同四年に目安役・証文方となって以後は天明三年（一七八三）に石役・盗賊吟味役、同七年に寺社役・吟味役、寛政二年（一七九〇）には同心支配役を務め、七十六歳の文政九年（一八二六）においても現役であった。このように定保とその父は司法・検察的分野で活躍し、彼らが精力的に公的記録を筆者した資料の一部は、現在「八田家文書」として神戸市立博物館に所蔵され、大坂町奉行所を知る上で欠かせない資料となっている。（滝口）

【典拠・参考文献】曽根ひろみ「与力・同心論―十八世紀後半の大坂町奉行所を中心に―」（神戸大学教養部『論集』四〇号、一九八七年）、同「『八田家文書』について」（『大塩研究』二六号、一九八九年）

服部綾雄《はっとりあやお》（一八一二～一八七九）

文化十二年（一八一五）、江戸に生まれる。諱は常純。通称は綾雄のほか平太・帰一・左衛門佐・長門守・筑前守。唫香・見山と号した。安政六年（一八五九）七月十一日に大番組講武所調方出役より天守番之頭となり、万延元年（一八六〇）三月に二丸御留守居となり講武所頭取を兼任した。十二月には目付となり、文久二年（一八六二）十月、御小納戸頭取となった。同三年四月に長崎奉行、慶応二年（一八六六）八月に勘定奉行、三年五月に海軍奉行並となり、慶応四年（明治元年・一八六八）正月に御側衆に任ぜられ、翌二月若年寄となった。同年五月、徳川家達の駿府移封により、沼津に移住し、陸軍総括となって沼津兵学校設立に関与した。明治二年八月に静岡藩の権大参事、翌年には大参事となり、同四年十二月、静岡県七等出仕権参事となった。同六年八月には東京へ移り、太政官左院に出仕した。同十年の学習院設立にともなって教授となり、同十二年三月二十四日に死去した。（上野）

【典拠・参考文献】『柳営補任』、『旗本百科』第四巻、『明治維新人名辞典』（吉川弘文館、一九八一年）

服部源八郎《はっとりげんぱちろう》（一六七九～没年未詳）

延宝七年（一六七九）年に生まれる。は

じめは甲斐国府中城主徳川綱豊《つなとよ》の桜田館に勤仕して右筆の職にあったが、宝永元年（一七〇四）十二月、綱豊が五代将軍綱吉の嗣子家宣となったことにしたがい幕臣となった。禄高は廩米二〇〇俵。はじめ西丸右筆を勤め、宝永六年（一七〇九）、家宣の六代将軍就任に伴い本丸の奥右筆に転じ、また正徳四年（一七一四）には御用方右筆となった。同役は享保元年（一七一六）に廃されるが、その後奥右筆に復職して、同八年まで勤めている。没年・菩提寺などは未詳である。　（渋谷）

【典拠・参考文献】鈴木寿校訂『御家人分限帳』（近藤出版社、一九八四年）、深井雅海『徳川将軍政治権力の研究』（吉川弘文館、一九九一年）、「屋敷渡預絵図証文（『東京市史稿』市街篇第十六、五一五頁）、『江戸幕府役職武鑑編年集成』第七・八巻（東洋書林、一九九八年）

服部貞勝《はっとりさだかつ》（一七六九～一八二四）

明和六年（一七六九）に中奥番の服部貞《さだ》徳《のり》の長男として生まれる。母は酒井忠香の養女。妻は戸田土佐守氏朋の息女。久太郎・久右衛門・頼母と称し、のち任官して備後守・伊賀守を名乗った。天明六年（一七八六）三月二十一日にはじめて家治に拝謁し、寛政六年（一七九四）五月二十二日には小性組となり、後に的を射て時服を与えられる。同八年十月四日に家督を相続した。家禄は一四〇〇石。同九年十二月十八日に中奥番となる。享和三年（一八〇三）十一月二十四日に船手となり、文化二年（一八〇五）十二月八日には御徒頭となった。同三年四月十二日に西丸目付となり、同四年二月十二日には本丸目付へ移った。同七年六月二十四日には駿河町奉行、同九年十一月一日には松前奉行となり、同十三年五月四日からは勘定奉行勝手方を兼帯した。同年十二月二十三日には松前奉行を御免となったが、文政二年（一八一九）閏四月三日に勘定奉行公事方となり、同年閏四月八日からは道中奉行を兼帯した。同年九月十二日に小普請組支配となり、同七年五月二十二日に死去した。菩提寺は武蔵国荏原郡赤堤《あかつつみ》村（東京都世田谷区）の西福寺である。　（栗原）

【典拠・参考文献】『寛政譜』第十八・六二頁、『柳営補任』、『旗本百科』第四巻、

服部貞常《はっとりさだつね》（一六〇五～一六七七）

慶長十年（一六〇五）に大番服部貞富《さだとみ》の子として生まれる。実母は大番太田清政《きよまさ》の息女。妻は大番加賀美正光《まさみつ》の息女。久次郎・久右衛門と称し、はじめ諱は貞貫《さだつら》と名乗った。元和八年（一六二二）、大番に列し、のちに蔵米二〇〇俵を賜った。寛永十年（一六三三）二月七日に二〇〇石を加増され、蔵米二〇〇俵分も知行地に替えられて、相模国大住《おおすみ》郡内において計四〇〇石を拝領した。慶安元年（一六四八）六月四日に大番組頭となり、承応元年（一六五二）十二月二十二日に二〇〇俵を加増された。万治三年（一六六〇）正月十二日、四代将軍徳川家綱の日光東照宮参詣に際して、二月九日付で目付に転任し、十二月二十八日に布衣の着用を許された。寛文二年（一六六二）八月十九日に禁裏附となり、摂津国河辺《かわべ》郡内において一〇〇〇石加増された。同三年正月八日には、従五位下備後守に叙任された。同九年七月十日、蔵米二〇〇俵と知行地のうち二〇〇石が収公され、その代わりに同年三月二十九日に死去した父貞富の知行地四〇〇石を相続し、計一六〇〇石を拝領した。延宝二年（一六七四）六月二十九日に禁裏附を辞し、同三年五月十六日に隠居した。このとき蔵米三〇〇俵を賜り、家督は長男貞治《さだはる》に譲った。同五年八月晦日に死去。享年七十三。法名は祐誉。武蔵国荏原郡赤堤《あかつつみ》村の西福寺（東京都世田谷

区）に葬られた。（白根）

【典拠・参考文献】『寛政譜』第十八・六一頁

服部正就《はっとりまさなり》（生年未詳～一六一五）

徳川家康に仕え伊賀者を支配し、天正十年（一五八二）六月の本能寺の変において家康が和泉国堺から本国三河へ帰還する際、伊賀国内の間道を先導した功績で著名な服部半三（半蔵《はんぞう》）正成《まさなり》の長男。源左衛門・半三と称し、石見守に任じられている。妻は伊予桑名藩主となった松平定勝《さだかつ》の娘。慶長元年（一五九六）十一月四日、父正成の死去にともない遺跡八〇〇〇石の内五〇〇〇石を継ぎ、与力七騎・伊賀同心二〇〇人を預かる。残り三〇〇〇石は弟正重《まさしげ》が継ぐ。慶長九年、正就の横暴のため配下の伊賀同心が四谷大木戸近辺の寺に立て籠もる事件がおこり、事件後、正就は松平定勝に召預けとなる。元和元年（一六一五）、大坂の陣に際して、越後高田城主であった松平忠輝の陣所にあって先年の罪を贖おうとするが、同年五月七日、天王寺口において討死する。なお子孫は桑名藩松平家の家臣として存続する。（田原）

【典拠・参考文献】『寛政譜』第十八・五三頁、稲垣史生『時代考証事典』（新人物往来社、一九七一年）、『日本近世人名辞典』（吉川弘文館、二〇〇五年）

服部保俊《はっとりやすとし》（生年未詳～一六五一？）

服部保正《やすまさ》の二男として生まれる。三九郎・中・仲とも称した。父保正の家禄は二〇五〇石である。母は紀伊家家臣川井刑部重長の娘。妻は水野太郎作清次の娘。本家は平家高棟流であり、源頼朝から伊賀国阿《あ》拝《べ》・山田郡に三二ヶ村の領地を賜り、服部村に住したため服部姓となる。祖父保次《やすつぐ》は足利義輝・織田信長・徳川家康に仕え、その間に三河国内に領地を賜る。保俊は慶長十三年（一六〇八）より二代将軍徳川秀忠に仕えた。兄三十郎は家督を継ぐ前に同二十年の大坂夏の陣で討ち死にしている。のちに父の遺跡を継ぎ、この際、五〇〇石を弟の保久《やすひさ》に分与した。その後、小性組に属し、寛永三年（一六二六）には秀忠の上洛に供奉した。同八年二月十二日（『寛永諸家系図伝』では寛永七年八月）に御徒頭となる。同九年二月には大御所秀忠の御遺金として銀一〇〇枚を賜る。同十年十二月二十七日（『寛永諸家系図伝』では寛永十一年十月）甲斐国巨麻郡のうちに五〇〇石の加増を受ける。同十一年七月の三代将軍家光の上洛にも供奉した。同十二年十一月一日（『寛永諸家系図伝』では同十二年十月）には小性組頭に転じ、同十三年四月の日光社参に扈従した。同十九年九月一日、遠州荒井の関所番となり、同年暮には当地の様子を報告するために服部杢助政次とともに参府することを命じられた。同二十年六月六日には一〇〇〇石を加えられ、計三〇五〇石（『徳川実紀』によると三〇〇〇石）となる。その後、知行地を遠江国敷知《ふち》・長上《ながかみ》両郡内に移された。慶安四年（一六五一）六月七日（『柳営補任』では正保四年六月七日）に死去。法名は宗賢。墓地は麻布湖雲寺である。（坂本）

【典拠・参考文献】『徳川実紀』第二・三篇、『寛政譜』第十八・七二頁、『柳営補任』、『寛永諸家系図伝』第十四・七一頁

服部了元《はっとりりょうげん》（生没年未詳）

代々寄合医を務める服部家に生まれた。禄高は二〇〇俵。文化十一年（一八一四）七月二十二日、寄合医となり、天保三年（一八三二）七月二十五日、医学館世話役手伝、同年九月二十七日には寄合医師取締を務め、同四年二月二十三日、十一代将軍家斉の二二男千三郎附医師となり、一〇〇俵を給わる。同年七月二十三日から同じく家斉の二四女末姫附となり、一〇〇俵を給

わる。同年九月二日、奥詰医師となる。弘化四年（一八四七）九月十六日、奥医師並となり、同年十二月十六日、法眼に叙される。嘉永六年（一八五三）十一月四日、末姫御匙手代、安政二年（一八五五）八月五日、末姫御匙、慶応四年（一八六八）三月二十五日、泰栄院附御匙手代となった。（西）

【典拠・参考文献】『旗本百科』第四巻

花井定英《はないさだてる》（一七三二～没年未詳）

享保十七年（一七三二）に、支配勘定の花井定許《さだかず》の子として生まれる。庄三郎・庄左衛門と称す。母は恩田忠通の息女で、妻は富田広埋の息女。寛延二年（一七四九）六月二日に家督を継ぎ、小普請となる。知行は一〇〇石。翌三年十月十六日に鷹匠となった。安永五年（一七七六）四月に徳川家治が日光へ参詣した際に供奉し、その功により同年六月二十七日に黄金一枚を賜っている。寛政七年（一七九五）十一月二十一日に鷹匠組頭へと進んだ。その後、文化三年と同四年の『武鑑』によれば富士見宝蔵番頭も務めている。後の経歴と没年は不明である。（山崎）

【典拠・参考文献】『寛政譜』第十五・一八八頁、『柳営補任』、『編年江戸武鑑 文化武鑑2』

花井吉高《はないよしたか》（一五六二～一六三九）

永禄五年（一五六二）に生まれる。庄五郎、庄右衛門と称し、隠居後は英観と号した。天正二年（一五七四）、徳川家康に召されて小性となり、采地を賜った。同十二年四月、小牧・長久手の戦で軍功を挙げる。同十八年、徳川氏の関東入国の後は、武蔵国入間郡の内に三三〇石を給わる。慶長十九年（一六一四）・同二十年の大坂の陣では使番として働き、目付を勤めた。その後、廩米三〇〇俵を加増され、寛永三年（一六二六）、二代将軍徳川秀忠の上洛に供奉した。同十一年に隠居。同十六年十一月四日に死去。享年七十八。法名は英観。菩提寺は四谷勝興寺（東京都新宿区）。（西）

【典拠・参考文献】『寛政譜』第十八・三三一頁

花田武兵衛《はなだぶへえ》（生没年未詳）

仁兵衛とも称した。家禄は五〇俵。勘定であったが、嘉永三年（一八五〇）三月十一日に浅草蔵奉行となっている。（栗原）

【典拠・参考文献】『寛政譜』第二十・三四三頁、『柳営補任』、『旗本百科』第四巻、

花房正成《はなふさまさなり》（一五五五～一六二三）

弘治元年（一五五五）、花房正幸の子として生まれる。弥左衛門と称した。妻は宇喜多直家家臣遠藤修理亮俊通の息女。後妻は別所長治家臣神沢善左衛門某の息女。宇喜多直家・秀家父子に仕える。天正十年（一五八二）、豊臣秀吉の命による備中国高松城攻めにて軍功を挙げ、高松城の城主となり、六〇〇〇石の加増をうけ、旧領と合わせて八〇〇〇石を知行する。その後、備前国内に一万石を賜り、また与力の采地一万三〇〇〇石をあてがわれ、合わせて三万一〇〇〇石を領した。同十六年四月十四日、聚楽第行幸に際し、従五位下志摩守に叙任される。文禄元年（一五九二）、宇喜多秀家に属し、朝鮮に渡海し軍功を挙げる。慶長五年（一六〇〇）、宇喜多詮家や戸川達安らとともに秀家の家臣、中村次郎兵衛らと対立し、宇喜多騒動と呼ばれる内訌に発展する。徳川家康の調停により、正成は宇喜多家を離れ、増田長盛領に蟄居するが、関ヶ原の戦により高野山赤松院へ移る。関ヶ原の戦後、大津にて家康に拝謁し、それより旗本の列に加えられ、備中国小田・後月両郡の内に采地五〇〇〇石を給わる。同十九年の大坂冬の陣では子息の幸次、正盛等を供奉し、池田忠継の備えとして参陣し、同二十年（元和元・一六一五）の大坂夏の

陣では二代将軍徳川秀忠に供し、安藤対馬守重信勢に属した。同年五月七日、大坂落城に際し、井伊直孝に従って豊臣秀頼の元への使いを勤めた。同五年、安芸国広島藩の福島家改易に際しては、牧野忠成と共に上使を勤めた。同九年二月八日に死去。享年六十九。法名は宗悦。菩提寺は池上本門寺（東京都大田区）。（西）

【典拠・参考文献】『寛政譜』第二一・二〇六頁

花房正盛《はなふさまさもり》（一五八六～一六六三）

天正十四年（一五八六）、花房志摩守正成の二男として生まれる。勘右衛門と称し、隠居後は一舟と号した。母は宇喜多直家家臣遠藤修理亮俊通の息女。慶長四年（一五九九）、豊臣秀頼に仕えるが、程なく辞する。同十九年、二代将軍徳川秀忠に拝謁し、この年、大坂冬の陣に父正成と共に池田忠継の備えとして参陣し、軍功を挙げる。同二十年（元和元・一六一五）の大坂夏の陣では、書院番頭内藤若狭守清次隊に加わり、秀忠に従い、後にその軍功によって黄金を給わる。寛永三年（一六二六）、秀忠・家光上洛に従い、使番となる。同八年、五〇〇石を加増され、上総国夷隅・埴生両郡の内に旧領と合わせて一〇〇〇石を知行する。同九年、松平勝五郎（後の因幡国鳥取藩初代藩主池田光仲）の因幡・伯耆両国への移封に際し、鳥取への使者を勤めた。同年十一月二十七日、布衣を許され、同十年四月十六日、目付に転じ、同年十月二十六日に佐渡銀山支配を命じられているが、同十六年には元の目付へと復している。同十七年、生駒騒動に際し、上使青山大蔵少輔幸成と共に讃岐国高松に赴く。慶安元年（一六四八）三月十一日、幕命を受けて騒動下にある下野国喜連川に派遣された。万治元年（一六五八）八月二十八日、職を辞す。寛文三年（一六六三）九月二十三日に死去。享年七十八。法名は一舟。菩提寺は愛宕真福寺（東京都港区）。（西）

【典拠・参考文献】『寛政譜』第二一・二一一頁

花房正栄《はなふさまさよし》（一五九四～一六三九）

文禄三年（一五九四）、花房志摩守正成の三男として生まれる。右馬助と称した。母は宇喜多直家家臣遠藤修理亮俊通の息女。妻は日野大納言輝資の息女。二代将軍徳川秀忠の書院番として仕え、月俸三〇口を給わる。大坂両陣では青山伯耆守忠俊の隊下に従い、夏の陣の最中、慶長二十年（元和元、一六一五）五月七日には天王寺の辺りで軍功を挙げた。その後、武蔵国児玉、上野国群馬両郡の内に采地一〇〇〇石余を賜り、月俸は収公される。寛永九年（一六三二）八月十八日、使番に転じ、同年十二月二十九日、布衣を許される。同十年、松平勝五郎（後の因幡国鳥取藩初代藩主池田光仲）が三歳で家督を相続するにあたり、その領地因幡・伯耆両国に赴き、政事監察を行うことを命じられる。同十一年五月十四日、甲斐国の内に一〇〇〇石を加増され、合わせて二〇〇〇石を知行する。同年六月十八日、三代将軍家光の上洛に際しては、目付を命じられている。同十六年十月四日に死去。享年四十六。法名は常和。菩提寺は本所法恩寺（東京都墨田区）。（西）

【典拠・参考文献】『寛政譜』第二一・二一二頁

花村正彬《はなむらまさあや》（一七六三～没年未詳）

宝暦十三年（一七六三）に生まれる。父は先手鉄炮頭花村正利《まさとし》で、母は小性組椿井《つばい》安長《やすなが》の息女。善太郎・忠兵衛と称した。妻は大番組頭三浦直喬《なおたか》の息女で、のちに離縁した。後妻は堺奉行三宅康哉《やすなり》の息女。安永三年（一七七四）十月五日に初御目見し、寛政三年（一七九一）九月十日に小性組となり、同四年十月二十九日には進物番となる。享和二年（一八〇二）七月十日に御小納戸、同三年十一月十八日に小性、文化二年（一八〇五）七月五日に御小納戸、同三年十一月十八日に船手、同八年七月十二日に小十人頭、同十二年三月二十日（二十二日とも）に目付と歴任する。文政三年（一八二〇）、東叡山霊牌所修復御用や山王祠その他の修復御用を勤め、同四年には相模国警衛場のことを勤めた。同五年閏正月二十八日、清水家当主斉明《なりあき》の傅役となり、翌六年（一八二三）十月十三日、斉明の領知一〇万石拝領の際、同邸の家老と職名を変えた。この間、但馬守に任じられる。天保二年（一八三一）六月十三日、将軍世子家慶（のちの十二代将軍）のいた西丸の御留守居となる。同三年（一八三二）に辞職する。菩提寺は市谷の蓮秀寺（東京都新宿区）か。（竹村）

【典拠・参考文献】『寛政譜』第二十・七五頁、『柳営補任』『続徳川実紀』第二篇

塙忠宝《はなわただとみ》　（一八〇七～一八六二）

文化四年（一八〇七）十二月八日、江戸に生まれる。通称は次郎・二郎。名は瑶・忠瑶・忠宝、号は温古堂、国学者塙保己一の四男。母は渥美イヨ。文政五年（一八二二）に家督を継ぎ、和学講談所御用掛を務める。父の後を継ぎ、『続群書類従』を編纂する。安政五年（一八五八）十一月、「和学筋之御用年来出精候に付」召出され、小十人格となる。老中安藤信正の命により、外国人待遇の式例を調べたため、尊王派の浪士から誤解を受けていたが、文久二年（一八六二）十二月二十一日、九段坂付近にて伊藤俊輔（のちの博文）らに襲われ、翌日没する。享年五十六。法名は紹学院慈興藤門居士。江戸四谷の愛染院に葬られる。（湯浅）

【典拠・参考文献】『国書人名辞典』第四巻（岩波書店、一九九八年）、『柳営補任』、『旗本百科』第四巻

羽田正見《はねだせいけん》　（一八二六～一八九三）

文政九年（一八二六）に羽田十左衛門の息子として生まれる。次郎・十左衛門と称した。安政二年（一八五五）正月十九日に小普請より代官を務める。元治元年（一八六四）四月八日、勘定吟味役に昇進する。同月二十六日には大坂で目付を命じられるが、同年十一月十日に御役御免となる。翌慶応元年（一八六五）十一月十九日再び目付を命じられ長州戦争へ赴き、同年十二月大坂で御留守居番格勘定吟味役に就き、勤役中は七〇〇俵を給う。同三年八月十七日に勘定奉行並在方掛、同年十一月五日作事奉行へと昇進する。翌同四年二月は御暇を願い職を辞す。駿府郊外で帰農し、明治二十六年（一八九三）に死去。享年六十八。（宮原）

【典拠・参考文献】『旗本百科』第四巻

羽田保定《はねだやすさだ》　（一七五一～没年未詳）

宝暦元年（一七五一）に館野忠四郎勝就の二男として生まれる。母は井上頼容の息女。羽田保久《やすひさ》の養子となり、その娘を妻とする。熊蔵・藤右衛門と称した。安永五年（一七七六）十二月十九日に勘定となり、同七年閏七月二十三日には評定所留役を兼ねる。同九年七月五日に遺跡を継ぎ、蔵米一五〇俵を給う。寛政二年（一七九〇）二月十一日勘定組頭格を命じられ、翌三年二月八日に寺社奉行の留役（同八年に「寺社奉行吟味物調役」と名称が変更）となる。文化元年（一八〇四）十二月二十四日勘定吟味役へ昇進し、留役も兼帯する。同九年十二月九日に二丸御留守居となる。文政六年（一八二三）二月九日に職を辞す。（宮原）

【典拠・参考文献】『寛政譜』第十八・三九四頁、『旗本百科』第四巻

馬場勝三郎《ばばかつさぶろう》　（生没年未詳）

伊賀庭番を務めた馬場仙蔵充行家の四代

目善蔵の弟。天保十二年（一八四一）に小十人格御庭番であった善蔵家より別家して、添番並御庭番に取り立てられた。嘉永六年（一八五三）二月二十九日には広敷添番（御庭番）となり、安政二年（一八五五）には小十人格御庭番となった。安政三年からは浜御殿添奉行を勤めた。子孫には、文久元年（一八六一）に家禄五〇俵で添番御庭番を務めている初太郎が確認できる。（栗原）

【典拠・参考文献】深井雅海『徳川将軍政治権力の研究』（吉川弘文館、一九九一年）、『藤岡家日記』五巻（三一書房、一九八九年）二四一頁、『旗本百科』第四巻

馬場包広《ばばかねひろ》　（一六七四〜一七五八）

延宝二年（一六七四）に紀伊家家臣馬場信定《のぶさだ》の長男として生まれる。滝右衛門と称した。妻は紀伊家家臣久保七郎右衛門の息女。はじめ紀伊家において吉宗に仕えた。享保三年（一七一八）五月朔日に浄円院（吉宗母巨勢氏）二丸入りのときに従い、同月十三日に広敷伊賀者となり、後に御庭番を経て広敷添番に移る。御庭番家筋である。元文五年（一七四〇）正月二十三日に旗本となって広敷御用達となる。延享二年（一七四五）五月二十八日に広敷番頭に移り、廩米一〇〇俵を加増される。同年九月朔日より西丸に勤仕した。宝暦元年（一七五一）に吉宗の死去により、七月四日に小普請となり、同二年九月十六日に西丸広敷番頭に列し、同五年五月四日に老齢により辞職する。このときに黄金二枚を与えられる。同八年八月二日に死去。享年八十五。法名は還性。菩提寺は四谷の一行院である。（栗原）

【典拠・参考文献】『寛政譜』第三・三六三頁、『柳営補任』、深井雅海『徳川将軍政治権力の研究』（吉川弘文館、一九九一年）

馬場資生圃《ばばしせいほ》　（一七八五〜一八六八）

天明五年（一七八五）に御小納戸・小性などを務めた家禄二〇〇〇石の旗本である馬場讃岐守尚之（利光）の子として生まれた。名は克昌・仲達、通称を大助といい、任官後は筑前守と名乗る。また資生圃と号した。父尚之が文化五年（一八〇八）三月に日光奉行在所のまま死去しているので、家督を相続したのはその時期前後のことと思われる（文化九年という説もある）。小性組として御番入りし、天保十一年（一八四〇）正月十一日に使番となる。弘化三年（一八四六）八月八日には御持頭へと転じ、さらに安政四年（一八五七）四月十五日より老衰を理由に隠居する文久二年（一八六二）七月四日まで西丸御留守居を務めた。本草学者として知られ、「資生圃」は号名であるとともに、自邸の花苑名でもあった。天保七年に富山藩主の前田利保（万香亭）や旗本の佐橋兵三郎（四季園）・飯室庄左衛門（薬圃）・田丸直暘（霊魂・寒泉）・浅香直光（青洲）・設楽市左衛門（研芳）、薬種商の大坂屋四郎兵衛（清雅）らにより発足した本草研究グループ「赭鞭会《しゃべんかい》」の有力メンバーの一人となる。本草学者の伊藤圭介は、資生圃の研究姿勢について「老いても意欲旺盛で、目にすればその場で模写を始めて倦むことを知らず、模写した図はすこぶる巧みなものである」といった趣旨の感想を述べている。著書には『群英類聚図譜』『遠西船上画譜』『資生園花木考』『資生圃草木未詳品図説』などがある。明治元年（一八六八）九月十日に八十三歳で死去した。（太田尚）

【典拠・参考文献】『柳営補任』、平野満「天保期の本草研究会『赭鞭会』―前史と成立事情および活動の実態―」（『駿台史学』第九八号、一九九六年）、伊藤圭介「博物学起源沿革説続」（『東京学士会院雑誌』第一編第四冊、一八七九年）

馬場俊蔵《ばばしゅんぞう》（生没年未詳）

嘉永元年（一八四八）には代官林部善太左衛門の江戸詰の手代としてその名を確認でき、同四年には公事方を勤める。安政三年（一八五六）に関東取締出役となる。関東取締出役時代の直属の代官は頻繁に変わっている。安政三年から同七年頃までは小林藤之助付属となる。安政七年頃から再び林部善太左衛門に付属する。文久四年（一八六四）頃より松村忠四郎付属となり、慶応元年（一八六五）には木村董平付属となる。元治元年（一八六四）十一月二十八日、代官手付関東取締出役にて勘定格となり、慶応三年六月十七日には勘定在方役取締より勘定組頭となる。同四年正月二十八日には格式はそのままで勘定所組頭勤方となる。この際、在方掛在方取締役を兼任する。同四年二月に御役御免、勤仕並小普請となる（『柳営補任』では同年四月十五日）。維新後には大蔵省に出仕したとする史料もあるが、その真偽は不明である。（坂本）

【典拠・参考文献】『柳営補任』、『旗本百科』第四巻、関東取締出役研究会編『関東取締出役』（岩田書院、二〇〇五年）、村上直他編『江戸幕府代官史料』（吉川弘文館、一九七五年）、安藤博『徳川幕府県治要略』（青蛙房、一九六五年）

馬場利重《ばばとししげ》（生年未詳～一六五七）

馬場昌次（一六〇〇石）の長男として生まれる。通称三郎左衛門。妻は妻木長門守忠頼の娘。慶長五年（一六〇〇）初めて徳川家康に謁する。後、秀忠に仕え、書院番となり、寛永八年（一六三一）二月に使番、同九年目付となり、同十年九月、堀尾山城守忠晴が卒した時に命により出雲・隠岐両国に赴く。同十二年十二月に一〇〇〇石加増されて計二六〇〇石を知行する。同十三年五月に長崎奉行となり、寛永十三年五月十九日付老臣奉書による下知を執行する。唐船の貿易港を長崎一港に限定し、荷役を開始。ポルトガル人を長崎出島に収容、銅の輸出を禁止する。同十四年、上使板倉内膳正重昌に属して原城を攻める。翌同十五年、利重は細川越中守忠利の軍監となり諸勢に下知する。同十六年にポルトガル船の日本寄港が禁じられる。同十七年、ポルトガル船を焼き、乗組員を処刑する。同十八年、長崎出島にオランダ商館を移転させる。慶安五年（承応元・一六五二）正月に辞職し、明暦三年（一六五七）九月十日没する。法名捩鉄。墓所牛込松源寺。（太田勝）

【典拠・参考文献】『寛政譜』第二・三九四頁、『増補長崎略史上巻』（『長崎叢書三』）

馬場尚繁《ばばなおしげ》（一六九七～一七五〇）

元禄十年（一六九七）、小笠原右近将監家臣馬場兼成の子として生まれる。母は同家の家臣島立貞辰の女子。妻は小性組組頭榊原職長の女子。頼母・三郎右衛門と称す。のち寄合馬場尚真の養子となり、享保八年（一七二三）十二月二十六日、家督を継ぎ小普請となる。翌九年十月九日、小性組番士に列し、同十五年正月十一日、使番に進む。同十七年三月十五日、目付に就任。元文二年（一七三七）十一月六日、先手鉄炮頭となり、翌三年三月、火附改加役を務める。同四年七月十九日、京都町奉行に転じ、十月一日、従五位下讃岐守に叙任。延享三年（一七四六）七月二十一日、町奉行に就任。在職中の寛延三年（一七五〇）正月二十七日、死去する。享年五十四。法名は道瑞。牛込の松源寺に葬る。（西木）

【典拠・参考文献】『寛政譜』第二・三九六頁、『柳営補任』

馬場宣隆《ばばのぶたか》（一六一六～一六八四）

元和二年（一六一六）に長崎奉行馬場利《とし》重《しげ》の三男として生まれる。母は妻木長門守忠頼の息女。彦四郎・三郎左衛門と称した。妻は能勢小十郎頼隆の息女。寛永九年（一六三二）に小性組番士となり、後に書院番となる。明暦三年（一六五七）十二月二十五日に家督を相続して、二〇〇〇石を知行したが、その内六〇〇石を弟利興《としおき》に分与する。寛文元年（一六六一）十一月には、甲斐国にあった知行地を常陸国信太《しだ》・河内《かわち》両郡に移される。同二年十二月十六日、翌年の将軍家綱日光社参のため、予め日光に行き、路上の旅宿を見分する。同五年に一柳監物直興が領地没収となったことにより、八月十三日に目付代として、佐々又兵衛隆直とともに伊予国川上に行く。同九年六月晦日から本所奉行を務めた。延宝二年（一六七四）四月十二日に解職され、同年九月二十九日に駿府の船手となり、十二月二十七日に布衣を許される。天和三年（一六八三）八月十日に辞職し、貞享元年（一六八四）三月十四日に死去。享年六十九。法名は一滴。菩提寺は牛込の松源寺であったが、後に同寺は中野村上高田に移される（東京都中野区）。　（栗原）

【典拠・参考文献】『寛政譜』第二・三九五頁

馬場通喬《ばばみちたか》　（一七四五～没年未詳）

延享二年（一七四五）に御庭番家筋であった馬場信富《のぶとみ》の長男として生まれる。吉之助と称した。母は木原氏の息女。妻は馬場善蔵充行の息女。宝暦十年（一七六〇）十一月二十五日にはじめて将軍家治に拝謁し、同十三年六月二十三日には小十人格御庭番となった。明和五年（一七六八）七月十一日に両番格となり、安永五年（一七七六）四月の日光参詣に供奉した。天明六年（一七八六）十二月二十七日には家督を継承した。蔵米一〇〇俵。　（栗原）

【典拠・参考文献】『寛政譜』第三・三六三頁、『旗本百科』第四巻、深井雅海『徳川将軍政治権力の研究』（吉川弘文館、一九九一年）

馬場充行《ばばみつゆき》　（一七一三～一七八六）

正徳三年（一七一三）に馬場滝右衛門包《かね》広《ひろ》の三男として生まれる。母は紀伊家家臣久保七郎右衛門の息女。妻は川村新六修常の息女。仙蔵・善蔵と称した。元文二年（一七三七）十二月十三日に広敷伊賀者となり、御庭番を務める。御庭番家筋である。後に添番に准ぜられ、その後に御賄調役に移る。宝暦十年（一七六〇）十二月十二日に旗本に列し、西丸表御台所頭となり、同十二年二月五日より本丸に勤仕する。この日小林貞右衛門祐雄について膳部の式を受けるよう仰せを請ける。明和元年（一七六四）閏十二月八日に御膳所御台所頭に移り、同六年十一月九日より西丸に勤め、同八年正月二十六日に御賄頭に移り、安永四年（一七七五）七月十日より西丸に勤仕し、天明六年（一七八六）五月七日に死去。享年七十四。法名は良英。菩提寺は四谷の一行院である。　（栗原）

【典拠・参考文献】『寛政譜』第三・三六四頁、『柳営補任』、深井雅海『徳川将軍政治権力の研究』（吉川弘文館、一九九一年）

土生玄碩《はぶげんせき》　（一七六八～一八五四）

明和五年（一七六八）に生まれる。義寿・久馬・桑翁と称した。安芸吉田の人。遠祖は足利義教の家臣であったが朝鮮で眼科を修めた。近祖は毛利家の侍医。土生義次の代に江戸に召されて侍医となり、以後代々眼科を専門とする。玄碩の代には内科にも精通したという。父は土生義辰。天明四年（一七八四）、京都で和田泰純に医学を学ぶ。また大坂にも遊学。寛政四年（一七九二）に帰郷。文化五年（一八〇八）に出府、広島藩主の女を治療し名を馳せた。同六年六月二十三日には徳川家斉に御目見。同七年二月に侍医。一〇〇俵。同十三年十二月に法眼。文政五年（一八二二）、将軍の痘瘡での眼病を治す。同九年、シーボルトと対談。のち散瞳薬の礼として将軍下賜の葵の紋服をシーボルトに贈与。同十一年十一月のシーボルト事件に連座し、十二月十六日入獄。玄碩は禄を取り上げられ、子息の玄昌と共に免官。天保八年（一八三七）に減刑されて永蟄居。著書に『獺祭録』『師語録』『迎翠堂漫録』等。滝沢馬琴の日記にも登場する。嘉永七年（安政元年・一八五四）八月十七日に死去。八十七歳。墓は築地本願寺中真龍寺。大正四年（一九一五）従四位。（岩下）

【典拠・参考文献】呉秀三『シーボルト先生 その生涯及び功業』三巻（平凡社東洋文庫、一九六八年）、芳賀登編『日本人物情報大系』五一・五二・五四巻、皓星社、二〇〇〇年）、石井孝「御目見医師について」（『史報』第三号、日本史学大学院合同発表会、一九八一年）

羽太正養《はぶとまさやす》 （一七五二〜一八一四）

宝暦二年（一七五二）生まれ。通称は弥太郎・左近・主膳・庄左衛門・安芸守。父は羽太正香、母は横地長救の息女。妻は羽太正相《まさすけ》の息女。後妻は中川昌栄の息女である。明和五年（一七六八）七月、将軍家治に御目見。安永五年（一七七六）四月四日に家督を継ぎ、切米五〇〇俵を給せられた。同九年正月二十七日に大番となり、寛政元年（一七八九）二月十九日には御蔵奉行となった。同五年十二月八日、御三卿田安家の用人となって、布衣を着することを許された。同八年正月二十六日には西丸目付へ移り、五月四日には本丸目付となった。享和二年（一八〇二）二月二十三日に蝦夷地奉行（同年五月十日に箱館奉行、文化四年十月二十四日に松前奉行と改称）となる。文化四年（一八〇七）夏、択捉島でのロシア人乱暴狼藉時の対応不調法により、同十一月十八日に罷免され小普請組入りとなった。編著に『蝦夷俳諧歌仙』『唐渡島彙草』『休明光記』などがある。現北海道千歳市の「千歳」の命名者とされる。文化十一年正月二十二日、六十三歳で死去。菩提寺は品川の妙国寺である。（松本）

【典拠・参考文献】『寛政譜』第十七・一七頁、『旗本百科』第四巻、『国書総目録』（岩波書店）、『日本近世人名辞典』（吉川弘文館、二〇〇五年）

浜口興右衛門《はまぐちこうえもん》 （生没年未詳）

父親は進物取次上番格の今西宏蔵。養父は浦賀奉行同心組頭の浜口勝三郎。天保十一年（一八四〇）四月、浦賀奉行組同心に仮抱入となり、安政四年（一八五七）閏五月九日に軍艦操練教授方出役となる。同二十九日に父親の跡を継いだが、万延元年（一八六〇）九月に病気を理由に出役御免となっている。その後元治元年（一八六四）に小十人格軍艦組となり、同年十一月には小十人組に編入された。（津田）

【典拠・参考文献】『旗本百科』第四巻

早川正紀《はやかわまさとし》 （一七三九〜一八〇八）

元文四年（一七三九）に井上河内守家臣和田市右衛門の男として生まれる。岩之助・伊兵衛・八郎左衛門と称する。妻は三宅直栄の息女。田安家家臣早川正諶の養子となり、家督を継ぐ。明和三年（一七六六）四月十六日に早川本家の正與《まさとも》が二十五歳で急死、嗣子なしのために田安家を辞し、本家を相続する。家禄は一〇〇俵五人扶持。同六年一月二十六日に勘定となる。天明元年（一七八一）六月十四日に出羽国尾花沢の代官へ転任する。同七年に美作国久世、享和元年（一八〇一）に武蔵国久喜へ場所替、支配石高は一〇万石・江戸廻代官となる。文化五年（一八〇八）十月一日に現職で死去。享年七十。菩提寺は本所の霊山寺である。（西沢）

【典拠・参考文献】『寛政譜』第十九・三六頁、『代官履歴』、村上直『江戸幕府の代官

群像』（同成社、一九九七年）、永山卯三郎『早川代官』（巌南堂、一九七三年）

林永喜《はやしえいき》（一五八五～一六三八）

林羅山の弟。天正十三年（一五八五）、京都に生まれる。名は信澄、永喜。弘一郎と称し、東舟、樗墩子と号した。藤原惺窩や兄の羅山より、主に朱子学を学んだ。幕府の儒官となり、元和二年（一六一六）四月に家康が没したとき、台嶠僧正とともに京都に行き、朝廷に家康の追号を奏して詔を得てくるなど、次第に重んじられるようになり、寛永六年（一六二九）、刑部卿法印を授けられている。なお永喜と名乗るようになったのは剃髪後からである。著書に『三史鈔』三巻、『東舟詩集』一〇巻、『東舟文集』二〇巻、『樗墩雑記』八巻などがある。同十五年八月十五日に死去。享年五十四。（西）

【典拠・参考文献】近藤春雄『日本漢文学大事典』（明治書院、一九八五年）、『近世漢学者著述目録大成（日本人物情報大系第四十八巻）』（皓星社、二〇〇〇年）

林鶯渓《はやしおうけい》（一八二三～一八七四）

文政六年（一八二三）五月一日に生まれる。本名を晃、字を伯華、号を鶯渓。叙爵して図書頭・式部少輔と称した。父は林復斎で、その長男。妻は坂井氏。幼少より学問を好み、初め佐藤一斎、後に安積思順に師事した。天保十四年（一八四三）三月に十二代将軍徳川家慶に御目見した。弘化四年（一八四七）四月に小性組番士、同年六月二日に儒者見習、嘉永六年（一八五三）六月十八日に儒者となった。同年九月に父復斎の死去により家督を継いだ。同七年（安政元・一八五四）一月十七日に二丸御留守居を兼任し御持筒頭となる。安政三年十一月二十六日に『通航一覧続輯』取調の功で巻物を授与された。同六年十二月二十二日に儒者を兼帯のうえ西丸御留守居に転じた。温厚・公正な人柄で、将軍家慶・家定・家茂に仕え、学問所御用に尽力して度々褒章を受けた。幕府瓦解により職を免じられ、上野・芝両廟守の命を受けるが九月に罷免、明治三年（一八七〇）三月に静岡に転居した。同七年一月十日に死去。享年五十二。文懿《ぶんい》と私諡した。墓所は東京都新宿区市谷山伏町の林氏墓地である。（神崎）

【典拠・参考文献】五弓雪窓編『事実文編』四（関西大学東西学術研究所資料集刊十一四、関西大学出版・広報部、一九八〇年）、『続徳川実紀』第三・四・五篇、『柳営補任』、千河岸貫一『続近世百傑伝』（博文館、一九〇一年）、西島醇『儒林源流』（鳳出版、一九七六年）

林学斎《はやしがくさい》（一八三三～一九〇六）

天保四年（一八三三）十月一日に生まれる。本名は昇、字を平仲、号を学斎。父は林復斎、母は津田氏で、その二男。安政六年（一八五九）に第十二代の大学頭になった。万延元年（一八六〇）四月二十二日に朝鮮通信使来聘御用、文久三年（一八六三）二月五日に学政更張と小学校取建御用を命じられ、同年二月に十四代将軍徳川家茂に供奉し上洛した。その後、寺社奉行並を命じられたが慶応四年（明治元・一八六八）三月一日に免じられ用人に転じ、徳川家達に従い静岡に移る。明治七年に司法省明法権大属、同十年に群馬県師範学校教諭、同十五年に同女学校教諭兼校長、同二十一年に日光東照宮主典、同禰宜を勤める。同三十三年に職を辞し、旧領地であった武蔵国大里郡大幡村柿沼に居住した。家学である程朱学の他に詩文をよくたしなんだ。同三十九年七月十四日に死去。享年七十四。文靖と私諡した。墓所は東京都新宿区市谷山伏町の林氏墓地である。（神崎）

【典拠・参考文献】『続徳川実紀』第三・

四・五篇、関儀一郎・関義直編『近世漢学者著述目録大成』（東洋図書刊行会、一九四一年）、竹林貫一『漢学者伝記集成』（名著刊行会、一九六九年）、西島醇『儒林源流』（鳳出版、一九七六年）

林鶴梁《はやしかくりょう》（一八〇六～一八七八）

文化三年（一八〇六）八月十三日に生まれる。鉄蔵・伊太郎と称す。字名は長孺。鶴梁と号す。父は西川左十郎。先妻は岡田将監家来川島多久馬の息女久（小香）。後妻は中井丈右衛門の息女倉子（庫子）。家禄一〇〇俵。井田芹坪・長野豊山・松崎慊堂に儒学を学ぶ。天保九年（一八三八）、箪笥同心から鉄炮箪笥同心組頭となり、同十二年に奥火之番、ついで御徒目付、同十三年に勘定方、同年六月に評定所留役助、同十四年五月十三日、鉄蔵から伊太郎に改名。同年九月一日に下勘定所帳面方掛、弘化三年（一八四六）正月に小十人、同年三月に、甲府徽典館学頭となる。同四年四月に再び小十人となり、同年十一月七日に新番、永々御目見以上となる。嘉永六年（一八五三）六月二十七日に遠江中泉代官となる。安政五年（一八五八）に出羽柴橋代官、文久二年（一八六二）に関東代官、同年十二月十八日に御納戸頭となり、三〇俵二人扶持から一〇〇俵へ加増。同三年九月二十八日に新徴組支配、同年十一月二十八日御役御免、勤仕並寄合となる。同年十二月二日に学問所頭取となり、元治元年（一八六四）十二月十二日に御役御免、勤仕並寄合となる。明治元年（一八六八）以後は仕えることなく、麻布の私塾において生徒を教授した。同十一年一月十六日死去。享年七十三。溜池・澄泉寺に葬る。『鶴梁文鈔』などの著作のほか、天保十四年～文久元年の日記がある。（山本）

【典拠・参考文献】『林鶴梁日記』第一～六巻（日本評論社、二〇〇二～〇三年）、『大日本人名辞書』第三巻・二一三三頁（講談社、一九八〇年）、『旗本百科』第四巻、『代官履歴』、坂口筑母『小伝林鶴梁』一～三（個人社、一九七八～一九八〇年）

林勝正《はやしかつまさ》（生年未詳～一六五〇）

通称は藤左衛門・丹波。父は林正利《まさとし》、母は佐々木氏の息女。妻は山田氏の息女である。慶長九年（一六〇四）、家康に御目見。その後家督を継ぎ、美濃国可児・中嶋郡において二〇〇〇石余を知行し、寄合となった。のち将軍の命により丹波と称し、書院番となった。寛永八年（一六三一）正月、美濃国で堤普請を奉行した。同九年十一月に進物番に出役。同十年正月には北陸道を巡検する。同十二年七月、摂津尼崎城の引渡しの役目を勤めた。同十四年五月、越前藩主であった松平一伯忠直の配流地である豊後国府内に豊後府内目付として赴く。同年十月の島原一揆に際し、福岡藩黒田家の目付を務めた。しかし江戸に帰り、そのことが意に沿わざるため出仕を止められた。翌十五年七月にこれを許される。同十八年二月、王子御茶屋の普請を奉行する。同十九年十月に番を辞し、十二月布衣を着することをゆるされた。同二十年八月、日光山の普請を奉行したことで呉服・金子を賜る。正保二年（一六四五）には常陸国笠間城の引渡しの役目を務める。十二月、国目付として越前福井に赴く。これは藩主松平光通が幼少であったためである。同四年五月、久能山造営を勤め、金子を賜る。慶安元年（一六四八）三月、目付代として出羽国米沢に赴く。同二年七月には陸奥国白河において城引渡しの役目を務めた。十一月目付代として越前福井に赴く。同三年三月三日福井において死去（没年齢不詳）。法名は日恵。菩提寺は領地である美濃国可児郡大原村（多治見）の普賢寺である。（松本）

【典拠・参考文献】『寛政譜』第十二・三

八八頁、善積美恵子「江戸幕府の監察制度—国目付を中心に—」(『日本歴史』二四四号、一九六八年)

林鵞峯《はやしがほう》 (一六一八～一六八〇)

元和四年(一六一八)五月に林羅山の三男として京都に生まれる。名は恕、春勝。字は子和、子林、之道。剃髪後は春斎。又三郎、のち春斎と称し、鵞峯・向陽軒・葵軒・温故知新斎・南墩・桜峰などと号した。母は荒川宗意の息女。妻は羽田庄兵衛至政の息女。寛永十年(一六三三)、江戸に下り、同十五年より父羅山の勤方見習として評定所に出仕し、公事訴訟にあたっている。兄二人が早世したため、明暦三年(一六五七)、父羅山の死後、林家を継いだ。父羅山のほか、那波活所、松永貞徳の教えを受ける。寛文元年(一六六一)には法印に叙せられている。同三年には、忍ヶ岡に開いていた塾を弘文院と称するよう申し渡され、それ以来自らを弘文院学士と称するようになった。鵞峯は広く漢籍に通じており、特に経学および史学に秀でていた。寛永十八年には父羅山とともに『寛永諸家系図伝』の編纂にあたり、寛文二年(一六六二)からは、羅山から引き継いで『本朝通鑑』の編纂にとりかかり、長男の梅洞、二男の鳳岡とともにこれにあたり、同十年十月に全三一〇巻を完成させている。著書はほかに『論語私考』二巻、『中庸諺解』三巻、『孟子諺解』三三巻、『日本王代一覧』七巻、『本朝百人一首』一〇巻など多数。延宝八年(一六八〇)五月五日に死去。享年六十三。葬地は上野忍ヶ岡下屋敷で、同地において儒葬(のちに下屋敷牛込山伏町に移転につき同地に改葬)。 (西)

【典拠・参考文献】『寛政譜』第十二・三九四頁、小沢栄一「近世史学の形成と林鵞峰」(『東京学芸大学紀要』二二号、一九七〇年)、近藤春雄『日本漢文学大事典』(明治書院、一九八五年)、『近世漢学者著述目録大成(日本人物情報大系第四十八巻)』(皓星社、二〇〇〇年)、竹内誠・深井雅海編『日本近世人名辞典』(吉川弘文館、二〇〇五年)

林述斎《はやしじゅっさい》 (一七六八～一八四一)

明和五年(一七六八)六月二十三日に生まれる。本名を当初は乗衡《のりひら》、後に衡《たいら》、字は叔紞《しゅくたん》。号を述斎・蕉隠・蕉軒・天瀑。実父は美濃国岩村藩主松平乗蘊《のりもり》。実母は側室の前原氏。三男で、出生地は江戸鍛冶橋の藩邸である。正妻はなく側室に前原氏(生母の姪)の八百、佐野氏などがいた。幼年期に病弱だったため兄が早世したものの家督を継ぐ立場からはずれたが、十二・三歳頃から身体壮健となり学問を好んだ。大塩鼇渚や服部仲山、渋井大室に師事し、十七、八歳頃には和漢古今の書籍を読破、詩文にも優れていた。両師の相次ぐ死去により独学、友人の佐藤一斎と共に研鑽の後、渋井太室に師事し太室の親友細井平洲の教えも受けた。寛政五年(一七九三)四月に老中松平定信の推挙により幕命で大学頭林信敬の養子となり、同年七月九日に林家の家督を継ぎ、同年十二月に二十六歳で第八代大学頭となった。同九年十二月一日に述斎の内願が叶い、林家の私塾であった昌平黌が幕府直轄の昌平坂学問所となり、教学の刷新に取り組んだ。幕府の編纂事業に度々関わり、文化六年(一八〇九)二月に御実紀取調、すなわち『徳川実紀』の編纂・監督を命じられた。この他にも『朝野旧聞裒藁』『寛政重修諸家譜』『史料』『新編武蔵風土記稿』『新編相模国風土記稿』などを手がけた。また、中国の佚書のうち日本に存在する十七種を版行した『佚存叢書』は中国に渡り尊重された。外交においては朝鮮通信使来聘の際、幕府側の一員として同八年五月に対馬で聘礼を受けた際、儀礼の立直し・整備に尽力して堂々たる外交手腕を発揮した。文政五年（一八二二）十二月十二日に精勤により加増、従来の一五〇〇石から三五〇〇石となる。その活躍ぶりは林家の中興と称された。諸侯から藩政への助言・補佐を依頼されることが多く、同十三年（天保元・一八三〇）三月に実家の岩村藩が藩政改革に際して「慶安御触書」を版行したのは述斎のアイデアであった。交遊が広く特に松平定信・堀田正篤・松浦静山と親しかった。弟子の数は膨大で、松崎慊堂や関藍梁らがいる。和歌にも優れ庭園や音楽を愛好した。天保十二年（一八四一）七月十四日に死去。享年七十四。快烈府君と私謚した。墓所は東京都新宿区市谷山伏町の林氏墓地である。天保改革時に妖怪（耀甲斐）と恐れられた南町奉行の鳥居耀蔵は四男、日米修好通商条約締結に尽力して幕末三俊と賞された岩瀬忠震は孫である。（神崎）

【典拠・参考文献】『続徳川実紀』第一・二篇、『柳営補任』、『寛政譜』第十二・四〇〇頁、干河岸貫一『続近世百傑伝』（博文館、一九〇一年）、高瀬代次郎「林大学頭述斎の文勲」（『斯文』第二十二編十二号、一九四〇年）、柴田實「江戸幕府の修史事業について」『本邦史学史論叢』下（冨山房、一九三九年）、竹林貫一『漢学者伝記集成』（名著刊行会、一九六九年）、田中佩刀「林述斎論」（『宇野哲人先生白寿祝賀記念東洋学論叢』宇野哲人先生白寿祝賀記念会、一九七四年）、西島醇『儒林源流』（鳳出版、一九七六年）、五弓雪窓編『事実文編』三（関西大学東西学術研究所資料集刊十一―三、関西大学出版・広報部、一九八〇年）、長野県恵那郡教育会編『恵那郡志』（復刻再版、一九八二年）、市川本太郎『日本儒学史』四近世篇朱子学派・陽明学派（汲古書院、一九九四年）

林惣七郎《はやしそうしちろう》（生没年未詳）

八代将軍徳川吉宗の治世下で活躍した御庭番（広敷伊賀者）。もとは紀伊国和歌山藩士で「隠密御用」を勤めた薬込役であったが、享保三年（一七一八）五月、紀伊藩主吉宗の将軍就任に伴い、母親浄円院（巨勢氏）が和歌山城より江戸城へ移った際に供奉を勤め、そのまま幕臣となり、広敷伊賀者に任命された。広敷伊賀者は御側御用取次の指揮下にあり、諸役人の風聞、遠国御用、地廻り御用、世間の雑説などの情報を入手し、将軍の耳目として諸種政策の決定や人事考査などに大きな役割を果たした。なお林惣七郎の家は、寛政元年（一七八九）以前に「御庭番家筋」を放たれている。（西）

【典拠・参考文献】深井雅海『徳川将軍政治権力の研究』（吉川弘文館、一九九一年）

林忠篤《はやしただあつ》（一七三八～一七九四）

元文三年（一七三八）に生まれる。父は新番頭林忠久《ただひさ》、母は百人組頭内藤正芳《まさよし》の息女。藤五郎と称した。妻は大坂町奉行興津忠通《ただみち》の息女、後妻は結城藩主水野勝前《かつちか》の養女で実は勝浦藩主植村恒朝《つねとも》の息女。宝暦六年（一七五六）十二月十九日に将軍家重へ初御目見をし、同十三年十二月二十五日に家督を継ぐ。家禄三〇〇〇石。安永三年（一七七四）二月二十四日に持筒頭となり、同年十二月十八日には布衣を許される。同四年十二月九日に浦賀奉行、天明元年（一七八一）六月朔日に一橋家の家老となり、同年十二月十六日には従五位下肥後守に叙任される。寛政三年（一七九一）五月十三日に御側、同四年七月十九日、十一代将軍家斉子竹千代の誕生に際してその付属となり竹千代附御側となるが、同五年七月十五日、竹千代の死去により本丸の御側に復す。同年九月十五日、将軍世子となった敏次郎（のちの十二代将軍家慶）に付属させられるが、同六年十月二十六日には本丸の御側に復す。同八年三月四日、辞職願を出すも認められず、同月六日に死去。享年五十九。法名元玆。菩提寺は貝塚の青松寺（東京都港区）か。なお、子の忠英《ただふさ》は、十一代将軍家斉に寵愛されて若年寄まで昇進し、一万八〇〇〇石に加増され大名となっている。

（竹村）

【典拠・参考文献】『寛政譜』第四・一三二頁、『徳川実紀』第九・十篇、『続徳川実紀』第一篇

林忠和《はやしただかず》　（一六五八～一七〇五）

万治元年（一六五八）に大目付林忠隆の二男として生まれる。母は高城清右衛門重胤の息女。忠朗《ただあきら》・藤四郎・五郎作・五郎三郎・藤五郎と称した。妻は佐野与八郎政信の息女で、後妻は亀井貞右衛門経矩の息女。横田彦三郎能之の養子となりその家督を継ぎ、書院番となり、中奥の番士を経て御徒頭となり、布衣を許される。貞享元年（一六八四）四月二十七日に、林忠隆の長男忠晟《ただあきら》死去で林家の嗣子となる。元禄九年（一六九六）四月二十一日に目付となり、家督を継ぐ。同十二年正月二十八日に長崎に赴き、六月二十八日に長崎奉行となり、十二月十八日に従五位下土佐守に叙任される。同十六年十一月十五日に町奉行となる。宝永二年（一七〇五）正月二十八日に辞職し、寄合となる。同年三月十二日に死去。享年四十八。法名禅入。貝塚の青松寺に葬られ、代々の葬地となる。

（木﨑）

【典拠・参考文献】『寛政譜』第四・一三一頁、清水紘一「長崎奉行一覧表の再検討」（『京都外国語大学研究論叢』第XV号、一九七五年）

林董《はやしただす》　（一八五〇～一九一三）

嘉永三年（一八五〇）二月二十九日、佐藤泰然の五男として下総国佐倉本町に生まれる。信五郎・董三郎・東三郎と称する。養父は幕府奥医師林洞海。母は川端たき子。妻は佐倉藩士蒲生氏の女林（操）。安政二年（一八五五）、浜野東に『庭訓往来』等を学ぶ。文久二年（一八六二）六月に横浜移住。林洞海の養子となる。同年、米国商館書記Welman（Walsh hall）、通訳ジョセフ・ヒコ（浜田彦蔵）に英語を師事。同三年、横浜居留地のジェームス・ヘボン夫人の英学塾に入門。英国留学生の試験に合格し、慶応二年（一八六六）十月、幕府派遣英国留学生として横浜出港。同三年ロンドン着。L.Lloyd方に起居しEdward Malthyに英語、算術を学ぶ。University College Schoolにも通学。同四年（明治元年・一八六八）閏四月に帰国命令を受け、六月十八日帰国。開洋丸乗組見習士官。八月、榎本武揚に同行し品川沖を脱走。榎本武揚の「先之幕臣の北地移住に論ずる文」を英訳。明治二年五月に五稜郭開城、捕らえられて弘前藩預、禁錮。十月、函館台場に移送。同三年四月に赦免。禁錮中はイギリス人マコーレイの築城書並に図を吉田次郎と翻訳したという。五月～六月頃に明治義塾英学教師。十月、米国公使Dehongに雇われて通訳。同四年九月、神奈川県奏任出仕。十月、岩倉使節団随行大使附属二等書記官。十一月、外務省七等出仕、横浜出港。同六年五月に帰国。六月九日工学助兼任。七月結婚。以後同十年までに工部少丞・工部権大書記官を歴任。同十四年に工部大書記官。同十五年四月、宮内大書記官を兼任。六月にはロシア皇帝戴冠式列席の有栖川宮に随行。九月ペテルブルグ着。同十六年二月に帰国。同十七年に太政官へ転任。同十八年十二月には逓信省へ異動。同十九年三月、逓信省駅逓局長。同二十年に内信局長。同二十一年、香川県知事。同二十三年一月、兵庫県知事。同二十四年六月、外務次官。同二十八年、ロシア・ドイツ・フランス三国公使が遼東半島還附勧告書を林董に手交。五月、清国駐劄特命全権公使。十月に男爵。

同年勲一等。同二十九年帰国。同三十年三月に駐露公使。五月、スウェーデン公使、ノルウェー公使を兼任。同三十二年四月、ハーグの第一回万国平和会議委員。十一月に帰国。同三十三年二月、駐英公使。同三十四年三月、ドイツ駐英臨時大使。同三十五年一月、日英同盟協約に調印。二月に子爵。七月、英国皇帝戴冠式参列特派大使。同三十八年、駐英大使。同三十九年三月、帰国命令。五月、第一次西園寺内閣外務大臣。同四十年七月、第三次日韓協約に調印。九月に伯爵。旭日大綬章。同四十一年七月、外務大臣免職。同四十四年八月、第二次西園寺内閣逓信大臣兼外務大臣。十月に外務大臣兼任を解任。同四十五年（大正元年・一九一二）免職。著書に『後は昔の記』、『日英同盟の真相』等。訳書にベンサム『刑法論綱』、リーパー『自治論』、マキャベリ『羅馬史論』等がある。大正二年七月十日に葉山で死去。享年六十四。墓は東京都港区青山墓地。従二位。

（岩下）

【典拠・参考文献】村上一郎『蘭医佐藤泰然―その生涯と一族門流―』（大空社、一九九四）、林董著・由井正臣校注『後は昔の記―林董回顧録』（東洋文庫、一九七〇年）

林忠英《はやしただふさ》　（一七六五～一八四五）

父は御側衆の林忠篤《ただあつ》、母は上総勝浦藩主植村恒朝の娘で下総結城藩主水野勝前の養女。藤助・出羽守・筑前守・肥後守を称した。妻は神保茂清の娘。天明元年（一七八一）四月二十一日御小納戸となり、同年十二月十六日に布衣となる。同七年八月二日には小性になる。寛政元年（一七八九）十二月十六日、従五位下出羽守に叙任し、同八年七月三日に家督を相続する。同九年二月、小性頭取介より小性頭取となり、享和元年（一八〇一）十二月七日、小性組番頭の格式で御側御用取次見習となる。文化元年（一八〇四）十二月一日には御側御用取次となり、同十年十二月二十四日に一〇〇〇石加増され、家禄四〇〇〇石となる。文政五年（一八二二）三月二十八日、数年勤め向き出精につき三〇〇〇石を加増される。同八年四月二十三日に三〇〇〇石を加増され（家禄一万石）、若年寄奥兼帯勝手掛となる。天保五年（一八三四）十二月二十三日、数年勤め向き出精につき三〇〇〇石を加増される。同十年、江戸城修築の功績などにより五〇〇〇石を加増され、一万八〇〇〇石となる。林忠英は徳川家斉の大御所時代に家斉の側近として幕政を主導した人物として知られる。家斉死去後の同十二年四月十六日、勤方が「不応」という理由で御役御免、加増分のうち八〇〇〇石を召し上げられる。また、差控えを申し渡されて居屋敷・家作とも召しあげられた。同年七月二十九日老年を理由に隠居を仰せつけられ、嫡子の二男忠旭《ただあきら》へ家督相続を行った。弘化二年（一八四五）五月八日に死去。享年八十一。墓所は愛宕の青松寺。

（吉成）

【典拠・参考文献】『寛政譜』第四・一三二頁、『旗本百科』第四巻

林檉宇《はやしていう》　（一七九三～一八四六）

寛政五年（一七九三）五月二十七日に生まれる。本名を皝、通称は皝蔵、後に又三郎。字は用韜、号を檉宇・培斎・鈎亭。父は林述斎。母は側室の前原氏の八百。三男だが、長男と二男が夭逝したため嗣子となった。大郷信斎に句読を学び、後に佐藤一斎や松崎慊堂に師事した。文化五年（一八〇八）三月に十一代将軍徳川家斉に御目見した。文政二年（一八一九）二月に部屋住から儒者となり廩米三〇〇俵と歳例一〇〇金を賜り、十二月に布衣を許された。同十二年十二月十六日に従五位下左近将監に叙任された。天保九年（一八三八）十一月に第九代大学頭となった。同十一年正月に小性組番頭次席となり廩米一七〇〇俵を加賜

された。同十二年に家督を継ぐ。詩文や書道にも優れていた。著作に『書経重考』『観光集』『筠亭消閒録』などがある。弘化三年（一八四六）十二月六日に死去。享年五十四。靖恪（恭恪とも）と私諡した。墓所は東京都新宿区市谷山伏町の林氏墓地である。（神崎）

【典拠・参考文献】『続徳川実紀』第二篇、五弓雪窓編『事実文編』四（関西大学東西学術研究所資料集刊十一—四、関西大学出版・広報部、一九八〇年）、関儀一郎・関義直編『近世漢学者著述目録大成』（東洋図書刊行会、一九四一年）、西島醇『儒林源流』（鳳出版、一九七六年）、森潤三郎『紅葉山文庫と書物奉行』（復刻版・臨川書店、一九七八年）

林洞海《はやしどうかい》（一八一三～一八九五）

文化十年（一八一三）三月三日（二月説もある）、豊前国小倉篠崎村に生まれる。小林杖作・彊・健郷・存誠斎・梅仙・茶農と称した。父は小倉藩士小林祖兵衛。妻は佐藤泰然の長女つる。文政八年（一八二五）頃医術（軒岐の術）を修めたという。天保四年（一八三三）に父が浪人。同五年、蘭学修行を志して出府。足立長雋門下。六年に佐藤泰然と長崎遊学。大石良英らに師事。同九年、佐藤泰然の薬研堀の家に寄寓。同十一年に長崎遊学。大石良英・高島秋帆らと牛痘苗の入手に尽力。同十四年に帰府。佐藤泰然の佐倉移住により家の跡を継ぐ。同年結婚。嘉永三年（一八五〇）、小倉藩主小笠原忠徴に仕える。万延元年（一八六〇）、幕府に召され二丸製薬所勤め。奥詰医師。三〇人扶持。文久元年（一八六一）八月二十八日に奥医師、侍医、十二月二十八日に法眼。同三年、徳川家茂に随行し上京。明治二年（一八六九）、沼津の静岡藩病院副長。三年、大学中博士、従六位。大阪医学校長。十二月、権大典医、皇太后附。九年、四等侍医。正六位。校訂に『窊氏薬性論』『復薬論』。著述に『内科簡明』『窊篤児薬性論』等がある。明治二十八年二月二日に死去。八十三。本郷区駒込吉祥寺に葬る。（岩下）

【典拠・参考文献】芳賀登編『日本人物情報大系』五四巻（皓星社、二〇〇〇年）、村上一郎『蘭医佐藤泰然—その生涯と一族門流—』（大空社、一九九四年）

林読耕斎《はやしどっこうさい》（一六二四～一六六一）

寛永元年（一六二四）十二月二十八日、林羅山の四男として京都に生まれる。母は荒川宗意の息女。名は靖《おさむ》、守勝。字は彦復、子文。右近、春徳と称し、読耕斎・函三子・考槃窩・剛訥子・欽哉亭・静廬・甚斎と号した。妻は水戸家家臣伊藤玄蕃頭友玄の息女。松永尺五に朱子学を学ぶ。正保三年（一六四六）、幕府の儒官となり、明暦二年（一六五六）には法印に叙せられている。兄鵞峰とともに『羅山先生集』を編集している他、『本朝遯史』二巻、『本朝三十六詩仙』一巻、『考槃余録』二巻、『静廬摘要帖』一巻、『琉球贈答』一巻などの著書がある。万治四年（寛文元、一六六一）三月十二日に死去。享年三十八。（西）

【典拠・参考文献】『寛政譜』第十二・三九〇頁、近藤春雄『日本漢文学大事典』（明治書院、一九八五年）、『近世漢学者著述目録大成』（日本人物情報大系第四十八巻）』（皓星社、二〇〇〇年）

林復斎《はやしふくさい》（一八〇〇～一八五九）

寛政十二年（一八〇〇）十二月二十七日に生まれる。本名を韑、通称は韑之助・右近。字を弸中《ほうちゅう》。号を復斎・梧南・藕潢。父は林述斎、母は側室の前原氏の八百で、その六男である。先妻は堀伊豆守利堅の息女、後妻は津田氏。父述斎および松崎慊堂に学んだ。文化四年（一八〇七）九月に分家の林信隆の養子となり小普請に列した。

文政七年（一八二四）十一月二十五日に書物奉行となり、天保九年（一八三八）十一月十二日に二丸留守居に転じた。昌平坂学問所御用を命じられて実兄の大学頭林皝を補佐し、同年十二月十六日に布衣を許された。同十四年四月九日に先手鉄炮頭になり、弘化四年（一八四七）二月十一日に西丸御留守居に転じ、同年十二月十六日に従五位下式部少輔に叙任された。嘉永六年（一八五三）九月に林家宗家に嗣子がないため、幕府の命により宗家に戻り、第十一代大学頭となった。同七年（安政元・一八五四）三月三日に日米和親条約を締結した際に応接掛を勤め、同年五月二十二日に下田規定書を締結した際にも全権の一人として活躍した。幕府の編纂事業として『通航一覧』を担当した。著書に『重訂御書籍来歴志』『重訂御書籍目録』『海防策草』などがある。安政六年（一八五九）九月十七日に死去。享年六十。文毅と私謚した。墓所は東京都新宿区市谷山伏町の林氏墓地である。

（神崎）

【典拠・参考文献】『続徳川実紀』第二・三・四篇、五弓雪窓編『事実文編』四（関西大学東西学術研究所資料集刊十―四、関西大学出版・広報部）、柴田實「江戸幕府の修史事業について」『本邦史学史論叢』下（冨山房、一九三九年）、関儀一郎・関義直編『近世漢学者著述目録大成』（東洋図書刊行会、一九四一年）、西島醇『儒林源流』（鳳出版、一九七六年）、森潤三郎『紅葉山文庫と書物奉行』（復刻版・臨川書店、一九七八年）

林鳳岡《はやしほうこう》　（一六四四～一七三二）

正保元年（一六四四）十二月十四日に儒者林鵞峯の二男として江戸に生まれる。名は戇、信篤。字は直民。惣髪後は春常。鳳岡・整宇・拙々斎・徐于子と号した。母は羽田庄兵衛至政の息女。妻は畠山式部政信の息女。兄梅洞より学び、経書に通じていた鳳岡は、四代将軍徳川家綱から八代将軍吉宗までの五代に仕えた。寛文二年（一六六二）に、羅山から引き継いで『本朝通鑑』の編纂にとりかかった父鵞峯とともにこれにあたり、永享年間（一四二九～四一）以後の歴史を担当している。貞享四年（一六八七）、大蔵卿に任ぜられ、法印に叙せられ、弘文院学士の号を賜っている。元禄四年（一六九一）、五代将軍綱吉の命により、忍ヶ岡にあった林家の学問所、聖堂を湯島昌平坂に移した。このとき綱吉より蓄髪を許されて士分となり、大学頭に任ぜられ、信篤と称するようになった。同十一年、忍ヶ岡の別邸が焼失すると、牛込山伏町に土地をもらい、羅山以降の墓をこの地に移した。享保四年（一七一九）には朝鮮通信使来聘御用を勤め、同九年閏四月に隠居した。著書に『鳳岡林学士集』一二〇巻、『四書講義』、『聖堂再造記』一巻などがある。同十七年六月一日に死去。享年八十九。葬地は牛込山伏町下屋敷で、同地において儒葬。

（西）

【典拠・参考文献】『寛政譜』第十二・三九六頁、高田真治『日本儒学史』（地人書館、一九四一年）、近藤春雄『日本漢文学大事典』（明治書院、一九八五年）、『近世漢学者著述目録大成』（日本人物情報大系第四十八巻）（皓星社、二〇〇〇年）、竹内誠・深井雅海編『日本近世人名辞典』（吉川弘文館、二〇〇五年）

林完熙《はやしもとあきら》　（一六九五～一七三一）

元禄八年（一六九五）に生まれる。良適・道二と称した。実父は伴道與榮藩。林重熙の末期養子となった。妻は林重熙の養女。林家は初め医術を以て紀伊徳川家に仕え、林完熙より二代前の林重好が享保三年（一七一八）に徳川吉宗の母淨圓院の江戸参府に随行したのが幕臣としての始まりである。その時に三河宝飯郡で三〇〇石と月俸一〇口（十人扶持）を賜った。享保六年十二月二十三日に家督相続して小普請組入り。同七年十二月四日、小石川養生所医師。同十一年十一月十三日に御番医師。同十二年には『普救類方』の撰述及び『馬經大全』の和解の命を受ける。同十四年、『普救類方』完成、献呈し白銀一〇枚を下賜される。のちオランダ人と対話して梅花・菊花・丁子等の製油に成功した。同十六年正月二十二日に死去。享年三十七。法名樂軒。林家は代々四谷にあった理性寺を菩提寺とする。（岩下）

【典拠・参考文献】『寛政譜』第十九・二三三頁

林羅山《はやしらざん》　（一五八三～一六五七）

江戸幕府の代表的な儒官である林家の始祖。天正十一年（一五八三）八月、藤原信時の子として京都の四条新町に生まれる。名は忠、信勝。字は子信。又三郎と称し、羅山・浮山・羅浮・羅洞・四羅山長・胡蝶洞・瓢巷・梅村・夕顔巷・尊経堂・麝眠・雲母渓と号した。剃髪後の法号は道春。妻は荒川宗意の息女。父信時の長兄である吉勝の養子となり、文禄四年（一五九五）、建仁寺に入り、儒学と仏教を学んだが、慶長二年（一五九七）には寺を出て家に戻った。その後はもっぱら儒学を学び、朱子の「章句」、「集注」を研究し、宋学に傾倒していった。同九年、角倉了以の子である吉田玄之の紹介で藤原惺窩に師事し、学問と実際の政治を結びつけるため、惺窩の推薦を受けて同十年、二条城で徳川家康に謁し、その学識を認められて幕府の儒官となり、顧問として政治に関与した。同十二年には徳川秀忠にも謁した。駿府城で家康に仕え、家康の命によって僧形となり、道春と称するようになった。この後、秀忠、家光、家綱まで、四代の将軍の侍講を務め、儒書や史書を講じるとともに、古書旧記の蒐集、朝鮮通信使の応接、外交文書の起草など、学問や儀礼に関連のある公務に従事したほか、三男鵞峯、四男読耕斎の助けを得ながら『寛永諸家系図伝』、『本朝編年録』などの編纂にあたった。寛永七年（一六三〇）には、江戸上野の忍ヶ岡に土地を拝領し、私塾、文庫と孔子廟を建てた。なお、これらはのち、神田昌平坂に移され、昌平黌および聖堂となった。その学問は、諸子百家より日本の古典にわたる幅広いものであったが、中心は朱子学であった。この朱子学の立場から羅山は神道を解釈し、「理当心地神道」をたてている。著書は、『春鑑抄』一巻、『三徳抄』二巻、『性理字義諺解』八巻、『神道伝授抄』二巻、『本朝神社考』六巻、『神道秘訣』二巻など多数に及ぶ。明暦元年（一六五五）、江戸城中にあった書庫を賜ったが、同三年の大火により書庫とともに蔵書を消失。同年一月二十三日に死去。享年七十五。上野忍ヶ岡下屋敷において儒葬され、元禄十一年（一六九八）、下屋敷の牛込山伏町への移転に伴い、同地に改葬されている。（西）

【典拠・参考文献】『寛政譜』第十二・三九〇頁、堀勇雄『林羅山』（吉川弘文館、一九九〇年）、宇野茂彦『林羅山・（附）林鵝峰』（明徳出版社、一九九二年）、近藤春雄『日本漢文学大事典』（明治書院、一九八五年）、『近世漢学者著述目録大成（日本人物情報大系第四十八巻）』（皓星社、二〇〇〇年）、竹内誠・深井雅海編『日本近世人名辞典』（吉川弘文館、二〇〇五年）

林部善太左衛門《はやしべぜんたざえもん》　（生没年未詳）

内山半次郎の息子として生まれ、林部善太左衛門の養子となる。文化八年（一八一一）閏二月十四日、遺跡を継承し、富士見御宝蔵番を務める。文政三年（一八二〇）十二月六日支配勘定出役、天保四年（一八三三）正月五日勘定へ昇進する。同十三年六月二十二日、七〇俵五人扶持にて代官を命じられ、上野国岩鼻陣屋へ赴任する。安政二年（一八五五）に江戸詰の代官となる。同五年十一月二十二日勤務出精として蔵米一〇〇俵高へ加増。文久三年（一八六三）四月十六日、御役御免となり職を辞す。享年七十三。　（宮原）

【典拠・参考文献】『旗本百科』第四巻、『代官履歴』

原市之進《はらいちのしん》　（一八三〇～一八六七）

文政十三年（一八三〇）正月六日に水戸藩士原十左衛門雅言（勘定奉行、一五〇石）の第二子として水戸城下西向井町に誕生する。母は外岡氏。幼名は小熊。諱は初め忠敬、のちに忠成。伍軒・不愧斎と号した。原氏の先祖は甲斐武田氏の武将原昌胤という。弘化三年（一八四六）十二月、元服して任蔵と称し、安政六年（一八五九）十月に市之進と改めた。藩校弘道館に学び、従兄の藤田東湖に師事した。嘉永五年（一八五二）十二月、江戸に遊学し古賀謹堂（謹一郎）、塩谷《しおのや》宕陰《とういん》らに学び、翌年昌平黌に入校し薩摩の重野安繹《やすつぐ》、会津の秋月胤《たね》永《なが》（悌次郎）、仙台の岡千仞《せんじん》らと交流した。翌六年、古賀謹堂や川路聖謨らがロシア使節応接のため長崎に出張を命じられると、従者として同行した。安政五年（一八五八）、水戸藩に「戊午の密勅」が下された際には廻達を主張し、幕府の勅諚返納論に反発した。対水戸強硬派の老中安藤信正の襲撃を謀議し、その斬奸状を執筆したという。文久三年（一八六三）、水戸藩主徳川慶篤に先立ち入京し、攘夷論の周旋に努め、慶篤の退京後も本圀寺《ほんこくじ》詰として京都に留まった。一橋慶喜の禁裏御守衛総督就任に伴い、元治元年（一八六四）四月九日に一橋家雇入となり用人見習を命じられた。同年六月の平岡円四郎暗殺後は、慶喜の側近として台頭し、慶応元年（一八六五）九月十四日に一橋家御側御用取扱となり、十一月九日には幕府より三〇人扶持を賜った。慶応元年中に、慶喜の国事周旋・尽力の様子を記した『督府紀略』を著す。慶喜が徳川宗家を相続すると幕臣となる。『柳営補任』巻三には、慶応二年八月二十一日に一橋家用人雇より目付となり、一〇〇俵を加増されたとある。いっぽう『続徳川実紀』四篇には、同年八月二十二日に一橋家用人雇より両番格奥詰となったとある。また、八月二十日、両番格奥詰になったと同時に目付になったという記述もあり（『徳川慶喜公伝』四）、一定していない。同年十二月二十五日に孝明天皇が崩御すると、山陵・葬祭をつかさどり、旧例古格に則った大葬を挙行した。翌三年、慶喜を補佐して兵庫開港の勅許獲得のため奔走するが、攘夷派の幕臣に憎まれ、同年八月十四日に鈴木恒太郎・豊次郎兄弟、依田雄太郎らの襲撃を受け斬殺された。享年三十八。山岡鉄太郎（鉄舟）・中条金之助・関口隆吉らが市之進の暗殺に関与していたといわれる。墓は京都府東山の長楽寺、および茨城県水戸市の常磐共有墓地にある。流通経済大学に「原忠成日記」（元治元年八月～慶応二年十月）の写本がある。　（藤田）

【典拠・参考文献】水外居士「原市之進伝」（『維新史料』八十編、野史台、一八九一年）、渋沢栄一『徳川慶喜公伝』四（東洋文庫、平凡社、一九六八年）、松本佳子『原市之進―徳川慶喜のブレーン―』（ふるさと文庫、筑波書林、一九九〇年）

原思孝《はらしこう》　（生年未詳～一八六二）

父は原清右衛門。弥十郎・伊予守とも称した。安政三年（一八五六）四月二十五日、奥右筆より奥右筆組頭格となり、同四年八月九日に奥右筆組頭となる。同六年八月二十八日には広敷（天璋院）御用人になる。万延元年（一八六〇）九月十五日には京都

町奉行へ転じた。文久二年（一八六二）四月二十二日に京都にて死去する。　（吉成）

【典拠・参考文献】『旗本百科』第四巻

原《はら》清穆《せいぼく》　（生没年未詳）

実父は勤仕並寄合の町野左近で京都町奉行の原思孝の養子となる。弥十郎・誠之助を称した。安政五年（一八五八）五月二十九日部屋住から小性組入りする。文久二年（一八六二）七月六日、養父思孝の遺跡を継ぐ。同三年一月二十二日に小性組（学問所世話心得）から御小納戸となり、同年二月二日には布衣となる。元治元年（一八六四）五月二十四日、御膳奉行を兼帯する。同年六月二十二日御小納戸を御免となり、勤仕並寄合となる。慶応二年（一八六六）十二月十九日、新炮兵頭となり一〇〇〇石高になる。同三年二月十二日には京都にて目付に就任、同四年二月十三日に炮兵頭となり二〇〇〇石高となる。同年二月二十五日に勘定奉行並（公事方）となり、同年四月二十五日には作事奉行となる。　（吉成）

【典拠・参考文献】『旗本百科』第四巻

原《はら》胤昭《たねあき》　（一八五三～一九四二）

嘉永六年（一八五三）二月二日に生まれ、通称は弥三郎。父は南町奉行所吟味方与力佐久間健三郎長興、母は南町奉行所年番与力原胤輝の息女とき、妻は西丸書院番与力大久保八右衛門忠義の息女である。また兄に佐久間長敬、姉婿に由比光倍がいる。原家は下総手賀城主原胤親の子孫で、元和三年（一六一七）に原胤次が板倉勝重の推挙で町奉行所与力に召し出されたという。元治元年（一八六四）に母の実家である原家十一代目当主定太郎胤保が早世したのを受けて、同家に養子に入った。慶応二年（一八六六）に無足見習となり、翌三年八月十日に本勤めとなった。彼は人足寄場の見廻り役を務めたが、後年「与力中の末席勤務で、新参者、又は若年者が、触れ当てられる気のきかない役向」（『前科者はナゼ又行るか』）と自身で述べている。同四年四月十一日、江戸城は官軍に引き渡され、五月十九日に鎮台府が設置されて以降のおよそ一〇〇日間は南北の市政裁判所として勤務し、胤昭は東京府発足とともに記録方・書記となったが、翌年東京府員減員のために免職となった。彼はその後明治四年（一八七一）に米人教師を雇い、自宅に英学所を開設する。また同時に田中耕三の築地塾、湯島にあった福地桜痴の共慣義塾、横浜の作文館などにも学んだという。胤昭に大きな転機が訪れたのが、明治七年で、米人宣教師カロゾルス経営の英学校築地大学校に学び始め、十月十八日にはカロゾルスによりキリスト教の洗礼を受け、田村良臣らとともに銀座に東京第一長老教会独立銀座教会（のちの巣鴨教会）を創立している。さらにこの年には、銀座に現在の十字屋楽器店の前身である英書販売店十字屋を創業しているほか、幕・提灯などを新富座から借り、裃をつけたサンタクロースを登場させた、我が国初のクリスマス会を開催した。明治十五年には江戸錦絵を改良した輸出用の錦絵を刊行するため、神田三崎町に天福堂を開店するが、翌年福島事件に関連する錦絵「天福六家撰」を刊行し、これが改正新聞紙条例違反等の罪に問われて、東京軽罪裁判所にて軽禁錮三月、罰金三〇円に処せられ、東京監獄署石川島分署に投ぜられる。彼は入監中に囚徒の窮状を目撃して監獄改良および釈放者保護の必要を痛感し、出獄後自宅を開放して釈放者を収容保護する。その後一時教戒師を務めたが、私費を投じて東京出獄人保護所を開設し、後半生を出獄人保護事業に費やした。また、晩年の彼は明治二十二年に結成された南北町奉行所出身者で組織する南北会の幹事となり、散逸する町奉行所与力・同心の各家に伝来する史料の収集を行ない、「最後の町与力」として執筆・講演などを行った。彼の残した史料には実兄佐久間長敬から引き継いだものも多く含まれており、現存するその膨大な史料は、町奉行所の機構や江戸市政を知る上でもきわめて重要なものとなっている。昭和十七年（一九四二）二月二十三日に死去。享年九十。原家の菩提寺は代々浅草の永見寺であったが、胤昭によって墓所を先祖手賀城址に改葬されている。（滝口）

【典拠・参考文献】『江戸町与力の世界―原胤昭が語る幕末―』（千代田区立四番町歴史民俗資料館図録、二〇〇七年）、『原胤昭旧蔵資料調査報告書―江戸町奉行所与力・同心関係史料―（1）～（3）』（千代田区教育委員会、二〇〇八～一〇年）

原胤信《はらたねのぶ》　（一五八七～一六二三）

天正十五年（一五八七）に生まれ、吉丸・左五右衛門・主水・ジョアンを称す。父は臼井城主原胤義。祖父胤栄が守る臼井城は、天正十八年（一五九〇）六月に小田原攻めを行なう豊臣軍の攻撃を受け落城し、家康の小姓に召し出され、旗本として駿府の家康に近侍したが、その後キリスト教の洗礼を受けてジョアンと名乗る。慶長十七年（一六一二）三月にキリシタンを厳しく取り締まる旨の禁令が出されると、駿府を脱走し、二年後岩槻で捕らえられた。主水は額に十字の焼印を押され、両手の母指、両足の腱を切られて江戸から追放の処分を受けたが、その後も棄教せずに江戸で布教を続けたため、元和九年（一六二三）に再び捕らえられ、十月十三日、高輪で他の五〇人ほどの信徒とともに火刑に処されている。享年三十七。（滝口）

【典拠・参考文献】『江戸町与力の世界―原胤昭が語る幕末―』図録（千代田区立四番町歴史民俗資料館、二〇〇七年）

原武太夫《はらぶだゆう》　（一六九七～一七七六カ）

元禄十年（一六九七）に生まれる。名は盛和、前名は富五郎・富次郎・富之丞。俳名は原富。芸名は岡安原富、観流斎。もと御留守番与力で、江戸牛込清水坂辺りに居住。享保年間（一七一六～一七三六）に三味線の名手として著名であったが、元文元年（一七三六）以降は、演奏を行わず、狂歌を詠んだ。『北里戯場隣の疝気』などの随筆も残している。没年については、安永五年（一七七六）七月九日没、享年八十、あるいは、寛政四年（一七九二）二月二十二日没、享年九十六ともされる。（湯浅）

【典拠・参考文献】『古典文学』第五巻、森銑三「原武太夫」『森銑三著作集　第四巻』（中央公論社、一九七一年）

原政久《はらまさひさ》　（一六八二～一七五二）

宝永二年（一七〇五）五月七日遺跡を継ぎ、同十一日勘定に列し、後に仰せにより諸国を巡見し、長崎に赴くようになる。新六郎と称す。妻は父一永の養女。享保六年（一七二一）六月五日、年頃怠りない勤めに対し、黄金二枚を賜った。同八年八月八日に勘定組頭へすすみ、同十四年七月朔日には代官に転じる。江戸・奈良・江戸（再任）にて歴任した。寛保三年（一七四三）六月十九日に職を辞し、延享元年（一七四四）四月四日に致仕する。宝暦二年（一七五二）十二月六日に死去。享年七十一。法名は日悟。（高木）

【典拠・参考文献】『寛政譜』第十九・一八三頁、『代官履歴』

原田左之助《はらださのすけ》　（一八四〇～一八六八）

天保十一年（一八四〇）、松平隠岐守城下矢矧町（現愛媛県松山市）に原田長次の息子として生まれた。安政五年（一八五八）ごろに藩を出て、その後の足取りはわかっていないが、大坂で松山藩浪人の谷三十郎から種田流の槍術を学び、江戸へ出て、天然理心流試衛館に学ぶようになったという。そして文久三年（一八六三）、試衛館の門人らとともに幕府募集の浪士組参加のため、上京した。その後、新撰組の隊士となり、池田屋事件では金一〇両、親身料七両を賜った。慶応三年六月、幕臣に取り立られた際、見廻組格となった。そして鳥羽・伏見の戦などに出陣したが、のちに永倉新八らと新撰組を離脱し、新たに靖共隊隊を結成した。その後はさらに一部の旧新撰組隊士らと彰義隊に所属した。上野戦争の銃創により、享年二十九で落命。（上野）

【典拠・参考文献】『新選組大人名事典』（新人物往来社、二〇〇一年）

原田孝定《はらだたかさだ》　（一七三五～一七八八）

同朋頭を務めた原田順阿弥の子。家禄は廩米三〇〇俵。左門・良阿弥・順阿弥・清右衛門と称した。妻は鈴木惣左衛門長温の女。宝暦三年（一七五三）五月二十六日に同朋頭見習となる。同年六月五日に将軍家茂に拝謁。明和元年（一七六四）九月七日に家督を継ぐ。同三年六月十五日に同朋頭となり、安永七年（一七七八）三月二十九日に束髪し御賄頭見習となる。同九年十月三日に代官となるが、天明八年（一七八八）に租税のことで罪を蒙り、七月二日に糾明中に死去する。享年五十四。法名は妙玄。菩提寺は下谷の広徳寺（東京都台東区）。（石山）

【典拠・参考文献】『寛政譜』第十・八頁

原田正氏《はらだまさうじ》　（生没年未詳）

藤大夫と称した。父は徳川家康に仕えて、のち家康の長男である信康に仕えた正信。正氏は、将軍家に仕えて百人組の与力となる。三代将軍家光の時代に御側の中根壱岐守正盛に属して、国廻の役を勤めている。なお、子の小右衛門正之も、父同様に国廻の役を勤めた。（小宮山）

【典拠・参考文献】『寛政譜』第二十二・三三八頁

伴貞懿《ばんさだよし》　（一八三九～一八六八）

天保十年（一八三九）四月八日、武蔵国生まれ。本姓は岡田。字は士徳。通称は門五郎。叔父の伴貞栄の跡を継いで幕府に仕える。徒士隊に属した後、文久三年（一八六三）の将軍家茂の上洛に従う。慶応元年（一八六五）の第二次長州征討にも参加。同二年八月には陸軍調役となる。同四年二月、徳川慶喜が朝敵とされたことに反発し、彰義隊の結成に参加、のち頭取となる。上野の山にたてこもり新政府軍に対抗したが、同年五月十五日、総攻撃をうけて戦死した。（上野）

【典拠・参考文献】『明治維新人名辞典』（吉川弘文館、一九八一年）

伴鉄太郎《ばんてつたろう》　（一八二九～一九〇二）

文政十二年（一八二九）生まれ。父親は伴賀右衛門。文久三年（一八六三）に小十人稲生庄五郎出役のため、小十人格となる。元治元年（一八六四）には開成所取締役に任ぜられる。慶応二年（一八六六）、両番上席御軍艦頭取から軍艦役となり、慶応四年正月に軍艦頭並から軍艦頭となった。長崎海軍伝習所で学び、海軍士官として咸臨丸で渡米した経験を持つ。沼津兵学校で一等教授方として数学や漢詩の教鞭をとった。明治七年（一八七四）には海軍省少佐、水路権助となる。また水路寮製図課長、水路局副長として海軍の測量に関与した。明治三十五年（一九〇二）八月七日に死去。（津田）

【典拠・参考文献】『柳営補任』、樋口雄彦『旧幕臣の明治維新　沼津兵学校とその群像』（吉川弘文館、二〇〇五年）、同『沼津兵学校の研究』（吉川弘文館、二〇〇七年）、『旗本百科』第四巻

半田景寿《はんだかげひさ》　（一七七二～没年未詳）

同朋頭の半田景貞の男。母は田中三次郎喜道の女。槌蔵・立阿弥・丹阿弥と称した。妻は一橋家家臣遠山市十郎則武の女。寛政四年（一七九二）三月十三日に同朋見習となる。同七年十二月五日に同朋となり、同八年十二月二十七日に家督を継ぐ。廩米二〇〇俵を与えられる。同十年（一七九八）十一月七日に西丸同朋頭となる。のちに同朋頭となる。（石山）

【典拠・参考文献】『寛政譜』第十七・三三九頁、『旗本百科』第四巻

ひ

東條為一《ひがしじょうためかず》（一七九七～没年未詳）

東條家は元文五年（一七四〇）四月に先手与力に召し出され、享保十一年（一七二六）五月に北町奉行所与力に転じ、以後は代々町与力を務めた。為一は小丹次・八太郎・八太夫と称し、父は南町与力原家から養子に入った八三郎為識、母は武蔵国足立郡槐戸村浅井氏の息女、また妻は奥医師小堀祐真法眼の息女である。為一は文化八年（一八一一）に与力となり、詮議役などを務め、天保十三年（一八四二）には長男為文（八太郎）が別家して同じ北の与力に召し出されている。その後、再任された遠山景元の要請で嘉永二年（一八四九）頃に父子揃って南へ組替えとなり、さらには二男為則（保太郎）・三男為親（悦三郎）も見習として出仕するという破格の待遇を受けたが、安政四年（一八五七）に町奉行所に登用された鈴木藤吉郎と対立した結果、同年十二月に為一が先手鉄炮組、為文が先手弓組にそれぞれ左遷される。しかし、万延元年（一八六〇）五月には父子はともに長崎奉行支配調役並（役高一〇〇俵七人扶持）に異動となった。ここで為文は出世の機会を得、調役（役高一五〇俵一〇人扶持）を経て慶応三年（一八六七）五月には組頭（役高二五〇俵、役料三〇〇俵）となり、旗本に列している。為一は慶応元年頃に引退したが、東條家は本家が為一―為則、分家が為文―為親と相続したようである。なお、為一は「源春枝」の名で『山のくち葉』という歌集を残しているなど、文化人としての側面ももっていた。また、為一父子は遠山景元の厚い信任を受けていたようで、遠山家の日記に頻繁に接触がうかがえるほか、本妙寺にある遠山の墓所には、彼が寄進した石灯籠が現存している。（滝口）

【典拠・参考文献】岡崎寛徳「幕府御家人東條為一の長崎道中日記」（『大倉山論集』第五四輯、二〇〇八年）、同「江戸町与力東條為一の長崎転任」（『大倉山論集』第五五輯、二〇〇九年）、『原胤昭旧蔵資料調査報告書―江戸町奉行所与力・同心関係史料―（1）～（3）』（千代田区教育委員会、二〇〇八～一〇年）

樋口喜左衛門《ひぐちきざえもん》（生没年未詳）

小十人樋口九十郎の子として生まれる。忠一郎とも称する。安政二年（一八五五）

に奥右筆となり、さらに同六年九月十三日に組頭並となる。翌万延元年（一八六〇）四月十五日、奥右筆組頭となるが、文久三年、老眼などによって文字を認《したた》めるのが困難になったことを理由に隠居を願い出て許可され、養子登三郎《とうさぶろう》に家督を譲って隠居した。禄は現米四〇石五人扶持（異同有り）。屋敷は下谷御徒町にあり、神田明神下金沢町に一五二町および青山権田原に一〇〇坪の拝領屋敷があった。　（浦井）

【典拠・参考文献】『旗本百科』第四巻、『文久三年武鑑』

彦坂重紹《ひこさかしげつぐ》　（一六一九～一六七〇）

元和五年（一六一九）に彦坂重定《しげさだ》の長男として生まれる。妻は書院番曽我近祐《ちかすけ》の娘。重直《しげなお》・重治《しげはる》・正紹《まさつぐ》とも名乗り、左兵衛・九兵衛・壱岐守と称した。寛永九年（一六三二）六月に初めて三代将軍家光へ拝謁し、同十五年正月十五日に書院番となり、同十七年十二月に三〇〇俵を与えられ、同十八年十二月四日に家督を継ぐ。明暦二年（一六五六）七月四日に小十人番頭となり、十二月二十三日に三〇〇俵を加増され、同月二十六日に布衣を許される。万治元年（一六五八）九月朔日に目付、寛文元年（一六六一）十一月十一日に大坂町奉行となり、一〇〇〇石を加増され、十二月二十八日に従五位下壱岐守に叙任された。延宝五年（一六七七）九月十三日に老齢・長病のため辞職し寄合となるが、同七年九月二十五日に目付となり、天和二年（一六八二）四月二十一日に一〇〇〇石を加増される。同三年七月二十三日に御留守居となり、元禄四年（一六九一）十二月十日に五〇〇石を加増される。同十年二月三日に死去。享年七十九。法名は寂翁。菩提寺は上野の東叡山の護国院（東京都台東区）である。（加藤）

【典拠・参考文献】『寛政譜』第六・二五頁、『柳営補任』、『徳川実紀』第二～六篇

彦坂重治《ひこさかしげはる》　（一六二一～一六九三）

元和七年（一六二一）に生まれる。彦坂重定《しげさだ》の二男で、分家した。重助・源三郎・源兵衛と称し、寛永十六年（一六三九）三代将軍徳川家光に御目見《おめみえ》し、同十七年三月十九日に小性組に列し、同十八年十二月四日、兄重紹《しげつぐ》に給されていた廩米《りんまい》のうち三〇〇俵を分与される。寛文六年（一六六六）六月八日、目付に転じ同年十二月二十三日に廩米三〇〇俵加増、二十八日布衣を許される。延宝八年（一六八〇）十月七日に勘《かん》定頭《じょうがしら》（勘定奉行）となり、石高一〇〇〇石を加増、知行取となる。知行地は下総国香取郡と常陸国鹿島郡で、知行高は一六〇〇石。天和元年（一六八一）十二月二十六日精勤を褒賞される。同二年四月二十一日、七〇〇石を加増され、知行高は二三〇〇石となり、同月二十七日、従五位下伯耆守に叙任される。このときの加増は、徳川綱吉の将軍就任に伴い館林藩がなくなったため、旧館林藩領にあたる幕領を大名・旗本に役料分を分け与えたものであった。勘定奉行として重治は、貞享三年（一六八六）九月十八日、武蔵国忍《おし》領の普請組合の人足・竹木等の負担について、焼失してしまった寛永十二年（一六三五）老中が定めた証文を追認する内容の証明を行い、老中大久保忠朝ら三名と他の勘定奉行二名とともに連署して発給している。同四年九月十日、勤務不良を理由に免職され謹慎の身となり、元禄二年（一六八九）六月四日に赦されたが、過去の加増分一七〇〇石を召し上げられ、屋敷地を収公、小普請入りとなった。将軍拝謁も禁じられたが、同三年四月十七日に赦された。同六年八月二十七日、七十三歳で死去。法名は清山。東叡山護国院（東京都台東区）に葬られ、同院は以後代々の墓所となった。　（実松）

【典拠・参考文献】『寛政譜』第六・二八

頁、大谷貞夫『江戸幕府治水政策史の研究』（雄山閣、一九九六年）

彦坂紹芳《ひこさかつぐか》（一七五二～一八二五）

宝暦二年（一七五二）彦坂定賢《さだたか》の二男として生まれる。母は大河内忠恒の息女。初めは定暨《さだなお》と名乗り、繁次郎・三大夫と称した。妻は彦坂九兵衛忠篤の養女。明和五年十二月四日に（一七六八）遺跡を継ぎ、一二〇〇石を知行する。天明元年（一七八一）八月二十二日小性組番士となる。享和四年（文化元、一八〇四）正月十一日に使番、同二年十一月二十二日より火事場見廻も兼帯。同四年二月二十二日に西丸目付、翌五年二月二十日より目付を命じられる。同十三年五月一日、大坂町奉行へ昇進し、文政三年（一八二〇）に旗奉行となる。同五年六月六日に隠居し、同八年六月三日に死去。享年七十四。（宮原）

【典拠・参考文献】『寛政譜』第六・二八頁、『旗本百科』第四巻

彦坂光正《ひこさかみつまさ》（一五六五～一六三三）

永禄八年（一五六五）、今川義元の家臣彦坂成光の長男として生まれる。九兵衛と称す。妻は松平助左衛門某の息女。徳川家康に仕え、本多豊後守広孝に属し、天正十九年（一五九一）の長久手の役にて戦功があった。慶長九年（一六〇四）頃より三河国東部、後に尾張国の支配にあたったが、特に同十二年以降に家康の駿府大御所政治が展開すると出頭人として活躍した。同十四年に駿府町奉行となり、新恩の地を給い、三河・相模両国内に於いて全て二〇六〇石余を知行する。後に相模国の采地を三河国設楽郡に移され、同十七年五月三日に設楽郡の内にて二〇六〇石余を知行するよう黒印が下された。駿府政権の地域行政に参画しながら岡本大八事件、大久保長安の下代の処罰などの重要な事件に関わる。同十九年豊臣秀頼京師大仏再建の時には、鐘銘を作った東福寺の清韓長老に不審なことがあって光政に召し預けられた。元和二年（一六一六）、家康の遺命により、紀伊大納言徳川頼宣の付家老となり、三〇〇〇石の加恩があった。同五年、頼宣が紀伊・伊勢両国五五万石に移り、親藩の和歌山藩が立藩すると、安藤直次・水野重央とともに年寄衆を務めた。寛永九年（一六三二）に故あって和歌山藩を去り、下野国日光山に入る。同九年二月二十九日に死去する。享年六十九。法名は正宗で、護光院（栃木県日光市）に葬られる。（高木）

【典拠・参考文献】『寛政譜』第六・二二五頁、村上直「彦坂九兵衛光正について」（『徳川林政史研究所研究紀要』、一九七六）、『代官履歴』、『日本近世人名辞典』（吉川弘文館、二〇〇五年）

彦坂元正《ひこさかもとまさ》（生年未詳～一六三四）

彦坂光景《みつかげ》の息子として生まれる。小刑部と称した。元成とも名乗る。天正年間より近江国の代官を務めたといわれている。天正十七年（一五八九）に三河国の検地奉行となり、同十八年八月、徳川家康の関東入国後、町の代官として板倉勝重とともに江戸を管轄する。また相模国鎌倉郡岡津に陣屋を構え、いわゆる代官頭の一人として「彦坂流」とも後年よばれた独自の地域行政を行う。慶長五年（一六〇〇）関ヶ原の戦では、伊奈忠次・大久保長安とともに小荷駄奉行を務める。翌六年六月鶴岡八幡宮修理不備により閉門し、さらに同十一年正月、支配の百姓から不正を訴えられ、また年貢引負が露見し、改易される。のち下総国古河藩の土井利勝に仕えたが、寛永十一年（一六三四）正月八日に死去。（宮原）

【典拠・参考文献】『寛政譜』第六・三〇頁、『代官履歴』、『日本近世人名辞典』

久田長考《ひさだながとし》（一七四九～一八〇八）

寛延二年（一七四九）に生まれる。祖母

は大奥で老女となり、八代将軍吉宗の四男小五郎（のちの一橋家初代当主宗尹《むねただ》）の御守を務めた。その縁で父久田宣如《のぶゆき》は小五郎の御伽となり、のちに一橋家の附切で物頭などを務める。母は西丸新番本多敏之《としゆき》の息女。孫太郎・縫之助と称す。妻は小石川薬園奉行次席植村政辰《まさとき》の養女で、実は山田氏の息女。父の仕えた一橋家で抱え入れられ、近習番・小性・物頭を務めた後、用人となり、天明三年（一七八三）十二月十八日、幕府から布衣を許される。のち一橋家の番頭・番頭兼側用人へと昇進した。寛政九年（一七九七）閏七月十七日には幕府の御家人となり、廩米三〇〇俵を与えられ、御小納戸に就き、同月二十一日に西丸御小納戸頭取、同年十月四日には一橋の家老となり、一橋邸に戻った。この際二〇〇石を加増され、廩米を知行に改めて都合五〇〇石となった。同年十二月十八日には従五位下縫殿頭に叙任された。長考は一橋二代当主治済《はるさだ》の腹心であり、一橋邸で権勢を誇った人物で、幕府召出しは一橋邸の最高職でありながら旗本のみが就任できる家老となるための身分切り替えであったといえる。享和元年（一八〇一）三月二十日、大目付に転じ、同三年（一八〇三）十二月十一日に鉄砲改兼帯、文化二年（一八〇五）十二月二十七日、市井の人と付き合い重要なことを話し、また市井の話を信じ取りとめのないことを信用し、幕府が尋問しても不束《ふつつか》な答えをしたために罷免され、小普請に貶《おとし》められて閉門に処された。長考の子で小性善春《よしはる》も罷免され寄合となる。同五年に死去。大目付への異動は、老中松平信明による一橋治済と長考を切り離そうとする策略であり、耐えかねた長考が信明に画策したが失敗し、罷免されたともいわれる。菩提寺は大久保の法善寺（東京都新宿区）か。　（竹村）

【典拠・参考文献】『寛政譜』第十九・二三二頁、『徳川実紀』第十篇、『続徳川実紀』第一篇、『柳営補任』、「一橋徳川家文書」（茨城県立歴史館蔵）、水野為長「よしの冊子」（『随筆百花苑』第九巻、中央公論社、一九八一年）、徳富猪一郎『近世日本国民史』文政天保時代（民友社、一九三五年）、辻達也「徳川御三卿の生活」（『専修人文論集』第五三号、一九九四年）

久永重章《ひさながしげあき》　（一六二六～一六九四）

寛永三年（一六二六）に久永重知《しげとも》の三男として生まれる。母は徳川忠長家臣鳥居成《なり》次《つぐ》の息女。七十郎と称した。寛永十六年（一六三九）九月二十日、三代将軍徳川家光に御目見し、小性となる。同十八年廩米三〇〇俵を与えられる。慶安四年（一六五一）四月、武蔵国足立・多摩郡、安房国長《なが》狭《さ》・朝夷《あさい》郡内で四〇〇〇石を与えられる。同年五月に家光の柩に従って日光へ赴き、その後奥の詰衆並となり、明暦三年（一六五七）十月に職を辞して小普請となる。元禄七年（一六九四）三月十九日に死去。享年六十九。法名は了本。菩提寺は浅草の幡随院。　（鍋本）

【典拠・参考文献】『寛政譜』第十八・八五頁

久松定郷《ひさまつさださと》　（一六八七～一七五七）

貞享四年（一六八七）に勘定奉行久松定《さだ》持《もち》の長男として生まれる。母は久松定弘の息女。市十郎・忠次郎と称し、従五位下筑後守に叙任された。妻は小野次郎右衛門忠於の息女。後妻に伏見宮の属官若江宮内大輔長近の息女。元禄十五年（一七〇二）七月十一日、五代将軍徳川綱吉に初めて拝謁する。宝永六年（一七〇九）四月六日より小性組番士を務め、享保九年（一七二四）十一月十五日二丸の番士、翌同十年六月一日より西丸書院番士へ移る。元文元年（一七三六）小十人頭へ昇進し、同十二月十六日布衣の着用を許される。同五年六月十五日先手鉄炮頭へ移る。延享元年（一七四四）九月二十八日大坂町奉行となり、同年十一月二十日遺跡を継承し、一二〇〇石を知行する。同十二月十六日、従五位下筑後守に叙任された。寛延三年（一七五〇）三月十一日作事奉行となり、宝暦三年（一七五三）七月二日に職を辞して寄合を務め、これも同年十二月八日に隠居した。同七年六月七日に死去。享年七十一。法名は観切。菩提寺は早稲田の宗参寺。（宮原）

【典拠・参考文献】『寛政譜』第十七・三一八頁

久松定愷《ひさまつさだたか》（一七一九～一七八六）

享保四年（一七一九）に生まれる。通称善之丞・忠次郎。父は作事奉行久松定郷《さださと》、母は火事場小野忠於《ただお》の息女。妻は本所奉行小笠原長之《ながゆき》の息女。宝暦三年（一七五三）十二月八日、家督を相続し小普請となる。翌四年閏二月十六日、書院番に列して、同六年一月十一日、使番に転じ、十二月十八日に布衣着用を許される。翌七年（一七五七）十一月一日、先手御弓頭に転じて翌八年七月十八日より同九年九月三日まで火附盗賊改方を勤めた。同十二年六月一日に新番頭、翌十三年六月一日に駿府町奉行、明和五年（一七六八）八月八日に普請奉行と歴任し、同年十二月十八日には従五位下筑前守に叙任された。安永九年（一七八〇）十月八日には大目付に転じた。天明四年（一七八四）三月二十四日、江戸城内で新番佐野政言《まさこと》が若年寄田沼意知《おきとも》に刃傷に及んだ際、同席しながら処置が不適切だったとして、四月七日より十七日まで差控えを命じられた。同六年一月二十日没、享年六十八、法名は潭然、菩提寺は早稲田宗参寺（東京都新宿区）である。（渋谷）

【典拠・参考文献】『寛政譜』第十七・三一八頁、『徳川実紀』第十篇

久松定持《ひさまつさだもち》（一六五九～一七四五）

万治二年（一六五九）に小幡新十郎の四男として生まれ、書院番久松定弘の養子となる。兵吉・惣次郎・忠次郎と称した。妻は久松定弘の息女。延宝六年（一六七八）三月二十九日に小性組列する。元禄九年（一六九六）九月二十五日に腰物奉行となり、布衣を許される。同十四年三月二十八日に目付となる。宝永七年（一七一〇）正月二十九日に長崎奉行となり、五月十五日に従五位下備後守に叙任された。正徳五年（一七一五）十一月七日に作事奉行となり、享保八年（一七二三）三月二十一日に勘定奉行となる。同十四年十二月二十一日に免職になり、寄合となる。延享元年（一七四四）十一月二十日に隠居し、同二年十二月二十四日に死去。享年八十七。法名廓峯。早稲田の宗参寺に葬られ、代々の葬地となる。（木崎）

【典拠・参考文献】『寛政譜』第十七・三一八頁、清水紘一「長崎奉行一覧表の再検討」（『京都外国語大学研究論叢』第XV号、一九七五年）

土方勝政《ひじかたかつまさ》（一七七三～没年不詳）

安永二年（一七七三）に戸田勝愛の六男として生まれるが、土方勝芳の養子となって同家を継いだ。母は渡辺久龐の娘。宇源太・八十郎と称す。任官後は出雲守を名乗る。妻は倉橋政翼の娘。寛政三年（一七九一）三月、十九歳で初めて徳川家斉に拝謁し、同年十二月二十九日に養家の家督を相続して小普請入りした。寛政五年九月十八日に小性組となり、同八年十二月十日には家慶付きとして西丸小性組へ転じている。また、大的上覧の際には、見事に的を射抜き、時服を拝領したという。その後、文化十年（一八一三）正月十一日に使番となり、同十四年二月八日には目付、文政四年（一八二一）三月十七日には長崎奉行、文政十年閏六月二十四日には西丸御留守居に就い

た。そして、同十一年九月七日に勘定奉行へと昇進し、同十三年三月十五日からは勝手方を務めていた。天保七年（一八三六）の町会所の改革の際には、その功により賜物が送られている。しかし、同年八月十日、病気を理由に職を辞し（『柳営補任』には八月十日「卒」とある）、同年十二月十八日に致仕、家督を子の八十郎に譲った。なお、その際には養老料として三〇〇俵が下賜されている。（保垣）

【典拠・参考文献】『寛政譜』第五・三六三頁、『続徳川実紀』第二篇、『旗本百科』第四巻

土方勝敬《ひじかたかつよし》（一八一八～一八八五）

文政元年（一八一八）に中奥番士土方勝《かつ》之《ゆき》の子として江戸で生まれる。広太郎・八十郎と称し、出雲守・安房守と名乗る。号は雲山。禄高は一五六〇石余。天保九年（一八三八）七月四日に家督を継いだ。弘化三年（一八四六）正月十一日、西丸書院番斎藤三宣《みつのぶ》組より使番に就任、文久元年（一八六一）七月八日に先手となり、十一月二十二日に外国人旅宿の見廻りを命じられた。同二年十二月十八日に火付盗賊改へ転じたのち、同三年八月十三日先手に再役、元治元年（一八六四）十月二十三日に作事奉行となり、十二月二十一日、浦賀奉行に就任した。慶応四年（一八六八）閏四月十一日に新政府の浦賀奉行所接収に立ち合い、五月一日に御役御免、勤仕並寄合となった。七月十五日に眼病・胸痛を理由に隠居し、家督を惣領猪三郎《いさぶろう》に譲ったのち、旧領の上総国長柄郡東浪見《とらみ》村（千葉県一宮町）へ帰農した。明治四年（一八七一）九月に東京へ移住し、同十八年八月九日に死去した。享年六十八。（神谷）

【典拠・参考文献】『柳営補任』、『続徳川実紀』第三・四篇、高木文夫「浦賀奉行土方出雲守勝敬（雲山）について」（『市史研究横須賀』五号、二〇〇六年）

土方歳三《ひじかたとしぞう》（一八三五～一八六九）

天保六年（一八三五）に武蔵国多摩郡石田村に生まれる。諱は義豊、号は豊玉。「歳」は敏や年、「三」には蔵の字があてられた。後に内藤隼人と変名した。父土方伊左衛門（義諄）、母恵津の四男として生まれる。誕生時にはすでに父は他界しており、母も天保十一年に死去したため、二男であった喜六夫婦によって育てられた。十一歳で江戸上野の松坂屋などへ奉公に出向いたが、長続きしなかったという。以後は生家の副業であった石田散薬という家伝薬の行商を行っていた。このころに天然理心流の道場に出入りをしており、近藤勇に出会ったとされる。道場への正式入門は安政五年（一八五八）三月であった。のちに師範代となる。文久三年（一八六三）、幕府の募集した将軍家茂の警備名目の浪士隊に、近藤ら天然理心流の門弟らと参加し、上京する。その後、清河八郎らが江戸へ帰参した後も京都壬生に残り、近藤らと浪士組を組んだ。そして、京都守護職松平容保（会津藩主）の支配下におかれることとなり、新撰組が誕生した。このとき、近藤と芹沢の下で副長として組を助けた。元治元年六月、新撰組は池田屋事件で功績をあげ、土方は金一〇両、別段一三両の褒賞金を受けた。その後、元御陵衛士の狙撃にあった近藤の代わりに新撰組を指揮して鳥羽・伏見の戦を迎えたが、旧幕府軍は戦いに敗れ、新撰組も江戸へ帰還した。慶応四年（明治元年・一八六八）三月、甲陽鎮撫隊として内藤隼人の名で江戸を出立した。そして近藤の投降の際に助命に奔走した。その後、島田魁ら新撰組の隊士らと旧幕府軍に合流し、大島圭介が総督、土方が前軍参謀となったが負傷し、しばらく治療にあたることとなった。復帰したあとは榎本武揚らとともに

箱館五稜郭へ進軍し、蝦夷地平定を果たした。その功績により、陸軍奉行並、箱館市中取締裁判局頭取を兼任した。しかし、新政府軍と激戦に及んだ明治二年五月、馬上にて被弾、討死した。三十五歳であった。遺体は五稜郭に埋葬されたといわれている。菩提寺は東京都日野市の石田寺。　（上野）

【典拠・参考文献】『新選組大人名事典』（新人物往来社、二〇〇一年）、『明治維新人名辞典』（吉川弘文館、一九八一年）

樋田多太郎《ひだたたろう》　（生没年未詳）

幕末の浦賀奉行組与力である。弘化三年（一八四六）八月には、同年閏五月のアメリカ東インド艦隊司令長官ビットル来航時に、浦賀奉行組与力御固四番船乗組として諭書を渡した際の功労により、銀五枚を下賜されている。嘉永二年（一八四九）十一月には、同年閏四月にイギリス軍艦マリナー号が来航した際の対応に対して、銀二枚と別段に一枚を下賜されている。同六年九月には、同年六月のペリー来航時の対応に対し、銀一〇枚を下賜されている。この際の異国船との交渉の様子が聞書きとして残っている。同七年十月には、同年正月のペリー来航に関し、銀一〇枚を下賜されている。　（坂本）

【典拠・参考文献】嘉永六年七月「浦賀奉行組与力からの聞書」（『新横須賀市史』資料編近世Ⅰ、同内容の別の写しが『幕末外国関係文書之二』に収録されている）、弘化三年「アメリカ船二艘渡来関係の御褒美控え書」・嘉永二年「イギリス船渡来関係の御褒美控え書」・嘉永六年「アメリカ船四艘渡来関係の御褒美控え書」・嘉永七年「アメリカ船渡来関係の御褒美控え書」（『同』資料編近世Ⅱ）

肥田為良《ひだためよし》　（一八三〇～一八八九）

天保元年（一八三〇）に蘭方医肥田春安の三男として伊豆国賀茂郡八幡野村に生まれる。通称浜五郎。安政四年（一八五七）六月、海軍伝習のため長崎に派遣される。万延元年（一八六〇）、咸臨丸に機関方として乗務し渡米。慶応二年（一八六六）、軍艦頭に進み、富士山艦艦長となる。維新後、横須賀造船所勤務を経て海軍機関総監、宮内省御料局長などを歴任。明治二十二年（一八八九）四月二十八日没。享年六十。青山南町玉窓寺に葬られる。　（工藤）

【典拠・参考文献】戸羽山瀚『江川坦庵全集』別巻一（巌南堂書店、一九五四年）、「肥田濱五郎墓誌拓本」（江川文庫蔵）

肥田頼常《ひだよりつね》　（一七四〇～没年未詳）

元文五年（一七四〇）に普請奉行加藤正景の三男として生まれる。母は肥田頼時《よりとき》の息女。母方の叔父である頼行《よりゆき》の養子となり、宝暦六年（一七五六）十二月三日に家督を相続する。新二郎・讃左衛門・十郎兵衛と称した。家督相続時の知行地は一五〇石。安永五年（一七七六）八月五日に表右筆となり、天明四年（一七八四）七月二十三日に奥右筆に移る。寛政三年（一七九一）四月十一日に御賄頭となり、翌四年七月五日より台所頭を兼ねる。同五年六月二日に勘定吟味役となり、御賄頭は引き続き兼帯する。同年十二月十六日に布衣の着用を許される。同十一年十二月二十四日に長崎奉行、文化三年（一八〇六）正月三十日に小普請奉行、同五年七月十二日に作事奉行となる。同七年十二月十四日に勘定奉行となり、知行五〇〇石を加増される。同十二年六月十七日に西丸御留守居、文政三年（一八二〇）六月二十八日に旗奉行となり、同年八月二十八日に御役御免となる。　（宮坂）

【典拠・参考文献】『寛政譜』第五・三三三頁、『柳営補任』

日高為善《ひだかためよし》　（一八三四～一九一九）

天保五年（一八三四）十月二十日に小田切清十郎の二男として生まれる（一説に同八年生まれ）。のちに日高弥一郎の養子となった。圭三郎《けいざぶろう》と称した。安政二年（一八五五）に御徒目付となった。万延元年（一八六〇）の遣米使節では目付方、文久二年（一八六二）の竹内保徳が率いる遣欧使節では勘定方として、それぞれ随行した。慶応二年（一八六五）二月七日に勘定より鉄砲製造奉行となり、同三年六月二十一日に砲兵指図役頭取、同四年四月には砲兵頭並となった。維新後、明治五年（一八七二）より新政府に出仕して、工部省を経て大蔵省記録寮に勤務した。同二十四年に職を辞した。大正八年（一九一九）四月七日に死去。享年八十六。（白根）

【典拠・参考文献】石黒敬章『幕末明治の肖像写真』（角川学芸出版、二〇〇九年）、『国書人名辞典』第四巻

尾藤二洲《びとうにしゅう》（一七四七～一八一三）

延享四年（一七四七）十月八日、運船業を営んでいた尾藤宣邕の子として伊予国宇摩郡川江（現愛媛県四国中央市）に生まれる。名は孝肇《たかもと》。字は志尹《しいん》。良佐と称し、二洲・約山・静寄軒・流水斎と号した。妻は猪川氏の息女。後妻は飯岡氏の息女。宇田川楊軒に陽明学を学んだ後、明和七年（一七七〇）、大坂に出て、混沌社を開いていた片山北海のもとで徂徠学を学び、同門の頼春水や懐徳堂の中井竹山・中井履軒らと交流した。この中井兄弟との交流も大きく影響し、以後朱子学へと転ずる。寛政三年（一七九一）九月二十一日、幕府の儒官となり、昌平黌で二〇年にわたって講じ、岡田寒泉、柴野栗山とともに「寛政の三博士」と称せられるようになった。朱子学の他、詩文にも秀でていた。著書に『正学指掌』一巻、『素餐録』一巻、『択言』一巻、『静寄軒文集』一二巻、『約山詩集』二〇巻などがある。文化十年（一八一三）十二月十四日に死去。享年六十七。大塚儒者棄場（現大塚先儒墓所）に儒制で葬られた。（西）

【典拠・参考文献】『寛政譜』第二十一・一〇八頁、白木豊『尾藤二洲伝』（愛媛県川之江市、一九七九年）、近藤春雄『日本漢文学大事典』（明治書院、一九八五年）、竹内誠・深井雅海編『日本近世人名辞典』（吉川弘文館、二〇〇五年）

仁杉幸信《ひとすぎゆきのぶ》（生年未詳～一八四二）

天明七年（一七八七）、南町奉行所与力仁杉五郎八郎幸堅の五男に生まれ、常松・与兵衛・五郎左衛門を称した。また、諱は当初幸生であったが、のちに幸信に改めている。仁杉家は駿河国駿東郡仁杉村を本貫の地とし、伊東六郎幸通が仁杉氏を名乗るようになったことに由来する。小田原北条氏滅亡後、幸通の三人の子はそれぞれ徳川将軍家・水戸徳川家・駿河大納言家（忠長）に仕え、幸高の家系は代々南町奉行所の与力となった。幸信は天保五年（一八三四）、四十九歳で年番方与力に昇進し、天保飢饉のときは御救米の調達や御救小屋の運営などで活躍し、幕府からその功績を賞されているなど、能吏として活躍していた。ところが天保十二年、突如さきの御救米の調達で不正があったという矢部定謙の告発があった。矢部は筒井政憲の後任として南町奉行に就任するが、五郎左衛門はこの事件に連座したとされて投獄され、与力仁杉家本家は断絶となった。天保十三年正月十日に獄死。なお、五郎左衛門には鹿之助・清之助という二人の男子があった。天保十三年三月に兄鹿之助は三宅島へ、弟清之助は八丈島へ流され、後年赦免されるとともに箱館奉行所に出仕し、兄は与力をつとめている。維新後兄鹿之助は竹蔵と改め、しばらくは分家八右衛門方に同居し世話を受けていたが、明治三年三月に尾張町二丁目に移り、妻と共に商売を始めている。また、五郎左衛門収集の雛道具は分家八右衛門家に引き継がれ、金箔・螺鈿・黒漆などを用

いた「仁杉の雛道具」として知られ、家一軒にも相当したといわれるほど豪華なものであった。（滝口）

【典拠・参考文献】『江戸町与力の世界―原胤昭が語る幕末―』図録（千代田区立四番町歴史民俗資料館、二〇〇七年）、『原胤昭旧蔵資料調査報告書―江戸町奉行所与力・同心関係史料―（1）・（2）』（千代田区教育委員会、二〇〇八・九年）

仁杉幸英《ひとすぎゆきひで》（一八五三～一九二一）

嘉永六年（一八五三）八月二十三日に生れ、通称は五郎八郎。父は南町奉行所与力八右衛門幸昌、母は漢方の名医で知られる柴田芸庵《うんあん》の息女。同家は与力仁杉家の分家にあたり、北町奉行所与力加藤又左衛門の三男三之助が本家九代目五郎左衛門幸信の姉婿となり、別に与力株を得て八右衛門（幸棖）と名乗ったことに由来する。本家断絶後は仁杉家の血統を受け継いだ。幸英は与力見習時代の十五歳で維新を迎え、維新後市政裁判所・東京府などに勤務し、明治十一年（一八七八）には今の弁護士にあたる代言人となった。明治二十年から三十五年にかけては東京府会議員・同副議長・東京市会議員・同議長を歴任し、日本橋・浅草区長、さらに東京市会議員・衆議院議員も各一期勤めた。その後は深川・本郷・小石川・麹町の各区長をつとめ、大正十年（一九二一）十一月十日に死去。享年六十九。戒名は英勝院殿勿軒無一居士、菩提寺は小石川喜運寺である。（滝口）

【典拠・参考文献】『江戸町与力の世界―原胤昭が語る幕末―』図録（千代田区立四番町歴史民俗資料館、二〇〇七年）、『原胤昭旧蔵資料調査報告書―江戸町奉行所与力・同心関係史料―（1）・（2）』（千代田区教育委員会、二〇〇八・九年）

一柳直方《ひとつやなぎなおかた》（生没年未詳）

一太郎と称し、出羽守・播磨守と名乗った。天保十二年（一八四一）十一月十日に寄合から寄合火事場見廻となり、同十三年七月二十九日に寄合肝煎、弘化二年（一八四五）四月二十八日に浦賀奉行に就任した。同三年閏五月にアメリカ東インド艦隊司令長官ビッドル率いる軍艦二隻が浦賀沖に来航した際には、同僚の大久保忠豊《ただとよ》とともに応接を担当するなど、幕府の海防政策において重要な役割を果たした。同四年二月九日に日光奉行へ転じたのちは、嘉永四年（一八五一）十一月二十四日に小性組番頭、同七年正月二十八日に書院番頭に任命されるなど番方を歴任したが、安政七年（一八六〇）正月十五日に辞職した。文久二年（一八六二）十一月二十八日に隠居、家督を実子惣領の信次郎《しんじろう》に譲った。（神谷）

【典拠・参考文献】『柳営補任』、『続徳川実紀』第三・四篇

人見在信《ひとみありのぶ》（一七五一～没年未詳）

書物奉行人見又兵衛美至《のりゆき》の三男として生まれる。母は福嶋氏。俟三郎・高栄とも称した。妻は書物奉行本郷与三右衛門一泰《かずやす》の娘。美至の弟で番医を勤めた人見格《いたる》の病篤にあたって養子となった。人見家はかつて武蔵国人見を領した一族で、元弘三年（一三三三）に北條高時が滅亡したのちに領地を失い、丹波国馬瀬郡出雲里に住居した。のちに東條兵衛尉について俸禄を得たが、天正七年（一五七九）までに明智光秀が丹波国を平定したことで領地を失い、嵯峨に閑居した。近世には医師の家となり、はじめは禁裏に仕えていたが、家綱誕生のときに薬を献上し、産髪を納めるときにその役をつとめたことにより幕府で家綱付きの医師となった。明和四年（一七六七）十二月八日、遺跡を継ぐ。采地二〇〇石。天明六年（一七八六）三月二十四日に番医となり、寛政十年（一七九八）八月四日に十一代将軍徳川家斉娘の淑姫付医師となる。

同十二年二月十八日には奥詰医となり、文化二年（一八〇五）十二月十六日に法眼となる。菩提寺は武蔵国埼玉郡清法寺。（吉成）

【典拠・参考文献】『寛政譜』第十七・二二〇頁、『旗本人名』第三巻

人見周助《ひとみしゅうすけ》（一七七八～一八四四）

安永七年（一七七八）九月に生まれる。はじめ、狂句の大家文日堂礫川の門下となり、やがて二世川柳に学んで眠亭賤丸と称した。柳恩庵・風梳庵とも号した。若くして狂句の才能を発揮し、文化三年（一八〇六）に二世川柳の独選による『柳多留』三五篇に勝句八章が披露された。同八年には『柳多留』五八篇を独選し、序を十返舎一九が書いた。文政四年（一八二一）正月に江戸町奉行筒井政憲《まさのり》のもと、二番組与力配下の物書同心となり、三〇俵二人扶持を拝領した。三十四歳で文日堂の推薦によって評者となり、同六年頃から八丁堀中之橋の役宅で月例会を催すようになった。同七年には三世川柳の早期引退にともない、空位となっていた川柳号の四世を襲名した。同九年八月二十八日、向島の木母寺境内に「東都俳風狂句元祖・川柳翁之碑」を建立し、自らを俳風狂句の元祖と称した。社交性のある性格から、肥前平戸藩主であった松浦静山をはじめ、柳亭種彦・市川団十郎・十返舎一九など様々な人々が後援者となった。天保八年（一八三七）、還暦の祝いに市川団十郎と横綱阿武松緑之助を左右に配し、自らを行司に見立てた絵姿を歌川国貞に描かせて蒔絵の盃を作らせようとしたが、江戸町奉行大草高好に説諭されて、川柳宗家を退いた。その後、柳翁と名乗った。同十五年二月五日に死去。享年六十七。法名は崇徳院仁興普山居士。赤坂の法安寺に葬られ、のち三田の薬王寺（東京都港区）に改葬された。（白根）

【典拠・参考文献】『目で識る川柳二五〇年』（尾藤一泉氏執筆、二〇〇七年）、尾藤三柳評論集『川柳神髄』（新葉館出版、二〇〇九年）

人見竹洞《ひとみちくどう》（一六三七～一六九六）

寛永十四年（一六三七）十二月八日、四代将軍徳川家綱に医官として仕えていた人見賢知（瑞祥院法印元徳）の子として京都に生まれる。母は井伊掃部頭家臣木田定秀の息女。名は節《よし》。字は宜卿・子苞・時中。友元と称し、竹洞、鶴山と号した。妻は建部政長の息女。弟は本草学者の人見必大。常陸国水戸藩の儒人である人見卜幽軒の甥にあたる。林鵞峯に朱子学を学び、寛文元年（一六六一）、幕府の儒官となる。同四年、鵞峯が『本朝通鑑』の編集に当たった際には、延喜以降の編集に携わった。延宝元年（一六七三）、父賢知が隠居したため、家督を相続した。豊後国日出藩主木下俊長の尊信を受け、朱子学を講じており、また足利学校を維持するために私財を投じて尽力した。朱子学のほか、詩文にも通じ、天和二年（一六八二）、朝鮮通信使が来日した際に江戸で唱酬し、副使の李柳下にその詩文を激賞された。また楷書にも優れていた。著書に『韓使手口録』一巻、『日光紀行』二巻、『壬戌琉球拝朝記』一巻、『鶴山随筆』四巻、『竹洞全集』二〇巻などがある。元禄九年（一六九六）一月十四日に死去。享年六十。菩提寺は足利市西場町雲竜寺。（西）

【典拠・参考文献】『寛政譜』第十七・二一八頁、松田学博「人見鶴山の僧位に関して」（『日鮮史話　第五編』、一九二九年）、近藤春雄『日本漢文学大事典』（明治書院、一九八五年）

人見美至《ひとみのりゆき》（一七二三～一七八六）

享保八年（一七二三）四月八日、江戸四谷に生まれる。通称は善八・七蔵・又兵衛。

本姓は小野、修姓は野。名は初め求、のち美至。字は克己。号は雀川、諱は興隆。幕府儒者の人見雪江の長男。母は京極甲斐守家臣岡本一学守勝の息女。妻は成瀬惣八郎正良の息女。寛延二年（一七四九）十二月十八日に家督を継ぎ、幕府の儒者となる。宝暦九年（一七五九）十一月二十一日に小普請、明和六年（一七六九）十一月二十七日に書物奉行。天明三年（一七八三）七月二十四日より船手頭となる。同年十二月十八日に布衣を許される。明和七年に『諸国海上道法記』、天明四年に『船闘記』を幕府に献上し、褒美を授かる。天明六年五月二十七日没。享年六十四。法名は興隆。武蔵国足立郡大久保村人見家墓に葬られる。（湯浅）

【典拠・参考文献】森潤三郎『紅葉山文庫と書物奉行』（臨川書店、一九八八年複製）、『国書人名辞典』第四巻（岩波書店、一九九八年）、『寛政譜』第十七・二一九頁、『柳営補任』

日向陶庵《ひなたとうあん》（生没年未詳）

元秀とも称す。医師および本草学者。『本草綱目考異』を著し、同書を明和二年（一七六五）七月三日に献上。褒賞として銀二〇枚を受ける。町医者であったが、医術の才を買われ、安永九年（一七八〇）十二月一日に将軍徳川家治に拝謁し、御目見医師となった。天明六年（一七八六）八月十六日、家治の急病に際し、若林敬順と共に登城を命じられ、同月十九日には奥医師となった。禄は二〇〇俵。同月二十五日の将軍の死去により、翌二十六日に改易となり、町医者に戻る。（浦井）

【典拠・参考文献】『徳川実紀』第十篇

日野資栄《ひのすけよし》（一六一八〜一六九八）

元和四年（一六一八）に生まれる。弥市（二）郎と称した。実は花房右馬助正栄の長男で、日野輝資の養子となった。母は日野輝資の息女。妻は堀美作守親良の息女である。元和九年に家督を継いだ。二代将軍徳川秀忠に仕えることになり、三代将軍家光の時、表高家となった。天和三年（一六八三）二月十三日奥高家に列し、同年三月一日従四位下、伊予守に叙任された。同年四月二十六日、日光山で家光の三十三回忌法会があり、同日帰参している。貞享元年（一六八四）四月十八日東宮御所炎上によって、仰せを受けて京都に赴いた。のち後西院法会の時も使者の命を受けて京都に赴いた。同二年四月五日、実直に勤めを行ってきたということで、常陸国新治郡において五〇〇石の領地を拝領し、計一五三〇石余を知行した。同三年十二月二十八日侍従に進んだ。元禄四年（一六九一）十二月四日、老衰を理由に職務を辞し、寄合に列した。同十年七月六日致仕し、勇心と号したが、同十一年八月六日死去した。享年八十一。法名は勇心院良恵日利。菩提寺は本所の法恩寺。（田中暁）

【典拠・参考文献】『寛政譜』第十二・三一四頁、『系図纂要』第四冊・二二五〜二二六頁、『徳川実紀』第五・第六篇

平井貞幹《ひらいさだもと》（生没年未詳）

父は同朋衆の平井栄阿弥。専阿弥・専助と称した。家禄は二〇俵二人扶持。嘉永元年（一八四八）十二月二十七日に家督を継ぎ、小普請に入る。同朋頭まで進む。（石山）

【典拠・参考文献】『旗本百科』

平井正基《ひらいまさもと》（一六九四〜一七五〇）

元禄七年（一六九四）に生まれる。通称楠十郎・宮内。父平井正俊は紀伊徳川家に仕え、その五代藩主吉宗の八代将軍就任に従い幕臣となる。妻は紀州徳川家家臣贄《にえ》政武の息女。享保元年（一七一六）六月二十五日、御小納戸となり廩米三〇〇俵を下され、七月二十二日に布衣着用を許可される。

同二十年（一七三五）九月二十日、御小納戸頭取となり、十二月十六日、従五位下宮内少輔に叙任される。寛保元年（一七四一）四月一日、将軍吉宗の男子一橋宗尹《ひとつばしむねただ》の傅役《もりやく》となり、小性組番頭格に準じて五〇〇石加増、廩米を武蔵国内八〇〇石に改められた。延享三年（一七四六）九月十五日、傅役が家老と改称されたが、十月十三日、宗尹への日頃の非礼により勘気を蒙り罷免、采地収公、廩米三〇〇俵の小普請に降格となり、翌四年一月二十三日まで出仕を止められた。寛延三年（一七五〇）十二月二十八日、五十七歳で没した。法名は源龍、高田本松寺（東京都新宿区）に葬られた。（渋谷）

【典拠・参考文献】『寛政譜』第十九・三〇七頁

平岩親仁《ひらいわしんじん》　（生没年未詳）

七之助と称する。天保四年（一八三三）正月十一日、西丸小性組より使番へ移る。同八年七月十六日より国々巡見御用としてその任を負うが、同十年二月二十六日にその留守中、家事取り締まりが「不宜不行届」だとして、巡見先の増山河内守宅において御役御免となり、小普請入りして差し控えとなった。高一三〇〇石。（根岸）

【典拠・参考文献】『柳営補任』、『旗本百科』第四巻

平岩親庸《ひらいわちかつね》　（一七六五～一八三〇）

明和二年（一七六五）に生まれる。右膳と称す。家禄は一〇〇俵。屋敷は駿河台甲賀町。寛政五年（一七九三）九月六日に部屋住より勘定を務める（切米一〇〇俵）。年月は不明であるが、二条鉄炮奉行となる。文化九年（一八一二）二月十六日、家督を継ぐ。同十三年八月二十一日勘定組頭となる。文政四年（一八二一）六月四日、江戸廻代官（一〇万石高）の任にあたる。天保元年（一八三〇）十月二十九日病死。享年六十六。（高木）

【典拠・参考文献】『旗本百科』第四巻、『代官履歴』

平岩道益《ひらいわみちます》　（一六三〇～一六九四）

寛永七年（一六三〇）に生まれる。岡右衛門と称す。妻は松平安芸守家臣関野弥次兵衛某の息女。慶安元年（一六四八）十二月十一日遺跡を継ぎ、代官となる。承応二年（一六五三）六月晦日、清揚院（徳川家光の子綱重）に付属せられ、代官を務め、五〇俵の加恩があった。後に農民などが騒擾した時、その処置がよくなかったため、改易されて再び彼の館の書院番となり、食禄も元通りになった。後に加恩があって三〇〇俵の禄となり、先手役を務める。元禄七年（一六九四）三月十七日に死去する。享年六十五。法名は玄心。（高木）

【典拠・参考文献】『寛政譜』第五・一四三頁、『代官履歴』

平岡円四郎《ひらおかえんしろう》　（一八二二～一八六四）

文政五年（一八二二）十月七日、鑓奉行などを勤めた岡本忠次郎（正成《まさなり》）の四男として、下谷練塀小路（千代田区）の自宅に生まれる。名を方中《けたち》という。天保九年（一八三八）三月四日、裏門切手番之頭平岡文次郎の養子となった。円四郎は天保十二年閏正月十九日、学問所寄宿中に頭取を命じられるが、武術修行のため同十四年八月に学問所を退いた。実父忠次郎と親交のあった川路聖謨が円四郎の才能を見抜き、水戸の藤田東湖らに円四郎の人となりを説いたといわれる。折しも水戸前藩主の徳川斉昭は一橋家を継いだ徳川慶喜の近臣を求めており、東湖の進言により円四郎を抜擢し、嘉永六年（一八五三）十二月十三日、円四郎は一橋家の雇小性となり、一〇〇俵一〇人扶持を賜った。十三代将軍徳川家定の継嗣をめぐっては、『慶喜公御言行私記』を

著し、慶喜の英明性を強調、越前藩士の中根雪江や橋本左内、水戸藩士の安島帯刀らと謀って慶喜の擁立運動を展開した。だが大老井伊直弼に罰せられ、安政五年（一八五八）九月二十二日に幕府小十人組へと左遷、慶喜の隠居・謹慎と同時に小普請入差控を命じられた。翌六年十二月二十九日には甲府勝手小普請へと転じている。文久二年（一八六二）七月六日、慶喜が将軍後見職に就任すると、十二月に江戸に召喚され小普請組支配となり、翌三年四月四日には勘定評定所留役当分助となった。そして五月八日、一橋家用人に栄転し（二〇〇俵）、慶喜の申請によって幕府より本高一〇〇俵を賜った。以後、慶喜の側近として国事周旋に尽力するとともに、八月二十五日に陸軍取立掛に任じられたのちは、一橋家への剣客・有志取立をあずかった。武蔵国榛沢《はんざわ》郡血洗島村の豪農渋沢栄一や同国多摩郡小仏関所の川村恵十郎《えじゅうろう》らは円四郎に見出され、一橋家に出向した幕末の有志であった。同三年十月二十六日、慶喜に従い海路上京し、着京後は多方面の周旋活動を行い、名声は天下に響いた。翌四年二月二日、側用人兼番頭となり、五月十五日に家老並、六月十一日には諸大夫となり近江守を称した。だが、尊攘派からは慶喜に攘夷実行を決意させない元凶と目され、六月十六日夜半、慶喜配下の水戸藩士によって斬殺された。享年四十三。

（藤田）

【典拠・参考文献】『幕臣人名』第三巻、渋沢栄一『徳川慶喜公伝』四（東洋文庫、平凡社、一九六八年）、辻達也編『新稿一橋徳川家記』（続群書類従完成会、一九八三年）、岩下哲典「平岡円四郎の『慶喜公御言行私記』について」（『徳川林政史研究所研究紀要』三二号、一九九八年）

平岡和由《ひらおかかずよし》（一五八四～一六四一）

天正十二年（一五八四）に生まれる。次郎右衛門と称し、妻は田辺庄右衛門の息女。元和三年（一六一七）に父平岡良知《よしとも》の跡を継ぎ、当時二代将軍徳川秀忠の子忠長の領地であった甲斐国の地方《じかた》支配を行なっていた甲斐代官職も継ぎ、甲府の拝領屋敷で執務した。父良知は武田氏蔵前衆平岡道成《みちなり》の弟であり、武田氏旧臣の出自であった。同四年には徳川秀忠に御目見《おめみえ》している。同八年、甲斐代官を統括する代官触頭《ふれがしら》に任じられると、江戸に在住しながら甲府拝領屋敷にいる配下の諸代官を統べていたという。寛永九年（一六三二）、徳川忠長の改易後は、甲府城番が赴任したが、甲斐国内の幕府領の民生は引き続き和由が支配した。和由の治績としては、同十四年に釜無川から用水路を開削して開発した巨摩郡富竹新田や浅尾新田などが知られている。この開発は子良辰《よしとき》の代まで続くものであった。同十八年十一月十七日甲斐国で死去。五十八歳。法名は元広。墓地は父と同じく、甲斐国山梨郡岩窪村の円光院（山梨県甲府市）であった。同十一年造立の逆修塔《ぎゃくしゅとう》が浄智院善光寺にあり、同十八年の無縫塔《むほうとう》が菩提寺円光院にある。ただ、没年については異説があり、円光院の過去帳によれば、寛永二十年九月十七日、五十八歳で死去となっている。なお、平岡和由と子良辰はその善政が顕彰されており、富竹新田では同十六年に入植者の諸役を免除したことから、和由は水神《すいじん》として祀られている。また、円光院には和由の坐像《ざぞう》、北杜市大光寺には平岡和由夫妻とみられる坐像、北杜市浅尾新田の浄居寺には和由と子良辰の坐像が伝来しており、代官の姿が像として残された珍しい例といわれている。

（実松）

【典拠・参考文献】『寛政譜』第五・一五四頁、『甲府市史』通史編二（甲府市史編纂委員会編、一九九二年）

平岡鎮太郎《ひらおかしずたろう》（生没年未詳）

父は軍艦奉行支配平岡次郎左衛門。文久三年（一八六三）二月二十三日に小十人格歩兵差図役勤方に任ぜられ、切米一〇〇俵、手当五人扶持を下付された。慶応四年（一八六八）正月二十九日には大番格歩兵差図役頭取勤方から歩兵頭並になるなど、幕府陸軍の士官として活動した。（神谷）

【典拠・参考文献】『柳営補任』、『続徳川実紀』第四・五篇

平岡《ひらおか》十左衛門《じゅうざえもん》 （生没年未詳）

神田館家臣平岡道友《みちとも》の長男として生まれる。神田館で四代将軍家綱の弟である徳川綱吉（後の五代将軍）に仕え、小十人を務める。綱吉の将軍就任に伴い、延宝八年（一六八〇）より幕府御家人となって廩米一〇〇俵・月俸三口を賜り、徳松（綱吉の子）が移った西丸に勤仕する。天和三年（一六八三）に徳松が逝去した後は小普請となり、元禄元年（一六八八）十二月五日に勘定となる。同七年十二月二十三日に五〇俵を加増され、月俸は収められる。同十年閏二月七日に代官となる。最初の赴任地は不明であるが、同十六年より遠江国川井陣屋、宝永二年（一七〇五）より越後国石瀬陣屋に赴任する。翌三年正月二十九日にこれを辞し、勘定奉行支配に属する。翌四年七月四日に元方御金奉行となる。正徳五年（一七一五）四月三日、同元年に起きた御金蔵の金子紛失事件の糺問において、十左衛門による金子流用や賄賂が発覚したため、重追放を命じられる。また、これにより子三五郎も追放となる。（宮坂）

【典拠・参考文献】『寛政譜』第五・一五三頁、『徳川実紀』第七篇、『代官履歴』

平岡《ひらおか》準《じゅん》 （生没年未詳）

小性組平岡鐘之助の子。文久二年（一八六二）十二月二十八日に講武所砲術教授方出役より歩兵頭並（高三〇〇俵）となる。同三年五月二十五日、京都表へ御用のため遣わされ、元治二年（一八六五）四月六日に歩兵頭となる。慶応元年（一八六五）五月の長州出兵に従い、同三年正月に京都において大坂町奉行（高六〇〇石）を務め、同月辞職。目付を務めた後、同年八月二十三日に寄合となり、十月二十九日には外国奉行、慶応四年二月十一日に勘定奉行（公事方）、同月勝手掛を務める。（堀）

【典拠・参考文献】『柳営補任』

平岡《ひらおか》資明《すけあきら》 （一六五八～一七二四）

万治元年（一六五八）に生まれる。市左衛門と称した。妻は細工頭今井則次の息女。徳川綱吉に仕え、神田館《かんだやかた》の書院番を勤めた。延宝八年（一六八〇）に綱吉が五代将軍となると、綱吉の長男徳松付となり、徳松に従って江戸城西丸に入った。廩米《りんまい》二〇〇俵取り。天和三年（一六八三）、徳松の死去により、同年十一月二十五日勘定となった。元禄四年（一六九一）二月二十六日、幕命により西国・中国と奥州等の国々を巡見した。同五年、同じ神田館出身の正木弘信とともに勘定組頭に昇進し、同七年十二月二十三日に廩米一〇〇俵を加増された。また、同年には柳沢吉保が老中格となり側用人政治が本格化すると、資明ら旧神田館出身の勘定所役人は主要施策の執行を担当するようになり、同八年の貨幣改鋳や同十年の地方直しといった重要政策を担った。同八年十二月二十六日に、先に金銀吹き替えに携わったことを賞され、黄金二枚を受け、同十一年十二月二十一日に一〇〇俵加増された。同十四年十月十五日、御納戸頭に転じ、十八日に布衣《ほい》の着用を許可され、二十二日には二〇〇俵加増、蔵米取から知行取に改められ、上野国佐位郡・勢多郡内に六〇〇石を知行した。同十五年十月、佐位郡の知行地を新田郡内に移され、元禄十七年（宝永元・一七〇四）正月十一日に小十人頭、同二年正月十一日に目付となった。

同七年三月八日の夜、将軍の御側に夜詰を命じられていたが、同僚四人とともにその席にいなかったことを咎められ、翌日拝謁停止の処分を受けたが、四月一日に赦された。正徳三年（一七一三）七月十四日には、前夜将軍が出御した時、御納戸に詰めているものがなく、かつ戸閉まりがされていなかったことを宿直であった資明らが気付かなかった点を咎められ、拝謁停止となったが、八月十八日に赦された。享保九年（一七二四）八月十日に死去。享年六十七。法名は資明。墓所は父道房と同じ下谷の正慶寺（東京都台東区）。（実松）

【典拠・参考文献】『寛政譜』第五・一四五頁、深井雅海『徳川将軍政治権力の研究』（吉川弘文館、一九九一年）

平岡道弘《ひらおかみちひろ》（生没年未詳）

岡右衛門と称した。文政八年（一八二五）六月二十五日、西丸書院番士より御小納戸となる。同年七月二日世子家慶付きの西丸御小納戸に移り、同十二年七月、西丸小性にすすみ、のち従五位下丹波守に叙任。天保八年（一八三七）四月二日、家慶が将軍家を相続するに伴って本丸小性に移動し、同十四年十月二十一日御小納戸頭取に昇り、奥ノ番元掛りと御厩取締りを務めた。当時の禄高は五〇〇石。弘化三年（一八四六）十月十五日小性組番頭格御用取次見習にすすみ、嘉永二年（一八四九）十一月二十八日、御側御用取次に就任、一五〇〇石を加増され二〇〇〇石となる。万延元年（一八六〇）十二月十五日に二〇〇〇石加増。文久二年（一八六二）八月二十四日に一〇〇〇石を加増されて五〇〇〇石高となり、若年寄に昇進した。在職中は五〇〇〇俵の足高をうけて一万石格。元治元年（一八六四）九月二十八日、五〇〇〇石を加増されて一万石の大名となる。幕府崩壊時まで在職したが、慶応四年（明治元・一八六八）五月二十四日の駿河府中藩（のち静岡藩）成立後は、駿府に移住して家老に就任し、のち大参事となった。（深井）

【典拠・参考文献】『柳営補任』、『続徳川実紀』第二～四篇、『静岡県史　資料編16　近現代一』（静岡県、一九八九年）

平岡良忠《ひらおかよしただ》（生没年未詳）

熊太郎と称した。家禄は二〇〇俵で、屋敷は湯島中坂にあった。代官見習を経て、天保四年（一八三三）十二月二十一日に代官となり、遠江国中泉陣屋（天保五年～同九年）、越後国脇野町陣屋（天保九年～同十四年）を担当した。同十四年二月十四日に離職し、焼火之間番となった。同年十二月二十八日、御役廃止となった。（高橋）

【典拠・参考文献】『旗本百科』第四巻、『代官履歴』

平岡良辰《ひらおかよしとき》（一六〇二～一六六二）

慶長七年（一六〇二）に生まれる。良時とも名乗った。勘三郎と称した。妻は高木清吉の息女。徳川家光に仕え、小十人を勤めたのち、代官の見習となる。寛永十八年（一六四一）、父和由《かずよし》の跡を継ぎ、父の職であった甲斐国の代官触頭《ふれがしら》となる。甲府拝領屋敷に住居し支配にあたった。正保元年（一六四四）十二月二十五日、谷村《やむら》城主秋元富朝・代官岩波七郎右衛門とともに、甲斐国の国絵図・城絵図の提出を命じられた。慶安元年（一六四八）には巨摩郡に浅尾堰を築き、父が開いた浅尾新田の安定化に努め、移住者を保護する施策も実施している。寛文元年（一六六一）九月、甲府城番が廃され徳川綱重が入り甲府藩が成立すると、甲府の拝領屋敷は返上され、新たに石和の地に古屋敷二万二一五〇坪が下付され、そこに住居することとなった。以後は甲府藩領以外の甲斐国幕府領と下野・上総国の幕府領を支配した。同三年五月二十一日、甲斐国で死去。享年六十二。法名は玄空。墓所は甲斐国山梨郡岩窪村円光院（山梨県甲府市）。良辰が開発した浅尾新田には、その遺徳を顕彰するため宝篋印塔《ほうきょういんとう》が建てられており、寛文三年（一六六三）作の父和由と良辰の坐像《ざぞう》が北杜市の浄居寺に伝来している。（実松）

【典拠・参考文献】『寛政譜』第五・一五五頁、『甲府市史』通史編二（甲府市史編纂委員会編、一九九二年）

平岡良寛《ひらおかよしひろ》　（一七一三～一七九〇）

正徳三年（一七一三）小性組番頭松平伊勢守隆欽《たかのり》の七男として生まれる。午之丞・彦兵衛と称した。妻は平岡良久の息女。後妻は小性組立花監物種秀《たねひで》の養女。享保十一年（一七二六）八月七日、はじめて八代将軍吉宗に拝謁した。同十九年八月二十三日より代官の見習をつとめ、元文元年（一七三六）十月二日、家督を相続した。家禄は二〇〇俵である。同年十一月二十二日、代官となり、以後、美作国久世陣屋（元文元年～延享元年）、石見国大森陣屋（延享元年～同三年）、出羽国漆山陣屋（延享三年～宝暦十年）、江戸在任（宝暦十年～同十一年）、美作国倉敷陣屋（宝暦十一年～明和元年）、但馬国生野陣屋（明和元年～安永六年）、信濃国中之条陣屋（安永七年～天明七年）、甲斐国甲府陣屋（天明七年～同八年）、駿河国駿府陣屋（天明八年～寛政元年）を担当した。寛政元年（一七八九）十二月十日、老年の旨を告げて隠居し、黄金二枚を与えられた。同二年正月十二日、駿府の官舎において死去。享年七十八。法名は広恵。甲斐国山梨郡岩窪村の円光院に葬られた。（高橋）

【典拠・参考文献】『寛政譜』第五・一五五頁、『代官履歴』

平岡良休《ひらおかよしやす》　（一七五〇～一八〇四）

小田切喜兵衛直棊と、永井丹波守尚方の娘の二男として生まれ、代官平岡良寛の養子となる。初めは直恒と名乗り、金十郎・主水・彦兵衛と称した。妻は良寛の養女、後妻は安部主膳信旨の養女。天明元年（一七八一）閏五月十二日より父に副って代官の見習を務め、寛政元年（一七八九）十二月十日、三十八歳で家督を相続し代官となる。家禄二〇〇俵。寛政元年から同十二年まで出羽国寒河江陣屋の代官を務めた後、寛政十二年閏四月九日から裏門切手番頭となる。文化元年（一八〇四）七月二十二日に死去。（堀）

【典拠・参考文献】『寛政譜』第五・一五六頁、第七・二二頁、『柳営補任』、西沢淳男『幕領陣屋と代官支配』（岩田書院、一九九八年）

平岡頼長《ひらおかよりなが》　（一七三五～一八一六）

享保二十年（一七三五）に生まれる。父は主殿頼雄《よりお》。妻は木下利意の娘、後妻は織田信義の娘。万吉・繁次郎・大膳と称した。兄與資《ともすけ》の養子となり、宝暦三年（一七五三）三月六日に家督（采地二〇〇〇石）を継ぐ。同七年五月二十五日、書院番士に列し、同九年七月二十七日、世子家治付きの西丸御小納戸に転じ、十月四日、西丸小性にすすんだ。家治が将軍家を相続した際の同十年五月十三日より本丸に移り、七月十八日、従五位下対馬守に叙任、のち和泉守・美濃守に改めた。明和二年（一七六五）十一月十三日、世子竹千代（のち家基）付きの西丸小性となり、同人没後の安永八年（一七七九）四月十八日本丸御小納戸に転じた。ついで、一橋豊千代（のち十一代将軍家斉）が十代将軍家治の世子となったときの天明元年（一七八一）五月二十八日、西丸小性頭取に昇り、家斉が将軍家を継いだのちの同六年閏十月七日、本丸に移動した。十二月一日には小性組番頭格御用取次見習にすすみ、同七年六月一日、御用取次に就任した。寛政三年（一七九一）

二月二十八日、御側衆に昇進し、御側御用取次となる。同十一年七月十六日に一〇〇〇石加増。文化五年（一八〇八）閏六月二十一日に二〇〇〇石加増（計五〇〇〇石となる）。同十三年八月二十九日在職中のまま死去。享年八十二。（深井）

【典拠・参考文献】『寛政譜』第五・一四二頁、『柳営補任』

平岡頼啓《ひらおからいけい》（生年未詳～一八五八）

西丸御側御用取次頼陽の養子。伊織と称す。文政三年（一八二〇）十二月十二日、新規に召し出されて御小納戸となる。同五年八月十三日、小性に昇り、のち従五位下讃岐守に叙任、その後兵庫頭・石見守に改めた。同八年十二月十三日に世子家慶付きの西丸小性に移り、天保三年（一八三二）に西丸小性頭取介、家慶が将軍家を相続した際、同八年四月二日、本丸に移動し、弘化三年（一八四六）十一月、父頼陽死去により家督（知行六〇〇〇石）を継ぐ。翌四年九月十九日小性頭取となる。嘉永四年（一八五一）十二月二十三日に世子家祥（のちの十三代将軍家定）付きの西丸小性組番頭格御用取次見習にすすみ、同五年九月十二日、本丸に移る。家慶が没して、家定が将軍家を相続したのちもそのまま本丸に務め、安政四年（一八五七）九月十三日、御側御用取次に昇進した。翌五年正月二十三日に死去。（深井）

【典拠・参考文献】『柳営補任』、『続徳川実紀』第二～三篇

平賀勝定《ひらがかつさだ》（生年未詳～一八七一）

西丸御小納戸頭取平賀忠告の長男として生まれる。名を勝足とする史料も多い。通称三五郎。従五位下信濃守に叙任され、後に駿河守と名乗った。家禄四〇〇俵。御小納戸・西丸御小納戸頭・目付を経て弘化三年（一八四六）五月、長崎奉行となる。奉行所年行司・屋敷番・表小使・勝手小使・表部屋番の復旧、高島秋帆の獄を落着、目付在勤の停止、オランダ商館長の年二度風説書提出の提案を拒否（以上弘化三年）。市中産業資金に銀一〇〇貫目を加える、オランダ商館より大砲二門を輸入し浦賀へ送る、諏訪社の神事の質素化を命ずる、組頭・与力・同心を停止し、手付出役を設置、長崎地下役人退役者に助成銀を給与、海鼠・鮑・煎海鼠・干鮑を食することを禁止（以上同四年）等の事に携わる。嘉永元年（一八四八）五月、西丸御留守居となる。後、普請奉行・大目付・田安家家老・本丸御留守居を勤める。明治四年（一八七一）没。墓所は宗参寺（東京都新宿区弁天町）。（太田勝）

【典拠・参考文献】『柳営補任』、『増補長崎畧史上巻』（『長崎叢書三』）、「長崎奉行歴代総覧」（『長崎事典歴史編』）

平賀貞愛《ひらがさだえ》（一七五九～一八一七）

宝暦九年（一七五九）に小納戸の平賀清《きよ》博《ひろ》の長男として生まれる。母は大番組頭の新見正尹《まさただ》の息女。妻は長崎奉行永井直廉《なおかど》の息女。当初の諱は清行《きよゆき》。通称は銕之助・丹宮。安永二年（一七七三）五月七日に御小納戸となり、十二月十六日に布衣の着用を許される。同四年三月十日に小性となる。同五年四月に十代将軍家治の日光社参に供奉し、十二月十六日に従五位下式部少輔に叙任（後に信濃守）。同九年八月二十日に家督を相続。廩米四〇〇俵。天明八年（一七八八）六月八日に御徒頭、九月十日に目付、寛政四年（一七九二）三月朔日に長崎奉行、同九年十一月二十二日に普請奉行となる。同十二年五月二十四日に作事奉行に転じ、文化三年（一八〇六）二月には宗門改を兼ねる。八月十二日に大坂町奉行、同十三年四月二十四日に鑓奉行となり、同十四年六月二十三日に死去。享年五十九。（高山）

【典拠・参考文献】『寛政譜』第四・二一

四頁、『柳営補任』、『旗本百科』第四巻

平塚為政《ひらつかためまさ》（一七〇七～一七六五）

宝永四年（一七〇七）に生まれる。通称喜一郎・喜右衛門。従五位下伊賀守に叙任され、のち伊豆守と改める。父平塚近秀《ちかひで》は紀伊徳川家五代藩主吉宗の八代将軍就任に随従して幕臣となった。母は富松重基《とまつしげもと》の息女、妻は小納戸頭取本多貞尚《さだなお》の息女で、いずれの実家も平塚家同様、紀伊家家臣より幕臣となった。為政は享保六年（一七二一）八月十三日、二丸小性となり、翌七年五月九日、父が勤務怠慢で罷免され、七月十二日に下野国内三〇〇石を相続した。同十年六月十九日から西丸勤仕となり、翌十一年三月二十一日には御小納戸に転じて十二月十六日、布衣着用を許される。延享二年（一七四五）五月一日、九代将軍となる家重の本丸移徙に伴い御小納戸頭取となり、十月十八日に従五位下伊賀守に叙任される。宝暦八年（一七五八）十二月七日、先手御弓頭に転じて、同十三年三月十一日辞職、寄合となり、明和二年（一七六五）四月十日に隠居、養老料廩米三〇〇俵を下された。同年六月十六日没。享年五十九。法名は貞翁、菩提寺は本郷法真寺である。（渋谷）

【典拠・参考文献】『寛政譜』第二十・二三一頁、深井雅海『徳川将軍政治権力の研究』（吉川弘文館、一九九一年）

平塚近秀《ひらつかちかひで》（一六六八～一七二六）

寛文八年（一六六八）に生まれる。通称長右衛門・一郎右衛門。妻は元紀伊徳川家家臣で幕臣となった富松重基《とまつしげもと》の女子。平塚家はもともと紀伊徳川家家臣で、近秀はその五代藩主吉宗の男子小次郎（のちの田安家初代宗武《むねたけ》）に附属し、吉宗の八代将軍就任に伴って幕臣となった。享保元年（一七一六）十一月二日、従来通り小次郎に付属されて広敷御用人を兼務し、下野国内三〇〇石が下され、十二月十八日には布衣着用を許された。同七年五月九日、多病による勤務怠慢を理由に逼塞を命じられ、七月十二日に罷免され、知行は子の為政が継いだ。同十一年十月二十九日没。享年五十九、法名は了暁、葬地は江戸本郷法真寺である。（渋谷）

【典拠・参考文献】『寛政譜』第二十・二三一頁、『柳営補任』

平塚飄斎《ひらつかひょうさい》（一七九四～一八七五）

寛政六年（一七九四）閏十一月に生まれる。通称は善十郎・表十郎。名は茂喬、字は椿孫。号は飄斎の他、薺堂、茶梅庵。俳名は馬竜、狂詩名武朝保、あるいは呉綿奈斎。京都東町奉行与力平塚表十郎茂清の子。文化三年（一八〇六）に与力見習となり天保五年（一八三四）に家督を継ぎ、与力となる。弘化四年（一八四七）に退役した。一時津久井清彰と名乗る。安政元年（一八五四）に山陵取調べを依頼される。同六年十月に永蟄居を命じられるが、文久三年（一八六三）二月に再び召し出される。慶応二年（一八六六）七月、町奉行支配調役となり、旗本に列せられる。狂詩作者として著名。明治八年（一八七五）二月十三日没。享年八十二。法名は飄々斎独立居士。京都の華光寺に葬られる。（湯浅）

【典拠・参考文献】『古典文学』第五巻、森銑三「平塚飄斎の研究」（『森銑三著作集第四巻』中央公論社、一九七一年）

平野長重《ひらのながしげ》（一五六〇～一六五〇）

永禄三年（一五六〇）、平野右京進長治の四男として生まれる。母は堀田正定入道道悦の息女。妻は佐久間河内守政実の姪。九左衛門と称し、隠居後は長元と号した。織田信忠、後に豊臣秀吉に仕える。天正十一年（一五八三）、賤ヶ岳の戦の軍功により、摂津国武庫・川辺両郡の内に采地二〇〇石の加増を給わる。慶長四年（一五九九）正月、石田三成が伏見の徳川家康邸に来襲するとの報を受けた際には、家康邸の警固に駆けつけ、また同年三月には、大坂に上った際に藤堂佐渡守高虎邸に宿泊した家康を強襲するとの報を受け、高虎邸に向かい、不虞に備えた。同五年、関ヶ原の戦に際しては、福島正則の隊に加わり、軍功を挙げた。また、旧知の浅野・細川・加藤・福島といった東軍の諸将との調整の功もあり、丹波国桑田郡に采地三〇〇石を加増された。同二十年（元和元・一六一五）、大坂夏の陣に際しては、永井右近大夫直勝の隊に加わり、軍功を挙げるとともに、諸将の軍功の証人ともなっている。その後、隠居し、慶安三年（一六五〇）七月八日に死去。享年九十一。法名は長元。菩提寺は麻布天真寺（東京都港区）。（西）

【典拠・参考文献】『寛政譜』第八・三三〇頁

平野長利《ひらのながとし》（生年未詳～一六六七）

平野長重の子として生まれる。母は佐久間河内守政実の姪。清左衛門と称した。元和九年（一六二三）より三代将軍徳川家光に仕え、書院番士となる。寛永十年（一六三三）二月七日、上総国夷隅郡の内に新恩として二〇〇石を加増され、合わせて七〇〇石を知行した。同十六年六月二十日、越谷御殿修復奉行を務めた。正保三年（一六四六）十一月十二日、堀三左衛門直氏とともに、越前国福井七五万石より豊後国萩原へ配流された松平忠直（結城秀康の子）のもとに目付代として赴いた。寛文七年（一六六七）三月十五日に死去。法名は良清。菩提寺は麻布天真寺（東京都港区）。（西）

【典拠・参考文献】『寛政譜』第八・三三一頁

平野長泰《ひらのながやす》（一五五九～一六二八）

永禄二年（一五五九）に生まれる。父は平野長治《ながはる》、母は堀田道悦《どうえつ》女、妻は土方雄久《かつひさ》女。権平と称し、従五位下遠江守。初め長勝と名乗った。豊臣秀吉に仕え、天正十一年（一五八三）の賤ヶ岳の戦では「七本鎗」として勇名を馳せ、戦功によって近江・河内国内に三〇〇〇石を与えられ、さらに文禄四年（一五九五）、大和国十市郡に加恩されて五〇〇〇石を知行し、田原本に住した。慶長五年（一六〇〇）の関ヶ原の戦で徳川家康に仕え、その後江戸に移り秀忠に勤仕した。同十七年（一六一二）より二条城普請を勤め、慶長十九・同二十年（一六一四・一五）の大坂の陣では江戸城御留守を命じられ、秀忠凱旋後には初めて帰邑を許されて、以後同家は代々交代寄合となった。寛永五年（一六二八）五月七日没、享年七十。法名は了無、芝泉岳寺（東京都港区）に葬られた。（渋谷）

【典拠・参考文献】『寛政譜』第八・三二九頁

平野正貞《ひらのまささだ》（生年未詳～一六三八）

平野長成の二男として生まれる。藤次郎と称する。はじめ伯父末吉利方の猶子となり、銀座の年寄となる。慶長二十年（一六一五）に大坂の陣の忠節により徳川家康に召し出され、翌元和二年に河内国代官となり、二〇〇俵を給される。寛永十五年（一六三八）六月十日に死去。法名は道味。（西沢）

【典拠・参考文献】『断家譜』三巻・一八三頁、『寛政譜』第十五・三六七頁、『代官履歴』

平山子竜《ひらやましりょう》（一七五九～一八二八）

宝暦九年（一七五九）十二月八日、伊賀組同心平山甚五右衛門勝籌の長男として江戸四谷北伊賀町（新宿区）に生まれる。諱は潜、通称は行蔵、字は子竜。号に兵原・運籌真人・練武堂などがある。幼少から文武に励み、長沼流兵学・真貫流剣術・大島流槍術・渋川流柔術・武衛流砲術などを学ぶかたわら、寛政五年（一七九三）三月には昌平坂学問所に入り、聖堂出役となった。同八年十二月に普請役見習に転じるが、翌九年八月に辞職、以後文武の研鑽に励んだ。この間、寛政八年に初代井上貫流《かんりゅう》左衛門に入門し砲術を学び、享和二年（一八〇二）五月十五日には相伝を受けた。父の死去により、文化四年（一八〇七）八月に跡式を相続し、小普請組に入った（三〇俵二人扶持）。この年四月、ロシア船の択捉島襲撃事件が起こると、「寛政三博士」の一人柴野栗山と対ロシア策を論じ、幕府に北辺鎮定の先鋒を願い出るが許されなかった。同六年には一貫目玉の大筒を製造し、幕府に試射を願うがまたもや不許可となった。以後、著述業や子弟の教育などに専念した。おもな著書に『孫子折衷』『剣説』『剣徴』『槍法実用』『海防問答』などがある。蔵書家としても著名である。伊賀町の居宅を「兵原草廬」と称し、常に陣中にあるの心得にて室内は甲冑・刀・槍・弓・銃などが充満していたという。文政十一年（一八二八）十二月二十四日、七十歳で死去。法謚は天秀賢道居士。江戸四谷の永昌寺（新宿区）に葬られたが、寺の移転により東京都杉並区永福の同寺に改葬された。門弟の勝小吉が天保十四年（一八四三）初夏に著した『平子龍先生遺事』が伝わる。（藤田）

【典拠・参考文献】武田信賢「名家逸事平山行蔵」（『江戸会誌』二冊二号、一八九〇年、勝部真長編『夢酔独言―勝小吉自伝』平凡社、一九七四年所収）、山下重民「兵原平山先生の逸事」（前同）、東京都江戸東京博物館都市歴史研究室編『幕臣井上貫流左衛門家文書の世界』（東京都、二〇〇六年）

平山少斎《ひらやませいさい》（一八一五～一八九〇）

通称は謙次郎、図書頭とも称した。実父は三春藩士黒岡活円斎。安政五年（一八五八）七月、御賄頭次席格の御徒目付から書物奉行となる。文久二年（一八六二）十月、箱館奉行支配組頭となった。慶応元年（一八六五）十一月、箱館奉行支配組頭から二丸御留守居に任ぜられ、外国関係の役所に出向して御用を取り扱う事となった。そのため二丸御留守居の勤向きは御免となっている。同年十二月に目付となり、翌年二月に大坂へ出向いている。そして慶応二年八月、大坂目付から外国奉行となった。翌慶応三年四月には若年寄並外国惣奉行に任ぜられ、他に国内御用取扱にも任ぜられた。また神道大成教の創始者でもある。明治二十三年（一八九〇）五月二十二日に死去。（津田）

【典拠・参考文献】『柳営補任』、樋口雄彦『旧幕臣の明治維新　沼津兵学校とその群像』（吉川弘文館、二〇〇五年）、『旗本百科』第四巻

比留間正興《ひるままさおき》（一七五三～一八〇四）

宝暦三年（一七五三）に広敷添番比留間正栄の男として生まれる。善五郎・助左衛門と称する。妻は大奥の侍女の養女。明和九年（安永元・一七七二）四月十日に家督を継ぎ、広敷添番となる。同七年四月六日に勘定に栄転、御目見以上となる。家禄は三〇俵二人扶持。寛政十二年（一八〇〇）三月十四日に越後国出雲崎の代官へ転出する。文化元年（一八〇四）に現職で死去。享年五十二。（西沢）

【典拠・参考文献】『寛政譜』第十九・三三二頁、『代官履歴』

深沢左大夫《ふかざわさだゆう》　（生没年未詳）

安政四年（一八五七）十一月三十日に小十人組六番組頭となり、慶応二年（一八六六）二月七日に講武所頭取並に転役、幕府における陸軍教育の一翼を担った。同年十一月十八日に奥詰銃隊差図役頭取に就任、士官として幕府の銃隊を指揮した。（神谷）

【典拠・参考文献】『柳営補任』、『続徳川実紀』第五篇

深沢信義《ふかざわのぶよし》　（一七五九～没年未詳）

富沢小兵衛利成の三男として生まれる。甚五郎・伊兵衛と称した。妻は設楽長兵衛能該の女。深沢信行の養子となり、安永九年（一七八〇）六月六日に家督を継ぐ。廩米二〇〇俵を与えられる。同年十二月二十二日に将軍家治に拝謁。天明四年（一七八四）十二月四日に西丸表右筆となる。同年六年七月晦日に奥右筆、寛政五年（一七九三）二月二十四日に表右筆組頭となり、享和三年（一八〇三）三月十二日まで勤める。（石山）

【典拠・参考文献】『寛政譜』第十九・一八頁、『旗本百科』第四巻

深津正吉《ふかつまさよし》　（一五五六～一六二七）

深津正利の長男として生まれる。弥七郎・弥左衛門と称した。妻は勝与一郎重久の娘。はじめ舅矢田作十郎某の養子となったが、作十郎が一向宗の反乱に与して戦死したため、逼塞の後、赦免により深津を称し御家人となった。天正十二年（一五八四）の小牧・長久手の戦で小牧口で手柄を立て、慶長五年（一六〇〇）の信濃国上田城攻めに従った後、大番となる。十九年の大坂の冬の陣の時には伏見城を守衛し、石見国に赴き金銀及び石火矢鉄炮の玉薬を大坂に運送した。夏の陣の時には組頭となり、伏見城の番を勤め、大和国において米倉を改めた。寛永二年（一六二五）より大坂で金銀の奉行を務める。また、武蔵国新座・幡羅両郡の内において五五〇石の領地を賜っている。四年七月二十九日、大坂において死去。享年七十。法名は深貞。（堀）

【典拠・参考文献】『寛政譜』第十七・一四〇頁

深津弥左衛門《ふかつやざえもん》　（生没年未詳）

深津家は松平広忠・家康に仕えた正利から系があり、そのあとを継いだ正吉が旗本となり、その長男正但が別家した。家禄は正但長男正貞以降七〇〇石で、喜三郎・弥左衛門を称し、摂津守に叙任している。弥左衛門は当初書院番として出仕し、講武所調方出役を務めていたが、文久二年（一八六二）五月七日に講武所奉行支配取締役に転じ、その後は同三年正月十五日に講武所頭取、同年九月十日に持小筒組之頭並、元治元年（一八六四）十月に歩兵頭並、慶応三年（一八六七）五月一日に歩兵頭に進み、同四年正月二十八日に御役御免となり、勤仕並寄合となっている。なお、江原素六を講武所に紹介したのは彼である。菩提寺は牛込の万昌院である。（滝口）

【典拠・参考文献】『寛政譜』第十七・一四四～一四六頁、『柳営補任』

深見玄岱《ふかみげんたい》　（一六四九～一七二二）

慶安二年（一六四九）二月十五日に生まれる。通称は新右衛門、名は貞恒、玄岱、字は斗瞻《とせん》、号は天漪《てんい》。高または渤海《ふかみ》を姓とした長崎唐通事久兵衛但有の四男。母は長崎の久富氏の息女。外科医の岩永宗故に学び、明人の独立禅師からは儒学・医学・文詩・書を、木下順庵からも詩を学ぶ。長崎で医者となり、貞享二年（一六八五）薩摩藩主島津光久の侍読となる。宝永六年（一七〇九）に新井白石の推薦で幕府の儒者となる。幕命により、子の有隣とともに、清

の辞書『大清会典』の翻訳を行った。享保七年（一七二二）八月八日没。享年七十四。江戸上野の寛永寺護国院に葬られる。（湯浅）

【典拠・参考文献】『寛政譜』第二十二・三五一頁、『古典文学』第五巻

深見有隣《ふかみゆうりん》（一六九一～一七七三）

元禄四年（一六九一）十一月五日に生まれる。本姓は高。通称は松之助・久大夫・新兵衛。名は初め但賢、のち有隣。字は松年、号は右翁。幕府儒者の深見玄岱の子。妻は本多伯耆守家臣朝倉与市景長の息女、後妻は大奥老女河井の養女。享保三年（一七一八）十月十九日に家督を継ぎ、寄合儒者となる。同十九年八月八日より書物奉行となる。元文四年（一七三九）十二月十八日、書物校合を承り、合わせて紅葉山文庫書物買上の上申を行う。明和二年（一七六五）四月十一日、西丸裏門番頭となり、同年十二月十八日布衣を許される。同五年五月九日に辞し、寄合となる。安永二年（一七七三）二月十五日没。享年八十三。法名は尚義院仁岳道薫居士。江戸上野の寛永寺護国院に葬られる。（湯浅）

【典拠・参考文献】『寛政譜』第二十二・三五一頁、森潤三郎『紅葉山文庫と書物奉行』（臨川書店、一九八八年復刻）、『柳営補任』

深谷盛房《ふかやもりふさ》（一七六七～一八五四）

西丸目付の深谷盛朝と、渡辺伊兵衛美之の娘の三男として生まれ、深谷盛牝の嗣子となる。政之助と称した。妻は安部平吉信成の娘。天明三年（一七八三）十二月三日、父の死去に伴い十七歳で家督を相続する。稟米四〇〇俵。寛政九年（一七九七）閏七月十七日に小普請組から御小納戸となり、二十一日より西丸に候し、十二月十八日には布衣を許される。文政二年（一八一九）正月二十五日に西丸御小納戸より二丸御留守居、同七年十一月八日より西丸小十人頭、同八年十二月二十七日より西丸目付となる。同九年二月朔日より目付、天保二年（一八三一）八月八日には京都町奉行となり、同七年十月十五日に作事奉行、天保八年七月二十日に勘定奉行（公事方）となり五〇〇石を加増される。同九年二月十二日には道中奉行を兼帯。同十二年四月二十八日に小普請組支配となり、弘化元年（一八四四）十二月二十四日に大目付（海防掛）となる。同二年五月十四日には道中奉行を兼帯、同四年四月八日、朝鮮人来聘御用掛を務める。嘉永七年（一八五四）六月二十日、老衰の上病気のため職を辞す。（堀）

【典拠・参考文献】『寛政譜』第十八・二四三頁、『柳営補任』

福王忠篤《ふくおうちゅうとく》（生没年未詳）

通称は三郎兵衛。家禄は、嘉永七年（安政元年・一八五四）の「県令集覧」と安政三年までの『大成武鑑』には一七〇俵とあり、『弘化武鑑』『嘉永武鑑』『安政武鑑』及び安政四年の『大成武鑑』には二五〇俵とある（『代官履歴』は二五〇俵とする）。弘化二年（一八四五）六月二十四日に大番からの出役として浅草御蔵奉行をつとめる。嘉永五年（一八五二）七月六日に飛驒郡代に転じ、安政五年三月十八日に辞する。（髙山）

【典拠・参考文献】『柳営補任』、『江戸幕府代官史料（県令集覧）』（吉川弘文館、一九七五年）、『江戸幕府役職武鑑編年集成』二八～三二、『代官履歴』、『旗本百科』第四巻

福王平左衛門《ふくおうへいざえもん》（生没年未詳）

金三郎と称し、駿河守と名乗る。禄高は二〇五〇俵。文久三年（一八六三）二月九日に新番松下登綱組講武所砲術世話心得から両番上席歩兵差図役頭取勤方となり、三〇〇俵の足高を受けた。十四代将軍徳川家茂上洛に伴い同年五月二十五日に京都へ派

遣された。慶応二年（一八六六）三月十六日に御持小筒組之頭並、六月六日に歩兵頭並、同三年十月二十三日に歩兵頭に就任、十二月十四日には幕府艦長鯨丸《ちょうげいまる》での上京を命じられた。同四年正月二十八日御役御免、勤仕並寄合となった。（神谷）

【典拠・参考文献】『柳営補任』、『続徳川実紀』第四・五篇

福沢諭吉《ふくざわゆきち》　（一八三五～一九〇一）

天保五年十二月十二日（一八三五年一月十日）、大坂中津藩蔵屋敷で生まれる。中津藩士で廻米方の福沢百介の次男。母は同藩士橋本浜右衛門長女順。妻は同藩士土岐太郎八次女錦。父が天保七年（一八三六）に死去し中津へ帰る。その後、叔父中村述平の養子となった。安政元年（一八五四）、長崎に遊学して砲術家山本物次郎宅の食客となる。同二年に大坂に至り緒方洪庵の適塾に入門。同三年、兄三之助が死去し福沢家の家督を継ぐ。同四年に適塾塾頭。同五年に上府し、築地の中津藩中屋敷内で蘭学塾を開く（慶応義塾の祖）。万延元年（一八六〇）、咸臨丸に随行、ウェブスターの辞書を購入して持ち帰る。帰国後、中津藩士のまま幕府翻訳方。文久元年（一八六一）、遣欧使節に随行。この時原書を多数購入した。元治元年（一八六四）、幕府に召され外国奉行翻訳御用頭取（外国奉行支配調役次席翻訳御用の説あり）、一五〇俵。慶応四年（明治元・一八六八）、塾の名称を慶応義塾と改める。同年に幕府を退身。明治二年、中津藩の六人扶持を辞退。同六年、明六社に参加。同七年、三田演説会が発会し、翌年には三田演説館が開館した。同十二年に東京府会議員、東京学士会院初代会長。同十三年、交詢社発会。同十五年には『時事新報』を発刊。主な著作は『学問のすすめ』『福翁自伝』『文明論之概略』『西洋事情』「脱亜論」他多数。独立自尊の精神、実学の提唱、封建制の否定に思想的特徴があり、ウェーランド・ギゾー・スペンサー・トックヴィル・バックル等の影響がみられる。明治三十四年二月三日に死去。享年六十八。墓は当初大崎村本願寺墓地（のち常光寺墓地）にあったが、発掘調査後に改葬されて東京都の麻布山善福寺と多磨霊園に分骨された。法号大観院独立自尊居士。（岩下）

【典拠・参考文献】福澤諭吉著・富田正文校注『福翁自伝』（慶應義塾大学出版会、二〇〇八年）、丸山信『福沢諭吉「文明開化は銭にあり」　経営者・経済人としての諭吉の生涯』（PHP研究所、一九八四年）、長尾正憲『福沢屋諭吉の研究』（思文閣出版、一九八八年）、遠山茂樹『福沢諭吉』新装版（近代日本の思想家1、東京大学出版会、二〇〇七年）、小泉仰監修・西洋思想受容研究会編『西洋思想の日本的展開　福沢諭吉からジョン・ロールズまで』（慶應義塾大学出版会、二〇〇二年）、土屋雅春『医者のみた福沢諭吉』（中公新書、中央公論社、一九九六年）

福島勝重《ふくしまかつしげ》　（生年未詳～一六七四）

福島正定の長男として生まれる。初めは勝定を名乗り、八左衛門と称した。秀忠・家光に仕え、大津の蔵衆となり廩米一〇〇俵、月俸五口を賜る。延宝二年（一六七四）九月十六日大津において死去。大津真乗寺に葬られる。（堀）

【典拠・参考文献】『寛政譜』第五・八七頁

福島正勝《ふくしままさかつ》　（一六六二～一六九六）

寛文四年（一六六四）、福島正長の長男として生まれる。通称は市松・左兵衛。幕府より改易された大名福島正則の曾孫にあたる。天和元年（一六八一）三月二十一日に召し出されて、四月十五日に初めて五代将軍徳川綱吉に御目見する。同二年十月二十三日、上総国長柄・夷隅二郡において采

地二〇〇〇石を賜わり、三年正月九日より寄合に列する。元禄二年（一六八九）十月十五日に小性組番頭となり、同年十二月二十七日に従五位下に叙任し、伊豆守を称する。同九年四月九日三十三歳で死去する。法名は常空、京都妙心寺の海福院に埋葬される。（根岸）

【典拠・参考文献】『寛政譜』第二十一・三三三頁

福田重固《ふくだしげかた》（一八三三～一九一〇）

天保四年（一八三三）五月二十九日、弓矢鑓奉行組同心組頭を勤めた福田好政の長男として江戸牛込箪笥町（新宿区）に生まれる。母は飯山彦左衛門の長女喜勢子。高島茂徳《しげのり》の兄。通称は作太郎。福田家は検校・勾当《こうとう》の家。父好政は一橋家家臣今井小左衛門の二男で、福田勾当文喜一の養子となった。俸禄は二〇俵二人扶持。重固は弘化元年（一八四四）十二月五日、弓矢鑓奉行組同心となり、嘉永七年（一八五四）七月二十日に箱館奉行手附出役、安政二年（一八五五）五月四日に同奉行支配調役下役に転じた。西洋築造法を研究し、武田斐三郎（成章）とともに箱館台場や五稜郭の築造に従事する。文久元年（一八六一）十月四日、勘定格御徒目付となり、遣欧使節団に随行して欧州の政体・風俗を視察した。帰国後の同久三年八月二十七日、神奈川奉行支配組頭となる。元治元年（一八六四）六月二十六日に鉄砲製造奉行に転じ、豊島郡滝野川に反射炉を建造して大砲・小銃の製造にあたった。慶応二年（一八六六）二月二日に歩兵差図役頭取となり、フランス陸軍伝習を受けた。同三年五月六日に歩兵頭となり、勘定頭取を兼ね陸軍会計部門を統轄。同四年の徳川家の駿河移住にあたっては、沼津・小島・韮山代官などから領知の受け取りを担当した。明治二年（一八六九）に新政府に出仕し、十月二十四日に出納権大祐に任じられたことを皮切りに、民部・工部・逓信・内務の各省を歴任し、なかでも電信事業に大きな功績を残した。弟茂徳が継いだ高島家にも関わり、高島秋帆紀功碑建設（明治十八年）に関与。明治四十三年十一月二日、七十八歳で死去した。戒名は光勝院殿泰運重固居士。墓は東京都台東区の谷中霊園にある。沼津市明治史料館に関係文書が所蔵される。なお孫の正一は、宝塚音楽部洋学校に勤務した。（藤田）

【典拠・参考文献】『幕臣人名』第三巻、『復刻版 明治人名辞典Ⅱ』下巻（日本図書センター、一九八八年）、樋口雄彦『幕臣 福田重固・高島茂徳兄弟』（私家版、二〇〇六年）

福田道昌《ふくだみちまさ》（生没年未詳）

八郎右衛門と称し、任官後は甲斐守・下総守を名乗る。家禄は三〇俵三人扶持。天保十三年（一八四二）二月十九日、勘定留役より佐渡奉行支配組頭となる。同十四年七月二十一日に佐渡奉行支配組頭から代官となり、同年から弘化三年（一八四六）まで陸奥国川俣陣屋、弘化三年から嘉永二年（一八四九）まで甲斐国市川陣屋、嘉永二年から安政元年（一八五四）まで甲斐国甲府陣屋を所管する。安政元年六月十五日に西丸裏門番頭になる。安政四年四月二十七日から勘定吟味役を務め、万延元年（一八六〇）閏三月十七日から本丸普請懸りを勤めた功により再三褒美を賜る。文久元年（一八六一）二月二十八日、諸堂社修復御用のため日光へ赴き、同年三月二十三日、出精につき諸大夫を仰せ付けられる。文久二年八月二十四日に勘定吟味役より先手鉄炮頭、元治元年（一八六四）三月十三日に甲府町奉行、元治二年三月四日より二丸留守居を務める。慶応二年（一八六六）八月四日、御役御免となり寄合となる。（堀）

【典拠・参考文献】『柳営補任』、西沢淳男『幕領陣屋と代官支配』（岩田書院、一九九八

年）

福地源一郎《ふくちげんいちろう》　（一八四一～一九〇六）

天保十二年（一八四一）三月二十三日に長崎新石灰町に生まれる。八十吉・桜痴と称した。長崎の医師福地源輔の末子。長川東洲門下。十五歳でオランダ和蘭通詞名村八右衛門に蘭学を師事。のち稽古通詞。安政五年（一八五八）十二月に出府、外国奉行水野忠徳邸に寄宿し、通弁御用頭取森山多吉郎に英学を師事。同六年五月二十六日、外国奉行支配通弁御用御雇。文久二年（一八六二）正月元日、正使竹内下野守保徳の遣欧使節に随行し長崎出航、定役並通詞。慶応元年（一八六五）閏五月五日、外国奉行柴田剛中に随行し渡欧、通弁頭取役。明治元年（一八六八）閏四月三日、江湖新聞発刊。記事の内容により投獄。釈放後、共慣義塾開校、また渋沢栄一の推薦で大蔵省御用掛。同三年十一月二日、伊藤博文の渡米に随行。同四年五月九日帰国。同年十一月十二日、岩倉使節団に随行、一等書記官。同六年七月帰国。同七年秋、官途を辞す。同年十二月一日には東京日々新聞に参加。主筆、社長。太政官記事御用の名を東京日々新聞で使用し、官報的性格を持たせることを画策した。同八年六月二十日、太政官四等出仕、地方官会議書記官。会議終了後に下野。同十年、西南戦争時に軍団御用掛。従軍記者。戦地を去る際に軍団御用掛は辞職。同十一年三月、東京商法会議所副会頭。同年、地方官会議筆記者。同十二年三月二十日、東京府会議長。同十五年、立憲帝政党結党。のち解散。明治二十一年に東京日々新聞退社。同二十二年十一月二十二日、京橋木挽町に歌舞伎座を建設、開場。歌舞伎座座主。のち辞職。学識・文才に優れ脚本・小説・新聞等多彩な文筆活動を行った。主著に『幕府衰亡論』『幕末政治家』『新聞紙実歴』等多数。明治三十九年一月四日に死去。享年六十六。墓は東京都台東区谷中墓地。法名温良院徳誉芳香桜痴居士。　（岩下）

【典拠・参考文献】福地源一郎『幕府衰亡論』（続日本史籍協会叢書、東京大学出版会、一九七八年）、福地源一郎『懐往事談・幕末政治家』（続日本史籍協会叢書、東京大学出版会、一九七八年）

福原資盛《ふくはらすけもり》　（一六〇三～一六七九）

慶長八年（一六〇三）に福原資保《すけやす》の子として生まれる。母は久野氏の息女。妻は大田原晴清の息女。内記と称し、淡路守と名乗った。隠居後岩久と号した。福原氏は那須衆四家の一つであり、旧家の子孫として交代寄合に取り立てられた。資盛は、元和元年（一六一五）、初めて二代将軍徳川秀忠に拝謁する。同三年の秀忠上洛の際には、父に代わって供奉する。同五年、伏見にて松平丹後守重忠、秋元但馬守泰朝に属して駿府城番を勤める。その後遺領を継ぐ。寛永十一年（一六三四）七月晦日、根野織部正吉明が封地を移す際、岡本宮内義保と供に下野国壬生城を守衛する。同十七年三代将軍家光の日光社参にあたり、正月二十六日に今市御殿の修理を勤める。同十八年三月三日には日光山御廟修理の任を勤める。後にしばしば日光山普請の役を勤め、時服・白銀等を賜る。同二十一年（正保元・一六四四）九月二十二日、岡本内蔵助義政と千本帯刀長勝に御咎めがあった際に資盛も蟄居を命ぜられるが、後に赦される。寛文十三年（延宝元・一六七三）五月八日に隠居し、延宝七年十二月二十一日に死去。享年七十七。法名は盛与。　（橋本）

【典拠・参考文献】『寛政譜』第十二・一三九頁、『徳川実紀』第二～五篇

福村正慰《ふくむらまさやす》　（一七四四～一八一九）

延享元年（一七四四）に生まれる。父は

清水家用人の福村正敏《まさとし》、母は未詳。はじめ正豊《まさとよ》を名乗った。小善次・理太夫とも称した。書院番押田勝輝の養女を妻とする。後妻は小普請組頭筧正休の娘。のちに押田勝輝の養女と再縁。宝暦十年（一七六〇）四月二十八日、九代将軍家重へ初めて御目見する。同十二年九月二十八日に西丸書院番に列し、弓場始の流鏑馬に加わるなど騎射を得意とした。また放鷹のときに鳥を射て、時服・黄金等を下された。寛政二年（一七九〇）四月二日に本丸勤めとなる。同三年五月六日に遺跡を継ぐ。廩米一五〇俵。同五年三月二十日、書院番長谷川丹後守組から御腰物奉行となり、十二月十六日布衣の格になる。同六年五月十四日に御小納戸となり、同年九月六日より西丸（家慶）御小納戸となる。享和元年（一八〇一）九月十五日には淑姫（家斉娘、尾張徳川斉朝室）御用人となり、文化十四年（一八一七）二月二日、数年来勤め向き出精につき一五〇俵を加増され、三〇〇俵高となる。同年八月二十四日、淑姫死去により先手鉄炮頭になる。文政二年（一八一九）九月に死去。享年七十六。菩提寺は下谷幡随院の向旭院。（吉成）

【典拠・参考文献】『寛政譜』第二十・二三頁、『柳営補任』

藤井勝忠《ふじいかつただ》（生年不詳～一六九五）

摂津国高槻の御蔵奉行藤井勝重の長男として生まれる。勘兵衛と称した。寛永十七年（一六四〇）九月十五日に家督を相続し、父に代わって高槻の御蔵奉行を務め、後に二条城の御蔵奉行となる。天和元年（一六八一）十二月に務を辞し小普請となる。元禄七年（一六九四）十二月七日致仕し、八年六月七日に死去。法名は空山。（堀）

【典拠・参考文献】『寛政譜』第十四・八〇頁

藤井義孝《ふじいよしたか》（生没年未詳）

表右筆を務めた藤井義知《よしとも》の長男として生まれる。母は藤井義和の息女。釜之助と称した。天保六年（一八三五）十一月に二丸留守居次席の格式で表右筆組頭となり、布衣を許された。安政七年（一八六〇）までは同職にあったようである。家禄は一〇〇俵五人扶持であったが、安政三年四月十四日に二〇〇俵五人扶持へ加増された。（栗原）

【典拠・参考文献】『寛政譜』第二十・一五二頁、『藤岡屋日記』七巻（三一書房、一九九〇年）一八四頁、『旗本百科』第四巻

藤枝重家《ふじえしげいえ》（生没年未詳）

将軍徳川家光の側室となるお夏の方（順性院）の父。はじめは弥市郎と名乗る京都の町人であったが、お夏の方が家光の子を懐妊したことにより士分に取り立てられる。お夏は、正保元年（一六四四）五月二十四日に出産、子は家光二男で後に甲府城主の徳川綱重となり、お夏の方はその生母となった。当初は岡部八左衛門重家を名乗るが、後に藤枝重家と改名した。（浦井）

【典拠・参考文献】『寛政譜』第二十二・六八頁、『徳川諸家系譜』第一（続群書類従完成会、一九七〇年）

藤沢次謙《ふじさわつぐよし》（一八三五～一八八一）

天保六年（一八三五）生まれ。主税・志摩守・備前守・肥後守と称す。講武所頭取・歩兵頭・歩兵奉行・軍艦奉行・歩兵奉行（再役）・陸軍奉行並を歴任し、慶応四年（一八六八）十月、陸軍御用重立取扱に就任。維新後は明治七年（一八七四）に左院の四等議官となっている。また河上冬崖の洋画仲間として、榊綽・河鍋暁斎とともに渡部温が翻訳・刊行した『通俗伊蘇普物語』の挿絵を描いた。明治十四年（一八八一）五月二日死去。（津田）

【典拠・参考文献】『柳営補任』、樋口雄彦『旧幕臣の明治維新　沼津兵学校とその群像』

（吉川弘文館、二〇〇五年）、同『沼津兵学校の研究』（吉川弘文館、二〇〇七年）

藤沼勝由《ふじぬまかつよし》（一六四〇～一七〇八）

寛永十七年（一六四〇）に藤沼吉勝《よしかつ》の長男として生まれる。猪之助・左大夫と称した。妻は福田新兵衛某の息女。徳松（徳川綱吉の子）の神田館において小十人を務め、延宝八年（一六八〇）に徳松の供に列し、西丸に勤仕する。天和三年（一六八三）に徳松が逝去したことにより、十一月二十五日には勘定となり、十二月十四日に家督を相続する。貞享三年（一六八六）十一月十九日に大津御蔵奉行へ移り、元禄十二年（一六九九）四月二十二日に同役は廃止されたため解職される。宝永四年（一七〇七）十二月十四日に致仕し、同五年三月二十六日に死去。享年六十九。法名は日明。菩提寺は谷中の大雄寺である。（栗原）

【典拠・参考文献】『寛政譜』第二十一・一六一頁

藤沼時房《ふじぬまときふさ》（一七一〇～一七七七）

藤沼勝就と、藤沼勝由の娘の長男として生まれる。通称は市之助・源左衛門、致仕号を峯雪と称した。家禄は一三〇俵。元文三年（一七三八）五月二十四日に勘定となり、延享三年（一七四六）二月二十三日、畿内及び丹波・播磨・近江等の国々を巡見する。寛延二年（一七四九）六月二十三日には代官に転じ、寛延二年は美作国倉敷陣屋、同年から宝暦三年（一七五三）まで越前国中番陣屋、宝暦三年から宝暦九年まで佐渡相川代官を務める。また、宝暦元年八月四日、父の死去に伴い家督を相続した。九年三月二十日に職を辞し、明和八年（一七七一）八月八日に致仕。安永六年（一七七七）十二月六日に死去した。享年六十六。法名は日華。菩提寺は谷中の大雄寺。（堀）

【典拠・参考文献】『寛政譜』第二十一・一六一頁、西沢淳男『幕領陣屋と代官支配』（岩田書院、一九九八年）

藤林勝政《ふじばやしかつまさ》（一五七九～一六二六）

天正七年（一五七九）に藤林宗政《むねまさ》の長男として生まれる。市兵衛と称した。妻は志水孫右衛門の娘。慶長十一年（一六〇六）正月に父宗政の死後、遺跡の蔵米二〇〇俵を給い、大和国の代官を務め、山城国紀伊郡横大路村に住む。同十九年・同二十年の大坂の陣に供奉する。寛永三年（一六二六）八月七日に死去。享年四十八。法名は道忠。横大路村浄貞院に葬られる。（宮原）

【典拠・参考文献】『寛政譜』第十八・九三頁、『代官履歴』

藤林惟真《ふじばやしこれざね》（生年未詳～一六八八）

代官藤林雅良の男として生まれる。亀之助・長兵衛と称する。妻は小川九左衛門の息女。寛文十三年（延宝元・一六七三）七月十一日に家督を継ぎ、三代前の宗政から勤めている山城国横大路村住居の代官となる。家禄は二〇〇俵。貞享元年（一六八四）に越後国川浦へ場所替が発令されるが赴任を拒否。名目上は同四年まで同地の代官。江戸への召喚命令も拒否、京都町奉行の催促にも応ぜず自殺未遂、さらに会計不足六〇〇〇両にも及ぶため、斬罪となる。子息二名も連座して切腹となる。（西沢）

【典拠・参考文献】『寛政譜』第十八・九三頁、『代官履歴』

布施毅《ふせたけし》（生年未詳～一八二五）

布施孫市郎の子として生まれる。禄高は一五〇俵。蔵之丞と称した。寛政二年（一七九〇）五月四日に、小普請入りとなる。同五年三月十四日に表右筆、同年四月二十七日には奥右筆見習となり、同年六月二十四日、奥右筆となった。文化十四年（一八一七）十二月二十二日、奥右筆組頭見習となり、文政二年（一八一九）七月十二日、奥右筆組頭となった。同八年二月二十九日に死去。（西）

【典拠・参考文献】『寛政譜』第二十・三二四頁、『旗本百科』第四巻

布施義容《ふせよしかた》　（一七三八～　没年未詳）

元文三年（一七三八）に布施義浮《よしちか》の長男として生まれる。松之助・孫三郎と称した。明和元年（一七六四）閏十二月十六日に小十人組の番士を務める。安永四年（一七七五）十月四日に遺跡を継ぎ、蔵米二〇〇俵を給う。寛政四年（一七九二）六月二十一日に代官を命じられる。文化九年（一八一二）八月十四日、老衰のため職を辞す。

（宮原）

【典拠・参考文献】『寛政譜』第十八・一九八頁、『旗本百科』第四巻、『代官履歴』

伏屋為貞《ふせやためさだ》　（一六六六～一七五三）

寛文六年（一六六六）に生まれる。父は書院番伏屋為重《ためしげ》で、母は小性組倉橋尚政《なおまさ》の息女。助之丞・半左衛門・主馬と称した。妻は不詳。延宝三年（一六七五）八月二十一日に初御目見をし、元禄六年（一六九三）十二月九日に小性組番となり、廩米三〇〇俵を賜る。同七年六月五日に桐間番、同月二十六日に近習番、九月十八日に御小納戸、十一月二十一日に小性となり、同十一年正月十一日には三〇〇俵を加増され、廩米を知行に改めた。同十五年九月二十九日に家督を継ぎ、それまでの家禄一〇五〇石余に、加増されたうちの三〇〇石を加えて、都合一三五〇石余の家禄となる。宝永二年（一七〇五）十二月二日、従五位下下野守に叙任される。のちに備前守・備中守とも称した。同六年二月二十一日、五代将軍家綱の死去により免職となり、寄合となる。享保五年（一七二〇）二月十一日に先手弓頭となり、享保十年（一七二五）六月朔日、将軍世子家重のいた西丸に勤め、同十四年閏九月二十八日、八代将軍吉宗の二男小次郎（のちの田安家初代当主宗武）の傅役となるが、元文四年（一七三九）七月十二日に老免され、同年十一月二十七日致仕した。宝暦三年（一七五三）三月二十五日に死去。享年八十八。法名は宗円。菩提寺は牛込の保善寺（現在は東京都中野区に移転）。

（竹村）

【典拠・参考文献】『寛政譜』第六・三六三頁、『徳川実紀』第六・八篇

伏屋為重《ふせやためしげ》　（一六三九～一七〇二）

寛永十六年（一六三九）に書院番士伏屋為次《ためつぐ》の子として生まれる。実母は豊臣家の家臣であった堀利右衛門の息女。妻は小性組番士倉橋尚政《なおまさ》の息女。吉十郎・四郎右衛門・新助と称した。伏屋氏は代々織田信長・豊臣秀吉に仕えた家柄で、祖父為長《ためなが》の代から徳川氏に仕えていた。為重は、はじめ神田御殿において徳川綱吉（のち五代将軍）に仕えており、万治二年（一六五九）三月十九日に家督を相続した。知行は一〇五〇石余である。寛文三年（一六六三）十一月十九日、書院番に列し、天和元年（一六八一）二月六日より屋敷改を務めた。同二年七月四日、桐間番に転任し、同年八月三日には御小納戸となった。貞享元年（一六八四）十一月十一日に精勤を賞されて時服三領・黄金五枚を賜った。同二年十二月に職を辞して小普請となったが、元禄三年（一六九〇）二月二十六日に書院番となり、同八年二月五日より御小納戸に復帰した。このとき布衣の着用が許された。同九年九月晦日、二丸御留守居に転任し、同年十月十五日には先手鉄炮頭となった。同十四年十二月十四日に職を辞して寄合に列した。同十五年七月二日に死去。享年六十四。法名は要節。牛込の保善寺（現在は移転して東京都中野区）に葬られた。

（白根）

【典拠・参考文献】『寛政譜』第六・三六三頁

豊前忠寛《ぶぜんただひろ》　（一六四二～一七〇九）

寛永十九年（一六四二）に甲府藩主徳川

綱重の家臣榊原重勝の五男として生まれた。初めは忠重で、重真とも名乗った。通称は源七郎・十左衛門・喜右衛門。妻は義父で支配勘定を勤めた豊前正次の息女。後妻は正坂本氏の娘と福井勘兵衛の娘。豊前家は正次の父正吉《まさよし》が徳川秀忠に御徒《かち》として召抱えられたのを初代とする御家人。正次が臨終の際に忠寛は養子となり、寛文五年（一六六五）十二月十一日に家督を相続。支配勘定を勤めたのち、延宝二年（一六七四）六月二十二日に勘定となり勘定所留役を勤め、旗本身分となる。廩米《りんまい》一五〇俵取。貞享二年（一六八五）六月十日御林奉行に転じ、元禄六年（一六九三）十二月一日、相模国大山の不動堂修理奉行を勤めたことにより、時服二領を受ける。同十一年五月十一日、御蔵奉行に移り、同十五年十二月二十二日、廩米五〇俵を加増され、あわせて二〇〇俵取となる。宝永六年（一七〇九）三月十八日、六十八歳で死去。法名は春閑。牛込宗参寺（東京都新宿区）に葬られた。なお、忠寛の長男、豊前八右衛門（平助とも）は、元禄五年に勘定となり、精勤を賞され黄金三枚を受けたが、父忠寛に先立って死去したため、三男祭忠《きよただ》が家督を継いだ。（実松）

【典拠・参考文献】『寛政譜』第二十・二九五頁

淵辺徳蔵《ふちのべとくぞう》（一八一七～没年未詳）

文化十四年（一八一七）生まれ。元治元年（一八六四）二月十四日に外国奉行支配調役並より外国奉行支配調役となっている。その二年後の慶応四年（一八六八）には大目付付属に任ぜられた。（津田）

【典拠・参考文献】『柳営補任』、『旗本百科』第四巻

船越景直《ふなこしかげなお》（一五四〇～一六一一）

天文九年（一五四〇）に船越景綸の長男として生まれる。妻は池田輝政の息女。五郎右衛門と称した。父とともに細川家に仕え、その後三好長慶の弟である安宅《あたぎ》冬康や、三好長治、豊臣秀吉に仕えた。文禄四年（一五九五）に豊臣秀次追放にともない、景直も秀次と誼《よしみ》があることから南部信直に預けられたが、慶長三年（一五九八）に徳川家康から豊臣秀頼への働きかけによって赦される。同四年閏三月三日に秀頼から摂津国兎原・豊島《てしま》・河辺郡、河内国交野《かたの》郡にて四六四〇石を与えられる。同五年関ヶ原合戦時には家康に従い、翌六年に大和国宇智郡において一五〇〇石を加増される。慶長十六年（一六一一）三月十七日に死去。享年七十二。法名は宗観。菩提寺は京都大徳寺の清泉寺。（鍋本）

【典拠・参考文献】『寛政譜』第十四・二一八頁、『譜牒餘録』後編巻十二

船越景範《ふなこしかげのり》（一七五一～没年未詳）

宝暦元年（一七五一）、酒井遠江守忠與の三男として生まれる。後、船越景順《かげより》の養子となる。三次郎と称した。妻は石川安房守總恒の息女。後妻は松平図書頭忠寄の息女。また、六郷兵庫頭政林の息女を娶る。安永五年（一七七六）八月二十二日、十代将軍徳川家治に御目見した。天明四年（一七八四）四月二十九日、家督を相続する。禄高は五五七六石。同六年十二月二日、中奥小性となり、同七年三月十八日、従五位下駿河守に叙任される。寛政十年（一七九八）十二月二十三日、小普請組支配に転じた。享和三年（一八〇三）十一月二十七日、職を辞し寄合となる。文化五年（一八〇八）四月七日、寄合から寄合肝煎となった。（西）

【典拠・参考文献】『寛政譜』第十四・二二〇頁、『旗本百科』第四巻

船越永景《ふなこしながかげ》（一五九七～一六七〇）

慶長二年（一五九七）、船越景直の子として生まれる。名は永景、吉勝。孫市、三郎四郎と称し、宗舟と号した。妻は浅野弾

正少弼長政の養女。後妻は稲葉左近蔵人道通の息女。同九年、駿府において徳川家康に拝謁し、小性となる。元和二年（一六一六）四月の、家康死去後、江戸に移り、寄合となる。寛永二年（一六二五）七月二十五日、采地・新田を合わせて六二六〇石余を知行する。同十一年二月十二日、三代将軍家光の上洛に際し、遠江国に赴き、今切の舟渡奉行を務めた。同十五年十一月十一日、作事奉行となり、同十八年十二月二十九日、布衣を許された。慶安元年（一六四八）正月九日、日光東照宮の御殿造営の普請奉行を務め、承応元年（一六五二）十一月七日には、大猷院殿の宝塔造営の奉行を務めた。同二年三月二十九日、酒井讃岐守忠勝より一連の功績を賞せられ、従五位下伊予守に叙任される。また永景は優れた文化人との交流も深く、茶道を古田織部、小堀遠州より学び、寛文五年（一六六五）には四代将軍家綱に所望され、片桐石州とともに茶を点てている。同十年九月一日に死去。享年七十四。法名は自円。菩提寺は駒込養源寺（東京都文京区）。　（西）

【典拠・参考文献】『寛政譜』第十四・二一九頁、『日本人名大辞典』（講談社、二〇〇一年）

船橋茂喬《ふなばししげたか》　（一七六六～没年未詳）

明和三年（一七六六）に小十人を務めた船橋八郎左衛門茂臣《しげおみ》（家禄七〇俵五人扶持）の子として生まれる。通称は久五郎。母は鈴木七兵衛正友の娘。妻は三浦兵十郎元珍の娘。父の茂臣が安永八年（一七七九）正月十七日に失心して自殺したものの、親族らの嘆願により同年四月八日に遺跡の相続が許される。寛政四年（一七九二）九月二十五日に初めて十一代将軍家斉に拝謁、同八年十二月十六日に表右筆となる。その後の経歴については詳細を欠くが、同十一年までに奥右筆見習となった後、奥右筆となった。文政十一年（一八二八）七月二十四日に奥右筆組頭へ昇進、加増されて家禄は一〇〇俵高となる。天保四年（一八三三）四月二十四日に職を辞した。船橋勘左衛門や馬場大助らとともに、本草学・博物学における『図譜』の画家の一人として知られる。　（太田尚）

【典拠・参考文献】『寛政譜』第二十二・二八〇頁、『旗本百科』第四巻、『旗本人名』第三巻、『柳営補任』

船橋玄鼎《ふなばしはるやす》　（一七六七～一八二三）

明和四年（一七六七）、船橋玄寛《はるひろ》の子として生まれる。母は杉浦八郎五郎勝包の息女。繁太郎と称し、宗迪と号した。妻は大八木伝庵盛昭の息女。安永七年（一七七八）十二月十九日、家督を継ぎ、小普請入りする。禄高は七〇〇石。天明二年（一七八二）三月二十二日、十代将軍徳川家治に御目見し、寛政四年（一七九二）六月十五日、番医となる。文化八年（一八一一）十二月十二日に寄合医となり、同十二年六月五日、奥詰医となる。文政六年（一八二三）に死去。享年五十七。　（西）

〔典拠〕『寛政譜』第二十一・一六頁、『旗本百科』第四巻

古川氏清《ふるかわうじきよ》　（一七五二～一八二〇）

宝暦二年（一七五二）生まれ。父は小十人の古川氏美《うじみ》、母は不詳。吉之助・吉次郎とも称した。妻は長岡氏の娘。同九年六月三日に遺跡を継ぎ、小普請入りする。廩米一五〇俵であった。安永五年（一七七六）十二月二十二日、はじめて十代将軍徳川家治に拝謁し、天明四年（一七八四）閏正月二十六日には勘定となる。寛政元年（一七八九）閏六月十八日、さきに美濃・伊勢両国川々普請の事を務めたことにより時服二領・黄金二枚を賜る。同四年十一月二日表右筆に転じ、八日には奥右筆の見習となり、十二月二十二日に奥右筆となる。同九年八

月二十二日御賄頭、表御台所頭を兼ねる。文化七年（一八一〇）十二月二十四日、広敷御用人となる。同十三年六月四日には勘定奉行の過人となり、家禄が五〇〇石に加増された。文政三年（一八二〇）六月二十二日卒。享年六十九。菩提寺は下谷の東淵寺。

（吉成）

【典拠・参考文献】『寛政譜』第十九・二六七頁、『旗本百科』第四巻

古郡重政《ふるこおりしげまさ》　（一五九九～一六六四）

慶長四年（一五九九）に生まれる。大三郎・孫大夫と称す。妻は佐野氏の女。重政は、当初は徳川家康に仕えて代官を勤めていたが、のち、徳川秀忠の次男忠長に付属し、寛永九年（一六三二）に忠長が処罰され改易されると、幕府に戻り駿河国の代官を勤める。同十七年、駿河国富士郡加嶋において新たに六五〇〇石余りを開墾したことにより、その十分の一にあたる現米三二五石余りを賜う。寛文四年（一六六四）五月二十二日、六十六歳で死去。法名は貞心。葬地は駿河国富士郡松岡村の瑞林寺（静岡県富士市）。

（小宮山）

【典拠・参考文献】『寛政譜』第二十・三八八頁

古郡重年《ふるこおりしげとし》　（一六二六～一六八六）

寛永三年（一六二六）代官古郡重政《しげまさ》の長男として生まれる。母は佐野氏の息女。交之助・文右衛門と称した。妻は江川太郎左衛門英政の息女。後妻は成瀬吉平重信の息女。寛文三年（一六六三）三月二十八日、四代将軍徳川家綱に初めて拝謁する。同四年十二月十日、遺跡を継承し、父に代わり代官を務める。同十一年十二月二十二日蔵米一〇〇俵となる。貞享三年（一六八六）十一月二十二日に死去。享年六十一。法名は道賢。菩提寺は駿河国富士郡松岡村の瑞林寺。

（宮原）

【典拠・参考文献】『寛政譜』第二十・三八八頁、『代官履歴』

古坂包高《ふるさかかねたか》　（一七一一～一七八五）

正徳元年（一七一一）生まれ。通称は弁蔵。父は古坂供憲、母は古坂武正の養女。二男であったが、別家を興した。妻は備中足守藩木下家家臣徳永可直の息女。元文二年（一七三七）十二月、新規に召し出され伊賀御庭番となった。その後、広敷添番並御庭番（役高五〇俵）、御賄調役を務める。宝暦十一年（一七六一）七月十八日、徳川家重側室安祥院（三浦氏）の用人となり、御家人から旗本となった。明和三年（一七六六）三月十一日、その勤めにより黄金三枚を賜る。天明三年（一七八三）六月七日に加増され、禄高一〇〇俵となった。同五年八月二十八日、七十五歳で死去。法名は光潤。菩提寺は赤坂の専福寺である。

（松本）

【典拠・参考文献】『寛政譜』第二十二・二〇一頁、深井雅海『徳川将軍政治権力の研究』（吉川弘文館、一九九一年）

古坂孟雅《ふるさかたかまさ》　（一七四六～没年未詳）

延享三年（一七四六）に生まれる。通称は弁蔵。父は古坂包高《かねたか》、母は備中国足守《あしもり》藩主木下利彪《としとら》家臣徳永可直の息女、妻は山中俊休の息女である。父包高は隠密御用に従事する御庭番家筋に取り立てられ、以後同家は代々その職務にあたり、孟雅も宝暦十三年（一七六三）六月二十三日、小十人格御庭番となった。包高は九代将軍徳川家重の側室安祥院の御用人を勤めていたが、孟雅も天明五年（一七八五）二月十六日よりその見習を勤め、同年八月二十八日に父が没すると、十一月五日に家督を継ぎ、同月七日には安祥院御用人となった。家禄は一〇〇俵。同八年十月二十九日、御金奉行に転任、寛政元年（一七八九）六月二十七日には御林奉行となり、享和元年（一八〇一）には鉄炮箪笥奉行に転じて文化十三年

（一八一六）まで勤めた。没年は未詳、同家の菩提寺は赤坂専福寺（東京都港区）である。（渋谷）

【典拠・参考文献】『寛政譜』第二十二・二〇一頁、『柳営補任』、『江戸幕府役職武鑑編年集成』第十九巻（東洋書林、一九九八年）、深井雅海『徳川将軍政治権力の研究』（吉川弘文館、一九九一年）

古坂供憲《ふるさかとものり》（一六七一～一七四三）

寛文十一年（一六七一）生まれ。通称は与吉。古坂家はもともと味岡と称していたが、供憲より四代前の忠左衛門直季が古坂と改めて、御三家紀伊家に仕えていた。供憲は田中氏の出で、直季の孫武正の婿養子となった。妻は武正の養女である。供憲も紀伊家に仕え薬込役を務めていたが、享保三年（一七一八）、将軍吉宗の母浄円院（巨勢氏）の和歌山から江戸行きに従って江戸に出、同年四月十八日に広敷伊賀者（御家人）となった。これにより三五俵三人扶持を給された。享保十一年（一七二六）からは御庭番と呼ばれ、同家は御庭番家筋となった。その後西丸広敷の添番御庭番（役高一〇〇俵）に昇格する。寛保元年（一七四一）二月二十七日、西丸広敷の御用達となり、御目見以上となった。同三年（一七四三）六月四日、七十三歳で死去。法名は智性。菩提寺は赤坂の専福寺である。（松本）

【典拠・参考文献】『寛政譜』第二十二・二〇〇頁、深井雅海『徳川将軍政治権力の研究』（吉川弘文館、一九九一年）

古坂逵経《ふるさかみちつね》（一七〇六～一七六八）

宝永三年（一七〇六）、古坂武正の婿養子に入った供憲の子として生まれる。母は古坂武正の娘。与七郎と称す。妻は紀伊家家臣吉岡正定の娘。はじめは広敷伊賀者、後に添番並となり、寛保元年（一七四一）六月二日に小十人に准ぜられ月報二〇口を賜る。同年九月二十一日にはじめて吉宗に拝謁した。同三年七月二十五日、広敷の御用達となり廩米一〇〇俵に改められる。寛延三年（一七五〇）十二月十四日、広敷番頭となり、宝暦四年（一七五四）には閑院五十宮倫子（家治室）入輿を担当し黄金一枚を賜わる。宝暦八年七月十八日に勘定吟味役に昇進し、同年十二月十八日には布衣の着用を許される。その後は、宝暦九年十月に日光山諸堂社修築、同十二年四月には三河国矢作橋の修築、明和元年（一七六四）三月に朝鮮通信使の来聘、同三年に美濃・伊勢両国の川普請など諸事を担当する。明和五年十一月二十四日に死去、享年六十三。法名は実性。赤坂の専福寺（東京都港区）に葬られている。（保垣）

【典拠・参考文献】『寛政譜』第二十二・二〇一頁

古田明恒《ふるたあきつね》（一七五三～没年未詳）

実は半井探玄明善の子。母は清水木工之助の娘。左京・瑞玄とも称した。妻は番医宮村永庵富良《とみよし》の娘。小普請古田栄延《よしのぶ》の養子となる。同家は代々医師をつとめた古田家の分家で、安永七年（一七七八）十二月十二日に家を継ぐ。時に二十六歳。月俸一五口。天明五年（一七八五）四月十日には番医に列し、寛政九年（一七九七）三月八日に将軍世子（家慶）の侍医となり、四月二十一日から西丸に入った。菩提寺は深川雲光院の長源院。（吉成）

【典拠・参考文献】『寛政譜』第十五・八三頁、『旗本人名』第三巻

古橋忠良《ふるはしただよし》（生年未詳～一八三六）

古橋久敬の長男として生まれ、遺跡を継承し、蔵米一五〇俵を給う。荒之助・新左衛門と称した。文政十二年（一八二九）七月二日に小普請世話取扱より代官へ就任し、備中国倉敷へ赴任した。天保七年（一八三六）に死去。（宮原）

【典拠・参考文献】『旗本百科』第四巻、

『代官履歴』

古橋久敬《ふるはしひさたか》　（一七五〇～一八一三カ）

寛延三年（一七五〇）に成瀬久蔵正興の二男として生まれる。母は鴨田正志の息女。西丸表右筆古橋忠信の養子となり、その息女を妻とする。久三郎・文三郎と称した。明和四年（一七六七）十一月四日に遺跡を継ぎ、蔵米一五〇俵を給う。文化元年（一八〇四）六月十八日、小普請より代官を命じられ、信濃国中野陣屋へ赴任する。同十年閏七月九日に死去か。享年六十四。　（宮原）

【典拠・参考文献】『寛政譜』第十九・八頁、『旗本百科』第四巻、『代官履歴』

古屋佐久左衛門《ふるやさくざえもん》　（一八三三～一八六九）

天保四年（一八三三）久留米生まれ。慶応三年（一八六七）八月二十六日、富士見宝蔵番格炮兵差図役並勤方より小十人格軍艦役並に任ぜられる。また歩兵頭も務めた。幕末の動乱期には幕府脱走兵の衝鉾隊の隊長として幕府脱走兵五七〇余名を率いて越後へ入り、各地で新政府軍と衝突した。明治二年（一八六九）箱館の五稜郭において戦死した。　（津田）

【典拠・参考文献】『旗本百科』第四巻、宮崎十三八編『幕末維新人名辞典』（新人物往来社、一九九四年）

古山政礼《ふるやませいれい》　（生年不詳～一八三七）

善吉と称す。天保六年（一八三五）の『武鑑』によれば、父は古山文左衛門。文化十三年（一八一六）六月五日、評定所留役より代官となり、以後「永々御目見以上」となる（『県令譜』）。文政九年（一八二六）四月二十四日に峰姫御用人となり、家禄を一〇〇俵高へと加増された。天保八年（一八三七）に死去している。　（保垣）

【典拠・参考文献】『県令譜』、『柳営補任』、『旗本百科』第四巻

古山善《ふるやまぜん》　（生没年未詳）

善一郎と称す。家禄は二〇〇俵。屋敷は表二番町。文政六年（一八二三）十月二日書院番より西丸広敷番頭を務める。天保八年（一八三七）四月二日本丸広敷番頭となる。同十二年五月二十八日西丸広敷番頭になるが、同年八月二十二日本丸広敷番頭に再び帰役する。同十三年五月二十五日に代官へ転じ、関東上郷・豊後国日田にて任にあたる。弘化四年（一八四七）九月六日には西国郡代に、同年十月十七日には西丸広敷用人となる。嘉永六年（一八五三）十月二十一日、本丸広敷用人となる。安政五年（一八五八）十一月二十六日、新潟奉行を務める。文久三年（一八六三）八月十五日御機嫌伺いのため参府する。同年九月十日御役御免となり、勤仕並寄合となる。　（高木）

【典拠・参考文献】『旗本百科』第四巻、『代官履歴』

へ

別所常治《べっしょつねはる》　(一六四五～一七一一)

正保二年(一六四五)に小性組別所重家の三男として生まれる。信治・源之丞・孫四郎・孫右衛門と称した。父重家の家督を継いだ長男重長の家督を延宝六年(一六七八)十二月十日に継ぐ。妻は高山弥左衛門盛勝の息女。同九年(天和元・一六八一)二月二十六日に書院番となる。元禄六年(一六九三)正月十九日に屋敷改となり、同九年四月二十一日に使番となる。十一月朔日に日光山諸堂社修補の奉行を勤め、十二月二十二日に布衣を許される。同十年閏二月朔日、目付となる。同十五年十月十五日に長崎奉行となり、十二月十八日に従五位下播磨守に叙任される。正徳元年(一七一一)四月十一日に職を辞し、寄合になる。八月二十日死去。享年六十七。法名宗性。菩提寺は駒込の高林寺である。(木崎)

【典拠・参考文献】『寛政譜』第八・七四頁、清水紘一「長崎奉行一覧表の再検討」(『京都外国語大学研究論叢』第XV号、一九七五年)

便々館湖鯉鮒《べんべんかんこりゅう》　(一七四九～一八一八)

寛延二年(一七四九)、江戸に生まれる。姓は大久保、名は正武、通称は平兵衛、あるいは八左衛門とも。大岡助尹の二男であるが、大久保正斯の養子となる。母は木原文右衛門利貞の息女。妻は大久保正斯の息女。安永三年(一七七四)に養父の家督を継ぎ、同七年に西丸小十人となる。天明期から文化期にかけて(一七八一～一八一八)狂歌を詠む。朱楽菅江(幕臣の山崎景基。景貫)が率いる朱楽連の一員であった。また、牛込山伏町に居住していたことから、朱楽連のうち山の手に住む構成員の集まりである、山の井連の一員でもあった。便々館湖鯉鮒は、武士でありながら、狂歌の会を主催し、職業的な狂歌の判者としての地位を確立していたことが確認されている。文政元年(一八一八)七月五日没。享年七十。法名は便了院松誉夕山居士。江戸光照寺に葬られる。(湯浅)

【典拠・参考文献】『寛政譜』第二十一・五七頁、小林ふみ子「山の手の狂歌連」(『江戸文学』31、ぺりかん社、二〇〇四年)

逸見長祥《へんみますあきら》　(一七六一～一八一〇)

宝暦十一年(一七六一)生まれ。初めの名を直正《なおまさ》、通称は熊次郎・隼人・左近・甲斐守。新発田藩主溝口直養《なおやす》の二男。母は宮崎氏。系族の逸見副長《すけます》の養子となる。妻は備中鴨方藩池田政方《まさみち》の息女である。天明四年(一七八四)十二月二十二日、将軍家治に御目見。寛政元年(一七八九)四月二十二日、家督を継ぎ、扶持米三〇〇〇俵を溝口家より受けた。同五年八月四日より本所火事場見廻を務める。寛政十二年(一八〇〇)一月十一日に使番、享和二年(一八〇二)九月十四日に火消役、文化元年(一八〇四)四月四日に小普請組支配、文化六年一月二十八日には日光奉行となる。翌七年八月、日光において五十歳で死去。菩提寺は駒込の吉祥寺である。(松本)

【典拠・参考文献】『寛政譜』第三・一二九頁、『旗本百科』第四巻

北条氏和《ほうじょううじかず》　（一八一八～没年未詳）

文政元年（一八一八）生まれ。通称は新蔵。天保十一年（一八四〇）に家督を相続し、遠江国にて合計三四〇〇石を知行した。同十三年十一月二十五日、家事不取締につき差控（翌年一月十五日御免）。これは財政問題による領内の対立、混乱によるとみられる。同十四年五月四日、再び家事不取締不束につき逼塞（八月二十六日御免）、十二月に知行所を常陸国鹿島・茨城郡の二五か村に引き替えられた（年貢収納高減少）。これは隠居した父氏珍の乱費が原因とされる。嘉永三年（一八五〇）一月十一日に使番となる（十二月十六日まで）。同六年六月二十六日先手鉄炮頭となったが、翌七年四月二十七日願いにより病免（御咎事前の自己退職）。これにより寄合となる。同年七月四日、不行跡と家事不取締につき二〇〇〇石を召し上げられ小普請組入り、同時に逼塞を命じられた。これは氏和の妹が本所辺りの検校との結婚支度金の三〇〇両を詐取したことによるという。他にも、北条家の財政赤字によって金主から送り込まれた用人との対立や、苛酷な徴税をされる領民による幕閣への直訴などが起こっていた。同七年十二月二十七日に逼塞御免。文久元年（一八六一）三月二十三日、甲府勝手小普請となる（甲府流し）。慶応三年（一八六七）八月六日、甲府在住中は知行地上知、蔵米支給となった。（松本）

【典拠・参考文献】『寛政譜』第八・三〇九頁、『旗本百科』第四巻、高橋実『幕末維新期の政治社会構造』（岩田書院、一九九五年）、小川恭一『江戸の旗本事典』（講談社、二〇〇三年）

北条氏英《ほうじょううじひで》　（一六六六～一七二七）

寛文六年（一六六六）に北条氏平の長男として生まれる。母は島田時郷の息女。孫七郎・新蔵と称し、従五位下安房守に叙任される。延宝三年（一六七五）三月十四日、四代将軍徳川家綱に初めて拝謁する。元禄四年（一六九一）十二月二日、小性組番士となり、同十一年九月十八日より火事場目付を務める。同十二年七月六日に遺跡を継承し、三四〇〇石を知行する。宝永二年（一七〇五）正月二十八日本所奉行を兼ね、同三年八月二十八日小性組組頭となる。祖父の北条正房が北条流軍学の祖であることから、貝を吹き太鼓の打ち方を相伝することを宝永四年に将軍から命じられている。同六年四月六日、大坂町奉行に就任し、従五位下安房守に叙任された。享保九年（一七二四）三月七日に大目付へ昇進。同十二年七月二十四日に死去。享年六十二。法名は祥運。菩提寺は駒込の摠禅寺。（宮原）

【典拠・参考文献】『寛政譜』第八・三一一頁

北条氏平《ほうじょううじひら》　（一六三七～一七〇四）

寛永十四年（一六三七）に御徒頭北条正《まさ》房《ふさ》の長男として生まれる。母は小田原浪人北条氏則《うじのり》の娘。妻は旗本西郷延員《のぶかず》の娘、後妻は甲府家の家臣島田時郷《ときさと》の娘。孫七郎・新蔵・安房守と称し、隠居して常円《じょうえん》と号した。慶安元年（一六四八）七月十九日に初めて三代将軍家光へ拝謁し、承応三年（一六五四）二月二十三日に書院番となり、明暦二年（一六五六）十二月に三〇〇俵を与えられる。寛文二年（一六六二）二月二十七日に中奥番となり、十二月二十二日に一〇〇俵を加増され、同四年四月十三日に御徒頭となり、十二月二十五日に三〇〇俵を加増され、二十八日に布衣を許される。同十年七月八日に家督を継ぐ。延宝五年（一六七七）四月十四日に御持弓頭、同九年四月六日に町奉行となり、十二月二十七日に従五位下安房守に叙任された。天和二年（一六八二）四月二十一日に一〇〇〇石を、元禄四年（一六九一）十二月十日に五〇〇石を加増される。同六年十二月十五日に御留守居、同八年二月五日に御側衆となるが、五月十四日に御留守居へ復し、同十年五月二十一日に病気のため辞職し寄合となる。同年七月二十六日に廩米を改めて三四〇〇石を知行した。同十二年七月六日に隠居し、宝永元年（一七〇四）五月十日に死去。享年六十八。法名は全佳。菩提寺は駒込の捴禅寺（東京都文京区）である。

（加藤）


【典拠・参考文献】『寛政譜』第八・三一一頁、『柳営補任』、『徳川実紀』第四～六篇

北条《ほうじょう》新太郎《しんたろう》　（生没年未詳）

天保六年（一八三五）御徒目付より御西丸賄頭に任ぜられる。文久三年（一八六三）五月、歩兵差図役頭取となり、京都表へ御用のため赴いている。さらに同年十一月二十八日には歩兵頭並となり、元治元年（一八六四）には常州・野州へ浮浪追討のため派遣された。しかし同年十月、常州において御役召し放ちとなり、御切米も召し上げられて蟄居となった。その後、慶応二年（一八六六）に歩兵差図役再勤となり、翌三年十月には遊撃隊頭取となる。また開成所頭取格も務めた。

（津田）


【典拠・参考文献】『柳営補任』、『旗本百科』第四巻

北条《ほうじょう》正房《まさふさ》　（一六〇九～一六七〇）

北条繁広の男。母は水戸徳川家の臣遠山彦六景信の女。氏長・梅千代・新蔵と称した。官途は安房守。官位は従五位下を許された。妻は北条内匠氏則の女。慶長十九年（一六一四）に大御所家康に拝謁。廩米五〇〇俵を与えられる。寛永二年（一六二五）に小性組となり、将軍秀忠の上洛に供奉する。同十年二月七日に二〇〇石加増を受けて、廩米を采地にあらためて下総国庄内領に七〇〇石を賜う。同十五年五月八日に御徒頭となり、同十六年十二月晦日に布衣を許される。同年に采地を下総国葛飾・相馬・千葉・印旛・武蔵国橘樹の五郡に移される。正保元年（一六四四）十二月十六日に鉄炮頭となる。同三年に兵法書『雄鑑鈔』を献上する。同四年正月十二日に持筒頭となり、同年十月十一日に「城制木図」を献上する。慶安元年（一六四八）三月十三日に新番頭となり、同年十二月九日に大目付宮越越前守和甫とともに関東諸国を巡視する。命をうけて合戦合図の貝太鼓・笛太鼓を製作。陣屋割本陣御殿の図、攻城の法などの書籍を著し、さらに鉄炮の製作などをおこなう。同四年に諸国絵図の製作、由利安牟と阿蘭陀の戦法、大小筒火箭の用法などの書籍などを著す。同年六月十八日に将軍家光廟造営のため、奉行を命じられる。同年十一月二十一日に廩米四〇〇俵を加増される。承応二年（一六五三）三月六日、家光三回忌により日光山の普請を命じられる。同月二十九日に功労により、従五位下安房守に叙任される。同年十一月三日に上京して内裏造営に従事、同三年二丸御殿の修復、紅葉山御宮の普請などをおこなう。明暦元年（一六五五）に「城制の絵図」を献上、同年九月十日に大目付に昇進、同二年正月二十九日に関東諸国の野山論地を巡視する。同三年正月に江戸大火のため、城下及び府内の宅地割をおこない、その絵図を作成する。万治元年（一六五八）四月に「城制の木図」を献上する。同月二十九日に下総国相馬領のうち一〇〇〇石を加増される。寛文十年（一六七〇）三月九日に職を辞して、兵法書『正房一歩集』を執筆する。同年五月二十九日に六十二歳で死去する。法名は西意。菩提寺は駒込の捴禅寺（東京都豊島区）。

（石山）

【典拠・参考文献】『寛政譜』第八・三〇九～三一一頁

北条元氏《ほうじょうもとうじ》（一六三八～一七〇二）

寛永十五年（一六三八）に北条正房《まさふさ》の三男として生まれる。実母は北条氏則の息女。妻は小性組番小堀政尹の息女、後妻は小十人頭本目直信の息女、および若年寄松平（石川）乗政の息女。左近・新左衛門と称し、はじめ諱は泰繁《やすしげ》と名乗った。承応三年（一六五四）七月十三日に初めて四代将軍徳川家綱に拝謁した。万治二年（一六五九）七月十一日に小性組番士に列し、寛文元年（一六六一）十二月十二日に蔵米三〇〇俵を賜った。貞享元年（一六八四）十二月十日には小十人番頭に転任して、同月二十一日に蔵米三〇〇俵が加増され、同月二十八日に布衣の着用を許された。同四年二月十八日、仙洞附になり、丹波国氷上《ひかみ》郡内において五〇〇石を加増され、四月十五日に従五位下播磨守に叙任された。元禄六年（一六九三）正月十一日、持弓頭に転任し、同十年七月二十六日に蔵米六〇〇俵分が下総国河内《かわち》郡内において知行地となり、計一一〇〇石を拝領した。同十一年七月二十六日には丹波国氷上郡内の知行地も下総国河内郡内に移された。また、同十五年五月三日、幕府の命令により、貝太鼓役の者にその作法を伝授した。同年十月二十二日に死去。享年六十五。法名は常真。駒込の勝林寺（東京都豊島区）に葬られた。（白根）

【典拠・参考文献】『寛政譜』第八・三一三頁

保木公遠《ほききんとお》（一六四八～一七一八）

勘定を務めた保木公利の長男として生まれる。平助・弥右衛門と称した。延宝五年（一六七七）五月四日に家督を相続して勘定となり、元禄元年（一六八八）十月十三日に武蔵国稲毛領で用水を検分する。二年二月七日に組頭になり、五年十二月二十三日には一〇〇俵を加えられる。六年十二月十五日、下総国古河に赴いた後、金銀の改鋳に伴い黄金二枚を賜る。十一年十二月二十一日にはまた一〇〇俵を加増され、禄米は三五〇俵となる。正徳四年（一七一四）五月十三日、先に銀座の職に就いた際、銀の製造を改める証文に連署した事を咎められたが、荻原重秀死去後であるため逼塞に止まり、九月二十八日に赦される。享保四年（一七一九）四月七日に務を辞して小普請となり、十三年四月晦日に死去する。享年七十九。法名は貞簡。浅草の龍福院に葬られる。（堀）

【典拠・参考文献】『寛政譜』第二十一・三六四頁

星合具通《ほしあいともみち》（一五九八～一六七九）

星合釆女正具泰の二男として生まれる。母は飯尾隠岐守信宗の女。太郎兵衛と称した。妻は竹内源右衛門吉勝の女。後妻は松野摂津守助正の女・小川氏の女。幼い頃より大奥におり、将軍秀忠、家光らに対面している。元和元年（一六一五）より将軍秀忠に仕え、同年の大坂の陣に父具泰とともに戦う。同八年に廩米一〇〇俵を与えられる。寛永二年（一六二五）に右筆となり、同三年に一〇〇俵の加増をうける。寛文三年（一六六三）十一月二十六日に書物奉行となり、同四年十二月二十五日に廩米一〇〇俵加増。合わせて家禄三〇〇俵となる。同六年十一月二十八日に武家諸家の系図書写に従事したが、延宝元年（一六七三）十一月二十九日に老齢のため職を辞して小普請に入る。同七年十一月二十五日に八十二歳で死去する。菩提寺は江戸駒込大圓寺（東京都文京区）。法名は良清。（石山）

【典拠・参考文献】『寛政譜』第八・二九～三〇頁、『江戸幕府の日記と儀礼史料』

星野金吾《ほしのきんご》（生没年未詳）

星野仁十郎（家禄一〇〇俵）の子として

生まれる。金吾と称し、備中守と名乗った。諱《いみな》は千之。弘化三年（一八四六）の時点で寺社奉行吟味物調役を務め、嘉永七年（一八五四）九月の時点も同役職で、職務出精を理由に褒美を与えられた。同四年五月に同役職のまま勘定組頭格となり、翌五年四月五日に勤務出精を理由に永々御目見以上の家格となる。翌六年十一月六日、新番に転じ、万延元年（一八六〇）十月十一日に神奈川奉行支配組頭（一五〇俵高）となった。文久二年（一八六二）閏八月八日に勘定組頭（勝手方）、翌三年十月三日に御納戸頭、同年十一月四日に目付に進むが、元治元年（一八六四）六月十七日に免職となり、寄合に列した。同年七月二十三日に再び召し出されて外国奉行（二〇〇〇石高）となり、同日に「英吉利其外国々御用」を命じられ、その年のうちに御用を終えた。慶応元年（一八六五）閏五月十五日に「長崎表御用」を命じられ、同年中に御用を終えた。翌二年十一月四日に外国奉行から禁裏付に転じたが、同年十二月八日に病気を理由に辞職した。（筑紫）

【典拠・参考文献】『続徳川実紀』第三・四・五篇、『柳営補任』

星野成美《ほしのせいび》（生没年未詳）

録三郎と称し、豊後守と名乗る。家禄は一〇〇俵。文久二年（一八六二）五月二日に勘定から勘定組頭となる。慶応元年（一八六五）四月二十四日に勘定吟味役、翌年三月二十四日に大坂表御用となり、同年十二月二十五日、京都にて二〇〇〇俵の足高を賜わる。同三年十月朔日、勘定奉行格禁裏付、同年十二月九日に勘定奉行並勝手方を勤め、翌年四月二十五日に御役御免となり、勤仕並寄合に列する。（橋本）

【典拠・参考文献】『旗本百科』第四巻

星野益庶《ほしのますちか》（一七五六～一八三二）

宝暦六年（一七五六）に広敷伊賀者《ひろしきいがもの》で支配勘定に転じた星野済益《すみます》の二男として生まれる。銕三郎と称し、丹後守と名乗った。妻は山岡親方の息女。星野家は、済益の五代前の祖星野庶栄が桜田館《さくらだやかた》の徳川綱重に仕え、宝永元年（一七〇四）にその子房済が徳川家宣の江戸城西丸入りに従って江戸城広敷伊賀者を勤めた家であった。兄済興《すみおき》が父済益に先立って亡くなっていたため、父の支配勘定職の見習を勤めたのち、天明七年（一七八七）十一月七日に家督を継いだ。同八年八月十九日、三十三歳の時に勘定となり、評定所留役を勤め、旗本に昇格した。寛政三年（一七九一）二月八日、寺社奉行支配留役（のち寺社奉行支配吟味物調役と改称）となる。文化七年（一八一〇）十月二十四日に布衣《ほい》の着用を許され、勘定組頭格となる。同十二年正月晦日、納戸頭となり、文政三年（一八〇六）十一月二十四日、山田奉行に転任、三〇〇俵の加増を受け、従五位下丹後守に叙任された。同十年十二月八日、江戸城西丸御留守居となり、天保三年（一八三二）十一月二十九日、七十七歳で死去。（実松）

【典拠・参考文献】『寛政譜』第二十・二七頁、『柳営補任』

細井勝為《ほそいかつため》（一六九六～一七五九）

元禄九年（一六九六）に鑓奉行細井勝郷《かつさと》の子として生まれる。実母は佐渡奉行曽根吉正《よしまさ》（崇次《むねつぐ》）の息女。妻は小性堀直高の息女。のちに寄合酒井忠陸の息女、書院番組頭服部貞陳の息女、および使番村瀬勝成の息女と婚姻。丹宮・新五郎・佐次右衛門と称し、はじめ諱は勝寛《かつひろ》と名乗った。宝永七年（一七一〇）三月一日に六代将軍徳川家宣に初めて拝謁し、享保十二年（一七二七）五月二十一日、小性組に列した。寛保二年（一七四二）十月十五日に使番に転任し、十二月十八日に布衣の着用を許された。同三年八月二日に家督を相続した。寛延元年（一七四八）七月二日に東海道および甲斐・美濃両国河川の普請を指揮して黄金一〇枚を賜った。同二年三月二十七日には、のちに十代将軍家治の御台所となる五十宮《いそのみや》倫子《ともこ》女王が婚礼のため江戸に下向した際に供奉した。同年五月二十八日、持筒頭に転任し、宝暦四年（一七五四）正月十一日に大坂町奉行に昇進して、同年三月朔日、従五位下安芸守に叙任された。同七年八月二十七日に罷免されて逼塞し、小普請となったが、同八年正月二十日に赦された。同九年五月十二日に死去。享年六十四。法名は勝為。（白根）

【典拠・参考文献】『寛政譜』第十七・一〇～一一頁

細井安明《ほそいやすあきら》（一六七〇～一七三六）

寛文十年（一六七〇）に西丸切手門番頭細井安応《やすまさ》の長男として生まれる。母は倉橋相三郎忠正の息女。藤左衛門・因幡守と称した。小性組から目付に転じ、宝永元年（一七〇四）十二月十二日に西丸桐門番となり、同月二十二日に御小納戸となる。同四年十二月十八日に布衣を着することを許される。本丸勤務となった後に、正徳三年（一七一三）八月九日に六代将軍家宣の御廟造営を命じられ、従五位下和泉守に叙任される。享保元年（一七一六）七代将軍家継の死去に伴い、寄合に列する。同九年十月九日に使番となる。同十一年正月二十八日に奈良奉行となり、同十四年六月二十八日に長崎奉行となる。元文元年（一七三六）九月十八日に長崎で死去。享年六十七。法名日融。長崎の本蓮寺に葬られる。（木崎）

【典拠・参考文献】『寛政譜』第二十一・五四頁、清水紘一「長崎奉行一覧表の再検討」（『京都外国語大学研究論叢』第XV号、一九七五年）

細井安定《ほそいやすさだ》（一六八七～一七五八）

貞享四年（一六八七）に、先手鉄炮頭だった細井安応《やすまさ》の二男として生まれる。半次郎・藤左衛門と称した。母は倉橋忠正の息女。後に実兄安明《やすあきら》の嗣子となる。享保十二年（一七二七）五月二十六日、小性組番士となり、同二十年六月二十八日に小十人頭へ転じた。元文元年（一七三六）十二月二日に家督を継ぐ。同三年三月十五日に小普請奉行に就任。同年十二月十八日には従五位下飛騨守に叙任された。その後、奉行として日光山修復や三河国矢作橋の普請に携わっている。同四年正月二十三日からは一橋家家老となる。寛延四年（一七五一）七月二十九日に辞職し、宝暦八年四月二十五日に、七十二歳で死去した。法名は日仁という。（山崎）

【典拠・参考文献】『寛政譜』第二十一・五四頁

細倉伊右衛門《ほそくらいえもん》（生没年未詳）

嘉永六年（一八五三）十月二十一日に西丸広敷用達となり、万延元年（一八六〇）奥膳所台所頭となる。なお『藤岡屋日記』によると、万延元年四月二日に広敷御用達にて永々御目見以上、慶応三年（一八六七）六月二十九日に奥膳所台所頭を御免となり、勤仕並の小普請になったとある。（吉成）

【典拠・参考文献】『旗本百科』第四巻

細田時敏《ほそだときとし》（一七一一～一七五九）

勘定吟味役を務めた細田時以の長男として生まれる。猪之助・民部・大和守・丹後守・丹波守と称した。妻は間部隠岐守詮之の養女。享保十三年（一七二八）十月五日、西丸の小性となり二十年十二月十六日に従五位下大和守に叙任される。元文二年（一七三七）閏十一月二日、父の死去に伴い家督を相続し、延享二年（一七四五）九月朔日より本丸に勤仕し、十一月十四日に御小納戸に移る。宝暦三年（一七五三）七月二十一日、小十人の頭に転じ、十月九日に目付となる。五年三月朔日に勘定奉行となり、六年三月朔日に小普請奉行へ進んだ。八年七月二日に前の川々普請の功により時服三領・羽織一領・黄金一〇枚を賜る。九年五月二十二日職を辞して寄合となり、二十三日に死去。享年四十九。法名は日詠。菩提寺は谷中蓮花寺。

【典拠・参考文献】『寛政譜』第十五・一〇二頁　（堀）

細田時富《ほそだときとみ》　（一七五六～一八二九）

西丸小性組の細田時行の長男として生まれる。民之丞・弥三郎と称した。妻は大岡淡路守忠主の娘。安永元年（一七七二）九月六日、父の死去に伴い家督を相続し、天明元年（一七八一）四月二十一日に御小納戸となり、十二月十六日布衣を許される。三年二月七日より西丸に候し、十二月十八日務を辞して寄合となる。寛政元年（一七八九）八月五日、三十四歳で致仕した。

【典拠・参考文献】『寛政譜』第十五・一〇二頁　（堀）

細田時以《ほそだときより》　（一六八〇～一七三七）

勘定を務めた細田時矩の長男として生まれる。弥三郎・丹波守と称した。元禄十二年（一六九九）八月三日に勘定となり、廩米五〇俵を賜る。正徳三年（一七一三）閏五月十六日に国々を巡見し、四年七月二十八日には先の利根川・荒川等の普請奉行の功により時服二領・黄金二枚を賜る。二十九日には御金奉行に転じ、五年十二月十八日、五〇俵を加賜された。享保六年（一七二一）九月二十二日に勘定組頭になり、八年五月四日には勘定奉行吟味役に進み、十二月十八日に布衣を許される。十四年二月二十五日、三〇〇石を加増され、俸禄を改められ武蔵国埼玉足立両郡の内において采地を賜り、五〇〇石を知行することになった。十六年十月朔日に勘定奉行に転じ、十二月二十三日に従五位下丹波守に叙任される。元文二年（一七三七）九月朔日に死去した。享年五十六。法名は日樹。菩提寺は谷中蓮花寺。

【典拠・参考文献】『寛政譜』第十五・一〇一頁　（堀）

細田康政《ほそだやすまさ》　（一五七〇～一六二二）

元亀元年（一五七〇）に生まれる。清蔵と称す。父は徳川家康に仕えた細田康勝《やすかつ》。康政も家康の家臣となり、後に御手鷹師となった。元和八年（一六二二）正月二十三日に五十三歳で死去した。法名は浄慶。墓所は小石川の吉祥寺。

【典拠・参考文献】『寛政譜』第十五・九八頁　（山﨑）

堀田一知《ほったかずとも》　（一七八四～一八五二）

天明四年（一七八四）に生まれる。父は小普請支配の堀田一定《かずさだ》、母は留守居駒木根政永の娘。鉄之丞・主膳正・中務少輔・伊勢守・紀伊守とも称した。寛政六年（一七九四）八月十五日、第十一代将軍徳川家斉に初御目見する。享和三年（一八〇三）十二月四日、寄合より中奥小性になる。文化九年（一八一二）五月晦日に百人組之頭となり、同十一年十二月二十一日には小普請組支配となる。文政二年（一八一九）十月十五日に西丸小性組番頭となり、同三年十二月十二日より本丸小性組番頭となる。同七年八月二十日には書院番頭、同十一年九月十日には大番頭となる、天保三年（一八三二）三月二十日に駿府城代、同六年五月二十四日に家定御側、同八年六月十三日に西丸御側、同十二年三月二十三日に本丸御側となる。嘉永五年（一八五二）三月二日に死去する。享年六十九。菩提寺は深川要津寺。　（吉成）

【典拠・参考文献】『寛政譜』第十一・一九頁、『旗本百科』第四巻

堀田正路《ほったせいじ》（一七八九～没年未詳）

寛政元年（一七八九）に生まれる。養父は西丸御留守居堀田正貴《まさたか》。家禄は二〇〇〇石。主馬・式部と称した。官途名は土佐守・対馬守で万延元年（一八六〇）正月十五日に任じられた。文政七年（一八二四）正月十一日に小性組より使番、同十二年六月四日に火事場見廻兼帯、同十三年六月二十四日に将軍世子家慶のいた西丸の目付、天保六年（一八三五）正月二十九日に仙洞附、同十三年七月八日に持筒頭、同十四年五月朔日に日光奉行、弘化二年（一八四五）五月九日に田安家の家老、安政二年（一八五五）八月九日に御留守居となり、同三年には上野東照宮及び寛永寺・増上寺の廟所・霊屋等修復御用を勤める。同五年六月二十九日（二十五日とも）、将軍世子となった家茂の御側、同年九月二十八日、家茂の十四代将軍就任にともない本丸の御側を務め、文久二年（一八六二）七月二十四日、老衰のため辞職し、精勤が認められて子の正義の切米のうち五〇〇俵を正路の隠居料として賜る。同月二十八日、剃髪を許され空隠と号す。菩提寺は浅草の日輪寺（東京都台東区）か。（竹村）

【典拠・参考文献】『寛政譜』第十一・一二頁、『柳営補任』、『幕臣人名』、『続徳川実紀』第二・三・四篇、『維新史料綱要』全一〇巻（東京大学出版会、一九八三～八四）

堀田正盛《ほったまさもり》（一六〇八～一六五一）

慶長十三年（一六〇八）生まれ。三四郎を称し、のち権六と称した。父は織田信長、浅野長政、小早川隆景・秀秋に仕え、のち家康に仕えた正吉。母は稲葉佐渡守正成の女で、正成と稲葉重通女との間の娘である。のち、正成は後室として稲葉重通養女・福（のちの春日局）を迎えているので、春日局の義理の娘にあたり、その子の正盛は義理の孫にあたる。妻は酒井讃岐守忠勝の女。子には、幕政批判の上申書を提出し無断帰国の上に改易された嫡男の正信や、後に綱吉政権期の大老となる堀田正俊らがいる。正盛は、元和六年（一六二〇）閏十二月、十三歳の時に家光に拝謁して仕え始める。同九年、相模国十箇市八朔で七〇〇石をたまい、同年十二月晦日に従五位下出羽守に叙任されるが、のちに加賀守に改めている。寛永二年（一六二五）、常陸国北条などにて加増され五〇〇〇石となり、翌三年には小性組番頭へ就任。さらに上野国佐野にて加増されて合計一万石を領す。同十年三月二十三日、松平信綱・阿部忠秋・太田資宗・三浦正次・阿部重次らとともに、いわゆる六人衆に任じられ、小事について取り計らうべきことを命じられる。同五月五日には、松平信綱同様に宿老並の勤務を命じられるが、番頭兼務はもとのままであった。同年十二月二十八日、甲斐国内にて五〇〇〇石の加増。翌十一年閏七月二十九日、従四位下に昇進し、さらに翌十二年三月一日には加増の上、武蔵国川越城三万五〇〇〇石の城主となる。このときより小性組番頭を免ぜられ、松平信綱・阿部忠秋らとともに年寄に任じられている。なお、このころ家光の正盛に対する寵愛ぶりを伝えるものとして、細川忠利はその書状の中で「加賀殿（正盛）出頭、花が降り申し候」と表現している。同十四年頃より、正盛の居宅や浅草の別荘には、家光の渡御が頻繁になされている。同十五年三月八日、それまでの職を免除されるが、天下の大事を議する時には評定所に出座すべきことが命じられる。同時に、この日に加増の上で信濃国松本城一〇万石の城主となっている。正盛が年寄を離脱したのは病気が理由とされているが、年寄免職に伴って家光の側衆的存在となり、以後、奥向を掌握し、表向の松平信綱・阿部忠秋らと連携して幕政運営を行っていく。

なお、正盛の席次は信綱・忠秋より上席であったという。同十七年十二月二十九日には侍従に昇進。同十九年七月十六日、一一万石に加増の上で下総佐倉城主となる。正盛が佐倉城主として入部後、佐倉藩領では年貢の増徴政策がとられ、年貢率が急上昇した。これは、江戸近郊の譜代大名として新規家臣団を積極的に登用し、番方の充実を図ったことなどが理由として考えられるが、年貢率は子の正信の時にさらに高率になったという。この点が、後に「佐倉惣五郎事件」の伝承へと繋がっていく要因となる。慶安四年（一六五一）四月二十日、将軍家光の薨去に伴い殉死。享年四十四。法名は、心隠宗卜玄性院と号し、上野東叡山の現龍院（東京都台東区）に葬られた。

（小宮山）

【典拠・参考文献】『寛政譜』第十・四一〇～四一三頁、『寛永諸家系図伝』第十二、『千葉県の歴史』通史編近世一（千葉県史料研究財団、二〇〇七年）、藤井譲治『江戸幕府老中制形成過程の研究』（校倉書房、一九九〇年）、根岸茂夫『近世武家社会の形成と構造』（吉川弘文館、二〇〇〇年）、小池進『江戸幕府直轄軍団の形成』（吉川弘文館、二〇〇一年）、山本博文『遊びをする将軍　踊る大名』（教育出版、二〇〇二年）

堀田正吉《ほったまさよし》　（一五七一～一六二九）

元亀二年（一五七一）に前田利家に属し能登国石動山合戦などで活躍した堀田正秀《まさひで》の五男として生まれる。母は浅野長一の娘。妻は下野真岡藩主であった稲葉正成《まさなり》の娘。初め正利《まさとし》と名乗り、勘左衛門と称する。織田信長、浅野長政、小早川隆景・秀秋の麾下にあり、多くの戦功をあげ、慶長十年（一六〇五）、徳川家康に召し出されて書院番士となる（知行五〇〇石）。元和元年（一六一五）、大坂の陣における功績により新恩三〇〇石が加えられる。以後、使番・西丸目付を歴任し、寛永二年（一六二五）、二〇〇石が加増され、知行は合わせて一〇〇〇石となる。寛永六年二月十七日に死去。享年は五十九。法名は覺阿。浅草の日輪寺に葬られる。一説に正吉は、「昇平の時にあふて報じたてまつるべき日なし（中略）泉下に仕へたてまつらん（平和な時なので君恩に報いる機会がない、あの世でお仕えしよう）」といって自殺したとされている。

（田原）

【典拠・参考文献】『寛政譜』第十・一八六頁、同・四一〇頁

堀達之助《ほりたつのすけ》　（一八二三～一八九四）

文政六年（一八二三）五月九日（十二月二十二日または二十三日の説あり）、長崎鍛冶屋町に生まれる。政徳・達之・達五・徳祉・主水と称した。オランダ通詞中山作三郎武徳の五男。養父は堀儀左衛門政信。母は陳。妻は堀儀左衛門政信の長女房（婦佐）。後妻に陸奥国田名部徳玄寺住職養女石澤美也。西吉兵衛門下で蘭学を学ぶ。また英学も学習した。天保四年（一八三三）に稽古通詞手代、受用銀一貫五〇〇目。同六年に稽古通詞、受用銀二貫五〇〇目。同十年頃に堀家を継ぐ。弘化二年（一八四五）に小通詞末席。のち小通詞。同三年、ビッドルの書簡の翻訳と返書の作成。嘉永六年（一八五三）、初回のペリー来航の際通訳。二度目の来航でも日米和親条約の翻訳に当たる。安政二年（一八五五）九月、アメリカ商船グレタ号の荷主のドイツ人リユードルフが持参したドイツ通商要求書翰を独断で幕府に提出せず私蔵した罪により入牢（リュードルフ事件）。一説には、当時のドイツが統一されていないことを知っていた達之助が、公的文書ではないと判断して幕府に提出しなかったともいわれる。同四年二月三日に隠居。同六年、古賀謹一郎らの尽力により釈放。蕃書調所翻訳方、対

訳辞書編輯主任。万延元年（一八六〇）十二月には筆記方も兼任。英学教授手伝。文久二年（一八六二）正月、『官版バタビヤ新聞』発行。十二月『英和対訳袖珍辞書』出版。同年、洋書調所教授手伝。同三年に開成所教授。慶応元年（一八六五）に箱館奉行所通詞。箱館洋学所で英学を教授。明治元年（一八六八）、箱館裁判所参事席文武学校掛。同三年七月、開拓使大主典。同五年三月に一等訳官。同年十月に依願退職。長崎に帰郷し、のち大阪に移住。著作に「北海道植民方法大略建言」等。「日本貿易新聞」の訳者でもあった。明治二十七年一月三日に大阪で死去。享年七十二。当初神戸に神道により埋葬されたが、明治三十二年三月十五日、長崎鍛冶屋町大音寺に改葬。（岩下）

【典拠・参考文献】堀孝彦『英学と堀達之助』（雄松堂、二〇〇一年）

堀鉄五郎《ほりてつごろう》（一八三二～没年未詳）

天保三年（一八三二）に清水家用人堀弥十郎の子として生まれ、鉄五郎を称した。弘化三年（一八四六）二月二十八日、新規別家として清水家の小性勤方見習に召し出され、同年十二月二十四日に小性に転じている。彼は弓術・馬術に秀でていたらしく、たびたび弓術見分・乗馬見分で褒美を与えられており、安政六年（一八五九）三月十一日に弓術取扱に進み、その後同家で小性頭取・馬術取扱・徒頭次席新番頭を歴任している。慶応元年（一八六五）五月二十二日、清水家付の諸役が廃止となるにおよんで、幕府の小普請組に転じ、同二年三月二十三日に大番与力となり、現米八〇石となる。翌三年五月二十六日に大番与力が廃止になると、陸軍奉行並組に転じている。（滝口）

【典拠・参考文献】「由緒書」（国立公文書館内閣文庫所蔵）。

堀利堅《ほりとしかた》（生没年未詳）

父は本丸書院番士の織部利哲《としあきら》。母は溝口修理直福の女。通称は廉吉・小四郎。知行地は常陸・上総・下総国のうちで二五〇〇石。文政四年（一八二一）正月十一日、西丸書院番から使番となる。同十年（一八二七）六月八日、大坂目付代となり、以後西丸目付（同十二年四月二十八日）、本丸目付（天保二年八月十七日）を務めた。天保六年九月二十日に仙洞附となり伊賀守を称し、同七年（一八三六）十一月八日には大坂町奉行に転じた。同十二年六月二十日に普請奉行、同年十月十五日に作事奉行となり、弘化二年（一八四五）五月四日には、火事で焼けた本丸御殿の普請に関わったことから三〇〇石を加増され、二八〇〇石となった。以後、同年五月九日には大目付となり、分限帳改・御日記改・宗門改を担当した。安政三年（一八五六）六月二十九日に道中奉行を兼帯し、同五年二月晦日には御留守居となった。文久二年（一八六二）七月四日、病気・老衰により願いの通り御役御免となった。（藤田）

【典拠・参考文献】『寛政譜』第十二・三六二頁、『旗本百科』第四巻

堀利孟《ほりとしたけ》（生没年未詳）

孟太郎・宮内と称し、伊豆守・下野守と名乗る。禄高は二七〇〇石、のち二八〇〇石。父は神奈川奉行堀利煕《としひろ》。文久元年（一八六一）六月二日に小性組大久保忠行《ただゆき》組より中奥小性となり、同二年七月四日に家督を継いだ。十二月六日に目付に就任、外国掛を務めた。同三年正月二十三日に浪士取扱掛となり、二月十二日に十四代将軍徳川家茂上洛に供奉、その後たびたび大坂・京都に派遣された。同年六月二十二日に西丸新番頭、九月二十八日に神奈川奉行、元治元年（一八六四）五月二十五日に軍艦奉行を歴任した。同年六月二十九日には大坂町

奉行に就任したが、七月十九日に職を辞した。しかし、八月十八日には寄合から鎗奉行に就任、十二月二十七日に小普請組支配、慶応元年（一八六五）閏五月一日に作事奉行となった。同二年四月十五日、長州戦争従軍のため大坂へ派遣され、七月に大坂で大目付、十月七日に京都で作事奉行に任ぜられた。同四年四月二十五日に大目付次席御留守居並、閏四月十二日に御留守居へと進んだ。墓所は東京都文京区源覚寺。（神谷）

【典拠・参考文献】『柳営補任』、『続徳川実紀』第三～五篇

堀利煕《ほりとしひろ》（生年未詳～一八六〇）

父親は大目付の堀伊豆守。天保十四年（一八四三）、岩瀬忠震・矢田堀鴻らと共に昌平坂学問所乙科に合格している。嘉永五年（一八五二）二月、小性組溝口讃岐守組から御徒頭となる。同年七月には外国奉行兼帯となり、翌嘉永六年五月に目付となり、さらに神奈川奉行を兼帯し、浦賀表に異国船が渡来した際に見分のために浦賀へ遣わされている。同七年からは蝦夷松前の御用も仰せ付けられて松前にも赴き、同年七月二十一日に奉書を以て箱館奉行となった。万延元年（一八六〇）九月に神奈川奉行兼帯御免となると、同年十一月二十日に死去した。（津田）

【典拠・参考文献】『柳営補任』、『旗本百科』第四巻、松岡英夫『岩瀬忠震』（中公新書、一九八一年）

堀利政《ほりとしまさ》（一五七五～一六二八）

天正三年（一五七五）に生まれる。元来は奥田を姓とするが、伯父である堀直政に属したのち、一族であったために堀と改めている。柄之助・作左衛門・豊前と称し、また諱も宗明とするものもある。父は織田信長に仕えた奥田道利。妻は蜂屋七兵衛定頼の息女。利政は、堀直政に属して慶長五年（一六〇〇）の上杉景勝討伐の折に戦功をあげる。のち、主家が直政の嫡子直次の代に断絶したことにより京都に移り住み、同十九年の大坂の陣の折に徳川家康に仕え、元和元年（一六一五）には堀直重に属して戦功をあげた。同年五月七日書院番となり五〇〇石を賜い、のち西丸付となる。寛永九年（一六三二）八月十八日に使番となり、同年十一月二十七日布衣を着すことをゆるされる。翌十年には松平忠直が配流されている豊後萩原にて目付を勤め、同年十二月二十六日加増を受け、甲斐国八代郡にて一五〇〇石を領し、同十二年三月に摂津国高槻にて目付代を勤めている。同十五年三月十八日、六十四歳で死去。法名は道古。葬地は浅草本願寺の長敬寺（東京都台東区）。のち代々の葬地となっている。（小宮山）

【典拠・参考文献】『寛政譜』第十二・三八二頁、『寛永諸家系図伝』第九・一一五頁、善積（松尾）美恵子「江戸幕府の監察制度―国目付を中心に―」（『日本歴史』二四四号、一九六八）

堀直景《ほりなおかげ》（一六〇四～一六七五）

慶長九年（一六〇四）に生まれ、右衛門太郎・三右衛門を称した。父は堀式部少輔直之、母は柴田佐渡守勝全の息女。堀家は織田信長・豊臣秀吉に仕え活躍した堀秀政の家老で従兄の堀直政の家系で、その五男直之は町奉行・寺社奉行などを歴任した九五〇〇石の旗本である。直景は父の在職中の元和七年（一六二一）、書院番に召し出され五〇〇石を拝領し、寛永七年（一六三〇）には使番に進み五〇〇石を加増され、同十年にも一〇〇〇石を加増されて、二〇〇〇石を知行するに至る。使番在職中は目付代・使者として因幡・伯耆・大和・加賀・遠江・三河・越前・信濃・播磨・長崎などに赴いている。同十九年閏九月一日に家督相続し、これまでの采地二〇〇〇石の

うち五〇〇石を合わせて一万石の大名に列し、陣屋を上総刈谷に構えた。また、このとき残りの一五〇〇石は弟三左衛門直氏が継承している。直景は慶安元年（一六四八）四月、家光の日光社参に従い、万治元年（一六五八）十二月二十八日、詰衆となる。初めて知行地に赴いたのは寛文元年（一六六一）のことで、同八年八月十日に隠居し、長男直良が相続している。直景は使番時代の寛永十三年十二月二十九日に布衣を許され、万治三年十二月二十八日に式部少輔に叙任している。正室ははじめ備中庭瀬藩主戸川肥後守達安の息女、継室は磐城平藩主内藤帯刀忠興の養女（実は美濃揖斐藩主西尾光教の息女）である。延宝三年（一六七五）に死去。享年七十二。号は級翁宗三龍華院、菩提寺は駒込の養源寺である。なお、子孫はのち上総八幡藩、越後椎谷藩の藩主家となっている。（滝口）

【典拠・参考文献】『寛政譜』第十二・三七五頁、堀直敬『堀家の歴史』（堀家の歴史研究会、一九六七年）。

堀直之《ほりなおゆき》 （一五八五～一六四二）

天正十三年（一五八五）に堀直政《なおまさ》の五男として近江国に生まれる。母は宮川氏。妻は柴田勝全《かつたけ》の娘。佐太郎・主計助・三右衛門・式部少輔と称した。堀秀治《ひではる》と忠俊《ただとし》に仕え、慶長十五年（一六一〇）の忠俊改易後は江戸に出て、同十六年に初めて二代将軍秀忠へ拝謁し書院番となる。同十九・同二十年の大坂の陣に従軍し戦功をあげ、一〇〇〇石を与えられ、使番となる。元和二年（一六一六）七月に加増され五五〇〇石を知行し、寛永四年（一六二七）十一月十八日に従五位下式部少輔に叙任された。同八年九月二十二日に町奉行となり、同九年二月に秀忠の遺金を賜り、同十年四月二十三日に四〇〇〇石を加増され、合わせて九五〇〇石を知行した。同十四年十二月に江戸火災での消防が不手際として出仕を留められ閉門となるが、同十五年正月十九日に赦される。同十七年正月二十三日に諸寺諸社の奉行（寺社奉行）となる。同十九年七月十日に死去。享年五十八。法名本光院殿円成宗覚居士。菩提寺は湯島の養源寺（東京都台東区）である。（加藤）

【典拠・参考文献】『寛永諸家系図伝』第九・一二二頁、『寛政譜』第十二・三六七、三七四頁、『柳営補任』、『徳川実紀』第一～三篇、所理喜夫「町奉行―正徳以前を中心として―」（西山松之助編『江戸町人の研究』第四巻〈吉川弘文館、一九七五年〉、のち『徳川将軍権力の構造』〈吉川弘文館、一九八四年〉に収録）、磯貝文嶺『椎谷藩史』（椎谷藩史研究会、一九六五年）、堀直敬『堀家の歴史 飯田・村松・須坂・椎谷』（堀家の歴史研究会、一九六七年）

堀長政《ほりながまさ》 （一七一三～一七八七）

正徳三年（一七一三）に生まれ、彦三郎・帯刀・内膳を称した。長政は堀隠岐守利雄の六男で、当初利基を名乗っていたが、享保十四年（一七二九）十二月二十五日、父の遺領から七〇〇石を分与され分家した。堀家は織田信長・豊臣秀吉に仕え活躍した堀秀政の弟利重の家系で、利重の孫通周が狂気により改易されたのち、その養子利雄が三〇〇〇石であらためて召し出された家柄である。長政は同十九年十二月二十三日に書院番となり、明和二年（一七六五）十一月二十八日に組頭に進み、同年十二月に布衣を許されている。その後安永五年（一七七六）四月、家治の日光社参に従い、同七年七月十二日には留守居番となっている。長政は当初綱吉側室瑞春院（小谷氏）の侍女某氏の養女を妻としたが、後妻に山口喜左衛門直安の息女を迎えているほか、春田猪左衛門直賢の息女を娶っている。天明七年（一七八七）十一月二十八日に死去。享

年七十五。法名は寿楽、菩提寺は小石川の無量院である。（滝口）

【典拠・参考文献】『寛政譜』第十二・三六〇頁

堀江芳極《ほりえただとう》　（一七〇一～一七五九）

元禄十四年（一七〇一）に代官を務めた堀江三左衛門成芳《なりただ》（家禄一五〇俵）の子として生まれる。通称は荒四郎。妻は田村孫大夫幸有の娘。享保五年（一七二〇）に父成芳が死去するも、代官在任中に年貢未進があったため家督を相続できず、翌六年九月四日に精算が完了したことで家督相続を認められ、勘定の職に就いた。同十七年八月二十五日には勘定組頭に昇進し、元文二年（一七三七）六月に勘定奉行に就任した神尾春央《はるひで》のもとで、関東を中心とする各地の原地・流作場《りゅうさくば》（河川敷）に関する検地を担当した。原地や流作場は、従来入会地になっていたところであったが、芳極はこれを開発予定地と見なして検地を実施、個々の名請人を確定したうえ、耕地並みの高い年貢率をかけて開発を促進させた。ことに流作場については、本田畑を基準とした石盛の不合理性を指摘し、河川敷が有している河川交通上の有利性を加味して年貢を徴収すべきであると主張した。また芳極は、神尾春央に同行して畿内や中国地方の村々を巡視し、有毛検見法の採用による徹底した年貢増徴を図った。そのため中国地方では、「東からかん（雁）の（神尾）若狭が飛んできて野をも山をも堀江荒しろ（荒四郎）」という落首が詠まれたほどであった。芳極は、延享二年（一七四五）閏十二月十三日に勘定吟味役へと進み、一五〇俵の加増をうけて家禄三〇〇俵となり、同月十六日には布衣の着用を許可された。しかし、寛延元年（一七四八）閏十月二十三日、具体的な理由は不明であるが、職を解かれて小普請組に入り、出仕停止を申し渡された（翌二年正月十六日解除）。宝暦九年（一七五九）九月十七日に五十九歳で死去。法名は浄円。橋場の宝蔵院に葬られた。（太田尚）

【典拠・参考文献】『寛政譜』第二十一・三一〇頁、大石学『享保改革の地域政策』（吉川弘文館、一九九六年）

堀川広益《ほりかわひろます》　（一六九四～一七五六）

元禄七年（一六九四）に生まれる。繁丸・左門と称した。実父は久我通名で、実母は西園寺公満の息女である。妻は天英院（六代将軍徳川家宣室近衛熙子）の老女秀小路の養女である。有馬氏の先祖は公家の久我氏の系統に当たり、久我通名の八男である広益が堀川を称して一家を立て、子の広之の代に至って有馬と改めたので有馬とも称する。宝永七年（一七一〇）京都から江戸に召され、同年十二月二十五日初めて六代将軍徳川家宣に拝謁した。同月二十七日に御側高家となり、従五位下侍従に叙任され、兵部大輔に改めた。上野国群馬郡に五〇〇石を与えられ、御料の服を賜った。正徳元年（一七一一）七月二十三日従四位下に昇り、七代将軍徳川家継より御紋の三所物および印籠等を賜った。同二年十月十八日、家宣の遺物無銘の脇差と御料の服を賜った。正徳六年（享保元・一七一六）五月十六日に高家となった。元文二年（一七三七）九代将軍徳川家重の長男竹千代（のちの十代将軍徳川家治）の誕生を賀す勅使参向として派遣されたことにより、十月一日これを謝す使者として京都に赴いた。寛保元年（一七四一）四月十五日、若宮（遐仁親王、のちの桃園天皇）誕生の慶賀の使者に任命されて京都に赴き、五月二十日従四位上に昇った。延享二年（一七四五）三月二十六日、法華八講が行われた時に勤めを果たしたことで時服三領を賜った。同三年三月四日京都に至り、儲君（遐仁親王）親王宣下の祝賀の使者を勤め、宝暦二年（一七五二）四月二十三日高家肝煎となった。同六年四月七日に死去。享年六十三。法名は勝光院傑岳宗賢。菩提寺は渋谷祥雲寺の景徳寺である。

（田中暁）

【典拠・参考文献】『寛政譜』第二十・三〇〜三一頁、『系図纂要』第九冊・七三頁

堀内貞良《ほりのうちさだよし》 （一六八一〜一七三一）

天和元年（一六八一）に奥田久忠の三男として生まれ、後に御先手与力堀内保貞の養子となる。妻は根津権現の神職伊吹昌輝の娘。善次郎と称する。元禄十四年（一七〇一）十二月二十五日、召し出されて表右筆となる（切米二〇〇俵）。これにより養家を継がずに別家となるが、そのまま堀内を称する。宝永二年（一七〇五）三月十六日には奥右筆となり、宝永六年三月二十五日より奥御用方右筆となる。正徳元年（一七一一）十二月十九日、一〇〇俵が加増され合わせて禄高三〇〇俵となる。享保元年（一七一六）五月十六日、奥右筆に復すが、享保十六年三月二十一日、故あって罷免され小普請となる。同年十月二十九日に死去。享年は五十一。法名宗勇。小日向の日輪寺に葬られる。貞良は、御側用人間部詮房《あきふさ》の補佐のため特に設置された御用方右筆四名の内の一人である（他に松野匡邦《まさくに》、跡部蕃《しげ》実《ざね》、中川清治《きよはる》）。なお奥御用方は、詮房の失脚にともない享保元年に廃止となっている。

（田原）

【典拠・参考文献】『寛政譜』第四・一四八頁、第五・四一頁、第十八・二七三頁、第十九・二七五頁、『古事類苑』官位部三、『日本近世人名辞典』（吉川弘文館、二〇〇五年）

堀内安但《ほりのうちやすただ》 （一六七七〜一七六六）

代官の堀内安之と、諏訪安芸守家臣井手苔菴某の娘の二男として生まれる。源右衛門と称し、致仕号を好間といった。妻は岩佐源五右衛門勝方の娘、後妻に松平日向守家臣中川助左衛門某の娘。宝永六年（一七〇九）四月六日に勘定となり廩米一五〇俵を賜る。正徳五年（一七一五）一月十二日、白銀の改鋳のため京に赴き、終了後黄金二枚を賜る。享保五年（一七二〇）九月十六日に御蔵奉行となり、十三年十月九日に家督を相続する。十七年八月二十五日に御蔵奉行の組頭となった後、元文四年（一七三九）十月二十日に小普請となる。延享三年（一七四六）十二月六日に隠居し、明和三年（一七六六）八月十六日に死去。享年八十八。法名は好間。菩提寺は小日向の日輪寺。

（堀）

【典拠・参考文献】『寛政譜』第十八・三三九頁

堀本彝珍《ほりもとつねたか》 （一七五〇〜没年未詳）

好益・一甫とも称した。父は寄合医で竹姫付の顕承《あきつぐ》、母は奥医桂川甫筑国華《くにてる》の娘。妻は大淵友菴信敦の養女。後妻は一橋家の家臣中川源兵衛勝之の娘。明和五年（一七六八）四月九日、十代将軍徳川家治に初御目見し、同年九月六日、父の遺跡を継ぎ、小普請入りする。廩米二〇〇俵、月俸一〇口。同月二十一日、竹姫（将軍綱吉養女）の広敷の療治を行った。同年十月十九日には寄合医師となる。安永九年（一七八〇）三月二十四日、本丸および西丸の広敷御用となり、天明四年（一七八四）四月十九日には奥医となる。同六年十月七日、将軍家治の死去により寄合医となる。寛政三年（一七九一）九月二十九日に小普請入り、出仕停止の処分を受ける。その理由は、以前より諸大名の邸宅に出入りし、身分を顧みない行為をしているとの噂がやまないことが、曲事のいたりとされたためである。同年十月二十九日に赦免された。同八年三月三日、淑姫（将軍家斉娘）の診脈にあたるよう仰せつけられる。同九年正月二十三日に寄合医となり、同年八月二十日には奥

医にもどる。享和三年（一八〇三）十二月十六日、法眼となる（文化三年〈一八〇六〉とも）。菩提寺は芝金杉の安楽寺。
（吉成）

【典拠・参考文献】『寛政譜』第二十・一〇二頁、『続徳川実紀』第一篇、『旗本百科』第四巻

堀谷紀雄《ほりやとしお》 （一七三八～没年未詳）

元文三年（一七三八）に生まれる。文右衛門と称す。妻は小菅新太郎良保の養女で、後妻は森対馬守家臣竹内藤市郎則道の息女。宝暦八年（一七五八）十二月二十七日に遺跡を継ぎ、後に富士見宝蔵番を務め、田安の大番を経て御徒目付となる。寛政三年（一七九一）三月十八日に勘定となる。時に五十四歳、家禄は一〇〇俵四人扶持。同年同月二十二日より評定所の留役を務め、同四年三月二十六日に材木石奉行に転じ、同五年八月十九日には代官となる。信濃国御影・甲斐国市川・越後国脇野町にて任にあたる。
（高木）

【典拠・参考文献】『寛政譜』第二十・三三五頁、『代官履歴』

本郷勝吉《ほんごうかつよし》 （一五九七～一六五五）

慶長二年（一五九七）に本郷頼泰《よりやす》の二男として駿府国に生まれる。重泰《しげやす》とも名乗った。虎王丸・勝右衛門（庄右衛門とも）と称す。妻は駿府城代松平康安の息女。慶長三年（一五九八）八月に父頼泰が没した際、兄一本《かずもと》が病者のため幼少の勝吉が采地一〇〇〇石を賜い、同九年に八歳で徳川家康・秀忠に拝謁する。のち書院番となり、大坂の陣に供奉、十二月二十六日には戦功により三〇〇石を賜う。のち御徒頭から使番となる。寛永十年（一六三三）正月二十四日、秀忠一周忌の三縁山霊廟参詣に随身として供奉。同年十二月二十六日、一〇〇〇石を加増され、武蔵国入間・橘樹、上総国市原・長柄、甲斐国八代五郡に合計二三〇〇石を知行する。同十一年三月二十六日、幼少の藩主池田光仲の国政を監督するため横目となり因幡国鳥取へ赴く。同十四年閏三月二十四日、駿府目付を仰せつけられ、同年八月二十一日に帰謁。同十五年正月十二日、島原の乱に際し、使者を命じられ島原に赴き、二月十二日帰謁し、攻城の様子を将軍家光へ直接報告する。同年十一月十一日、大和国高取目代とされ暇を給い、十三日、根来番所（百人番所）において辞見、高取へ赴く。同二十一年（正保元・一六四四）三月十五日、三河国西尾城の引き渡しを命じられ、西尾に赴き、六月三日に帰謁。同年十一月八日、豊後府内目付を命じられて暇を給い、翌二年六月二十六日に帰謁。慶安二年（一六四九）八月六日、地震等非常時の登城を命じられる。明暦元年（一六五五）八月二十二日に死去。享年五十九。法名は良偉。墓所は牛込の宝泉寺。
（高見澤）

【典拠・参考文献】『寛政譜』第八・六五頁、『徳川実紀』第二・三篇、『寛永諸家系図伝』、『柳営補任』

本郷泰行《ほんごうやすあき》 （一七四五～没年未詳）

延享二年（一七四五）に書院番士本郷三泰の嫡男として生まれる。母は書院番士本郷知泰の息女。新三郎・伊勢守・大和守と称した。妻は小性組番頭秋山正苗《まさみつ》の息女。後妻は小普請組支配石河貞貴の息女。宝暦十三年（一七六三）二月二十二日に御小納戸、同年四月十三日に小性となる。明和元年（一七六四）十一月十三日に従五位下伊勢守に叙任される。同三年九月四日に家督を相続する。安永八年（一七七九）十二月十五日に小姓組番頭格御用取次見習となる。なお、『徳川実紀』には、この日だけでなく、天明元年（一七八一）閏五月十一日にも小性組番頭格御用取次見習を命じられたとの記事がある。同二年四月二十三日に御

側御用取次となる。同七年五月二十四日に御用取次の任を解かれ、平御側となる。なお、この直後の二十八日には泰行と同役の田沼意致《おきむね》、二十九日には横田準松《のりとし》が罷免された。これは、当時の政争に関連する解任劇と考えられている。つまり泰行らは、田沼意次を支持する者たちであり、このころ白河藩主松平定信を老中に任命しようとする一橋治済や御三家と対立関係にあった。ただし、泰行自身は、平御側として幕府に留まり、田沼は病気による依願退職だったことから、定信派が最も勢力を持つと判断していたのは、横田であったといわれる。解任のきっかけは、同月二十日から二十四日にかけて発生した天明の打ち壊しであった。大田南畝の記した『一話一言補遺』には、飛ぶ鳥を落とす勢いだった横田の解任は、打ち壊しについて正確な情報を将軍に伝達しなかったことで怒りを買ったためと記されている。その後泰行は、文化十年（一八一三）三月十四日に、高齢まで務めたことにより泊番と御供を免除され、詰番だけとなる。（福留）

【典拠・参考文献】『寛政譜』第八・六七頁、『徳川実紀』第十篇、『柳営補任』、大田南畝「一話一言補遺」（『日本随筆大成　別巻六、一話一言・六』吉川弘文館、一九九六年）、竹内誠「寛政改革」（『岩波講座日本歴史十二　近世四』一九七六年）

本郷泰固《ほんごうやすかた》　（生没年未詳）

父は小性の本郷泰久《やすひさ》、母は水野政勝の娘。弥三郎・丹後守を称した。文政三年（一八二〇）に西丸小性頭取介となり、同九年に西丸小性頭取となる。同十年閏六月二十日には小性組番頭格で西丸御側御用取次見習になり、天保二年（一八三一）八月十日には家定御側御用取次、同七年九月四日には西丸御側御用取次、同八年四月には本丸御側御用取次となる。同十三年十二月十五日、勤め向き出精につき一〇〇〇石を加増され、家禄三〇〇〇石高となる。弘化二年（一八四五）五月四日、本丸普請御用の報奨として二〇〇〇石を加増され、嘉永四年（一八五一）十二月三日に二〇〇〇石を加増されて家禄七〇〇〇石高となる。安政四年（一八五七）八月二十八日に三〇〇〇石を加増され一万石高になり、若年寄となって折々奥へ罷り出ずべき旨を受ける。安政五年（一八五八）七月六日に罷免され、菊之間縁頬詰となる。同六年十月二十七日、勤役中に勤め方に問題があるとのことから、加増された内から五〇〇〇石が召し上げられ、隠居謹慎を命じられる。慶応元年（一八六五）五月十五日、御咎御免となる。（吉成）

【典拠・参考文献】『旗本百科』第四巻

本庄道章《ほんじょうみちあきら》　（一六八三〜一七二五）

天和三年（一六八三）、奏者役本庄道高の長男として生まれる。太郎吉・織部・和泉守・宮内少輔と称した。母は広賢の女。元禄十年（一六九七）五月十六日に道高が死去し、同年七月十一日に遺跡を継ぐ。同年八月十三日、初めて将軍徳川綱吉に拝謁し、同十一年六月十九日、上野国邑楽郡の采地を、下野国梁田・足利二郡の内に移される。翌十二年十月二十一日、中奥小性に列せられ、同年十二月十八日には従五位下和泉守に叙任された。同十六年八月十三日、本丸小性に移り、同月二十二日には、宮内少輔となった。宝永二年（一七〇五）三月二十三日、美濃国山縣・方縣《かたがた》二郡の内に六〇〇〇石を加増され、合わせて一万石を領した。岩滝を居所とし、同年六月十日に領知の朱印を下された。同四年十一月十一日には「仁壽」の掛幅を賜っている。同六年、綱吉薨去により、二月二十一日より務めを免されて、菊の間の広縁に候した。同年八月には居所を山縣郡高富に移した。享保十年（一七二五）七月二十七日死去。享年四

十三。院号は栄嶽喜繁威音院。坂本の養玉院に葬られた。（浦井）

【典拠・参考文献】『寛政譜』第二十一・一〇五頁、『徳川実紀』第六～八篇

本庄道芳《ほんじょうみちか》（一六〇四～一六六八）

藤原冬嗣の分流の子孫と伝えられる。慶長九年（一六〇四）に二条家の家司本庄宗正の嫡男として生まれる。母は波々伯部安忠の息女。宮内少輔と称す。妻は徳山直政の息女。はじめは、「北小路」を称する。二条家の家司であったが、妹（のち桂昌院）が綱吉の側室となるに及び、慶安元年（一六四八）七月に神田館の家老となり、廩米一〇〇〇俵、従五位下宮内少輔となる。この時に「本庄」と名乗る。同四年十二月八日に一〇〇〇石を加増され、すべて知行にあらためられ二〇〇〇石となる。寛文元年（一六六一）閏八月十一日に二〇〇〇石を加増され、あわせて四〇〇〇石となる。同四年十二月晦日に職を解かれ、同八年六月二十日に死去。享年六十五。法名は石舟。浅草誓願寺（現在は、東京都府中市に移転）に埋葬される。（福留）

【典拠・参考文献】『寛政譜』第二十一・一〇四頁

本庄宗資《ほんじょうむねすけ》（一六二九～一六九九）

寛永六年（一六二九）に二条家の家司本庄宗正の二男として生まれる。母は鍋田氏。平四郎・次郎左衛門・因幡守と称す。徳川綱吉側室桂昌院の実弟。妻は二条家の家司隠俊実の息女。明暦二年（一六五六）十二月に徳川綱吉の付属となり、その後神田館で奏者役となる。延宝八年（一六八〇）に綱吉の子徳松が西丸に入る際に従い、廩米八〇〇俵を賜る。天和元年（一六八一）三月五日に一二〇〇石を賜り、以前の廩米も知行地に替え、あわせて二〇〇〇石となる。同三年に徳松が死去したために小普請となり、同十一月二日に三〇〇〇石を加増される。貞享元年（一六八四）十月十日に寄合、同年十二月二十五日に従五位下因幡守に叙任される。元禄元年（一六八八）正月十一日に五〇〇〇石を加増され、二十日に雁間詰となる。同二年十一月二十六日に一万石を加増され、同三年十二月二十五日に従四位下に叙任される。同五年十一月十一日に二万石、同七年四月晦日に一万石を加増され、五万石となる。同年十二月二十二日に侍従となる。なお、将軍綱吉は元禄五年から十一年にかけて、一一回、宗資の屋敷を訪問している。同十二年八月十六日に死去。享年七十一。法名は本誉貞実円心。浅草安養寺（現在は、谷中の法住寺と合併し、法受寺として東京都足立区にある）に埋葬される。（福留）

【典拠・参考文献】『寛政譜』第二十一・一〇五、一〇七頁

本多安英《ほんだあんえい》（生年不詳～一八五八）

本多安信の子として生まれる。隼之助と称す。任官後は加賀守を名乗る。文政十三年（一八三〇）十二月十一日、書院番より御小納戸となり、その六日後には家定御小納戸肝煎奥之番となっている。弘化二年（一八四五）五月九日に目付へと転じ、勝手掛・海防掛となり、嘉永三年（一八五〇）二月には近海岸見分御用を務めた。同年八月二十四日に大坂町奉行へと転じ、嘉永五年四月二十八日には勘定奉行公事方へと昇進し、家禄を五〇〇石高へと加増されている。また、同年七月十二日からは道中奉行を兼帯した。安政五年（一八五八）十一月二十六日に死去、家督は養子の隼之助に譲られた。（保垣）

【典拠・参考文献】『続徳川実紀』第三篇、『柳営補任』、『旗本百科』第四巻

本多紀意《ほんだきい》（生没年未詳）

知行高二〇〇〇石の旗本。父は大番頭本多紀貞。左内・帯刀・主殿と称した。文政

十一年（一八二八）三月二日、小性組より中奥番に転じ、同十三年正月十一日、使番となる。天保四年（一八三三）八月八日、西丸目付に進み、同六年七月一日、本丸目付に移る。九年四月九日、京都町奉行に就任。十二年九月二十八日、先手鉄炮頭となり、在職中の天保十三年七月十七日、願いのとおり御役御免となる。（西木）

【典拠・参考文献】『柳営補任』

本多幸七郎《ほんだこうしちろう》（生没年未詳）

禄高は四〇〇石。小普請組戸田光烈支配であった文久元年（一八六一）五月二十八日、江戸高輪東禅寺のイギリス仮公使館が尊攘派浪士により襲撃された。この東禅寺事件では早急に現場へ駆け付けて交戦した。これにより同年八月二十四日、褒美として銀二〇枚を下付された。慶応二年（一八六六）十二月三十日に陸軍奉行並支配より歩兵差図役に就任、士官として幕府陸軍を支えた。同四年三月には歩兵頭へと進んだ。（神谷）

【典拠・参考文献】『柳営補任』、『続徳川実紀』第四篇

本多繁文《ほんだしげあや》（一七七二～一八二六）

安永元年（一七七二）、六代小泉藩主である片桐石見守貞芳の四男として生まれる。丹下・淡路守・大和守と称した。使番に列した本多吉次郎寛方の娘と結婚して養子となり、天明八年（一七八八）十一月二十七日に二五〇〇石の采地とともに家督を継ぐ。寛政元年（一七八九）六月晦日に小性組に列して長らく勤め、同十年正月百十一日に使番に移り、布衣の着用を許可される。文化二年（一八〇五）六月より大坂目付代に進んで、同四年に火事場見廻を兼帯する。翌年三月八日に西丸目付に進んで、翌年に本丸目付に転じる。同十年八月二十日に日光奉行に任じられ、同十二年六月十七日には小普請奉行へ移り、十一月十二日には松前奉行となる。そして、文政三年（一八二〇）二月二十五日から小普請組支配になり、同六年十二月八日より同九年二月四日に死去するまで、一橋家老を務めた。享年五十五。（根岸）

【典拠・参考文献】『寛政譜』第十一・二六七～二六八頁、『柳営補任』、『旗本百科』第二巻

本多重賀《ほんだしげよし》（一七七四～一八二一）

安永三年（一七七四）生まれ。初めの名は成憲《なりのり》。通称は富松・左源太・作左衛門・飛騨守。父安藤惟徳の二男。母は不詳。本多成連《なりつら》の養子となり、その息女を妻とした。寛政三年（一七九一）四月二十六日に家督を継ぎ、下総国相馬郡において二〇〇〇石を知行した。同年十月六日、徳川家斉に御目見する。同五年九月十八日に小性組番士となる。享和三年（一八〇三）一月十一日に使番、文化六年（一八〇九）七月に駿府目付代、同八年三月二十八日に西丸目付、文政元年（一八一八）十二月十二日には奈良奉行となる。同四年三月十六日、奈良にて四十八歳で死去。菩提寺は小石川の無量院（廃寺）である。（松本）

【典拠・参考文献】『寛政譜』第十一・二六四頁、『旗本百科』第四巻

本多忠貞《ほんだただざだ》（一七八九～一八四五）

寛政元年（一七八九）に生まれる。父は小性の本多虔貞《のりさだ》、母は糸井氏の娘。岩五郎・造酒正・志摩守・隠岐守・備前守を称した。寛政八年（一七九六）九月晦日に敬之助（家斉子）御伽となるが、同九年三月に敬之助が死去したため、四月十三日に御免となる。同十年八月二十六日には家慶の御伽となり、西丸に勤める。享和三年（一八〇三）一月二十五日、西丸小性となり、文化六年（一八〇九）九月より西丸御小納戸となる。文政二年（一八一九）三月十二日に罷免され、寄合となる。天保七年（一

八三六）十二月四日寄合から御小納戸になり、同八年四月二日には西丸御小納戸肝煎、同十二年三月二十三日には本丸御小納戸となる。弘化二年（一八四五）に死去。菩提寺は四谷戒行寺。

（吉成）

【典拠・参考文献】『寛政譜』第十一・三〇六頁、『旗本百科』第四巻

本多忠英《ほんだただひで》（一六六八〜一七三九）

寛文八年（一六六八）、近江国膳所藩主本多下総守俊次の十一男として生まれる。のち書院番本多俊春の養子となり、その娘を妻とする。治部・勘右衛門と称する。宝永元年（一七〇四）九月一日、はじめて綱吉に拝謁し、同六年四月六日、小性組に列する。享保四年（一七一九）十一月十一日、小性組組頭に進む。同八年七月二十八日、京都町奉行に就任し、同年九月二十八日、従五位下筑後守に叙任。元文二年（一七三七）三月十日、旗奉行となり、翌三年十二月十五日、御留守居に転じる。在職中の元文四年六月十三日に死去。享年七十二。法名は元勇。西久保の天徳寺浄品院に葬る。

（西木）

【典拠・参考文献】『柳営補任』、『寛政譜』第十一・二五四頁

本多忠興《ほんだちゅうこう》（生没年未詳）

通称は修理・対馬守。父は本多忠盈《ただみつ》。同家は、三河国碧海郡の内で二五〇〇石、下総国香取郡の内で五〇〇石、上総国武射郡と下総国匝瑳郡の内で二〇〇〇石、安房国安房郡と上総国周准郡の内で三〇〇〇石、上野国新田郡と下野国安蘇郡の内で一〇〇〇石、合計九〇〇〇石を知行した。家督相続の後、寄合から文政七年（一八二四）閏八月晦日に火消役となった。文政十一年（一八二八）九月二十日に百人組之頭、天保五年（一八三四）五月十日には小性組番頭となる。同七年八月四日、大納言徳川家祥（のち将軍家定）付の書院番頭となる。同十二年閏一月二十四日に大番頭へ移り、弘化三年（一八四六）三月二十八日には駿府城代となる。嘉永五年（一八五二）五月十四日、病気のため辞職。家督を継いだ二男忠寛は元治元年（一八六四）に一一〇〇石の加増を受け、高直しで一万五〇〇〇石の大名となった（三河西端藩）。同家の菩提寺は西久保の天徳寺である。

（松本）

【典拠・参考文献】『寛政譜』第十一・二五〇頁、『旗本百科』第四巻

本多正貫《ほんだまさつら》（一五九三〜一六七二）

文禄二年（一五九三）生まれ。通称は源十郎・三弥。長坂重吉の長男。母は本多正重の息女。この正重の長男正氏は豊臣秀次に仕えようとしたが、秀次の切腹により自身も自害している（秀次事件）。このため正重の外孫にあたる正貫が正重の養子に入った。妻は本多正澄の息女である。慶長十年（一六〇五）、徳川秀忠に初めて御目見。元和二年（一六一六）に家督を相続し、下総国香取・葛飾・相馬郡のうちで八〇〇〇石を知行した。寛永二年（一六二五）十二月十一日、領地朱印状を下付された。同九年六月二十一日、与力二五騎・鉄炮同心一〇〇人を預けられる。同年十二月十五日、従五位下豊前守に叙任した。同十二年十一月十日、書院番頭となり、同十九年閏九月五日、大番頭（一番組）となる。寛文四年（一六六四）二月晦日に致仕し、休山と号した。同十二年（一六七二）二月一日、八十歳で死去。法名は休山。菩提寺は京都泉涌寺の塔頭法音院である。

（松本）

【典拠・参考文献】『寛政譜』第十一・二九八頁

本多正収《ほんだまさとき》（一七八六〜没年未詳）

天明六年（一七八六）生まれ。通称は駒之助。父は本多正峯、母は織田信直の息女。寛政九年（一七九七）十二月二十六日に家督を継ぎ、遠江国山名郡、下野国塩谷郡、

安房国朝夷・長狭郡のうちにおいて三〇〇〇石を知行した。文化十一年（一八一四）一月二十五日火事場見廻、同十四年十月十五日寄合肝煎、文政三年（一八二〇）十一月二十四日に目付、同六年九月二十日に日光奉行、同九年六月十七日に長崎奉行、同十三年五月十日には持弓頭となる。天保二年（一八三一）四月四日、長崎表在勤中の家来不行跡（欠落）を知らざるために閉門を命じられた。翌三年八月二十日、清水家家老となり、同十三年八月二十日には小性組番頭となる。弘化二年（一八四五）二月二十三日に職を辞す。同家の菩提寺は牛込の浄泉寺（廃寺、松雲寺へ吸収合併）である。（松本）

【典拠・参考文献】『寛政譜』第十一・二九五頁、『旗本百科』第四巻

本多正盛《ほんだまさもり》（一五七七～一六一七）

天正五年（一五七七）に内藤正成の三男として生まれる。徳川家康に仕えていた本多忠信（政忠）の養子となる。妻は安藤重信の息女。藤四郎と称した。家康に仕えて使番を務め、五〇〇石を拝領した。慶長八年（一六〇三）に家康の将軍宣下のために上洛した時には騎馬の随身を務め、同十九年の大坂の陣にも従軍した。元和二年（一六一六）四月十七日に家康が死去すると、同年十月に御廟社を造営するにあたり、幕府年寄本多正純とともに日光山に赴き、普請奉行を命じられた。同三年四月二十二日、同じく造営普請奉行を務めていた山城宮内少輔忠久と口論となり、忠久を刀の鞘で殴打してしまった。その後、山城忠久が自害すると、正盛も御廟の完成後、同年十二月に自害した。享年四十一。法名は道覚。下野国板橋の福生寺（栃木県日光市）に葬られた。（白根）

【典拠・参考文献】『寛政譜』第十一・二三七頁、『元和年録』『東武実録』（『内閣文庫所蔵史籍叢刊』）、『大日本史料』第十二編之二七

本多行貞《ほんだゆきさだ》（一七一五～一七八一）

正徳五年（一七一五）生まれ。初めは名を貞信あるいは永貞といった。通称は蔵助・八蔵。父は本多貞尚《さだなお》、母は紀伊家家臣伊達半左衛門某の息女。妻は富松基春の息女。後妻は古郡年庸の息女である。享保十二年（一七二七）十二月十二日にはじめて将軍吉宗に御目見する。寛保元年（一七四一）七月十八日に西丸御小納戸となり、十二月十九日に布衣を着することを許される。宝暦十年（一七六〇）五月十三日、本丸に移る。明和五年（一七六八）九月五日には御小納戸頭取となり、十二月十八日、従五位下志摩守に叙任した。安永五年（一七七六）徳川家治の日光社参において、日光の旅館を巡見する。天明元年（一七八一）十一月二十二日、六十七歳で死去。法名は日身。菩提寺は四谷の戒行寺である。（松本）

【典拠・参考文献】『寛政譜』第十一・三〇五頁

本堂玄親《ほんどうはるちか》（一六五四～一六九六）

承応三年（一六五四）に本堂栄親《よしちか》の子として生まれる。母は伊東長昌の息女。妻は秋月種信の息女。五郎八・源七郎を称する。本堂家は慶長六年（一六〇一）出羽国本堂から常陸国志筑に転封となり、正保二年（一六四五）当地に陣屋を置いた。表御礼衆の家柄で、旧家の子孫として交代寄合に取り立てられている。玄親は寛文六年（一六六六）八月二十一日、初めて四代将軍徳川家綱に拝謁する。同八年七月十日に遺跡を継いだ。同十三年（延宝元・一六七三）六月に領地に赴く暇を許され、代々行うことになる。同九年七月十七日に死去。享年四十三。法名は元照。常陸国志筑の長興寺に葬られる。（橋本）

【典拠・参考文献】『寛政譜』第二・三九

一頁、『日本歴史地名体系　茨城県の地名』（平凡社、一九八二年）

本間義貞《ほんまよしさだ》　（一六二三〜一六七八）

元和九年（一六二三）に二条城定番本間季重《すえしげ》の子として生まれる。実母は大番組頭中川忠次の息女。妻は宇佐見江右衛門の息女。三之丞・七左衛門・五郎左衛門と称した。本間氏は遠江国の出身で、代々鎌倉幕府・室町幕府に仕えた後、今川氏に属したが、政季《まさすえ》の代から徳川家康に仕えた経歴をもつ家柄である。義貞は、寛永十一年（一六三四）に三代将軍徳川家光に初めて拝謁をした。同十五年正月十五日、大番に列し、万治三年（一六六〇）三月朔日に組頭となった。同年十二月二十三日には家督を相続した。父季重から相続した知行は八〇〇石であったが、蔵米二〇〇俵分は弟の季秀《すえひで》に分与された。寛文十年（一六七〇）には下総国海上《うなかみ》郡内の知行地二〇〇石分が上総国山辺郡内に移された。延宝五年（一六七七）閏十二月九日に将軍家光の息女で尾張藩主徳川光友の正室であった千代姫附となり、上野国多胡《たこ》郡内において一〇〇〇石を加増され、計一八〇〇石を拝領した。同六年八月十八日に死去。享年五十六。法名宗圓。小日向の龍興寺（東京都中野区）に葬られた。　（白根）

【典拠・参考文献】『寛政譜』第六・一二二頁

本目正珍《ほんめせいちん》　（生年未詳〜一八三二）

先祖は桜田御殿に勤め、徳川家宣が本丸に引き移るのに従い、御家人に列し、宝永二年（一七〇五）に旗本となった。父は小性組与頭の久之丞正広。通称は帯刀。知行地は武蔵国入間・比企郡のうちで七五〇石である。文化十四年（一八一七）十二月二十八日に小性組より西丸御徒頭となる。文政五年（一八二二）十一月八日に西丸目付となり、同八年九月四日、本丸目付に転じた。文政十三年六月九日に持筒頭、天保二年（一八三一）四月二十八日に禁裏附となるが、翌年六月十七日に死去。歴代の墓は東京都新宿区市谷の宗泰院にある。（藤田）

【典拠・参考文献】『寛政譜』第一・二五二頁、『旗本百科』第四巻

ま

蒔田定正《まいたさだまさ》　（一五九一〜一六四〇）

天正十九年（一五九一）に生まれる。久太郎と称す。また、諱は初め成定と称した。父は豊臣秀吉・秀頼に仕え、のち徳川家康に仕えて一万石を領した左衛門権佐広定。母は大嶋雲八光義の息女。妻は石田土佐守尊次の息女。定正は、父とともに家康に仕え、同十九年・同二十年の大坂の陣にも供奉する。寛永七年（一六三〇）十二月二十八日、従五位下玄蕃頭に叙任され、廩米三〇〇俵を賜い、のち加増されて相模国内で五〇〇石を領す。同十年六月十一日使番となり、翌十一年には加増されて一三〇〇石となる。同十三年、父広定の死去に伴い家督を相続。三〇〇〇石を弟数馬助長広に分知し、従前からの知行と合わせて八三一〇石余りを領す。同十五年十二月二十七日に仰せを受けて、信濃国飯山にて目付代を勤め、同十七年八月十一日の仰せにて因幡国鳥取城の国目付を勤める。同年十二月二十九日、鳥取より江戸への帰路、近江国草津にて五十歳で死去。法名は日照。葬地は近江国の円融寺（滋賀県草津市）。　（小宮山）

【典拠・参考文献】『寛政譜』第十五・八四頁、『寛永諸家系図伝』第十・一六七頁、善積（松尾）美恵子「江戸幕府の監察制度—国目付を中心に—」（『日本歴史』二四四号、一九六八）

前沢光貞《まえざわみつさだ》（一七六〇～一八一三）

宝暦十年（一七六〇）に前沢光良《みつよし》の長男として生まれる。父光良は代官の祖父前沢光寛《みつひろ》の養子で、祖父光寛の息女が父光良の妻（光貞の母）。父光良は明和七年（一七七〇）閏六月十九日に祖父光寛に先立って死去。光貞の妻は小性組の永田直喬《なおたか》の息女で、後妻は目付の深谷盛朝《もりとも》の息女。通称は久馬之丞・藤十郎。安永五年（一七七六）十二月十九日に小十人に列し、寛政九年（一七九七）十二月二十六日に祖父の家督を相続する。家禄は五〇俵五人扶持。享和元年（一八〇一）八月八日に代官となり、文化七年（一八一〇）までは越後国水原、同年以降は石見国大森に赴任する。同十年七月二日に死去。享年五十四。　（高山）

【典拠・参考文献】『寛政譜』第二十二・一八四頁、「県令譜」（『江戸幕府郡代代官史料集』近藤出版社、一九八一年）、『代官履歴』、『旗本百科』第五巻

前島密《まえじまひそか》（一八三五～一九一九）

天保六年（一八三五）正月七日、越後国頸城《くびき》郡下池辺村（新潟県上越市）の豪農上野家に生まれる。父は助右衛門、母はてい。幼名は房五郎。雅号は鴻爪子《こうそうし》。弘化元年（一八四四）、高田の倉石侗窩《どうか》の門人となる。同四年、江戸に遊学し、医学・蘭学・英学・兵学・航海術など諸般の学術を修得した。安政四年（一八五七）八月、幕府の軍艦教授所の見習生となり機関学を学ぶ。ついで箱館の諸術調所の武田斐三郎に入門し、航海実習生として日本沿海の測量に従事した。この頃から巻退蔵を称した。文久三年（一八六三）八月、外国奉行組頭の向山栄五郎（黄村）に随行して対馬に赴き、長崎に滞在した。慶応元年（一八六五）正月には薩摩藩に招聘され、鹿児島で英学の教授にあたるが、十二月に帰府した。同二年、京都見廻組に属した前島錠次郎の死去に伴い、三月に幕臣前島家を相続。この頃来輔と改称し、幕臣清水与一郎の女なか（仲子）を妻に迎えた。同年八月、開成所翻訳筆記方に出仕。ついで翌三年五月に開成所の数学教授を拝命するが、兵庫開港勅許に伴い八月に兵庫奉行所の手附役に転じた。同四年正月十一日、江戸に帰着。二月に勘定格御徒目付となり、東征軍応接役として東海道に出張した。この頃、大久保利通の大坂遷都論に反発して江戸遷都論を建言する。徳川家処分により七月に駿河府中藩留守居添役、ついで留守居役となり駿河に移住し、八月に同藩公用人となった。明治二年に密と改名した。同年十二月に民部省に出仕した。その後駅逓頭《えきていのかみ》として通信・運輸行政の中枢にあって、郵便制度の確立に尽力した。同八年には郵便為替や同貯金を創業している。これらの業績から「郵便の父」と呼ばれた。いっぽう国民全般に教育を普及させるために国字改良を主張し、幕末期には漢字廃止論を建議、この主張に沿って同六年二月には「まいにちひらがなしんぶんし」を創刊した。同十四年に退官し、大隈重信とともに立憲改進党に入り、同十九年八月には大隈が創設した東京専門学校（早稲田大学の前身）の校長となった。同二十一年十一月には逓信次官となり電話の開設にも尽力した。同三十五年六月十九日に男爵を授けられ、貴族院議員もつとめた。大正八年（一九一九）四月二十八日、神奈川県三浦郡西浦村（横須賀市）の隠宅で死去。享年八十五。墓は神奈川県横須賀市芦名の浄楽寺にある。生誕地の上越市には前島記念館が建つ。　（藤田）

【典拠・参考文献】前島会『鴻爪痕 前島密伝』（一九五五年）、山口修『前島密』（人物叢書、吉川弘文館、一九九〇年）

前田武宣《まえだたけのり》 （一七四一〜没年未詳）

上野国七日市藩六代藩主前田利理《としただ》の六男として、寛保元年（一七四一）に生まれる。母は不詳。初め孝卿《たかのり》と称し、ほかに小三郎・要人・市左衛門・丹波守と称した。旗本前田孝武《たかたけ》の養子となった。妻は野一色義《よし》簾《かど》の娘。宝暦六年（一七五六）十二月十九日に九代将軍徳川家重に初御目見する。安永四年（一七七五）六月三日西丸御小納戸となり、同年閏十二月十一日に布衣となる。同八年四月十八日、家基の死去により辞職し、寄合となる。天明元年（一七八一）四月十八日に御小納戸となり、同年五月二十八日に西丸御小納戸、同六年閏十月七日に本丸御小納戸をつとめた。寛政四年（一七九二）七月十九日、十一代将軍家斉子の竹千代附となるが、同五年七月十五日には竹千代逝去により御小納戸に戻る。同六年五月十日、西丸にて家慶の御小納戸となり、同九年正月晦日に西丸小納戸頭取となる。同年十二月十八日には従五位下丹波守に叙任される。享和三年（一八〇三）正月二十一日に辞職する。菩提寺は駒込の吉祥寺。

（吉成）

【典拠・参考文献】『寛政譜』第十七・二九三頁、『旗本百科』第四巻

前田直勝《まえだなおかつ》 （一六三〇〜一七〇五）

寛永七年（一六三〇）に書院番士前田正信《まさのぶ》の子として生まれる。母は花房正成の息女。妻は留守居番宮城和治《まさはる》の息女。後妻は大奥の侍女であった浅井氏の養女。左太郎・半右衛門と称した。はじめ諱は玄勝《はるかつ》・成勝《なりかつ》と名乗った。寛永十三年に三代将軍徳川家光に初めて拝謁し、正保元年（一六四四）十二月二十五日に家督を相続した。慶安元年（一六四八）八月三日に書院番となり、寛文三年（一六六三）四月には四代将軍家綱の日光社参に供奉した。同六年八月二十一日より山城国に赴き、淀川堤の普請奉行を務めた。同八年九月五日、使番に転任し、同年十二月二十八日に布衣の着用を許された。同九年七月二十六日には筑後国久留米藩主有馬頼利が急死し、弟頼元が相続したため、目付として現地に赴いた。同十一年二月五日には禁裏附となり、丹波国氷上《ひかみ》郡内において一〇〇〇石加増され、計二二〇〇石を拝領し、同年六月九日、従五位下安芸守に叙任された。同十三年（延宝元年）二月十二日に京都町奉行に転任し、元禄五年（一六九二）三月二十三日には大目付に昇進した。このとき、丹波国氷上郡内の知行地が武蔵国幡羅《はたら》郡・埼玉郡内に移され、さらに、同十一年六月に幡羅郡内の知行地が武蔵国足立郡・男衾《おぶすま》郡内に移された。同十二年十二月十二日に職を辞し、寄合に列した。同十四年七月五日に隠居し、鉄舟と号した。このとき蔵米三〇〇俵を賜った。宝永二年（一七〇五）十一月二十八日に死去。享年七十六。法名は栄乗。武蔵国久良木《くらき》郡金沢の円通寺（横浜市金沢区）に葬られた。

（白根）

【典拠・参考文献】『寛政譜』第十七・三三二頁

前田長泰《まえだながやす》 （一六九〇〜一七六三）

元禄三年（一六九〇）に生まれる。諱は初め正長・賢長を名乗り、靱負と称した。実は高辻式部大輔長量の二男。母は高辻大納言豊長の息女である。妻は喜連川左兵衛督氏春の息女。宝永四年（一七〇七）七月二十五日召されて小性並となり、禄米三〇〇俵を賜り、この日初めて将軍徳川綱吉に拝謁した。十二月十八日高家に列し、従五位下侍従に叙任され、伊豆守に改めた。同五年正月九日に三〇〇石を加増され、禄米を改め武蔵国多摩郡において知行地六〇〇

石賜わった。同六年二月二十一日高家に列し、柳沢吉保邸に移り住んだ。正徳三年（一七一三）十二月二十三日遠江国榛原郡において四〇〇石を加増されて、計一〇〇〇石を知行した。享保十年（一七二五）徳川家重の元服により、五月九日使者を承って京都に至り、六月十一日中御門院より信國の太刀を賜り、七月一日従四位下に昇った。同十五年七月十一日信濃守に改めた。延享四年（一七四七）正月十二日肝煎となり、三月十五日立坊宣下により松平隠岐守定喬の差添として京都に赴き、桜町院から太刀を賜り、五月十二日従四位上に昇った。八月十一日、これより将軍の太刀の役を勤めることが命じられた。寛延二年（一七四九）九月二十二日、翌年の日光山法会の事を管掌するよう命じられる。宝暦五年（一七五五）女御（恭礼門院一条富子）入内により、十一月五日松平出羽守宗衍の差添として上洛し、太刀を勅賜せられ、十二月二十五日左少将に進んだ。同十年正月十五日家重の右大臣転任、家治の右大将兼任において宣旨請取の役を命じられた。同十一年七月二十六日増上寺において女院（青綺門院二条舎子）・親王・准后（恭礼門院一条富子）の三使拝礼の時、その班次の指揮を誤ったことにより、厳重の沙汰にも及ぶことではあったが、大喪の時ということで、拝謁を止められて、八月十六日に赦された。同十三年七月三日に死去した。享年七十四。法名は浮山。菩提寺は駒込の蓮光寺である。

（田中暁）

【典拠・参考文献】『寛政譜』第二十二・二四四頁、『系図纂要』第七冊・八五頁、『徳川実紀』第九篇、大石学編『高家前田家の総合的研究』（東京堂出版、二〇〇八年）

前田夏蔭《まえだなつかげ》（一七九三～一八六四）

寛政五年（一七九三）、江戸に生まれる。通称は健助、名は夏蔭、号は鶯園。前田孫七郎の二男。はじめ水戸藩主徳川斉昭に仕え、江戸駒込中屋敷にある編輯所の学事の監督を託される。安政元年（一八五四）三月十一日、幕府の蝦夷地記録調を命じられる。同三年三月十四日に御用調を務める。同五年九月二十九日に勘定格となる。清水浜臣に師事し、歌学に通じた。幕命により、蝦夷地関係の資史料編纂に関わる。夏蔭は、主に史料の収集を行い、没後の慶応元年（一八六五）に本編一〇九巻、附録図譜二〇巻からなる『蝦夷志料』が完成した。元治元年（一八六四）八月二十六日没。享年七十二。法名は古槐院清涼夏蔭居士。江戸の浅草誓願寺九品院に葬られる。

（湯浅）

【典拠・参考文献】『国書人名辞典』第四巻（岩波書店、一九九八年）、『旗本百科』第五巻

前田玄長《まえだはるなが》（一六八六～一七五二）

貞享三年（一六八六）に生まれた。幼名末左丸、その後式部と称した。実は押小路大納言公音《きんね》の二男である。母は河鰭《かわばた》大納言実陳《さねつら》の息女である。妻は内藤主殿頭政貞の養女。元禄十五年（一七〇二）閏八月九日に京都を発ち江戸に赴き、大番頭の米津《よねきつ》田《みち》方《かた》の屋敷に住んだ。そして同月十五日召されて五代将軍徳川綱吉に取り立てられて家を起こし、前田を称した。同日小性並となり、禄米三〇〇俵を賜り、この日初めて綱吉に拝謁した。同月二十二日柳沢吉保邸に移り住んだ。十二月三日従五位下侍従に叙任され、出雲守と称した。この日新たに三〇〇石を加増され、禄米を知行地に改め、武蔵国多摩郡において六〇〇石を賜った。元禄十七年（宝永元・一七〇四）正月九日、同郡において三〇〇石を加増され、同二年正月二十一日従四位下に昇り、同四年正月九日、相模国愛甲郡において五〇〇石の加増があり、計一四〇〇石を知行した。同六年二月二十一日高家に列し、役料五〇〇俵

を拝領し、隠岐守を称した。同年三月二日本郷お茶の水に八〇〇坪の屋敷を拝領した。同七年十一月二十日東山天皇一回忌法事につき、京都への使者の命を受けて京都に上った。正徳三年（一七一三）十一月二十九日に月光院御方（徳川家継母梅田氏）が三位に叙せられたので、使者の命を受けて京都に赴いた。享保元年（一七一六）伊勢神宮への名代を命じられ、同五年十一月十二日若宮（桜町天皇）の親王宣下により、使者として京都へ赴いた。同十六年十月二十八日肝煎となり、官料八〇〇俵賜った。元文元年（一七三六）十月二十七日女御（二条舎子《いえこ》）入内により、使者松平大和守明矩の差添として京都に至り、十二月二十三日従四位上に昇った。同二年閏十一月二十三日姫宮（盛子内親王）の生誕により、また京都への使者の命を受け、以後もたびたび日光や京都への使者を仰せつかった。延享二年（一七四五）十一月五日、徳川家重の将軍宣下を謝す使者松平讃岐守頼恭に付き従って京都に赴き、閏十二月十五日少将に進んだ。将軍名代・添役としての活動は、京都一三回、日光一二回、伊勢神宮三回、三河滝山一回と、都合二九回にも及んでいる。宝暦二年（一七五二）四月十三日に死去した。享年六十七。法号は大忠院前羽林次将義山速証大居士。菩提寺は市ヶ谷の自証院。　（田中暁）

【典拠・参考文献】『寛政譜』第二十一・八四頁、『徳川実紀』第八篇、大石学編『高家前田家の総合的研究』（東京堂出版、二〇〇八年）

前田政房《まえだまさふさ》（一六八二～一七二六）

父の前田政直は近衛家に仕える。徳川家宣（のちの六代将軍）の桜田屋敷に、近衛氏の娘である天英院が入輿する際に供奉し、桜田屋敷にて勤仕する。そのため、嫡子である政房も桜田屋敷にて小性組に編入された。宝永元年（一七〇四）、家宣が西丸へ移る時に従って御家人となる。二六〇俵を賜り、小普請となる。同二年十月十三日より小十人に列することとなり、同五年閏正月十二日に新番に転任する。そして、正徳五年（一七一五）七月二十六日に辞職、享保八年（一七二三）十二月二十六日に致仕し、同十一年二月四日に四十五歳で死去する。法名を真入といい、小日向の知願寺に埋葬された。　（根岸）

【典拠・参考文献】『寛政譜』第二十二・一〇七頁

前田安敬《まえだやすたか》（一七四一～没年未詳）

寛保元年（一七四一）に生まれる。鋳太郎・左兵衛と称する。宝暦七年（一七五七）十月八日に十七歳で家督を継ぐ。明和二年（一七六五）七月五日より表右筆となり、同六年十一月二十日に奥右筆へ転任する。天明五年（一七八五）十二月十五日、表右筆組頭に昇進してしばらく勤め、二度判物や朱印状の筆をとる仕事を任される。また、寛政七年（一七九五）には右筆の蜷川善九郎親賛より下馬札の書法を伝授されて、これ以降この仕事を命じられる。のち文化十四年（一八一七）まで西丸切手番之頭を務める。　（根岸）

【典拠・参考文献】『寛政譜』第二十二・二四五頁、『旗本百科』第五巻

曲木正昉《まがきまさかつ》（一七四一～没年未詳）

寛保元年（一七四一）に御馬預の曲木安《やす》朗《あき》の子として生まれる。母は簗山又右衛門喜林の息女。又六郎・岩之助・又左衛門と称した。妻は神道方吉川従安《よしかわよりやす》の息女。曲木家は安朗父品充《ただみつ》から代々御馬預をつとめた。宝暦十二年（一七六二）四月十八日はじめて家治に御目見。明和元年（一七六四）に御馬方の見習となる。安永五年（一七七六）四月、将軍家治の日光社参に供奉する。のちにしばしば馬で川をわたるのを将軍に

披露して黄金を賜わる。天保七年（一八三六）十二月十六日には姫君方御用人格となる。　（吉成）

【典拠・参考文献】『寛政譜』第十九・二〇七頁、『柳営補任』

曲淵景漸《まがりぶちかげつぐ》　（一七二五～一七九九）

享保十年（一七二五）に甲府勤番支配曲淵景衡《かげひら》の二男として生まれる（のち兄景福《かげとみ》の養子となる）。勝次郎と称し、従五位下甲斐守に叙任された。妻は西丸書院番内藤忠《ただ》求《もと》の息女。寛保三年（一七四三）十一月三日に家督を相続（一六五〇石を知行）。延享五年（寛延元・一七四八）五月十日、小性組番士に列し、宝暦七年（一七五七）七月十八日に小十人頭となる。同九年正月十五日、目付に転じ、朝鮮通信使来聘《らいへい》御用、琉球人参府《りゅうきゅうじんさんぷ》御用などをつとめた。（明和元年〈一七六四〉閏十二月二十四日より船手《ふなて》を兼帯）、その後、明和二年十二月七日大坂町奉行に移り、同六年八月十五日には江戸の町奉行（北町）となった。天明七年（一七八七）五月、米価をはじめとする諸物価の高騰が引き金となって、いわゆる「天明の江戸打ち毀《こわ》し」が発生するが、景漸は、翌月の六月朔日に、この騒擾の責任を問われて一八年間在任した町奉行職から西丸御留守居《るすい》の閑職に左遷された。その後、同八年四月六日小普請組支配に移り、同年十一月二十四日勘定奉行に就任。勘定奉行在任中は公事方を担当し、寛政九年（一七九七）二月十二日留守居に移った。そして、同十一年十一月二十四日には「数年の精研」に報いるとして三五〇石の加増を受けるも、同十二年四月三十日に死去。享年七十六。菩提寺は四谷の栄林寺。　（飯島）

【典拠・参考文献】『寛政譜』第三・三三九頁、『続徳川実紀』第一篇、『柳営補任』

曲淵景露《まがりぶちかげみち》　（一七五八～一八三五）

宝暦八年（一七五八）、町奉行や留守居などを務めた曲淵景漸の子として生まれる。母は内藤忠求の娘。内蔵允・勝太郎と称す。任官後は出羽守・和泉守を名乗る。妻は松平忠福の娘。安永五年（一七七六）三月二十二日、十七歳ではじめて徳川家治に拝謁し、同五年十二月十九日より小性組番士に列した。天明元年（一七八一）十一月二十六日に小十人頭へと進み、同年十二月十六日には布衣の着用を許されている。天明四年四月二十六日に目付へと転じ、同七年五月二十二日には将軍宣下の労で時服三領を拝領している。寛政三年（一七九一）五月二十四日に作事奉行へと転じ、同年十二月十六日には従五位下出羽守に叙任される。その後も、寛政七年三月二十六日には新番頭、同十年十月二十三日には禁裏附、翌十一年十二月二十七日には京都町奉行となる。寛政十二年六月三日に家督を相続。文化三年（一八〇六）三月四日、長崎奉行となり、同九年二月十二日には勘定奉行へ昇進した。文化十三年七月二十四日大目付となり、分限帳改役を兼ねた。その後文政元年（一八一八）十一月二十八日に一橋家老へと転じ、同六年十二月朔日には御留守居となった。天保二年（一八三一）九月十二日、老齢を理由に職を辞し、天保六年四月十八日に死去した。享年七十八。四ツ谷の栄林寺に葬られている。　（保垣）

【典拠・参考文献】『寛政譜』第三・三四〇頁、『柳営補任』、『旗本百科』第五巻

曲淵景山《まがりぶちけいざん》　（生年未詳～一八五七）

勝次郎と称し、のちに任官して甲斐守・和泉守・出羽守を名乗った。文政六年（一八二三）三月二十九日、小性組から中奥番に転じる。同八年七月八日、留守居の曲淵景露《かげみち》の養子となり、御徒頭へ進んだ。同十年七月二十日に西丸目付、翌十一年十一月十七日に本丸目付となり勝手掛を務める。天保六年（一八三五）に養父の死去により

家督を相続した。翌七年四月二十四日に堺奉行、同十二年六月十八日に小普請奉行に就任している。その後は、同十三年八月二十日に清水家家老、弘化三年（一八四六）八月八日には一橋家家老に任命された。嘉永四年（一八五一）十二月二十一日に御留守居となる。安政四年（一八五七）十月十九日に死去した。（山﨑）

【典拠・参考文献】『柳営補任』、『続徳川実紀』第二篇

曲淵景曜《まがりぶちけいよう》（生没年未詳）

名は勝矩とも記す。勝次郎と称した。任官後は美濃守・安芸守・和泉守と名乗る。実父は雁間席の黒田豊前守。一橋家の家老などを務めた曲淵景山《けいざん》の養子となる。嘉永四年（一八五一）七月十二日に小性組となり、同五年二月二日に中奥小性。安政四年（一八五七）十二月二十七日に家督を相続した。元治元年（一八六四）四月十日に小普請組支配となり、慶応元年（一八六五）五月十一日より一橋家家老を務めている。同二年四月十日に旗奉行、同年十一月九日には御役御免となり、勤仕並寄合を仰せ付けられた。（山﨑）

【典拠・参考文献】『続徳川実紀』第四篇、『柳営補任』、『幕臣人名』

曲淵英元《まがりぶちひでちか》（一六九九～一七七三）

元禄十二年（一六九九）に曲淵昌隆の二男として生まれたが、同族の曲淵重羽の養子となり同家を継ぐ。孫十郎・市兵衛と称す。任官後は越前守・豊前守を名乗る。号は越山。妻は曲淵重羽の娘。享保四年（一七一九）七月十一日、義父の遺跡を継ぎ、十月にはじめて徳川吉宗に拝謁した。享保九年十月九日に小性組番士に就くと、同十八年九月十一日には使番へと転じ、同年十二月十八日に布衣の着用を許されている。その後は享保二十年十月二十二日に目付、元文二年（一七三七）閏十一月二十三日には日光奉行となり、この年の十二月十六日、従五位下越前守に叙任されている。さらに元文四年九月二十二日には小普請奉行、延享四年（一七四七）八月十二日には作事奉行と諸職を歴任し、寛延元年（一七四八）七月二十一日に勘定奉行に就任した。賞罰は多く、幾度となく時服・黄金を賜るが、宝暦二年（一七五二）には銀座不納金の件により、同三年には吉田橋普請の越度にて拝謁を止められ、大目付に転じた後には、金森騒動の取扱いをめぐり閉門となっている。明和三年（一七六六）四月三日に致仕、安永二年五月六日に死去した。享年七十五。法名は越山。四谷の勝興寺（東京都新宿区）に葬られている。（保垣）

【典拠・参考文献】『寛政譜』第三・三四二頁

牧義制《まきぎせい》（一八〇一～一八五三）

享和元年（一八〇一）に生まれる。父は堀織部利哲であるが、のちに、目付・京都町奉行・田安家家老を務めた牧丹波守義珍《よしたか》の養子となる。市次郎・銕五郎と称す。遠祖は管領などを務めた斯波高経であり、のちに牧姓を称して、尾張国長久手村に住んだ。天保十五年（弘化元、一八四四）四月十五日に父が老衰により辞したことを受けて、七月二十九日に家督を継いだ。家禄一二〇〇石。弘化三年（一八四六）十二月十五日には火附盗賊改加役、嘉永二年（一八四九）十月八日に小普請奉行となり、翌三年十一月二十九日には長崎奉行に就任し、従五位下志摩守に叙任される。石高は三〇〇石。在勤中にはペリー来航予告などによる国内情勢の変動期にあって、オランダ商館長のドンケル＝クルティウスが提出した書状などを老中阿部正弘に取り次いだり外交業務に追われている。同四年には唐夏船が来航しないことから、唐船方日雇が困窮したために銀一五貫目を貸し付け、返納に

は砂糖代を充てた。同五年閏二月には、長崎村馬込郷船蔵内に籾庫を設け、同年八月には五月二十二日に炎上した江戸城西丸再建費として、長崎会所から金一〇万両を献上している。さらに同年十月には中国貿易だけを頼みとせずに他の産業を立てることを考えるように市民に推奨している。嘉永四年から五年にかけては日本人の漂流が相次ぎ、同四年十二月にはルソン漂着の紀州人五名が、翌五年一月には肥前の漂流民を六人が唐船から送られてきている。その後、同六年四月二十八日に西丸御留守居に転じる。同六年八月七日に死去。享年五十三。墓所は埼玉県さいたま市の曹洞宗普門院にある。　（安高）

【典拠・参考文献】『寛政譜以降』第五・二四九二頁、岩下哲典『予告されていたペリー来航と幕末情報戦争』（洋泉社、二〇〇六年）、嘉村国男編『新長崎年表』上（長崎文献社、一九七四年）

牧長勝《まきながかつ》　（一五六二～一六二二）

永禄五年（一五六二）に徳川家康家臣牧長正《ながまさ》の子として生まれる。又十郎・助右衛門と称した。はじめ徳川家康に仕えて軍功をあげたが、やがて流浪の身となり、瀧川一益に仕えた。天正十年（一五八二）三月に甲斐国天目山で武田勝頼を攻めて軍功をあげるが、同十八年より再び徳川家康に仕えた。同年の小田原合戦に供奉し、使番を務め、慶長五年（一六〇〇）九月の関ヶ原の戦にも随従した。同十年八月には、家康が西国の諸大名に命じた、国絵図・御前帳の徴収を担当した。また、同十一年の江戸城修築、同十二年からの駿府城建築、および同十五年からの名古屋城建築の際には普請奉行を務めた。元和八年（一六二二）十二月十三日に死去。享年六十一。法名宗心。武蔵国足立郡大成村の普門院（さいたま市大宮区）に葬られた。　（白根）

【典拠・参考文献】『寛政譜』第十・八一頁、白根孝胤「慶長期公儀普請奉行の機能と特質」（『中央大学大学院研究年報』第二六号、一九九七年）

牧長高《まきながたか》　（一六二九～一六九五）

寛永六年（一六二九）に中奥番士牧長重《ながしげ》の二男として生まれる。妻は大番組頭逸見義持の息女。七兵衛・七左衛門と称した。慶安三年（一六五〇）九月三日、三代将軍徳川家光に初めて拝謁し、世子家綱に仕えて小性組に列した。承応元年（一六五二）十二月十九日に蔵米三〇〇俵を賜ったが、万治二年（一六五九）十二月二十五日に父長重の死去にともない、その知行地のうち、武蔵国足立《あだち》郡・相模国大住《おおすみ》郡内において三〇〇石を分知されたため、蔵米三〇〇俵は収公された。寛文元年（一六六一）十一月九日には御小納戸に転任し、同年十二月四日に蔵米二〇〇俵を加増され、十二月二十八日に布衣の着用が許された。同二年九月十九日、七左衛門に改めた。延宝八年（一六八〇）に四代将軍家綱の死去により職を解かれ、寄合に列したが、貞享元年（一六八四）二月二十三日に西丸裏門番頭となり、蔵米二〇〇俵を加増された。同四年二月十八日には仙洞附に転任し、丹波国氷上《ひかみ》郡内において五〇〇石を加増され、のちに従五位下下野守に叙任された。元禄五年（一六九二）三月二十三日に職を辞した。同八年九月晦日に死去。享年六十七。法名は利源。武蔵国足立郡大成村の普門院（さいたま市大宮区）に葬られた。　（白根）

【典拠・参考文献】『寛政譜』第十・八二頁

牧義珍《まきよしたか》　（一七六七～没年不詳）

明和四年（一七六七）、小性組を務めた牧長賢の子として生まれる。又太郎・七左衛門・助右衛門と称す。妻は生駒親睦の養女。後妻には榊原長里の娘、のち前田清長の娘を娶る。寛政八年（一七九六）十二月十九日、三十歳のときに家督を相続し采地一二〇〇石を知行する。翌年九月二日にはじめて徳川家斉に拝謁し、寛政十年五月十日より西丸小性組の番士となった。その後、文化三年（一八〇六）一月十一日に使番となり、同九年七月四日には駿府目付代、翌十年四月二十四日には目付、文政二年（一八一九）十二月八日には京都町奉行に就任した。また、同八年年六月十五日からは田安家老、天保八年（一八三七）十二月二十二日には御留守居となるが、天保十五年四月十五日、老衰を理由に職を辞した。　（保垣）

【典拠・参考文献】『寛政譜』第十・八三頁、『柳営補任』、『旗本百科』第五巻

牧野成著《まきのしげあきら》　（一七七三～一八四九）

安永二年（一七七三）に生まれる。父は新番頭をつとめた牧野成如《しげゆき》。母は青山氏。豊之助・伝蔵・若狭守・伊予守を称した。妻は綾小路有美女。家禄は三〇〇〇石。安永五年十二月二十七日に遺跡を継ぐ。寛政元年（一七八九）八月十九日、初めて十一代将軍徳川家斉に御目見する。同六年七月五日に御小納戸となり、十二月十六日布衣となる。同七年六月五日には小性となり、同九年十二月十八日に従五位下若狭守に叙任される。享和二年（一八〇二）六月二日には新番頭となり、文化三年（一八〇六）十二月八日に小普請組支配、同五年九月二十八日に小性組番頭、同十一年九月十五日に書院番頭、文政元年（一八一八）十一月十二日には大番頭となる。同八年二月二十七日に御側に就任、天保二年（一八三一）十二月二十七日には西丸御側となる。弘化五年（嘉永元・一八四八）一月二十二日老年を理由に御供泊番を御免となる。同二年（一八四九）九月十四日に死去。菩提寺は西久保の青龍寺。　（吉成）

【典拠・参考文献】『寛政譜』第十一・四八頁、『旗本百科』第四巻

牧野成賢《まきのしげかた》　（一七一四～一七九二）

正徳四年（一七一四）に、旗奉行牧野成《しげ》煕《てる》の二男として生まれる。母は綾小路有胤の息女。小性組の牧野成晴《しげはる》の末期養子となり、その息女を妻とする。通称は大九郎・靭負・織部。享保十五年（一七三〇）五月七日に家督を継ぐ。知行二二〇〇石。元文二年（一七三七）十二月四日に西丸の小性組に列し、延享元年（一七四四）五月六日に板倉勝澄への備中国松山城の引渡し役をつとめる。同四年正月十一日に使番となり、六月十三日に内藤政樹への日向国延岡城の引渡しのため同地に赴く。十二月十九日には布衣の着用を許される。寛延三年（一七五〇）正月二十八日に西丸目付（大御所附）となるが、同四年（宝暦元・一七五一）七月十二日に八代将軍吉宗（大御所）の死去により寄合に列する。宝暦二年二月十五日に目付となり、同五年四月朔日に命を受けて美濃・伊勢・尾張などの川普請を管掌、同七年三月十九日からは船手を兼ねる。同九年正月十五日に小普請奉行に転じ、十二月七日に従五位下大隅守に叙任。同十一年九月七日に作事奉行に移り、船手との兼職を解かれる。十二月九日に勘定奉行（公事方）、明和五年（一七六八）五月二十六日に町奉行、天明四年（一七八四）三月十二日（『柳営補任』は十七日）に大目付となるが、同月二十四日に江戸城内で新番の佐野政言が若年寄の田沼意知を斬り付けた際に、成賢はその場に居合わせながら報告が遅れたため、四月七日に出仕を止められる（十七日に赦免）。寛政三年（一七九一）五月十一日に職を辞し（『柳営補任』は同日卒とする）、同四年四月二十五日に死去。享年七十九。法名真空。菩提寺は深川の海福寺（現在は東京都目黒区に移転）。　（高山）

【典拠・参考文献】『寛政譜』第十一・四九頁、『柳営補任』

牧野成純《まきのしげずみ》　（一六七六〜一七三二）

延宝四年（一六七六）に、小性牧野直成の二男として生まれる。牛之助・一学と称する。妻は廊下番頭根来正縄の息女。元禄五年（一六九二）十一月二十一日に桐間番となり、同六年正月二十九日、小普請となり、出仕を止められるが、同年三月二十日に許される。同十四年七月九日に家督を相続して寄合となり、一五〇〇石を受け継ぎ、五〇〇石は弟成良に分知する。同十五年五月十日に書院番士となり、正徳四年（一七一四）五月二十一日に退任する。享保八年（一七二三）六月六日に使番となり、十二月十八日に、布衣を着することを許可される。同十七年閏五月二日に病気により退任し、寄合となり、十一月五日に、五十七歳で死去。法名は勇哲。（福留）

【典拠・参考文献】『寛政譜』第六・二九三頁、『徳川実紀』第八篇

牧野成傑《まきのしげたけ》　（一七六九〜一八二三）

明和六年（一七六九）に丹波亀山藩主松平信直《のぶなお》の五男として生まれる。最初、成久《しげひさ》と名乗り、多門・主計・靫負・内匠頭・大和守・若狭守と称した。小普請組支配牧野資成《すけしげ》の養子となり、資成の息女を妻とした。安永九年（一七八〇）十一月四日に家督を相続した。知行は二五〇〇石。天明八年（一七八八）四月二日に西丸書院番となり、十二月二十一日に中奥の番士に転じ、寛政十年（一七九八）正月十一日に使番となる。同十二月十六日に布衣を許される。享和元年（一八〇一）四月十三日に火事場見廻兼帯となる。同六月十三日に駿府町奉行となり、文化三年（一八〇六）三月四日に京都町奉行となる。同八年六月八日に作事奉行となり、同十年五月十二日に長崎奉行となる。九月七日に長崎に到着、この時、成傑の幕賓となって随行したのが儒者で漢詩人の市河寛斎である。同十一年九月七日に長崎を出発し江戸へ帰り、同十二年六月十七日に新番頭となり、文政四年（一八二一）七月十二日に小普請組支配となる。同六年九月三日に死去。享年五十五。菩提寺は小石川（東京都文京区）無量院（現在は廃寺）であり、成傑も同院に葬られたが、現在は南池袋の雑司ヶ谷霊園の墓地に改葬されている。（盛山）

【典拠・参考文献】『寛政譜』第六・二九二頁、『旗本百科』第五巻、「長崎奉行代々記」（鈴木康子『長崎奉行の研究』〈思文閣出版、二〇〇七年〉所収）、金井俊行編「長崎奉行歴代略譜」（『増補長崎略史』上巻〈『長崎叢書』下巻《明治百年史叢書》長崎市役所編、原書房、一九七三年復刻〉所収）

牧野成常《まきのしげつね》　（一五九七〜一六六九）

慶長二年（一五九七）に持筒之頭を務めた牧野成里《しげさと》の四男として生まれる。母は安孫子右京亮某の養女（実は豊臣家の武将長《は》谷川秀一《せがわひでかず》の妹）。六郎・織部と称する。慶長十四年に召されて徳川秀忠に仕え、慶長十九年に父の遺跡の内一〇〇〇石を分知される（後に二〇〇石加増）。同年に書院番士となり、以後、西丸小性・書院番士（再任）・作事奉行を歴任する。この間、承応三年（一六五四）九月九日、織部正に任じられている。寛文三年（一六六三）十一月六日、老年により辞職、致仕し、養老料切米三〇〇俵を賜う。寛文九年（一六六九）二月二十三日に死去。享年は七十三。法名性謙。山城国宇治の万福寺に葬られる。成常は、慶安四年（一六五一）に三河刈谷藩主松平定政が剃髪して領地返上を幕府に申し出た一件の際、増山正利《ましやままさとし》・中根正成《まさなり》・宮《みや》城《ぎ》和甫《まさよし》・石谷貞清《いしがやさだきよ》・林信勝《のぶかつ》とともに、定政に頼まれて幕府への意見書を仲介した人物である。（田原）

【典拠・参考文献】『寛政譜』第一・三一五頁、第九・二四四頁、第十・三一八頁、第十一・四八頁、第十二・三九〇頁、第十四・二三五頁、第二十一・三三〇頁、『徳川実紀』第四篇、『日本史大事典』第六巻（平凡社、一九九四年）

牧野成文《まきのしげふみ》（生年未詳～一八三七）
牧野上総介成充の長男として生まれる。父成充の弟牧野式部成賢の養子となる。通称采女。従五位下長門守に叙任され、後に対馬守と名乗る。武蔵国足立・常陸国茨城郡内に一五〇〇石を知行する。西丸小性、使番、駿河町奉行、山田奉行を経て、文政十三年（一八三〇）五月長崎奉行となる。シーボルト事件に関わった高橋作左衛門の処罰、オランダ商館の御定高を銀八〇〇貫目・銅七〇万斤とする（以上天保元年）、唐船送還漂流日本人の対処（同二・三年）、恵美須町より出火し三九〇戸余を焼失、罹災者に米・銀を貸与（同五年）、唐人の密貿易（抜荷）の取締りを厳重にし、また、不法の狼藉唐人を捕縛・禁固に処する（同六年）、唐船御定高毎船銀一〇〇貫目を増加（同六年）、輸入品を大坂問屋を経由せずして諸方に回漕することの禁止（同七年）等の事に携わる。天保七年（一八三六）六月、西丸御留守居となる。同八年没。墓所勝願寺（埼玉県鴻巣市本町）。（太田勝）
【典拠・参考文献】『柳営補任』、『増補長崎畧史上巻』（『長崎叢書三』）、「長崎奉行歴代総覧」（『長崎事典歴史編』）

牧野成綱《まきのせいこう》（生年未詳～一八四九）
父は牧野内匠頭。通称は靱負・主計・左衛門。叙任後は駿河守（一時期大和守）。家禄は知行二五〇〇石。天保三年（一八三二）七月二十日に小性組より御徒頭となり、同七年五月四日に徳川家祥（後の十三代将軍家定）付きとして西丸目付となる。同八年二月二日に駿府町奉行、同九年六月八日に甲府勤番頭、同十三年九月晦日に西丸御留守居となるが、同十四年十二月二十八日に人員削減により職を免ぜられる。弘化二年（一八四五）二月八日に勤仕並寄合から堺奉行となり、三月二十日には勘定奉行（公事方）、嘉永元年（一八四八）十一月八日には町奉行となる。同二年七月六日に死去。（高山）
【典拠・参考文献】『柳営補任』、『江戸幕府役職武鑑編年集成』二五～二九、『旗本百科』第五巻

牧野親成《まきのちかしげ》（一六〇七～一六七七）
慶長十二年（一六〇七）に生まれる。父は下総国関宿《せきやど》藩主で御留守居を勤めた牧野信成《のぶしげ》、母は下総国守谷《もりや》藩主土岐定政《ときさだまさ》の息女、妻は若狭国小浜《おばま》藩主酒井忠勝《ただかつ》の養女である。初め三代将軍徳川家光に勤仕して小性を勤め、寛永九年（一六三二）十二月六日、従五位下佐渡守に叙任される。翌十年一月十七日に御膳番となるが、八月九日には御徒頭に転じて上総国内に知行一〇〇〇石が下され、同十九年三月十九日、書院番頭となる。同二十一年（正保元・一六四四）三月十八日、父信成が関宿一万七〇〇〇石の領主となり、その旧領下総国内四〇〇〇石が親成に与えられて計五〇〇〇石となる。正保四年（一六四七）十一月二十六日に襲封、関宿藩主となり、親成の知行は父の養老料とされた。承応二年（一六五三）九月十八日、御側に進み、翌三年（一六五四）十一月二十八日、京都所司代に転じて河内国内に一万石加増、また翌四年（明暦元年・一六五五）一月四日には侍従となり、さらに翌明暦二年（一六五六）一月二十九日、従四位下に叙せられて、関宿から摂津・河内国内二万二六〇〇石に移されて、計三万二六〇〇石を知行した。寛文八年（一六六八）五月十六日京都所司代を辞職、同月二十三日、二四〇〇石加増のうえ転封されて

丹後国田辺三万五〇〇〇石の領主となり、延宝元年（一六七三）九月二十九日に隠居、同五年（一六七七）九月二十三日に没した。享年七十一。法名は方誉善朗哲山良園院、菩提寺は武蔵国足立郡鴻巣勝願寺（埼玉県鴻巣市）である。（渋谷）

【典拠・参考文献】『寛政譜』第六・二八二頁

牧野成貞《まきのなりさだ》（一六三四～一七一二）

寛永十一年（一六三四）に徳川綱吉の館林藩主時代に神田館家老を務めた牧野儀成《のりなり》の二男として生まれる（三男、四男とも）。母は町奉行朝倉在重の息女。諱は初め成恒。蔵人・兵部・備後守と称する。妻は家臣の大戸吉勝の息女。万治三年（一六六〇）に父の遺領のうち二〇〇〇石を相続し、神田館で綱吉の側近くに勤務する。その後、五〇〇石の加増を受け、奏者役となる。寛文十年（一六七〇）三月二十一日に家老にすすみ、五〇〇石加増され、同年十二月二十八日に従五位下備後守に叙任される。延宝八年（一六八〇）、綱吉が将軍となった際に江戸城に従い、御側となり、同年十月九日に一万石の加増を受け、合わせて一万三〇〇〇石となる。天和元年（一六八一）十二月十一日に、従四位下に叙せられる。なお、この時に側用人に就任したとされる。この翌日には、牧野が城門を出入りする際には、門を守る与力や同心は老中に対するのと同様に下座するように命じられていることや、御三家や徳川綱豊（のちの家宣）が将軍に対面する際に、老中とともに出座するなど、老中に準ずる扱いを受けている。同二年正月二十一日に二万石の加増を受ける。同三年九月二日にも、再び二万石の加増を受け、下総国関宿城主となる。貞享二年（一六八五）十二月二十六日に侍従となる。元禄元年（一六八八）四月二十一日、初めて自宅に綱吉の御成を受け、その際に二万石の加増を受け、あわせて七万三〇〇〇石となる。綱吉の御成は、元禄十六年に至るまで二九回に及んだ。元禄八年十一月二十九日に致仕する。宝永六年（一七〇九）正月十日、綱吉の薨御に伴い剃髪し「大夢」と号した。正徳二年（一七一二）六月五日に死去。享年七十九。法名は長威虎雪東光院。深川別荘の要津寺（東京都墨田区）に葬られる。（福留）

【典拠・参考文献】『寛政譜』第六・二七六頁、福留真紀『徳川将軍側近の研究』（校倉書房、二〇〇六年）

牧野信成《まきののぶしげ》（一五七八～一六五〇）

天正六年（一五七八）に牧野康成の三男として生まれる。母は小笠原安次の息女。幼名は千鍋《ちらし》、のち九右衛門・豊前守・内匠頭と称する。妻は土岐定政の息女。後妻は生駒満正の息女。文禄元年（一五九二）、江戸城の造営奉行を務める。慶長四年（一五九九）に家督相続をする。同十年四月二十六日に従五位下豊前守に叙任し、同十一年に大番頭、同十五年に小性組番頭、同十九年に書院番頭となり、大坂の陣に従軍する。元和元年（一六一五）に大番頭、寛永三年（一六二六）十月に御留守居となり、のちに内匠頭とあらため、二〇〇〇石を加増される。同十年四月二十三日に四〇〇〇石の加増を受け、合わせて一万一〇〇〇石となる。寛永十八年八月三日に徳川家綱誕生に及び、傅役を命じられる。同二十年七月十五日、朝鮮通信使来聘の使者・奏者を務めたことにより、従四位下となる。正保元年（一六四四）三月十八日に下総国関宿城を賜り、加増を受け、一万七〇〇〇石となる。同四年十一月二十六日に致仕し、隠居料として五〇〇〇石を賜る。慶安三年（一六五〇）四月十一日に死去。享年七十三。法名は性誉哲心知見院。武蔵国足利郡鴻巣の勝願寺（埼玉県鴻巣市）に埋葬される。

【典拠・参考文献】『寛政譜』第六・二八三頁 （福留）

正木弘信《まさきひろのぶ》 （一六四七～一七二六）

神田館の郡奉行正木亮次と織田家臣堀井彦右衛門某の娘の長男として生まれる。源兵衛・藤右衛門と称した。妻は杉浦猪右衛門信貞の養女。神田館において書院番を務め、延宝八年（一六八〇）、綱吉の子徳松に従い西丸に勤仕し、廩米三〇〇俵を賜る。天和三年（一六八三）十一月二十五日に勘定となり、元禄五年（一六九二）四月十五日には組頭に進み、七年十二月二十三日に一〇〇俵を加えられる。八年十二月二十六日、以前に行った金銀改鋳の功により黄金二枚を賜い、十一年十二月二十一日に一〇〇俵を加増され四〇〇俵となる。享保六年（一七二一）八月二十九日職を辞し、十一年五月二十六日に死去。享年七十八。法名は義融。菩提寺は本所の最勝寺。 （堀）

【典拠・参考文献】『寛政譜』第十八・三三七頁

正木康恒《まさきやすつね》 （一七一〇～一七八七）

宝永七年（一七一〇）に小性組番朝比奈泰尚《やすなお》の四男として生まれ、小性組番正木康村の臨終に際して養子となる。妻は持弓頭小出勝縄《かつつな》の息女。安之丞・大膳と称した。享保六年（一七二一）十一月二十八日に跡目を相続し、同十九年十二月二十三日書院番に加わる。寛延三年（一七五〇）二月十五日に御徒頭となり、十二月十八日に布衣を許される。宝暦二年（一七五二）九月二十八日に目付、同七年六月十五日に長崎奉行となり、七月二十八日、従五位下志摩守に叙任される。同十三年五月十日に作事奉行へ転出し、明和六年（一七六九）十一月八日に大目付となる。安永五年（一七七六）四月、十代将軍家治の日光社参に供奉する。天明二年（一七八二）十一月一日に御留守居に移り、同七年正月十一日に旗奉行となる。同日常陸国鹿島郡の内に三〇〇石を加増され、計一〇〇〇石を知行する。同年七月二十六日に死去。享年七十八。法名は日円。菩提寺は理性寺（東京都杉並区）である。 （柳田）

【典拠・参考文献】『寛政譜』第九・一〇二頁、『徳川実紀』第九篇、『柳営補任』、鈴木康子『長崎奉行の研究』（思文閣出版、二〇〇七年）

馬島春英《ましまときてる》 （一七七一～没年未詳）

奥医師を務めた馬島瑞伯英澄《ずいはくてるすみ》の長男として明和八年（一七七一）に生まれる。母は出目氏の娘。妻は寄合医師福井承順《しょうじゅん》の娘。瑞仙・瑞伯と称する。寛政四年（一七九二）八月五日に遺跡を継ぎ、寄合医師となる。家禄は切米一〇〇俵五人扶持であった。馬島家は代々瑞伯を称し、英澄以来、眼科を専門として奥医師を務めた家柄であった。 （田原）

【典拠・参考文献】『寛政譜』第十九・三三四頁、第二十一・二三四頁、『旗本百科』第五巻

増山正利《ましやままさとし》 （一六二三～一六六二）

元和九年（一六二三）、増山利長の長男として、下野国都賀《つが》郡高嶋村に生まれる。初め利澄と名乗る。母は織部某の女。五郎八・弁之助・弾正忠・弾正少弼と称した。妻は松平和泉守乗寿の女で、慶安元年（一六四八）に仰せを賜り、これを娶った。利長を家祖として丹治氏である青木を称していたが、寛永二十年八月三日、初めて将軍徳川家光に拝謁。この日、外家の号である増山を称すようにとの仰せにより、増山を称し、藤原氏に改めた。正保二年（一六四五）十二月二日、廩米二〇〇〇俵を賜り、翌三年十二月晦日には従五位下弾正忠に叙任された。さらに翌四年十二月五日、相模国高座《こうざ》郡の内において一万石の領知を賜り、

すでに賜っていた廩米二〇〇〇俵は実弟友之助（資弥《すけみつ》）に宛てられた。また、この日、将軍徳川家綱に付属して三丸に候し、奏者番をつとめた。慶安二年（一六四九）四月、家綱の日光参詣に扈従し、同月十九日には御使を承って江戸に赴き、時服および胴服を恩賜される。翌三年九月十九日、酒井日向守忠能と交代で西丸に宿直し、翌四年六月十三日に奏者番となる。万治二年（一六五九）二月三日、三河国幡豆《はず》郡の内において一万石を加増され、合わせて二万石を領して、西尾城に居す。この日、奏者番を許されて詰衆となる。同月十五日、初めて城地に赴く暇を賜った。寛文二年（一六六二）七月、病に罹ったとの旨を将軍が耳にし、上使が送られ、その後また老中酒井雅楽頭忠清をもって尋ねられたが、同月二十八日に死去。享年四十歳。この日、御台所伏見浅宮顕子より母泉光院へ正利の賭銀銀一〇〇枚が下賜された。院号は月潤全心学性院。東叡山勧善院に葬られ、以後代々同寺を葬地とする。（浦井）

【典拠・参考文献】『寛政譜』第二十一・三三〇～三三一頁

増田景瑞《ますだけいずい》（生没年未詳）

安兵衛と称す。家禄は四〇俵四人扶持。屋敷は下谷練塀小路。安政六年（一八五九）十二月二十九日、細工頭格作事下奉行より御林奉行を務める。文久二年（一八六二）三月二十九日、信濃国中野代官となった。（高木）

【典拠・参考文献】西沢淳男『幕領陣屋と代官支配』（岩田書院、一九九八年）、『旗本百科』第五巻

増田頼興《ますだらいこう》（生没年未詳）

父は支配勘定増田作右衛門。父と同じく作右衛門と称した。文政十年（一八二七）十二月二十五日、家督を相続した。家禄は七〇俵五人扶持である。同十一年十月二十六日に西丸表火之番、天保二年（一八三一）五月二日より西丸御徒目付、同十年八月七日より勘定（御目見以上）・評定所留役当分助、同十二年十二月二十五日より評定所留役助、同十三年六月二十六日より評定所留役となった。弘化四年（一八四七）十二月十三日に代官に就任し、永々御目見以上となり、丹後国久美浜陣屋（弘化四年～嘉永六年）、摂津国大坂（大坂代官）鈴木町北側役宅（嘉永六年～安政四年）、江戸在任（安政四年～同五年）を担当した。安政五年三月二十三日に飛騨郡代となり、布衣の着用を許され、一〇〇俵に加増された。増田は在任中、鉱業政策（御林山銅鉛山取締役の設置）、生糸の相場商いの取締、村々の物代・年番の廃止などを行った。元治元年（一八六四）四月六日に勘定吟味役となり、慶応二年（一八六六）三月八日に病気のため職を辞して、寄合となった。（高橋）

【典拠・参考文献】『慶応武鑑』、『岐阜県史　通史編近世上』（一九六八年）、『旗本百科』第五巻、『代官履歴』

町野幸和《まちのゆきかず》（一五七四～一六四七）

天正二年（一五七四）に蒲生氏郷家臣町野繁仍《しげより》（幸仍）の長男として生まれる。新三郎・長門と称した。妻は牧村利貞の息女祖心尼。父とともに蒲生氏郷に仕えて軍功をあげ、氏郷の死去後、慶長六年（一六〇一）に嫡子秀行が会津若松城主となると、これに従った。同十八年十一月二十五日に父の死去により家督を相続し、蒲生秀行の死後はその嫡子忠郷に仕えたが、幼君であったことから家中で騒動が起こり、徳川家康の裁定を仰ぐ事態となった。寛永四年（一六二七）正月に忠郷が急死して蒲生家が世嗣断絶となったため、牢人として江戸に出たが、妻祖心尼が春日局の親族であったことから、同九年五月二十二日、三代将軍徳川家光に召し出された。同十一年六月

十六日に鉄炮頭となって同心五〇人を預かり、翌日には甲斐国中郡において五〇〇〇石を拝領した。同年十二月二十八日には布衣の着用を許され、同十五年十月十三日に与力一〇騎を預けられた。なお、幸和の息女は将軍家光の側室となるお振の方（自証院、千代姫の生母）を産んでいる。正保四年（一六四七）九月に死去。享年七十四。法名は道鷲。（白根）

【典拠・参考文献】『寛政譜』第十八・二〇九～二一〇頁、『三百藩家臣人名辞典』第二巻

町野幸長《まちのよしなが》（生年未詳～一七〇一）

持筒頭などを務めた斎藤利宗《としむね》の三男に生まれる。母は加藤清正《きよまさ》（肥後熊本藩主）家臣松下意綱の娘。先手鉄炮頭などを務めた町野幸和《ゆきかず》の養子となり、その娘を妻とする。左近・助左衛門と称し、致仕後は幸宣と号す。寛永十七年（一六四〇）十一月五日に三代将軍家光に初御目見し、以後、番を勤め、進物役などに任じた。正保四年（一六四七）八月二十一日に遺跡を継ぐ。家禄は知行五〇〇〇石であった。その後、定火消・書院番頭を歴任し、寛文元年（一六六一）十二月二十八日には壱岐守に任じられている。またこの間、越後村上城の引渡役や常陸下館城の守衛などを勤めた。天和三年（一六八三）十二月二十一日に致仕し、元禄十四年（一七〇一）九月二十五日に死去。法名日告。駒込の養源寺に葬られる。（田原）

【典拠・参考文献】『寛政譜』第十三・一五〇頁、第十八・二一〇頁、『柳営補任』

松浦啓《まつうらけい》（生没年未詳）

松浦与次郎の子。禄高一〇〇〇石。起之助・弾正・越前守・加賀守と称した。文政十三年（天保元年・一八三〇）十二月十一日、小普請より御小納戸となり、同十七日に家定付き小納戸、天保十一年（一八四〇）五月、家定付き小性となる。翌年五月に使番、弘化三年（一八四六）二月十日には火事場見廻兼帯となった。安政二年（一八五五）七月一日に新番頭、同六年四月には小普請組支配となる。文久二年（一八六二）十月十日に小性組番頭、同三年七月十二日に書院番頭となり、元治元年（一八六四）十月五日、御役御免となり、勤仕並寄合となった。同十月一橋家老に任ぜられ、慶応三年（一八六七）正月二十二日に辞職した。（上野）

【典拠・参考文献】『旗本百科』第五巻

松浦武四郎《まつうらたけしろう》（一八一八～一八八八）

文化十五年（文政元・一八一八）二月六日に生まれる。幼名を竹四郎、のち武四郎と称した。雅号は、柳田・柳湖・雲津・多気志楼・北海道人・憂北生。諱《いみな》は弘、字は子重。父は伊勢国一志郡須川村の郷士松浦桂介、母は中村嘉右衛門の娘とく子で、彼らの四男。天保四年（一八三三）から各地を遊歴し、同九年に長崎・平戸で寺の住職になったが、長崎の乙名津川文作に北方の急務を聞いて関心を強め、弘化元年（一八四四）に還俗した上で単身北方に赴いた。翌二年から嘉永二年（一八四九）にかけて東西蝦夷地、北蝦夷地（樺太）、千島を探査して、多くの著書を上梓して、蝦夷通として有名になるが、松前藩からは疎まれた。安政二年（一八五五）に幕府が蝦夷地を再直轄化すると、幕府御雇として蝦夷地御用掛に召し出され、同三年から五年まで、東西蝦夷地、北蝦夷地を探査して著書を上梓した。同六年、江戸に帰って御雇を辞任し、以後、十年にわたり在野で蝦夷地についての多くの著書を書いた。明治元年（一八六八）に東京府付属となり、翌二年、明治政府から開拓使判官に任じられ、北海道の道名・国名・郡名を選定したが、翌三年に辞

職し、以後、全国遊歴と著述に明け暮れた。著書は『初航蝦夷日誌』『再航蝦夷日誌』『三航蝦夷日誌』『竹四郎廻浦日記』『東西蝦夷山川地理取調日記』『(東西蝦夷)山川取調図』『近世蝦夷人物誌』『蝦夷年代記』『竹島雑誌』など多数。同二十一年二月十日、七十一歳で死去。法名は教光院釈遍照北海居士。東京浅草今戸の称福寺に葬られたが、のち豊島区駒込の染井墓地に改葬された。　（筑紫）

【典拠・参考文献】吉田武三『増補松浦武四郎』（松浦武四郎伝刊行会、一九六六年）、同『松浦武四郎』（「人物叢書」一四二、吉川弘文館、一九六七年）、同『定本松浦武四郎』（三一書房、一九七二年）

松岡磐吉《まつおかばんきち》　（生年未詳～一八七一）

韮山代官江川英龍の家士であったが、のちに手附《てつけ》となり、安政三年（一八五六）には江川代官の手付与力次席として長崎海軍伝習に参加、オランダ人教官から海軍教育を受けた。伝習後は軍艦操練所教授方出役となり幕府での海軍教育に尽力、万延元年（一八六〇）の咸臨丸《かんりんまる》渡米に際しては測量方を務めた。その後、慶応二年（一八六六）十月二十四日に大番格軍艦役勤方、同四年正月二十二日に軍艦頭並に就任した。戊辰戦争に際しては榎本武揚に従い、同年八月に品川沖を脱出、旧幕府艦蟠龍丸《ばんりゅうまる》艦長として箱館に向かった。明治二年（一八六九）三月、榎本艦隊の回天《かいてん》・高雄《たかお》の二艦とともに宮古湾で新政府艦隊の甲鉄船《こうてつせん》（東艦《あずまかん》）襲撃を試みるが、風浪の影響などで失敗した。同年五月には箱館沖にて新政府艦隊と海戦を繰り広げた。降伏後は東京に護送され、同四年に病のため獄死した。　（神谷）

【典拠・参考文献】『柳営補任』、『続徳川実紀』第五篇、丸毛樵村「松岡磐吉君小伝」（『旧幕府』二巻七号、一八九八年）

松岡万《まつおかよろず》　（一八三八～一八九一）

天保九年（一八三八）に鷹匠組頭の家に生まれる。文久三年（一八六三）、将軍家茂上洛の警固を目的とした浪士組の組織化に関わった。戊辰戦争の際には、新番組の隊長として清水港から宝台院までを警衛した。その後、咸臨丸が清水港沖で新政府軍に攻撃された際には、海に放置された戦死者を埋葬した清水次郎長を取り調べる立場にあった。徳川家達の駿河移住に従い、小島奉行添役や水利路程掛を務め、干拓事業や山論解決などに尽力した。明治二十四年（一八九一）三月十五日に死去。墓地は東京都台東区谷中にある全生庵。法名は孤松院安息養気不隣居士。　（上野）

【典拠・参考文献】『明治維新人名辞典』（吉川弘文館、一九八一年）

松風助右衛門《まつかぜすけえもん》　（生没年未詳）

近世初期の御蔵奉行と考えられる。「吏徴別録」は御蔵奉行の成立を寛永十三年（一六三六）五月朔日とするが、頭注に「慶長十五年十月十一日の古券に松風助右衛門・紅林弥右衛門の名みゆ」と記す。松風助右衛門と紅林弥右衛門の名前は、慶長十五年（一六一〇）から元和六年（一六二〇）にかけて、金地院の扶持米請取の宛名や金地院扶持米給付の年寄連署状の宛名として確認できる。また元和四年十月十二日の布令では、大名の負担する猿楽配当米の渡し先が松風助兵衛正広（助右衛門のことか）と紅林弥右衛門某とされている。浅草御蔵の成立は元和六年とされており、それ以前の御蔵奉行の管轄場所は、江戸城外郭に置かれた幕府御蔵と推定される。（高山）

【典拠・参考文献】『徳川実紀』第二篇、『続々群書類従』第七、大野瑞男『江戸幕府財政史論』（吉川弘文館、一九九六年）

松木弘庵《まつきこうあん》　（一八三二～一八九三）

天保三年（一八三二）五月二十三日、薩

摩国の郷士長野増右衛門祐照の二男として生まれる。幼名は徳太郎。同七年五月、伯父であった薩摩藩藩医松木宗保の養嗣子となり、養父と共に長崎へ赴いた。天保十年に長崎へ赴いた際、オランダ通詞堀専二郎・西啓太郎からオランダ語を学んだ。その後天保十二年（一八四一）十月、養父と鹿児島へ赴き藩主島津斉興に謁見している。弘化二年（一八四五）九月に養父が病死し、家督を相続した。同三年に江戸遊学を命じられ、同年春に戸塚静海の塾に入り、川上幸民に蘭学を学んだ。嘉永四年（一八五一）には伊東玄朴の象先堂に入塾し、実践的な蘭学を修めると、島津斉興の広敷医を命じられた。同六年五月に藩主島津斉彬が帰国する際に共に江戸を立ち、薩摩に帰郷する。その後安政元年（一八五四）に再び斉彬が江戸へ出立する際には供奉して、共に江戸へ赴いた。同三年四月四日、幕府の蕃所調所出役教授手伝に任ぜられ、さらに翌年の春には斉彬の侍医にも任ぜられた。その後鹿児島へ戻ったり、長崎でオランダとの交渉の任に当たるなどしていたため、蕃所調所出役教授手伝からは離れていたが、安政六年（一八五九）四月にそれまで滞在していた鹿児島から江戸へ戻り、蕃所調所教授手伝に復職した。さらに同年五月には幕府外国奉行手附翻訳方を命じられた。文久元年（一八六一）には幕府遣欧使節随員に傭医師兼翻訳方として選ばれ、英国軍艦オージン号で品川を出帆、マルセイユ・ロンドン・パリなどに滞在した。維新後は明治元年（一八六八）九月二十一日に神奈川県知事に任ぜられた。さらに翌二年七月に外務省が創設されると、初代外務大輔に任ぜられ、外国交際と貿易監督を行った。明治四年十二月にはウィーン万国博覧会御用掛にも任ぜられている。明治二十六年（一八九三）六月六日死去。享年六十二。死後正二位に叙せられ、品川海晏寺の墓地に葬られた。（津田）

【典拠・参考文献】犬塚孝明『寺島宗則』（吉川弘文館、一九九〇年）

松坂久斎《まつざかきゅうさい》　（生没年未詳）

通称は三左衛門・三郎左衛門。家禄は二〇〇俵。天保七年（一八三六）三月九日に勘定より代官となり、越後国水原に赴任。同九年五月以降は甲斐国甲府に移り、甲府御蔵掛を兼帯する。同十三年七月十八日に西丸切手門番之頭に転じ（『柳営補任』では離職を八月十八日とする）、安政三年（一八五六）三月二日に職を辞する。（髙山）

【典拠・参考文献】『柳営補任』、『江戸幕府代官史料（県令集覧）』（吉川弘文館、一九七五年）、「県令譜」（『江戸幕府郡代代官史料集』近藤出版社、一九八一年）、『江戸幕府役職武鑑編年集成』二五～三一、『代官履歴』、『旗本百科』第五巻

松下昭永《まつしたあきなが》　（一七二一～一七九七）

享保六年（一七二一）に紀伊家の家臣中野七郎兵衛某の子として生まれる。隼人・専助と称した。母は紀伊家の家臣中嶋弥次左衛門某の息女。妻は松下映央《てるなか》の養女。元文元年（一七三六）七月十四日に松下映央が死去し、同十月二日に松下家の養子となり、映央の養女を妻とした。同年十二月十一日にはじめて将軍吉宗に拝謁した。同二年十二月二十五日に西丸御小納戸に列し、この日に布衣を許される。宝暦十年（一七六〇）五月十三日より本丸に勤め、同十二年十月朔日に頭取となり、同年十二月十八日に従五位下隠岐守に叙任された。明和七年（一七七〇）十一月二十八日に先鉄炮頭に移り、安永五年（一七七六）四月に将軍家治の日光社参に供奉する。同六年正月十一日に作事奉行となり、同七年十二月十二日に鑓奉行へ移った。同八年十二月十二日には前職のときに日光御霊屋及び本坊の修

理をした功績により黄金五枚を与えられる。寛政九年（一七九七）七月十一日に死去。享年七十七。法名は了真。菩提寺は木下川《きねかわ》の浄光寺（東京都葛飾区）である。（栗原）

【典拠・参考文献】『寛政譜』第十九・三四四頁、『柳営補任』

松下加兵衛《まつしたかへい》（生没年未詳）

寄合の松下加兵衛之矩《ゆきのり》の子として生まれる。嘉兵衛とも称される。家禄は三〇〇〇石。天保十二年（一八四一）十二月八日に家督を相続して寄合となった。慶応元年（一八六五）五月十七日に寄合より中川番となったが、同三年二月二十一日に御役交代となり、出役を免ぜられた。（栗原）

【典拠・参考文献】『寛政譜』第七・一二〇頁、『柳営補任』、『旗本百科』第四巻、『幕臣人名』第四巻

松下清兵衛《まつしたせいべえ》（生年未詳～一六三六）

小十人組。寛永十三年（一六三六）六月頃、遊里で美濃部権兵衛某と口論に及び、六月、美濃部と同様、その罪は軽くないとして、戸張半兵衛・青木太郎兵衛とともに斬罪に処される。（鍋本）

【典拠・参考文献】『江戸幕府日記』

松下正亮《まつしたまさあきら》（生没年未詳）

新番松下清九郎之覃《ゆきひろ》の長男として生まれる。次郎太郎・内匠・堅徳と称した。妻は小性組加藤伝右衛門光寿《みつなが》の養女。寛政二年（一七九〇）十月二十八日、大番に列し、同五年十月十三日に代官となり、同年十二月十七日に家督を相続した。知行地は六五〇石で、屋敷は牛込若宮にあった。陸奥国川俣陣屋（寛政五年～文化元年）、遠江国中泉陣屋（文化元年～同十二年）へ赴任した。文化十二年（一八一五）より美濃国笠松陣屋の代官となり、同十三年五月十一日に美濃郡代に就任し、布衣の着用を許された。文化十一年六月二十七日より二十九日までの豪雨による大洪水の復旧工事の際には、普請掛に任命された。また、文政二年（一八一九）六月十二日、美濃・伊勢・近江で大地震があり、幕府の命により、この復旧工事にあたった。同十一年十二月二十日に老年のため、職を辞した。（高橋）

【典拠・参考文献】『寛政譜』第七・一三七頁、「県令譜」（村上直校訂『江戸幕府郡代代官史料集』近藤出版社、一九八一年）、『文政武鑑』、岐阜県編集・発行『岐阜県史 通史編近世上』（一九六八年）、『旗本百科』第五巻、『代官履歴』

松下当恒《まつしたまさつね》（一六八四～一七三四）

貞享元年（一六八四）に生まれる。通称は専助、のちに任官して伊賀守と称す。もと紀州藩士で徳川吉宗の近習番を務め、吉宗が紀州藩主から八代将軍となるに際して幕臣となった、いわゆる「紀州系幕臣」の一人である。当恒は、享保元年（一七一六）に吉宗の世子である長福（のちの九代将軍家重）が二丸へ入るに伴って御家人に列し、同年九月九日には御小納戸の職に就くとともに、家禄三〇〇俵を下された。また、同年十二月十八日には布衣を着することを許可されている。御小納戸は将軍側近の職で、中でも当恒は若年寄の大久保常春とともに、吉宗の好む鷹狩についての諸事項に深く関わった。五代将軍綱吉の生類憐み政策によって停廃していた鷹狩および鷹場を再興するにあたり、御鳥見や代官伊奈氏など関係する役人たちを指揮したり、綱差と呼ばれる獲物の飼付役を紀州藩鷹場のある勢州松阪から呼び寄せたりしたほか、吉宗の鷹狩御成に際しては事前見聞に赴いてチェックを行い、御成当日には行列の先頭に立って御供をするなど、吉宗の鷹狩には無くてはならない存在であった。そして、こうした当恒による御成先整備の発展形態として進められたのが、江戸近郊の植樹政

策であった。幕府は享保～元文期に江戸の東西南北に位置する隅田川堤・中野桃園・品川御殿山・王子飛鳥山に桜や桃を植樹して庶民に開放したが、このうち隅田川堤と王子飛鳥山への植樹は、当恒の御成先整備に端を発して行われたものであった。隅田川堤については、享保二年に吉宗が隅田川御殿の庭に赤松・躑躅《つつじ》・桜などを植えた際、「御見通御慰薄キ故」という理由から木母寺門前から寺島村までの隅田川堤に一〇〇本の桜を植樹し、さらに同十一年（一七二六）には同じ場所へ桃・柳・桜を一五〇本植え足した。一方、王子飛鳥山の場合は、享保五年（一七二〇）の吉宗による王子筋への初めての御成に先立って見聞を行った当恒が、御座所の眺望を考慮して桜二七〇本を植えたのに始まり、翌年には飛鳥山全体へ一〇〇〇本の桜の植樹を実施している。これらの地はのちに一般に開放され、桜の名所として、その名を高めていくことになる。当恒の日常の勤務ぶりは、馬場文耕の『近代公実厳秘録』に「格別御出頭たりしか共、曽て其身不誇にして忠勤第一也」とあるように、吉宗に対する忠節が第一と考えていたようで、「享保録」という史料には、寒中にも小袖一枚で精勤を尽くしていたと記されている。また同史料には、当恒が思いのほか出世を遂げないのを不審に思った同僚たちが老中へ諸大夫任官を推挙したところ、老中からその話を聞いた吉宗が、当恒の忠勤ぶりは承知しているが「何と申も当家え対しさせる功なく、思召に応したるこそ彼か不運なり」（幕府に対する功績ではなく、吉宗個人に対する忠節であったところが不運であった）と述べたという逸話を伝えている。当時民間に流布した「物揃」でも、「重宝なもの」として「懐中ごよみ・松下専助」と記され、松下当恒という人物は、将軍吉宗の意向を次々と体現していく便利な存在として人々に認識されていた。当恒は、享保九年（一七二四）十一月十五日に四〇〇石を加増され、蔵米から知行に改められて武蔵国葛飾郡のうちに七〇〇石の地を与えられ、同十八年九月十一日には新設された御小納戸頭取の職に就いた。そして同年十二月十八日には従五位下に叙せられ、伊賀守と称した。同十九年六月十一日に五十一歳で死去。法名は全覚。木下川の浄光寺に葬られた。（太田尚）

【典拠・参考文献】『寛政譜』第十九・三四四頁、太田尚宏「享保改革期における『御場掛』の活動と植樹政策」（竹内誠編『近世都市江戸の構造』、三省堂、一九九七年）、太田尚宏「享保期における松下当恒の動向と『御場』空間」（竹内誠編『徳川幕府と巨大都市江戸』、東京堂出版、二〇〇三年）

松下保綱《まつしたやすつな》　（一七五五～一八三八）

町奉行石河政武《いしこまさたけ》の二男として、宝暦五年（一七五五）に生まれる。西丸書院番の松下延綱《のぶつな》の養子となり、その養女（実は延綱の妹）を妻とする。当初の諱は邦綱《くにつな》。通称は藤次郎・左大夫・孫右衛門。安永二年（一七七三）十二月二十七日に家督を相続。知行七四〇石余。同三年十一月二十九日に書院番士、寛政五年（一七九三）七月十日に徒頭となり、十二月十六日に布衣の着用を許される。同六年六月二十九日に駿府町奉行、同九年十一月二十六日に京都町奉行となり、十二月朔日に従五位下信濃守に叙任（後に河内守・伊賀守）。同十二年四月二日に御役御免で寄合となるが、文化元年（一八〇四）九月十二日に御徒頭となる。同八年二月十七日に先手鉄炮頭となり、同十一年七月二十四日には火附改を加役としてつとめる（同十三年七月九日に加役御免）。文政十二年（一八二九）十二月十二日に持弓頭、天保三年（一八三二）七月十二日に鎗奉行、同七年四月八日に旗奉行となり、

同九年五月二十六日に死去。享年八十四。（高山）

【典拠・参考文献】『寛政譜』第七・二二六頁、『柳営補任』、『旗本百科』第五巻

松下之勝《まつしたゆきかつ》（一五七二～一六四四）

松下孫十郎伊長の二男として生まれる。善市郎と称した。妻は岡部主水某の娘。家康に仕え、慶長十年（一六〇五）二月、上総国市原郡の内において采地五〇〇石を賜り、正保元年（一六四四）八月十一日に死去。享年七十一。法名は清霄。高田宝祥寺に葬られる。（堀）

【典拠・参考文献】『寛政譜』第七・一三五頁

松田勝政《まつだかつまさ》（一五九〇～一六五三）

天正一八年（一五九〇）、山内家家臣野中益継の子として近江国長浜に生まれ、松田政行《まさゆき》の養子となる。三郎兵衛・善右衛門と称す。妻は岸和田城主松平（松井）康重の息女。慶長八年（一六〇三）秋、十四歳で伏見において徳川家康に仕える。同十一年（一六〇六）五月二十七日に遺跡を継ぎ、遺領二〇〇〇石のうち一〇〇〇石を賜う。のち書院番となり、同十九年・同二十年の大坂の陣に供奉。寛永三年（一六二六）三代将軍家光の上洛に供奉。同九年十一月十八日、奥州巡見を命じられ、翌十年正月十三日暇を給い、分部光信・大河内正勝とともに陸奥・出羽国・松前を巡見。同年十二月十九日、常陸国新治郡に二〇〇石加増。のち新田開発を行い、合計一二三〇石を知行する。同十一年（一六三四）の上洛、同十三年四月の日光社参の際には宿割をつとめる。同十三年八月三日、浅草門作事奉行を命じられる。同十四年閏三月二十四日、大坂目付を仰せつけられる。同十六年十月八日、江戸城修築中のため神田橋辺等の夜警を命じられる。同年閏十一月十五日、豊後目付となり、翌十八年八月六日に帰謁。同年七月五日、諸国巡見使を命じられる。同十九年三月十日、堀直定死去により、越後国村上の目付をつとめ、同月十九日に帰謁。同二十年四月十三日、使番にすすむが、同年六月十七日、日光山相輪塔落成祝いの猿楽上覧の際、警衛の席に不在だったことを咎められ、出仕を止められる。同二十一年（正保元、一六四四）正月二十七日に赦免。同年十二月二十九日に布衣を許される。同二年（一六四五）六月二十七日、本多利長の遠江国横須賀転封に伴い、七月六日に城引渡役をつとめる。十月十八日、伊達忠宗へ御鷹の鶴下賜の使者を命ぜられ仙台に赴く。同三年八月四日、駿府目付となる。慶安元年（一六四八）閏正月二十三日、駿河国田中城目付を命じられ、同年二月七日に暇を給う。同年六月二十一日に播磨国姫路城引渡役を命じられ暇を給う。同二年四月の四代将軍家綱の日光社参に供奉。同年七月七日、豊後目付を仰せつけられる。同年八月三日に地震等非常時の登城を命じられる。承応元年（一六五二）四月二十八日、細川六丸が幼少のため肥後国目付を命じられ暇を給い、翌二年正月二十六日に帰謁。同年閏六月二十五日に死去。享年六十四。法名は道卜。（高見澤）

【典拠・参考文献】『寛政譜』第一三・三六〇頁、『徳川実紀』第一～三篇、『柳営補任』、『寛永諸家系図伝』

松田定勝《まつださだかつ》（一五五九～一六四五）

永禄二年（一五五九）に後北条家の家臣松田康江《やすえ》の長男として生まれる。母は山角紀伊守某の息女。妻は蔭山刑部左衛門の息女。孫太郎・六郎左衛門と称した。父と同じく北条家に仕えて、しばしば軍功を上げた。天正十八年（一五九〇）に関東入国のときに徳川家康に拝謁し、後に名護屋の陣に供奉した。慶長五年（一六〇〇）の関ヶ原の戦には秀忠に従い、大坂の陣では鎗奉

行を務めた。寛永二年（一六二五）十二月十一日に上総国二意庄渋江郷において知行地五〇〇石の朱印を与えられる。同九年六月十五日に鎗大将となり、同年七月朔日に同心一〇人を預けられる。同年十一月二十日に布衣を許される。同十年十二月二十八日に五〇〇石を加増され、総知行高は一〇〇〇石となる。同十六年十一月十七日に旗奉行に移る。正保二年（一六四五）八月十一日に死去。享年八十七。法名は宗無。菩提寺は牛込の天徳院である。　（栗原）

【典拠・参考文献】『寛政譜』第十三・三五五頁、『柳営補任』

松田伝十郎《まつだでんじゅうろう》　（一七六九～没年未詳）

明和六年（一七六九）生まれの越後国出身。父親は浅見長右衛門。天明二年（一七八二）に江戸へ出て御小人目付松田伝十郎の養子となる。その後寛政六年に（一七九四）に御小人となり、同十一年に蝦夷地御用掛に任ぜられた。享和三年（一八〇三）に箱館奉行支配調下役となり、エトロフ詰となって再び蝦夷地に渡った。文化五年（一八二二）二月に間宮林蔵と共に樺太探検に赴き、間宮に先立ち樺太が島であることを確認した。　（津田）

【典拠・参考文献】竹内誠編『日本近世人名辞典』（吉川弘文館、二〇〇五年）

松田長治《まつだながはる》　（一六五八～一七二一）

金兵衛と称した。妻は蔭山氏の女。はじめ徳川綱豊に仕え右筆を務める。宝永元年（一七〇四）に綱豊が将軍世嗣として「家宣」と改名して江戸城西丸に入ると、御家人として召し抱えられ、同年十二月十八日に西丸奥右筆となって、廩米二〇〇俵を与えられる。のちに本丸に勤める。正徳元年（一七一一）六月四日に書物奉行となる。享保六年（一七二一）七月五日に六十四歳で死去する。法名は恵鏡。菩提寺は本郷の喜福寺（東京都文京区）。　（石山）

【典拠・参考文献】『寛政譜』第二十一・一九二頁、小宮木代良『江戸幕府の日記と儀礼史料』（吉川弘文館、二〇〇六年）

松平勝久《まつだいらかつひさ》　（生没年不詳）

松平左衛門尉の子で禄高五〇〇石。栄五郎・熊三郎と称した。文政十三年（天保元・一八三〇）十二月十一日、西丸小性組より御小納戸となる。天保八年（一八三七）四月二日に西丸御小納戸に転じ、同十二年三月二十三日、本丸御小納戸となり、同五月十五日に家定付き御小納戸となった。また、嘉永六年（一八五三）九月二十二日、本丸御小納戸肝煎となり、翌年五月十日にその職を辞した。　（上野）

【典拠・参考文献】『旗本百科』第5巻

松平清昌《まつだいらきよまさ》　（一五九三～一六五五）

文禄二年（一五九三）に松平家清《いえきよ》の庶子として生まれる。実母は鵜殿光正の息女。庄次郎と称し、はじめ諱は清茂《きよしげ》と名乗った。松平宗家第三代信光の長男守家《もりいえ》を祖とする松平氏庶流の家柄で、三河国宝飯《ほい》郡竹谷《たけのや》（愛知県蒲郡市）を在所としていたことから、竹谷松平家と称された。父家清は慶長六年（一六〇一）二月に三河国吉田藩主となり、その家督は同十五年に兄忠清に相続されたが、同十七年四月二十日に忠清が死去し、世嗣断絶となると、所領三万石は幕府に没収された。清昌は、同十七年十一月にあらためて幕府から、ゆかりの地である三河国宝飯郡西郡において五〇〇〇石を拝領して交代寄合に列し、代々帝鑑之間詰となった。同十九年・同二十年の大坂の陣にも供奉した。元和三年（一六一七）七月十九日には従五位下玄蕃頭に叙任された。寛永三年（一六二六）五月に大御所徳川秀忠が上洛したときには御供し、同年九月の二条城行幸の際には後水尾天皇の中宮和子（東福門院、秀忠息女）の供奉を務めた。毎年正月の御謡初のときには着座の衆に加えられるとともに、常に三代将軍家光の御側近くに仕えていた。明暦元年（一六五五）三月十八日に死去。享年六十三。法名は全達。愛宕の青松寺（東京都港区）に葬られた。
（白根）

【典拠・参考文献】『寛政譜』第一・一一七～一二〇頁

松平近韶《まつだいらきんしょう》（生没年不詳）

伝次郎・大学と称す。任官後は縫殿頭・式部少輔・対馬守・長門守を名乗る。文久三年（一八六三）の『武鑑』によれば、父は松平徳之輔。文政十一年（一八二八）十二月七日小性組より御小納戸となり、翌十二年六月朔日には西丸御小納戸、天保八年（一八三七）四月二日には本丸御小納戸（御場掛・奥之番）と転じ、同九年十一月十一日に御小納戸頭取格へと昇進した。その後、天保十二年五月九日に使番となり、翌十三年十一月からは火事場見廻役を兼帯、天保十四年二月朔日に目付となった。弘化三年（一八四六）八月には、浦賀表見分役を務め、時服・黄金を下賜されている。嘉永元年（一八四八）九月十日より田安家老へ転じ、同五年七月十日西丸御留守居、安政三年（一八五六）六月二十五日には小性組番頭、同六年三月九日には勘定奉行勝手方へと昇進した。万延元年（一八六〇）九月七日一橋家老となり、文久二年（一八六二）六月五日には再び小性組番頭へ復している。同二年十一月二十三日、勘定奉行勤役中に「不正之取計有之」として御役御免、勤仕並寄合となるものの、元治元年（一八六四）八月三日には旗奉行として職に復し、直後に行われた長州征伐にも参加している。同年十月十三日、出願が認められて御役御免となり、隠居した。
（保垣）

【典拠・参考文献】『続徳川実紀』第二篇、『柳営補任』、『旗本百科』第五巻

松平近直《まつだいらきんちょく》（生没年不詳）

金之丞・四郎と称す。任官後は河内守を名乗る。安政四年の『武鑑』によれば、父は中奥小性を務めた松平筑前守。天保五年（一八三四）正月十一日、小性組より使番となり、同八年七月十七日には西丸目付へ、同十二年十一月八日には本丸目付へと転じ、天保十四年正月には長崎表御用を命じられている。その後、同年八月二十六日勘定奉行勝手方へと昇進し、嘉永四年（一八五一）十二月には、通用銀改鋳、壱分銀新鋳の功により時服を下賜されている。また、安政元年（一八五四）七月の軍制改正で御用掛となり、その後の講武所創建など、幕末の軍制改革に勘定奉行として携わる。安政四年（一八五七）五月二十二日、年来の精勤が賞せられて御留守居次席の格へと昇格した。同年七月二十四日、席次は変わらぬままで田安家家老へと転じるものの、同年十一月二十三日には病気を理由に職を辞して寄合入り。万延元年（一八六〇）五月四日、養子である松平四郎近知に家督を譲った。
（保垣）

【典拠・参考文献】『続徳川実紀』第二篇、『柳営補任』、『旗本百科』第五巻

松平外記《まつだいらげき》（一七九一～一八二三）

寛政三年（一七九一）生まれ。通称は慶太郎・内記。名は忠寛《ただひろ》。父は忠順《ただゆき》、母は八木貴豊の養女。同家は桜井松平と呼ばれる家のひとつであり、家禄は扶持米三〇〇俵であった。惣領であった外記は部屋住であったが、西丸書院番士を務めていた。その職にあった文政六年（一八二三）四月二十二日、外記は城中書院番所の控室において同じ書院番士三人を脇差で殺害、二人に重軽傷を負わせる刃傷を起こした。これは将軍の御射鳥狩に際しての拍子木役を席下の外記が命じられたため、上役らが「猜《そね》み」、嘲弄するなど精神的苦痛を与えたことから

起こった（『甲子夜話』巻四十二）。外記はその役を辞退したが、いじめは止まず殿中刃傷にまで至ったのである。当人はその場で切腹した。この件で、父忠順は差控に及ばず、西丸御小納戸を辞して寄合となり、家名は存続した。菩提寺は深川の霊巌寺である。この事件は「千代田の刃傷」として講談や映画にもなっている。　（松本）

【典拠・参考文献】『寛政譜』第一・四〇頁、『旗本百科』第五巻、小川恭一『江戸の旗本事典』（講談社、二〇〇三年）

松平康直《まつだいらこうちょく》　（一八三〇～一九〇四）

文政十三年（天保元・一八三〇）五月十六日生まれ。父は寄合の松平（松井）康済。通称は万太郎。叙任後は石見守（後に周防守）。後の諱は康英《やすひで》。妻は勘定奉行松平（松井）康正の息女鍵姫、後妻は西丸小性組番頭鍋島直政（『柳営補任』では直正）の息女直子。弘化四年（一八四七）十二月十日に家督を相続し寄合となる。嘉永元年（一八四八）九月から同五年十月まで駿府加番をつとめる。安政二年（一八五五）七月十九日に火事場見廻、同五年十一月二十九日に寄合肝煎、十二月八日に講武所頭取となる（『柳営補任』では十二月十日より寄合肝煎との兼帯とする）。同六年十二月十五日に外国奉行となり、翌十六日に神奈川奉行兼帯となり諸大夫に叙される。万延元年（一八六〇）九月十五日に神奈川奉行専任となるが、文久元年（一八六一）四月十二日には再び外国奉行兼帯となる。十二月二十二日には遣欧使節の副使として欧州に出帆、開港延期や樺太の境界画定など、西欧諸国との外交交渉にあたり、同二年十二月十一日に帰国。二十八日には外国奉行専任となり、翌二十九日（『柳営補任』は二十八日）には外国御用の功で三〇〇石を加増。同三年七月二十日、『川越市史』には二五〇〇石を加増、「明細短冊」には「旧知戻」とある（二五〇〇石を加増されて元来の家禄五〇〇〇石に戻るの意味か）。同三年八月十四日に勘定奉行（勝手方）、元治元年（一八六四）六月二十四日に大目付、二十九日には町奉行となる。十一月二十日に本家の松平周防守康泰《やすひろ》の養子となり同家を相続（六万四〇〇石・棚倉藩主）、同二年（慶応元・一八六五）正月十一日に周防守康英と改める。二十日に奏者番と寺社奉行を兼帯し、四月十二日には老中に昇進、二十八日には四品に叙任。十月十五日に二万石加増、翌十六日に老中を辞任するが、十一月二十日（『川越市史』は十日）に再び老中となり外国御用を勤める。十二月十五日に侍従。慶応二年四月二十四日には勝手御入用掛。十月二十七日に川越へ所替（川越藩主）。同三年五月十二日には勝手御入用掛惣裁となり、外国御用と海軍御用を免ぜられる。同四年（明治元・一八六八）正月二十三日に会計総裁を免ぜられて国内御用取扱となる。二月五日に内願の上、老中の御役御免。本姓の松井に復する。明治二年四月十日に家督を養子康載《やすとし》に譲る。同二十年に正四位、同三十七年には従二位。同年七月五日に死去。享年七十五。法名は恭徳院殿謙誉覚道翠山大居士。同月九日に谷中墓地（現在の谷中霊園・東京都台東区）に葬られる。　（高山）

【典拠・参考文献】『幕臣人名』第四巻、『柳営補任』、「功労者事跡調書」（『川越市史研究』、川越市、一九八四年）、『川越市史』第三巻近世編・第四巻近代編（川越市、一九八三年・一九七八年）、『昭和新修華族家系大系』（吉川弘文館、一九八四年）、『旗本百科』第五巻

松平定朝《まつだいらさだとも》　（一七七三～一八五六）

安永二年（一七七三）に先手鉄炮頭松平定寅《さだとら》の子として生まれる。定太郎・左金吾・織部と称し、菖翁と号した。従五位下

伊勢守に叙任された。実母は岡氏の息女。妻は伊澤方守の息女。寛政三年（一七九一）十二月二十二日に初めて十一代将軍徳川家斉に拝謁し、同八年十二月三日に家督を相続し、小普請となった。知行は二〇〇〇石である。享和二年（一八〇二）五月四日に書院番から中奥番となった。文化十四年（一八一七）二月二十六日、西丸目付に転じ、文政五年（一八二二）十二月一日に禁裏附となった。同十年八月九日には京都町奉行となった。天保六年（一八三五）五月二十日に小普請組支配となり、同七年七月十二日に職を辞した。園芸を好み、父定寅の後を継いで、花菖蒲の改良を推進し、数百種におよぶ品種を生み出すことに成功した。弘化三年（一八四六）に花菖蒲の品種を紹介した『花鏡』という図譜を作成し、以後改訂を重ねて嘉永六年（一八五三）には『花菖培養録《かしょうばいようろく》』を著した。安政三年（一八五六）七月八日に死去。享年八十四。法名は泰岳院勢州刺史松翁定朝。品川の東海寺（東京都品川区）に葬られた。（白根）

【典拠・参考文献】『寛政譜』第一・三〇八頁、『柳営補任』、礒野直秀「日本博物学史覚書Ⅳ」（『慶應義塾大学日吉紀要・自然科学』二一号、一九九七年）

松平真次《まつだいらさねつぐ》　（一五七七～一六四六）

天正五年（一五七七）に松平真乗《さねのり》の二男として生まれる。三郎次郎・左近・縫殿助と称す。慶長二年（一五九七）四月、武蔵・上野両国の賊徒首長十三人が徒党して上野国飯塚に立てこもった際、家臣を率いて赴き、鎮圧した。同十九年、駿府に赴き、徳川家康に仕えることを望むが、仰せにより江戸で二代将軍秀忠に仕え、大坂冬の陣に供奉。翌年の大坂夏の陣では歩行頭として供奉し、五月七日の戦いで首級を得る。同年上総国に采地一〇〇〇石を賜い、従五位下に叙せられる。元和九年（一六二三）三月、家光の上洛の供奉を命じられる。寛永四年（一六二七）に大番頭となり、二〇〇〇石加増される。この時先祖の旧領を望み、三河国加茂郡大給に三〇〇〇石を賜る。同十年九月八日、大坂加番より帰謁。同十二年十二月十四日、上総国のうちに四〇〇〇石を加増、合計七〇〇〇石を知行する。のち三河国加茂郡足助・額田郡奥殿へ移す。同十三年（一六三六）四月九日、家光の日光社参時に江戸城二の門勤番を命ぜられる。同十四年八月二十八日、大坂加番より帰謁。同十六年三月二十六日、三河の封地から二条城在番へ赴くとして、期日前に暇を給う。同十九年六月二十三日、封地への暇を給う。同二十年十二月に辞職。正保三年（一六四六）九月十四日に死去。享年七十。法名は清暁。墓所は赤坂の浄土寺。（高見澤）

【典拠・参考文献】『寛政譜』第一・五七頁、同・七六頁、『徳川実紀』第二・三篇、『柳営補任』、『寛永諸家系図伝』

松平重次《まつだいらしげつぐ》　（一六〇八～一六六三）

慶長十三年（一六〇八）に、大番組頭の松平忠次《ただつぐ》の長男として生まれる。母は大坂の陣で旗奉行をつとめた安藤正次《まさつぐ》の養女。妻は駿府町奉行の揖斐政景《まさかげ》の養女。諱は重《しげ》継《つぐ》ともされる（『寛政譜』に「今の呈譜に重継につくる」とある）。『柳営補任』は重綱とする。通称は七十郎・孫大夫。元和五年（一六一九）十一月に家督を相続。知行九〇〇石。同八年六月に大番、寛永九年（一六三二）二月に大番組頭となる。同十一年に三〇〇石を加増。同十九年十月二十六日（『柳営補任』は六日）に目付に転じ、十二月晦日に布衣の着用を許される。同二十年には阿波国徳島藩の家老糺問のため駿河国由比に赴き、正保四年（一六四七）五月十日には地震後の日光山の調査に派遣される。慶安元年（一六四八）二月十六日（『柳営補任』は十二月二十八日）に大坂町奉行となり、一三〇〇石を加増（総知行高は二五〇〇石）。十二月晦日には従五位下隼人正に叙任。同四年には配下の組子を遣わして由井正雪の残党を摂津国有馬温泉で捕縛する。寛文三年（一六六三）四月十一日（『柳営補任』は十二日）に職を辞して寄合となり、同九年七月十九日に致仕。以後は白峯と号する。同十一年六月二日に死去。享年六十四。法名は道皓。相模国高座郡下寺尾村の白峯寺（神奈川県茅ヶ崎市）に葬られる。（高山）

【典拠・参考文献】『寛政譜』第一・一七四頁、『柳営補任』

松平重長《まつだいらしげなが》（一六二八～一六九〇）

修理・図書と称する。父松平丹後守重直は、松平豊後守重忠の娘と結婚し、小笠原家より養子として入って跡を継いだ。そして、豊前国宇佐郡龍王に入ったのち、高田の藩主となる。重直の長男英親が遺領を継いで高田から杵築へ移り、二男重長は寛永二十年（一六四三）三月二十六日に遺領三〇〇〇石を分与され分家を興した。妻は勘定頭を勤めた伊奈半十郎忠治の娘である。寛永二十年（一六四三）四月朔日に、三代将軍徳川家光に御目見し、その後正保二年（一六四五）八月八日に采地を豊後国国東郡へ移される。慶安三年（一六五〇）九月三日に徳川家綱の付属となって西丸の書院番となり、のちに本丸に移る。万治元年（一六五八）より書院番組頭を勤め、寛文四年（一六六四）二月四日に辞職した。元禄三年（一六九〇）十一月二十四日に六十三歳で死去し、浅草の海禅寺（東京都台東区）に埋葬される。（根岸）

【典拠・参考文献】『寛政譜』第一・一九六頁、『柳営補任』、『藩史大事典第7巻九州編』（雄山閣出版、一九八八年）

松平重則《まつだいらしげのり》（一五八〇～一六四一）

天正八年（一五八〇）に遠江国横須賀藩主松平（能見）重勝《しげかつ》の三男として生まれる。母は鳥居忠吉《ただよし》の息女。妻は二代将軍徳川秀忠の三男忠長の家臣屋代秀正《ひでまさ》の息女。半次郎と称した。慶長三年（一五九八）に秀忠に仕え、同五年には真田昌幸が籠もる信濃国上田城攻めに従う。そののち兄重忠《しげただ》に属して組頭となり、伏見城番を勤める。同十八年に御徒頭に移り、元和七年（一六二一）正月十一日には大番頭に進んで同九年の上洛に従う。寛永三年（一六二六）十二月に従五位下内膳正に叙任され、のちに大隅守に改められる。同五年五月には秀忠の母宝台院の三十三回忌の法会に際し、三代将軍家光の代参を命じられる。同七年に御留守居に転じて奏者番を兼帯。同十年四月二十三日には四〇〇〇石を加増され、知行高は一万五〇〇〇石となる。のちに下野国皆川へ転封。同十八年十二月二十七日に死去。享年六十二。法名は憲誉珠宝松巌院。葬地は麹町の心法寺。（芳賀）

【典拠・参考文献】『寛政譜』第一・一九九頁、『徳川実紀』第二篇、富津市史編さん委員会編『富津市史』通史（富津市、一九八二年）

松平重良《まつだいらしげよし》（一六四九～一六九八）

慶安二年（一六四九）に大坂町奉行松平重次《しげつぐ》の長男として生まれる。母は小田原・駿府の町奉行などを務めた揖斐政景《まさかげ》の養女。八十郎・孫大夫と称した。妻は大嶋義近《よしちか》の息女。寛文九年（一六六九）七月十九日に家督を相続し、寄合となる。同十一年九月十三日に書院番となり、天和元年（一六八一）二月二十九日より本所奉行を務める。同年四月十四日に目付となり、十二月二十七日に布衣の着用を許される。翌二年四月二十一日、上野・下野両国に五〇〇石を加増され、合計三〇〇〇石の知行となる。貞享元年（一六八四）十二月十日に普請奉行となり、元禄元年（一六八八）七月二十七日に勘定頭となる。同年十二月二十五日に従五位下美濃守に叙任。同十一年六月、武蔵国の知行地を相模国に移される。同年十二月二十六日に死去。享年五十。法名は円忠。菩提寺は四谷の西迎寺である。（宮坂）

【典拠・参考文献】『寛政譜』第一・一七五頁

松平乗樸《まつだいらじょうぼく》　（一八二九～没年未詳）

文政十二年（一八二九）に生まれる（「明細短冊」に丑（慶応元年）三十七歳とある）。父は使番の松平乗功（小豊次）。通称は甲次郎。叙任後は駿河守。家禄は三〇〇〇石。弘化二年（一八四五）十二月二十七日に家督を相続して寄合となる。安政四年（一八五七）九月二十八日に学問所頭取（『柳営補任』では学問所世話心得頭取）、文久元年（一八六一）十月朔日に使番、同二年九月十二日（『柳営補任』では十一日）に目付、同三年七月十二日に小性組番頭となる。同四年（元治元・一八六四）正月十八日には諸大夫に叙せられる。八月十一日（『柳営補任』では十三日）に書院番頭となり、十四日には第一次長州征討に供奉。九月十日に大坂町奉行、慶応元年（一八六五）七月十七日には大坂で再び目付となり、九月二十六日に持筒頭に転じる。同二年八月五日に御役御免で勤仕並寄合。同三年七月二日に寄合肝煎となり、十二月二十五日に辞職。（高山）

【典拠・参考文献】『幕臣人名』第四巻、『柳営補任』、『旗本百科』第五巻

松平勘敬《まつだいらすけゆき》　（一六八六～一七四九）

貞享三年（一六八六）に鑓奉行小笠原常《つね》春《はる》の二男として生まれる。母は勘定頭松平重良《しげよし》の養女。勘敬は、重良の養子である松平重矩《しげとも》の末期養子となる（重矩は大坂の船手）。当初の諱は重堅《しげかた》。通称は権兵衛・孫大夫。宝永三年（一七〇六）八月二十九日に家督を相続。知行三〇〇〇石。正徳四年（一七一四）三月朔日に寄合から大坂の船手（『柳営補任』では大坂船奉行）となり、五月二十八日に布衣の着用を許される。享保九年（一七二四）三月七日に大坂町奉行に転じ、四月朔日に従五位下日向守に叙任。同十八年八月二十八日には、前年秋の享保の飢饉で賑救を担当した功で時服と黄金を賜る。元文三年（一七三八）二月二十八日に普請奉行、同五年八月四日に小性組番頭、寛保三年（一七四三）六月十二日に書院番頭、寛延二年（一七四九）三月二十六日には御留守居となる。十一月十三日に職を辞し、十二月二十九日に死去。享年六十四。法名は良祐。四谷の西迎寺（東京都新宿区）に葬られる。（高山）

【典拠・参考文献】『寛政譜』第一・一七五頁、『柳営補任』

松平正之《まつだいらせいし》　（生没年未詳）

父は松平織部正。家禄は三五〇〇石。通称は篤五郎・弾正。叙任後は備後守・対馬守を名乗る。嘉永五年（一八五二）正月十一日に寄合より使番となり、同七年（安政元年・一八五四）五月六日に西丸目付介（閏七月八日に御免）、安政三年正月二十五日には久能山東照宮の修復普請御用をつとめる。十二月朔日に西丸目付、同四年五月十日に本丸目付となる。同六年十一月六日に本丸普請掛、十二月二十三日に朝鮮人来聘御用、万延元年（一八六〇）十一月朔日には和宮縁組御用をつとめ、十二月十一日には京都へ御供、十二月二十四日には諸大夫に叙される。文久元年（一八六一）七月二十四日には江戸で和宮縁組御用をつとめ、十一月十三日には作事奉行格となる。同二年五月には修復御用で日光へ赴く。八月二十四日に目付から大目付に転じ、同三年七月十三日には道中奉行を兼ねる。八月十三日に田安家家老となる。元治元年（一八六四）七月十日には再び大目付となり、御留

守居格で五〇〇〇石に足高となる。八月三日には勘定奉行（勝手方）となり、十一月二十二日に関東郡代を兼帯。慶応元年（一八六五）五月の第二次長州征討に供奉するが、十月十六日に京都で御役御免、差し控えとなる。

（高山）

【典拠・参考文献】『柳営補任』、『江戸幕府役職武鑑編年集成』三〇～三五、『旗本百科』第五巻

松平貴強《まつだいらたかます》　（一七四二～一七九九）

寛保二年（一七四二）に松平親賢《ちかよし》の二男として生まれる。親賢の長男は養子の親房《ちかふさ》で、同三年八月二日に家督を継いだが、明和八年（一七七一）八月八日に致仕し、貴強が家督を相続した。知行一二〇〇石。妻は小坂雄税《かつとき》の息女。通称は亀五郎・次郎兵衛。同年十二月二十三日に小性組に列し、安永五年（一七七六）四月には十代将軍家治の日光社参に供奉する。天明三年（一七八三）正月十一日に使番となり、十二月十八日に布衣の着用を許される。同六年には大坂目付代をつとめる。同七年十月十二日に使番から大坂町奉行に進み、十一月十五日に従五位下石見守に叙任。寛政九年（一七九七）三月十四日（『柳営補任』では二十四日）に長崎奉行となる。同十年十二月三日には勘定奉行（勝手方）に移り、長崎奉行を兼務する。同十一年十一月二十五日（『柳営補任』では二十六日）に長崎で死去し、長崎の皓台寺《こうたいじ》（長崎県長崎市）に葬られる。享年五十八。法名は恭徳院殿前石州刺史義嶽静貞大居士。

（高山）

【典拠・参考文献】『寛政譜』第一・一二四頁、『長崎奉行代々記』（鈴木康子『長崎奉行の研究』思文閣出版、二〇〇七年に収録）、『柳営補任』、『旗本百科』第五巻

松平隆見《まつだいらたかみ》　（生年未詳～一六八二）

先手御弓頭の松平甚三郎行隆の嫡男として生まれる。妻は先手鉄砲頭成瀬吉右衛門正勝の養女。半左衛門・甚三郎と称される。祖の甚三郎親光が福釜（三河国碧海郡）の内、西端・榎前・赤松・中・和泉の五か所を与えられたことに始まる。隆見は、承応二年（一六五三）十二月二十二日に遺跡を継いで、高一〇〇〇石を知行するが、三〇〇石を弟の隆春に分与している。同三年小性組番に列し、万治二年（一六五九）一月十三日には土居修理の奉行となる。寛文二年（一六六二）九月十五日には使番、同五年九月八日には先手御弓頭、同六年三月十九日には長崎奉行となり、五〇〇石が加えられる。家禄は一五〇〇石で、三河国額田・碧海に知行地をもつ。前任の長崎奉行である稲生七郎左衛門が長崎において死去したことを受けて就任した。長崎奉行在勤中には、芙蓉間の末席で、布衣の身分であった長崎奉行の地位上昇を求め、大老酒井雅楽頭忠清へ嘆願書を出している。結局、外国商人を蔑視していた幕府は、その外国人を支配する役務にあたる長崎奉行の位階を上げなかった。また、寛文七年（一六六七）に伊藤小左衛門らが朝鮮国等への大規模な抜船（密貿易）をしていたことが発覚し（伊藤小左衛門事件）、翌年にかけてこれを処理した。多くの関与者を吟味し、老中下知状を受けて多くの処罰者を裁いている。同九年には、日蓮宗不受不施派の寺請することを禁じる法令を、長崎で在勤している河野権右衛門まで布達し徹底させている。また、同年には木板に彫っていた踏絵が損耗激しいことから素材を改め、唐銅の鋳型の踏絵に改めて、二〇枚が完成した。同十一年五月二日に職を辞して寄合となるが、延宝七年（一六七九）十二月十日に普請奉行となっている。天和二年（一六八二）二月四日に死去。墓所は東京都新宿区の法蔵寺にある。

（安高）

【典拠・参考文献】『寛政譜』第一・二三

三頁、『長崎実録大成正編』（長崎文献社、一九七三年）、鈴木康子『長崎奉行の研究』（思文閣出版、二〇〇七年）、安高啓明「長崎奉行の司法管轄―」（森安彦編『地域社会の展開と幕藩制支配』（名著出版、二〇〇五年）、安高啓明『近世長崎司法制度の研究』（思文閣出版、二〇一〇年）

松平忠郷《まつだいらただざと》（一七一五～一七八九）

正徳五年（一七一五）に旗奉行松平忠一《ただかず》の三男として生まれる。母は伊勢国長島藩主松平忠充《ただみつ》の息女。使番松平忠全《ただたけ》の養子となる。妻は大坂町奉行稲垣種信《たねのぶ》の息女、後妻は御徒頭小笠原信重《のぶしげ》の息女、また旗奉行大岡忠恒《ただつね》の養女を娶る。通称は政之助・伊織・庄九郎。元文五年（一七四〇）十一月二日に家督を相続。知行一〇〇〇石。寛保二年（一七四二）七月三日に書院番、宝暦六年（一七五六）十月十五日に御徒頭となり、十二月十八日に布衣の着用を許される。同十年六月朔日に目付となり、明和元年（一七六四）七月二十八日には日光山の御宮御霊屋修造、同二年五月二十九日には東照宮一五〇回忌の法会を担当した功で、時服と黄金を賜る。十二月十一日には船手を兼ねる。同五年五月（『柳営補任』は六月）二十六日に勘定奉行（公事方）となり、十二月十八日に従五位下対馬守に叙任。安永二年（一七七三）十一月五日に大目付に進む。天明四年（一七八四）三月二十四日に江戸城内で新番の佐野政言が若年寄の田沼意知を斬り付けた際には、速やかに政言をとらえたことを賞せられ、四月七日に二〇〇石を加増。同七年八月八日に旗奉行となり、寛政元年（一七八九）六月二十五日に死去。享年七十五。法名は良勇。菩提寺は青山の玉窓寺（東京都港区）。　（高山）

【典拠・参考文献】『寛政譜』第一・一七〇頁、『柳営補任』

松平忠周《まつだいらただちか》（一六四五～一七一一）

正保二年（一六四五）に、徳川忠長（二代将軍秀忠の三男）に付属した松平忠久《ただひさ》の三男として生まれる。通称は主水・五郎右衛門。徳川忠長が領国を没収された際に、父忠久は丹波国篠山藩主の松平忠国に預けられるが、忠周は寛文三年（一六六三）七月二日に許され、同七年十二月二十六日に廩米五〇〇俵を賜り寄合となる（父忠久は同五年七月十七日恩免）。同九年三月二十五日に書院番士、元禄元年（一六八八）十月二十一日に御徒頭となり、十二月二十五日に布衣の着用を許される。同二年五月十四日に目付となる。同五年四月十四日に大坂町奉行に移り、五〇〇石を加増。同六年十二月二十八日に従五位下玄蕃頭に叙任。同九年十二月二十八日以降は堺奉行も兼ねる。同十年七月二十六日には廩米を知行に改め、総知行高は一〇〇〇石となる。大坂町奉行在職中は、船同士の紛争解決、新規船の許可、船改めなど、大坂内外の水運の整備に尽力し、消防制度の改正や書籍商仲間の取締など、市政の刷新に取り組んだ。同十三年十月二十六日（『柳営補任』は二十八日）に辞職、正徳元年（一七一一）六月二十日に死去。享年六十七。法名光山。菩提寺は深川の霊巌寺（東京都江東区）。　（高山）

【典拠・参考文献】『寛政譜』第一・四一頁、『柳営補任』、『大阪編年史』六（大阪市立図書館、一九六九年）、『日本近世人名辞典』（吉川弘文館、二〇〇五年）

松平尹親《まつだいらただちか》（一六六三～一七三五）

寛文三年（一六六三）に松平親雄の二男として生まれる。母は井伊家家臣友松直利の息女。小六・忠左衛門・九郎左衛門と称した。妻は佐々権右衛門長直の息女。桜田館で勘定役を務めた後、御家人に列して宝永元年（一七〇四）蔵米一〇〇俵を給い勘定となる。正徳元年（一七一一）十二月二十三日、五〇俵を加増される。同二年八月、豊前・豊後・筑前などの幕領を巡見する。同三年六月二十七日代官に転じる。享保二十年（一七三五）閏三月五日に死去。享年七十三歳。法名は道鋸。菩提寺は浅草の松源寺。（宮原）

【典拠・参考文献】『寛政譜』第一・二三七頁、『代官履歴』

松平忠敏《まつだいらただとし》　（生没年未詳）

文久三年（一八六三）一月十四日、浪士取扱講武所剣術教授方出役となり、禄高は三〇〇俵となるが、同二十三日に浪士取扱御免となる、同四月に再度浪士取扱、新徴組支配となる。同十一月に御役御免、十二月に勤仕並寄合より講武所師範役となった。（上野）

【典拠・参考文献】『旗本百科』第五巻

松平忠冬《まつだいらただふゆ》　（一六二四～一七〇二）

寛永元年（一六二四）に、二代将軍秀忠の側小性であった松平忠隆《ただたか》の二男として生まれる。母は近江国水口城番の山岡景以《かげもち》の息女。幼名鶴松丸。通称は長八郎・権兵衛・与右衛門。慶安三年（一六五〇）九月三日に徳川家綱（後の四代将軍）の付属とされ、西丸書院番となる（後に本丸に伺候）。承応元年（一六五二）十二月十八日に廩米三〇〇俵を賜る。寛文五年（一六六五）二月二十八日に書院番組頭となり、三月十八日に三〇〇俵を加増、十二月二十八日に布衣の着用を許される。延宝四年（一六七六）十月十三日（『柳営補任』では二十三日）に新番頭に転じ、同六年十二月二十七日に四〇〇俵を加増。同八年二月二十六日に町奉行に進み、知行一〇〇〇石を加増。八月十二日には徳松（五代将軍綱吉の長男）の付属とされ（『柳営補任』では八月八日に館林藩家老となり、十三日に徳松君御側とされる）、新たに知行三〇〇〇石を賜る（元の知行と廩米は長男忠成《ただなり》に譲る）。同月二十一日に従五位下隼人正に叙任。十一月二十七日には徳松の西丸移徙に従う。天和三年（一六八三）七月十九日に徳松の死去により寄合となる。貞享二年（一六八五）十月三日に勘定奉行、十二月七日には御側衆となる。同四年九月五日には先に長男忠成に与えた知行と廩米が戻され、総知行高は五〇〇〇石となる。元禄五年（一六九二）三月朔日に職を辞し、同十年十二月五日に致仕、同十五年五月朔日に死去。享年七十九。法名は宗単。赤坂の種徳寺（東京都港区）に葬られる。忠冬は、深溝松平家の祖である祖父家忠がまとめた「家忠日記」を一五年かけて修正増補し、寛文五年（一六六五）に全二五巻の『家忠日記増補追加』を完成させた。また貞享元年（一六八四）十二月三日には、綱吉の命を受けて秀忠の事跡をまとめた全四〇巻の『東武実録』を献上した。（高山）

【典拠・参考文献】『寛政譜』第一・一七〇頁、『柳営補任』、『日本近世人名辞典』（吉川弘文館、二〇〇五年）

松平忠陸《まつだいらただみち》　（一七〇二～一七七七）

元禄十五年（一七〇二）に生まれる。父は書院番士の松平忠重《ただしげ》。父忠重は祖父忠勝《ただかつ》の養子であり、忠勝の息女が父忠重の妻（忠陸の母）。妻は小性組番士高林寿久《としひさ》の息女で、後妻は代官細田時矩《ときのり》の息女。通称は伊織・帯刀。享保七年（一七二二）四月二日に家督を相続。知行七五〇石。同八年四月三日に書院番、同二十年正月十一日に御徒頭となり、十二月十六日に布衣の着用を許される。元文三年（一七三八）三月二十三日に知行を廩米に改める。延享五年（寛延元年・一七四八）二月十五日に先手弓頭に転じ、寛延二年十二月二日（『柳営補任』は十一日）より火附盗賊改を加役でつとめる。同三年十一月十五日（『柳営補任』は十月十八日）に佐渡奉行、宝暦三年（一七五三）三月朔日に勘定奉行となり、十二月十八日に従五位下玄蕃頭に叙任（後に駿河守）。同四年四月二十一日に西丸留守居となり、同十一年八月三日には西丸大奥取締掛をつとめる。安永三年（一七七四）九月二十四日には旗奉行に転じ、同五年四月に十代将軍家治の日光社参に供奉。同六年七月十七日（『柳営補任』は十六日）に死去。享年七十六。法名日進。浅草の法泉寺（東京都台東区）に葬る。（高山）

【典拠・参考文献】『寛政譜』第一・一五二頁、『柳営補任』

松平太郎《まつだいらたろう》（一八三九～一九〇九）

諱は正親。天保十年（一八三九）に幕臣松平九郎左衛門の子に生まれ、江戸の仏学者村上英俊塾に入門。慶応四年（一八六八）二月二十六日に歩兵頭より陸軍奉行並に任命された。会津戦争に敗れると榎本武揚らと共に蝦夷地へ渡った。蝦夷島政府の選挙にて副総裁に就任した。明治二年（一八六九）五月十八日に降伏して榎本らと東京へ護送され、東京辰ノ口糾問所に禁固となった。同五年に釈放され、明治政府で開拓使御用掛・開拓使五等出仕に任ぜられ、箱館在勤を命じられたが、間もなく辞した。明治四十二年に病死。嗣子には『江戸時代制度の研究』を著した松平太郎がいる。（上野）

【典拠・参考文献】『明治維新人名辞典』（吉川弘文館、一九八一年）

松平親重《まつだいらちかしげ》（生没年未詳）

松平親宅《ちかいえ》の長男として生まれる。母は大橋芳重の息女。清蔵と称し、剃髪して念誓と号した。妻は鍋田宗七郎の息女。慶長二年（一五九七）正月に父親宅とともに初めて徳川家康・秀忠に拝謁し、同五年の関ヶ原の合戦および同八年の上洛に供奉する。同年に父に副えて代官となり、同九年に家督を相続し、同十七年に職務を辞す。職務を辞したのちも歳首および将軍家代替わり等には参府し拝謁したが、同人没後、子七郎兵衛は病弱のため出仕せず、子孫は代々三河国土呂郷に住した。家督は、親重の弟親正が継ぎ、親茂―親安と代官を勤めた。なお、親宅も清蔵と称し、念誓と号した。（佐藤）

【典拠・参考文献】『寛政譜』第一・二一六頁

松平近言《まつだいらちかのぶ》（一七四九～一八一六）

寛延二年（一七四九）生まれ。姓は大給《おぎゅう》ともいう。通称は五百太郎・多宮・主水正・伊勢守。父は松平近朝《ちかとも》、母は豊後府内藩主松平近貞の息女。妻は松下昭永の息女。この家は豊後府内藩松平（大給）家の別家で、正徳三年（一七一三）に五〇〇俵をもって成立した。近言は明和二年（一七六五）五月六日に家督を相続し、将軍家治に御目見した。同三年二月二十七日に御小納戸となり、三月二十六日に小性となった。同四年十二月二十七日、従五位下備中守に叙任。安永五年（一七七六）四月の日光社参に供奉した。寛政二年（一七九〇）八月十四日に先手鉄炮頭となり、同四年九月十日には御三卿田安家の家老となる。同十一年八月七日、西丸小性組番頭格となり奥勤となる。翌十二年四月二十八日に御側御用取次見習となる。文化六年（一八〇九）十一月十二日、西丸御側御用取次となり、一五〇〇石を加増され、家禄は合計二〇〇〇石となった。同十三年十月二十二日、六十八歳で死去。菩提寺は江戸橋場の妙高寺（現在は東京都世田谷区北烏山に移転）である。（松本）

【典拠・参考文献】『寛政譜』第一・八六頁、『旗本百科』第五巻

松平近良《まつだいらちかよし》（一六四六～一七一八）

正保三年（一六四六）に松平忠昭の三男として生まれる。母は酒井忠正の息女。諱は初め昭政。仁右衛門・五右衛門・甲斐

守・市正と称する。妻は松平政勝の息女。寛文三年（一六六三）十一月十九日に書院番となる。同五年十二月二十五日に三〇〇俵を賜い、延宝四年（一六七六）三月二十七日に父の領地より新田一〇〇〇石を分知され、先の三〇〇俵は収められる。同六年十一月二十一日に書院番組頭となり、同年十二月二十八日に、布衣の着用を許可される。天和二年（一六八二）十月二十一日に五〇〇石加増される。元禄六年（一六九三）五月十日に廊下番頭となり、同年十二月十一日に従五位下甲斐守に叙任する。同十年正月二十八日、その役職に相応しくないとして小普請とされ、出仕を止められるが、同十二年十二月二十日に許される。宝永五年（一七〇八）十一月二十三日に致仕する。享保三年（一七一八）二月三日に死去。享年七十三。法名は一無。深川の法禅寺に埋葬される。（福留）

【典拠・参考文献】『寛政譜』第一・八三頁、同・八八頁、福留真紀『徳川将軍側近の研究』（校倉書房、二〇〇六年）

松平恒隆《まつだいらつねたか》（一七二一～一七八七）

享保六年（一七二一）に、小性組であった松平幸隆の長男として生まれる。金五郎・田宮と称した。母は寄合に列した谷主水頼衛の娘、妻は奥医であった村田長菴昌和の娘、後妻は使番を務めた斎藤次左衛門利武の娘である。寛保元年（一七四一）三月二十日に家督を相続して三河国額田郡に五〇〇石を知行する。同二年七月三日に書院番となる。明和八年（一七七一）正月十五日に小十人頭に転任し、同十二年十八日に布衣の着用を許される。安永五年（一七七六）四月には、十代将軍徳川家治の日光参詣に供奉し、同七年五月二十日に西丸目付へ移る。天明元年（一七八一）七月二十六日に本丸勤めに変わる。同四年三月二十四日に、当時若年寄であった田沼山城守意知へ新番の佐野善左衛門政言が斬りかかるという刃傷事件が発生する。恒隆は、その場にいながら政言を捕らえられなかったことが原因で免職され出仕をとどめられるが、五月六日に赦される。同七年十一月十九日に六十七歳で死去する。法名は善達。（根岸）

【典拠・参考文献】『寛政譜』第一・二三五頁

松平諦之助《まつだいらていのすけ》（一八四〇～没年未詳）

天保十四年（一八四三）に寄合松平内記の二男として生まれる。同家は能見《のみ》松平の家系で、本家は杵築《きつき》藩松平家（三万二〇〇〇石）。知行地は豊後国国東《くにさき》郡のうちで三〇〇〇石を領有する。嘉永三年（一八五〇）に諦之助の兄松平浪之助が家督を継ぎ、元治元年（一八六四）七月二十九日に、諦之助の弟松平図書がその跡を継ぎ、惣領となった。図書は寄合であったが、慶応二年（一八六六）八月二十六日に組合銃隊改役を命じられた。諦之助も同年十一月十八日に陸軍所修行人教授手伝助、翌三年十二月二十九日に歩兵仕込方当分雇を命じられ、その後銃隊雇にもなるが、同四年四月二十二日に御役御免。維新の混乱のなかで、惣領貫一郎（図書と同一人物か）は知行地に移転し、のちに東京に戻る。諦之助は明治三年（一八七〇）正月二十五日に東京府浅草区諏訪町から常陸国河内郡馴馬《なれうま》村（茨城県龍ヶ崎市馴馬町）の名主山崎茂右衛門の婿養子となった。妻は茂右衛門の娘まつ。明治二十年から四十年にかけて、土地区画改正委員を委嘱されたり、土浦治安裁判所龍ヶ崎出張所の新築費を寄附したりと、地元の名士として社会貢献を果たした。菩提寺は東京都台東区浅草の海禅寺。（藤田）

【典拠・参考文献】『寛政譜』第一・一九六頁、『幕臣人名』第四巻、龍ヶ崎市歴史民俗

資料館編集・発行『幕末維新期の旗本―松平諦之助の場合―』（一九九六年）

松平輝貞《まつだいらてるさだ》（一六六五～一七四七）

寛文五年（一六六五）六月二十日、松平輝綱の六男として生まれる。母は京都所司代板倉重宗の息女。諱は初め武綱。万千代・酒之丞・右京亮・右京大夫と称する。妻は五代将軍徳川綱吉の側近柳沢吉保の息女。同十二年二月九日に父輝綱の遺領より五〇〇〇石を分知される。元禄元年（一六八八）五月二十二日に中奥小性、同二年五月十八日に御側となり、同年十二月七日に従五位下右京亮に叙任される。同三年三月二十七日に二〇〇〇石を加増される。同四年閏八月に叔父の信興が跡継ぎのないまま死去したため、九月二十五日に家督相続し、これまでの知行は返却する。同六年正月七日に、いわゆる「側用人」となり、同七年八月二十七日に、柳沢吉保と同様に務めるよう命じられ、一万石加増される。同年十二月九日に従四位下に叙任され、右京大夫に改められる。同八年五月十日にはじめて綱吉が輝貞邸を訪れた際に、一万石を加増される。なお、宝永五年（一七〇八）にかけて、綱吉は輝貞邸を二五回訪れている。同十四年正月十一日に一万石を加増され、同十二月十一日に侍従となる。宝永元年十二月二十六日にも一万石加を増され、すべて七万二〇〇〇石となる。同六年正月十七日に雁間詰となる。その後、八代将軍吉宗に厚遇される。享保二年（一七一七）正月十一日に溜間詰となり、殿中での儀礼の際には、京都所司代・大坂城代と同じ格式で拝謁するよう命じられる。また、同年九月二十三日には、老中の会議への参加を認められ、二十五日には、今後老中口より登城するよう命じられている。儒学者として吉宗に仕えていた室鳩巣は、輝貞の諂うことなく一本気な性格が、吉宗の御意に応じたのだと見ている。同五年七月二十七日には、老中とともに将軍名代を命じられ、綱吉の十三回忌の奉行を務めた。その後も、しばしば名代や使者を務めている。同十五年七月十一日には、加判はしないものの老中とおなじく国政に関わるよう命じられる。延享二年（一七四五）十二月十一日に致仕する。同四年九月十四日に死去。享年八十三。節翁道義天休院と号する。東叡山明王院（東京都台東区）に埋葬される。（福留）

【典拠・参考文献】『寛政譜』第四・四〇八頁／第五・四頁、福留真紀『徳川将軍側近の研究』（校倉書房、二〇〇六年）、室鳩巣「兼山秘策」第三冊（『日本経済大典』第六巻）

松平尚栄《まつだいらなおよし》（一五七一～一六五四）

元亀二年（一五七一）に松平由重《よししげ》の子として生まれる。妻は成瀬重正の養女。藤之助・太郎左衛門と称した。隠居後は晴暗と号した。松平宗家第二代泰親《やすちか》の庶長子信広を祖とする家柄で、松平太郎左衛門家と称された。泰親の嫡子信光（信広の弟、松平宗家第三代）が所領拡大のため、三河国額《ぬか》田《た》郡岩津郷（愛知県岡崎市）に進出する際、松平家発祥の地である同国加茂郡松平郷（愛知県豊田市）は信広に譲られたと言われている。以後、代々松平宗家に仕えた。尚栄は徳川家康に召し出され、慶長五年（一六〇〇）九月の関ヶ原の戦に御供した。このとき弟の信晴《のぶはる》は討死した。同十八年に駿府城で大御所家康に拝謁し、あらためて松平郷において二一〇石を拝領した。同十九年・同二十年の大坂の陣にも従い、その後同郷林添村において二三〇石余を加増され、計四四二石余を拝領した。このとき諸役が免除されるとともに、徳川将軍家発祥の地を守る役割を担う家格として、交代寄合に列した。承応三年（一六五四）三月二十四日に死去。享年八十四。法名は天岳院観譽晴暗居士。松平郷の高月院に葬られた。

（白根）

【典拠・参考文献】『寛政譜』第一・二〇六〜二〇七頁、『豊田史料叢書・松平太郎左衛門文書二』（豊田市教育委員会、一九九一年）

松平信綱《まつだいらのぶつな》（一五九六〜一六六二）

慶長元年（一五九六）に徳川家康に仕え地方の奉行などを務めた大河内久綱《おおこうちひさつな》の長男として生まれる。母は深井好秀の娘。長四郎と称する。慶長六年、伯父松平正綱《まさつな》の養子となり正永《まさなが》と名乗る。妻は老中となった井上正就《まさなり》（遠江横須賀城主）の娘。慶長九年七月二十五日、家光付を命じられ、三人扶持を給される（のち五人扶持）。元和六年（一六二〇）正月二十日、扶持米に替えて知行五〇〇石が給される。同年十二月、正綱に実子正次《まさつぐ》（のち利綱《としつな》）が生まれたため、正名を信綱と改め別家となる。元和九年六月十五日、小性組番頭となり三〇〇石を加増、同年七月には伊豆守に任ぜられる。寛永九年（一六三二）十一月十八日、小性組番頭兼帯のまま老中に准じて加判の列となり、翌年三月二十三日、信綱は、阿部忠秋《ただあき》・堀田正盛《まさもり》・三浦正次《まさつぐ》・太田資宗《すけむね》・阿部重次とともに六人衆として幕政に参加する（小性組番頭兼帯は寛永十二年に解かれる）。寛永十四年十一月二十七日、美濃大垣城主戸田氏鉄《うじかね》とともに肥前国島原の乱の追討が命じられる。寛永二十年九月八日、明正天皇譲位・後光明天皇即位の祝賀使を世嗣家綱の名代として務め、同年十一月四日、京都で侍従昇進の勅旨が下される。慶安四年（一六五一）、家光の死去後は四代将軍家綱を補佐し、同年七月の慶安事件（由井正雪の乱）や明暦三年（一六五七）正月の江戸大火（明暦の大火）などを処理し、幕閣の中心人物として活躍した。この間、家禄は加増を重ね、寛永元年に合計二〇〇〇石、寛永四年に一万石、寛永七年に一万五〇〇〇石、寛永十年に三万石（武蔵忍城主）、寛永十六年に六万石（武蔵川越城主）、正保四年（一六四七）に七万五〇〇〇石となっている。寛文二年（一六六二）三月十六日に死去。享年六十七。法号は乾徳全梁松林院。武蔵国埼玉郡岩槻の平林寺に葬られる。

（田原）

【典拠・参考文献】『寛政譜』第四・三九二頁、同・四〇一頁、第十四・三七五頁、『柳営補任』、『日本近世人名辞典』（吉川弘文館、二〇〇五年）

松平信敏《まつだいらのぶとし》（一八三六〜没年未詳）

天保七年（一八三六）に使番松平信広の子として生まれる。甚兵衛・勘右衛門・勘太郎・大内蔵と称した。従五位下大隅守に叙任され、のちに河内守を名乗った。弘化四年（一八四七）十二月五日に家督を相続して小普請となった。知行は一二〇〇石である。嘉永三年（一八五〇）十一月二十七日、小性組に列し、万延二年（文久元・一八六一）正月十一日に使番となり、十二月十六日に布衣の着用を許された。文久二年（一八六二）六月十一日に目付となり、同三年五月二日、大坂町奉行に転じ、同月二十七日に従五位下大隅守に叙任された。大坂町奉行の在任中、軍艦奉行並勝海舟等とともに摂海防衛の強化と神戸海軍操練所の設置に尽力した。この案件に関して坂本龍馬とも意見を交わした。慶応元年（一八六五）九月にアメリカ・イギリス・フランス・オランダの四国連合艦隊が大坂湾に来航した際には、その目的を問いただす役割を担った。同三年正月十六日に大目付に昇進したが、同年十二月に大坂町奉行を再任されて大目付次席となった。同四年正月の鳥羽伏見の戦いで幕府軍が敗退すると、徳川慶喜が大坂城を脱出する際に随従して江戸に戻った。同年正月十六日に勘定奉行となったが、二月九日に職を解かれた。その

後、慶喜とともに静岡に移住し、静岡県権典事などを経て、大蔵省・内務省に出仕した。（白根）

【典拠・参考文献】『柳営補任』、石井孝『人物叢書・勝海舟』（吉川弘文館、一九七四年）、前田匡一郎『駿遠へ移住した徳川家臣団』第四編（二〇〇〇年）

松平信行《まつだいらのぶゆき》（一七四六～没年未詳）

延享三年（一七四六）に小性関盛時の二男として生まれる。御小納戸松平信成《のぶなり》の養子となり、その息女を妻とする。初め起宗《おきむね》といい、嘉吉・主計・舎人と称した。安永五年（一七七六）九月十一日に西丸の御小納戸となり、十代将軍家治の世子家基《いえもと》に仕える。同年十二月十六日に布衣の着用を許される。同八年の家基逝去により、同年四月十八日に寄合となる。翌九年四月五日に家督を相続。このときの知行は一〇〇〇石である。同年十一月二十四日に西丸御徒頭、寛政四年（一七九二）九月二十五日に先手鉄炮頭となる。同八年二月二十六日に小普請奉行となり、同年九月十三日に従五位下淡路守に叙任される。享和二年（一八〇二）六月二十一日に勘定奉行、文化九年（一八一二）十一月二十四日に西丸旗奉行となり、文政四年（一八二一）十月二十五日に職を辞す。（宮坂）

【典拠・参考文献】『寛政譜』第五・一〇頁、『柳営補任』

松平正綱《まつだいらまさつな》（一五七六～一六四八）

天正四年（一五七六）、大河内金兵衛秀綱の二男として遠江国に生まれるが、家康の命によって松平正次の養子となり、松平の称を請ける。母は鳥居掃部介某の娘。正久・長四郎と称す。任官後は右衛門佐・右衛門大夫を名乗る。妻は豊臣家臣・山口左馬助弘定の娘。文禄元年（一五九二）より勤仕し、常に家康の側に伺候して恩顧に預かったといい、薄禄で具足の用意が調わないことを知った家康が冑《よろい》を下賜し、正綱はこれを着て関ヶ原合戦に臨んだとの逸話がある。慶長八年（一六〇三）二月十五日、将軍宣下拝賀参内にも供奉し、翌月二十五日には従五位下右衛門佐に叙任された。また、板倉重昌・秋元泰朝らとともに近習の出頭人となり、正綱は勘定奉行を兼ねた。家康死去の際には、本多正純らとともに遺言を承っている。その後も元和七年（一六二一）の秀忠娘和子の入内、同九年の家光上洛に供し、寛永三年（一六二六）の上洛にも、書院番および小性組の番頭として供奉している。また、寛永四年には松平忠郷の、同十三年には鳥居忠恒の城地収公に出向き、寛永九年の松平忠長改易では諸事万端を沙汰するなど重要な役目を担っていた。特に秀忠・家光両代にわたり、日光における東照宮造営および祭礼法会を常に担当しており、東照宮の宮号宣下にも尽力している。その縁で下野国鹿沼宇都宮や陸奥国等の往還や山中に杉を植えて日光山に寄付し、その顕彰碑が日光山神橋等に建てられている。慶安元年（一六四八）六月二十二日に死去。享年七十三。俊庵宗徳高林院と号す。武蔵国埼玉郡岩槻の平林寺に葬られていたが、寺の新座郡野火止（埼玉県新座市）への移転にともない同地に改葬された。（保垣）

【典拠・参考文献】『寛政譜』第四・三九四頁

松平政周《まつだいらまさとき》（生年未詳～一八四七）

家禄は六〇〇石。通称は助之丞（助之允）で叙任後は豊前守。文政十一年（一八二八）八月二十日に小性組の進物番より西丸御徒頭となり、天保三年（一八三二）八月十二日に西丸目付、同九年二月二十四日に普請奉行、同十二年六月二十日に勘定奉行（公事方）、十二月八日に大目付（分限帳改）となる。同十四年四月の十二代将軍家慶の日光社参時には留守中御用取扱を命ぜられる。十二月二十九日には道中奉行を兼帯。弘化二年（一八四五）五月九日に清水家家老となり、同四年三月十二日に死去。（高山）

【典拠・参考文献】『柳営補任』、『江戸幕府役職武鑑編年集成』二四～二八、『旗本百科』第五巻

松平《まつだいら》正名《まさな》　（一七七四～一八四七）

安永三年（一七七四）に西丸小性組番士松平正明《まさはる》の子として生まれる。母は三島政中の息女。妻は平岡頼長の息女。富松・豊三郎・内蔵助と称し、下野守・伯耆守・筑後守と名乗る。樗翁と号した。寛政二年（一七九〇）七月二日に遺跡二〇〇〇石を継ぐ。同年九月三日、初めて十一代将軍徳川家斉に拝謁し、同六年八月二十六日に御小納戸に列する。同年九月六日に徳川家慶付となり、十二月十六日に布衣を着することを許される。同八年正月二十一日、将軍家放鷹の際に鳥を射て時服を賜る。同九年四月二十一日より西丸勤務となり、同年閏七月二十一日西丸に小性となる。享和三年（一八〇三）に西丸小性頭取介、文化七年（一八一〇）に西丸小性頭取、翌年十一月に西丸新番頭格、同年同月二十四日より御側御用取次見習を兼ねる。同十三年十一月朔日に西丸御側御用取次となり、文政八年（一八二五）四月に本丸勤めとなる。同十年五月七日、出精して勤めたことにより一〇〇〇石の加増を受ける。同十年十二月二十日さらに二〇〇〇石の加増、弘化二年（一八四五）十二月十六日、本丸普請の諸御用を勤めたことにより二〇〇〇石加増、計七〇〇〇石となる。同年十二月十六日に老衰と腰痛により、隠居。同四年八月三日に死去。享年七十四。（橋本）

【典拠・参考文献】『寛政譜』第四・四〇〇頁、『旗本百科』第五巻

松平《まつだいら》政穀《まさよし》　（一六六七～一七四三）

寛文七年（一六六七）に西山六郎兵衛昌春の二男として生まれる。母は安藤忠次の息女。二丸御留守居松平政峻《まさたか》の養子になる。妻は高林次郎兵衛某の養女。市郎右衛門・兵蔵と称し、従五位下隼人正に叙任された。元禄三年（一六九〇）十月二十三日、五代将軍徳川綱吉に初めて拝謁する。同六年十二月九日、小性組番士に就任。同十年五月二十九日、桐之間番、翌十一年四月十一日に近習番となり、同年八月二十一日より御小納戸を務める。同十三年十二月十八日、布衣の着用を許される。綱吉死去の宝永六年（一七〇九）二月二十一日に職を辞して寄合となる。享保五年（一七二〇）十二月七日に遺跡を継承し、蔵米三〇〇俵を給う。同十年正月二十八日、佐渡奉行を命じられ、加増分を含め、計六〇〇石を三河国額田・宝飯郡内で知行する。同十七年閏五月一日勘定奉行へ昇進し、九月二十八日従五位下隼人正に叙任された。同十九年十二月五日に職を辞し、寛保三年（一七四三）十月十九日に死去。享年七十七。法名は静山。菩提寺は牛込の願正寺。（宮原）

【典拠・参考文献】『寛政譜』第一・一七七頁

松平《まつだいら》康英《やすひで》　（一七六八～一八〇八）

明和五年（一七六八）に高家前田清長《きよなが》の二男として生まれる。栄之助・伊織・図書《ずしょの》頭《かみ》と称した。諱は康平《やすひら》。旗本松平康彊《やすかた》の養子となる。妻は御徒頭戸川逵旨《みちよし》の息女。安永六年（一七七七）十月八日に家督を相続した。知行は二〇〇〇石。天明八年（一七八八）十二月二十四日に中奥の番士となり、寛政六年（一七九四）十一月十七日に御徒頭に転じ、十二月十六日に布衣を許される。同八年五月二十四日に西丸目付となり、同十二年五月二十日に本丸目付となる。享和二年（一八〇二）八月十一日に船手頭兼帯

となる。文化四年（一八〇七）一月三十日に長崎奉行となり、同九月五日に長崎に到着する。同五年二月六日に阿蘭陀通詞六人に出島オランダ商館長ヘンドリック＝ドゥーフからフランス語を学ばせた。同五月にオランダ船に定額外の銅の輸出を許可した。同八月十五日正午、イギリス軍艦フェートン号がオランダ国旗を掲げて長崎港に不法入港、武装イギリス兵が出島のオランダ商館員二名を人質に取り、水・食料・薪を強要、人質と引換えにこれらを与えねば、長崎港内の内外船及び長崎市内に焼き打ちをかけるという。康英はすぐさま打払令を出すが、当年長崎警衛当番の佐賀藩の藩兵は一〇〇名に過ぎず戦闘不能を覚る。当時ナポレオン戦争の影響でオランダはフランスの支配下にあったことから、イギリスとは交戦状況にあった。康英は翌十六日に商館長ドゥーフの説得に従い、それらを供給、人質を取り戻した。康英はこの屈辱に報復すべく策したが、十七日正午フェートン号は港外に逃れ、救援の大村藩兵と佐賀藩諫早領の兵が到着したのは午後であった。その夜、康英は長崎奉行として、天下の恥辱を異国に見せた責任を痛感、事件の始末を記述した遺書を残し、奉行所西役所にて切腹自殺を遂げた。享年四十一。戒名は現光院殿前図書頭俊誉浄雄大居士。同二十六日に喪を発し、二十八日に長崎鍛冶屋町の大音寺に葬られた。墓地は長崎市指定史跡。菩提寺は西久保（東京都港区虎ノ門）天徳寺である。また当時の長崎町民は康英に対し深く哀悼の意を表し、長崎総町の発議で、文化六年（一八〇九）に総氏神の鎮西大社諏訪神社境内に図書大明神（康平社）を祀った。フェートン号事件は幕府に大きな衝撃を与え、文政八年（一八二五）の異国船打払令の契機となった。

（盛山）

【典拠・参考文献】『寛政譜』第六・三三三頁、『旗本百科』第五巻、原田博二「長崎奉行松平図書頭康平の家系について」（『長崎市立博物館々報』第一九号〈長崎市立博物館、一九七九年〉所収）、「長崎奉行代々記」（鈴木康子『長崎奉行の研究』〈思文閣出版、二〇〇七年〉所収）、金井俊行編「長崎奉行歴代略譜」（『増補長崎略史』上巻〈『長崎叢書』下巻《明治百年史叢書》長崎市役所編、原書房、一九七三年復刻〉所収）

松平康正《まつだいらやすまさ》　（生没年未詳）

久之丞と称し、任官後は出雲守・備中守を名乗る。弘化四年（一八四七）正月十一日に寄合から使番となる。このときの知行三〇〇〇石。安政二年（一八五五）正月十一日に目付、同六年九月十日に勘定奉行となる。万延元年（一八六〇）より御留守居格を兼ね、文久二年（一八六二）八月二十四日に御留守居となる。同年十一月二十三日に目付勤役中の不祥事を理由に御役御免を申し渡され、寄合となる。翌三年十一月七日に寄合肝煎、元治元年（一八六四）七月二十八日に田安家家老、同年十一月十九日に大目付となり、十二月十八日に勘定奉行に再任となる。慶応元年（一八六五）十月十五日に御役御免となり、翌二年三月九日に再び寄合肝煎となる。同年八月二十六日に作事奉行となり、同年十月二十四日に御役御免。

（宮坂）

【典拠・参考文献】『柳営補任』

松平康盛《まつだいらやすもり》　（一七四九〜一八三九）

寛延二年（一七四九）に御側松平康眞《やすまさ》の子として生まれる。妻は一柳末榮の息女。のち山崎義俊の息女。常之助・三郎太郎と称し、従五位下因幡守に叙任され、のちに豊前守・伊勢守と名乗る。安永八年（一七七九）十二月五日、初めて十代将軍徳川家治に拝謁する。寛政元年（一七八九）八月二十三日に中奥小性となり、翌年六月二十八日に家督六〇〇〇石を継ぐ。同年十一月二十七日、従五位下因幡守に叙任される。文化二年（一八〇五）八月十二日に百人組頭、同八年八月二十日に小性組番頭、同十三年十一月十五日より書院番頭となる。文政四年（一八二一）七月二十四日に西丸御側、同八年二月二十七日に徳川家定御側、同年四月十二日、家定に伴って本丸御側となる。天保七年（一八三六）九月四日、御供御免となり、帝鑑之間席交代寄合の家格となる。同十年七月五日に死去。享年九十一。（橋本）

【典拠・参考文献】『旗本百科』第五巻

松平行隆《まつだいらゆきたか》（一五九〇～一六五三）

天正十八年（一五九〇）に生まれる。甚三郎と称した。実父は、西福釜松平家の松平親良、あるいは親常とされるが、諸説異同がある。妻は北条氏の家臣小畠良春の息女。慶長五年（一六〇〇）八月、下総国行徳で徳川家康に拝謁、同十一年九月、十一歳で小性となった。元和期以降は秀忠に仕えて西丸書院番となり、のち本丸書院番を経て、寛永九年（一六三二）八月、使番に転じ、同年十一月には布衣の着用を許されている。知行地は三河国碧海郡の内で、同十年に加恩されて都合一〇〇〇石となった。同年十一年、因幡国鳥取に派遣されて幼少の池田光仲の国政を監督し、同十二年には摂津国尼崎で城引渡の事に従事、さらに同十三年には目付として松平忠直の配所である豊後国萩原に赴いている。翌十四年、島原でいわゆる島原の乱が勃発したおり、三代将軍家光より当地の様子を探り、すぐに江戸に戻るようにとの命が下されたが、当地に残って参戦した。そのため軍令違反を問われ、所領没収のうえ追放になっている。のち、慶安元年（一六四八）に罪を許され、同四年先手御弓頭となり、知行一三〇〇石を賜った。承応二年（一六五三）閏六月十一日、六十四歳で死去。法名は月閑。四谷の法蔵寺（東京都新宿区）に葬られた。（小宮山）

【典拠・参考文献】『寛政譜』第一・二三二頁、善積（松尾）美恵子「江戸幕府の監察制度―国目付を中心に―」（『日本歴史』二四四号、一九六八）

松長信妙《まっちょうのぶよし》（一七三二～没年未詳）

友三郎・長作・長三郎と称した。妻は山崎氏の娘。中間目付を務め、その後、小十人頭を経て支配勘定となる。寛政五年（一七九三）九月六日に六十歳で勘定に転じる。十六日には越後国頸城郡の川々堤等の普請のため赴いている。（堀）

【典拠・参考文献】『寛政譜』第二十・一八二頁

松波源右衛門《まつなみげんえもん》（生没年未詳）

大番組番士。大番組頭山口周防守弘致（在職期間は文化四年～文政元年）の組に属していた。『井関隆子日記』（勉誠社）で著名な井関隆子の最初の結婚相手である。隆子はその後「不縁」につき離婚し、西丸御納戸組頭であった井関弥右衛門親興の後妻となった。（松本）

【典拠・参考文献】深沢秋男『井関隆子の研究』（和泉書院、二〇〇四年）

松濤権之丞《まつなみごんのうじょう》（一八三六～一八六八）

天保七年（一八三六）に生まれる。伝承によれば、父は「前田（加賀藩か）の家老」であったというが不詳。母は波通《はつ》。幼少期はゆかりの寺で養育されたといわれるが、御家人株を買って幕臣となった。はじめ神奈川役所附上番、ついで外国奉行支配定役格同心となる。文久元年（一八六一）十二月、外国奉行水野忠徳の小笠原開拓御用に随行し、咸臨丸で渡島して調査にあたった。翌年、水野が離島した後も残留し島を管理した（同三年五月十一日に横浜帰着）。同三年十二月二十九日、横浜鎖港を交渉するための遣欧使節団の随員となり横浜を出航、一行は途中エジプトに立ち寄り、スフィンクスの前で写真撮影に及んだ。元治元年（一八六四）七月十七日に横浜に帰着。その後、富士見御宝蔵番格騎兵差図役下役、同砲兵差図役並勤方を経て、慶応三年（一八六七）八月二十六日に小十人格軍艦役並となった（『藤岡屋日記』第十五巻）。同年十一月には海軍伝習所通弁掛となり、この頃軍艦奉行並勝海舟と知遇を得る。戊辰戦争下の同四年三月二日に軍事掛手附に任じられ、軍事取扱となった海舟や陸軍奉行の配下となり、武総鎮撫方の一人として旧幕府脱走兵の取締や治安維持活動にあたった。同年四月四日には、下総国流山で新政府軍に拘束された新選組の近藤勇を救済するため、海舟の指示によって旧幕臣の鎮撫に従事していたと釈明するよう薦めた。江戸開城後に上総国木更津方面に脱走した撤兵隊に対し、恭順・武装解除を説いたが、閏四月六日、姉ヶ崎の妙経寺境内において第三大隊長増田直八郎によって斬殺された。享年三十三。首は木更津に晒されたという。墓は初め静岡県清水市の耀海寺にあったが、現在は東京都文京区の西教寺にある。なお、幕末期には小花作助の二男秋作を養子としたが、権之丞の死後、秋作は実家に戻った。

（藤田）

【典拠・参考文献】河村壽仁「松濤権之丞」（私家版、一九九三年）、清水隆「松濤権之丞」（『新撰組大人名事典』下、新人物往来社、二〇〇一年）、樋口雄彦「江原素六の戊辰時脱走抗戦関係史料」（『沼津市博物館紀要』三三、二〇〇九年）

松波正春《まつなみまさはる》（一六七五～一七四四）

延宝三年（一六七五）に書院番の三宅政《まさ》広《ひろ》の三男として生まれる。母は右筆の建部直昌《なおまさ》の息女。小普請の松波正次《まさつぐ》の末期養子となり、元禄十三年（一七〇〇）七月十一日に家督を継ぐ。知行五〇〇石。妻は先手鉄炮頭榊原政盛《まさもり》の息女で、後妻は小性組番士弓気多昌友《ゆけたまさとも》の息女。通称は勘四郎・三郎兵衛・甚兵衛。同十四年八月二十六日に桐間番、宝永元年（一七〇四）七月二十八日に御小納戸、同六年二月二十一日に書院番、享保三年（一七一八）閏十月十九日に御徒頭となり、十二月十八日に布衣の着用を許される。同九年十一月十五日に目付に転じ、同十一年四月朔日には八代将軍吉宗の小金での鹿狩を管掌した功で時服を賜る。同十三年十一月（『柳営補任』は十月）二十八日に小普請奉行となり、十二月二十一日に従五位下筑後守に叙任。同十四年十二月二十五日に勘定奉行となる。同二十年正月十九日には、甲府城の御金蔵破りの糾明のため現地に赴く。元文元年（一七三六）八月十二日に町奉行となる。同四年四月八日には先に金銀改鋳を管掌した功で時服と黄金を賜る。九月朔日には大目付となり（宗門改兼務）、五〇〇石を加増（総知行高は一〇〇〇石）。延享元年（一七四四）六月一日（『柳営補任』は三日）に死去。享年七十。法名は淳心。菩提寺は麻布の善福寺（東京都港区）。

（高山）

【典拠・参考文献】『寛政譜』第十四・四〇七頁、『柳営補任』、『甲府市史』通史編二・近世（甲府市役所、一九九二年）

松波正房《まつなみまさふさ》（一六八三～一七四六）

天和三年（一六八三）に大番松波正成《まさなり》の長男として生まれる。妻は大番松平次保《つぐやす》の息女。平助・平兵衛・平右衛門と称した。元禄五年（一六九二）五月十五日、五代将軍綱吉に謁見し、十二月十二日に跡目を相続する。同十五年十二月二十一日大番に加わり、享保元年（一七一六）七月三日に小普請方へ移るが、同三年五月十二日に大番に復す。元文二年（一七三七）八月二十八日に勘定吟味役となり、十二月十六日に布衣を許される。同六年（寛保元・一七四一）二月二十三日に佐渡奉行、寛保三年（一七四三）正月十一日に長崎奉行となり、七月一日、従五位下備前守に叙任される。延享三年（一七四六）三月二十七日に長崎で在任中に死去した。享年六十四。法名は察彦。墓所は大音寺（長崎県長崎市）である。（柳田）

【典拠・参考文献】『寛政譜』第十四・四〇四頁、『徳川実紀』第九篇、『柳営補任』、鈴木康子『長崎奉行の研究』（思文閣出版、二〇〇七年）

松野助義《まつのすけよし》（一六四九～一七二〇）

慶安二年（一六四九）に大番の松野助友《すけとも》の長男として生まれる。母は大番の田中義次《よしつぐ》の息女。妻は甲斐国甲府藩主徳川綱重の家臣蜂屋清之《きよゆき》の息女で、後妻は書院番の杉浦吉勝《よしかつ》の息女。当初の諱は助吉《すけよし》。通称は猪之助・八郎右衛門・八郎兵衛。寛文三年（一六六三）十一月十九日に大番に列し、同十一年十二月十二日に家督を相続。知行二〇〇石。延宝元年（一六七三）十二月二十一日に新番に移り、同二年十二月十八日に五〇俵を加増。貞享三年（一六八六）九月二十五日に新番組頭（『柳営補任』では西丸新番組頭）となり、同四年十二月十日に二〇〇俵を加増。元禄七年（一六九四）四月十四日に目付に転じ、十二月十八日に布衣の着用を許される。同八年十二月二十五日に一〇〇俵を加増。同九年三月二十八日に禁裏附となり、一〇〇〇石を加増、七月二十六日には従五位下河内守に叙任（後に壱岐守）。同十年七月二十六日に廩米を知行に改め、知行高は一五五〇石となる。同十四年八月十八日に大坂町奉行、宝永元年（一七〇四）十月朔日には町奉行に進む。享保二年（一七一七）二月二日に老年により職を辞し寄合となる。八月十六日に致仕、退哲と号し、養老料として廩米三〇〇俵を賜る。同五年四月十二日に死去。享年七十二。法名は退哲。菩提寺は小日向の竜興寺（現在は東京都中野区に移転）。（高山）

【典拠・参考文献】『寛政譜』第十八・二七二頁、『柳営補任』

松前順広《まつまえとしひろ》（一七一四～一七九二）

西丸書院番の松前広屯《ひろたか》の六男として、正徳四年（一七一四）に生まれる。母は備後国福山藩主阿部正福《まさよし》の家臣青木勘右衛門の息女。西丸目付の松前尚広《なおひろ》の末期養子となり、享保十五年（一七三〇）三月朔日に家督を継ぐ。知行一五〇〇石。妻は尚広の養女（実は書院番松平正則《まさのり》の息女）。通称は数馬・藤馬・刑部・隼人。同十六年三月五日に書院番、元文五年（一七四〇）正月十一日に使番となり、十二月二十一日に布衣の着用を許される。寛保三年（一七四三）閏四月二十三日には関東の川普請を担当して黄金を賜る。延享二年（一七四五）九月朔日に西丸目付に転じる。宝暦二年（『柳営補任』では同三年）二月十八日に駿府町奉行、同六年十一月三日（『柳営補任』では十月二十八日）に京都町奉行となり、十二月十八日に従五位下筑前守に叙任。明和元年（一七六四）閏十二月十五日に持弓頭となる。同六年六月九日に職を辞して寄合に列し、安永二年（一七七三）十一月二十九日に致仕、養老料として廩米三〇〇俵を賜る。寛政四年（一七九二）三月十日に死去。享年七十九。法名は道相。菩提寺は駒込の吉祥寺（東京都文京区）。（高山）

【典拠・参考文献】『寛政譜』第三・二〇七頁、『柳営補任』

松前広隆《まつまえひろたか》（一六九二～一七四〇）

元禄五年（一六九二）に御小納戸松前当《まさ》広《ひろ》の子として生まれる。実母は松前藩主松前高広《たかひろ》の息女。妻は越後国糸魚川藩主松平直堅の息女。主馬之助・主馬と称した。同十一年八月十四日に五代将軍徳川綱吉に初めて拝謁し、享保三年（一七一八）八月九日に父当広の死去により家督を相続した。同四年十月十八日に小性組に列し、同八年正月十一日には御徒頭に転任して、同年十二月十八日に布衣の着用を許された。同十二年三月十五日に目付となり、同十三年四月に八代将軍吉宗の日光社参に携わった。同十六年十二月には米価の調整のため、買米の実施を担当した。同十九年十二月十五日に駿河国益頭《ましず》郡内において五〇〇石を加増され、計一五〇〇石を拝領した。元文三年（一七三八）十二月十五日、大目付に昇進して、同年十二月十八日に従五位下安芸守に叙任された。同五年五月二十四日に死去。享年四十九。法名は原忠。駒込の吉祥寺（東京都文京区）に葬られた。（白根）

【典拠・参考文献】『寛政譜』第三・二〇五～二〇六頁

松前嘉広《まつまえよしひろ》（一六五二～一七三二）

使番の松前泰広《やすひろ》の長男として、承応元年（一六五二）に生まれる。母は大目付北條正房《まさふさ》の息女。妻は小性組組頭山田重安《しげやす》の息女。通称は八兵衛。寛文十二年（一六七二）五月二十六日に書院番に列し、延宝八年（一六八〇）十二月十二日に家督を相続。廩米四〇〇俵を弟の直広《なおひろ》（後に当広《まさひろ》）に分知し、嘉広は一一〇〇石を知行（実際は知行五〇〇石と廩米六〇〇俵で、元禄十年七月二十六日に廩米が知行に改められている）。貞享元年（一六八四）十月十三日に太田資直への駿河国田中城の引き渡しのため同地に赴く。同四年三月二十五日に使番となる。五月十七日に欽命を奉じて日光山に赴き、十月二十一日には常陸国土浦城の土屋政直への引き渡しで同地に行く。十二月二十五日に布衣の着用を許される。同五年（元禄元年・一六八八）八月二十三日に目付、元禄五年四月十四日に京都町奉行に進み、五〇〇石を加増、六月二十八日に従五位下伊豆守に叙任。同九年二月二日（『柳営補任』では三月朔日）には伏見奉行を兼ねる。同十年四月十四日に町奉行となる。同十五年十二月十九日に諸国の地図の収集を担当した功で時服を賜る。同十六年十一月十三日に大目付に転じ、五〇〇石を加増、同月十四日には宗門改を兼ねる。宝永二年（一七〇五）二月十五日に御留守居となり、十二月朔日からは西丸勤務となる。同四年七月十八日に五〇〇石を加増され、総知行高は二六〇〇石となる。同六年十月十八日に本丸勤めとなる。享保十一年（一七二六）十二月二日（『柳営補任』では十一月五日）、老年により職を辞し寄合に列する。同十二年五月二日に致仕し、七斎と号する。同十六年八月晦日に死去。享年八十。法名は無当。菩提寺は駒込の吉祥寺（東京都文京区）。（高山）

【典拠・参考文献】『寛政譜』第三・二〇三頁、『柳営補任』

松村忠四郎《まつむらちゅうしろう》（生没年未詳）

諱《いみな》は長為。嘉永七年（安政元・一八五四）四月二十五日の時点で勘定を務めており、この日、下田へ出張するにあたり褒美を与えられた。安政二年二月八日に勘定から下田奉行支配組頭（一五〇俵高）に昇進し、永々御目見以上の家格を与えられた。同六年六月八日に神奈川奉行支配組頭（一五〇俵高）に転じた。文久二年（一八六二）に賄頭次席となり、翌三年七月二十一日に代官に進み、武蔵川越城の城付領引渡御用などを行い、慶応三年（一八六七）十二月二十四日に布衣を許された。（筑紫）

【典拠・参考文献】『続徳川実紀』第三・五篇、『柳営補任』

松村元隣《まつむらもとちか》（一六八五～一七五七）

松村時昌の男。母は下山氏の女。昌風・橘太郎・左兵衛と称した。妻は曲淵市大夫勝延の養女。元禄三年（一六九〇）八月六日に家督を継ぐ。同十五年五月十日に大番となり、享保十年（一七二五）七月十一日に書物奉行となる。同十七年十一月九日に御膳奉行、元文三年二月十五日に養仙院（綱吉養女八重姫）御用人となり、同年十二月十八日に布衣を許される。延享三年（一七四六）に養仙院逝去のため、八月十三日に寄合となる。宝暦七年（一七五七）二月十二日に七十三歳で死去する。法名は日元。菩提寺は牛込の宗柏寺（東京都新宿区）。

（石山）

【典拠・参考文献】『寛政譜』第十五・三〜四頁、『大日本近世史料・幕府書物方日記』六（東京大学出版会、一九七〇年）

松本寿大夫《まつもとじゅだゆう》　（生没年未詳）

元奈良春日社人の子として生まれ、御持同心松本善吉の養子となる。また、『藤岡屋日記』には、近江国の百姓の子として生まれ、江戸に出た後に先手同心の養子になったとある。家禄は三〇俵二人扶持。安政四年（一八五七）三月に学問所教授方出役を務める。翌四年六月、養父善吉の病気により、御持同心の跡番を務める。同五年十月に外国奉行支配定役となり、万延元年（一八六〇）にアメリカに派遣される。文久元年（一八六一）七月に学問所勤番、同年十一月に徒目付となる。同三年四月に長崎奉行支配調役、翌月に同所組頭となる。元治元年（一八六四）五月二十二日に箱館奉行支配組頭、同年十月十九日に小十人組となる。慶応二年（一八六六）三月晦日に蕃書調所頭取となり、同年十月十二日にアメリカに派遣される。翌三年十一月二十五日（『幕臣人名』、『柳営補任』では十二月）に大坂町奉行並、同四年二月四日に勘定奉行並となり、勝手方を担当する。同年三月に御役御免となる。

（宮坂）

【典拠・参考文献】『柳営補任』、『藤岡屋日記』第十五巻（三一書房、一九九五年）、『幕臣人名』第四巻、『旗本百科』第五巻

松本直一郎《まつもとなおいちろう》　（生没年未詳）

勘定格御徒目付を務めた松本礼助の子。文久三年（一八六三）五月十七日、新徴組取締役より新徴組支配頭取となる。元治元年五月三日に開成所頭取、同七月九日には御役御免、勤仕並小普請となる。慶応元年（一八六五）五月に代官となり、同四年三月に市中取締役、同閏四月十六日には目付となった。

（上野）

【典拠・参考文献】『旗本百科』第五巻

松本秀持《まつもとひでもち》　（一七三〇〜一七九七）

享保十五年（一七三〇）に富士見宝蔵番松本忠重《ただしげ》の長男として生まれる。弥八郎・次郎左衛門・十郎兵衛と称した。妻は市橋家家臣山本徳右衛門の息女。同十九年十月九日に家督を相続し、天守番を務める。宝暦十二年（一七六二）十二月二日に旗本に列して勘定となる。このときの廩米一〇〇俵・月俸五口。明和三年（一七六六）十二月十八日に勘定組頭となり、安永元年（一七七二）七月二十四日に勘定吟味役となる。同年十二月十八日に布衣の着用を許される。同八年四月十五日に勘定奉行となって四〇〇石を加増され、先の廩米を改め、合計五〇〇石を上総国内に知行する。また月俸は収められる。同年十二月九日に従五位下伊豆守に叙任され、天明二年（一七八二）十一月二日より田安家家老を兼ねる。同六年十月五日に家老兼帯を免じられ、閏十月五日に勘定奉行を罷免されて小普請となり、逼塞を命じられる。このとき知行地の半分を没収され、翌七年二月十三日に逼塞を赦される。同年十二月五日、かつて勤役中の職務等閑を理由に知行地一〇〇石を没収され、再び逼塞を命じられる。翌八年五月八日に逼塞を赦され、寛政九年（一七九七）六月五日に死去。享年六十八。法名は日旃。菩提寺は浅草の幸龍寺である。

（宮坂）

【典拠・参考文献】『寛政譜』第六・一五四頁

松本良順《まつもとりょうじゅん》（一八三二～一九〇七）

天保三年（一八三二）六月十六日、佐藤泰然の次男として麻布我善坊に生まれる。順之助・順・子良・蘭疇・楽痴と称した。養父は松本良甫。母は川端氏の女。妻は松本良甫の女とき（登喜子）。天保九年、父より種痘を受ける。嘉永元年（一八四八）に佐倉の父の元へ赴き、卵巣水腫開腹手術の助手を務める。同二年、漢方医学の試験に合格し松本良甫の養子となる。同三年一月十日に家督相続。同四年に坪井信道門下。安政二年（一八五五）、幕府に出仕。同三年、竹内玄同・林洞海に蘭学を師事。同四年二月、幕命により長崎に留学しポンペに師事。長崎奉行岡部長常との仲を斡旋し養生所を設立した。同六年九月十三日、死体解剖。文久元年（一八六一）に徳川家茂の侍医、法眼。同二年九月頃に帰府。医学所副頭取。同三年三月四日、徳川家茂に随行し入京。六月に帰府。九月、緒方洪庵の死により医学所頭取。元治元年（一八六四）、一橋慶喜病につき入京。五月に帰府。慶応元年（一八六五）、徳川家茂に随行し大坂城入城。同二年七月二十日、徳川家茂の最期の脈を執る。八月、徳川慶喜の侍医。同三年に帰府。検黴病院を根津に設立。明治維新直前の官職は奥医師兼医学校頭取歩兵奉行格海陸軍医総長であったという。同四年（明治元・一八六八）一月十五日に近藤勇を治療。三月、新撰組の軍資金を調達。閏四月には会津へ赴く。河合継之助の最期を看取る。八月、庄内へ赴く。九月、仙台で榎本武揚と会談。十一月、横浜へ密行。十二月には捕縛されて江戸へ送られる。明治二年、加賀藩邸にて幽囚。十二月判決、徳川家達邸に禁錮五か月。同三年五月に赦免。十月、早稲田に蘭疇舎という病院兼塾舎を竣工。同四年、尾張徳川家当主の病を治療。三月十五日、山縣有朋の勧誘に応じ大学出仕、兵部省病院御用掛。八月三日に軍医頭。十二月十四日に従五位、順と改称。同六年五月二十日に陸軍軍医総監。同年に資生堂を設けた。同八年二月八日に馬医監兼任。五月十二日、陸軍本病院長兼馬病院長。同九年四月十二日に馬医監免職。五月十日、西南戦争につき大坂以西へ出張。同十一年五月十四日に勲二等旭日重光章。同十二年六月五日に隠居。七月十七日、中央衛生会議員。十月十五日、陸軍軍医本部御用掛。同十四年一月十四日、日本薬局方委員。同十五年九月十五日、陸軍軍医本部長、軍医総監。同十八年に本職免除。陸軍軍医御用掛。大磯に海水浴場を開く。同十九年三月一日、軍医本部非職。十月二十八日に従四位。十一月二十五日休職。同二十三年九月二十九日、貴族院議員。十月四日に予備役編入。同二十六年七月十九日に正四位。同三十年に後備役。同三十五年四月一日に退役。同三十八年三月二日に男爵、勲一等瑞宝章、従三位。著訳書に『養生法』『民間治療法』『海水浴法概説』等。早期治療や衛生知識、海水浴の普及に心血を注いだ。明治四十年三月十二日に死去。享年七十六。墓は神奈川県大磯町妙大寺。大生院殿蘭疇日順大居士。（岩下）

【典拠・参考文献】小川鼎三・酒井シヅ校注『松本順自伝・長与専斎自伝』（平凡社、一九八〇年）、鈴木要吾『蘭学全盛時代と蘭疇の生涯』（大空社、一九九四年）、沼倉延幸「松本良順著述の衛生書をめぐって」（『史友』第一六号、一九八四年）、沼倉延幸「長崎養生所の設立をめぐる長崎奉行の施策と幕府評議―幕末期改革派官僚岡部長常の洋学導入」（『青山学院大学文学部紀要』二八号、青山学院大学文学部、一九八七年）、中村昭子「愛生館と

宗教団体」(『史友』第二二号、青山学院大学史学会、一九九六年)

松山直義《まつやまなおよし》　(一七三七～一八二二)

父は広敷伊賀者、支配勘定を務めた直重。母は綱野種房の娘。次郎太郎・惣十郎・惣右衛門と称す。任官後は伊予守を名乗る。妻は久嶋勝儀の娘。松山家は、徳川家康伊賀越えの際に教導役を勤めたことで御家人に加えられた家とされ、直義はその五代目に当たる。支配勘定見習から始まり、安永七年(一七七八)五月十六日に勘定役となった。天明四年(一七八四)十二月、長崎に巡見し、その功により黄金二枚・白銀七枚を下賜されている。天明六年七月十六日、直義五十歳の時に家督を相続。その後も長崎へは数度にわたり出張し、寛政元年(一七八九)十二月には一〇〇俵が加増され、同二年三月二十八日には勘定組頭に昇進した。また、寛政十年四月には、命により松前へ巡見していることが確認される。文化二年(一八〇五)九月二十六日に勘定吟味役となり、同五年正月には対馬御用が命じられているほか、同十一年二月には精勤により一〇〇俵の加増を受け家禄二〇〇俵高となった。文化十二年六月十七日に長崎奉行となり、再び一〇〇俵の加増を受ける。同十四年六月晦日に西丸鎗奉行へと転じた。文政四年六月二十七日に死去。享年八十五。

(保垣)

【典拠・参考文献】『寛政譜』第二十・一七二頁、『続徳川実紀』第一篇

松浦信寔《まつらしんぜ》　(一八三二～没年未詳)

天保三年(一八三二)に書院番松浦与次郎の子として肥前国に生まれる。のち兄の一橋家家老松浦加賀守(禄高一〇〇〇石)の養子となる。平吉郎・与次郎・越中守と称した。嘉永四年(一八五一)七月十二日に部屋住から召し出されて小性組へ入り、安政三年(一八五六)十一月十六日から進物番を勤め、文久三年(一八六三)六月八日に京都二条城で御小納戸に命じられるが、元治元年(一八六四)五月二十四日に小性組へ復す。慶応元年(一八六五)七月十五日に『日本外史』を将軍へ献本し、九月二十六日には大坂城で目付に任命され、のち勤仕並寄合となる。同三年二月十二日に病気のため願いの通り隠居を許された。のち目付に再任し、同年十月二十六日に軍艦で上京するよう命じられ、同四年正月から公議所建設御用を勤めた。三月五日に町奉行となるが、同十日に辞職して若年寄支配寄合となる。

(加藤)

【典拠・参考文献】『柳営補任』、『続徳川実紀』第四・五篇、『幕臣人名』第四巻

松浦忠《まつらただし》　(一七六七～没年未詳)

本多弾正大弼忠籌と松浦肥前守誠信の娘の三男として生まれ、書院番を務めた松浦信豊の養子となる。初め忠満と名乗り、信忠・熊之助・大膳と称した。妻は斎藤伊豆守三益の娘。采地一五〇〇石。天明四年(一七八四)十二月六日に父の死去に伴い十七歳で家督を相続した。六年十二月二日に小性組となり、八年十二月二十四日に中奥番に移った。享和元年(一八〇一)五月十六日に西丸目付、文化二年(一八〇五)閏八月十七日に先手鉄炮頭、文化七年十月十六日より火附改加役となる。文化十年七月十二日から堺奉行、文化十二年三月八日より京都町奉行、文政三年(一八二〇)七月二十八日から勘定奉行(公事方)、文政六年九月二十八日大目付(宗門改兼帯)、文政十三年九月二十九日には旗奉行となった。天保二年(一八三一)八月十四日に死去。享年六十四。

(堀)

【典拠・参考文献】『寛政譜』第八・九九頁、『柳営補任』

松浦信桯《まつらのぶきよ》　(一七三六～一七八五)

元文元年(一七三六)に生まれる。松浦

鎮信《しげのぶ》の四男篤信《あつのぶ》の十一男にあたるが、寛延元年（一七四八）から宝暦二年（一七五二）まで長崎奉行を務め、のちに勘定奉行となる松浦河内守信正《のぶまさ》の養子となる。養父の信正は、本家にあたる平戸藩主松浦肥前守篤信の一男二女を養子にとり、そのひとりの信程が遺跡を継いでいる。妻は松浦求馬信秀の息女、後妻は大友孫三郎義武の息女。金七郎・与次郎などと称す。遠祖の源太夫久（松浦久）は、延久元年（一〇六九）頃松浦郡梶谷に居住した。その後、肥前平戸に国司として移っている。信程は宝暦十年（一七六〇）九月二十六日に家督を継ぎ、安永六年（一七七七）一月三日、従五位下越中守となる。天明元年（一七八一）四月二十六日に小普請奉行、同五年七月二十四日に長崎奉行となる。長崎奉行であった土屋正延、戸田氏孟が在勤中に相次いで死去したことにともない、急遽任命されている。在勤中は火災が頻発し、唐人屋敷や長崎村伊良林郷、長崎村馬場郷などで出火が続き、その対応に追われている。また、町年寄末席であり会所改役林梅郷の退役に伴い、嫡孫百十郎に宿老見習を命じるなどの人事に着手する。さらに唐方への代替物の俵物類を北国から積み戻すために、大坂で新船を造らせた。この船は形や帆前などこれまでの通例とは異なる様相の船であり「三国丸」と名付けられた。同六年六月には昨年八月から着手していた長崎会所が落成し、さらに立山の麓に武具庫をつくった。この一方で俵物不足から地役人の受容銀を減らし、中国人に対しては唐人屋敷の外囲いを拡大している。同七年三月十二日には大目付となり、寛政十年（一七九八）二月十四日には、廩米二〇〇石を増し、一〇〇〇石の家禄となった。文化十年（一八一三）に死去。墓所は東京都練馬区の臨済宗広徳寺にある。　（安高）

【典拠・参考文献】『寛政譜』第十四・三八六頁、『続長崎実録大成』（長崎文献社、一九七四年）、鈴木康子『長崎奉行の研究』（思文閣出版、二〇〇七年）、木村直樹『幕藩制国家と東アジア世界』（吉川弘文館、二〇〇九年）、嘉村国男編『新長崎年表』上（長崎文献社、一九七四年）

松浦信貞《まつらのぶさだ》　（一六〇七～一六九四）

松浦信正と、松浦肥前守久信の娘の長男として生まれる。左近・八左衛門・猪右衛門と称した。致仕号は道秀。妻は大村丹後守家臣大村式部某の娘。寛永十二年（一六三五）に小性組となり、十五年には廩米三〇〇俵を賜り、二十年六月九日より進物の職を務める。寛文四年（一六六四）に松浦肥前守鎮信の領地肥前国松浦郡の内に一五〇〇石の地を与えられ、廩米は収められた。五年五月朔日に畿内の川々を検視し、六年六月十三日に勘定頭となり、この日武蔵国葛飾郡の内に一五〇〇石の地を加増され三〇〇〇石となる。十二月二十八日に布衣が許され、十一年に日光の家光の二十一回忌の法会のため三月二十八日に日光に赴く。延宝元年（一六七三）七月晦日に職を辞し寄合となる。天和二年（一六八二）十二月十八日に致仕、隠居料として三〇〇俵を賜る。元禄七年（一六九四）八月二十二日に死去。享年八十六。法名は道秀。下谷広徳寺に葬られた。　（堀）

【典拠・参考文献】『寛政譜』第八・九八頁

松浦信正《まつらのぶまさ》　（一六九六～一七六九）

元禄九年（一六九六）に目付松浦市左衛門信正の三男として生まれ、御小納戸松浦信守の養子となる。妻は鑓奉行六郷政慶《まさとし》の息女。与次郎と称した。宝永元年（一七〇四）四月三日に跡目を相続し、享保三年（一七一八）三月十六日に書院番、同十八年八月七日に西丸御徒頭となって十二月十八日布衣を許される。同十九年十二月十五日に目付となり、元文二年（一七三七）三月十日に駿府町奉行となる。同五年四月三日に大坂町奉行に移り、五月一日には従五位下河内守に叙任される。延享三年（一七四六）四月二十八日、勘定奉行に転出して三〇〇石を加えられ、同五年（寛延元年・一七四八）六月二十日に長崎奉行を兼任して貿易改革に着手した。宝暦二年（一七五二）二月十五日に長崎奉行兼任を解かれる。改めて長崎御用加役（長崎掛）を命じられて五〇〇石を加増され、役料一〇〇〇俵を受けるが、同三年二月二十三日に上納銀延滞問題などにより免職閉門となる。八月四日に許され、同十年九月二十六日に致仕。明和六年（一七六九）五月十一日に死去した。享年七十四。法名は紹勲。墓所は宝持院（東京都葛飾区）である。（柳田）

【典拠・参考文献】『寛政譜』第八・一〇一頁、『徳川実紀』第九篇、『柳営補任』、鈴木康子『長崎奉行の研究』（思文閣出版、二〇〇七年）、『長崎実録大成 正編』（長崎文献社、一九七三年）、『長崎港草』（長崎文献社、一九七三年）

松浦《まつら》正紹《まさつぐ》　（一七七三～一八四四）

安永二年（一七七三）に生まれ、作十郎を称す。正紹は小普請世話役大久保吉次郎の悴で、北町奉行所与力松浦弥次右衛門正植の養子となった。妻は先手与力草加和助の息女。松浦家は本国を伊勢とし、丹羽遠江守の家来弥五兵衛の悴弥次右衛門のとき、宝永五年（一七〇八）に丹羽が奉行を務める北町奉行所の与力に召し出されて以来、代々町与力を務め、正紹で五代目にあたる。寛政七年（一七九五）十月に与力となり、詮議役などを務めた。彼は天保四年（一八三三）八月以降米物価高騰に悩まされる江戸にあって、払米や救小屋見廻などにあたり、同六年六月十二日には年来出精を賞されて譜代となり、新規一〇〇俵を与えられている。ところが翌年十月六日、彼は「場所不相応」との理由で突如小普請入の上、押込を命じられる。同年十一月六日に押込を免じられるが、原胤昭によれば、原因は「驕奢」にあったという。正紹は屋敷周囲に六尺幅の大溝を掘り、数寄を凝らした普請を施し、さながら大名をしのぐ生活ぶりであったといわれる。彼は押込後屋敷引き払いを命じられ、浅草橋場に邸宅を構えるが、ここでも釣りを楽しむなど、風流を尽したようである。天保十五年（一八四四）十一月二十三日に死去。享年七十二。菩提寺は小日向の金剛寺（移転した現在は中野区上高田四丁目）である。（滝口）

【典拠・参考文献】『原胤昭旧蔵資料調査報告書（1）～（3）―江戸町奉行所与力・同心関係史料―』（千代田区教育委員会、二〇〇八～一〇年）

曲直瀬《まなせ》正琳《しょうりん》　（一五六五～一六一一）

永禄八年（一五六五）に生まれる。又五郎・養庵・養安院・玉翁と称した。山城の人。本姓一柳。妻は曲直瀬玄朔の娘。初代曲直瀬道三門下の秀才で、道三から曲直瀬の姓を授けられ、秘書及び口伝を伝えられる。天正十二年（一五八四）に豊臣秀次に仕え、文禄元年（一五九二）に近江国で二五〇石。慶長十年（一六〇五）には徳川家康に召され、その後に徳川秀忠に仕えた。のち致仕して家督を嫡子の正円に譲る。文禄元年には正親町院の病気を治療し法印を授けられ、文禄四年、宇喜多秀家の妻の病を癒し、豊臣秀吉から金銀・綿衣を下賜され、かつ文禄の役の際、朝鮮で入手した書物を与えられた。慶長五年には後陽成院の病気平癒により綸旨と養安院の院号を下されている。同十六年八月九日死去。享年四十七。墓は自らが開基した京都紫野大徳寺

内の玉林院。法号正琳。（岩下）

【典拠・参考文献】『寛政譜』第十・九二頁

間部詮房《まなべあきふさ》 （一六六六～一七二〇）

寛文六年（一六六六）に桜田館家臣西田清貞の嫡男として生まれる。母は阿部忠秋家臣小川次郎右衛門の息女。右京・宮内・越前守と称す。妻は甲府の家臣小花和成武の息女。詮房より「間鍋」を称するが、貞享元年（一六八四）に、桜田館の徳川綱豊（家宣）のもとで小性を務めた際に、「間部」にあらため、一五〇俵一〇人扶持、翌年には二五〇俵を賜る。その後、同四年に両番頭格となり加増されて五五〇俵、元禄元年（一六八八）に奏者役格で七七〇俵、同二年用人並、同十二年用人となり一二〇〇俵となる。宝永元年（一七〇四）に徳川家宣が将軍嗣子として西丸に移る際に従い、廩米一五〇〇俵を賜る。同年十二月九日に西丸の奥番頭となり、書院番頭に準ぜられ、従五位下越前守に叙任される。同二年正月七日に西丸の御側となり、一五〇〇石加増され、すべてを知行地にあらためられ、三〇〇〇石となる。同三年正月九日に「若年寄之次」となり、江戸城の門で下座を受けることになる。この時より西丸側用人となったと考えられる。加えて七〇〇〇石を加増され、一万石となる。同年十二月十五日に従四位下に叙任され、老中の次席となる。同四年七月十三日に侍従に叙任され、一万石の加増を受け、翌日、老中格となる。のち本丸勤務となり、同七年五月二十三日に二万石を加増され、あわせて五万石の高崎城主となる。間部は、家宣の側近として多大な権力を振るったと考えられがちであるが、確かに新井白石をブレーンにして、自ら政策立案をするなど実力は大きかったものの、あくまでも老中をリードする形でおこなっていたにすぎず、老中の職務領域を越えることはなかったといわれる。正徳二年（一七一二）十月十四日に六代将軍徳川家宣が死去した後は、五歳で将軍職を嗣いだ家継の側近くに仕えた。室鳩巣の『兼山秘策』には、家継は、越前守である間部を「えち」と呼び、間部が増上寺に参詣に行った際には、帰る時刻に玄関まで自ら迎えに出て、帰ってきた間部に喜んで抱かれた、というほほえましいエピソードが記されており、家継が間部に懐いていたことがうかがえる。また鳩巣は、家継が聡明に育っているのは間部の功績であるとし、その人物を決断力があり温厚だと評価している。享保元年（一七一六）四月二十日に家継が死去すると、同年五月十六日に職を解かれ、雁間詰となる。同二年二月十一日に転封を命じられ、越後村上城主となる。同五年七月十六日に死去。享年五十五。柔誉輭心煥霊亭浄院と号す。村上の浄念寺（新潟県村上市）に埋葬される。（福留）

【典拠・参考文献】『寛政譜』第二十二・六三頁、室鳩巣「兼山秘策」第一・二冊（『日本経済大典』第六巻）、間部家文書刊行会編『間部家文書』（福井県鯖江市役所、一九八二年）、深井雅海『徳川将軍政治権力の研究』（吉川弘文館、一九九一年）、福留真紀『徳川将軍側近の研究』（校倉書房、二〇〇六年）

間宮士信《まみやことのぶ》 （一七七七～一八四一）

安永六年（一七七七）、江戸に生まれる。書院番士間宮公信の子。母は清水氏。妻は木下万之助利泰の息女。寛政十年（一七九八）五月四日に家督を継ぐ。天保二年（一八三一）七月八日、書院番士より西丸小性組組頭に転じ、同十一年九月二十日、二丸御留守居となる。文化七年（一八一〇）、学問所内に地誌調所が設立されたが、その調方出役となり、『新編武蔵風土記稿』『新編相模国風土記稿』などの編纂に関わる。

天保十二年（一八四一）七月十三日没。享年六十五。法名は得成院殿最正日覚居士。下総国千葉郡高津村の観音寺に葬られる。（湯浅）

【典拠・参考文献】『寛政譜』第七・二六九頁、鈴木圭吾「間宮士信の新史料」（『歴史手帖　四巻八号』、一九七六年）

間宮真澄《まみやさねずみ》（生年未詳～一六一五）

通称は虎助。父は間宮高則《たかのり》、母は不詳。知行地は相模国三浦郡、上総国望陀郡の内で一二〇〇石であった。徳川家康に拝謁してのち、船手役を務めた。慶長十九年（一六一四）の大坂冬の陣では、同じく船手の向井忠勝・小浜光隆・千賀某と共に大坂伝法口を守った。元和元年（一六一五）の大坂夏の陣では伝法口で番船を乗っ取るが、深手を負い、五月二十六日に死去した。法名は善忠。領地の三浦郡長坂村の無量寺に葬られた。（松本）

【典拠・参考文献】『寛政譜』第七・二六〇頁

間宮忠次《まみやただつぐ》（生年未詳～一六四二）

代官間宮直元《なおもと》の長男として生まれる。妻は戸田三左衛門政重の娘。彦次郎と称した。徳川家康に仕え、慶長十九年（一六一四）父直元の死後、知行一〇〇〇石を相続する。寛永十三年（一六三六）八月十五日代官を命じられ駿河国蒲原へ赴任する。父と同様武蔵国本牧領も差配する。同十九年十月七日に死去。牛込の松源寺に葬られる。（宮原）

【典拠・参考文献】『寛政譜』第七・二五四頁、『代官履歴』

間宮直元《まみやなおもと》（一五七〇～一六一四）

元亀元年（一五七〇）に生まれる。新左衛門と称す。父康信に継いで北条氏直に仕えていたが、天正十八年（一五九〇）に後北条氏が没落し、徳川家康の関東入国時に召されて仕えるようになる。下総国印旛・千葉両郡の内に采地一〇〇〇石を給い、慶長三年（一五九八）には代官となり、江戸・但馬国生野にて勤める。また武蔵国本牧領を預けられた。同十九年の大坂の役では井伊直孝に属して従軍し、同年十二月二十五日に陣中において戦死する。享年四十五。法名は宗夢。（高木）

【典拠・参考文献】『寛政譜』第七・二五三頁、同・二五四頁、高木昭作『日本近世国家史の研究』（岩波書店、一九九〇年）

間宮長澄《まみやながずみ さねずみ》（生年未詳～一六九四）

船手役間宮真澄の長男として生まれる。妻は山崎権八郎正信の息女。虎之助・造酒丞と称した。徳川家康に拝謁し、後に小性組番士となる。寛永九年（一六三二）六月二十五日に船手となり、同十三年十二月二十九日に布衣を許される。同十七年七月二十二日に仰せをうけて、西海及び中国の浦々を巡見した。同十九年五月六日の隅田川放鷹において、船で還御のときに、既に潮落しであったため、銭亀橋より漕ぎ戻し、後藤橋で上陸させた。このことにより、同僚の者が皆その越度を咎められる。長澄は先船にありながら、潮落しであったことを注進しなかったために越度とされ、出仕を止められたが、後に赦される。その後、勤務を辞して小普請となる。元禄七年（一六九四）正月十七日に死去。法名は宗融。菩提寺は牛込の松源寺であったが、後に同寺は中野村上高田に移される（東京都中野区）。（栗原）

【典拠・参考文献】『寛政譜』第七・二六〇頁

間宮信明《まみやのぶあきら》（一六六一～一七一四）

寛文元年（一六六一）大坂の御金奉行間宮信秀の長男として生まれる。母は朱野氏の女。内蔵助・三郎左衛門・諸左衛門・播磨守と称した。妻は長倉珍阿弥正信の女。延宝元年（一六七三）二月二十八日、初めて将軍徳川家綱に拝謁。天和三年（一六八三）九月二十五日、大番士に列し、元禄三年（一六九〇）十二月十二日、遺跡を継ぐ。同五年十一月九日に新番士に転じ、翌六年八月六日に小普請奉行（同十四年に小普請方と改称）となり、同十一年正月十一日に小普請奉行組頭（同十四年に小普請奉行と改称）となって、同年十二月二十五日には布衣を許される。同月二十六日、下野国都賀《つが》郡の内に二〇〇石を加増される。同十三年四月二十七日、日光山における大猷院殿五十回忌法会のための三仏堂等の普請を担当し、時服二領および羽織・黄金五枚を賜る。宝永元年（一七〇四）十一月七日、湯島聖堂造営を担当し、従五位下播磨守に叙任され、同月二十八日にはその功を賞せられて、再び時服二領および羽織・黄金六枚を賜った。さらに同五年四月十八日にも、先に久能山御宮の修理を担当した功により、時服二領および羽織・黄金六枚を賜る。翌六年十二月十六日、二〇〇石を加増され、先の廩米三〇〇石を采地に改められて、合せて七〇〇石を下野国都賀郡の内に賜る。このほか地震で破損した御宮霊廟の修理・江戸城の修理・桂昌院霊拝所の造営・浜離邸の造営・駿府城石垣の修理・徳川綱吉の霊廟の造営などにも携わっている。正徳二年（一七一二）八月十三日、同役竹田政武と共に配下の新旧手代の給米を合わせて増加するよう願い出たことにより免職となり、小普請におとされ、出仕も止められた。同年十月十日には赦されるものの、同四年五月二十三日に死去。享年五十四歳。法名は浄応。江戸小日向の清巌寺に葬られる。（浦井）

【典拠・参考文献】『寛政譜』第七・二八一～二八二頁

間宮信興《まみやのぶおき》（一七六九～一八一三）

明和六年（一七六九）に御留守居岡野知《とも》暁《さと》の三男として生まれる。長崎奉行岡野貞《さだ》明《あきら》の玄孫である。雄之助・諸左衛門・筑前守・肥前守と称した。勘定奉行間宮信好《のぶよし》の養子となり、信好の息女を妻とした。寛政二年（一七九〇）四月十五日にはじめて十一代将軍家斉に拝謁した。同三年九月十日に書院番に列し、同四年十月二十九日より進物の役を兼帯し、同六年七月五日に御小納戸となる。同九月六日に十一代将軍家斉の世子家慶（のちに十二代将軍）の付属となり、十二月十六日に布衣を許される。後に西丸に勤仕し、同九年十二月四日に家督を相続した。知行は七〇〇石。文化十年（一八一三）四月十二日に西丸目付となり、同年九月二十日に本丸目付となる。文政元年（一八一八）四月二十八日に長崎奉行となり、九月五日に長崎に到着する。同二年十月三日に長崎を出発、江戸へ帰り、再び同三年九月五日に長崎に到着する。同月、寛政五年に創設された長崎奉行手附出役を廃止し、従前の如く奉行給人が目安方・諸検使・呈書進達向等を勤務することとなり、呈書方書役二人は従前通り、手附出役の勤務となった。文政四年七月、オランダ船がペルシア産のラクダ二頭を輸入、江戸（両国広小路）で見世物となった。同年八月十五日、長崎会所上納金為替用達を置き、会所銀欠乏のとき一時借入金の便を開いた。同年十月三日に長崎を出発、江戸へ帰り、文政五年（一八二二）六月十四日に作事奉行となり、同年八月二十八日に増上寺の台徳院殿（二代将軍徳川秀忠）霊廟等の修復を指揮し、褒美を賜る。同六年三月三十日に死去。享年五十五。菩提寺は小日向（東京都文京区）清巌寺であったが、同寺は大正十二年に西巣鴨に移転している。（盛山）

【典拠・参考文献】『寛政譜』第七・二八二頁、『旗本百科』第三巻、「長崎奉行代々記」（鈴木康子『長崎奉行の研究』〈思文閣出版、二〇〇七年〉所収)、金井俊行編「長崎奉行歴代略譜」(『増補長崎略史』上巻〈『長崎叢書』下巻《明治百年史叢書》長崎市役所編、原書房、一九七三年復刻〉所収)、『続徳川実紀』第二篇

間宮信之《まみやのぶゆき》 (一五八六〜一六四三)

天正十四年(一五八六)の生まれ。藤太郎・左衛門と称す。名は信秋《のぶあき》とも記された。父は小田原北条氏の家臣で水尾城主だった間宮信繁《のぶしげ》で、母は朝倉政景《まさかげ》の息女。妻は近藤石見守某の息女であった。信繁は、後に徳川家康の鷹匠として仕え、関ヶ原の戦にも参戦している。以後、間宮家は信之《のぶゆき》・信《のぶ》勝《かつ》・信久《のぶしげ》・敦信《あつのぶ》と四代にわたって将軍家の鷹匠を務めた。間宮氏の鷹術は、信州の禰津流または諏訪流の系譜にあるとされる。信之は、文禄元年(一五九二)に初めて徳川家康に拝謁し、慶長三年(一五九八)より家康に仕えた。元和三年(一六一七)に家督を継承し、父の代の鉄炮同心の二〇人を改めて鳥見同心とし、これに鷹匠同心を合わせた合計四〇人を付けられ、御手鷹匠を支配することになった。寛永二十年(一六四三)十月十一日に死去。享年は五十八、法名は日諦。 (山崎)

【典拠・参考文献】『寛政譜』第七・二七六頁、根崎光男『将軍の鷹狩り』(同成社、江戸時代史叢書三、一九九九年)

間宮信行《まみやのぶゆき》 (生没年未詳)

鉄太郎と称する。父は鉄砲玉薬奉行間宮左衛門。文久三年(一八六三)二月二十三日に講武所砲術教授方出役より大番格大砲差図役勤方となる。同年三月十四日に大砲組差図役頭取に就任、切米一五〇俵、手当一〇人扶持を下付された。十四代将軍徳川家茂上洛に伴い、同月十九日に京都へ派遣された。慶応三年(一八六七)十二月に大坂で大砲組之頭となり、同四年正月の鳥羽伏見の戦いにおいては砲兵を率いて伏見(京都府伏見区)に配置された。 (神谷)

【典拠・参考文献】『柳営補任』、『続徳川実紀』第四篇、野口武彦『幕府歩兵隊』(中公新書、中央公論社、二〇〇二年)

間宮信好《まみやのぶよし》 (一七四六〜一七九七)

御留守居向坂言政《さきさかときまさ》の二男として、延享三年(一七四六)に生まれる。母は西丸の侍女峰野の息女。西丸書院番士の間宮信栄《のぶよし》の養子となり、その息女を妻とする。通称は熊五郎・伊織・諸左衛門。明和八年(一七七一)十二月七日に家督を相続。知行七〇〇石。安永三年(一七七四)六月七日に西丸書院番士、天明六年(一七八六)十二月朔日に小十人頭となり、同月十八日に布衣の着用を許される。寛政元年(一七八九)十一月二十六日に目付、同六年九月二十二日には勘定奉行(勝手方)となり、十二月十六日に従五位下筑前守に叙任。同八年二月九日に日光御宮其外修復掛をつとめ、同九年二月十二日には公事方の勘定奉行となる。九月十日に死去。享年五十二。法名は賢勇。菩提寺は小日向の清巌寺(現在は東京都豊島区に移転)。 (高山)

【典拠・参考文献】『寛政譜』第七・二八二頁、『柳営補任』

間宮元重《まみやもとしげ》 (一五六一〜一六四五)

永禄四年(一五六一)、小田原北条氏の家臣間宮康俊《やすとし》の五男として生まれる。宗七郎・伝右衛門と称す。初め北条氏直に仕え、北条氏滅亡後の天正十八年(一五九〇)十一月より徳川家康に仕えた。大番となり、武蔵国榛沢郡《はんざわ》に知行地三〇〇石を与えられている。慶長五年(一六〇〇)には大坂へ召されて、御鷹を預けられ、同年の上杉景勝征伐にも供奉した。後に武蔵国忍領に居住し、御手鷹匠となる。正保二年(一六四五)十一月二十三日に死去、享年八十五。法名は定安といった。墓所は忍領の清泉寺。なお、元重の臨終にあたって、子の元次《もとつぐ》は

既に死去していたが、孫の元平《もとひら》が健在だった。ところが、元重は他人に遺跡を継がせることを望んだため、知行地は没収された。（山崎）

【典拠・参考文献】『寛政譜』第七・二五五頁

間宮林蔵《まみやりんぞう》　（一七七五～一八四四）

安永四年（一七七五）に生まれる。倫宗とも称した。父は常陸国筑波郡上平柳村の農民間宮庄兵衛で、母はクマと称した。寛政二年（一七九〇）頃に江戸に出て、村上島之丞に地理学を学び、同十一年四月に幕命で蝦夷地に派遣された島之丞に従って蝦夷地に渡った。翌十二年八月に蝦夷地御用雇となり、箱館に来ていた伊能忠敬から測量術を学んだ。享和二年（一八〇二）十月、病気を理由に辞職するが、翌三年四月に復職し、蝦夷地・クナシリ・エトロフの測量をした。文化四年（一八〇七）に御雇同心格となり、翌五年に松田伝十郎とともにカラフトを探査し、カラフトが離島であることを認識し、カラフト・大陸間の海峡と周辺の諸民族の様子を明らかにし、幕府に報告するとともに、世に知らしめた。同八年四月に松前奉行支配調役下役格となり、翌九年から文政四年（一八二一）まで蝦夷地の測量を行った。同五年に普請役となり、同七年には房総御備場掛を兼帯して東北や伊豆諸島を探索した。同十一年のシーボルト事件では密告者とされたが、そのシーボルトがカラフト・大陸間の海峡を「間宮海峡」として紹介したことにより、世界地図に名を残すことになった。シーボルト事件後、普請役として主に西国で探索を行い、天保十五年（一八四四）二月二十六日に江戸で死去。享年七十。主な著書には、『東韃地方紀行』・『北蝦夷図説』がある。墓は、東京都江東区の本立院と郷里の茨城県伊奈町の専称寺にある。法名は、本立院は威徳院殿巍誉光念神祐大居士、専称寺は顕実院拓北宗園日成大居士である。なお、養子の鉄次郎孝順は、弘化元年（一八四四）八月二十五日に林蔵名跡の普請役となり、嘉永七年（一八五四）閏七月二十七日に箱館奉行支配調役下役、安政三年（一八五六）十二月二十四日に箱館奉行支配調役並、万延元年（一八六〇）十二月晦日に箱館奉行支配調役（御目見以上）となって、職務上も養父の跡を継ぎ、慶応三年（一八六七）に広敷番頭、翌四年、賄頭となり、同年に静岡に移住し、同六年から、明治政府に出仕し、同二十四年六月、六十歳で死去した。（筑紫）

【典拠・参考文献】洞富雄『間宮林蔵』（新装版「人物叢書」四四、吉川弘文館、一九八六年）、『幕臣人名』、前田匡一郎『駿遠へ移住した徳川家臣団』第三編（一九九七年）

丸毛政良《まるもまさかた》　（一七三八～没年未詳）

元文三年（一七三八）生まれ。父は丸毛政恭《まさやす》、母は不詳。妻は岡部長蔵の息女。後妻は榊原久明の養女である。通称は岩之助・一学・肥後守。宝暦三年（一七五三）十二月六日に将軍家重に御目見。同七年十二月五日に御小納戸となり、同十八日布衣を着することを許された。同十年五月十三日より西丸御小納戸となるが、翌十一年の将軍家重薨去により八月四日に寄合となった。同十二年十一月六日に小納戸へ復帰。明和三年（一七六六）十一月四日に家督を相続し、武蔵国比企・入間・高麗郡の内で九〇〇石を知行した。安永四年（一七七五）二月八日に西丸目付、同四月十二日には目付となった。同五年四月の将軍家治の日光社参に供奉する。その後しばしば日光山にて修造のことを勤め、黄金を賜る。同九年十月二十日に普請奉行となり、同十二月十八日、従五位下和泉守に叙任した。天明二年（一七八二）十一月二十五日に京都町奉行となる。その後、同七年九月二十九日には京都町奉行を解任され、寄合とされた。これは天明飢饉による米価高騰のなかで、丸毛が米商人と結託して米価を吊り上げ、暴利を貪ったことによる。松平定信による綱紀粛正の一環であった。翌八年五月六日には職務中の等閑を理由に出仕を止められた（六月二十六日赦免）。以後の経歴不明。同家の菩提寺は下谷の養玉院である（現在は東京都品川区西大井に移転）。（松本）

【典拠・参考文献】『寛政譜』第四・四〇頁、原田伴彦『江戸時代の歴史』（三一書房、一九八三年）

丸山玄棟《まるやまはるむね》（一六六二～一七四四）

寛文二年（一六六二）に外科医師寺内宗悦の子として生まれる。昌貞と号し、法眼に叙せられた。妻は熊沢氏の息女。玄棟の代から名字を丸山に改めた。江戸の町医師であったが、元禄十一年（一六九八）二月二十六日、尾張家に召し抱えられ、三代藩主徳川綱誠《つななり》の息女で五代将軍綱吉の養女となった喜知姫付きの医師になった。同年七月に喜知姫が死去した後、側用人柳沢吉保に仕えていたが、宝永元年（一七〇四）閏四月二十八日に初めて将軍綱吉に御目見し、同二年九月一日に御家人に列して、御番医師となり、扶持米二〇〇俵を拝領した。同五年五月一日に職務を御免となり、寄合に列したが、享保九年（一七二四）閏四月二十六日より奥医師を務め、同十二年十二月十八日には法眼に叙せられた。同十三年四月に八代将軍吉宗による日光社参が挙行されると、これに供奉した。元文五年（一七四〇）二月二日に隠居し、家督を養子の宜《よし》喬《たか》に譲った。寛保四年（延享元・一七四四）正月十四日に死去。享年八十三。法名は梁翁。下野国大前村の自性院（栃木県足利市）に葬られた。（白根）

【典拠・参考文献】『寛政譜』第二十・六二頁、「高附」（徳川林政史研究所所蔵）、白根孝胤「尾張藩における幕藩間交渉と城附・「取持」」（岸野俊彦編『尾張藩社会の総合研究』第二篇、清文堂出版、二〇〇四年。）

万年忠頼《まんねんただより》（生年未詳～一六九四）

万年高頼（頼高とも）の二男として生まれる。母は中村氏の息女。七郎左衛門と称した。妻は中村氏の息女。万年氏は、初代正勝が徳川家康に仕え相模国の代官を勤め、次の高頼（重頼とも）も家康に仕え、天正十七年（一五八九）に食録および四〇石の田宅の地を与えられ遠江国の代官を勤め、のち相模国の代官となったという。高頼の跡の久頼は遠江国の代官を勤め、以後高頼―忠頼―頼安―頼忠と代々同国の代官職を世襲し、この間同国榛原郡川尻村に住した。忠頼は、病により家督を継がなかった兄頼春に代わり、正保三年（一六四六）十一月二十八日に家督を相続し、代官となる。「遠江国正保郷帳」によれば、忠頼の支配地は川尻村を含む榛原郡内の三か村（二三〇〇石余）である。延宝四年（一六七六）二月十六日に致仕し、元禄七年（一六九四）五月八日に死去。法名は浄天。菩提寺は川尻村の成因寺。（佐藤）

【典拠・参考文献】『寛政譜』第十六・五五頁、佐藤孝之『近世前期の幕領支配と村落』（巌南堂書店、一九九三年）、『静岡県史』通史編3

万年千秋《まんねんちあき》（一八三三～一九〇七）

天保四年（一八三三）生まれ。元砲兵頭。沼津兵学校では三等教授方として砲術を教えた。明治五年（一八七二）、沼津出張兵学寮を免官となる。その後明治七年、大築尚志・黒田久孝・間宮信行・永持明徳らと共に陸軍省砲兵科に配属され、砲兵少佐となった。陸軍を退官した後は沼津に隠居して、『函石日報』など静岡の新聞に和歌を投稿したりするなど、趣味の世界に没頭し

た。明治四十年（一九〇七）九月十四日に死去。（津田）

【典拠・参考文献】樋口雄彦『旧幕臣の明治維新　沼津兵学校とその群像』（吉川弘文館、二〇〇五年）、同『沼津兵学校の研究』（吉川弘文館、二〇〇七年）

万年久頼《まんねんひさより》　（一五七〇～一六三七）

元亀元年（一五七〇）に万年高頼の長男として生まれる。母は石谷氏の息女。三左衛門・七郎右衛門と称した。徳川家康に仕え、遠江国の代官を勤める。寛永十四年（一六三七）七月十九日に死去。享年六十八。法名は成閑。菩提寺は遠江国榛原郡川尻村の成因寺。（佐藤）

【典拠・参考文献】『寛政譜』第十六・五四頁

万年正頼《まんねんまさより》　（一五八八～一六六四）

天正十六年（一五八八）に生まれる。弥三郎・万斎と称す。父は徳川家康に仕え、相模国の代官等を務めた正勝。母は石川氏の息女。妻は山岡伝右衛門景重の息女。正頼は、はじめ徳川秀忠に仕えて小性を務め、慶長五年（一六〇〇）大番となって廩米三〇〇俵を賜う。寛永四年（一六二七）十月二十九日に大坂の御蔵奉行に転出し、寛文三年（一六六三）まで務める。同年職を辞し、小普請となる。翌四年四月十四日に七十七歳で死去。法名は万斎。葬地は相模国二宮の大応寺（神奈川県二宮町）で、のち代々の葬地となっている。（小宮山）

【典拠・参考文献】『寛政譜』第十六・五七頁、『寛永諸家系図伝』第十一・八〇頁

み

三浦重次《みうらしげつぐ》　（生年未詳～一六一六）

三浦直升《なおます》の二男として生まれる。十左衛門と称した。父直升は徳川家康に仕え、三河国の代官となり、兄直正も家康に仕え、小性ののち近江・三河両国の代官を勤める。直正の跡はその子直利が継ぐが、直正が没した時に直利が幼少であったため重次が代官職を引き継ぎ、のち代官職を子庄八郎に譲る。庄八郎はのちその職を辞し庶民となる。元和二年（一六一六）十月三日に死去。法名は守圭。菩提寺は三河国岡崎の誓願寺。（佐藤）

【典拠・参考文献】『寛政譜』第十六・五四頁

三浦正次《みうらまさつぐ》　（一五九九～一六四一）

慶長四年（一五九九）生まれ。幼名は亀千代と称し、のち甚太郎・左兵衛を称した。父は三河国碧海郡重原に住した五左衛門正重。母は土井小左衛門利昌の女で、兄に大炊頭利勝がいる。正室は堀式部少輔直之の女。子には安次・共次らがいる。正次は、慶長八年三月に父とともに江戸に下り、母方の伯父である土井利勝のもとに身を寄せ

た。同十二年五月一日、正次九歳の時に家康・秀忠に拝謁し、家光に仕える。同十七年二月二十八日、上意により三浦から土井に改め、甚太郎と称す。元和三年（一六一七）三月、上意により左兵衛と改称して左文字の刀を拝領する。同四年十二月十三日、下総国矢作において七八〇石（一説には七八二石）をたまい、同八年正月には小性組組頭、その後松平定勝の居城伊勢国桑名城へ城受取の上使として派遣され、同年十一月には上総国内にて加増されて一〇〇〇石となる。同九年二月、上意により土井を改め三浦に戻る。同年家光の上洛に供奉し、七月二十七日従五位下志摩守に叙任され、この時、上意にて源氏となる。寛永元年（一六二四）正月書院番組頭となり、同年十一月上総国内にて一〇〇〇石加増され、かつ初めて屋敷を拝領したという。同五年十月に小性組番頭となり、同十一月二日に上野国内で三〇〇〇石の加増とともに一橋門外にて屋敷替えを行う。同七年にも上野国内にて加増され、都合一万石となる。同十年三月二十三日、松平信綱・阿部忠秋・堀田正盛・太田資宗・阿部重次らとともに、いわゆる六人衆に任じられ、小事について取り計らうべきことを命じられる。正次は、阿部忠秋とともに御腰物方の所務を受け持った。同十三年十一月二十二日、下総国小見川大和田にて五〇〇〇石加増。同十五年、島原一揆の平定に派遣され、同年十一月七日に朽木稙綱とともに泊り番と当番の諸士の支配を命じられ、番頭はゆるされた。同十六年正月十四日、加増にて下野国壬生城をたまい、二万五〇〇〇石を領す。なお、この際に下総国結城・猿嶋両郡で六九〇〇石余の山川領が宛行われ、以後幕末まで壬生藩領として続いた。同十八年十月二十七日、四十三歳にて死去。法名は斎林道照院と号す。また、陽誉道照西林院とするものもある。浅草の誓願寺（東京都府中市）に葬られ、のち代々の葬地となっている。（小宮山）

【典拠・参考文献】『寛政譜』第九・三九頁〜四一頁、『寛永諸家系図伝』第六、『壬生町史』通史編Ⅰ（栃木県壬生町、一九九〇年）、同資料編近世（同壬生町、一九八六年）、藤井譲治『江戸幕府老中制形成過程の研究』（校倉書房、一九九〇年）、根岸茂夫『近世武家社会の形成と構造』（吉川弘文館、二〇〇〇年）、小池進『江戸幕府直轄軍団の形成』（吉川弘文館、二〇〇一年）

三浦正子《みうらまさつぐ》　（一七四〇～一七九九）

元文五年（一七四〇）に朝比奈泰見の二男として生まれ、のちに書院番の三浦正範の末期養子となった。嘉根吉・甚五郎と称し、任官後は伊勢守を名乗った。母は川崎良昌の娘。妻は小川保副の娘。寛延三年（一七五〇）に養父の遺跡を継ぎ、明和三年（一七六六）五月七日に西本丸小姓組に編入される。安永八年（一七七九）四月十六日に本丸小姓組となる。天明元年（一七八一）五月二十六日には西丸小姓組となり、同五年五月十二日西小姓組組頭となる。同年十二月十八日には布衣の着用を許される。同七年十月二十六日に西丸目付、同八年十月十九日に奈良奉行に就任し、同十二月従五位下伊勢守に叙任される。さらに寛政三年（一七九一）十二月二十三日に京都町奉行となる。寛政十一年（一七九九）十一月二十七日に死去。（上野）

【典拠・参考文献】『寛政譜』第九・五〇頁、『旗本百科』第五巻

三上季富《みかみきふ》　（生没年未詳）

三上因幡守の子。禄高六〇〇石。吉郎・半兵衛・筑前守と称した。享和二年（一八〇二）七月十日、小性組より御小納戸となる。文化九年（一八一二）四月に西丸小性となり、文政十年（一八二七）六月に西丸

小性頭取、同十二年十二月には西丸御小納戸頭取となった。天保二年（一八三一）十二月には小普請奉行、同七年八月に清水家老、同十年七月には家定付き小性組番頭格奥勤となり、同十二年六月、辞した。

（上野）

【典拠・参考文献】『旗本百科』第五巻

三上季寛《みかみすえひろ》（一七四一〜一八〇六）

寛保元年（一七四一）に先手鉄炮頭三上季良《すえかた》の子として生まれる。実母は大目付河野通喬《みちたか》の息女。妻は森川俊親の息女。後妻は西丸小性組井上正敏の息女、および先手鉄炮頭仁賀保誠之《にかほのぶゆき》の息女。伊之吉・半兵衛と称し、はじめ諱は季豊《すえとよ》と名乗った。宝暦十年（一七六〇）八月二十八日に初めて十代将軍徳川家治に拝謁した。安永二年（一七七三）五月七日に御小納戸となり、十二月十六日に布衣の着用が許された。天明八年（一七八八）十一月五日に家督を相続し、武蔵国足立郡・埼玉郡内において六〇〇石を拝領した。寛政四年（一七九二）十二月二十一日には従五位下因幡守に叙任された。同五年三月に十一代将軍家斉が尾張家下屋敷の戸山荘を「御通抜」した際には、その見聞記である「和田戸山御成記」を著述し、戸山荘が天下の名園と評価される契機となった。同六年六月二十九日から先手御弓頭となり、同九年十二月一日には火附盗賊改加役を務めた。同十年正月十二日に加役御免となったが、九月一日、作事奉行に転じた。同十二年八月からは宗門改役を兼務した。文化三年（一八〇六）正月二十四日に死去。享年六十六。四谷の松厳寺（東京都新宿区）に葬られた。

（白根）

【典拠・参考文献】『寛政譜』第七・一九六頁、『柳営補任』、『旗本百科』第五巻

三河口輝昌《みかわぐちてるまさ》（一七四二〜一八一五）

寛保二年（一七四二）に富士見御宝蔵番を務めた野村輝次の子として生まれる。母は野本彦十郎の娘。八十之丞・八蔵・太忠と称す。妻は久世大和守家臣の堀又兵衛信番の娘、後妻は杉浦助左衛門伯良の養女。三河口家は当初、野村と称していたが、輝昌より六代前の忠政のときに三河口と改め、さらに五代前の頼玄の代には再び野村を称し、輝昌時代の寛政三年（一七九一）十二月十三日に三河口に復した。家禄は一〇〇俵四人扶持。宝暦八年（一七五八）十一月四日に家督を継ぎ、その後御徒目付となる。さらに小普請方改役へと転役し、将軍への御目見を許される。天明七年（一七八七）正月十三日に御目見以上の格となり小普請方を務め、寛政元年（一七八九）正月二十五日には代官へと転じた。この時期、幕府は寛政改革の一環として、公金の不正貸付・積年の引負金・手代の不正放任などの理由で代官の罷免・処罰を行っており、新たに任命された代官が全国の総代官数の三分の一にあたる一九名にものぼっていた。輝昌もこうした新規代官のうちの一人にあたる。また幕府は、同時に代官の属僚である手代の取締りを強化し、摘発・処罰された不正手代の数も多数に及んでいた。新規代官の大量登用と手代の人材不足により、代官所の人事バランスがくずれて混乱していた同二年六月、輝昌は、代官手限りで任用されている手代のうちで出精の者を「手代頭取」とし、同時に小普請組の御家人から「手代出役」を任命してはどうかという献言を行った。この意見が勘定所によって採用され、のちに少禄の御家人が代官所へ派遣される代官「手附」の制度へと結びついていった。当時勘定奉行を務めていた柳生久通の「気に入」と評された輝昌は、同四年四月四日には関東郡代支配代官に任ぜられて六万石の支配所を受け持つようになり、享和三年（一八〇三）正月二十一日の

支配替えでは場所高七万石、文化三年（一八〇六）四月二十二日の支配替えではさらに三万石の支配所が加えられた。そして同七年六月十九日には、布衣の着用を許されて西国筋郡代となった。同十二年七月十二日に七十四歳で死去。（太田尚）

【典拠・参考文献】『寛政譜』第十九・一四四頁、太田尚宏「寛政期における代官『手附』制の成立過程」（『史海』第四五号、一九九八年）、『旗本百科』第五巻、『代官履歴』

三嶋政養《みしままさきよ》　（一八二一～一八八六）

文政四年（一八二一）二月十七日、御小納戸・御側御用取次などを歴任した夏目信明と嘉奴子（松浦信程の養女）の二男として、江戸本所南割下水邸（墨田区）に生まれる。通称は芳五郎、諱は芳明。庶子のため夏目氏の本氏二柳《ふたつやなぎ》を称した。夏目氏の先祖には、三方ヶ原合戦で徳川家康の影武者となって討死にした吉信がいる。嘉永元年（一八四八）七月二十六日、三嶋政堅《まさかた》の末期養子となり、諱を政養と改めた。妻は政堅の二女機。十月十四日に家督を継ぎ、小普請組松平信庸支配となった。三嶋氏は三代政友の時に徳川家康に仕え、以後歴代は小性組・書院組の番士を勤めた。政友の孫は綱吉の乳母小山で、年寄に昇進し大奥で権勢を誇った。知行地は上総・上野・武蔵のうちで一三〇〇石。政養は、嘉永六年五月六日に西丸小性組番士となり、十二代将軍徳川家慶の世子家定に仕えた。家定の十三代将軍就任に伴い本丸勤め、安政三年（一八五六）十一月十五日に講武所に出仕した。翌四年二月五日に学問所配下の書物御用出役を命じられ、万延元年（一八六〇）十一月三日には同配下の系図御用出役となり、『寛政重修諸家譜』以降の諸家譜の追纂、整備にあたった。慶応二年（一八六六）二月十二日に通称を清左衛門と改め、翌年十一月二十九日に隠居。戊辰戦争により、同四年六月に知行地の上総国山辺郡越知村（千葉市）に一時帰農するが、十一月九日に東京に出て本町二丁目で菓子屋を経営（失敗）。深川や本所で骨董店も開く。その後静岡藩に帰籍し、静岡でも骨董店を開業した。明治十六年（一八八三）十月七日、静岡で死去。享年六十五。戒名は政養院殿民誉松風琴雅大居士。一族の墓は東京都台東区浅草の浄念寺にある。（藤田）

【典拠・参考文献】西脇康編著『旗本三嶋政養日記』（徳川氏旗本藤月三嶋氏四百年史刊行会、一九八七年）

水野勝直《みずのかつなお》　（一六四九～一七〇六）

慶安二年（一六四九）に水野若狭守勝忠の二男として生まれる。数馬・備前守と称した。母は仙石兵部大輔忠政の娘。妻は仙石越前守政俊の養女。寛文六年（一六六六）七月十一日に父の遺跡を継ぎ、上総国市原郡に五〇〇石を分知される。十二月三日、書院番となる。延宝六年（一六七八）六月三日、小性にすすみ、十二月二十八日従五位下備前守となる。延宝八年（一六八〇）の家綱の死去により務めを免されるが、天和二年（一六八二）三月二十九日には小性組組頭に就任し、五〇〇石の加増をうける。元禄九年（一六九六）六月十一日京都町奉行となり、さらに五〇〇石の加増をうけて、禄高は一五〇〇石となる。十二年九月二十七日に職を辞す。宝永二年（一七〇五）七月晦日に致仕し、同三年六月二十六日に死去。法名は道智。菩提寺は三田にある大乗寺。（上野）

【典拠・参考文献】『寛政譜』第六巻・五三頁

水野勝彦《みずのかつよし》　（一六八六～一七四〇）

貞享三年（一六八六）、京都町奉行を務めた水野勝直の三男として生まれる。妻は書院番高山利勝の二女。宝永二年（一七〇五）七月晦日、家督を相続、小普請となり、十一月二十八日、はじめて綱吉に拝謁する。同五年三月二十五日、書院番となり、享保十三年（一七二八）十二月十一日、屋敷改に転じる。十五年正月十一日、使番となり、十七年十月十五日、日光奉行に移る。この年十二月十六日、従五位下備前守に叙任。享保二十年二月十五日、作事奉行となる。元文四年（一七三九）九月一日、町奉行となり、在職中の翌元文五年十一月四日（『柳営補任』）に死去する（『寛政重修諸家譜』は十二月三日とする）。享年五十五。法名は義心。三田の大乗寺に葬る。（西木）

【典拠・参考文献】『寛政譜』第六・五三頁、『柳営補任』

水野貞利《みずのさだとし》 （一七六五～没年未詳）

明和二年（一七六五）に生まれる。通称本次郎。従五位下相模守に叙任され、のち山城守・石見守を名乗る。父は御側水野政《まさ》勝《かつ》、母は大番頭岡部長晧《ながつぐ》の息女、妻は肥前国唐津藩主で奏者番も勤めた水野忠鼎《ただかね》の息女、後妻は松平直泰の息女である。安永三年（一七七四）一月四日、十代将軍徳川家治の長子家基《いえもと》の御伽となるが、その死により同八年四月十八日に勤めを免ぜられる。天明元年（一七八一）四月二十一日、小性となり、十二月十六日には従五位下相模守に叙任される。同六年十二月二日、中奥小性に転じ、同月六日に家督を継ぎ、大和・上野・下野国内六〇〇〇石を知行する。寛政十年（一七九八）十二月二十九日に百人組頭、享和元年（一八〇一）十二月二十七日には西丸小性組番頭となり、同三年二月二十三日、本丸勤務に転じる。また文化三年（一八〇六）一月二十五日に西丸書院番頭となるが、同六年三月十二日には本丸勤めに転じ、同十年三月十五日、御側となる。天保六年十二月二十四日に七〇〇石加増、同八年四月、大御所となった徳川家斉の西丸移徙に従ったが、同十二年、家斉の死去によって三月二十三日から本丸勤仕となった。同十四年十二月二十二日に隠居、養老料五〇〇俵が下された。没年は不詳、菩提寺は武蔵国男衾郡赤浜昌国寺（埼玉県大里郡寄居町）である。（渋谷）

【典拠・参考文献】『寛政譜』第六・一一六頁、『柳営補任』

水野重明《みずのしげあき》 （生年未詳～一八五二）

通称は釆女・下総守。知行地は常陸国信太・新治・鹿島・行方郡、下総国岡田郡の内で二八〇〇石。西丸小性組より天保二年（一八三一）十月十一日に御徒頭となった。同六年七月一日に西丸目付、翌七年十一月十二日には本丸目付となる。同十二年六月二十八日には先手弓頭となり、同十五年十月十五日より火附盗賊改を加役として務めた。弘化三年十二月十五日に京都町奉行となり、嘉永五年（一八五二）二月二十日、京都にて死去した。なお山崎闇斎の編んだ『刑経』を補訂して嘉永三年に刊行している。（松本）

【典拠・参考文献】『寛政譜』第六・九六頁、『旗本百科』第五・二七一四頁、『国書総目録』（岩波書店）

水野忠成《みずのただあきら》 （一七六二～一八三四）

宝暦十二年（一七六二）に御留守居などを務めた岡野知暁《ともさと》の長男として生まれる。母は持筒頭などを勤めた奥田忠英《ただふさ》の娘。午之助・吉太郎と称する。新番頭などを務めた水野忠隣《ただちか》の婿養子となり、その娘を妻とする。安永七年（一七七八）閏七月七日に遺跡を継ぎ、天明元年（一七八一）四月二十一日に御小納戸となる。以後、小性・西丸小性・本丸小性と歴任し、天明五年十二月十八日には大和守に任ぜられる。天明六年十二月十八日、老中を務めた本家出羽守忠友《ただとも》の婿養子となり、その娘を後妻とする。享和二年（一八〇二）十一月五日、忠友の遺領を継ぎ（駿河沼津三万石）、翌日、出羽守と改める。以後、奏者番・寺社奉行・若年寄・西丸側用人と歴任し、文化十四年（一八一七）八月には老中格となり、文政元年（一八一八）八月二日、西丸側用人兼帯のまま老中となる。この間、二万石の加増をうけた。天保五年（一八三四）二月二十八日に死去。享年は七十三。法名は巍徳院。小石川の伝通院に葬られる。忠成は、十一代将軍家斉の下で田沼時代を彷彿とさせる側用人政治を再現し、しかも、田沼意次の子意正《おきまさ》を若年寄に取り立て腹心としたことから「水の出てもとの田沼になりにける」と風刺された人物である。　（田原）

【典拠・参考文献】『寛政譜』第六・五九～六〇頁、第八・三二三頁、第十五・一二〇頁、『柳営補任』、『日本近世人名辞典』（吉川弘文館、二〇〇五年）

水野忠一《みずのただかず》　（生没年未詳）

水野主殿忠通《ただゆき》の子。要人・舎人・内匠・若狭守と称した。文化二年（一八〇五）十月十四日、書院番より御小納戸となる。同五年十一月八日に西丸御小納戸となり、文政十年（一八二七）八月二十日には使番となる。天保三年（一八三二）七月十二日にに火事場見廻兼帯、同年十二月二十七日に西丸目付、同六年十月十二日に本丸目付となり、同十二年六月二十日には堺奉行、十三年八月には大坂町奉行となった。弘化四年（一八四七）九月三日に新番頭となるが、嘉永二年（一八四九）九月四日、先役中の非をとがめられて逼塞、翌月晦日に辞職した。　（上野）

【典拠・参考文献】『旗本百科』第五巻

水野忠順《みずのただくに》　（一六五〇～一七三七）

慶安三年（一六五〇）、書院番頭などを務めた水野定勝の二男として生まれる。母は戸田忠能の養女。重格《しげただ》・六之助・藤九郎・権十郎と称す。任官後は対馬守・因幡守・讃岐守を名乗る。寛文十年（一六七〇）三月十日にはじめて徳川家綱に拝謁し、同十二年五月十六日より書院番となり、廩米三〇〇俵を拝領した。元禄七年（一六九四）七月朔日には御徒頭へと転じ、同年十二月十八日に布衣の着用が許され、廩米二〇〇俵の加増があった。その後、元禄九年二月二十八日に目付へと転じ、翌十年七月二十八日には下総国豊田・岡田両郡のうち、都合五〇〇石の知行に改められた。また、元禄十二年二月二十八日には普請奉行となり、宝永五年（一七〇八）六月には駿府城普請のことを賞されて時服二領・黄金七枚等を賜っている。同七年十二月十八日に従五位下対馬守に叙任された。正徳二年（一七一二）十月三日、勘定奉行へ昇進し、五〇〇石の加増を受ける。同四年には金銀の改鋳を命じられ、後にはその功によって時服三領および黄金三枚を下賜されている。享保四年（一七一九）四月朔日、職を辞して寄合となり、同五年十二月七日に致仕、元文二年（一七三七）六月二十五日に死去した。享年八十八。法名は全空。武蔵国豊島郡高田の浄泉寺に葬られる。　（保垣）

【典拠・参考文献】『寛政譜』第六・九八頁

水野忠貞《みずのただざだ》　（一五九八～一六七〇）

慶長三年（一五九八）に代官を務めた黒川正秀《まさひで》の長男として生まれる。母は伏見城常番などを務めた水野長勝《ながかつ》の娘。初め忠勝《ただかつ》と名乗り、犬千代・左門と称する。妻は下総古河藩主小笠原信之《のぶゆき》の娘。慶長六年二月四日、徳川家康の仰により、長勝の養子となり、のちにその遺跡を継ぐ。家禄は知行二八〇〇石であった。元和元年（一六一五）、大坂夏の陣に供奉し、元和九年二月三日、家光付となる。以後、使番・書院番組頭・小性組番頭・書院番頭を歴任し、この間、七〇〇石が加増され石見守に任じられている。正保四年（一六四七）三月三日、伏見町奉行となり、五畿内および丹波・播磨・近江の奉行を兼ね、さらに一五〇〇石を加増、都合五〇〇〇石となる。寛文六年（一六六六）三月、老年により五畿内および三国の奉行職を解かれ、寛文九年四月晦日、伏見奉行を辞任する。寛文十年二月二十一日に死去。享年七十三。法名玄仙。武蔵国男衾郡赤浜の昌国寺に葬られる。（田原）

【典拠・参考文献】『寛政譜』第四・二四頁、第六・一一六頁、第十・一二七頁、『徳川実紀』第一篇

水野忠全《みずのただたけ》（生没年未詳）

通称は虎太郎・備前守・因幡守・伊勢守。天保二年（一八三一）八月二十八日に小性となった。同十二年四月十九日、大御所徳川家斉の御側御用取次で、いわゆる「三佞人」のひとりであった祖父水野忠篤の罷免に伴い、忠全も小性を罷免された。同年七月二日に忠篤が隠居し、忠全が家督を相続した。家禄三〇〇〇石を引き継ぐが、翌十三年七月十二日、忠篤蟄居中の不埒につき半知を召し上られ、一五〇〇石となった。これに伴い忠全は甲府勝手小普請組入りとなった。弘化三年（一八四六）一月二日、甲府より召返され小普請組となる。安政二年（一八五五）五月二十二日に先手弓頭となり、同五年十二月二十九日より火附盗賊改を加役として務めた。翌六年九月十日に京都町奉行、十一月四日には作事奉行となる。万延元年（一八六〇）十二月二十四日、本丸普請出精につき勘定奉行次席の格式となる。文久二年（一八六二）十月十日に新番頭、翌三年七月十日に小性組番頭、元治元年（一八六四）九月二十日に書院番頭となり、長州征伐に参加した。慶応二年（一八六六）八月八日、大坂において作事奉行を再び命じられる。翌三年五月十三日に田安家家老となる。同十二月二日、御役御免となり勤仕並寄合となった。同四年二月十六日に再び田安家家老となった。（松本）

【典拠・参考文献】『寛政譜』第六・九九頁、『旗本百科』第五巻

水野忠暁《みずのただとし》（一七六七〜一八三四）

明和四年（一七六七）に水野守政《もりまさ》の子として生まれる。宗次郎と称し、諱は忠敬とも名乗った。逸斎と号した。寛政元年（一七八九）十一月十九日に家督を相続した。禄高は一〇人扶持である。同四年九月二十五日に初めて十一代将軍徳川家斉に拝謁し、小普請となった。若い頃から園芸を嗜み、草木の栽培技術に卓越しており、文政十二年（一八二九）に『草木錦葉集《そうもくきんようしゅう》』全七巻を刊行した。この図譜は斑入《ふいり》植物を集成した書物で、挿図は動植物画の絵師として著名であった大岡雲峰と関根雲停が描いた。植木屋金太が編纂した『草木奇品家雅見《かがみ》』（文政十年に刊行）とともに江戸時代を代表する木版の奇品図譜となった。また、天保三年（一八三二）に、当時流行していた万年青《おもと》の品評会が江戸蔵前の八幡社で開催されると、鉢植えの展示品を描いた刷り物として『小おもと名寄』を刊行した。同五年九月二十四日に死去。享年六十八。四谷の理性寺（移転して現在は東京都杉並区）に葬られた。（白根）

【典拠・参考文献】『寛政譜』第六・八四頁、『旗本人名』第三巻、平野恵『十九世紀日本の園芸文化』（思文閣出版、二〇〇六年）

水野忠友《みずのただとも》（一七三一〜一八〇二）

享保十六年（一七三一）に生まれる。通称卯之助・物兵衛。従五位下豊後守に叙任され、のち出羽守に改める。父は大番頭水野忠穀《ただよし》、妻は信濃国小諸藩主牧野康周《やすちか》の息女である。忠友の祖父忠恒《ただつね》は享保十年（一七二五）、江戸城内で刃傷沙汰におよび信濃国松本七万石を没収されたが、家の由緒によりその子忠穀へ信濃国内七〇〇〇石が

与えられて家名は存続した。その長子であった忠友は、元文四年（一七三九）三月十八日、九代将軍徳川家重の長子竹千代（のちの十代将軍家治）の御伽となり、寛保二年（一七四二）十一月五日に家督を相続、翌三年十一月十五日、西丸小性となり、延享四年（一七四七）十二月十九日、従五位下豊後守に叙任される。宝暦八年（一七五八）十月十五日、西丸小性頭取から小性組番頭格御用取次見習、さらに同十年四月一日に西丸御側となり、同年五月十三日、家治の将軍就任に伴い本丸勤仕となる。明和二年（一七六五）一月二十八日に上総国内一〇〇〇石加増、同五年（一七六八）十一月十五日、若年寄（勝手掛）に就任、奥も兼務して五〇〇〇石加増、采地も改められて三河国大浜一万三〇〇〇石を領知する大名となり、八月十八日には出羽守に改称した。安永六年（一七七七）四月二十一日、御側用人となり従四位下に叙せられて七〇〇〇石加増、信濃国内を転じて駿河国内一万四〇〇〇石を領し、十一月六日には駿河国沼津に築城を許された。天明元年（一七八一）九月十八日、老中格となり五〇〇〇石加増、同年十月一日より勝手掛を勤め、また十一月十五日には侍従となる。同五年一月二十九日、勝手掛老中となり奥のことも兼帯、また五〇〇〇石を加増されて駿河・三河・伊豆国内に計三万石を知行して沼津城主となった。同八年三月二十八日、老中を辞職したが、八年後の寛政八年（一七九六）十一月二十九日、十一代将軍徳川家斉の二男敏次郎（のちの十二代将軍家慶）に付属されて再び西丸老中となり、在職中の享和二年（一八〇二）九月二十日に没した。享年七十二、法名は修徳院譲誉興仁懿翁、小石川伝通院（東京都文京区）に葬られた。（渋谷）

【典拠・参考文献】『寛政譜』第六・五五頁、『柳営補任』

水野忠伸《みずのただのぶ》（一六九〇～一七五八）

元禄三年（一六九〇）、大番頭などを務めた水野重矩の二男として生まれるが、後に水野忠順の養子となる。母は奥山厳建の養女。虎之助・采女と称す。任官後は対馬守を名乗る。元禄十五年、十三歳ではじめて徳川綱吉に拝謁し、享保五年（一七二〇）十二月七日に義家を継いで小普請入りした。同六年四月二日に書院番士となり、享保八年六月六日には使番に転じた。また同年十二月に布衣の着用を許されている。その後、享保十一年正月十八日に目付、同十二年正月二十八日には西丸目付、同二十年八月十五日には普請奉行と歴任し、同年十二月十六日に従五位下対馬守に叙任されている。元文三年（一七三八）七月二十三日に勘定奉行へと就任し、寛保三年（一七四三）閏四月二十三日には関東川々普請で時服三領・羽織一領・黄金一〇枚を拝領している。延享元年（一七四四）十二月十五日には大目付となる。同四年十二月十四日職を辞して寄合となり、宝暦八年（一七五八）五月二日に死去。享年六十九。法名は玄柔。武蔵国豊島郡高田の浄泉寺に葬られている。（保垣）

【典拠・参考文献】『寛政譜』第六・九八頁

水野忠徳《みずのただのり》（一八一〇～一八六八）

文化七年（一八一〇）に生まれる（同十二年生まれとも）。父は諏訪頼篤《よりあつ》、文政五年（一八二二）水野忠長《ただなが》の養子となった。初め忠篤と名乗った。甲子二郎と称し、筑後守・下総守と名乗る。号は癡雲《ちうん》。禄高は四〇〇石、のち五〇〇石。天保十五年（一八四四）六月十三日西丸小性組斎藤利尹組より西丸目付となり、弘化三年（一八四六）八月八日に使番、嘉永二年（一八四九）七月二十八日より先手となり、十月九日、火付盗賊加役を命じられた。同五年四月十五日に浦賀奉行、同六年四月二十八日には長崎奉行に就任した。幕府海軍の創設に関してオランダ海軍中佐ファビウスと意見を交換し、のちの長崎海軍伝習へと繋がる基本構想を固めた。安政元年（一八五四）十二月二十四日に勝手掛勘定奉行へ進み、禄高が五〇〇石に加増された。同二年正月二十八日に取締のため下田（静岡県下田市）へ派遣され、同三年八月十七日に朝鮮人来聘御用掛を務めた。同四年四月十五日には長崎奉行兼帯を命じられ、日蘭・日露追加条約の締結に尽力した。十二月三日に田安家家老となったのち、同五年七月八日に外国奉行に任命され、八月二十三日条約批准書交換のためアメリカへ派遣された。同六年四月八日からは勘定奉行、六月四日からは神奈川奉行を兼帯するなど、幕府の対外政策において重要な役割を果たした。しかし、開港地横浜（神奈川県横浜市）でロシア士官・水夫殺傷事件が起こると、その責任を問われ、同六年八月二十八日勘定奉行兼帯のまま軍艦奉行へ転役、十月二十八日に西丸御留守居となった。ただし、外国御用の担当は継続した。文久元年（一八六一）五月十二日には再び外国奉行に就任、九月十九日に「伊豆国附嶋々御備向取調」「無人島御開拓」のため小笠原諸島へ派遣された。同二年、長井《ながい》雅楽《うた》らの公武合体策に反対したため、七月十三日箱館奉行に転じ、同地に赴任したが、九月三日病気を理由に隠居した。その後も同三年五月、小笠原長行の率兵上京に従うなど幕政への影響を保持したが、慶応四年（一八六八）七月九日に病死した。享年五十九。墓所は宗清寺（東京都中野区）。　（神谷）

【典拠・参考文献】『柳営補任』、『続徳川実紀』第三・四篇、戸川安宅編「幕府名士小伝」（『旧幕府』一巻二号、一八九七年）

水野忠通《みずのただゆき》　（一七四七～一八二三）

延享四年（一七四七）に進物番水野忠寄《ただより》の二男として生まれる。妻は小性組鳥居忠《ただ》雄《お》の娘。後妻は使番秋月種蔭《たねかげ》の娘。熊三郎・要人・舎人・主殿頭・若狭守と称した。安永三年（一七七四）十二月二十二日に初めて十代将軍家治へ拝謁し、同四年閏十二月六日に家督（禄高一二〇〇石）を継ぎ、同五年正月二十六日に小性組、同七年正月十一日に使番となり、十二月十六日に布衣を許される。天明元年（一七八一）七月二十六日に西丸目付、同六年二月二十六日には長崎奉行となり、七月朔日に従五位下若狭守に叙任された。寛政二年（一七九〇）三月二十八日に長崎の会所交易改正を命じられたが、同四年閏二月二十五日に長崎在任中の家臣の不正取調を等閑にしたことを咎められ閉門となるが、六月六日に許される。同年七月朔日に先手御弓頭、同八年九月二十五日に日光奉行、同十年三月二十一日には大坂町奉行となる。文化三年（一八〇六）八月十二日に小普請奉行、同年十二月十五日に勘定奉行公事方、同七年十二月十四日に大目付、文政六年（一八二三）九月十四日には旗奉行となるが、十一月十七日に死去。享年七十七。菩提寺は西久保の青龍寺（東京都港区虎ノ門）である。（加藤）

【典拠・参考文献】『寛政譜』第六・五一頁、『柳営補任』、『続徳川実紀』第一篇

水野忠毅《みずのただよし》　（一七〇七～一七四二）

宝永四年（一七〇七）に水野隼人正忠直《ただなお》の九男として生まれる。はじめの諱は忠《ただ》年《とし》・忠永《ただなが》。通称は卯之助・惣兵衛・大内蔵。のちに任官して出羽守と名乗った。水野家は、初代忠清が家康に仕えて七万石を領して以来の名家であったが、享保十年（一七二五）七月二十八日に忠毅の長兄忠周《ただちか》の孫（実際は二男）で六代目の当主であった忠恒《ただつね》が、江戸城中において毛利主水正師就へ斬

りつけて傷を負わせるという事件を起こしたため、所領没収の処分を受けることになった。しかし同年八月二十七日、幕府は由緒ある水野家の名跡を残すとして、忠毅へ新たに七〇〇〇石の知行を与え、寄合へと編入した。忠毅は、享保二十一年（元文元・一七三六）正月二十八日に定火消となり、同年十月十五日には書院番頭へと昇進、その年の十二月十六日には従五位下に叙されて出羽守と名乗った。同四年三月十五日には大番頭となったが、大坂在番中の寛保二年（一七四二）八月二十四日に三十六歳で死去した。法名は端心。大坂の大念寺に葬られた。なお忠毅の長男は、田沼意次に重用されて老中へと進んだ忠友《ただとも》である。

（太田尚）

【典拠・参考文献】『寛政譜』第六・五八頁

水野親信《みずのちかのぶ》　（一六五二～一七二六）

水野信政の長男として生まれる。甚之丞・甚左衛門と称した。致仕号は祖貞。神田館において小十人を務め、延宝八年（一六八〇）に綱吉の子徳松に従い御家人となり、廩米一〇〇俵、月俸三口を賜り西丸に候した。天和三年（一六八三）、徳松の逝去により小普請となり、元禄元年（一六八八）十二月五日に勘定となる。七年十二月二十三日に加恩により一五〇俵となり月俸は公に収められた。九年二月二十一日に組頭となり、十二月二十五日にさらに一〇〇俵が加えられた。十四年八月二十一日に小普請になり、正徳二年（一七一二）六月十五日に致仕し、長男信方が甲府勤番になったため甲府に移る。享保十一年（一七二六）四月朔日に死去。享年七十三。法名は日宗。甲斐国遠光寺村の仏国寺に葬られた。

（堀）

【典拠・参考文献】『寛政譜』第六・六九頁

水野成之《みずのなりゆき》　（一六三〇～六四）

寛永七年（一六三〇）に生まれ、百助・十郎左衛門を称した。父成貞は備後福山藩主水野勝成の三男で、家禄三〇〇〇石の旗本であり、母万の方は阿波徳島藩主蜂須賀至鎮の息女である。慶安三年（一六五〇）、没した父のあとを相続し、小普請組となる。水野は名門の家系に生まれ、長姉が徳島藩家老賀島重玄、次姉も同藩家老稲田一族の植春に嫁していたが、彼自身は代表的な旗本奴として知られ、大小神祇組を組織してその頭領となり、異装で江戸市中を闊歩し、喧嘩や刃傷沙汰を繰り返していたといわれている。当時江戸では白柄組・鉄棒《かなぼう》組・鶺《せき》鴒《れい》組などの旗本奴の集団がある一方で、唐犬組・笊籬《ざるがき》組などの町奴の集団が形成され、男伊達を競って対立していた。彼は浪人で口入れ屋を営む町奴の頭領幡随院長兵衛との抗争の末、明暦三年（一六五七）七月十八日、長兵衛を殺害する。このときは無礼打ちと判断され、水野側はお咎めなしであった。しかし、その後も水野は行跡がおさまらず、病と称して出仕を怠り、市中で不法の所行を続けたとして、寛文四年（一六六四）三月二十六日、ついに蜂須賀家のお預けとなった。翌日幕府評定所に呼び出された水野は、袴も着用せず「被髪白衣」という異様な姿で現れ、これが不作法の至りであるとしされ、切腹を命じられた。享年三十五。戒名は寂窓院殿一関宗心居士、菩提寺は三田の功運寺（現中野区上高田四丁目の萬昌院功運寺）である。なお、このとき嫡男百助はわずか二歳で斬罪となったが、水野家はその後実弟忠丘が元禄十三年（一七〇〇）五月に召し出され、三〇〇〇俵の旗本となった。しかしその孫忠豊が七歳で早世したため、同家は一五〇〇俵に減らされて存続した。

（滝口）

【典拠・参考文献】『寛政譜』第六・四九

～五〇頁

水野光綱《みずのみつつな》（一六〇一～一六三〇）

慶長六年（一六〇一）に生まれる。清吉郎と称す。父は幼少より徳川家康に仕えた義忠。当家は結城水野家の分家に当たる。光綱は義忠の二男として生まれ、六歳の時より小性として家光に仕え、元和六年（一六二〇）には小性組組頭となり采地五〇〇石を賜った。同九年、さらに五〇〇石を加増され都合一〇〇〇石となり、従五位下摂津守に叙任される。寛永元年（一六二四）書院番組頭に転じ、さらに一〇〇〇石加増されて計二〇〇〇石となった。同七年三月十七日、三十歳で死去。法名は大鉄道阿。高田の常（浄カ）泉寺（東京都新宿区）に葬られる。（小宮山）

【典拠・参考文献】『寛政譜』第六・九一頁、『寛永諸家系図伝』第五・五四頁

水野元綱《みずのもとつな》（一五九四～一六六五）

文禄三年（一五九四）に水戸家徳川頼房家臣水野分長《わけなが》の長男として尾張国に生まれる。勘四郎と称す。妻は豊後国岡城主中川秀成の息女。慶長十二年（一六〇七）十月より十四歳で秀忠に仕える。同十六年三月、内裏造営の課役を命ぜられる。同十七年九月二十九日、従五位下大和守に叙任される。同十九年、大坂冬の陣には水野忠元に付属、翌年夏の陣にも供奉し、首級を得る。のち、書院番組頭となり、元和二年（一六一六）近江国伊香郡に采地一〇〇〇石を賜い、のち上洛・日光社参に供奉する。同六年四月十五日、父分長が水戸頼房卿に付属され別に封地を賜わり、三河国新城の旧領一万石余を元綱が賜わる事となり、備後守と改める。寛永二年（一六二五）四月十日、家光継統祝賀の勅使参向の際、一乗院門跡の饗応使となる。同三年三月十一日に大番頭となり、同年十月七日、与力一〇騎を預けられる。同九年十一月十五日、奏者番となる。同十年四月二十三日、近江・三河両国に四〇〇〇石加増される。同十一年閏七月二十一日、二条城鞠御覧の際に、国持大名の饗応を奉行する。同十三年十二月二十一日、拝謁の輩披露の際に落ち度があったとして戒めを蒙る。同十四年九月二十七日、江戸城二丸東照宮正遷宮法会が行われ、束帯して参拝する。同十六年七月二十七日、元綱邸を接収して小細工部屋（のちの作事小屋）とされる。同十九年八月二十二日、家光が千駄ヶ谷にある井伊直孝別邸へ御成の際に扈従する。同年九月二十九日、安藤重長らとともに召され、何事によらず老臣とはかり、所存を建白すべしと面命される。正保元年（一六四四）十二月八日、水戸頼房邸への家光御成に供する。同二年六月二十八日、上野国安中へ転封、六〇〇〇石を加え合計二万石となり、碓井の関所を預けられる。この時大番頭を免ぜられるが、奏者番はそのまま勤めることとなる。同年十一月二十四日、菊亭経季が勅使となり、三縁山秀忠廟にて位記を進薦する際、大紋で伺候する。こののち、勅使らによる東叡山など各地の参詣の際にしばしば伺候する。正保四年（一六四七）四月十日、位記口宣進薦使を仰せ付けられ、久能山に赴き、二十三日に帰謁。慶安元年（一六四八）閏正月二十三日、四月に行われる日光社参の防火番を仰せ付けられる。同二年四月三日、王子村への家綱御成に際し饗応使を仰せ付けられる。同年八月二日、地震等非常時に下乗橋までの登営を命じられる。同年九月一日、琉球の使者の日光参拝に際し、接待役を仰せ付けられ、日光に赴き、同月二十日に帰謁。同三年五月十八日、尾張義直逝去に際し、名古屋城への使者をつとめ、六月十二日に帰謁。同年九月三日、家綱附属の奏者番として西丸に勤仕する。同四年四月二十日、家光死去に際し、翌二十一日、

登城の家門と万石以上・以下へ謁し、老臣の詞を伝える。承応元年（一六五二）四月十一日、日光山での家光法会の祭礼奉行となり、同二年三月二十九日には、法会終了後の諸大名参拝の沙汰を命じられる。また宿直の慰労として、同年十二月十九日に時服三領、同三年十二月三日に八丈紬五端、明暦二年（一六五六）七月五日には帷子二領を賜う。万治二年（一六五九）三月二十一日、奏者番の勤めをゆるされる。同年五月十五日、小石川伝通院霊牌所の修理を仰せ付けられる。寛文四年（一六六四）十月二十六日に隠居。同五年五月十六日に死去。享年七十二。心源道要自雲院と号す。墓所は牛込の天龍寺（のち四谷に移転）。

【典拠・参考文献】『寛政譜』第六・八六頁、『徳川実紀』第一～四篇、『柳営補任』、『寛永諸家系図伝』　（高見澤）

水野元吉《みずのもとよし》（生年未詳～一六六九）

初め重吉《しげよし》と名乗る。通称小十郎・藤右衛門。水野忠守《ただもり》の六男。妻は永田重真《しげざね》の息女である。元和元年（一六一五）の大坂夏の陣に参陣、のち二代将軍徳川秀忠に仕えて下野国内七一五石を与えられ、寛永二年（一六二五）七月二十七日に領知朱印を下される。その後西丸小性組に列し、同八年四月十日、御小納戸に進むが、翌九年（一六三二）の秀忠の没後小性組となり、翌十年二月七日、常陸国内に二〇〇石加増され、寛文元年（一六六一）十一月、下野国の采地を上野国内に転じて七五〇石を知行することになる。のち辞職して寄合となり、同四年十二月二十七日に隠居し、同九年六月二十九日に没した。法名は是休、浅草本願寺内徳本寺（東京都台東区）に葬られた。　（渋谷）

【典拠・参考文献】『寛政譜』第六・八一頁

水野守信《みずのもりのぶ》（一五七七～一六三六）

天正五年（一五七七）、水野守次の二男として生まれる。通称半左衛門。従五位下河内守に叙任される。母は信元の娘。妻は有馬玄蕃頭豊氏の娘。徳川家康に仕え、慶長五年（一六〇〇）上杉景勝攻めに加わり、三五〇〇石を賜わる。同十年秀忠上洛の時、供に加わる。元和三年（一六一七）使番となり、寛永三年（一六二六）長崎奉行となる。在職中、踏絵・切支丹訴人褒賞制の実施（以上寛永三年）、長崎代官末次平蔵の朱印船が台湾でオランダと紛争を起こし（浜田弥兵衛事件）、その解決のために来日した台湾長官ペーテル・ノイツとの交渉等に携わる（同四年）。同五年二月二日に大坂町奉行となり、同六年二月六日より堺奉行を兼任する。同九年十二月十七日に大目付となり、同十年三月、伊勢一国の国務の沙汰を命じられる。同十一年二月、豊後府内城主竹中重義の改易に関わり豊後に赴く。一五〇〇石を加増され、計五〇〇〇石を知行する。同十三年十二月二十二日没。享年六十。法名宗完。墓所は嵯峨天龍寺永明院。　（太田勝）

【典拠・参考文献】『寛政譜』第六・一〇八頁、金井俊行編『長崎年表』、『徳川実紀』第二篇

水野守正《みずのもりまさ》（生年未詳～一六九三）

通称左衛門・小左衛門・多宮。諱を重路《しげみち》ともいう。水野守重《もりしげ》の三男。母は御徒頭彦《ひこ》坂重定《さかしげさだ》の息女、妻は河村吉左衛門の息女である。元和四年（一六一八）に二代将軍徳川秀忠に初めて拝謁し、のち小性組に列して廩米三〇〇俵を下される。その後書院番に移って寛永十年（一六三三）二月七日に二〇〇石加増、武蔵国内五〇〇石を知行する。万治二年（一六五九）二月十一日、西丸御留守居（のちの西丸裏門番頭）となって布衣着用を許される。翌三年九月三日、

先手御弓頭に転じ、直ちに火附盗賊改加役となり、十二月二十六日には廩米三〇〇俵を加増された。寛文十一年（一六七一）十二月二十五日、辞職して小普請となり、延宝二年（一六七四）十二月三日に隠居して養老料廩米三〇〇俵を与えられた。同八年八月二十四日に没した。法名は宗蔭、牛込松源寺（東京都新宿区）に葬られた。（渋谷）

【典拠・参考文献】『寛政譜』第六・七七頁、『柳営補任』

水野守美《みずのもりよし》（一六六四～一七一八）

寛文四年（一六六四）に小性組番士水野守重《もりしげ》の長男として生まれる。長十郎・多宮・小左衛門と称し、従五位下伯耆守に叙任された。母は書院番間宮正信《まさのぶ》の息女。妻は交代寄合《こうたいよりあい》小笠原長朝《ながとも》の息女。天和三年（一六八三）九月二十五日に書院番となり、同四年正月二十六日より進物役をつとめた。元禄四年（一六九一）に家督を相続し（知行五〇〇石・廩米《りんまい》三〇〇俵）、同九年三月二十八日に御徒頭、同十二年三月二十八日に目付に転じた（この間廩米《りんまい》を采地三〇〇石に改められる）。そして、同年十二月十二日より同十四年五月二十八日まで「火盗《かとう》の賊の改め」を命じられ、これを兼帯。同十六年正月十五日に駿府町奉行となり（宝永三年〈一七〇六〉十二月二十五日三〇〇石加増）、正徳三年（一七一三）三月二十八日勘定奉行に就任した（三〇〇石加増され、計一四〇〇石を知行）。同五年十一月十九日、配下の者の不始末（戸籍を偽っての人事採用働きかけ）の責任を問われて拝謁をとどめられるが、同年十二月十七日その罪を許され、享保八年（一七二三）三月二十一日旗奉行にすすんだ。同十三年四月晦日に死去。享年六十五。法名は宗演。菩提寺は牛込の松源寺（現在は東京都中野区）。（飯島）

【典拠・参考文献】『寛政譜』第六・七七頁

水野蘆朝《みずのよしとも》（一七四八～一八三六）

寛延元年（一七四八）、水野元長の子として生まれる。通称小十郎。名は元敏、のちに元休《もとよし》。字は美卿。号は路眺・蘆朝・聡卿・長久斎・清線館・猿水洞・攀鱗齋・鳥巷斎・長丘散人・長久叟・卿山。妻は山中太郎右衛門幸正の息女、後妻は織田信濃守秀賢の息女。明和四年（一七六七）四月十四日、父元長の死により家督を継ぐ。禄高一四五〇石。同年、十代将軍家治に御目見。同五年（一七六八）に西丸小性組に列し、安永八年（一七七九）より本丸に勤務。天明元年（一七八一）に再び西丸につとめ、同六年、本丸に勤務。寛政五年（一七九三）に使番となり、同年には布衣を許される。同八年に大坂目付代、享和四年（一八〇四）一月に先手鉄炮頭、文化十三年（一八一六）に西丸持筒頭、同十四年には新番頭をつとめる。文政七年（一八二四）に致仕。五十六年間にわたり旗本として出仕するかたわら、寛政から文政年間を作画期として浮世絵を手掛けた。寛政五年（一七九三）の一陽井素外の俳諧本『俳諧世吉の物競』の挿絵が現在確認できる最初期の画事である。また同八年同じく素外刊『絵本多能志美種』に挿図と句を寄せている。素外が北尾重政の俳諧の師で、重政も素外の俳諧本の挿絵を手掛けていることから、蘆朝は重政の門人と考えられている。わずかに確認できる版本挿絵のほかに、肉筆画を製作した。同時代の人気浮世絵師の特徴を取り入れた、精緻で上品な美人画を得意とした。天保七年（一八三六）死去。菩提寺は浅草本願寺徳本寺。

（鎌田）

【典拠・参考文献】『寛政譜』第六・八二頁、『旗本百科』第五巻、『ボストン美術館所蔵肉筆浮世絵展　江戸の誘惑』（江戸東京博物館、二〇〇六年）

水谷勝阜《みずのやかつおか》（一六六〇～一七三二）

万治三年（一六六〇）に西丸小性組番の水谷勝能《かつよし》の長男として生まれる。弥之助と称した。母は安藤九郎左衛門重矩の息女。妻は妻木彦右衛門頼保の息女。延宝四年（一六七四）三月十八日に初めて四代将軍家綱に拝謁し、同八年九月七日に家督を継ぎ、一七〇〇石を知行し、小普請となった。同日、三〇〇石を弟の勝睦《かつちか》に分与した。天和元年（一六八一）二月二十六日に小性組に列し、貞享二年（一六八五）八月二十九日から進物の事を担当した。元禄二年（一六八九）五月十四日に使番に転じ、同年十二月二十七日に布衣の着用をゆるされた。同八年十二月二十八日に目付に進んだ。同十年九月十五日に森美作守長成が所領を没収されたことにより、美作国津山に赴き、城請取りの役を務めた。同十二年九月二十八日に京都町奉行に転じ、丹波国氷上郡の内で五〇〇石を加増され、あわせて知行高は二二〇〇石となった。同年十一月一日に従五位下信濃守に叙任された。宝永二年（一七〇五）正月、命により畿内および近江・丹波・播磨などの幕領を巡視し、同年八月三日に職を辞し、寄合に列した。のちに丹波国の知行地を武蔵国多摩郡の内にうつされた。享保五年（一七二〇）に致仕して、土斎と号した。同十八年十一月二十日に死去。享年七十四。法名は日悟。（高橋）

【典拠・参考文献】『寛政譜』第十四・一二四頁

水谷《みずのや》勝富《かつみち》 （一七一五～一七九一）

正徳五年（一七一五）に生まれる。父は御留守居水谷勝比《かつとも》、母は吉井藩のち宮川藩主となった堀田正休《まさやす》の息女。左膳・弥之助と称した。妻は叔父にあたる大番頭水谷勝《かつ》英《ひで》の息女。享保十一年（一七二六）二月十五日に初御目見をし、延享四年（一七四七）十一月七日に御小納戸となり、同十二月三日には将軍世子であった家治に付属して西丸御小納戸、十九日には布衣を許される。宝暦十年（一七六〇）五月十三日、家治の十代将軍就任にともない本丸勤めとなり、明和五年（一七六八）十一月十七日には御小納戸頭取に就任、同年十二月十八日には従五位下但馬守に叙任される。同八年十二月六日に家督を継ぐ。家禄は二二〇〇石。安永七年（一七七八）五月七日に一橋家の家老、天明五年（一七八五）六月二十四日に御留守居、同八年十一月十五日より旗奉行を務める。寛政三年（一七九一）十二月五日に死去。享年七十七。法名は日珠。菩提寺は下谷の善立寺（現在は東京都足立区に移転）。（竹村）

【典拠・参考文献】『寛政譜』第十四・一二五頁、『徳川実紀』第八・九・十篇、『続徳川実紀』第一篇

水谷《みずのや》光勝《みつかつ》 （生没年未詳）

九左衛門と称す。慶長五年（一六〇〇）の関ヶ原の戦ののち、四日市に代官が配置され、光勝はその代官に任命されたといわれている。一方、年貢徴収などの支配向きの仕事をするのは、伊勢国の家康領が将軍秀忠の管理に移された慶長十六年前後であるという説がある。慶長十六年頃から四日市陣屋に駐在したとされ、元和元年（一六一五）の大坂の役までその任にあたる。大坂の役直後に安藤弥兵衛次吉に交代したが、寛永六年（一六二九）に再び就任する。しかし、光勝は元和元年（一六一五）十月二十六日付で瑞光寺（関町）に対し寺領安堵状を発給している。また光勝は同四年、山田奉行にも任ぜられている。同年正月二十九日幕府年寄が連署で、光勝宛に伊勢の神人と偽って勧進することを禁じた史料がある。これらのことから、光勝は四日市代官だけでなく、山田奉行も兼ねて伊勢一国の幕領を管轄し、諸領主の調整役を務めるような役割を果たしたといわれる。（高木）

【典拠・参考文献】『四日市市史　第十七巻』通史編　近世（四日市、一九九九年）、上野秀治「近世初期伊勢国四日市代官について」（『四日市市研究』第一五号、二〇〇二年）

溝口宣秋《みぞぐちのぶあき》（一六〇九～一六七三）

慶長十四年（一六〇九）に越後新発田藩主溝口宣勝《のぶかつ》の二男として生まれる。母は越前北庄城主であった堀秀政《ひでまさ》の娘。妻は大番頭などを務めた大久保教隆《のりたか》の娘。又十郎と称する。寛永五年（一六二八）に父の遺領越後国蒲原郡の内六〇〇〇石を分知され寄合となり桐梅を居所とする。その後、代々知行地への暇を許され交代寄合（表御礼衆）となる。延宝元年（一六七三）四月二十日に死去。享年六十五。法名は浄珊。駒込の吉祥寺に葬られる。なお、溝口家はその後、陸奥国に知行地を移され、岩瀬郡横田が在所となる。（田原）

【典拠・参考文献】『寛政譜』第三・一三〇頁、第十一・三九二頁、第十二・三四九頁、『旗本人名』別巻解説編四二頁

溝口勝雄《みぞぐちかつたけ》（一七七二～一八二八）

安永元年（一七七二）に松平雅五郎乗陳の二男として生まれる。母は片桐帯刀友従の息女。要之助・官兵衛と称し任官後は筑前守と名乗る。使番溝口勝興《かつおき》の養子となって、勝興の息女を妻とする。家禄は一〇〇〇石。寛政六年（一七九四）十二月二十二日にはじめて将軍家斉に拝謁する。文政八年（一八二五）八月六日に一橋側用人格物頭より一橋家家老格となり、同九年一月二十三日に一橋家家老となる。同年十一月十二日に小性組番頭となるが、同十一年一月晦日に死去。菩提寺は貝塚の青松寺であったが、後に同寺は愛宕下に移される（東京都港区）。（栗原）

【典拠・参考文献】『寛政譜』第三・一三六頁、『柳営補任』、『旗本百科』第四巻

溝口勝如《みぞぐちかつゆき》（生没年未詳）

継嗣なく絶えた兄溝口助勝《すけかつ》の遺領三〇〇〇石のうち二〇〇〇石を賜った書院番溝口信勝《のぶかつ》を祖とする家筋。家禄は信勝の代に五〇〇石を加増され、合計二五〇〇石。八十五郎と称す。伊勢守に任じられる。嘉永元年（一八四八）十月六日に小普請より中奥番、安政三年（一八五六）正月十一日に使番、同六年九月十日に目付となり、万延元年（一八六〇）閏三月、神奈川表への御用を勤め、文久元年（一八六一）四月、ロシア船の対馬停泊事件で外国奉行小栗忠順とともに対応した。同年六月二十八日にはロシア領事のいる箱館派遣を命じられるが、七月二十一日に撤回されたうえ、同月二十六日に罷免され、寄合となる。同二年閏八月十五日に先手鉄炮頭、同年十二月二十八日に歩兵頭、同三年五月朔日に歩兵奉行、元治元年（一八六四）八月二十一日に陸軍奉行並、慶応元年（一八六五）七月十七日に大坂で陸軍奉行並、同二年十月八日には京都で陸軍奉行（席高はこれまでの通り）、同三年正月十六日、勘定奉行にて公事方を務め、同年三月には道中奉行を兼帯、同年十二月二十八日に田安家の家老となり、明治維新を迎えた。維新後は徳川家の家令となり、明治三年（一九八〇）四月十九日に病気で退任。家令時代も退任後も、東京の宗家や勝海舟と静岡の慶喜家の橋渡し役として活躍した。菩提寺は貝塚の青松寺（東京都港区）か。（竹村）

【典拠・参考文献】『寛政譜』第三・一三七頁、『柳営補任』、『続徳川実紀』第三・四・五篇、『維新史料綱要』全一〇巻（東京大学出版会、一九八三～八四年）、『明治維新人名辞典』（吉川弘文館、一九八一年）、前田匡一郎『慶喜邸を訪れた人々―「徳川慶喜家扶日記」より』（羽衣出版、二〇〇三年）

三井良龍《みついよしたつ》（一六九八～一七五一）

元禄十一年（一六九八）に書院番井戸知《とも》

弘《ひろ》の二男として生まれたが、小性組番士で進物番をつとめた。三井敬長《よしなが》の臨終にさいして、同人の養子となる。豊之助・采女《うねめ》と称し、従五位下下総守に叙任された。妻は鉄炮方井上正次《まさつぐ》の息女。正徳四年（一七一四）五月二十六日に家督を相続（一二〇〇石を知行）。享保四年（一七一九）十月十八日小性組に列し、同九年十一月十五日より二丸に勤務した。同十年六月朔日に西丸《にしのまる》書院番《しょいんばん》となり、元文元年（一七三六）十一月二十八日御徒頭、同三年二月十五日に目付となった。目付在任中の同五年十月二十日には、大坂御金蔵金紛失のための調査を担当したとして褒賞を受けたが、その二カ月後の十二月二十八日には京都町奉行に転じ、その後、寛延二年（一七四九）七月八日には勘定奉行に就任した。宝暦元年（一七五一）十一月二十五日に死去。享年五十四。法名は玄高。菩提寺は芝の増上寺（東京都港区）。（飯島）

【典拠・参考文献】『寛政譜』第九・三七五頁

箕作阮甫《みつくりげんぽ》（一七九九～一八六三）

寛政十一年（一七九九）九月七日、津山西新町で生まれる。庠西・虔儒・貞一・憲迪・玄甫・阮圃・紫川・竹雨・逢谷・咸宇・夔庵・一足庵・樂忘居主人・秋眠、天竺樓主人と称した。津山藩侍医一〇人扶持御小性組御匙代箕作貞固の三男。兄可貞の逝去により兄の養子となる。母は萬波俊陳の女清子。妻は津山藩儒者で町奉行物頭格大村成美の養女登井。文化七年（一八一〇）十一月八日に家督相続。同九年、学問出精により金一〇〇疋下賜。漢籍を永田桐隠（文化六年頃）、小島天楽（文化十年頃）に師事。同十二年頃に京都遊学、漢方医学を学習。文政二年（一八一九）帰郷、閏四月十三日に七人扶持となる。十一月二十四日結婚。同五年六月二十一日五〇石となり、侍医、御小性組御匙代。同年江戸出府。宇田川榛斎、古賀侗庵門下。同九年、シーボルトらと対談。同十年帰郷。天保二年（一八三一）再出府。八丁堀で開業するも同五年に全焼。同十年六月十日、天文台出仕、蕃書和解御用。弘化元年（一八四四）、浦賀に来航の米国東インド艦隊司令官ビッドルの書面を翻訳。嘉永三年（一八五〇）、津山藩御使番格。同六年、ペリーが持参した合衆国大統領親書等を翻訳。十二月、長崎でロシア使節プチャーチンの応接に随行。安政元年（一八五四）十月十八日、同使節応接のため下田出張。同二年三月十八日に隠居。八月十二日、蕃書和解御用。八月十五日、徳川家定に御目見。同三年四月に蕃書調所教授。文久二年（一八六二）直参三〇人扶持。同三年に隠居。著訳は『外科必読』『地殻図説』『坤輿或問』『大西史影』『三兵操治正義』『海上砲術全書』『和蘭文典』『海外形勢録』等幅広い。文久三年六月十七日に死去。享年六十五。墓は小石川白山下の浄土寺にあったが、現在は府中市の多磨霊園。紫川院庠西竹雨居士。津山藩の家は養子秋坪が継ぎ、幕臣としては養子省吾の息子麒祥が継いだ。なお阮甫は無類の酒好きで、『西征紀行』には多数の酒関連の記事が散見される。また平成二十二年（二〇一〇）には、生家の裏に津山洋学資料館がリニューアルオープンした。（岩下）

【典拠・参考文献】蘭学資料研究会編『箕作阮甫の研究』（思文閣、一九七八年）、呉秀三『箕作阮甫』（大日本図書、一九一四年）、岩下哲典「幕末における蘭学者の公務出張旅行と酒―箕作阮甫『西征紀行』を素材として」（『Journal of hospitality and tourism』Vol.2 No.1 2006）

三橋成方《みつはしなりみち》（一七五〇～没年未詳）

代官の萩原友明と、萩原友徳の娘の三男として生まれ、のちに三橋成烈の養子となり、その娘を妻とする。後妻に田辺清右衛門庸広の娘。鉄作・藤右衛門と称した。采地四〇〇石。寛政三年（一七九一）十月十七日に大番となり、十二月二十九日に父の死去に伴い四十一歳で家督を相続した。四年六月二十一日に代官となり、六年六月九日に職を辞し、七年十二月十一日に小普請組頭となる。八年三月八日に勘定吟味役になり、十二月十九日には布衣を許された。十年四月朔日、ロシア船対策のため渡辺久蔵胤・大河内善兵衛政寿とともに松前に赴いている。享和二年（一八〇二）二月二十三日から日光奉行、文化五年（一八〇八）十二月二十四日から小普請奉行、文化八年六月八日より京都町奉行を務め、文化十二年正月二十二日に職を辞す。（堀）

【典拠・参考文献】『寛政譜』第八・七八頁、第十六・四五頁、『柳営補任』

蓑正路《みのせいろ》（生年未詳～一八三八）

笠之助と称した。家禄は一六〇俵で、屋敷は本所弁天小路にあった。勘定を経て、文政四年（一八二一）十一月二十五日に代官となり、丹後国久美浜陣屋（文政五年～天保三年）、信濃国中之条陣屋（天保三年～同六年）、大和国五条陣屋（天保六年～同九年）を担当した。代官在任中の天保九年（一八三八）三月二十五日に死去。（高橋）

【典拠・参考文献】『旗本百科』第五巻、『代官履歴』

蓑豊昌《みのとよまさ》（生年未詳～一八〇八）

笠之助と称す。天明二年（一七八二）十二月二十二日に初めて浚明院（徳川家治）に拝謁し、同四年閏正月二十六日には勘定となり、同年八月十三日に代官へ転じる。妻は稲垣藤四郎豊強の養女。同五年五月六日に遺跡を継ぐ。時に三十歳、廩米一六〇俵。江戸・石見国大森・江戸（再任）・信濃国飯島・同国中之条・甲斐国石和にて代官を務める。文化元年（一八〇四）甲斐国石和へ場所替となり、甲斐国に隣接する小海・北相木・南相木をはじめとする一八か村二八五三石余が支配所に組み入れられた。同五年に死去。（高木）

【典拠・参考文献】『寛政譜』第十八・三七九頁、西沢淳男『幕領陣屋と代官支配』（岩田書院、一九九八年）、『代官履歴』

蓑正高《みのまさたか》（一六八七～一七七一）

貞享四年（一六八七）に生まれる。庄次郎・笠之助と称し、隠居後は相山と号した。妻は田中休愚右衛門喜古《よしひさ》の娘。蓑家は、もともと服部姓であったが、のちに蓑と改め、さらに巳野と記したという。家伝によると、天正十年（一五八二）の徳川家康による伊賀越えに際して、先祖の服部正尚が身を隠すための蓑笠を家康に提供したことから、蓑笠之助と名乗るよう仰せ渡されたとある。慶長十八年（一六一三）、姻戚関係のあった大久保長安が処罰されたことに連座して采地を没収され、以後は猿楽の列に編入されたことから、家康より拝領した苗字を名乗ることを憚って巳野と改め、それから三代を経て正高に至ったという。正高は当初、町々で小商いをしたり、山師のような仕事をしていたが、『民間省要』の著者として著名な田中休愚右衛門喜古と旧知の間柄であったことが縁で、その娘を妻とし、喜古より河川改修工事などの技術を学んだ。その田中喜古が町奉行の大岡忠相に認められ、同人支配のもとで地方《じかた》御用を務めるようになると、正高も享保十四年（一七二九）八月に大岡支配に組み入れられた。その後、精勤ぶりが認められて支配勘定格に遇され、三万三五〇〇石余におよぶ支配所を預かることになり、元文四年（一七三九）二月八日には家禄一六〇俵の旗本となって、正式に大岡支配の代官に任ぜられた。延享二年（一七四五）五月には、大岡の地方御用御免にともなって勘定所支配に編入されたが、寛延二年（一七四九）五月十六日、罪を得て小普請組入りとなり、出仕停止の処分となった（同年八月六日解除）。宝暦六年（一七五六）十二月二十六日に隠居し、明和八年（一七七一）八月七日に八十五歳で死去した。法名は相山。芝増上寺の子院である心光院に葬られた。（太田尚）

【典拠・参考文献】『寛政譜』第十八・三七九頁、「蓑笠之助伝」（国立公文書館所蔵）、大石学『享保改革の地域政策』（吉川弘文館、一九九六年）

美濃部権兵衛《みのべごんべえ》（生年未詳～一六三六）

美濃部茂正の長男として生まれる。母は美濃部茂数の息女か。行跡がよくなく、寛永十三年（一六三六）六月頃に戸張半兵衛らと口論に及び、その始末を糺したところ、その罪が軽くないとのことで斬罪に処される。（鍋本）

【典拠・参考文献】『寛政譜』第十七・二五〇頁、『江戸幕府日記』

美濃部茂矩《みのべしげのり》（生没年未詳）

父は美濃部十左衛門。中務・筑前守と称した。文政三年（一八二〇）十二月十二日小性組より御小納戸となり、天保四年（一八三三）十月十五日に御小納戸頭取格、同八年二月十二日には御小納戸頭取奥之番元掛となる。同年四月二日に西丸御小納戸頭取となり、同十二年三月二十三日、新番頭格西丸御小納戸頭取となる。同年四月十六日、奉公を御免となり、知行のうち三〇〇石を召し上げられて家禄五〇〇石となる。のち小普請入りし、甲府勝手差控となる。茂矩は若年寄林忠英・御側御用取次水野忠篤とともに将軍家斉の側近として権勢をふるったとされる。それにより、家斉死去後は水野忠邦によって失脚させられた。（吉成）

【典拠・参考文献】『旗本百科』第四巻

水原保氏《みはらやすうじ》（一六七三～一七四三）

人見友元宜郷の三男に生まれ、水原保高の養子となる。是政・内蔵助・彦十郎・次郎右衛門と称した。妻は水原保高の養女。後妻は鳥田孫大夫将安の女。元禄十三年（一七〇〇）六月二十八日に将軍綱吉に拝謁。宝永六年（一七〇九）四月六日に大番となり、享保二年（一七一七）四月二十六日に家督を継ぐ。同九年に采地を廩米に改められ、家禄二〇〇俵となる。同十四年正月二十六日に書物奉行となる。寛保三年（一七四三）二月十三日に七十一歳で死去する。法名は正善。菩提寺は西久保天徳寺の浄桂院（東京都港区）。（石山）

【典拠・参考文献】『寛政譜』第七・三八〇～三八一頁、小宮木代良『江戸幕府の日記と儀礼史料』（吉川弘文館、二〇〇六年）

三淵藤利《みぶちふじとし》（一六〇四～一六五七）

慶長九年（一六〇四）に三淵光行の長男として生まれる。通称は縫殿助。妻は蒔田左兵衛頼久の娘である。同十七年十一月十二日に、初めて初代将軍徳川家康に拝謁する。その後、書院番に列して、寛永二年（一六二五）十月二十三日近江国神崎郡の采地一〇〇〇石を、美濃国安八・本巣・山縣の三郡に分けられ、朱印を賜る。同三年八月に、家忠上洛の際に従い西丸の勤務となる。その後、小性組に移る。同十年二月七日上総国山辺郡の内に二〇〇石を加増される。明暦三年（一六五七）に五十四歳で死去し、品川の東海寺に埋葬される。法名は宗心。（根岸）

【典拠・参考文献】『寛政譜』第二・三二四頁

宮内左右平《みやうちそうへい》（生没年未詳）

公美とも称した。安政五年（一八五八）には代官小林藤之助の江戸詰の手代としてその名を確認できる。開国時には横浜の町割りにかかわったようである。文久元年

（一八六一）には手代衆普請役格となっている。同三年より関東取締出役となる。この時は小笠原甫三郎付属である。元治期以降に付属した代官は不明であるが、慶応三年（一八六七）には今川要作の付属となっている。同四年正月にも関東取締出役の中に名前を確認でき、最終的に支配勘定を勤めている。維新直後の履歴は不明であるが、上州玉村宿寄場組合で大惣代を勤めた渡辺三右衛門の日記によると、文久三年四月二十一日条には、宮内は「追々後年ニ至大馬鹿野良与成、百姓ニ被追廻行衛不知ニ成」とあり、百姓の恨みを買い、一時失踪したようである。明治五年（一八七二）以降の経歴は「公文録」所収の履歴書からあきらかになる。すなわち、同五年正月二十八日には神山県へ十等で出仕し、同年六月二十二日には同県権典事となっている。翌六年二月二十日に同県が廃されると、同年三月五日より愛媛県権典事となっている。同年十月二日に職を辞すが、翌七年四月七日には埼玉県に月給五〇円で出仕している（『旧事諮問録』では、明治六年に埼玉県に就職し、地租改正事業にかかわったと述べており、齟齬を確認できる）。同年六月五日には同県権大属と租税課専務出納課兼務を申し付けられている。同九年七月八日には埼玉県大属に就任し、翌十年一月十九日には埼玉県一等属となる。同十二年十月七日に租税課の課長となる。地租改正事業に特別の働きがあったとして、同十一年六月二十一日には金二二円、同年十二月十日には金五〇円、同十四年二月二十六日には金七五円を下賜されている。同十五年五月二十三日には同十年より同十三年の変換の地目、反別、地価、地租等の取調に関して金四〇円を下賜されている。同十二年十二月十七日には北足立・新座郡長心得兼務を命じられ、同二十五日には、職務勉励のため金二〇円が下賜され、翌十三年一月八日には上等給が下賜されている。同年七月八日には北足立郡・新座郡長心得勤務職務勉励のため金七〇円が下賜されるが、十一月六日に北足立郡・新座郡長心得を免じられている。同十四年七月五日、土木課長兼務を命じられ、同年十二月二十五日には職務勉励のため金五五円を、同十五年十二月二十五日には金五〇円を下賜されている。同十七年六月四日には、月給八〇円で埼玉県収税長に就任した。同十九年八月十六日、大蔵大臣松方正義は埼玉県収税長宮内公美の非職をうかがい、同二十一日に裁可された。なお、前記履歴書によれば、明治十五年前後の彼は東京府本郷区金助町に住む平民であった。

（坂本）

【典拠・参考文献】落合延孝『八州廻りと博徒』（山川出版社、二〇〇二年）、関東取締出役研究会編『関東取締出役』（岩田書院、二〇〇五年）、『旧事諮問録』（下）（岩波書店、一九八六年）、村上直他編『江戸幕府代官史料』（吉川弘文館、一九七五年）、『玉村町誌』別巻Ⅶ（玉村町、一九九九年）、「公文録」（国立公文書館蔵）、「諸官進退・官吏進退」（国立公文書館蔵）

宮城和充《みやぎかずみつ》　（一六三四～一六九一）

寛永十一年（一六三四）に、宮城和甫（大目付）の五男として誕生。母は三上庄左衛門士秀の妻。妻は大田原備前守政清の娘。通称監物。寛永十八年十月三日、徳川家綱（のち四代将軍）の小性となる。慶安三年（一六五〇）九月四日、書院番となり、廩米三〇〇俵を給わる。寛文九年（一六六九）精勤を賞されて黄金三枚を給わる。同十二年七月二十三日に御徒頭となり、同十二月二十六日、三〇〇俵加恩される。延宝七年（一六七九）九月二十五日に目付となり、天和元年（一六八一）五月から貞享三年（一六八六）十一月まで長崎奉行を勤めるが、将軍の許可なく死刑を執行し、罷免・出仕停止となる。長崎奉行在職中、飢饉の餓死者の救済（天和元年）、貨物市法の廃止、糸割符の再興（貞享元年～同二年）、マカオ漂流日本人送還の南蛮船の処理、御定高制度の制定、禁書の発見事件の処理（以上貞享二年）、密貿易（抜荷）者の処刑、春徳寺の火災（以上貞享三年）等に携わった。元禄元年（一六八八）十二月十八日に赦され小普請に入る。同四年八月十日江戸にて没する。享年五十八。墓所は宝泉寺（東京都新宿区西早稲田）。（太田勝）

【典拠・参考文献】『寛政譜』第十・三二三頁、「長崎御奉行之事」（『長崎古今集覧』〈『海色』第三輯〉）、金井俊行編『長崎年表』

宮城和澄《みやぎまさずみ》（一六三七～一六九六）

寛永十四年（一六三七）に、御留守居番宮城和治《まさはる》の長男として生まれる。母は興津内記忠行の娘。妻は松下石見守長綱の娘。通称は主殿。慶安元年（一六四八）十月二十一日、初めて三代将軍徳川家光に拝謁し、万治二年（一六五九）七月十一日、小性組番士に列する。寛文五年（一六六五）十月二十七日に家督を継ぐ。下総国香取・匝瑳郡内において四〇〇〇石を知行する。同七年八月十八日より進物番、延宝四年（一六七七）六月九日に御徒頭となり、同九年（天和元・一六八一）四月十四日、目付に転じた。貞享四年（一六八七）八月から元禄八年（一六九五）十一月まで長崎奉行を勤める。奉行在職中、唐船の一年間の貿易取引き船数を七〇艘に限定し、また、密貿易（抜荷）防止として、長崎十禅寺薬園に唐人屋敷（唐館）を設置し、渡来唐人を貿易取引き中ここに収容し、日本人との自由接触を禁じる体勢の形成、小瀬戸の遠見番所設置（以上元禄元年）、長崎稲佐の火薬庫設置（元禄三年）、伏見屋四郎兵衛による銅代物替貿易の設定（元禄八年）等に携わった。同五年十二月十八日、従五位下越前守に叙任された。同九年二月二十四日、江戸にて没する。享年六十。法名了空。菩提寺・墓所は本願寺内善水寺（東京都中央区築地）。（太田勝）

【典拠・参考文献】『寛政譜』第十・三二〇頁、「長崎御奉行之事」（『長崎古今集覧』〈『海色』第三輯〉）、金井俊行編『長崎年表』

宮城和甫《みやぎまさよし》（生年未詳～一六五五）

鯰江貞勝《なまずえさだかつ》の子として生まれる。母は鯰江堅甫《かたよし》の娘。のち伯父正重《まさしげ》の養子となる。妻は三上士秀《ことひで》の娘。貞頼《さだより》とも名乗り、甚右衛門・越前守と称した。慶長五年（一六〇〇）の関ヶ原の戦い後に伏見で徳川家康へ拝謁し江戸に至り、同十六年に江戸で二代将軍秀忠へ初めて拝謁し、四〇〇俵を与えられ、のちに領地に改められる。同十九・同二十年の大坂の陣に従軍し戦功をあげ、元和二年（一六一六）六月から家光に仕え、同五年正月十一日に使番から目付となり、秀忠の命で宮城に改姓する。同八年七月に六〇〇石を加増され、合わせて一〇〇〇石を知行した。寛永九年（一六三二）二月に秀忠の遺金を賜る。同十年に一〇〇〇石を加増され、同十一年九月十六日に従五位下越前守に叙任される。同十五年に天草・島原一揆鎮圧軍への上使を勤め、同十九年の寛永飢饉では窮民の賑救にあたり、同年十一月八日に大目付となり、二〇〇〇石を加増され、合わせて四〇〇〇石を知行した。慶安二年（一六四九）に諸国巡見使を勤めた。承応四年（一六五五）二月十五日に死去。法名は道入。菩提寺は築地本願寺中善永寺（東京都中央区）である。（加藤）

【典拠・参考文献】『寛永諸家系図伝』第十二・一九五頁、『寛政譜』第十・三二八頁、『柳営補任』、『徳川実紀』第一～四篇

三宅斧作《みやけおのさく》（生没年未詳）

家禄二〇〇俵。安政五年（一八五八）四

月十一日に甲府勤番小田切土佐守支配より鉄炮箪笥奉行となる。同年六月五日より鉄炮箪笥奉行から代官となる。安政五年から文久三年（一八六三）まで真岡陣屋、文久三年から元治元年（一八六四）まで信濃国中野陣屋、元治元年から慶応二年（一八六六）初めまで出羽国柴橋陣屋を所管し、同年二月に勇退。　（堀）

【典拠・参考文献】『柳営補任』、西沢淳男『幕領陣屋と代官支配』（岩田書院、一九九八年）

三宅観瀾《みやけかんらん》　（一六七四～一七一八）

延宝二年（一六七四）、京都の町人儒者であった三宅道悦の子として京都に生まれる。名は緝明《つぐあきら》、字は用晦。九十郎と称し、観瀾、端山と号した。妻は藤曲氏の息女。兄は懐徳堂の学主三宅石庵。崎門学者の浅見絅斎《けいさい》に学んだのち、江戸に出て木下順庵に学び、木門十哲の内の一人となる。元禄十二年（一六九九）六月、栗山潜鋒の推薦で常陸国水戸藩三代藩主徳川綱條《つなえだ》に仕え、右筆および、彰考館編修となって『大日本史』の編纂に携わり、南朝武将列伝を担当した。宝永七年（一七一〇）閏八月に彰考館総裁となったが、翌年（正徳元・一七一一）三月二十五日、新井白石の推薦により幕府の儒官となり、廩米二〇〇俵を給わる。同年四月朔日、六代将軍徳川家宣に御目見した。朝鮮使節接待役をつとめ、客館において応接唱和した。その詩文をまとめたのが『支機閑談』である。著書には他に『中興鑑言』一冊、『論賛駁語』一冊、『観瀾文集』七巻、『斜光集』三巻などがある。享保三年（一七一八）八月二十六日に死去。享年四十五。法名は宗真。菩提寺は駒込龍光寺（東京都文京区）。　（西）

【典拠・参考文献】『寛政譜』第二十・一三五頁、進藤英幸『三宅観瀾・新井白石』（明徳出版社、一九八四年）、鈴木暎一『水戸藩学問・教育史の研究』（吉川弘文館、一九八七年）、近藤春雄『日本漢文学大事典』（明治書院、一九八五年）、竹内誠・深井雅海編『日本近世人名辞典』（吉川弘文館、二〇〇五年）

三宅伊信《みやけこれのぶ》　（一六九四～一七三二）

元禄七年（一六九四）に三宅伊重《これしげ》の子として生まれる。妻は表右筆組頭大橋重豊の息女。忠三郎・治部左衛門と称した。三宅氏は徳川家康の重臣本多正信に属していた家柄で、伊信の祖父伊次《これつぐ》・父伊重はともに、三代将軍徳川家光の息女で尾張藩主徳川光友の正室となった千代姫に付属して広敷の取次役を務めていた。伊信は、正徳五年（一七一五）七月十二日に家督を相続し、のちに支配勘定を務めた。享保八年（一七二三）十二月二十五日、旗本に列して勘定となった。このとき蔵米一二〇俵を賜り、のち評定所留役に転じた。同十六年正月二十七日に死去。享年三十八。法名は浄輪。小日向の徳雲寺（東京都文京区）に葬られた。　（白根）

【典拠・参考文献】『寛政譜』第二十二・三四六頁

三宅艮斎《みやけごんさい》　（一八一七～一八六八）

文化十四年（一八一七）に生まれる。温・子厚・英斎と称した。肥前国南高来郡北有馬村の医師三宅英庵の四男。妻は幕府大鋸棟梁石山嘉左衛門女遊亀。文政七年（一八二四）、熊本の伯父鹿子木仁夫方に寄宿し学問を始める。天保元年（一八三〇）に長崎遊学、楢林栄建門下。同十二年に出府、薬研堀に開業した佐藤泰然の塾で教える。同十三年銚子へ転居、開業。弘化元年（一八四四）、堀田正睦に招聘され佐倉へ赴く。佐藤泰然と順天堂で蘭方外科を教授。嘉永元年（一八四八）には本所で開業。安政五年（一八五八）の種痘館の設立に参加。同六年、堀田正睦に従い上京。同年土佐藩に招聘。文久元年（一八六一）、シーボルトと会談。同二年、中浜万次郎に夫婦で写真を撮影される。同三年に医学所教授。著訳書に『西医略論』等。慶応四年（明治元年・一八六八）七月三日、食道癌により死去。享年五十二。本郷区駒込願行寺に葬る。墓はのち谷中天主寺に移った。三宅秀は息子。（岩下）

【典拠・参考文献】芳賀登編『日本人物情報大系』五四巻（皓星社、二〇〇〇年）、三浦義彰『医学者たちの一五〇年—名門医家四代の記』（平凡社、一九九六年）

三宅重吉《みやけしげよし》（一六〇七～一六八七）

慶長十二年（一六〇七）年に三宅重勝の長男として生まれる。母は山田半右衛門某の息女。妻は植村家政の息女。隼人・半七郎、致仕後は三休と称した。元和四年（一六一八）に下総国香取郡内等の遺跡を継ぎ、のち小性組番士となり、寛永二年（一六二五）に新知あわせて一〇二〇石余を領する。同三年の徳川秀忠上洛に供奉し、同十年に二〇〇石を加増される。同十五年十二月十二日に斎藤利政とともに豊後国の目付代をつとめる。同十六年十月十八日小十人組頭に転じ、同十八年正月六日に布衣を許される。同年四月十二日に三代将軍家光の不興で逼塞し、九月五日に赦される。慶安四年（一六五一）に家光に従って日光へ赴く。同年七月二十三日、徳川綱重・徳川綱吉に賄料を与えるに先立ち、郷村の境を巡見する。承応元年（一六五二）に新居関所の番頭となり、遠江国敷知《ふち》郡内に新恩三〇〇石を与えられる。寛文三年（一六六三）十一月六日に寄合となり、同六年五月十日に先手御弓頭となる。延宝五年（一六七七）三月七日に隠居する。貞享四年（一六八七）十月十二日に死去。享年八十一。法名は天情。（鍋本）

【典拠・参考文献】『寛政譜』第十六・二九頁

三宅康敬《みやけやすたか》（一六七八～一七五一）

延宝六年（一六七八）、三宅良寛（書院番）の長男として生まれる。通称大蔵・大学。母は三宅康重の娘。同八年九月七日、父の遺跡を継ぎ、小普請となる。貞享元年（一六八四）七月十二日、祖父康重の遺跡を継ぐ。元禄十年（一六九七）七月二十六日、武蔵国埼玉郡内において三〇〇石拝領する。同十一年三月十九日に書院番、宝永二年（一七〇五）三月十三日に進物役となる。同三年正月、下総国関宿城を久世大和守重之が給わった時、城引渡し役を勤める。同五年四月一日に御徒頭、正徳二年（一七一二）十月十二日、目付となる。同五年正月不審者を捕らえるもその措置不適切の故をもって閉門となるが、同二月に赦される。享保八年（一七二三）九月、長崎に赴き、同十一年五月二十八日、長崎奉行となる（三〇〇石加増、計一〇〇〇石を知行）。同八月二十八日、従五位下周防守に叙任される。渡来カンボジア使節との交渉（享保十二年）、倹約令の執行・雑物替会所の設置（享保十四年）等の処理に携わる。同十七年八月七日、大目付となり、元文四年（一七三九）九月一日、御留守居となる。延享三年（一七四六）三月七日に辞職し、寄合に列する。延享五年（寛延元・一七四八）四月二日に隠居し、同三年十二月十七日没。享年七十二。法名常天。墓所は小日向金剛寺。（太田勝）

【典拠・参考文献】『寛政譜』第十六・一六頁、金井俊行編『長崎年表』

宮崎重成《みやざきしげなり》（一六二〇～一六八〇）

元和六年（一六二〇）、家光に仕え御腰物持の役を勤めた宮崎泰次の長男として生まれる。半十郎・七郎右衛門・政泰とも称する。妻は小性組組頭安部信孝の女子。寛永十年（一六三三）十二月、家督を相続。翌十一年三月二十六日、はじめて家光に拝謁し、同十三年十二月二十七日、大番に列する。慶安三年（一六五〇）八月一日、家綱に附属し西丸御小納戸となり、のち本丸御小納戸に転じる。寛文五年（一六六五）八月六日、伏見の町奉行となり、六年十二月二十八日、従五位下若狭守に叙任。同八年七月十三日、所司代の権限の一部を引き継いで京都町奉行の職制が正式に発足すると、雨宮正種とともにその初代に就任した。寛文十三年正月二十三日、町奉行に転任。延宝八年（一六八〇）二月二十三日、職を辞し寄合入り。同年四月一日に死去した。享年六十一。法名は道湛。武蔵国府中の安養寺に葬る。　（西木）

【典拠・参考文献】『寛政譜』第十六・二五九頁、『柳営補任』、『京都御役所向大概覚書』

宮崎忠英《みやざきちゅうえい》　（生没年未詳）

達次郎と称す。家禄は四〇俵。屋敷は下谷二長町。文久三年（一八六三）四月五日に広敷添番より広敷御用達となる。元治元年（一八六四）六月三日、丹後国久美浜にて代官を務める。　（高木）

【典拠・参考文献】『旗本百科』第五巻、『代官履歴』

宮崎成身《みやざきなりちか（しげちか）》　（生年未詳〜一八五九）

宮崎成美《しげよし》（畏斎）の長男として生まれる。太一郎・次郎大夫と称した。はじめ諱は成之と名乗った。百拙斎・栗軒と号し、屋敷が牛込神楽坂下の牛込門付近であったことから牛門老人とも称した。天保十二年（一八四一）八月に家督を相続し、弘化四年（一八四七）十二月に西丸小性組から小十人頭になり、安政四年（一八五七）七月から御持弓頭を務めた。同五年九月二十二日に老衰と病気を理由に職を辞した。その間、昌平坂学問所内において林述斎・林復斎監修の下で、『朝野旧聞裒藁《ちょうやきゅうぶんほうこう》』『大狩盛典』『通航一覧』などの幕府の編纂事業に従事するとともに、『教令類纂』『憲法類集』など幕府法令集の編集も行った。また、文政十三年（一八三〇）頃から三〇年以上にわたって収集して手元にあった珍しい文献や有用な資料・記録類を自他の著述等とともに編纂した雑録である『視聴草《みききぐさ》』を著した。歴史・故実・詩歌など様々な学問に造詣が深く、緻密な調査研究に基づいた執筆活動を精力的に行った後半生を過ごした。安政六年（一八五九）に死去。　（白根）

【典拠・参考文献】『柳営補任』、福井保『『視聴草』解題』（『内閣文庫史籍史料叢刊』特刊第二）、氏家幹人「『視聴草』絵図細目」（『北の丸』三八号、二〇〇五年）

宮崎道次《みやざきみちつぐ》　（一六〇五〜一六六八）

慶長十年（一六〇五）に宮崎景次の四男として生まれる。母は下条九郎兵衛の息女。三左衛門と称した。妻は宮崎重次の息女、また千村平右衛門の息女。宮崎氏は、先祖が日向国宮崎郷に住し、のち甲斐国の武田氏に仕えたといい、武田信玄・勝頼に仕えた泰景が、勝頼没後に信濃国伊那郡座光寺に潜居していたところを、天正十六年（一五八八）に徳川家康に召し出される。その四男景次は別家を立て、下伊那の代官となり伊那郡馬場村に住した。景次の四男が道次で、別家を起こし馬場村に住し、代官を勤める。泰景の三男安重および四男景次が、元和五年（一六一九）に遠江北部の幕領も支配することになり、寛永九年（一六三二）にこれを引き継いだ道次は、遠江国袋井宿に隣接する川井村に陣屋を設ける。「遠江国正保郷帳」によれば、道次の遠江における支配地は四九か村（九六〇〇石余）である。道次没後、子の道常・道直は、道次の代官在職中の年貢滞納の罪により処罰される。寛文八年（一六六八）五月二日に、遠江国袋井にて死去。享年六十四。法

名は浄天。菩提寺は信濃国伊那郡駒場村の浄久寺。（佐藤）

【典拠・参考文献】『寛政譜』第十六・二六九頁、佐藤孝之『近世前期の幕領支配と村落』（巖南堂書店、一九九三年）、『静岡県史』通史編3

宮地六右衛門《みやじろくえもん》（生没年未詳）

紀伊藩士で徳川吉宗の将軍就任に伴い、幕臣となっている。紀伊藩士時代は隠密御用を勤める薬込役であった。享保元年（一七一六）十月、八代将軍徳川吉宗の二男小次郎が紀伊藩邸から江戸城に移る際に供奉し、広敷伊賀者に任命された。これ以降、御庭番家筋十七家の一つとして隠密御用に従事した。ただし、同家は寛政元年（一七八九）以前に御庭番家筋を放たれている。（坂本）

【典拠・参考文献】深井雅海『徳川将軍政治権力の研究』（吉川弘文館、一九九一年）、同『江戸城御庭番』（中央公論社、一九九二年）

宮原氏義《みやはらうじよし》（一六七九～一七一五）

延宝七年（一六七九）に生まれる。伝十郎・主膳・または長門守を称した。実は杉浦武兵衛政令の五男であり、宮原義真の養子となった。母は宮原義辰の息女である。妻は水谷信濃守勝阜の息女。元禄三年（一六九〇）十二月十二日に家督を継いだ。同四年六月十一日初めて五代将軍徳川綱吉に拝謁し、同十四年九月二十一日高家となり、従五位下侍従に叙任し、長門守に改めた。宝永二年（一七〇五）十二月十四日、和泉守を称した。同六年十月十八日、中御門天皇が疱瘡を患った後、酒湯をすませたことによって、将軍の名代として京都に赴いた。十二月十五日御側高家となり、十八日従四位下に昇り、刑部大輔を称した。同七年九月二十四日、六代将軍徳川家宣が氏義を奥の座に召して、特別の配慮をもって金七〇〇両を下賜した。正徳五年（一七一五）十月二十五日に死去した。享年三十七。法名は円了院貫山一之。（田中暁）

【典拠・参考文献】『寛政譜』第二・一二三頁、『系図纂要』第十冊・六〇五頁

宮村高豊《みやむらたかとよ》（生没年未詳）

小普請宮村彦五郎の養子となる。助之丞、孫左衛門と称した。家禄は二〇〇俵である。享保十五年（一七三〇）十二月二十七日に家督を相続し、元文元年（一七三六）十月十二日に小十人となった。同五年九月二十七日に代官に任命され、出羽国漆山陣屋（元文五年～延享三年）、越前国本保陣屋（延享三年～寛延二年）、甲斐国甲府陣屋（寛延二年～宝暦七年）、駿河国駿府陣屋（宝暦七年～同十年）、越後国十日町陣屋（宝暦十年～同十三年）、越前国本保陣屋（宝暦十三年～明和元年）、出羽国長瀞陣屋（明和元年～同八年）、江戸在任（明和八年～天明八年）を担当した。しかし、天明八年（一七八八）十月九日、手代らの年貢着服などを咎められ、罷免されて遠島となった。（高橋）

【典拠・参考文献】『寛政譜』第二十二・三九九頁、『代官履歴』

宮本小一《みやもとおかず》（一八三六～一九一六）

天保七年（一八三六）二月晦日、幕府先手組与力宮本久平の嫡男として誕生した。母は富山藩主前田利保の家臣岩崎庄大夫の娘鶴である。通称は小一郎、諱は当初定保、後に嘉永六年守成《もりしげ》と改名、さらに明治二年（一八六九）になって小一《おかず》と改めた。鴨北はその雅号である。弘化五年（一八四八）直心影流を学び、嘉永三年（一八五〇）十一月に元服し、二十一歳の安政三年（一八五六）八月、昌平坂学問所の学問吟味の「大試」に甲科及第した。翌安政四年六月晦日、部屋住から召し出され軍艦操練所調方出役を仰せ付けられたが、間もなく万延

元年（一八六〇）十月、神奈川奉行支配調役出役へ転出した。神奈川奉行所において「御運上所御役掛」や「運上所書翰方掛」などを担当し、文久三年（一八六三）四月八日調役並の本役に就任、それより同年七月二十六日調役に進み、慶応三年（一八六七）八月二十一日には神奈川奉行支配組頭勤方に昇進した。翌慶応四年（一八六八）幕府崩壊の騒擾に直面し、四月、神奈川奉行水野良之・同奉行並依田盛克らと協力して、横浜に進駐してきた新政府の横浜裁判所総督兼外国事務局輔東久世通禧・同副総督鍋嶋直大ら一行に神奈川奉行所の事務を円滑に引継ぎ、所管業務を移管して、水野等と共に江戸に帰還した。その後、同年閏四月二十二日病気療養を願い出て御役御免となったが、七月二十一日、駿河府中藩となった徳川宗家より御勘定役を仰せ付けられ、ついで八月二十二日、新政府のお雇いとして東京府開市御用掛調役を勤めるよう申し渡しがあった。かくて宮本は元神奈川奉行水野良之等と東京開市事務を処理した後、十一月十日外国官御用掛に転出し、明治二年（一八六九）四月二十二日外国官判事試補に昇進した。そして新政府が職員令を定めて外国官を廃止し、七月八日新たに外務省を創設すると外務権少丞に任ぜられた。宮本は、維新草創期の英国王子を始めロシア・イタリア・ドイツ等の各国皇族や米国前大統領グラント将軍など外国貴賓の来朝が相次ぐなかで、その接伴掛として宮廷外交の重任を担った。彼は同三年三月十九日外務少丞に進み、ついで同五年五月十三日外務大丞に累進し、十一月二十六日外事左局長兼記録局長心得、翌六年（一八七三）三月二日には弁事局長心得を兼任し、この間、日進艦で樺太雑居地の紛議の調査に出張し、また庶務局長心得を兼務した。同九年一月、太政官より黒田清隆特命全権弁理大臣の随行を命じられ朝鮮国へ渡航した。ついで七月には理事官として朝鮮国へ派遣され、翌八月前後一二回に及ぶ折衝を重ね、「日朝修好条規附録」および「朝鮮国議定諸港に於て日本国人民貿易規則」「修好条規附録に附属する往復文書」に調印し帰国した。翌十年一月十一日任外務大書記官、同十四年二月清国に派遣され、また会計局長兼務、同年十一月二十六日参事院員外議官補を兼任した。同十五年、壬午の変処理のため下関へ出張した。翌明治十六年九月十九日元老院議官に勅撰され、そして同十九年勅任官一等となり従三位に叙任、錦鶏間祇候となった。同二十四年貴族院議員に勅任され、後に正三位に昇叙された。大正五年（一九一六）十月十六日没した。享年八十一。法名は長華院殿鴨北居士という。「長華」は維新後、父久平と帰農を模索し、元越前藩の巣鴨の下屋敷を譲り受け、隣接の武家地の荒蕪地を買取り、一万七〇〇〇坪余の桑茶園を開墾し、その園号を「長華園」と称したことによる。

（田中正）

【典拠・参考文献】田中正弘「維新変革と旧幕臣の対応―幕臣宮本久平・小一父子の閲歴と越前藩下屋敷の購入顛末―」（同『幕末維新期の社会変革と群像』所収、吉川弘文館、二〇〇八年）

宮本久平《みやもときゅうへい》　（一八一四～一八九〇）

文化十一年（一八一四）に幕府御家人、先手組与力宮本守富の嫡孫として生まれた。幼名銓太郎、諱は初め定正、嘉永六年（一八五三）十二月に守廉《もりなお》と改名、醇庵は隠居後の雅号である。母は下谷車坂の代官手附中川良左衛門の女、幼くして母が病没し、五歳のとき父宮本左平治も清水家の養子となって家を出たので、祖父母に養育された。祖母は町医師清水道圓の娘お常で、漢学に明るく早くから素読を教授された。文政八年（一八二五）十一月、十二歳のとき昌平坂学問所の素読吟味をうけ、甲科及第した。その後同十二年十月、十六歳で部屋住みより召し出され先手新庄勝三郎の与力見習を勤め、ついで弘化三年（一八四六）九月、「嫡孫承祖」とし祖父守富の跡式（現米八〇石）を継いで番代を仰せ付けられ、先手内藤内蔵頭組の与力となった。弘化五年（嘉永元・一八四八）正月、昌平坂学問所の学問吟味の考試に挑戦し甲科及第した。このときの甲科及第者の同期には永井尚志・妻木頼矩・田辺太一らがいた。久平は嘉永元年十一月甲府徽典館の学頭を命ぜられ、翌嘉永二年文学教授のため赴任し、同三年二月帰府した。そして同五年十二月より学問所教授方出役を勤めたが、安政二年（一八五五）四月になって、御徒目付を仰せ付けられ、以来「長崎表立会御用」に出張し、また「諸向鉄炮稽古之儀取扱」、江戸湾の台場損傷の模様替えや修復、江戸城罹災後の処理、神奈川表取締御用、大森打場修復御用などで活躍した。その後文久三年（一八六三）一月、将軍家茂の御供として上洛し、翌元治元年（一八六四）日光諸堂社の修復御用や江戸城西丸の普請御用を勤め、慶応三年（一八六七）には十五代将軍慶喜と各国公使との公式接見があり大坂に出張した。翌四年幕府崩壊に際し、徳川宗家との主従関係を維持しながら帰農を決意、かねて越前藩江戸藩邸に「御出入」りしていた関係もあって、同藩の江戸留守居役木下十之介らと協議して巣鴨の下屋敷一万四〇〇〇坪を譲りうけ、元武家地に帰農して桑茶園を開墾した。久平は、明治三年（一八七〇）七月静岡藩に願い出て隠居を許され、同二十三年十月二十二日巣鴨の自邸で没した。享年七十七。法名は道智院醇庵日学居士という。宮本小一は、父久平を「人トナリ、小心謹慎ニシテ質素ヲ好ム」と、評している。　（田中正）

【典拠・参考文献】田中正弘「維新変革と旧幕臣の対応―幕臣宮本久平・小一父子の閲歴と越前藩下屋敷の購入顛末―」（同『幕末維新期の社会変革と群像』所収、吉川弘文館、二〇〇八年）

三好政盛《みよしまさもり》　（一六二四～一六九九）

寛永元年（一六二四）に生まれる。父は小性番を務めた三好直政《なおまさ》、母は豊臣家臣明石全登の娘。祖母は浅井明政の娘。妻は小性組松平康盛《やすもり》の娘。大坂城落城のとき秀忠の娘千姫に従い、このゆかりにより崇源院（秀忠室浅井氏）に仕え、海津を名乗った。監物・能登守・石見守・丹波守を称した。幼少のころから祖母海津氏に養育され、江戸城大奥でしばしば秀忠の御前に候した。寛永七年（一六三〇）より家光に仕え、同九年小性となる。同二十年十二月従五位下能登守に叙任し、慶安三年（一六五〇）十二月二十八日、上総国市原郡のうちにおいて領地二〇〇〇石を下される。そののち中奥の小性となり、寛文九年（一六六九）五月十五日、二条家の正室が死去したことにより、東福門院徳川和子の気色をうかがうための使に任ぜられて京都へ行く。元禄七年（一六九四）八月二十二日、奉職無状により東條義叔と共に小普請入りとなり出仕をとどめられ、同年十二月十一日に許される。同十二年二月十五日に死去。享年七十六。法名は照和。菩提寺は赤坂の浄土寺。　（吉成）

【典拠・参考文献】『寛政譜』第十二・一六五頁

三輪久勝《みわひさかつ》　（一五四一～一六〇五）

天文九年（一五四〇）生まれ。通称は七右衛門。父は三輪久宗、母は不詳。はじめ長谷川を称していたが、三輪に改めた。父と共に徳川家康に仕えていたが、病により一時その許を離れる。天正十八年（一五九

○）に再び召され、知行地三〇〇石を給せられた。慶長七年（一六〇二）二条城御殿番となった。以後子孫代々この番を務める。同十年三月二十六日、六十五歳で死去。法名は浄恵。菩提寺は京都寺町の大雲院である（現在は祇園町に移転）。（松本）

【典拠・参考文献】『寛政譜』第十九、二四七頁

む

向井忠勝《むかいただかつ》（一五八二～一六四二）

天正十年（一五八二）生まれ。父は正綱《まさつな》、母は長谷川長久の息女。妻は中田氏の息女。通称は将監。慶長二年（一五九七）から秀忠に仕えた。同五年の上杉景勝征伐に同行し、関ヶ原の戦には間に合っていない。翌六年、秀忠より相模国の内で知行地五〇〇石を与えられ、船「国一丸」と水主五〇人を支配した。これにより船手（船手頭・船奉行とも）としての名実を持ったとみられる。同十五年には九鬼守隆に従って淡路国で諸家の軍船を改めた。同十八年、伊達政宗が慶長遣欧使節を遣わしたが、これに使用した船の建造に配下の船匠・水手頭を派遣している。同十九年の大坂冬の陣にのぞんで摂津尼崎で造船の任にあたり、大坂湾沿岸で士卒を率いて勇猛に戦った。翌元和元年（一六一五）二月、五〇〇石を加増された。この年の大坂夏の陣においても士卒七〇〇名を率いて出帆し、大坂湾を押さえた。同三年二月十一日、二〇〇〇石を加増された。また元和元年に投獄されていたフランシスコ会宣教師ディエゴ＝デ＝サン＝フランシスコをメキシコに送還するよう提言して実現させた。同九年の秀忠の上洛に付き従う。その後家督を相続し、合計五〇〇〇石を知行、同心一〇〇人も支配した。寛永元年（一六二四）には船手と兼帯で三崎御番（のち三崎奉行）を命じられ、三崎番所を設置。同二年七月二十七日、領地朱印状を交付され、相模国三浦、上総国望陀・周准郡の内で、新開地を合わせて六〇〇〇石余を知行した。翌三年の上洛にも付き従った。同七年六月二十五日、将軍家光が天地丸に乗船、忠勝が饗応した。これにより新たに同心を付属され、合計一三〇人を支配した。同九年七月、走水御番（のち走水奉行）の兼帯を命じられた。同九年六月二十五日、伊豆国で安宅船《あたけぶね》の建造を命じられ、同十一年にこれを預けられた。この船は長さ約四七メートル、幅約一六メートル、深さ三・三メートルの巨大な軍船であった。同十二年六月三日、品川において家光が乗船し、「天下丸」（安宅丸とも）と名づけた（この船は巨大すぎて実用に適さず、維持費が嵩み、天和二年〈一六八二〉に解体された）。同十八年十月十四日、六十歳で死去。法名は玄祐。上野東叡山の本覚院に葬られた（現在は深川の陽岳寺に墓あり。都

史跡)。　(松本)

【典拠・参考文献】『寛政譜』第二・二八三頁

向井政暉《むかいまさてる》　(一六八四～一七三九)

貞享元年(一六八四)に、向井将監正方の三男として生まれ、のち分家を興していた向井兵庫助重興の養子となる。元禄四年(一六九一)十二月十四日遺跡を継ぎ、五年二月一日に初めて五代将軍徳川綱吉に拝謁する。三月二十五日に西丸の書院番に列し、のちに本丸勤めとなる。正徳五年(一七一五)五月十五日に三河国矢作橋普請を請け負う。享保四年(一七一九)十二月十一日御徒頭に転任し、十二月十八日に布衣の着用を許される。同十四年正月十一日に先手鉄砲頭へ移動し、二月十八日から三か月間盗賊追捕を任される。その後同十五年十一月六日より再びこの役を勤める。同十七年五月七日より京都町奉行にすすみ、六月二十八日に従五位下に叙され伊賀守と称する。元文四年(一七三九)七月二日に京都の地で没する。享年五十六歳、法名は水翁。　(根岸)

【典拠・参考文献】『寛政譜』第二・二八九頁

向山黄村《むこうやまこうそん》　(一八二六～一八九七)

文政九年(一八二六)一月十三日に小性組番士の一色仁左衛門昭墨の三男として生まれる。諱は一履(維新後は栄と改名)、通称は英五郎、のちに任官して隼人正と称した。号には黄村のほか、黄邨・黄道人・欣夫・欣父などがある。天保八年(一八三七)に勘定組頭や箱館奉行支配組頭を務めた向山源大夫篤(誠斎)の養子となるが(家禄一〇〇俵)、幕府から正式に養子縁組を許可されたのは嘉永七年(安政元・一八五四)八月十日であり、それまでは両家の内証として取り扱われていた。昌平坂学問所で学び、天保十年十二月には素読出精で褒賞され、嘉永元年(一八四八)三月には学問吟味で乙科に合格した。同五年十一月九日に昌平坂学問所の教授方出役となり、一〇人扶持を賜った。養父の誠斎が箱館奉行支配組頭になるにおよんで箱館へ移り、養父が死去した後の安政三年(一八五六)十月八日には箱館奉行支配調役、同五年十二月二十四日には箱館奉行支配組頭へ進んだ。万延元年(一八六〇)十一月晦日に奥右筆となり、翌文久元年(一八六一)二月四日には外国奉行支配組頭に就任、同三年五月八日には目付へと昇進した。その後、老中格小笠原長行の上洛に従い罪を得て御役御免・差控えとなるが(同年八月八日)、元治元年(一八六四)九月二十八日に再任、さらに慶応元年(一八六五)十月十六日、兵庫開港問題をめぐり幕閣と対立して再び目付を罷免された。翌二年十月十五日に外国奉行に任ぜられて役職へ復帰、徳川昭武に随行してフランス滞留を命ぜられ、同三年正月四日には勘定奉行格、同年八月十四日には若年寄格に遇せられ、従五位下に任官して隼人正と名乗った。帰国後の同四年三月五日には若年寄となったが、同月二十五日には病気を理由に辞職し、四月五日には隠居した。維新後は徳川家にしたがって静岡・沼津の藩校で教鞭をとったが、東京移住後は官職には就かず、明治三十年(一八九七)八月十二日に死去した。享年七十二。駒込の栄松院に葬られた。　(太田尚)

【典拠・参考文献】『明治維新人名辞典』、針谷武志「解説」(『向山誠斎雑記』天保・弘化篇第二十六巻、ゆまに書房、二〇〇四年)

向山誠斎《むこうやませいさい》　(一八一〇～一八五六)

一橋家近習番を務めた向山副長(家禄一〇〇俵)の子として文化七年(一八一〇)に生まれる。諱は篤、通称は源大夫、誠斎のほかに偶堂とも号した。妻は板倉氏の娘。後妻は梶川氏の娘。文化十四年十一月に父副長が死去したが、いまだ実齢八歳であった誠斎に滞りなく相続させるため、父を隠居という名目にし、年齢を十七歳と称して家督を継いだ。文政十三年（天保元・一八三〇）十一月二十四日に小普請組から召し出されて書物御用出役となり、天保九年七月二十二日には表右筆に転じ、同年十二月には奥右筆所留物方を兼ねた。同十二年十二月十五日には奥右筆となり、折りからの天保改革に際し、老中の政務補佐官兼秘書官的な立場から先例調査や法令文起草に関与して、その政策決定に貢献した。同十四年六月十五日に勘定組頭に就任し、勝手御用や公家衆馳走・賄向取締り御用、江戸城西丸再建材伐出方御用などの諸御用を勤めたが、翌十五年五月二十三日に御役御免となり小普請組に編入された。安政二年（一八五五）五月三日、誠斎は再び召し出されて箱館奉行支配組頭勤方を命じられ、翌三年三月には松前藩からの西蝦夷地請取業務を兼ねて、松浦武四郎らとともに宗谷から樺太へ赴いたが、道中にて体調不良に襲われ、同年八月十日に宗谷の地で死去した。享年四十七（ただし表向きは五十六歳）。遺骸は宗谷で火葬された後、遺骨が箱館まで運ばれて同地の称名寺で葬儀が執り行われ、さらに遺髪が江戸まで送られて駒込の栄松院に埋葬された。誠斎の名は、彼が筆録した膨大な「雑記」「雑綴」の存在によって人々に知られるようになった。これらは『戊戌雑記』『甲寅雑記』というように、干支を付した形で表題が付けられ、その冊数は現在判明している限りで二一八冊（東京大学史料編纂所・国立国会図書館所蔵）、このほかに六〇冊以上の欠本があると見られている。記述は天保十二年に始まり、誠斎が死去した安政三年まで続いており、彼の経歴をなぞるように、天保期から弘化元年（一八四四）頃までは幕府内における先例や内規・勘定関係などの文書・記録の筆写が多く、小普請組時代には著述物の筆写が多数を占め、再び箱館奉行支配組頭勤方に任ぜられてからのものには、幕府関係・蝦夷地関係の記録が多く筆記されている。右の筆録群の一部は、以前に「江戸事情　誠斎雑記」と題して翻刻され、『江戸叢書』巻八～巻十二に収録されていたが、抄録であることや誤植が目立つなどの理由で影印本の出版が計画され、平成十六年（二〇〇四）までに全四七巻が刊行されて、誠斎の筆録した膨大な記録を比較的容易に手にとることができるようになった。　（太田尚）

【典拠・参考文献】大口勇次郎監修・針谷武志編集解説『向山誠斎雑記』全四七巻（「天保・弘化篇」二六巻・「嘉永・安政篇」二一巻、ゆまに書房、二〇〇一～〇四年）、『旗本百科』第五巻

武蔵石寿《むさしせきじゅ》　（一七六六～一八六〇）

明和三年（一七六六）に甲府勤番武蔵義《よし》陳《のぶ》の子として生まれる。妻は加藤景豊の息女。斧次郎・孫左衛門と称し、諱は吉辰《よしとき》、のちに吉恵と名乗った。石寿・貝翁・翫珂翁などと号した。寛政三年（一七九一）七月二十七日に家督を相続し、甲府勤番となった。知行は四五〇石である。文政元年（一八一八）に新番となり、江戸に移るが、同八年に隠居した。富山藩主前田利保を中心に結成された本草学・博物学の研究会である赭鞭会《しゃべんかい》に参加し、多数の業績を残した。同十三年には極楽鳥やインコなどの図譜である『風鳥暗呼類《ふうちょういんこるい》』を著した。とくに貝類の研究で成果を上げており、天保七年（一八三六）には貝類六〇五品の彩色図と解説を添えて掲載した図譜である『甲介群《こうかいぐん》分品彙《ぶんぴんい》』を著し、のちに江戸時代最高の貝類図譜となる『目八譜《もくはちふ》』全一五巻（一一六九品を収載）を刊行した。万延元年（一八六〇）十月二十五日に死去。享年九十五。

法名は異功院徹心石寿居士。牛込の万昌院（移転して現在は東京都中野区）に葬られた。

（白根）

【典拠・参考文献】『寛政譜』第十六・六五頁、「旗本御家人」展図録（国立公文書館、二〇〇九年）、『国書人名辞典』第四巻

武藤安成《むとうやすなり》（一五五六～一六二四）

武藤某と福住左京亮某の娘の長男として生まれる。理兵衛と称した。妻は織田家家臣鈴木重五左衛門某の娘。増田右衛門尉長盛に仕えた後、山城国薪村の酬恩庵に籠居する。その後、駿府に召されて家康に仕え勘定方を務める。慶長十一年（一六〇六）九月二十一日に大和国式下郡の内に五一〇石余の采地を賜り、後に大坂冬・夏の陣に供奉する。寛永元年（一六二四）四月二十九日に死去。享年六十七。法名は宗成、薪村の酬恩庵に葬られる。

（堀）

【典拠・参考文献】『寛政譜』第十四・六頁

武藤安信《むとうやすのぶ》（生年未詳～一六六六）

武藤安成《やすなり》の長男として、山城国で生まれる。理兵衛・清助と称した。隠居後の号は拙斎である。母は織田家の家臣鈴木重五左衛門の娘。妻は柳生但馬守宗矩の娘。武藤家の先祖は三好氏に仕え、山城国に住居し、父安成は増田長盛に仕えた後、徳川家康に召し出される。家禄は五一〇石余。安信は慶長十五年（一六一〇）に家康に初めて拝謁し、同十九年・同二十年の大坂の陣では幼少にもかかわらず、父に従い供をした。のちに小性組となり、寛永二年（一六二五）十二月十一日に知行地の朱印を賜る。同九年七月二十六日に諸国巡見を命じられ、関東へ派遣される。同十三年七月晦日には再度、畿内御料所の巡見を命じられた。同十五年十二月五日には勘定方に転じ、のちに職を辞し、小普請となった。万治三年（一六六〇）十二月十八日に隠居し、寛文六年（一六六六）十二月十五日に死去した。法名は宗夢。墓地は下谷広徳寺である。

（坂本）

【典拠・参考文献】『徳川実紀』第二・五五七頁、『寛政譜』第十四・六頁、『寛永諸家系図伝』第八・一七〇頁

村垣定行《むらがきじょうこう》（一七六二～一八三二）

宝暦十二年（一七六二）御庭番の家筋に生まれる。父は勘定吟味役兼御納戸頭の左大夫軌文《のりふみ》、母は安藤一斎の娘。妻は津軽越中守家臣服部子温の娘、後妻は馬場信富の娘。豊吉・左太郎・左大夫と称し、初めの諱は軌之《のりゆき》。安永七年（一七七八）九月二十五日、小十人格御庭番に召し出され、天明六年（一七八六）十一月二十九日、両番格に昇り、寛政六年（一七九四）八月、父軌文の死去により家督（廩米一〇〇俵）を継ぐ。享和三年（一八〇三）七月十二日に御膳奉行となる。この間、隠密御用のうちの遠国御用を九回務めた。同四年正月二十八日、勘定吟味役にすすみ、文化二年（一八〇五）八月から翌三年八月まで松前・西蝦夷地視察、同四年十月二十四日、松前奉行に就任し、三〇〇俵高に加増され、在職中に従五位下淡路守に叙任されたものの、同九年二月十三日に病のため辞職した。ついで、翌十年五月十四日、作事奉行に就き、文政元年（一八一八）九月三十日、勝手方勘定奉行に昇進し、五〇〇石高に加増。同五年四月八日に二〇〇石、同十二年十二月二十四日にも五〇〇石加増されて一二〇〇石高となる。天保三年（一八三二）三月十日に在職中のまま死去。享年七十一。

（深井）

【典拠・参考文献】『寛政譜』第十九・一九九頁、『柳営補任』、『続徳川実紀』第一～二篇、深井雅海『江戸城御庭番』（中公新書、一九九二年）

村垣忠充《むらがきただみつ》（生没年未詳）

吉平と称す。紀州藩の薬込役であったが、享保三年（一七一八）の浄円院（徳川吉宗の母）の二丸入場に供奉して幕臣となり、広敷伊賀者に任命された。このとき三五俵三人扶持を給された。（上野）

【典拠・参考文献】『寛政譜』第十九・一九八頁、深井雅海『江戸城御庭番』（中央公論社、二〇〇八年）

村垣範正《むらがきのりまさ》（一八一三〜一八八〇）

文化十年（一八一三）九月二十四日御庭番の家筋に生まれる。父は左太夫範行、母は福村正慰の娘。妻は村松歳行の娘。初めの諱は範忠、与三郎と称した。天保二年（一八三一）七月十八日、新規に召し出されて小十人格御庭番（二十人扶持）となり、弘化二年（一八四五）三月十七日細工頭に移り、このとき、家禄は廩米一〇〇俵と決められた。この間、隠密御用のうち遠国御用を、天保八年（一八三七）三月・同九年三月・同十年五月・同十二年六月・同年十二月・同十三年十月・同十四年十二月・弘化元年（一八四四）四月の八回務めている。そして、嘉永三年（一八五〇）九月十二日賄頭を経て、同七年（安政元）正月十四日勘定吟味役（海防掛、松前・蝦夷地御用取扱）に昇進し、二月二十八日布衣となり、同年三月から十月まで、目付堀利忠とともに松前・蝦夷地を視察して、全蝦夷地を幕府直轄にすべきことを上申した（この意見に基づき、幕府は翌安政二年二月に松前氏の居城付近を除き、全蝦夷地を上知させて直轄にした）。ついで、安政三年（一八五六）七月二十八日箱館奉行にすすみ、二〇〇俵高に加増、九月十五日には従五位下淡路守に叙任された。さらに、同五年十月九日外国奉行に昇り、同月十日箱館奉行兼帯（文久二年〈一八六二〉七月十七日まで）、同六年四月八日勝手方勘定奉行兼帯（同年十月二十八日まで）、同年六月五日神奈川奉行兼帯（万延元年〈一八六〇〉十月二十五日まで）を歴任し、同七年（万延元）正月十八日には遣米副使として米国に赴き、条約批准書を交換して同年九月二十八日に帰帆し、その功によって同年十二月一日三〇〇石を加増されて、五〇〇石の地方知行取となった。その後、文久三年（一八六三）六月二十五日作事奉行、元治元年（一八六四）八月五日西丸御留守居を経て、同月十八日免職、勤仕並寄合を命じられた。慶応四年（明治元、一八六八）二月二十九日隠居し、淡叟と号した。明治十三年三月十五日死去。享年六十八。法名は靖簡院如水淡叟居士。谷中の天王寺に葬られた。（深井）

【典拠・参考文献】『柳営補任』、「村垣淡路守公務日記」（『大日本古文書　幕末外国関係文書』付録一〜四、一九一七〜二六）、吉田武三『北方の空白』（北方文化研究会、一九六七年）、深井雅海『江戸城御庭番』（中公新書、一九九二年）

村上義礼《むらかみよしあや》（一七四七〜一七九八）

延享四年（一七四七）、御小納戸頭取・清水家家老村上肥後守義方の長男として生まれる。母は新番頭稲生安房守英正の女子。妻は小性稲生正敷の長女。のち二女を後妻とする。明和八年（一七七一）三月二十六日、家督を継ぐ。天明五年（一七八五）六月二十三日、書院番に列し、寛政四年（一七九二）正月十一日、使番となる。同年八月十九日、西丸目付に転じ、折から根室に来航したロシア使節ラクスマン応接の使者を務めた。同六年三月十七日、本丸目付に移り、八年九月二十八日、町奉行に就任、同年十二月十九日、従五位下肥後守に叙任。在職中の寛政十年十月二十七日（『柳営補任』。『寛政譜』は二十二日）に死去する。享年五十二。法名は静天。墓は小石川の慈照院。なお義礼の妹が、若年寄田沼意知を殺害した佐野善左衛門政言に嫁しており、佐野家断絶後は一時義礼のもとに帰っていた。
（西木）

【典拠・参考文献】『寛政譜』第四・二五九頁、『柳営補任』、『通航一覧』

村上義方《むらかみよしかた》 （一七一一～一七八二）

正徳元年（一七一一）に生まれる。父は新番村上義愈《よしまさ》で、母は越前大野藩主土井利《とし》房《ふさ》の家臣大生定輝の息女。金蔵と称した。妻は新番頭稲生英正《いのうふさまさ》の息女。享保十五年（一七三〇）四月二日に家督を継ぐ。家禄は一〇六〇石余。同年十月二十二日に初御目見をし、同十六年八月十八日には将軍世子である家重のいた西丸の御小納戸となり、同年十二月二十一日に（二十三日とも）布衣を許される。延享二年（一七四五）九月朔日、家重の将軍就任にともない本丸に勤め、寛延元年（一七四八）四月十五日に御小納戸頭取、同年十二月二十一日、従五位下肥前守に叙任される。宝暦七年（一七五七）五月二十一日、家重の二男万次郎（のちの清水家初代当主重好）の傅役となり、同十二年五月十五日に重好が領知一〇万石を拝領したのにともない御傅を家老と改称した。この間、宝暦十年（一七六〇）四月二十八日には五〇〇石を加増された。しかし、明和元年（一七六四）五月二十六日、当主の重好とは幼年から昵近《じっこん》の付き合いであったため、家老になっても職務を全うせず勝手な行動が多かったので、家老を免ぜられた。加増された五〇〇石は収公され、小普請に貶《おとし》められ、出仕をとめられた。同九月八日に赦しを得た。同八年三月二十六日致仕し、蘭山と号した。天明二年（一七八二）九月二十二日に死去。享年七十二。法名は円秀。菩提寺は小石川の慈照院（東京都文京区）。
（竹村）

【典拠・参考文献】『寛政譜』第四・二五八頁、『続徳川実紀』第一・二篇

村上義雄《むらかみよしかつ》 （一七七三～一八三八）

安永二年（一七七三）に町奉行村上義礼《よしあや》の二男として生まれる。母は小性組稲生正《まさ》敷《のぶ》の二女。官次・主計・帯刀・靭負・監物・大学と称し、大和守に任じられる。初め義雄といったが、書院番土岐頼看《よりみ》の養子となり頼第《よりくに》と改える。このとき頼看の養女（実は頼看の妹）を妻とする。のちに離縁して、頼第は実家に戻り義雄に復し、寛政十年（一七九八）十二月二十七日に家督を継ぐ。家禄は一〇六〇石余。同十一年十二月三日に中奥番、享和二年（一八〇二）正月十一日に使番となり、文化四年（一八〇七）とその翌年のロシア船の蝦夷地襲撃事件後に東北諸藩の蝦夷地出兵の監督をした。同七年七月八日には目付、同十四年正月二十日には田安家の家老、文政八年（一八二五）八月二十八日からは大目付で日記改となる。天保八年（一八三七）七月八日、十一代将軍で隠居した家斉のいる西丸の旗奉行に就任し、同九年五月二十六日に死去。享年六十六。菩提寺は小石川の慈照院（東京都文京区）か。
（竹村）

【典拠・参考文献】『寛政譜』第四・二五九頁、第五・二三二頁、『柳営補任』、『続徳川実紀』第一・二篇、『新北海道史』第二巻通説一（北海道、一九七〇年）

村上吉正《むらかみよしまさ》 （一五六四～一六二五）

永禄七年（一五六四）に村上次郎左衛門の長男として丹波国に生まれる。右兵衛・三右衛門と称す。小早川秀秋に仕え、領内山川等の事を預かる。慶長五年（一六〇〇）、九月の関ヶ原の戦で戦功をあげる。秀秋の死去後御家人となり、徳川家康より加増され丹波国桑田郡に一五〇〇石を知行する。同十九年（一六一四）大坂冬の陣では代官となり、京に赴く。翌年の大坂夏の陣にも供奉。のち、家康の愛馬富士道芝をあずかる。元和三年（一六一七）十月十四日、戸田氏鉄の摂津国尼崎築城の普請奉行

を命じられる。また同四年春、小笠原忠実の播磨国明石築城でも都筑為政・建部政長とともに普請奉行を命じられ、同年十月に明石へ赴くとして費用銀千貫目をたまわる。翌五年八月に帰謁する。寛永元年（一六二四）、徳川忠長に付属されるが、同八年四月、忠長の甲府蟄居の際、交代で甲府守衛を命じられる。同十二年（一六三五）十二月二十三日に死去。享年七十二。法名は道徹。墓所は京の光明寺。（高見澤）

【典拠・参考文献】『寛政譜』第四・二六三頁、『徳川実紀』第一・二篇、『寛永諸家系図伝』

村越直吉《むらこしなおよし》　（一五六二〜一六一四）

永禄五年（一五六二）に村越俊吉の長男として生まれる。妻は筧《かけい》重成の息女、後妻は生駒親正の息女。茂助と称した。生まれて間もなく父を亡くしたため叔父俊信に育てられ、のちに徳川家康に仕えて近江国坂田郡、武蔵国多摩郡・入間郡において采地一〇〇〇石を与えられる。慶長五年（一六〇〇）の関ヶ原合戦に先立ちて尾張国清洲城へ入り、家康を待ち続ける東軍諸将に家康の命を伝え、岐阜城攻略の契機をつくる。二元政治の段階に入ると駿府において本多正純や安藤直次らとともに「駿府政権」の中枢に置かれる。同十八年には安藤重信に付いて池田利隆の領知である播磨国姫路に赴いて政務を監察する。同十九年正月十五日死去。享年五十三。法名は宗俊。菩提寺は浅草長敬寺か。（鍋本）

【典拠・参考文献】『寛政譜』第十六・一〇〇頁、『浅草本願寺中長敬寺過去帳』、中村孝也『家康の政治経済臣僚』（雄山閣、一九七八年）

村越正重《むらこしまさしげ》　（一五八九〜一六五四）

天正十七年（一五八九）生まれ。通称は三十郎・七郎左衛門。父は天野源内某、母は不詳。二男のため村越光《みつ》の養子となる。妻は光の息女。慶長五年（一六〇〇年）関ヶ原で養父が討ち死にし、家督を継ぐ。徳川家康に仕え、小性を務めた。元和元年（一六一五）の大坂夏の陣では松倉重正配下で首二級を挙げた。その後西丸書院番士となった。寛永二年（一六二五）十月二十三日、大和国十市郡の内で一〇〇〇石の領地朱印状を下付された。翌三年の秀忠上洛に供奉し、後に小性組番士となった。同十年正月十三日、市橋長政・柘植正時と共に中国地方を巡見する。同十二月二十一日、相模国淘綾郡の内で二〇〇石を加増された。同十二年十二月二十六日に目付となる。翌十三年朝鮮通信使の来訪をうけて京都に行き、その道筋を巡見した。同十二月二十九日には布衣を着することを許された。同十五年の島原の乱に三浦正次と共に赴く。同十九年十一月二十六日、大坂および街道諸所の扶持米を検視する。慶安元年（一六四八）、古田重恒の領地収公のため石見国浜田に赴く。同四年には三河国刈谷城の引渡しの役目を務めた。承応三年（一六五四）七月二日、六十六歳で死去。法名は水月。菩提寺不明。（松本）

【典拠・参考文献】『寛政譜』第十六・九八頁

村越吉勝《むらこしよしかつ》　（一六〇一〜一六八一）

慶長六年（一六〇一）に村越直吉《なおよし》の二男として山城国伏見に生まれる。母は生駒親正の娘。妻は清水政吉の娘。勝吉・清次郎・次左衛門・長門守と称した。慶長十九年（一六一四）正月十五日に家督を継いで二代将軍徳川秀忠に仕え小性組となる。寛永三年（一六二六）の上洛に供奉し、同十一年五月十四日に二〇〇石を加増される。同十三年六月四日から二丸に出仕し御膳奉行となり、正保四年（一六四七）二月二十六日に免職されるも、二丸に出仕するように命じられ、九月二十六日に二丸御留守居となる。慶安四年（一六五一）六月十八日に勘定頭となり、八月十六日に布衣を許される。明暦二年（一六五六）十二月二十三日に五〇〇俵を加増され、万治二年（一六五六）二月九日に町奉行となり、十二月二十七日に従五位下長門守に叙任された。寛文元年（一六六一）十二月十二日に一〇〇〇俵を加増される。同七年閏二月十六日に辞職し寄合となり、十一月十六日に隠居し、剃髪を許され入道して道半《どうはん》と号した。天和元年（一六八一）六月十三日に死去。享年八十一。法名は道半。菩提寺は芝増上寺中天陽院（東京都港区）である。（加藤）

【典拠・参考文献】『寛永諸家系図伝』第十一・一〇二頁、『寛政譜』第十六・一〇一頁、『柳営補任』、『徳川実紀』第一～四篇

村瀬房矩《むらせふさのり》（一六七二～一七二七）

寛文十二年（一六七二）に大目付高木守《もり》勝《かつ》の二男として生まれる。実母は百人組頭花房幸昌《よしまさ》の息女。妻は御留守居番村瀬重房《しげふさ》の息女。主膳・兵庫・伊左衛門と称した。元禄五年（一六九二）七月一日、五代将軍徳川綱吉に初めて拝謁した。のちに村瀬重房の養子となり、その息女を妻とし、同十四年十二月十二日に家督を相続して寄合に列した。知行は二五〇〇石である。同十五年五月十日に書院番士となり、同十七年（宝永元・一七〇四）正月十一日には使番となり、宝永元年十二月十一日に布衣の着用を許された。同四年正月十一日、目付に転じ、正徳五年（一七一五）九月二十六日より駿府町奉行を務めた。享保三年（一七一八）七月九日に職を辞したが、同七年四月十一日より火事場見廻を務めた。同十二年五月二十八日に死去。享年五十六。法名は義静。渋谷の祥雲寺（東京都渋谷区）に葬られた。（白根）

【典拠・参考文献】『寛政譜』第十六・一〇五～一〇六頁

村松武義《むらまつたけよし》（生没年未詳）

紀伊家家老村松出羽守の子として生まれる。備中守・出羽守・伊勢守を名乗る。知行石は三〇〇〇石。安政五年（一八五八）六月二十五日、紀伊家家老より徳川家茂御供・御付小性組番頭格となり、奥奉公を勤める。同年十月六日に本丸勤めとなり、同年十一月二十三日、諸大夫となる。万延元年（一八六〇）七月朔日に小性組番頭となり、文久二年（一八六二）六月十四日に御側、同月晦日に御側御用取次に就任する。同三年十二月十八日に御役御免となり、菊之間縁頬詰となる。その後元治二年（一八六五）四月十五日に再び御側御用取次を勤め、慶応二年（一八六六）二月四日に病により職を辞す。（橋本）

【典拠・参考文献】深井雅海『徳川将軍政治権力の研究』（吉川弘文館、一九九一年）、『旗本百科』第五巻

村松歳直《むらまつとしなお》（一六七〇～一七三二）

寛文十年（一六七〇）生まれ。通称は太郎兵衛。父は村松歳堅《としかた》、母は村松氏の女。妻は佐々長定の息女。後妻は大野定良の息女である。六代家宣に桜田屋敷の時より父と共に勤め、宝永元年（一七〇四）家宣の西丸入りに従って、西丸御馬方見習となった。その後本丸勤めに移る。正徳三年（一七一三）九月十三日に家督を相続し、御馬方となって扶持米二〇〇俵を給せられた。同五年七月二十五日に御馬預となる。享保十七年（一七三二）八月八日、六十三歳で死去。法名は観月。菩提寺は四谷（千駄ヶ谷）の瑞円寺である。（松本）

【典拠・参考文献】『寛政譜』第十九・二八一頁

村山鎮《むらやままもる》（生没年未詳）

はじめ久五郎を称し、のち摂津守に叙任。初め一橋家の家臣であったが、のち将軍となった慶喜の中奥小性を務め、維新後は農

商務省の技師となった。遺稿として幕末の情勢を記した『村摂記』、幕末の閣老以下諸職の執務作法や大奥の実態などを記した『大奥秘記』が知られる。これら遺稿の整理には三田村鳶魚の尽力によるところが大きく、大正二年七月から整理を始め、それぞれ『未刊随筆百種』『新燕石十種』に収録されることとなった。妻は天璋院附の中臈を務めたませ子（大岡孫右衛門娘）で、大奥年寄滝山はその叔母にあたる。なお、子息鳥遷は尾崎紅葉の門下で活躍した。

（滝口）

【典拠・参考文献】『村摂記』（『未刊随筆百種』第三巻、中央公論社、一九七六年）、『大奥秘記』（『新燕石十種』第八巻、中央公論社、一九八二年）

牟礼勝久《むれかつひさ》　（一六三六～一七〇八）

寛永十三年（一六三六）に使番牟礼勝政の五男として生まれる。母は勝政の後妻浅野氏重の息女。又助・郷右衛門・遠江守と称す。妻は三雲吉重の息女。長兄の小性組番士政友の養子となり、寛文十一年（一六七一）十二月十二日に家督を相続する。家禄は三〇〇俵。同十二年五月二十六日に小性組番士となる。元禄五年（一六九二）三月二十三日に腰物奉行となり、同年十二月十八日に布衣着用が許可される。同六年十二月十八日に二〇〇俵加増される。同八年二月二十一日に廊下番頭となり、三〇〇俵加増され、同年十二月十一日に従五位下遠江守に叙任される。同九年四月十一日に御先鉄炮頭となり、同十年七月二十六日に家禄を知行地に改められ、上野国多胡・緑野・新田・佐位・群馬の五郡のうちに八〇〇石を与えられる。宝永五年（一七〇八）閏正月十四日に辞職して寄合となり、二十三日に死去した。享年七十三。法名は無還。

（福留）

【典拠・参考文献】『寛政譜』第二十・四一八頁、福留真紀『徳川将軍側近の研究』（校倉書房、二〇〇六年）

室鳩巣《むろきゅうそう》　（一六五八～一七三四）

万治元年（一六五八）二月二十六日、江戸谷中に生まれる。通称は新助。名は直清。姓は室。号は鳩巣、滄浪、静倹斎。字は師礼、または汝玉。父は医者で、名は玄樸、号は草庵。母は平野氏。妻は前田家家臣若森了意の息女。十五歳で加賀藩主前田綱紀に仕え、主命により京都の木下順庵に入門する。貞享元年（一六八四）に奥小性組となる。同門の新井白石の推挙により、正徳元年（一六八一）三月二十五日、三宅観瀾とともに幕府の儒者となる。同年六月七日、書籍調べを拝命し、朝鮮通信使の応接を行う。享保元年（一七一六）、徳川吉宗の将軍就任後も、かわらず信任を得て、同四年九月二十二日、高倉屋敷において儒学の講義を拝命する。同六年閏七月十三日、清朝の『六諭衍義』の和訳を拝命し、翌七年四月二十九日その和訳の『六諭衍義大意』を講じる。その後たびたび『貞観政要』を講じる。同十年十二月十一日、将軍世子家重（のち九代将軍）のため、西丸の奥儒者となるが、これが奥儒者のはじめという。なお、赤穂事件直後には『赤穂義人録』を著し、浪士四十六人を義人と位置づけている。同十九年八月十四日没。享年七十七。法名は睿性。江戸大塚の新田村の先儒墓所に葬られる。

（湯浅）

【典拠・参考文献】『寛政譜』第二十・二一〇頁、『寛政譜』第七・二六九頁、『柳営補任』、荒木見悟・井上忠編『貝原益軒・室鳩巣』（日本思想大系34、岩波書店、一九七〇年）、『古典文学』第五巻

室賀正容《むろがせいよう》　（生没年未詳）

熊太郎と称し、遠江守・但馬守・伊予守・甲斐守を名乗る。家禄は五五〇〇石。万延元年（一八六〇）十二月六日に諸大夫

となる。元治元年（一八六四）五月二十四日に新番頭、同年六月二十二日に小普請支配、同年八月十三日より小性組番頭となり、翌日の長州征伐に供奉する。慶応元年（一八六五）十月十六日に大目付となり、翌年六月二十三日に御側御用取次となる。同四年二月九日に御役御免、寄合に列する。（橋本）

【典拠・参考文献】深井雅海『徳川将軍政事権力の研究』（吉川弘文館、一九九一年）、『旗本百科』第五巻

室賀正之《むろがまさゆき》　（一七二〇～一七八六）

享保五年（一七二〇）に室賀源太郎正次の四男として生まれ、のちに長兄の室賀源七郎正在《まさあり》の養子となる。禄高は一二〇〇石。妻は神田数馬正照の娘、後妻は室賀下総守正普の娘。平左衛門・源太郎と称し、任官後は山城守を名乗る。元文五年（一七四〇）四月六日に家督を継ぎ、同年七月十九日に初めて将軍吉宗に御目見する。寛保元年（一七四一）十月二十八日、書院番となり、宝暦九年（一七五九）正月十一日には使番に転じた。明和元年（一七六四）七月十八日に西丸目付、閏十二月十五日に目付となり、同五年三月十九日に大坂町奉行に就任、六月朔日には従五位下山城守となる。安永八年（一七七九）正月十一日、作事奉行となった。天明五年（一七八五）十二月二十四日には旗奉行となったが、六年十二月二十五日に死去。享年六十六。法名は義関。早稲田の宗参寺に葬られた。（上野）

【典拠・参考文献】『寛政譜』第四・二七五頁

室賀正頼《むろがまさより》　（一七五四～一八二八）

宝暦四年（一七五四）に旗奉行室賀正之《まさゆき》の二男として生まれる。源太郎と称した。母は室賀下総守正普の息女。妻は石河土佐守政武の息女。後妻は佐野豊前守政親の息女。また嶋田次兵衛政次の息女を娶る。同十三年十二月二十二日に徳川家基（家治の子）の御伽《おとぎ》となる。明和五年（一七六八）二月二日に西丸小性となり、同八年十二月十八日に従五位下丹後守に叙任される。後に放鷹に従って鳥を射落とし、あるいは弓場始の射手となり、しばしば時服を与えられる。安永八年（一七七九）四月十八日に御小納戸となり、天明元年（一七八一）五月二十八日に西丸小性に転じ、同六年閏十月七日に徳川家斉が本丸へ移るときに従う。同七年三月七日に家督を継続し、一二〇〇石を知行した。同年八月九日には家斉直筆の宝珠の画を与えられる。寛政六年（一七九四）九月六日に若君（家慶）の付属となり、新番頭格となった。同八年十一月十日に小性組番頭格となり、同九年十一月二十六日に小普請支配に移る。享和三年（一八〇三）に小性組番頭となり、文化三年（一八〇六）十一月十九日に書院番頭、同十五年一月二十日に御留守居となる。文政十一年（一八二八）五月十四日に死去。享年七十五。菩提寺は早稲田の宗参寺（東京都新宿区）である。（栗原）

【典拠・参考文献】『寛政譜』第四・二七五頁、『柳営補任』、『旗本百科』第五巻

め

米良重隆《めらしげたか》　（一五七二～一六五三）

元亀三年（一五七二）、生まれる。日向国米良山（現宮崎県中西部）を支配した米良本宗家（米良主膳家）の第六代。父は米良領主で本宗家五代の米良重良。戦国期、米良本宗家は「嶽の米良殿」と称され、当時日向国にその覇権を拡げていた伊東氏の有力与力衆として位置づけられていた。慶長四年（一五九九）六月、島津氏とその重臣である伊集院氏との争乱である庄内の乱において、後の鹿児島米良家へ繋がる弟の重朝とともにその鎮圧に加勢し、兵一〇〇〇余騎を率いて東霧島《つまきりしま》（現宮崎県都城市）へ参陣した。同六年九月、徳川家康より肥後国人吉藩主相良長毎《ながつね》へ与えられた黒印状によって、米良山には「鷹巣山三ヶ所」（赤松尾・槻木谷・水之本）が設置され、重隆はその管理を命じられている。同八年四月には、日向国椎葉山と米良山の領有を巡って日向国県藩主高橋元種と相良長毎との間に出入があるが、最終的には米良山は人吉藩預地となった。なお米良本宗家は江戸幕府より、旧家肥後菊池氏の末裔であることを認められ、無高五〇〇〇石の格式で交代寄合に列せられており、五年に一度の参勤交代を行った。江戸城の詰間は柳之間であり、在府中は人吉藩邸内に屋敷を借りた。承応二年（一六五三）に死去。享年八十二。領内の銀鏡《しろみ》（宮崎県西都市）に埋葬されている。　（西）

【典拠・参考文献】『菊池武臣系図』、『西米良村史』（西米良村、一九七三年）、『宮崎県史　通史編　近世下』（宮崎県、二〇〇〇年）

も

最上徳内《もがみとくない》　（一七五四～一八三六）

宝暦四年（一八五四）生まれ。出羽国村山郡楯岡村（現在の山形県村山市楯岡）出身。名は常矩。初名を元吉と称した。天明四年（一七八四）に最上徳内と改名。実家は貧しい普通の農家であったが、生来学を好み天明元年に江戸へ出て幕府の医師の家僕となり、本多利明に学んだ。同五年、利明に代わって幕吏と国後島に至り、翌年は単身択捉島とウルップ島に渡った。ロシア人に千島事情を聞き、驚いて北辺の急を幕府に報告した。しかし田沼意次失脚の政変があって幕府に採用されなかった。失職して辛苦するが、寛政元年（一七八九）アイヌの騒乱があると、いち早く急を報じて再び採用され千島に至った。同行した幕府密偵の青島俊蔵による失策のため投獄されるが、疑いが晴れるとかえって重用されて樺太に関することにまで関与した。文化四年（一八〇七）にロシア船が来航、支配調役としてひろく北方警備のことを監察し、またアイヌ交易の改善にも大いに努力した。また松前藩の禁令にもかかわらず、アイヌに文字を教えた。天保七年（一八三六）九月五日江戸浅草猿寺内で病死した。墓地は文京区にある駒込連光寺。法名は最光院殿日誉虹徹居士。

（上野）

【典拠・参考文献】島谷良吉『最上徳内』（『人物叢書』）、『日本近世人名辞典』

最上義智《もがみよしとも》　（一六三一～一六九七）

寛永八年（一六三一）最上義俊の長男として生まれる。源五郎・刑部と称した。妻は松平和泉守の養女。後妻は奥平美作守忠昌の息女、また三條西右大臣実條《さねえだ》の二女。最上氏は羽州探題、出羽国の戦国大名である。最上義光《よしあき》は対立する一族や国人を滅ぼし、伊達氏や庄内武藤氏・仙北小野寺氏らと激しく争った。出羽合戦では東軍に味方し、現在の置賜地方をのぞく山形県全域と秋田県由利郡をも有し、五十数万石の大名に成長した。元和八年（一六二二）、義光の孫義俊が家中騒動などの責を負って近江国一万石に減封される。義智は寛永九年（一六三二）に父義俊の家督を継ぎ、遺領一万石のうち、近江国蒲生郡において五〇〇〇石を給わり、蒲生郡大森に居住する。同日寄合に列した。同十三年八月十五日にはじめて将軍家光に拝謁する。明暦元年（一六五五）、はじめて采地に暇を給わる。元禄八年（一六九五）十二月十五日高家となり、十八日には従五位下侍従に叙任され、駿河守と名乗る。同九年十一月十四日、本院御所（明正上皇）崩御により、御使を受けて京師に赴いた。同十年三月九日に死去する。享年六十七。法名は玄空。葬地は父義俊と同じく浅草万隆寺（東京都台東区）。

（高木）

【典拠・参考文献】『寛政譜』第二・一三四～一三五頁、『寛永諸家系図伝』第二巻、『国史大事典』

望月三英《もちづきさんえい》　（一六九七～一七六九）

元禄十年（一六九七）に生まれる。吉之助・君彦・乗・鹿門と称した。父は大垣藩唖科医官震宇百里。幕府医官の望月元椿の死により末期養子となる。讃岐の人という説もある。元禄十六年十二月十九日に家督相続。正徳三年（一七一三）十二月十九日に徳川家継に御目見。享保十一年（一七二六）八月二十一日、小石川養生所の医師。十一月十三日に御番医師。同十三年九月十三日、仰せにより「和剤局方」の書を校正。同十五年十二月、御薬調合の事を承る。同十七年十月二十五日より西丸広敷勤め。同十八年六月十七日に寄合医師。元文二年（一七三七）十二月十五日、奥医師。二十四日法眼。延享二年（一七四五）九月朔日より西丸勤め。宝暦元年（一七五一）七月十二日、徳川吉宗薨去により致仕。同四年西丸奥医師に復す。同十年より本丸勤め。明和三年（一七六六）に致仕。万病一毒説を否定し折衷的な医方を論じた。著書に『明醫小史』『醫官玄稿』『又玄餘草』等。明和六年十一月四日に死去。享年七十三。法名蘇嶺。

（岩下）

【典拠・参考文献】『寛政譜』第十一・七一頁、芳賀登編『日本人物情報大系』五一・五二巻（皓星社、二〇〇〇年）

望月為直《もちづきためなお》　（一六三二～一七〇二）

寛永九年（一六三二）に生まれる。通称は市左衛門・忠左衛門。妻は館林藩家臣神尾茂吉の息女。望月氏は望月広重の支族といわれ、諸星姓を名乗っていたが、為直のとき望月姓に復した。神田館《かんだやかた》で徳川綱吉に仕え、延宝八年（一六八〇）綱吉の子徳松が江戸城西丸に移ったときこれに随い、稟米《りんまい》一五〇俵取、月奉五口の御家人となる。天和三年（一六八三）に徳松死去後は勘定となり、貞享元年（一六八四）四月十六日に京都の東宮御所造営の命を受け京都へ赴任したことを賞され、時服二領と黄金一枚を受ける。同二年六月十日、御林奉行に移り、元禄三年（一六九〇）十月七日には大坂御蔵奉行となり、同十四年正月十六日大坂において七十歳で死去。法名は英林で、大坂中寺町法雲寺（大阪市南区）に葬られた。（実松）

【典拠・参考文献】『寛政譜』第二十・四三二頁

桃井春蔵《もものいしゅんぞう》（一八二五～一八八五）

文政八年（一八二五）に駿河国沼津藩士田中豊秋の二男として生まれた。幼名は甚助。名は直正。桃井春蔵の名は士学館で代々受け継がれる名であり、直正は第四代にあたる。天保九年江戸に出て三代目桃井春蔵（直雄）に入門して、鏡新明智流を皆伝した。天保十二年（一八四一）に四代目桃井春蔵の名を襲名。文久二年（一八六二）十一月、幕府に召されて諸組与力格となり、翌年正月、講武所剣術教授方出役（切米二〇〇俵）に任じられ、慶応二年（一八六六）五月十四日には講武所師範役並となる。同年十一月十八日には遊撃隊頭取並に任じられた。同三年十二月に大坂において脱走。明治時代には大阪で誉田八幡宮の神官となった。明治十八年（一八八五）、コレラにて死去。（上野）

【典拠・参考文献】『旗本百科』第五巻、『明治維新人名辞典』（吉川弘文館、一九八一年）

森覚蔵《もりかくぞう》（生年未詳～一八四一）

覚蔵と称した。実名は貫之《つらゆき》。文政五年（一八二二）四月ごろは松前奉行吟味役を勤めており、同月十三日に松前奉行廃止と松前藩の転封に伴う絵図類の引継ぎを松前氏の家老らと行なっている。その後、佐渡奉行支配組頭へ転じ、文政六年（一八二三）四月二十二日に代官となる。禄高は七〇俵五人扶持であった。安房国・上総国の御備《おそなえ》場《ば》御用を勤め、布衣《ほい》の着用を許され、一〇〇俵の加増を受ける。同年五月、御備場見分御用を勤めたため、金三枚と拝領物を受け、暇をもらう。天保二年（一八三一）五月二十六日、管轄地を一万石増地、同六年も管轄地を一万石増地された。同六年十二月六日、年来怠りなく御備場へ詰めていることを賞され、拝領物を受ける。同十年には、本郷御弓町に居住し、禄高一五〇俵で、安房・下総・上総三国の代官となり、御備場御用と下《しも》利根川通水行取締掛を兼務していた。見習として子森親之助がおり、江戸詰一八名、同御備場手付一名、富《ふっ》津《つ》詰御備場手付一〇名、竹ヶ岡詰御備場手付一四名の手付・手代衆を配下にしていた。同十二年に死去。覚蔵は一九年にわたって房総地方の代官を勤めたが、この間、通常の村方支配とともに、外患に対応するための沿岸防備の現地での実務にあたったことが特筆される。沿岸の防備体制は文政四年まで奥州白河藩が担当し一応の完成をみていた。覚蔵が房総の代官となったときは、竹ヶ岡と富津の両陣屋へ下総国佐倉藩と上総国久留里《くるり》藩が非常時援兵する体制であり、覚蔵は幕府側の担当であった。（実松）

【典拠・参考文献】『柳営補任』、『江戸幕府郡代代官史料集』（近藤出版社、一九八一年）、村上直・荒川秀俊編『江戸幕府代官史料―県令集覧―』（吉川弘文館、一九七五年）、『函館市史』通説編一（函館市史編さん室編、一九八〇年）、『千葉県の歴史』通史編 近世一（千葉県史料研究財団編、二〇〇七年）

森枳園《もりきえん》（一八〇七～一八八五）

文化四年（一八〇七）十一月、江戸北八丁堀竹島町に生まれる。伊織・養真・養竹・弘之・立夫・醒斎・節斎・二端道人・水谷山人・浴仙・詯・齋・自言居士・竹窓主人・団栗・八代目町田玄齋と称した。祖父は福山藩医員森恭忠で、父は森家の養子であったが離縁されたため、祖父の養嗣となる。母は皆。妻は佐々木氏の女勝。伊沢蘭軒に詩と医学を、宮崎耕海に書を、舘柳湾にも詩を師事。狩谷棭斎に私淑。本草学にも通じていた。文化十四年（一八一七）、のちに幕府医学館講師となる弘前藩医官渋江抽斎と交誼を結ぶ（弟子入りと称した）。文政四年（一八二一）に家督相続。天保八年（一八三七）二月に禄を失する。相模の浦賀・大磯・勝瀬等各地を転々とした後、弘化五年（嘉永元・一八四八）五月に赦免。同年十月十六日、医学館医書彫刻取扱手伝。嘉永七年（安政元・一八五四）、医学館講師。安政五年十二月五日に徳川家定に御目見。慶応四年（明治元・一八六八）、福山に転居。明治五年五月二十七日、文部省十等出仕。同十二年十二月一日、大蔵省印刷局勤務。晩年は不遇で正名学舎という塾や代作で家計を補った。著書に『華鳥譜』『半魚譜』等。明治十八年十二月六日に死去。咽頭癌という。享年七十九。墓は音羽の洞雲寺にあったが、大正年間に同寺が東京の池袋丸山に移転したのに伴い墓も移転。　（岩下）

【典拠・参考文献】森立之『いろは字原考』（文祥堂、一九三三年）、森立之『華鳥譜』（内閣文庫影印叢刊、国立公文書館）、川瀬一馬『日本書誌學之研究』（大日本雄辯會講談社、一九四三年）

森重継《もりしげつぐ》　（一六〇〇～一六五七）

慶長五年（一六〇〇）に西丸書院番森重《しげ》政《まさ》の長男として生まれる。妻は日下部河内守正冬の息女。治郎兵衛と称した。同十六年にはじめて将軍秀忠に拝謁する。元和三年（一六一七）に西丸書院番となり、寛永十年（一六三三）五月に家督を相続し、小性組番士に移る。同十九年に駿河国田中城を松平伊賀守忠晴が与えられたため、同年八月二十四日に仰せがあって、渡辺半之丞吉綱とともに城引渡し役を務める。同二十一年に三河国西尾城を井伊兵部少輔直之が与えられたため、同年三月十五日に仰せがあって、本郷勝右衛門勝吉とともに城引渡し役を務める。また目付に代わって松平忠直の配所豊後国府内に赴く。後に、古田兵部少輔重恒が城地を没収されるときに、石見国浜田に赴く。明暦三年（一六五七）正月四日に死去。享年五十八。法名は浄範。菩提寺は谷中の南泉寺である。　（栗原）

【典拠・参考文献】『寛政譜』第三・五二頁

森敬典《もりたかのり》　（一七七八～一八五五）

安永七年（一七七八）に生まれる。政大郎・伝右衛門と称した。父は森忠功《ただかつ》、母は大岩四郎三郎盛幸の息女。持明院流の書道に優れた森尹祥《まさよし》の孫。父忠功が三十歳で死去したため、寛政元年（一七八九）七月八日に十二歳で家督を継ぎ、廩米一五〇俵取りとなる。表右筆組頭を勤め、天保十三年（一八四二）九月六日に腰物奉行に転じた。腰物奉行として弘化三年（一八四六）四月七日に器物収蔵費用削減、嘉永元年（一八四八）十一月十六日に道具類修補、同三年八月十六日に器物修補の功により巻物など褒美を授与された。安政二年（一八五五）十二月に死去。享年七十八。菩提寺は谷中の本寿寺である。　（神崎）

【典拠・参考文献】『続徳川実紀』第二篇、『柳営補任』、『寛政譜』第十九・一〇頁

森政澄《もりまさずみ》　（生没年未詳）

孫三郎と称した。家禄は二〇〇俵。天保十五年（弘化元・一八四四）の武鑑から御納戸番として名前が記載される。安政元年（一八五四）閏七月十六日に御納戸番より代官となる。同年から信濃国中之条陣屋に赴任し、同五年から陸奥国小名浜陣屋に赴任する。以後、幕末まで陸奥国で代官を務めた。　（宮坂）

【典拠・参考文献】『柳営補任』、『江戸幕府役職武鑑編年集成』（東洋書林）、『代官履歴』、『旗本百科』第五巻

森政弥《もりまさみち》　（一六八七～一七六九）

貞享四年（一六八七）生まれ。通称は万之助・長四郎。父は森政敷《まさのぶ》、母は不詳。妻は日根正福の息女。後妻は柴田某の息女である。宝永六年（一七〇九）四月六日に小十人となり、享保三年（一七一八）三月二十六日には小普請方となる。同四年十二月五日、浜御殿普請に際し釘等を紛失し、監督不行届として出仕を止められた（翌五年二月十八日赦免）。同十年六月十一日に御細工頭となる。同十二年閏正月十一日、騎射笠調進において等閑あるとして出仕を止められた（三月十一日赦免）。同年九月四日に家督を相続し、切米一五〇俵を給された。同十七年十二月二十二日に天守番頭、寛保元年（一七四一）二月三日には広敷番頭となる。延享二年（一七四五）九月一日、西丸勤めに移る。宝暦元年（一七五一）、徳川吉宗死去により七月四日に勤めをゆるされる。十二月二十七日、月光院（家継母勝田氏）付の広敷番頭となる。翌二年、月光院死去により十一月四日に勤めをゆるされる。同四年四月二十一日、富士見宝蔵番頭となる。明和五年（一七六八）十二月十九日に勤めを辞し、黄金を賜る。同六年正月十八日、八十三歳で死去。法名は離相。菩提寺は駒込の大乗寺（現在は東京都八王子市に移転）である。　（松本）

【典拠・参考文献】『寛政譜』第十五・六頁

森尹祥《もりまさよし》　（一七四〇～一七九八）

元文五年（一七四〇）に生まれる。伝右衛門と称した。号は源流。父は森繁勝、母は村松藩堀家の家臣寺本次郎左衛門の息女。森家は持明院流の書道を相伝しており、祖父繁利《しげのり》が甲府藩主徳川綱豊に桜田館で仕えていたが、綱豊が将軍家の養子となるに伴い御家人に取り立てられた。尹祥は、宝暦七年（一七五七）十二月三日に家督を継ぎ小普請となり、同十年一月二十三日に西丸の小十人に列する。同十一年八月三日から本丸勤めとなるが、同十二年十二月十五日から再度西丸勤めに戻った。後に番方を辞して、天明元年（一七八一）四月五日に致仕した。その後、持明院流の書道を研鑽するために持明院中納言宗時に指南を受けていたことが知られ、寛政元年（一七八九）九月十二日から御家人たちに書道を指導することとなった。同四年十一月二十八日に、三蹟の一人である藤原行成筆の朗詠集を模写した功績により、白銀七枚を褒美として授与された。書道に関して『神前書式』『入木抄追加』『書道訓』『右史訓』『書状一體』『略體書状礼節』『書画箱銘』などを著した。同十年三月十四日に死去。享年五十九。戒名は瑞光院尹祥日秀居士。菩提寺は谷中の本寿寺である。　（神崎）

【典拠・参考文献】『寛政譜』第十九・一〇頁、日本史籍協会編『東京掃苔録』続日本史籍協会叢書（東京大学出版会、一九四〇年）、森繁夫編『名家伝記資料集成』第四巻（思文閣出版、一九八四年）

森可澄《もりよしずみ》　（一五八五～一六三八）

天正十三年（一五八五）に生まれる。幼名は松丸。元服後は左兵衛と称した。父は豊臣秀吉・徳川家康に仕え、後に宗家の津山森家に仕えた森対馬守可政《よしまさ》。母は蒲生飛騨守の家臣高木佐吉の息女。妻は名古屋九右衛門の息女。可澄は、文禄四年（一五九五）に家康に召され、十一歳にて小性を務め、慶長五年（一六〇〇）の関ヶ原の戦の後、父可政の知行地である丹波国船井郡・摂津国豊島郡の内から五〇〇石を分知された。また、同八年三月二十五日には従五位下筑後守に叙任されるとともに、大和国添上・添下・山辺三郡の内で一〇〇〇石の加増を受け、都合一五〇〇石を領した。同十九・二十年の大坂の陣を経たのち西丸の書院番となり、寛永十五年（一六三八）五月十四日に五十四歳で死去している。法名は金剛。牛込の松源寺（東京都中野区）に葬られる。（小宮山）

【典拠・参考文献】『寛政譜』第三・五四頁、『寛永諸家系図伝』第二・二二六頁

森川氏昌《もりかわうじまさ》　（生年未詳～一八三二）

実父は小性組番士の森川氏寿《うじひさ》。実母は阿部正鎮《まさたね》の息女。妻は使番山下勝延の息女。富太郎・金右衛門と称し、のちに美濃守に叙任された。知行高は二二〇〇石余である。文化十三年（一八一六）三月二十四日に書院番より御徒頭に転じ、翌年二月八日、目付となった。文政三年（一八二〇）九月十日に禁裏附となったが、同八年五月九日に辞職した。翌九年六月二十八日に寄合より日光奉行となり、同十一年六月十一日より一橋家家老を務めた。天保二年（一八三一）十二月十四日に死去。（上野）

【典拠・参考文献】『柳営補任』、『旗本百科』第五巻。

森川重名《もりかわしげな》　（一六一四～一六六六）

下総国生実藩主（一万石）森川出羽守重俊の二男として生まれる。七兵衛と称した。寛永五年（一六二八）に、部屋住のまま初めて三代将軍徳川家光に御目見し、これより御側に勤仕するようになる。同九年に小性組に列し、そののち書院番に転じた。父重俊の遺領は長男の重政が相続したが、二男の重名は新たに分家を興して同十一年に常陸国信太郡内に五〇〇石の知行を与えられた。明暦二年（一六五六）二月五日に書院番組頭となり、同年十二月二十三日には新恩三〇〇俵を下賜され、同月二十六日には布衣の着用が許される。さらに万治二年（一六五九）八月二十一日に小性組番頭となり、同年十二月二十三日にはさらに一〇〇〇俵を加えられる。同月二十七日には従五位下に叙されて下総守と名乗る。寛文二年（一六六二）一月二十二日に御側となって一二〇〇石を加増され、それまで蔵米であった分を知行に改めて武蔵国埼玉郡内に三〇〇〇石を知行するようになる。なお、この頃、絵師・猿楽者の支配を担当する。また同四年六月三日に御庭普請を所管したことにより下総国岡田郡へ三〇〇〇石が加増されて、合わせて六〇〇〇石を知行する。同六年十二月八日に死去。享年五十三。法名は英肝。父の知行地である生実の重俊院に埋葬された。（根岸）

【典拠・参考文献】『寛政譜』第七・九四～九六頁、『藩史大事典　第2巻　関東編』

森川荘次郎《もりかわそうじろう》　（生没年未詳）

実父は不詳。養父は大兵衛（太兵衛）。大兵衛は天保期に書院番入りし、元治元年（一八六四）当時、数え五十三歳（『江戸城多門櫓文書明細短冊』）。同家ははじめ堀部を称し、のちに堀場と改め、永禄八年（一五六五）、徳川家康に召し出された氏俊の時に森川を称した。同家はこの森川家の分家で、上総国のうちで三〇〇俵を領有する。書院番士であった荘次郎は、文久三年（一八六三）一月十八日、歩兵差図役頭取となり、元治元年（一八六四）十一月十一日に歩兵頭並となる。慶応元年（一八六五）の十四代将軍徳川家茂の進発に際しては、九番隊に属し五月十五日に出立した（『藤岡屋日記』第十二巻）。第二次長州戦争での戦歴は不明だが、慶応期の陸軍軍制改革に関わった。フランス伝習を通じて洋式軍隊の創出をはかる幕府は、その前提としてフランス語を理解する士官候補生を育成するため、元治二年（一八六五）三月六日、横浜仏語伝習所を開設した。外国奉行川勝広道が伝習所の所長を勤め、文久遣欧使節に随行した塩田三郎が通弁御用を担当するが、荘次郎は軍と伝習所との連絡役を勤めた。騎兵軍曹であった教師シャルル・ビュラン

に宛てた荘次郎のフランス語書簡からは、教師の俸給や伝習新入生のことなどが判明する。フランス語が堪能であったためか、慶応三年（一八六七）十一月十三日に外国奉行並に任ぜられ、戊辰戦争期の同四年閏四月五日に開成所奉行並となった。同年六月には、徳山秀堅の三男秀業（誠吉）に対して仏語伝習御用を免じる旨を申し渡している（「徳山稔家文書」）。維新後も開成所の残務御用をあずかるが、同年十月十日に御役御免、勤仕並寄合となった（『静岡県史』資料編16・近現代一）。一族の墓は、本家の氏俊が開基となった埼玉県東松山市の宗悟寺にある。　（藤田）

【典拠・参考文献】『寛政譜』第七・八八頁、『幕臣人名』第四巻、『旗本百科』第四巻、野口武彦『幕府歩兵隊』（中公新書、二〇〇二年）、谷川愛「日仏修好通商条約締結百五十周年記念特別展示『維新とフランス―日仏学術交流の黎明』展」（『東京大学総合研究博物館ニュース』Volume13）

森川俊勝《もりかわとしかつ》　（一六六三〜一七三二）

寛文三年（一六六三）に生まれる。初め重雅《しげつね》といい、菊之助・主水・主殿と称した。実父は二代生実《おゆみ》藩主森川重政《しげまさ》の子で病のため家督を継がなかった重般《しげかず》。母は味木氏。妻は重般の弟で三代生実藩主森川重信《しげのぶ》の息女。養父は重政の弟で御側を務めた重名《しげな》。重名の家督は、実は重政の三男で重名の養子となった兄重高《しげたか》が寛文六年（一六六六）に継いでいるが、俊勝は同十一年五月二十九日に知行一〇〇〇石を分け与えられ別家をおこし、寄合に列した。延宝二年（一六七四）七月十八日に初御目見をし、天和三年（一六八三）閏五月七日に桐間番、同年八月二十五日に小性組、元禄三年（一六九〇）九月朔日には桐間番に復すが、同月十八日故あって罷免され、小普請となる。同五年三月十八日に書院番となるが、翌六年九月に番を辞す。正徳三年（一七一三）三月十九日に書院番に復し、享保八年（一七二三）八月十一日に小性組組頭となり、同年十二月十八日には布衣を許される。同十一年八月二十八日、将軍世子の家重のいる西丸の新番頭となり、同十四年閏九月二十八日、八代将軍吉宗の二男小次郎（のちの田安家初代当主宗武）が賄料三万俵を賜るのにともない、小次郎の傅役となり、従五位下土佐守に叙任される。同十七年七月十九日に死去。享年七十。法名元翠。菩提寺は四谷の浄雲寺（東京都新宿区）。　（竹村）

【典拠・参考文献】『寛政譜』第七・九九頁

森川俊尹《もりかわとしただ》　（一七四五〜一八一〇）

延享二年（一七四五）生まれ。通称は亀之丞・主水・主膳。父は正木康恒、母は小出勝縄の息女。二男のため森川俊美《としよし》の養子となった。妻は俊美の養女。後妻は伊東祐房の息女である。明和七年（一七七〇）四月二十二日に家督を相続し、武蔵国埼玉郡、下総国岡田郡の内で一〇〇〇石を知行した。十一月七日に将軍家治に御目見し、翌八年正月二十三日には小性組番士となり、六月三日より進物番に出役した。安永五年（一七七六）四月の日光社参に供奉した。天明七年（一七八七）三月二十四日に小十人頭となり、同月二十六日、布衣を着することを許された。寛政三年（一七九一）八月十四日には西丸目付に、十月二十六日には目付となった。同十年六月四日、日光奉行となり、九月十五日には従五位下越前守に叙任。同十二年閏二月八日、京都町奉行となる。文化五年（一八〇八）十一月二十六日に大目付となった。同七年五月二十六日、六十六歳で死去。菩提寺は四谷の浄雲寺である。　（松本）

【典拠・参考文献】『寛政譜』第七・九九頁、『旗本百科』第五巻

森川長俊《もりかわながとし》（一五八四～一六四二）

天正十二年（一五八四）に森川長次《ながつぐ》の三男として尾張国に生まれる。助右衛門と称す。慶長十四年（一六〇九）秀忠に拝謁、のち大番となり、大坂両度の陣に供奉する。元和二年（一六一六）九月十五日、徳川忠長に付属。寛永九年（一六三二）十一月十六日忠長改易に際し片桐貞昌に預けられ、十三年（一六三六）十二月十日に赦免となる。十四年には常陸国鹿島郡に采地四〇〇石を賜わり、十五年十二月二十三日、召し返されて小性組番士となる。寛永十九年（一六四二）十一月九日死去。享年五十九。法名順霜。墓所は武蔵国足立郡深作村の宝積寺。（高見澤）

【典拠・参考文献】『寛政譜』第七・一〇二～一〇三頁、『徳川実紀』第一～三篇、『寛永諸家系図伝』

森田清行《もりたきよゆき》（一八一二～一八六一）

文化九年（一八一二）二月十三日に与力大城有恒の二男として江戸四谷坂町で生まれる（異説あり）。同十五年に七歳のとき勘定所出役森田重盈《しげみつ》の養子となり、文政元年（一八一八）に家督を相続した。岡太郎と称した。字は子直、号は桂園、黄雪である。妻は甲府徽典館学頭《きてんかんがくとう》の友野雄助《かつすけ》の息女。天保九年（一八三八）、湯島聖堂の入試に及第し、同年六月十四日に学問所教授方出役、翌十年十一月晦日には学問所勤番となった。五〇俵三人扶持の支給を受けた。同十二年、御徒目付《かちめつけ》に転じ、嘉永二年（一八四九）に小普請方改役から小普請方となり、同四年四月五日、代官に昇格、永々御目見《めみえ》以上を許される。同年には小日向服部坂上に居住し、出羽国代官として、柴橋陣屋と同国寒河江出張陣屋を担当していた。しかしすぐに同年甲斐国石和《いさわ》代官に転じ、同七年では三〇俵三人扶持、甲斐国代官として甲州石和陣屋と谷村《やむら》出張陣屋を担当した。人柄が開放的かつ博識で、その治績は大変良いと軍艦奉行木村摂津守は評している。安政二年（一八五五）に荒井清兵衛の後任として甲斐国市川代官となり、安政五年（一八五八）正月二十七日、勘定組頭に転じた。同六年には、伺方・帳面方組頭で道中方掛と国役《くにやく》掛を勤めた。同六年九月十三日、日米修好通商条約批准のためアメリカ合衆国へ派遣されることが決まり、外国奉行新見正興ら一行の御入用・立会として随行することとなった。十一月二十一日に特段の理由で布衣《ほい》の着用を許され、一〇〇俵加増を受けた。男子のいなかった清行は、渡米前に代官川上金吾の四男和吉を養子に迎えた。安政七年（万延元・一八六〇）一月十八日、アメリカ側の迎船ポーハタン号でサンフランシスコに渡り、ワシントンまで至った。帰国は同年九月二十八日のことであった。十二月一日、アメリカ派遣を労い、金七枚と時服二領、扶持方一〇人扶持を下付された。清行は『亜行日記』など遣米使節の記録を数冊記し、関係書類を四冊にまとめるなど、貴重な外交資料を残した。また、市川代官時代に知遇を得た医師広瀬保庵《ほあん》は清行の従者として同行し、『環海航路日記』などを著した。清行は帰国後活躍を期待されていたが、文久元年（一八六一）五月二十二日、五十歳で病死した。墓所は市ヶ谷左内町の長泰寺（東京都新宿区）。墓石には京都町奉行で文人画家であった浅野梅堂の銘があり、清行と幕末の文人たちとの交流がうかがえる。（実松）

【典拠・参考文献】『柳営補任』、村上直『江戸幕府の代官群像』（同成社、一九九七年）、村上直・荒川秀俊編『江戸幕府代官史料―県令集覧―』（吉川弘文館、一九七五年）、村上直・馬場憲一編『江戸幕府勘定所史料―会計便覧―』（吉川弘文館、一九八六年）、西沢淳男『幕領陣屋と代官支配』（岩田書院、一九九

八年）

守屋忠親《もりやただちか》（一七六七〜一八三〇）

明和四年（一七六七）に西丸切手門番頭守屋原福《もとみつ》の長男として生まれる。妻は評定所留役横田俊民《としたみ》の息女。藤太郎・権之丞と称した。家禄は一〇〇俵三人扶持。天明八年（一七八八）八月十八日に部屋住から勘定となり、文化十年（一八一三）十一月十四日に勘定組頭、文政十年（一八二七）十一月一日に勘定吟味役となる。同十三年八月二十一日に死去。享年六十四。（白根）

【典拠・参考文献】『寛政譜』第二十二・二二五頁、『文政武鑑』

森山実道《もりやまさねみち》（一六七一〜一七二一）

寛文十一年（一六七一）に生まれる。又左衛門と称す。妻は遠山甚五兵衛某の息女。桜田の館において文昭院（徳川家宣）に仕え、勘定役を務める。宝永元年（一七〇四）西丸に移った時に勘定となり、廩米一〇〇俵を給わる。正徳元年（一七一一）に五〇俵を加増され、同二年八月二十九日、仰せを受けて駿河・遠江・三河・美濃等の国々を巡見する。同三年六月二十七日には代官へと転じ、越前国石田・飛驒国高山にてその任にあたる。享保六年（一七二一）正月二十九日に死去する。享年五十一。法名は見阿で、四谷勝興寺（東京都新宿区）に葬られる。後に代々の葬地となる。（高木）

【典拠・参考文献】『寛政譜』第二十一・二一九頁、『代官履歴』

森山孝盛《もりやまたかもり》（一七三八〜一八一五）

元文三年（一七三八）、大番を務めた森山権次郎盛芳《もりとう》の二男として生まれる。幼名を熊五郎、通称を源五郎といい、のちに闇窓と号した。母は諏訪伊織頼安の娘。妻は石野伝右衛門広貞の娘、後妻は加賀美金右衛門遠貞の娘。実父盛芳の家督は、宝暦七年（一七五八）十一月十二日に養子の盛明《もりあきら》が継いだが、盛明は明和八年（一七七一）三月二十六日に隠居し、家督を養子となった孝盛に譲った。禄高は知行三〇〇石と切米一〇〇俵である。孝盛は、安永元年（一七七二）十二月二十二日に初めて将軍家治に御目見し、同二年四月二十六日には大番に列した。同年七月二十九日（江戸出立）より翌三年八月二十八日（江戸帰着）まで大坂在番、同五年四月二十五日から翌六年四月二十三日まで二条在番、同六年六月二十一日から翌七年三月二十七日まで二条在番、同八年七月二十六日より翌九年八月二十日まで大坂在番、天明二年（一七八二）四月一日から同三年四月二十三日まで二条在番を勤める。天明四年（一七八四）九月十四日には小普請組頭（役料三〇〇俵）となり、寛政二年（一七九〇）九月一日に御徒頭に就任、同年十一月二十七日には布衣の着用を許可された。同三年五月十一日に目付へ進み、同年中には学問吟味のことに携わり、翌四年閏二月四日には関東川々普請見分御用を担当、同五年正月に浦々巡見御用を命ぜられ、三月には老中松平定信に随行して伊豆・相模・安房・下総の浦々を海防巡視している。同六年三月十七日に御先手鉄炮頭となり、翌七年五月二十一日からは火附盗賊改の加役を務める（四〇人役扶持）。同八年六月二日に加役を解かれ、その年の十二月十日には将軍世嗣の家慶付きとなって西丸勤務となる。享和二年（一八〇二）十二月二十八日には西丸持弓頭となり、文化六年（一八二三）六月十七日には西丸鑓奉行となるが、同九年六月二十三日に職を辞して寄合となり、同年十一月二十六日、家督を養子の盛年に譲った。文化十二年（一八一五）三月十六日に死去。享年七十八。法名は孝盛院順翁浄和居士。牛込の宗参寺に葬られた。孝盛は随筆『蜑《あま》の焼藻《たくも》の記』や『賤《しず》のをだまき』の著者として知られているが、彼の名を一躍有名にしたのは『自家年譜』と題された日記の存在である。現在、国立公文書館に所蔵されているこの日記は、全部で二九冊からなる。このうち第一冊は孝盛の先々代にあたる盛芳（孝盛の実父）の日記であり、第二冊以降はすべて孝盛自身の筆によるものである。先代の盛明が大番の務めを辞した明和七年閏六月から筆を起こし、孝盛が西丸鐺奉行を辞任する前年の文化八年まで書き続けられている（国立公文書館が内閣文庫影印叢刊の一環として、全三巻の影印本を刊行）。これは旗本の日記としては出色のものであり、旗本の実生活はもちろんのこと、当時の政治や社会の動向を知るうえで絶対欠かせない貴重な史料といえる。幕政の動向や江戸城勤務の公務生活、個人的な生活（たとえば例月の亀戸天神参詣、庚申・子待・巳待の行事、菩提寺参詣、講釈会、茶会、親類縁者に関することなど）も克明に記され、何か事件があった際には当時の風聞や風評などを冷静な目で的確に伝えてくれている。この日記や随筆類などから孝盛の活動を見てみると、田沼政権下の時代には、老中田沼意次の親類縁者であった養子盛年のつてで、実力者たちの屋敷にせっせと参上し、身の出世を図った（『蜑の焼藻の記』には、彼が小普請組頭になるまでの有力者邸通いの苦労話が記されている）。しかし田沼が失脚し、天明七年六月に老中松平定信による寛政改革が開始されるや、世はまさに文武両道に秀でた孝盛のような人物を欲する時代となった。孝盛は時勢や公務のあり方を論じた意見書を定信に上申し、定信と直接面談する機会も得、御徒頭さらには目付へと昇進した。さらには定信の海防巡視の際には随行するなど、定信の孝盛に対する信任も厚かったといえよう。しかも、孝盛は単なる役人ではなく、学問・文芸において多才であった。和歌は冷泉為村・為泰父子の門人として詠草をみてもらっており、京都二条在番で上京の折りなどは直接冷泉家で指導を受けている。書は嵯峨様を学び、人に頼まれてよく書を送ったりもした。寛政三年八月の十五夜に江戸城中で詩歌の会が催された時には、多くの幕臣の中から選ばれて和歌を詠進している。孝盛の人となりは、武ばった番方武士の一面もあるが、このような文人としての一面も見逃すことはできない。几帳面で繊細な感覚の持主という点では、安永・天明期の典型的なインテリの一人ということもできよう。しかし寛政五年に松平定信が老中を解任されると、孝盛も幕政の第一線から遠ざけられ、寛政八年には火附盗賊改を解かれて西丸勤務に移る。寛政十年に著された『蜑の焼藻の記』は、この火附盗賊改加役の不本意な解任に対する不満が執筆動機だとさえいわれている。ちなみに、火附盗賊改の前任者であった長谷川平蔵に対し、門地・年齢がほぼ等しい孝盛はライバル意識をむき出しにし、石川島人足寄場の設置に尽力し捕物の名人として活躍したはずの平蔵をいたく非難している。この頃から文筆活動が活発になった孝盛は、『賤のをだまき』『闇窓随筆』『賞諷漫録附謡曲伝授』『諸家什宝抜萃』『年代通覧』『御加役代々記』『公務愚案』など数々の著作を残している。孝盛の著作にはその博識多才ぶりが遺憾なく発揮されている。歌舞伎・浄瑠璃・三弦のことから、髪型・衣服・小間物のはやりすたりに至るまで、下世話の世態・風俗・人情の機微にも通じた武士であった。そのくせ「埋れ木の人しれぬ翁」などと自称する一徹さがあり、ひろく、さめた眼で政治や社会の流れをしっかりと見つめる根性があったようである。

（竹内）

【典拠・参考文献】『寛政譜』第九・三五

一〜三五二頁、『旗本百科』第五巻、『日本近世人名辞典』、竹内誠「森山孝盛日記（解題）」（『日本都市生活史料集成』第二巻三都篇Ⅱ、学習研究社、一九七七年）、森山孝盛『自家年譜』全三巻（影印本、国立公文書館内閣文庫、一九九四〜九五年）、武蔵国江戸森山家文書（国文学研究資料館アーカイブズ研究系マイクロ所蔵）

森山多吉郎《もりやまたきちろう》　（一八二〇〜一八七一）

文政三年（一八二〇）に生まれる。栄之助、多吉郎と称し、諱《いみな》は憲直、号は茶山。森山氏は長崎奉行所で蘭通詞《つうじ》を勤める家柄で、多吉郎も蘭・英語にすぐれ、嘉永元年（一八四八）より蘭通詞に対して諸外国語を教えた。同四年、英語和解《わげ》の編纂に加わり、またプチャーチン、ペリーやハリスとの交渉では通訳を勤めた。さらに江戸で家塾を開いて後継者の育成に努めた。文久二年（一八六二）に外国奉行（勘定奉行兼帯）竹内保徳《やすのり》が開港開市延期交渉のために欧州に派遣された際に、通訳として同行した。同年十二月に帰国し、のち外国奉行支配調役格、通弁御用頭取となり、慶応三年（一八六七）九月に兵庫奉行支配組頭（一五〇俵高）に進んだ。明治四年（一八七一）に東京で死去。享年五十二。墓は長崎市筑後町の本蓮寺にある。（筑紫）

【典拠・参考文献】『続徳川実紀』第三篇、『柳営補任』、『郷土先賢列伝』（長崎市小学校職員会、一九一六年）、大槻如電・佐藤栄七『日本洋学編年史』（錦正社、一九六五年）、福地源一郎『懐往事談』（人物往来社、一九六八年）

守山房仍《もりやまふさより》　（一七六四〜没年未詳）

明和元年（一七六四）に生まれる。通称乙三郎・権之助・八十郎。主水正・主計頭を名乗る。石川公愷《きんのり》の二男。母は書院番松平近知《ちかとも》の養女であったが、一橋家用人守山房覚《ふさあき》の養子となり、その息女を妻とした。天明六年（一七八六）十二月二十七日、家督を継ぐ。家禄一五〇俵。同七年十一月二十日、書院番に列し、文政二年（一八一九）に一橋斉礼に附属され、その御用人見習、さらに同六年には本役となる。文政十一年（一八二八）七月八日、西丸御納戸頭となり、天保三年（一八三二）二月二十四日に本丸に転じるが、同年閏十一月二十日には西丸広敷用人となり、同八年四月二日の十二代将軍徳川家慶の就任に伴い本丸勤仕に転じた。同十一年一月の家慶正室喬子《たかこ》（浄観院）没後も同役に在任し、十二月八日には持頭次席となり足高されて一五〇〇俵となる。翌十二年五月二十八日、広大院（十一代将軍徳川家斉正室寔子《ただこ》）の本丸移徙に伴いその御用人となる。同十五年（弘化元・一八四四）十一月二十六日、その死去後も広敷用人を勤め、嘉永三年（一八五〇）八月十六日に辞職、寄合となった。没年は未詳、菩提寺は駒込江岸寺（東京都文京区）である。（渋谷）

【典拠・参考文献】『寛政譜』第二十・三〇三頁、『江戸幕府役職武鑑編年集成』第二十二巻（東洋書林、一九九八年）、『柳営補任』、『続徳川実紀』第二篇

諸星忠直《もろぼしただなお》　（一六二六〜一七〇九）

寛永三年（一六二六）に望月氏の子として生まれる。母は武田家家臣の藤巻氏の息女。代官諸星政長《まさなが》の養子となり、別家を興す。伝左衛門と称した。妻は甲府家家臣竹川経秀の息女。四代将軍家綱の弟徳川綱吉（後の五代将軍）に仕え、代官を務める。延宝八年（一六八〇）の綱吉将軍就任に際して幕臣となり、代官となって廩米二〇〇俵を与えられる。元禄元年（一六八八）七月二十七日に勘定吟味役となり、二〇〇俵を加増される。同年十二月二十五日に布衣の着用を許される。翌二年八月二十一日に二

〇〇石を加増され、同十年七月二十六日に廩米を知行地に改め、武蔵・上野両国に合計六〇〇石を知行する。同十二年十二月二十一日に老齢を理由に職を辞し、寄合となる。同十六年十二月十八日に致仕し、養老料として廩米三〇〇俵を賜る。宝永六年（一七〇九）十二月二十三日に死去。享年八十四。法名は浄秀。菩提寺は牛込の松源寺である。（宮坂）

【典拠・参考文献】『寛政譜』第十八・二四六頁

諸星盛明《もろぼしもりあきら》　（一六六三～一七二五）

寛文三年（一六六三）に諸星盛重《もりしげ》の長男として生まれる。彦五郎・清左衛門と称した。妻は諸星伝左衛門忠直の娘。延宝四年（一六七六）十二月十二日に遺跡を継承し、蔵米二〇〇俵を給う。天和二年（一六八二）十一月二日勘定へ進み、元禄十年（一六九七）閏二月七日に御金奉行となる。正徳三年（一七一三）閏五月二十五日職務の怠慢と官金の紛失を疑われて職を辞す。同五年四月三日、官金紛失の疑念は晴れて閉門となる。享保元年（一七一六）十一月八日に赦され、同十年六月十二日に死去。享年六十三。法名は栄徹。菩提寺は駒込大円寺。（宮原）

【典拠・参考文献】『寛政譜』第十八・二四七頁

諸星盛政《もろぼしもりまさ》　（生年未詳～一六三九）

諸星藤兵衛盛次の三男として生まれる。清左衛門と称した。二代将軍徳川秀忠に仕えて勘定を務め、蔵米一五〇俵を給う。寛永十年（一六三三）、関東諸国の論所の検使を大番組頭松平正次とともに務め、同年八月二十一日に黄金三枚を拝領する。のち代官に転じ、二〇〇俵高になる。同十六年十一月九日に死去。法名は道空。駒込の大円寺に葬られる。（宮原）

【典拠・参考文献】『寛政譜』第十八・二四七頁、『代官履歴』、宮原一郎「近世前期の幕府裁許と訴訟制度」（徳川林政史研究所『研究紀要』第三八号、二〇〇四年）

門奈直重《もんななおしげ》　（一六四七～一七二四）

正保四年（一六四七）生まれ。通称は長五郎・半左衛門・半右衛門。父は大河内忠綱、母は不詳。門奈直次《なおつぐ》の養子となり、その息女を妻とした。寛文七年（一六六七）十二月十日に家督を相続し、切米三〇〇俵を給された。小普請より、同九年正月二十八日に大番、同十年十月六日には御納戸番、貞享元年（一六八四）八月十八日には新番となった。元禄十二年（一六九九）四月七日、大坂鉄炮奉行となる。正徳五年（一七一五）十月十九日に勤めを辞す。享保元年（一七一六）十一月五日致仕し、同九年（一七二四）八月二十六日、大坂において七十八歳で死去。法名は惟孝。大坂天王寺町の鳳林寺に葬られた。（松本）

【典拠・参考文献】『寛政譜』第十五・三三頁

柳生久包《やぎゅうきゅうほう》（生年未詳～一八五六）

もとは村田を称し、柳生新陰流の門下で剣術に長じていたため柳生の家号を許された久辰《ひさとき》を祖とする家筋。家禄は六〇〇石。町奉行や勘定奉行を歴任した柳生久通《ひさみち》の家督を継ぐ。健次郎と称し、河内守・伊勢守・伊予守・播磨守に任じられる。文化十年（一八一三）書院番より御小納戸となり、文政三年（一八二〇）六月三日に小性、同十二年二月十二日に御小納戸、天保六年（一八三五）十月十二日、将軍世子であった家慶のいた西丸の目付となる。同七年八月二十四日に本丸の目付へ転じ、同十二年四月二十八日には長崎奉行、同十四年七月朔日には山田奉行、同十五年九月二十八日には一橋家の家老、弘化三年（一八四六）八月八日には大目付、同年十月二日からは大目付で鉄炮改、嘉永六年（一八五三）二月二十二日には大目付で日記改、安政元年（一八五四）六月二十五日には道中奉行兼帯となる。同三年六月十九日に死去。菩提寺は下谷広徳寺の桂徳院（現在は東京都練馬区に移転）か。（竹村）

【典拠・参考文献】『寛政譜』第二十二・二七〇頁、『柳営補任』、『続徳川実紀』第二・三篇

柳生久通《やぎゅうひさみち》（一七四五～一八二八）

延享二年（一七四五）に書院番を務めた柳生久隆の長男として生まれる。通称は鬼八郎・主膳、のち任官して主膳正《しゅぜんのかみ》と名乗る。母は紀伊藩士斎藤政右衛門実道の息女。妻は安部式部信満の娘。後妻は新庄能登守直宥の娘。柳生家ははじめ村田姓であったが、久通の曾祖父にあたる久辰《ひさとき》が柳生対馬守宗在の門下として新陰流の剣術を修め、のち家号を許されて柳生姓を名乗るようになった。久通は、宝暦十二年（一七六二）四月十八日に初めて十代将軍家治に謁見し、同年九月二十八日には西丸書院番に就任、明和三年（一七六六）二月二十七日には御小納戸となり、同年十二月十九日に布衣の着用を許可された。翌四年四月二十二日には小性となり、同年十二月十六日には従五位下に叙されて主膳正を名乗る。安永二年（一七七三）六月二十七日からは西丸勤務となり、同七年四月十五日に西丸小十人頭の職に就いたが、同八年四月十六日からは再び本丸勤務となり、さらに翌九年四月十二日には西丸目付へと転じた。同年十一月五日からは本丸の目付に就任、天明元年（一七八一）十月八日、父の久隆がすでに死去していたため、三十七歳で祖父久壽《ひさとし》の遺跡（家禄六〇〇石）を継いだ。同五年七月二十四日からは小普請奉行、同七年九月二十七日より町奉行を務め、翌八年九月十日には勘定奉行となった。水野為長の『よしの冊子』には、町奉行・勘定奉行在任中の久通に関する記事が数多く見られ、「柳生主膳正、学文も有之、惣体細かニて、能《よき》人《ひと》ナレドモ未ダ町奉行には若き人ニて候間、町々ニて用ひ薄く」（巻二）というように、久通は物事に細かく、年齢が若かったこともあって、町奉行としては市中の評判を得ることはできなかったようである。しかし勘定奉行に就任すると「殊ニ御勘定奉行綿密でなくてハいかぬ、是《これ》を柳生と御見立被成《ならられ》て被仰付《おおせつけられ》たハ、西下（松平定信）も奇妙に御目利《めきき》が御上手だと申候よし」（巻五）とあるように、細部にこだわる性格が財政を司る勘定奉行の仕事に合っているとして、庶民の評判が一変した。その仕事ぶりは、江戸城中で誰よりも遅く退出するほど熱心であったが、その代わりに「朝の登城も遅く候由」とあり、配下の役人たちにとっては不評であった。勘定奉行としては

禁裏造営御用などを担当し、その精勤ぶりが賞せられて各種の褒美を賜ったほか、寛政十一年（一七九九）十一月十六日には勤務出精を理由に五〇〇石を加増され、家禄は一一〇〇石となった。文化四年（一八〇七）十二月二十四日に道中奉行を兼帯、同十四年二月二十六日には御留守居に転じたが、文政十一年（一八二八）八月二十四日に在職中のまま死去した。享年八十四。

（太田尚）

【典拠・参考文献】『寛政譜』第二十二・二七一頁、『旗本百科』第五巻、水野為長『よしの冊子』（『随筆百花苑』第八～九巻、中央公論社、一九八〇～八一年）

柳生三厳《やぎゅうみつよし》（一六〇七～一六五〇）

慶長十二年（一六〇七）に柳生宗矩の長男として生まれる。七郎・十兵衛と称した。母は松下之綱の息女。妻は秋篠和泉守の息女。若くして新陰流剣術を修めた。元和二年（一六一六）に初めて二代将軍徳川秀忠に拝謁し、同五年に家光の小性となり、家光の新陰流の相手として重遇された。寛永三年（一六二六）に家光の勘気を蒙り致仕した。同十五年九月十七日にゆるされ、後に書院番に列した。正保三年（一六四六）に父宗矩の遺領の内八三〇〇石を与えられる。慶安三年（一六五〇）三月二十一日に鷹狩中に急死した。享年四十四。法名は長岩院殿金甫宗剛居士。柳生の中宮寺に葬られた。家督は弟の宗冬が相続した。新陰流の研究を行っており、代表的な兵法書に『月之抄』がある。

（清水）

【典拠・参考文献】『寛政譜』第十七・二九七頁、『柳営補任』、『日本近世人名辞典』（吉川弘文館、二〇〇五年）、『国書人名辞典』第四巻（岩波書店、一九九八年）、『日本人名大事典』（平凡社、一九七九年）

柳生宗矩《やぎゅうむねのり》（一五七一～一六四六）

元亀二年（一五七一）に柳生宗厳《むねよし》の五男として生まれる。新左衛門・又右衛門と称した。母は興原助豊の息女。妻は松下之綱の息女。柳生姓は、大和国添上郡柳生を領したことによる。父宗厳は、上泉伊勢守信綱から剣術を学び、その兵法を継承して「新陰流」剣術に練達して、織田信長・豊臣秀吉に仕えた。宗矩もまた、若年より父宗厳から新陰流の剣術を学ぶ。文禄三年（一五九四）に宗厳・宗矩父子は、徳川家康に拝謁して家臣となる。慶長五年（一六〇〇）の上杉景勝征伐に従軍して下野国小山に至り、さらに関ヶ原の戦に功があったことから、旧領である柳生の庄に二〇〇〇石を与えられた。同六年九月十一日には徳川秀忠から剣術指南の誓約の書を与えられて、一〇〇〇石を加えられた。また、家光にも剣術を伝えることとなり、元和七年（一六二一）三月二十一日に誓詞を与えられた。寛永六年（一六二九）三月に従五位下但馬守に叙任される。同九年十月三日にはさらに三〇〇〇石の知行を加増されている。十二月十七日に惣目付（後の大目付）となる。同十三年七月二十七日には江戸城の石垣と堀の普請を奉行した。八月十四日に四〇〇〇石加増されて、大和国の内において一万石を知行して大名となり、大目付の職を御免となっている。同十六年九月八日に家光に新陰流兵法印可の書を献じた。同十七年九月十三日に五〇〇石、後にさらに二〇〇〇石を加増されて、一万二五〇〇石を知行するに至る。正保三年（一六四六）三月二十六日に死去。享年七十六。法名は西江院殿大通宗活居士。下谷広徳寺に葬られた。家督は長男の三厳《みつよし》が相続した。死去後の四月六日に、剣術世に並び無く、家康・秀忠に仕えて常に幕下に近侍して、ことごとくその術を伝えた功績により、従四位下を贈られている。代表的な兵法書に『玉成集《ぎょくせいしゅう》』『兵法家伝書』などがある。

（清水）

【典拠・参考文献】『寛政譜』第十七・二九六頁、『柳営補任』、『日本近世人名辞典』（吉川弘文館、二〇〇五年）、『国書人名辞典』第四巻（岩波書店、一九九八年）、『日本人名大事典』（平凡社、一九七九年）

柳生宗冬《やぎゅうむねふゆ》（一六一三〜一六七五）

慶長十八年（一六一三）に柳生宗矩の三男として生まれる。初め俊矩と名乗り、主膳・内膳と称した。母は松下之綱の息女。妻は京極高通の息女。寛永十年（一六三三）二月十九日、三代将軍徳川家光に拝謁し、後に書院番となり、同十四年十二月に三〇〇〇石を与えられた。正保三年（一六四六）に父宗矩の遺領の内四〇〇〇石を与えられた。慶安三年（一六五〇）に兄三厳が死去したため、家督を相続して八三〇〇石を知行し、先の四〇〇〇石は幕府に収められた。明暦二年（一六五六）十月十九日に四代将軍家綱の剣術師範となるよう命ぜられ、同三年十二月二十七日に従五位下飛驒守に叙任された。寛文元年（一六六一）六月十二日には、館林藩主徳川綱吉（後の五代将軍）の剣術師範となる。同八年十二月二十五日に一七〇〇石を加増されて一万石を領し、大和国柳生藩主となった。延宝三年（一六七五）九月二十九日に死去。享年六十三。法号は常林院殿決巌勝公居士。下谷広徳寺に葬られた。家督は子の宗在《むねあり》が相続した。

（清水）

【典拠・参考文献】『寛政譜』第十七・二九七頁、『柳営補任』、『日本近世人名辞典』（吉川弘文館、二〇〇五年）、『日本人名大事典』（平凡社、一九七九年）

薬師寺元真《やくしじもとざね》（生没年未詳）

針次郎・備後守・上総介・筑前守と称する。文政八年（一八二五）十二月七日に御小納戸に編入される。同十年（一八二七）四月二十八日に西丸御小納戸へ転任し、天保元年（一八三〇）十二月十一日より西丸の小性となる。同八年四月二日に再び本丸へ戻って小性となる。嘉永七年（一八五四）五月二十八日から御徒頭へ昇進し、筑前守を称するようになる。安政五年（一八五八）四月に起きた井伊直弼の大老就任問題では、松平忠固派の一員となり大老の就任を懇願する。そして、同六年四月二十二日新番頭、八月十二日に小性組番頭格御用取次見習、さらに十一月二十四日には御側御用取次と駆け上がり、この時家禄三〇〇〇石から一〇〇〇〇石へ加増される。『明治維新人名辞典』によれば、万延元年（一八六〇）三月、井伊大老暗殺事件において、当時若年寄であった酒井忠毗と共に上使として井伊家を見舞っているが、文久二年（一八六二）六月に御用取次を罷免されて菊之間縁頬詰に格下げとなり、また十一月には隠居料であった五〇〇俵を没収され、知行七〇〇〇石を減らされることになった。

（根岸）

【典拠・参考文献】『旗本百科』第五巻、『明治維新人名辞典』（日本歴史学会編、一九八一年）

屋代忠良《やしろちゅうりょう》（生没年未詳）

増之助と称した。実父は学問所勤番内山清蔵。養父は広敷添番屋代忠五郎。屋敷は小日向石切橋にあった。文政十二年（一八二九）七月二十九日に広敷添番、天保十四年（一八四三）五月十六日に支配勘定となり、同年五月二十八日に評定所留役当分助となった。弘化元年（一八四四）七月四日に同留役助、同四年（一八四七）十二月二十日には評定所留役（御目見以上）となった。嘉永六年（一八五三）三月二十六日に代官に任命され、永々御目見以上となり、石見国大森陣屋（嘉永六年〜安政五年）、大坂代官として摂津国大坂鈴木町北側役宅（安政五年〜文久二年）に入った。文久二年

（一八六二）正月十三日より西国筋郡代となり、布衣の着用を許され、家禄は一〇〇俵高に加増された。元治元年（一八六四）七月六日に勘定吟味役となり、同年十二月一日に御役御免となり、寄合となった。慶応元年（一八六五）八月二十七日に寄合より勘定吟味役に再任され、大坂御用を仰せ付けられた。同年十月二十五日に京都で御役御免となり、寄合となった。慶応三年（一八六七）九月十四日に寄合より美濃郡代に任命され、同四年四月二十四日に御役御免となった。（高橋）

【典拠・参考文献】『元治武鑑』、『岐阜県史　通史編近世上』（一九六八年）、『旗本百科』第五巻、『代官履歴』

屋代弘賢《やしろひろかた》　（一七五八～一八四一）

宝暦八年（一七五八）江戸神田明神下に生まれる。通称は太郎吉・大郎、名ははじめ詮虎、次に詮賢、その後弘賢・詮丈と改める。号は輪池。屋代忠太夫佳房の子。安永八年（一七七九）に家督を継ぐ。天明元年（一七八一）、西丸御台所に出仕し、同六年より本丸付書役となる。寛政四年（一七九二）、柴野栗山に従い、京・大和の社寺旧記の調査を行うが、薬師寺の東塔に登り、相輪の檫銘の拓本を採るという逸話を残す。翌五年に奥右筆所詰支配勘定格、文化元年（一八〇二）に表右筆勘定格となる。同八年に朝鮮返簡御用を勤める。文政七年（一八二四）に永代御目見となる。祖父郷助詮房、父佳房・祖母・母と能書家で、弘賢も、明和元年（一七六四）より、幕府右筆森尹祥に書を学び、後に持明院宗時にも入門する。国学を塙保己一、漢学を山本北山、和歌を冷泉為村等に学ぶ。柴野栗山の元で通史『国鑑』の編纂に関わり、幕府編纂書の『寛政重修諸家譜』『藩翰譜続編』の編集に従事する。また、文化七年（一八一〇）、幕命により、故事の起源や沿革を分類した『古今要覧稿』の編纂をはじめる。若年の頃、薄給の時分より書物や古器物の収集に努め、不忍の屋敷内に書庫を建て、不忍文庫と称した。同十二年、狩谷棭斎らと求古楼展観を催し、古い版本や写本の研究を交わし、また文政七年には、耽奇会・兎園会など、故事などを考証する会に参加している。天保十二年（一八四一）閏正月十八日没。享年八十四。法名は輪池院大義詮丈居士。江戸小石川の妙清寺に葬られる。（湯浅）

【典拠・参考文献】森銑三「屋代弘賢」『森銑三著作集　第七巻』（中央公論社、一九七一年）、大塚祐子『屋代弘賢略年譜』（私家版、二〇〇二年）、『国書人名辞典』第四巻（岩波書店、一九九八年）

安井息軒《やすいそっけん》　（一七九九～一八七六）

寛政十一年（一七九九）一月一日に日向国飫肥《おび》藩士安井朝完（号滄洲）の二男として日向国宮崎郡清武郷中野里（現宮崎県宮崎郡清武町加納）に生まれる。名は衡。字は仲平。息軒・半九陳人・清滝・葵心子と号した。文政二年（一八一九）、大坂に遊学し、蔵書家である篠崎小竹の門に入るも、同四年、兄の死去に応じて国に戻る。同七年、江戸に出て昌平黌に入り、古賀侗庵に学んだが、三年で退学して松崎慊堂《こうどう》の門に入り、塩谷宕陰《とういん》らと共に古注学を学ぶ。同九年、江戸藩邸勤番を命ぜられ、同十年、清武村字中野に郷校明教堂を設立するため飫肥藩主伊東祐相に従って帰国し、父滄洲は教授、息軒は助教となって父を助けた。天保二年（一八三一）には藩校振徳堂が設立され、滄洲は総裁兼教授に、息軒は助教となった。同六年、滄洲が没したのち、江戸遊学を許され、同八年五月に昌平黌に再び入る。同九年三月に帰国したが、江戸への移住を願い出て許され、江戸に戻る。藤田東湖らと交流を深め、同十三年、麹町上二番町に三計塾を開いた。嘉永六年（一八五三）のペリー来航に際して、『海防私議』を著して国防の要を論じた。これが常陸国水戸藩主徳川斉昭の関心を惹き、斉昭は藤田東湖を息軒のもとに遣わして意見を聞かせた。文久二年（一八六二）七月、幕府の儒官となり、昌平黌で教えた。古注学を専ら報じてきた息軒が儒官となったのは異例のことであった。維新後は新政府の誘いを拒み、門弟の教育に力を注いだ。著書に『書説摘要』四巻、『毛詩輯疏』一二巻、『周礼補疏』一一巻、『論語集説』六巻、『大学説』一巻、『中庸説』一巻、『左伝輯釈』二五巻、『弁妄』一巻、『息軒遺稿』四巻などがある。明治九年（一八七六）九月二十三日に死去。享年七十八。法名は息軒半九居士。菩提寺は駒込千駄木養源寺（東京都文京区）。（西）

【典拠・参考文献】若山甲蔵『安井息軒先生』（蔵六書房、一九一三年）、黒江一郎『安井息軒』（日向文庫刊行会、一九五三年）、近藤春雄『日本漢文学大事典』（明治書院、一九八五年）、竹内誠・深井雅海編『日本近世人名辞典』（吉川弘文館、二〇〇五年）

保田宗郷《やすだむねさと》　（一六四六～一七一二）

正保三年（一六四六）に保田宗雪《むねゆき》の長男として生まれる。宗易《むねやす》とも名乗り、甚兵衛・美濃守・内膳正と称した。万治二年（一六五九）八月十三日に初めて四代将軍家綱に拝謁し、寛文十二年（一六七二）十二月九日に家督（禄高三五〇〇石）を継ぐ。延宝三年（一六七五）正月二十六日に寄合から使番となり、同四年十二月二十六日に布衣を許される。同九年に将軍代替の諸国巡見使を命じられ奥羽・松前・蝦夷に派遣され、天和二年（一六八二）閏五月には日光山地震後の修理奉行を勤めるため諸大夫となり、七月二日に五〇〇石を加増され、同三年十月十九日に従五位下美濃守に叙任された。貞享四年（一六八七）正月二十九日に辞職し寄合となるが、元禄九年（一六九六）正月十五日に大坂町奉行となり、五〇〇石を加増され、合わせて四五〇〇石を知行した。二月二日から堺奉行を兼帯し、同十一年十二月朔日に町奉行となり、宝永元年（一七〇四）十月朔日に御留守居、同二年二月十五日に御側衆となる。正徳元年（一七一一）九月四日に病気のため辞職し菊間縁詰となる。同二年四月二十七日に死去。享年六十七。菩提寺は未詳である。（加藤）

【典拠・参考文献】『寛政譜』第四・二〇二頁、『柳営補任』、『徳川実紀』第五～七篇

安田雷洲《やすだらいしゅう》　（生没年未詳）

名は尚義、字は信甫・定吉・茂平。号は文華軒または馬城。江戸の四谷大木戸に居住。幕府与力を務める。文化十一年（一八一四）から安政五年（一八五八）にかけて作画し、洋風表現を用いた作品や銅版画が知られている。来歴は未詳であるが、『葛飾北斎伝』では、北斎門人の一人として挙げられている。また、勝海舟が記した『蕃書調所翻訳御用被命候節府下ノ蘭学者取調姓名』には、蘭学者の一人として雷洲の名が見えるが、実際、ウィレム・ファン・ライデン（Willem van Leiden）という蘭名を記した例も見られる。（湯浅）

【典拠・参考文献】岡泰正「安田雷洲筆「赤穂義士報讐図」の原図をめぐって」『国華』第一三四二（二〇〇七年）

矢田堀鴻《やたぼりこう》　（一八二九～一八八七）

文政十二年（一八二九）生まれ。父親は矢田堀又蔵。天保十四年（一八四三）、岩瀬忠震・堀利熙らと共に昌平坂学問所の試験に合格している。その後砲兵頭・軍艦頭や軍艦奉行を歴任し、慶応四年（一八六八）正月二十八日には海軍総裁となった。維新後は明治七年（一八七四）に左院の五

等出仕として明治新政府に仕えた。また明治十年（一八七七）には伴鉄太郎や神保長致らと共に、日本最初の数学の学術団体である東京数学会社の設立に参加した。明治二十年（一八八七）十二月十八日に死去。（津田）

【典拠・参考文献】樋口雄彦『旧幕臣の明治維新　沼津兵学校とその群像』（吉川弘文館、二〇〇五年）、同『沼津兵学校の研究』（吉川弘文館、二〇〇七年）、『旗本百科』第五巻、松岡英夫『岩瀬忠震』（中公新書、一九八一年）

柳河春三《やながわしゅんさん》　（一八三二～一八七〇）

天保三年（一八三二）二月二十五日、名古屋に生まれる。名は春蔭。安政三年（一八五六）に二十五歳で江戸に出るまで西村良三と名乗り、以後、柳河春三と称す。号は旭・楊江・楊大昕・臥孟など。諱は朝陽。父は栗木武兵衛。妻は木村勢以。蘭学を伊藤圭介等から学び、英語とフランス語も習得した。安政五年（一八五八）紀伊藩寄合医師蘭学所勤務となり、文久二年（一八六二）閏八月に開成所（元幕府蕃書調所）教授手伝い、元治元年（一八六四）に同所教授となる。著書や翻訳書を通して西洋文化を紹介するが、文久三年（一八六三）から慶応三年（一八六七）にかけて、外国の新聞の翻訳を行い、同年十月、日本最初の雑誌、『西洋雑誌』を発刊、ついで明治元年（一八六八）二月には『中外新聞』を発行した。開成所が明治新政府に引き継がれたため、同年三月、同所頭取となる。同二年七月に大学少博士、十月に免官となる。十一月、大学校出仕翻訳監督務御用をうけるが、同三年二月二十日、肺結核のため没す。享年三十九。法名は光摂院殿釈護念居士。東京浅草願竜寺に葬られる。（湯浅）

【典拠・参考文献】『幕臣人名』、『柳営補任』、尾佐竹猛『新聞雑誌の創始者柳河春三』（近代日本学芸資料叢書第九輯、湖北社、一九八五年複刻）、『旗本百科』第五巻、『国書人名辞典』第四巻（岩波書店、一九九八年）

柳沢吉保《やなぎさわよしやす》　（一六五八～一七一四）

万治元年（一六五八）十二月十八日に生まれる。父は綱吉の館林城主（二五万石）時代の家臣刑部左衛門安忠《やすただ》、母は佐瀬氏の娘。妻は曾雌定盛の娘。初めの諱は房安《ふさやす》・保明《やすあきら》、十三郎・主税・弥太郎と称した。延宝三年（一六七五）七月十二日に家督（采地一六〇石・廩米三七〇俵）を継ぎ、小性組番士を務める。延宝八年（一六八〇）主君綱吉が将軍家を相続したとき幕臣となり、十一月三日、御小納戸に就任した。天和元年（一六八一）四月二十一日、布衣を着することを許され、同二十五日に三〇〇石加増、このとき廩米を采地に改められ、計八三〇石を知行する。同年六月三日、綱吉自ら学術を教えるとの命があり、これが出世の糸口となった。貞享元年（一六八四）正月十一日に二〇〇〇石加増、翌二年十二月十日には従五位下出羽守に叙任、同三年正月十一日にも一〇〇〇石加増。ついで、元禄元年（一六八八）十一月十二日には一万石を加増されて、計一万二〇三〇石の大名となり、若年寄上座の側用人にすすんだ。さらに、同三年三月二十六日に二万石加増、十二月二十五日には従四位下に叙され、同五年十一月十四日に三万石加増、同七年正月七日にも一万石加増、計七万二〇三〇石を領し、武蔵国川越城主に就いた。同年十一月二十五日には初めて評定の席に出座を許され、翌十二月九日には侍従に任じ、老中格に昇った。そして、同十年七月二十六日に二万石加増、翌十一年七月二十一日、左近衛少将に任命されて、官位が侍従の老中より上格となり、同十四年十一月二十六日には松平の家号を許されるとともに、綱吉の諱の一字「吉」を与えられ、官職を改めて、松平美濃守吉保と称した。さらに同十五年三月九日、二万石加増、宝永元年（一七〇四）十二月二十一日には、綱吉が甲府城主徳川綱豊（のちの六代将軍家宣）を継嗣と定めたときの功労により三万九二五八石余を加増され、綱豊の旧領であった甲斐・駿河両国のうち一五万一二八八石余を与えられたが、翌二年三月十二日駿河国の領地を甲斐国のうちに移されて山梨・八代・巨摩三郡一円を領することになった。甲斐は従来徳川一門にしか与えられたことがない土地であり、しかも、三郡一円の実際の高は二二万八七六五石余に及び、このとき「内高」として七万七四七七石余が加増されていたのである。このように吉保は、五〇〇石余の陪臣から一五万石余（実高二二万石以上）の大名、そのうえ老中より上座の側用人にまで出世して大きな権勢をふるえる地位に就いたものの、必ずしも独裁的な人ではなく、むしろ老中合議制も重んずる誠実な人間であったとみられる。しかしその一方で、彼は専制君主綱吉の最側近として、大名・旗本家の官位昇進や家格再興・維持などに関与し、強い政治力を発揮した。宝永六年（一七〇九）正月十日の綱吉没後、家宣が将軍に就任した直後の六月三日に隠居し、保山と号した。正徳四年（一七一四）十一月二日、駒込の別荘六義園で死去。享年五十七。法名は永慶寺殿保山元養大居士。甲斐国山梨郡岩窪村の永慶寺に葬られ、享保九年（一七二四）四月十二日同郡の恵林寺に改葬された。（深井）

【典拠・参考文献】『寛政譜』第三・二五一～二五六頁、『柳沢家譜集』（『柳沢史料集成』第四巻、柳沢文庫保存会、一九九五年）、『山梨県史　資料編8　近世1』（山梨県、一九九八年）、深井雅海『徳川将軍政治権力の研究』（吉川弘文館、一九九一年）、堀新「岡山藩と武家官位」（『史観』一三三冊、一九九五年）、福留真紀『徳川将軍側近の研究』（校倉書房、二〇〇六年）、岡崎寛徳『近世武家社会の儀礼と交際』（校倉書房、二〇〇六年）

藪《やぶ》忠通《ただみち》　（一六七九～一七五四）

延宝七年（一六七九）に紀伊家家臣の藪七郎左衛門勝利の二男として生まれ、のちに別に家を興す。通称は左馬之助・紋十郎・三郎左衛門、官職は内匠頭・主計頭を名乗り、隠居すると大休と号した。妻は、紀伊家家臣の藪右十郎左衛門利安の娘である。享保元年（一七一六）、紀伊家当主徳川吉宗の八代将軍就任により、嫡子家重に従って、九月九日より二丸御小納戸となり、下総国相馬郡内の三〇〇石を所領とする。十二月十八日には布衣の着用を許される。同三年に、吉宗の母である浄円院の江戸下向に際して和歌山に赴き、その恩賞として、同六年九月八日には吉宗より筑後国久留米の住清修の作である新刀を、のちに家重からは葵の紋が入った茶碗を賜った。同九年九月二十一日には従五位下内匠頭に任ぜられ、高井飛騨守清房・土岐信濃守朝治に付いて勤めるよう仰せつけられ、西丸に勤仕した。また、同十一年八月七日に浄円院が病に伏すと昼夜において献身的に仕えた。そして、同十四年三月一日に新番頭格に昇進し、領地もさらに五〇〇石加増される。しかし、病のために十一月十三日から宿直を免除され、特恩をもって暇を下され、神奈川宿にて約四〇日間治療に専念した。その後は復帰し、同十八年十二月三日に起きた家重の室證明院の病中にも働きが認められるなどして、元文二年（一七三六）六月一日に西丸の御側に昇進し、この時は下野国河内郡へ七〇〇石が加増された。延享二年（一七四五）九月一日より本丸勤めへ移動し、この日に下総国結城郡に一〇〇〇石を加増される。さらに翌三年十一月一日には二五〇〇石が加増され、合わせて五〇〇

○石を知行することとなり、采地はすべて下野国都賀郡に移される。そして、寛延二年（一七四九）二月九日に辞職するが、隠居料として六〇〇俵を賜ることとなる。宝暦四年（一七五四）、七十六歳でこの世を去り、渋谷の長谷寺に埋葬される。（根岸）

【典拠・参考文献】『寛政譜』第二十二・一四五～一四七頁

藪忠良《やぶただよし》（一八一九～没年未詳）

慶応期（一八六五～六八）の「明細短冊」には「丑歳四十七」とあるので、文政二年（一八一九）の生まれと推定される。通称は益次郎。火消役を務めていた家禄五〇〇〇石の旗本藪主膳の子として生まれ、その後、実兄である藪泰一郎の養子となって弘化二年（一八四五）に跡式を相続した。当初は寄合で、万延元年（一八六〇）閏三月十四日に中川番となり、文久三年（一八六三）三月六日には寄合肝煎となる。元治元年（一八六四）八月二十一日には旗奉行に就任、同年十二月十八日には布衣を着することを許される。元治二年（慶応元・一八六五）正月二十八日に関東郡代となるが、同年十二月七日には御役御免となって勤仕並寄合となり、その八日後の同月十五日からは寄合肝煎に再任された。慶応二年（一八六六）四月二十五日からは小普請組支配を務め（同年八月四日解任）、その後、同年八月二十五日に組合銃隊頭（同三年九月二十五日に御役廃止）、同三年十二月二十五日からは寄合肝煎を務めたが、翌四年に辞職した。（太田尚）

【典拠・参考文献】『柳営補任』、『幕臣人名』第四巻

矢葺景与《やぶきかげよ》（一六八七～一七六四）

貞享四年（一六八七）に生まれる。実父は不詳。養父は細工所同心矢葺久隆。兵三郎・五郎左衛門・三郎左衛門と称した。妻は籾山孫右衛門の息女。はじめは御家人で、宝永二年（一七〇五）正月に御細工所同心見習となり、正徳五年（一七一五）には養父久隆の跡式を相続し、享保十五年（一七三〇）八月に御賄方、同十六年（一七三一）十一月には御賄方組頭となり、元文二年（一七三七）九月支配勘定に転じた。延享元年（一七四四）二月八日に勘定となり、旗本に昇進した。同四年正月十九日に（同三年五月十九日とも）一橋家の附人となり勘定奉行、宝暦五年（一七五五）八月四日には一〇〇俵加増、同六年十二月十二日には郡奉行勘定奉行兼帯、同十年六月二十七日には長柄奉行小普請支配兼帯となる。同十三年八月二十三日、一橋家の大番安田正《まさ》越《ゆき》の子周政《ちかまさ》が紛失物の衣類を大量に質入れしたとして改易となったが、周政を頭支配に届出もせず景与の家に滞在させたために出仕を止められ、同年十月十四日に赦しを得る。同年十一月九日に小普請に貶《おとし》められ出仕をはばかり、明和元年（一七六四）二月二日赦しを得た。同年三月三日に死去。享年七十八。法名は日明。菩提寺は市谷の妙典寺（現在は東京都豊島区に移転）。（竹村）

【典拠・参考文献】『寛政譜』第十九・三二二頁、「一橋徳川家文書」（茨城県立歴史館所蔵）、辻達也編『一橋徳川家文書摘録考註百選』（続群書類従完成会、二〇〇六年）

矢部定令《やべさだのり》（一七四六～一八一三）

延享三年（一七四六）生まれ。通称は村次郎・彦五郎。父は原田種英、母は雨宮正景の息女。二男のため矢部定章《さだあきら》の養子となった。妻は斎藤政富の息女。後妻は設楽正凝の息女である。明和三年（一七六六）十月一日、将軍家治に御目見。同五年七月四日に家督を継ぎ、切米三〇〇俵を給された。翌六年七月二十三日に大番組番士となる。天明五年（一七八五）正月二十三日に大番組組頭となり、寛政三年（一七九一）五月十一日には御徒頭となった。同年十月

二十六日に目付となり、十二月十六日には布衣を着することを許された。同八年十二月二十五日、琉球謝恩使のことを司り時服を賜る。同十二年一月二十日、堺奉行となる。文化四年（一八〇七）一月二十三日に小普請奉行、翌五年十二月二十四日には普請奉行となる。同十年一月二十五日には西丸御留守居となった。同年八月十二日に六十八歳で死去。菩提寺は深川の浄心寺である。なお天保改革において老中水野忠邦と対立した江戸南町奉行矢部定謙《さだのり》は息子である。（松本）

【典拠・参考文献】『寛政譜』第十二・二八二頁、『旗本百科』第五巻

矢部定謙《やべさだのり》　（一七八九～一八四二）

寛政元年（一七八九）に大番組頭矢部定《さだ》令《のり》（禄高三〇〇俵）の子として生まれる。彦五郎・駿河守・左近将監と称した。文政六年（一八二三）十二月二十日に小性組小十人頭、同十一年八月二十八日に先手鉄炮頭となり、十月八日に火付盗賊改加役を勤め、天保二年（一八三一）十月二十八日に堺奉行、同四年七月八日に大坂町奉行となる。元与力大塩平八郎と親交があったというが、大塩は蜂起に際し矢部の不正を弾劾し、国を乱す「奸佞」と厳しく告発しており、疑問視されている。同七年九月二十日に勘定奉行勝手方となり、五〇〇石を加増される。同八年には浅草米蔵取締を行い、将軍宣下の大礼を奉行した。同九年二月二日に西丸御留守居となるが幕政に批判的であったため、同十一年十一月二十日に小普請組支配となる。同十二年四月二十八日に町奉行となるが、老中水野忠邦と対立し、目付鳥居耀蔵の画策により、町奉行所与力不正事件と関連して責任を追及され、十二月二十一日に免職され、差控となる。その取調中に知人へ無罪を訴えたことなどを咎められ、矢部家は断絶となり、定謙は桑名藩へ永預となるが、これに憤激して絶食し、同十三年七月二十四日に死去。享年五十四。法名は晴雲山院殿秋月日高定謙大居士。菩提寺は深川の浄心寺（東京都江東区）である。（加藤）

【典拠・参考文献】『柳営補任』、『続徳川実紀』第二篇、北島正元『水野忠邦』（吉川弘文館、一九六九年）、藤田覚『天保の改革』（吉川弘文館、一九八九年）、平川新『全集日本の歴史』第十二巻開国への道（小学館、二〇〇八年）

矢部春之《やべはるゆき》　（一六二四～一七一六）

矢部春久の子。先祖は可児姓を称したが、春久の代に矢部姓となる。母は池田三左衛門家臣土方備後某の女。五左衛門・嘉兵衛と称した。妻は甲府家臣の入江八左衛門の女。はじめ徳川綱吉に仕え右筆となり、延宝八年（一六八〇）に綱吉の子である徳松に仕え、御家人として召し抱えられ、廩米一〇〇俵・五人扶持を与えられる。天和三年（一六八三）、徳松の逝去により、七月二十三日に表右筆となる。貞享三年（一六八六）十二月十一日に加増され廩米二〇〇俵となる。扶持米は収公される。元禄元年（一六八八）四月九日に奥右筆、同二年十二月五日に表右筆にもどり、宝永三年（一七〇六）正月二十九日に職を辞して小普請に入る。同五年十一月二十三日に致仕。享保元年二月二十八日に八十三歳で死去する。法名は了智。菩提寺は牛込の保善寺（現在は東京都中野区）。（石山）

【典拠・参考文献】『寛政譜』第二十一・三七七頁、小宮木代良『江戸幕府の日記と儀礼史料』（吉川弘文館、二〇〇六年）

山岡伊織《やまおかいおり》　（一七七九～没年未詳）

安永八年（一七七九）に生まれる。清兵衛と称した。百人組頭配下甲賀組の与力から支配勘定出役になったとみられ、天保十三年（一八四二）九月十一日、支配勘定か

ら材木石奉行となり御林奉行を兼帯する。安政元年（一八五四）、永々御目見以上となり、同三年一月十八日、老衰を理由に七十八歳で辞職した。支配勘定から御林奉行へは異例の昇進で、これは支配勘定在任中、天保九年（一八三八）の山林御用による東海・中部地方の林野見分、また同年の江戸城西丸焼失による再建用材調達に、勘定吟味役川路《かわじ》聖謨《としあきら》らとともにあたったこと、さらに同十一年頃から展開された、幕府による植林政策に御林手入方掛の一員として参画したことなど、一連の活動が評価された結果とみられている。また山岡は、これらの経験を踏まえて、天保六年の山林御用時の記録である「諸木聞見録 弐」や、材種ごとの養育技術をまとめた「諸木養育録」（嘉永六年）も著している。（渋谷）

【典拠・参考文献】『柳営補任』、大友一雄「[史料紹介] 幕府御林奉行山岡伊織著「諸木聞見録・諸木養育録」」（『徳川林政史研究所研究紀要』第二十四号、一九九〇年）

山岡景長《やまおかかげなが》（一五六九～一六二〇）

永禄十二年（一五六九）に山岡景佐《かげすけ》の子として生まれる。母は山口盛隆の息女。妻は朝比奈信置の息女。五郎作と称した。はじめは織田信長に仕えていたが、のちに徳川家康に仕えて使番を務め、一五〇〇石を拝領した。慶長十年（一六〇五）、徳川秀忠が将軍宣下のために上洛した際には供奉した。同十五年の丹波亀山城、同十六年の江戸城の石垣修築等の普請奉行を務め、同十九年・同二十年の大坂の陣では目付を務めた。元和三年（一六一七）十月に二代将軍秀忠が上洛するときに、宿割りを務めたが落ち度があり、改易となった。同六年六月十三日に死去。享年五十二。（白根）

【典拠・参考文献】『寛政譜』第十七・三五二頁

山岡景以《やまおかかげもち》（一五七四～一六四二）

天正二年（一五七四）に山岡景隆《かげたか》の七男として生まれる。母は水原重久の息女。妻は佐々成政の息女。長太郎・図書頭と称した。諱は景行《かげゆき》・景継《かげつぐ》とも名乗った。天正十六年より豊臣秀次に仕えて小性となり、三〇〇〇石を拝領し、同十九年十一月に従五位下主計頭に叙任された。秀次の切腹後、豊臣秀吉に仕えたが、関ヶ原の戦後、慶長五年（一六〇〇）十月に徳川家康に拝謁し、御家人に列して、のち駿府城に詰めた。同八年、景以の長男景本《かげもと》が山岡道阿弥（景友）の養子となったが、幼少のため、景以が道阿弥の家督を相続して、甲賀組を預かった。このとき三〇〇〇石の知行は収公された。同十九年・同二十年の大坂の陣に供奉して軍功をあげた。寛永十一年（一六三四）に三代将軍家光が上洛した際に供奉し、同十三年には近江国水口城の城番を務めた。同十九年六月四日に水口において死去。享年六十九。法名は宗由。京都東山の知恩院に葬られた。（白根）

【典拠・参考文献】『寛政譜』第十七・三六一頁

山岡景元《やまおかかげもと》（一六四〇～一七一三）

寛永十七年（一六四〇）生まれ。通称は七十郎・七右衛門。父は山岡景信、母は山上氏の息女。三男で別家を興した。妻は勝政重の息女。万治元年（一六五八）三月六日、将軍家綱に御目見し、翌二年七月四日に大番となった。寛文元年（一六六一）五月二十一日、切米二〇〇俵を給されたが、十二月に家督を継いだ兄景忠より二〇〇石を下総国香取郡において分与され、切米は返上した。延宝三年（一六七五）三月十日、大番から出役して御蔵奉行を務めた。浅草米蔵を管轄する奉行は、貞享四年（一六八七）まで大番の出役であった。これは米蔵の本来的機能が兵糧米の貯蔵であり、軍事的性格が強かったことを意味している。同八年九月六日に大番組頭となる。同十二月二十六日に切米二〇〇俵を、天和三年（一六八三）十二月十九日にも二〇〇俵を加増された。元禄六年（一六九三）六月七日、二条城番となる。同十年七月二十六日には切米四〇〇俵を改めて、近江国蒲生郡の内で知行地を宛がわれ、合計六〇〇石を知行した。同十二年四月十日に寄合となるが、翌十三年正月十一日には先手弓頭となり、十二月二十一日に布衣を着することを許された。正徳三年（一七一三）正月二十二日に職を辞し、五月七日に死去。享年七十四。法名は本然。菩提寺は相模国高座郡遠藤村（神奈川県茅ヶ崎市）の龍前院である。

（松本）

【典拠・参考文献】『寛政譜』第十七・三六七頁、大野瑞男『江戸幕府財政史論』（吉川弘文館、一九九六年）

山岡景助《やまおかけいすけ》（一六二四～一七〇五）

寛永元年（一六二四）に山岡景次（一〇〇〇石）の長男として生まれる。通称は愛蔵・弥五兵衛。母は吉勝の娘。妻は永見周防守重貞の娘。寛永十年（一六三三）二月六日、三代将軍徳川家光に初めて拝謁し、同二十年、小性組番士となる。慶安元年（一六四八）六月、松平右京大夫家臣稲田民部の従者を無礼打ちとした事により蟄居を命じられるが正当を認められ赦免となる。同三年九月三日に書院番、寛文九年（一六六九）三月十一日に小十人頭となり、同七月十九日に家督を継ぐ。天和元年（一六八一）七月十三日、先手鉄炮頭となり、同二年四月二十一日、上野国邑楽郡内において五〇〇石加増。貞享元年（一六八四）盗賊追捕役を経て、同四年二月十八日、長崎奉行となる（五〇〇石加恩、計二〇〇〇石）。在職中、唐人屋敷の設置、唐船年間貿易船数を七〇艘に限定、渡来安南使節の応対、小瀬戸遠見番所の設置、密貿易（抜荷）の取締り、稲佐郷の火薬庫の設置等に携わる。元禄四年（一六九一）十二月二十六日、従五位下対馬守に叙任される。同七年十二月十四日に辞職し、寄合に列する。同八年十二月六日に隠居し、廩米三〇〇俵を給わる。宝永二年（一七〇五）四月八日没。享年八十二。法名隠市。

（太田勝）

【典拠・参考文献】『寛政譜』第十七・三五三頁、金井俊行編『長崎年表』

山岡鉄舟《やまおかてっしゅう》（一八三六～一八八八）

天保七年（一八三六）六月十日、御蔵奉行小野朝右衛門高福《たかよし》の五男として江戸本所大川端通四軒屋敷（東京都墨田区）に誕生した。母は元鹿島神宮社人塚原直昌の二女磯。諱は高歩、通称は鉄太郎、一楽斎とも号した。高橋泥舟（精一郎）の妹婿。弘化二年（一八四五）七月一日、父が飛騨郡代に転じると家族で高山陣屋に移転した。この頃、岩佐一亭に書を、井上清虎（八郎）から北辰一刀流剣術を学んだ。父母の死により、嘉永五年（一八五二）七月二十九日に江戸に帰着。江戸では北辰一刀流の千葉周作道場に通う傍ら、山岡静山《せいざん》（正視《まさみ》・紀一郎）に槍術を学び、静山が死去すると、安政二年（一八五五）にその妹英子《ふさこ》を妻とし、静山の末弟信吉《しんきち》の養子となった。翌三年、幕府が設立した講武所の剣術教授方世話役となる。剣の流派が同じ事から清河八郎と交流し、万延元年（一八六〇）には、清河が結成した尊王攘夷党「虎尾《こび》の会」に、鷹匠の松岡万《つもる》、薩摩の益満《ますみつ》休之助、土佐の坂本龍馬らと加盟するなど、尊王攘夷派の幕臣として活動した。この活動は文久二年（一八六二）十二月の浪士組取立てに結実し、翌三年に浪士取締役となり、清河らとともに十四代将軍徳川家茂に先発して上京した。京都の清河は即時攘夷を主張し、幕命により浪士を率いて江戸に下向、鉄舟もこれに従った。帰府した浪士が攘夷の計画をたてるなか清河が暗殺され、鉄舟は浪士の管理不行届を理由に浪士取締役を罷免、閉門を命じられた。慶応四年（一八六八）正月、鳥羽・伏見の戦に敗れた前将軍徳川慶喜が東帰し、二月に寛永寺大慈院で謹慎・恭順すると、二月二十四日に慶喜を警護する精鋭隊頭に任じられた。恭順の意を東征大総督に伝えるよう慶喜から命じられると、清水次郎長の協力を得て三月九日に駿河で大総督府参謀の西郷隆盛と会談し、徳川家存続の見通しを得た。その後、軍事取扱勝海舟とともに江戸開城や旧幕臣の鎮撫に尽力した。この間、三月十四日に歩兵頭格、四月二十五日には精鋭頭兼帯で大目付となり、信吉の隠居に伴い四月に山岡家の家督を継いだ（『華族家系大成』下）。徳川家の駿河移住に従い、明治二年（一八六九）九月に静岡藩大参事となり、無禄移住の旧幕臣の開拓事業を支援した。廃藩後は茨城県参事や伊万里県県令に転じ、同五年以降は宮中に出仕した。維新の動乱で死去した同志を供養するため、明治十六年（一八八三）に台東区谷中に全生庵《ぜんしょうあん》を創建しその開基となる。明治二十年に子爵。三遊亭円朝や九代目市川団十郎、銀座木村屋の木村安兵衛ら多彩な面々と交流し、明治天皇に木村屋のあんパンを献上したことでも知られる（『木村屋総本店百二十年史』）。明治二十一年七月十九日、胃癌により五十三歳で死去。法名は全生庵殿鉄舟高歩大居士。墓は全生庵にある。

（藤田）

【典拠・参考文献】小倉鉄樹『山岡鉄舟先生伝 おれの師匠』（小倉鉄樹師顕彰会、一九三七年）、葛生能久編『高士 山岡鉄舟』（伝記叢書、大空社、一九九七年）

山岡浚明《やまおかまつあけ》（一七二六～一七八〇）

享保十一年（一七二六）に生まれる（『寛政重修諸家譜』では正徳二年）。本姓大伴氏。通称は左次右衛門。字は子亮。号は盍簪楼主人・梅橋散人・武庫散人など。剃髪後は明阿弥陀仏、明阿と号す。狂名は大蔵千文。小性組大久保豊前守組山岡景熙の第三子。母は大番高柱水正組山岡景輔の息女。妻は佐藤氏の息女。元文二年（一七三七）八月二日、十二歳で家督を継ぎ、小普譜組朽木五郎左衛門支配に入る。寛延二年（一七四九）に西丸小性組番士となるが、宝暦三年（一七五三）、病を理由に小普請組となる。同九年、国学者賀茂真淵の門に入る。明和八年（一七七一）長男景蹋に家督を譲り、剃髪。寛延二年、泥郎子の名で『跖婦人伝』を著すが、同年小普請組となっているため、致仕には、この著作とも関係があると考えられる。その後、多くの古典の校勘研究を行い、また、宝暦五年から執筆をはじめた考証随筆『類聚名物考』の加筆修正を晩年まで続けた。安永九年（一七八〇）十月十五日、京で没する。享年五十五。法名は梅橋院子亮浚明居士。三井寺光浄院に葬られる。

（湯浅）

【典拠・参考文献】『寛政譜』第十七・三七〇頁、『古典文学』第六巻、中野三敏「山岡浚明年譜考」『近世中期文学の諸問題』二（近世文学史研究の会、一九六九年）

山県大弐《やまがただいに》（一七二五～一七六八）

享保十年（一七二五）、甲斐国巨摩郡篠原村に生まれ、名は昌貞、三之助・軍治を称し、柳荘・洞斎と号した。父は山三郎（領蔵）、母は野沢沢右衛門の息女である。享保十三年、父が甲府勤番与力の村瀬家の株を買い、延享二年（一七四五）に家督を継いで村瀬軍治と名乗る。寛延三年（一七五〇）、弟武門が飯田新町の名主倅新三郎を殺害し失踪したため、翌年連座のため村瀬家の家禄を没収され浪人となる。山県姓はこの頃から名乗ったようで、これは野沢家の先祖が山県昌景に連なることに由来している。彼は浪人後江戸で医業と寺子屋で生計を立てていたが、宝暦四年（一七五四）に大岡忠光に仕え、同九年二月には幕政を批判する『柳子新論』を著している。宝暦十年には大岡忠光が死去すると同家を辞し、八丁堀長沢町に家塾を開き兵学・医学を講じたが、上野国小幡藩織田家の内紛に関与し、明和四年（一七六七）、謀反を企てたとして藤井右門とともに捕らえられ、翌年八月に処刑された。彼は崎門学派の加賀美光章と徂徠学派の五味釜川に学び、尊王斥覇思想・兵学思想と幕政批判を結びつける独自の論を展開した。享年四十四。戒名は俊昌院卓栄良雄居士、墓所は四谷の全徳寺（維新後廃寺となり、全勝寺に改葬）である。なお、幕府に仕えた儒学者竹尾善筑は大弐の孫にあたる。（滝口）

【典拠・参考文献】『柳子新論』（『日本思想大系三八　近世政道論』岩波書店、一九七六年）、飯塚重威『山県大弐正伝』

山上定保《やまがみさだやす》　（一七七二～一八四九）

安永元年（一七七二）、山上博杲《ひろあきら》の子として生まれる。母は金井氏の息女。はじめ招方《あきかた》と名乗る。鎌次郎・藤一郎と称した。妻は津田七藏信名の息女。寛政四年（一七九二）九月二十五日、十一代将軍徳川家斉に御目見した。同六年五月二十二日、小十人組に列し、同七年五月八日、儒者見習となった。同九年十月三日、遺跡を継ぐ。禄高は七〇俵五人扶持。文化四年（一八〇七）十二月二十二日、代官となる。その後、一時代官職を解かれるが、奥右筆となり、天保十三年（一八四二）三月十一日、遠江国中泉代官となる。弘化四年（一八四七）には大和国五條代官となり、在任中の嘉永二年（一八四九）三月二十三日に死去。享年七十八。菩提寺は大和国二見生蓮寺（奈良県五條市）。（西）

【典拠・参考文献】『寛政譜』第二十二・二三七頁

山川貞幹《やまかわさだもと》　（一七三二～一七九〇）

享保十七年（一七三二）に生まれる。源太郎・佐兵衛・下総守と称する。実父は代官を務めた山川貞胤、母は小林房親の娘。妻は駿府町奉行を務めた朝倉仁左衛門景増の娘。享保十九年（一七三四）七月八日、三歳で豊島郡の遺跡二〇〇石を継ぐ。寛延三年（一七五〇）十二月十四日に大番に列し、宝暦三年（一七五三）六月二十五日に西丸御小納戸となり、十月二十一日に西丸の小性へ移る。十二月十八日に従五位下下総守に任ぜられる。同十年四月八日には、西丸の御小納戸に復して、五月十三日より本丸の勤めとなる。安永三年（一七七四）二月十五日に御徒頭に転任し、同四年七月朔日には目付に移る。十一月一日、久能山御宮および諸堂社など修造の務めを請けてこの地に赴く。天明元年（一七八一）四月朔日に、甲斐国の川々普請さらに同七年二月十五日に関東・伊豆国の川々の普請を仰せ付けられ各地に赴く。七月十二日には一橋治済付きとなって家老となり、安房国朝夷・上野国緑野両郡のうちに三〇〇石を加増されて、合わせて五〇〇石を知行する。寛政二年（一七九〇）八月二十日、五十九歳で死去する。法名は日暉。（根岸）

【典拠・参考文献】『寛政譜』第二十一・三二七～三二八頁

山木正富《やまきまさとみ》　（一七六四～一八〇八）

明和元年（一七六四）生まれ。通称は八十八・五郎左衛門。父は山木正篤《まさあつ》、母は加藤明之の息女。妻は田沼意致の息女である。安永八年（一七七九）四月十九日将軍家治に御目見。天明四年（一七八四）十一月十八日に御小納戸となり、同十二月十六日には布衣を着することを許された。同六年三月六日に家督を継ぎ、下野国都賀郡・足利郡の内で九〇〇石を知行した。寛政五年（一七九三）四月四日に小性となり、翌六年十二月十六日、従五位下若狭守に叙任した。同七年四月十四日には小十人頭となる。同八年十二月十日より家慶付として西丸に勤める。同九年十月二十二日に西丸目付となった。同十三年二月十四日には本丸目付に移る。享和三年（一八〇三）十一月晦日、仙洞附（後桜町上皇）となる。文化五年（一八〇八）十一月、四十五歳で死去。菩提寺は市谷の長龍寺（現在は東京都杉並区高円寺に移転）である。（松本）

【典拠・参考文献】『寛政譜』第九・三四六頁、『旗本百科』第五巻

山口高品《やまぐちこうひん》（生年未詳～一八二一）

鉄五郎と称する。家禄は三〇俵三人扶持。宝暦十三年（一七六三）普請役見習となる。天明五年（一七八五）二月に普請役として蝦夷地探検隊に参加した。寛政三年（一七九一）四月に普請役元締格へ昇任の上で美濃郡代鈴木正勝の手付として出役した。同五年三月に支配勘定格へ昇任の上、支配勘定格菅谷嘉平次との立会で下野国吹上に新規に陣屋を建立し、五万石支配の勤向代官となった。同年八月二十日に陣屋へ赴任した。同十年からは単独で四万石を支配をする。文化元年（一八〇四）二月二十日に勘定へ昇任、御目見以上となる。同十年五月六日に職制上の代官となり、永々御目見以上となった。文政四年（一八二一）六月三日に現職のまま死去。（西沢）

【典拠・参考文献】『代官履歴』、西沢淳男『幕領陣屋と代官支配』（岩田書院、一九九八年）、村上直『江戸幕府の代官群像』（同成社、一九九七年）

山口重恒《やまぐちしげつね》（一六〇八～一六五九）

慶長十三年（一六〇八）に山口修理亮重政の五男として生まれる。仙菊丸・左内・左兵衛・半左衛門と称した。母は小坂孫九郎雄吉の息女。妻は佐久間大膳亮勝之の息女。寛永五年（一六二八）十月十四日にはじめて徳川秀忠に拝謁し、同七年に下総国の内に知行地一〇〇〇石を与えられる。同九年より将軍家光に仕え、四月に書院番組頭となり、十二月十四日に従五位下備前守に叙任される。同十年四月二十三日に同国の内に七〇〇石を加増され、同十二年十二月二日に父の遺領のうち五〇〇〇石を分割相続し、先に与えられた知行地は没収された。正保四年（一六四七）正月十二日に小性組番頭となり、慶安元年（一六四八）十月二十七日に書院番頭に移る。万治二年（一六五九）七月二十四日に辞職し、同年八月二十日に死去した。享年五十二。法名は是心。菩提寺は二本榎の広覚院である。（栗原）

【典拠・参考文献】『寛政譜』第十八・一九四頁、『柳営補任』

山口直信《やまぐちちょくしん》（生没年未詳）

山口直勝の息子として生まれ、文政八年（一八二五）九月、直勝の死去により、知行三〇〇〇石を相続する。主水・内匠と称し、丹波守と名乗った。天保六年（一八三五）正月十一日寄合席から使番となり、同十五年九月十日目付に昇進。弘化二年（一八四五）十二月四日に長崎表御用を命じられ、同四年十一月八日小普請組支配となる。翌嘉永元年（一八四八）七月十日に日光奉行、同三年九月二十三日に山田奉行を務める。安政五年（一八五八）正月十一日に普請奉行、同年六月二十一日には大目付へ昇進する。同十月九日西丸御留守居となる。翌安政六年二月十三日公事方の勘定奉行へ転じる。万延元年（一八六〇）再び大目付へ就任。文久二年（一八六二）六月五日、小性組番頭になるものの、同年八月二日御役御免を願い隠居する。いわゆる幕末の四賢侯の一人伊予宇和島藩主伊達宗城は兄弟にあたる。（宮原）

【典拠・参考文献】『旗本百科』第五巻

山口知重《やまぐちともしげ》（一八五〇～一九二一）

嘉永三年（一八五〇）十一月十六日、江戸に生まれる。実父は山口忠助。山口万次郎の養子となる。通称は朴郎。元治元年（一八六四）三月から五稜郭の設計者として著名な武田斐三郎（成章）に英語を学び、慶応二年（一八六六）からは開成所化学教授手伝出役の貝塚道次郎に化学を学んだ。慶応期に撤兵《さっぺい》であったことから、それ以前は御持小筒組に属していたと思われる。慶応四年（一八六八）に富士見御宝蔵番格歩兵差図役頭取勤方を仰せ付けられた（「江戸城多門櫓文書明細短冊」）。戊辰戦争では海軍副総裁榎本武揚の脱走軍に合流し、伝習歩兵頭並大川正次郎配下の伝習歩兵隊一番小隊頭取として箱館戦争を戦った。降伏後、弘前の最勝院で謹慎生活を送るが、この頃、同じ脱走軍参加者の山内六三郎（堤《てい》雲《うん》）から英語・数学を学んだ。赦免後の明治三年（一八七〇）七月八日、沼津兵学校附属小学校体操教授方を命じられ、明治政府の学制発布以前の学校体育教育の先駆を担った。同四年正月、沼津兵学校三等教授方並となる。沼津兵学校の兵部省移管により陸軍少尉となるが、上京することなく沼津出張兵学寮（もと沼津兵学校）に勤務した。同五年五月、沼津の兵学寮が東京の本校に合併されたため罷免され上京。同七年七月五日、陸軍兵学寮十二等出仕となり、同三十二年八月に退職するまで陸軍に奉職した。教官として陸軍士官学校や幼年学校で物理・化学を教えた。退官後は石鹸製造業を開業したり、神奈川県で教鞭をとったりした。大正十年（一九二一）十月二十日、七十二歳で死去。沼津市明治史料館に関係文書が所蔵される。　（藤田）

【典拠・参考文献】「沼津兵学校とその人材58 沼津兵学校体操教授 山口知重」（『明治史料館通信』六三号、二〇〇〇年）、樋口雄彦「沼津兵学校関係人物履歴集成 その二」（『沼津市博物館紀要』二七号、二〇〇三年）、樋口雄彦『旧幕臣の明治維新』（吉川弘文館、二〇〇五年）

山口直清《やまぐちなおきよ》（一七五九～一七九八）

もとは五代宇和島藩主である伊達遠江守村候の二男であったが、山口主水直承の娘と結婚して養子となり、寛政元年（一七八九）十一月十九日に家督を継ぐ。はじめ徳興と称し、ほか内匠・兵庫などと称した。すでに安永九年（一七八〇）八月二十二日に十代将軍徳川家治に御目見しており、相続後の寛政二年十一月七日より火事場見廻を務める。同四年正月十一日に使番となり、三月六日より再び火事場見廻となる。同十二月十六日より布衣の着用が認められ、同五年三月八日より日光奉行に昇進し、同年十一月十五日には従五位下丹波守に叙任される。同七年には、さらに大坂町奉行に転任し、同十年二月八日に大坂で死去した。享年四十、法名は宜春。　（根岸）

【典拠・参考文献】『寛政譜』第四・三三一頁、第十二・三四六頁

山口直郷《やまぐちなおさと》（一七〇九～一七七八）

宝永六年（一七〇九）に生まれる。父は小性組山口直安《なおやす》。母は先手鉄炮頭赤井忠広《ただひろ》の息女。民部・兵庫と称した。妻は田安家の家老本多正庸《まさつね》の息女で、のちに離別した。享保十八年（一七三三）八月十二日に家督を継ぎ、同年十二月十二日に初御目見をする。家督は三〇〇〇石。延享二年（一七四五）十月十五日に使番となり、同月十八日には布衣を許され、転封による堀田正亮《まさすけ》への佐倉城や松平忠祇《ただまさ》への宇都宮城の城引渡し役や日光東照宮修理の仮目付を、その地に出張して勤めている。宝暦二年（一七五二）十二月二十四日に目付となり、同四年には美濃・伊勢・尾張の河川普請を監察した。同五年十一月二十八日に小普請組支配、

明和三年（一七六六）四月二十二日には甲府勤番支配となる。同年六月二十九日、家人が田畑質入の禁に触れることをしたため咎《とが》められ、出仕を止められたが、同年八月九日に赦された。同月十五日には従五位下出雲守に叙任された。安永五年（一七七六）十月十五日に一橋家の家老となる。同七年七月二十日に死去。享年七十。法名は成雄。菩提寺は駒込の蓮光寺（東京都文京区）。子に『万葉用字格』などを著した国学僧の春登がいる。　（竹村）

【典拠・参考文献】『寛政譜』第四・三三一頁、『徳川実紀』第九・十篇、『日本人名大事典』第三巻（平凡社、一九三七年）

山口直重《やまぐちなおしげ》　（一六五〇～一七二七）

慶安三年（一六五〇）に甲府城主徳川綱重家老山口直治《なおはる》の二男として生まれる。母は浅野氏重《うじしげ》の息女。妻は先手鉄炮頭井戸幸《ゆき》弘《ひろ》の息女。孫次郎と称した。寛文元年（一六六一）八月二十二日に桜田邸の付属となる。父は綱重の家老となると、別に三〇〇〇石を与えられ、旧知七〇〇石と蔵米三〇〇俵は長男直矩《なおのり》に与えられた。そののち父の請いにより、直矩に与えられた旧知七〇〇石と蔵米三〇〇俵が与えられ、寄合に列する。延宝二年（一六七四）六月十八日に書院番となり、元禄五年（一六九二）四月十四日に使番に転じ、同年十二月十八日には布衣の着用を許される。同八年二月二十八日に目付に移り、同十年七月二十六日に蔵米を知行地に改められる。同十一年五月二十八日に禁裏附に進み、一〇〇〇石を加えられ、計二〇〇〇石を拝領する。同年十月三日には従五位下安房守に叙任される。正徳三年（一七一三）二月二十九日に京都町奉行に移り、享保六年（一七二一）正月二十二日（『柳営補任』では二十三日）に辞職。同十二年八月二日に死去。享年七十八。法名は道融。　（芳賀）

【典拠・参考文献】『寛政譜』第四・三二九頁、『柳営補任』

山口直友《やまぐちなおとも》　（一五四四～一六二二）

天文十三年（一五四四）赤井直之の嫡男として生まれる。妻は不詳、後妻は戸田一西の息女。新五郎・勘兵衛と称した。父直之は後に越後国山口を領したことから以後、山口姓を名乗る。天正十三年（一五八五）から徳川家康に仕え、同十九年に下総国千葉郡において三〇〇石を与えられる。文禄四年（一五九五）から近習となり、慶長三年（一五九八）に上総国周准《すす》郡で二三〇石を加増される。薩摩の島津氏との関わりが深く、同四年の庄内の乱では島津義久・忠《ただ》恒《つね》と伊集院忠真《ただざね》の和解に努め、同五年の関ヶ原合戦後は、取次として徳川家と島津家の間に入って戦後処理を進める。同六年には大和国山辺《やまべ》郡内に三〇〇〇石を与えられ、奏者番に就任し、丹波郡代を兼務する。同八年に伏見城番をつとめ、翌年従五位下駿河守に叙任される。同十五年、琉球国中山王来日の際の案内をつとめ、翌年にはキリシタン禁制のために長崎に入る。同十九年・同二十年の大坂の陣に参戦し、家康の死後剃髪する。元和六年（一六二〇）に伏見定番となり、町奉行を兼務する。同八年九月二十七日に死去。享年七十九。法名恵綸。剃髪後は恵倫と号す。菩提寺は京都大雲院の本光院。　（鍋本）

【典拠・参考文献】『寛政譜』第四・三二五頁、山本博文『幕藩制の成立と近世の国制』（校倉書房　一九九〇年）

山崎烝《やまざきすすむ》　（一八三三～一八六八）

摂津国大坂に生まれる。生家は医家または薬種問屋とされる。文久三年（一八六三）末頃新撰組に入隊し、元治元年（一八六四）頃から隊士の動向調査や情報探索の任についたとされる。慶応四年（一八六八）正月の鳥羽伏見の戦の最中、重傷を負

い、富士山丸の船上で死亡。（上野）

【典拠・参考文献】『新選組大人名事典』（新人物往来社、二〇〇一年）

山崎豊治《やまざきとよはる》（一六一九～一七〇〇）

元和五年（一六一九）に讃岐丸亀城主山崎家治《いえはる》の二男として生まれる。母は若狭小浜城主であった木下勝俊《かつとし》の娘。妻は長門長府藩主毛利秀元《ひでもと》の娘。初め豊家《とよいえ》と名乗り、千松・勘解由と称する。承応元年（一六五二）二月八日、兄山崎俊家《としいえ》（丸亀藩主）の遺領の内五〇〇〇石を分知され、讃岐国三野郡仁保を在所とする。明暦三年（一六五七）五月、知行地を備中国川上郡に移され成羽を在所とする。同年八月五日、初めて知行地への暇を許され、後に代々の例となり交代寄合（表御礼衆）となる。元禄元年（一六八八）十二月九日に致仕し、元禄十三年十二月二十四日、在所成羽において死去。享年は八十二。法名は雷覚。成羽の桂厳寺に葬られる。（田原）

【典拠・参考文献】『寛政譜』第七・二五一頁、第十・二五一頁、第十八・一三七頁、『旗本人名』別巻解説編四二頁

山崎正信《やまざきまさのぶ》（一五九三～一六五〇）

文禄二年（一五九三）、織田信雄家臣山崎正勝の長男として生まれる。通称権八郎。母は北畠家臣小須賀右衛門の娘。妻は酒井佐大夫吉勝の娘。幼少より徳川秀忠に勤仕し、采地二〇〇石を給わる。小性組番士となり、大坂冬の陣に参加し、同夏の陣に奮戦して新恩三〇〇石を加増される。後、御小納戸に進み、度々の加増を受けて計二〇〇〇石を知行する。寛永七年（一六三〇）十二月、故あって家光の勘気に触れて改易となるが、同十二年正月に召し返され甲斐国に一〇〇〇石を給わる。同十三年十二月二十七日、書院番となり、同十五年五月八日より目付を経て、同十九年十月二十六日、長崎奉行となる。奉行在職中、オランダ船との陸奥南部海岸における騒動（以上寛永二十年）、切支丹目付の設置（正保元年）、鄭成功からの援兵派遣の要請（同三年）、海浜の厳重警備、沖番所の設置（慶安元年）等の処置に携わる。慶安三年（一六五〇）十月十七日、長崎で没する。享年五十八。法名玄忠。墓所春徳寺（長崎）。（太田勝）

【典拠・参考文献】『寛政譜』第十六・一一頁、金井俊行編『長崎年表』

山崎正導《やまざきまさみち》（一七二一～一七九三）

享保六年（一七二一）に書院番の山崎慶正の長男として生まれる。主殿・四郎左衛門と称した。妻は山高八左衛門信蔵の息女。知行高は五〇〇石である。元文二年（一七三七）五月三日に家督を相続し、延享四年（一七四七）五月十六日に書院番に列した。宝暦十二年（一七六二）正月十一日に使番に転じ、同年十二月十八日に布衣の着用をゆるされた。明和七年（一七七〇）八月八日に西丸目付に移り、安永七年（一七七八）閏七月二十日に駿府町奉行に転じた。天明元年（一七八一）五月二十六日に堺奉行に進み、同年六月十五日に従五位下大隅守に叙任された。同四年七月二十六日に京都町奉行に転じ、同八年九月十日に持筒頭となった。寛政五年（一七九三）二月六日に死去。享年七十三。法名は紹審。（高橋）

【典拠・参考文献】『寛政譜』第十六・二頁

山路主住《やまじぬしずみ》（一七〇四～一七七二）

宝永元年（一七〇四）に生まれる。通称久次郎・弥左衛門。享保九年（一七二四）に御徒、同十八年より支配勘定となり、元文四年（一七三九）に小普請入り。寛延元年（一七四八）、天文方渋川則休《のりよし》・西川正《まさ》休《やす》の補暦御用手伝を行ったのを端緒に、天文方を補佐して宝暦改暦に携わった。その功により、明和元年（一七六四）六月、天

文方に任じられた。数学者としては関流を継ぎ、安島直円《あじまなおのぶ》・藤田貞資ら多くの優秀な門弟を育てている。著書に『関流算法草術』、『一算得商術解』などがある。安永元年（一七七二）十二月十一日死去。享年六十九。法名義観。谷中大泉寺に葬る。　（工藤）

【典拠・参考文献】『寛政譜』第二十・一九七頁、「天文方代々記」（大崎政次編『天文方関係史料』私家版、一九七一年）、日本学士院編『明治前日本数学史』（岩波書店、一九八三年）

山路徳風《やまじよしつぐ》　（生年未詳～一八一〇）

通称才助。安永七年（一七七八）四月、養父之徽《ゆきよし》の遺跡を継ぎ、小普請組奥田美濃守支配となる。寛政二年（一七九〇）八月、天文方となる。同五年『崇禎暦御試暦考成』を幕府に献上。同七年、改暦御用を仰せ付けられ、翌八年、高橋至時・吉田靫負らとともに京都に赴いて天体観測を行うなど、天文方として寛政改暦の実現に努めた。文化七年（一八一〇）正月二十七日に死去。　（工藤）

【典拠・参考文献】『寛政譜』第二十・一九七頁、「天文方代々記」（大崎政次編『天文方関係史料』私家版、一九七一年）、日本学士院編『明治前日本天文学史 新訂版』（臨川書店、一九七九年）

山下周勝《やましたちかかつ》　（生年未詳～一六五三）

通称は弥蔵。父は山下義勝《よしかつ》、母は不詳。慶長九年（一六〇四）から徳川家康に仕え、翌十年には扶持米を給わる。同十二年にはこれを知行地に改められ、同十九年四月十八日の黒印状をもって武蔵国橘樹・足立郡の内で三五〇石を知行した。大坂の陣に供奉してのち、駿府の家康に仕えていたが、元和二年（一六一六）の家康死去の後は秀忠に仕えた。同六年の徳川和子（東福門院）入内に供奉。同年に上総国埴生・周准郡の内で二〇〇石を加増され、小十人組となった。寛永三年（一六二六）の上洛に供奉し、翌四年に御膳奉行、同九年四月に小十人頭となる。同十年十二月二十七日、甲斐国竹居・大坪郷の内で五〇〇石を加増された。同十六年六月十八日、駿河国清水の船手となり、水主同心五〇人を支配した。同七月十二日に六五〇石を加増され、この時旧領一〇〇〇石を改めて駿河国庵原郡の内で給わり、合計一七〇〇石を知行した。承応二年（一六五三）四月十六日に清水で死去した（没年齢不明）。法名は宗俊。菩提寺は四谷の源慶寺である。なお妻は浄瑠璃や歌舞伎の演目「朝顔日記」のモデルとなった深雪（久）といわれる。　（松本）

【典拠・参考文献】『寛政譜』第六・四一三頁

山添直辰《やまぞえなおとき》　（一七三一～没年未詳）

享保十六年（一七三一）に生まれる。権吉・宗允・煕春院と称す。実父は小普請組の山添直之。養父は兄の山添直紹。母は小川玄孝永錫の女。妻は數原清菴宗信の女。本国は近江。山添家は小児科医として毛利民部大輔吉元に仕えていた山添以直が、寛永五年（一六二八）に徳川綱吉に召されて奥医となり二〇〇俵を賜ったのを初めとする。代々江戸麻布の瑞聖寺を菩提寺とした。寛延元年（一七四八）閏十月三日、兄の死去により家督を継ぎ小普請組入り。家禄は三〇〇俵。明和六年（一七六九）十一月九日に西丸奥医。同十二月十八日に法眼。安永八年（一七七九）四月十八日、本丸勤め。天明元年（一七八一）に西丸勤御匙。同三年に法印。同六年閏十月七日に本丸勤め。同八年二月二十一日、御匙を辞す。寛政四年（一七九二）七月十九日、家斉の子竹千代に付属。同五年七月十六日に本丸勤め。同年九月十五日、徳川家慶に付属し御匙。同九年四月二十一日に西丸勤めとなる。

（岩下）

【典拠・参考文献】『寛政譜』第二十・一七頁、『旗本百科』第五巻

山田邦政《やまだくにまさ》　（一六八一～一七五一）

天和元年（一六八一）に山田政信の長男として生まれる。母は渡辺定俊の息女。伝五郎・治右衛門と称した。妻は長谷川六兵衛安定の息女。桜田館で勘定役を務め、宝永元年（一七〇四）に御家人に列して勘定となり、蔵米一〇〇俵を給う。正徳元年（一七一一）十二月二十三日、五〇俵加増される。享保元年（一七一六）七月十一日御金奉行に昇進し、同十一年八月二十二日に代官へ就任する。元文四年（一七三九）十一月二十日に職を辞し、小普請となる。延享二年（一七四五）十二月二十七日に隠居し、寛延四年（宝暦元・一七五一）正月八日に死去。享年七十一。法名は雄心。市谷の宗泰院に葬られる。

（宮原）

【典拠・参考文献】『寛政譜』第二十一・八二頁、『代官履歴』

山田至意《やまだしげおき》　（一七五四～一八三九）

宝暦四年（一七五四）に生まれる。辰重郎・五郎八・茂左衛門と称した。実名は至豈とも記す。妻は浅利文四郎義武の息女。安永八年（一七七九）十二月三日、二十六歳で家督を継ぐ。廩米《りんまい》一五〇俵取。同九年十二月二十二日十代将軍徳川家治に御目見《おめみえ》し、小普請組にいたが、寛政元年（一七八九）正月二十五日に代官となり、このころ通称を茂左衛門と改める。同年四月、遠江国中泉《なかいずみ》代官となる。至意の中泉代官への就任は、土豪代官の系譜を引いていた前任者大草政薫《まさただ》の転任を受けたものであり、政薫在職時の年貢上納不足を理由に、同二年政薫は処罰された。その後同三年から越後国脇野町代官、享和元年（一八〇一）に甲斐国市川代官、文化三年（一八〇六）に関東代官となり、同七年に出羽国尾花沢代官、同十年より駿河代官と転じた後、文政四年（一八二一）に再び関東代官に転じ、同八年十二月二十一日、布衣《ほい》の着用を許され、布衣の代官となる。同十年一月には山本大《だい》膳《ぜん》、柑木《こうじもと》兵五郎とともに関東取締代官に任じられ、配下の手附・手代が関東取締出役となった。いわゆる文政改革議定書にある「御取締筋改革請書」の宛先には、関東向取締出役の一人として山田至意手附吉田左五郎の名がある。天保四年（一八四三）十二月八日、五〇俵加増を受ける。同十年十二月には、江戸詰（馬喰町）で武蔵・下総の二国を担当しており、手代元締《もとじめ》沢田寿作以下二七人の配下がいた。最後の禄高は廩米二〇〇俵取であった。同年に八十六歳で死去した。

（実松）

【典拠・参考文献】『寛政譜』第十九・二二〇頁、『江戸幕府郡代代官史料集』（近藤出版社、一九八一年）、『柳営補任』、西沢淳男『幕領陣屋と代官支配』（岩田書院、一九九八年）、『静岡県史』通史編四・近世二（静岡県編、一九九七年）、村上直・荒川秀俊編『江戸幕府代官史料―県令集覧―』（吉川弘文館、一九七五年）

山田重利《やまだしげとし》　（一五六六～一六三六）

永禄九年（一五六六）、山田重則《しげのり》の長男として三河国に生まれる。十大夫と称す。妻は目付高木清秀の息女。天正五年（一五七七）十二歳で家康に謁見し、小性となる。天正十一年（一五八三）浜松城内で同僚と口論となるが、城中での争いを避け、翌朝城外で果し合い、家康の許を去る。のち井伊直政・蒲生氏郷に仕えて軍功あり。慶長六年（一六〇一）、家康から秀忠へ重利を召し出すよう仰せがあり、これにより秀忠に仕え、常陸国信太郡にて一〇〇〇石を賜わる。慶長十年（一六〇五）二月二十四日、秀忠上洛に鑓長刀奉行として供奉。のち使番となり、大坂冬・夏両陣に供奉して戦功

をあげる。これを賞して元和二年（一六一六）十二月二十七日、武蔵国足立郡に五〇〇石を加増される。同年七月五日には松平忠輝改易の監使となり、同四年八月十一日には加藤忠広の家臣争論のため熊本へ赴く。翌五年六月二日、福島正則へ改易の仰せを伝える。元和九年（一六二三）には与力一〇騎・鉄炮足軽三〇人を預けられる。寛永十年（一六三三）八月十二日、年労を賞せられて遠江国榛原郡に一〇〇〇石加増、知行高は二五〇〇石となる。寛永十三年（一六三六）二月二日死去。享年七十一。法名了伝。墓所は浅草の幡随院。（高見澤）

【典拠・参考文献】『寛政譜』第六・一頁、『徳川実紀』第二・第三篇、『寛永諸家系図伝』

山田至倍《やまだしげます》　（一七六九～没年未詳）

明和六年（一七六九）に勘定山田直凞《なおひろ》の男として生まれる。福次郎・常右衛門・仁右衛門と称する。天明八年（一七八八）八月十八日に部屋住のまま勘定に召し出される。寛政二年（一七九〇）三月四日に家督を継ぐ。家禄は七〇俵五人扶持。享和二年（一八〇二）十一月二十九日に出羽国柴橋の代官へ転出する。文化元年（一八〇四）に美作国久世、同九年に関東、同十四年に但馬国生野の代官を歴任、文政六年（一八二三）六月二日に鉄炮箪笥奉行へ栄転する。菩提寺は牛込の清隆寺である　（西沢）

【典拠・参考文献】『寛政譜』第十九・二二〇頁、『代官履歴』

山田重棟《やまだしげむね》　（生年未詳～一六五四）

徳川忠長付属山田重次《しげつぐ》の長男として武蔵国に生まれる。市郎兵衛・三十郎・清大夫と称す。妻は目付永井白元の息女。慶長十九年（一六一四）秀忠に拝謁。元和七年（一六二一）正月に小性組番士となる。寛永三年（一六二六）徳川忠長に付属するが、寛永九年（一六三二）に忠長が改易となり、永井尚政に預けられる。同十三年（一六三六）十二月十日に赦免され、家光に仕え、廩米一〇〇〇俵を賜う。同十五年（一六三八）十二月二十三日小性組に復す。翌十六年十月八日、江戸城修築中の夜警を命ぜられる。正保二年（一六四五）七月十三日、水野忠善が三河国吉田より岡崎へ転封する際、使番能勢頼隆とともに引渡しの役を務める。慶安元年（一六四八）十二月十日、長松君（綱重）の御殿の作事奉行を務め、三十日布衣を許される。慶安四年（一六五一）十一月二十八日、幼少の藩主毛利綱広の国政を監督するため、斎藤利政とともに萩へ赴く。承応三年（一六五四）九月五日死去。法名全梁。墓所は三田の源昌寺。（高見澤）

【典拠・参考文献】『寛政譜』第六・六頁、『徳川実紀』第二～四篇、『寛永諸家系図伝』

山田利延《やまだとしのぶ》　（一七〇一～一七五三）

元禄十四年（一七〇一）に旗本都筑政方《まさかた》の二男として生まれる。母は書院番山田利《とし》厚《あつ》の娘。宝永六年（一七〇九）正月二十三日寄合山田重孝《しげたか》の死に際して養子となる。妻は小性組頭稲葉通周《みちちか》の娘。長吉・十大夫・肥後守・伊豆守・讃岐守と称した。同年五月十六日に家督（二五〇〇石）を継ぎ、正徳三年（一七一三）十二月十一日に初めて七代将軍家継へ拝謁し、享保四年（一七一九）十月十八日に小性組、同十九年四月十五日に小性組組頭となり、十二月十八日に布衣を許される。元文元年（一七三六）九月二十八日に西丸目付、寛保二年（一七四二）九月二十八日に堺奉行となり、十二月十八日に従五位下肥後守に叙任された。延享四年（一七四七）三月十一日に小普請奉行、寛延元年（一七四八）七月二十一日に作事奉行、同三年三月十一日に町奉行となる。宝暦三年（一七五三）十一月二十七日に死去。享年五十三。法名は天長。菩提寺は浅草の幡随院（東京都台東区）である。

（加藤）

【典拠・参考文献】『寛政譜』第六・二一頁、第十三・一八〇頁、『柳営補任』、『徳川実紀』第九篇

山田直勝《やまだなおかつ》　（生年未詳～一六四三）

大番山田伊賀直安の二男として生まれる。市兵衛と称した。文禄元年（一五九二）、徳川家康に初めて拝謁し、その後二代将軍秀忠に仕える。大坂御金奉行を務め、寛永十三年（一六三六）・同十六年の勘定目録に名を連ねている。同二十年（一六四三）六月十八日に死去。法名は日普。

（宮原）

【典拠・参考文献】『寛政譜』第十五・四〇一頁、大野瑞男『江戸幕府財政史論』（吉川弘文館、一九九六年）

山田信治《やまだのぶはる》　（一六一四～一六七一）

慶長十九年（一六一四）に山田信勝の子として生まれる。小兵衛を称する。寛永十二年（一六三五）十二月二十八日初めて三代将軍徳川家光に拝謁する。同十四年十一月二十六日、二〇〇俵を新たに賜る。慶安元年（一六四八）九月二十六日に徳川綱吉付の付属となり、神田に邸宅を構えて右筆を勤める。後に一七〇俵加恩される。寛文十一年（一六七一）八月二十六日に死去。享年五十八、法名は覚応。

（橋本）

【典拠・参考文献】『寛政譜』第六・一一頁、『徳川実紀』第三篇、小宮木代良『江戸幕府の日記と儀礼史料』（吉川弘文館、二〇〇六年）

山名氏房《やまなうじふさ》　（一七六四～没年未詳）

明和元年（一七六四）に一橋家臣の山名信鷹《のぶたか》の子として生まれる。母は尾張藩士村主与左衛門信春の娘。妻は本間佐渡守季道の娘。玉吉・本次郎・玄蕃と称し、任官後は丹波守を名乗る。はじめは一橋家にて小姓見習を務めていた。天明元年（一七八一）に徳川家斉が一橋邸より江戸城西丸へ入城する際に幕臣となり、閏五月十九日に西丸小納戸となる。禄高は三〇〇俵。十二月十六日には布衣の着用を許される。同六年閏十月七日より本丸勤めとなる。寛政四年（一七九二）三月九日に小性となり、六年十二月十六日には従五位下丹波守に叙任された。

（上野）

【典拠・参考文献】『寛政譜』第五・九五頁

山名矩豊《やまなのりとよ》　（一六二〇～一六九八）

元和六年（一六二〇）に山名豊政《とよまさ》の子として生まれる。母は大澤基宿の息女。妻は久留島通春の養妹。初め義隆《よしたか》・義照《よしてる》・知《とも》高《たか》・義顕《よしあきら》と名乗り、主殿と称した。従五位下伊豆守に叙任された。寛永五年（一六二八）、初めて三代将軍徳川家光に拝謁する。後に遺跡を継ぎ、居所を但馬国村岡とする。同八年四月朔日に父豊政の遺品狩野正栄筆の屏風二帖を献じている。同十九年に初めて采地に赴く暇を許され、交代寄合に列する。琴曲に優れていることが叡聞に達し、主殿介と称して参内して、紫宸殿において演奏をする。その琴を「三保風」と名付けられ、御製を副えられる。元禄三年（一六九〇）十二月二十六日、従五位下伊豆守に叙任される。同四年九月朔日に奥詰となる。同年十月十二日、徳川綱吉より印籠を賜り、しばしば経書を講じて物を賜る。同五年四月二十六日紅裏の時服三領を給い、これより紅裏を着することを許される。同七年二月四日に養子泰豊が罪あって矩豊に召し預けとなる。これより出仕を憚るが、同年三月二十八日に赦免される。同十一年八月二十七日に死去。享年七十九。法名は日公。

（橋本）

【典拠・参考文献】『寛政譜』第二・八〇頁、『徳川実紀』第二・三・六篇

山中笑《やまなかえむ》　（一八五〇～一九二八）

嘉永三年（一八五〇）十一月二十八日に

生まれ、平蔵・共古斎を称した。また諱は保生、のちに笑に改める。山中家は広敷伊賀者の家柄で、父は山中三九郎保全、母は田安家右筆中松関一の妹で、妻は山本忠政次女おき。文久三年（一八六三）六月二十九日に父が死去し、前年兄安之助保常が二十九歳で死去したため、家を継ぐ。翌元治元年八月に和宮様広敷添番となり、維新後は静岡藩に出仕し、英学校教授となる。その後静岡県で小学校・語学校の教師を務めたが、明治七年にキリスト教に入信し、同十一年九月に日本メソジスト教職試補となり、以後同四十五年に退職するまで、キリスト教プロテスタントの一派であるメソジスト派の牧師として活躍した。また彼は考証家としても知られ、集古会などで清水晴風・三村竹清・林若樹などの好事家と交わり、黎明期の考古学や民俗学にも深く関わった人物である。昭和三年（一九二八）十二月十日に死去。享年七十九。山中家の菩提寺は幕末まで代々四谷西念寺であったが、笑の墓所は雑司が谷墓地に定められ、昭和三十四年に西念寺の先祖の墓所に合祀されたという。（滝口）

【典拠・参考文献】『集古（集古会誌）』、広瀬千香『山中共古ノート』第一～三集（青燈社、一九七三～七五年）

山中幸正《やまなかたかまさ》（一七三五～一七九八）

享保二十年（一七三五）に生まれる。はじめ幸寛と名乗り、太郎右衛門と称した。妻は分部左京亮の家臣長野主税忠睨の息女。後妻は書院番渡邊左門久敦《ひさあつ》の息女。家禄は現米八〇石。宝暦十一年（一七六一）五月十五日に先手与力に加えられ、のちに支配勘定に転じた。安永五年（一七七六）から地方支配に携わり、天明元年（一七八一）閏五月十四日に旗本となり、正規の代官へ昇進した。管轄は、陸奥国大森陣屋（安永五年～天明八年）、江戸在任（天明八年～寛政五年）、越後国川浦陣屋（寛政五年～同十年）であった。代官在任中の寛政十年（一七九八）三月二十七日に死去。享年六十四。法名は常山。麻布の霊泉院に葬られた。（高橋）

【典拠・参考文献】『寛政譜』第二十・二七頁、『代官履歴』

山中広亮《やまなかひろすけ》（一七〇〇～一七七〇）

元禄十三年（一七〇〇）に生まれる。新八郎と称した。父は表右筆を勤めた山中広春。母は服部氏の息女。妻は彦根藩井伊家の家臣荻原清大夫の息女。山中家は代々御留守居与力を勤めていたが、父広春が甲府藩主徳川綱豊の右筆を桜田館で勤め、綱豊が将軍家の養子となるに伴い御家人に取り立てられた。広亮は享保元年（一七一六）八月九日に八代将軍徳川吉宗に御目見して、同十三年九月二十五日に家督を継ぎ廩米二五〇俵取りとなった。同十四年五月二十五日から表右筆を勤め、同十六年四月二十四日に奥右筆、延享四年（一七四七）十月二十八日に奥右筆組頭に昇進し、同年十二月十九日に布衣を許された。寛延元年（一七四八）十月二十日に、寺社に授与する判物や朱印状の作成に貢献したため時服三領を授与された。なお、弟の広英《ひろふさ》も表右筆、奥右筆、表右筆組頭を勤め、さらに判物・朱印状作成により褒賞されるなど広亮と同じ道を歩んだ。宝暦二年（一七五二）四月九日から西丸右筆組頭となり、同十年五月一日に大御所家重付きとなるが、同十一年六月十二日に家重が死去したため、同年八月三日に二丸御留守居に転任した。明和五年（一七六八）六月二十二日に病気のため職を辞して寄合に列した。同七年八月九日に死去。享年七十一。法名は露紅。菩提寺は高田の宝泉寺である。（神崎）

【典拠・参考文献】『徳川実紀』第九・十篇、『柳営補任』四、『寛政譜』第二十・三七

二頁

山中元吉《やまなかもとよし》　（生年未詳～一六四五）

実父は徳川家康の家臣山中修理。市十郎・市郎右衛門と称した。山中氏は代々後北条氏に仕えていたが、没落後、修理の代から徳川家康に付属した。元吉は慶長七年（一六〇二）に家督を相続し、初めて二代将軍徳川秀忠に御目見し、大番に列した。元和八年（一六二二）、秀忠の三男忠長に付属して御納戸頭を務めた。寛永九年（一六三二）に忠長が不行跡により改易になると、阿部忠秋（のち六人衆・老中）に預けられた。同十三年十二月十日に赦免されると、三代将軍家光に召し出されて大番を務めた。同十六年三月、常陸国新治《にいはり》郡内において二〇〇石の知行地を拝領し、のちに蔵米一〇〇俵を加増された。正保二年（一六四五）九月七日に死去。法名は栄嫩。四谷の龍昌寺（現在は移転して東京都中野区）に葬られた。（白根）

【典拠・参考文献】『寛政譜』第十・一九～二〇頁

山内勝明《やまのうちかつあき》　（一八四七～一九一二）

弘化四年（一八四七）生まれ。幕府では大砲差図役頭取を務めた。第二次遣欧使節やパリ万国博覧会に参列する徳川昭武一行に加わり、仏国に留学した経験を持つ。そのため沼津兵学校では三等教授方として仏語を教えていた。明治二年（一八六九）、新政府からの招聘に応じ、沼津兵学校三等教授方から陸軍へ異動となる。また明治十七年（一八八四）設立の旧交会の終身特別会員として名を連ねている。大正元年（一九一二）十二月二十七日に死去。（津田）

【典拠・参考文献】樋口雄彦『旧幕臣の明治維新　沼津兵学校とその群像』（吉川弘文館、二〇〇五年）、同『沼津兵学校の研究』（吉川弘文館、二〇〇七年）

山内薫正《やまのうちくんせい》　（生年未詳～一八六一）

物左衛門と称した。家禄は七〇俵五人扶持で、屋敷は小川町にあった。支配勘定兼任で、天保十四年（一八四三）七月、代官に任命され、嘉永三年（一八五〇）四月九日に支配勘定の職は解かれた。管轄は、下野国東郷陣屋（天保十四年～嘉永元年）、下野国真岡陣屋（嘉永元年～安政五年）、駿河国駿府陣屋（安政五年～文久元年）であった。代官在任中の文久元年（一八六一）に死去。（高橋）

【典拠・参考文献】『万延武鑑』、『旗本百科』第五巻、『代官履歴』

山村良旺《やまむらたかあきら》　（一七二九～一七九七）

享保十四年（一七二九）、先手鉄炮頭を務めた山村良喜の子として生まれる。母は菅沼定虎の娘。数馬・七郎右衛門・十郎右衛門と称した。妻は依田豊前守政次の娘。延享元年（一七四四）十二月十一日、十六歳のときにはじめて徳川吉宗に拝謁し、寛延二年（一七四九）十二月二十六日より小性となる。宝暦三年（一七五三）六月二十五日に西丸御小納戸に転じ、同年十二月には布衣の着用を許される。同六年十二月二十七日に父の遺領を継いだ。宝暦八年五月十三日より本丸に勤仕するようになり、明和五年（一七六八）三月十九日に目付、安永二年（一七七三）七月十八日には京都町奉行となり、同年九月朔日に従五位下信濃守に叙任されている。安永六年、日光良宮親王に従い江戸へ下向し、その際に黄金五枚拝領している。同七年閏七月二十日に勘定奉行へと転じ、天明四年（一七八四）三月十二日には町奉行となっている。天明六年に本所が大洪水に見舞われた際には救恤を担当し、その功により時服三領・黄金七枚を拝領している。寛政元年（一七八九）九月七日に清水家老へ転じ、同六年七月二十三日に職を辞して寄合入り。同年閏十一月に致仕した。このとき養老料として廩米

三〇〇俵を下賜されている。寛政九年二月二十七日死去。享年六十九。法名は道山。麻布の西照寺に葬られている。（保垣）

【典拠・参考文献】『寛政譜』第十・三一五頁

山村良安《やまむらたかやす》（一五九二～一六一八）

文禄元年（一五九二）に木曽代官および木曽福島関所預を務めた山村甚兵衛良勝《よしかつ》の長男として生まれる。母は美濃苗木城主であった遠山友忠《ともただ》の娘。妻は友忠の三男遠山友政《ともまさ》（苗木藩主）の娘。七郎右衛門と称する。慶長十三年（一六〇八）に良勝の隠居にともない家督を継ぎ（家禄五七〇〇石）、父の時と同じく木曽代官と木曽福島関所預を務める。元和元年（一六一五）の大坂の陣の際、徳川家康の命により父とともに徳川義直に付属され、陣後もそのまま尾張家付属となる。元和四年七月二十四日に死去。享年は二十七。法名宗泰。信濃国木曽福島の興禅寺に葬られる。この山村良安の家系は代々甚兵衛を名乗り、尾張家家臣として明治維新を迎えることとなる。一方、付属後も木曽代官・木曽福島関所預の職務は留保され、幕府からは江戸に拝領屋敷を与えられ、代替わりの際には将軍に御目見を許されていた。千村平右衛門家と同様に幕府旗本・尾張家臣という両側面をもった武家であった。（田原）

【典拠・参考文献】『寛政譜』第十・三一四頁、第十三・七七頁、『日本近世人名辞典』（吉川弘文館、二〇〇五年）

山本啓助《やまもとけいすけ》（生年未詳～一八九一）

山本家は代々北町奉行所同心の家系で、嘉永五・六年に臨時廻り・市中取締諸色調、安政二年には下田表御用取扱掛・臨時廻り・市中取締諸色調、慶応二年には年寄、定廻り格・臨時廻り・市中取締諸色調となっている。なお、嘉永五年から元治二年までの犯人捕縛の記録「廻り方手控」が現存している。また明治二十二年（一八八九）八月に発足した、南北町奉行所与力・同心出身者の会である南北会の初期会員でもある。同二十四年（一八九一）一月三十一日に死去。なお、子息寛は篆刻家で、寸艸の号がある。（滝口）

【典拠・参考文献】『江戸町与力の世界―原胤昭が語る幕末―』図録（千代田区立四番町歴史民俗資料館、二〇〇七年）、『原胤昭旧蔵資料調査報告書―江戸町奉行所与力・同心関係史料―（1）～（3）』（千代田区教育委員会、二〇〇八～一〇年）

山本茂明《やまもとしげあきら》（一六八一～一七四一）

天保元年（一六八一）に生まれる。父は紀伊徳川家に仕えた山本茂則《しげのり》、母は不詳。妻は紀伊家彦太郎・八郎右衛門と称した。はじめ紀伊家の家臣斎藤利邦の息女。享保元年（一七一六）五月川吉宗に仕え、享保元年（一七一六）五月二十二日、吉宗の将軍就任に従い幕府の御家人となる。同年六月二十五日に御小納戸となり、三〇〇石を賜わり、七月二十一日には布衣を許される。同十四年（一七二九）三月朔日に御小納戸頭取となり、同年十二月十六日、従五位下越中守に叙任される。のち出雲守とも称した。同二十年（一七三五）九月朔日に吉宗の四男小五郎（後の一橋家初代当主宗尹《むねただ》）の傅役となり、七〇〇石を加増される。その後、吉宗の鎧の調進や九代将軍家重の旗や馬験《うまじるし》を制作して褒賞される。吉宗の代には武器の制作は茂明と小性の建部秀行《ひでゆき》が主に担当した。寛保元年（一七四一）三月二十五日に死去。享年六十一。法名は日性。菩提寺は谷中の長明寺（東京都文京区）。（竹村）

【典拠・参考文献】『寛政譜』第二十二・二五六頁、『徳川実紀』第八・九篇

山本重成《やまもとしげなり》（一五五四～一六一六）

天文二十三年（一五五四）に山本正高《まさたか》の三男として生まれる。妻は鈴木重員の息女。

助八郎・新五左衛門と称した。永禄十二年（一五六九）、徳川家康に拝謁して小性となった。元亀三年（一五七二）十二月の三方ヶ原の戦に供奉し、天正十二年（一五八四）の小牧・長久手の戦では使番を務め、軍功をあげた。同十八年八月に家康が関東に入国すると、下総国葛飾郡内において五〇〇石を拝領した。慶長五年（一六〇〇）九月の関ヶ原の戦でも使番を務め、奮戦した。その後近江国内において五〇〇石を加増された。同九年に彦根城の普請、同十年に江戸城の修築、さらに同十二年に大御所家康の居所となる駿府城の普請の際には奉行を務めた。同十九年の大坂冬の陣では使番を務め、豊臣方との和議により、大坂城の惣堀を埋め立てる際には安藤正次・永田重利・山岡景長等とともに普請奉行を務めた。同二十年の大坂夏の陣にも供奉した。家康の死後、二代将軍秀忠に仕え、上野国八幡山において一〇〇〇石を加増され、計二〇〇〇石を拝領した。元和二年（一六一六）十二月二十六日に死去。享年六十三。法名は道運。下総国小金の東漸寺（千葉県松戸市）に葬られた。（白根）

【典拠・参考文献】『寛政譜』第三・一〇一頁、『徳川実紀』第一・二篇

山本正詔《やまもとしげみち》（一七一七〜一七七八）

伊織と称する。享保十六年（一七三一）、小性組に列した父山本道茂の遺跡を継いで小普請となる。同十九年三月十三日に西丸御小納戸に列し、十二月に布衣の着用を認められる。延享二年（一七四五）より本丸に移り、翌年再び西丸へ戻って、宝暦十年（一七六〇）より本丸勤めとなる。明和五年（一七六八）十二月七日に御小納戸頭取となり、同月十八日に従五位下に叙され、以後備後守を名乗る。安永五年（一七七六）三月十七日に日光参詣に供奉して、同六年二月に六十一歳で死去する。法名は慈仁。（根岸）

【典拠・参考文献】『寛政譜』第二十二・二五八頁、『柳営補任』

山本親行《やまもとちかつら》（一六九六〜一七六七）

元禄九年（一六九六）に越後村上藩主榊原正邦の家臣本庄義重の二男として生まれる。通称は平八郎。新番山本親成《ちかなり》の息女を妻として、養子となる。後妻は御天守番頭難波田《なんばた》憲継《のりつぐ》の息女。享保元年（一七一六）九月一日、徳川吉宗に御目見《おめみえ》し、同十年十月二十五日に大番となる。元文五年（一七四〇）九月二十七日に代官となり、信濃国塩尻へ赴任した。寛保二年（一七四二）、関東代官に転じ、延享元年（一七四四）からは出羽国寒河江代官を勤める。同年八月二十日に配下の手代の不正が発覚し処罰されたことにより出仕を止められ、十月二日に赦された。同三年十二月二日、養父親成の死去により家督を相続。寛延二年（一七四九）、伊豆国三島代官の斎藤喜六郎が罷免されたのに伴い、三島へ転任した。寛延元年から管下伊豆国君沢郡江梨《えなし》村で起きていた津元《つもと》と網子《あみこ》の争論において、宝暦元年（一七五一）四月二十五日に津元の提出した偽の「墨付《すみつき》」を証拠として採用してしまったことからその過失を咎められ、江戸城出仕停止の処分を受けるが、六月二十二日に赦された。同二年二月二十七日、宝塔《ほうとう》の石を選定するため伊豆・相模両国に出張したことを賞されて、時服二領を受けた。同八年、陸奥国田島代官へ転じるが、これは先年の江梨村の争論が一応の決着を見たのちも尾を引いており、更迭されたものと考えられている。これを機に三島代官所は廃止となり、江川英影《ひであきら》が任地を交替する形となり、韮山代官が復活することとなった。同十三年に田島陣屋が閉鎖されたことに伴い、陸奥国川俣代官となった。明和四年（一七六七）閏九月六日、老齢を理由に辞

職し、黄金二枚を受けたが十四日に死去。享年七十二。法名は日顕。谷中の妙隆寺に葬られた。（実松）

【典拠・参考文献】『寛政譜』第三・一〇七頁、西沢淳男『幕領陣屋と代官支配』（岩田書院、一九九八年）、『静岡県史』通史編四・近世二（静岡県編、一九九七年）

山本久豊《やまもとひさとよ》（一六六八～一七三三）

寛文八年（一六六八）年に生まれる。通称は無兵衛・嘉兵衛。山本加兵衛久明の子。妻は太田備中守の家臣和田団右衛門の息女。元禄六年（一六九三）十二月九日に大番となる。同十二年三月二十六日、諸士への鎗術師範を命じられたため、父と共に番を許され、寄合に列する。以後、たびたび将軍の前で鎗術を呈する。享保十八年（一七三三）十一月二日没。享年六十六。法名は日重。江戸谷中の報恩寺に葬られる。（湯浅）

【典拠・参考文献】『寛政譜』第二十一・三四五頁

山本北山《やまもとほくざん》（一七五二～一八一二）

宝暦二年（一七五二）に生まれる。名は信有、通称は喜六。字は天禧。号は北山。御家人の子として生まれるが早くに父を亡くす。山崎桃渓に素読を学ぶ。儒学の古典のうち、『孝経』を最上位に置く独自の説をもつ。天明七年（一七八七）十一月、「小普請組松平求馬組、山本喜六」と署名する幕府への建白書を執筆する。寛政二年（一七九〇）、異学の禁として、朱子学の保護政策がとられたが、これに従わず、「寛政の五鬼」と呼ばれたという。寛政五年（一七九三）頃、秋田藩の藩校に招聘される。文化九年（一八一二）五月十八日没。享年六十一。江戸小石川の本念寺に葬られる。（湯浅）

【典拠・参考文献】『古典文学』第六巻、『漢学者伝記集成』（名著刊行会、一九六九年）、『国書人名辞典』第四巻（岩波書店、一九九八年）

山本正堅《やまもとまさかた》（一六六三～一七三七）

寛文三年（一六六三）に生まれる。門九郎・喜右衛門・藤四郎・摂津守などと称する。実父は紀伊徳川家の家臣大石与五右衛門で、山本正永の養子となる。妻は上月氏の娘。紀伊家において徳川吉宗に仕えていたが、享保元年（一七一六）に吉宗の将軍就任の際に本丸へ供奉し、同年六月二十五日に御小納戸に就任、常陸国筑波郡内に采地三〇〇石を賜わる。七月二十二日に布衣の着用を許され、同十一年十二月十六日に従五位下摂津守に任ぜられる。同十四年三月朔日に御小納戸頭取となるが、元文元年（一七三六）七月十八日、老年により辞職、寄合に列する。さらに十一月二十六日に致仕し、養老料として三〇〇俵を賜う。同二年十月十五日、七十五歳で死去。法名を泰然、市谷の長龍寺に埋葬される。（根岸）

【典拠・参考文献】『寛政譜』第三・一〇九頁

山本雅直《やまもとまさなお》（一七六八～没年未詳）

明和五年（一七六八）に鷹匠頭や江戸城裏門切手番頭などを勤めた乙幡季豊《おつはたすえとよ》の四男として生まれる。初めは季成《すえしげ》と名乗り、幸蔵・助三郎・左兵衛と称した。大膳《だいぜん》の通称で広く知られている。天保十年（一八三九）ごろの居宅は江戸駿河台鈴木町。書院番山本雅常《まさつね》の養子となり、寛政十年（一七九八）十一月二十九日に、三十一歳で家督を継ぐ。同年十二月十二日、十一代将軍徳川家斉に御目見《おめみえ》し、文化十年（一八一三）に小性組番から転じ陸奥国川俣代官となる。文政元年（一八一八）に甲斐国石和代官となり、同六年、関東代官に転じ、岩鼻代官となる。ただし同八年までは信濃国御影陣屋へ出張。同十年一月には山田至意《しげおき》、柑《こうじ》木《もと》兵五郎とともに関東取締代官に任じられ、配下の手附・手代が関東取締出役となった。

いわゆる「文政改革議定書」にある御取締筋改革請書の宛先には、関東向取締出役の一人として山本大膳手代河野啓助・太田平助の名がある。天保三年（一八三二）からは江戸廻《まわり》代官を勤めた。同十年ごろの知行高は六〇〇三石九斗で、布衣《ほい》の着用を許されており、下野国足尾銅山掛であった。江戸詰と上野国岩鼻詰、下野国足尾詰、板橋貫目改所詰の配下三二人がいた。天保改革での代官大異動により、同十三年五月四日二丸御留守居に転じ、同十四年十二月二十八日には人数の減員により金五枚と時服二領を受け免職となった。山本大膳の名を著名にしているのは、代官時代に版行し領内に配布した『山本大膳五人組帳』などの諸書である。石和代官時代の文政五年（一八二二）に『教諭三章』、岩鼻代官時代の天保七年（一八三六）と同九年に『五人組帳前書（山本大膳五人組帳）』、同九年に『六諭衍義《りくゆえんぎ》大意』と『慶安御触書』をそれぞれ版行し、領民の教化に使用した。なお、大正十五年に著書『法窓夜話』で山本大膳五人組帳を紹介した穂積陳重《ほづみのぶしげ》は、大膳の人となりは敦厚で、忠孝を勧め、倹約を説き、治水の功績があり、大変黎明のあった人であるとしている。　（実松）

【典拠・参考文献】『寛政譜』第三・八七頁、『柳営補任』、穂積陳重『法窓夜話』（岩波文庫、一九八〇年）、西沢淳男『幕領陣屋と代官支配』（岩田書院、一九九八年）、山本英二『慶安御触書成立試論』（日本エディタースクール出版、一九九九年）、村上直・荒川秀俊編『江戸幕府代官史料―県令集覧―』（吉川弘文館刊、一九七五年）

山本正識《やまもとまさのぶ》（一六九二〜一七五四）

元禄五年（一六九二）に材木石奉行岡田俊易《としやす》の四男として生まれる。母は桜田館で徳川綱豊（後の六代将軍家宣）に仕えた高林直政《なおまさ》の息女。千之助・九十郎・源兵衛と称した。大番山本正之《まさゆき》の養子となり、その息女を妻とする。宝永六年（一七〇九）四月六日に大番となる。享保十三年（一七二八）七月二日より浅草御蔵奉行を勤め、同十八年九月六日に御蔵奉行組頭となる。元文四年（一七三九）十月二十日（『柳営補任』では十六日）に同役堀内源右衛門と共に職を免じられ、その後、御蔵奉行組頭は廃止となっている。延享四年（一七四七）八月六日に致仕し、宝暦四年（一七五四）三月十三日に死去。享年六十三。法名は可遊。　（宮坂）

【典拠・参考文献】『寛政譜』第三・一〇六頁、『柳営補任』

山本茂孫《やまもともちざね》（一七五一〜一八一九）

宝暦元年（一七五一）に生まれる。八之丞・伊予守と称する。妻は御先鉄砲頭を勤めた菅谷八郎兵衛政輔の娘、後妻は書院番に列した本郷勝三郎三泰の娘である。宝暦十三年（一七六三）三月十五日、十三歳にて初めて十代将軍徳川家治に謁見する。同年九月六日、家治の子家基の初めての山王社詣には騎馬にて供奉する。明和六年（一七六九）二月二十三日に御小納戸となり、同年三月十七日小性に転任し、同七年十二月十六日に従五位下伊予守に叙任する。同八年四月二十八日、家治親筆竹に虎の画を賜う。のち放鷹の際に従事し、鳥を射て時服を賜わる。安永五年（一七七六）四月、日光山参詣の時に御供として列し、同八年十二月三日に家を継ぐ。この時采地は一〇〇〇石であった。天明七年（一七八七）八月八日、将軍家斉自ら梅に月の一字を書いて賜う。同八年九月二十八日先手弓頭に移り、寛政九年（一七九七）七月十九日に浦賀奉行となり、同十年七月二十日佐渡奉行に転任する。同十二年四月十四日より田安家の家老となる。文化十一年（一八一四）、長く勤めた田安家家老から西丸小性組番頭

へ移り、文政二年（一八一九）十二月八日に六十九歳で死去する。（根岸）

【典拠・参考文献】『寛政譜』第二十二・二五七頁、『柳営補任』

ゆ

湯浅伴右衛門《ゆあさばんえもん》（生没年未詳）

父は湯浅八蔵。安政二年（一八五五）に表右筆。同三年五月より慶応二年（一八六六）まで表右筆組頭。家禄は一五〇俵。（石山）

【典拠・参考文献】『寛政譜』第二十・三二七頁、『旗本百科』第五巻

由比光貞《ゆいみつさだ》（一七五五～一八四三）

宝暦五年（一七五五）に生まれ、忠五郎・八十太夫・弥八郎・六三郎を称した。父は南町奉行所与力由比安左衛門一清、母は北町奉行所与力中山源右衛門の息女。由比家は今川氏の旧臣の家系で、桶狭間で討死した由比正信の子孫を称する。正信の子孫は玉縄北条氏、のち下野烏山藩堀氏に仕え、貞享三年（一六八六）三月七日、重秀が玉縄北条氏の分家筋にあたる北町奉行北条氏平組の与力に召し出された。由比家は一清のあとは娘りん（光貞姉）の婿となった光章が継いだが、天明元年（一七八一）七月十二日に三十八歳で没し、長男直五郎はまだ十二歳ということで、先代一清の遺児光貞が家督を相続することとなった。光貞は同年九月十一日に召し出されて以来、天保十二年（一八四一）まで六十一年間の長きにわたって与力の職にあった。彼は有能な人物であったらしく、在職中に二度の加増（寛政二年十二月、天保九年十二月に各一〇石ずつ）を受け、文化六年三月（一八〇九）には同心支配役になっている。妻は牧野日向守家臣杉浦与兵衛養女で、妾腹を含めて五男二女の子宝に恵まれたが、多くは早世し、家督を相続したのは妾腹の廉次郎改め義三郎であった。天保十四年（一八四三）閏九月二十七日に死去。享年八十九。戒名は展霊院交亀挙□居士、菩提寺は駒込の捴禅寺である。（滝口）

【典拠・参考文献】『原胤昭旧蔵資料調査報告書―江戸町奉行所与力・同心関係史料―（1）・（2）』（千代田区教育委員会、二〇〇八・九年）

由比光憲《ゆいみつのり》（生年不詳～一七〇六）

父は切米手形改を務めた由比光運。長兵衛と称した。明暦三年（一六五七）七月二十六日、はじめて徳川家綱に拝謁した。万治三年（一六六〇）十二月二十三日に父の遺跡を継ぎ、勘定頭支配となる。寛文三年（一六六三）十一月十九日大番に列し、延宝五年（一六七七）より切米手形改を務め

る。天和二年（一六八二）七月十一日、代官となり廩米二〇〇俵が加増され、合計四五〇石の禄高となった。元禄五年四月九日「故ありて」逼塞となり、翌六年三月二十日には赦免されるものの、なお拝謁は出来ぬままに小普請入りし、これが赦されたのは七年五月八日になってからだった。宝永三年（一七〇六）七月二十七日致仕、同七年二月十日に死去した。法名は光誉。浅草寿松院（東京都台東区）に葬られている。

（保垣）

【典拠・参考文献】『寛政譜』第九・九三頁

由比光倍《ゆいみつます》　（一八三五～没年未詳）

天保六年（一八三五）六月二十七日に生まれ、。妻は佐久間健三郎長興の息女。明治元年五月二十五日に鎮台府付となって市政裁判所に勤務し、翌二年正月二十七日に行政官付、七月八日に弁官付となり、十二月二日には東京府貫属となっている。光倍は義弟原胤昭によると、「定家流の書道達人、茶道・香道の宗匠」であったといい、高い教養を身につけた人物であったことがわかる。菩提寺は駒込の捴禅寺である。

（滝口）

【典拠・参考文献】『江戸町与力の世界—原胤昭が語る幕末—』図録（千代田区立四番町歴史民俗資料館、二〇〇七年）、『原胤昭旧蔵資料調査報告書—江戸町奉行所与力・同心関係史料—（1）・（2）』（千代田区教育委員会、二〇〇八・九年）

弓削新右衛門《ゆげしんえもん》　（生年未詳～一八二九）

弓削家は代々大坂西町奉行所与力で、新右衛門は地方役などを務め権勢を誇った。文政十二年（一八二九）三月、新右衛門は天満の作兵衛、鳶田の久右衛門、千日の吉五郎、妾の実家である新町の妓楼八百新と計り賄賂を取るなどの不正を働いたことを大塩平八郎によって糾弾され、切腹を命じられた。このとき没収された三〇〇〇両は窮民に施されたといわれ、これは大塩の与力在職中の三大業績に数えられている。なお、弓削家はこの一件後も家名を存続している。

（滝口）

【典拠・参考文献】幸田成友「大塩平八郎」（『幸田成友著作集』第五巻）

弓気多昌吉《ゆけたまさよし》　（一五七一～一六二六）

元亀二年（一五七一）に徳川家康家臣弓気多昌利《まさとし》の子として生まれる。妻は鑓奉行伊澤政重《まさしげ》の息女。源七郎と称した。弓気多氏は昌利の代に今川義元に仕えていたが、その嫡子氏真の没落後、数々の軍功が評価されて、家康に召し抱えられた家柄である。昌吉は天正十一年（一五八三）に初めて徳川秀忠に拝謁して、御側に仕えることになった。慶長十四年（一六〇九）五月に、伯耆国米子藩主中村一忠《かずただ》（忠一）が死去して、世嗣断絶により所領没収となると、その処理のために朝比奈正重や久貝正俊とともに、目付として米子に赴いた。その際に中村家の所有品をめぐって落ち度があり、勘気を蒙ったが、のちに赦された。元和六年（一六二〇）には、二代将軍秀忠の息女和子《まさこ》の付属となった。和子が後水尾天皇の女御《にょうご》として入内する際に供奉し、のちに従五位下摂津守に叙任された。このとき、畿内において一〇〇〇石加増され、計二〇一〇石余を拝領した。寛永三年（一六二六）五月十二日に京都で死去。享年五十六。法名は宗参。山城国綴喜《つづき》郡薪《たきぎ》村の酬恩《しゅうおん》寺（京都府田辺町）に葬られた。

（白根）

【典拠・参考文献】『寛政譜』第十七・一一九～一二〇頁

弓気多七之助《ゆげたしちのすけ》　（生年未詳～一六三二）

弓気多昌吉の長男として生まれる。母は

伊沢政重の息女。二代将軍徳川秀忠に仕えていたが、寛永九年（一六三二）六月十六日に同僚である秋田秀次を遺恨をもって小広間にて殺害して自殺する。法名は正純。菩提寺は四谷勝興寺。（鍋本）

【典拠・参考文献】『寛政譜』第十七・一二〇頁

由良貞房《ゆらさだふさ》 （一六二六〜一六七四）

寛永三年（一六二六）に生まれる。天麻呂・新六郎・忠繁を称する。父は由良貞長。母は近藤縫殿助用可の息女である。妻は朽木与五郎友綱の息女。寛永十一年（一六三四）初めて三代将軍徳川家光に拝謁した。同十六年七月二十三日に家督を継いで、同二十年六月十六日書院番に加えられた。万治二年（一六五九）正月十三日命を受けて、所々の土居修復の奉行を勤めた。寛文元年（一六六一）九月三日内裏造営の任をまかされて、京都に赴いた。そして禁裏より歌仙の手鑑、縮緬一〇巻をたまわり、仙洞より薫物および晒布一〇匹、女院よりも照高院道晃筆の色紙雉子の蒔絵が施されている硯箱を賜った。同五年九月八日奥高家となり、十一月六日従五位下侍従に叙任され、信濃守と称した。同六年八月六日使者の命を受けて京都に赴いた。のち従四位下に上った。延宝二年（一六七四）正月四日死去した。享年四十九。法名は長静院大庵良徹。菩提寺は若芝の金竜寺である。（田中暁龍）

【典拠・参考文献】『寛政譜』第二・一一四頁、『柳営補任』

よ

横尾昭平《よこおてるひら》 （一六九八〜一七八三）

元禄十一年（一六九八）に生まれる。中村姓を名乗っていたが、昭平の代に横尾姓にあらためたという。初め行隆と名乗り、与左衛門・六右衛門と称した。妻は今村長道の息女。享保四年（一七一九）に御徒として召抱えられ、のち支配勘定を勤めた。寛延元年（一七四八）五月二十四日に勘定となり、旗本身分となる。同年六月二十一日、日光山と上野国新田の大光院に赴いて、祭器や調度品を検視した。同三年に徳川家光一〇〇回忌の法要を日光山で執行したことにより、白銀五枚を受けた。宝暦元年（一七五一）四月十二日、命じられて佐渡国へ行き、同二年九月二十八日、材木石奉行に移る。同三年四月二十七日には佐渡国代官となる。このころの禄高は七〇俵五人扶持であった。同六年六月七日、昭平の下男が罪を犯し処罰されたため拝謁を自粛したが、同月二十七日に赦される。昭平の同僚の山中久忠が罪を問われたとき、久忠の家の書物を検視したものの見落しがあったため、同九年九月二日に出仕停止となったが、同年十月二十三日に赦された。同十年七月四日、一橋家の郡奉行に転じた。同十一年二月十四日、佐渡代官在任中筋金を他国へ持ち出したものがいたが気付かなかったことを咎められ出仕停止となったが三月十四日赦免された。その後一橋家の用人となり、郡奉行《こおりぶぎょう》を兼帯した。明和六年（一七六九）十二月五日、加恩により廩米《りんまい》一〇〇俵取となり、同月十八日に布衣《ほい》の着用を許される。安永八年（一七七九）五月二日に五〇俵加増、天明元年（一七八一）十月二十日、江戸城二丸御留守居に転じ、同三年三月七日、八十六歳で死去。法名は昭平で、浅草清徳寺に葬られた。　　（実松）

【典拠・参考文献】『寛政譜』第二十・三〇七頁、『江戸幕府郡代代官史料集』（近藤出版社、一九八一年）

横瀬貞征《よこせていせい》　（一七八一～一八四二）

天明元年（一七八一）に生まれる。左衛門または美濃守・駿河守を称した。父は横瀬兵庫である。禄高一〇〇〇石。屋敷は、柳原元誓願寺前に八〇〇坪の屋敷と、豊島郡千束村一〇〇〇坪の地守附置の下屋敷を拝領した。文化八年（一八一一）十一月二十四日表高家より高家となり、同月二十五日、従五位下侍従に昇進した。文政六年（一八二三）二月九日従四位下に上った。天保元年（一八三〇）十二月八日、寛永寺の徳川家治廟の代参に当たり、太刀の役を命じられた。同十一年六月一日立坊の使者の差添に任じられ、従四位上に昇った。同十三年（一八四二）八月に死去した。　　（田中暁）

【典拠・参考文献】『柳営補任』、『続徳川実紀』第二篇、『文化七年武鑑』、『諸向地面取調書』第四冊

横田五郎三郎《よこたごろうさぶろう》　（生没年未詳）

禄高五〇〇石。任官後は伊豆守と名乗る。文久二年（一八六二）十二月二十八日、書院番講武所砲術教授方出役より歩兵頭並となる。慶応三年（一八六七）五月二十五日に京都表御用を務め、同十二月に大坂にて歩兵頭、続いて歩兵奉行並となる。翌四年撤兵奉行並兼帯となる。　　（上野）

【典拠・参考文献】『旗本百科』第五巻

横田盛恭《よこたせいきょう》　（生没年未詳）

新之丞と称した。文久二年（一八六二）三月二十九日、勘定・評定所留役より代官に転じ、石見国大森陣屋へ赴任する。四〇俵三人扶持を給う。幕府倒壊により慶応三年（一八六七）十二月九日に職を辞す。　　（宮原）

【典拠・参考文献】『旗本百科』第五巻、『代官履歴』

横田尹松《よこたただまつ》　（一五五四～一六三五）

天文二十三年（一五五四）、横田綱松《つなとし》の五男として甲斐国に生まれる。童名玄《げん》、甚五郎・甚右衛門と称す。妻は武田家臣山縣昌景の息女。武田信玄・勝頼に足軽大将として仕える。天正十年（一五八二）七月、甲斐国にて家康に拝謁、采地三〇〇〇石を賜う。翌年信濃国蘆田小屋を守り、のち、長久手の役、小田原の役、関ヶ原の戦に供奉、使番となる。慶長十九年（一六一四）十一月三日、大坂冬の陣において形勢窺い・先手諸備の指揮をとるよう命ぜられ、二条の先手巡視や大坂への斥候を勤める。元和元年（一六一五）二〇〇〇石の加増あり。元和二年（一六一六）七月五日、松平忠輝改易の監使となる。元和四年（一六一八）に御持筒頭となり使番を兼務する。寛永元年（一六二四）に旗奉行となり、武蔵国高麗・比企・入間、下総国結城、近江国蒲生五郡、上総国大多喜領のうちに五〇〇〇石余を知行する。寛永九年（一六三二）七月一日、与力一騎と足軽一五人を属せられる。寛永十年（一六三三）四月七日に老年のため辞職し寄合に列するが、翌十一年

五月二十九日、家光上洛中の甲府城番を命ぜられる。寛永十二年（一六三五）七月五日死去。享年八十二。法名道本。墓所は浅草西福寺源崇院。（高見澤）

【典拠・参考文献】『寛政譜』第七・三五〇頁

横田準松《よこたのりとし》（一七三四～一七九〇）

享保十九年（一七三四）に横田壱岐守栄松の三男として生まれる。のちに西丸小性組番頭を務めた横田備中守清松《きよとし》の養子となる。通称は小十郎・求馬、任官後は和泉守・筑後守を名乗る。母は大淵祐菴玄通の娘。妻は甲斐庄喜三郎正寿の娘。宝暦元年（一七五一）五月十二日に御小納戸となり、七月十八日には西丸勤務に転じる。八月二十三日に西丸小性となり、同二年十二月十六日には従五位下和泉守に叙任された。同十年四月朔日からは本丸勤務に異動。明和八年（一七七一）七月二十日、小性組番頭に準ずる格となり、御側御用取次の見習を仰せ付けられる。安永二年（一七七三）七月十八日には正式に御側御用取次に就任し、同八年十二月十五日に一〇〇〇石、天明七年（一七八七）五月朔日には三〇〇〇石を加増されて、禄高は合計九五〇〇石となるが、同年五月二十九日に罷免されて菊之間縁頬詰となる。準松の政治的立場は田沼意次派で、天明六年八月に田沼が老中を解任された後も、将軍側近の御側御用取次として隠然たる勢力を保ってきた。しかし、同七年五月二十日に発生した江戸打ちこわしに関する情報を、準松が将軍家斉に報告せず、このことが大奥より将軍の耳に入ったことから家斉の逆鱗に触れて罷免されたといわれる。準松の排除により、御三家や一橋治済を中心とする松平定信擁立派は、同年六月十九日、念願だった定信の老中就任を実現させることになった。準松は同年十二月七日に家臣の罪科の責を問われて拝謁停止の処分を受ける（同月二十一日に赦免）。寛政二年（一七九〇）三月七日に死去。享年五十七。法名は日能。武蔵国入間郡片柳村の休臺寺に葬られる。（太田尚）

【典拠・参考文献】『寛政譜』第七・三五二頁、大田南畝「一話一言補遺」（『大田南畝全集』第一六巻、岩波書店、一九八八年）、竹内誠「天明の打ちこわしと寛政の改革」（徳川林政史研究所監修『江戸時代の古文書を読む—寛政の改革』東京堂出版、二〇〇六年）

横地政武《よこちまさたけ》（一七四九～没年未詳）

寛延二年（一七四九）に生まれ、乙五郎・太郎兵衛を称した。父は小普請組頭を務めた横地縫殿助正矩、母は犬養喜太郎清芳の息女で、鈴木清七郎弘道の息女を妻とした。横地家は武田家の旧臣横地政吉の次男義長の家系で、当初甲府徳川家に仕えていたが、政武の祖父正長の代に旗本となった家柄である。家禄は四〇〇俵。政武は宝暦六年（一七五六）六月三日、父の死去によりわずか八歳で家督相続し、明和六年（一七六九）七月二十三日に大番となり、天明二年（一七八二）四月二十二日に新番に転じた。大番のときの同僚に森山孝盛がいて、その日記「自家年譜」の安永四年（一七七五）二月の項には、「相番横地乙五郎より進物之由、錦絵箱入ニ致し、右上書頼来候間、江戸の春と認遣ス」とあり、政武は嵯峨流の書に堪能な森山に依頼し、当時まだ珍しかった錦絵を箱に入れて進物にする際の箱書に「江戸の春」と流麗な文字を認めてもらっている。菩提寺は鮫橋の栄林寺である。（滝口）

【典拠・参考文献】『自家年譜』（国立公文書館内閣文庫所蔵）、『寛政譜』第十七・一五九頁。

横山茶来《よこやまさらい》（一八三三～一九〇八）

天保四年（一八三三）三月に先手与力横山為政《ためまさ》の子として下谷車坂に生まれる。諱は正名と名乗り、茶来・萬花園と号した。幼少の頃より園芸を好み、とくに近世後期から幕末にかけて流行した朝顔の栽培を手がけ、嘉永七年（安政元・一八五四）には萬花園の名で『朝顔三十六花撰《かせん》』を刊行した。書名は三十六歌仙にちなんでつけられており、品種改良によって誕生した最高の珍花奇葉を集めた図譜として珍重された。同じく朝顔の品種改良を行っていた鍋島直孝（杏葉館《きょうようかん》、江戸北町奉行）が序文を書いている。幕臣としての経歴は未詳である（陸軍関係の役職に就いていたとの説もあり）。維新後は明治四年（一八七一）から警視庁に勤務したが、同十年に退職して植木商に転じた。同四十一年六月八日に死去。享年七十六。　（白根）

【典拠・参考文献】渡辺好孝『江戸の変わり咲き朝顔』（平凡社、一九九六年）

横山正央《よこやままさなか》　（一七二七～一七六三）

享保十二年（一七二七）に生まれる。伝右衛門と称す。宝暦五年（一七五五）十一月七日に遺跡を継ぎ、小普請となる。妻は中條氏の息女。同八年十月二十八日初めて惇信院（徳川家重）に拝謁し、同九年二月六日に代官となる。江戸・信濃国御影・陸奥国桑折にてその任にあたる。同十三年六月十二日、同国伊達郡桑折村の官舎において死去する。享年三十七。法名は日教で、南半田村（福島県桑折町）の妙蔵寺に葬られる。　（高木）

【典拠・参考文献】『寛政譜』第二十・三一六頁、『代官履歴』

吉岡義休《よしおかよしやす》　（一七六八～一八二一）

明和五年（一七六八）に浦野新九郎政義の二男として生まれる。母は小野寺正行の息女。吉岡利安《としやす》の養子となる。虎次郎・次郎左衛門と称した。妻は渡辺覚右衛門葛の息女。天明四年（一七八四）十二月二十六日に遺跡を継ぎ、蔵米一〇〇俵を給う。同八年八月十八日勘定となり寛政九年（一七九七）五月十六日より評定所留役を兼ねる。文化七年（一八一〇）八月六日より代官を務める。文政四年（一八二一）五月に死去。享年五十四。　（宮原）

【典拠・参考文献】『寛政譜』第二十二・一九一頁、『旗本人名』第五巻、『代官履歴』

吉川貞寛《よしかわていかん》　（一七五〇～一八一〇）

寛延三年（一七五〇）に小普請吉川源左衛門の実子惣領として生まれる。栄左衛門と称した。安永九年（一七八〇）十二月に小普請より勘定吟味役方下役となり、天明八年（一七八八）の吟味役支配廃止によって勘定吟味役手附普請役となった。寛政二年（一七九〇）には代官篠山十兵衛役所へ出役手附となり、同三年までに遠国御用を八度・江戸御用を四度勤めたうえ、二〇年にわたる勤務出精を評価されて支配勘定格に取り立てられる。高三〇俵二人扶持（本高二〇俵二人扶持・足高一〇俵）であった。同五年に新設された岩鼻陣屋へ赴任し、引越しにともない金一五両を下賜された。同十年には支配高四万石となり、文化元年（一八〇四）に勘定となる。同二年設置の関東取締出役を建議し、統括した取締代官四人のうちの一人である。同七年（一八一〇）に現職で死去した。享年六十一。　（栗原）

【典拠・参考文献】西沢淳男『幕領陣屋と代官支配』（岩田書院、一九九八年）、『代官履歴』、『旗本百科』第四巻

吉川貞幹《よしかわていかん》　（生年未詳～一八三四）

勘定（勤向代官）吉川貞寛の男として生まれる。八十八・永左衛門と称する。家禄は二〇俵二人扶持。父貞寛は勘定吟味役方下役より累進し支配勘定格となり、寛政四年（一七九二）に近藤和四郎との立会で上野国岩鼻の勤向代官となり五万石を支配した。同十年以降単独支配となり、文化七年

（一八一〇）十一月十三日に現職で死去した。貞幹は同年八月二十三日に部屋住で勘定に召し出される。翌八年二月二日に家督を継ぎ、勘定のまま岩鼻の勤向代官となる。同十一年十二月二十五日に職制上の代官となり、永々御目見以上となった。文政六年（一八二三）に甲斐国石和へ場所替、同十一年に甲斐国甲府長禅寺前役所の代官を歴任するが、天保五年（一八三四）十二月十八日に現職で死去。　（西沢）

【典拠・参考文献】『代官履歴』、西沢淳男『幕領陣屋と代官支配』（岩田書院、一九九八年）

吉川安之右衛門《よしかわやすのえもん》　（生没年未詳）

紀州徳川家の家臣で、紀州藩の薬込役に従事していたが、享保元年（一七一六）に藩主徳川吉宗が将軍家を相続するにあたって幕臣に編入された。享保三年に、吉宗の母浄円院が和歌山から江戸に移るときに奉供し、これ以降広敷伊賀者に任じられ、主に将軍の隠密御用として働いた。同十一年より、安之右衛門のような職務の者は御庭番と称され代々世襲したが、吉川家の場合は、寛政元年（一七八九）以前には家筋が絶たれていたと考えられている。　（根岸）

【典拠・参考文献】深井雅海『徳川将軍政治権力の研究』（吉川弘文館、一九九一年）、同『江戸城御庭番』（中央公論社、一九九二年）

吉川従弼《よしかわよりすけ》　（一七二八～一七九七）

享保十三年（一七二八）に生まれる。父は小性の吉川一従《かずより》で、母は西丸留守居大屋昌任《まさとう》の息女。金次郎・一学と称した。妻は吉宗の小性松村安陳《やすのぶ》の息女。元文二年（一七三七）六月四日に家督を継ぎ、小普請となる。家禄は三〇〇石。延享三年（一七四六）六月十五日に初御目見をし、同年十二月三日隠居した八代将軍吉宗のいる西丸の小性組、寛延元年（一七四八）十二月二十七日に西丸御小納戸に転じ、布衣を許される。同二年五月二十八日には西丸小性となり、同年十二月十八日、従五位下摂津守に叙任される。のち式部少輔とも称した。宝暦元年（一七五一）七月十二日、吉宗死去により寄合となり、同三年六月二十五日に御小納戸、同八年十二月七日には御小納戸頭取、同十年五月十三日には九代将軍家重の隠居・二丸移徙にともない二丸勤めとなり、同十一年八月四日、家重の死去により職を免じられ、九月七日に目付となる。明和元年（一七六四）九月二十八日に小普請奉行、同二年三月十七日には清水家の家老となり二〇〇石加増、天明七年（一七八七）三月朔日、さらに三〇〇石を加増され、都合八〇〇石となる。同八年七月十九日、将軍の御旨にかなわないことがあり職を罷免されるが、九月十二日に赦される。寛政九年（一七九七）閏七月六日に死去。享年七十。法名は然随。菩提寺は四谷の西念寺の信寿院（東京都新宿区）。　（竹村）

【典拠・参考文献】『寛政譜』第二十・一四二頁、『徳川実紀』第九・十篇、『続徳川実紀』第一篇

吉田三郎兵衛《よしださぶろべえ》　（生没年未詳）

父は進物取次下番の吉田八郎右衛門。謙三郎とも称した。文化七年（一八一〇）八月二日に家督を継ぎ、父と同じく進物取次下番となる。文政三年（一八二〇）十一月二十五日、広敷御用部屋伊賀格吟味役になり、天保四年（一八三三）四月十六日に御台所付御侍、同七年十月二十六日から添番格御侍を務めたのち、同八年四月二日西丸へ移った。同九年六月二十一日西丸広敷御用達に昇進し、御目見以上となる。同十二年六月一日広大院（家斉御台所）が本丸に移徙したことにより、十二日に広大院御用達となる。同年七月十日に喜代姫御用人並となり、永々御目見以上となる。嘉永元年

（一八四八）二月二十八日、喜代姫御用人となり布衣の格に列せられ、家禄一〇〇俵高となる。万延元年（一八六〇）四月二十六日、二丸御留守居次席の格式となり、勤役中は四〇〇俵高に足高となる。（吉成）

【典拠・参考文献】『旗本百科』第五巻

吉田盛方院《よしだせいほういん》（生没年未詳）

吉田氏の先祖浄秀《じょうしゅう》は、後花園天皇の病を平癒させた薬を献上したことで盛方院の号を賜り、のち代々が医師を勤め、この院号を踏襲した。父は奥詰医師の吉田永庵頼《より》修《なか》、母は島津家家臣河村泰郷の娘。寿吉・快庵とも称した。文政八年（一八二五）七月三日、父の死去により家督を相続し、小普請入りする。天保三年（一八三二）四月十二日に文姫（家斉娘）付奥詰医・西丸奥医となる。同十年九月六日に盛方院と称する。家斉娘の盛姫を憚って「成方院」と名乗ったともいう。同十二年五月一日に家定付となっていたが、罪により免職、隠居謹慎処分をうける。この理由は、大御所家斉の臨終にあたり、その瞬間を見逃すという失態をおかしたためといわれる。吉田家の菩提寺は芝の金地院。（吉成）

【典拠・参考文献】『寛政譜』第五・二六九頁、『旗本百科』第五巻

吉田宗恂《よしだそうじゅん》（一五五八〜一六一〇）

永禄元年（一五五八）に生まれ、初名光政、孫次郎・意庵・意安を称す。父は足利義晴の侍医を務め、明帝の治療にもあたった吉田宗桂、母は中村氏の息女。妻は堀氏の息女で、実兄に別家した角倉了以がいる。吉田家は徳春以来洛北嵯峨の角倉に住し、代々医を業として足利将軍家に仕えていた。宗恂は父の業を継いで医術で名声を得るとともに、藤原惺窩とも親交を結び、経学にも通じていた。彼は当初豊臣秀次に仕えていたが、慶長五年（一六〇〇）に後陽成天皇に薬を献じ名声を得、法印に進んだ。彼はこれを契機に家康の側に仕えることとなった（家禄五〇〇石）。晩年の宗恂は駿府の家康に仕えたが、子孫は代々将軍家の侍医を務め、曾孫宗恬のときに二〇〇石加増されている。また、彼は『古今医案』『歴代名医伝略』などのほか、数多くの医学書を表している。慶長十五年（一六一〇）に死去。享年五十三。法名は又玄、菩提寺は嵯峨の二尊院である。（滝口）

【典拠・参考文献】『寛政譜』第七・二二八頁。

吉田秀長《よしだひでなが》（一七〇三〜一七八七）

元禄十六年（一七〇三）に生まれる。はじめ佐々木文次郎と称す。延享三年（一七四六）に御徒、明和元年（一七六四）十一月、天文方となる。日蝕の予報に不備のあることを指摘されていた宝暦暦を修正するため、同六年、「修正宝暦甲戌暦」、「同解義」、「暦法新書雑録」を作製。安永八年（一七七九）十二月、書物奉行となる。同九年六月、姓を吉田と改め、四郎三郎と称した。天明七年（一七八七）九月十六日に死去。享年八十五。法名は道顕。麻布光林寺に葬る。（工藤）

【典拠・参考文献】「天文方代々記」（大崎政次編『天文方関係史料』私家版、一九七一年）、『寛政譜』第十九・三七七頁、日本学士院編『明治前日本天文学史　新訂版』（臨川書店、一九七九年）

吉田秀升《よしだひでのり》（一七四五〜一八〇二）

延享二年（一七四五）に天文方吉田秀長の子として生まれる。はじめ秀房を名乗る。通称靫負。明和二年（一七六五）、父を補佐して宝暦暦の修正に携わる。同四年閏九月に天文方見習、安永八年（一七七九）十二月、天文方となる。寛政二年（一七九〇）五月、弓矢鎗奉行兼帯。同七年、改暦御用を仰せ付けられ、翌八年、高橋至時《よしとき》・山路徳風《よしつぐ》らとともに京都に赴いて天体観測

を行うなど、天文方として寛政改暦の実現に努めた。享和二年（一八〇二）六月に死去。享年五十八。（工藤）

【典拠・参考文献】『寛政譜』第十九・三七七頁、「天文方代々記」（大崎政次編『天文方関係史料』私家版、一九七一年）、日本学士院編『明治前日本天文学史 新訂版』（臨川書店、一九七九年）

吉田盛教《よしだもりのり》 （一六六八〜一六九五）

寛文八年（一六六八）、徳川綱吉の館林藩主時代からの家臣で、のち小性組番士を務めた吉田盛昌の嫡男に生まれる。母は台所方神谷祐継の息女。孫三郎・小右衛門・治右衛門、再び小右衛門と称した。妻は先弓頭中川忠雄の養女。元禄元年（一六八八）十二月十日に家督を相続する。家禄は三七〇俵。同三年二月三日に小性組番士となり、以前祖母小山に下賜されていた廩米を采地とし、下野国河内郡に一〇〇〇石を与えられる。また、家禄の三七〇俵は小山の隠居料とされる。同年八月十日には桐間番士、二十七日には御徒頭となり、十二月二十六日に布衣の着用を許可される。同七年六月二十八日に廊下番頭となり、同八年十月二十八日に死去。享年二十八。法名は池舟。（福留）

【典拠・参考文献】『寛政譜』第十九・一一〇頁、福留真紀『徳川将軍側近の研究』（校倉書房、二〇〇六年）

芳野金陵《よしのきんりょう》 （一八〇二〜一八七八）

享和二年（一八〇二）十二月二十日、下総国相馬郡に生まれる。名は成育。字は叔果、通称愿三郎、のち立蔵。号は金陵と匏宇。下総国葛飾郡松ヶ崎村の医師、彝倫の二男。母は斎藤氏。文政六年（一八二三）、儒者の亀田鵬斎に入門し、鵬斎の子綾瀬に学ぶ。同九年、浅草福井町に私塾を開く。弘化四年（一八四七）八月、駿河田中藩に招聘される。ペリー来航の際には、老中に国防について建議する。文久二年（一八六二）十二月十二日、幕府に招聘され、儒者となる。同三年二月一日に学問所教授、明治元年（一八六八）十二月より昌平学校教授。同三年廃校に伴い引退する。同十一年八月五日没。享年七十七。（湯浅）

【典拠・参考文献】『江戸幕府人名事典』、『漢学者伝記集成』（名著刊行会、一九六九年）、『国書人名辞典』第四巻（岩波書店、一九九八年）、『柳営補任』

吉見義方《よしみよしかた》 （一七八〇〜一八四一）

安永九年（一七八〇）に生まれ、文化二年に支配勘定となり、その後評定所留役を経て、文政四年八月六日に勘定組頭となっている。また彼は大田南畝（四方赤良）の甥（母が南畝の姉）にあたり、狂歌師紀定丸（初名野原雲輔、他に本田原勝栗・己人亭重丸）としても知られている。主に天明期に活躍し、南畝の狂詩集「通詩選」を校訂したほか、黄表紙「新田通戦記」などがある。このように、義方は南畝と同じ勘定方の御家人でありながら狂歌師であったわけだが、義方のほうは旗本に昇進し、天保年間に家禄が五〇俵加増され、八〇俵三人扶持となる。彼には「耳のあか」と題する根岸鎮衛の評伝があることから、根岸が勘定奉行時代に引き立てられた人物といえる。天保十二年（一八四一）六月二日に職を辞し、同月二十五日に死去。享年八十二。（滝口）

【典拠・参考文献】「」（『本道楽』第三巻第一号）、『耳嚢』下（岩波文庫、一九九一年）四五一〜四五四頁、『柳営補任』

吉村貫一郎《よしむらかんいちろう》 （一八四〇〜没年未詳）

盛岡藩の下級武士の次男として生まれる。文久三年（一八六三）に江戸へ行き、北辰一刀流の玄武館に入門。慶応元年（一八六五）に脱藩し、新撰組に入隊。慶応三年、新撰組が幕臣として取り立てられた際には見廻組並の格式となる。慶応四年正月、鳥羽・伏見の戦に参戦したが、以後の消息は不明。（上野）

【典拠・参考文献】『新選組大人名事典』（新人物往来社、二〇〇一年）

依田《よだ》政次《まさつぐ》（一七〇三～一七八三）

元禄十六年（一七〇三）に御小納戸依田政有《まさあり》の長男として生まれる。母は小幡重世《しげよ》の娘。妻は小性組山村良考《たかひろ》の娘、後妻は寄合宮城武和《たけまさ》の娘。平次郎・和泉守・豊前守と称した。享保元年（一七一六）十一月朔日に初めて八代将軍吉宗へ拝謁し、同九年七月二十六日に小性組、同十三年八月十八日に御小納戸となり、十二月二十三日に布衣を許される。延享三年（一七四六）十一月十五日に御徒頭、同四年九月十五日に目付となり、同四年十月五日に家督を継ぐ。宝暦二年（一七五二）十二月二十一日に作事奉行となり、同月二十四日に従五位下和泉守に叙任された。同三年四月七日に町奉行となるも、同十二年三月二十六日に借金返済などの不届があり、明和元年（一七六四）九月十九日にも親族小性組杉原正武家臣の自殺未遂事件の処理に不備があり、いずれも出仕を留められたが、同三年正月十一日に三〇〇〇石を加増された。同四年に「科条類典」の校正をし、同六年八月十五日に大目付となり、三〇〇〇石を加増され、合わせて一一〇〇〇石を知行した。同年十月二十日に御留守居となる。天明二年（一七八二）十一月十一日に老齢のため辞職し寄合となる。同三年七月十四日に死去。享年八十一。法名は露盤。菩提寺は牛込の保善寺（東京都新宿区）である。（加藤）

【典拠・参考文献】『寛政譜』第六・二二一頁、『柳営補任』、『徳川実紀』第八～十篇

依田《よだ》盛克《もりかつ》（生年未詳～一八九八）

父は小普請組支配世話取扱を務めた依田□之助、養父は海軍奉行並支配組頭を務めた実兄の五郎八郎である。盛克は克之丞を称し、山城守・伊勢守・讃岐守に叙任している。依田家は家禄一〇〇俵十人扶持の旗本の家柄で、盛克は安政二年（一八五五）八月十八日に部屋住ながら学問所教授方出役となり、同三年十二月五日には大番となっている。その後同四年十一月から同六年正月まで甲府徽典館学頭を務め、この年三月十六日には長崎奉行支配組頭となり、文久三年八月十五日には布衣を許されている。そして同年九月十日に学問所頭取、元治元年（一八六四）六月二十四日に二丸御留守居格奥儒者、同年八月三日に御小納戸、同年十二月十六日には諸大夫となっている。さらに慶応二年（一八六六）十一月六日には騎兵差図役頭取となり、このとき開成所頭取次席を兼ね、同三年八月十四日に神奈川奉行並となっている。彼が「最後の神奈川奉行」とされるのはそのまま維新を迎えたためで、同四年四月二十四日に勤仕並寄合となっている。その後盛克は徳川宗家の静岡移転に従い、静岡県を経て外務省に出仕し、ここでは幕末開港期の外交文書の編纂に従事している。明治三十一年（一八九八）に死去。（滝口）

【典拠・参考文献】明細短冊（国立公文書館所蔵）、『柳営補任』、金沢文庫企画展示図録『最後の神奈川奉行―依田伊勢守盛克―』（二〇〇五年）

依田《よだ》盛照《もりてる》（一六三一～一七一一）

寛永八年（一六三一）に生まれる。五兵衛と称す。妻は入戸野《いりとの》弥五兵衛門吉の息女。慶安二年（一六四九）十二月十四日に遺跡を継ぎ、後に御天守番を務め、支配勘定に転ずる。その後、班をすすめられて勘定に列し、元禄五年（一六九二）四月十五日代官に移る。江戸・出羽国柴橋にてその任にあたる。正徳元年（一七一一）四月十五日

に職を辞し、小普請となる。同二年四月八日に死去する。享年八十二。法名は全休。

（高木）

【典拠・参考文献】『寛政譜』第五・三七頁、『代官履歴』

米津田政《よねきつたまさ》（一五六三～一六二四）

永禄六年（一五六三）に松平譜代米津政信《まさのぶ》の四男として三河国に生まれる。勘兵衛と称した。天正五年（一五七七）から徳川家康に仕え、小牧・長久手の戦や小田原の陣に従軍し、文禄年間（一五九二～九六）から秀忠に仕え使番となる。慶長五年（一六〇〇）の関ヶ原の戦に従軍し戦功をあげ、同九年に町奉行となり、五〇〇〇石を与えられる。同十四年に浪人や農民が商売をするための鑑札を発行し、同十八年にも鑑札を発行する。同十九・同二十年の大坂の陣の時には留守を護り、元和三年（一六一七）には高野山僧侶の尋問に加わり、同八年の最上騒動では上使として出羽国最上へ派遣された。寛永元年（一六二四）十一月二十二日に死去。享年六十二。法名は円海。菩提寺は深川（東京都江東区）の本誓寺である。

（加藤）

【典拠・参考文献】『寛永諸家系図伝』第十五・六五五頁、『寛政譜』第十八・二一七頁、同・二一九頁、『柳営補任』、『徳川実紀』第一～三篇、所理喜夫「町奉行―正徳以前を中心として―」（西山松之助編『江戸町人の研究』第四巻〈吉川弘文館、一九七五年〉、のち『徳川将軍権力の構造』〈吉川弘文館、一九八四年〉に収録）

米津親勝《よねきつちかかつ》（生年未詳～一六一四）

清右衛門と称した。諱については、親勝とするものの他、正勝とも春茂（田畑吉正『断家譜』続群書類従完成会）とするものもある。父は、広忠・家康に仕え三〇〇〇石を領した藤蔵常春。母については未詳である。子には井上氏からの養子で、秀忠や徳川忠長に仕え三〇〇〇石を領した才兵衛某がいる。親勝の経歴については不詳な点も多いが、三河国に生まれ、家康に仕えて、慶長五年（一六〇〇）の関ヶ原の戦頃には使番をしていたようである。同戦ののち、同年九月より堺政所（堺奉行）、あるいは伏見の留守居奉行として従事。翌六年九月に京都所司代が設置され板倉勝重が就任すると、板倉の添役的な立場として事にあたった。同七年八月からの近江国検地では検地奉行として愛知郡内を担当。翌八年二月、家康の将軍宣下の行列に参列し、その時に布衣を着すことをゆるされている。また関ヶ原後から同年まで近江長浜の代官として御蔵管理に関与し、また摂津国芥川郡の蔵入地代官を務めていたようである。同九年、三河国検地に従事。翌十年から十一年にかけて、伏見城の守衛を命じられ、「御広間御番」の中にその名をみることができる。同十一年以降、親勝の発給文書が増加するが、同十五年頃までは板倉との連署であり、単独で政治的意志の伝達や紛争解決に関与できる立場ではなかったとの指摘もあるが、板倉と共に近江支配の中心に位置づけられていたようである。同十六年九月以降は山城国検地に従事。同年十二月より、板倉とともに駿府に滞在し、翌十七年六月に帰京。その後の発給文書からは親勝単独での発給文書が確認され、親勝が近江国一国の触伝達責任者として、いわゆる国奉行に任命されたことがわかる。同十八年二月、親勝は前年十月の摂津国芥川郡原村神峯寺朱印地検地に関わって不正があったとの理由（『時慶卿記』）、あるいは摂津国嶋上郡芥川村において、部下が賄賂を受け取った見返りに殺人犯の捕縛を行わなかったことを村民から訴えられたため（『徳川実紀』）との説もあるが、奉行職を解職され、五月二日には阿波国へ流罪となる。翌十九年二月二十二日、配所先で切腹となった。この処罰の背景には、親勝が大久保長安に連なる人物であったことから、大久保長安事件との関係性についての指摘もある。　（小宮山）

【典拠・参考文献】『断家譜』第一・二八六頁、藤田恒春「慶長期近江国の支配―『国奉行』米津親勝をめぐって―」（『人文学報』七二号、京都大学人文科学研究所、一九九三年）

米津田賢《よねきつみちかた》（一六四六～一七二九）

正保三年（一六四六）に生まれる。元寺社奉行米津田盛の三男。妻は永井外記尚春の息女である。家督は兄の正武が継ぎ、田賢は分家となった。寛文元年（一六六一）八月二十六日に家綱に拝謁し、寛文七年（一六六八）二月四日に中奥小性となる。同年十二月二十六日には米五〇〇俵を賜り、同月二十八日には従五位下周防守に叙任された。その後、延宝四年（一六七六）六月三日に小性組番頭に任ぜられ、廩米一〇〇〇俵が追加される。そして天和元年（一六八一）五月二十六日に書院番頭となった。翌年、出羽国に三〇〇〇石を与えられると、その年の五月二十五日に大番頭となる。貞享元年（一六八四）三月二十七日、父田盛が死去すると、その遺領である常陸国筑波郡の内より三〇〇〇石を分け与えられた。元禄五年（一六九二）二月七日、職を辞し寄合に列するが、十年後の元禄十五年（一七〇二）に再び大番頭として復帰する。その後、御留守居・西丸御留守居を歴任し、正徳元年（一七一一）九月五日に六十六歳で御側となった。享保元年（一七一六）五月十六日に勤めをゆるされると菊之間の広縁に候し、享保十年（一七二五）に致仕。そして同十四年（一七二九）九月六日に死去した。享年八十四。深川の本誓寺に埋葬された。　（津田）

【典拠・参考文献】『寛政譜』第十八・二一九～二二一頁

米倉昌尹《よねくらまさただ》（一六三七～一六九九）

寛永十四年（一六三七）に大番組頭米倉政継の嫡男として生まれる。初め昌忠と名乗る。牛助・六郎右衛門と称した。妻は小性組番士金森重義の息女。その死後に迎えた後妻は、甲府家臣渡辺権兵衛の息女。承応三年（一六五四）一月二十三日に小性組番士となり、貞享元年（一六八四）七月十九日に家督を相続する。家禄は六〇〇石。その後、書院番士となる。同二年八月十二日に御徒頭となり、十二月二十八日に布衣を着用することを許可される。同三年九月十八日に目付、同四年二月二十六日に桐間番頭となる。元禄三年（一六九〇）三月二十七日に五〇〇石の加増を受け、十二月十八日に従五位下丹後守に叙任される。同五年正月十一日に御側となり、一〇〇〇石を加増される。同七年正月七日および同八年十二月十五日にもそれぞれ一〇〇〇石ずつ加増される。同九年三月二十八日に若年寄となり、加増されて合わせて一万石となる。同十二年正月十一日に五〇〇〇石を加増される。同年七月十二日死去。享年六十三。法名は徳石道明。相模国大住郡堀川下村の蔵林寺（神奈川県秦野市）に埋葬される。　（福留）

【典拠・参考文献】『寛政譜』第三・二八八頁

り

柳亭種彦《りゅうていたねひこ》（一七八三～一八四二）

天明三年（一七八三）五月十二日、江戸に生まれる。姓は源、高屋氏。通称彦四郎。幼名宇吉のち左門、あるいは主税。諱は知久。号は偐紫楼・足薪翁・愛雀軒・浅草閑人、狂名は柳風成・心種俊、川柳名は木卯。旗本高屋甚四郎知義の子。下谷御徒町の先手組屋敷で成長する。文化五年から同七年（一八〇八～一〇）頃に娶った妻は、国学者加藤宇万伎の孫娘勝子。寛政八年（一七九六）七月に家督を相続して小普請組となる。文化四年に出版された読本の『奴の小まん』が処女作と考えられ、文筆活動の初期には他にも読本を執筆している。同八年以降、合巻を多く執筆するようになる。長編の合巻『偐紫田舎源氏』が好評を博し、合巻作者の第一人者としての地位を確立したが、天保改革が断行されるに伴い、天保十三年（一八四二）六月、『偐紫田舎源氏』も絶版という処分を受ける。種彦は同年七月十九日に没するが、その死因は病死とも自決とも言われている。享年六十。法名は芳寛院殿勇誉心禅居士。江戸赤坂一ツ木浄土寺に葬られる。（湯浅）

【典拠・参考文献】『寛政譜』第六・一四一頁、『古典文学』第六巻

ろ

六角広治《ろっかくひろはる》（一六五〇～一七一九）

慶安三年（一六五〇）に生まれる。孫九郎・頼母と称する。父六角広賢、母は香桂院（松下左門義賢の息女）である。妻は本庄因幡守宗資の息女。父広賢が死去した時、広治がとても幼かったので、外祖父六角道芳の元に養育され、延宝三年（一六七五）七月二十八日、本照院宮（守澄法親王）の推挙によって、初めて四代将軍徳川家綱に拝謁した。同四年五月十日召されて小性組の番士に列し、二〇〇俵を賜った。元禄二年（一六八九）閏正月二十六日に高家となり、七〇〇石を加増されて、先の禄米を知行地に改められて、下野国足利郡において一〇〇〇石を知行することになった。同年二月二十八日従五位下侍従に叙任され、越前守に改めた。同四年八月五日、三丸を管掌すべきことを命じられた。同五年四月二十一日、同六年正月、同年八月十一日、同七年正月、桂昌院の命により伊勢両宮に代参せよとの命が下り、伊勢に赴いた。同九年七月十日、広治の日頃の行跡が良くないということや、ゆかりのない諸侯宅に出入

りしていたということで、将軍の機嫌を損ねて、職務を罷免されて逼塞に処せられ、知行七〇〇石を削減された。同十年四月二十三日に致仕し、蟄居すべき旨の厳命を蒙り、その子主殿広豊に家督を継がせることになった。宝永六年（一七〇九）十月二十五日に赦免された。享保四年（一七一九）五月三日に死去した。享年七十。法名は了義院円乗実運。菩提寺は下谷の養玉院。

（田中暁）

【典拠・参考文献】『寛政譜』第二十一・一一三頁、『徳川実紀』第六篇、『系図纂要』第四冊・二五一頁

わ

若林敬順《わかばやしけいじゅん》　（生没年未詳）

十代将軍家治の死去に際して、病状悪化の原因をつくったとされる医師。敬順は江戸檜物町河岸に住む町医者で、当初は慶蔵と称していたという。将軍家治は、天明六年（一七八六）の八月初め頃から水腫に罹り、河野仙寿院・大八木伝庵などの処方した薬を用いて療養していた。しかし同月十五日の惣出仕の謁見に出席できなくなったため、容態を心配した田沼意次が、懇意にしていた町医者の日向陶庵と若林敬順による診察を強く勧め、翌十六日に治療が行われた。陶庵と敬順は、同月十九日（森山孝盛『自家年譜』では二十一日とある）に奥医に任ぜられ、二〇〇俵の扶持を得ることになったが、敬順が調合した薬を飲んだ家治は、悪寒と嘔吐が治まらず、かえって病状が悪化してしまった。家治は再び大八木伝庵調合の薬を服用して、一時は快方に向かったものの、同月二十五日、死去するに至った（家治の死はしばらく秘匿され、死去が公式に発表されたのは九月八日のことである）。日向陶庵と若林敬順は、同年八月二十八日に奥医の職を放たれ、廩米を収公された。

（太田尚）

【典拠・参考文献】『徳川実紀』第十篇、神沢杜口『翁草』第三巻（歴史図書社、一九七〇年）、竹内誠「田沼意次の権勢と失脚」（徳川林政史研究所監修『江戸時代の古文書を読む—田沼時代』（東京堂出版、二〇〇五年）

和多田金七郎《わただきんしちろう》　（生没年未詳）

和多田家は、幕府の隠密御用を勤めた御庭番の家系で、金七郎は嘉永元年（一八四八）八月に六代目の家督を継ぐ。三代直倫が当主であった宝暦十三年（一七六三）に御家人から旗本となっていた。金七郎は、文久元年（一八六一）にすでに休息御庭之者支配となっており、家禄は三五俵三人扶持であった。

（根岸）

【典拠・参考文献】『寛政譜』第十九・三三頁、深井雅海『徳川将軍政治権力の研究』（吉川弘文館、一九九一年）、同『江戸城御庭番』（中央公論社、一九九二年）

和多田利常《わただとしつね》　（生没年未詳）

孫市と称した。紀州徳川家に薬込役として仕えたが、徳川吉宗が将軍家を相続するにあたり幕臣となった。享保三年（一七一八）五月、吉宗の母浄円院が江戸へ転居するときに供奉して広敷伊賀者となり、三五

俵三人扶持を給された。さらに同十一年になると、紀州家から取り立てられた広敷伊賀者を御庭番と唱えることとなり、和多田家は代々御庭番家筋と位置づけられる。二代目を継いだのは、利常の養子となった弟の次郎左衛門直倫で、この時に御家人から旗本へ昇格する。（根岸）

【典拠・参考文献】『寛政譜』第十九・三三頁、深井雅海『徳川将軍政治権力の研究』（吉川弘文館、一九九一年）、同『江戸城御庭番』（中央公論社、一九九二年）

和多田直温《わただなおあつ》（一七五四～没年未詳）

松之丞・乙弥・要人・次郎兵衛などと称する。宝暦四年（一七五四）に紀州徳川家の家臣である荒巻安兵衛利保の息子として生まれ、明和六年（一七六九）十月二十七日に、義父である和多田直倫と同様に小十人格御庭番に取り立てられる。直倫の娘を妻とし、和多田家を相続する。和多田家は、紀州徳川家の家臣であったが、徳川吉宗の将軍家相続によって幕臣に取り立てられて、代々御庭番の家筋となっていた。同八年三月五日、亡くなった直倫の跡を継いで四代目の当主となる。天明八年（一七八八）十一月四日、山里御庭預に転任し、寛政六年（一七九四）七月二十五日には御休息御庭者支配に移る。同九年七月一日に辞職して小普請となる。没年については未詳であるが、家督は文化元年（一八〇四）三月、次代に継がれている。（根岸）

【典拠・参考文献】『寛政譜』第十九・三三頁、深井雅海『徳川将軍政治権力の研究』（吉川弘文館、一九九一年）、同『江戸城御庭番』（中央公論社、一九九二年）

和多田直迪《わただなおよし》（生没年未詳）

八三郎と称する。和多田家は、八代将軍徳川吉宗の将軍就任の時に紀州徳川家の家臣から幕臣に編入され、その後隠密御用を勤めた御庭番を歴任する。直迪は、『寛政譜』の記述によれば、寛政元年（一七八九）三月二十五日に広敷添番並に召し加えられており、父は広敷伊賀者を務めた和多田直倫とある。また『寛政譜』に記載はないが、深井雅海『江戸城御庭番』等によれば、直倫の跡を実兄直温が継ぎ、その後直温の養子となって文化元年（一八〇四）に家督を相続している。（根岸）

【典拠・参考文献】『寛政譜』第十九・三三頁、深井雅海『徳川将軍政治権力の研究』（吉川弘文館、一九九一年）、同『江戸城御庭番』（中央公論社、一九九二年）

渡部温《わたなべおん》（一八三七～一八九八）

天保八年（一八三七）生まれ。幕府では開成所教授職並出役を務めた。父親は渡部重三郎。沼津兵学校三等教授方石橋好一の妻の従兄弟。沼津兵学校では一等教授方並として英語を教えた。また『経済節説略』『英国史略』『英吉利会話篇』『西洋蒙求《もうぎゆう》』『英文伊蘇普物語』の翻訳者でもある。明治七年（一八七四）には文部省長崎外国語学校長、七等出仕となった。明治三十一年（一八九八）八月七日に死去。（津田）

【典拠・参考文献】樋口雄彦『旧幕臣の明治維新　沼津兵学校とその群像』（吉川弘文館、二〇〇五年）、同『沼津兵学校の研究』（吉川弘文館、二〇〇七年）

渡辺勝《わたなべかつ》（一五六一～一六二六）

父は重《しげ》、母は速水甲斐守信之の妹。筑後守を名乗り、速水庄兵衛とも称した。はじめ豊臣秀吉につかえ、慶長三年（一五九八）に徳川家康に召し出され、以後は家康に仕えた。領地は摂津国川辺・嶋下・豊島・上総国市原・埴生・望陀六郡のうち三〇〇〇石。同五年の関ヶ原の戦では秀忠に属した。同十年に従五位下筑後守に叙任、のち千姫（二代将軍徳川秀忠娘）に付属される。このとき兼長の刀を賜った。のちにこの刀を秀忠に献じ、また家光に国吉の槍を献上した。寛永三年（一六二六）六月七日に死去。享年六十六。法名は宗徹（または総徹）。墓地は下谷の広徳寺、のち代々葬地とする。（吉成）

【典拠・参考文献】『寛政譜』第八・一三七頁

渡辺茂《わたなべしげ》（一五五一～一六二八）

天文二十年（一五五一）に渡辺信《のぶ》の三男として生まれる。新蔵・久左衛門と称した。徳川家康とその三男秀忠（のちに二代将軍）に仕え、姉川の戦・三方ヶ原の戦・長篠の戦・小田原合戦・関ヶ原の戦などで活躍する。慶長十年（一六〇五）四月二十四日に大番頭となり、同月二十六日には従五位下山城守に叙任される。元和三年（一六一七）十二月十三日には秀忠の養女振姫（実父は池田輝政）が仙台藩主伊達忠宗へ入輿する際、土井利勝らとともに従う。同五年十月より駿府城を守衛し、のちに二条城番となって一〇〇〇石を加増。のち養子忠《ただ》に五〇〇〇石を分け与えるが、このとき新たに五〇〇〇石が与えられ、計七〇〇〇石を知行。寛永十三年（一六三六）に隠居。同十五年正月四日に死去。享年八十八。法名は玄心。葬地は芝の泉岳寺。（芳賀）

【典拠・参考文献】『寛政譜』第八・一二一～一二二頁

渡邊蕃久《わたなべしげひさ》（一七四七～没年未詳）

延享四年（一七四七）に生まれる。久吉・立閑・立軒と称する。父は渡邊則時。祖父は西丸奥医の蕃主。母は吉田榮元忠祝の女。妻は紀伊徳川家の臣近藤良三一吉の女。本国讃岐。渡邊家は三代前の渡邊則智が眼科医として松平讃岐守頼恭に仕えた後、延享三年十一月朔日に拝謁して大奥の療治となったのを端緒とする。安永六年（一七七七）、徳川家治に御目見、広敷療治。同九年十二月七日、祖父の死去により家督を継ぎ寄合医師。九日に奥医師。一〇〇俵五人扶持。天明六年（一七八六）十二月十八日に法眼。寛政四年（一七九二）三月二十一日、世上広く療治するを乞いて寄合医師となる。文化三年（一八〇六）十月二日には西丸奥医師となる。（岩下）

【典拠・参考文献】『寛政譜』第二十・四四頁、『旗本百科』第五巻

渡辺孝《わたなべたか》（一七六七～）

明和四年（一七六七）に禁裏附渡辺直《なお》の子として生まれる。母は生駒俊民の息女。妻は久世広民の養女。のちに松浦信程の息女。孝次郎・喜右衛門と称し、筑後守と名乗る。天明五年（一七八五）十一月二十五日に家督二三〇〇石を継ぐ。同年十二月九日初めて十代将軍徳川家治に拝謁する。同六年十二月二日、小性組に列し、寛政七年（一七九五）正月十一日使番となり、同年十二月十七日に布衣を着することを許される。同十年七月五日駿府目付代となり、文化三年（一八〇六）三月二十四日に先手鉄炮頭、同六年十月十日より火付盗賊改加役、翌年九月二十八日に新番頭となる。文政元年（一八一八）五月十九日に仙洞付、同五年十二月一日西丸御留守居となる。（橋本）

【典拠・参考文献】『寛政譜』第八・一三九頁、『旗本百科』第五巻

渡辺孝綱《わたなべたかつな》（生没年未詳）

恵三郎と称し、肥後守・甲斐守と名乗る。禄高は三一〇〇石。弘化三年（一八四六）九月二十八日に御小納戸、嘉永四年（一八五一）三月十九日に西丸小性、同六年九月二十二日に西丸御小納戸、同七年三月二十四日に中奥小性を歴任、安政三年（一八五六）十一月二十八日に家督を継いだ。同五年（一八五七）二月九日に山田奉行、同六年九月十日に外国奉行へ進んだが、十一月四日に辞職した。しかし、万延元年（一八六〇）六月一日に寄合から新番頭となり、

同二年（文久元・一八六二）正月二十三日に浦賀奉行、文久二年七月五日に小性組番頭、十月十日に書院番頭に就任した。十二月四日には一橋慶喜の上坂に供奉した。同三年八月七日に大目付となるが、九月二十八日に御役御免、その後、元治元年（一八六四）五月一日に一橋家家老になった。慶応元年（一八六五）四月二十四日には講武所奉行となり、五月第二次長州戦争に従軍、同二年九月に帰府、十月二十二日に遊撃隊之頭に任ぜられた。同三年四月二十五日に病気のため御役御免、隠居した。（神谷）

【典拠・参考文献】『柳営補任』、『続徳川実紀』第三〜五篇

渡辺胤《わたなべつづく》（一七五八〜一八二二）

宝暦八年（一七五八）に使番渡辺義《よし》の子として生まれる。母は本多利紀の息女。妻は一柳頼寿の養女。猪十郎・久蔵と称し、阿波守を名乗る。安永二年（一七七三）七月五日に遺跡一〇〇〇石を継ぐ。天明四年（一七八四）五月六日に書院番士となり、同八年正月十一日、使番に転じる。同年十二月十六日には布衣を着することを許される。寛政六年（一七九四）十二月朔日に西丸目付となり、同八年十月十九日より本丸勤めとなる。同年十一月二十二日に上野国世良田御宮及び諸堂社の修復に携わる。同十年四月朔日蝦夷地における異国船の監視のため、松前に赴いている。享和元年（一八〇一）五月七日に西丸先手鉄炮頭となり、文化八年（一八一一）二月二十四日に禁裏附となる。同十四年正月二十日には仙洞附となる。文政二年（一八一九）正月十一日小普請組支配を勤め、同五年十月二十七日に死去。享年六十五。（橋本）

【典拠・参考文献】『寛政譜』第八・一二六頁、『旗本百科』第五巻

渡辺綱貞《わたなべつなさだ》（一六一二〜一六八二）

慶長十七年（一六一二）に尾張家重臣渡辺重綱《しげつな》の六男として生まれる。実母は杉浦盛嗣の息女。妻は美濃国岩村藩主丹羽氏信の息女。後妻は徳川忠長家臣三枝守吉の息女。内匠・半右衛門と称し、はじめ諱は三《みつ》綱《つな》と名乗った。寛永四年（一六二七）に三代将軍徳川家光に召し出されて小性組に列し、のちに五〇〇石を拝領した。同十年二月七日に二〇〇石を加増され、相模国中郡内において計七〇〇石の知行地を拝領した。同十二年に父重綱から近江国坂田郡内において一〇〇〇石の知行地を分与され、相模国中郡内の知行地は収公された。正保四年（一六四七）正月十二日に小性組頭に昇進すると、十二月晦日には布衣の着用を許された。明暦元年（一六五五）九月十日に新番頭に転じ、同二年正月二十九日には関東諸国の野山の論地を検視することを命じられた。同三年正月二十七日、明暦の大火により、江戸を防災都市として整備するために、大目付北条正房（氏長）とともに、実測測量に基づいた江戸市中の絵図の製作を担当した。寛文元年（一六六一）四月十二日、町奉行になると、十二月十二日に蔵米一〇〇〇俵を加増され、同月二十八日には従五位下大隅守に叙任された。同十三年（延宝元、一六七三）正月二十三日に大目付に昇進したが、越後国高田藩主松平光長の家老間で生じた御家騒動（越後騒動）の調停をめぐる不調法により、延宝九年（天和元、一六八一）三月に逼塞を命じられ、同年六月二十七日には八丈島へ流罪となった。天和二年（一六八二）二月八日に死去。享年七十一。法名は綱貞院釈定證。（白根）

【典拠・参考文献】『寛政譜』第八・一一〇〜一一一頁、「渡辺家譜」（『豊田資料叢書』、一九九九年）、『東京市史稿』市街編・第七、塚本学『徳川綱吉』（吉川弘文館、一九九八年）、福田千鶴『酒井忠清』（吉川弘文館、二〇〇〇年）

渡辺輝綱《わたなべてるつな》（生没年未詳）

尾張藩付家老渡辺守綱《もりつな》の分家宗綱《むねつな》を祖とする家筋。渡辺房綱《ふさつな》の家督を継ぐ。家禄は三一〇〇石。弾正と称し、甲斐守・能登守に任じられる。妻は福島藩板倉家八代藩主勝長《かつなが》の息女。文化十三年（一八一六）十二月十四日寄合より中奥小性となり、文政十一年（一八二八）八月八日に小普請組支配、同十三年三月二十八日に浦賀奉行、天保七年（一八三六）正月十九日には作事奉行で宗門改を兼帯、同九年正月十四日に田安家の家老となる。同十四年五月朔日には精勤により御留守居次席の格式となり、弘化元年（一八四四）九月七日、席はそのままで大目付、同年十二月二十四日には再び田安の家老、同四年十月二十四日に留守居、嘉永四年（一八五一）三月十日には御側の職に就く。安政三年（一八五六）四月二十一日に御役御免となり、同年に家督を孝綱に譲る。詰席は菊之間縁頬。菩提寺は浅草本願寺の長敬寺（東京都台東区）。（竹村）

【典拠・参考文献】『寛政譜』第八・一一二頁、『柳営補任』、『続徳川実紀』第二篇、『藩史大事典』第一巻（雄山閣出版、一九八八年）

渡辺永倫《わたなべながとも》（一六六八〜一七二九）

寛文八年（一六六八）、渡辺久永（二〇〇〇石）の長男として生まれる。通称八十郎・孫左衛門。妻は筒井左次右衛門政勝の娘。後妻は溝口佐左衛門の娘。元禄四年（一六九一）十二月二日、小性組に列し、同九年十二月二十二日、職務勤勉により黄金を給わる。同十四年七月九日に遺跡を継ぐ。宝永元年（一七〇四）十一月、地震により崩れた石垣の普請奉行を勤め、時服・黄金を給わる。同三年二月二十八日に御徒頭、同七年一月十一日、目付となった。同五年三月、家康百回忌法会のため日光山に赴く。享保三年（一七一八）正月、北九州沿岸に異国船漂流の風聞あるにより出向く。同九年四月二十六日に新番頭となり、同十年七月戸田大隅守忠囿大坂定番を命じられた時、大坂に赴く。同十二年閏正月十五日、長崎奉行となり、カンボジア使節を応対する。同十二月、長崎会所の会計困難におよび役料・長崎地下配分金の支出を延期する等の事に携わる。同十三年七月一日、従五位下出雲守に叙せられる。同十四年五月十三日没。享年六十二。法名随節。墓所は松渓院（東京都港区赤坂）。（太田勝）

【典拠・参考文献】『寛政譜』第八・一三三頁、金井俊行編『長崎年表』

渡辺博《わたなべひろし》（一六九九〜一七八三）

元禄十二年（一六九九）に生まれる。民部と称す。妻は渡辺伊右衛門時の息女。享保五年（一七二〇）二月二十一日、初めて有徳院（徳川吉宗）に拝謁し、同十六年十一月二十五日大番に列し、後に的を射て時服を賜った。元文五年（一七四〇）五月二日には代官に転じる。江戸・大坂・越後国新井にてその任にあたる。宝暦十年（一七六〇）二月晦日に広敷番頭となり、同年四月朔日惇信院（徳川家重）の付属となり西丸の勤務となる。同十一年家重の死去により八月三日に勤務を免されるが、同十二年閏四月二十六日には広敷番頭に復す。明和六年（一七六九）十月四日、孝恭院（徳川家治の子家基）の付属となり西丸に勤仕する。安永八年（一七七九）四月十六日、家基の死去により本丸の勤務となり、天明元年（一七八一）五月九日老を告げて職務を辞す。この時黄金二枚を賜わる。同三年正月十八日に死去する。享年八十五。法名は長松。（高木）

【典拠・参考文献】『寛政譜』第八・一三〇頁、大石学『享保改革の地域政策』（吉川弘文館、一九九六年）、『代官履歴』

渡辺宗綱《わたなべむねつな》（一五七九〜一六六五）

天正七年（一五七九）に尾張徳川家初代義直（徳川家康の九男）の家臣渡辺守綱《もりつな》の二男として生まれる。母は平岩親重《ちかしげ》の息女。妻は小栗久次《ひさつぐ》の息女。半四郎と称した。同十九年より家康に仕える。文禄元年（一五九二）より家康の三男秀忠（のちに二代将軍）に仕え、慶長十八年（一六一三）に使番、元和三年（一六一七・『柳営補任』では同五年正月十一日）に目付となる。同八年には山形藩主最上義俊の改易の際、城の受け取り役を勤めたという。これより先、しばしば加増を受け、計三七〇〇石を知行。寛永三年（一六二六）の上洛に従い、同年に従五位下図書助に叙任される。同九年六月二十五日に先手御弓頭に転じ、同十一年（『柳営補任』では十二年）には百人組頭に移る。承応三年（一六五四）十二月十九日（『柳営補任』では十日）に辞職した。万治元年（一六五八）六月十四日に隠居。寛文五年（一六六五）四月十六日に死去。享年八十七。法名は道演。葬地は浅草本願寺の長敬寺。（芳賀）

【典拠・参考文献】『寛政譜』第八・一一二～一一三頁、『柳営補任』、『徳川実紀』第二篇

渡辺善《わたなべよし》 （一六〇四～一六五〇）

慶長九年（一六〇四）に生まれる。久左衛門と称した。実父は渡辺忠。実母は大沢兵衛大輔基宿の息女で祖父茂の養女であった。祖父茂と父忠は共に徳川家に武功で尽くした三河譜代の武将であり、詠歌を好んだという。妻は興津彦八郎直重の息女。善は長男で、弟の茂右衛門が後に歌人として名をはせる戸田茂睡である。寛永二年（一六二五）十一月に父忠が徳川忠長（駿河大納言、三代将軍家光の弟）の附人となり大番頭を勤めたのを機に、父の領地から上野国・相模国内の知行五〇〇石を分与され、小性組番士となる。同三年八月には三代将軍家光の上洛に供奉した。同九年に忠長が高崎に幽囚されたことに伴い、忠が黒羽藩大関家預けとなり二男以下を引き連れて下野国那須郡黒羽に蟄居した折り、善は二十九歳で祖父茂の養子となった。同十一年七月に将軍家光の上洛に供奉、同十三年四月に渡辺家の家督を継ぎ寄合に列し、父から分与された五〇〇石を返納して知行七〇〇〇石となった。正保三年（一六四六）四月十五日に甲府城の守衛を命じられた。弟茂睡が二十二歳頃に免じられて江戸に出てきた折りに援助したが、慶安三年（一六五〇）六月二十三日に死去。享年四十七。法名は善無。（神崎）

【典拠・参考文献】『寛永諸家系図伝』第十四、『寛政譜』第八・一二二頁、戸田勝久「戸田茂睡の系族」（『芸文研究』十一、一九六一年）、佐佐木信綱『歌学論叢』佐佐木信綱歌学著作復刻選・第一巻（本の友社、一九九四年）

渡辺吉綱《わたなべよしつな》 （一六一一～一六六八）

慶長十六年（一六一一）に尾張徳川家初代義直（徳川家康の九男）の家臣渡辺重綱《しげつな》の五男として生まれる。大学・半丞と称した。母は杉浦盛嗣の息女。妻は大番頭高木正成《まさなり》の息女。元和九年（一六二三）に家康の三男秀忠（のちに二代将軍）に仕える。寛永元年（一六二四）に父の請いにより、早世した兄忠綱の旧知三〇〇〇石を与えられ、同二年十二月十一日には新田を合わせて三五二〇石余の知行が安堵される。同九年六月四日より中奥に伺候する。のち書院番・書院番組頭と進み、同十九年十二月晦日には布衣の着用を許される。慶安三年（一六五〇）九月三日に三代将軍家光の世子家綱（のちに四代将軍）の付属となり、西丸小性組番頭となる。のち本丸勤務となり、同四年八月十六日には従五位下丹後守に叙任される。のち書院番頭・御留守居を

歴任し、寛文元年（一六六一）七月二十一日に御側衆に進む。同年十一月八日に大坂定番となり、一万石を加増される。同八年六月十九日（『柳営補任』では九月）に死去。享年五十八。法名は浄閑吉綱院。葬地は三河国寺部村の守綱寺。

（芳賀）

【典拠・参考文献】『寛政譜』第八・一〇八頁、『柳営補任』

幕府職制一覧

【凡例】

(1)この表は『天保年間諸役大概順』（『徳川礼典録』下所収）をもとに、さらに大名役の役職を補足して作成した（大老職は常置ではないが、便宜上補足した）。

(2)本表は天保末年、およそ天保一四年―弘化元年ごろの状況を示している。ただし天保一三年一二月に設置され、弘化元年五月に廃止された羽田奉行や、天保一四年六月に設置された新潟奉行は記載されているが、天保一三年一二月に再置され、弘化元年五月に再廃される下田奉行や、天保一四年一一月設置の長崎奉行支配組頭が脱落しているなど疑問があり、厳密な時点は決めがたい。

(3)「小金・佐倉野馬奉行」（四〇俵　譜准）「山里御庭之者」（持高、一四人は役扶持一人扶持、肝煎は役扶持一人半扶持　抱）は支配系統が不明瞭なので省略した。また「諸組与力」（現米八〇石より四五石三斗迄、悴仮抱入は一〇人扶持　譜・抱）「諸組同心」（三〇俵三人扶持より一五表二人扶持迄　譜・抱）も省略した。

(4)役職名の右上の無印は布衣以上、☆印は御目見以上、★印は御目見以下である。

(5)鴈・芙蓉・菊・中・山吹・桔梗・躑躅・焼火・紅葉・虎・檜・土圭などは殿中の詰所である。

(6)御目見以下の説明の中で、「譜」は「譜代席」、「譜准」は「譜代准席」（「二半場」ともいう）、「抱」は「抱席」のことである。また「役金之格」とあるのは、年末に手当金を役金として支給されることをいう。

- 大老
- 老中
  - 高家（一五〇〇石高、肝煎は役料八〇〇俵、部屋住は五〇〇俵　鴈）
  - 側衆（五〇〇〇石高）
  - 駿府城代（持高、役知二〇〇〇石　鴈）
    - 駿府勤番組頭（五〇〇石高、役料三〇〇俵）
    - 駿府勤番☆（二〇〇俵高）
    - 駿府武具奉行☆（二〇〇俵高、合力米現米四〇石、御薬園御用兼役役金三〇両、破損奉行兼役役金三〇両、役扶持五人扶持）
  - 伏見奉行（持高、役料三〇〇〇俵　芙蓉）
  - 留守居（五〇〇〇石高　芙蓉）
    - 裏門切手番之頭☆（四〇〇俵高　焼火）
    - 西丸切手門番之頭☆（四〇〇俵高　焼火）
    - 御台様広敷番之頭☆（持高、一〇〇〇俵以下は一〇〇〇俵とする、役料二〇〇俵、御普請掛り一〇人扶持　焼火）
      - 広敷添番★（一〇〇俵高　譜）
      - 広敷添番並★（五〇俵高持扶持　譜）
      - 広敷伊賀者★（三〇俵二人扶持　譜）
      - 西丸山里伊賀者★（三〇俵二人扶持　抱）
      - 広敷進上番★（三〇俵三人扶持　抱）
      - 広敷下男頭★（二〇俵三人扶持　譜准）
      - 広敷下男組頭★（一五俵三人扶持　譜准）
      - 広敷小人★（一五俵持扶持　譜准）
      - 広敷下男★（一〇俵一人半扶持、一二俵一人扶持の者は足扶持なし　譜准）
      - 広敷下男並小仕事之者★（一〇俵、世話役は一五俵二人扶持　譜准）
      - 広敷小遣之者★（持高、部屋住より抱入は三両一人扶持　譜准）
    - 御簾中様広敷番之頭☆（持高、一〇〇〇俵以下は一〇〇〇俵とする、役料二〇〇俵、御普請掛り一〇人扶持　焼火）――西丸広敷添番★（一〇〇俵高　譜）

- ☆鉄炮玉薬奉行（持高、役扶持二〇人扶持　焼火）——★焰硝蔵掃除之者（給金二両二分一人扶持　抱）
- ☆鉄炮箪笥奉行（持高、役扶持一〇人扶持　焼火）
- ☆弓矢鎗奉行（持高、役扶持一〇人扶持　焼火）
- ☆天守番之頭（四〇〇俵高　焼火）
  - ★天守番（一〇〇俵高　譜）
  - ★天守下番（持高、部屋住は一五俵一人半扶持　譜）
- ☆富士見宝蔵番之頭（四〇〇俵高　焼火）
  - ★富士見宝蔵番（一〇〇俵高、世話役は役扶持三人扶持　譜）
  - ★富士見宝蔵下番（二〇俵二人扶持、組頭は役料一〇俵、部屋住は一五俵一人半扶持　譜）
- ☆具足奉行（持高、役扶持一〇人扶持　焼火）
- ☆幕奉行（持高、役扶持一〇人扶持　焼火）
- ☆大筒役（二〇〇俵高、役扶持七人扶持　焼火）
  - ★大筒下役組頭（五〇俵高持扶持　抱）
  - ★大筒下役（三〇俵持扶持　抱）
- ★進物取次番之頭（一〇〇俵高持扶持　譜）
  - ★進物取次上番（五〇俵高持扶持　譜）
  - ★進物取次下番（持高持扶持　譜）
- ★奥火之番（八〇俵高　譜）
- ★明屋敷番伊賀者組頭（持高持扶持　譜）
- ★明屋敷番伊賀者（持高持扶持　譜）

- 大番頭（五〇〇〇石高　菊）
  - ☆大番組頭（六〇〇石高　躑躅）
  - ☆大番（二〇〇俵高）
- 御三卿家老（持高、他に役料として公儀より一〇〇〇俵、屋形より一〇〇〇俵　芙蓉）
- 大目付（三〇〇〇石高　芙蓉）—★欠所物奉行（一〇〇俵高五人扶持　譜）——★欠所物奉行手代（二〇俵二人扶持　抱）
- 町奉行（三〇〇〇石高　芙蓉）—★囚獄石出帯刀（三〇〇俵一〇人扶持　抱）——★牢屋下男（給金一両二分一人扶持　抱）
- 勘定奉行（三〇〇〇石高　芙蓉）
  - 美濃郡代（四〇〇俵高　躑躅）
  - 西国郡代（四〇〇俵高　躑躅）
  - 飛騨郡代（四〇〇俵高　躑躅）
  - ☆勘定組頭（三五〇俵高　御殿詰・御取箇・御勝手方・評定所の掛り組頭は役料一〇〇俵宛　焼火）
  - ☆代官
    - ★房州峰岡牧士触頭（給金八両四人扶持　抱）
    - ★牧士（給金四両二人扶持　抱）

（一五〇俵高、駿府御蔵掛り役料三〇〇俵、甲府御蔵掛り役料二〇〇俵、馬喰町御用屋敷詰三人のうち一人は役料三〇〇俵、二人は二〇人扶持、支配所関東一〇万石高の者は役料三〇〇俵　焼火）

- ☆切米手形改（持高、役料二〇〇俵　焼火）――★書替手代（三〇俵三人扶持、元〆は役金五両、見習は一五俵一人半扶持　抱）
- ☆蔵奉行（持高、役料二〇〇俵　焼火）
  - ★浅草御蔵手代（給金一〇両三人扶持、組頭は役金五両、手代助は扶持方五人扶持　抱）
  - ★浅草御蔵門番同心（一五俵持扶持、雑用金五両、頭取は二〇俵二人扶持、見習は二人扶持、雑用金二両　抱）
  - ★浅草御蔵番（一〇俵持扶持、下され金四両　抱）
  - ★浅草御蔵小揚之者頭（一〇俵一人半扶持より給金五両二人扶持迄　抱）
  - ★浅草御蔵小揚之者（一〇俵一人半扶持より給金三両一人半扶持迄　抱）
- ☆二条蔵奉行（持高、合力米現米一四石）
- ☆大坂蔵奉行（二〇〇俵高、合力米現米八〇石）
- ☆金奉行（二〇〇俵高、役料一〇〇俵　焼火）
- ☆大坂金奉行（二〇〇俵高、合力米現米八〇石）
- ☆漆奉行（持高、役料一〇〇俵　焼火）
  - ★漆奉行手代（二〇俵二人扶持、勤金六両、見習は手当金五両　抱）
  - ★油方同心（一五俵一人半扶持、雑用金一か月金二分ずつ　抱）
- ☆林奉行（持高　焼火）――★林奉行手代（三〇俵二人扶持、部屋住は一五俵一人扶持　抱）
- ☆川船改役（一五〇俵高、役扶持一〇人扶持　焼火）
- ☆評定所留役（一五〇俵高、役扶持二〇人扶持　焼火）
- ☆勘定（一五〇俵高、部屋住は一〇〇俵　焼火）
- ★支配勘定（一〇〇俵高、見習は一〇人扶持、出役の者一〇〇俵以下は五人扶持　譜）
- ★支配勘定格御所入用取調役（八〇俵高三人扶持、役金二五両　譜）
- ★支配勘定格普請役元〆（一〇〇俵高持扶持、役金一〇両　譜）
- ★支配勘定格評定所書役（一〇〇俵高、勤金一〇両　譜）
- ★評定所番（一〇〇俵高、部屋住勤は一〇人扶持　譜）
- ★普請役元〆（八〇俵高、下され金一〇両　抱）
- ★普請役元〆格鷹野方組頭（五〇俵高三人扶持、役扶持三人扶持、手当金八両、部屋住は扶持方三人扶持　抱）
- ★普請役元〆格代官手付（五〇俵高三人扶持、役扶持三人扶持、手当金八両、部屋住は扶持方三人扶持　抱）
- ★普請役（五〇俵三人扶持より三〇俵三人扶持迄、下され金一〇両より三両迄、見習は三人扶持、勤金五両　抱）

- 旗奉行（二〇〇〇石高　菊）
- 作事奉行（二〇〇〇石高　芙蓉）

- ★普請役格川船改役手付（持高　抱）
- ★鷹野方（持高持扶持、役扶持三人扶持、手当金五両、部屋住は役扶持三人扶持、手当金五両　抱）
- ★鷹野方並（三〇俵二人扶持より二〇俵一人扶持迄、手当金五両　抱）
- ★代官手付普請役（三〇俵三人扶持　抱）
- ★関東郡代組付普請役格（二〇俵二人扶持一人・三〇俵二人扶持一人、役扶持三人扶持、手当金五両　抱）
- ★関東郡代支配代官手付普請役格手代頭取（三〇俵二人扶持　抱）
- ★代官手付普請役格（三〇俵三人扶持より二〇俵二人扶持迄　抱）
- ★関東郡代組付（持高持扶持、役扶持三人扶持、手当金五両　抱）
- ★本所牢屋敷取締役（持高持扶持、役扶持三人扶持、役金一〇両　抱）
- ★評定所書役（三〇俵持扶持、役金一〇両、見習は給金六両、二人扶持　抱）
- ★勘定所湯呑所之者（二〇俵二人扶持より給金一三両二分迄、下され金五両より三両迄、見習は下され金五両より一両二分迄　抱）
- ★評定所同心（一五俵持扶持、世話役勤金三両　抱）
- ★評定所内同心（一三俵一人扶持、勤金二両　抱）
- ★勘定方普請役下役（給金七両二人扶持より六両二人扶持迄、下され金五両より三両迄、見習勤金三両　抱）
- ★勘定所小遣之者（二〇俵二人扶持、下され金三両　抱）
- ★評定所使之者（八俵一人扶持　抱）

- ☆畳奉行（一〇〇俵高持扶持、役扶持一五人扶持　焼火）
  - ★畳方手代（二〇俵二人扶持、世話役は役扶持三人扶持、見習は手当金二両二分　抱）
  - ★畳蔵門番人（一〇俵一人半扶持　抱）
- ☆大工頭（二〇〇俵高、役扶持二〇人扶持　焼火）
- ☆京都大工頭中井岡次郎（五〇〇石高、役扶持二〇人扶持　焼火　京都在住）
- ☆作事下奉行（一〇〇俵高、役扶持一〇人扶持　納戸廊下）
- ★作事方被官（五〇俵高持扶持、見習は手当金三両　譜）
- ★作事方勘定役（持高持扶持、見習は手当金二両二分　抱）
- ★作事方小役（二〇俵二人扶持、役扶持三人扶持、見習は手当金二両　抱）

- 普請奉行（二〇〇〇石高　芙蓉）
  - ★作事方書役（二〇俵持扶持、見習は手当金二両　抱）
  - ★作事方手代（三〇俵二人扶持、見習は手当金二両　抱）
  - ★作事方定普請同心（持高持扶持、組頭は役切米一〇俵　譜）
  - ★作事方御手大工（三〇俵持扶持、組頭は役切米五俵一人扶持、道具代金一両、世話役は役扶持一人扶持　抱）
  - ★作事方定小屋門番人（三〇俵二人扶持　抱）
  - ☆普請方下奉行（一〇〇俵高、役扶持一〇人扶持、手当金八両　納戸廊下）
  - ★普請方改役（一〇〇俵高、役扶持七人扶持、手当金五両　譜）
  - ★普請方（持高持扶持、役金八両、役扶持三人扶持、譜・抱）
  - ★普請方同心（持高持扶持、役扶持二人扶持、肝煎役は役金五両、手当金二両　抱）
  - ★普請方定小屋門番人（持高持扶持　抱）
- 甲府勤番支配（三〇〇〇石高、役知一〇〇〇石　芙蓉）
  - ☆甲府勤番支配組頭（二〇〇俵高、役料三〇〇俵　焼火）
  - ☆甲府勤番（持高、部屋住は二〇〇俵）
- 長崎奉行（一〇〇〇石高、役料四四〇二俵一斗　芙蓉）
- 浦賀奉行（一〇〇〇石高、役知一〇〇〇石　芙蓉）
- 京都町奉行（一五〇〇石高、役料現米六〇〇石　芙蓉）
- 大坂町奉行（一五〇〇石高、役料現米六〇〇石　芙蓉）
- 駿府定番（一〇〇〇石高、役料七〇〇俵　芙蓉）
- 禁裏付（一〇〇〇石高、役料一五〇〇俵、ただし三〇〇〇石以上は役料八〇〇俵　芙蓉）
  - ☆禁裏賄頭（一〇〇俵高三人扶持、役料一〇〇俵　京都在住）
  - ★進物取次上番格、御所勘使買物使兼（五〇俵高三人扶持、役金二〇両　譜　京都在住）
- 仙洞付（一〇〇〇石高、役料一〇〇〇俵、ただし三〇〇〇石以上は役料五〇〇俵　芙蓉）
- 山田奉行（一〇〇〇石高、役料一五〇〇俵　芙蓉）
- 日光奉行（二〇〇〇石高、役料五〇〇俵　芙蓉）
  - ☆日光奉行支配組頭（三〇〇俵高、役扶持二〇人扶持）
  - ★日光奉行支配吟味役（一〇〇俵高、役扶持五人扶持、役金一〇両　譜）
- 奈良奉行（一〇〇〇石高、役料一五〇〇俵　芙蓉）
- 堺奉行（一〇〇〇石高、役料現米六〇〇石　芙蓉）
- 駿府町奉行（一〇〇〇石高、役料五〇〇俵　芙蓉）

- 佐渡奉行（一〇〇〇石高、役料一五〇〇俵、役扶持一〇〇人扶持　芙蓉）
  - ☆佐渡奉行支配組頭（持高、役料三〇〇俵、役金一〇〇両）
  - ★佐州広間役（持高持扶持、役金三五両、地役人は扶持方二〇人扶持、在方懸は役金八両　抱）
  - 佐渡奉行支配定番役（九五俵より二〇俵三人扶持迄、役扶持五人扶持より二人扶持迄、辰巳口番役は役金五両　抱）
- 新潟奉行（一〇〇〇石高、役料一〇〇〇俵　芙蓉）
  - ☆新潟奉行支配組頭（持高、役料二〇〇俵、役金八〇両）
  - ★新潟広間役（一〇〇俵高、役扶持一〇人扶持、手当金七両　抱）
  - ★新潟奉行支配定役（五〇俵高、役扶持一〇人扶持、手当金七両　抱）
- 羽田奉行（一〇〇〇石高、役料一〇〇〇俵　芙蓉）
  - 羽田奉行支配組頭（一五〇俵高、役扶持一五人扶持、手当金一〇両　譜）
- 鑓奉行（二〇〇〇石高　菊）
  - ☆千人頭（二〇〇俵高、八人地方取、二人蔵米持高　納戸廊下　武州八王子在住）
- 小普請組支配（三〇〇〇石高　中）
  - ☆小普請組支配組頭（二〇〇俵高、役料三〇〇俵、手当扶持二〇人扶持　ただし持高三〇〇俵以上はなし　焼火）
  - ☆小普請世話取扱（持高、五〇〇俵以下手当一〇人扶持）
  - ★小普請組世話役（五〇俵高、役扶持三人扶持　抱）
- 大坂船手（持高、五〇〇〇石以下は役扶持一〇〇人扶持　躑躅）
- 留守居番（一〇〇〇石高　中）
- 勘定吟味役（五〇〇石高、役料三〇〇俵　中）
  - ☆勘定吟味方改役（一五〇俵高、役扶持一〇人扶持　焼火）
  - ★勘定吟味方改役並（一〇〇俵高、役扶持七人扶持、出役の者五人扶持　譜）
  - ★勘定吟味方下役（持高持扶持、役扶持三人扶持　抱）

- 京都所司代
  - ☆二条城門番之頭（持高、役料現米一二〇石）
  - ☆二条城御殿預（持高、役料一〇〇俵）
  - ☆二条鉄炮奉行（持高、合力米現米六〇石）
- 側用人
- 大坂城代
- 寺社奉行
  - ☆寺社奉行吟味物調役（一五〇俵高、役扶持二〇人扶持　焼火）
  - ☆神道方（持高）
  - ★紅葉山火之番（六〇俵高、役扶持五人扶持、見習は役扶持五人扶持　譜）
  - ★紅葉山御宮御霊屋付坊主（五〇俵高　譜准）
  - ★紅葉山御高盛坊主（三〇俵二人扶持、四季施銀五枚　譜准）
  - ★紅葉山御宮付御縁頬坊主（二〇俵二人扶持　譜准）
  - ★紅葉山御霊屋付御縁頬坊主（二〇俵二人扶持、手当金三分　譜准）
  - 紅葉山御掃除之者組頭（三〇俵二人扶持、手当金三分　抱）

幕府職制一覧

★紅葉山御高盛六尺（一五俵一人半扶持　譜准）

- 奏者番
- 若年寄
  - 書院番頭（四〇〇〇石高　菊）——☆書院番（三〇〇俵高　虎）
  - 小性組番頭（四〇〇〇石高　菊）——☆小性組（三〇〇俵高　紅葉）
  - 林大学頭（三五〇〇石）
    - ☆学問所勤番組頭（一五〇俵高、手当扶持七人扶持）
    - ★学問所勤番（五〇俵高三人扶持、役金三両、肝煎は役扶持二人扶持　譜）
    - ★学問所下番（二〇俵二人扶持、勤金二両、小頭は役扶持一人半扶持　抱）
  - 小普請奉行（二〇〇〇石高　中）
    - ☆小普請方（持高、役扶持一五人扶持　焼火）
    - ☆小普請方改役（一〇〇俵高、役扶持一〇人扶持　納戸廊下）
    - ★小普請方吟味役（七〇俵高五人扶持、勤金一〇両　譜）
    - ★小普請方吟味役勤方（持高持扶持、役扶持三人扶持、勤金一〇両　譜・抱）
    - ★小普請方伊賀者組頭（持高持扶持、役扶持四人扶持　抱）
    - ★小普請方吟味手伝役（三〇俵三人扶持、勤金五両　抱）
    - ★小普請方手代組頭（五〇俵高三人扶持　抱）
    - ★小普請方改役下役組頭（二〇俵二人扶持、役扶持三人扶持　抱）
    - ★小普請方伊賀者（持高持扶持　抱）
    - ★小普請方手代（三〇俵三人扶持　抱）
    - ★小普請方改役下役（持高持扶持、役扶持二人扶持　抱）
    - ★小普請方物書役（一五俵二人扶持、改役物書役役扶持二人扶持　抱）
    - ★小普請方掃除之者（持高持扶持、組頭は役扶持二人扶持　抱）
    - ★小普請方定小屋門番人（持高持扶持　抱）
  - 西丸留守居（二〇〇〇石高　中）
  - 百人組頭（三〇〇〇石高　菊）
  - 新番頭（二〇〇〇石高　中）
    - ☆新番組頭（六〇〇石高　桔梗）
    - ☆新番（二五〇俵高　中）
  - 持弓・持筒之頭（一五〇〇石高　菊）
  - 火消役（持高、役扶持三〇〇人扶持　菊）

- 小性（五〇〇石高、役料三〇〇俵）
- 中奥小性（持高　山吹）
- 御台様用人（五〇〇石高　役料三〇〇俵　桔梗）
  - ☆両番格庭番（二〇〇俵高）
  - ☆御台様用達（二〇〇俵高）
  - ☆小十人格庭番（一〇〇俵高持扶持、部屋住は二〇人扶持）
  - ★広敷添番並庭番（五〇俵高、部屋住は一〇人扶持　譜）
  - ★御台様御侍（七〇俵高持扶持　譜）
  - ★広敷御用部屋書役（三〇俵二人扶持　譜准）
  - ★広敷御用部屋伊賀格吟味役（二〇俵三人扶持　抱）
  - ★広敷御用部屋六尺（一五俵一人半扶持　譜准）
  - ★仕丁（一五俵二人扶持、組頭は二〇俵二人扶持　譜准）
- 御簾中様用人（五〇〇石高　役料三〇〇俵　桔梗）
  - ☆御簾中様用達（二〇〇俵高）
  - ☆御簾中様御侍（七〇俵高　譜）
  - ★西丸広敷御用部屋書役（三〇俵二人扶持　譜准）
  - ★仕丁（一五俵二人扶持、組頭は二〇俵二人扶持　譜准）
- 典薬頭（半井出雲守　一五〇〇石　柳、今大路右近　一二〇〇石　柳）
- 奥法印医師（二〇〇俵高、御番料二〇〇俵）
- 表法印医師（持高、連歌間北縁頬）
- 奥絵師狩野晴川院（二〇〇石、二〇人扶持）
- 歌学者北村再昌院（五〇〇石　柳）
- 奥法眼医師（二〇〇俵高、御番料二〇〇俵）
- 表法眼医師（持高、連歌間北縁頬）
- 先手弓・先手鉄炮之頭（一五〇〇石高　躑躅　火付盗賊改加役六〇人扶持）
- 目付（一〇〇〇石高　中）
  - ★徒目付組頭（二〇〇俵高　譜）
  - ★火之番組頭（一五〇俵高　譜）
  - ★御貝役（一〇〇俵高持扶持、部屋住より見習は五人扶持　譜）
  - ★押太鼓役（一〇〇俵高、部屋住より見習は五人扶持　譜）

- ★黒鍬之者頭（一〇〇俵高持扶持　譜）――★黒鍬之者（一二俵一人扶持　譜）
- ★徒目付（一〇〇俵高五人扶持　譜）
- ★浜吟味役（一〇〇俵高持扶持、役扶持七人扶持　譜）
- ★掃除之者頭（一〇〇俵高　譜）
  - ★掃除之者（一〇俵一人半扶持　譜）
  - ★桜田御用屋敷掃除之者（一〇俵一人扶持　抱）
  - ★紅葉山掃除之者（一三俵一人扶持、組頭は三〇俵二人扶持、御宮付は別に金二分、御相殿兼勤の者は下され金一両、厳有院殿・孝恭院殿御相殿兼勤の者は下され金三分　抱）
- ★徒押（八〇俵高持扶持　譜）
- ★挑燈奉行（八〇俵高持扶持　譜）
- ★表火之番（七〇俵高持扶持　譜）
- ★中間頭（八〇俵高持扶持　譜）
  - ★中間目付（一五俵一人扶持　譜）
  - ★中間（一五俵一人扶持、旗指之者役米一五俵、持鑓之者役米五俵半扶持、馬髪巻役米五俵　譜）
- ★小人頭（八〇俵高　譜）
  - ★小人目付（一五俵一人扶持　譜）
  - ★小人（一五俵一人扶持、小馬験役之者役米三五俵、亀井坊二五俵高役米一五俵　長刀役之者役米一五俵、小道具役役米五俵半扶持　譜）
- ★二丸火之番（六〇俵高持扶持　譜）
- ★駕籠之者頭（六〇俵高　譜）――駕籠之者（二〇俵二人扶持、厄介より新規抱入は一五俵二人扶持　譜）
- ★台所番（二〇俵二人扶持　譜）
- ★目付支配無役世話役（三五俵二人扶持、部屋住は二〇俵二人扶持　抱）
- ★桜田御用屋敷門番人（一五俵二人扶持　抱）

- 使番（一〇〇〇石高　菊）
- 書院番組頭（一〇〇〇石高　菊）
- 小性組組頭（一〇〇〇石高　菊）
- 鉄炮方（持高、一〇〇〇石以下は役料二〇〇俵　躑躅）
- 西丸裏門番之頭（七〇〇石高　躑躅）
- 徒頭（一〇〇〇石高　躑躅）
  - ★徒組頭（一五〇俵高　抱）
  - ★徒（七〇俵高五人扶持、悴仮抱入は七人扶持　抱）

- 小十人頭（一〇〇〇石高　躑躅）
  - ☆小十人組頭（三〇〇俵高　檜）
    - ☆小十人組（一〇〇俵高一〇人扶持　檜）
- 小納戸（五〇〇石高、役料三〇〇俵）
- 船手（七〇〇石高　躑躅）
  - ★御召御船上乗役（一〇〇俵高持扶持　譜）
  - ★水主同心（二〇俵二人扶持　抱）
- 二丸留守居（七〇〇石高　焼火）
  - ★二丸同心（二〇俵二人扶持、部屋住は一五俵一人半扶持　譜）
  - ★二丸小人（一五俵持扶持　譜）
- 納戸頭（七〇〇石高　焼火）
  - ☆納戸組頭（四〇〇俵高　焼火）
  - ☆納戸（二〇〇俵高　焼火）
- 腰物奉行（七〇〇石高　焼火）——☆腰物方（二〇〇俵高　焼火）
- 鷹匠頭（一〇〇〇石高、役扶持二〇人扶持　焼火）
  - ☆鷹匠組頭（二五〇俵高　焼火）
  - ☆鷹匠（一〇〇俵高、見習は五〇俵　焼火）
  - ★鷹犬牽（三〇俵持扶持、見習は二年目より救金三両、四年目より三人扶持　抱）
  - ★鷹部屋門番人（持高、雑用金一両　抱）
- 奥右筆組頭（四〇〇俵高、役料二〇〇俵、金二四両二分四季施代）
- 姫君様方用人（三〇〇俵高、役料三〇〇俵　桔梗）
  - ☆姫君様方用達（二〇〇俵高）
  - ★姫君様方御侍（七〇俵高　譜）
- 奥詰儒者（二〇〇俵高、役料二〇〇俵）
- ☆姫君様方用人並（三〇〇俵高、役料一〇〇俵　桔梗）
- ☆表右筆組頭（三〇〇俵高、役料一五〇俵、銀二〇枚四季施代）
- ☆膳奉行（持高、役料二〇〇俵　土圭）
  - ★台所口石之間番（二〇俵持扶持　譜准）
  - ★春屋門番人（一五俵持扶持　抱）
- ☆中奥番（三〇〇俵高　山吹）
- ☆書物奉行（二〇〇俵高、役扶持七人扶持　焼火）——書物同心（持高、部屋住は一〇俵一人扶持　抱）
- ☆賄頭（二〇〇俵高、役料二〇〇俵　焼火）
  - ★賄組頭（七〇俵高五人扶持、役切米三〇俵　譜准）
  - ★賄調役（七〇俵高持扶持、役切米三〇俵、役金一〇両、四季施代金四両二分　譜）
  - ★賄吟味役（五〇俵高二人扶持、役切米二〇俵、役金一〇両、四季施代金四両二分、介役は二〇俵二人扶持、役扶持・役金・四季施代同断　譜准）

- ★賄勘定役（四〇俵二人扶持　譜準）
- ★賄改役（二〇俵二人扶持、役切米一五俵　譜準）
- ★賄方（二〇俵二人扶持、役切米一〇俵、世話役は役切米一二俵　譜準）
- ★賄六尺頭（持高持扶持、役切米七俵　譜準）
- ★賄六尺（持高、寸打六尺は役金三両　譜準）
- ★賄新組（持高、組頭は役切米五俵、通番は役金二両　譜準）

- ☆奥右筆（二〇〇俵高、金二四両二分四季施代）
- ☆表右筆（一五〇俵高、銀二〇枚四季施代）
- ☆馬預（二〇〇俵高、役扶持一五人扶持焼火）
  - ★馬乗（五〇俵高三人扶持　抱）
  - ★野馬方（五〇俵高三人扶持　抱）
  - ★野馬方改役（四〇俵高三人扶持　抱）
  - ★馬爪髪役（二〇俵三人扶持　抱）
  - ★馬口之者組頭（二五俵二人扶持、内一〇俵一人扶持役切米　譜）
  - ★野馬方書役（二〇俵三人扶持　抱）
  - ★馬口之者（二〇俵二人扶持　譜）
  - ★馬飼（一〇俵二人扶持、小頭は一三俵二人扶持より一二俵二人扶持迄　抱）
- ☆馬方（一〇〇俵高五人扶持、見習は一五人扶持　焼火）
- ☆細工頭（二〇〇俵高、役料一〇〇俵　焼火）
  - ★細工所同心（三〇俵二人扶持、組頭は役扶持三人扶持、役上下勘定役頭取は役扶持二人扶持、抱入一五俵一人扶持　抱）
- ☆材木石奉行（持高、役料一〇〇俵　焼火）
  - ★作事方被官格材木方改役（五〇俵高三人扶持）
  - ★材木石奉行手代（三〇俵二人扶持、元〆役は三五俵三人扶持、同助は手当金二両、雇手代は五人扶持　抱）
  - ★材木方改役下役（三〇俵二人扶持　抱）
  - ★材木石奉行同心（一五俵一人扶持、組頭は二〇俵一人扶持、雇同心一人扶持　抱）
- ☆吹上奉行（二〇〇俵高役扶持七人扶持、役金一〇両　焼火）
  - ★吹上筆頭役（五〇俵高持扶持、役金三両　譜）
  - ★吹上筆頭役並（持高持扶持、役金三両　譜準）
  - ★役人目付（持高持扶持、役扶持三人扶持、役金一〇両より銀二枚迄　抱）
  - ★御庭入口番人組頭（持高持扶持、役扶持三人扶持　抱）

- ☆浜御殿奉行（一五〇俵高　手当銀七枚　焼火）
  - ★御座敷方世話役（持高持扶持、役扶持三人扶持、役金之格三両　抱）
  - ★普請方組頭（持高持扶持、役扶持三人扶持、役金之格銀三枚　抱）
  - ★御座敷方（持高　抱）
  - ★大工役之者（持高、道具代一か年金五両　抱）
  - ★織殿之者（持高、役扶持三人扶持、役金五両一人・三両二人　抱）
  - ★書役（持高、役金之格金一両　抱）
  - ★書役下役（持高　抱）
  - ★鳥方（持高、世話役は役扶持三人扶持、救金五両　抱）
  - ★御庭入口番人（持高　抱）
  - ★御薬園方（持高　抱）
  - ★御庭方（持高　抱）
  - ★花壇役（持高　抱）
  - ★苗木方（持高　抱）
  - ★普請方之者（持高、役金之格金二両　抱）
  - ★三丸明キ地口番人（持高持扶持、役扶持不同　抱）
  - ★掃除之者（持高持扶持、組頭は役扶持三人扶持、役金之格銀一枚　抱）
  - ★筆頭役（持高持扶持、手当金三両　抱）
  - ★浜御殿番世話役（持高持扶持、手当金二両　抱）
  - ★浜御殿番（持高持扶持、手当金一両一分　抱）
  - ★掃除之者（持高、加扶持一人扶持、手当金三分　抱）
  - ★浜御殿物書役（持高、加扶持一人扶持、手当金三分、仮抱入給金三両二人扶持　抱）
- ☆小石川御薬園奉行（一五〇俵高　焼火）
- ☆御膳所台所頭（二〇〇俵高　役料一〇〇俵　土圭）
  - ★御膳所台所組頭（一〇〇俵高四人扶持、役金二〇両　譜）
  - ★御膳所台所人（五〇俵高持扶持、役金一〇両　譜）
  - ★御膳所小間遣頭（三〇俵二人扶持、役扶持三人扶持　譜）
  - ★御膳所小間遣組頭（二〇俵持扶持、役金六両　譜准）
  - ★御膳所小間遣（一五俵一人半扶持、役金三両　譜准）

- ☆御台様御膳所台所頭（二〇〇俵高、役料二〇〇俵　土圭）
  - ★御膳所六尺（一五俵、役金一両二分、部屋住は一〇俵一人半扶持　譜准）
  - ★御台様御膳所台所組頭（七〇俵高持扶持、役金二〇両　譜）
  - ★御台様御膳所台所人（四〇俵、役金一〇両　譜）
  - ★御台様御膳所小間遣頭（三〇俵二人扶持、役扶持三人扶持　譜）
  - ★御台様御膳所小間遣組頭（二〇俵持扶持、役金三両　譜准）
  - ★御台様御膳所小間遣（一五俵、役金三両　譜准）
  - ★御台様御膳所六尺（一五俵　譜准）
- ☆御簾中様御膳所台所頭（二〇〇俵高、役料一〇〇俵　土圭）
  - ★御簾中様御膳所台所組頭（七〇俵高持扶持、役金二〇両　譜）
  - ★御簾中様御膳所台所人（四〇俵、役金一〇両　譜）
  - ★御簾中様御膳所小間遣頭（三〇俵二人扶持、役扶持三人扶持　譜）
  - ★御簾中様御膳所小間遣組頭（二〇俵持扶持、役金三両　譜准）
  - ★御簾中様御膳所小間遣（一五俵、役金三両　譜准）
  - ★御簾中様御膳所六尺（一五俵　譜准）
- ☆表台所頭（二〇〇俵高、役料一〇〇俵　土圭）
  - ★表台所組頭（一〇〇俵高四人扶持　譜）
  - ★表台所改役（四〇俵持扶持　譜）
  - ★表台所人（四〇俵　譜）
  - ★表台所小間遣頭（三〇俵二人扶持、役扶持三人扶持　譜）
  - ★表台所小間遣組頭（二〇俵　譜准）
  - ★表台所小間遣（一五俵　譜准）
  - ★表台所椀方六尺（持高、組頭は役切米七俵　譜准）
- ☆学問所詰儒者（二〇〇俵高、役扶持一五人扶持　焼火）
- ☆御休息御庭之者支配（一〇〇俵高持扶持、役扶持五人扶持　焼火）――★御休息御庭之者組頭（持高持扶持、役扶持三人扶持　抱）――★御休息御庭之者（持高、役金一両、組頭は役扶持三人扶持、世話役は役扶持一人半扶持　抱）
- ☆鳥見組頭（二〇〇俵高、役扶持五人扶持、伝馬金一八両、書状遣金七両　焼火）
- ☆吹上添奉行（一〇〇俵高持扶持、役扶持五人扶持、役金五両　焼火）
- ☆駒場御薬園預（一〇〇俵高三人扶持　焼火）――★駒場野御薬園付（給金七両　抱）
- ☆馬医（二〇〇俵高、見習一五人扶持　焼火）

- ☆寄場奉行（二〇〇俵高、役扶持二〇人扶持　納戸廊下）
  - ★寄場吟味役（一〇〇俵高、役扶持七人扶持　譜）
  - ★寄場元〆役（五〇俵高、役扶持三人扶持、手当金五両　抱）
  - 人足寄場下役（二〇俵持扶持　抱）
- ☆寄合医師（持高　柳）
- ☆御番医師（持高、二〇〇俵以下は御番料一〇〇俵　桔梗）
- ☆天文方（二〇〇俵高、測量御用は役扶持七人扶持、同手伝は役扶持五人扶持、暦作御用は役扶持なし、阿蘭陀書籍和解御用は金一〇両）
- ☆同朋頭（二〇〇俵高、四季施）
  - ☆同朋（一〇〇俵高一〇人扶持）
  - ★公人朝夕人（一〇人扶持　譜）
  - ★奥坊主組頭（五〇俵高持扶持、役扶持二人扶持、役金二七両　譜准）
  - ★表坊主組頭（四〇俵二人扶持、四季施代金四両　譜准）
  - ★奥坊主（二〇俵二人扶持、役扶持二人扶持、役金二三両、御用部屋坊主・御土圭役土圭間坊主は金二〇両ずつ　土圭間肝煎は別に二両　譜准）
  - ★表坊主（二〇俵二人扶持　譜准）
  - ★風呂屋小間遣（一五俵、役金二両　譜准）
  - ★奥六尺（一五俵、役金二両、組頭は二〇俵二人扶持、役金三両　譜准）
  - ★風呂屋六尺（一五俵　譜准）
  - ★表六尺（持高持扶持　譜准）
- ☆数寄屋頭（一五〇俵高、四季施）
  - ★数寄屋坊主組頭（四〇俵持扶持、四季施代金四両　譜准）
  - ★数寄屋坊主（持高持扶持、山里道具役・御召仕立役・同懸役は四季施代金四両　譜准）
  - ★露地之者（持高　譜准）
- ☆小石川御薬園預（一〇〇俵高二人扶持）
  - ★小石川御薬園同心（二〇俵二人扶持、見習は三人扶持　抱）
  - ★小石川御薬園荒子（一五俵一人半扶持　抱）
- ★鳥見（八〇俵高持扶持、野扶持五人扶持、伝馬金一八両、見習は一〇人扶持、野扶持伝馬金同断　譜）
- 大坂定番
  - ☆大坂鉄炮奉行（持高、合力米現米八〇石）
  - ☆大坂弓奉行（持高、合力米現米八〇石）
  - ☆大坂破損奉行（持高、合力米現米八〇石）
  - ☆大坂具足奉行（持高、合力米現米八〇石）

【注記】

(1) 『天保年間諸役大概順』に記載がないが、このころ設けられていた役職を『武鑑』などで補うと、老中支配のものに、

十里四方鉄炮改（大目付より兼帯）　大坂目付（使番・両番より一人ずつ交代）　宗門改（大目付・作事奉行より兼帯）
駿府加番（大名より一人、寄合より二人ずつ交代）　道中奉行（大目付・勘定奉行より兼帯）　駿府目付（使番より交代）
焼火間番　久能山総門番　二条在番　下田奉行　大坂在番　浦賀奉行
大坂加番（大名役）　信州榑木山支配

若年寄支配のものに、

火事場見廻（寄合より出役）　屋敷改並新地改（両番より出役）　本所深川火事場見廻（寄合より出役）
進物番（両番より出役）　中川番（寄合より出役）　浜御殿添奉行

京都所司代支配のものに、

京都代官（『武鑑』などには「京都郡代」とも記載されている）

寺社奉行支配のものに、

楽人衆　連歌師　碁所　将棋所

目付支配のものに、

玄関番　中之口番　伝奏屋敷留守居

作事奉行支配のものに、

御庭作

支配系統が不明なものに、

上水方並道中掛り（普請奉行より兼帯）　日光山目代　淀川過書船支配
東叡山目代　久能山目代　諸国関所番

等々がある。

(2) この時期に設けられていない主要な役職を『吏徴附録』『柳営補任』より拾うと、

大留守居（元禄一四年廃止）
関東郡代（寛政四年伊奈忠尊改易後、勘定奉行より兼帯、文化三年兼帯を解き、元治元年再置）
箱館奉行（享和二年設置、文化四年に役所が松前に移り松前奉行と改称、文政五年廃止、安政元年再置）
荒井奉行（元和五年設置、元禄一五年廃止）
桐間番頭（貞享四年設置、正徳三年廃止）

安政以降新置の役職には、

政事総裁職　海軍奉行　騎兵奉行　銃隊頭　神奈川奉行　陸軍総裁　講武所奉行　軍艦奉行　騎兵頭
歩兵奉行　学問所頭取　海軍総裁　外国奉行　陸軍奉行　炮兵頭　歩兵頭　京都守護職

等々がある。

【典拠】　松尾美恵子氏作成「江戸幕府職制表」（『日本史総覧Ⅳ　近世』、新人物往来社、一九八四年に所収）を転載。

執筆者一覧（五十音順）

飯島　千秋　石山　秀和　岩下　哲典　上野　恵　浦井　祥子　太田　勝也　太田　尚宏
小田倉仁志　加藤　貴　鎌田　純子　神谷　大介　神崎　直美　木崎　弘美　工藤雄一郎
栗原　健一　小宮山敏和　坂本　達彦　佐藤　孝之　実松　幸男　渋谷　葉子　清水　聡
白根　孝胤　高木　謙一　高橋　伸拓　高見澤美紀　髙山　慶子　滝口　正哉　竹内　誠
竹村　誠　田中　暁龍　田中　正弘　田原　昇　筑紫　敏夫　津田小羊子　鍋本　由徳
西木　浩一　西　光三　西沢　淳男　根岸　美季　芳賀　和樹　橋本　佐保　深井　雅海
福留　真紀　藤田　英昭　保垣　孝幸　堀　亮一　松本剣志郎　宮坂　新　宮原　一郎
盛山　隆行　安高　啓明　柳田　光弘　山﨑　久登　山本　英二　湯浅　淑子　吉成　香澄

む

も

や

ほ

ま

な

と

そ

せ

く

通称・官名・国名索引

編者
竹内　誠（たけうち・まこと）
徳川林政史研究所所長
東京学芸大学名誉教授
江戸東京博物館館長

深井　雅海（ふかい・まさうみ）
徳川林政史研究所副所長
聖心女子大学教授

太田　尚宏（おおた・なおひろ）
徳川林政史研究所主任研究員

白根　孝胤（しらね・こういん）
徳川林政史研究所研究員

徳川幕臣人名辞典

2010年8月10日　初版印刷
2010年8月20日　初版発行

編　　者　©竹内　誠・深井雅海
　　　　　　太田尚宏・白根孝胤
発 行 者　松　林　孝　至
印 刷 所　株式会社フォレスト
製 本 所　渡辺製本株式会社

発 行 所　株式会社　**東京堂出版**

東京都千代田区神田神保町1-17〔〒101-0051〕
電話03-3233-3741　振替00130-7-270

ISBN978-4-490-10784-5　C1521
Printed in Japan